Rainer Bohn | Hartmut Hirsch-Kreinsen
Sabine Pfeiffer | Mascha Will-Zocholl [Hrsg.]

Lexikon der Arbeits- und Industriesoziologie

3., aktualisierte und erweiterte Auflage

Mit Beiträgen von
Jörg Abel | Conny H. Antoni | Ingrid Artus | Brigitte Aulenbacher | Volker Baethge-Kinsky | Thomas Barth | Karina Becker | Martin Behrens | Jürgen Beyer | Fritz Böhle | Andreas Boes | Gerhard Bosch | Sebastian Brandl | Ulrich Brinkmann | Florian Butollo | Klaus Dörre | Ulrich Dolata | Wolfgang Dunkel | Anita Engels | Michaela Evans | Patrick Feuerstein | Frerich Frerichs | Maria Funder | Friedrich Fürstenberg | Johanna Grubner | Thomas Haipeter | Friedericke Hardering | Anja Hartmann | Michael Hartmann | Tine Haubner | Christoph Hermann | Josef Hilbert | Hartmut Hirsch-Kreinsen | Nina Hossain | Jürgen Howaldt | Norbert Huchler | Peter Ittermann | Heike Jacobsen | Georg Jochum | Kerstin Jürgens | Ulrich Jürgens | Tobias Kämpf | Stefan Kerber-Clasen | Frank Kleemann | Christoph Köhler | Hermann Kotthoff | Nick Kratzer | Martin Kronauer | Martin Krzywdzinski | Angelika Kümmerling | Martin Kuhlmann | Steffen Lehndorff | Karin Lohr | Tatiana López | Kira Marrs | Andrea Maurer | Nicole Mayer-Ahuja | Wolfgang Menz | Franziska Meyer-Lantzberg | Gertraude Mikl-Horke | Heiner Minssen | Anna Monz | Walther Müller-Jentsch | Manuel Nicklich | Herbert Oberbeck | Paul Oehlke | Christian Papsdorf | Sabine Pfeiffer | Jessica Pflüger | Markus Pohlmann | Hans J. Pongratz | Ludger Pries | Dieter Sauer | Stefan Sauer | Rudi Schmidt | Rudi Schmiede | Klaus Schmierl | Jan-Felix Schrape | Michael Schwarz | Konstanze Senge | Laura Späth | Hans Joachim Sperling | Barbara Splett | Olaf Struck | Torsten Strulik | Rainer Trinczek | Silke van Dyk | Stephan Voswinkel | Gerd-Günter Voß | Manfred Wannöffel | Pamela Wehling | Simon Weingärtner | Claudia Weinkopf | Mascha Will-Zocholl | Arnold Windeler | Paul Windolf und Philipp Wissing

Nomos

edition sigma

Arbeiten für diesen Band wurden teils ermöglicht durch die Förderung der Deutschen Forschungsgemeinschaft (DFG) im Rahmen des Schwerpunktprogramms 2267 „Digitalisierung der Arbeitswelten" (Projektnummer 442171541).

Die Deutsche Nationalbibliothek verzeichnet diese Publikation in der Deutschen Nationalbibliografie; detaillierte bibliografische Daten sind im Internet über http://dnb.d-nb.de abrufbar.

ISBN 978-3-8487-8679-4 (Print)
ISBN 978-3-7489-3048-8 (ePDF)

Onlineversion
Nomos eLibrary

edition sigma in der Nomos Verlagsgesellschaft

3., aktualisierte und erweiterte Auflage 2023

Vorwort zur 3. Auflage

Das Lexikon der Arbeits- und Industriesoziologie hat sich in den letzten Jahren ohne Frage als wichtiges Nachschlagewerk fest etabliert. Dies gilt nicht nur für die engere Community der Arbeits- und Industriesoziologie, sondern auch für einen weiten Kreis von Interessentinnen und Interessenten sowohl aus anderen Disziplinen wie aus der Fachöffentlichkeit. Einmal mehr wird damit die wissenschaftliche, arbeitspolitische und gesellschaftspolitische Bedeutung der Arbeits- und Industriesoziologie unterstrichen.

Aufgrund des anhaltenden Zuspruchs, dessen sich das Lexikon erfreut, erschien es unmittelbar sinnvoll, dem Wunsch des Verlags nach einer 3. Auflage nachzukommen. Darüber hinaus aber gibt es auch inhaltliche Gründe: Die Entwicklungsdynamik von Arbeit ist ungebrochen, das empirische Feld und damit auch Konzepte, Begriffe und Theorien der Disziplinen sind einem ständigen und vielfältigen Wandel unterworfen. Es gilt daher auch, der schnellen Weiterentwicklung der Forschungsfelder und Themen der Arbeits- und Industriesoziologie mit einer Neuauflage nachzukommen, ohne dabei das Basiswissen des Fachs zu vernachlässigen. Insofern umfasst diese 3. Auflage einen erweiterten Katalog von Stichwörtern, in dem sich Akzentverschiebungen und neue Schwerpunktsetzungen der Fachdebatte während der letzten Jahre widerspiegeln: Das gilt etwa für Fragen der Digitalisierung von Arbeit und der arbeitsbezogenen Konsequenzen neuer Systeme der Künstlichen Intelligenz, aber auch für Nachhaltigkeits- und Ökologie-Aspekte der Arbeit sowie für die gesteigerte Aufmerksamkeit, die Arbeitsformen jenseits der Erwerbsarbeit und jenseits ‚klassischer' Betriebe in der Forschung auf sich gezogen haben.

Mit der Auswahl der Themen haben wir dabei versucht, den aktuellen Stand der Forschung solide einzufangen und zugleich eine kritische Distanz zum einschlägigen Diskurs und seinen oftmals überzogenen Thesen zu wahren. Zugleich wurden mit dieser Neuauflage die Themen des unverzichtbaren und weiterhin analytisch hilfreichen Basiswissens der Arbeits- und Industriesoziologie aktualisiert und teilweise erweitert. Allerdings musste – der realen Entwicklung im Feld und der thematischen Erweiterung des Lexikons geschuldet – auch das eine oder andere nicht mehr ganz so relevante Stichwort weichen.

In diesem Sinne wurde die überwiegende Zahl der Autorinnen und Autoren der 2. Auflage gebeten, ihre Beiträge zu überarbeiten. Erfreulicherweise haben alle auf diese Bitte überaus positiv reagiert; und in sehr vielen Fällen haben die Beiträgerinnen und Beiträger den oben angesprochenen Akzentverschiebungen und Weiterentwicklungen bei der Aktualisierung umsichtig Rechnung getragen. Dafür sagen wir ihnen herzlichen Dank! Insgesamt umfasst die neue Auflage nun 97 Stichwortartikel, und das kumulierte Literaturverzeichnis enthält mehr als 2500 Fundstellen. Mit Fug und Recht lässt sich sagen, dass die Gesamtbibliografie den Stand der Forschung der Arbeits- und Industriesoziologie repräsentiert.

Die vorliegende 3. Auflage des Lexikons der Arbeits- und Industriesoziologie wird von einem neuen Kreis von Herausgeberinnen und Herausgebern vorgelegt. Auch darin dokumentiert sich der Wandel in der Disziplin. Heiner Minssen, der die ersten beiden Auflagen mit herausgegeben hat, hat sich leider zurückgezogen, doch bleibt er dem Lexikon durch fünf aktualisierte Stichwortartikel weiter verbunden. Wir möchten uns für sein kompetentes und stets anregendes Engagement ganz herzlich bedanken. An seiner Stelle übernehmen Sabine Pfeiffer und Mascha Will-Zocholl die Rollen von Mit-Herausgeberinnen. Schließlich fungiert jetzt endlich auch Rainer Bohn als Mit-Herausgeber. Damit wird nun sichtbar, was auch die beiden ersten Ausgaben ermöglicht und geprägt hat, war das Lexikon doch ursprünglich seine Idee, und Duktus, Tiefe und Qualität der Beiträge waren ohne sein Engagement bei allen Auflagen nicht denkbar.

Berlin, Dortmund, Erlangen und Wiesbaden, im Herbst 2022
Rainer Bohn, Hartmut Hirsch-Kreinsen, Sabine Pfeiffer, Mascha Will-Zocholl

Vorwort zur 1. Auflage

Braucht man im Zeitalter von Google, Wikipedia & Co. eigentlich noch ein Lexikon? Und braucht man eines zur Arbeits- und Industriesoziologie?

Die Tatsache, dass Sie dieses Buch in Händen halten, liefert in lapidarer Weise unsere Antwort: Ja, wir finden Nachschlagewerke auch heute noch nützlich; und ja, es ist zweckmäßig, den Gegenstandsbereich der Arbeits- und Industriesoziologie ins Zentrum eines Lexikons zu rücken. Auf die Vorzüge der enzyklopädischen Darstellung wird gleich noch zurückzukommen sein. Sprechen wir zunächst darüber, was es aus unserer Sicht nahelegt, das Thema „Arbeit" zu fokussieren.

Das primäre Motiv ist die anhaltende Bedeutung von Arbeit im Leben praktisch aller Menschen, und zwar in doppelter Hinsicht: Die meisten von ihnen verbringen einen Großteil ihrer Zeit mit Arbeit (mit Erwerbs-, aber auch vielen Formen anderer Arbeit); und selbst sofern oder solange sie nicht arbeiten, könnten sie nahezu alle Dinge ihre Lebens nicht verrichten, wenn nicht andere zeitgleich Strom erzeugen, Lebensmittel produzieren, Kinder unterrichten, Filme drehen und tausend andere Tätigkeiten ausführen, kurz: arbeiten würden. Zwar wurde in der deutschen Soziologie während der 1980er Jahre schon einmal das „Ende der Arbeitsgesellschaft" ausgerufen, aber die provokante Parole änderte nichts an dem Umstand, dass Arbeit in ihren unterschiedlichsten Formen für Sozialstrukturen entwickelter Gesellschaften einen geradezu konstitutiven Charakter aufweist.

Allerdings hat sich Arbeit historisch beständig gewandelt, in ihren Inhalten wie in ihren Organisationsformen ausdifferenziert, und speziell in den letzten drei Dekaden hat sie sich dramatisch verändert. Das Verständnis von Arbeit kann sich nicht mehr auf den industriellen Bereich in klassischen Sinn beschränken, sondern muss auch andere Formen wie Wissensarbeit, Dienstleistungsarbeit und vor allem völlig veränderte gesellschaftliche Strukturen in ihre Analyse- und Erklärungskonzepte einbeziehen. Entsprechend ist die Arbeits- und Industriesoziologie nicht mehr wie früher eine Soziologie der Arbeit in der Industrie oder gar der Arbeit im industriellen Großbetrieb; diese Beschränkung hat sie weit hinter sich gelassen – auch wenn es bei der tradierten Fachbezeichnung geblieben ist. Sie hat ihren Blick auf die organisatorischen und institutionellen Bedingungen erweitert, unter denen die Produktion materieller und immaterieller Güter erfolgt, und sie hat versucht, säkulare Wandlungsprozesse – man denke an die Veränderungen des Geschlechterverhältnisses oder die Rolle der Globalisierung – in ihre Konzepte zu integrieren. Es liegt auf der Hand, dass dies nicht möglich war, ohne die engen Fachgrenzen zu überschreiten, etwa in Richtung anderer „Bindestrich-Soziologien" wie der Organisations-, der Wirtschafts- oder der Techniksoziologie, aber auch in Richtung anderer Disziplinen wie der Volks- und Betriebswirtschaftslehre, der Politikwissenschaft, der Informatik und den Ingenieurwissenschaften. Zudem hat sie konzeptuelle und methodische Impulse, die von disziplinübergreifenden Neuerungen ausgingen, beispielsweise von der Genderforschung und der Systemtheorie, aber auch von der Statistik aufgegriffen.

Die mit dem Wandel von Arbeit verbundenen theoretischen und empirischen Fragen wurden im Fach intensiv und kontrovers diskutiert, verbunden mit einem gehörigen Maß an Selbstkritik, die hin und wieder in der Selbstattestierung einer „Krise der Arbeits- und Industriesoziologie" gipfelte. Durch den dynamischen Wandel des arbeits- und industriesoziologischen Forschungsfeldes und die dadurch notwendige Erweiterung der Themenbereiche, die das Fach empirisch und theoretisch vor stets neue Herausforderungen gestellt hat, sind frühere Gewissheiten in der Tat fragwürdig geworden; neue Themen und Fragestellungen zu einer neuen „post-industriellen" Arbeitswelt drängten sich in den Vordergrund. Daher ist der immer wieder auflebende Krisendiskurs angesichts einer thematischen „Ausfransung" des Fachs einerseits nicht ganz unverständlich; andererseits mutet er angesichts eines mittlerweile sehr reichhaltigen empirischen, theoretischen und auch anwendungsorientierten Wissensfundus über die Entwicklung von Arbeit und Arbeitsprozessen in ihren unterschiedlichen Formen und gesellschaftlichen Kontexten aber auch etwas überzogen an.

Allerdings hat die umfangreiche empirische Forschung, die ein herausragendes Charakteristikum der deutschen Arbeits- und Industriesoziologie ist, Gewissheiten nicht unbedingt vergrößert, weil sie derart viele empirische Studien auch zu Detailproblemen hervorgebracht hat, dass es selbst für Fachleute mittlerweile kaum noch möglich ist, den Überblick zu behalten. Vielleicht wissen Arbeits- und Industriesoziologen* deswegen ja auch gar nicht, was sie alles wissen – und damit ist die Eingangsfrage berührt, ob Lexika heutzutage noch gebraucht werden: Aus der Sicht der Disziplin kann ein Lexikon den durchaus nützlichen Zweck der Selbstvergewisserung erfüllen, indem es den State of the art der arbeits- und industriesoziologischen Fachentwicklung dokumentiert.

Einer ähnlichen Aufgabenstellung verschreiben sich Lehr- und Handbücher, von denen es mittlerweile auch für das Themengebiet der Arbeits- und Industriesoziologie eine Anzahl brauchbarer Werke gibt. Für jedes Lehrbuch – gleichgültig, wie gut es geschrieben ist – gilt freilich, dass es das Fach unvermeidlich aus der Perspektive und mit den Schwerpunktsetzungen des jeweiligen Autors abhandelt. Ein Lexikon versucht, diese Selektions-, Strukturierungs- und Gewichtungseffekte zu minimieren, indem es die Beiträge möglichst vieler einschlägig ausgewiesener Fachleute versammelt und zudem durch sein Format erlaubt, mehr Thematiken und Aspekte anzusprechen, als es in einem Lehrbuch gemeinhin möglich ist.

Eine programmatische Absicht dieses Lexikon ist also, das derzeitige Wissen der Arbeits- und Industriesoziologie im Überblick und umfassend zu bündeln, und zwar so, dass es auch jenseits der Grenzen des Fachs – etwa von Studierenden, Kollegen aus angrenzenden Wissenschaften und interessierten Laien – problemlos rezipiert werden kann. Anders als bei einem Lehrbuch geschieht dies nicht in einer systematisch nach Kapiteln und Unterkapiteln gegliederten Weise, sondern in Form von Stichwortartikeln, die jeweils einem einheitlichen Aufbauschema folgen. Um nicht nur den aktuellen Wissensstand zusammenzufassen, sondern auch die Vielfalt von Positionen und den Facettenreichtum von Befunden, die markanten Entwicklungsstationen und nicht zuletzt die Kontroversen zu den jeweiligen Themen darzustellen, umfassen die Beiträge in der Regel die Abschnitte „Begriff", „Genese/theoretischer Kontext" sowie „zentrale Forschungsergebnisse". Darüber hinaus wird, soweit möglich und sinnvoll, auch der Bezug zur internationalen Debatte hergestellt; denn obgleich die Arbeits- und Industriesoziologie ein Fach ist, das in hohem Maße deutsch geprägt ist, weist es doch zugleich seit jeher vielfältige und sehr befruchtende Verbindungen mit einschlägigen ausländischen Diskursen auf. Schließlich finden sich am Ende der Beiträge Hinweise für eine das jeweilige Thema vertiefende Lektüre.

Ein aus unserer Sicht bedeutsamer Vorteil, den Lexika auch heute noch für sich ins Feld führen können, ist ihre Eignung für eine „multimodale" Nutzung: für die Lektüre von vorn bis hinten, so dass der Leser im Ergebnis einen fundierten Überblick über das Fach insgesamt hätte; für die Lektüre einzelner Stichwortartikel, wenn der Leser sich über den Stand der Forschung zu einem spezifischen Aspekt informieren will; und für die Option des eigenen, unchronologischen Lektürewegs, indem sich der Leser durch die Querverweise individuell von einem Stichwort zu einem zweiten oder dritten leiten lassen. Zusätzlich erleichtern Register und Literaturhinweise, zu den gesuchten Informationen zu gelangen.

Nicht zuletzt soll das Lexikon auf veränderte Literatur-Nutzungsgewohnheiten der „Generation Hyperlink" antworten. Möglicherweise ist die Neigung, sich auf systematisch strukturierte, große Werke des Typs Lehrbuch einzulassen, auf dem Rückzug; das Lexikon lässt demgegenüber individuelle Aneignungsweisen per „Stichwort-Hopping" zu – und ermöglicht dabei doch einen fundierten, stichhaltigen Überblick. Schließlich soll das Lexikon eine Alternative zu dem markanten Trend anbieten, sich Informationen zu einzelnen Aspekten zielgerichtet aus elektronischen Quellen zu suchen – eine Methode, deren Nachteile schon oft beschrieben wurden: Welche Quellen gefunden werden, hängt meist vom Zufall (oder von Googles Algorithmen) ab. Ob sie zuverlässig sind, vermag der Nutzer oft nicht zu beurteilen, und ob sie durch Verweisung auf andere Quellen einen sinnvollen Zusammenhang stiften, ist meist mehr als fraglich.

---

* In diesem Vorwort ist – wie im Lexikon insgesamt – von „Soziologen", „Autoren", „Lesern" usw. die Rede; der besseren Lesbarkeit wegen wird die männliche Form verwendet, wenn beide Geschlechter gemeint sind.

Gemessen am erratischen Charakter der Informationssammlung per Suchmaschine ist ein Lexikon ein hochstrukturiertes Werk – auch wenn es, wie erwähnt, die Selektivität und interpretierende Strukturierung eines Lehrbuchs zu umgehen sucht. Gleichwohl ist offenkundig, dass auch ein Lexikon selektiv ist: Bereits der Anzahl, der Auswahl und dem Zuschnitt der Stichwörter liegen Selektionsentscheidungen zugrunde. Wir haben uns in einem langen Diskussionsprozess, an dem auch der Verleger Rainer Bohn beteiligt war, bemüht, sie so zu schneiden, dass das Fach möglichst systematisch und vor allem in Hinblick auf zentrale Wissensbestände hinreichend repräsentiert wird. Unser Ziel war es, aus der Sicht der Autoren eine in sich abgerundete Darstellung eines einzelnen Aspekts bei vertretbarer Textlänge vorzulegen. Und aus der Sicht der Leser soll ein Stichwortartikel über sein Thema erschöpfend informieren und zugleich weitgehend redundanzfrei auf weitere Zusammenhänge verweisen, die in anderen Stichwortartikeln vertieft erörtert werden.
Bei der Entstehung dieses Lexikons trat die Spannung zwischen Planung und Ausführung zutage, die (nicht nur) jeder Arbeitssoziologe kennt, und es galt, diese Kluft durch Kompromisse zu überbrücken. Für manche ins Auge gefassten Stichwörter war er schwierig oder gar unmöglich, kompetente Bearbeiter zu gewinnen, so dass manche Aspekte in anderen Artikeln mit ‚eingeflickt' werden mussten. Zuweilen war es nicht einfach, unsere Vorstellungen über das ‚Strickmuster', den Detaillierungsgrad und die Länge eines Beitrags mit den Ideen der Autoren in Einklang zu bringen; und nicht immer war es möglich, unsere zeitliche Taktung der verschiedenen Bearbeitungsschritte mit den Terminplänen der Verfasser zu synchronisieren. Erfahrungen dieser Art sind nichts Ungewöhnliches, jeder Buchherausgeber macht sie. Wenn es jedoch gilt, nahezu 90 Manuskriptentstehungsprozesse und fast ebenso viele Beteiligte zu koordinieren, gewinnen diese Erfahrungen freilich eine spezifische Qualität – das mögen unsere Leser, hoffen wir, wohlwollend ins Kalkül ziehen, wenn sie ein Stichwort vermissen oder eine andere Unzulänglichkeit auffällt.
Ob wir nun die Ziele, die wir mit diesem Lexikon verbinden, erreicht haben, müssen andere entscheiden. Gar nichts erreicht hätten wir freilich ohne die Mitarbeit der einschlägigen Experten aus dem Fach. Auf unsere Einladungen zur Beteiligung erhielten wir höchst erfreuliche Resonanz, viel ermutigendes Echo und nicht selten die Ermahnung, die Probleme und Minenfelder bei der Erstellung eines Lexikons nicht zu unterschätzen – sehr zu Recht, wie wir in der Retrospektive sagen können. Jedes Manuskript wurde einem Review-Prozess unterzogen, in den auch Rainer Bohn einbezogen war. Unsere Rückmeldungen an die Verfasser führten zu intensiven und teilweise kontroversen Diskussionen – etwas anderes hätten wir allerdings auch nicht erwartet. Aber die Autoren akzeptierten letztlich geduldig und kooperativ unsere Überarbeitungsvorschläge.
Wir sind ihnen zu großem Dank verpflichtet. Sie haben sich engagiert und kenntnisreich nicht nur auf einen aufwändigen Arbeits- und Schreibprozess eingelassen, sondern zugleich mit ihren Beiträgen die Klärung wichtiger Themen der Arbeits- und Industriesoziologie vorangetrieben; sie haben ein Lexikon ermöglicht, das den Wissensbestand der Arbeits- und Industriesoziologie und ihrer angrenzenden Fachgebiete in einer Form dokumentiert, die es in der deutschsprachigen Literatur bislang nicht gab. Besonders zu danken aber haben wir Rainer Bohn. Auf ihn geht die Idee zu diesem Lexikon zurück; er war in den gesamten Review-Prozess einbezogen und hat ein Lektorat ausgeübt, wie es in anderen wissenschaftlichen Verlagen nicht mehr üblich ist; dadurch hat er in gar nicht zu überschätzender Weise zum inhaltlichen und formalen Gelingen des Projektes beigetragen. Müßig zu erwähnen, dass wir ohne seine technisch-organisatorische Unterstützung angesichts von knapp 90 Manuskripten in immer neuen Versionen vermutlich ab einem gewissen Zeitpunkt den Überblick verloren hätten. Er hat zudem die Mühe auf sich genommen, die den jeweiligen Stichwörtern beigefügten Literaturverzeichnisse in ein Gesamtliteraturverzeichnis zu integrieren, so dass es ihm zu verdanken ist, dass am Ende dieses Lexikons eine Bibliografie entstanden ist, die wohl die meisten Publikationen der deutschen Arbeits- und Industriesoziologie zumindest der letzten 60 Jahre enthält.

Dortmund und Bochum, im Frühjahr 2013
Hartmut Hirsch-Kreinsen und Heiner Minssen

Inhalt

Anerkennung

Begriff

„Anerkennung" bezeichnet eine positive Bewertung von Akteuren bzw. ihrer Eigenschaften durch andere Akteure, soziale Gebilde wie Organisationen oder Communities, soziale und politische Öffentlichkeiten und gesellschaftliche Normstrukturen. Anerkennung lässt sich also auf einer *Mikroebene* als intersubjektive Anerkennung, auf einer *Mesoebene* als Anerkennung in sozialen Gebilden und auf einer *Makroebene* als soziales Prestige und als gesellschaftliche Legitimationsverhältnisse betrachten. Unter Anerkennung darf man somit nicht nur eine kommunikative Beziehung verstehen, wie dies etwa in der Psychologie oder auch in Führungskonzepten meist vorherrscht. Vielmehr ist sie in gesellschaftlichen Strukturen, tariflichen und rechtlichen Regelungen und sozialen Symbolen institutionalisiert, in denen soziale Wertigkeiten zum Ausdruck kommen.

Anerkennung übersetzt Ungleichheitsstrukturen und normative Erwartungen in die Identitäten. Menschen sehen sich nämlich im Spiegel der Anderen und bewerten sich im Lichte der allgemeinen gesellschaftlichen Erwartungen und der Anerkennungskriterien der engeren (subkulturellen) Umwelt. Eine obere Position in Strukturen sozialer Ungleichheit ist nicht nur Ausdruck besonderer Anerkennung, sondern prägt die Anerkennungschancen der Einzelnen ebenso wie ihre Anerkennungserwartungen. Andererseits aber ist Anerkennung ein Anspruch, den Menschen an ihre Umwelt richten. Sie entwickeln ihre Identität in Auseinandersetzung mit den Erwartungen Anderer. Aus diesen Spannungen kann ein „Kampf um Anerkennung" (Honneth 1994) resultieren. Solche Kämpfe um Anerkennung können Katalysatoren sozialen Wandels sein, in denen Individuen und soziale Gruppen die soziale Anerkennung neuer Ansprüche, Identitäten und Problemlagen erstreiten und damit das normative Gefüge beeinflussen.

Genese/theoretischer Kontext

Die Theorie der Anerkennung wurde in den letzten Jahrzehnten zunächst als *sozialphilosophisches* Konzept unter Rückgriff auf die Philosophie von Hegel einflussreich. Charles Taylor (1993) beschäftigte sich mit der Anerkennung kultureller Differenzen in einer Politik der Differenz, die auf die Anerkennung des Unterschiedlichen als Gleichwertiges angewiesen ist. Axel Honneth (1994) wollte demgegenüber eine grundlegende Theorie menschlicher Identitätsentwicklung und gesellschaftlichen Fortschritts entwickeln. Auch Verteilungskämpfe und die Emanzipationsbestrebungen der Arbeiterbewegung sind in seiner Perspektive als Kämpfe um Anerkennung zu verstehen.

Während die *Philosophie* in erster Linie zu begründen versucht, wie Anerkennung (auf einer bestimmten Stufe sozialmoralischer Entwicklung) normativ zu verstehen ist, betrachtet die *Soziologie* Anerkennung analytisch als ein Medium sozialer Integration und sozialen Konflikts und als eine wesentliche Handlungsdimension von Akteuren. Die Kategorie der Anerkennung kann hier an weit zurückreichende Theorietraditionen anschließen. Ein frühmoderner Autor einer Theorie der Anerkennung ist Adam Smith. In seinem zweiten Hauptwerk, der „Theory of Moral Sentiments" definierte er „Ansehen" als das menschliche Bedürfnis, das den Eigennutz der Individuen begrenzen und regulieren kann. Max Weber und Georg Simmel sprachen von der „sozialen Ehre", wenn sie die symbolische Ordnung der Gesellschaft und die legitimen Formen der Lebensführung in den Blick nahmen. Für Simmel war die Dankbarkeit als eine Form der Anerkennung im Sinne einer Gabentauschbeziehung einer der wesentlichen Faktoren sozialer Wechselbeziehungen und gesellschaftlichen Zusammenhalts. Im symbolischen Interaktionismus von George Herbert Mead und Erving Goffman wurde Anerkennung als wesentliches Element einer intersubjektiven Theorie der Identität verstanden. Talcott Parsons und die funktionalistischen Prestigetheorien sahen in sozialer Anerkennung die Verbindung zwischen der Motivation menschlichen Handelns und dem gesellschaftlichen Normensystem, weil in einer gut integrierten Gesellschaft denjenigen Anerkennung bzw. Prestige zukomme, die viel zur Realisierung gesellschaftlich anerkannter Ziele beitragen.

In der *Arbeits- und Industriesoziologie*, die von interessentheoretischen Konzepten dominiert war, hatte das Konzept der „Anerkennung" lange Zeit eine eher randständige Bedeutung. Immer wieder wurden jedoch in empirischen Forschungen Fragen von Identität und Anerkennung in der Arbeit behandelt. So wurden in der als „Werftstudie" bekannt gewordenen Untersuchung von Schumann et al. (1982), in der die Wirkungen betrieblicher Rationalisierung auf das Arbeitsbewusstsein der Beschäftigten in der Krise der Werftindustrie untersucht wurden, zwei Bezugsweisen des Arbeiters auf seine Tätigkeit unterschieden: Die Arbeitskraft-Perspektive, in der es um die Höhe des Lohns und ihre dauerhaften Verkaufschancen, und die Subjekt-Perspektive, in der es um die Realisierung eigener Fähigkeiten und Kompetenzen in der konkreten Arbeit und die soziale Anerkennung durch Kolleg:innen und Vorgesetzte sowie die Wertigkeit des eigenen Produkts geht (→ auch Arbeit und Interaktion, Arbeiterbewusstsein, Entgelt und Leistung, Psychologischer Vertrag).

Die Studie über „Betriebliche Lebenswelt" von Volmerg, Senghaas-Knobloch und Leithäuser (1986) identifizierte die große Bedeutung, die der Suche nach dem „Sinn der Arbeit" und dem eigenen Beitrag in der Arbeit zukommt. Hermann Kotthoffs Forschungen analysierten den → Betriebsrat als eine Institutionalisierung von Anerkennung und fußten auf dem Konzept der → „betrieblichen Sozialordnung", in der „die handelnden Personen mit ihrem Anerkennungsanspruch – häufig gegensätzlich – deutend, interpretierend und Stellung nehmend die Struktur produzieren bzw. eine vorhandene Struktur reproduzieren." (Kotthoff 1994, S. 24)

In den 1980er Jahren kamen Beiträge aus der berufsbiografischen (Giegel et al. 1988) und aus der Frauenforschung hinzu. Gerade hier zwingt der Gegenstand dazu, die Arbeit im gesamten Lebenszusammenhang und damit in Bezug auf die Identität zu sehen. Besonders die Untersuchungen von Regina Becker-Schmidt (1983) arbeiteten das doppelte Anerkennungsdefizit von Arbeiterinnen zwischen sozialer Anerkennung im Betrieb und privater Anerkennung im Haushalt heraus (→ Arbeit und Geschlecht, Sorgearbeit).

Man darf nicht vergessen, dass zur Geschichte des Anerkennungsparadigmas auch die Hawthorne-Studien und die Human-Relations-Bewegung gehören. Hier wurde in der „psychologischen" Gestaltung der Arbeitsbeziehungen und der Entwicklung eines anerkennenden Führungsstils ein Instrument zur Steigerung von Arbeitsmotivation und betrieblichem Konsens gesehen. Dadurch stand das Anerkennungsparadigma im Verdacht, die im → Taylorismus strukturell angelegten Formen der Missachtung der Arbeitenden zu verdecken.

Zu größerer Beachtung verhalf der Anerkennungsperspektive dann ab Mitte der 1990er Jahre die Debatte in der deutschen Arbeitssoziologie um die → „Subjektivierung der Arbeit". In dieser Debatte wurden die in der empirischen Forschung ermittelten gestiegenen Ansprüche der Beschäftigten thematisiert, ihre Subjektivität in die Arbeit einzubringen, die in widersprüchlicher Weise mit gleichfalls gewachsenen Anforderungen der Unternehmen an die Beschäftigten einhergehen, selbstorganisiert zu arbeiten und ihre Subjektivität zum Erreichen der Organisationsziele zu nutzen. Vor diesem Hintergrund gewann die Anerkennungsperspektive verstärkt an Resonanz (Holtgrewe et al. 2000, Voswinkel 2001, Wagner 2004, Frey 2009).

Zentrale Forschungsergebnisse

In der Gesellschaft der Moderne sind Arbeit, berufliche Leistung und wirtschaftlicher Erfolg zentrale Grundlagen und Institutionen gesellschaftlicher Wertschätzung. Im Arbeitsmarkt erwirbt man basale Anerkennung durch den Erwerb und Erhalt einer Arbeitsstelle und durch eine erfolgreiche Karriere (→ auch Erwerbsarbeit). Durch seinen Beruf wird die Einzelne in der Welt gesellschaftlicher Arbeitsteilung verortet.

Weil in diesem Sinne Arbeit wesentlich für die Identität ist, ist Arbeitslosigkeit (→ Erwerbslosigkeit) eine der zentralen Ursachen von Anerkennungsdefiziten, Identitätskrisen und Stigmatisierungserfahrungen. Aber auch in der Arbeit sind die Chancen, Wertschätzung zu erzielen, höchst ungleich. Denn es gibt mehr und weniger wertgeschätzte Tätigkeiten. Arbeit kann auch Quelle der Missachtung sein, wenn sie als schmutzige, sozial unterwürfige oder moralisch diskreditierte Arbeit (dirty work) angesehen ist. Verschiedene Arbeiten und Arbeitskulturen ringen untereinander um gesellschaftliche Wertschätzung. Erziehungs-, Familien-, Pflege- und ehrenamtliche Arbeiten kämpfen darum, gegenüber der Erwerbsarbeit als Arbeit anerkannt zu werden (Nierling 2013) (→ Nicht-Erwerbsarbeit). Müllmänner beziehen sich auf männliche Werte von Stärke, um ihre Stigmatisierung zu bearbeiten (Billerbeck 1998). Die → Dienstleistungsarbeit (Voswinkel 2005 a) leidet nach wie vor unter einem Anerkennungsdefizit gegenüber der Produktions- und Wissensarbeit. Die häufig weiblich konnotierten Care-Arbeiten – etwa die Pflegearbeit (Kumbruck et al. 2010) – sind zwar moralisch zunehmend wertgeschätzt, erfahren jedoch hinsichtlich ihres Status und ihres Einkommens nur geringe Anerkennung. Und auch prekär Beschäftigte machen immer wieder Erfahrungen von Missachtung ihrer Arbeit (→ auch Einfacharbeit, Niedriglohnsektor, Prekarität, Sorgearbeit).

Anerkennung in der Arbeit wandelt sich. War bis in die Frühzeit der Industrialisierung hinein die soziale Lage des Arbeiters/der Arbeiterin durch geringes gesellschaftliches Prestige gekennzeichnet, weil soziale Anerkennung an Geburt (Adel) oder Eigentum (Bürgertum) gebunden war, so gelang es der Arbeiterbewegung, Anerkennung für die Arbeit in einer „Lohnarbeitsgesellschaft" zu erringen, in der kollektive und sozialstaatliche Regulierungen und Sicherungen als „Sozialeigentum" eine neue Basis gesellschaftlicher Anerkennung begründeten (Castel 2000) (→ auch Arbeit im Kapitalismus, Arbeitsgesellschaft). Der → Fordismus muss allerdings als eine komplexe Verbindung von Anerkennung und Missachtung der Beschäftigten beschrieben werden, weil er zwar eine Anerkennung des Arbeiters/der Arbeiterin als „Arbeitsbürger" (Kotthoff 1994) ermöglichte, in den tayloristischen Arbeitsstrukturen aber vor allem die ausführende Arbeit immer mehr fragmentiert und dequalifiziert wurde.

Vor dem Hintergrund erweiterter Aufstiegsmöglichkeiten, der gestiegenen Bildungsbeteiligung der Lohnabhängigen und unter Bezug auf die Werte der Moderne von Autonomie und → Partizipation entwickelte sich in der Spätphase des Fordismus eine zunehmende Spannung zwischen Produktionsweise und gesellschaftlicher Subjektivität. Als auch die Anforderungen der Produktion sich so wandelten, dass der fordistische Arbeitnehmertypus den Anforderungen an Flexibilität und Selbstorganisation nicht mehr genügen konnte, geriet mit dem Fordismus auch der entsprechende Anerkennungsmodus in die Krise. Beschäftigte fordern nun Autonomie als Ausdruck von Anerkennung ein und Unternehmen ziehen sich aus der Verpflichtung zurück, normale Arbeitsleistung in dauerhaften Betriebsbindungen zu würdigen. Mit der Flexibilisierung und → Vermarktlichung der Arbeit wird erworbener Status immer wieder in Frage gestellt; in wiederkehrenden Reorganisationsprozessen von Unternehmen (→ Unternehmens[re]organisation) muss sich der/die Einzelne immer wieder neu bewähren, seinen/ihren Platz in veränderten Arbeitskontexten neu finden. Diese Veränderungen begründen eine eher fluide Anerkennung, in der die Mitarbeiter:innen und ihre Potenziale wiederkehrend evaluiert werden, ohne dass sie die Sicherheit erhalten, damit einen dauerhaften Status zu erwerben (Voswinkel/Wagner 2013).

Unter diesen Bedingungen werden Anerkennungswünsche und -enttäuschungen verstärkt als Probleme und Erklärungsfaktoren des Arbeitshandelns und betrieblicher Konflikte erkannt. Johannes Siegrist (1996) konnte einen engen Zusammenhang von „Gratifikationskrisen" und Gesundheitsbeeinträchtigungen nachweisen (→ auch Arbeits- und Gesundheitsschutz). Michael Frey (2009) arbeitete die zentrale Bedeutung der Anerkennung in der Arbeit als Element der subjektiven Aneignung von Arbeit heraus. Die empirischen Untersuchungen zur Umsetzung des neuen Entgeltrahmenabkommens in der Metallindustrie (Kuhlmann/Schmidt 2011) haben gezeigt, dass viele Beschäftigte trotz finanzieller Besitzstandswahrung ihre Arbeit durch die neue Bewertung nicht angemessen anerkannt fanden. Insbesondere ältere Beschäftigte klagten über die mangelnde Anerkennung ihrer Erfahrungen und ihrer Lebensleistung, wie Sabine Zimmer (2016) in einer ausführlichen Fallstudie eines Automobilunternehmens aufzeigte.

Wesentlich für die Präzisierung des Konzepts der Anerkennung ist sein Verhältnis zu demjenigen des Interesses. Beschäftigte streben nach Anerkennung oder/und verfolgen pragmatische Interessen; sie erfahren Versagungen als Verstöße gegen ihre berechtigten Interessen oder/und als Missachtung. Das Verhältnis von Interessen- und Anerkennungsdimension ist umstritten. Jule Westerheide (2021) besteht auf der Priorität des „Interesses". Boes und Trinks (2006) verstehen das Streben nach Anerkennung und Verwirklichung in der Arbeit als eine wesentliche Interessendimension von IT-Beschäftigten (→ auch Informations- und Wissensarbeit). Schmidt 2005 und Voswinkel 2012 plädieren für eine duale bzw. mehrdimensionale Perspektive, in der Arbeitsbeziehungen sowohl unter dem Blickwinkel der Anerkennung wie unter jenem des Interesses zu untersuchen sind und es zu Konflikten zwischen dem Interesse und dem Anerkennungsbedürfnis – zu einer „Anerkennungsfalle“ (Voswinkel 2021) – kommen kann. Auch soziale (Arbeits-)Konflikte können als Interessen- *und* als Anerkennungskonflikte gerahmt sein; sie bilden dann unterschiedliche Konflikttypen mit spezifischen Dynamiken (Voswinkel 2001, Nachtwey 2013). In neuerer Zeit nehmen immer mehr Arbeitskonflikte insbesondere im öffentlichen Sektor – etwa in Kitas und im Pflegebereich – den Charakter von Anerkennungskämpfen an (Flecker et al. 2014, Bräutigam et al. 2020).

Internationaler Bezug

In der Sozial-, besonders der politischen Philosophie ist die Anerkennungstheorie international breit rezipiert. Sie bezieht sich hier vor allem auf die Beziehung sozialer und kultureller Identitäten. Im *nordamerikanischen* Kontext wurde besonders von Nancy Fraser (Fraser/Honneth 2003) auf die Relevanz von Rassenkonflikten, die Anerkennungskämpfe zwischen den Geschlechtern und die Akzeptanzbestrebungen von Homosexuellen hingewiesen. Michèle Lamont (2002) hat die moralischen Einstellungen weißer und schwarzer nordamerikanischer Arbeiter in ihrem Verhältnis zur Arbeit als Bemühung um Selbstrespekt und Würde aufgezeigt. In der Soziologie *Italiens* hat Alessandro Pizzorno (1978) bereits in den 1970er Jahren die zentrale Bedeutung von Anerkennung und Identität zur Erklärung der expressiven Seite von Arbeitskämpfen betont. In *Frankreich* verstand Pierre Bourdieu (1993) Anerkennung als symbolisches Kapital, das die Position eines Akteurs im sozialen Feld verbessern kann und den anderen Kapitalsorten (ökonomischem, kulturellem und sozialem Kapital) ihren gesellschaftlichen Wert zuweist. Gerade die französische Soziologie und Sozialphilosophie behandelt explizit oder implizit Fragen der Anerkennung mit Nachdruck. Robert Castel (2000) arbeitet die Erosion von Anerkennung in den Prozessen einer negativen Individualisierung, der Exklusion und sozialen Verwundbarkeit heraus. François Dubet (2008) beschreibt die Erfahrung fehlender Anerkennung als eine der wesentlichen Ungerechtigkeitserfahrungen in der Arbeit. Bigi et al. (2015) entwickeln eine anerkennungssoziologische Analyse der modernen Arbeit, Christophe Dejours (2012) analysiert Anerkennungsprobleme als wesentliche Elemente des Leidens in der Arbeit und Dejours et al. (2018) erörtern „recognition“ als eine zentrale Kategorie der „Rückkehr der Arbeit in die Kritische Theorie“.

Stephan Voswinkel

Empfehlungen zum Weiterlesen

Castel, Robert 2000: Metamorphosen der sozialen Frage. Konstanz: UVK.

Frey, Michael 2009: Autonomie und Aneignung in der Arbeit. München/Mering: Hampp (bes. Kap. III.2 und VI.1).

Holtgrewe, Ursula/Voswinkel, Stephan/Wagner, Gabriele (Hg.) 2000: Anerkennung und Arbeit. Konstanz: UVK (bes. die Einleitung).

Voswinkel, Stephan 2001: Anerkennung und Reputation. Die Dramaturgie industrieller Beziehungen. Konstanz: UVK.

Voswinkel, Stephan 2012: ‚Recognition' and ‚Interest': A Multidimensional Concept in the Sociology of Work. In: Distinktion: Scandinavian Journal of Social Theory, Vol. 13, No.1, S. 21–41.

Angestelltensoziologie

Begriff

Der Begriff Angestellte verweist zunächst auf → Erwerbsarbeit; frühe Definitionen gingen von Funktions- und Tätigkeitsmerkmalen sowie von der Positionierung in der Hierarchie eines Unternehmens bzw. einer Verwaltung aus. Angestellte übten hauptsächlich kaufmännisch-verwaltende Tätigkeiten aus, dafür benötigten sie fachspezifische Qualifikationen (→ Qualifikation/Kompetenz). Von der betrieblichen Positionierung ausgehende Definitionen hoben stärker auf höhere oder leitende Stellungen in der Betriebshierarchie ab. Ausgehend von diesen Verortungen in der Arbeitswelt wurden Angestellte in einer sozialstrukturellen Perspektive begrifflich als „Neuer Mittelstand“ (respektive „neue Mittelschicht“) gefasst. Im Gegensatz zum quantitativ eher abnehmenden „alten Mittelstand“ (selbstständige Gewerbetreibende in Handel und Handwerk) wurden Angestellte als anwachsende gesellschaftliche Großgruppe mit spezifischen sozialen Interessenlagen, Orientierungen und Verhaltensweisen eingestuft, der eine gegenüber Arbeitern höhere soziale Stellung mit deutlichen Abgrenzungsbestrebungen zugeschrieben wurde. Definitionen sowie inhaltliche Fragestellungen der Angestelltensoziologie wurden somit stets in engem Zusammenhang mit der jeweiligen Sozialstruktur und der politischen Geschichte eines Landes gesehen (vgl. Mangold 1981). Es ist u.a. diesem doppelten Blick auf die Angestelltenfrage geschuldet, dass in der Angestelltensoziologie lange umstritten war, wer überhaupt dieser Beschäftigungsgruppe zugeordnet werden sollte und welche Charakteristika ihren Arbeitsalltag und ihr berufliches wie gesellschaftliches Bewusstsein bestimmte.

Genese/theoretischer Kontext

Die Beschäftigtengruppe der Angestellten (umgangssprachlich: die mit „der weißen Kragenlinie") begann mit dem Ausgang des 19. Jahrhunderts zahlenmäßig stark zu wachsen, gleichwohl wurde sie von Politik, Wirtschaft und Wissenschaft erst im ausgehenden Kaiserreich und in der Weimarer Republik „entdeckt", als unterschiedliche gesellschaftliche Interessengruppen zunehmend härter um politische Rechte und die Verteilung des gesellschaftlichen Wohlstands rangen. Die wirtschaftlichen und politischen Eliten des Kaiserreichs sahen sich mit den Forderungen der Arbeiterklasse nach politischer Partizipation konfrontiert; diese Kräfte wollten die Angestellten mit Angeboten für soziale Sicherheit und betriebliche → Anerkennung sowie mit staatlich gewährleisteten Bildungszertifikaten für bestimmte Berufs- und Qualifikationsgruppen auf ihre Seite ziehen, um so mit einem starken Bündnispartner Ansprüche der Arbeiterklasse abwehren zu können. Die wissenschaftlichen Analysen der sich in dieser Übergangszeit zur voll entwickelten → Industriegesellschaft stark verändernden Berufs- und Sozialstruktur befassten sich somit von Anbeginn an mit der Frage, wo sich die Angestellten bewusstseinsmäßig und politisch verorten würden, auf der Seite der Arbeiterklasse oder auf der Seite der konservativen Kräfte bzw. der politischen und wirtschaftlichen Elite. Diese Auseinandersetzungen spiegelten sich in der neu entstehenden Angestelltensoziologie wider, die neben der Analyse von Arbeits- und Beschäftigtenverhältnissen in Büros und Kontoren „die Notwendigkeit oder Vergeblichkeit des Klassenkampfes zu begründen hatte" (Kadritzke 1996, S. 42), mit der Folge, dass beim Blick auf die Angestellten „Realität und Ideologie – besonders in Deutschland – weit enger verschlungen" sind als in anderen Ländern (ebd.).

Der Marx'schen Kapitalismusanalyse zufolge verrichten Angestellte im Gegensatz zu Arbeitern „unproduktive Arbeit", da sie keinen Mehrwert schaffen. Die überwiegende Mehrheit der Angestellten in den Verwaltungen von Industriebetrieben, Kreditinstituten, Versicherungen und Handelshäusern stufte Marx als „kommerzielle Lohnarbeiter des Kapitals" ein. Hieran schlossen viele Vertreter der später entstehenden Angestelltensoziologie in der Erwartung an, dass sich Angestellte als „white collars" (Mills 1951) in ihrer Tätigkeit im Gegensatz zu Arbeitern („blue collars") zwar nicht die Hände schmutzig machen müssen, dass sie aber angesichts der Verwertungsbedingungen des Kapitalismus dem Lohnarbeiterstatus nicht entkommen würden und somit wie die Arbeiterklasse auch allgemeinen Gesetzen von Arbeitsteilung, → Rationalisierung und Verelendung ausgeliefert seien. Lediglich einen kleinen Teil der Angestellten, so Ingenieure in Leitungs- und Kontrollfunktionen in der industriellen Produktion (→ auch Ingenieursarbeit), rechnete Marx zum produktiven Gesamtarbeiter, allerdings mit tendenziell abschätzigem Blick für ihre eigentliche Funktion, die er darin sah, als (Unter-)Offiziere des Kapitals zu agieren.

In dem von Max Weber geprägten Strang der Kapitalismusanalyse (vgl. etwa Weber 1976 [1922]) wird den Angestellten (ebenso wie den Beamten) eine produktive Funktion zugeschrieben, zum einen aufgrund der an transparenten Regeln ausgerichteten und korruptions- sowie willkürfreien Sachorientierung bei der Bearbeitung von (kaufmännischen) Vorgängen, zum anderen wegen der strikten Loyalität gegenüber dem Prinzipal bzw. Amt. Werden beide Anforderungen an eine effiziente Bürokratie erfüllt, so winken finanziell angemessene Gratifikationen, beruflicher Aufstieg und wachsende gesellschaftliche Anerkennung. Weber betonte somit anders als Marx die eigenständige Rolle der kaufmännisch-verwaltenden Angestellten für die Ausdifferenzierung und Effizienzsteigerung der modernen Ökonomie. Beides setzt in seinen Augen leistungsfähige private wie staatliche Verwaltungsapparate sowie mit Privilegien ausgestattete Beschäftigte (Bezahlung, beruflicher Aufstieg, soziale Absicherung) voraus. Konsequenterweise verbreitete sich auch in der Privatwirtschaft (Industrie, Banken etc.) für eine allerdings begrenzte Zeit der Begriff des „Privatbeamten" (vgl. Kocka 1981) für Beschäftigte in verantwortungsvollen Funktionsbereichen wie Buchhaltung, Ein- und Verkauf sowie Kreditabteilungen.

In einer Linie mit Max Weber sind die in den 1950er und frühen 1960er Jahren entstandenen Angestelltenstudien mit herrschafts- und organisationstheoretischer Fokussierung zu sehen. Demnach delegieren Unternehmensleitungen und Verwaltungsspitzen an Angestellte Aufgaben der Ausübung von → Herrschaft, sie wurden deshalb als Teil der „herrschenden Klasse" (Dahrendorf 1957) verortet. Mit der Teilhabe von Angestellten an Leitungsfunktionen in Unternehmen (vgl. neben Dahrendorf Croner [1962]) werden zugleich Erwartungen an spezifische betriebliche und gesellschaftliche Verhaltensformen verbunden, die im Gegensatz zu den Prognosen von Marx nicht für eine Annäherung an die Arbeiterklasse, sondern für Distinktion und eigenständige Interessenorientierung stehen sollten.

Es war Hans Speier, der mit seiner erst 1977 publizierten – aber schon Anfang der 1930er Jahre verfassten – Studie „Zur Soziologie der deutschen Angestelltenschaft" (so der ursprüngliche Titel) aus den kontroversen Positionen in der Angestelltenfrage herausführte. Speier präsentierte eine Argumentationslinie, in der erstmals die Heterogenität von Angestelltentätigkeiten angemessen berücksichtigt wurde und in der das gesellschaftliche Denken und Handeln nicht allein aus der betrieblichen Funktion und Positionierung, sondern auch mit Blick auf die sehr unterschiedlichen sozialen Herkunftsmerkmale reflektiert wurde. Was von Kracauer (1930) in seiner Sozialreportage zeitgleich für Männer und Frauen in ganz unterschiedlichen Angestelltenverhältnissen plastisch beschrieben wurde, brachte Speier (1977, S. 21) dergestalt auf den Punkt, dass „diese Schicht einerseits an das Lumpenproletariat, anderseits an Kleinunternehmer und Direktoren von Mittel- und Großbetrieben heranreichte". Und wenn dann noch „vorkapitalistische, militärische, bürokratische und noch andere Wertvorstellungen" (ebd.) ins Spiel kommen, so sollte es niemanden wundern, dass unter den Angestellten sowohl „mittelständische" als auch (frei-)gewerkschaftliche Orientierungen vorfindbar waren.

Zwei weitere namhafte „Gründungsväter" der Angestelltensoziologie in Deutschland, Emil Lederer und Jacob Marschak (1926), spitzten die wissenschaftliche Debatte auf die Frage zu, ob Angestellte als „neuer Mittelstand" den unübersehbar niedergehenden „alten Mittelstand" als zwischen den antagonistischen Interessen von Bourgeoisie und Arbeiterklasse stehend ablösen würden. Ihre Hypothese lautete, „daß der Kapitalismus zwar durch die ihm immanenten Tendenzen unaufhaltsam zur Konzentration der wirtschaftlichen Unternehmungen, damit zur Verminderung der selbstständig Berufstätigen, zur Auflösung und Zurückdrängung des alten Mittelstandes führe, daß jedoch auf der anderen Seite eine rapid wachsende Schicht unselbstständig Berufstätiger in Bildung begriffen sei, welche keine Arbeiter umfasse, den Fortgang des Proletarisierungsprozesses aufhalte, sich als Puffer zwischen das Großkapital und das Proletariat schiebe und alle die sozialen Funktionen übernehme, für welche die ‚alte Mittelschicht' numerisch zum Teil auch sozial und kulturell nicht mehr ausreiche" (1926, S. 121 f.).

Diese zwei Leitfragen der Angestelltensoziologie – Lohnarbeiterschicksal oder angestelltenspezifische, privilegierte Formen der Arbeitskraftnutzung und der Rationalisierung sowie „neuer Mittelstand" mit eigenständiger gesellschaftlicher Orientierung und Distanz zur Arbeiterklasse – bestimmten die wissenschaftlichen Debatten bis in die 90er Jahre des 20. Jahrhunderts, d.h. – zugespitzt – bis zu ihrer (schleichenden) Auflösung in einer sich neu aufstellenden Dienstleistungssoziologie.

Zentrale Forschungsergebnisse

Die empirischen Analysen von Arbeits- und Beschäftigungsverhältnissen in der Bundesrepublik konzentrierten sich bis in die 80er Jahre des 20. Jahrhunderts auf Fragen zur Zukunft von Industriearbeit; ein eigenständiger Strang der Angestelltensoziologie verblieb im Windschatten des

„großen Bruders" Industriesoziologie. Letztere neigte mehrheitlich der Marx'schen Prognose des gleichen Lohnarbeiterschicksals von Arbeitern und Angestellten im entwickelten Kapitalismus zu. Debattiert wurde – wie schon in der Weimarer Republik – über das „Ende der weißen Kragenlinie", sprich die endgültige Unterwerfung der Angestellten unter Rationalisierungsmuster und -folgen, wie sie Taylor (→ Taylorismus) und seine Nachfahren für industrielle Produktionsarbeit konzipiert und durchgesetzt haben. Baethge/Oberbeck konnten mit der Studie „Zukunft der Angestellten" (1986) auf der Basis von Betriebsfallstudien demgegenüber nachweisen, dass zwar einfachere Angestelltentätigkeiten durch Technikeinsatz nahezu vollständig substituiert wurden, dass aber in qualitativ anspruchsvolleren Einsatzfeldern Anforderungsprofile und Autonomiespielräume ausgeweitet wurden – allerdings bei gleichzeitiger Einführung neuer Formen der Leistungsbemessung und -kontrolle, mit der Folge einer „Entmythologisierung" sowie „Refeudalisierung" von Angestelltenarbeit (→ Dienstleistungsarbeit). So war für die Mehrheit der kaufmännisch-verwaltenden Angestellten eine Schwächung ihrer betrieblichen Stellung nicht zu übersehen, ablesbar u.a. an neuen technischen Möglichkeiten der Kontrollierbarkeit von Arbeitsabläufen und Leistungen sowie an einer stärkeren betrieblichen Arbeitsmarktabhängigkeit aufgrund unternehmensgebundener Weiterbildung und Arbeitserfahrungen.

Littek/Heisig (1987) kamen in einer zeitgleich durchgeführten empirischen Studie in puncto Qualifikation zu ähnlichen Befunden, allerdings betonten sie ungleich stärker die Bedeutung betrieblicher Aushandlungsprozesse bei der Verbreitung von EDV in kaufmännischen und technischen Abteilungen der Industrie. Das Management, so ihr Befund, wollte hier explizit die Interessen der qualifizierten Angestellten aufnehmen. Der Mehrheit der seinerzeit aktiven Industrie- und Angestelltensoziologen warfen sie die Nichtbeachtung betrieblicher Sozialbeziehungen vor, was dazu führe, dass Spielräume für die differenzierte Gestaltung von Arbeitsprozessen und Gratifikationen auf Betriebsebene systematisch unterschlagen würden (1987, S. 17). Littek und Heisig hoben also auf „individualistische Handlungsstrategien" sowie auf intakte Vertrauensbeziehungen zwischen → Management und qualifizierten Angestellten ab und erneuerten so das Theorem einer gegenüber (Industrie-)Arbeitern deutlich herausgehobenen sozialen Stellung im Betrieb (→ auch Arbeit und Technik, Arbeitspolitik, Facharbeit, Arbeit im Kapitalismus).

In den 1990er und 2000er Jahren entstanden empirische Studien insbesondere zu Rationalisierungsverläufen, Interessenlagen und Verhaltensweisen hochqualifizierter und mit Leitungskompetenzen versehener Angestellter – mit wiederum kontroversen Befunden und wissenschaftlichen Interpretationen. So wurden steigende Qualifikationsanforderungen und zunehmende subjektive Ansprüche an die Ausgestaltung betrieblicher Prozesse und Strategieentwicklung im Sinne einer „Beitragsorientierung" für das Unternehmen festgestellt – bei gleichzeitig anwachsender Belastung durch Leistungsdruck und wenig stringent gestalteten Rationalisierungsprojekten, ohne dass diese privilegierte Gruppe der Angestellten daraus die Notwendigkeit einer kollektiven Interessenvertretung gemeinsam mit Arbeitern und eher geringqualifizierten Angestellten ableitete (vgl. den Überblick in Kotthoff 2016). Insbesondere die Gewerkschaften und einige der ihnen nahestehenden Industriesoziologen hoffen gleichwohl unbeirrt auf die Einsicht der qualifizierten kaufmännisch-verwaltenden wie der technischen Angestellten in das auch für sie unter kapitalistischen Bedingungen unvermeidliche Lohnarbeiterschicksal. So sehen Boes und Mitautoren (Boes et al. 2014, S. 33) hochqualifizierte Angestellte „auf dem Weg zu einer Industrialisierung neuen Typs (…). Neue Formen der Standardisierung und Prozessorientierung halten Einzug selbst in jene Bereiche der Kopfarbeit, die sich durch einen hohen Anteil kreativer Arbeit auszeichnen." Die Achillesferse dieser These vom Ende ehedem privilegierter Arbeitsbedingungen bleibt eine schmale Empiriebasis (vor allem in der IT-Industrie); zudem gibt es empirische Studien mit gegenläufigen Befunden, d.h. die „Kopfarbeiter" verfügen durchaus über Potenziale zur Abwehr von Rationalisierungsvorstellungen des Managements, wenn diese ihren Vorstellungen von anspruchsvoller, sinnstiftender und eigenverantwortlicher Arbeit zuwiderlaufen (vgl. Hodgson/Briand 2013, Kratzer/Tullius 2016). Den Prognosen einer Trendwende in Richtung Lohnarbeiterorientierung bei der Mehrheit der kaufmännisch-verwaltenden wie der technischen und hochqualifizierten Angestellten ist daher weiterhin mit Skepsis zu begegnen. Zu vermuten ist eher, dass die Dynamik von Arbeit und Beschäftigung bei Angestellten zukünftig wie auch schon in der Vergangenheit durch ebenso heterogene wie gegensätzliche Einflussfaktoren und Verlaufsformen bestimmt sein wird (→ auch Informations- und Wissensarbeit).

In der Metall- und Elektroindustrie wurde nach maßgeblichen Initiativen der IG Metall 2003 ein neues Entgeltrahmenabkommen (ERA) abgeschlossen, mit dem die Differenzierung in separate Lohn- und Gehaltssysteme für Arbeiter und Angestellte aufgehoben wurde – „beseitigt wurde eine Unterscheidung, die als historisch überholt, dysfunktional und diskriminierend galt" (Bahnmüller/Schmidt 2009, S. 119; → auch Entgelt und Leistung). Dass auf dieser Basis die angestrebten gewerkschaftlichen Gleichbehandlungsziele von Arbeitern und Angestellten nachhaltig eingelöst werden können und Arbeiter und Angestellte in gleicher Weise gemeinsam und machtvoll ihre Interessen organisieren und durchsetzen, ist gleichwohl weiterhin kein Selbstläufer. Die Interessenorganisation von Angestellten bleibt für deutsche Gewerkschaften allemal eine Sisyphusarbeit.

Herbert Oberbeck

Empfehlungen zum Weiterlesen

Baethge, Martin/Oberbeck, Herbert 1986: Zukunft der Angestellten. Neue Technologien und berufliche Perspektiven in Büro und Verwaltung. Frankfurt a.M./New York: Campus.

Boes, Andreas/Kämpf, Tobias/Lühr, Thomas/Marrs, Kira 2014: Kopfarbeit in der modernen Arbeitswelt: Auf dem Weg zu einer „Industrialisierung neuen Typs". In: Sydow, J./Sadowski, D./Conrad, P. (Hg.): Arbeit – eine Neubestimmung. Wiesbaden: Springer Gabler, S. 33–62.

Haipeter, Thomas (Hg.) 2016: Angestellte Revisited. Arbeit, Interessen und Herausforderungen für Interessenvertretungen, Wiesbaden: Springer VS.

Kadritzke, Ulf 1996: Angestellte in gewerkschaftlicher Perspektive: Verblassende Exklusivitäten, neue Probleme. In: Hurrle, G./Jelich, F.-J. (Hg.): Geschichte und Zukunft der industriellen Arbeit. Bd. 5: „Arbeiter", „Angestellte" – Begriffe der Vergangenheit? Marburg: Schüren, S. 42–58.

Kotthoff, Hermann 2016: Hochqualifiziertenforschung und Gewerkschaften: Phasen, Paradigmen und Prognosen. In: Haipeter, T. (Hg): Angestellte Revisited. Arbeit, Interessen und Herausforderungen für Interessenvertretungen. Wiesbaden: Springer VS, S. 67–82.

Speier, Hans 1977: Die Angestellten vor dem Nationalsozialismus, Göttingen: Vandenhoeck und Ruprecht.

Arbeit

Begriff

Arbeit meint jede zweckhafte Tätigkeit, die der Befriedigung materieller oder geistiger Bedürfnisse dient. Die Tätigkeit selbst kann dabei in körperlicher, manueller Arbeit und/oder in geistiger Arbeit bestehen. In ihrer elementarsten Form ist Arbeit auf die Sicherung des Überlebens auf der Grundlage natürlicher Ressourcen gerichtet. In philosophischer Sicht schränkte Hannah Arendt den Begriff *Arbeit* auf die physische Reproduktionstätigkeit des Menschen ein, von der sie *Herstellen* etwa im Sinne der Tätigkeit der Künstler und Handwerker und *Handeln* als das auf andere bezogene Tun unterschied (Arendt 1981). Demgegenüber wird Arbeit auch oft als Auszeichnungsmerkmal des Menschen und als Grundlage der Entstehung der Kultur verstanden. In soziologischer Sicht wird insbesondere darauf verwiesen, dass Arbeit in der Regel im Rahmen einer Gemeinschaft und in sozialen Bezügen der Kooperation und Arbeitsteilung erfolgt, im Rahmen von Organisationen und in Interaktion mit anderen geleistet wird. Dabei richtet sich das Erkenntnisinteresse auf die Arbeit in der modernen Gesellschaft, in der die soziale Position in besonderem Maß durch die Arbeit bestimmt wird. Arbeit hat auch Bedeutung für die Person, für die Entwicklung ihrer Fähigkeiten und Fertigkeiten, ihres Bewusstseins und ihrer Identität. Sie wird auch als wichtige Grundlage der Integration der Menschen in ihre Gesellschaft (bzw. im Fall von Migranten: in die Aufnahmegesellschaft) gesehen.

Arbeit wird in der Gegenwart mit kontinuierlicher, meist unselbstständiger → Erwerbsarbeit identifiziert. Sie wird durch die Institution des Arbeitsvertrags und durch das Arbeitsverhältnis zwischen Arbeitgeber und Arbeitnehmer konstituiert, verweist daher nicht auf ein bestimmtes

Tun, sondern auf eine Beziehung und auf die kollektive Zugehörigkeit zu einer sozialen Kategorie *Arbeiter* oder *Arbeitnehmer*. Die empirischen Studien der Arbeits- und Industriesoziologie beschäftigen sich primär mit den Formen der Erwerbsarbeit, insbesondere der Lohnarbeit im → Betrieb. Im Zentrum der Aufmerksamkeit stand dabei lange Zeit die Industriearbeit, d.h. die Arbeit im Produktionsbereich des industriellen Sektors; gegenwärtig kommt jedoch der → Dienstleistungsarbeit in ihren vielfältigen Formen sowie der → Informations- und Wissensarbeit besondere Bedeutung zu.

Neben den Formen und Beziehungen der Arbeit im Rahmen des staatlich institutionalisierten Erwerbssystems findet der Begriff Arbeit aber auch Verwendung zur Bezeichnung von Aktivitäten jenseits desselben wie etwa der Hausarbeit, der Eigenarbeit, der Schwarzarbeit, der Freiwilligenarbeit oder der ehrenamtlichen Arbeit, die oft als *informelle Arbeit* zusammengefasst werden (→ Nicht-Erwerbsarbeit, Sorgearbeit). Die große kulturelle Bedeutung der Arbeit, die diese in der modernen Gesellschaft erhalten hat, so dass von ihr oft auch als → *Arbeitsgesellschaft* gesprochen wird, manifestiert sich ebenso darin, dass im übertragenen Sinn von Familienarbeit, Beziehungsarbeit, Körperarbeit, Konsumarbeit, Trauerarbeit etc. gesprochen wird.

Genese/theoretischer Kontext

In der Geschichte der Menschheit ist der Wandel der Arbeit eng mit jenem der Produktionsweise und der sozialen Organisation der Gesellschaft verbunden (vgl. Suzman 2021). Die auf Verwandtschaftsstrukturen beruhenden archaischen Kulturen mit ihrem Leben aus der Natur wiesen eine elementare Arbeitsteilung auf Grund von Geschlecht und Alter auf. Sie veränderten sich im Verlauf der neolithischen Revolution und der Entwicklung des Ackerbaus und der Viehzucht. In den Ackerbau betreibenden Gesellschaften entstanden eine differenziertere Arbeitsteilung und eine stark vertikal geprägte Herrschaftsordnung; durch die Unterwerfung anderer Völker verfügten die alten Reiche über ein großes Arbeitskräftepotenzial aus Sklaven oder unfreien Personen. Dieses konnte nicht nur für zentrale Bauprojekte, wie Bewässerungsanlagen, Pyramiden etc., sondern auch für die Landarbeit eingesetzt werden. Die unfreie Arbeit durch Sklaven gilt insbesondere als ein Kennzeichen der griechischen und römischen Wirtschaft und prägte noch lange das Verständnis von Arbeit als gering geachtete, mühevolle Tätigkeit („labor“), die den eines Bürgers würdigen Beschäftigungen („opus“) gegenübergestellt wurden. Seither finden sich in vielen Sprachen unterschiedliche Ausdrücke für Arbeit; so etwa im Englischen „labour“ und „work“.

Das Christentum brachte zwar eine Aufwertung der Handarbeit, gleichzeitig aber galt die Mühsal der Arbeit als Strafe für den Sündenfall, Teil des Elends des diesseitigen Lebens. Im Mittelalter meinte Arbeit vor allem Landarbeit, die von Leibeigenen und Hörigen verrichtet wurde, was als ein Merkmal der feudalen Produktionsweise charakterisiert wurde (vgl. Joyce 1987). Daneben entwickelte sich in den Dorfgemeinschaften und Klöstern das ländliche Handwerk. Die Entwicklung der Städte hatte große Bedeutung für die im Zuge von Kämpfen errungene Loslösung von Handwerk und Gewerbe aus dem grundherrlichen Gefüge. Die städtischen Handwerker waren frei und schlossen sich vielfach zu berufsgenossenschaftlichen Verbänden, den Zünften, zusammen. Im Spätmittelalter produzierten dann viele der ländlichen Handwerker im Auftrag der Händler im sog. Verlagssystem, das in vielen Gewerbezweigen bis weit ins 19. Jahrhundert die vorherrschende Form der Produktion blieb. Vielfach waren solcherart Hausindustrie und Landwirtschaft eng miteinander verbunden.

Die selbstständige handwerkliche Arbeit erfolgte in Form eines Werkauftrags für einen Kunden im eigenen Haus mit Hilfe von Werkzeug, aber ohne den Einsatz von Maschinen. Im Zeichen des Merkantilismus kam es zur Entwicklung von Manufakturen, die bereits auf der Trennung von Wohn- und Produktionsort, auf einheitlicher Leitung, betrieblicher Arbeitsteilung und Spezialisierung beruhten, teilweise auch schon Maschinen einsetzten, die jedoch nur der Unterstützung der Arbeit dienten. In jenen Regionen wie etwa Flandern, wo es schon früh eine Exportindustrie gab, kam es auch zum Auftreten von Lohnarbeit in größerem Umfang. Die Verbreitung von Verlagssystem und Manufakturarbeit markierte zusammen mit der Abschließung der Zünfte im 18. Jahrhundert den Niedergang vieler selbstständiger Handwerker; sie wurden zu vorindustriellen Lohnarbeitern. Die Lohnarbeit existierte daher in einem gewissen Umfang lange vor der Industrialisierung (→ Industriegesellschaft und Industrialisierung).

Im Verlauf der Neuzeit war es vor allem durch die Ausbreitung des protestantischen Glaubens zur Verinnerlichung der Pflichtethik der Arbeit gekommen (vgl. Max Webers bahnbrechende Untersuchung über die Bedeutung der protestantischen Ethik für den „Geist des Kapitalismus" (Weber 1986 [1920]), was aber auch den Aufstieg von Gewerbe und Handel reflektiert. Arbeit wurde als spezifische Tugend des Menschen verstanden, durch welche er Freiheit, Würde und göttliche Gnade erlangt. Arbeit erhielt dadurch einen hohen moralischen Stellenwert und wurde auch zur rechtlichen Begründung des Eigentums herangezogen. Adam Smith kennzeichnete die Arbeit als Produktionsfaktor neben Kapital und Grund und Boden. Die Arbeitswertlehre, wonach der Wert der Güter durch die Arbeit begründet wird, wurde von Karl Marx übernommen und zu einer wichtigen Grundlage seiner Kapitalismustheorie, aber auch seiner Sicht von der Vergesellschaftung des Menschen.

Obwohl Arbeit als sittliche Tugend betrachtet wurde, führte dies jedoch nicht zu wirtschaftlichem Wohlstand und sozialer Anerkennung der arbeitenden Bevölkerung, sondern zur Verelendung weiter Kreise der ländlichen, aber auch der städtischen Arbeiter, die ihren traditionellen Lebensunterhalt verloren. Viele von ihnen wurden in Arbeitshäusern zur Arbeit gezwungen. Sie stellten neben den verarmten Handwerkern und der entwurzelten ländlichen Bevölkerung die Arbeitskräfte für die einsetzende Industrialisierung dar.

Die Industrialisierung wird meist mit der Einführung von Maschinen verknüpft gesehen; damit sind Universalmaschinen gemeint, die eine Produktionsweise ermöglichten, in der die Teilung und der Rhythmus der Arbeit von der Maschine bestimmt wurden. Die industrielle Arbeitsteilung ist typisch dadurch gekennzeichnet, dass jeder Arbeiter immer dieselbe Teilarbeit verrichtet. Durch die Zerlegung der Arbeit und die Spezialisierung der Arbeiter wurde die Produktivität gesteigert, und die Arbeitskosten konnten gesenkt werden. Die Aufteilung der Arbeit in einzelne einfache Handgriffe ermöglichte auch den Einsatz von billiger Kinderarbeit. Der Mensch wurde zum *Bediener* der Maschine, der im Fortschritt des technischen Wandels auch mehr und mehr durch diese ersetzt werden kann. Die Arbeit, die im Handwerk durch das *Können* der Arbeitenden bestimmt ist, wurde damit zur austauschbaren Ware *Arbeitskraft*. Marx sah im Warencharakter der Arbeit das auszeichnende Merkmal des industriellen Kapitalismus und den diesen charakterisierenden grundlegenden Konflikt zwischen *Arbeit* und *Kapital*. Die bürgerlich-liberale Arbeitsethik des 19. Jahrhunderts hingegen betonte das Vertragsverhältnis, auf dessen Grundlage der freie Arbeiter seine Arbeitskraft dem Arbeitgeber für eine bestimmte Arbeitszeit gegen Lohn zur Verfügung stellt.

Arbeit im Sinn der Lohnarbeit wurde im Zuge der weiteren Entwicklung der industriellen Gesellschaft immer mehr zur allgemeinen Grundlage des Lebensunterhalts, aber im Sinne beruflicher Arbeit auch bedeutsam für die persönliche Identität und die soziale Anerkennung und Stellung in der Gesellschaft (Wilensky 1966) (→ auch Beruf). Das führte auch dazu, dass ein *Recht auf Arbeit* als eine Art Bürgerrecht eingefordert und in der weiteren Folge explizit als Grundrecht in der Verfassung mancher Staaten verankert wurde.

Die Arbeitszerlegung wurde im Zuge der Entwicklung der industriellen Produktionsweise durch Rationalisierungsbestrebungen, die teils an technischer Effizienz, teils an Rentabilitätsinteressen orientiert waren, vorangetrieben. Das Effizienzstreben ließ den → Taylorismus oder die *wissenschaftliche Betriebsführung* entstehen, wobei die Planung und Ausführung der Arbeit in den Betrieben voneinander getrennt, der Arbeitsprozess von den Fertigkeiten der Arbeiter losgelöst und eine genaue → Kontrolle der einzelnen Arbeitsschritte eingeführt wurde. Die Verwendung des Fließbandes in der industriellen Produktion ermöglichte die Massenfertigung durch die mechanische Beförderung des Werkstücks und die tayloristische Zeitkontrolle der Handgriffe. Das Fließband wurde zum Synonym für die repetitive, extrem zerteilte und monotone Arbeit in der industriellen Fabrik (→ auch Einfacharbeit).

Die Weiterentwicklung der technischen → Rationalisierung führte in manchen Branchen der industriellen Produktion zur Einführung automatisierter Fertigungssysteme, elektronischer Steuerung und von Robotern. Dadurch sowie durch die Veränderung der Konsumstrukturen und die globale Auslagerung von Produktionsteilen kam es in den Industriegesellschaften der zweiten Hälfte des 20. Jahrhunderts zu einem Rückgang der Zahl der Arbeitenden im sekundären Sektor der Wirtschaft, in der industriellen Produktion, und zu strukturellen Veränderungen der Beschäftigung zugunsten von Verwaltungs- und Dienstleistungssektoren, die auch als Übergang in eine post-industrielle Gesellschaft gedeutet wurden (→ auch Dienstleistungsgesellschaft).

Die → Dienstleistungsarbeit wird im Allgemeinen durch ihren immateriellen Charakter als Interaktion zwischen Dienstleister und Kunden definiert (→ auch Arbeit und Interaktion). Doch unterscheiden sich die verschiedenen, sehr heterogenen Dienstleistungsbereiche diesbezüglich stark; in vielen Fällen kam es überdies auch hier zu einer technischen Rationalisierung und zum Ersatz menschlicher Arbeit durch Maschinen. Meist dem Dienstleistungssektor zugerechnet werden auch jene Bereiche, in denen hochqualifizierte, wissenschaftlich begründete Arbeit geleistet wird, wie im Bildungs- oder Gesundheitssektor, in unternehmensnahen Dienstleistungen und in Forschung und Entwicklung. Im Zuge der Informatisierung kommt insbesondere der Informations- und Wissensarbeit große Bedeutung zu. Die Digitalisierung bringt darüber hinaus durch die Vernetzung und Flexibilisierung der Arbeit verschiedene neue Arbeits- und Beschäftigungsformen hervor (→ auch Digitale Transformation der Arbeit, Industrie 4.0, Plattformarbeit).

Zentrale Forschungsergebnisse

Die Entwicklung der industriellen Arbeitsweise führte bereits im 19. und beginnenden 20. Jahrhundert zu empirischen Untersuchungen über die „Arbeiterfrage" (Levenstein 1912), über „Auslese und Anpassung der Arbeiterschaft der geschlossenen Großindustrie" (Bernays 1910) und ähnliche Themen. Die Entstehung der Arbeitssoziologie als ein spezieller Forschungsbereich verband sich insbesondere mit Studien über die Folgen der Fließbandarbeit für die Arbeitenden (Friedmann 1959). Die Probleme der Monotonie, der Entqualifizierung und der „Entfremdung" durch die zersplitterte Arbeit standen dabei im Vordergrund. Untersuchungen der Einstellungen zur Arbeit, der Arbeitsmotivation und des Arbeitsverhaltens zeigten auch die Bedeutung von → Anerkennung, Führungsstilen, Betriebsklima und der informellen Gruppenbeziehungen, der „human relations" im Betrieb (Roethlisberger/Dickson 1956). Der industrielle Betrieb wurde jedoch auch als ein Herrschafts- und Zwangsverband erkannt, in dessen Rahmen Arbeit unter unterschiedlichen Bedingungen von Autonomie, Macht und Autorität verrichtet wird (Bendix 1956, Altmann/Bechtle 1971) (→ auch Betriebliche Sozialordnung, Herrschaft, Kontrolle). Studien der Arbeitsbeziehungen und des industriellen Konflikts zeigten die unterschiedlichen Interessenlagen, Wert- und Normvorstellungen in Betrieben und in der Gesellschaft (→ auch Arbeit im Kapitalismus, Arbeitspolitik, Industrielle Beziehungen, Psychologischer Vertrag).

Das „Gesellschaftsbild der Arbeiter" wurde in einer klassischen deutschen Studie (Popitz et al. 1957 a) danach untersucht, ob man noch von einer Arbeiterklasse mit ausgeprägtem Bewusstsein des Klassenantagonismus sprechen könne. Das Ergebnis zeigte, dass die Vorstellung einer ökonomisch-sozialen Differenzierung zwischen „oben" und „unten" noch vorhanden war, jedoch bei gleichzeitig abnehmendem Klassenbewusstsein. In „Technik und Industriearbeit" (Popitz et al. 1957 b) wurden die unterschiedlichen in der Industrie vorfindbaren Kooperationsformen und die Zusammenhänge zwischen Produktionsorganisation und Arbeit untersucht. Das → Arbeiterbewusstsein schien mehr durch die technischen Bedingungen der Arbeit bestimmt als durch die Wahrnehmung eines gesellschaftlichen Konflikts. Der Begriff der industriellen Arbeit war durch die Vorstellung von Fließbandarbeit geprägt; diese fand sich in ihrer typischen Form jedoch nur in bestimmten Industriezweigen und Produktionsbereichen, so etwa im Stadium der mechanisierten Produktion in der Automobilmontage. Die unterschiedlichen Arbeitsformen, wie sie sich auf Grund der jeweiligen technisch-organisatorischen Form der Produktion darstellen, haben Folgen in Bezug auf die Autonomie bei der Arbeit, die Qualifikation der Arbeiter und ihre Belastung sowie im Hinblick auf die Interaktionen zwischen den Arbeitenden und beeinflussen solcherart die Einstellungen und das Bewusstsein der Arbeitenden (Kern/Schumann 1970). Die Forschungen richteten sich auf Arbeitssysteme als komplexe Verknüpfungen von Mensch, Maschine und organisatorischer Umwelt und zeigten, dass die menschlichen Probleme mechanisierter Produktion durch neue Formen der → Arbeitsorganisation wie (teil-)autonome → Gruppenarbeit und partizipative Systemgestaltung vermieden werden können (Sydow 1985) (→ auch Neue Produktionskonzepte).

Zur Neugestaltung der Arbeit kam es jedoch vor allem durch den Einsatz von Computer und Mikroelektronik sowie durch betriebliche Restrukturierung. Der Frage, inwiefern damit eine Änderung der Anforderungen an die Arbeitenden, eine Höherqualifizierung bzw. ein Ende der tayloristischen Arbeitsgestaltung verbunden ist, gingen Kern/Schumann (1984) in einer Untersuchung in verschiedenen Industrien, der Autoindustrie, dem Werkzeugmaschinenbau und der chemischen Industrie nach. Zwar stellte sich die Situation in diesen Bereichen sehr unterschiedlich dar, aber in allen Fällen kam es zu einer Polarisierung zwischen jenen Arbeitern, für die dies in einer Höherqualifizierung und in integrativer Arbeitsgestaltung resultierte, und jenen, die mangels entsprechender Ausbildung nur in niedrig qualifizierten, repetitiven Tätigkeiten oder überhaupt keine Verwendung fanden (→ auch Arbeit und Technik, Arbeitsmarktsegmentation, Facharbeit, Qualifikation/Kompetenz).

Der technische Wandel und die organisatorischen Restrukturierungen haben auch die Arbeit im Büro und im Dienstleistungsbereich verändert und die traditionelle Unterscheidung zwischen Arbeitern und Angestellten weitgehend beseitigt. Braverman (1977) weitete den Begriff der Arbeiterklasse daher aus und verstand ihn als einen Prozess („labor process"), in dessen Verlauf immer neue Gruppen von Beschäftigten durch die technisch-ökonomische Rationalisierung eine Degradation und Dequalifizierung ihrer Tätigkeiten erfahren. Demgegenüber stellten andere Autoren eine allgemeine Tendenz zur Höherqualifizierung der Arbeit, zur Verwissenschaftlichung und zur Professionalisierung vieler Berufe fest (Bell 1973, Wilensky 1964). Der weitere Fortschritt der technisch-organisatorischen Veränderungen resultierte in Befunden und Diskussionen über eine Krise der → Arbeitsgesellschaft (Matthes 1983) oder sogar über das „Ende der Arbeit" (Rifkin 2004).

Die Studien über die moderne Arbeitswelt in ihrer Vielzahl zeigen aber, dass die Veränderung der Arbeit in der modernen Gesellschaft differenziert zu sehen ist. Die durch die neuen Technologien mögliche → „systemische Rationalisierung" der Organisationen und die Flexibilisierung bzw. in manchen Bereichen die Automatisierung der Abläufe bedingen einen Wandel der Bedeutung beruflicher Qualifikation; die Dynamik der technisch-organisatorischen Entwicklung macht eine ständige Anpassung der Qualifikation erforderlich, wodurch sich auch das traditionelle Verständnis des Berufs und der beruflichen Ausbildung verändert (→ Beruf, Berufliche Bildung). Unter den neuen Bedingungen der Organisationsgestaltung, der vernetzten und wissensbasierten Arbeit erhalten außerdem extrafunktionale Kompetenzen der Lern- und Teamfähigkeit große Bedeutung.

Für den Zugang zu Wissen und dessen Verständnis wurde die Informations- und Kommunikationstechnologie von entscheidender Bedeutung. Deren Charakter und Dynamik bedingen zusammen mit der Betonung des ökonomischen Wachstums durch ständige Innovationen, dass „das relevante Wissen (1) kontinuierlich revidiert, (2) permanent als verbesserungsfähig angesehen, (3) prinzipiell nicht als Wahrheit, sondern als Ressource betrachtet wird und (4) untrennbar mit Nichtwissen gekoppelt ist..." (Willke 1998, S. 161). Das bedeutet hohe Anforderungen an die Qualifikation, Anpassungsfähigkeit und Selbstmotivation der Arbeitenden (Castel 2011) (→ Subjektivierung von Arbeit). Eine besondere Herausforderung stellt die Entwicklung der Künstlichen Intelligenz für die Arbeit dar (Hirsch-Kreinsen/Karaćić 2019) (→ Arbeit und Künstliche Intelligenz). In der Gesellschaft kommt es zu einer neuen Differenzierung unter den Beschäftigten durch die Abschichtung von Personen, die in Bezug auf die neuen Anforderungen eine niedrige Qualifikation aufweisen. Untersuchungen über die neue Arbeitswelt erbrachten Erkenntnisse zur Entstehung einer Vielzahl neuer Formen der Arbeit und der Beschäftigung von *employee sharing* über neue Arten von *casual work* bis zu *crowd employment* (Eurofound 2015 b, Flecker 2018) (→ Digitale Transformation der Arbeit, Mobile Arbeit, Plattformarbeit).

Internationaler Bezug

In internationaler Sicht haben sich durch den technologischen Wandel und durch die wirtschaftliche → Globalisierung die Probleme der Arbeitswelt von jenen der Einstellungen der Arbeitenden und des Arbeitsverhaltens, wie etwa in Initiativen einer → „Humanisierung des Arbeitslebens" bzw. Forderungen nach mehr intrinsischer Arbeitsmotivation, hin zu jenen der Beschäftigung und des Arbeitsmarktes verlagert (Erbès-Seguin 1995; Osterman et al. 2001). In vielen Staaten und Regionen der Erde, auch in den entwickelten Industriegesellschaften, ist die Arbeitslosigkeit hoch und viele Menschen finden sich oftmals trotz hoher Qualifikation vom Arbeitsmarkt ausgeschlossen. Zunehmend bedeutet „Arbeit haben" auch nicht mehr automatisch einen Vollzeitarbeitsplatz, sondern vielfach → atypische und hybride Beschäftigung wie Heimarbeit, Teilzeitarbeit, Zeitarbeit, Werkvertrag oder Solo-Selbstständigkeit und vielfach prekäre Lebensbedingungen (Beck 1999, Crouch 2019) (→ auch Prekarität).

In den Entwicklungsländern hat die informelle Arbeit im Sinn irregulärer Beschäftigungsverhältnisse immer schon eine große Rolle gespielt. In den entwickelten Volkswirtschaften gewinnt sie in Form des Dritten Sektors der Non-Profit-Organisationen und der Freiwilligenarbeit verstärkt an Bedeutung.

Arbeit wird immer weniger im Rahmen eines bestimmten lokal begrenzten Raumes geleistet. Mikroelektronik und Telekommunikation ermöglichen die globale Verlagerung von (Tele-)Arbeit; damit verliert der → Betrieb als Sozialraum an Bedeutung (→ Home Office/Tele[heim]arbeit, Mobile Arbeit, Plattformarbeit). Die Globalisierung von Produktion und Handel ist zudem mit einer verstärkten geografischen Mobilität von Arbeitskräften verbunden; gleichzeitig findet Arbeitsmigration (→ Arbeit und Migration) auf der Suche nach Beschäftigungsmöglichkeiten in weltweitem Umfang statt, was Probleme der Sozialintegration und Enkulturation bei gleichzeitiger Berücksichtigung von Diversität bedingt.

Gertraude Mikl-Horke

Empfehlungen zum Weiterlesen

Castel, Robert 2000: Die Metamorphosen der sozialen Frage. Eine Chronik der Lohnarbeit. Konstanz: UVK.

Flecker, Jörg 2017: Arbeit und Beschäftigung. Wien: Facultas/UTB.

Jahoda, Marie 1983: Wieviel Arbeit braucht der Mensch? Weinheim/Basel: Beltz.

Kocka, Jürgen/Offe, Claus (Hg.) 2000: Geschichte und Zukunft der Arbeit. Frankfurt a.M./New York: Campus.

Mikl-Horke, Gertraude 2007: Industrie- und Arbeitssoziologie (6. Aufl.). München/Wien: Oldenbourg.

Spittler, Gerd 2016: Anthropologie der Arbeit. Wiesbaden: Springer VS.

Arbeit im Kapitalismus

Begriff

Der Begriff *Kapitalismus* verweist auf ein System, das in wirtschaftlicher, politischer und gesellschaftlicher Hinsicht durch die Verwertungslogiken des Kapitals geprägt ist, wie sie etwa Karl Marx beschrieben hat (vgl. Marx 1972 a, b, c [1867, 1885, 1894]). Ergebnis ist eine Klassengesellschaft, in der die Besitzer von Kapital und Produktionsmitteln jenen gegenüberstehen, die in Marx' Worten „doppelt frei" sind: frei von persönlichen Abhängigkeiten (etwa feudaler Art), weshalb sie über ihre Arbeitskraft verfügen und diese „verkaufen" können, aber auch „frei" von anderen Mitteln der Existenzsicherung, so dass sie keine Alternative zum Verkauf der eigenen Arbeitskraft haben. Indem Verträge über deren Nutzung geschlossen werden, nimmt *Arbeit* im Kapitalismus zunehmend den Charakter von Lohnarbeit bzw. abhängiger Beschäftigung an. Selbstständige Tätigkeiten (etwa in Landwirtschaft oder Handwerk) verlieren demgegenüber an Bedeutung, was sich in Statistiken zu Westdeutschland bis in die 1990er Jahre hinein in einem kontinuierlichen Rückgang des Anteils von Selbstständigen und mithelfenden Angehörigen an den Erwerbstätigen niederschlug. Seitdem nimmt Selbstständigkeit wieder zu; allerdings vor allem in Gestalt von Alleinselbstständigen (z.B. im Bereich Design, Clickwork oder Kurierdienste), die keine Angestellten haben, oft wirtschaftlich abhängig von einem Kunden sind und letztlich ebenfalls vor allem die eigene Arbeitskraft vermarkten, selbst wenn sie keinen Arbeitsvertrag haben. Die Arbeits- und Industriesoziologie untersucht allerdings vorwiegend klassische Formen lohnabhängiger Arbeit (→ Arbeit, Erwerbsarbeit).

Wesentliches Kennzeichen von „freier" Lohnarbeit ist laut Marx die Vorstellung, dass der Arbeitsvertrag zwischen „gleichen", also rechtlich ebenbürtigen, Parteien geschlossen wird, die frei sind und freiwillig handeln. Diese Freiwilligkeit ist allerdings insofern eine Fiktion, als faktisch ein strukturelles Machtgefälle zwischen Kapital und Arbeit besteht. In der Regel konkurrieren Arbeitende um knappe Arbeitsplätze; daher können Unternehmen zwischen ihnen wählen. Die Anbieter:innen von Arbeitskraft hingegen haben oft nicht die Wahl, einen Job abzulehnen; sie sind gezwungen, kontinuierlich beschäftigt zu sein, weil sie keine andere Möglichkeit haben, ihren Lebensunterhalt zu decken.

Kapital und Arbeit setzen sich gegenseitig voraus: Nur weil Menschen ihre Arbeitskraft verkaufen (müssen), ist es Unternehmen möglich, Arbeitskraft zu erwerben und zur Schaffung von neuem Wert einzusetzen – und nur weil Unternehmen Interesse am Kauf von Arbeitskraft haben, ist eine Lohnabhängigenexistenz überhaupt denkbar. Zugleich besteht ein struktureller Interessengegensatz zwischen Kapital und Arbeit, weil Käufer:innen von Arbeitskraft sich von dieser Investition versprechen, dass Beschäftigte möglichst viel neuen Wert schaffen, weshalb sie etwa den Arbeitstag zu verlängern oder die Arbeitsleistung zu intensivieren suchen. Verkäufer:innen von Arbeitskraft hingegen müssen darauf bedacht sein, diese möglichst schonend einzusetzen, um sie ein Arbeitsleben lang zu Markte tragen zu können. Entsprechend ist die → Transformation von Arbeitskraft, also die Umwandlung von allgemeinem Arbeitsvermögen in konkrete Arbeitsleistung nach Vertragsabschluss, ein höchst konfliktträchtiger Prozess, der nicht zuletzt durch staatliche Politik und Veränderungen in Standards gesellschaftlicher Arbeitsteilung beeinflusst wird.

Wie Arbeit im betrieblichen Kontext organisiert, koordiniert und kontrolliert wird, um das Transformationsproblem im Interesse des Unternehmens zu entschärfen, und was Arbeitende dem individuell oder kollektiv entgegensetzen, ist ein zentrales Thema der Arbeitssoziologie (→ auch Arbeitsorganisation, Betrieb, Industrielle Beziehungen, Kontrolle, Mikropolitik).

Genese/theoretischer Kontext

In den Schriften von Marx und Engels umfasst die Analyse von Arbeit im Kapitalismus Wirtschaft, Gesellschaft und Politik gleichermaßen. Werttheoretische Überlegungen zur Dynamik von Kapitalakkumulation sind verbunden mit empirischen Studien zu Veränderungen betrieblicher Arbeitskraftnutzung und der konfliktreichen Herausbildung einer arbeitenden Klasse (vgl. Engels 1845) sowie zu Verschiebungen in politischen Kräfteverhältnissen und Bündnisoptionen (vgl. Marx 1960 [1852]). Eine ähnlich weite Perspektive nahmen im 20. Jahrhundert allenfalls Studien zum → Fordismus ein, der bis heute als Maßstab für Veränderungen der Arbeitswelt dient. Für die Bundesrepublik der 1950er bis 1970er Jahre diskutierten auch Arbeitssoziolog:innen im Umfeld der Regulationsschule, wie ein auf industrieller Massenproduktion und Massenkonsum gründender Wirtschaftsaufschwung durch sozialpolitische Maßnahmen (wie die Rentenreform 1957) oder die familienpolitisch geförderte Herausbildung des Alleinernährermodells („Ehegattensplitting") stabilisiert wurde und mit neuen Formen von Zusammenleben (in der Kleinfamilie), Konsum und Freizeitgestaltung, aber auch neuen Arbeitshaltungen (Rationalisierungskritik) einherging (vgl. Hirsch/Roth 1986).

Das Ende der wirtschaftlichen Boomphase der Nachkriegszeit (um 1975) markierte einen Wendepunkt für Arbeitswelt und Arbeitssoziologie. Die offenkundige Krise des Kapitalismus, die sich u.a. in steigenden Arbeitslosenzahlen, verschärfter organisatorischer wie technologischer → Rationalisierung und zunehmender internationaler Konkurrenz niederschlug, inspirierte zunächst einen (bis etwa Mitte der 1980er Jahre währenden) Aufschwung sozialpartnerschaftlich gestaltender → Arbeitspolitik (→ Humanisierung des Arbeitslebens), aber auch produktiver klassentheoretischer Diskussionen und gewerkschaftlicher Auseinandersetzungen um die Verteilung von gesellschaftlichem Reichtum und gesellschaftlicher Zeit, gipfelnd im Kampf um die 35-Stunden-Woche (1984) (→ auch Arbeitszeit). Arbeitssoziolog:innen spielten in all diesen Debatten eine wichtige Rolle. Danach hingegen geriet die Arbeitssoziologie zunehmend in die Defensive. Als Massenarbeitslosigkeit und Rationalisierungsschübe ein „Ende der Arbeitsgesellschaft" (Gorz 1989) einzuläuten schienen, wurde mit der Zentralität von Erwerbsarbeit der Gegenstandsbereich der Disziplin in Frage gestellt. Es folgten mehrere Jahrzehnte, in denen der Gesellschaft zwar keineswegs „die Arbeit ausging" – vielmehr steigt der Anteil der Erwerbstätigen und auch der abhängig Beschäftigten bis heute –, aber „fordistische" Kompromisse schrittweise aufgekündigt wurden. Eine staatlich forcierte Prekarisierung von Arbeit, mit Sanktionen und Leistungskürzungen verbundene Sozialreformen (gipfelnd in den Hartz-Reformen in der Arbeitslosenversicherung 2003–2005), die zunehmende → Entgrenzung von Arbeit und steigende Arbeitsverdichtung in vielen Teilen der Arbeitswelt ließen das strukturelle Machtgefälle zwischen Kapital und Arbeit und auch Spaltungstendenzen innerhalb der arbeitenden Klasse wieder deutlich stärker hervortreten als in den Nachkriegsjahrzehnten. Die Arbeitssoziologie besann sich jedoch mehrheitlich nicht auf ihr kapitalismustheoretisches Erbe, sondern wandte sich zum einen verstärkt dem arbeitenden Individuum und seinen Bewältigungsstrategien zu (→ Subjektivierung von Arbeit) und konzentrierte sich zum anderen enger als zuvor auf das *betriebliche* Aufeinandertreffen von Kapital und Arbeit (→ Arbeitspolitik, Betriebliche Sozialordnung, Partizipation). Speziell im Rahmen der Labour Process Debate wird dabei allerdings nach wie vor in Forschungen zur → Kontrolle des Arbeitsprozesses im Zeichen betrieblicher Herrschaftsverhältnisse (→ Herrschaft) durchaus an kapitalismustheoretischen Grundlagen festgehalten. Michael Burawoy (1983) hat für diese betriebliche → Mikropolitik den Begriff der „politics in production" geprägt und zudem angeregt, wieder systematisch über die Grenzen des Unternehmens hinauszuschauen, um etwa den Einfluss staatlicher Regulierung auf die betrieblichen Beziehungen zwischen Kapital und Arbeit („politics of production") erfassen zu können. In jüngster Zeit ist zudem ein neu erstarkendes Interesse an Wechselwirkungen zwischen der unternehmerischen Nutzung von Arbeitskraft und Klassenverhältnissen (in Gestalt veränderter gesellschaftlicher Arbeitsteilung und Ungleichheit) festzustellen. So diskutiert etwa Dörre (2012 a) Veränderungen in der Nutzung weiblicher Arbeitskraft (→ Arbeit und Geschlecht) als Teil eines Prozesses kapitalistischer Landnahme, weil etwa → Sorgearbeit in Pflege oder Kindererziehung (flankiert durch staatliche Politiken der „Aktivierung" von Frauen) zunehmend von unbezahlter Arbeit in Lohnarbeit umgewandelt wird. Dies markiert eine Rückkehr zu früheren Perspektiven auf Kapitalismus als Systemzusammenhang, wie sie noch die Fordismus-Debatte geprägt hatten (vgl. Lutz 1984). Mit dem Ende der Systemkonkurrenz (1990) hatte diese Perspektive vorübergehend an Bedeutung verloren. Inzwischen stößt hingegen angesichts des (fast) weltweiten Siegeszugs des Kapitalismus und seiner (in ökonomischer, ökologischer und sozialer Hinsicht) immer krisenhafteren Entwicklung auch eine kritische Reflexion von kapitalistischer Ökonomie und Klassenherrschaft (wieder) auf ein wachsendes wissenschaftliches wie politisches Interesse.

Zentrale Forschungsergebnisse

Der wichtigste Beitrag der Arbeits- und Industriesoziologie zur Erforschung von Arbeit im Kapitalismus besteht in einer Fülle detailreicher, multiperspektivischer Betriebsfallstudien (vgl. Pongratz/Trinczek 2010) zu „Umstellungsfällen" von Produktion und Arbeitsorganisation (→ Fallstudie). Diese konzentrierten sich bis in die 1980er Jahre weitgehend auf die Industrie, erfassen jedoch inzwischen auch verschiedenste Varianten von → Dienstleistungsarbeit, seit unternehmensbezogene Dienstleistungen an Bedeutung gewinnen, weil viele Aufgaben (wie Reinigung, Objektschutz, Bewirtung usw.) an Servicefirmen ausgelagert werden, und auch personenbezogene Dienstleistungen (wie Kinderbetreuung oder Altenpflege) im Zuge steigender Frauenerwerbstätigkeit zunehmen (→ Reproduktion von Arbeitskraft, Sorgearbeit). Als Kriterium für die empirische Fokussierung gilt dabei, inwiefern sich anhand des jeweiligen Falles exemplarisch nicht nur aktuelle Dynamiken kapitalistischer Entwicklung analysieren, sondern auch erste Hinweise auf die Zukunft der Arbeit gewinnen lassen. In Bezug auf Prozesse einer → digitalen Transformation der Arbeit, speziell in der Industrie, hat das Interesse an arbeitssoziologischer Expertise zu Veränderungen von betrieblicher → Arbeitsorganisation und -kontrolle neuen Aufschwung erfahren, denn Unternehmen wie Gewerkschaften haben Beratungsbedarf bei der Umstellung auf digitale Technologien, und nahezu alle politischen Parteien schreiben „der Digitalisierung" eine entscheidende Rolle für die Zukunft von Wirtschaft und Gesellschaft zu. Mit den verfügbaren Forschungsgeldern wächst die Zahl der Fallstudien zu „digitaler Arbeit", und damit steigen die Chancen, auf deren Basis übergreifende Trends der aktuellen Entwicklung unternehmerischer Strategien und Praktiken im Zugriff auf menschliche Arbeitskraft zu identifizieren.

Versuche einer kapitalismustheoretischen Einordnung sind bislang eher selten, finden sich aber etwa in Diskussionen über digitalen Taylorismus (z.B. Butollo et al. 2018 a) oder digitalen Kapitalismus (z.B. Pfeiffer 2021). Der Analyse mittelfristiger Dynamiken von Arbeit im Kapitalismus dienen zudem jene neueren sozialwissenschaftlich-historischen Ansätze, die mit Hilfe einer Sekundäranalyse von arbeitssoziologischem Interviewmaterial Veränderungen von Produktion und Arbeit seit dem Fordismus rekonstruieren (vgl. Dunkel et al. 2019). Auch die Notwendigkeit der Einbeziehung von staatlicher Politik und gesellschaftlichen Dynamiken in soziologische Analysen von Arbeit im Kapitalismus schlägt sich seit einigen Jahren empirisch nieder. So ist etwa der Einfluss der staatlichen Regulierung von Arbeit auf betriebliche Arbeitskraftnutzung Gegenstand einer Vielzahl von Studien zu prekären Beschäftigungsverhältnissen. Deren Zunahme wird nicht nur in Hinblick auf ihre betrieblichen Konsequenzen (in Form von Spaltungsdynamiken zwischen Stamm- und Randbelegschaften), sondern auch als Ergebnis einer staatlichen Politik der Prekarisierung diskutiert, die rechtliche Spielräume für Befristungen, Leiharbeit, Minijobs etc. erweitert und den Druck auf Arbeitslose erhöht hat, selbst nicht existenzsichernde Jobs unterhalb des eigenen Qualifikationsniveaus anzunehmen (→ Prekarität, Atypische Beschäftigung, Niedriglohnsektor). Wechselwirkungen zwischen betrieblicher Arbeitskraftnutzung und außerbetrieblichen gesellschaftlichen Dynamiken kommen z.B. in neueren Studien zur betrieblichen Integration migrantischer Beschäftigter zur Sprache (vgl. Birke 2022). Wo Fluktuationsraten hoch sind, transnationale Konkurrenz im Zeichen grenzüberschreitender Arbeitsteilung (→ Globale Wertschöpfungsketten/internationale Arbeitsteilung) direkt auf Arbeitsprozesse und betriebliche Machtverhältnisse durchschlägt und staatliche Politik (etwa in Gestalt von Aufenthaltsrecht) unmittelbaren Einfluss darauf hat, mit welchem Nachdruck Beschäftigte die Konditionen der → Transformation von Arbeitskraft in Arbeitsleistung beeinflussen können, kann man den → Betrieb (speziell in migrantisch geprägten Teilen der Arbeitswelt) nicht mehr als „stabilen Mikrokosmos" betrachten, der vor allem in seiner Eigenlogik zu analysieren wäre (→ auch Arbeit und Migration, Globalisierung/Transnationalisierung). Damit werden die vielfältigen Spaltungslinien (nach Geschlecht, Alter, Migrationserfahrung, sozioökonomischem Status etc.), welche die arbeitende Klasse durchziehen, deutlicher sichtbar. Erstmals seit den 1970er Jahren werden sie wieder verstärkt in klassentheoretischer Perspektive diskutiert (vgl. Mayer-Ahuja/Nachtwey 2021, Dörre 2022). Auch der jüngste Aufschwung von Studien zum → Arbeiterbewusstsein (vgl. etwa Kratzer et al. 2015) schafft Voraussetzungen dafür, Ansatzpunkte für eine (zumindest zeitweise) Überwindung der Konkurrenz zwischen Beschäftigten auf Grundlage geteilter Arbeits- und Lebensbedingungen und für die Herausbildung eines Bewusstseins von gemeinsamen Interessen zu erforschen, die als Basis für kollektive Organisierung dienen können (→ auch Industrielle Beziehungen, Industrielle Beziehungen in internationaler Perspektive, Partizipation).

Internationaler Bezug

Arbeits- und industriesoziologische Forschung setzt (in Deutschland wie andernorts) zumeist ein bestimmtes System nationalstaatlicher Regulierung implizit voraus. Allerdings herrscht Einigkeit darüber, dass sich das Verhältnis von Wirtschaftssystem, Unternehmenspolitik und Staat unter kapitalistischen Bedingungen sehr unterschiedlich gestalten kann (→ Varieties of

Capitalism), und Ähnliches gilt für das Verhältnis von sozialer Sicherung und gesellschaftlicher Arbeitsteilung (vgl. Esping-Andersen 1990). Wie sich die betriebliche Organisation und Kontrolle von Arbeit „vor Ort" unter dem Einfluss verschiedener nationalstaatlicher Regulierungsszenarien und → transnationaler Unternehmen gestaltet und verändert, ist allerdings erst im Ansatz erforscht (vgl. etwa Krzywdzinski 2018, Mayer-Ahuja 2011). Sehr fruchtbare Debatten werden hingegen seit langem im Bereich der Global Labour History geführt, wobei etwa transnationale Perspektiven auf die Grenzen der Freiheit von Lohnarbeit im Kapitalismus eingenommen werden (vgl. Linden 2008). Sklaverei und „doppelt freie" kapitalistische Lohnarbeit werden hier als Pole eines weiten Spektrums betrachtet und Mischungsverhältnisse zwischen freier und unfreier Arbeit untersucht, die im Globalen Süden, aber durchaus auch im Globalen Norden vorzufinden sind. So geben Zwangselemente, die nicht unbedingt kapitalistischen Charakter haben, auch den Beziehungen zwischen den formal freien und gleichen Parteien des Arbeitsvertrags ein spezifisches Gepräge: Man denke etwa an die Verschuldung bei einem Subunternehmer, der migrantischen Beschäftigten neben dem Arbeitsplatz in einer deutschen Fleischfabrik auch eine Unterkunft vermittelt, oder an die eingeschränkte Verhandlungsmacht junger Frauen, die vom Vater an eine indische Textilfabrik vermietet werden, um dort ihre Mitgift zu verdienen, und die (zwischen Arbeits- und Schlafplatz im company dormitory) kaum Chancen haben, sich der Kombination von väterlicher und unternehmerischer Autorität zu entziehen. Inwiefern eine verbindliche Grenze des Arbeitstages existiert, erscheint dabei in vieler Hinsicht als „Maß der Freiheit" (→ auch Arbeitszeit). Dies wirft neue Fragen auch im Hinblick auf Arbeitsverhältnisse in Deutschland auf, deren zeitliche → Entgrenzung vielfach konstatiert wird. Transnationale Forschung zu Herausbildung und Rückbau des → Normalarbeitsverhältnisses im Zuge von Politiken der Prekarisierung und Informalisierung seit den 1980er Jahren (vgl. Breman/Linden 2014, Mayer-Ahuja 2017) machen schließlich deutlich, dass Arbeit im Kapitalismus zwar in verschiedenen Nationalstaaten, und zumal im Globalen Norden und Süden, unterschiedliche Gestalt annimmt, aber teilweise durch frappierend ähnliche Konjunkturen unternehmerischer und staatlicher Politik geprägt ist. Derlei transnationale Wechselwirkungen zu analysieren, erfordert eine integrierte kapitalismustheoretische Perspektive auf Veränderungen der Arbeitswelt im Zeichen verbundener ungleichmäßiger Entwicklungen.

Nicole Mayer-Ahuja

Empfehlungen zum Weiterlesen

Dörre, Klaus/Mayer-Ahuja, Nicole/Sauer, Dieter/Wittke, Volker (Hg.) 2018: Capitalism and Labor. Towards Critical Perspectives. Frankfurt/New York: Campus.

Mayer-Ahuja, Nicole/Nachtwey, Oliver 2021: Verkannte Leistungsträger:innen. Berichte aus der Klassengesellschaft. Berlin: Suhrkamp.

Linden, Marcel van der 2008: Workers of the World. Essays toward a Global History of Labour. Leiden/Boston: Brill.

Arbeit und Alter(n)

Begriff

Der Zusammenhang zwischen Arbeit und Alter(n) wird stets nur über die Rahmenbedingungen der konkreten Arbeitssituation und die vorherrschenden Arbeitsbedingungen vermittelt, wobei die gesamte Erwerbsbiografie einzubeziehen ist.

Die Arbeitsbedingungen und die Verweildauer in bestimmten Tätigkeiten können über den Erwerbsverlauf je spezifische Beschäftigungschancen und -probleme generieren. Ausmaß und Zeitpunkt des Auftretens beruflicher Leistungsveränderungen sind in hohem Maße von psychischen und physischen Belastungen und Handlungsspielräumen abhängig, die aus den jeweiligen Arbeitsbedingungen resultieren. Eine langfristige Tätigkeit an einem Arbeitsplatz mit hoher Belastungsexposition und fehlenden Möglichkeiten für körperliches und kognitives Training kann demnach Alterungsprozesse beschleunigen („arbeitsinduziertes Voraltern", Hacker 2004, S. 164), wohingegen umgekehrt gesundheits-, qualifikations- und motivationsförderliche Arbeitszusammenhänge Leistungsrückgänge verzögern können bzw. die Kompensation von Defiziten ermöglichen (Sonntag/Seiferling 2017).

Das lange vorherrschende sog. „Defizitmodell des Alterns", das von einem quasi naturgesetzmäßigen Leistungsverlust über die Altersspanne ausging, erscheint demgegenüber nicht mehr zeitgemäß. Dennoch sind ältere Beschäftigte weiterhin mit einer Reihe altersdiskriminierender und stereotyper Annahmen über ihre Kompetenzen und Fähigkeiten – wie z.B. geringere Innovations- und Lernfähigkeit und niedrigere Produktivität – konfrontiert, die nicht nur ihre mentale Gesundheit negativ beeinflussen, sondern auch das eigene Selbstbild treffen (Naegele et al. 2018).

Genese/theoretischer Kontext

Das Thema „Arbeit und Alter(n)" erfährt seit längerem in Deutschland eine hohe Aufmerksamkeit (Richter 2020). Ursächlich hierfür sind zum einen die im Zusammenhang mit den Konsolidierungsbestrebungen der Rentenfinanzen vorgenommenen einschneidenden Veränderungen bei der Gestaltung des Rentenzugangs, die insgesamt auf eine Verlängerung der Lebensarbeitszeit abzielen (Brussig et al. 2016). Zum anderen führt auch die – bereits seit Anfang der 1990er Jahre in diesbezüglichen Prognosen herausgestellte – Alterung und Schrumpfung des Erwerbspersonenpotenzials dazu, dass die Stellung der älteren Arbeitskräfte auf den inner- und außerbetrieblichen → Arbeitsmärkten verstärkt diskutiert wird (Walwei 2018). Schließlich tragen die dynamischen Entwicklungen in der Arbeitslandschaft als solcher – Stichworte bilden hier die Begriffe → Globalisierung, Flexibilisierung und Digitalisierung – dazu bei, dass Fragen bezüglich der Leistungs- und Innovationsfähigkeit der jetzt und zukünftig älteren Erwerbstätigen aufgeworfen werden.

Eine umfassende theoretische Fundierung der Situation älterer Arbeitskräfte im → Betrieb steht gegenwärtig noch aus. Vielmehr spiegeln die vorherrschenden Erklärungsansätze z.T. sehr unterschiedliche Argumentationsebenen wider. Auf betrieblicher Ebene sind insbesondere Erklärungsansätze industriesoziologischer und auch sozialpolitikwissenschaftlicher Provenienz relevant. Hier wird u.a. davon ausgegangen, dass die Bewältigung des demografischen und wirtschaftlichen Veränderungsprozesses und die betriebliche Beschäftigungssituation älterer Arbeitskräfte von den vorherrschenden → Produktionsregimen und den mit ihnen einhergehenden Altersrisiken abhängig und z.B. in einem tayloristisch geprägten Betrieb anders ausgeprägt sind als ein einem Betrieb mit diversifizierter Qualitätsproduktion (Frerichs 2015). In den eher mikroanalytisch orientierten Ansätzen aus der Psychologie und Arbeitswissenschaft werden vorwiegend Fragen der individuellen Leistungsfähigkeit bzw. der Auswirkung einzelner Arbeitssysteme in Betracht gezogen (vgl. Bögel 2013). In den eher makroökonomisch orientierten Ansätzen der Arbeitsmarkttheorie stehen eher überbetriebliche ökonomische Strukturprozesse im Zentrum.

Zentrale Forschungsergebnisse

Die vorliegenden Befunde legen eine differentielle Produktivitätsentwicklung beim Altern im Betrieb nahe, und zwar in Abhängigkeit von Anregungsniveau und Belastungsmerkmalen der dominanten Arbeitsstrukturen. Insbesondere auf Grund der kumulativen Effekte von psycho-physischen Herausforderungen über den Erwerbsverlauf kommt dabei einer Längsschnittperspektive eine hohe Bedeutung zu, und es sind besondere Qualifizierungsrisiken und -potenziale, Gesundheitsrisiken und -ressourcen sowie Motivationsveränderungen zu konstatieren.

Als erwerbsverlaufsbezogene betriebliche Qualifizierungsrisiken sind zum einen die jahrzehntelange Konzentration der Arbeitstätigkeit auf bestimmte Verfahren, Arbeitsbereiche oder Arbeitsvorgänge und betriebsspezifische Einengungen der Qualifikation mit zunehmendem Alter in Betracht zu ziehen (Naegele 2020). Dies kann dazu führen, dass das ursprünglich vorhandene Qualifikationsvermögen z.T. erheblich beeinträchtigt wird („Disuse-Effekt"). Zum anderen stellen Dequalifizierungsprozesse in Zusammenhang mit der Einführung neuer Technologien und neuer arbeitsorganisatorischer Konzepte ein zentrales Qualifizierungsrisiko für ältere Beschäftigte dar. Qualifizierungsrisiken drücken sich des Weiteren darin aus, dass 50- bis 64-Jährige trotz eines insgesamt deutlichen Anstiegs der Beteiligungsrate an Weiterbildung eine geringere Weiterbildungswahrscheinlichkeit gegenüber jüngeren Beschäftigten zeigen (BMBF 2021). Dies kann auf betriebliche Hemmnisse bzw. Kosten-Nutzen-Erwägungen vor dem verbleibenden Zeithorizont der Beschäftigten, die Lernförderlichkeit der Arbeitsumgebung und die Transparenz hinsichtlich der

Weiterbildungsangebote zurückgehen, aber auch Lernhemmungen, die Angst vor dem Lernen und die Zufriedenheit mit dem Erreichten bei den Älteren sind zu erwähnen (Naegele 2020).

Im Zusammenhang mit der zunehmenden Digitalisierung von Arbeitsprozessen zeigen sich allerdings auch gegenteilige Effekte: Nicht nur wird von älteren Beschäftigten verstärkt die Notwendigkeit anerkannt, ihrer Fähigkeiten und Kompetenzen weiterentwickeln zu müssen, sondern dies mündet auch in einen tatsächlichen Anstieg ihrer Teilnahme an Kursen der beruflichen Weiterbildung (Bellmann 2017).

Besondere Qualifizierungspotenziale für ältere Arbeitskräfte sind zudem in ihrem über den Erwerbsverlauf gewonnenen Erfahrungswissen zu sehen. In qualifikationsförderlichen Arbeitsstrukturen mit einer hohen Betriebsbindung können ältere Beschäftigte Fach- und Beratungswissen akkumulieren und im Rahmen eines intergenerativen Wissenstransfers produktiv einsetzen. Sie können dadurch eine hohe innerbetriebliche Wertschätzung als Experten und Multiplikatoren erreichen (Sporket 2011). Darüber hinaus sind allerdings die Effekte altersgemischter Teams auf die Innovationsfähigkeit und Produktivität noch z.T. widersprüchlich und nicht vollends aufgeklärt (Hammermann et al. 2019) (→ auch Qualifikation/Kompetenz, Berufliche Bildung, Gruppenarbeit).

Nachlassende Gesundheit kann als weiteres zentrales Risiko für die Einschränkung der beruflichen Leistungsfähigkeit von alternden Belegschaften angesehen werden. Es lassen sich vor allem folgende drei Gruppen von betrieblichen Risikofaktoren identifizieren, die über eine längere Expositionsdauer mit einem hohen Gesundheitsrisiko korrelieren (vgl. u.a. Naegele 2004):

- zu hohe physisch-psychische Anforderungen;
- stark belastende physikalisch-chemische Arbeitsumgebung;
- mangelhafte Arbeitsorganisation, neue Formen der Arbeitsteilung und gestiegene Leistungskontrolle.

Das erhöhte Gesundheitsrisiko älterer Beschäftigter dokumentiert sich insbesondere darin, dass sie zwar seltener, dafür aber jeweils länger krank sind als jüngere – mit der Folge von mit dem Alter immer längeren Arbeitsunfähigkeitsdauern pro Fall (Rennert et al. 2018).

Den arbeitsbedingten Gesundheitsrisiken älterer Beschäftigter stehen besondere Gesundheitsressourcen gegenüber. Neue Befunde weisen u.a. darauf hin, dass die Stressresilienz in dieser Beschäftigtengruppe gegenüber jüngeren Beschäftigten ausgeprägter ist. Dies wird nicht zuletzt auf die Entwicklung von stärker ausgeprägten Coping-Strategien im Erwerbsverlauf im Zusammenwirken mit den je spezifischen Arbeitsbedingungen zurückgeführt (Hertel et al. 2013) (→ auch Arbeits- und Gesundheitsschutz, Arbeitsqualität).

Befunde zur Entwicklung der Arbeitsmotivation im Erwerbsverlauf lassen sich – entgegen gängiger Vorurteile – nicht pauschal als ein Nachlassen der Arbeitsmotivation im Alter interpretieren, sondern deuten auf einen komplexen Motiv- bzw. Einstellungswandel. Ältere Beschäftigte weisen demnach im Gegensatz zu jüngeren tendenziell ein geringeres Interesse an inner- und außerbetrieblicher Mobilität, Aufstieg und finanziellen Gratifikationen auf, während umgekehrt der Wunsch nach → Anerkennung und Weitergabe des Erfahrungswissens, kooperativen Arbeitszusammenhängen, größeren Handlungsspielräumen in der Arbeit und → Partizipation an Entscheidungsprozessen an Bedeutung gewinnt (Hertel et al. 2013). Sofern betriebliche Umstrukturierungen mit erweiterten Handlungsspielräumen und angereicherten Arbeitsinhalten einhergegangen sind, scheint sich dies positiv auf die weitere Entwicklung der Arbeitsmotivation älterer Beschäftigter auszuwirken; sofern allerdings dadurch Arbeitsplatzunsicherheit zunimmt und die Stressbelastung steigt, zeigen sich gegenteilige Effekte, die sich dauerhaft negativ auf die Motivation auswirken können (Hentrich/Latniak 2013).

Wirkungsvolle Gestaltungsansätze, um die bestehenden Beschäftigungsrisiken zu minimieren, erfordern eine längerfristig angelegte, aktive Förderung von Bedingungen, die eine Arbeit in den mittleren und höheren Lebensjahren auch objektiv ermöglichen. Als Zieldimensionen lassen sich folgende Handlungsfelder benennen (vgl. BAuA 2017):

- Arbeitsgestaltung (Arbeitsplatz, Arbeitsorganisation, Arbeitszeit),
- Laufbahngestaltung,

– Gestaltung altersgerechter Weiterbildung,
– Förderung gesundheitsgerechter Verhaltensweisen und
– Gratifikationsgestaltung.

Die Unterscheidung zwischen Alters- und Alternsmanagement verweist zudem auf Unterschiede in der Ausrichtung der jeweiligen Aktivitäten im Hinblick auf Zielgruppen und Zeithorizonte (Naegele/Sporket 2010). „Altersmanagement" steht demnach für Vorgehensweisen, die in erster Linie an die Gruppe derjenigen älteren Arbeitnehmer:innen adressiert sind, deren Leistungsfähigkeit nicht mehr im Einklang mit den beruflichen Arbeitsanforderungen steht. „Alternsmanagement" hingegen deutet auf eine stärker präventiv orientierte, die gesamte Erwerbsbiografie und damit alle Altersgruppen einbeziehende Prozess-Perspektive. Eine alternsgerechte Arbeits- und Organisationsgestaltung zeichnet sich in besonderer Weise dadurch aus, dass sie den altersgruppenspezifischen Unterschieden und den intraindividuellen, über die Lebensspanne sich vollziehenden Veränderungsprozessen hinsichtlich der Leistungspotenziale und persönlichen Bedürfnisse der Beschäftigten in besonderer Weise Rechnung trägt, z.B. durch eine lernförderliche Arbeitsgestaltung (Schaper 2020). Im Sinne eines lebensphasenorientierten Personal- und Diversitätsmanagements sind somit auch alle Altersgruppen im Betrieb in den Blick zu nehmen. Für jüngere Beschäftigte im Berufseinstieg herrscht oft ein hoher Bewährungsdruck bei wenig nachhaltigen Arbeitsbedingungen vor; in der späteren Familienphase treten u.a. hohe Belastungen durch die mangelnde Vereinbarkeit von Beruf und Familie auf (Gül et al. 2016) (→ auch Human Resource Management).

Innovative Handlungsansätze, die den älteren Beschäftigten einen dauerhaften Verbleib im Erwerbsleben ermöglichen, sind zwar auf Grund einer Vielzahl an wissenschaftlichen Analysen, Handlungsleitfäden und Übersichten vorbildlicher Praxis seit längerem bekannt (vgl. Sporket 2011). Aus quantitativer Sicht stellt sich aber die breitenwirksame Umsetzung von betrieblichen Aktivitäten des Alternsmanagements bisher als unzureichend dar. Insbesondere in kleineren und mittleren Betrieben zeigen sich noch Umsetzungsdefizite, die eine stärkere überbetriebliche Vernetzung und Förderung notwendig machen (Bellmann et al. 2018). Die Einführung von Alter(n)smanagement muss zudem die Interessen(gegensätze) der betrieblichen Akteure stärker in den Blick nehmen bzw. ihre aktivierende Rolle bewusst anerkennen und fördern. Bisher vorliegende Evaluationen verweisen darauf, dass durch diesbezügliche Demografietarifverträge nicht nur die gegenwärtigen und zukünftigen betriebsdemografischen Herausforderungen stärker in das Blickfeld von Betriebsräten, Personalleitern und Geschäftsführung geraten, sondern auch konkrete Handlungsanforderungen und -anreize damit verbunden sind (Guggemos/Conrads 2021).

Internationaler Bezug

Im anglo-amerikanischen und im skandinavischen Sprachraum besitzt die Arbeitsforschung zum Zusammenhang von Arbeit und Altern traditionell einen hohen Stellenwert. Hier lassen sich zum einen eher arbeitspsychologische/arbeitswissenschaftliche Forschungsstränge identifizieren, die insbesondere Erkenntnisse zur Entwicklung der Arbeitsfähigkeit über die Altersspanne geliefert haben (vgl. im Überblick Field et al. 2013). Als einflussreich hat sich das Konzept zum „Haus der Arbeitsfähigkeit" erwiesen, in dem individuelle Ressourcen älterer Beschäftigter mit den Anforderungen der Arbeitswelt abgeglichen werden (Ilmarinen 2005). Zum anderen sind stärker arbeits(markt)politische Untersuchungen angestrengt worden, die insbesondere die betriebliche Stellung älterer Arbeitskräfte vor dem Hintergrund des soziökonomischen Wandels zum Gegenstand haben (vgl. im Überblick Taylor 2013) und aus denen zugleich Interventionen auf betrieblicher und überbetrieblicher Ebene im Sinne eines integrativen und zugleich präventiven „age managements" abgeleitet wurden (Naegele/Walker 2006). Neuere internationale Forschungen thematisieren insbesondere Aspekte der sozialen Ungleichheit bei alternden Belegschaften und in Bezug auf den Rentenübergang unter Berücksichtigung geschlechts- und qualifikationsspezifischer Unterschiede (Naegele/Hess 2020).

Frerich Frerichs

Empfehlungen zum Weiterlesen

Brussig, Martin/Knuth, Matthias/Mümken, Sarah. 2016: Von der Frühverrentung bis zur Rente mit 67. Der Wandel des Altersübergangs von 1990 bis 2012. Bielefeld: transcript.
Ilmarinen, Juhanni 2005: Towards a Longer Worklife! Ageing and the Quality of Worklife in the European Union. Helsinki: Finnish Institute of Occupational Health.
Richter, Götz (Hg.) 2020: Arbeit und Altern. Eine Bilanz nach 20 Jahren Forschung und Praxis. Baden-Baden: Nomos.
Richter, Götz/Hecker, Christoph/Hinz, Andreas 2017: Produktionsarbeit in Deutschland – mit alternden Belegschaften. Berlin: Erich Schmidt.

Arbeit und Geschlecht

Begriff

Die deutschsprachige Geschlechterforschung ist in den 1970er Jahren unter anderem aus der industrie- und betriebssoziologischen Frauenarbeitsforschung hervorgegangen. Arbeits- und Industriesoziologie und Geschlechterforschung teilen ein Stück Wissenschaftsgeschichte und das Thema → Erwerbsarbeit miteinander. Der Geschlechterforschung liegt ein weiter Arbeitsbegriff zugrunde. → Arbeit umfasst die bezahlte und die unbezahlte Arbeit, also die Erwerbs-, Haus-, → Sorge-, Eigen-, Subsistenz-, Freiwilligenarbeit, das Ehrenamt und zivilgesellschaftliches Engagement. Die verschiedenen Arbeitsformen werden hinsichtlich ihrer Charakteristika und Entwicklungen, der Art und Weise, wie sie gesellschaftlich zwar voneinander getrennt, aber doch aufeinander bezogen organisiert werden, und der Bedeutung von Geschlecht für diese Vorgänge in den Blick genommen (vgl. Aulenbacher/Wetterer 2012, Becker-Schmidt 2002, Scheele 2019). Spezifisch für geschlechtersoziologische und (pro)feministische Ansätze ist, dass sie Vermittlungen zwischen bezahlter und unbezahlter Arbeit durch Arbeitsteilungen nach Geschlecht systematisch auch dann mit veranschlagen, wenn empirisch ausschließlich Erwerbsarbeit erforscht wird. Ferner werden die Themen Organisation und Profession stärker einbezogen als in der Arbeitsforschung üblich (vgl. Müller et al. 2013, Seeliger/Gruhlich 2020, Wetterer 2002; auch → Organisationssoziologie/-theorien).

Genese/theoretischer Kontext

Die heute im Feld der Arbeits- und Industriesoziologie bzw. im Überschneidungsbereich des Fachs mit der Geschlechterforschung vorfindbare Forschung zum Thema Erwerbsarbeit, Organisation, Profession und Geschlecht speist sich aus verschiedenen internationalen Forschungssträngen und soziologischen Teildisziplinen. In Anbetracht der vorzustellenden Erkenntnisse zum Wandel von Erwerbsarbeit sind fünf Forschungslinien in ihrer Genese und ihren theoretischen Kontexten erwähnenswert.

Dem weiten Arbeitsbegriff ging, erstens, wissenschaftsgeschichtlich eine in den 1970er und 1980er Jahren international geführte Auseinandersetzung mit der Marx'schen Theorie voraus, die unter dem Begriff „Hausarbeitsdebatte" bekannt wurde. Sie kritisierte die reduktionistische Betrachtung der gesellschaftlichen Reproduktion als ökonomische Reproduktion und von Arbeit als Lohnarbeit. Ferner wurden Konzepte der Familien- und Berufs-, Industrie- und Betriebssoziologie kritisiert, weil sie Familie und Privathaushalt kaum als Arbeit und den → Beruf bzw. die Erwerbsarbeit nach dem Muster des → Normalarbeitsverhältnisses nicht hinsichtlich der vorausgesetzten Haus- und Versorgungsarbeit thematisierten (Beer 1990). Darüber hinaus wurde insbesondere im Theorem der „doppelten Vergesellschaftung" von Frauen, der daran anschließenden Reflexion auf den „Ensemblecharakter" von Arbeit (Becker-Schmidt 2003) und im Rahmen des Konzepts Alltägliche Lebensführung (Jurczyk/Rerrich 2012) danach gefragt, wie die eingangs genannten Arbeitsformen gesellschaftlich, biografisch, alltäglich aufeinander bezogen und miteinander vereinbart werden. Diese Reflexion auf Arbeit hat sich zugleich mit einer Reflexion auf Grundstrukturen der modernen Gesellschaft verbunden wie die Trennung von Öffentlichkeit und Privatheit, auf die Art und Weise, wie gesellschaftliche Austauschprozesse unter kapitalistischen Vorzeichen organisiert sind, und wie Rationalisierungsprozesse die gesellschaftlichen Bereiche, die Arbeit der Geschlechter und ihre Lebensführung erfassen.

Seit Anfang der 1990er Jahre ist in der deutschsprachigen Diskussion, zweitens, die sozialkonstruktivistische Linie in der Geschlechterforschung zu nennen, welche sich in der Tradition des Interpretativen Paradigmas der amerikanischen Sozialforschung, insbesondere der Ethnomethodologie und der Soziologie der Interaktionsordnung, bewegt. Die Kategorie des doing gender verweist auf die Herstellung der Geschlechterdifferenz in der alltäglichen Interaktion, wobei auch ihre institutionelle Befestigung Thema ist und Arbeit als bedeutendes Medium in der Herausbildung der Geschlechterordnung gesehen wird. Gezeigt wird, wie Arbeitsteilungen mit Differenzierungen und (zumeist) Hierarchisierungen nach Geschlecht einhergehen und sich Maskulinisierung vielfach mit Aufwertung, Feminisierung mit Abwertung verbindet (vgl. Wetterer 2002). Erweiterungen hat die Perspektive des doing gender im Zuge der Transnationalisierung von Arbeit mit Blick auf das doing migration erfahren (Lutz/Amelina 2017).

Drittens ist die aus der angloamerikanischen, britischen und deutschen Diskussion kommende feministische und geschlechtersoziologische Forschung zum Themenkomplex Organisation und Geschlecht zu erwähnen. Sie war zunächst von einer kritischen Auseinandersetzung mit dem Weber'schen Rationalitätsparadigma geprägt (vgl. Witz/Savage 1992). Mit den Theorien der Gendered Organization (Acker 1990) wurde zudem ein eigener Blick auf Organisationen entwickelt, der, anders als die zuvor skizzierten Forschungen, die Frage nach ihrer Verfasstheit im Geschlechterverhältnis von vornherein mit der Frage nach doing gender verbunden hat. Organisationen wurden hier strukturell (vor allem hinsichtlich der Arbeits- und Funktionsteilung), im Hinblick auf die Subjektivität ihrer Mitglieder und auf ihre Interaktionen wie mit Blick auf die symbolische Ordnung als vergeschlechtlicht begriffen. Für theoretische Kontroversen sorgte die empirisch voranschreitende Gleichstellung der Geschlechter in manchen Organisationen bzw. Organisationsbereichen seit Ende der 1990er Jahre. Es wurde die Frage diskutiert, inwiefern Organisationen aus sich heraus als vergeschlechtlicht zu gelten haben bzw. warum und wie Geschlecht Geltung erlangt (Müller et al. 2013). Gegenwärtig ist die Diskussion von einer neuen Aufmerksamkeit für den organisationalen Wandel und damit verbunden für neo-institutionalistische Perspektiven geprägt, welche die Frage nach der Bedeutung von Geschlecht in Organisationen neu aufgenommen haben (vgl. Amstutz et al. 2018, Funder 2017).

Viertens verdient die mit Arbeit und Organisation befasste internationale Männlichkeitsforschung Beachtung, die sozialtheoretische, konstruktivistische und praxeologische Perspektiven auf die Herausbildung und den Wandel von Männlichkeiten anlegt. Insbesondere die „hegemoniale Männlichkeit", also die als Leitkultur etablierte Form von Männlichkeit, konstituiere sich in ihrer industriekapitalistischen Gestalt in Verbindung mit Öffentlichkeit, Organisation, Erwerbs- bzw. Berufsarbeit. Da in all diese Felder Bewegung gekommen ist, nimmt die Männlichkeitsforschung das Thema Arbeit und Organisation im Kontext von Männlichkeit, Macht, → Herrschaft, aber auch Männlichkeit, → Prekarität, sozialer Verunsicherung neu auf (vgl. Hearn 2014, Lengersdorf/Meuser 2016). Neu ist unter dem Begriff der caring masculinities zudem die Frage aufgenommen worden, in welcher Weise Männlichkeiten in Verbindung mit Arbeiten und Tätigkeiten herausgebildet werden, die traditionell als feminisiert gelten (Dinges 2020, Scholz/Heilmann 2019).

Fünftens durchzieht alle angeführten Forschungslinien eine systematische Erhöhung der Aufmerksamkeit für ethnie- und schichtbasierte Differenzierungen und Ungleichheiten. Dies ist zum einen der gesellschaftlichen Entwicklung geschuldet, nicht zuletzt der nach dem Zusammenbruch des Staatssozialismus vollzogenen Öffnung des globalen Wirtschaftsraums (→ Globalisierung) und der seitherigen Transnationalisierung von Arbeit und Politik. Wissenschaftsgeschichtlich ist zum anderen die breite Rezeption des Konzeptes der Intersektionalität zu nennen, das auch in die feministische und geschlechtersoziologische Befassung mit Arbeit und Organisation eingeflossen ist (vgl. Klinger/Knapp 2008, Seeliger/Gruhlich 2020).

Zentrale Forschungsergebnisse

Zwar sind die Forschungslinien von ihrer Genese her durchaus eigenständig, in den aktuellen Analysen kommen sie aber teilweise miteinander verbunden zum Tragen. Daher ist es nicht sinnvoll, Forschungsergebnisse ausschließlich entlang der Forschungslinien darzustellen. Stattdessen sei der zentrale gemeinsame Befund vorangestellt, der sich aus dem Stand der Forschung herausdestillieren lässt: Arbeits- und Geschlechterarrangements sind in Verbindung mit der Transformation des Gegenwartskapitalismus in einem tiefgreifenden Wandel begriffen (vgl. Becker et al. 2020, Binner et al. 2020, Nickel/Heilmann 2013). Dabei werden die Arbeitsformen neu gegeneinander abgegrenzt und aufeinander bezogen, erfährt Erwerbsarbeit (und erfahren auch die anderen Arbeitsformen) Veränderungen und werden neue Arbeitsteilungen und soziale Positionierungen nach Geschlecht sowie Ethnie und Schicht hervorgebracht (Gruhlich et al. 2020). Nachstehend werden sechs Facetten des Wandels von Arbeit angesprochen, die sich im Gegenstandsbereich der Arbeits- und Industriesoziologie bewegen und von der geschlechtersoziologischen und (pro)feministischen Forschung systematisch mit dem Wandel der Geschlechterarrangements in Verbindung gebracht werden.

Der Wandel von → Erwerbsarbeit geht, so die erste im Kontext von Männlichkeits- und Geschlechter-, Arbeits- und Organisationsforschung thematisierte Facette, mit der Neuformierung von Männlichkeiten und der Herausbildung neuer Arbeitsteilungen zwischen den Geschlechtern einher. Diagnostiziert werden in Studien, die sich vor allem mit Managementpositionen und Führungskräften befassen, organisationsübergreifende „ökonomische Transpatriarchien" (Hearn 2014) bzw. eine prototypisch vom globalen Finanzmanagement verkörperte, durch konservative Geschlechterarrangements im Privaten gestützte „hegemoniale Männlichkeit" (Connell 2010; → auch Management). Eine anhaltende Diskussion zwischen Arbeits- und Industriesoziologie und Geschlechterforschung hat sich vor allem an den Topoi → Entgrenzung und → Subjektivierung von Arbeit (vgl. Fischer et al. 2020, Frey et al. 2010, Lohr/Nickel 2005, Nickel/Heilmann 2013; → auch Arbeitskraftunternehmer) unter der Frage entzündet, wie neue Rationalisierungsformen und der Wandel von Erwerbsarbeit die Arbeitsteilungen zwischen den Geschlechtern insgesamt erfassen und wo die Analyse anzusetzen hat: wie in den genuin arbeits- und industriesoziologischen Ansätzen bei der Erwerbsarbeit oder wie in der Geschlechterforschung gleichermaßen auch bei der unbezahlten Arbeit, ihrer Vermittlung mit der bezahlten Arbeit, dem Wandel der Lebensformen und den Versorgungsleistungen des Sozialstaats (Aulenbacher 2018).

Im Schnittpunkt von Männlichkeits-, Geschlechter- und Arbeitsforschung hat, zweitens, die Befassung mit → Prekarität und der Prekarisierung der Arbeits- und Lebensverhältnisse an Bedeutung gewonnen. Dieser Forschungsstrang wird dadurch charakterisiert, dass er das Phänomen Prekarität anders als die Arbeits- und Industriesoziologie ausgehend von Veränderungen innerhalb und außerhalb der Erwerbsarbeit in den Blick nimmt (vgl. Castel/Dörre 2009). Prekarität wird dahingehend betrachtet, wie sie bisherige Männlichkeits- und Weiblichkeitskonstruktionen beeinflusst, wie im Kontext entsicherter Arbeits- und Lebensverhältnisse Arbeit (Erwerbsarbeit und weitere Arbeiten) neu verteilt wird, in welcher Weise sozialer Protest sich nicht nur kritisch mit dem Wandel von Arbeit, sondern auch mit der Geschlechterhierarchie auseinandersetzt und inwiefern sich Solidarisierungen über gesellschaftliche Sektoren und Arbeitsbereiche hinweg und mit Blick auf Ungleichheiten nach Klasse, Geschlecht und Ethnizität erkennen lassen (Bose/Klein 2020, Lengersdorf/Meuser 2016, Motakef 2015, Völker/Amacker 2015).

In der geschlechtersoziologischen und feministischen Arbeits-, Organisations- und Professionsforschung wird, so die dritte Facette, hinsichtlich des Wandels von Arbeit, der Arbeitsteilungen zwischen den Geschlechtern und, was hier ein empirisch bedeutsames Thema ist, des Aufstiegs von Frauen in Führungspositionen von einer uneindeutigen Situation gesprochen (→ auch Managementkarriere). Bisherige organisationale und professionelle Geschlechterordnungen seien zwar durchbrochen, aber es lasse sich noch nicht absehen, inwiefern sich dies mit Gleichstellungstendenzen oder neuen Ungleichheiten wie neuen Öffnungen für oder Schließungen gegenüber Frauen verbinden wird (vgl. Gildemeister/Wetterer 2007). In diesen Kontext fällt auch die Erforschung des Wandels verschiedener Beschäftigungsbereiche und Organisationen unter der Fragestellung, wie sich Rationalisierungsbestrebungen und Leistungspolitiken mit Arbeitsteilungen und -bewertungen nach Geschlecht und mit Gleichstellungspolitiken wie Gender Mainstreaming oder Diversity Management verbinden und welche Bedeutung dem Wandel von Lebensformen und wohlfahrtsstaatlichen Politiken für die Ausgestaltung von Arbeit zukommt (vgl. Aulenbacher et al. 2017, Funder 2017, Krell et al. 2018, Nickel et al. 2021) (→ auch Human Resource Management, Informations- und Wissensarbeit).

Arbeits-, organisations- und professionsbezogene Forschungen zu Entwicklungen in Feldern wie Wissenschaft, Pflege, Gesundheit verbinden sich, viertens, mit Betrachtungen neuer Governancemuster und der Reorganisation des Wohlfahrtsstaates auch im internationalen Vergleich. Für den hier interessierenden Kontext ist dabei hervorzuheben, dass in diesen Bereichen zum einen Prozesse der zeitgleichen (weiteren) Akademisierung und Professionalisierung von nicht nur, aber auch nicht zuletzt manageriellen Tätigkeiten und die Deprofessionalisierung und Informalisierung von interpersonalen und interventiven Dienstleistungen ausgemacht werden (→ auch Dienstleistungsarbeit, Sorgearbeit). Beides geht auch, allerdings nicht ungebrochen, mit der Maskulinisierung und Aufwertung wie Feminisierung und Abwertung von Arbeit und außerdem mit der ethnischen Neuzusammensetzung der Beschäftigten einher (vgl. z.B. Betzelt/Kuhlmann 2003, Dammayr 2019, Riegraf et al. 2010, Weber 2017). Dabei werden neue Governancemuster hinsichtlich von Prozessen der Vermarktlichung, Professionalisierung und Managerialisierung im Schnittpunkt der Teildisziplinen auch im internationalen Vergleich erforscht (Pavolini/Klenk 2015).

Fünftens hat sich aus verschiedenen Forschungslinien im Feld von Care und Care Work, darunter an vorderer Stelle die Geschlechterforschung, eine internationale Sociology of Care herausgebildet, in der auch arbeitssoziologische Perspektiven zunehmend bedeutsamer werden (vgl. Aulenbacher et al. 2014, Aulenbacher et al. 2018). Diese Forschung befasst sich mit der globalen Vermarktlichung von → Sorgearbeit im Privathaushalt und macht diesen damit in seiner Bedeutung als Ort bezahlter, oft von Migrantinnen verrichteter Arbeit sichtbar (→ auch Arbeit und Migration). Gezeigt wird, wie diese voranschreitend agenturvermittelte Arbeit in nationaler, inter- und transnationaler Perspektive in die Care-Regime eingebettet ist, sehr unterschiedlich ausgestaltet wird und zu Veränderungen in den zwischengesellschaftlichen Beziehungen zwischen Ost und West, Nord und Süd führt (vgl. Anderson/Shutes 2014, Aulenbacher et al. 2021, Kofman/Raghuram 2015, Lutz 2010, Lutz 2018, Weicht/Österle 2016) (→ auch Reproduktion von Arbeitskraft). Ferner geht es in diesem Forschungsstrang um die Organisation von Care und Care Work als Erwerbsarbeit in Privatwirtschaft, Staat, Drittem Sektor und dort um die Art und Weise, wie sie international in neuen Rationalisierungsmodi reorganisiert wird, in neue Sozialstaatspolitiken eingebunden ist und mit sozialen Ungleichheiten einhergeht. In diesem Bereich treffen Geschlechterforschung und Arbeits- und Industriesoziologie in neuer Weise aufeinander, was die Erforschung von Rationalisierungsbestrebungen in der Dienstleistungsarbeit und im sozialen Sektor sowie die Konflikte und Auseinandersetzungen darum angeht (vgl. Artus et al. 2017 a, Aulenbacher et al. 2014, Czaplicki 2020, Dammayr 2019, Pavolini/Klenk 2015, Rudolph/Schmidt 2019, Völker/Amacker 2015, Weber 2020).

Sechstens wird das Verhältnis von Digitalisierung, Arbeit und Geschlecht an der Schnittstelle von Geschlechterforschung und Arbeits- und Industriesoziologie bereits seit den 1990er Jahren lebhaft diskutiert. Durch die feministische und geschlechtersoziologische Digitalisierungsforschung zieht sich bis heute ein Verständnis von Technik als sozialer Prozess, der auch durch das Geschlechterverhältnis geprägt ist (Wajcman 1991) (→ Arbeit und Technik, Digitale Transformation der Arbeit). Die Wirkungen der Digitalisierung von Erwerbsarbeit werden aus macht- und herrschaftskritischen Perspektiven erforscht (vgl. Carstensen/Prietl 2021, Kutzner/Roski 2019). Bei zeiträumlich unabhängigem Arbeiten wie etwa → Plattformarbeit und Crowd Work diagnostiziert die feministische Forschung in Konfrontation mit Konzepten der Arbeitssoziologie zur Flexibilisierung und → Entgrenzung von → Arbeit(szeit) eine geschlechtsspezifisch ungleiche Nutzung und Verteilung bezahlter und unbezahlter Arbeit. Zeit-räumlich unabhängiges Arbeiten, so wird gezeigt, bietet Personen, die eine Mehrzahl an Betreuungsverpflichtungen verrichten – zumeist Frauen –, einerseits die Möglichkeit, mehr Erwerbsarbeitsstunden zu leisten, birgt aber andererseits das Risiko, Verteilungsfragen erneut aus den Betrieben in den Privatbereich zu verlegen und als individuelle Entscheidungen zu verschleiern (vgl. Ahlers et al. 2018, Altenried et al. 2021, Carstensen 2020, Kutzner 2018, Monz/Vogl 2020) (→ auch Home Office/Tele[heim]arbeit, Mobile Arbeit). In Debatten um das Substituierungspotenzial bestimmter Tätigkeiten weist die feministische Digitalisierungsforschung u.a. auf die Auswirkungen geschlechtsspezifischer Segregation hin, was → Berufe und Sektoren sowie die entsprechenden Qualifikationen betrifft. Berufe mit hohem Frauenanteil, wie etwa Dienstleistungs- und Pflegeberufe, erweisen sich demnach als weniger von potenzieller Substitution durch Technik betroffen als traditionell männliche Tätigkeiten der industriellen Arbeit, wenngleich die → digitale Transformation der Arbeit auch in diesen Feldern begonnen hat (Dengler/Matthes 2018, Kastein/Weber 2022). Geringqualifizierte Berufe, in denen Frauen überproportional vertreten sind, werden hingegen im Vergleich zu hochqualifizierten Tätigkeiten als stärker betroffen dargestellt (Eichlberger et al. 2018, Jürgens et al. 2017, Kohlrausch et al. 2019). Mit Blick auf den anhaltenden Wandel von Arbeit werden in der feministischen Digitalisierungsforschung die gesellschaftlichen sowie geschlechtsspezifischen Chancen und Risiken der Digitalisierung von Erwerbsarbeit, auch mit Blick auf das Verhältnis von Erwerbs- und Reproduktionsarbeit, als Prozess mit offenem Ausgang diskutiert, der von Auseinandersetzung um und Aushandlungen von Arbeit im Kontext von Geschlecht abhängt (Altenried et al. 2021, Kastein/Weber 2022).

Internationaler Bezug

Forschungen zum Thema Arbeit, Organisation, Profession und Geschlecht sind teils von ihrer Genese, teils angesichts der voranschreitenden Inter- und Transnationalisierung von Arbeit und Politik als vergleichende Forschung und in Form von Forschungsvernetzungen national und international orientiert. Darüber hinaus finden sich darin Plädoyers für eine weiter gehende, vor allem epistemologische Internationalisierung der Perspektive. In diesem Sinne geht es darum, sich der Standortgebundenheit der eigenen Forschung bewusst zu sein, um den analysierten, aber auch bislang möglicherweise ausgeblendeten gesellschaftlichen Zusammenhängen und Entwicklungen und damit auch den zwischengesellschaftlichen Verhältnissen zwischen West und Ost, Nord und Süd Rechnung zu tragen. Das geschieht nicht zuletzt in Forschungen, in denen die Entwicklung von Arbeit und Geschlecht im Kontext von Arbeits- und Beschäftigungs-, Migrations-, Sozialstaats- und Sorgeregimen analysiert wird, um die supra-, inter-, transnationale und die jeweilige nationale Ebene ihrer Regulierung und Ausgestaltung zu erfassen.

Brigitte Aulenbacher, Johanna Grubner

Empfehlungen zum Weiterlesen

Aulenbacher, Brigitte/Dammayr, Maria/Dörre, Klaus/Menz, Wolfgang/Riegraf, Birgit/Wolf, Harald (Hg.) 2017: Leistung und Gerechtigkeit. Das umstrittene Versprechen des Kapitalismus. Weinheim/Basel: Beltz Juventa.

Aulenbacher, Brigitte/Lutz, Helma/Schwiter, Karin (Hg.) 2021: Gute Sorge ohne gute Arbeit? Live-in-Care in Deutschland, Österreich und der Schweiz. Weinheim/Basel: Beltz Juventa.

Becker, Karina/Binner, Kristina/Décieux, Fabienne 2020: Gespannte Arbeits- und Geschlechterverhältnisse im Marktkapitalismus, Wiesbaden: Springer VS.

Kastein, Mara/Weber, Lena (Hg.) 2022: Care-Arbeit und Gender in der digitalen Transformation. Weinheim/Basel: Beltz Juventa.

Motakef, Mona 2015: Prekarisierung. Bielefeld: transcript.

Scholz, Sylka/Heilmann, Andreas (Hg.) 2019: Caring Masculinities? Männlichkeiten in der Transformation kapitalistischer Wachstumsgesellschaften. München: oekom.

Seeliger, Martin/Gruhlich, Julia (Hg.) 2020: Intersektionalität, Arbeit und Organisation. Weinheim/Basel: Beltz Juventa.

Arbeit und Interaktion

Begriff

Mit dem Begriffspaar ‚Arbeit und Interaktion' wird ein Feld des Arbeitshandelns umrissen, in dem vergegenständlichende Tätigkeit (Arbeit) mit einem am sozialen Gegenüber orientierten Handeln (Interaktion) verbunden wird. Offenkundig ist dabei, dass dies ein weites Feld ist. Denn soziale Interaktionen spielen für viele Bereiche von → Arbeit eine konstitutive Rolle: für Kooperationsbeziehungen am Arbeitsplatz und damit für das arbeitsteilige Zusammenwirken von Arbeitskräften in der Wertschöpfung wie auch für die Arbeit an und mit Kunden und Klienten in Dienstleistungsbeziehungen. Gemeinsam ist diesen Bereichen, dass die Akteure wechselseitig aufeinander angewiesen sind. Sie müssen innerhalb des Arbeitsprozesses in Bezug aufeinander handeln, wenn das Arbeitsergebnis realisiert werden soll. Dabei weisen Dienstleistungsinteraktionen das zusätzliche Merkmal auf, dass die Interaktion zwischen Beschäftigten und Kunden hier nicht nur Bestandteil des Arbeitsprozesses ist, sondern selbst ein Arbeitsergebnis darstellt.

‚Arbeit und Interaktion' weist bislang noch keine eindeutig definierte Begriffsgeschichte auf. Zwar hat sich die Arbeits- und Industriesoziologie selbstredend mit „Arbeit" beschäftigt – „soziale Interaktion" hingegen blieb immer ein Kernthema der allgemeinen Soziologie. So repräsentieren „Arbeit" und „Interaktion" zwei Gegenstandsbereiche, die in der Soziologie traditionell getrennt behandelt worden sind (Dunkel/Weihrich 2018). Jürgen Habermas hat am Ende seiner Auseinandersetzung mit Hegels Jenenser „Philosophie des Geistes" (Habermas 1973, S. 47) beklagt, dass eine präzise Bestimmung des Zusammenhangs von Arbeit und Interaktion bislang ausgeblieben sei. Er selbst hat in der Weiterentwicklung seiner Theorie des kommunikativen Handelns dann allerdings darauf abgestellt, erfolgsorientierte Arbeit bzw. Zweckrationalität und verständigungsorientierte Interaktion bzw. kommunikative Rationalität analytisch scharf zu trennen und als Handlungsformen zu begreifen, die getrennten gesellschaftlichen Sphären jeweils exklusiv angehören.

Allerdings entwickelt sich zunehmend ein Forschungsfeld, in dem Arbeit und Interaktion systematisch miteinander verbunden werden – das Feld der interaktiven Dienstleistungsarbeit („interactive service work"). Dieses Feld wird im Folgenden im Mittelpunkt stehen.

Genese/theoretischer Kontext

Will man etwas zur Genese von „Arbeit und Interaktion" sagen, muss man auf Theorietraditionen zurückgreifen, die jenseits der deutschen Arbeits- und Industriesoziologie liegen. Besonders ertragreich ist hier der Rekurs auf angloamerikanische Dienstleistungsforschung (vgl. zum Folgenden ausführlich Dunkel/Weihrich 2018).

Everett C. Hughes begründete als der führende Arbeitssoziologe der Chicago School in der Mitte des 20. Jahrhunderts mit seinem besonderen Interesse an der Soziologie der Professionen ein Forschungsfeld, das von Goffman, Strauss und anderen in überaus produktiver Weise weiterentwickelt wurde. Erving Goffman etwa verdichtete anschauliche Empirie zu abstrakteren Bausteinen einer Theorie der Ko-Präsenz. Zu diesen Bausteinen gehören z.B. die Theateranalogie mit ihren Begriffen der Vorder- und der Hinterbühne und der Perspektive der Selbstinszenierung oder die Etablierung der strategischen Face-to-face-Interaktion als ein eigenständiges Untersuchungsfeld der allgemeinen Soziologie, in dem man sozusagen der Interaktion bei der Arbeit zusehen kann.

In den Beiträgen der Chicago School, aber auch darüber hinaus, wurde Interaktion als Element von Arbeit zum einen auf dem Feld der Experten-Klienten-Beziehungen untersucht. Hier entstanden vor allem im Bereich professionssoziologischer Arbeiten zahlreiche Untersuchungen. Prototypisch hierfür waren, angefangen mit Talcott Parsons' klassischer Auseinandersetzung mit dem Arzt-Patient-Verhältnis, die medizinsoziologischen Untersuchungen zur Arzt-Patient-Interaktion (z.B. Heath 1986). Zum anderen wurden Dienstleistungstätigkeiten unterhalb der Professionen in den Blick genommen. Shamir (1980) sprach hier von „subordinate service roles", Macdonald und Sirianni (1996) vom „emotional proletariat". Hierzu lassen sich auch die zahlreichen Arbeiten zur Gefühlsarbeit zählen, die seit der bahnbrechenden Studie von Hochschild (1983) entstanden sind. Hier stehen oftmals solche Beschäftigte im Mittelpunkt, die sich in ihrem Arbeitshandeln (bis hin zum Umgang mit ihren Gefühlen) sowohl den Kundenbedürfnissen wie auch den Vorgaben ihres Unternehmens unterzuordnen haben (vgl. bspw. Rastetter 2008). Über die Gefühlsarbeit hinaus sind hier die Konzepte der „front line work" etwa im Bereich der Call-Center-Arbeit (vgl. Frenkel et al. 1999) oder der „interactive service work" etwa in mcdonaldisierten Betrieben (Leidner 1993) relevant. Hier standen die Konsequenzen der Standardisierung von Kundeninteraktion und die Arbeit an der Grenzstelle zwischen Unternehmen und Kunden im Mittelpunkt des Interesses.

Die Auseinandersetzung mit den interaktiven Aspekten von Dienstleistungsarbeit begann in der deutschsprachigen Arbeitssoziologie mit den Beiträgen von Badura und Gross in den 1970er und 80er Jahren (vgl. etwa Gross/Badura 1977, Gross 1983). Diese identifizierten als Differentia specifica personenbezogener gegenüber sachbezogener → Dienstleistungsarbeit das Uno-actu-Prinzip, dem zufolge Produktion und Konsumtion in einem Handlungsakt zusammenfallen.

Daran anknüpfend richteten Weihrich und Dunkel (2003) mit ihrem handlungstheoretisch angelegten Konzept der „interaktiven Arbeit" den Blick auf die Notwendigkeit von Ko-Produktion in der interaktiven Dienstleistungsarbeit. Diese stellt Dienstleistungsgeber und Dienstleistungsnehmer vor eine Reihe von sozialen Abstimmungsproblemen, die allein durch den Tausch von Leistung gegen Geld nicht zu lösen sind: Der Gegenstand der Dienstleistungsbeziehung und das gemeinsame Procedere müssen definiert werden; Dienstleistungen haben den Charakter von Leistungs-Versprechen, die Beteiligten können deswegen nicht sicher sein, was sie voneinander zu erwarten haben, und müssen daher unvollständige Verträge eingehen; in Dienstleistungsbeziehungen treten systematisch Interessengegensätze etwa in Bezug auf das Preis-Leistungs-Verhältnis auf. Solche Abstimmungsprobleme müssen bei personenbezogenen Dienstleistungen in der Regel im Angesicht des Anderen und im unmittelbaren Hier und Jetzt gelöst werden und verbinden sich deshalb mit einem spezifischen Handlungsdruck (Birken 2012). Im Konzept der interaktiven Arbeit wird der Blick darauf gerichtet, wie Beschäftigte und Kunden wechselseitig aufeinander Bezug nehmen, um diese Herausforderungen zu bearbeiten. Kunden werden damit als aktiv Mitarbeitende aufgefasst (vgl. Dunkel/Voß 2004, Voß/Rieder 2006 und Dunkel/Weihrich 2012, 2014).

Mittlerweile hat sich in der deutschsprachigen Arbeitsforschung das integrative Konzept der Interaktionsarbeit (Böhle/Glaser 2006, Böhle 2011, Böhle/Weihrich 2020) als Basis entsprechender Forschungsarbeiten etabliert. Aktuell werden dort vier Ansätze zum Arbeitshandeln zusammengeführt: die Emotionsarbeit („emotion work", vgl. Hochschild 1983) als Arbeit an den eigenen Gefühlen, die Gefühlsarbeit („sentimental work", vgl. Strauss et al. 1980) als Beeinflussung fremder Gefühle zur Erfüllung der Arbeitsaufgabe, das → „subjektivierende Arbeitshandeln" (Böhle 2017 a) sowie die interaktive Arbeit (Dunkel/Weihrich 2012). Das Konzept der Interaktionsarbeit ist auf die Frage danach ausgerichtet, welche spezifischen Anforderungen sich bei personenbezogenen Dienstleistungen für die Beschäftigten stellen und mit welchen Mitteln des Arbeitshandelns sie diesen Anforderungen begegnen. Damit ist das Konzept der Interaktionsarbeit nach der von Schneider et al. (2021) vorgeschlagenen Einteilung der Forschungslandschaft einer Forschungsrichtung zuzuordnen, die die praktische Auseinandersetzung von Beschäftigten mit den Anforderungen der Dienstleistungsinteraktion untersucht. Ähnlich ausgerichtet sind Forschungsarbeiten in der Tradition der Workplace Studies (z.B. Llewellyn/Hindmarsh 2013) sowie der französischen „front-desk sociology" (vgl. Schneider et al. 2021, S. 10–13). Schneider et al. (2021) entwickeln vor diesem Hintergrund eine Forschungsagenda, die ausgehend von dem Grundproblem einer der Dienstleistungsinteraktion inhärenten Unbestimmtheit und Komplexität das darauf bezogene Handeln von Beschäftigten erfassen soll. Dabei werden als wesentliche Dimensionen dieses Handelns die Interpretation der Situation („sensemaking") sowie die Nutzung gegebener Ressourcen („resourcing") vorgeschlagen.

Zentrale Forschungsergebnisse

Internationale, vor allem qualitativ angelegte Studien zur interaktiven Dienstleistungsarbeit zeigen, wie tiefgreifend der unternehmerische Zugriff auf die menschliche Arbeitskraft ist. Exemplarisch steht hierfür die dramatische Schlussfolgerung, die Hochschild (1983) aus ihren Untersuchungen zur Gefühlsarbeit von Flugbegleiterinnen und Flugbegleitern gezogen hat: Unternehmen beuten die Emotionalität ihrer Beschäftigten aus und bestimmen ihr Fühlen neu (immer freundlich bleiben); die Beschäftigten verlernen durch diese Fremdbestimmtheit, die Potenziale ihrer Emotionalität (als eines sechsten Sinnes, der über das Verhältnis der Person zu ihrer Umwelt informiert) zu ihrem Nutzen zu entfalten; Emotionsarbeit ist damit nicht nur eine zusätzliche Belastung im Beruf, sondern beschneidet generell emotionale Fähigkeiten. Hochschilds These ist zwar in weiteren Forschungen wie etwa in den Arbeiten von Sharon C. Bolton relativiert worden, in denen die selbstständige Gestaltung der Dienstleistungsbeziehungen durch die Frontline Worker betont (Bolton/Boyd 2003) und auch die Rolle der Kunden differenzierter betrachtet werden (Bolton/Houlihan 2005). Sie hat aber ganz wesentlich dazu beigetragen, dass interaktive Dienstleistungsarbeit überhaupt zum Forschungsgegenstand gemacht wurde.

Eine weitere These, die es zu erheblicher Prominenz gebracht und Debatten über die weitere Entwicklung der → Dienstleistungsgesellschaft angestoßen hat, ist die McDonaldisierungsthese von Ritzer (2000), nach der die gesellschaftliche → Rationalisierung im Sinne einer Erhöhung von Effizienz, Kalkulierbarkeit, Vorhersagbarkeit und Kontrolle die Grenzen des Betriebes und der Bürokratie überwunden hat und nun die Gesellschaft immer umfassender durchdringt. Ein Ausdruck dieser gesellschaftlichen Entwicklung ist die Zurichtung und Kontrolle des Konsumenten (und mit ihm auch des Dienstleistungsbeschäftigten und der Dienstleistungsinteraktion), der in seinen Wahl- und Handlungsmöglichkeiten systematisch eingeschränkt und gesteuert wird.

Weniger dramatisch, aber nicht weniger instruktiv für das Verständnis interaktiver Dienstleistungsarbeit ist die Studie zur „Kundeninteraktionsarbeit" von Voswinkel (2005 a). Dort werden die widersprüchlichen Erwartungen aufgezeigt, die an Dienstleistungsbeschäftigte vonseiten der Unternehmen und vonseiten der Kunden gerichtet werden, verbunden mit mangelnder → Anerkennung der Leistungen, die Dienstleistungsbeschäftigte im Kundenkontakt erbringen. In dem Konzept der „customer oriented bureaucracy" (Korczynski 2002, Korczynski/MacDonald 2009) wird die Komplexität des Dreiecks Unternehmen – Dienstleistungsbeschäftigter – Dienstleistungskunde noch weiter entfaltet: Nach Korczynski besteht hier ein Grundwiderspruch darin, dass die Organisation sowohl (im Sinne der Effizienz der erbrachten Leistungen) formal rational wie auch (im Sinne der Wünsche des Kunden an Erleben, emotionaler Qualität etc.) jenseits solcher Effizienzkriterien handeln müsse. Ein besonderes Problem sei dabei, für den Kunden den „enchanting myth of customer sovereignty" aufrecht zu erhalten, d.h. dem Kunden das Gefühl zu geben, dass er die Interaktion kontrolliert, ohne dass er dies wirklich tut. Wenn diese Illusion nicht aufrechterhalten werden kann, sind es die Dienstleistungsbeschäftigten, die sich mit dem Ärger desillusionierter Kunden befassen müssen – und dabei selbst zur Zielscheibe eines solchen Ärgers werden können (Korczynski 2002, S. 136).

Schneider et al. (2021) rechnen Hochschild, Ritzer und Korczynski der Labour Process Theory zu, in der die → Kontrolle der Beschäftigten durch die Unternehmen im Mittelpunkt steht. Die bislang vorliegenden Untersuchungsergebnisse (Dunkel/Voß 2004, Dunkel/Weihrich 2012) zur Interaktionsarbeit zeigen im Gegenzug auf, dass das Arbeitshandeln von Beschäftigten in Dienstleistungsbeziehungen durch unternehmerische Kontrollvorgaben allein nicht erklärbar ist, sondern eine eigenständige, an bestimmten Situationen und weiteren beteiligten Akteuren wie den Kunden orientierte Leistung von Arbeitskräften darstellt. Die Qualität solcher Leistungen kann allerdings von Unternehmensseite nicht nur gefördert, sondern auch gefährdet werden und bedarf deshalb einer entsprechenden Arbeitsgestaltung, die sich etwa auf die Bereitstellung von Handlungsspielräumen beziehen kann (Böhle et al. 2015).

Trotz eines wachsenden Bestandes an Forschungsergebnissen zur interaktiven Dienstleistungsarbeit bestehen weiterhin Forschungsdesiderata hinsichtlich der Frage, wie sich Interaktivität in der Arbeit im Kontext von Megatrends wie Rationalisierung, Technisierung, Digitalisierung und → Globalisierung verändern wird, auch wenn hierzu erste Vorschläge (etwa in Bezug auf die Krankenpflege, vgl. Jungtäubl et al. 2020, Weihrich/Jungtäubl 2020) vorliegen (→ auch Digitale Transformation der Arbeit). Ebenso hat sich bislang nicht durchgesetzt, Arbeit und Interaktion systematisch auch aus der Perspektive der Kunden zu betrachten: Die aktuelle Zusammenstellung des Forschungsstandes von Schneider et al. 2021 macht deutlich, dass ein solcher Perspektivenwechsel, der dem kooperativen Charakter von Dienstleistungsinteraktionen durchaus entspräche, nur in Ausnahmenfällen vorgenommen wird.

Wolfgang Dunkel

Empfehlungen zum Weiterlesen

Böhle, Fritz/Weihrich, Margit 2020: Das Konzept der Interaktionsarbeit. In: Zeitschrift für Arbeitswissenschaft, Jg. 74, H. 1, S. 9–22.
Dunkel, Wolfgang/Weihrich, Margit 2014: Interaktive Arbeit: Die soziale Dimension von Dienstleistungsarbeit. In: Sydow, J./Sadowski, D./Conrad, P. (Hg.): Arbeit – eine Neubestimmung. Berlin/Heidelberg: Springer, S. 245-289.
Dunkel, Wolfgang/Weihrich, Margit 2018: Arbeit als Interaktion. In: Böhle, F./Voß, G. G./Wachtler, G. (Hg.): Handbuch Arbeitssoziologie (2. Aufl.). Wiesbaden: Springer VS, S. 201–230.
Hochschild, Arlie 1983: The Managed Heart. Commercialization of Human Feeling. Berkeley: University of California Press [dt. Ausgabe: Das gekaufte Herz. Frankfurt a.M.: Suhrkamp 1990].
Schneider, Anna/Subramanian, Dilip/Suquet, Jean-Baptiste/Ughetto, Pascal 2021: Situating Service Work in Action: A Review and a Pragmatist Agenda for Analysing Interactive Service Work. In: International Journal of Management Reviews (online), DOI:10.1111/ijmr.12259.

Arbeit und Künstliche Intelligenz

Begriff

Künstliche Intelligenz (KI) wird häufig relativ offen definiert als die informationstechnische Lösung einer Aufgabe, für die dem allgemeinen Verständnis nach Intelligenz notwendig ist; eine einheitliche Definition existiert nicht. Lange Zeit ein Randbereich der Informatik, umfasst KI verschiedene Ansätze und mathematische/statistische Verfahren. Kern des Begriffs ist der Versuch, das Denken und Handeln (z.B. Entscheidungs- und Lernprozesse) des Menschen künstlich (informationstechnisch) nachzubilden, um diese zu ersetzen oder zu unterstützen. Bezogen auf Arbeit kann sich dies auf Automatisierung oder auf technische Assistenz ausrichten.

Neuerungen insbesondere im Bereich des Maschinellen Lernens und der Mustererkennung, kombiniert mit einer starken Zunahme der Verfügbarkeit und Relevanz von Daten (Digitalisierung) und darauf aufbauenden statistischen Auswertungsmethoden (Big Data), haben dazu geführt, dass KI in der Arbeitswelt seit etwa zehn Jahren Konjunktur hat. Sie wird als Schlüssel- bzw. Querschnittstechnologie der → digitalen Transformation eingestuft. Die Technologie eröffnet Anwendungen quer durch sämtliche Tätigkeitsfelder, wie Robotik, Produktionssteuerung, Qualitätskontrolle, interne Logistik, Wissensmanagement, Organisation, Entscheidungsfindung, Dokumentation, Sachbearbeitung, Personalarbeit, Arbeitsanweisung sowie Kundeninteraktion (vgl. Pfeiffer 2020, S. 467, Dukino et al. 2021, S. 13 f.). Ebenso breit sind die Tätigkeitsformen, in die sich KI integrieren lässt, wie planen, koordinieren, entscheiden, optimieren, wahrnehmen und lernen (Dukino et al. 2021, S. 11ff.).

Genese/theoretischer Kontext

Eine prominente erste Erwähnung des Begriffs „künstliche Intelligenz" geht auf Alan Turing im Jahr 1950 zurück. Ihre Geburtsstunde als akademisches Fachgebiet der Informatik erlebte KI mit der Dartmouth Conference 1956. Der damals formulierte Antrag zur Förderung der Konferenz postulierte, „dass grundsätzlich alle Aspekte des Lernens und anderer Merkmale der Intelligenz so genau beschrieben werden können, dass eine Maschine zur Simulation dieser Vorgänge gebaut werden kann" (McCarthy et al. 1955; Übersetzung N.H.). Diese Vision legte den Grundstein dafür, dass KI von Beginn an durch einen Wechsel zwischen überhöhten Technologieversprechen und Erwartungen einerseits und Enttäuschungen andererseits geprägt war. So war die Hochphase des Computer Integrated Manufacturing (CIM) in den 1980er Jahren – und die damit verbundene Idee der menschenleeren Fabrik – gekoppelt an hohe Erwartungen an KI, verbunden mit umfangreichen Forschungsprogrammen, die sich letztlich nicht erfüllt haben.

Die Arbeits- und Industriesoziologie hat sich damals hauptsächlich mit einzelnen technologischen Ansätzen auseinandergesetzt. So systematisierten z.B. Burkart Lutz und Manfred Moldaschl in einem Gutachten 1989 die möglichen qualifikatorischen Wirkungen von „Expertensystemen" in Abhängigkeit von betrieblichen Rationalisierungskonzepten und Erwartungen und zeigten technologie-, arbeits- und forschungspolitische Konsequenzen auf (Lutz/Moldaschl 1989). In der → Techniksoziologie wurde die Idee, Intelligenz nicht unbedingt in einem einzelnen Computersystem zu verorten, sondern in der Interaktion von sogenannten Multi-Agenten-Systemen (MAS) bzw. die Idee einer „Verteilten Künstlichen Intelligenz“ aufgegriffen und soziologisch gewendet mit der Frage: „Wie kann die Technik von der Gesellschaft lernen?“ (Malsch et al. 1996). Die interdisziplinäre Verbindung der Forschungsgebiete der Soziologie und der KI wurde mit „Sozionik“ überschrieben (ebd., Rammert 1995). Ein Ausgangspunkt war die Beobachtung, dass sozialwissenschaftliche Begrifflichkeiten (genauer: „soziologische Metaphern“) in die Technik einfließen und für technologische Innovationen formalisiert und nutzbar gemacht werden (Malsch 1997). Grundsätzlicher ging es um die These, dass Techniken nicht ohne einen Bezug zu den Praktiken ihrer Entwicklung und Nutzung sowie ihren sozialen bzw. institutionellen Einbettungen angemessen verstanden werden können (Rammert 2003, S. 4 f.).

Parallel zu den Diskursen um das Internet der Dinge und Dienste (IoT), die Plattformökonomie (→ auch Plattformarbeit) und die → Industrie 4.0 hat KI in der letzten Dekade große Aufmerksamkeit gefunden. Quantitative Relevanz gewinnt KI mit der stark gestiegenen Vernetzung und Durchdringung der Gesellschaft mit Datenquellen und Daten, kombiniert mit erhöhter Rechenleistung. KI ist als Querschnitts- bzw. Schlüsseltechnologie selbst ein Treiber der Entwicklung hin zur Informationsökonomie (Kämpf/Langes 2021), z.B. zur „intelligenten“ Steuerung vernetzter Wertschöpfung. Die Datenrepräsentation relevanter Prozesse in einem „Digitalen Zwilling“, die Datenintegration sowie „schlanke“ Prozesse (→ Lean Production, Lean Management) gelten als Voraussetzungen wie auch Hürden der Umsetzung.

KI kann als neue Qualität der Informatisierung verstanden werden: als Motor der Produktivkraftentwicklung, der → Rationalisierung, aber auch der → Globalisierung und Ökonomisierung. Sie kann als eine Technik bzw. Methode der Bearbeitung von Wissen in Form von Daten verstanden werden, die über den Computer als „universelle Maschine“ (Schmiede 2006, S. 461) hinausgeht. Die Erwartungen an KI (kritisch dazu Brödner 2019) richten sich nicht nur darauf, dass sich relevante Arbeitsprozesse in Daten abbilden und rechenbar (objektivierbar) machen lassen. Vielmehr besteht die Hoffnung, dass Komplexität und Unsicherheit nicht mehr durch lineare formale bzw. (einfache) digitale Prozesse reduziert werden müssen, sondern aufrechterhalten und situativ als kalkulierbare Risiken (Wahrscheinlichkeiten) bearbeitet werden können. Mit der Kombination von probabilistischem statistischem Schließen bzw. Big Data und Machine Learning wird eine Steigerung der Adaptivität und Flexibilität von technischen Systemen für den Einsatz in der Arbeitswelt erwartet. Dabei wird die Kontingenz der Umwelt bzw. Unbestimmtheit in das technische System hineinverlagert. Durch gewichtete zielgesteuerte Lernverfahren (reinforcement learning) sollen KI-Systeme dazu befähigt werden, neue Annahmen zu bilden und zu testen sowie Strategien zu entwickeln. Ziel ist die Erschließung neuer Automatisierungspotenziale, die aufgrund der kognitiven und/oder manuellen Komplexität der entsprechenden Tätigkeiten bislang als unerreichbar galten. Beschrieben wird dies als Schritt von der Automatisierung zur Autonomisierung. Autonome Systeme sollen flexibler werden durch die schrittweise technische Aneignung/Einschreibung (und Enteignung) von menschlicher Arbeitsfähigkeit bzw. menschlichem Arbeitsvermögen. Dies bildet den Ursprung für die Euphorie der jüngsten KI-Hochphase, die Mensch-KI-Vergleiche und entsprechende utopische bzw. dystopische Szenarien – inklusive der Inszenierungs- und Nachahmungseffekte. Diese neue Qualität von KI als Methode der Zugänglichmachung von vormals ausschließlich lebendiger Arbeit zugeschriebenen Tätigkeiten zur Verwertung durch Maschinen bzw. totem Kapital verweist zudem auf eine neue quantitative Breite der Rationalisierung – von → Einfacharbeit über Sach- und → Facharbeit bis zu hochqualifizierter → Informations- und Wissensarbeit, mit den jeweiligen Fähigkeiten, Fertigkeiten, Kompetenzen, Fach- und Erfahrungswissen.

Die aktuellen Diskurse darum, dass (neue) KI als Schritt von der Automatisierung zur Autonomisierung verstanden werden könne und dabei KI vom Werkzeug zum Akteur (Gerst 2019, S. 109) und mit Deep Learning zur „Blackbox“ werde – mit unklarer Zuschreibbarkeit von Aktionen und Verantwortung und reduzierter Gestalt- und Regulierbarkeit –, weisen eine Nähe zu techniksoziologischen Forschungen zu „hybriden Arbeitssystemen“ (Weyer 2006, S. 8) mit geteilter Verantwortung und „Handlungsträgerschaft“ zwischen Mensch und KI-System auf (Rammert/Schulz-Schaeffer 2002 a) (→ Techniksoziologie). Auch dabei wird die Frage virulent, wie die Interaktion zwischen Menschen und autonomer Technik ausgestaltet wird (Weyer 2022).

Arbeits- und industriesoziologisch rücken die hinter der Technikentwicklung und dem Einsatz stehenden (betrieblichen) Rationalisierungsstrategien, also Fragen der → Kontrolle und Steuerung von Arbeit, in den Fokus. KI verspricht eine höhere Adaptivität und Flexibilität und damit neue Rationalisierungspotenziale. Verkörperlichte Formen von KI, insbesondere im Zusammenhang mit Leichtbaurobotern, ausgestattet mit Bilderkennung und lernender Prozessoptimierung, eröffnen neue Einsatzmöglichkeiten auch in der Montage, sei es in Richtung Automatisierung oder Mensch-Roboter-Kollaboration. Das größere Rationalisierungspotenzial wird jedoch in der Sach- und Wissensarbeit vermutet, als Prozessautomatisierung von Routine- bzw. repetitiven Tätigkeiten oder als Assistenzsystem. Mit dem Einsatz von KI gehen neue Tätigkeitsschneidungen bzw. neue Formen der „Arbeitsteilung“ zwischen Mensch und Maschine und entsprechende technische, organisatorische und personalpolitische (v.a. qualifikatorische) Gestaltungsbedarfe einher (→ auch Berufliche Bildung, Human Resource Management, Qualifikation/Kompetenz). In den vernetzten, intelligenten und teilweise interaktiven Systemen sind diese neuen Aufgabenzuschnitte bereits in die Funktionalitäten, Programmierung und Schnittstellen eingeschrieben – und damit auch die unternehmerischen Verwertungsziele. Die betriebliche Arbeits- und Leistungssteuerung verlagert sich so partiell in das Design des KI-Systems und dessen Einbettung in den Arbeitszusammenhang. Ähnlich der indirekten bzw. Ergebnissteuerung von Arbeit wird hier Arbeit indirekt über das Systemdesign gesteuert. Auch der Blackbox-Charakter zeigt sich als wahlverwandt zur indirekten Steuerung: zum einen als Externalisierung der Bearbeitung („egal wie, Hauptsache, das Ergebnis stimmt“) an das technische System, zum anderen in Form einer verschärften Faktizität bzw. Schein-Objektivität und Anonymität der Arbeitssteuerung über Algorithmen. Denn mit dem Einsatz von KI ist eine Objektivierung und Formalisierung bzw. Informatisierung von Arbeit verbunden, eine Fokussierung auf das, was sich rechenbar machen lässt. Im Umgang mit der Tatsache, dass sich mit KI nur Teile der Arbeitsfähigkeit von Beschäftigten abbilden lassen (u.a. keine informellen Mehrleistungen), können zwei Wege unterschieden werden: einerseits eine digitale Einengung auf die technisch abbildbaren Arbeitsprozesse (digitaler → Taylorismus) in Kombination mit informellen Kompensationsleistungen der Beschäftigten; andererseits eine potenzialorientierte Arbeitsteilung zwischen Mensch und KI, z.B. die Unterstützung der Produktivität der Beschäftigten durch KI-Assistenzsysteme – je nach Arbeitskontext und betrieblicher Strategie.

Zentrale Forschungsergebnisse

Ein häufiger Forschungsgegenstand ist die Frage, ob und wie weit sich der KI-Einsatz auf Beschäftigung auswirkt. Empirisch zeigt sich bislang keine deutliche Substitution von Arbeit durch KI insgesamt. Aktuelle quantitative Studien zeigen geringe bis keine Effekte auf Beschäftigung und Einkommen und bleiben bezüglich zukünftiger Entwicklungen offen bzw. uneinheitlich (umfangreich zusammenfassend: Spencer et al. 2021). Auch vergleichende Untersuchungen zu vergangenen technikinduzierten Transformationsprozessen liefern keine entsprechenden Hinweise. Hingegen wird eine Beschleunigung der permanenten Transformation von Arbeit durch KI und ein gestiegener Bedarf an Qualifizierung und Weiterbildung festgestellt (ebd.). Seegers und Ehmann (2021) erkennen keine Abnahme von Routinetätigkeiten durch neue Produktions- oder Verfahrenstechnik und konstatieren, dass menschliches Erfahrungswissen weiterhin relevant bleibe. Pfeiffer (2018 b) schlägt mit dem „Arbeitsvermögens-Index“ vor, sich nicht an vermeintlich ersetzbaren Tätigkeiten, sondern am notwendigen Anteil an Erfahrungswissen zu orientieren. Insgesamt fehlen Modelle zur Erfassung der Komplexität von Arbeit (Frank et al. 2019), des Arbeitsvermögens sowie sozialer und gesellschaftlicher Einbettungsprozesse. Zugleich scheint KI in deutschen → Betrieben noch kaum angekommen zu sein (Dukino et al. 2020).

In qualitativen Studien wird KI bislang kaum konzeptionell gefasst bzw. explizit von anderen Wandlungsprozessen (z.B. Digitalisierung, Industrie 4.0, Plattformen) getrennt. KI kann als Instrument der Rationalisierung von Arbeit durch Kontrolle, Dequalifizierung und Einengung von Handlungsräumen sowie Entfremdung eingesetzt werden – in der Steuerung betrieblich organisierter oder über Plattformen koordinierter Arbeit im Sinne eines digitalen Taylorismus (Butollo et al. 2017). Mit KI lässt sich potenziell Kennzahlensteuerung intensivieren, in Echtzeit optimieren sowie Leistungskontrolle anonymisieren, automatisieren und ausweiten – bis ins Private hinein. KI kann aber auch als unterstützendes Assistenzsystem oder Werkzeug (z.B. Erweiterung von Handlungsräumen, Lern- und Erfahrungsförderlichkeit) eingesetzt werden. Auch hier werden Arbeitsanteile zunächst substituiert, Produktivität in der Regel gesteigert und Leistung tendenziell verdichtet. Solche arbeitskraftbezogenen betrieblichen Strategien sind jedoch von einer systemischen, auf die Wertschöpfungsprozesse ausgerichteten Rationalisierung zu unterscheiden (Nies 2021).

Erste arbeitssoziologische Studien (z.B. Nisser/Malanowski 2019 zur chemischen und pharmazeutischen Industrie, Pfeiffer 2020 zu Predictive Maintenance und beratungsintensiver Sachbearbeitung, Krzywdzinski 2019 zu Entscheidungsunterstützungssystemen) sowie konzeptionelle Sondierungen (z.B. Gerst 2019, Huchler 2019) verweisen darauf, dass Erfahrungswissen (Böhle 2009 a) zur Bearbeitung von Ungewissheit und Komplexität relevant bleibt. Arbeit schafft erst die Voraussetzung für die Transformation von Daten in Informationen. „Aus Information Wissen zu machen und Wissen mit Praxis zu verbinden, das bleibt eine vom Subjekt nicht ablösbare intellektuelle Leistung" (Schmiede 2006, S. 473). Sie ist jedoch durch Produktionsmittel wie KI unterstützbar (ebd.). Auch quantitativ lässt sich aufzeigen, dass „Kontext-Kompetenzen", Erfahrungswissen und Arbeitsvermögen zur Einbettung von KI in die Arbeitspraxis notwendig sind (Pfeiffer 2020). Dies verweist auf mögliche Dilemmata der Rationalisierung (Berger/Offe 1981) bzw. Ironien der Automatisierung (Bainbridge 1983), da mit KI in der Regel darauf abgezielt wird, eben dieses Fach- und Erfahrungswissen in die Systeme zu verlagern. Zudem sind implizites Wissen (Polanyi 1985) und Erfahrungswissen (Böhle 2009 a) nur begrenzt formalisierbar, was als eine weitere Grenze digitaler Automatisierung gefasst werden kann (Huchler 2019). Werden solche Grenzen nicht berücksichtigt, geht das mit sozialen Folgen einher (ebd.). Dies resultiert z.B. in einer intensivierten Arbeit, der Zunahme von Widersprüchen und Leistungsdruck sowie Reibungen zwischen formaler und notwendiger informeller Arbeit. Auch wenn in Teilbereichen eine Vollautomatisierung einzelner Prozesse möglich ist, müssen KI-basierte Rationalisierungsprozesse durch Arbeit eingebunden und ergänzt werden, um produktiv zu werden. Insofern geht der Einsatz von KI weniger mit dem Ersatz als mit einer Transformation von Arbeit einher.

Auch in der Arbeitswelt werden im Zusammenhang mit KI Diskriminierungs- und Polarisierungsgefahren (z.B. zwischen Hoch- und Geringqualifizierten, v.a. auf Kosten mittlerer Qualifikationsniveaus) diskutiert. Die (Re-)Produktion und Verstärkung von Ungleichheiten kann bereits in den verwendeten Daten angelegt sein, aber auch durch die Entwicklungs- und Nutzungsprozesse erzeugt werden. Darüber hinaus scheint in den Methoden der KI bereits eine Selbstverstärkung der von ihr hervorgebrachten Prozesse angelegt zu sein. Die inhärente Selektivität von KI in der (datenbasierten) Erfassung und (statistischen) Verarbeitung von Wirklichkeit kann die Vielfalt von Denk- und Handlungsoptionen einengen. Letzten Endes impliziert das zunehmende Zusammenrücken von Mensch und Technik zudem Fragen hinsichtlich technischer Formierungsprozesse von Gesellschaft und Subjekt (vgl. „Kampf um das Subjekt" [Schmiede 2006, S. 480], „Doppelsubjektivierung" [Voß 2018 b, S. 177]). Darüber hinaus greift KI auf globale Ungleichheit und unsichtbare Arbeit bzw. „ghost work" (Gray/Suri 2019) zurück, z.B. bei der Datenaufbereitung und beim Training der KI. Auch in Bezug auf die konkrete Arbeits- und Technikgestaltung, (partizipative) Einführungsprozesse und arbeitspolitische Regelungen besteht Forschungs- und Gestaltungs- sowie gewerkschaftlicher Handlungsbedarf (Gerst 2019) (→ auch Arbeitspolitik, Partizipation). Für die arbeits- und industriesoziologische Forschung lässt sich zudem die Frage stellen, ob mit KI auch neue Formen der Organisation von Arbeit (Huchler 2022) verbunden sein können.

Internationaler Bezug

Die bekanntesten internationalen Forschungen zu Arbeit und KI beziehen sich auf die quantitativen Effekte von KI auf Beschäftigung, Qualifikation und Einkommen (Überblick in Spencer et al. 2021). Im internationalen Vergleich zeigt sich vor allem in den USA eine Polarisierung von Einkommen nach Qualifikationsniveaus und eine Verstärkung sozialer Ungleichheit durch KI, während dies auf die EU nicht zutrifft. Erklärt wird dies vorwiegend durch Unterschiede im Bildungs- und Beschäftigungssystem sowie in der aktuellen Stärke der → Gewerkschaften (ebd.). Insgesamt zeigen sich auch international noch Lücken bezüglich arbeits- und industriesoziologischer Beiträge zu einem komplexeren Verständnis des sozio-technischen Zusammenspiels von Arbeit und KI. Insbesondere in der angelsächsischen Forschung dominieren Fragen der Ungleichheit und Diskriminierung durch KI (z.B. bei der Personalauswahl) oder ethische Fragen der Verantwortungsübernahme. In der EU gewinnen hingegen zudem Fragen der Befähigung und des Kompetenzerhalts im Umgang mit KI an Aufmerksamkeit.

Norbert Huchler

Empfehlungen zum Weiterlesen

Brödner, Peter 2019: Grenzen und Widersprüche der Entwicklung und Anwendung ‚Autonomer Systeme'. In: Hirsch-Kreinsen, H./Karačić, A. (Hg.): Autonome Systeme und Arbeit. Perspektiven, Herausforderungen und Grenzen der Künstlichen Intelligenz in der Arbeitswelt. Bielefeld: transcript, S. 69–97.

Gerst, Detlef 2019: Künstliche Intelligenz und Autonome Systeme. Herausforderungen für die Arbeitssystemgestaltung. In: Hirsch-Kreinsen, H./Karačić, A. (Hg.): Autonome Systeme und Arbeit. Perspektiven, Herausforderungen und Grenzen der Künstlichen Intelligenz in der Arbeitswelt. Bielefeld: transcript, S. 102–138.

Huchler, Norbert 2022: Komplementäre Arbeitsgestaltung. Grundrisse eines Konzepts zur Humanisierung der Arbeit mit KI. In: Zeitschrift für Arbeitswissenschaft, Jg. 76, H. 2, S. 158–197.

Pfeiffer, Sabine 2020: Kontext und KI: Zum Potenzial der Beschäftigten für Künstliche Intelligenz und Machine-Learning. In: HMD Praxis der Wirtschaftsinformatik, Jg. 57, H. 3, S. 465–479.

Arbeit und Migration

Begriff

Als *Migration* wird allgemein die relativ dauerhafte Wohnsitzverlagerung von Individuen oder Gruppen über die Grenzen von Staaten (internationale Migration) oder von Verwaltungseinheiten innerhalb von Staaten (Binnenmigration) hinweg verstanden. Unter *Arbeitsmigration* lassen sich alle Formen von Migration subsumieren, die vorwiegend durch → Erwerbsarbeit motiviert sind, auch wenn die Migration selbst formal z.B. als touristischer Aufenthalt deklariert oder begonnen wurde. Arbeitsmigration wird vor allem nach der Entfernung zwischen den Wohnsitzen (Nah-/Fern-Migration), der Migrationshäufigkeit (Emigration/Immigration, saisonale oder Pendel-Migration, Transmigration) und der Qualifikation bzw. Funktion der Migrierenden differenziert. Über die genaue Abgrenzung zur Pendlerarbeit besteht kein Einverständnis; wöchentliches, zweiwöchentliches oder monatliches Pendeln zwischen zwei Wohnsitzen kann immer dann als Pendelmigration und damit eine spezifische Form der Arbeitsmigration gefasst werden, wenn damit tatsächlich zwei sozialräumliche ‚Lebenszentrumspunkte' oder gar ein pluri-lokaler Sozialraum verbunden sind (→ auch Mobile Arbeit). Angesichts einer langen Geschichte von Aus- und Einwanderung zu Arbeitszwecken, eines Migrationshintergrundes bei einem Fünftel aller in Deutschland lebenden Menschen und vor dem Hintergrund von → Globalisierung, Transnationalisierung und internationalen Wertschöpfungsketten können arbeits- und industriesoziologische Fragen ohne expliziten Bezug auf Migrationsaspekte kaum angemessen behandelt werden.

Genese/theoretischer Kontext

Arbeitswanderung ist so alt wie die Menschheit. Als Jäger und Sammler wanderten die Menschen schon vor Hunderttausenden von Jahren auf der Suche nach Nahrung und Schutz. Immer schon überschritten bestimmte Berufsgruppen und Marginalisierte auf der Suche nach Arbeit die Grenzen von Reichen, Staaten oder innerstaatlichen Verwaltungseinheiten. Seit Jahrhunderten findet grenzüberschreitende Arbeitsmigration als jahreszeitlich-saisonale Pendelwanderung und auch als dauerhafte Auswanderung statt (Torfstecher aus Niedersachsen in Holland; Ziegelbrenner aus dem Lipperland im Ruhrgebiet). Neben dieser eigentlich sedentären Lebensweise existiert die grenzüberschreitende Arbeitsmigration im Sinne einer permanenten Bewegung von Ort zu Ort, z.B. als fahrende Händler ohne festen Wohnsitz, Seefahrer oder wandernde Bauhandwerker (Bade 2000). Für den hier interessierenden Zusammenhang lässt sich die jüngere Entwicklung unter besonderer Berücksichtigung Deutschlands grob in drei Phasen einteilen.

(1) Seit dem 18. Jahrhundert gewinnt Arbeitsmigration mit der doppelten Entwicklung von Nationalstaaten und industriellem Kapitalismus eine besondere Bedeutung. Das Ende der Feudalherrschaft machte gewaltige Menschengruppen im doppelten Sinne frei: frei von der Hörigkeit als Ortsgebundenheit an den Herrn und frei vom Besitz eigener Ländereien oder anderer Produktionsmittel. Etwa zur Mitte des 19. Jahrhunderts vollzog sich in vielen europäischen Ländern eine demografische Wende. Die allgemeine Lebenserwartung und die Bevölkerungszahlen stiegen an mit der Folge einer Land-Stadt-Arbeitswanderung und, speziell für Deutschland, einer massiven Arbeitsauswanderung.

Ähnlich wie in anderen europäischen Ländern prägte diese *Land-Stadt-Wanderung* noch bis nach dem Zweiten Weltkrieg die Arbeitsmigration in Deutschland sehr stark. Die Bevölkerung des Ruhrgebiets z.B. explodierte geradezu seit der zweiten Hälfte des 19. Jahrhunderts (von etwa 220.000 um 1816/18 auf 5,7 Mio. im Jahr 1961; vgl. Pries 2011). Schon seit der zweiten Hälfte des 19. Jahrhunderts konnte ein erheblicher Teil der durch die Modernisierung der Landwirtschaft ‚freigesetzten' Arbeitskräfte nicht von der Industrie aufgesogen werden. Deshalb bestimmt neben der Land-Stadt-Wanderung die *Auswanderung zum Zwecke der Erwerbssicherung* die Arbeitsmigration in Deutschland. Um die Wende vom 19. zum 20. Jahrhundert wanderten fünf bis sechs Millionen Deutsche allein in die USA aus (Bade 2000) (→ auch Industriegesellschaft und Industrialisierung).

(2) Nach der Phase der Auswanderung und der Land-Stadt-Arbeitsmigration begann aufgrund von Arbeitskräfteknappheit mit den Anwerbeabkommen (1955 mit Italien, 1960 mit Spanien und Griechenland, 1961 mit der Türkei, 1963 mit Marokko, 1964 mit Portugal, 1965 mit Tunesien, 1968 mit Jugoslawien) die Phase der ‚Gastarbeiter'-Migration. Auf den Höhepunkten dieser Wanderungen (um 1970 und nach der Wiedervereinigung) wanderten jährlich jeweils über 900.000 Menschen in die BRD ein. Nach dem Anwerbestopp für ‚Gastarbeiter' 1973 bestand der Großteil der Einwanderung in Deutschland aus Familienangehörigen – Arbeitsmigration führt in aller Regel auch zur Wanderung von weiteren Familienmitgliedern.

Die Zahlen belegen die beachtliche Dynamik der Wanderungsbewegungen zwischen Deutschland und dem Ausland. Von etwa 8,8 Mio. ausländischen ‚Gastarbeitern' in der BRD insgesamt kehrten etwa 5,2 Mio. wieder zurück (Luft 2009, S. 40). Mehr als ein Drittel aber blieb. Bis zur Verabschiedung des Staatsangehörigkeitsgesetzes im Jahre 1999 und des Zuwanderungsgesetzes im Jahre 2004 lautete das regierungsamtliche Dogma, welches von breiten Teilen der öffentlichen Meinung geteilt wurde: ‚Deutschland ist kein Einwanderungsland' – eine offensichtlich kontrafaktische Selbstbeschreibung (Bade 2000, S. 299).

(3) Seit etwa den 1990er Jahren sind Bedeutung und Dynamik von Arbeitsmigration weltweit und auch für Deutschland in eine neue Phase getreten: *Arbeitsmigration* ist seitdem ein *genuiner Bestandteil von Globalisierung und Transnationalisierung*. Mit der Internationalisierung der Finanzkapitalmärkte (→ Finanzmarkt-Kapitalismus), vieler Wertschöpfungsketten und von Unternehmenstätigkeiten (→ Globale Wertschöpfungsketten und internationale Arbeitsteilung, Transnationale Unternehmen) haben sich – vor dem Hintergrund gewachsener regionaler und nationaler Wohlstands-Disparitäten und gleichzeitig technologischer Innovationen bei der Überwindung räumlicher Entfernungen – die Qualität und die Bedeutung internationaler Arbeitsmigration stark verändert. Etwa 60% aller international Migrierenden haben ihren Wohnsitz wegen Arbeit in ein anderes Land verlagert – zum Beginn des dritten Jahrzehnts im 21. Jahrhundert waren dies ungefähr 170 Millionen von über 280 Millionen Migrierenden insgesamt (IOM 2021). Zusammen mit etwa 740 Mio. internen Migranten haben weltweit fast eine Milliarde Menschen ihren dau-

erhaften Wohnsitz verändert (ebd., S. 153). Der Anteil internationaler Migrierender an der Weltbevölkerung stieg von 2000 auf 2022 um mehr als ein Viertel: von 2,8 auf 3,6% (ebd., S. 10), zu fast gleichen Teilen Männer und Frauen.

Daneben unterstreichen auch qualitative Veränderungen die wachsende Bedeutung internationaler (Arbeits-)Migration. Aufgrund verbesserter Kommunikations- und Transportbedingungen werden die Formen grenzüberschreitender Wanderungen komplexer. Dies betrifft z.B. irreguläre Migration, deren Anteil in Nordamerika und verschiedenen europäischen Ländern auf ein bis zwei Prozent der registrierten Bevölkerung geschätzt wird (Alt 2003). Gleichzeitig nahmen Formen andauernder Pendelmigration zu, die als transnationale Arbeitswanderung nicht nur saisonal, sondern auf mehrere Jahre Aufenthaltsdauer angelegt ist und je nach spezifischen wirtschaftlichen, ökologischen oder politischen Bedingungen zur Rückwanderungen, Weiterwanderung oder dauerhaften Pendelwanderung führen kann (für Nordamerika: Besserer 2002; für polnische Arbeitsmigranten: Pallaske 2001, Palenga-Möllenbeck 2011; für personenbezogene und Haushaltsdienstleistungen: Lutz/Schwalgin 2006, Rerrich 2006). Nur unzureichend werden durch die bestehenden Zählungen auch die innerhalb von Profit- und Non-Profit-Organisationen stattfindenden grenzüberschreitenden Arbeitseinsätze von Fach- und Führungskräften (z.B. Expatriates) erfasst. Innerhalb großer international tätiger Unternehmen, aber auch im Rahmen kleiner spezialisierter Profit-Organisationen sowie aller grenzüberschreitend tätigen Non-Profit-Organisationen werden Beschäftigte für kürzere oder längere Aufenthalte in verschiedenen Ländern als Monteure, Projektmitarbeiter, Unterweiser oder längerfristige Expatriates eingesetzt (Adick et al. 2015) (→ auch Mobile Arbeit, Transnationale Unternehmen).

Ausdruck qualitativer Veränderungen sind auch das Ausmaß und die relative Bedeutung der durch internationale Arbeitsmigration generierten Geldrücküberweisungen. Für das Jahr 2020 betrugen die von Arbeitsmigranten in ihre (*low and middle income*) Herkunftsländer geschickten *remittances* – trotz gegenteiliger Prognosen aufgrund der Covid-Pandemie – etwa 540 Mrd. US-Dollar (World Bank/KNOMAD 2021). Seit dem 21. Jahrhundert wird Arbeitsmigration unter Stichworten wie ‚Triple Win' oder ‚Circular Migration' verstärkt mit Fragen der Entwicklung verknüpft (EU 2019). Dies hängt auch damit zusammen, dass aufgrund demografischer Entwicklungen die meisten EU-Mitgliedstaaten auf dauerhafte Einwanderung angewiesen sind. Für Deutschland müsste die Nettozuwanderung pro Jahr bis 2035 bei mindestens 300.000 Menschen im Alter zwischen 20 und 40 Jahren liegen, um die Abnahme der Bevölkerung im Erwerbsalter zu kompensieren (Statistisches Bundesamt 2021). Vor allem seit den massiven Flüchtlingsbewegungen nach Deutschland und in die EU findet der Zusammenhang von Fluchtmigration und Arbeitsmigration verstärkte Beachtung. Migrationsprozesse sind fast immer „mixed migration flows", in denen eine eindeutige Abgrenzung zwischen freiwilliger und erzwungener Wanderung schwierig ist. Viele Migrationsphänomene im 21. Jahrhundert sind Ausdruck einer „neuen transnationalen sozialen Frage" (Pries 2016 a): Internationale Migration hat transnational generierte Ursachen und sucht transnationale Lösungen für Leben und Arbeiten in Sicherheit unter menschenwürdigen Bedingungen. Massive Flüchtlingseinwanderung in Deutschland seit 2015 impliziert neue Herausforderungen auch für die Arbeitsmarktintegration, vor allem im Sinne der Qualifizierung und Verhinderung von neuen Marginalisierungen (etwa im Hinblick auf Unterschreiten des Mindestlohnes und Diskriminierung; Knuth 2016) (→ auch Arbeitsmarktsegmentation, Arbeitsqualität, Niedriglohnsektor).

Zentrale Forschungsergebnisse

Hauptankunftsregionen internationaler Arbeitsmigration sind zu Beginn des 21. Jahrhunderts die USA und Kanada, Westeuropa, die Golfstaaten, Südafrika, Australien und Japan. Die wichtigsten Herkunftsländer mit jeweils mehr als fünf Millionen Ausgewanderten im Jahr 2020 sind Indien, Mexiko, Russland und die ehemaligen GUS-Staaten, China, Syrien, Bangladesch, Pakistan, Ukraine, die Philippinen, Afghanistan und Venezuela (IOM 2021, S. 25). In den letzten Jahrzehnten hat sich die Süd-Süd-Arbeitsmigration erheblich ausgeweitet. Nach dem *Qualifikationsniveau* der Migrierenden lassen sich fachlich nicht ausgebildete Migranten, qualifizierte Fachkräfte und

Hochqualifizierte unterscheiden. Allerdings werden Arbeitsmigranten wegen fehlender Anerkennung von Ausbildungsabschlüssen häufig unterhalb ihrer Qualifikationen beschäftigt (→ auch Berufliche Bildung, Qualifikation/Kompetenz).

Als die Arbeitsmigration in Umfang und Qualität beeinflussende Faktoren sind die folgenden wissenschaftlich belegt (vgl. Haas et al. 2019, Massey et al. 2005, Pries 2013, Stalker 2000):

(1) marktlich-ökonomische Triebkräfte (Strukturwandel und Wachstumszyklen, Angebots- und Nachfrage-Ungleichgewichte für bestimmte Arbeitskräftegruppen wie saisonale Erntearbeiter oder IT-Fachkräfte) (→ auch Facharbeit),

(2) spezifische demografische Ungleichzeitigkeiten und gegenläufige Entwicklungen zwischen verschiedenen Regionen, die zu spezifischen Migrationspolitiken führen können (z.B. junge Bevölkerung und Auswanderungsdruck in einem Land, alternde Bevölkerung und Einwanderungssog in einem anderen Land),

(3) die spezifischen strukturellen Spannungen zwischen legitimen Ansprüchen und deren Umsetzungschancen in Bezug auf die Teilhabe an knappen als gesellschaftlich erstrebenswert erachteten Gütern und Dienstleistungen,

(4) historisch gewachsene nationale Institutionensysteme als Migrationsregime (z.B. spezifische Migrationspolitiken und aufenthalts- oder staatsbürgerrechtliche Bestimmungen),

(5) bi- oder multi-nationale Migrationssysteme (z.B. Anwerbeabkommen, EU-weite Regelungen wie das Schengen-Abkommen gemeinsamer Flüchtlingspolitik oder die Arbeitnehmerfreizügigkeit für EU-Bürger),

(6) die über lange Zeiträume und Generationen sich entwickelnde ‚Pfadabhängigkeit' von Migrationsdynamiken, die sich sowohl in institutionalisierten Migrationssystemen als auch in lebensweltlichen transnationalen sozialen Netzwerkstrukturen niederschlägt,

(7) die Dynamik ‚kumulativer Verursachung', wonach ein bestimmtes Ausmaß von primärer Arbeitsmigration (z.B. im Rahmen eines zwischenstaatlichen Migrationsabkommens) qualitativ neue, weit darüber hinausgehende sekundäre Migrationseffekte (z.B. für Versorgung mit herkunftslandtypischen Nahrungsmitteln oder sozialen Dienstleistungen) auslöst,

(8) der ökonomische, politische, kulturelle und soziale Zusammenhang des Weltsystems, innerhalb dessen Erwerbsbedingungen und arbeitsrelevante Ereignisse an einem spezifischen Ort der Welt Fernwirkungen in völlig anderen Regionen und Nationalgesellschaften auslösen können,

(9) das Entstehen neuer Formen transnationaler Arbeitsmigration, bei denen die grenzüberschreitende Wanderung auf Dauer gestellt ist und eine eindeutige lokale bzw. nationale Selbst- und Fremdverortung der ‚Transmigrant:innen' nicht mehr möglich ist,

(10) spezifische Gemengelage aus wirtschaftlicher Marginalisierung und politischer, ethnischer, religiöser oder geschlechtlicher Verfolgung bestimmter Gruppen und

(11) ereignisbezogene Migrationsprozesse, die aus spezifischen Kriegs- oder Umweltkatastrophen erwachsen.

Voraussetzungen, Formen und Folgewirkungen internationaler Arbeitsmigration sind in fast allen arbeits- und industriesoziologischen Fragestellungen – leider häufig nur eher implizit – präsent. So führte z.B. die massive ‚Gastarbeiter'-Zuwanderung der 1960er Jahre zu einer Unterschichtung der Beschäftigungsstruktur in Deutschland: Einfache, schlecht bezahlte, besonders gesundheitsschädliche und/oder gesellschaftlich wenig geachtete Arbeit wurde an wenig qualifizierte Arbeitsmigranten ‚weitergegeben' (→ auch Einfacharbeit, Niedriglohnsektor). Arbeitsplatz-Zuschnitte und Qualifikationsstrukturen ändern sich durch Arbeitsmigration ebenso wie Arbeitsbeziehungen und Konfliktkulturen (→ auch Arbeitsmarktsegmentation, Betriebliche Beschäftigungssysteme, Industrielle Beziehungen, Partizipation).

Ludger Pries

Empfehlungen zum Weiterlesen

Bade, Klaus J. 2000: Europa in Bewegung. Migration vom späten 18. Jahrhundert bis zur Gegenwart. München: Beck.

Haas, Hein de/Castles, Stephen/Miller, Mark J. 2019: The Age of Migration. International Population Movements in the Modern World (6th ed.). London: Macmillan/Red Globe Press.
EU (European Union) 2019: Interlinks between Migration and Development (prepared by Marta Latek) European Parliamentary Research Service EPRS PE 630.351. Brussels: EPRS.
IOM (International Organization for Migration) 2021: World Migration Report 2022. Geneva: IOM.
Pries, Ludger 2013: Soziologie Internationaler Migration. Einführung in Klassische Theorien und neue Ansätze (4. Aufl.). Bielefeld: transcript.

Arbeit und Nachhaltigkeit

Begriffe

Nachhaltigkeit bezeichnet eine regulative Idee, die oftmals inhaltlich unterbestimmt bleibt und wohl gerade deshalb in sämtliche Gesellschaftsbereiche diffundierte. Als Fixpunkt der Nachhaltigkeitsdebatten fungiert noch immer die Definition der Brundtland-Kommission (vgl. WCED 1987), wonach eine Entwicklung nachhaltig ist, wenn sie die Möglichkeit der Bedürfnisbefriedigung der gegenwärtigen Generation bietet, ohne die Fähigkeit zukünftiger Generationen zu beeinträchtigen, ihre Bedürfnisse zu befriedigen. Im Vergleich zu früheren Natur-, Umweltschutz- oder Risikodiskursen besteht der entscheidende Unterschied dieses Leitbilds, das die *intra*generationale Gerechtigkeitsfrage mit der *inter*generational verstandenen ökologischen Frage verbindet, in seiner grundlegend neuen Problemrahmung: Die bewusste Transformation gesellschaftlicher Naturverhältnisse im globalen Maßstab und auf eine gerechte Weise bildet die nachhaltigkeitspolitische Zielvorgabe. Die damit verbundenen tiefgreifenden sozial-ökologischen Veränderungen treten derzeit am augenfälligsten an der Bewältigung des anthropogenen Klimawandels hervor. Exemplarisch zeigt sich in diesem Fall zudem, dass es von lokalen wirtschaftlichen und gesellschaftlichen Bedingungen abhängt und stets auch Gegenstand von Deutungskämpfen ist, was konkret als nachhaltig oder nicht nachhaltig gilt und wie es möglicherweise zu realisieren ist.

Arbeit wird v.a. als Bestandteil *sozialer* Nachhaltigkeit im Diskurs thematisch. Darunter werden primär die Bedeutung der → Erwerbsarbeit für gesellschaftliche Teilhabe und Sicherung sowie soziale Schutz- und Beteiligungsrechte innerhalb der Arbeitssphäre verstanden. Im Folgenden steht das Verhältnis von Arbeit und *ökologischer* Nachhaltigkeit als arbeits- und industriesoziologischer Untersuchungsgegenstand im Zentrum. Zentral für das Verhältnis von Arbeit und Nachhaltigkeit ist die in der Fachwelt zunächst nicht selbstverständliche Erkenntnis, dass menschlicher Arbeit neben ihren produktiven, d.h. der Bedürfnisbefriedigung und Entfaltung menschlicher Potenziale förderlichen Dimensionen, stets auch die Tendenz innewohnt, die äußere und innere Natur des Menschen zu destruieren (vgl. Clausen 1988) (→ Arbeit, Arbeit im Kapitalismus). Unter anderem an dieser Einsicht schließen v.a. in jüngerer Zeit Bestimmungsversuche dessen an, was unter „nachhaltiger Arbeit" zu verstehen ist. Einen wichtigen Orientierungspunkt bildet der 2015 veröffentlichte Bericht des United Nations Development Programme mit dem Titel „Arbeit und menschliche Entwicklung" (UNDP 2015). Hier wird mit *„sustainable work"* ein neues, dezidiert auf Arbeit bezogenes Nachhaltigkeitsleitbild formuliert: Nachhaltig ist demnach Arbeit, „die der menschlichen Entwicklung förderlich ist und gleichzeitig negative Außenwirkungen, die in verschiedenen geografischen und zeitlichen Zusammenhängen erlebt werden können, verringert oder ausschaltet. Sie ist nicht nur für die Erhaltung unseres Planeten entscheidend, sondern auch, um sicherzustellen, dass künftige Generationen weiterhin Arbeit haben." (ebd. S. 45)

Genese/historischer Kontext

Die soziologische Thematisierung von Arbeit und Nachhaltigkeit ist durch die Eigentümlichkeit charakterisiert, dass einerseits zwar Fragen des Wirtschaftens und Konsums in den Nachhaltigkeitsdebatten stets präsent waren, dies jedoch für die Kategorie der Arbeit gerade nicht galt. Andererseits sind auch in der Arbeits- und Industriesoziologie die Themen Ökologie und Nachhaltigkeit lange Zeit eher randständig geblieben. Dabei lagen für die Soziologie schon mit der Marx'schen Bestimmung von Arbeit als Prozess, in dem der Mensch „seinen Stoffwechsel mit der Natur durch seine eigne Tat vermittelt, regelt und kontrolliert" (Marx 1972 a [1867], S. 192) sowie mit dem umweltbezogenen → Arbeits- und Gesundheitsschutz naheliegende Anknüpfungspunkte vor. Diese wurden mit Blick auf die Bedeutung der Arbeit für ökologische Nachhaltigkeit und umgekehrt die ökologiepolitischen Herausforderungen für die Gestalt der → Arbeitsgesellschaft allerdings nicht in der Breite des Faches aufgegriffen. Oftmals erfolgte eher eine Neurahmung ‚klassischer' Forschungsthemen als Probleme sozialer Nachhaltigkeit (→ auch Arbeitsqualität). Gleichwohl kann eine historische Entwicklungslinie der soziologischen Verknüpfung von Arbeit und ökologischer Nachhaltigkeit ebenso skizziert werden (vgl. ausführlich Warsewa 2016), wie eine v.a. in jüngerer Zeit dynamische Entwicklung des Forschungsfeldes zu beobachten ist. Eine Konstante in den Debatten um Arbeit und Ökologie bzw. Nachhaltigkeit bildet das Spannungsverhältnis zwischen der sog. sozialen und ökologischen Frage, d.h. die für die individuelle wie kollektive Wohlstandssteigerung scheinbar unausweichliche Naturdestruktion. Im Zuge des Fortschritts- und Wohlstandsversprechens insbesondere im 20. Jahrhundert wurde die Gleichung von einer breiten ‚Wachstumskoalition' sozusagen einseitig zu Lasten der Natur aufgelöst (→ auch Fordismus). Die sich hier entwickelnde ökologische Selbstgefährdung planetarischen Ausmaßes erfuhr erst ab Ende der 1960er Jahre eine politisch wirkmächtige Artikulation (mit Stichworten wie den „Grenzen des Wachstums"). Mit den umweltpolitischen Reaktionen auf die manifeste Zuspitzung ökologischer Krisenlagen und die allgemein gestiegene Umweltsensibilität insbesondere ab den 1970er und 1980er Jahren avancierte die Frage, inwiefern Umweltschutz im Widerspruch zu Beschäftigung steht, zu einem zentralen Themen- und Konfliktfeld im Kontext von Arbeit und ökologischer Nachhaltigkeit (vgl. Nissen 1993); dies gilt bis heute.

Die Entwicklung eines Leitbilds der *nachhaltigen Entwicklung* zielte auch auf die Überwindung derartiger Konflikte. Arbeits-/industriesoziologische Beiträge zu einer begrifflich explizit so gerahmten nachhaltigen Entwicklung wurden erstmals Ende der 1990er Jahre im Kontext der allgemeinen Aufbruchsstimmung nach der Umweltkonferenz von Rio de Janeiro 1992 geleistet, als sich die Soziologie insgesamt des Themas verstärkt annahm (vgl. Hildebrandt 1997). V.a. der Forschungszusammenhang „Arbeit und Ökologie" bildete den institutionellen Ort von Arbeiten, welche sich auch als Korrektiv einer bis dato vorrangig *ökologisch* gefärbten Nachhaltigkeitsagenda sahen. Gegen die Vorstellung, was ‚ökologisch' sei, sei zugleich sozial gerecht, wurden hier Schnittmengen und Widersprüche zwischen ökologischen und sozialen Nachhaltigkeitsdimensionen herausgearbeitet. Nachhaltigkeit wurde dezidiert vor dem Hintergrund des Strukturwandels der Arbeitsgesellschaften gesehen und im Zusammenhang mit Verteilungsungleichheiten, Fragen sozialer Sicherung und Beschäftigungsmöglichkeiten betrachtet (vgl. Brandl/Hildebrandt 2002). An diesen Schnittstellen von Arbeits- und Nachhaltigkeitsforschung anschlussfähig war die Aufnahme eines erweiterten Arbeitsbegriffs, und es entstanden mithin Umrisse einer sozial und ökologisch erweiterten Arbeitssoziologie. Derartige arbeitssoziologische Forschungen zum Zusammenhang von Arbeit und Nachhaltigkeit bildeten bis heute wichtige Orientierungspunkte, aber letztlich doch seltene Ausnahmen; zu einer anhaltenden Institutionalisierung kam es kaum.

Im Zuge der Finanz- und Wirtschaftskrise der Jahre 2007ff. erfuhr die Nachhaltigkeitsagenda eine Neujustierung durch das politische Leitbild einer „grünen Ökonomie" *(green economy)*. Dieses folgt primär einer auf technische → Innovationen und Energie- und Ressourceneffizienz setzenden Logik, nach der das Ziel eines „grünen" Wirtschaftswachstums neue „grüne" Arbeitsplätze *(green jobs)* und damit soziale, ökologische und ökonomische Nachhaltigkeit zu erreichen helfe. Diese Ausrichtung auf eine innovative, wettbewerbsfähige und vermeintlich nachhaltige Wirtschaftsweise wurde mit den im Jahre 2015 von der UN verabschiedeten Sustainable Development Goals (SDGs) bekräftigt. Arbeit wird hier unter dem Titel *decent work* als eigenständiges Ziel aufgeführt, allerdings verengt auf Erwerbsarbeit und in enger Verzahnung mit ökonomischem Wachstum (SDG 8: „Menschenwürdige Arbeit und Wirtschaftswachstum"), was aus ökologischer Sicht widersprüchlich erscheint.

Zwar blieb die Thematisierung von Arbeit in den SDGs hinter dem erreichten Diskussionsstand um einen erweiterten Arbeitsbegriff zurück, sie bildete aber zugleich den Hintergrund für den bereits erwähnten UNDP-Report „Arbeit und menschliche Entwicklung" (UNDP 2015). Die Verschiebung des Fokus von der Dauerhaftigkeit der Bedürfnisbefriedigung zur Nachhaltigkeit der Arbeitsmöglichkeiten rückt die Bedeutung von Arbeit deutlich stärker als bisher ins Blickfeld der Nachhaltigkeitsdebatte. Insofern hierbei nicht nur die formelle Erwerbsarbeitssphäre, sondern im Sinne eines erweiterten Arbeitsbegriffs u.a. (unbezahlte) → Sorgearbeit, selbstständige und ehrenamtliche Tätigkeiten mit eingeschlossen werden, spiegelt das Konzept nicht nur die Heterogenität der globalen Arbeitsgesellschaft wider, sondern ist offen für die (feministische) Kritik an einem verengten Arbeitskonzept und der damit verbundenen Abwertung von reproduktiver Arbeit (vgl. Biesecker/Hofmeister 2010) (→ Arbeit und Geschlecht, Nicht-Erwerbsarbeit, Reproduktion von Arbeitskraft).

Zentrale Forschungsergebnisse

Das Leitbild der nachhaltigen Arbeit hat in der Arbeits- und Umweltsoziologie einige Resonanz erfahren (vgl. Barth et al. 2016, Nachhaltige Arbeit 2017, Becke 2019). Auch eine Forschungsagenda zu nachhaltiger Arbeit wurde entwickelt, welche die Vielfalt der Arbeitsformen (z.B. bezahlte/unbezahlte, formelle/informelle, ehrenamtliche) sowie die ökologischen Voraussetzungen und Wirkungen von Arbeit einzubeziehen sucht und schließlich auch die Nachhaltigkeit von Arbeit im Zuge der → digitalen Transformation (vgl. Jochum et al. 2020)

Soziologische Analysen der Zusammenhänge von Arbeit und Nachhaltigkeit erfahren in jüngerer Zeit verstärkt Aufmerksamkeit, was u.a. auf die sozialen Auswirkungen verschärfter umwelt- und v.a. klimapolitischer Maßnahmen zurückzuführen ist, die beispielsweise den Energie- und Automobilsektor betreffen (vgl. z.B. Schröder/Urban 2018, Dörre et al. 2020). Thematisch verwandte, frühere arbeitssoziologische Studien zu Arbeit, Nachhaltigkeit und Industriearbeit fielen noch nicht in den begrifflichen Rahmen nachhaltiger Entwicklung, sondern wurden unter Umweltschutz subsumiert. Hier wurde etwa der Frage nachgegangen, wie (Industrie-)Beschäftigte die ökologische Krise wahrnehmen und auf die umweltpolitische Herausforderung reagieren, dass zunehmend bestimmte Sektoren als Ursache von Umweltproblemen erschienen (vgl. z.B. Heine/Mautz 1989, Bogun et al. 1990). Insgesamt zeigte sich, dass die Beschäftigten nicht durch ein spezifisches oder mangelndes Umweltbewusstsein zu charakterisieren sind. Sie sind von Umweltschädigungen jedoch im Rahmen kapitalistischer Verhältnisse in doppelter Weise besonders betroffen: Einerseits durch die oftmals unmittelbare Belastung mit den schädlichen Nebenfolgen von Industrieprozessen, andererseits durch die (Lohn-)Abhängigkeit von deren Fortdauer. Ein Ergebnis, das vielfach in ähnlicher Weise bestätigt wurde, lautet daher: Unter den Beschäftigten und ihren Vertretungen durchaus verbreitete ökologische Kritik wird oftmals gebrochen, wenn die mit den Arbeitsplätzen verbundene Zukunftsperspektive zur Disposition steht (vgl. z.B. die Beiträge in Dörre et al. 2020) (→ auch Arbeiterbewusstsein).

Damit ist das sog. *jobs-vs.-environment-dilemma* angesprochen, das einerseits als unternehmerische Diskursstrategie fungiert, um nachhaltigkeitsorientierte politische Eingriffe abzuwehren. Andererseits ist es jedoch ein Charakteristikum kapitalistischer Arbeitsgesellschaften, in denen vielfältige Abhängigkeiten von Erwerbsmöglichkeiten in sozial-ökologisch nicht-nachhaltigen Arbeitsfeldern bestehen. Jüngere Diskussionen um einen „working-class environmentalism" (Barca 2012) zielen auf eine Überbrückung dieser Konflikte, indem sie das gemeinsame Interesse der Arbeiter- und Ökologiebewegungen an nachhaltigen Wirtschafts- und Arbeitsweisen hervorheben. In diesem Sinne fragt ein wesentlicher Teil der Forschung nach der Rolle der → Gewerkschaften in den Auseinandersetzungen um eine sozial-ökologische Transformation in Richtung Nachhaltigkeit (vgl. z.B. Krüger 2002, Räthzel/Uzzell 2013). Trotz der im internationalen Vergleich heterogenen → industriellen Beziehungen und sektorspezifischen Herausforderungen ergibt sich als Gesamtbild eine erhebliche Ambivalenz: Die immer wieder beobachteten Anläufe einer thematischen Erweiterung oder gar progressiven Öffnung einzelner Gewerkschaften für ökologische Anliegen bricht sich regelmäßig an organisatorischen Besonderheiten und auch konjunkturellen Entwicklungen, mit anderen Worten an der strukturellen Einbindung der organisierten Interessenvertretung in die kapitalistische Produktionsweise.

Auch aus anderer Perspektive, nämlich einer der subjektorientierten Arbeitssoziologie, wird den möglichen Konvergenzen von Arbeit und Nachhaltigkeit nachgegangen (vgl. Becke/Warsewa 2017, Kühner et al. 2017): Die Beschäftigten könnten zu nachhaltigeren Formen der Arbeitsgestaltung beitragen, indem sie ihre ökologischen Wertorientierungen in die Sphäre der Erwerbsarbeit hineintragen. Eine weitere Schnittmenge ökologischer und arbeitspolitischer Anliegen wird im Thema der Verkürzung der → Arbeitszeit gesehen. Arbeitszeitreduktion kann mit ökologisch vorteilhaften Effekten einhergehen, jedoch hängt dies von rahmenden politischen Maßnahmen, gewerkschaftlicher Positionierung und Einflussmöglichkeiten, mithin den konkreten Umsetzungsbedingungen und auch individuellen Präferenzen ab (vgl. Liebig 2021) (→ auch Arbeitspolitik, Partizipation, Unternehmensmitbestimmung).

Eine Relativierung der Erwerbsarbeit als Bedingung für mehr Nachhaltigkeit bildet auch den Tenor von Ansätzen, die den Zusammenhang von ökologischer Nicht-Nachhaltigkeit und wachstumszentrierter Wohlfahrtsstaatlichkeit problematisieren und Wege des Übergangs von der Wachstums- und Arbeitsgesellschaft in eine Postwachstums- und Tätigkeitsgesellschaft erkunden (vgl. z.B. Seidl/Zahrnt 2019, klassisch: Gorz 1989). Schließlich sind mit Blick auf die gesamtgesellschaftliche Organisation von Arbeit, je nach dem Verhältnis der verschiedenen institutionellen Formen der Arbeit zueinander und dem Stand der technischen Durchdringung der Naturaneignung, deutliche Unterschiede in den ökologischen Wirkungen kapitalistischer Industrie- und Lohnarbeitsgesellschaften zu Jäger-/Sammler- und Agrargesellschaften zu beobachten (vgl. Fischer-Kowalski/Haas 2016).

Internationaler Bezug

Die Nachhaltigkeitsagenda und die politischen Konzepte sowie Strategien einer *green economy* bilden eine komplexe Herausforderung für die global vernetzten Ökonomien und mit der Frage, wie gerechte Übergänge (*just transition*) in eine dekarbonisierte Ökonomie gelingen können (vgl. Morena et al. 2020), auch für die sozialwissenschaftliche Arbeitsforschung. Aufgrund der historischen Verantwortung, z.B. bereits sehr früh zur Erderwärmung beigetragen zu haben, und der ungleichen Wohlstandsniveaus gilt dies insbesondere für die *high-income countries*, in Frage steht aber die globale Arbeitsteilung insgesamt. In diesem Sinne rücken die negativen, externalisierten Folgen einer national betrachtet nachhaltigen Entwicklung verstärkt in den Blick. Die Kontrolle und Governance der Arbeit entlang der Lieferketten und die Suche nach Möglichkeiten ihrer Optimierung im Sinne nachhaltiger Arbeit konstituieren ein wichtiges Forschungsfeld und finden zum Teil Eingang in die nationale Gesetzgebung. Insbesondere die deutschsprachige Arbeitssoziologie folgt allerdings noch einem vorrangig sozial bestimmten, an „guter Arbeit“ *(decent work)* orientierten Nachhaltigkeitsverständnis. Die ungleichen sozial-ökologischen Folgen globaler Wertschöpfungsketten und Arbeitsteilung bleiben bisher weitgehend der Umwelt- bzw. Nachhaltigkeitsforschung überlassen (vgl. z.B. Pérez-Sánchez et al. 2021) (→ auch Globalisierung/Transnationalisierung, Globale Wertschöpfungsketten und internationale Arbeitsteilung).

In den letzten Jahren wurden die sich überschneidenden Forschungen u.a. der internationalen sozialwissenschaftlichen Arbeits-, Nachhaltigkeits- und Bewegungsforschung unter dem programmatischen Titel der interdisziplinären *Environmental Labour Studies* zusammengeführt (vgl. Räthzel et al. 2021). Hierbei bilden nicht nur die national und sektoral spezifischen Entwicklungen und Hindernisse ökologischer Gewerkschaftspolitik oder die Frage, inwieweit die ungleichen globalökonomischen Verhältnisse in den Organisationen der Gewerkschaftsbewegung selbst perpetuiert werden und somit die globale Solidarität der Arbeiter:innenbewegung herausfordern, die Forschungsgegenstände. Auch theoretisch-konzeptionelle Studien zum Verhältnis von Arbeit und Natur sowie der verschiedenen Arbeitsformen und -tätigkeiten zueinander charakterisieren dieses dynamische Forschungsfeld im Kontext von Arbeit und Nachhaltigkeit.

Thomas Barth, Georg Jochum

Empfehlungen zum Weiterlesen

Barth, T./Jochum, G./Littig, B. (Hg.) 2016: Nachhaltige Arbeit. Soziologische Beiträge zur Neubestim-

mung der gesellschaftlichen Naturverhältnisse. Frankfurt a.M./New York: Campus.
Becke, G./Bleses, P. (Hg.) 2022: Interdependenzen von Arbeit und Nachhaltigkeit. Weinheim/Basel: Beltz Juventa.
Brandl, S./Hildebrandt, E. 2002: Zukunft der Arbeit und soziale Nachhaltigkeit: Zur Transformation der Arbeitsgesellschaft vor dem Hintergrund der Nachhaltigkeitsdebatte. Opladen: Leske + Budrich.

Arbeit und Technik

Begriff

Zwar war Technik für die Arbeits- und Industriesoziologie von ihren Anfängen an ein zentrales Thema, sie hat aber keinen eigenständigen Technikbegriff theoretisch entwickelt. Ihr Interesse galt im Wesentlichen dem Potenzial der Technik für den Wandel von Arbeit. Der Technikbegriff wurde daher auch zunächst überwiegend gleichgesetzt mit Produktionstechnik. Seine theoretische Fundierung erfolgte bis in die späten 1970er Jahre hinein weitgehend im Kontext des Marx'schen Verständnisses der Produktivkraftentwicklung, also des jeweiligen Entwicklungsstands von Technik, Technologien, der Formen von Technikeinsatz und -nutzung und der darin verborgenen gesellschaftlichen Potenziale. Die Arbeits- und Industriesoziologie versteht die Technisierung der Arbeit als einen historischen Prozess, in dem gesellschaftliche Interessen zum Ausdruck kommen. Der Prozess der Technisierung, also der strategisch motivierte Einsatz von Technik in Bezug zu Arbeit, ist in diesem Verständnis zugleich ein vergegenständlichter Ausdruck der jeweils herrschenden Produktionsverhältnisse.
Die arbeits- und industriesoziologische Perspektive fasst den technischen Wandel nicht als einen isolierten Prozess auf, sondern fragt nach den Auswirkungen dieses Wandels auf Arbeit; Technik ist damit ein zentraler Gegenstand für interessenpolitische Auseinandersetzung. Im Mittelpunkt stehen die Folgen für Arbeit entlang der drei zentralen Funktionen der Technisierung von Arbeit: Arbeitsersparnis, Effektivitätssteigerung und Prozesskontrolle (→ auch Kontrolle, Rationalisierung). Das Erkenntnisinteresse bezieht sich sowohl auf die gesellschaftlichen Voraussetzungen für die Genese und Gestaltung von (Produktions-)Technik als auch auf die Intentionen, die mit ihrer betrieblichen Nutzung und ihrem Einsatz verbunden werden. Im Besonderen gilt dies für die Folgen für die lebendige Arbeit und für das Arbeitsvermögen. Neben veränderten Qualifikationsanforderungen umfasst dies auch die Frage nach den Emanzipationspotenzialen und Entfremdungsgefährdungen, die mit dem Technikwandel einhergehen. Technik gilt dabei wie die Organisation als ein Medium zur Bearbeitung des Transformationsproblems – also der Frage, wie auf Grundlage eines strukturell unvollständigen Arbeitsvertrags die Mitwirkung des Subjekts und dessen Bereitschaft zur Anwendung seines Arbeitsvermögens im Betriebsgeschehen gewährleistet werden kann (→ Transformation von Arbeitskraft).

Genese/theoretischer Kontext

Die Arbeits- und Industriesoziologie hat ihre – empirisch von tayloristischer Produktionsarbeit und konzeptionell vom Begriff der Produktivkraftentwicklung geprägte – Technikkonzeption in den vergangenen Jahrzehnten verändert. Nach und nach wird Technik zwischenzeitlich von einem zentralen, andere Dimensionen von Arbeit bestimmenden Gegenstand zu einem Aspekt an der Peripherie des disziplinären Interesses (Böhle 2001, Pfeiffer 2018 a). Inhaltlich und zeitlich lässt sich dabei eine Entwicklungslinie ziehen von einem evolutionären Technik- und Fortschrittsglauben der 1950er über die Technikdeterminismusdebatte der 1980er Jahre und einer zunächst darauf folgenden längeren Phase einer weitgehend technikbegriffsfreien Arbeits- und Industriesoziologie.
Charakteristisch für die erste Phase war die Annahme einer aufsteigenden Entwicklungslinie vom Handwerk über die Mechanisierung bis zur Automatisierung mit dazu jeweils korrespondierenden Arbeitssubjekten (vom autonomen Handwerker über den fremdbestimmten Fließbandarbeiter bis zum Requalifizierten; vgl. Oppolzer 1976, S. 59ff.) (→ Industriegesellschaft und Industrialisierung). Dieses Technikverständnis war eng verbunden mit der allgemeinsoziologisch vorherrschenden Interpretation der industriellen Revolution, die – jenseits theoretischer Unterschiede – den sozialen Wandel weitgehend als Folge technischen Fortschritts deutete (Rammert

1994, S. 76 f.). Diese Sichtweise stand im Einklang mit der ideengeschichtlichen Tradition, die in der technischen Entwicklung die Chance zur Befreiung von der (Last der) → Arbeit und von traditionalen Herrschaftsformen sah.
Die Annahme einer der Gesellschaft exogenen und diese determinierenden Technikentwicklung geriet ab den späten 1970er Jahren ins Wanken (Böhle 1998) (→ auch Techniksoziologie). Während empirisch zunehmend deutlicher wurde, dass tayloristische Formen der Arbeitsteilung (→ Taylorismus) an Effizienz verlieren, entwickelten sich Konzepte, die mit dem vormals deterministischen Technikverständnis der Disziplin brachen: So betonte das Interdependenzkonzept die sozialen Wirkungen technischer → Innovation und sah die technische Entwicklung selbst als sozialen Prozess (Lutz 1987, S. 41). Vergleichbar in der Stoßrichtung sah die Konvergenzthese (Pries et al. 1990, S. 7ff.) zentrale Impulse des Wandels von Arbeit auf den Feldern Produktstruktur und Absatzstrategie, Fertigungssystem, Arbeits- und Betriebsorganisation sowie Personalsystem. Sowohl der Münchner Betriebsansatz (→ Betrieb) als auch das Konzept der → Systemischen Rationalisierung konzipierten Technik vorwiegend als ein Mittel autonomer betrieblicher Strategien zur Steigerung der Arbeitsproduktivität und zur Rationalisierung bis in die Wertschöpfungsketten hinein.
Am Ende der 1980er Jahre galt das „Ende des Technikdeterminismus" (Lutz 1987) als Konsens in der sozialwissenschaftlichen Forschung: Technisierungsprozesse wurden nun aus der Perspektive der beteiligten Akteure, ihrer Rollen (als Nutzer, Anwender und Hersteller) und ihrer Interessen rekonstruiert. Das „Dilemma von Technikdeterminismus und voluntaristischem Technikkonstruktivismus" galt als überwunden (Lutz 1989, S. 14 f.). Neben diesem Mainstream der disziplinären Debatten fand sich jedoch weiterhin auch die These eines untrennbaren Zusammenhangs von Technologie und Kapitalverwertung. Konzeptionelle Debatten zur Rolle der Technik und der Bedeutung ihrer stofflichen Ausprägungen nahmen danach zunächst ab, und diese Abwesenheit der Technikfrage wurde und wird selten kritisch diskutiert; so weist etwa Böhle (2001) darauf hin, dass auch die Verwissenschaftlichung stofflicher Gegebenheiten selbst einen konstitutiven Bestandteil von Ökonomisierung darstellt.
Während ab den 1980er Jahren die Produktionstechnik immer stärker aus dem Blick geriet, erlangte die Informationstechnik eine zunehmende Bedeutung: Sie fungierte nicht nur als datentechnische Verknüpfung der Teilprozesse, sondern ihr wurde ein entscheidendes Flexibilitäts- und Elastizitätspotenzial zugesprochen. Insbesondere mit dem Einzug der Informations- und Kommunikationstechnologien (IuK) verschränkten sich Technik und Organisation zu Organisationstechnologien (→ auch Organisationssoziologie). Damit lag es nahe, dass der Gegenstand Technik für die Industriesoziologie „wieder einmal – ‚kritisch'" werden könnte (Schmidt 1989, S. 231). Konzeptionell griff das Theorem der Informatisierung (vgl. Schmiede 2015) diese Entwicklung auf: Informatisierung – als der Prozess der Erzeugung und Nutzung von Informationen – wird verstanden als Durchsetzungsinstanz und Reproduktionsmechanismus kapitalistischer Verwertungslogik. Informatisierung gilt damit nicht als Folge der heutigen IuK-Technologien, sondern umgekehrt sind diese Ausdruck eines historischen Prozesses der Informatisierung von Arbeit. Auch aus der Perspektive der Informatisierung und trotz der empirisch zunehmend evidenter werdenden Wirkmacht von IuK-Technologien kam es auch in den 1990er und 2000er Jahren noch zu breiten Debatten um eine Reaktivierung eines arbeits- und industriesoziologischen Technikbegriffs (→ Informations- und Wissensarbeit, Informationsgesellschaft). Seit den 2010er Jahren jedoch lässt sich im Zuge der förderpolitisch und medial-diskursiv stark beförderten Diskussionen zu Entwicklungen rund um neuere digitale Technologien und damit verbundene Szenarien und Geschäftsmodelle (→ Industrie 4.0, Digitale Transformation der Arbeit, Plattformarbeit, Arbeit und Künstliche Intelligenz) in der Arbeits- und Industriesoziologie eine neue Aufmerksamkeit für technikbezogene Fragen feststellen. Diese schlägt sich vor allem in der Zunahme empirischer Studien nieder, weniger in tiefergehenden konzeptionellen Fassungen des Technikbegriffs. Auch nahe liegende Angebote wie etwa der techniksoziologische Ansatz der Handlungsträgerschaft (Agency) werden selten aus arbeitsso-

ziologischer Perspektive konzeptionell weiterentwickelt (vgl. Huchler 2016, Voß 2018 b).

Zentrale Forschungsergebnisse

Die empirischen Ergebnisse zum Zusammenhang von Arbeit und Technik spiegeln die jeweils dahinter liegenden Technikkonzeptionen der Disziplin und deren Veränderungen im Zeitverlauf wider. So polarisierte die Automationsdebatte ab Ende der 1950er Jahre zwar, indem sie neben Fortschrittsdiagnosen auch die Gefahr restriktiver Arbeitsbedingungen thematisierte, sie hielt dabei aber weitgehend an der Sichtweise eines Wirkzusammenhangs von Technik auf Arbeit fest. Beispielsweise wurde der Befund des Abnehmens teamartiger Kooperation als direkte Folge der technisch induzierten Versachlichung betrieblicher Herrschaftsbeziehungen interpretiert (Popitz et al. 1957 b). In der Folge zeigten sich empirisch mehr und mehr unterschiedliche Auswirkungen des technischen Wandels auf Arbeit. So fanden sich nicht nur zunehmend branchenspezifische Entwicklungspfade, die De- und Requalifizierungsfolgen zeitigten (Kern/Schumann 1970), sondern es wurde auch deutlich, dass Managemententscheidungen (→ auch Management) über technische Neuerungen sich stärker im Ökonomischen als in der Eigenlogik des technisch Machbaren gründen. Empirische Befunde wurden damit immer weniger auf den technischen Wandel als auf einen arbeitspolitischen Paradigmenwechsel zurückgeführt: Technische Rationalisierung setzte nicht mehr in erster Linie auf die Ersetzung menschlicher Arbeit (Kern/Schumann 1984) (→ auch Neue Produktionskonzepte, Produktionsregime).

Ab den 1980er Jahren wurde mehr und mehr eine paradoxe Entwicklung erkennbar: Mit steigender Technisierung der Produktion gingen quantitative und qualitative Probleme einher, die nicht mehr mit weiterer Technisierung in den Griff zu bekommen waren. Das CIM-Konzept (Computer Integrated Manufacturing) schließlich mit seiner Vision einer weitgehend menschenleeren Fertigung erwies sich Ende der 1980er Jahre als „Dinosaurier einer technizistischen Verengung" (Hack 1994, S. 53). Die CIM-Ruinen (Brödner 1985) und der Toyota-Schock (Womack et al. 1991), der die technisch-organisatorische Vormachtstellung der deutschen Automobilindustrie nachhaltig ankratzte, führten zu krisenhaften Erschütterungen – nicht nur bei den Technikgestaltern und -anwendern, sondern auch im Mainstream der Industriesoziologie (→ auch Lean Production/Toyotismus). Technik zeigte in ihrer Auswirkung auf Arbeit keine Eindeutigkeit mehr, sondern unerwartete Polarisierungen: den neuen Qualifikations- und Teilhabechancen der Rationalisierungsgewinner (Facharbeiter und Instandhalter) standen verminderte Chancen von Rationalisierungsduldern, Arbeitern in krisenbestimmten Branchen und/oder Arbeitslosen gegenüber (Kern/Schumann 1984, S. 20–22) (→ auch Qualifikation/Kompetenz).

Mit der Aufgabe eines engen Technikdeterminismus wurde die Gestaltbarkeit von Technik nach sozialen und humanorientierten Gesichtspunkten denkbar und zur Leitlinie des Forschungsprogramms → „Humanisierung des Arbeitslebens" (HdA, 1974 bis 1998). Im Laufe dieses Programms jedoch kam es nach und nach nicht nur zu einer Verengung, Ernüchterung und tendenziellen Entpolitisierung (Fricke 2003), empirisch-konkret lag auch eher die → Arbeitsorganisation als die Technik im Gestaltungsfokus der einzelnen Projekte. Technikgestaltung stand dagegen im Mittelpunkt mehrerer Vorhaben, die sich zwischen 1988 und 1998 mit computergestützter erfahrungsgeleiteter Arbeit (CeA) beschäftigten (Martin 1995) und das Erfahrungswissen und -handeln der Facharbeiter zum Leitbild der Gestaltung von CNC-Bearbeitungsmaschinen erhoben (→ auch Subjektiverendes Arbeitshandeln). Die Aktivitäten rund um die Initiative ‚Gute Arbeit' seit Ende des ersten Jahrzehnts des 21. Jahrhunderts wiederum haben sich vom Ziel der Gestaltbarkeit von Technik weitgehend verabschiedet und fordern sogar eine „Ersetzung" der traditionellen Technikorientierung der früheren HdA-Forschung durch eine Arbeits- und Organisationsprozessorientierung (vgl. Pfeiffer 2018 a).

Empirisch weitete sich der Blick der Arbeits- und Industriesoziologie im Laufe ihrer Geschichte zunehmend über den eigentlichen Produktionsbereich hinaus: Während in den 1960er Jahren zunächst von einer Taylorisierung der geistigen Arbeit ausgegangen wurde (Pirker 1963), zeigten Untersuchungen in den 1980er Jahren zur Einführung der Mikroelektronik (PC), dass auch der Einsatz des PCs mit unterschiedlichsten Arbeitsformen kompatibel war und nicht zwingend zu Taylorisierung und Dequalifizierung führte (Weltz/Lullies 1983) (→ auch Facharbeit). Obwohl die Veränderungen von Arbeit im Kontext des zunehmenden Einsatzes von IuK-Technologien spätestens ab den 1990er Jahren sichtbarer wurden, finden sich erst im Kontext des Industrie-4.0-Diskurses ab 2011 wieder vermehrt Studien, die Auswirkungen technischen Wandels auf Arbeit thematisieren (Hirsch-Kreinsen et al. 2018, Pfeiffer 2015 a, Schadt 2021) (→ Industrie 4.0). Der Industrie-4.0-Diskurs löst sich im weiteren Verlauf von seiner engeren Fokussierung auf das industrielle Umfeld und wird zunehmend überlagert von Diagnosen eines umfassenderen Umbruchs der → digitalen Transformation von Arbeit (Schrape 2020, Hirsch-Kreinsen 2020) oder des digitalen Kapitalismus (Pfeiffer 2021, Staab 2019). In den Blick rücken zunehmend neuere Technologien wie kollaborative Robotik und insbesondere Künstliche Intelligenz sowie → Plattformarbeit und algorithmische Steuerung. Dabei bestätigen sich – trotz allen Wandels der Phänomene – viele der oben beschriebenen Konfliktlinien (Buss et al. 2021, Schnell et al. 2021).

Internationaler Bezug

Ähnlich wie in der deutschsprachigen Arbeits- und Industriesoziologie finden sich auch im Internationalen dezidierte konzeptionelle Technikbezüge stärker in der technik- als in einer arbeitssoziologischen Perspektive. So thematisieren seit dem „turn to technology“ die Science and Technology Studies (STS) vor allem die soziale Formung von Technik, allerdings mit einem starken Fokus auf die Sphäre der Wissenschaft. Neue Formen der Digitalisierung werden insbesondere in der angelsächsischen Soziologie schnell wieder stärker aufgegriffen, etwa unter den Stichworten „Cybertariat“ (Huws 2014) oder „digital labor“ (Scholz 2012). Zunehmend finden sich kritischere Studien zur Ausbeutung unbezahlter Arbeit (Zuboff 2019), zu den dunklen Seiten von Arbeit und digitalen Formen der Ausbeutung (Moore/Woodcock 2021), zur Machtverschiebung hin zu den großen digitalen Akteuren (Wu 2020) oder zum Anteil materieller Arbeit an Künstlicher Intelligenz (Crawford 2021). Vor allem aus der internationalen Forschung kamen zudem zunächst neue Impulse zur Messung und Prognose von Beschäftigungseffekten durch zunehmend autonom agierende Technik – insbesondere Robotik und Algorithmen (Brynjolfsson/McAfee 2011, Frey/Osborne 2017), die in der deutschen Arbeitsmarktforschung teils methodisch nachvollzogen (Bonin et al. 2015), teils mit eigenen (Dengler/Matthes 2015) oder kritischen Ansätzen (Pfeiffer 2018 a) diskutiert wurden.

Sabine Pfeiffer

Empfehlungen zum Weiterlesen

Bergmann, Joachim 1987: Technik und Arbeit. In: Lutz, B. (Hg.): Technik und sozialer Wandel. Verhandlungen des 23. Deutschen Soziologentags in Hamburg 1986. Frankfurt a.M./New York: Campus, S. 114–134.
Böhle, Fritz 1998: Technik und Arbeit. Neue Antworten auf „alte“ Fragen. In: Soziale Welt, Jg. 49, H. 3, S. 233–252.
Hack, Lothar 1994: Industriesoziologie. In: Kerber, H./Schmieder, A. (Hg.): Spezielle Soziologien. Problemfelder, Forschungsbereiche, Anwendungsorientierungen. Reinbek: Rowohlt, S. 40–74.
Hirsch-Kreinsen, Hartmut 2020: Digitale Transformation von Arbeit. Entwicklungstrends und Gestaltungsansätze. Stuttgart: Kohlhammer.
Pfeiffer, Sabine 2018 a: Technisierung von Arbeit. In: Böhle, F./Voß, G. G./Wachtler, G. (Hg.): Handbuch Arbeitssoziologie (2. Aufl.), Bd. 1: Arbeit, Strukturen und Prozesse. Wiesbaden: Springer VS, S. 321–357.
Schmiede, Rudi 2015: Arbeit im informatisierten Kapitalismus. Aufsätze 1976–2015. Berlin: edition sigma.

Arbeiterbewusstsein

Begriff

Der Begriff Arbeiterbewusstsein bezeichnet soziale Identität und Wissens- wie Denkformen der Sozialkategorie der „Arbeiter“. Diese Sozialkategorie – neben dem „Unternehmer“ und dem „Professionellen“ die zentrale Selbst- und Fremdzuschreibung im Hinblick auf Wirtschaftstätigkeit und Beschäftigtenrolle in der kapitalistischen Moderne – kann unterschiedlich weit gefasst, d.h. aufs Industrieproletariat oder die Fabrikarbeiterschaft begrenzt oder auf Lohnabhängige und „Arbeitende“ insgesamt bezogen werden. War es lange üblich, zwischen dem Arbeiterbewusstsein und einer „Angestelltenmentalität“ klar zu unterscheiden (→ Dienstleistungsarbeit,

Angestelltensoziologie), so verwischt sich diese Grenze im Laufe der sozioökonomischen Entwicklung, so dass zunehmend allgemein vom Bewusstsein der abhängig Beschäftigten und seinen Differenzierungen die Rede ist. Entsprechend variieren die sozialen Phänomene, Bedingungsfaktoren und Einflussgrößen, die bei Betrachtung des Arbeiterbewusstseins in den Blick kommen.

Genese/theoretischer Kontext

Für die Soziologie sind Wechselwirkungen zwischen dem Wandel gesellschaftlicher Makrostrukturen und dem Wandel von Wissens- und Denkformen von Anfang an ein zentrales Thema. Von den soziologischen Klassikern heben besonders Weber und Marx die Bedeutung spezifischer Wissens- und Denkformen für die Entstehung und Weiterentwicklung des modernen Kapitalismus hervor. Während Weber sich vor allem für die Rolle religiöser Weltbilder und Handlungsorientierungen („protestantische Ethik"), für die Herausbildung moderner Wirtschaftsstrukturen und den kapitalistischen „Geist" interessiert, gilt Marx' Aufmerksamkeit stärker den Bedingungen, der Eigenart und den möglichen Auswirkungen kapitalismuskritischer Orientierungen, also gleichsam dem Geist des Antikapitalismus und dessen sozialen Trägergruppen.

Marx stellt die Frage nach dem gesellschaftlichen Bewusstsein (und der Ideologie) als Frage nach dem „bewussten *Sein*" und richtet den Fokus auf die im Zuge kapitalistischer Wirtschaftsdynamik anwachsende moderne Industriearbeiterklasse, deren Sein (ihre Arbeits- und Lebensbedingungen) ihr Bewusstsein (ihre Einstellungen und Interessenorientierungen) bestimme. Das Arbeiterbewusstsein wird zum Klassenbewusstsein – und die Arbeiterklasse zur „Klasse für sich" –, sobald ihre Orientierungen ihrem Sein und damit auch ihrer geschichtlichen „Aufgabe" ganz entsprechen. Dieses richtige Bewusstsein werde die Arbeiter über den gewerkschaftlichen Kampf gegen die Proletarisierung ihrer Arbeits- und Lebenssituation hinaus zur politischen Überwindung der sie verursachenden kapitalistischen und zur Errichtung einer sozialistischen Gesellschaft befähigen.

Der Dramatik solcher Thematisierungen entsprachen einschneidende historische Erfahrungen: Angesichts vielfältiger negativer Begleiterscheinungen der Industrialisierung (soziale Entwurzelung und Verelendung breiter Arbeiterschichten, schlechte Arbeitsbedingungen und Autoritätskonflikte in den Fabriken) konkretisierte sich die „soziale Frage" immer deutlicher als „Arbeiterfrage", und die Arbeiterbewegung, die das bestehende Gesellschaftssystem offen in Frage stellte, wurde zur dominanten sozialen Bewegung des 19. und frühen 20. Jahrhunderts. An diese Erfahrungen knüpfen die Topoi und Frageperspektiven der sich seit Beginn des 20. Jahrhunderts entwickelnden sozialwissenschaftlichen Arbeiterbewusstseins-Forschung unmittelbar an mit der zentralen Frage nach der *Integration* oder der *Verbürgerlichung* der Arbeiterklasse und nach ihrem *politischen* bzw. *revolutionären Handlungspotenzial*. Weber (1908) formulierte programmatisch die – „subjektive" und „objektive" Momente aufeinander beziehenden – Ziele einer solchen Forschung. Frühe Studien wie Levensteins „Die Arbeiterfrage" (1912) oder De Mans „Der Kampf um die Arbeitsfreude" (1927) folgten zumindest in Ansätzen einer solchen Zielsetzung. Der Wandel des Arbeiterbewusstseins wurde dann nach dem Zweiten Weltkrieg in der westdeutschen Industriesoziologie – neben dem Verhältnis von technischem Wandel und Industriearbeit (→ Arbeit und Technik, Rationalisierung) – zum zweiten großen Forschungsschwerpunkt der Industriesoziologie. In den 1950er Jahren entstanden große Studien wie „Das Gesellschaftsbild des Arbeiters" von Popitz et al. (1957 a) und „Arbeiter, Management, Mitbestimmung" von Pirker et al. (1955), die nicht zuletzt auch nach den objektiven und subjektiven Bedingungen für eine gesellschaftliche Demokratisierung in den Arbeitsverhältnissen und deren Entwicklung („Automationsdebatte") suchten. Mit der Renaissance des Marxismus in den 1960er und 1970er Jahren (Brandt 1990) begann dann – vor dem Hintergrund der weltweiten Studentenbewegung, sich verschärfender Arbeitskonflikte und neuer sozialer Bewegungen – eine Phase nicht nur politisch hoch „aufgeladener", sondern auch theoretisch sehr ambitionierter Arbeiterbewusstseins-Forschung. Der Anspruch war letztlich, durch industriesoziologische Forschung „das offene Ende der *Marx*schen Theorie, wie sich das Klassenbewußtsein der Arbeiter im Verlauf der kapitalistischen Entwicklungsprozesse konstituiere, zu schließen" (Thomssen 1982, S. 313).

Die wichtigsten Versuche, sich diesem Anspruch zu stellen, wurden am SOFI Göttingen (Kern/Schumann 1970, Schumann et al. 1982), von der Erlanger Gruppe um Kudera et al. (1979), der Berliner Projektgruppe (Bierbaum et al. 1977) sowie den Vertretern von Ansätzen, die die „relative Autonomie" subjektiver Deutungsmuster betonen (Hack et al. 1979, Neuendorff/Sabel 1976, Thomssen 1980), entwickelt. Inhaltlich waren sie durch die Wiederaufnahme der Thesen von der „Verbürgerlichung" bzw. der Integration der Arbeiterklasse, von einer zunehmenden „instrumentellen Orientierung" der Arbeiter (Goldthorpe et al. 1968) sowie durch die Diskussion über eine – durch den technischen Wandel („Automation") hervorgebrachte – „neue Arbeiterklasse" und deren Aspirationen geprägt.

Ihr hoher, an die Marx'sche Theorie fixierter, Anspruch ist seit Ende der 1970er Jahre dann bald „an seiner [...] Uneinlösbarkeit gealtert" (Thomssen 1982, S. 313). Neben theoretischen Problemen (Knapp 1981, Voß 1984) war die in empirischen Einzelstudien kaum einholbare Komplexität, aber auch das nachlassende (politische) Interesse am „Subjekt" Arbeiterklasse dafür verantwortlich. Das „Bewusstseinsthema" ist seither in verschiedensten Forschungszusammenhängen aufgehoben: Die Lebenslaufforschung etwa rückt mit ihrem Fokus auf biografische oder kohortenspezifische Aspekte sowie auf den gesamten Lebenszusammenhang Dimensionen der Erwerbs- und Arbeitsorientierungen in den Vordergrund (→ Arbeit, Arbeit im Kapitalismus, Reproduktion von Arbeitskraft). Die Frauen- und Geschlechterforschung dekonstruiert durch Konzentration auf weibliche Lebens- und Arbeitszusammenhänge unter den Bedingungen der „doppelten Vergesellschaftung" die Fixierung der Arbeiterbewusstseins-Forschung auf den männlichen Industriearbeiter und androzentrische Deutungsmuster (→ Arbeit und Geschlecht). Daneben läuft das Thema in der arbeits- und industriesoziologischen „Routineforschung" immer wieder mit, allerdings i.d.R. auf Teilaspekte wie das „Arbeitsbewusstsein" eingegrenzt.

Zentrale Forschungsergebnisse

Wichtige Forschungsergebnisse lassen sich schlaglichtartig anhand stilbildender Studien und Debatten umreißen. Unterschiede und Brüche bei den Befunden bzw. ihrer Interpretation zeigen sich zum einen darin, ob das Arbeiterbewusstsein eher als kollektives bis klassenbezogenes oder individuelles bis individualistisches Orientierungsmuster erscheint. Zum anderen zeigen sie sich im Hinblick auf die Bestimmungsgründe von Bewusstsein: ob eher ökonomische, technische, kulturelle oder sonstige Faktoren als entscheidend anzusehen sind.

„Das Gesellschaftsbild des Arbeiters" (Popitz et al. 1957 a) bleibt die Pionier- und Referenzstudie der deutschsprachigen Forschung. Sie untersuchte die gesellschaftliche und politische Vorstellungswelt der Arbeiter eines großen Hüttenwerks. Deren Deutungen und Orientierungen verdichteten sich zu sechs Gesellschaftsbild-Typen (von der Gesellschaft als einer statischen und als einer progressiven Ordnung bis zu klassenkämpferischen Perspektiven). Trotz der Unterschiede zog sich die Dichotomie eines gesellschaftlichen „Oben" und „Unten" und die Selbstverortung am unteren Rand als dominantes kollektives Orientierungsmerkmal durch. Das Selbst- und Gesellschaftsbild der Arbeiter war durch ein Kollektivbewusstsein und ein Leistungsbewusstsein bestimmt, das sich auf die produktive körperliche Arbeit als elementaren Beitrag zur gesellschaftlichen Reproduktion gründete. Es überwog eine zwar kritische, aber resignative Haltung gegenüber der bestehenden Gesellschaftsordnung.

Kern und Schumann (1970) analysierten in *„Industriearbeit und Arbeiterbewußtsein"* die Auswirkungen der technischen Entwicklung auf die Arbeitsbedingungen und auf das Bewusstsein der Arbeiter in mehreren Industriebranchen. Als zentralen Bestimmungsgrund für das Arbeiterbewusstsein machten sie die Erfahrung der objektiven Arbeitsbedingungen aus. Für die Arbeiter standen der belastungsbedingte Verschleiß ihrer Arbeitskraft und die Entlohnung im Vordergrund – weniger ausgeprägt waren Ansprüche an Arbeitsinhalte oder Dispositionsspielräume. „Reste" eines Kollektivbewusstseins und marxistisch-sozialistischer Orientierungen wurden auf die gemeinsam erfahrene Beschäftigungsunsicherheit als Lohnarbeiter zurückgeführt. Weder Thesen der gesellschaftlichen Integration noch die einer zunehmenden Konfliktbereitschaft der Arbeiter wurden durch die Befunde bestätigt. Allerdings wurden aufgrund der konstatierten Polarisierung zwischen hoch- und niedrigqualifizierten Industrietätigkeiten zunehmende gesellschaftliche Spaltungstendenzen prognostiziert.

In der Studie „*Gesellschaftliches und politisches Bewußtsein von Arbeitern*“ rekonstruierten Kudera et al. (1979) auf Basis von Arbeiterinterviews in der Metallindustrie Arbeits-, Leistungs- und Mitbestimmungsorientierungen sowie Elemente des gesellschaftlichen Bewusstseins. Zentraler Befund war der „gebrochene Instrumentalismus“ der Arbeiter. Betont wurde damit die Ambivalenz der subjektiven Orientierungsmuster, die den widersprüchlichen Verhaltenszwängen des Lohnarbeitsverhältnisses entsprechen: „Produzentenbewusstsein“ vs. Subordination als Objekt kapitalistischer Verwertung; Verschleiß vs. Leistungsorientierung; kollektive Interessendurchsetzung vs. Akzeptanz des bestehenden Wirtschaftssystems. Die politischen Orientierungen waren durch eine skeptisch-resignative Haltung geprägt, was nicht auf gesellschaftliche Integration, sondern auf ein Sich-Abfinden mit einem scheinbar alternativlosen Status quo schließen lasse. Ausgleich erhofften sich die Arbeiter durch die Stärkung von Mitbestimmungsinstitutionen.

Wie sich seit den 1980er Jahren der Fokus der Forschung neu justierte, zeigt etwa die Studie „*Der schwierige Weg in die Moderne*“ (Brock 1991), die auf Grundlage empirischer Forschungen über die „alltägliche Arbeiterexistenz“ das Konzept einer „Lebensführungsforschung“ anwendete, um den historischen Wandel von Bewusstseins- und Identitätsformen zu bestimmen. Die sozialhistorische Rekonstruktion des Wandels der Lebensführung von Arbeitern mündete in den Befund einer „Entkollektivierung“ bzw. Individualisierung von Arbeits- und Lebensorientierungen. An die Stelle des „sozialdemokratischen Arbeiters“ trete die vorherrschende Leitorientierung einer individualisierten „dispositiven Lebensführung“.

Die These von der Durchsetzung des „*Arbeitskraftunternehmers*“ als neue idealtypische Grundform der Ware Arbeitskraft, in der sich Aspekte der klassischen Sozialkategorien des „Arbeiters“ und des „Unternehmers“ vermischen (Voß/Pongratz 1998, Pongratz/Voß 2003 a), geht noch weiter. Als erwerbsbezogene Orientierungen stünden nun – auch als Widerhall „neoliberaler“ Diskurse – Selbstkontrolle, Selbstökonomisierung und Selbstrationalisierung im Vordergrund. Die empirische Überprüfung der These ergibt freilich, dass die nach wie vor große Bedeutung sozialer Sicherheit eher auf eine unfreiwillige Anpassung an die Bedingungen einer „flexible[n] Hyperarbeitsgesellschaft“ (Pongratz/Voß 2003 a, S. 21) hindeuten (→ Arbeitskraftunternehmer). Auch neuere Studien verweisen auf ein Fortdauern von Merkmalen (wie Leistungsbewusstsein, Produzentenstolz, antagonistische Interessenorientierung etc.) eines eher traditionellen „Lohnarbeiterbewusstseins“ (Dörre et al. 2013, Heil/Kuhlmann 2016) mit einer nach wie vor hohen Bedeutung arbeitsinhaltlicher Ansprüche und des (gesellschaftlichen) Nutzens der eigenen Arbeitsleistung (Nies 2015, Hürtgen 2017) (→ auch Arbeitsqualität).

Aktuell lässt sich eine Revitalisierung der Bewusstseinsforschung beobachten, die an die alten Diskussionslinien anknüpft, dabei aber neue Analysedimensionen und -kategorien wie normative Ansprüche, Gerechtigkeit oder Kritik in den Vordergrund rückt. Das verstärkte Interesse an „Bewusstseinsfragen“ entzündete sich nicht zuletzt an den Erschütterungen und Verunsicherungen infolge der Finanz- und Wirtschaftskrise 2007ff. und verstetigte sich durch eine als dauerhaft wahrgenommene Krisenerfahrung aufgrund kumulativ aufeinander wirkender Folgen gesellschaftspolitischer Entwicklungen (u.a. Flüchtlings-, Coronakrise) sowie sozial-ökologischer, ökonomischer und digitaler Transformationsprozesse (→ auch Digitale Transformation der Arbeit).

Bei aller ideologischen Präsenz „neoliberaler“ *Homo-oeconomicus*-Vorstellungen können aktuellere empirische Studien den Bedeutungsverlust einer „moralischen Ökonomie“ (Thompson 1971) – mit starken Leistungs-, Beteiligungs-, Fürsorge- und Würdeansprüchen an Erwerbsarbeit – auch im Kontext heutiger Arbeitsrealitäten nicht belegen (Hürtgen/Voswinkel 2014, Kratzer et al. 2019). Angesichts sich zuspitzender – und nicht zuletzt durch infolge der Coronakrise verschärft öffentlich wahrgenommener – sozio-ökonomischer, branchen- und tätigkeitsspezifischer sowie demografiebedingter Ungleichheits- und Ungerechtigkeitserfahrungen erlangen derzeit Fragen nach aktuellen Gesellschaftsbildern und Klassenlage, gesellschaftlichem Bewusstsein und Kritikpotenzial der Arbeitnehmer:innen erneut hohe Aufmerksamkeit der subjektorientierten Arbeitsforschung (Aulenbacher et al. 2017, Mayer-Ahuja/Nachtwey 2021).

Internationaler Bezug und weitere Entwicklungsperspektiven

Auch in der internationalen Soziologie durchlief die Debatte über die Identität der Arbeiterklasse mehrere Konjunkturen. In der anglo-amerikanischen Forschung wurde seit den 1950er Jahren betont, dass sich in der fordistischen „Konsumgesellschaft" die Orientierungen der Arbeitenden immer mehr auf Optionen außerhalb der Fabrik konzentrieren (→ Fordismus). Besonders an den Thesen einer „instrumentellen Orientierung", schwindender Arbeitsidentifikation und zunehmender Individualisierung des modernen „wohlhabenden Arbeiters", die Goldthorpe et al. (1968) formulierten, arbeitete sich dann die deutsche Forschung kritisch ab. Ähnlich wie hierzulande ließ das internationale Interesse seit Mitte der 1970er Jahre deutlich nach, um seit den 1990er Jahren, nun von der Foucault- und Bourdieu-Rezeption oder von feministischen Ansätzen inspiriert, wieder zuzunehmen – nun auch wieder stärker mit dem Akzent auf „Klassenbewusstsein" (Atkinson 2010).
Dass die Frage nach dem Verhältnis des Wandels gesellschaftlicher Makro- wie Arbeitsstrukturen und der Veränderung von Wissensformen und sozialen Identitäten alles andere als veraltet ist, zeigen auch Arbeiten aus der reichen französischen Forschungstradition. Mit der von Boltanski/Chiapello (2003) aufgeworfenen Problematik des „neuen Geists des Kapitalismus" und mit der Debatte um die → Subjektivierung wird ihre Aktualität besonders deutlich: Die Fragen richten sich, wie die nach dem Arbeiterbewusstsein, auf die an den zeitgenössischen Kapitalismus „angepassten" oder „sperrigen" Formen der Legitimation, Motivation und Subjektivität. Insofern ist die frühere Bewusstseinsforschung im arbeits- und industriesoziologischen Themenfeld „Arbeit und Subjekt" aufgehoben und bietet mit ihren Befunden und Konzepten für aktuelle Diskussionen nach wie vor großes Anregungspotenzial (→ auch Anerkennung, Arbeit und Interaktion, Arbeit und Nachhaltigkeit, Psychologischer Vertrag).

Barbara Splett

Empfehlungen zum Weiterlesen

Brandt, Gerhard 1990: Marx und die neuere deutsche Industriesoziologie. In: ders.: Arbeit, Technik und gesellschaftliche Entwicklung: Transformation des modernen Kapitalismus. Aufsätze 1971–1987. Frankfurt a.M.: Suhrkamp, S. 254–280.
Kern, Horst/Schumann, Michael 1970: Industriearbeit und Arbeiterbewusstsein. Frankfurt a.M.: Suhrkamp. Studienausgabe 1977.
Knapp, Gudrun-Axeli 1981: Industriearbeit und Instrumentalismus. Zur Geschichte eines Vorurteils. Bonn: Neue Gesellschaft.
Popitz, Heinrich/Bahrdt, Hans-Paul/Jüres, Ernst August/Kesting, Hanno 1957 a: Das Gesellschaftsbild des Arbeiters. Soziologische Untersuchungen in der Hüttenindustrie. Tübingen: Mohr.
Voß, Günter 1984: Bewußtsein ohne Subjekt. Eine Kritik des industriesoziologischen Bewußtseinsbegriffs. Großhesselohe: Hampp.
Schwerpunktheft „Gerechtigkeitsansprüche und Arbeitnehmerbewusstsein heute – neue Ansätze, neue Befunde". WSI-Mitteilungen, Jg. 69, H. 7 (2016).

Arbeitgeberverbände

Begriff

Arbeitgeberverbände sind wesentliche Akteure im deutschen System der Arbeitsbeziehungen (→ Industrielle Beziehungen). Ihre Kernaufgabe besteht in der Aushandlung von Verbandstarifverträgen mit den → Gewerkschaften (→ Tarifvertrag). Diese von den Verbänden ausgehandelten Kollektivverträge gelten „unmittelbar und zwingend" (§ 4 I Tarifvertragsgesetz) für die Mitglieder der Tarifvertragsparteien (Gewerkschaftsmitglieder und Unternehmen, die den vertragschließenden Parteien angehören). Ursprünglich wurden solche Verbände als eine Art Gegenbewegung zu Streikaktivitäten der Gewerkschaften gegründet (Kessler 1907, Paster 2012, Müller-Jentsch 1997, S. 17), wobei es allerdings fortdauernder gewerkschaftlicher Stärke und staatlicher Organisationshilfen bedurfte, um „den Prozess der Befestigung von Arbeitgeberverbänden zu forcieren" (Schroeder/Silvia 2014, S. 344, vgl. Silvia 2013, S. 181ff., Martin/Swank 2012).

Gegenwärtig gibt es in Deutschland ca. 700 Arbeitgeberverbände; ihr überfachlicher Spitzenverband ist die Bundesvereinigung der Deutschen Arbeitgeberverbände (BDA) mit Sitz in Berlin. Neben den Arbeitgeberverbänden bestehen zudem Wirtschaftsverbände, mit dem Bundesverband der Deutschen Industrie (BDI) an ihrer Spitze. Während Arbeitgeberverbände in der Hauptsache die arbeitsmarktbezogenen Interessen ihrer Mitglieder vertreten (z.B. Tarifpolitik, Berufsausbildung, Arbeitsrecht), konzentrieren sich die Wirtschaftsverbände auf die produktmarktbezogenen Interessen der Unternehmen (z.B. Steuerpolitik, Energiepolitik, Industriepolitik). Eine Reihe von Fachverbänden vertreten jedoch beide Interessenbündel innerhalb einer einheitlichen Organisation, sind also Arbeitgeber- und Wirtschaftsverband zugleich.

Arbeitgeberverbände verfügen über eine recht ausdifferenzierte Verbandsstruktur, die von Wirtschaftsbereich zu Wirtschaftsbereich differieren kann. So werden beispielsweise die Interessen von Banken zentral auf Bundesebene vertreten, während die Mitgliedschaft von Unternehmen der Metall- und Elektroindustrie auf der Ebene eines Bundeslandes begründet wird. In einigen Bundesländern (z.B. Nordrhein-Westfalen) besteht darüber hinaus eine stark regionalisierte Verbandsstruktur. Da Landes- oder Regionalverbände fast immer Mitglieder von übergeordneten Verbänden (dann auf Bundes- oder Landesebene) sind, bildet sich eine kaskadenartige Verbändelandschaft mit zum Teil multiplen Mitgliedschaftsverflechtungen.

Auch die Größe der Verbände weist erhebliche Unterschiede auf. So finden sich in den Reihen der Fachspitzenverbände der BDA neben Kleinverbänden wie z.B. dem Arbeitgeberverband der Deutschen Lederindustrie auch mitglieder- und finanzstarke Schwergewichte wie z.B. die Arbeitgeberverbände der Metall- und Elektroindustrie (Gesamtmetall) und der Bundesarbeitgeberverband Chemie (BAVC).

Ausdruck dieser unterschiedlichen Verbandsdomänen ist auch die deutlich abweichende Ressourcenausstattung der Verbände. Während sich Kleinverbände – wenn überhaupt – nur in sehr begrenztem Maße eigenes Personal und eigene Büroräume leisten können (hier werden häufig Bürogemeinschaften mit anderen Verbänden gebildet), verfügen Großverbände oftmals über erhebliche Finanzmittel. So finanziert beispielsweise Gesamtmetall neben der eigenen Verbandsarbeit weitere externe Aktivitäten wie z.B. die „Initiative Neue Soziale Marktwirtschaft".

Neben dem Abschluss von Verbandstarifverträgen als Kernaufgabe bieten die Arbeitgeberverbände ihren Mitgliedern noch eine Reihe weiterer Dienstleistungen an. Weit verbreitet ist hierbei die arbeitsrechtliche Beratung und Prozessvertretung. So beschäftigen insbesondere die größeren Verbände einschlägig ausgebildete Fachjurist:innen, die die Mitglieder beraten und unterstützen. Einige Verbände schließen in die Rechtsberatung auch Fragen des Sozial- und Steuerrechts ein. Unterstützung bei Fragen der beruflichen Erstausbildung sowie der Weiterbildung (→ auch Berufliche Bildung) gehört ebenso zum Dienstleistungsspektrum wie technisch-fachliche und (in wenigen Fällen) auch betriebswirtschaftliche Beratung. Hilfe gewähren die Verbände auch bei Fragen der Anwendung und Auslegung der abgeschlossenen Tarifverträge.

Genese/theoretischer Kontext

Einen besonderen Stellenwert bei der Analyse von Arbeitgeberverbänden nimmt der Ansatz der Neuen Politischen Ökonomie ein und hierbei insbesondere Mancur Olsons „Logik des kollektiven Handelns" (Olson 1998 [1965]). Den Ausgangspunkt von Olsons Ansatz bildet die These, dass Organisationen nur dann in der Lage sind, Kollektivgüter (also solche Güter, von deren Nutzung andere Gruppenmitglieder nicht ausgeschlossen werden können) bereitzustellen, wenn mindestens ein Mitglied derart große Vorteile aus der Mitgliedschaft zieht, dass es im Zweifel dazu bereit wäre, alle Organisationskosten allein zu schultern. Die Gründung einer Organisation wie z.B. eines Arbeitgeberverbands basiert somit auf einem rationalen Kosten-Nutzen-Kalkül der (potenziellen) Mitglieder. Nach Olson fiele es demnach leichter, kleine Organisationen zu gründen als große, denn in kleinen Organisationen scheint es eher wahrscheinlich zu sein, dass sich ein Mitglied findet, das die „Zeche" allein bezahlt und dennoch von der Mitgliedschaft profitiert. Diese Perspektive von Verbänden als

Instrumente zur rationalen Aggregation von Interessen ist von Vertretern des Neokorporatismus – eines Ansatzes, der die Rolle von Kollektivakteuren bei der Interessenvermittlung hervorhebt und die unterstützende Rolle des Staates bei der Organisierung dieser Interessen betont – in Frage gestellt worden. So gingen Schmitter und Streeck (1999) davon aus, dass sich innerhalb der Arbeitgeber- (und Wirtschafts-)verbände zwei unterschiedliche Grundprinzipien ausmachen lassen: das einer verbandlichen Mitgliedschaftslogik (logic of membership) auf der einen und der Einflusslogik (logic of influence) auf der anderen Seite. Eine ähnliche (duale) Sichtweise aus „vorkorporatistischer" Zeit, bei der zwischen der Verpflichtungsfähigkeit (Legitimität) und Kompromissfähigkeit (Effektivität) unterschieden wird, findet sich bereits in der Arbeit Weitbrechts (1969). Durch diese Differenzierungen schien es nun möglich, die unterschiedlichen Wirkungen der unternehmerischen Ausgangsinteressen ebenso wie des gesellschaftlichen Kontextes – und hierbei insbesondere des staatlichen Einflusses – systematisch in die Betrachtung einzubeziehen. Die Mitgliedschaftslogik ist durch die Eigenschaften der Mitglieder (z.B. Branchenzugehörigkeit, Unternehmensgröße) selbst geprägt, wobei der konkreten Verfassung der Mitgliederinteressen und ihrer Interdependenz besondere Bedeutung zukommt. Die Einflusslogik sorgt für eine Politisierung der Verbände, die aus der Notwendigkeit abgeleitet wird, angemessenen Einfluss auf staatliche Stellen, aber auch auf Gewerkschaften ausüben zu können.

Neben Ansätzen des Neopluralismus (Mann 1994) sowie der funktionalistischen Verbandstheorie (Prigge 1987) hat sich in der Arbeitgeberverbandsforschung insbesondere Traxlers Ressourcenansatz als tragfähig erwiesen (Traxler 1995 a). Dieser basiert auf der Annahme, dass Arbeitgeber Wahlfreiheit haben, ihre jeweiligen Interessen entweder durch kollektives oder durch individuelles Handeln zu verfolgen. Traxler geht davon aus, dass zwar mit steigender Ressourcenausstattung der einzelnen Unternehmen deren Organisationsfähigkeit zunimmt, aber gleichzeitig deren Organisationsbedarf abnimmt, schließlich sind ressourcenstarke Unternehmen durchaus in der Lage, die mit den Beschäftigten bestehenden Arbeitsverhältnisse eigenständig zu gestalten (zusammenfassend: Henneberger 2010, S. 134ff.).

Die genannten Ansätze wurden zunächst dazu verwendet, die Struktur der Interessenvertretung durch Arbeitgeberverbände näher zu analysieren und zu begründen. Von großem Interesse war hierbei insbesondere die Frage, inwieweit sich die Vertretungsstrukturen im Bereich der Wirtschaft von jenen der Gewerkschaften unterscheiden (Offe/Wiesenthal 1980). Neuere Analysen nutzen nun theoretische Grundkonzepte wie z.B. Olsons Ansatz, aber auch die Vorstellungen von unterschiedlichen, teils konkurrierenden Verbandslogiken zur Erklärung der Entwicklung von Arbeitgeberverbänden. Ausgewählten Ergebnissen dieser Forschung wendet sich der folgende Abschnitt zu.

Zentrale Forschungsergebnisse

Ein wesentlicher Gegenstand der neueren Arbeitgeberverbandsforschung ist die Frage nach deren Entwicklung und insbesondere ihrer Fähigkeit, eine hinreichende Zahl der Unternehmen in den eigenen Reihen zu organisieren. Zwar liegen aussagekräftige Angaben zur Entwicklung der Mitgliedschaft der Arbeitgeberverbände nur für eine Minderheit von Organisationen vor, jedoch lassen sich Anhaltspunkte zur Mitgliederentwicklung aus den regelmäßig vom Institut für Arbeitsmarkt- und Berufsforschung erhobenen Daten zur Tarifbindung gewinnen. Demnach sank in Westdeutschland zwischen 1997 und 2020 der Anteil der Betriebe, die an einen Verbandstarifvertrag gebunden waren (demnach also Mitglied eines tarifschließenden Arbeitgeberverbandes waren), von 49 auf 28%, also um 21 Prozentpunkte. Im gleichen Zeitraum sank die Tarifbindung in Ostdeutschland von 28 auf 18% der Betriebe, also um zehn Prozentpunkte (Ellguth/Kohaut 2021, S. 309). Da große Betriebe (und Unternehmen) mit vielen Beschäftigten eine deutlich größere Wahrscheinlichkeit aufweisen, einem Arbeitgeberverband anzugehören, als kleine, waren 2020 im Westen immerhin noch 45% der Beschäftigten an einen Verbandstarifvertrag gebunden (im Osten lediglich 32%).

Wie diese Daten belegen, fällt es Arbeitgeberverbänden nach der deutschen Vereinigung schwerer, Unternehmen an sich zu binden. In der einschlägigen Fachliteratur sind hierfür mehrere

Begründungszusammenhänge angeführt worden. Neben Fragen der generell abnehmenden Neigung, sich in Verbänden zu organisieren, wurde insbesondere die Kritik an den mit den Gewerkschaften abgeschlossenen Tarifverträgen genannt. So wurde vielfach argumentiert, zu inflexible Tarifregelungen – insbesondere zu Fragen der Lohnhöhe sowie der Arbeitszeiten – hätten die Verbandsmitgliedschaft insbesondere für kleine und mittelgroße Unternehmen unattraktiv gemacht. Ein weiterer Begründungszusammenhang zielt auf die abnehmende Stärke der Gewerkschaften ab, deren Nettoorganisationsgrad seit der deutschen Vereinigung massiv abgenommen hat. Waren im Jahr 1991 noch 36% aller abhängig Beschäftigten Mitglied einer Gewerkschaft, so waren dies 2018 nur noch 16,5%, also eine Halbierung des Ausgangsniveaus (Angaben nach der ICTWSS Database des Amsterdam Institute for Advanced Labour Studies, Version 6.1; vgl. www.uva-aias.net/39). Mit abnehmender gewerkschaftlicher Mitgliederstärke in den Unternehmen und Betrieben, so die Begründung, müssten aus dem Verband ausgetretene Unternehmen kaum mehr befürchten, von den Gewerkschaften (notfalls unter Anwendung von Mitteln des Arbeitskampfes) in die Tarifbindung zurückgeholt zu werden. Interessant erscheint hierbei aber, dass insbesondere die These der tarifpolitisch motivierten Verbandsabstinenz zumindest in quantitativen Untersuchungen kaum Unterstützung gefunden hat (zusammenfassend: Ellguth/Kohaut 2010).

Während diese (abgeleiteten) Angaben zur Verbandsmitgliedschaft zunächst etwas über die Fähigkeit der Arbeitgeberverbände aussagen, Unternehmen in den eigenen Reihen zu organisieren, und im Resultat auch einen Eindruck vermitteln, welche Macht die Verbände gegenüber den Gewerkschaften und dem Staat haben, berührt ein zweiter Forschungsgegenstand die Frage nach der strukturell hergestellten Organisationswilligkeit von Unternehmen. So haben bereits in den 1990er Jahren einige Arbeitgeberverbände damit begonnen, ihren Mitgliedern eine Mitgliedschaft ohne Tarifbindung („OT-Mitgliedschaft“) anzubieten (Völkl 2002, Behrens/Helfen 2016, Weishaupt et al. 2021). OT-Mitgliedschaften bedeuten, dass Unternehmen zwar weiterhin Mitglied eines Arbeitgeberverbandes sind, aber nicht mehr der Bindung an einen vom Verband abgeschlossenen Tarifvertrag unterliegen. OT-Mitglieder können zwar weiterhin alle anderen verbandlichen Dienstleistungen (wie z.B. arbeitsrechtliche Beratung und Prozessvertretung) für sich in Anspruch nehmen, haben aber die tariflichen Normen quasi „abgewählt“. Letztlich resultiert aus diesem neuen Mitgliedschaftsstatus (einige Verbände organisieren OT auch nach dem „Parallelverbandsmodell“ in separaten Verbänden ohne Tarifbindung) ein Rückgang der Tarifbindung und – da aus der Tarifbindung ausscheidende Unternehmen entweder Firmentarifverträge abschließen oder Entgelt direkt mit den Beschäftigten vereinbaren – eine weitere Dezentralisierung der Tarifpolitik (Haipeter/Schilling 2006, Haipeter 2016a). Als Motive für die Einführung von OT-Mitgliedschaften werden in der Fachliteratur genannt: der Versuch, die eigene Arbeitgeberverbandsorganisation zu erhalten und zu stabilisieren (Organisationssicherungsstrategie), abweichende (rechtswidrige) betriebliche Regelungen zu Einkommen und Arbeitszeit zu legalisieren oder diese neue Mitgliedschaftsform als Druckmittel in laufenden Tarifverhandlungen einzusetzen. Schließlich legen einige sehr radikale OT-Modelle nahe, dass hier möglicherweise auch der generelle Ausstieg eines Verbandes aus dem Flächentarifvertrag vorbereitet werden soll (Behrens 2013).

Ein drittes Feld der Arbeitgeberverbandsforschung befasst sich mit der Frage, wie Interessen und Präferenzen der Unternehmen in die Politik des Gesamtverbandes überführt werden und welche Spannungen und Brüche sich aus diesem Prozess ergeben. Neben Fragen der Auseinandersetzung zwischen Groß- und Kleinunternehmen innerhalb eines Arbeitgeberverbandes (Thelen 2000) spielt hier auch der Einfluss der Homogenität der Zusammensetzung der Verbandsmitgliedschaft auf den Verbandserfolg eine Rolle (Behrens/Helfen 2009). Wie neuere Analysen von Arbeitgeberverbandssatzungen darüber hinaus zeigen, schaffen sich Arbeitgeber teils recht komplexe Strukturen, mit denen die Interessen der Mitgliedsunternehmen in eine Politik des Gesamtverbandes überführt werden können. Neben Regeln zu der Frage, welche Interessen überhaupt zur Mitgliedschaft zugelassen werden, spielen hier Vorschriften zur Gewichtung, Isolierung und selektive Aktivierung von Mitgliedern ebenso eine Rolle wie die Schlichtung von Interessenkonflikten (Behrens 2011).

Martin Behrens

Empfehlungen zum Weiterlesen

Behrens, Martin 2011: Das Paradox der Arbeitgeberverbände. Von der Schwierigkeit, durchsetzungsstarke Unternehmensinteressen kollektiv zu vertreten. Berlin: edition sigma.

Henneberger, Fred 2017: Zentrale Theorien und etwas Empirie zur Analyse des kollektiven Handelns von Unternehmen. In: Schroeder, W./Weßels, B. (Hg.): Handbuch Arbeitgeber- und Wirtschaftsverbände in Deutschland (2. Aufl.). Wiesbaden: Springer VS, S. 173–198.

Schmitter, Philippe C./Streeck, Wolfgang 1999: The Organization of Business Interests. Studying the Associative Action of Business in Advanced Industrial Societies. Köln: MPIfG Discussion Papers 99/1.

Schroeder, Wolfgang/Silvia, Stephen J. 2014: Gewerkschaften und Arbeitgeberverbände. In: Schroeder, W. (Hg.): Handbuch Gewerkschaften in Deutschland (2. Aufl.). Wiesbaden: Springer VS, S. 337–365.

Traxler, Franz 2010: Unternehmerverbände im internationalen Vergleich. In: Schroeder, W./Weßels, B. (Hg.): Handbuch Arbeitgeber- und Wirtschaftsverbände in Deutschland. Wiesbaden: VS Verlag, S. 441–456.

Völkl, Martin 2002: Der Mittelstand und die Tarifautonomie. Arbeitgeberverbände zwischen Sozialpartnerschaft und Dienstleistung. München/Mering: Hampp.

Arbeits- und Gesundheitsschutz

Begriff

Arbeits- und Gesundheitsschutz ist ein Sammelbegriff für vielfältige Aktivitäten politischer, betrieblicher und überbetrieblicher Akteure in der Arbeitswelt – von → Betrieben, → Betriebsräten, Krankenkassen und Unfallversicherungen über → Gewerkschaften und Unternehmerorganisationen bis hin zu Berufsgenossenschaften oder Rentenversicherungsträgern –, die darauf abzielen, die Gesundheit von Beschäftigten nicht nur zu sichern, sondern auch so zu entwickeln, zu fördern und zu managen, dass sich daraus sowohl für die Unternehmen als auch für die Sozialversicherungen sowie für die Beschäftigten selbst Vorteile ergeben. Im Idealtypus ‚modernen' Gesundheitsmanagements soll Arbeit sogar so angelegt werden (können), dass sie ihrerseits zum Sinnstifter und Gesundheitsförderer für Beschäftigte wird (Uhle/Treier 2019).

Die Geschichte des Arbeits- und Gesundheitsschutzes begann bereits zu Beginn der → Industrialisierung. Insbesondere im Dampfkesselbau und -betrieb wurden hier wegweisende Schritte unternommen. Über Jahrzehnte dominierte eine „Regenschirmmentalität" (ebd., S. 101), sprich: Arbeitnehmerinnen und Arbeitnehmer sollten gegen Risiken geschützt werden. Die gesundheitsfördernde Gestaltung von Arbeits- und Lebenswelten wurde erst in den 80er Jahren des letzten Jahrhunderts auf die Tagesordnung der → Arbeitspolitik gesetzt.

Genese/theoretischer Kontext

Aus arbeits- und industriesoziologischer Sicht ist der Arbeits- und Gesundheitsschutz ein relevantes und vielfältiges Thema. Drei Aspekte sind hervorzuheben: Zum ersten wird Soziologie bei der Beantwortung der Frage gebraucht, wie das facettenreiche System des Arbeits- und Gesundheitsschutzes entstanden ist, sich weiterentwickelt, durch wen und in welche Richtungen Veränderungen angetrieben werden und wie es gesteuert und reguliert wird. Dabei spielt eine große Rolle, wie sich der Strukturwandel von Wirtschaft und Arbeit bei gesundheitlichen Gefährdungspotenzialen und bei den Institutionen und Konzepten des Arbeits- und Gesundheitsschutzes niederschlägt. Zum zweiten trägt die Arbeits- und Industriesoziologie dazu bei, die Aktivitäten und Ergebnisse des Arbeits- und Gesundheitsschutzes kritisch zu evaluieren. Dazu gehört zum einen, die Entwicklung von Risiken, von Krankheit und Gesundheit in der Arbeitswelt – in Kooperation mit der Arbeitspsychologie und Arbeitsmedizin – zu messen, zu beschreiben und zu bewerten, zum anderen zu eruieren, welche Gestaltungs- und Wirkungsspielräume der Arbeits- und Gesundheitsschutz hat. Und drittens erarbeiten Soziologinnen und Soziologen zunehmend Vorschläge für Verbesserungen beim Arbeits- und Gesundheitsschutz – sowohl auf der institutionellen Ebene als auch in der einzelbetrieblichen Praxis.

Eine soziologisch fundierte Sozialgeschichte des Arbeits- und Gesundheitsschutzes wurde bislang nur mit Blick auf ausgewählte Fragestellungen und Branchen, nicht jedoch in der Gesamtheit

vorgelegt. Gleichwohl lassen sich zentrale Eckpunkte ausmachen:
Das sozio-ökonomische Ausgangsproblem des Arbeits- und Gesundheitsschutzes ist so alt wie die kapitalistisch-marktwirtschaftliche Ökonomie selbst, und trotz aller technischen, wirtschaftlichen und institutionellen Veränderungen ist es nach wie vor hochaktuell: Im Interesse kurzfristiger wirtschaftlicher Erfolge ist es für Betriebe, aber auch für Beschäftigte immer wieder reizvoll, den Arbeits- und Gesundheitsschutz zu vernachlässigen; mittel- und langfristig kann dies allerdings zu einer Unterhöhlung der gesamtökonomischen Leistungsfähigkeit, aber auch zu Personalproblemen bei einem Teil der betroffenen Branchen und Betriebe führen. Um das gesamtwirtschaftliche Interesse an nachhaltig leistungsfähigen Arbeitskräften gegenüber den vielfältigen einzelwirtschaftlichen Versuchungen einer ‚Raubbaulogik' durchzusetzen, sind mithin politisch-institutionelle Vorkehrungen nötig, um einen anspruchsvollen Arbeits- und Gesundheitsschutz zu garantieren.
Der historisch wichtigste Schub für das Entstehen des Arbeits- und Gesundheitsschutzes waren die Bismarck'schen Sozialgesetze Ende des 19. Jahrhunderts. Hier entstanden neben der klassischen Krankenversicherung auch das erste Arbeitsschutzgesetz und ein Unfallversicherungsgesetz. Damit war die Grundstruktur eines dualen Arbeits- und Gesundheitsschutzes errichtet. Gestützt auf rechtlich verbindliche Mindestanforderungen kümmert sich bis heute eine öffentliche Gewerbeaufsicht um die Einhaltung von Basisstandards; parallel existiert ein Versicherungssystem, das neben der versicherungstechnischen Absicherung von Risiken auf betrieblicher Ebene auch beratend und unterstützend tätig ist.
In der zweiten Hälfte des 20. Jahrhunderts wurden weitere Vorgaben für den Arbeits- und Gesundheitsschutz in den Sozialgesetzbüchern (SGB) – etwa im SGB IX Rehabilitation und berufliche Teilhabe behinderter Menschen – verankert. So entstand die Grundlage für einen Ausbau der Zusammenarbeit v.a. zwischen den Krankenversicherungen und den Berufsgenossenschaften. Im Mitbestimmungsrecht sind darüber hinaus Mitwirkungsrechte von Interessenvertretungen verankert, etwa bei der Gefährdungsbeurteilung oder bei Präventionsmaßnahmen (→ auch Industrielle Beziehungen, Partizipation).
In den 70er bis 90er Jahren des 20. Jahrhunderts gab es eine Welle an Aktivitäten zur → „Humanisierung des Arbeitslebens" (HdA) bzw. zur „Sozialverträglichen Technikgestaltung" (SoTech). Sie wurden von den Arbeitswissenschaften, den Gewerkschaften und auch von der Arbeits- und Industriesoziologie mitgetragen und speisten sich nicht zuletzt aus der Zuversicht, dass das Interesse von Beschäftigten an sicheren und gesunden Arbeitsplätzen mit betrieblichen Interessen an mehr Leistungs- und Wettbewerbsfähigkeit in Einklang zu bringen ist. „Gesundheitsförderung durch Arbeits- und Organisationsgestaltung" (Badura 1993) hieß hier die Leitorientierung, die „Gesundheit als produktives Potential" (Marstedt/Mergner 1995) identifizierte.
Gestützt durch Debatten auf internationaler Ebene, v.a. bei der World Health Organisation und der Europäischen Union (wichtige Meilensteine sind die „Ottawa-Charta zur Gesundheitsförderung" von 1986 und die „Luxemburger Deklaration zur betrieblichen Gesundheitsförderung" von 1997), gibt es etwa seit Mitte der 80er Jahre des vergangenen Jahrhunderts zusätzlichen Rückenwind für den Arbeits- und Gesundheitsschutz. Im Tenor lässt sich hier eine Verwandtschaft zu den grundlegenden Konzepten von HdA und SoTech erkennen: In der modernen → Informations- und → Wissensgesellschaft ist hohe Wettbewerbsfähigkeit nur mit qualifizierten, motivierten, flexiblen und v.a. gesunden Arbeitskräften möglich. Deshalb werden Betriebe aufgefordert, Aktivitäten für Arbeitsschutz und bessere Gesundheit der Belegschaften durch ein systematisches und dauerhaftes Betriebliches Gesundheitsmanagement (Uhle/Treier 2019) zu realisieren.
Bei den inhaltlichen Schwerpunktsetzungen gab es im Laufe der Zeit deutliche Akzentverschiebungen. Hervorgehoben werden sollen hier zwei Trends:
Bedeutungsgewinn der Verhältnisprävention: Bei präventiven Maßnahmen wird zwischen der Verhaltens- und Verhältnisprävention unterschieden. Bei ersterer geht es darum, das Sicherheits- und Gesundheitsbewusstsein von Beschäftigten selbst zu verbessern, bei der zweiten sollen die Arbeits- und Lebensverhältnisse risikoärmer und gesundheitsförderlicher werden.

Mehr Mitwirkung durch die Betroffenen: Lange Zeit betrachtete der Arbeits- und Gesundheitsschutz Beschäftigte vorwiegend als Schutzobjekte. Seit den 80er Jahren wird verstärkt propagiert, dass Beschäftigte auch Präventionssubjekte sind. Zum einen wird ihr Wissen gebraucht, um den Arbeits- und Gesundheitsschutz wirkungsstark zu machen; zum anderen sollen sie auch verstärkt dafür gewonnen werden, ihr eigenes Verhalten stärker gesundheitsorientiert auszurichten.

Zentrale Forschungsergebnisse

Die Arbeits- und Industriesoziologie hat – im Zusammenspiel mit der Arbeitspsychologie, den Gesundheitswissenschaften und der Arbeitsmedizin – einen Wandel bei den arbeitsbezogenen Risiken und Erkrankungen ausgemacht. Verletzungen, Muskel- und Skeletterkrankungen gingen (leicht) zurück, psychische Erkrankungen nahmen demgegenüber (kräftig) zu. Gerade Forschungen aus der Arbeits- und Industriesoziologie über „Psychische Belastungen in der Arbeitswelt" (Marstedt/Mergner 1986) trugen frühzeitig dazu bei, die Aufmerksamkeit auf diesen problematischen Trend zu lenken, der auch in den letzten Jahren anhält (Meyer/Meschede 2016, S. 257). Eine Ursache für diese Veränderungen ist der sektorale Strukturwandel – weg von der Industrie, hin zu Dienstleistungen – und damit verbunden v.a. der Bedeutungsgewinn von Wissens- und Interaktionsarbeit (→ auch Arbeit und Interaktion, Wissensarbeit). Eine andere ist die (u.a. durch die → digitale Transformation der Arbeit) veränderte Art und Weise, wie Arbeit organisiert und gesteuert wird. Wenngleich es noch immer Debatten über die Breite und Tiefe des Phänomens gibt, so ist die Diagnose insgesamt unstrittig: Arbeit ist mehr und mehr durch → Entgrenzung gekennzeichnet. Das gilt v.a. im Hinblick auf die innerbetriebliche Steuerung der Arbeitsprozesse. Hier haben wir es immer stärker mit einer → Vermarktlichung der betrieblichen Prozesse zu tun, die bei mehr und mehr Beschäftigten zwar zu erweiterten Spielräumen, aber auch zu „grenzenlosen Anforderungen" bei „begrenzten Ressourcen" (Kratzer 2003) und damit oft zu (Selbst-)Überforderungen mit krankmachenden Sinnkrisen, Frust, Präsentismus, sogar sozialer Entwurzelung und weiteren Gesundheitsrisiken (etwa Burnout) führen (Handrich et al. 2016, Brettschneider et al. 2020).

Die Arbeits- und Industriesoziologie arbeitete in jüngerer Zeit heraus, dass sich der Idealtypus einer friktionslosen Synergie zwischen einem zuverlässigen Arbeitsschutz und einer gelingenden Gesundheitsförderung auf der einen Seite und dauerhafter hoher betrieblicher Leistungs- und Wettbewerbsfähigkeit auf der anderen Seite in der empirischen Realität nur selten realisieren lässt. In Einzelfällen – insbesondere bei ökonomisch gut laufenden Unternehmen – lässt sich eine solche Harmonie vorfinden, in sehr vielen anderen Fällen aber sind „Arbeit und Gesundheit im Konflikt" (Kratzer/Dunkel 2011; vgl. auch Lenhard/Rosenbrock 2006). Aus repräsentativen Erwerbstätigenbefragungen geht hervor, dass Ende der Zehnerjahre lediglich knapp die Hälfte (genauer: 47%) aller Erwerbstätigen in den letzten zwei Jahren mit betrieblicher Gesundheitsförderung zu tun hatten (Hollederer 2021).

Im betrieblichen Alltag wird das o.g. Spannungsverhältnis oft auf zwei Wegen vordergründig aufgelöst: Zum einen erfolgt eine Ausdifferenzierung der Gesundheitsförderungsaktivitäten in eigene organisatorische Einheiten, deren Tätigkeiten und Wirkungen dann allerdings häufig nur noch wenig mit dem ‚rauen' betrieblichen Alltag zu tun haben. Zum anderen ist oft zu beobachten, dass es zu einer Überakzentuierung verhaltenspräventiver Aktivitäten kommt: Statt die betrieblichen Verhältnisse gesundheitlich verträglich zu gestalten, machen Betriebe ihren Beschäftigten Angebote, sich selbst gesundheitsfördernd zu engagieren (Kratzer/Dunkel 2011, S. 18).

Das kritische Ausmachen solcher ‚Scheinlösungen' des Konflikts müssen aber nicht das Ende der soziologischen Auseinandersetzung mit Gestaltungsperspektiven für Arbeits- und Gesundheitsschutz sein. Kratzer/Dunkel (2011) plädieren vielmehr dafür, das konfliktbeladene Spannungsverhältnis zum Ausgangspunkt für die Entwicklung eines neuen „partizipativen Gesundheitsmanagements" zu machen. „Gesundheit ist ohne Konflikt nicht zu haben" (ebd.); dieser Konflikt lässt sich aber als Dauerbaustelle einer „Konfliktpartnerschaft" (Müller-Jentsch 1999 a) zwischen → Management und Beschäftigten(vertretern) begreifen. Er wird dadurch zwar nicht grundsätzlich lösbar, aber bearbeitbar. Orientierungen für solche Gestaltungsprozesse mit beschränkter Reichweite können mit Hilfe der Arbeits- und Industriesoziologie entstehen (siehe exemplarisch etwa Handrich et al. 2016).

Einen großen Aufmerksamkeitsschub erhielt der Arbeits- und Gesundheitsschutz Anfang der 2020er Jahre (Rat der Arbeitswelt 2021). Dies geht vor allem auf zwei Gründe zurück: Zum einen wurden die absehbaren, vorwiegend demografisch bedingten Arbeitskräfteengpässe zunehmend ‚fühlbar' und machten eine gesundheitsorientiert verbesserte → Work-Life-Balance zu einem Profilierungsinstrument bei der Personalakquisition. Zum anderen wurde in der „Corona-Krise im Betrieb" (Detje/Sauer 2021) ein halbwegs gelingender Arbeits- und Gesundheitsschutz für viele Betriebe und Verwaltungen eine Voraussetzung für die Aufrechterhaltung ihrer Funktionsfähigkeit. Und die in diesem Zusammenhang sehr stark gestiegene Nutzung von → Home Office stellte darüber hinaus zusätzliche, bis dato nur wenig bearbeitete Herausforderungen für eine sichere und gesundheitsfördernde Gestaltung von Arbeitsplätzen dar.

Der lauter werdende Ruf nach deutlichen Verbesserungen des Arbeitsschutzes und nach gesundheitsfördernder Arbeitsgestaltung spielt insbesondere in den Pflegeberufen eine überragend große Rolle (→ auch Sorgearbeit). In diesem gesundheits-, arbeitsmarkt- und infrastrukturpolitisch hoch bedeutsamen Arbeitsfeld werden Verbesserungen bei den Arbeitsbedingungen für viele Unternehmen und Einrichtungen eine Frage der Überlebensfähigkeit. In der Pandemie wurde dies wie unter einem Brennglas deutlich, die Herausforderungen gelten jedoch auch über die Pandemie hinaus.

Michaela Evans, Josef Hilbert

Empfehlungen zum Weiterlesen

Böhle, Fritz 2018: Arbeit und Belastung. In: Böhle, F./Voß, G. G./Wachtler, G. (Hg.): Handbuch Arbeitssoziologie (2. Aufl.). Bd. 2: Akteure und Institutionen. Wiesbaden: Springer VS, S. 59–98.

Dunkel, Wolfgang/Kratzer, Nick 2016: Zeit- und Leistungsdruck bei Wissens- und Interaktionsarbeit. Neue Steuerungsformen und subjektive Praxis, Baden-Baden: edition sigma bei Nomos.

Rat der Arbeitswelt 2021: Vielfältige Ressourcen stärken – Zukunft gestalten: Impulse für eine nachhaltige Arbeitswelt zwischen Pandemie und Wandel. Berlin: Rat der Arbeitswelt, online: https://www.arbeitswelt-portal.de/fileadmin/user_upload/awb_2021/210518_Arbeitsweltbericht.pdf.

Stein, Jürgen vom/Rothe, Isabel/Schlegel, Rainer (Hg.) 2021: Gesundheitsmanagement und Krankheit im Arbeitsverhältnis. Handbuch (2. Aufl.). München: C. H. Beck.

Uhle, Thorsten/Treier, Michael 2019: Betriebliches Gesundheitsmanagement (4. Aufl.). Berlin/Heidelberg: Springer.

Arbeitsbeziehungen

→ Industrielle Beziehungen

Arbeitsgesellschaft

Begriff

Der Begriff der Arbeitsgesellschaft bezeichnet Gesellschaften, in denen soziale Integration, Teilhabe und Lebenschancen primär an → Erwerbsarbeit geknüpft sind. Die Erwerbsarbeit stellt damit eine zentrale Sinn- und Anerkennungsquelle für Individuen dar, verortet sie im sozialen Gefüge und wird daher als gesellschaftlicher Platzanweiser bezeichnet. Zudem sind soziale Sicherungssysteme um die Erwerbsarbeit herum organisiert. Damit setzt sich die Arbeitsgesellschaft begrifflich ab von einer Ständegesellschaft, in der der soziale Status und die gesellschaftliche Funktion qua Geburt zugewiesen wurden. Die „Arbeitsgesellschaft" ist eng mit dem Versprechen verbunden, dass durch Arbeit und Bildung gesellschaftlicher Aufstieg möglich ist. Das setzt die Auflösung der zuvor bestehenden Abhängigkeitsverhältnisse auf herrschaftlicher oder familiärer Ebene voraus. „Freie" Lohnarbeit wird zum dominierenden Typus (statt Fronarbeit etc.), die auf einem Arbeitsmarkt unter vertraglich festgelegten Bedingungen als Arbeitskraft verkauft wird (→ auch Arbeit im Kapitalismus).

In der öffentlichen Diskussion wird der Begriff „Arbeitsgesellschaft" häufig Hannah Arendt (1981) zugeschrieben. Sie verknüpfte damit eine Krisendiagnose und fragte, was mit einer Arbeitsgesellschaft passiere, der die Arbeit ausgehe. Dabei zeigt sich, dass diese Debatte, die immer wieder aufgegriffen wurde, vor allem aus der Perspektive der Industrienationen des 20. Jahrhunderts geführt wird, die sich mit dem Verlust – vor allem bestimmter Formen – von Erwerbsarbeit auseinandersetzen. In späteren arbeitssoziologischen Diskursen wurde der Begriff der Arbeitsgesellschaft immer wieder mit Krisendiagnosen verbunden, und es wurde mehrfach die Existenzberechtigung eines eigenständigen Fachs Arbeits- und Industriesoziologie in Frage gestellt (Kühl 2004, Huchler 2008). Als Ausgangspunkt für die Debatte ist neben einer steigenden Arbeitslosigkeit zunehmend die Diskussion über die nachlassende Integrationskraft von Arbeit durch die Ausweitung prekärer Beschäftigungsformen zentral (Castel 2000) (→ auch Atypische Beschäftigung, Prekarität).

Genese/theoretischer Kontext

Im Verlauf der Industrialisierung (→ Industriegesellschaft und Industrialisierung) seit Ende des 18. Jahrhunderts gewann → Arbeit zunehmend an Bedeutung. Die gesellschaftliche Arbeitsteilung dehnte sich aus, so dass ein System entstand, das in hohem Maße auf Erwerbsarbeit bezogen ist. Das gilt sowohl für Einkommen und Status in der Gesellschaft als auch die sozialen Sicherungssysteme. Arbeit wird unter diesen Umständen zum zentralen Vergesellschaftungsmodus.

Die Integrationskraft von Erwerbsarbeit wurde in den 1970er Jahren – in Deutschland (ähnlich auch in vielen anderen Ländern des globalen Nordens) – aufgrund steigender Arbeitslosigkeit zunehmend in Frage gestellt. Als die Arbeitslosigkeitsquote auf Werte um die zehn Prozent stieg, wurde in den 1980ern das „Ende der Arbeit(sgesellschaft)" zu einer zentralen Debatte in der deutschsprachigen Soziologie (→ auch Erwerbslosigkeit). Hinzu kamen Aspekte wie die Verringerung der wöchentlichen → Arbeitszeit sowie der Lebensarbeitszeit durch eine längere Ausbildung, früheren Renteneintritt und längeren Urlaub der Beschäftigten, die die Annahme stützten, die Relevanz von Arbeit im Leben der Beschäftigten und für die Gesellschaft insgesamt gehe zurück (vgl. Dahrendorf 1983, Offe 1983). Diese Diskussion bezog sich auf die Entwicklung in Westdeutschland. In der DDR, in der Arbeit als Staatsziel verankert war und die sich als Arbeiter- und Bauernstaat verstand, wurde die Rolle von Arbeit für die Gesellschaft nicht infrage gestellt (Kohli 1994).

Auch wenn die These vom Verschwinden der Arbeit zeitweise die Debatte dominierte, setzte es sich durch, von einem – vor allem technikgetriebenen – strukturellen Wandel auszugehen, in dem sich Arbeit als Modus der Vergesellschaftung verändert, aber nicht an Bedeutung einbüßt (→ auch Arbeit und Technik). Es wurden aber sowohl politische als auch betriebliche Gestaltungsoptionen einer „Zukunft der Arbeit" gesehen (vgl. Schmidt 1999, Dunkel/Sauer 2006).

Zudem wurden – und werden bis heute – neue Ansprüche an Arbeit formuliert, die in die Debatte um den Wertewandel eingebettet sind. Dabei wird die Hypothese vertreten, dass eine grundlegend gute materielle Versorgung (hohe Reallöhne) und ein Aufwachsen ohne Mangel, wie es für die Nachkriegsgenerationen als charakteristisch gilt, das Streben nach „höheren Werten" wie Selbstverwirklichung und Entfaltung fördere. Die geringere Erwerbstätigen- und höhere Arbeitslosenquote vermindere zudem die Möglichkeit, die soziale Identität über den → Beruf zu definieren, weshalb die Sphäre außerhalb der Arbeitswelt, die Freizeit, an Identifikationskraft gewinne und sich eine regelrechte „Freizeitkultur" entwickle (vgl. Dahrendorf 1983, Offe 1983). Diese Annahme findet in der Rede von der „Erlebnisgesellschaft" (Schulze 1992) oder der „Freizeitgesellschaft" (Krupp 1984) Ausdruck, also einer Fokussierung auf außerarbeitsweltliche Kontexte.

An der Etikettierung dieser Gesellschaften als Arbeitsgesellschaften haben all diese Diskussionen kaum etwas geändert. Veränderungen der zentralen Rolle der Erwerbsarbeit wurden vielfach mit der Option diskutiert, andere Tätigkeitsformen aufzuwerten.

So war schon die Debatte um das „Ende der Arbeit" verknüpft mit Vorschlägen „alternativer" Arbeit, eines „sinnvollen Tuns" (Dahrendorf 1983) und der Erkenntnis, dass neben der Erwerbsarbeit auch anderen Arbeits- und Tätigkeitsformen eine zentrale Bedeutung zukomme (Bahrdt 1983). Erweiterte Arbeitskonzepte kritisieren einen zu engen Begriff von Arbeit: Die Arbeitsgesellschaft schließe durch ihre Erwerbsarbeitsfixierung die Anerkennung anderer Tätigkeitsformen aus. Gefordert wird entsprechend ein weiter gefasster Arbeitsbegriff, der andere Formen von Arbeit wie → Sorgearbeit, Hausarbeit oder soziales Engagement einschließt (Littig/Spitzer 2011) (→ Nicht-Erwerbsarbeit). Hintergrund sind konkrete Vorschläge alternativer Arbeitskonzepte wie New Work (Bergmann 2004) oder die Vier-in-Einem-Perspektive (Haug 2011), in denen Erwerbsarbeit meist neben anderen Tätigkeitsformen gedacht wird und nur eine Möglichkeit für soziale → Anerkennung und Integration darstellt.

Darüber hinaus speist sich die Debatte aus drei Diskursen (Littig/Spitzer 2011): (1) In der Frauen- und Genderforschung wurde bereits in den 1970er Jahren kritisiert, dass Hausarbeit kaum gesellschaftliche Anerkennung genießt und auch in der Forschung vernachlässigt werde (Hausarbeitsdebatte). Gefordert wird ein Arbeitsverständnis, welches die Verbindung von Erwerbsarbeit und anderen Lebensbereichen stärker in den Fokus rückt (→ Arbeit und Geschlecht). (2) Die Nachhaltigkeitsdiskussion hat neben Fragen der Anerkennung Überlegungen zur umweltfreundlichen und nachhaltigen Befriedigung von Bedürfnissen durch Arbeit in die Debatte eingebracht (→ Arbeit und Nachhaltigkeit). (3) Schließlich ist die arbeitssoziologische Diskussion über die Krise des → Fordismus und das Ende der Normalarbeit (→ Normalarbeitsverhältnis) zu nennen, in der Krisentendenzen der Arbeit aufgezeigt werden und, ausgehend davon, über alternative Arbeitskonzepte nachgedacht wird. Dabei wird auch der Wertewandel wieder adressiert, indem die Frage aufgeworfen wird, ob die jüngere Generation von Beschäftigten zunehmend andere Ansprüche an Arbeit formuliert (Hurrelmann/Albrecht 2014). Auch hier lässt sich kein eindeutiger Trend hin zu mehr Sinn- und Selbstverwirklichungsansprüchen ausmachen, vielmehr sind für nachrückende Generationen sowohl Sicherheitsbedürfnisse und → Work-Life-Balance als auch Erwartungen an sinnhafte Arbeitsinhalte relevant (Hardering 2018). Letztere werden in jüngerer Zeit auch zunehmend in der deutschsprachigen Arbeitssoziologie verhandelt (vgl. z.B. die Beiträge in Jäger/Röttgers 2008, Hardering et al. 2015, Jürgens 2014) (→ auch Arbeitsqualität).

Zwar sind die Diskussionen über erweiterte Arbeitskonzepte oft unscharf, nichtsdestoweniger sorgen sie dafür, die Aufmerksamkeit auf die Schwachstellen einer nur auf Erwerbsarbeit orientierten Arbeitsgesellschaft zu richten. Zuletzt wurde vor allem im Kontext von Substituierbarkeitspotenzialen durch neue Technologien über das bedingungslose Grundeinkommen, Arbeitszeitreduktion und andere Post-Work-Ansätze diskutiert. Die weitere Entwicklung von Arbeitsgesellschaft(en) wird stark durch Megatrends beeinflusst wie die → digitale Transformation der Arbeit, den demografischen Wandel und nachhaltige Lebensführung. Inwieweit Arbeitsgesellschaft aber substanziell umgebaut wird und das Arbeitsverständnis erweitert wird, hängt von der gesellschaftlichen Akzeptanz und politischen Durchsetzung alternativer Tätigkeitsformen ab.

Zentrale Forschungsergebnisse

Statt eines „Endes der Arbeit" ist der strukturelle Wandel von Arbeit prägend für die Entwicklung der Arbeitsgesellschaft. Dazu gehören Aspekte wie der Wandel der Geschlechterverhältnisse (→ Arbeit und Geschlecht), der Wandel der Altersstruktur (→ Arbeit und Alter[n]), beruflicher Wandel (→ Beruf) oder der Wandel der → Arbeitsorganisation. Ergänzend werden in der Forschung folgende Aspekte des Wandels hervorgehoben:

Erwerbstätigenquote und Arbeitslosigkeit: Die Diskussion über das Ende der Arbeit in den 1980er Jahren basierte auf der Annahme, dass die Arbeitslosigkeit (→ Erwerbslosigkeit) zukünftig weiter steige. Tatsächlich erreichte die Arbeitslosenquote nach einigen Jahren einen Sockel, flankiert von einer höheren Erwerbstätigenquote als jemals zuvor. Längerfristig deutet sich an, dass mit einem demografisch bedingten Rückgang des Potenzials an Erwerbstätigen durch das Austreten geburtenstarker Jahrgänge aus dem Arbeitsmarkt ein Mangel an Arbeitskräften entsteht (z.B. Brussig 2015).

Flexibilisierung und Prekarisierung von Arbeit: Die Grundlage der Arbeitsgesellschaft bildet das → Normalarbeitsverhältnis, womit ein unbefristetes Vollzeit-Beschäftigungsverhältnis bezeichnet wird. Ab den 1990er Jahren bestimmen die Zunahme von atypischen Beschäftigungsverhältnissen in Form von Mini- und später Midi-Jobs, befristeten Tätigkeiten und Leiharbeit die Debatte (→ Atypische Beschäftigung). Teilzeitarbeit wird vor allem für erwerbstätige Frauen zum

Normalzustand, d.h. eine Flexibilisierung der Arbeitszeit steht im Zentrum der damaligen Entwicklungen. Darunter fallen auch flexible Anfangs- und Endzeiten, unterschiedliche Tagesarbeitsstunden, aber auch neue Arbeitszeitmodelle. Aufgrund der Flexibilisierung und der verbreiteten atypischen Beschäftigungsformen, die häufig mit einer höheren Unsicherheit und einer geringeren Bezahlung einhergehen, wurde die Integrationskraft von Erwerbsarbeit in Zweifel gezogen. Im Diskurs über die Prekarisierung von Arbeit wird entsprechend von Zonen der Arbeitsgesellschaft ausgegangen, die über eine je unterschiedliche Inklusionskraft verfügen. Während die Zone der Integration gesicherte Arbeitsplätze umfasst, ist die Zone der → Prekarität charakterisiert durch instabile Beschäftigungsverhältnisse. Die Zone der Entkoppelung markiert den Bereich der Arbeitslosigkeit. Mit diesem Zonenmodell werden Bereiche sozialer Desintegration deutlich (Castel 2000). Die Prekarisierungsdebatte hebt so die Krisentendenzen der Arbeitsgesellschaft hervor und weist darauf hin, dass sich hier Verstetigungstendenzen zeigen, die einen Ausstieg aus Prekaritätszonen deutlich erschweren. Hier setzen auch Arbeiten an, die sich mit dem Abhandenkommen von Aufstiegsmöglichkeiten beschäftigen. Beschrieb Beck (1986) noch (für die westdeutsche Gesellschaft) einen Fahrstuhleffekt ganzer Generationen nach oben hinsichtlich Einkommen, Vermögen und Bildung, wird heute eine höhere Abstiegswahrscheinlichkeit diagnostiziert oder eine stärkere Polarisierung zwischen Arm und Reich mit dem Effekt, dass die Mittelschicht erodiere oder zumindest ihren Status bedroht sehe. Diese Befunde sind aber keineswegs eindeutig (z.B. Burzan et al. 2014, Goebel/Krause 2016, Nachtwey 2016).

Zentralität von Arbeit: Als Anzeichen der Krise der Arbeitsgesellschaft wurde auch eine abnehmende Bedeutung von Arbeit im Leben vermutet. Bereits im Rahmen der Wertewandeldiskussion der 1970er Jahre wurde die Sorge geäußert, dass Arbeit den Beschäftigten nicht mehr so wichtig sei und Freizeit wichtiger werde (Noelle-Neumann 1978). Trotz dieser Annahme zeigt sich in den Daten des World Values Survey über die Zentralität der Arbeit, dass die Wichtigkeit von Arbeit in Deutschland weiterhin sehr hoch eingeschätzt wird. Im Zeitraum von 2017 bis 2020 bewerten 44,6% der Befragten die Arbeit als sehr wichtig und 40,7% als ziemlich wichtig. Nur 5,6% geben an, die Arbeit als gar nicht wichtig zu bewerten. In den letzten drei Erhebungswellen 2017–2020, 2010–2014 und 2005–2009 zeigen sich relativ konstante Werte einer hohen Wichtigkeit von Arbeit. Verglichen mit anderen Lebensbereichen (Arbeit, Freizeit, Religion) ist Familie der wichtigste Lebensbereich (88% sehr wichtig und 10% ziemlich wichtig; Welle 2017–2020). Auch Freizeit besitzt eine hohe Wichtigkeit (38,3% sehr wichtig, 53,2% ziemlich wichtig; Welle 2017–2020). Die Daten des World Values Survey zeigen auch, dass Beschäftigte in Deutschland es über die letzten Erhebungswellen hinweg zunehmend positiv bewerten, wenn Arbeit in Zukunft eine geringere Wichtigkeit hätte. Arbeit bleibt zwar weiterhin eine wichtige Quelle von Sinn im Leben (Hardering et al. 2015), zunehmend gewinnen aber auch alternative Vorstellungen der Verbindung von Arbeit und Leben, die in der Post-Work- oder Anti-Work-Bewegung diskutiert werden, an Bedeutung.

Internationaler Bezug

International bildete Rifkins Veröffentlichung „The End of Work“ (2004) einen zentralen Bezugspunkt der Debatte um das Ende der Arbeit; der Autor stellte darin auf den Beschäftigungsrückgang in der Produktion ab und schlug alternative Einkommenskonzepte vor. Insgesamt wurde in der angelsächsischen Debatte angesichts deutlich gesunkener täglicher Arbeitszeiten seit der Industrialisierung die Frage adressiert, ob die „Freizeitgesellschaft“ zum Kennzeichen postmoderner Gesellschaften werde (Gershuny 1981). Zuvor war vor allem die sektorale Verschiebung von Beschäftigung aus der Industrie in Richtung Dienstleistungen bzw. Informations- und Wissensökonomie ein zentrales Thema (→ auch Dienstleistungsarbeit, Dienstleistungsgesellschaft, Informations- und Wissensarbeit, Informationsgesellschaft, Wissensgesellschaft).

Alternativen zu einer auf Erwerbsarbeit fokussierten Gesellschaft werden sowohl im Kontext der Rationalisierungs- und Automationspotenziale der digitalen Transformation (z.B. Brynjolfsson/McAfee 2014, Frey/Osborne 2013, Dengler/Matthes 2015) als auch der Debatten um eine Postwachstumsgesellschaft verhandelt. Hier wird

eine Abkehr vom kapitalistischen Wachstumspostulat gefordert und auch nach der Zentralität von (Erwerbs-)Arbeit und erweiterten bzw. alternativen Arbeitskonzepten als Fundament der Gesellschaft gefragt. Es finden sich Forderungen, z.B. von Méda (1995), nach einer abnehmenden Zentralität von Arbeit, nun allerdings nicht zugunsten von Freizeit und Konsum, sondern der Möglichkeit, selbst tätig zu werden. Ähnlich argumentieren auch andere Vertreter der „Neuen Arbeit" (Bergmann 2004, Gorz 1999) (→ auch Arbeit und Nachhaltigkeit).
Auch hier zeigt sich, dass die Debatte vor allem aus der Perspektive der westlichen Industrienationen geführt wird. Die Entwicklung von Arbeit in den Ländern des globalen Südens und deren eigene Perspektiven auf das Verständnis von Arbeit werden dabei weitgehend ausgeblendet (z.B. Spittler 2016).

Friedericke Hardering, Mascha Will-Zocholl

Empfehlungen zum Weiterlesen

Bahrdt, Hans Paul 1983: Arbeit als Inhalt des Lebens. In: Matthes, J. (Hg.): Krise der Arbeitsgesellschaft? Verhandlungen des 21. Deutschen Soziologentages in Bamberg 1982. Frankfurt a.M./New York: Campus, S. 120–137.
Dahrendorf, Ralf 1983: Wenn der Arbeitsgesellschaft die Arbeit ausgeht. In: Matthes, J. (Hg.): Krise der Arbeitsgesellschaft? Verhandlungen des 21. Deutschen Soziologentages in Bamberg 1982. Frankfurt a.M./New York: Campus, S. 25–37.
Kocka, Jürgen 2000: Arbeit früher, heute, morgen: Zur Neuartigkeit der Gegenwart. In: Ders./Offe, C. (Hg.): Geschichte und Zukunft der Arbeit. Frankfurt a.M./New York: Campus, S. 476–493.
Matthes, Joachim 1983 a: Zum Soziologentagsthema: „Krise der Arbeitsgesellschaft?". Vorbereitungsausschuss für den 21. Deutschen Soziologentag. In: Ders. (Hg.): Krise der Arbeitsgesellschaft? Verhandlungen des 21. Deutschen Soziologentages in Bamberg. Frankfurt a.M./New York: Campus, S. 13–18.
Schmidt, Gert 2010: Arbeit und Gesellschaft. In: Böhle, F./Voß, G. G./Wachtler, G. (Hg.): Handbuch Arbeitssoziologie. Wiesbaden: VS Verlag, S. 127–147.

Arbeitskraft

→ Human Resource Management, Transformation von Arbeitskraft

Arbeitskraftunternehmer

Begriff

Der Begriff ‚Arbeitskraftunternehmer' bezeichnet im Rahmen eines arbeitssoziologischen Theoriekonzepts eine neue gesellschaftliche Grundform von Arbeitskraft, die durch verstärkt selbstverantwortliches Handeln und unternehmerähnliche Orientierungen von Erwerbstätigen geprägt ist. These ist, dass der neue Typus von Arbeitskraft mit der Zunahme post-tayloristischer Formen der Arbeitsorganisation und der Ausbildung einer postfordistischen Arbeitsgesellschaft den bis dahin dominierenden „Arbeitnehmer" nach und nach als ökonomisch und kulturell dominierendes Leitmodell ablöst.

Genese/theoretischer Kontext

Erste Vermutungen in die Richtung zu einer solchen These entstanden in den 1980er Jahren im Verlauf von umfangreichen Forschungen zur Auswirkung früher Formen flexibler → Arbeitszeiten auf die „Alltägliche Lebensführung". Der Befund einer wachsenden „Verarbeitlichung" und „Situativität" des Alltags von Berufstätigen führte zur Frage nach den Folgen für die allgemeine gesellschaftliche Verfassung von Arbeitskraft (u.a. in Projektgruppe 1995). Unabhängig davon wurden zeitgleich wirtschaftsnahe bzw. politisch-ideologisch motivierte Forderungen laut, dass sich Arbeitskräfte zukünftig verstärkt „unternehmerisch" verhalten müssten. Vor diesem Hintergrund wurde dann ein zeitdiagnostisch und partiell prognostisch angelegtes arbeitssoziologisches Konzept zu einem „Unternehmer der eigenen Arbeitskraft" ausgearbeitet (Voß/Pongratz 1998). Kern des Konzepts ist die Beschreibung und Erklärung eines historischen neuen gesellschaftlichen Grund- oder Leittypus von Arbeitskraft auf Basis folgender Argumentation.
„Flexible" Formen des betrieblichen Einsatzes von Arbeitskraft weisen gegenüber den bis dahin in vielen Bereichen vorherrschenden tayloristisch geprägten Steuerungsformen eine gemeinsame neue Logik auf: An die Stelle von durchstrukturierten Arbeitsvorgaben treten verstärkt (auch innerbetrieblich) temporäre Auftragsbeziehungen, bei denen die konkrete Arbeitsgestaltung in unterschiedlicher Weise mehr als bisher den Betroffenen zugewiesen wird. Da eine direkte De-

tailsteuerung von Arbeitskraft sich in vielen Bereichen zunehmend als Rationalisierungshindernis herausstellt, wird nun tendenziell die Verantwortlichkeit von Mitarbeitern erhöht, vor allem mit dem Ziel einer veränderten Leistungsqualität (Flexibilität, Innovativität, Verantwortlichkeit, Markt- oder Kundenorientierung, Commitment usw.; → auch Arbeitsorganisation, Produktionsregime, Rationalisierung, Taylorismus).

Findet eine solche Entwicklung großflächig und dauerhaft statt, kann das, so die These des Arbeitskraftunternehmers, eine Veränderung der gesellschaftlich leitenden Grundform von Arbeitskraft zur Folge haben:

Der im fordistischen Kapitalismus dominierende Typus des arbeitsrechtlich in eng definierter Weise lohnabhängigen, berufsfachlich basierten, sozial geschützten und auf eine primär direkt weisungsabhängige Arbeitsausführung ausgerichteten *„verberuflichten Arbeitnehmers“* (als historischer Nachfolger des *„proletarischen Lohnarbeiters“*) könnte mit dem Übergang zu einem postfordistisch geprägten „Flexiblen Kapitalismus“ (Sennett) nach und nach durch den *„verbetrieblichten Arbeitskraftunternehmer“* abgelöst werden (→ auch Beruf, Qualifikation/Kompetenz).

Bezogen auf drei basale Funktionsbestimmungen von Arbeitskraft (konkrete gebrauchswertschaffende Tätigkeit, abstrakt tauschwertorientierte Entwicklung und Verwertung von Arbeitskraft, ‚lebendige‘ existenzielle Funktion von Arbeitskraft; vgl. ausführlicher Voß/Rieder 2006, S. 131 f.) werden dessen Merkmale idealtypisch charakterisiert:

Selbst-Kontrolle: Wird direkte Steuerung von Arbeit betrieblich tendenziell zurückgenommen, bedeutet das, dass die Arbeitenden ihre konkrete Arbeitstätigkeit mehr als bisher in Eigenregie gestalten müssen. Arbeitskraftverausgabung beschränkt sich dann nicht mehr auf die reaktive Erfüllung fremdgesetzter Anforderungen, sondern erfordert eine explizite aktive Selbststeuerung im Sinne allgemeiner Unternehmenserfordernisse (in allen Dimensionen: zeitlich, räumlich, sozial usw.; vgl. Voß 1998) bei oft nur noch rudimentären Strukturvorgaben. Die für jede betriebliche Nutzung und Verwertung von Arbeitskraft konstitutive Sicherung der → Transformation von latenter Arbeitskraft in Arbeitsleistung durch → Kontrolle (Marx, Braverman) wird damit in neuer Qualität und vor allem nun explizit auf die Arbeitenden übertragen, betrieblich also systematisch auf diese ausgelagert. Die erweiterten Gestaltungsmöglichkeiten, die dadurch für Betroffene entstehen, bedeuten keine wirklich echte „Autonomie“, da die Reduzierung der direkten Arbeitssteuerung von neuartigen Strategien indirekter Steuerung begleitet ist. Nicht selten zeigt sich zudem in wachsendem Maße, dass eingeräumte Freiräume mit erweiterten direkten Kontrollen (datentechnische Überwachung, detaillierte Leistungskontrollen, Termindruck usw.) verbunden werden. Die Kehrseite der in diesem Sinne hoch ambivalenten und prekären neuen Handlungsspielräume ist damit eine neue Qualität von Ausbeutung menschlichen Arbeitsvermögens (vor allem durch „Selbst-Ausbeutung“) mit der Gefahr eines steigenden und tendenziell ‚totalen‘ Zugriffs auf die Potenziale von Menschen und erheblich steigenden psychischen Belastungen.

Selbst-Ökonomisierung: Infolgedessen verändert sich auch das Verhältnis der Beschäftigten gegenüber den eigenen Fähigkeiten als ökonomische „Ware“ (Marx). Aus bisher nur gelegentlich und eher passiv ökonomisch agierenden Arbeitskraftbesitzern müssen kontinuierlich strategisch handelnde Akteure werden, die ihr Arbeitsvermögen durch eine systematische *„Selbstproduktion“* gezielt auf eine verstärkt marktvermittelte wirtschaftliche Nutzung hin entwickeln und in Form einer *„Selbstvermarktung“* verwerten müssen.

Selbst-Rationalisierung: Folge ist auch, dass sich der gesamte Lebenszusammenhang von Arbeitspersonen strukturell ändert. Aus der bisher für viele Gruppen typischen primär rekreationsorientierten und in traditioneller Weise in „Arbeit“ und „Freizeit“ aufgeteilten relativ stabilen Lebensweise wird nun eine alle individuellen Ressourcen nutzende Durchgestaltung eines immer stärker entgrenzten alltäglichen und langzeitlichen Lebensrahmens, der in neuer Qualität auf den Erwerb ausgerichtet wird (→ auch Work-Life-Balance). Im Sinne Max Webers kann diese Entwicklung so verstanden werden, dass mit ihr die Lebensführung tendenziell den „Charakter eines Geschäftsbetriebs“ annimmt (1986 [1920], S. 124), also ‚*verbetrieblicht*‘ wird.

Das Konzept benennt trotz der idealtypischen Konstruktion potenzielle Differenzierungen in der empirischen Realität. Unter anderem wird auf mögliche ‚Gewinner' und ‚Verlierer' des sich schrittweise vollziehenden Übergangs zu einem neuen Leittypus von Arbeitskraft verwiesen: auf der einen Seite die „Erfolgsunternehmer der Arbeitskraft", die ihre Fähigkeiten auf Märkten für gesuchte Qualifikationen optimal verwerten können; auf der anderen Seite neue „Tagelöhner" oder „Arbeitskraftkleingewerbetreibende", wie sie sich dann später weithin in Form neuer prekärer Erwerbstätigkeit zeigen (Leih- und Zeitarbeit, Befristungen, geringfügig Beschäftigte, Scheinselbstständige, prekäre Alleinselbstständige usw.; → auch Atypische Beschäftigung, Prekarität). Zu betonen ist, dass mit der These des Arbeitskraftunternehmers nicht betriebliche Strategien des Einsatzes von innerbetrieblichen Unternehmern („Intrapreneure") ins Auge gefasst werden (obwohl es Zusammenhänge gibt) und es auch nicht primär um sogenannte „Neue Selbstständige" oder „Scheinselbstständige" geht (obwohl die Zunahme solcher Gruppen mit der These interpretiert werden kann).

Annahmen zum Wandel des aktuellen Kapitalismus mit zum Teil erheblichen Parallelen zur These des Arbeitskraftunternehmers finden sich (unabhängig von der These) u.a. in Richard Sennetts markanter Beschreibung einer neuen Qualität von Arbeitspersonen im Zuge des Übergangs zu einem flexibilisierten „Neuen Kapitalismus" (vgl. Sennett 1998 a) oder bei den Überlegungen zum „Neuen Geist des Kapitalismus" bei Luc Boltanski und Ève Chiapello (2003), teilweise auch in den Überlegungen von Michael Hardt und Antonio Negri zur veränderten Bedeutung der Subjektivität von Arbeitskraft als Folge der Abkehr von einem engen „Disziplinarregime" der Arbeit (2002, z.B. S. 283ff.). In den spät veröffentlichten Vorlesungen Michel Foucaults gibt es Andeutungen, dass auch er ähnliche Gedanken verfolgt hat und schon früh von einem sich mit einem neoliberalen Gesellschaftsmodell herausbildenden „Unternehmer seiner selbst" sprach (2004, S. 314).

Zentrale Forschungsergebnisse

Die zunächst als theoretische These formulierten Überlegungen wurden dann anhand von Teilaspekten in ausgewählten Feldern (Arbeiter/Angestellte mit Gruppen-/Teamarbeit) empirisch konkretisiert und dabei differenziert (v.a. Pongratz/Voß 2003 a). Zentrales Ergebnis der Untersuchungen war eine Typologie von *„Erwerbsorientierungen"*, die in abgestufter Weise den Merkmalen des Arbeitskraftunternehmers entsprechen. Es zeigte sich, dass das Merkmal „Selbstkontrolle" zum Zeitpunkt der Erhebungen große Bedeutung hatte, „Selbstrationalisierung" und insbes. „Selbstökonomisierung" aber nur teilweise die Orientierungen prägten. Trotz des prognostizierten Wandels scheint damit eine auf ökonomische „Absicherung" ausgerichtete Mentalität (wie sie eher für den „Arbeitnehmer" typisch ist) für manche Gruppen (v.a. Arbeiter und gering qualifizierte Angestellte) nach wie vor charakteristisch zu sein. Am deutlichsten entsprachen in der Studie qualifizierte Angestellte dem Typus des Arbeitskraftunternehmers. Eine „Selbstrationalisierung" war vor allem bei qualifizierten weiblichen Angestellten zu erkennen. In ‚Reinform' fand sich der Typus wie erwartet selten, am ehesten bei den als Kontrastgruppe befragten Freelancern. Allgemeine Schlussfolgerung war, dass der Übergang zu dem prognostizierten neuen Arbeitskrafttypus schrittweise mit unterschiedlichen Erscheinungsformen verläuft und in absehbarer Zeit keine vollständige Verdrängung der anderen Typen stattfinden wird.

Die These des Arbeitskraftunternehmers hat als theoretisches Konzept einen engen Bezug zur Diskussion um → Entgrenzung und → Subjektivierung von Arbeit. Aus Perspektive des Konzepts ist dabei zentrales Thema, dass der neue Typus nicht nur eine veränderte Logik der betrieblichen Nutzung und Ausbeutung von Arbeitskraft und ihrer Subjektivität, sondern auch eine veränderte Bedeutung von Subjektivität in der Gesellschaft insgesamt mit problematischen neuen ‚Freiheiten' und daraus resultierenden neuartigen Gefährdungen für Betroffene repräsentiert (u.a. Voß 1998, 2010 a; Voß/Weiß 2005 b). Das Konzept wurde vor diesem Hintergrund in Bezug auf verschiedene Themen mit theoretischem Interesse weiter ausgebaut:

- In Fortführung der Lebensführungsforschung ist der Umgang des Arbeitskraftunternehmers mit *Zeit* ein wichtiges Thema (z.B. bei Jurczyk/Voß 2000).
- Mit den Begriffen „Individualberuf" und „subjektivierte Professionalität" wird nach

der spezifischen *Beruflichkeit* der unternehmerischen Arbeitskraft gefragt (Voß 2012).

- Unter anderem als Reaktion auf genderkritische Fragen wird erörtert, welches *Geschlecht* der neue Typus von Arbeitskraft hat bzw. was die Entwicklung zum Arbeitskraftunternehmer für die Genderfrage bedeutet (Voß/Weiß 2005 a).
- Nachfragen zur Bedeutung des Arbeitskraftunternehmers für *Bildung* und *Beratung* führen mehrfach zu entsprechenden Beiträgen (u.a. Voß 2007).
- Das Konzept des „Arbeitenden Kunden" beschäftigt sich komplementär zur These des Arbeitskraftunternehmers mit der *konsumtiven ‚Rückseite'* der neuen Arbeitskraft und vor diesem Hintergrund mit dem Zusammenhang von „entgrenzter Arbeit" und einer sich ebenfalls entgrenzenden Lebensführung (v.a. Voß/Rieder 2006, s.a. die Erweiterung der These in Voß 2020).
- Die Debatte zu den massiv steigenden Raten psychischer Erkrankungen und möglichen Zusammenhängen mit entgrenzter Arbeit (Schlagwort „Burnout") gibt Anlass zu Fragen nach den für den Arbeitskraftunternehmer möglicherweise typischen, v.a. psychischen *Erkrankungen* (u.a. Voß 2010 a, Voß/Weiß 2013) (→ auch Arbeits- und Gesundheitsschutz, Arbeitsqualität).

Die These des Arbeitskraftunternehmers löste neben einer anhaltenden öffentlichen Reaktion auch eine intensive Fachdiskussion aus, die weit über die Grenzen der Arbeits- und Industriesoziologie hinauswirkt. Neben vielen zustimmenden Anschlüssen wurden dabei Einwände (vgl. z.B. manche Beiträge in Kuda/Strauß 2002) zu folgenden Aspekten geäußert:

- Das Konzept sei zumindest implizit *normativ*, befördere neoliberale Ideologien und reihe sich in eine Serie anderer politisch fragwürdiger Schlagwörter ein (Ich-Aktie, Ich-AG, Selbst-GmbH usw.). – Die Autoren verweisen demgegenüber auf das dezidiert kritische Anliegen der These und die deutlichen Hinweise zu den problematischen Folgen der beschriebenen Entwicklung.
- Die These sei überzogen, eine empirischen *Verallgemeinerbarkeit fraglich*, ‚richtige' Arbeitskraftunternehmer fänden sich nur in speziellen Bereichen. – Die empirischen Untersuchungen griffen das auf und zeigten empirische Varianzen, führten aber bei den Autoren der These nicht dazu, das Konzept in Frage zu stellen. Verwiesen wurde vielmehr auf die Idealtypik der Perspektive, mit der gefragt werden solle, wo, wie und auch in welchem Maße Merkmale der postulierten neuen Form von Arbeitskraft bei konkreten Gruppen zu finden seien.
- Die These beschreibe *„nichts Neues"*, da es Arbeitskräfte mit Merkmalen des Arbeitskraftunternehmers „schon immer" gegeben habe (Tagelöhner, Selbstständige, qualifizierte Angestellte mit begrenzter „Autonomie"). – Die Antwort darauf lautete, dass solche Merkmale in völlig neuer Qualität eine wachsende Bedeutung bei immer mehr Gruppen von Erwerbstätigen bekommen und bisher eher implizite Selbstständigkeitserwartungen nun zu expliziten Anforderungen werden.

Das Konzept des Arbeitskraftunternehmers wurde trotz solcher Kritiken in zahlreichen Fachdiskursen positiv aufgegriffen und bietet Anregungen für vielfältige weiterführende Forschungen und Debatten:

- Eine viel beachtete theoretische Rezeption findet sich in der an Foucaults Gouvernementalitätsstudien anschließenden Konzeption des „Unternehmerischen Selbst" (Bröckling 2007).
- Die Rezeption für die Untersuchung konkreter Problemfelder ist breit (vgl. u.a. die Beiträge in Pongratz/Voß 2004). Sie reicht von Studien zu den Arbeits- und Beschäftigungsbedingungen in der IT-Industrie (z.B. Eichmann 2003) oder im Management (z.B. Wilkens 2004 a) bis zur Berufspädagogik (z.B. Elster 2007), Pflegeforschung (z.B. Bathke 2004) und Kulturwissenschaft (z.B. Eikhoff 2004). Anregend wirkt die These nicht zuletzt für die Genderdebatte (z.B. mit der Frage „Ist der Arbeitskraftunternehmer weiblich?", Frey 2004; siehe die Antwort von Voß/Weiß 2005 a) und für die Sozialpolitikforschung (z.B. Lessenich 2008, u.a. mit Hinweisen auf einen „Alterskraftunternehmer", S. 112).

Internationaler Bezug

Die These des Arbeitskraftunternehmers (engl. „Entreployee", Pongratz/Voß 2003b) wird, im Kontrast zur intensiven Diskussion in Deutschland, außerhalb des deutschsprachigen Raums nur sehr begrenzt rezipiert. Dies kann (neben den sprachlichen Barrieren) u.a. daran liegen, dass die mit dem Begriff bezeichnete Entwicklung unter den spezifischen Bedingungen der stark regulierten Arbeitsverhältnisse in Deutschland und damit der für lange Zeit großen Bedeutung des → Normalarbeits- und Normalbeschäftigungsverhältnisses besondere Beachtung findet. Demgegenüber sind die Verhältnisse etwa in den USA traditionell immer schon wesentlich flexibler und ungeschützter, so dass Aussagen, wie sie mit der These formuliert werden, möglicherweise eine geringere Aufmerksamkeit erzeugen. Zugleich jedoch ist zu registrieren, dass (wie oben angedeutet) sowohl in den USA (Sennett) als auch in Frankreich (Boltanski/Chiapello) oder Italien (Hardt/Negri) teilweise überraschend ähnliche Diagnosen zum Wandel von Arbeit und Arbeitskraft formuliert wurden.

G. Günter Voß

Empfehlungen zum Weiterlesen

Kuda, Eva/Strauß, Jürgen (Hg.) 2002: Arbeitnehmer als Unternehmer? Hamburg: VSA.

Pongratz, Hans J./Voß, G. Günter 2003a: Arbeitskraftunternehmer. Erwerbsorientierungen in entgrenzten Arbeitsformen. Berlin: edition sigma.

Pongratz, Hans J./Voß, G. Günter (Hg.) 2004: Typisch Arbeitskraftunternehmer? Befunde der empirischen Arbeitsforschung. Berlin: edition sigma.

Voß, G. Günter 1998: Die Entgrenzung von Arbeit und Arbeitskraft. Eine subjektorientierte Interpretation des Wandels der Arbeit. In: Mitteilungen aus der Arbeitsmarkt- und Berufsforschung, Jg. 31, H. 3, S. 473–487.

Voß, G. Günter 2012: Individualberuf und subjektivierte Professionalität. Zur beruflichen Orientierung des Arbeitskraftunternehmers. In: Bolder, A./Dobischat, R./Kutscha, G./Reutter, G. (Hg.): Beruflichkeit zwischen institutionellem Wandel und biographischem Projekt. Wiesbaden: VS Verlag, S. 283–318.

Voß, G. Günter/Pongratz, Hans J. 1998: Der Arbeitskraftunternehmer. Eine neue Grundform der „Ware Arbeitskraft"? In: Kölner Zeitschrift für Soziologie und Sozialpsychologie, Jg. 50, H. 1, S. 131–158.

Voß, G. Günter/Weiß, Cornelia 2013: Burnout und Depression – Leiterkrankungen des subjektivierten Kapitalismus oder: Woran leidet der Arbeitskraftunternehmer? In: Neckel, S./Wagner, G. (Hg.): Leistung und Erschöpfung. Burnout in der Wettbewerbsgesellschaft. Berlin: Suhrkamp, S. 29–57.

Arbeitslosigkeit

→ Erwerbslosigkeit

Arbeitsmarktsegmentation

Begriff

Segmentationstheorien gehen von einer Spaltung des Arbeitsmarktes in Bezug auf Beschäftigungsstabilität und Einkommen aus. Der Grundgedanke ist, dass es in Erwerbsorganisationen Arbeitsplätze gibt, die mit stabiler Beschäftigung und mittleren bis hohen Einkommen verbunden sind, während andere dauerhaft das Merkmal instabiler Beschäftigung und/oder niedriger Löhne aufweisen. Segmentationsansätze gehen bis in die 1950er Jahre zurück und begründeten in den 1970er und 80er Jahren weltweit ein Paradigma der sozialwissenschaftlichen Arbeitsmarktforschung (vgl. Köhler/Weingärtner 2018). Heute sind sie aber umstritten. Die Gegenposition markieren Ansätze, die eine weitgehende → Vermarktlichung und Auflösung der Zonen der Stabilität auf dem Arbeitsmarkt unter Stichworten wie Erosion des → Normalarbeitsverhältnisses, → Prekarität und → Arbeitskraftunternehmer diagnostizieren und prognostizieren. Wir versuchen im Folgenden, die Grundgedanken von Segmentationsansätzen zu Rekonstruieren und ihre Aktualität zu begründen.

In der über 50-jährigen Tradition der Segmentationsforschung entstanden viele verschiedene Ansätze einer Typologisierung von Teilarbeitsmärkten. Gemeinsam ist ihnen, dass sie implizit oder explizit von einer horizontalen und vertikalen Spaltung des Arbeitsmarktes ausgehen (Abbildung 1; vgl. Sengenberger 1987, S. 209ff., Köhler/Weingärtner 2018). In der horizontalen Dimension unterscheiden sie „interne" von „externen" Arbeitsmärkten. Erstere sind Arbeitsplatzbereiche in Erwerbsorganisationen mit stabiler und langfristig angelegter Beschäftigung, in denen Mobilität vor allem innerhalb des → Betriebs erfolgt. Externe Arbeitsmärkte zeichnen sich durch kurz- und mittelfristige Beschäftigung und zwischenbetriebliche Mobilität aus, wobei die Wechsel sowohl auf die Initiative der Beschäftiger als auch auf die der Beschäftigten zurückgehen können.

Abbildung 1: Horizontale und vertikale Arbeitsmarktsegmentation

Arbeitsmarkt-segment	intern	extern
primär	langfristige Beschäftigung mittlere und hohe Löhne	kurz-/mittelfristige Beschäftigung mittlere und hohe Löhne
sekundär	langfristige Beschäftigung Niedriglöhne	kurz-/mittelfristige Beschäftigung Niedriglöhne

Eigene Darstellung

In der vertikalen Dimension unterscheiden Segmentationsansätze „primäre" von „sekundären" Teilarbeitsmärkten: erstere bieten mittlere bis hohe Einkommen und Arbeitsplatz- oder Beschäftigungssicherheit. Letztere sind dagegen durch Niedriglöhne und auf externen Arbeitsmärkten zusätzlich durch hohe Beschäftigungsinstabilität gekennzeichnet (→ auch Niedriglohnsektor). Die Basis der damit beschriebenen vier Teilarbeitsmärkte stellen geschlossene und offene → betriebliche Beschäftigungssysteme dar. Dies sind nach unserer Definition (Köhler/Weingärtner 2018) Gruppen von Arbeitsplätzen innerhalb von Unternehmen, die sich im Sinne der vier Teilarbeitsmarkttypen nach Beschäftigungsstabilität, Einkommen und Binnenstrukturen unterscheiden. Betriebe arbeiten in der Regel mit mehreren unterschiedlichen Beschäftigungssystemen.

Genese/theoretischer Kontext

Segmentationsansätze behaupten, dass die Unterschiede zwischen internen und externen Arbeitsmärkten mit jeweils spezifischen Marktkonfigurationen korrespondieren. Auf *externen Märkten* stehen sich mehrere Beschäftiger und Beschäftigte gegenüber. Innerhalb der Grenzen dieser Teilarbeitsmärkte (die fachlich, geografisch und sozial bestimmt sein können) dominieren die Regeln von Angebot und Nachfrage. Innerhalb von *internen Märkten* verzichten Beschäftiger und Beschäftigte auf die aktive Nutzung von Gelegenheiten auf externen Märkten. Prozesse der Allokation, Qualifikation und Gratifikation vollziehen sich eher nach den Regeln der Organisation als nach der Logik des Marktes. Hier findet also eine partielle „De-Kommodifizierung" der „Ware Arbeitskraft" (Marx) innerhalb des Arbeitsmarktes selbst statt.

In der langen Geschichte der Segmentationsforschung wurden in Abhängigkeit von variierenden Erkenntnisinteressen, sozio-ökonomischen Strukturen und theoretischen Ansätzen unterschiedliche Felder und Aspekte der Segmentationsmatrix betont (Sengenberger 1987, Reich 2008, Köhler/Weingärtner 2018). Die sogenannten „Dualisten" (z.B. Michael Piore) fokussierten angesichts der starken Einkommensdifferenzen und ethnischen Spaltungen des US-Arbeitsmarktes auf die Unterscheidung von primären und sekundären Segmenten. Am Münchner ISF wurde von Lutz und Sengenberger vor dem Hintergrund der deutschen Beruflichkeitstradition (→ Beruf, Facharbeit) der Ansatz des dreigeteilten Arbeitsmarktes entwickelt. In diesem spielen neben primären internen Arbeitsmärkten mit betriebsspezifischen Qualifikationen und sekundären „Jedermannsmärkten" mit einfachen Basisqualifikationen die berufsfachlichen Teilarbeitsmärkte eine große Rolle (Lutz 1987 a, Sengenberger 1987) (→ auch Qualifikation/Kompetenz).

Der Begriff des „Segments" wirkt heute angesichts der Diskussionen um → Vermarktlichung, → Prekarität und Informalisierung (Apitzsch et al. 2015, Mayer-Ahuja 2017) ein wenig verstaubt. Interne und externe Märkte waren aber von den „Klassikern" nie als hermetisch abschließbare „Container" gedacht. Es ging vielmehr um unterschiedliche Niveaus der Schließung. Beschäftigungsverhältnisse in Erwerbsorganisationen werden immer gleichzeitig von Absatzmärkten und Arbeitsmärkten beeinflusst: Marktkräfte wirken

überall – allerdings mit unterschiedlichen Einschränkungen. Der Vorschlag besteht darin, diese ernst zu nehmen, um die Unterschiede in der Funktionsweise von Teilarbeitsmärkten beschreiben und erklären zu können. Der Segmentbegriff ist insofern irreführend, wird aber als Label für eine lange Forschungstradition weiter genutzt.
Zugleich ist darauf hinzuweisen, dass die klassischen Segmentationsansätze auf Merkmale von Positionssystemen fokussieren und immer nur Ausschnitte von Erwerbsverläufen erfassen. So sind etwa instabile Jobs mit geringen Einkommen auf externen Märkten für die Mehrheit der hier Beschäftigten Durchgangsstationen auf der Suche nach einem stabilen und akzeptablen Arbeitsplatz. Umgekehrt sind Stabilität und gute Einkommen in internen Märkten nicht auf Dauer garantiert. Beschäftigte können freiwillig oder unfreiwillig gehen und auch in Abwärtsspiralen geraten. Die Segmentationsforschung konzentriert sich auf die Merkmale von Positionen und erfasst damit die Basis sozialer Ungleichheit auf dem Arbeitsmarkt, kann jedoch die Analyse von Erwerbsverläufen und Sozialstrukturen nicht ersetzen.
Segmentationsansätze erlauben eine mehrdimensionale und differenzierte Analyse der sich wandelnden Arbeitsmarktstruktur. Mit der Bestimmung von Teilarbeitsmärkten über Stabilität, Einkommen und Marktkonfigurationen ist allerdings noch nicht geklärt, wie diese konkret zustande kommen. Zur Beantwortung dieser Fragen kann die Segmentationsforschung auf eine mittlerweile über fünfzigjährige Tradition der Diskussion von Theoremen mittlerer Reichweite (Sengenberger 1987, S. 72ff., Gensior et al. 2004, Michon/Petit 2007, Reich 2008, Weingärtner 2019) zurückgreifen.
Die Mehrheit der klassischen Ansätze argumentiert kapitalismustheoretisch und stellt ökonomische Strukturen und Kapitalinteressen ins Zentrum der Analyse (vgl. zum Folgenden Köhler/Weingärtner 2018) (→ auch Arbeit im Kapitalismus). Sie berufen sich implizit oder explizit auf die Humankapitaltheorie, der zufolge betriebsspezifische Qualifikationen zur Schließung von Beschäftigungssystemen und internen Arbeitsmärkten führen, weil Beschäftiger die Erträge ihrer Investitionen sichern wollen. Aus diesem Ansatz entwickelte sich die Neue Institutionenökonomik, die darauf abzielt, Institutionen wie interne Arbeitsmärkte und den Kündigungsschutz endogen, also aus den ökonomischen Interessen der Arbeitsmarktparteien, zu erklären (vgl. Abraham/Hinz 2018, S. 15ff., Weingärtner 2019, S. 32ff) (→ auch Neo-Institutionalismus). Prominent sind hier insbesondere der Prinzipal-Agent- und der Transaktionskosten-Ansatz. Beide Ansätze relativieren das Humankapitalargument und verweisen auf Informationsasymmetrien auf dem Arbeitsmarkt. In dieser Tradition kann man zwei Bezugsprobleme betrieblicher Beschäftigungspolitik hervorheben: Das Verfügbarkeits- und das Transformationsproblem (→ Transformation von Arbeitskraft). Die Verfügbarkeitshypothese lautet, dass Beschäftiger bei struktureller Arbeitskräfteknappheit interne Arbeitsmärkte aufbauen (betriebsspezifische Qualifikationen bilden nur einen Sonderfall dieses allgemeinen Problems). Die Transformationshypothese besagt, dass Beschäftiger bei komplexen und schlecht kontrollierbaren Arbeitsprozessen Arbeitsplatzsicherheit zugestehen, um die Leistungsbereitschaft der Beschäftigten zu sichern.
Diese mikro-sozioökonomischen Hypothesen wurden mit Annahmen über Entwicklungen auf der Meso- und Makroebene verknüpft. Wenn das Verfügbarkeitsproblem eine wichtige Rolle spielt, wird erstens das Arbeitskräfteangebot von großer Bedeutung für Schließungsprozesse sein. Zweitens haben bereits die Dualisten und die Protagonisten des Münchner Ansatzes den Einfluss der Güter- und Finanzmärkte auf die Arbeitsmarktstruktur diskutiert (Sengenberger 1987, S. 279ff.). In der Tradition der Theorien des „gesellschaftlichen Effekts" werden drittens die Rolle des Arbeitsrechts, der → industriellen Beziehungen und des Bildungssystems thematisiert (Lutz 1987) (→ auch Berufliche Bildung).
Die vorangestellten Theoreme argumentieren kapitalismustheoretisch, indem sie ökonomische Strukturen und Kapitalinteressen ins Zentrum der Analyse stellen. Eine zweite Strömung geht dagegen von Sozialstrukturen und den Interessen der abhängig Beschäftigten aus (vgl. Krause/Köhler 2012, S. 9ff.). Auch diese Perspektive findet sich bereits bei den Klassikern der Segmentationsforschung, von denen einige in den Beschäftigten und → Gewerkschaften Treiber von Schließungsprozessen auf dem Arbeitsmarkt se-

hen (vgl. Sengenberger 1987, S. 90ff.). Dieser Ansatz wird heute in der Arbeitsmarkt- und Ungleichheitssoziologie über Theorien sozialer Schließung vertreten. Giesecke und Groß (2012; vgl. Weingärtner 2019, S. 76ff.) entwickelten in diesem Rahmen einen übergreifenden Ansatz zur Erklärung von Mobilitätsbarrieren und „Rent-Seeking". Sie konstruierten den Arbeitsmarkt als Monopoly-Spiel der Beschäftigten, in das die Teilnehmer mit unterschiedlichen Ressourcen einsteigen, durch Zugangsbeschränkungen und andere Regeln Positionen sichern und die Konkurrenz einschränken.

Für neuere Ansätze spielen historisch gewachsene institutionelle Ordnungen und Legitimationsmuster eine große Rolle. Dies ist das Einfallstor für genuin sozialtheoretische Vorschläge, die sowohl in der Tradition des soziologischen Neo-Institutionalismus, der französischen „Ökonomie der Konventionen" (vgl. Diaz-Bone 2018, insb. Kap. 4 und 8), als auch der neueren Bourdieu- bzw. Foucault- und Luhmann-Rezeption zu suchen sind (vgl. Weingärtner 2019, S. 156ff.; Weingärtner/Köhler 2021). Die Vielfalt und Offenheit der Ansätze ist ein Ausdruck des wiedererwachten Interesses der Arbeits- und Ungleichheitssoziologie an Arbeitsmarktstrukturen.

Zentrale Forschungsergebnisse

Die Annahme eines in Teilarbeitsmärkte gespaltenen Beschäftigungssystems ist heute umstritten. Wenn man von einer weitgehenden Vermarktlichung, Prekarität oder Informalisierung ausgeht, erscheint das Konzept interner Arbeitsmärkte und stabiler Beschäftigung als historisch überholt. Neuere Forschungen belegen aber, dass Unternehmen auch unter heutigen Bedingungen an – allerdings modifizierten und reduzierten – Stammbelegschaftspolitiken festhalten (vgl. Köhler/Weingärtner 2018). Die Flexibilisierung erfolgt zum einen – extern – über den Ausbau der Randbelegschaftspositionen (häufig über → Atypische Beschäftigung) und zum anderen – intern – über die Variation der → Arbeitszeit und innerbetriebliche Arbeitsplatzwechsel (Keller/Seifert 2013). Auf externen Arbeitsmärkten spielen digitale Plattformen für die Rekrutierung und (algorithmische) Kontrolle von Arbeitskräften eine zunehmend größere Rolle (Kirchner 2019) (→ Digitale Transformation der Arbeit, Plattformarbeit).

In vielen Unternehmen hat sich seit den 1970er Jahren fast alles verändert; aber eine Stammbelegschaftspolitik ist geblieben, weil die Verfügbarkeit einschlägig qualifizierten Personals für die Betriebe ein Problem darstellt und weil die Beschäftigten gerade in unsicheren Zeiten Arbeitsplatzsicherheit suchen. Wir haben es also eher mit endogenen Modifikationen als mit einer Auflösung interner Arbeitsmärkte zu tun. Diese Befunde sind mittlerweile durch quantitative Analysen der Verweildauer in Unternehmen gut abgesichert, welche immer wieder die Stabilität der langfristigen Beschäftigungsbeziehung auch im beschleunigten globalen Strukturwandel belegen (vgl. Bosch 2018).

Interne Arbeitsmärkte bleiben mit endogenen Modifikationen bestehen, aber die Struktur der horizontalen und vertikalen Segmentation hat sich gewandelt. Das Beschäftigungsmodell der alten Bundesrepublik war durch eine Hegemonie interner Arbeitsmärkte mit einem starken öffentlichen Sektor, verberuflichte Strukturen und ein im internationalen Vergleich schwaches Niedriglohnsegment gekennzeichnet (vgl. Sengenberger 1987, Marsden 1999). Gut vier Jahrzehnte später ist die Vorherrschaft interner und primärer Arbeitsmärkte gebrochen und einer Struktur der dynamischen Koexistenz von Arbeitsmarktsegmenten gewichen (Bosch 2018). Diese Struktur hat sich mittlerweile stabilisiert: Unter gegenwärtigen Bedingungen ist weder eine weitgehende Kommodifizierung in Richtung auf das angelsächsische Modell noch eine Rückkehr zur Vorherrschaft interner Arbeitsmärkte zu erwarten.

Internationaler Bezug

In der internationalen Diskussion spielen heute Prekarisierungsansätze mit teilweise dramatischen Umbruchsbefunden zur Ausweitung des Niedriglohnsektors und zur Generalisierung von Unsicherheit (della Porta et al. 2015) eine wichtige Rolle. Diese werden durch die neuere Digitalisierungsforschung sowie aktuelle Befunde zur globalen Ungleichheit und Arbeitskräftemobilität befeuert (vgl. Weingärtner 2021). Die Gegenposition bilden Ansätze zur dynamischen Spaltung von Arbeitsmärkten mit oder ohne Referenz auf die klassische Segmentationsforschung.

Hier geht es den Autor:innen analog zur deutschen Diskussion darum, die Veränderungsdynamik interner und externer Arbeitsmärkte zu erfassen und die Analytik der Ansätze zu modernisieren (Michon/Petit 2007, Reich 2008, Weingärtner/Köhler 2021). International vergleichend arbeiten Autor:innen wie Marsden (1999), Kalleberg (2019), Thelen (2014) sowie Rubery und Kolleg:innen (vgl. Grimshaw et al. 2017) mit einer Dualisierungs- und Spaltungsthese. Besondere Aufmerksamkeit in aktuellen Arbeitsmarktdebatten finden die Digitalisierungsschübe und Strukturveränderungen des globalen Kapitalismus (vgl. Weingärtner 2021).

Schließlich werden theoretische Fragen diskutiert. Hier stehen sich heute traditionelle sozioökonomische und genuin sozialtheoretische Ansätze gegenüber. Ein hohes Erklärungspotenzial versprechen aus unserer Sicht neuere Ansätze auf Grundlage soziologischer Feldtheorien (insb. Bourdieu, Fligstein). Aus feldtheoretischer Sicht stellt sich der Arbeitsmarkt als eine komplexe mikro- und makropolitische Arena sozialer Konflikt- und Aushandlungsprozesse dar (vgl. Weingärtner/Köhler 2021, S. 28). Konkreter ausgedrückt, geht es im Arbeitsmarktfeld um die Verteilung von Status, Einkommen und Risken sowohl zwischen Kapital und Arbeit als auch zwischen verschiedenen Beschäftigten(gruppen) und Kapitalfraktionen. Zweitens versuchen die (Arbeitsmarkt-)Akteure, Einfluss auf die impliziten oder expliziten Spielregeln der Koordination und Ressourcenverteilung (Ideologien, Verfahren, Institutionen) zu nehmen. Die individuellen und kollektiven Akteure greifen dabei auf ökonomische, politische und ideologische Machtressourcen zurück. Verallgemeinerbare Normen und Werte spielen eine große Rolle bei der Rechtfertigung von Forderungen und Konflikten.

Der Ansatz erweitert das konzeptionelle Repertoire der gängigen (historisch-)institutionalistischen Arbeitsmarktanalysen, indem er es ermöglicht, das Zusammenspiel von sozio-politischen und sozio-ökonomischen Faktoren bei der (Trans-)Formation von Institutionensystemen systematisch in den Blick zu nehmen (Weingärtner 2019, S. 213ff., Weingärtner/Köhler 2021, S. 26ff.).

Die deutsche und internationale Diskussion zeigt, dass die Arbeits- ebenso wie die Ungleichheitssoziologie eine Theorie der Arbeitsmarktstruktur braucht. Diese wird nicht allein aus der Diskussion empirischer Indikatoren herauswachsen; es bedarf konzeptueller Anstrengung. Nach unserer Überzeugung liefert die Tradition der Segmentationsforschung hierfür – neben anderen Ansätzen – einen fruchtbaren Ausgangspunkt. Sie schlägt erstens eine mehrdimensionale Analytik vor, die die verbreitete Gleichsetzung von Instabilität mit Prekarität vermeidet. Sie basiert zweitens auf klaren und empirisch prüfbaren Hypothesen und kann drittens auf eine lange und lebendige Tradition theoretischer Anstrengungen zurückgreifen. Darüber hinaus erlaubt es der offene und heuristisch angelegte segmentationstheoretische Bezugsrahmen, neue Phänomene aufzugreifen und forschungsstrategische Herausforderungen zu formulieren.

Christoph Köhler, Simon Weingärtner

Empfehlungen zum Weiterlesen

Köhler, Christoph/Weingärtner, Simon 2018: Betriebliche Beschäftigungspolitik. In: Böhle, Fritz/Voß, G. Günter/Wachtler, Günther (Hg.): Handbuch Arbeitssoziologie (2. Aufl.), Bd. 1. Wiesbaden: Springer VS, S. 537–577.

Michon, Françoise/Petit, Heloise (eds.) 2007: Is the Concept of Labour Market Segmentation Still Accurate? Socio Économie du Travail, Numéro spécial 28.

Reich, Michael (ed.) 2008: Segmented Labor Markets and Labor Mobility. Cheltenham/Northhampton: Edward Elgar Publishing Ltd.

Sengenberger, Werner 1987: Struktur und Funktionsweise von Arbeitsmärkten. Die Bundesrepublik Deutschland im internationalen Vergleich. Frankfurt a.M./New York: Campus.

Weingärtner, Simon 2019: Soziologische Arbeitsmarkttheorien. Ein Überblick. Wiesbaden: Springer VS.

Arbeitsorganisation

Begriff

Die Arbeitsorganisation bezeichnet „ein planmäßig koordiniertes Zusammenwirken von Menschen zur Erstellung eines gemeinsamen Produkts“ (Müller-Jentsch 2003, S. 40). Es handelt sich dabei um einen Arbeitszusammenhang, der nach den Prinzipien der Arbeitsteilung und Wirtschaftlichkeit geplant wird und dem Ziel der Erzeugung von Produkten und der Bereitstellung von Dienstleistungen dient. Jede Arbeitsorganisation ist geprägt von den Grundsätzen der Arbeitsteilung und Kooperation, die untrennbar miteinander zusammenhängen. Während die Arbeitsteilung die Zerlegung und Verteilung von Aufgaben in funktionaler und hierarchischer Hinsicht umfasst (Differenzierung), meint Kooperation ihre Zusammenfassung und ihr Zusammenwirken (Integration) zu einem gemeinsamen Produkt (ebd., S. 41). Damit dies funktioniert, sind Planung, Steuerung und letztlich auch → Kontrolle durch das → Management erforderlich. Zudem muss jede konkrete Arbeitsorganisation in hohem Maße mit der jeweiligen Personal- und Leistungspolitik eines Unternehmens, der Art der Leistungsbestimmung, der Entlohnungsform und der Relation zwischen Lohn und Leistung korrespondieren (→ Entgelt und Leistung). Schließlich wird die Struktur der Arbeitsorganisation von den technischen Gegebenheiten eines Arbeitsprozesses beeinflusst. Gemeint sind damit sowohl produktionstechnische Anlagen in der industriellen Produktion als auch der Technikeinsatz im Büro- und Verwaltungsbereich. Diese verschiedenen Dimensionen hängen wechselseitig voneinander ab und führen in ihrer Kombination zu unterschiedlichen Formen der Arbeitsorganisation (→ auch Produktionsregime). Die Gestaltung der Arbeitsorganisation erfolgt allerdings nicht nur nach dem Prinzip der Wirtschaftlichkeit, sondern sie ist als zentrales Instrument zur Durchsetzung betrieblicher → Herrschaft in ihren verschiedenen Formen zu begreifen.

Genese/theoretischer Kontext

Die theoretischen Zugänge zum Begriff der Arbeitsorganisation aus der Arbeits- und Industriesoziologie sind vielfältig und vor allem kaum von unterschiedlichen historischen Entwicklungsphasen von Arbeit zu trennen; sie können zugespitzt in der folgenden Weise zusammengefasst werden:
Die Debatte um Technik und Kontrolle: Die industriesoziologische Debatte der 1970er und 1980er Jahre war zunächst stark von der These geprägt, dass die Auslegung des jeweiligen produktionstechnischen Systems die Gestaltungsmöglichkeiten der Arbeitsorganisation bestimme (→ Arbeit und Technik). Diese These wurde aus verschiedenen konzeptionellen Perspektiven kritisch diskutiert: Zum ersten entwickelte Harry Braverman (1977) aus einer dezidiert kapitalismuskritischen Sichtweise seinen „Managementkontrollansatz" (Moldaschl 2010, S. 272), der Technik als organisationales Herrschaftsinstrument begreift, und es wurde betont, dass die zunehmende Automatisierung vorrangig dazu diene, den Beschäftigten Kontrolle und Kompetenz über den Arbeitsprozess zu entziehen und sie somit ihrer Gegenmacht zu berauben. Zum zweiten verwies aus einer strukturtheoretischen Sicht vor allem Burkart Lutz darauf, dass strukturelle bzw. institutionelle Faktoren wie der Einfluss des Bildungssystems (→ Beruf, Berufliche Bildung), der → Industriellen Beziehungen oder der verfügbaren Qualifikation der Arbeitskräfte sehr stark unterschiedliche Muster der Arbeitsorganisation prägen (→ Qualifikation/Kompetenz). Zusammengefasst wurde diese strukturtheoretische Sicht auf Arbeitsorganisation im Konzept des *„effet sociétal"* (Lutz 1976, Maurice et al. 1980). Zum dritten rückten die in Großbritannien und Deutschland geführte Labour Process Debate und der mikropolitische Ansatz (→ Mikropolitik) Akteure, Akteurskonstellationen sowie deren macht- und interessegeleiteten Aushandlungsprozesse in den Fokus. Darin wurden die entscheidenden Bestimmungsfaktoren für die jeweils sich durchsetzende Form der Arbeitsorganisation gesehen.
Die Debatten um Taylorismus und Neue Produktionskonzepte: In einem kapitalismustheoretischen Kontext standen Studien des Frankfurter Instituts für Sozialforschung, die den fortschreitenden Einsatz von Computertechnologien auf die Entwicklung der Arbeitsorganisation untersuchten. Danach erlaubten die neuen Technologien den Widerspruch zwischen gegenläufigen Verwertungsanforderungen, Produktions- und Marktökonomie, arbeitsprozessual nicht nur auszugleichen, sondern auch Formen der Arbeitsorganisation durchzusetzen, die zu einer fortschreitenden Abstraktifizierung von Arbeit führten (z.B. Benz-Overhage et al. 1982). Begriffen wurde diese Tendenz letztlich als eine Weiterentwicklung tayloristischer Arbeitsstrukturen (→ Taylorismus). Dieser These konträr entgegengesetzt war das Konzept der → Neuen Produktionskonzepte von Michael Schumann und Horst Kern mit ihrer wegweisenden Studie über das „Ende der Arbeitsteilung?" (1984). Die jeweilige Ausgestaltung der Arbeitsorganisation hing so-

mit von markt- und produktionsökonomischen Bedingungen, Branchenspezifika und Unternehmensphilosophien ab. Lebendige Arbeit galt nicht mehr als Störfaktor, sondern der ganzheitliche Zugriff auf und die Wertschätzung von menschlicher Arbeit sollten die Produktivitätspotenziale heben. Analysierten Kern und Schumann arbeitsorganisatorische Veränderungen aus einer betrieblichen Kapitalperspektive, betonten nur wenig später die Vertreter des Konzepts der → systemischen Rationalisierung, dass durch neue Rationalisierungsstrategien die gesamte betriebliche und überbetriebliche Wertschöpfungskette in den Blick genommen werden könne und beschrieben damit die Grundidee von → Industrie 4.0. Es ging somit nicht mehr nur um punktuelle, arbeitsplatzbezogene Rationalisierung, sondern die Arbeitsorganisation konnte ganzheitlich, eben systemisch, gestaltet werden (z.B. Altmann et al. 1986). Die systemische Rationalisierung führte jedoch keineswegs zu einer Konvergenz der verschiedenen Formen der Arbeitsorganisation, sondern in ihrer Heterogenität innerhalb der Wertschöpfungskette sahen die Autoren entscheidende Produktivitätspotenziale.

Die Debatte um Entgrenzung und Subjektivierung: Die aktuelle theoretische Debatte um die Entwicklung der Arbeitsorganisation ist stark von den Konzepten der → Entgrenzung und Subjektivierung von Arbeit geprägt (→ Subjektivierung, Subjektivierendes Arbeitshandeln). Angesprochen wird damit ein weitreichender Wandel der Arbeitsorganisation in Richtung eines Hierarchieabbaus verbunden mit erweiterter Arbeitsautonomie auf der ausführenden Ebene und Möglichkeiten der Selbstverwirklichung. Als treibende Faktoren hierfür werden in einer primär strukturtheoretischen Perspektive ein Wandel des früher dominierenden tayloristisch-fordistischen → Produktionsregimes und durchgreifende Prozesse der → Vermarktlichung der Arbeit angesehen.

Zentrale Forschungsergebnisse

Die neuere Forschung der deutschsprachigen Arbeits- und Industriesoziologie hat in den letzten Jahren viele empirische Forschungsergebnisse zur Entwicklung der Arbeitsorganisation vorgelegt. Als forschungsleitend kann dabei zwar die These von der fortschreitenden Entgrenzung und Subjektivierung der Arbeitsformen angesehen werden, jedoch wird zugleich deutlich, dass diese Entwicklung mit vielfältigen Widersprüchen und Grenzen verbunden ist (vgl. zusammenfassend Hirsch-Kreinsen 2009). Daher lassen sich die Forschungsergebnisse in folgendem Diktum zusammenfassen: „widersprüchliche Entwicklungen (...), aber keine neuen stabilen Entwicklungslinien“ (Sauer 2018, S. 193). Um beispielhaft beim oben erwähnten Fall der Wertschöpfungsketten zu bleiben: Es findet sich ein breites Spektrum von Formen der Arbeitsorganisation, das von hochqualifizierten und relativ autonomen „Systemregulierern“ an den modernen Produktionssystemen der großen Endhersteller bis hin zu den nach wie vor restriktiven und sehr einfachen Arbeitsformen in den „Sweat Shops“ kleiner Teilelieferanten reicht.

Einerseits führt die Dezentralisierung der Unternehmen zu einer Ausweitung des Aufgabenspektrums vieler Beschäftigter durch Hierarchieabbau und Re-Integration zuvor getrennter planender und ausführender Tätigkeiten. Deutlich flexibilisierte → Arbeitszeiten verkoppeln dabei den Arbeitsprozess mit der aktuellen und häufig schwankenden Auftragslage des Unternehmens. Viel diskutiert wird bis heute in diesem Zusammenhang die seit Beginn der 1990er Jahre verbreitete → Gruppenarbeit in ihren verschiedenen Ausgestaltungen, die von teilautonomen Gruppen mit ausgeprägten Möglichkeiten der Selbstorganisation ihrer Mitglieder bis hin zu Gruppen mit ausgeprägt standardisierten Arbeitsabläufen reichen (z.B. Minssen 2019, S. 60ff.). Diese Arbeitsformen obliegen zum einen der individuellen Verantwortung der Beschäftigten und folgen erst in zweiter Linie generellen Rahmenregeln. Zum anderen sind sie unmittelbar mit der wechselnden Nachfrage der Märkte verkoppelt. Damit ist ein Kriterium angesprochen, das als generelles Merkmal einer entgrenzten Organisationsform von Arbeit anzusehen ist: eine stärker enthierarchisierte Struktur der Anweisung und Kontrolle, auf der ausführenden Ebene verbunden mit Formen erweiterter Selbststeuerung und Arbeitsautonomie sowie diskursiver Koordinierung (Braczyk 1997). Kurz: Die bisherigen hierarchisch-bürokratischen Vorgaben der Arbeit, die sie regulierten und eingrenzten, entfallen zunehmend, ohne indes „den Rahmen bürokratisch-kapitalistischer Beherrschungs- und Ökonomisierungslogik" (Wolf 1997, S. 219 f.) zu verlassen. Insgesamt steigen damit die Anforderungen vor allem an extrafunktionale Qualifikationen wie die planerisch-methodischen und kommunikativen Kompetenzen der Arbeitskräfte (→ auch Qualifikation/Kompetenz, Arbeit und Interaktion). Daneben wird eine steigende Informations- und Wissensintensität sowohl der Produktions- als auch der Dienstleistungsarbeit betont (→ Informations- und Wissensarbeit). Verschiedentlich wird diese Entwicklung der Arbeitsorganisation unter dem Rubrum Innovative Arbeitsorganisation zusammengefasst. Diese Überlegungen finden ihre Fortsetzung in der Debatte über → Industrie 4.0 als Label für Digitalisierung und Vernetzung von horizontalen und vertikalen Wertschöpfungsketten mit den Beschäftigten als „Lenker" und „Dirigenten". Mit dieser Vision verbinden Industrie-4.0-Protagonisten Selbstorganisation und hohe Entscheidungskompetenz (unterstützt durch technische Assistenzsysteme) der Beschäftigten (vgl. zusammenfassend Hirsch-Kreinsen 2020, Hirsch-Kreinsen et al. 2018).

Solchermaßen entgrenzte und individualisierte Arbeitsformen implizieren zudem den erwähnten Modus der → Subjektivierung von Arbeit. Die Konsequenzen für die Beschäftigten sind freilich zweischneidig: Mit den erweiterten Handlungsspielräumen steigen zugleich die Anforderungen an die Beschäftigten. Denn entgrenzte Arbeit, so übereinstimmend die Forschungsergebnisse, setze die Subjekte der Tendenz nach „frei", erfordere aber auch den zunehmenden Einsatz ihrer Subjekt-Qualitäten, um vorgegebene ökonomische Ziele zu realisieren und Marktrisiken aufzufangen. Ein Mehr an Arbeitsautonomie bedeutet unter diesen Bedingungen immer auch „mehr Druck" (z.B. Lohr 2003).

Andererseits bezeichnen Arbeitsformen der Selbstorganisation keinesfalls einen generellen Entwicklungstrend. So verweisen neuerdings Studien auf die weiterhin hohe Bedeutung von Arbeitsformen mit geringen Möglichkeiten der Selbststeuerung und prognostizieren ihren Fortbestand. Es handelt sich dabei um einfache Arbeiten mit niedrigen Qualifikationsanforderungen, oft im Kontext restriktiver und taylorisierter Organisationsformen. Im industriellen Sektor sind dies etwa Tätigkeiten wie Hilfs- und Überwachungsarbeiten, die im Jahr 2019 ca. ein Sechstel aller Beschäftigten des Verarbeitenden Gewerbes ausmachten (→ Einfacharbeit). Im Dienstleistungssektor, wo Ritzer (1995) von einer „McDonaldisierung" spricht, finden sich solche Tätigkeiten etwa im Logistikbereich, in Call-Centern oder bei Pflegediensten. Darüber hinaus wird verschiedentlich von einer Tendenz der „Rückkehr zum Taylorismus" (Springer 1999 a) oder aktuell von „digitalem Taylorismus" (Nachtwey/Staab 2020) gesprochen. Vor allem im Industriesektor, aber auch in der Logistik etabliert sich in den letzten Jahren wieder eine verstärkte Orientierung an einem Leitbild von Arbeit, das sich auf kurzzyklische und repetitive Tätigkeiten im Rahmen auf neue Weise standardisierter und zugleich flexibilisierter Arbeitsprozesse richtet (vgl. Butollo et al. 2017, Falkenberg 2021). Die Intention ist, trotz steigender Flexibilitätsanforderungen neue Produktivitätspotenziale durch Routinisierung und Vereinfachung der Arbeit zu gewinnen und Kosten zu senken. Vor allem in der Automobilindustrie zeigt sich vielfach diese Rückkehr zu Prinzipen flexibel taylorisierter Fließfertigung, die oftmals auch als „Ganzheitliche Produktionssysteme" – die als Vorstufe für Industrie 4.0 gelten (Dombrowski/Richter 2016) – bezeichnet werden.

Internationaler Bezug

Zwar steht die Forschung über die Entwicklung der Arbeitsorganisation mit den angedeuteten Konzepten und Themen in einer ausgesprochen deutschen Tradition (vgl. Meil 1992), zugleich weist sie jedoch vielfältige internationale Bezüge auf. Hervorzuheben sind hier die Folgenden: Erstens ist auf die erwähnten international vergleichenden Untersuchungen über Arbeitsorganisation zu verweisen, die den Einfluss länderspezifischer Strukturbedingungen auf die Formen der Arbeitsorganisation hervorheben (z.B. Lutz 1976; Sorge et al. 1982) (zu ausgewählten Aspekten → auch Industrielle Beziehungen in internationaler Perspektive, Globale Wertschöpfungsketten/internationale Arbeitsteilung). Zweitens wurde, wie oben angeführt, die Debatte um Technik und Kontrolle als zentrale Einflussfaktoren auf die Arbeitsorganisation von Anbeginn an sehr stark durch den internationalen Diskurs geprägt. Drittens sind eine Reihe von Untersuchungen über die Entwicklung der Arbeitsorganisation im

Kontext großer → transnationaler Unternehmen insbesondere aus der Automobilindustrie durchgeführt worden (z.B. Jürgens et al. 1989; Boyer et al. 1998). Diese Untersuchungen standen zumeist im Kontext der Debatte um die weltweite Durchsetzung des Konzepts der → Lean Production und konnten instruktiv die international große Bandbreite der sich daran orientierenden Formen der Arbeitsorganisation belegen (vgl. von Behr 2010). Viertens weist der Diskurs über neue Arbeitsformen wie Gruppenarbeit einen Bezug zum internationalen Diskurs über Personalkonzepte wie → Human Resource Management auf (vgl. Müller-Jentsch 2003). Auch die Diskussion über die hohe Reorganisationsdynamik seit Ende der 1990er Jahre (→ Unternehmens[re]organisation) und die Verbreitung von Ganzheitlichen Produktionssystemen ist eng verknüpft mit der internationalen Debatte um „High-Performance Work Practices" (z.B. Gerst 2013).
Ihren Ursprung in der Softwareentwicklung haben die seit Beginn des 21. Jahrhunderts mit dem Erscheinen des Agilen Manifests (2001) zunehmend erörterten agilen Methoden als „new principle of organizing work" mit Potenzialen für Teams, Unternehmen oder gar Gesellschaften (Sauer et al. 2021). Agile Methoden als Strukturierungsansatz für Wertschöpfungsprozesse und Arbeitsorganisation sollen – bezogen auf die Beschäftigten – zu mehr Selbstorganisation und Autonomie sowie zu Entlastung „von überbordender Komplexität zur Konzentration aufs Wesentliche" führen; Unternehmen hoffen demgegenüber auf das Leistungsversprechen, „dass alles schneller, innovativer und besser wird" (Pfeiffer 2021 b, S. 8 f., vgl. Boes et al. 2018 a).

Jörg Abel, Hartmut Hirsch-Kreinsen

Empfehlungen zum Weiterlesen

Hirsch-Kreinsen, Hartmut/Ittermann, Peter/Niehaus, Jonathan (Hg.) 2018: Digitalisierung industrieller Arbeit. Die Vision Industrie 4.0 und ihre sozialen Herausforderungen (2. Aufl.). Baden-Baden: edition sigma bei Nomos.
Kern, Horst/Schumann, Michael 1984: Das Ende der Arbeitsteilung? München: Beck.
Minssen, Heiner 2019: Arbeit in der modernen Gesellschaft (2. Aufl.). Wiesbaden: Springer VS.
Müller-Jentsch, Walther 2003: Organisationssoziologie – Eine Einführung. Frankfurt a.M./New York: Campus.
Sauer, Dieter 2018: Vermarktlichung und Vernetzung der Unternehmens- und Betriebsorganisation. In: Böhle, F./Voß, G. G./Wachtler, G. (Hg.): Handbuch Arbeitssoziologie (2. Aufl.). Bd. 2: Akteure und Institutionen. Wiesbaden: Springer VS, S. 177–206.

Arbeitspolitik

Begriff

Der Begriff ‚Arbeitspolitik' ist nicht eindeutig einer bestimmten Theorietradition oder einem klar umrissenen Gegenstandsbereich zuzuordnen. In der Arbeits- und Industriesoziologie stellt er vielmehr einen offenen Begriff dar, der in unterschiedlichen Zusammenhängen verwendet wird, hierbei aber gleichwohl auf eine spezifische Betrachtungsweise und Forschungsperspektive verweist. Über die verschiedenen Verwendungskontexte hinweg lassen sich drei Merkmale hervorheben, die den Kern der Bedeutung des Begriffs Arbeitspolitik bilden und zugleich Grundannahmen der hiermit bezeichneten Theorie- und Forschungslinie umreißen.
(1) *Arbeit ist gestaltbar*. Diese Annahme richtet sich gegen deterministische Vorstellungen über den Wandel von → Arbeit, egal ob technologisch-stofflich, ökonomisch oder gesellschaftlich-institutionell begründet. Ökonomische Bedingungen spielen bei der arbeitsorganisatorischen Seite der Erstellung von Gütern und Dienstleistungen zwar eine wichtige Rolle und sowohl die technologisch-stofflichen Voraussetzungen von Leistungserstellungsprozessen als auch die gesellschaftlich-institutionellen Rahmungen und Formen der Regulierungen haben einen erheblichen Einfluss auf Arbeitsformen und Arbeitsstrukturen, die sich zu typischen Mustern der Organisation von → Erwerbsarbeit verdichten (→ auch Arbeitsorganisation). Arbeitspolitik als Theorieansatz und Forschungsperspektive betont jedoch die Bedeutsamkeit von strategischen Wahlhandlungen („strategic choice", Child 1997) und analysiert die Vielfalt arbeitspolitischer Strategien und die sozialen Prozesse ihres Wandels. Ähnlich wie die Labour Process Theory (als Überblick: Thompson/Smith 2010) oder Konzepte der Comparative Political Economy (als Überblick: Menz 2017) hebt Arbeitspolitik zwar den in den ökonomischen Strukturen verankerten Zwang zu in-

novatorischem Handeln bei der Nutzung von Arbeit hervor, betont hierbei jedoch die bestehenden Gestaltungsspielräume.

(2) *Soziale Akteure* mit ihren jeweiligen Interessen, Handlungsorientierungen und strukturellen Handlungsvoraussetzungen spielen für die Erklärung des Wandels von Arbeit eine zentrale Rolle. Kennzeichnend für eine Arbeitspolitikperspektive ist, dass von einer Pluralität sozialer Akteure und vielfältigen potenziellen Konflikten ausgegangen wird, wobei den in den ökonomischen Strukturen angelegten Antagonismen (Kontroll-, Herrschafts- und Verteilungsfragen) eine besondere Bedeutung zukommt (→ Mikropolitik, Herrschaft, Kontrolle). Zugleich werden mehrere Akteursebenen und Politikarenen unterschieden. Soziale Akteure mit konfligierenden, übereinstimmenden und koalitionsbildenden Interessen und Handlungsorientierungen finden sich auf der Arbeitsplatz- und Betriebs- bzw. Organisationsebene (Mikroebene) (→ Betrieb), auf der Ebene von Branchen bzw. organisationalen Feldern (Mesoebene) und der gesamtgesellschaftlichen sowie transnationalen/globalen Ebene (Makroebene). In sozialtheoretischer Hinsicht hat sich, wenn auch vielfach implizit, ein eher strukturations- bzw. praxistheoretisches Verständnis von Akteurshandeln durchgesetzt (Sewell 1992, Beckert 2010, Nicolini 2012), das die Subjektivität, Kreativität und Reflexionsfähigkeit von Akteuren anerkennt, hierüber jedoch nicht die Bedeutung vorgegebener Strukturen und „constraints" aus den Augen verliert, sondern vielmehr davon ausgeht, dass sozial situierte Akteure diese Strukturen, die soziales Handeln zugleich ermöglichen und begrenzen, durch ihr Handeln produzieren und reproduzieren.

(3) Schließlich steht der Begriff Arbeitspolitik für ein weites Verständnis der Themen, auf die sich die Gestaltung und Gestaltungsbedürftigkeit von Erwerbsarbeit richtet und betont die *Vielfalt betrieblicher Handlungsfelder*. Über konkrete Tätigkeitszuschnitte, Arbeitsteilungsstrukturen und technologische Aspekte von Arbeit sowie Fragen der Arbeitsorganisation hinaus stellen Führungsstrukturen, Entgeltsysteme und leistungspolitische Regularien (→ Entgelt und Leistung), → Arbeitszeit- und Qualifizierungsthemen, Fragen der Betriebsorganisation sowie betriebliche Steuerungs- und Koordinationsformen, Personal- und Beschäftigungspolitiken (→ Human Resource Management) sowie Governancestrukturen eigene Felder der Gestaltung und Regulierung von Arbeit dar. Dieses dritte Merkmal von Arbeitspolitik ist zugleich mit den beiden zuvor genannten eng verschränkt. Aufgrund der Gestaltungsnotwendigkeiten und Wechselwirkungen verschiedener Handlungsfelder und der Vielfalt involvierter Akteure mit jeweils spezifischen Interessen ist Arbeitspolitik ein permanenter, von Konflikten und Koalitionsbildungen durchzogener sozialer Prozess.

Eine bereits etwas ältere, aber dafür kompakte und nach wie vor gültige Definition von Arbeitspolitik haben Naschold/Dörr geliefert, die den Begriff gemeinsam mit Ulrich Jürgens theoretisch-systematisch entfaltet und am Wissenschaftszentrum Berlin (WZB) zu Beginn der 1980er Jahre zum Ausgangspunkt eines Forschungsprogramms gemacht haben (Naschold 1985, Hildebrandt et al. 2007): „Arbeitspolitik fragt nach den Entwicklungsbedingungen, Gestaltungsprinzipien und Durchsetzungsformen der Regulierung von Arbeit unter Einbezug unterschiedlicher Interessen der jeweiligen Akteurssysteme" (Naschold/Dörr 1992, S. 38); in einer früheren Fassung wird Arbeitspolitik erläutert als „der Prozeß der Einflußnahme von betrieblichen, überbetrieblichen und staatlichen Handlungsträgern auf die Organisation des Arbeits- und Produktionsprozesses und seine sozialen Folgewirkungen" (WZB 1984, S. 82). Der starke Akzent, der unter Rückgriff auf Buraways Unterscheidung von „politics in production" und „politics of production" und seiner Gegenüberstellung gesellschaftlich verankerter Fabrikregime (Burawoy 1985, Funder/Sproll 2012) insbesondere bei Naschold und den ursprünglichen Forschungen am WZB (Jürgens/Naschold 1982) auf der Rolle staatlichen Handelns gelegen hat, ist in der Arbeitspolitikforschung der Arbeits- und Industriesoziologie bisher jedoch eher randständig geblieben (Brandl/Stelzl 2013, Vogel 2018). Im Vordergrund stehen zumeist die betriebliche Ebene bzw. Unternehmen als Akteure sowie – angesichts der starken Bedeutung der → Industriellen Beziehungen für die Entwicklung von Arbeit – überbetriebliche Akteure wie → Gewerkschaften und → Arbeitgeberverbände. Eine Akzentverschiebung in Richtung einer stärkeren Gewichtung des Staates als arbeitspolitischem Akteur deutet sich erst in jüngerer Zeit an bei der Analyse der Bedeutung von arbeitsmarktpolitischen und arbeitsrechtlichen Veränderungen (Bosch et al. 2007, Lehndorff 2009, Bäcker et al. 2016).

Genese/theoretischer Kontext

Als theoretische Grundlage ist das aus der Unvollständigkeit bzw. Unbestimmtheit des Arbeitsvertrages resultierende, für das Lohnarbeitsverhältnis konstitutive Transformationsproblem (→ Transformation von Arbeitskraft) zentral. Ausgehend von der Frage, wie es gelingt, das Arbeitsvermögen der Subjekte in eine konkrete betriebliche Arbeitsverausgabung zu überführen, stehen aus arbeitspolitischer Sicht die Formen der Organisation (auch: Steuerung und Kontrolle) und Regulierung von Arbeit im Mittelpunkt. Die mit der Durchsetzung unterschiedlicher Kontrollstrategien einhergehenden betrieblichen Interessenkonflikte und gesellschaftlichen Auseinandersetzungen sind ein zentraler Gegenstand der Arbeitspolitikforschung, die bei der Analyse der betrieblichen Ebene zur Nutzung von theoretischen Konzepten wie → Mikropolitik oder der Betonung der Bedeutung von innerbetrieblichen Handlungskonstellationen (Weltz/Lullies 1984) geführt haben. In theoretisch-konzeptioneller Hinsicht gab es in der deutschen Arbeits- und Industriesoziologie außerdem Versuche, die Vielfalt arbeitspolitischer Entwicklungen durch die jeweiligen Ansatzpunkte (fertigungstechnische, arbeitsorganisatorische, produktionspolitische und arbeitskräftepolitische Strategien bei Freriks et al. 1993) oder verschiedene Transformationsprobleme (Arbeitskraft in Arbeitshandeln, Technologie in Technik, Organisationskonzepte in Organisation bei Minssen 1992) zu strukturieren, um sie so zum Ausgangspunkt der Typisierung von arbeitspolitischen (Management-)Strategien zu machen. Indem theoretische Konzepte aus der Managementforschung aufgegriffen wurden, spielten zudem neo-institutionalistische und akteursbezogene Organisationstheorien eine stärkere Rolle (exemplarisch: Faust et al. 1994) (→ auch Management, Neo-Institutionalismus, Organisationssoziologie/-theorien).

Da staatliche Akteure sowie Verbände aus arbeitspolitischer Sicht ein wichtiger Faktor für den Wandel von Arbeit sind, wurde der Begriff Arbeitspolitik auch im Themenfeld der Industriellen Beziehungen zunehmend bedeutsam. Der theoretische Rahmen mit der Bezugnahme auf das Transformationsproblem und der zentralen Rolle sozialer Akteure unterscheidet sich hierbei wenig von dem der Arbeits- und Industriesoziologie. Autoren, die sich der Teildisziplin Industrielle Beziehungen zuordnen lassen, nutzen den Begriff der Arbeitspolitik jedoch sehr viel stärker, um einen Überblick über die verschiedenen Akteure, Politikfelder und Arenen zu geben sowie die jeweiligen Problemlagen, Verflechtungen und Politiken zu analysieren (vgl. insb. Keller 2008). Die Arbeiten von Walther Müller-Jentsch (2017) und Wolfgang Streeck (1992) sind Beispiele dafür, dass eine arbeitspolitische Analyseperspektive eine fruchtbare Verbindungslinie zwischen den theoretischen Zugriffen der Arbeits- und Industriesoziologie und der Soziologie der industriellen Beziehungen eröffnet. Die Wechselwirkungen von Strukturen und Prozessen im Bereich der industriellen Beziehungen mit Reorganisationsdynamiken bei Arbeits- und Organisationskonzepten sind ausgesprochen eng. Arbeitspolitik als Begriff und arbeitspolitische Fragestellungen als Thema spielen zudem in Diskussionen von Tarifakteuren und Untersuchungen, die die Rolle von Interessenvertretungen und Tarifpolitik für den Wandel von Organisationskonzepten und Arbeitsstrukturen in den Blick nehmen, eine wichtige Rolle. Die seit etlichen Jahren zu beobachtende Aufwertung dezentraler Akteure, der Ebene der betrieblichen Arbeitsbeziehungen insgesamt, hat die Bedeutsamkeit arbeitspolitischer Analyseperspektiven eher noch erhöht (Lehndorff 2006, Haipeter 2010, Haipeter/Dörre 2011).

Zentrale Forschungsergebnisse

Im Gefolge der grundlegenden Arbeiten des WZB avancierte der Begriff Arbeitspolitik, nicht zuletzt aufgrund seines offenen Charakters, innerhalb weniger Jahre zu einem wichtigen Bezugspunkt in der deutschen Arbeits- und Industriesoziologie und tauchte in einer Vielzahl thematisch unterschiedlich ausgerichteter Veröffentlichungen (Jürgens/Naschold 1984, Naschold 1985, Schauer et al. 1984, Kißler et al. 1985, Oppolzer et al. 1986) sowie, seit Beginn der 1990er Jahre, auch im Untertitel der Fachzeitschrift „Arbeit" auf. Die Bezeichnung selbst hat gleichwohl eine sehr viel längere Geschichte und findet sich vereinzelt bereits in Publikationen aus der Zeit vor dem Faschismus, in der sich Arbeits- und Industriesoziologie zunächst als Betriebssoziologie konstituierte. Auch hier stand der Begriff bereits für unterschiedliche Strategien der Gestaltung von Erwerbsarbeit sowie die hiermit verbundenen Interessenlagen und Konflikte auf betrieblicher und gesamtgesellschaftlicher Ebene (Schwittau 1912, Winschuh 1923). Die schnelle und in unterschiedlichen Forschungsfeldern zu beobachtende Adaption des Begriffs in den 1980er Jahren und seine nach wie vor vorhandene Präsenz signalisiert, dass der Begriff Arbeitspolitik geeignet ist, wichtige Elemente des Gegenstandsverständnisses großer Teile der deutschen Arbeits- und Industriesoziologie zu bündeln, und er steht zugleich für ein gewandeltes Selbstverständnis des Faches, das von Gert Schmidt als „arbeitspolitische Wende" bezeichnet wurde (Schmidt 2007). Angestoßen wurden diese Hinwendung zu einer stärkeren Gestaltungsorientierung der Arbeits- und Industriesoziologie sowie die größere Aufmerksamkeit für divergierende Managementkonzepte, Akteursstrategien und betriebliche Handlungskonstellationen auch durch Forschungserfahrungen im Kontext des staatlichen HdA-Programms (→ Humanisierung des Arbeitslebens). Ein typisches und zugleich für das Forschungsfeld Arbeitspolitik besonders relevantes Beispiel sind die Arbeiten von Weltz/Lullies (1984), die die Bedeutung unterschiedlicher betrieblicher Akteurskonstellationen für den Verlauf und die Resultate von betrieblichen Rationalisierungsprozessen beim EDV-Einsatz im Bürobereich erforscht haben (→ auch Arbeit und Technik, Informations- und Wissensarbeit, Rationalisierung).

Eine weitere Forschungslinie, die mittlerweile zum Kernbestand arbeitspolitischen Wissens gehört, bilden eine Reihe international vergleichender Studien der 1970er und früheren 1980er Jahre, in denen aus unterschiedlichen Perspektiven und bezogen auf unterschiedliche Handlungsfelder – insbesondere Arbeits- und Produktionsorganisation, Qualifikationsstrukturen/Qualifizierung sowie industrielle Beziehungen – erhebliche Unterschiede in der betrieblichen Gestaltung von Produktions- und Arbeitsstrukturen, Arbeitseinsatzkonzepten und Personalpolitiken festgestellt und von den Autoren dann zu typischen arbeitspolitischen Mustern verdichtet wurden (Lutz 1976, Weltz 1977, Maurice et al. 1980, Sorge et al. 1982, Burawoy 1985) (→ auch Berufliche Bildung, Qualifikation/Kompetenz).

Mitte der 1980er Jahre führte dann die Studie „Das Ende der Arbeitsteilung?" (Kern/Schumann 1984) mit ihrer These → „neuer Produktionskonzepte" und der Beobachtung von Linienauseinandersetzungen um arbeitspolitische Konzepte im → Management zu intensiven Debatten über den Wandel der Arbeit. Sie wurden zusätzlich beflügelt durch die an die frühere Untersuchung „Work and Politics" (Sabel 1982) anschließende Veröffentlichung „Das Ende der Massenproduktion" (Piore/Sabel 1985) mit der These einer zweiten industriellen Wegscheide und dem Plädoyer für das arbeitspolitische Konzept einer „flexiblen Spezialisierung". Einflussreich war außerdem die programmatische Studie „Fabrik 2000. Alternative Entwicklungspfade in die Zukunft der Fabrik" (Brödner 1985), in der ebenfalls strategische Wahlmöglichkeiten und die große Bedeutung von Akteuren und politischen Prozessen für den Wandel von Arbeit betont wurde. Alle drei Studien kamen zu dem Schluss, dass die über Jahrzehnte hinweg vorherrschenden, eher restriktiven Arbeitsformen des → Taylorismus-Fordismus durch alternative Konzepte abgelöst werden könnten, die auf eine Entfaltung und aktive Nutzung der Kompetenzen der Beschäftigten setzen, und eröffneten hiermit die arbeitspolitische Diskussion über alternative Wege der Gestaltung von Arbeit.

Seit Ende der 1980er Jahre spielen die typisierende Identifizierung, arbeitssoziologische Analyse und die bilanzierende Bewertung unterschiedlicher arbeitspolitischer Konzepte und Trends in der Arbeits- und Industriesoziologie eine wichtige Rolle. Nicht selten kommt es hierbei zu teilweise heftigen wissenschaftlich-politischen Kontroversen. Als wichtige Etappen im Anschluss an die in den 1980er Jahren geführten Diskussionen um neue Produktionskonzepte, → systemische Rationalisierung und andere post-tayloristische bzw. post-fordistische Managementstrategien (Boyer/Freyssenet 2003, Appelbaum/Batt 1994, Vallas 1999) sind insbesondere die Debatten zum Thema → Lean Production, diversifizierte Qualitätsproduktion und die Zukunft des deutschen Produktionsmodells (Sorge/Streeck 1988, Hans-Böckler-Stiftung/IG Metall 1992, Jürgens/Naschold 1994) zu nennen (→ auch Produktionsregime). Seit Ende der 1990er Jahre findet die Erforschung alternativer arbeitspolitischer Entwicklungslinien ihre Fortsetzung in Diskussionen über Retaylorisierung, marktzentrierte Kontrollstrategien, innovative Arbeitspolitik und Digitalisierung (Springer 1999 a, Dörre/Röttger 2003, Kuhlmann et al. 2004, Detje et al. 2005, Peter 2007, Hirsch-Kreinsen 2020) sowie in Analysen zu Standortsicherungs- und Modernisierungsinitiativen (Haipeter 2010, 2011, 2019). Ein nach wie vor informativer Überblick über arbeitspolitische Leitbilder findet sich in Dechmann et al. (2009) (→ auch Digitale Transformation der Arbeit, Vermarktlichung).

Analysen der Entstehung, der arbeitsbezogenen Wirkungen und der Beeinflussbarkeit neuer, sich ständig wandelnder Managementkonzepte sowie Arbeitspolitiken sind nach wie vor ein zentrales Feld der Arbeits- und Industriesoziologie. Die Liste der Themen, zu denen angesichts sich wandelnder betrieblicher Strategien erheblicher Forschungsbedarf besteht, ist dabei immer länger geworden. Sie reicht von Fragen, welche Wirkungen auf den Wandel von Arbeit von arbeits- und sozialrechtlichen Veränderungen und neuen Beschäftigungsformen ausgehen (exemplarisch: Bothfeld et al. 2012), und dem arbeitspolitischen Stellenwert prekärer Arbeits- und Beschäftigungsformen (→ Prekarität) über die Relevanz von Finanzmärkten sowie finanzmarktorientierten Steuerungsformen (Haipeter et al. 2016, Faust et al. 2017) bis hin zu Auswirkungen der globalen Neuordnung von Wertschöpfungsketten (→ Globale Wertschöpfungsketten und internationale Arbeitsteilung) sowie Versuchen einer transnationalen Regulierung von Arbeit (Teipen et al. 2022) (→ auch Finanzmarkt-Kapitalismus, Globalisierung/Transnationalisierung, Varieties of Capitalism). Auch Überlegungen zum Bestand und zur Weiterentwicklung der spezifisch deutschen (oder auch europäischen) Modelle der Gestaltung von Arbeit bleiben eine Daueraufgabe der Arbeitspolitikforschung (Wetzel et al. 2014). Und schließlich zeigt sich die Bedeutsamkeit einer arbeitspolitischen Perspektive einmal mehr bei der Erforschung von gegenwärtig beschleunigt stattfindenden Digitalisierungsprozessen (Buss et al. 2021, Haipeter et al. 2021) sowie bei Analysen von Tätigkeitsfeldern außerhalb der industriellen Produktion (Aulenbacher et al. 2021, Böhle et al. 2015) und von in einigen Branchen zunehmend bedeutsamen migrantisch geprägten Teilarbeitsmärkten (Scherschel 2016, Birke 2022) (→ auch Plattformarbeit, Nicht-Erwerbsarbeit, Sorgearbeit, Arbeit und Migration).

Martin Kuhlmann

Empfehlungen zum Weiterlesen

Burawoy, Michael 1985: Politics of Production. London: Verso.
Detje, Richard/Pickshaus, Klaus/Urban, Hans-Jürgen (Hg.) 2005: Arbeitspolitik kontrovers. Zwischen Abwehrkämpfen und Offensivstrategien. Hamburg: VSA.
Hildebrandt, Eckart/Jürgens, Ulrich/Oppen, Maria/Teipen, Christina (Hg.) 2007: Arbeitspolitik im Wandel. Entwicklung und Perspektiven der Arbeitspolitik. Berlin: edition sigma.
Keller, Berndt 2008: Einführung in die Arbeitspolitik. Arbeitsbeziehungen und Arbeitsmarkt in sozialwissenschaftlicher Perspektive (7., völlig überarb. Aufl.). München: Oldenbourg.
Lehndorff, Steffen (Hg.) 2006: Das Politische in der Arbeitspolitik. Ansatzpunkte für eine nachhaltige Arbeits- und Arbeitszeitgestaltung. Berlin: edition sigma.

Arbeitsprozess

→ Arbeitsorganisation, Transformation von Arbeitskraft

Arbeitsqualität

Begriff

Der Begriff ‚Arbeitsqualität' (zuweilen auch ‚Qualität der Arbeit' oder – mit einer normativen Konnotation – ‚Gute Arbeit' als Entsprechung zum international gebräuchlichen ‚Decent Work'; siehe unten) adressiert die Frage, „wie wir arbeiten" (Sauer 2011, S. 18). Zugleich ist Arbeitsqualität seit den 1970er Jahren ein arbeitspolitischer Begriff, der auf eine „Verbesserung von Arbeitsbedingungen" zielt (ebd., S. 19). Arbeitsqualität ist vornehmlich Resultante von Auseinandersetzungen kollektiver Akteure. Gleichwohl ist ein profiliertes arbeitssoziologisches Konzept von Arbeitsqualität erst noch zu entwickeln. Arbeitsqualität wird von mehreren Disziplinen und arbeitspolitischen Akteuren vielschichtig und zumeist mehrdimensional unter Verwendung unterschiedlicher konzeptionell-methodischer Zugänge verwendet (vgl. Fritz 2017, S. 43–68, Matuschek 2016 b, S. 10–16).

In arbeitssoziologischer Perspektive geht es um folgende Fragen: (1) wie die konkreten Bedingungen der Verausgabung der Arbeitskraft im abhängigen Lohnarbeitsverhältnis beschaffen sind; (2) wer wie mit welchen Interessen, welchen Mitteln und auf welchen Ebenen darauf Einfluss nimmt; (3) welche Effekte die Arbeitsqualität auf Beschäftigte, auf Produktion, → Betriebe und Branchen, involvierte Akteure und die Gesellschaft hervorbringt. Darüber hinaus geht es um den Anspruch der arbeitenden Menschen und ihrer Vertretungen auf → Anerkennung, auf Selbstbestimmung am Arbeitsplatz sowie auf Mitbestimmung gegenüber dem ‚Lohnherrn' bzw. der/dem Arbeitgeber:in. Über eine verengte subjektive Bezugnahme auf Gesundheit oder Zufriedenheit hinaus ist auch nach den gesellschaftlichen Zielen zu fragen; es geht nicht nur um Arbeitsqualität oder ‚Gute Arbeit' in der → Erwerbsarbeit, sondern im Sinne ‚nachhaltiger Arbeit' (vgl. Jochum et al. 2020) auch um das Geschlechterarrangement, um bezahlte und unbezahlte Arbeit, um faire Arbeit in internationaler Perspektive und in arbeitsökologischer Perspektive um das Überleben der Menschheit (→ auch Arbeit und Nachhaltigkeit, Arbeits- und Gesundheitsschutz, Nicht-Erwerbsarbeit, Arbeitsgesellschaft, Arbeit im Kapitalismus).

Genese/theoretischer Kontext

Über einen langen Zeitraum galten politischer Einfluss und v.a. die Regulierung der Arbeitsbedingungen durch die → Gewerkschaften mithilfe von → Tarifverträgen sowie betriebliche und überbetriebliche Mitbestimmung als Garanten für ‚Gute Arbeit', weil gut bezahlte (Industrie-)Arbeit das Arbeitsleid ertragen ließ. Ab Ende der 1960er Jahre vollzog sich jedoch ein Anspruchswandel: Fließband, gesundheitsgefährdende Belastungen, dürftige Arbeitsinhalte und autoritäre Führung wurden in teils ‚wilden' Streiks problematisiert. Die Antwort der damaligen SPD-geführten Regierung und der Gewerkschaften war das Programm → Humanisierung des Arbeitslebens (HdA). In Abkehr von kleinteiliger, tayloristischer Massenfertigung und Arbeitsverdichtung sollten gesundheitsgefährdende Arbeitsbedingungen verbessert und restriktive, monotone Arbeit humanisiert werden. Dies fand bei vielen Unternehmern Anklang, denn ihnen kam eine solche arbeitswissenschaftlich fundierte Arbeitsgestaltung gelegen, weil sie die Zukunft ohnehin in diversifizierter Qualitätsproduktion bzw. in einer „High-road"-Strategie der Produkt- und Fertigungsentwicklung sahen (→ auch Neue Produktionskonzepte, Produktionsregime, Arbeit und Technik). Mit Expertise und Technikfokus ging es Politik, Gewerkschaften, Arbeitgebern und Betriebsräten darum, sozusagen von außen die Arbeit für die Arbeitenden neu und human zu gestalten (vgl. Sauer 2011, S. 19ff.).

Spätestens die infolge der Wiedervereinigung weiter ansteigende Massenarbeitslosigkeit (→ Erwerbslosigkeit) drängte dann Qualitätsfragen in den Hintergrund: ‚Hauptsache Arbeit' lauteten die Losungen. Die Gewerkschaften gerieten in die Defensive, Standortvereinbarungen und andere Elemente der Verbetrieblichung der Tarifpolitik führten zum Abbau erreichter Erfolge. In den Betrieben machte sich unter dem Begriff Retaylorisierung eine Abkehr von den Humanisierungsansätzen bemerkbar, und die lange geforderte → Subjektivierung zeigte ihre Schattenseiten. Arbeitspolitisch gelten die 1990er Jahre als „verlorenes Jahrzehnt" (vgl. ebd., S. 22).

Vor diesem Hintergrund und einer sich rasch wandelnden Arbeitswelt (→ Globalisierung, Prekarisierung, indirekte Steuerung, Subjektivierung u.a.m.) griffen die deutschen Gewerkschaften das Thema Arbeitsqualität erneut auf. Anknüpfend an die HdA-Bewegung (das Gestaltungsprogramm des Bundes lief bis 1989) wurde unter Abkehr vom Experten- und Technikfokus die Beteiligung der Beschäftigten in den Mittelpunkt gerückt (vgl. Schmucker 2020) und nicht mehr nur auf Arbeitsgestaltung und objektivierbare Kriterien fokussiert, sondern viele Dimensionen der Arbeits- und Lebenssituation einbezogen. Mit dem Terminus ‚Gute Arbeit' wird somit die subjektive Wende der Arbeitspolitik nachvollzogen, wie sie ihren Ausdruck in Rationalisierungsansätzen, dem Wertewandel und dem oft proklamierten Ende der Stellvertreterpolitik findet (vgl. ebd., S. 23 f.).

Die damalige rot-grüne Bundesregierung, Gewerkschaften, Stiftungen, Arbeitgeber u.a. gründeten im Jahr 2002 die Initiative Neue Qualität der Arbeit (INQA). Sie wird vom Bundesarbeitsministerium gefördert und versteht sich als Praxis- und Austauschplattform. INQA beauftragte eine Studie zur Frage „Was ist gute Arbeit? – Anforderungen aus Sicht von Erwerbstätigen" (Fuchs 2006). Aufbauend auf dem arbeitswissenschaftlichen Erkenntnisstand wurde ein Konzept entworfen, das Arbeitsanforderungen, Belastungen und Beanspruchungen sowie entlastende Ressourcen und Einkommensaspekte aus subjektiver Perspektive verknüpft. INQA (2015) knüpft seither mit dem Monitor „Gewünschte und erlebte Arbeitsqualität" und weiteren Projekten punktuell daran an. Der DGB ließ diesen Ansatz zum „Index Gute Arbeit" fortentwickeln (vgl. Fuchs 2007, Schmucker 2020) und 2011/12 überarbeiten (vgl. INIFES 2013), mit dem jährlich die Arbeitsqualität in Deutschland gemessen wird. Entsprechend der neuen Rolle des Individuums bzw. „der Person in der Arbeit" (Sauer 2011, S. 23) steht im Fokus, wann die Arbeitenden Erwerbsarbeit als zufriedenstellend erleben: Ein hohes Niveau von Entwicklungs-, Einfluss- und Lernmöglichkeiten und gute soziale Beziehungen sollten vorhanden sein, keine Über- oder Fehlbeanspruchungen vorliegen, das Einkommen existenzsichernd und gerecht ausfallen (vgl. Fuchs 2006, S. 150). Gemessen wird mit dem mehrdimensionalen Indexinstrument zuvorderst bundesweit, auch Branchen- und Betriebsanwendungen sind vorgesehen, deren Befunde vergleichbar sind.

Auf weitere Instrumente und Konzepte zur Bewertung von Arbeitsqualität wie die alle sechs Jahre stattfindende BiBB/BAuA-Erwerbstätigenbefragung oder das „Haus der Arbeitsfähigkeit" von Ilmarinen sei hier nur hingewiesen (vgl. Fritz 2017, Matuschek 2016b). Diese verknüpfen konzeptuell verschiedene Dimensionen der Arbeitsqualität und/oder erheben entsprechende Indikatoren, dazu gehören häufig: → Arbeitszeit, Arbeitsplatzsicherheit, Arbeitsinhalt, Leistungsanforderungen, Einkommen, Qualifizierung, Kooperation/Führung, Belastungen/Gesundheit, Beteiligung, Vereinbarkeit. Auch viele Arbeitgeber nutzen im Rahmen des Personalmarketings verschiedenste Angebote von Beschäftigtenbefragungen (z.B. „Great Place to work"). Diese Ansätze geben unterschiedliche Antworten auf die Grundfrage, ob und wie sich multidimensionale Zugänge sowie subjektive und objektive Indikatoren über eine deskriptive Einzelbeschreibung hinaus verbinden lassen und was ein hinreichend valider methodischer Zugang und Maßstab von Arbeitsqualität sein könnte (vgl. Schäfer et al. 2013).

Grundlegende Einwände gegenüber multidimensionalen und subjektiven Ansätzen hat u.a. das Institut der deutschen Wirtschaft. Zur Messung von Arbeitsqualität seien eindeutige objektive Kriterien notwendig, welche bei genannten Ansätzen jedoch „bereits von Anfang an kompromittiert" seien, weil den Antworten „notwendigerweise subjektive Empfindungen zugrunde" lägen (ebd., S. 49) und die verwendeten Bewertungsmaßstäbe exogen gesetzt seien. Ferner stünden die Befunde zur Arbeitsqualität in einem „markanten Widerspruch zu den subjektiven Selbsteinschätzungen" der Arbeitszufriedenheit. Geschlussfolgert wird, dass „ein eindimensionaler, umfassender Indikator der Arbeitszufriedenheit ausreichend" sei, um die Qualität der Arbeit valide messbar zu machen (ebd., S. 49 f.). Hingegen argumentiert Matuschek (2016b, S. 11–13), dass bei der Ermittlung der Arbeitszufriedenheit zumeist nur unterkomplexe Modelle Verwendung fänden. Öffentliche Kontroversen von DGB und BDA zeigten an, dass die wissenschaftlichen Auseinandersetzungen eben auch die politischen Implikationen der Auseinandersetzung um Arbeitsqualität widerspiegelten. Zudem ließen sich nicht nur die Ambivalenzen subjektorientierter Leistungspolitik mit reinen Zufriedenheitsabfragen nicht ergründen.

Im Verlauf der Kontroverse um den Arbeitsqualitätsbegriff lässt sich eine Verschiebung von objektiven zu subjektiven Maßstäben (erlebte Qualität) feststellen; wesentliche Beiträge zur Debatte stammen aus den Arbeitswissenschaften (Belastungen/Beanspruchungen) und der Arbeitspsychologie (Arbeitszufriedenheit). Die Gestaltung der Arbeitsbedingungen durch die Akteure, deren Interessen, Handlungsmöglichkeiten und Konflikte stehen hingegen weniger im Fokus, was in der Rezeption der Befragten tendenziell die Gefahr einer gewissen Überhöhung der Handlungsrelevanz von Befragungen zur Arbeitsqualität birgt. Mit solchen Befragungen wird eine Kausalität von Benennung/Bewertung zu Problemabstellung/Verbesserung transportiert. Deren arbeitspolitische Nutzbarmachung erweist sich angesichts der Methode, der Vielschichtigkeit der Elemente und der begrenzten Handlungsressourcen und -möglichkeiten als erhebliche Herausforderung insbesondere für betriebliche Akteure und erzeugt mitunter Unzufriedenheit unter den betrieblich Befragten über die als ungenügend monierten Konsequenzen (vgl. Brandl/Stelzl 2017). Auch der Zusammenhang von Arbeitsqualität und Wertschöpfung findet nur begrenzt Aufmerksamkeit, wird zumindest aber in Trendstudien aufgegriffen (z.B. BMAS 2021 a).

Dabei ist, wie erwähnt, der bestehende thematische Zugriff auf Arbeitsqualität erweiterungsbedürftig: So sind die spezifischen Anforderungen von bestimmten → Berufen, Branchen und generell der Dienstleistungen, insbesondere der Interaktionsarbeit (vgl. Tisch et al. 2020), umfänglicher abzubilden (→ auch Dienstleistungsarbeit, Arbeit und Interaktion). Nicht nur Vereinbarkeit und Geschlechtergerechtigkeit wären um Anforderungen unbezahlter Arbeit und um Mischformen mit bezahlter Arbeit aufzuwerten (Lepperhoff 2011) (→ auch Work-Life-Balance, Arbeit und Geschlecht, Nicht-Erwerbsarbeit, Reproduktion von Arbeitskraft, Sorgearbeit). Das Ziel, ‚Decent Work' als global zu respektierende Kernarbeitsnorm zu verankern (siehe unten), legt eine stärkere Betrachtung von Arbeitsqualität in internationalen Produktions- und Lieferketten nahe (→ Globale Wertschöpfungsketten und internationale Arbeitsteilung). Die Klimafolgen drängen auf eine arbeitsökologische Erweiterung (Pickshaus 2019), wie im Begriff Nachhaltiger Arbeit der Vereinten Nationen (UNDP 2015) und im nationalen Diskurs (Jochum et al. 2020) angelegt (→ Arbeit und Nachhaltigkeit). Demzufolge ist auch eine engere Verknüpfung von Arbeitsqualität mit den hergestellten Produkten und deren gesellschaftlichen Implikationen angezeigt.

Empirische Forschungsergebnisse

Neben Trendstudien und Betriebsanwendungen finden sich v.a. quantitativ ausgerichtete Monitoringdaten auf Bundes- und Branchenebene: Zum einen spezifisch erhobene Daten (z.B. die periodische BiBB/BAuA-Erwerbstätigenbefragung) oder Daten, die aus anderen Quellen stammen (z.B. das Angebot von Destatis). Diese Daten basieren auf Indikatorenüberlegungen zur Arbeitsqualität (vgl. Körner/Puch 2012), beinhalten in der Regel aber kein elaboriertes Messkonzept, wie es in Sekundäranalysen (z.B. Prümer 2020) zur Anwendung kommt. Zum anderen finden sich Analysen, die auf der Grundlage von konzeptuellen Überlegungen die Arbeitsqualität dezidiert erheben und anhand eines Indikators oder eines Index messen.

Die angesprochenen wissenschaftlichen und arbeitspolitischen Kontroversen spiegeln sich in den widersprüchlichen Befunden wider. Einige mono- und multidimensionale Studien zur Arbeitszufriedenheit (Brenke 2015, Körner/Puch 2012, Destatis 2021, BAuA 2019, BMAS 2021 b) weisen eine konstant hohe Arbeitszufriedenheit aus (je nach Studie und Skala äußern sich 70% bis um die 90% der Befragten zufrieden). Dem stehen Studien gegenüber, die die Zufriedenheit geringer beziffern (nach Manpower 2019 in den 2010er Jahren zwischen 50% und 55%). Einige Studien verweisen auf kontinuierlich hohe Arbeitsanforderungen und Belastungen (BAuA 2019, S. 34ff.) bzw. sprechen von guten Arbeitsbedingungen nur bei weniger als einem Drittel der Arbeitsplätze (INQA 2015) respektive von einer insgesamt nur mittleren Arbeitsqualität (DGB-Index Gute Arbeit 2021).

Internationaler Bezug

Die Europäische Stiftung zur Verbesserung der Lebens- und Arbeitsbedingungen, Eurofound, führt seit 1991 in nunmehr acht Wellen eine Erhebung zu den Arbeitsbedingungen durch (EWCS). Teilnehmerländer und Methodik wurden mehrfach verändert. Im jüngsten vorliegenden Bericht zur Welle 2015 wird die Arbeitsqualität in sieben einzelnen Indizes abgebildet, darunter solchen zur Arbeitsintensität, Arbeitszeitqualität, zu Kompetenzen und Entscheidungsfreiheit sowie zum Verdienst (Eurofound 2017, S. 36-101). Der Bericht stellt resümierend fest, dass „there has been limited progress in some job quality indices" (ebd., S. 8). Ferner werden fünf Jobqualitätsprofile von „High flying" bis „Poor quality" unterschieden und spezifische Empfehlungen abgeleitet (ebd., S. 128–137). In den Daten spiegelt sich der Ansatz der Lissabonstrategie ab dem Jahr 2000 wider, nicht nur „more", sondern auch „better jobs" in Europa zu generieren. Dieses Ziel sei jedoch, so Eurofound (ebd., S. 12), in der „Europe 2020 strategy – ‚smart, sustainable and inclusive growth' –" nur noch implizit angelegt.

Eine weitere politische Initiative für Arbeitsqualität stellt der ‚Decent Work'-Ansatz (menschenwürdige Arbeit) der Internationalen Arbeitsorganisation (ILO) dar. Hierbei geht es vorwiegend um die weltweite Durchsetzung der Kernarbeitsnormen. Seit dem Jahr 2015 ist das Konzept Teil der Nachhaltigkeitsziele (Sustainable Development Goals, SDGs) der UN (SDG 8: „(...) decent work for all"; ILO 2017). Zunächst scheint Decent Work hierzulande wegen seiner Mindestanforderungen kaum Relevanz zu entfalten (vgl. Schmucker 2020, S. 2ff.). Dennoch müssen auch hierzulande grundlegende Arbeitnehmerrechte immer wieder neu erstritten werden. Decent Work gibt zudem dem Ansatz weltweiter Verantwortung für Zulieferer und Beschäftigte sowie fairen Konsumkampagnen in Deutschland Auftrieb. Ferner stärkt die Aufnahme in die UN-Strategie Überlegungen einer arbeitsökologischen Anreicherung bzw. einer Erweiterung von Arbeitsqualitätskonzepten in Richtung nachhaltiger Arbeit.

Sebastian Brandl

Empfehlungen zum Weiterlesen

Eurofound 2017: Sixth European Working Conditions Survey – Overview Report (2017 update). Luxembourg: Publications Office of the European Union.

Fritz, Martin 2017: Beschäftigungsregime im Vergleich. Opladen/Berlin/Toronto: Verlag Barbara Budrich.

Matuschek, Ingo 2016 b: Arbeitsqualität. Expertise für die Kommission „Arbeit der Zukunft". Düsseldorf: Hans Böckler Stiftung.

Schäfer, Holger/Schmidt, Jörg/Stettes, Oliver 2013: Qualität der Arbeit. Positionen. Beiträge zur Ordnungspolitik aus dem Institut der deutschen Wirtschaft, Nr. 61. Köln: IW.

Schmucker, Rolf 2020: Von Decent Work zu Guter Arbeit. Zur Bedeutung arbeitspolitischer Leitbilder. in: Sozialpolitik.ch. Jg. 5, H. 2, S. 1–19.

Arbeitszeit

Begriff

Arbeitszeit ist der Teil eines Tages, einer Woche, eines Jahres oder eines Lebens, den Menschen mit Arbeit verbringen. Der Inhalt des Begriffs von Arbeitszeit hängt deshalb davon ab, was unter → Arbeit verstanden wird (→ auch Arbeit im Kapitalismus). Innerhalb der großen Bandbreite von Formen der aktiven Auseinandersetzung des Menschen mit der Natur und seiner gesellschaftlichen Umwelt befasst sich Arbeitszeitforschung mit *jener Zeit, die der Schaffung von Voraussetzungen für die Reproduktion der Lebensbedingungen einschließlich der → Reproduktion der Arbeitskraft eines Menschen gewidmet wird.* Dazu gehören sowohl die Sicherung seiner materiellen Existenz als auch solche Tätigkeiten, mit denen Verantwortung für andere Menschen im persönlichen Umfeld wahrgenommen wird.

Je nach geschichtlichen und nationalspezifischen Voraussetzungen werden bestimmte dieser Tätigkeiten eher marktvermittelt ausgeübt und andere eher in der Privatsphäre bzw. ehrenamtlich. Die umgangssprachliche Unterscheidung dieser beiden Aspekte des Begriffs von Arbeitszeit sind „bezahlte" und „unbezahlte" Arbeitszeit. Erstere wird in (selbstständiger oder abhängiger) → Erwerbsarbeit geleistet, letztere vornehmlich im Haushalt (→ auch Nicht-Erwerbsarbeit, Sorgearbeit).

Schwerpunkt der sozialwissenschaftlichen Auseinandersetzung mit Arbeitszeit ist traditionell die bezahlte Arbeitszeit und hier wiederum die Arbeitszeit in abhängiger Beschäftigung, also in Lohnarbeit. Arbeitszeit ist dann die Zeit, in der abhängig Beschäftigte („Arbeitnehmer/innen") dem „Arbeitgeber" ihre Arbeitskraft für einen bestimmten Lohn zur Verfügung stellen. Damit ist die Arbeitszeit neben dem Lohn zentraler Bestandteil des Arbeitsvertrages (→ auch Entgelt und Leistung).

Genese/theoretischer Kontext

Die Beschäftigung mit Arbeitszeit als gesellschaftswissenschaftlichem Forschungsgegenstand hat sich historisch in sehr unterschiedlichen theoretischen Zusammenhängen herausgebildet (vgl. zum Folgenden Hermann 2014). Zwar spielt politisch nach wie vor die *wirtschaftswissen-*

schaftliche Neoklassik eine dominierende Rolle, in der bei gegebener Arbeitsnachfrage jedes Individuum den Nutzen zusätzlicher Freizeit mit dem Nutzen zusätzlichen Lohns (= Konsums) abwägt, so dass sich eine durchschnittliche Arbeitszeit-Dauer als Gleichgewichtszustand ergibt. Doch ungeachtet der vielfältigen Differenzierungen und Weiterentwicklungen innerhalb dieser Denkschule kann sie wegen ihrer von Raum und Zeit unabhängigen Grundannahme eines „homo oeconomicus" nicht als *Gesellschafts*wissenschaft angesehen werden.

Demgegenüber bemühen sich die im Folgenden grob zusammengefassten Denkströmungen um ein Verständnis von Arbeitszeit als einem *gesellschaftlichen* Verhältnis. Die Grenzen zwischen diesen Herangehensweisen sind in den letzten Jahrzehnten fließend geworden.

Die *Soziologie in der Tradition Max Webers* konzentriert sich auf das Verständnis der Rationalität im Handeln von Organisationen. Arbeitszeit ist danach das Ergebnis von Erfordernissen des Produktionsprozesses im Umfeld von Normen, die durch Organisationen und Kultur geprägt sind. Da höhere Intensität der Arbeit mit höherer Produktivität einhergehe, sei historisch mit einer Verkürzung der Arbeitszeit zu rechnen. Dieses Herangehen ist auch für eine von der Neoklassik abweichende Traditionslinie wirtschaftswissenschaftlichen Denkens typisch, die insbesondere von John Maynard Keynes (1943) repräsentiert wird, der voraussagte, dass in den entwickelten kapitalistischen Ländern langfristig Vollbeschäftigung nur durch radikale Arbeitszeitverkürzung zu erreichen sei.

Die *an Karl Marx anknüpfende Forschung* betrachtet Arbeitszeit nicht primär als Produkt rationalen Nutzenkalküls, sondern vor allem als Ergebnis von Interessenkonflikten. Deren Wurzel wird darin gesehen, dass die Arbeitszeit nicht allein die Zeit enthalte, für die der Arbeiter in Höhe der Kosten für die Reproduktion seiner Arbeitskraft entlohnt werde, sondern auch jene Zeit, in der er den Mehrwert produziere, der vom Eigentümer der Produktionsmittel angeeignet werde. Da die Kosten der Reproduktion der Arbeitskraft stets ein soziales und kulturelles Element enthielten und sich mit der geschichtlichen Entwicklung veränderten, bleibe die Festlegung von Lohn und notwendiger Arbeitszeit immer ein politisches Element und werde letztlich durch das Kräfteverhältnis der Interessenparteien entschieden. Ähnlich wie später Max Weber sah Marx, dass Arbeitszeitverkürzungen „der Entwicklung der Produktivkraft und der Ökonomisierung der Produktionsbedingungen" einen „ungeheuren Anstoß" geben, doch anders als Weber ging Marx davon aus, dass dem gewöhnlich eine dem Kapital aufgezwungene, „gewaltsame Verkürzung des Arbeitstages" zugrunde liege (Marx 1972 a [1867], S. 432).

Die Denktraditionen von Marx und vor allem von Weber sind zwar für wichtige Teile der sozialwissenschaftlichen Arbeitszeitforschung bis heute prägend, sie wurden jedoch seit den 1970er Jahren kritisch reflektiert und erweitert. Hervorzuheben ist hier zum einen die *feministisch inspirierte Forschung*, die eine in den beiden vorgenannten Denkströmungen vorherrschende Fokussierung oder gar Begrenzung auf Lohnarbeit und bezahlte Arbeitszeit kritisiert. Reproduktion von Arbeitskraft kann aus feministischer Sicht nur im Haushaltsverbund stattfinden (→ Arbeit und Geschlecht). Reproduktionsarbeit schließe deshalb traditionell auch nicht-marktförmig erbrachte Arbeit ein, also in erster Linie die von Frauen erbrachte und unbezahlte Arbeit im Haushalt. Die Zusammenhänge zwischen bezahlter und unbezahlter Arbeitszeit werden als Bestandteil der geschlechtsspezifischen Arbeitsteilung und Arbeitszeitverteilung in der Gesellschaft und der sie beeinflussenden Institutionen und Politiken untersucht. Dieser erweiterte Blick feministisch orientierter Arbeitszeitforschung hat die Entwicklung der institutionalistischen Arbeitsmarkt- und Arbeitszeitanalyse maßgeblich beeinflusst (Rubery et al. 1998).

Die verschiedenen Traditionslinien *institutionalistischen Denkens* verknüpfen Arbeitszeitforschung vor allem mit Arbeitsmarkt- und Wohlfahrtsstaaten-Forschung im Zusammenhang der Diskussionen über → Varieties of Capitalism. Sie interessiert sich unter anderem für die Dynamik der mit Normen und Institutionen verbundenen gesellschaftlichen Arbeitszeitstandards in enger Verbindung mit Veränderungen des → Normalarbeitsverhältnisses und der Geschlechterverhältnisse (Bosch 2002). Gesellschaftliche „Arbeitszeitregime" werden als Wechselwirkung wohlfahrtsstaatlicher Institutionen und gesetzlicher, kollektiv- und einzelvertraglicher Normen mit gesellschaftlichen oder betrieblichen Praktiken verstanden (Anxo/O'Reilly 2000, Lehndorff 2011). Der größte Teil der gegenwärtigen arbeits- und industriesoziologischen Arbeitszeitforschung folgt explizit oder implizit institutionalistischen Denkansätzen.

Zentrale Forschungsergebnisse

Die Auseinandersetzung um die Begrenzung des Arbeitstages seit dem 19. Jahrhundert (Deutschmann 1985, Cross 1989) gipfelte zunächst in der Durchsetzung des (zumeist) gesetzlichen Acht-Stunden-Tages als Teil politischer Umwälzungen nach dem Ersten Weltkrieg; im „Goldenen Zeitalter" nach dem Zweiten Weltkrieg folgte dann die Etablierung der 40-Stunden-Woche als dem grundlegenden Arbeitszeitarrangement in der Gesellschaft wie in den Betrieben und einem Eckpfeiler des Normalarbeitsverhältnisses. Normierende Kraft ging dabei in der Bundesrepublik Deutschland vor allem von → Tarifverträgen aus, mit denen die Arbeitszeit aus der Konkurrenz zwischen den Unternehmen innerhalb einzelner Wirtschaftszweige herausgehalten wurde. Betrieblich diente der Arbeitszeitstandard als Rahmen für die Rationalisierungsprozesse in der Massenproduktion. Gesellschaftlich wurde er zur Basis der neuen Freizeit- und Konsumkultur und reflektierte zugleich das weithin geteilte Leitbild der Alleinverdiener-Familie (so warb der Deutsche Gewerkschaftsbund in den 1950er Jahren für die 40-Stunden-Woche mit dem Slogan „Samstags gehört Vati mir").

Seit den 1980er Jahren ist dieser gesellschaftliche Arbeitszeitstandard durch einige Megatrends unter Druck geraten und teilweise aufgelöst worden: die starke Zunahme der Frauenerwerbstätigkeit und das Streben nach Gleichstellung der Geschlechter im Erwerbsleben, die Tertiarisierung der Wirtschaft, die → Globalisierung von Wettbewerb und Lieferketten, neue Formen der → Arbeitsorganisation, der demografische Wandel – dies alles in Kombination mit einer zunehmenden Dominanz des Neoliberalismus. Die Befunde aus der breit gefächerten – und vielfach international vergleichenden (Lee et al. 2007, Berg et al. 2014) – Erforschung dieses Umbruchs können zu den folgenden Trendaussagen verdichtet werden (vgl. zum Folgenden u.a. Lehndorff 2003, Groß/Seifert 2010, Absenger et al. 2014, Forba 2016, Kümmerling et al. 2017):

Entstandardisierung und Ausdifferenzierung: Die Globalisierung von Lieferketten und Wettbewerb setzt nationalstaatlich begrenzte Institutionen wie die tarifvertragliche Arbeitszeitregulierung unter Druck. Die Tarifbindung nimmt ab, und teilweise werden Tarifverträge durch betriebliche Abweichungen durchlöchert (indem z.B. längere Arbeitszeiten als im Branchentarifvertrag vereinbart werden). Im Ergebnis sind die Arbeitszeiten von Vollzeitbeschäftigten in Deutschland seit den 1990er Jahren bis zum Beginn der zweiten Dekade des 21 Jahrhunderts wieder länger geworden. Dieser Trend ist seitdem jedoch gebrochen: Die Arbeitszeiten der Vollzeitbeschäftigten sind langsam, aber stetig rückläufig (Kümmerling/Haipeter 2021). Ursache hierfür ist ein Rückgang der definitiven Überstunden und eine Zunahme der sog. transitorischen Überstunden, d.h. der Überstunden, die durch Freizeit ausgeglichen werden (Weber et al. 2014). Zugleich lassen zunehmende Frauenerwerbstätigkeit und wachsender Dienstleistungssektor (→Dienstleistungsarbeit, Dienstleistungsgesellschaft) klassische (männlich dominierte) Industriebereiche mit eher standardisierten Arbeitszeiten schrumpfen, während Sektoren mit mehrheitlich weiblichen Beschäftigten wie der Einzelhandel oder das Gesundheitswesen mit hohen Anforderungen an die zeitliche Verfügbarkeit und Flexibilität des Dienstleistungsangebots wachsen. Öffnungszeiten und Maschinennutzungszeiten (Betriebszeiten) werden zum Gegenstand der zwischenbetrieblichen Konkurrenz. Nicht mehr allein die *Dauer* der täglichen Arbeitszeit wird damit zum Gegenstand des Arbeitszeitkonflikts, sondern auch deren *Lage* am Tag oder in der Woche sowie deren regelmäßige oder unregelmäßige *Verteilung* im kurzfristigen Zeitverlauf und zunehmend auch im Lebensverlauf (vgl. auch Seifert 2005, Boulin et al. 2006, Sauer 2013, Kümmerling/Haipeter 2021). Zudem geraten durch die Auswirkungen der COVID-19-Pandemie auch zunehmend Regelungen und Möglichkeiten des → mobilen Arbeitens, also der Flexibilität des Arbeitsorts, in den Fokus von Interessenvertretungen (Detje/Sauer 2021) (→ auch Home Office/Tele[heim]arbeit).

Segmentierung und Geschlechterdifferenzierung: In einigen Ländern, darunter v.a. in Deutschland, geht die zunehmende Frauenerwerbstätigkeit mit einem starken Wachstum der Teilzeitarbeit einher, so dass sich die Arbeitszeitunterschiede zwischen Männern und Frauen einerseits auf einem hohen Niveau befinden und nur langsam abnehmen, andererseits aber auch innerhalb der weiblichen Erwerbsbevölkerung ausgeprägt sind. Die wichtigste Ursache dafür sowie für die hier zu beobachtenden erheblichen Länderunterschiede sind die engen Verbindungen zwischen Arbeitszeiten, Wohlfahrtsstaat und Arbeitsmarktregulierung. Umfang und Qualität sozialer Dienstleistungen (v.a. der Kinderbetreuung), das Steuer- und Sozialversicherungssystem (z.B. in Deutschland das Ehegattensplitting) und Arbeitsmarkt-Institutionen wie die Minijobs können die Geschlechterunterschiede bei den Arbeitszeiten perpetuieren und verstärken. Zudem weisen jüngere Studien auf die Rolle von herrschenden Geschlechterrollenvorstellungen hin, die die Wirkung sozialstaatlicher Institutionen verstärken oder abfedern können (Hipp/Leuze 2015, Kümmerling/Postels 2020). Wie europäische Vergleiche zeigen, begünstigt ein Ausgleich bei den bezahlten Arbeitszeiten auch eine allmähliche Verringerung der Geschlechterunterschiede in der unbezahlten Hausarbeit. Die Segmentierung der Arbeitszeiten nach Geschlecht widerspricht auch den in Umfragen erhobenen Arbeitszeitwünschen: Viele (v.a. männliche) Beschäftigte mit langen Arbeitszeiten würden lieber kürzer arbeiten, viele (v.a. weibliche) Beschäftigte in Teilzeit oder im Minijob hätten gerne längere Arbeitszeiten (Harnisch et al. 2018, Klenner/Lott 2016).

Flexibilisierung und Verlängerung: Neue Formen der Arbeitsorganisation mit stärkerer Betonung von Einzelverantwortung können sowohl zur Ausdifferenzierung der Dauer der Arbeitszeiten zwischen verschiedenen Beschäftigtengruppen führen (z.B. zwischen höher qualifizierten Angestellten und Produktionsarbeitern) als auch zu einer engeren – in vermeintlicher Autonomie selbst organisierten – Bindung der Arbeitszeiten an die jeweilige Auftragslage. Diese in Deutschland besonders weit entwickelte „Flexibilisierung" wird heute über die klassische Gleitzeitarbeit hinaus in einer Vielzahl unterschiedlicher Systeme von Arbeitszeitkonten organisiert, die der Organisation schwankender Arbeitszeiten im Wochen-, Monats-, Jahres- oder längerfristigen Verlauf dienen. Flexibilisierung ist häufig mit Arbeitsverdichtung, einer Verknappung der Personalressourcen und dadurch mit negativen Beschäftigungseffekten verbunden, doch können – wie zuletzt in der Wirtschaftskrise von 2008/2009 und der durch die COVID-19-Pandemie verursachte Krise – flexible Arbeitszeitregelungen auch zur Beschäftigungssicherung beitragen (Zapf/Herzog-Stein 2011, Golden/Glosser 2013, Konle-Seidl 2020, Haipeter/Kümmerling 2022). Ebenso widersprüchlich sind die Wirkungen der Flexibilisierung auf die Arbeitsbedingungen: Die Anforderungen des Arbeitgebers dominieren zwar, aber flexible Arbeitszeiten können von vielen Beschäftigten auch für individuelle Erfordernisse genutzt werden (Zapf/Weber 2017, Ellguth et al. 2018). Vielfach entsteht eine Grauzone von Flexibilisierung und Verlängerung individueller Arbeitszeiten, die zu einer → Entgrenzung der Arbeitszeiten führen kann (vgl. auch Hildebrandt et al. 2009, Kratzer et al. 2011, Lott 2014, Haipeter et al. 2017).

Vor diesem Hintergrund befasst sich die gegenwärtige Arbeitszeitforschung auch mit *Herausforderungen* an die zukünftige Arbeitszeitgestaltung und -politik (Lehndorff 2001, Schröder/Urban 2017). Hervorgehoben werden, erstens, der Widerspruch zwischen den durch Arbeitsintensivierung und Arbeitszeitflexibilisierungen bedingten Belastungen im Arbeitsalltag einerseits und den Anforderungen an eine „nachhaltige" Arbeitsorganisation und Arbeitszeitgestaltung (gesund erhaltende Arbeitsbedingungen für alternde Belegschaften) andererseits (→ Arbeit und Alter[n], Arbeit und Nachhaltigkeit, Arbeits- und Gesundheitsschutz, Arbeitsqualität,), zweitens die neuen Anforderungen an stärkere individuelle Arbeitszeitkontrolle – insbesondere unter den Bedingungen der Digitalisierung – im Rahmen und mit Unterstützung kollektivvertraglicher Arbeitszeitregulierung und betrieblicher Mitbestimmung, und drittens – vor dem Hintergrund des demografischen Wandels und der zunehmenden Frauenerwerbstätigkeit, aber auch geänderter Rollenvorstellungen von Vätern – die Variierbarkeit der Arbeitszeiten im Lebensverlauf sowohl als Beitrag zur Geschlechtergleichstellung im Beruf als auch zur besseren Vereinbarkeit von Erwerbstätigkeit und Privatleben (→ Work-Life-Balance). Diese „Lebenslaufperspektive" – so eine weithin geteilte Bewertung – müsse zur Grundlage eines Arbeitszeitstandards der Zukunft werden. In diesem Zusammenhang ist die Einführung verschiedener gesetzlicher Regelungen wie der Anspruch auf Eltern- und Pflegezeit und Brückenteilzeit zu interpretieren. In Tarifverträgen wurden mit sog. Wahloptionen innovative Instrumente geschaffen, die es ermöglichen, die individuelle Arbeitszeit in Abhängigkeit von spezifischen Bedürfnissen im Lebensverlauf zu variieren. Dass nicht alle Tarifverträge diese Wahloption allen Beschäftigtengruppen gleichermaßen gewähren, sondern nur anlassbezogen (Seifert 2019; Kümmerling 2021), kann man als Paradigmenwechsel in der Arbeitszeitpolitik der Gewerkschaften verstehen (Bosch 2017 a, Lehndorff 2019).

Angelika Kümmerling, Steffen Lehndorff, Christoph Hermann

Empfehlungen zum Weiterlesen

Absenger, Nadine/Ahlers, Elke/Bispinck, Reinhard/Kleinknecht, Alfred/Klenner, Christina/Lott, Yvonne/Pusch, Toralf/Seifert, Hartmut 2014: Arbeitszeiten in Deutschland. Entwicklungstendenzen und Herausforderungen für eine moderne Arbeitszeitpolitik. WSI Report, Nr. 19. Düsseldorf: WSI.

Groß, Hermann/Seifert, Hartmut (Hg.) 2010: Zeitkonflikte. Renaissance der Arbeitszeitpolitik. Berlin: edition sigma.

Hermann, Christoph 2008: Kampf um die Arbeitszeit. Ein Überblick. In: Prokla, Jg. 38, H. 150, S. 83–102.

Kümmerling, Angelika/Schmieja Vanessa 2021: Arbeitszeiten während der Corona-Pandemie: Wachsende Unterschiede zwischen Frauen und Männern: IAQ-Arbeitszeitmonitor. IAQ-Report 2021-07. Duisburg: Institut Arbeit und Qualifikation.

Lehndorff, Steffen 2015: Staatliche Arbeitszeitpolitik im Finanzmarktkapitalismus. Erfahrungen mit der 35-Stundenwoche in Frankreich und Anregungen für Deutschland. In: Haipeter, T./Latniak, E./Lehndorff, S. (Hg.): Arbeit und Arbeitsregulierung im Finanzmarktkapitalismus: Chancen und Grenzen eines soziologischen Analysekonzepts. Wiesbaden: Springer VS, S. 219–258.

Lott, Yvonne 2019: Weniger Arbeit mehr Freizeit? WSI-Report Nr. 47. Düsseldorf: WSI in der Hans-Böckler-Stiftung.

Atypische Beschäftigung

Begriff

„Atypische Beschäftigung" bemisst sich in Deutschland an der Abweichung von einzelnen oder mehreren Kriterien, die das sogenannte → „Normalarbeitsverhältnis" auszeichnen. Je nach dessen engerer oder weiterer Definition variiert deshalb auch der Umfang atypischer Beschäftigung. Als „atypisch" gelten Teilzeitarbeitsverhältnisse (Kriterium: → Arbeitszeit), Befristungen (Kriterium: Kündigungsschutz), Zeitarbeit, Werkvertragsarbeit (Kriterium: Kündigungsschutz und Abhängigkeit von der Weisungsbefugnis eines einzelnen Arbeitgebers) und geringfügige Beschäftigungsverhältnisse (Kriterium: Arbeitszeit und Sozialversicherungspflicht). Auch Alleinselbstständige werden als atypisch Erwerbstätige eingestuft. Dies beruht auf einer doppelten Abgrenzung: von der Selstbständigkeit durch das Fehlen weiterer abhängig beschäftigter oder mithelfender Arbeitskräfte; vom „Normalarbeitsverhältnis" durch das Fehlen der Abhängigkeit von der Weisungsbefugnis durch einen Arbeitgeber, durch die Art der Entlohnung und der Verfügung über die Arbeitszeit.

Nicht eindeutig ist das Kriterium „existenzsicherndes Einkommen". In der historischen Phase der Durchsetzung des „Normalarbeitsverhältnisses" war damit ein Einkommen gemeint, mit dem der tariflich entlohnte Arbeiter oder Angestellte den Lebensunterhalt für sich und seine Familie aufbringen konnte. Dem entsprach die gesellschaftliche Norm der „Versorgerehe" als Kern eines Haushalts- und Familienmodells mit strikter Arbeitsteilung zwischen den Geschlechtern. Als existenzsichernd definieren Keller und Seifert gegenwärtig ein Einkommen, das mindestens zwei Drittel des Medianeinkommens beträgt (Keller/Seifert 2011, S. 11). Bei der Berechnung geht das gesamte Haushaltseinkommen ein (→ auch Arbeit, Arbeit im Kapitalismus, Erwerbsarbeit, Erwerbslosigkeit).

Genese/historischer Kontext

Ulrich Mückenberger hatte den Begriff „Normalarbeitsverhältnis" 1984 eingeführt, als die damit gemeinte soziale Realität bereits fragwürdig geworden war. Was als arbeits- und sozialrechtliche „Normalität" anzusehen sei, trat erst mit der wachsenden Zahl davon abweichender, eben „atypischer" Beschäftigungsverhältnisse ins Bewusstsein. Die Angaben zum Umfang atypischer Beschäftigung in Deutschland variieren je nach Berechnungsgrundlage. Einen erheblichen Einfluss übt dabei die jeweilige Definition von atypischer Teilzeitarbeit aus. Das Statistische Bundesamt zählt als atypisch nur eine Teilzeitbeschäftigung, die 20 Wochenstunden nicht überschreitet. Entsprechend erhöht sich der Anteil, wenn alle Teilzeitarbeit (weniger als 35 Wochenstunden) als atypische Beschäftigung gilt. Auf dieser Grundlage und unter Einbeziehung der Soloselbstständigen, die das Statistische Bundesamt ebenfalls zwar ausweist, aber in der Summe unberücksichtigt lässt, kommt Seifert (2017, S. 7) für das Jahr 2013 zu einem Anteil atypischer Beschäftigung an allen Beschäftigten von 39,1%. Nach den Kriterien des Statistischen Bundesamts lag der Anteil im selben Jahr lediglich bei 24,1% (Bundeszentrale für politische Bildung 2020).

In welchem Umfang, in welchen Formen und mit welchen Folgen sich atypische Beschäftigung in den hoch entwickelten kapitalistischen Ländern ausbreitet, hängt von den jeweiligen institutionellen Regelungen und Verknüpfungen von Arbeitsmärkten, Geschlechterverhältnissen und sozialstaatlichen Sicherungssystemen ab. In Deutschland nahmen seit der deutsch-deutschen Vereinigung atypische Beschäftigungsverhältnisse zunächst deutlich zu, allerdings mit erheblichen Variationen bei den einzelnen Beschäftigungsarten. Zwischen 2010 und 2019 ging der Anteil laut Statistischem Bundesamt leicht zurück. An der Entwicklung atypischer Beschäftigung sind die folgenden Faktoren maßgeblich beteiligt:

Erstens ist die zunehmende Erwerbsbeteiligung von Frauen zu nennen, allerdings unter den institutionellen Bedingungen eines Sozialstaats, der in Deutschland nach wie vor das „männliche Ernährermodell" von Familie privilegiert, und von Arbeitsmärkten, die nach wie vor Frauen systematisch benachteiligen. Teilzeitarbeit ist der von vielen Frauen gewählte Kompromiss, um unter diesen Umständen Erwerbsarbeit und Familienarbeit zu verbinden (→ auch Arbeit und Geschlecht, Sorgearbeit, Work-Life-Balance).

Zweitens wirkt sich die langfristige Verschiebung der Beschäftigungsstruktur von der Industrie zu den Dienstleistungen auf die Beschäftigungsformen aus. Frauen sind vor allem als Dienstleisterinnen erwerbstätig, und dies in Deutschland häufig in atypischer Beschäftigung (Teilzeit und geringfügige Beschäftigung) (→ auch Dienstleistungsarbeit, Dienstleistungsgesellschaft).

Drittens fördert die strategische Ausrichtung von Industrieunternehmen in Deutschland an flexibler Massenproduktion die Ausbreitung atypischer Beschäftigung. Die Unternehmen verbinden Strategien der „internen Flexibilisierung", die die Stammbelegschaften betreffen, mit solchen der „externen Flexibilisierung", bei denen Leiharbeiter, Werkvertragsarbeiter und befristet Beschäftigte als zeitlich disponible Flexibilitätspuffer eingesetzt werden.

Viertens nahm der Gesetzgeber arbeitsrechtliche Sicherheiten und sozialrechtlich verbriefte Leistungen selektiv zurück. Die Maßnahmen zur Liberalisierung und Flexibilisierung der Arbeitsmärkte in den 1980er und 1990er Jahren sollten die strukturelle Arbeitslosigkeit überwinden helfen, die sich in Deutschland festgesetzt hatte; die Einsparungen in den Leistungen sollten zur finanziellen Konsolidierung der öffentlichen Haushalte und Sozialsysteme beitragen. Die Gesetze zur Modernisierung der Dienstleistungen am Arbeitsmarkt in den 2000er Jahren förderten gezielt geringfügige Beschäftigung und zugleich die Ausweitung eines → Niedriglohnsektors (zur Entwicklung der rechtlichen Regelungen von Befristung, Mini-Jobs und Zeitarbeit bis 2004 siehe Rudolph 2007).

Fünftens erfolgten weitreichende Umstrukturierungen im öffentlichen Dienst nach betriebswirtschaftlichen Prinzipien, einschließlich der Privatisierung von Dienstleistungen (u.a. Telekommunikation, Post). Vor allem befristete Arbeitsverhältnisse nahmen in diesem Zusammenhang zu, im Zuge der Privatisierungen aber auch andere Formen atypischer Beschäftigung.

Die Diskussionen um Nutzen und Schaden atypischer Beschäftigungen konzentrieren sich zum einen auf die ökonomischen Aspekte (Beschäftigungseffekte, Produktivität und Qualität der in diesen Arbeitsverhältnissen erbrachten Leistungen), zum anderen auf die individuellen und gesellschaftlichen Folgen.

Letztere lassen sich nur länderspezifisch erkennen, da sie von arbeits- und sozialrechtlichen Regelungen abhängen (→ Prekarität). Ob ein atypisches Arbeitsverhältnis problematisch und mit besonderen Unsicherheiten behaftet ist oder nicht, darf dabei nicht allein aus der aktuellen Arbeits- und Entlohnungssituation geschlossen werden, sondern muss die (Erwerbs-) Biografie, den Haushaltskontext und in diesem Zusammenhang die Wünsche der Beschäftigten einbeziehen. Deshalb kommt der Durchlässigkeit der Arbeitsmarktsegmente eine besondere Bedeutung zu, der Frage also, ob und unter welchen Bedingungen Übergänge aus atypischer Beschäftigung in ein „Normalarbeitsverhältnis" möglich sind (→ auch Arbeitsmarktsegmentation, Betriebliche Beschäftigungssysteme).

Zentrale Forschungsergebnisse

Die Auswirkungen der Arbeitsmarktflexibilisierungen für Unternehmen unterscheiden sich je nach Beschäftigungsform und Branche und können durchaus zwiespältig sein. So erhöht Teilzeitarbeit nicht unbedingt die Flexibilität von Unternehmen, sie kann vielmehr unterhalb eines bestimmten Zeitniveaus den variablen Einsatz von Arbeitskräften erschweren (Schmid 2012, S. 55). Auch die externe Flexibilisierung durch die Befristung von Arbeitsverhältnissen weist für die Unternehmen problematische Kehrseiten auf: „Mittlerweile gibt es in der Forschung harte Belege dafür, dass übermäßige Nutzung befristeter Arbeitsverhältnisse, insbesondere Zeit- oder Leiharbeit, die Innovationsfähigkeit von Betrieben schwächt" (ebd., S. 56). Das gleiche gilt für die Produktivität.

Für die Beschäftigten ziehen alle atypischen Beschäftigungsformen aufgrund der engen Verbindung von abhängiger Erwerbsarbeit und sozialversicherungsrechtlichen Ansprüchen in Deutschland unmittelbare finanzielle Einbußen oder aber erhöhte Versorgungsrisiken (im Gefolge erhöhter Arbeitslosigkeitsrisiken oder bei Alleinselbstständigkeit) bei der Alterssicherung nach sich (Schulze Buschoff 2011). Darüber hinaus sind atypisch Beschäftige benachteiligt bei der innerbetrieblichen, beruflichen Weiterbildung, was wiederum die weiteren Karrieremöglichkeiten einschränkt (→ auch Berufliche Bildung). Ansonsten unterscheiden sich die Konstellationen erheblich.

Teilzeitarbeit war und ist die am meisten verbreitete atypische Beschäftigungsform. Sie wird noch immer weit überwiegend von Frauen ausgeübt und ist insbesondere in den sozialen Dienstleistungen und im Handel vertreten. Teilzeitarbeitsverhältnisse müssen nicht prekär sein, sofern sie (wenn auch unter den genannten einschränkenden Bedingungen) selbst gewählt, unbefristet und tariflich entlohnt sind. Wirksam bleiben aber die benachteiligenden Folgen bei der Altersversorgung.

Geringfügige Beschäftigung unterhalb der Sozialversicherungsgrenze, aber verbunden mit einem Beitrag der Arbeitgeber in die Kranken- und Rentenversicherung sowie zur Steuer, machte 2015 das zweitgrößte atypische Beschäftigungsfeld aus (Seifert 2017, S. 7). Problematisch ist geringfügige Beschäftigung vor allem für diejenigen, die allein in dieser Form erwerbstätig und nicht anderweitig individuell versichert sind. Übergangsanalysen zeigen, dass geringfügig Beschäftigte nur geringe Chancen haben, in ein „Normalarbeitsverhältnis" zu wechseln, wenn sie dies anstreben. Geringfügige Beschäftigung steht in Deutschland in der Kritik wegen der möglichen Verdrängung von sozialversicherungspflichtigen Arbeitsverhältnissen (Brandt 2006, S. 446), aber auch wegen der Fehlanreize, die dazu führen, dass die Ungleichheit zwischen den Geschlechtern am Arbeitsmarkt verstärkt wird (Voss/Weinkopf 2012).

Befristete Beschäftigung in Vollzeitarbeitsverhältnissen (ohne Auszubildende) lag, ebenfalls Stand 2015, dem quantitativen Umfang nach deutlich hinter den zuvor genannten atypischen Beschäftigungsformen. Ihr Anteil hat sich in den letzten Jahrzehnten kaum verändert. Allerdings nahm der Anteil befristeter Arbeitsverträge an allen neuen Verträgen stark zu, so dass Befristung der Tendenz nach zum Normaleinstellungsverhältnis werden könnte (Keller/Seifert 2011, S. 17). Dies ist sie bereits im öffentlichen Dienst. Befristete Beschäftigung zieht im Vergleich zum „Normalarbeitsverhältnis" Einkommenseinbußen nach sich (ebd., S. 25). Sie erhöht darüber hinaus das Arbeitslosigkeitsrisiko erheblich.

Leih- oder Zeitarbeit, also die Beschäftigung im Dreiecksverhältnis zwischen einer Arbeitskraft, die von einem Zeitarbeitsunternehmen angestellt ist, und einem entleihenden Betrieb, dem die Weisungsbefugnis über die zu leistende Arbeit zukommt, hat in Deutschland seit den Arbeitsmarktreformen der 2000er Jahre deutlich zugenommen. Sie macht aber noch immer den kleinsten Anteil atypischer Beschäftigung an der Gesamtbeschäftigung aus. Leiharbeitskräfte haben weniger Möglichkeiten als die Stammbelegschaften, Mitbestimmungsrechte im Betrieb geltend zu machen (Promberger 2009). Sie werden im Durchschnitt schlechter entlohnt als befristete und unbefristete Beschäftigte (Keller/Seifert 2011, S. 29), allerdings stellt dabei der Beschäftigungsstatus nur einen Faktor neben anderen (vor allem → Qualifikation) dar. Untersuchungen zur Beschäftigungsmobilität haben gezeigt, dass Leiharbeiter nach Beendigung eines Beschäftigungsverhältnisses zwar in höherem Maße als vormals befristet Beschäftigte in ein Normalarbeitsverhältnis wechseln, dass sich aber insgesamt gesehen „der Status des Leiharbeitnehmers (...) zu verstetigen (scheint)“ (Gensicke et al. 2010, S. 185).

Als Antwort auf die rechtlichen und tarifvertraglichen Regulierungen der Leiharbeit in den vergangenen Jahren weichen Unternehmen in den verschiedenen Branchen verstärkt auf die nicht nur punktuelle, sondern verstetigte Vergabe von Werkverträgen aus. Das Rechtsverhältnis ähnelt der Leiharbeit insofern, als die Arbeitskräfte bei einem Werkvertragsunternehmen und nicht beim „Werkbesteller“ beschäftigt sind. Diese Konstruktion ermöglicht es letzteren, → Tarifverträge und betriebliche Interessenvertretung zu unterlaufen und von niedrigeren Löhnen zu profitieren. Zudem gehen Werkverträge als Sach- und nicht als Personalkosten in die Bilanz ein (Siebenhüter 2014, S. 309).

Werkvertragsunternehmen bieten sich auch als temporäre „Arbeitgeber“ für Alleinselbstständige an. Die Alleinselbstständigen machen inzwischen eine starke Mehrheit unter allen Selbstständigen in Deutschland aus, verdienen aber im Durchschnitt erheblich weniger (individuell und im Haushalt insgesamt) als Selbstständige mit Angestellten (Keller/Seifert 2011, S. 27). Sie weisen von allen atypisch Beschäftigten das höchste Qualifikationsprofil mit einem hohen Akademikeranteil auf. Qualifikation, berufliche Netzwerke und partnerschaftliche Unterstützung spielen bei dieser „spezifischen Mischung von Privilegierung und Prekarisierung“ eine zentrale Rolle für die Selbstbehauptung am Markt (Betzelt/Gottschall 2007, S. 289).

Alles in allem zeigt sich für Deutschland, dass überwiegend Frauen atypisch (in Teilzeit und geringfügig) beschäftigt sind und dabei in besonderem Maße die problematischen Seiten dieser Beschäftigungsformen zu tragen haben; dass erhebliche Barrieren die Übergänge zwischen „Normalarbeitsverhältnis“ und atypischer Beschäftigung erschweren, und dass die Zunahme atypischer Beschäftigungsverhältnisse zur Ausbreitung des → Niedriglohnsektors seit Mitte der 1990er Jahre beigetragen hat (Bosch et al. 2008, S. 426), aber auch auf Haushaltsebene zur steigenden Armut Erwerbstätiger (Lohmann/Andreß 2011, S. 185).

Internationaler Bezug

Der internationale Sprachgebrauch unterscheidet zwischen „standard employment“ und „non-standard employment“. „Non-standard employment“ umfasst alle Beschäftigungsverhältnisse, die von unbefristeter Vollzeitbeschäftigung abweichen (Tucker 2002, S. 2). Das Kriterium der sozialversicherungspflichtigen Beschäftigung spielt dagegen bei der Definition von „standard“ und „non-standard employment“ keine Rolle, weil es nur für Länder mit überwiegend beitragsfinanzierten sozialen Sicherungssystemen (wie Deutschland und Österreich) relevant ist.

In der großen Mehrzahl der Länder der Europäischen Union steigt der Anteil von „non-standard employment“. Dabei zeigen sich Zusammenhänge zwischen der Verbreitung der einzelnen Beschäftigungsformen und den jeweiligen institutionellen Verbindungen von Arbeitsmarkt und Sozialstaat (Schmid 2011 a, S. 28 f., Schmid 2012, S. 54, Betzelt/Bothfeld 2011). So weisen etwa Länder mit einem starken Schutz von „Insidern“ am Arbeitsmarkt wie Portugal und Spanien hohe Anteile von Befristungen auf; innerhalb der Länder mit konservativem, familienzentriertem Sozialstaat variieren die Teilzeitquoten deutlich je nachdem, ob sie überhaupt die Erwerbsarbeit von Frauen fördern (Negativbeispiel Italien) oder in welchen Formen sie dies tun (mit starker öffentlicher Unterstützung wie in Frankreich oder mit geringerer wie in Deutschland).

Im internationalen Vergleich repräsentiert Dänemark einen für die Verbindung von Flexibilität

am Arbeitsmarkt mit sozialer Absicherung interessanten Fall (Schmid 2011 b, S. 183). Hier wurde eine Zunahme der Erwerbsbeteiligung bei relativ niedriger Befristungsrate erreicht. Geringer Kündigungsschutz bei gleichzeitig hoher externer sozialer Absicherung (weitreichender Einkommenskompensation bei Arbeitslosigkeit, aktiver Arbeitsmarkt- und Qualifizierungspolitik, umfassenden öffentlichen Dienstleistungsangeboten, individuellen Leistungsansprüchen) scheint eine der Alternativen zu den problematischen Formen der atypischen Beschäftigung zu sein.
Was die Auswirkungen auf die Beschäftigung betrifft, so zeigt der europäische Vergleich, dass vor allem Teilzeitarbeit, die stark mit der zunehmenden Erwerbsbeteiligung von Frauen korreliert, positive Beschäftigungseffekte aufweist (Schmid 2018, S. 69). Allerdings variiert das geleistete Arbeitsvolumen mit dem Umfang der Teilzeitbeschäftigung erheblich. Dagegen haben befristete Beschäftigung und Selbstständigkeit keinen oder bestenfalls einen sehr geringen Einfluss auf die Erwerbsbeteiligung (Schmid 2011 a, S. 28 f., Schmid 2011 b, S. 182–186).

Martin Kronauer

Empfehlungen zum Weiterlesen

Betzelt, Sigrid/Bothfeld, Silke (eds.) 2011: Activation and Labour Market Reforms in Europe: Challenges to Social Citizenship. Houndmills/New York: Palgrave Macmillan.
Keller, Berndt/Seifert, Hartmut 2011: Atypische Beschäftigung und soziale Risiken. Entwicklung, Strukturen, Regulierung. Expertise im Auftrag der Abteilung Wirtschafts- und Sozialpolitik der Friedrich-Ebert-Stiftung (FES). WISO Diskurs. Bonn: FES.
Kronauer, Martin/Linne, Gudrun (Hg.) 2007: Flexicurity. Die Suche nach Sicherheit in der Flexibilität (2. Aufl.). Berlin: edition sigma.
Schmid, Günther 2011 a: Übergänge am Arbeitsmarkt. Arbeit, nicht Arbeitslosigkeit versichern. Berlin: edition sigma.
Schmid, Günther 2018 a: Europa in Arbeit. Plädoyer für eine neue Vollbeschäftigung durch inklusives Wachstum. Frankfurt a.M./New York: Campus.
Seifert, Hartmut 2017: Wie lassen sich Entwicklung und Strukturen atypischer Beschäftigungsverhältnisse erklären? In: WSI-Mitteilungen, Jg. 70, H. 1, S. 5–15.

Beruf

Begriff

Berufe sind historisch früh entstandene soziale Formen, die aus (mehr oder weniger systematisch organisierten) gesellschaftlichen Bildungsprozessen hervorgegangen sind und spezifische *Kombinationen von Fähigkeiten und Fertigkeiten* sowie dazu komplementäre *fachliche Tätigkeiten und Leistungen* im System erwerbsbezogener gesellschaftlicher → Arbeit und Arbeitsteilung umfassen. Über Berufe werden einerseits verschiedene (erwerbs-)arbeitsbasierte Funktionen in der Gesellschaft institutionalisiert und sie dienen andererseits den Individuen zur Sicherung eines kontinuierlichen Einkommens sowie der Integration in den gesellschaftlichen Funktions- und Leistungszusammenhang. Vor diesem Hintergrund kann der Beruf als eine grundlegende allgemeine Vermittlungsfunktion zwischen Individuum und Gesellschaft angesehen werden. Über die berufliche Sozialisation werden zentrale gesellschaftliche Normen an die Berufstätigen vermittelt, sie werden durch den Beruf fundamental in ihrer Persönlichkeit geprägt, wodurch ihr gesamter Lebensweg beeinflusst wird, und nicht zuletzt werden sie über ihren Beruf im Statusgefüge der Gesellschaft positioniert. Gleichzeitig wirken sie aber in ihrer Berufspraxis in vielfältiger Weise auf zentrale Strukturen und Prozesse der Gesellschaft zurück (vgl. zum Thema allgemein u.a. Conze 1972, Daheim 1977, Kurtz 2002).
Berufssoziologisch (und indirekt statistisch) lassen sich zwei Begriffsverständnisse unterscheiden: Beruf kann zum einen als spezialisierte *Tätigkeit* oder betriebliche *Funktion* („ausgeübter Beruf") und zum anderen als spezifische Kombination von *Fähigkeiten* („erlernter Beruf") verstanden werden, was Folgen für theoretische und praktische Schlüsse hat. Der Begriff unterscheidet sich zudem von *„Profession"*, womit nur ein Teil aller Berufe angesprochen wird. Historisch gesehen wurden damit meist fachlich besonders anspruchsvolle und gesellschaftlich besonders anerkannte Berufe thematisiert, die über anforderungsreiche Ausbildungen und Qualifikationen mit mehr oder weniger privilegierten Tätigkeitsbedingungen verfügen.
Obwohl in den letzten Jahren gelegentlich von einer *„Krise des Berufs"* oder sogar von seinem

„Ende“ die Rede ist (vgl. Rosendahl/Wahle 2015), strukturieren Berufe noch immer in vielen Bereichen die Organisation von Arbeit im Betrieb (→ Arbeitsorganisation) und das Arbeitsmarktgeschehen sowie den Alltag und den Lebensverlauf vieler Menschen (→ auch Erwerbsarbeit, Arbeit im Kapitalismus).

Genese/theoretischer Kontext

Erste soziologische Beschäftigungen mit der Sozialform Beruf finden sich bereits bei einigen soziologischen *Klassikern*. Karl Marx, Émile Durkheim, Max Weber oder Talcott Parsons waren zwar keine Berufssoziologen im engeren Sinne, legten aber wichtige Grundsteine für die sozialwissenschaftliche Betrachtung des Phänomens.

Marx verwies in seiner frühen Gesellschaftskritik auf die gesellschaftliche Bedeutung des Berufs und führte die dem Kapitalismus inhärente *Entfremdung* auch auf eine verhärtete berufsförmige Arbeitsteilung zurück. Damit werde dem Menschen „ein bestimmte(r) ausschließliche(r) Kreis der Tätigkeit“ aufgedrängt, „aus dem er nicht heraus kann“ (Marx/Engels 1978 [1932], S. 33). Im ökonomischen Hauptwerk findet sich ein zweiter Zugang zur Berufsproblematik, indem eine *ganzheitliche Beruflichkeit* als Ideal für eine nichtentfremdete Organisation von Arbeit vor dem Hintergrund der „berufslosen“ Masse von lohnabhängigen Proletariern beschrieben wird (Marx 1972 a–c, auch schon Marx/Engels 1978 [1932], S. 33; vgl. auch Demszky/Voß 2018, S. 477).

Durkheims (1988 [1893]) Analysen zum Thema Beruf waren an der Schnittstelle von *Ökonomie und Moral* angesiedelt. Die für sein Werk prägende Frage nach Formen und Ursachen *anomischer Erscheinungen* in sich modernisierenden Gesellschaften stand für ihn in engem Zusammenhang mit dem berufsförmig organisierten Wirtschaftsleben. Während qualifizierte Professionen mit einem moralischen Kodex ausgestattet seien, fehle es einfachen Berufen an Moralität. Durkheim sah in Berufen zugleich aber die Möglichkeit angelegt, funktional zwischen Individuum und Gesellschaft zu vermitteln, indem für die berufliche Kooperation tragfähige Normen herausgebildet werden, die Anomie entgegenwirken. Vor allem im historischen Übergang vom Primat einer „mechanischen“ zu einer „organischen“ gesellschaftlichen Arbeitsteilung seien zudem die Berufe zugleich Ursache wie auch potenzielle Lösungen der damit einhergehenden gesellschaftlichen Probleme (Durkheim 1988 [1893], vgl. auch Kurtz 2002, S. 17ff.).

Weber hingegen schrieb dem modernen Kapitalismus aufgrund seiner antagonistischen Wertrationalitäten ein nur begrenztes Integrationspotenzial zu. Sein Erkenntnisinteresse zielte vielmehr auf den Zusammenhang zwischen *„Berufsmenschentum“* und der Genese des Kapitalismus ab. Grundannahme in den Studien zur Wirtschaftsethik der Weltreligionen (Weber 1986 [1920]) war, dass gewisse gesellschaftliche und kulturelle Bedingungen in verschiedenen Gesellschaften einer modernen Wirtschaftsweise entweder zuträglich oder hinderlich seien. Der analytische Schlüssel hierfür lag für ihn in der gesellschaftlichen Funktionserfüllung – beruhend auf einer letztlich religiös basierten *Berufsethik* – und berufs- sowie erwerbsbezogenen (v.a. „berufsständischen“) Schließungen sozialer Positionen. So überrascht es nicht, dass Weber (1976 [1922], S. 80) Beruf als „jene Spezifizierung, Spezialisierung und Kombination von Leistungen einer Person (…), welche für sie Grundlage einer kontinuierlichen Versorgungs- oder Erwerbschance ist“, versteht (vgl. auch Demszky/Voß 2018, S. 477ff.).

Parsons' Blick auf Berufe ist entsprechend seinem Gesamtwerk eng struktur-funktionalistisch geprägt. Er ging davon aus, dass moderne Gesellschaften einer zunehmenden *Ausdifferenzierung von Funktionen* unterliegen, die sich in einer berufsförmigen Arbeitsteilung widerspiegeln. Diese damit rein *sachbegründete Differenzierung in Berufe* (bei ihm: „Professionen“) legitimiere Status- und Privilegienunterschiede und weise Akteuren bestimmte normbasierte sowie mit Sanktionen abgesicherte *Rollenerwartungen* zu (Parsons 1964 [1939], vgl. auch Demszky/Voß 2018, S. 477ff.).

Vor dem Hintergrund dieser frühen Arbeiten entwickelte sich nach dem Zweiten Weltkrieg (in Deutschland) eine eigenständige *Berufssoziologie* (vgl. Daheim 1977), die berufsförmige Arbeit und die Sozialform Beruf vor allem in Bezug auf drei Themenstellungen theoretisiert:

Dies betrifft erstens den Zusammenhang von funktionaler gesellschaftlicher Differenzierung und berufsförmiger Arbeitsteilung: Mit dem Übergang von vorrangig segmentär zu stratifikatorisch und schließlich zu primär funktional differenzierten Gesellschaften war unmittelbar eine Ausdifferenzierung von Berufsrollen verbunden. Damit erlangte die Sozialform Beruf eine Zentralstellung, die eine Gesellschaft *sozialstrukturell* sowohl *vertikal* als auch *horizontal* systematisch prägte. Für eine längere Periode wurde davon ausgegangen, dass sich wichtige Ungleichheitsdimensionen in erster Linie aus letztlich berufsbezogenen Aspekten, nämlich Bildung, Einkommen und der Stellung im Erwerbssystem, erklären lassen. Inzwischen wird der Beruf hingegen oft als ein sozialstrukturelles Merkmal unter vielen anderen (Geschlecht, Alter, Kohorte, Milieu, Region usw.) gesehen; er determiniert die Lebenssituation der Individuen nur noch in beschränktem Umfang. Gleichwohl werden Berufe auch weiterhin aus sozialstrukturanalytischer Sicht eine zentrale Rolle spielen, weil sie es erlauben, Entwicklungen in den verschiedenen gesellschaftlichen Sphären zu verbinden und aufeinander zu beziehen (vgl. Kurtz 2001).

Ein zweiter Punkt betrifft die Entstehung und Veränderung von Berufen sowie daraus entstehende Folgen für Gesellschaft und Individuen. Diese Frage lässt sich gleichermaßen nur unter Rückgriff auf ihre gesellschaftliche Einbettung erörtern, wird aber nicht einheitlich beantwortet. Brater und Beck (vgl. 1982, S. 208ff.) diskutierten hierzu mehrere Ansätze dahingehend, wie eine „*Schneidung*" und damit Genese und Entwicklung von Berufen zustande kommt. Sie kamen in Absetzung von strukturfunktionalistischen Ideen zu dem Ergebnis, dass weder individuelle Fähigkeiten und Fertigkeiten noch technische Innovationen und Sacherfordernisse ausschlaggebend seien für die je spezifische Bündelung von Qualifikationen und Tätigkeitsprofilen in Form von Berufen. Vielmehr entstünden Berufe (als gesellschaftlich standardisierte „Schablonen" von Qualifikationen) aus gesellschaftlichen Machtprozessen, in denen Berufsgruppen darauf bedacht sind, eine marktstrategisch günstige Position (idealerweise ein Monopol wie bei geschützten Berufsbezeichnungen) zu erringen oder aufrechtzuerhalten. Berufe seien in dieser Hinsicht (ähnlich wie bei Weber) veränderbares *Resultat historischer Interessenauseinandersetzungen* um möglichst vorteilhafte Kompetenz- und Zuständigkeitsprofile (→ auch Qualifikation/Kompetenz).

Der dritte Punkt thematisiert die Vermittlung zwischen Individuum und Gesellschaft durch die Sozialform Beruf. Dass solche Institutionalisierungsprozesse hart umkämpft sind, liegt auch daran, dass Berufe eine (auch unmittelbar praktische) fundamentale *Vermittlungsinstanz zwischen Personen und sozialen Strukturen* auf mehreren gesellschaftlichen Ebenen und in vielen sozialen Bereichen sind. So übernehmen Berufe wichtige Abstimmungsfunktionen zwischen Angebot und Nachfrage auf dem *Arbeitsmarkt*, indem über Anreize in der Ausbildung auf Bedarfe reagiert werden kann. Sie ermöglichen zwischenbetriebliche und damit räumliche und auch soziale Mobilität, und sie bieten indirekt einen gewissen Beschäftigungsschutz und eine Einkommenssicherung, sieht man einmal von struktureller Arbeitslosigkeit ab. Und nicht zuletzt muss Berufen nach wie vor eine zentrale *Sozialisationsfunktion* zugesprochen werden: Einerseits sind sie Stabilisatoren eines sozialstrukturell ‚ererbten' *Sozialstatus*, wenngleich die soziale Mobilität (trotz aktuell zum Teil gegenläufiger Entwicklungen in manchen Feldern) langfristig systematisch zunimmt (vgl. Brater/Beck 1982, S. 215ff.). Andererseits ist eine *doppelte berufsbezogene Sozialisation* im engeren Sinne festzuhalten: als vorberufliche Sozialisation *für* den Beruf und lebenslange Sozialisation *durch* den Beruf (vgl. Heinz 1995, S. 41ff.).

„Beruflichkeit" scheint als ökonomisches und soziales Ordnungsprinzip zur Formierung von Qualifikationsprofilen und Tätigkeitsfeldern wenn überhaupt, dann nur langsam und in speziellen Feldern an Funktionsfähigkeit einzubüßen. Zwar verliert sie nach und nach als Organisationskern für manche Ausbildungs- und Arbeitsprozesse sowie für die soziale Sicherung an Bedeutung (vgl. Baethge/Baethge-Kinsky 1998, S. 462), jedoch ist diese Entwicklung keineswegs unumkehrbar. Die Berufsform von Arbeitskraft und Tätigkeitsmustern kann sogar eine erneuerte gesellschaftliche Bedeutung erhalten. Es gibt Anzeichen für eine partielle Ablösung des (vor allem in Deutschland) bisherigen Modells des als gesellschaftliche Schablone wirkenden standardisierten Berufs durch einen flexiblen Umgang von Erwerbstätigen mit beruflichen Mustern, der eine Art „*Individualberuf*" als neue Qualität von Beruflichkeit bedeuten kann (Voß 2001, Voß 2012, vgl. auch Kraus 2006).

Zentrale Forschungsfelder

Eine (neben theoretischen berufssoziologischen Grundlagen) im engeren Sinne auf „Berufe" bezogene und dabei auch empirisch orientierte soziologische Forschung ist vielgestaltig, so dass hier keine umfassende Darstellung möglich ist. Es können aber grob zwei Komplexe unterschieden werden:

Der erste Komplex ist wesentlich an der *Sozialstruktur- und Ungleichheitsforschung* orientiert und wird unter dem Begriff *„Berufsstrukturanalyse"* gefasst. Lange Zeit galten Berufe hier als wichtiger Indikator, der Lebensstile, Mobilität, Verhaltensweisen oder Milieuzugehörigkeit sowie (im Fall einer engeren Berufsstrukturanalyse) die Situation auf Arbeitsmärkten beschreiben konnte. Aufgrund der oben angedeuteten historischen Veränderungen von Gesellschaften treten inzwischen jedoch zunehmend sozialstrukturrelevante Aspekte aus der Sphäre der „Nicht-(Erwerbs-)Arbeit" in Konkurrenz zum „Beruf" (vgl. Berger et al. 2001, S. 209ff.). Dennoch spielen berufsbezogene Kenngrößen auch heute noch eine wichtige Rolle. Dazu gehören insbesondere nach wie vor die berufsbildenden Abschlüsse (→ Berufliche Bildung). Hier zeigen sich in den letzten Jahren jedoch grundlegende Veränderungen: Die Zahl der Erwerbspersonen ohne Abschluss sank deutlich, während sich die Zahl der Hochschulabsolventen mehr als verdoppelte. Dabei gibt es in einigen Bereichen der Qualifikationsstruktur nach wie vor deutliche Geschlechterunterschiede. So sind Frauen bei der Berufsausbildung im Dualen System stark unterrepräsentiert, während sie in vielen akademischen Bereichen (mit Ausnahme technischer Fächer) an Bedeutung gewinnen (→ auch Arbeit und Geschlecht). Weiterhin zeigt sich, dass der Anteil von Erwerbstätigen in Angestelltentätigkeiten bzw. -berufen auf Kosten der traditionellen „Arbeiter" deutlich zunahm. Stärker auf die inhaltliche Tätigkeit bezogen ist die Zuordnung von Berufstätigen zu Wirtschaftsbereichen, die Aufschlüsselung der Erwerbsbevölkerung nach Berufsbereichen oder die Betrachtung der hauptsächlich ausgeführten Tätigkeiten. Für alle drei Bereiche zeigt sich ein gemeinsamer Trend: Felder primärer (allgemeine Dienstleistungen, Handel treiben, Büroarbeiten) sowie sekundärer Dienstleistungen (planen/forschen, leiten, sichern, ausbilden/informieren) und darauf ausgerichtete Berufe und Tätigkeiten gewinnen an Gewicht, während die Beschäftigung im ersten (Primärproduktion) und zweiten Sektor der Wirtschaft (gewerbliche Industrie) und dem entsprechende Berufe und Tätigkeiten rückläufig sind (→ auch Dienstleistungsarbeit, Dienstleistungsgesellschaft) (vgl. Voß/Wetzel 2013, S. 85ff.).

Der zweite Komplex berufsbezogener empirischer Forschung umfasst *berufskundliche Übersichten*, *Berufsfeldstudien*, Studien zu „beruflich" ausgebildeten und stark berufsbezogen eingesetzten *Funktionsgruppen im → Betrieb* sowie Analysen zu vielfältigen *berufsbezogenen sozialen Aspekten*. Übersichtsdarstellungen und Analysen von berufsbezogenen Systemen werden beispielsweise nach wie vor für die schulische Berufsorientierung, die Berufsberatung oder die Berufsaus- und Weiterbildung verwendet. Studien zu einzelnen Berufsgruppen gibt es in großer Zahl und Vielfalt (z.B. zu Lehrern, Ärzten, Pflegeberufen, Anwälten, Richtern, Piloten, Kapitänen, zu einzelnen Handwerksberufen, auch zu Soziologen), darunter nicht zuletzt eine vielgestaltige Spezialforschung zu den erwähnten „Professionen", die sich inzwischen als eigenständige Teilsoziologie etabliert hat (vgl. Demszky/Voß 2018, S. 489ff., 508ff.,538, aktuell Schnell/Pfadenhauer 2021). Berufsfeldstudien bieten Einsichten nicht nur in die organisatorisch-technischen Arbeitsbedingungen (→ Arbeitsorganisation, Arbeit und Technik) und die soziale Lage Berufstätiger, sondern auch in Fragen der Ausbildung, der Berufswahl, des Berufsverlaufs, des Verhältnisses zu konkurrierenden Berufen oder der Bedeutung für Identität und Lebensweg von Personen. Zum Teil umfang- und materialreiche Einzelfallstudien finden sich zu vielen Berufen, wobei ein nicht geringer Anteil in Grenzbereichen der Soziologie (z.B. Sozialisations- und Berufsbildungsforschung) oder in anderen Disziplinen (Pädagogik, Psychologie, Arbeitsrecht, Geschichtswissenschaft, Europäische Ethnologie usw.) durchgeführt wurde.

Eine *arbeits- und industriesoziologische* Forschung zu Berufen liegt vor allem für beruflich basierte *Funktionsgruppen in Betrieben* vor, wenngleich Berufsfragen hier oft hinter der Thematisierung von tätigkeitsbezogenen Qualifikationsanforderungen oder Problemen innerbetrieblicher Kooperations- oder Statusformen zurücktreten. Im Fokus stehen dabei vor allem Angestellte, Ingenieure, Industriemeister und Facharbeiter sowie vermehrt auch Führungskräfte (seltener Unternehmer und Selbstständige) mit ihrer jeweils betrieblichen oder gesellschaftlichen Sonderstellung und den oft widersprüchlichen Erwartungen an ihre Tätigkeit (vgl. Demszky/Voß 2018, S. 497ff.) (→ auch Angestelltensoziologie, Facharbeit, Ingenieursarbeit, Management, Managementkarriere).

Internationaler Bezug

Die sozialwissenschaftliche Forschung zu Berufen bezieht sich meist stark auf die jeweiligen *nationalen Kontexte* – was sich auch in unterschiedlichen Begriffsverständnissen zeigt. Dies liegt zunächst daran, dass die → berufliche Bildung, die gesellschaftliche Organisation eines Berufswesens und nicht zuletzt Arbeitsmarktstrukturen und betriebliche Einsatzformen von „Berufstätigen" in verschiedenen Ländern sehr unterschiedlich organisiert sind, was in hohem Maße auf oft sozialstrukturell und kulturell tief verankerte und historisch weit zurückreichende Traditionen zurückgeht. Das in Deutschland bis heute bedeutsame System der „dualen" Fachausbildung (praktische Ausbildung im Betrieb, theoretische schulische Ausbildung) findet zwar inzwischen in vielen Ländern Nachahmer, aber mit verschiedenen Anspruchsniveaus und organisatorischen Ausformungen. In weniger stark modernisierten Gesellschaften sind Berufe im europäischen Sinne jedoch nach wie vor oft nur rudimentär institutionalisiert.

Aber auch die Berufslandschaft in Deutschland bleibt vom Globalisierungsprozess nicht unberührt. Blossfeld (vgl. 2001, S. 239ff.) geht etwa von einem nicht unwesentlichen Einfluss des globalen Wandels der Wohlfahrtsregime aus. Da beispielsweise auch in Deutschland verstärkt Prinzipien eines (neo-)liberalen Wohlfahrtsstaats (typisch für die USA oder UK) durchgesetzt wurden, hat dies auch hierzulande zu einem wachsenden sogenannten „Dienstleistungsproletariat" und in manchen Feldern zu Tendenzen einer „*Entberuflichung*" oder gar „*Deprofessionalisierung*" bisher über traditionelle Berufsprivilegien abgesicherter Gruppen geführt. Die sozialstrukturellen Folgen der sogenannten „Hartz-Reformen" der Arbeitsmarkt- und Sozialpolitik, der Liberalisierung des „Bildungsmarktes" und nicht zuletzt der „Hochschulreform" mit ihrer Umstellung auf ein stark abgestuftes und bürokratisiertes akademisches System sind Indizien für eine solche Entwicklung.

Aus der inzwischen allgegenwärtigen und in verschiedene Spielarten differenzierten Digitalisierung der Arbeit sowie neuartiger Formen der Automatisierung von menschlicher Arbeit durch Roboter, Algorithmen und ähnliches (vgl. Papsdorf 2019) resultieren zwei Veränderungen, die die gesellschaftliche Bedeutung der Berufsförmigkeit von Qualifikationen und Tätigkeiten in bisher nicht bekannter Weise auf die Probe stellen (→ auch Digitale Transformation der Arbeit, Arbeit und Künstliche Intelligenz).

Erstens haben sich in vielen Bereichen bereits vielfältige Ausformungen einer globalen Plattform-Ökonomie (vgl. Kirchner 2019 sowie Hertwig/Papsdorf 2017 u. 2022) etabliert, die Entberuflichungsprozesse teils massiv vorantreiben (→ Plattformarbeit). Zweitens resultieren aus den Veränderungen, die unter anderem als → „Industrie 4.0" diskutiert werden (v.a. Algorithmisierung und Automatisierung durch Robotereinsatz), verschieden hohe Substituierbarkeitspotenziale bisher kaum bekannter Qualität für immer mehr Berufsfelder (vgl. Frey/Osborne 2017). Vielfach wird argumentiert, dass nicht nur einfache Tätigkeiten, etwa bei Berufen der industriellen Fertigung, schon heute zu einem hohen Grad automatisierbar seien, sondern dies auch auf komplexere Tätigkeiten in vielen Dienstleistungsberufen zutreffe (vgl. Dengler/Matthes 2021). Allerdings unterscheiden sich die wissenschaftlichen Analysen deutlich hinsichtlich der Frage, ob jenseits einzelner Tätigkeiten ganze Berufe substituierbar sind. So gibt es Hinweise, dass der Routineanteil an Arbeitstätigkeiten überschätzt und die Bedeutung von Erfahrungswissen und → subjektivierendem Arbeitshandeln unterschätzt werden (vgl. Pfeiffer/Suphan 2015). Wenngleich noch offen ist, wann und in welchen Segmenten eine potenzielle Substituierbarkeit auch wirtschaftlich effizient ist und in Konsequenz zu tatsächlicher Substituierung führt, wird die Technisierung nicht wenige Berufe stark beeinflussen. Tätigkeiten, die bisher über lange Zeiträume hinweg durch etablierte Berufsregularien geprägt waren, gehen zunehmend an Techniksysteme über, während gleichzeitig in vielen anderen Berufsfeldern massive Anpassungen von Qualifikationen und dabei neuartige ‚Schneidungen' lange tradierter Fähigkeitsmuster erforderlich werden. Nicht zuletzt entstehen weithin völlig neuartige „digital" geprägte Berufe mit bisher so kaum bekanntem direktem Technikbezug (Webdesigner, IT-Administrator, Fachinformatiker, Social-Media-Manager oder -Redakteur usw.).

Angesichts dieser beträchtlichen technisch, aber auch ökonomisch induzierten Dynamik könnten die erwähnten Individualberufe, im Sinne einer durch Arbeitskräfte aktiv, kontextabhängig und reflexiv betriebenen Gestaltung und Anwendung von variablen Fähigkeitskombinationen, vermutlich eine wichtige Antwort jenseits unrealistischer Vorstellungen eines allgemeinen „Endes von Beruflichkeit" bilden.

Christian Papsdorf, G. Günter Voß

Empfehlungen zum Weiterlesen

Beck, Ulrich/Brater, Michael/Daheim, Hansjürgen 1980: Soziologie der Arbeit und der Berufe. Grundlagen, Problemfelder, Forschungsergebnisse. Reinbek: Rowohlt.

Conze, Werner 1972: Beruf. In: Brunner, O./Conze, W./ Koselleck, R. (Hg.): Geschichtliche Grundbegriffe, Bd. 1. Stuttgart: Klett-Cotta, S. 490–507.

Demszky, Alma/Voß, G. Günter 2018: Beruf und Profession. In: Böhle, F./Voß, G. G./Wachtler, G. (Hg.): Handbuch Arbeitssoziologie (2. Aufl.). Bd. 2. Wiesbaden: Springer VS, S. 477–538.

Kurtz, Thomas 2002: Berufssoziologie. Bielefeld: transcript.

Voß, G. Günter 2018 a: Beruf. In: Kopp, J./Steinbach, A. (Hg.): Grundbegriffe der Soziologie (12. Aufl.). Wiesbaden: Springer VS, S. 35–42.

Voß, G. Günter 2012: Individualberuf und subjektivierte Professionalität. Zur beruflichen Orientierung des Arbeitskraftunternehmers. In: Bolder, A./Dobischat, R./ Kutscha, G./Reutter, G. (Hg.): Beruflichkeit zwischen institutionellem Wandel und biographischem Projekt. Wiesbaden: Springer VS, S. 283–318.

Berufliche Bildung

Begriff

Berufliche Bildung hat ihren Ursprung im informellen Lernen bei einem Lehrherrn. Diese Ursprungsform informeller beruflicher Bildung existiert heute noch in vielen Teilen der Welt. In den entwickelten Ländern lebt sie als Anlernqualifikation fort, die überwiegend jedoch nicht mehr zur inzwischen formalisierten und mit theoretischen Inhalten angereicherten Berufsausbildung gezählt wird.

Für ihre weltweiten Analysen der formalisierten beruflichen Bildung haben sich die UNESCO und die ILO auf folgende Definition von „Vocational Education and Training" (VET) geeinigt. VET gilt als „a comprehensive term referring to those aspects of the educational process involving, in addition to general education, the study of technologies and related sciences, and the acquisition of practical skills, attitudes, understanding and knowledge relating to occupations in various sectors of economic and social life" (Unevoc 2006, S. 1). Die Unterscheidung von „education" und „training" verweist darauf, dass berufliche Bildung sowohl in allgemeinbildenden oder Berufsschulen als auch im → Betrieb oder in beruflichen Bildungsstätten angesiedelt sein kann. Die Orientierung auf einen → Beruf ist weniger klar, als es der Begriff „occupation" nahelegt, da es in vielen Ländern keine regulierten Ausbildungsberufe mit Mindeststandards gibt. In vielen angelsächsischen Definitionen gilt schon die Vermittlung der Kompetenzen für „particular job functions" (z.B. Excel) als berufliche Bildung (→ auch Qualifikation/Kompetenz).

Das deutsche Berufsbildungsgesetz formuliert Mindeststandards für die duale Berufsausbildung, also den Erwerb beruflicher Qualifikation in den Lernorten Betrieb und Berufsschule. Eine Berufsausbildung muss danach in national einheitlichen Ausbildungsgängen mit einer Ausbildungszeit von mindestens zwei Jahren erfolgen und „berufliche Handlungsfähigkeit in einer sich wandelnden Arbeitswelt" vermitteln. Auch die nach Landesgesetzen geregelten schulischen Berufsausbildungen fordern eine mindestens zweijährige Ausbildungszeit.

Genese/theoretischer Kontext

Berufliche Bildung ist im Mittelalter mit der Herausbildung der Zünfte institutionalisiert worden. Die Zünfte hatten ein Monopol für bestimmte Produkte und Tätigkeiten und erließen Regeln für die Ausbildung, die durch ein Meisterstück und die Freisprechung abgeschlossen wurde. Mit der Einführung der Gewerbefreiheit wurden die Zünfte aufgelöst. Allerdings wurde dem Handwerk im deutschen Reich weiterhin das Ausbildungs- und Prüfungsmonopol gesichert, so dass auch Industrielehrlinge ihre Abschlussprüfung zu den Bedingungen des Handwerks ablegen mussten.

Mit der Expansion der Industrie nach der Reichsgründung war das Reservoir an Fachkräften aus dem Handwerk bald ausgeschöpft. Vorausschauende Mitglieder des *Vereins für Socialpolitik* sahen durch das einseitige Anlernen auf wenige Handgriffe der Industriearbeiter die weitere Entwicklung der Wirtschaft bedroht und forderten die Ausbildung eines neuen Facharbeitertypus mit breiten Kenntnissen (BiBB 2008, S. 17ff.) (→ Facharbeit). Überall wurden sogenannte Fortbildungsschulen, die ab 1920 in Berufsschulen umbenannt wurden, eingerichtet, deren Besuch ab Beginn des 20. Jahrhunderts verpflichtend wurde. Der von Wirtschaftsverbänden gegründete *Deutsche Ausschuß für Technisches Schulwesen (DATSCH)* formulierte 1912 erstmals Leitsätze für die Berufsausbildung, die alle heute noch gültige Kernelemente wie Ausbildungsdauer, Lehrvertrag, Ausbildungsvergütung, Abschlussprüfung sowie die „planmäßige Ausbildung und systematische Grundbildung" ansprachen. In den 20er Jahren wurden Berufsbilder definiert, die durch Richtlinien und Lehrmittel ergänzt wurden. Diese Lehrmaterialien wurden bald zum De-facto-Standard der betrieblichen Ausbildung und auch der Vertiefung an den Berufsschulen. Die vom DATSCH entwickelten Grundsätze bestimmen heute noch die Ordnungsarbeit im dualen System. Erst 1969, mit der Gründung des *Bundesinstituts für Berufsbildung (BiBB)*, wurde die Beteiligung der → Gewerkschaften institutionalisiert, die ein wichtiges Gegengewicht zu Partialinteressen der zersplitterten Unternehmensverbände sind (→ Arbeitgeberverbände). Autonom, aber mit fachlicher Unterstützung des BiBB entwickeln und modernisieren die Sozialpartner heute die Berufsbilder. Für die Curricula in der Aufstiegsfortbildung (Meister, Fachwirte) sind die Arbeitgeberverbände allein verantwortlich.

Zentrale Forschungsergebnisse

In den 1970er und 1980er Jahren hat die industrie- und betriebssoziologische Forschung die Risiken enger Anlernqualifikationen im Strukturwandel thematisiert (Böhle/Altmann 1972), die durch eine Verberuflichung dieser Tätigkeiten vermieden werden könne. In einem Schlüsselaufsatz beschrieb Drexel (1980) die „Krise des Anlernens" in modernen durchrationalisierten Produktionsprozessen. Die Verberuflichung vieler Anlernqualifikationen und die Nachqualifizierung älterer Belegschaftsmitglieder waren Gegenstand mehrerer Branchenstudien (z.B. Drexel/Nuber 1979). Streeck et al. (1987) zeigten, dass Berufe soziale Konstruktionen sind, die in oft schwierigen Abstimmungsprozessen zwischen den Sozialpartnern entstehen.

Seit den 1990er Jahren wird die Frage nach der Zukunft der Berufsausbildung in einer flexibleren Arbeitswelt kontrovers diskutiert. Voß (1998, S. 484) sprach von einer Auflösung von Berufsbildern und der Entwicklung von „Individualberufen". Baethge/Baethge-Kinsky (1998) diagnostizierten einen Gegensatz zwischen neuen prozessorientierten Formen der Arbeitsorganisation mit den vermeintlich starren Zuschnitten der Berufsbilder. Baethge et al. (2007) argumentierten, dass das in der → Wissensgesellschaft notwendige theoretische Wissen viel besser in schulischem Unterricht vermittelt werden könne.

Die empirische Forschung hat diese Diagnosen nicht bestätigt. Die allgemeinbildenden und fachtheoretischen Anteile in der dualen Berufsbildung haben in den letzten Jahrzehnten u.a. durch Verlängerung der Schulpflicht auf 16 Jahre und die Einführung eines zweiten Berufsschultags pro Woche an Bedeutung gewonnen. Zudem wurden die Berufsbilder in den letzten beiden Jahrzehnten wiederholt modernisiert und die Lernformen auf Teamarbeit in prozessorientierter Arbeitsorganisation umgestellt. Orientierungspunkt waren dabei „offene dynamische Berufsbilder" oder „Kernberufe" (Spöttl/Blings 2011), die gerade durch die Verknüpfung von theoretischem und Erfahrungswissen (Pfeiffer 2012) auf prozessorientierte Formen der → Arbeitsorganisation vorbereiten. Seit 2020 sind für alle dualen Berufe gemeinsame Standardberufsbildpositionen zu den Themen Digitalisierung,

Nachhaltigkeit und Umweltschutz, Sicherheit und Gesundheit sowie Arbeits- und Sozialrecht entwickelt worden, die gleichzeitig einen Modernisierungsschub auslösen und die Kooperation zwischen den unterschiedlichen Berufen verbessern soll (BiBB 2021).

Auf die wachsenden Flexibilitätsanforderungen haben die deutschen Unternehmen mit einem zunehmenden Fachkräfteeinsatz reagiert (Schumann 2002, Bosch 2014). Auch der Anteil der Berufswechsel hat nicht zugenommen, was daran liegen mag, dass die Berufe heute breiter als in der Vergangenheit geschnitten sind und viele Tätigkeitswechsel abdecken können. Möller/Paulus (2010, S. 19) sehen daher die These zur Krise des Berufs „nicht nur als Überspitzung, sondern als eine eklatante historische Fehleinschätzung". Die eigentliche Krise der Berufsbildung liegt in der zunehmenden Akademisierung der Ausbildung, die allerdings nicht durch Schwächen des Berufsbildungssystems, sondern vor allem durch Statuserwartungen der Eltern und der Jugendlichen zu erklären ist (Bosch 2014).

Unbestritten ist, dass mit der Verberuflichung des deutschen Arbeitsmarktes die Kosten einer fehlenden Berufsausbildung in Form stark überdurchschnittlicher Risiken der Arbeitslosigkeit oder von Niedriglöhnen gestiegen sind (→ Erwerbslosigkeit, Niedriglohnsektor). Selbst der Zugang zu vielen einfachen Tätigkeiten ist heute an eine Berufsausbildung gebunden, die inzwischen zur Eintrittskarte in den Arbeitsmarkt geworden ist (ebd.).

Mit der Expansion der tertiären Bildung sind die Schnittstellen und die Übergänge zwischen diesen beiden Systemen zum zentralen Forschungsgegenstand geworden. Franz/Voss-Dahm (2011) zeigen den Landgewinn der akademischen Bildung bei der Besetzung von Führungsfunktionen. Allerdings haben viele dieser Führungskräfte zuvor eine Berufsausbildung absolviert. Diese von Unternehmen hoch geschätzten Hybridqualifikationen werden heute zunehmend durch duale Studiengänge, die eine Ausbildung mit einem Studium kombinieren, erzeugt (Krone 2015).

Internationaler Bezug

In internationalen Vergleichen von Bildungssystemen spielen die Unterschiede in der beruflichen Bildung eine zentrale Rolle (Bosch 2016). Greinert (2004) unterscheidet z.B. drei Grundtypen der Berufsausbildung in Europa, nämlich das etatistisch-bürokratische Modell in Frankreich, das dual-korporatistische Modell in Deutschland sowie das liberal-marktwirtschaftliche Modell in England. Brockmann et al. (2011) zeigen, dass sich hinter ähnlichen Berufsbezeichnungen völlig unterschiedliche Lernziele und Formen der Berufsausbildung verstecken, wie die eher theoretisch angelegte Ausbildung in Frankreich, die Orientierung auf autonome Handlungsfähigkeit in Berufen in Deutschland oder das britische Konzept der „skills", die auf spezifische Arbeitsplätze orientieren. Sie entwickeln ein „interpretative dictionary", also eine Übersetzungshilfe zu unterschiedlichen nationalen Bedeutungen von Schlüsselbegriffen der Qualifikationsdebatte (→ Qualifikation/Kompetenz).

Typologien unterschiedlicher Berufsbildungssysteme werden dazu genutzt, Stärken und Schwächen unterschiedlicher Systeme zu messen (Bosch/Charest 2010). Zahlreiche Studien zu den Übergängen Jugendlicher in den Arbeitsmarkt zeigen, dass Länder mit dualer Berufsausbildung die besten Ergebnisse erzielen (z.B. Müller/Gangl 2003). Das liegt an der Passgenauigkeit von Arbeitsplätzen und Ausbildung in der praxisnahen dualen Ausbildung. Weiterhin mildern duale Ausbildungssysteme das Insider-Outsider-Dilemma für Jugendliche. Auszubildende sind anders als Schüler Beschäftigte, also Insider, deren Interessen von → Betriebsräten oder Gewerkschaften ebenso wie die von Stammbelegschaften verteidigt werden.

Ein zentrales Thema ist der Zusammenhang zwischen Berufsausbildung, Arbeitsorganisation und → Innovation. Carré et al. (2010) verglichen die Arbeitsorganisation im Einzelhandel in sechs Ländern (DK, DE, FR, NL, UK, USA). Deutsche Verkäufer:innen übernehmen aufgrund ihrer breiten Berufsausbildung auch typische Managementaufgaben wie die Warenbestellung, die in den anderen Ländern den Vorgesetzten vorbehalten sind. In mehreren, zumeist deutsch-britischen Betriebsvergleichen mit Betrieben mit vergleichbaren Produkten und Technologien in unterschiedlichen Industrien wurde festgestellt, dass deutsche Betriebe deutlich mehr Fachkräfte beschäftigen. Sie konnten sich dadurch auf hö-

herwertige Produkte spezialisieren und erzielten zudem eine höhere Produktivität (z.B. Prais et al. 1989), was eine wichtige Grundlage für die Herausbildung der diversifizierten Qualitätsproduktion der deutschen Wirtschaft ist.
Einen großen Raum in der internationalen Literatur nimmt die Frage nach der Übertragbarkeit guter Beispiele auf andere Länder ein. Die Erfahrungen, das international als vorbildlich eingestufte duale System der beruflichen Bildung auf andere Länder zu übertragen, sind ernüchternd (Valiente/Scandurra 2017). Meist fehlt es an der der Bereitschaft der Unternehmen, selbst in Ausbildung zu investieren, und an starken Arbeitgeberverbänden und Gewerkschaften, die in der Lage sind, die kollektiven Handlungsprobleme der Unternehmen zu lösen (Martin 2017). Selbst Ländern mit starken Sozialpartnern, wie etwa Norwegen, ist wegen der Zurückhaltung der Unternehmen eine Eins-zu-eins-Übertragung des dualen Systems nicht gelungen und die schulischen Ausbildungsanteile wurden größer als anfänglich geplant (Tønder/Aspøy 2017). Diese Transferprobleme gelten auch für deutsche Firmen, die die Vorteile einer dualen Berufsausbildung kennen und sie in ihren ausländischen Niederlassungen nach heimischem Vorbild aufbauen wollen. Zahlreiche Anpassungen an die örtlichen Gegebenheiten (etwa die Verfüg- und Gestaltbarkeit schulischer Ausbildungsangebote) und die Erwartungen der Belegschaften wurden notwendig (Wiemann/Pilz 2020).
Renold et al. (2017) kritisieren die heute sehr verbreiteten internationalen Vergleiche von Ausbildungscurricula. Sie betonen, dass sich bei identischen Curricula die Lernergebnisse erheblich unterscheiden, je nachdem, ob sie in einer Berufsschule oder in einer Arbeitsumgebung umgesetzt werden. Die Qualität der Berufsausbildung erschließe sich nicht über Dokumente, sondern sei nur als Prozess verständlich. Die Autor:innen gehen davon aus, dass ein ausgewogenes Machtverhältnis zwischen Akteuren des Bildungs- und des Beschäftigungssystems bei der Entwicklung, der Umsetzung und der Modernisierung der Berufsausbildung anzustreben sei. Sie entwickelten einen Kriterienkatalog zur Messung des „Education-Employment-Linkage", mit dem sie Stärken und Schwächen der Berufsbildungssysteme in 20 Ländern unterschiedlicher Kontinente auf den Punkt bringen konnten.
Wegen der Unterschiedlichkeit der Bildungssysteme sieht Winch (2020) die EU-Versuche, eine grenzüberschreitende Transparenz und Vergleichbarkeit von Qualifikationen über den Europäischen Qualifikationsrahmen (EQR) zu schaffen, kritisch. Anstelle der propagierten Einstufung und schon im Ursprungsland England gescheiterten Einstufung nach Lernkompetenzen (outcome) erfolgt in der Praxis eine Hierarchisierung nach Abschlüssen (input). Einen praktischen Sinn erkennt Winch im EQR nur, wenn die unterschiedlichen Ebenen auf Branchen- bzw. Berufsebene gefüllt werden. Bosch (2022) kritisiert, dass identische Zielvorgaben der EU für Berufs- und Hochschulabschlüsse für alle EU-Länder wenig Sinn machen, da sich die Arbeitsplatzstruktur der Länder deutlich unterscheidet.

Gerhard Bosch

Empfehlungen zum Weiterlesen

BIBB (Bundesinstitut für Berufsbildung) (Hg.) 2008: 100 Jahre Ordnung in der Berufsbildung. Vom Deutschen Ausschuss für Technisches Schulwesen – DATSCH zum Bundesinstitut für Berufsbildung – BIBB. Bonn: BIBB.
Bosch, Gerhard 2016: Typologien nationaler Berufsbildungssysteme. Ihr Nutzen im Gesellschaftsvergleich. In: Zeitschrift für Berufs- und Wirtschaftspädagogik, Jg. 112, H. 1, S. 15–36.
Drexel, Ingrid 1980: Die Krise der Anlernung im Arbeitsprozess, in: Soziale Welt, Jg. 31, H. 3, S. 368–395.
Renold, U./Bolli, T./Caves, K./Bürgi, J./Egg, M. E./Kemper, J./Rageth, L. 2018: Comparing International Vocational Education and Training Programs: The KOF Education-Employment Linkage Index. Washington, DC: National Center on Education and the Economy.
Spöttl, Georg/Blings, Jessica 2011: Kernberufe. Ein Baustein für ein transnationales Berufsbildungskonzept. Frankfurt a.M.: Peter Lang.

Beteiligung

→ Partizipation

Betrieb

Begriff

Ein Betrieb ist der Ort der Güter- und Leistungsproduktion, an dem Arbeitskräfte zur Erreichung eines Ziels zusammengefasst werden. Ein Unternehmen hingegen stellt eine rechtliche und organisatorische Einheit dar, in der wirtschaftlichen oder gemeinnützigen Tätigkeiten nachgegangen wird, wobei ein Unternehmen aus mehreren Betrieben bestehen kann. Ohne die Ebene des Unternehmens zu vernachlässigen, hat die Arbeits- und Industriesoziologie als Ort der Wertschöpfung eher den Betrieb im Fokus der Forschung.

Betriebe und Unternehmen können unter unterschiedlichen Aspekten analysiert werden. Juristen interessieren sich für die Rechtsform dieser Sozialgebilde, dafür, ob es sich bspw. um GmbHs handelt oder um Aktiengesellschaften, und welche Voraussetzungen und Folgen diese unterschiedlichen Rechtsformen haben. Ökonomen fragen, weswegen Unternehmen und Betriebe neben Märkten gegründet werden und weswegen Menschen diesen sozialen Gebilden beitreten, indem sie etwa auf die Transaktionskosten verweisen, die durch Organisationen reduziert werden (vgl. Coase 1937, Williamson 1985). Arbeits- und Industriesoziologen haben hingegen vor allem die Strukturen im Blick, die soziales Handeln im Betrieb begrenzen, aber durch soziales Handeln auch entstehen.

Gefragt wird danach, wie es möglich ist, dass die Kooperation von Menschen, die in durch Ungewissheit geprägten Situationen ihren je spezifischen Rationalitäten folgen (Beckert 1996), gerade das Resultat erbringt, das geplant und erwünscht ist. Damit werden die Kontingenzen und die nicht-intendierten Folgen sozialen Handelns thematisiert. Der Bezugspunkt ist nicht das zweckrational kalkulierende Individuum im Arbeitsprozess, sondern im Fokus stehen die Strukturen, innerhalb derer die Individuen handeln und die sie durch ihr Handeln wiederum (durchaus unbeabsichtigt) erzeugen.

Genese/theoretischer Kontext

Betriebe sind ebenso wie Unternehmen ein (allerdings sehr verbreiteter) Spezialfall von Organisationen (→ Organisationssoziologie/-theorien), also eines sozialen Gebildes, das sich durch Zwecke, formale Regelungen, Mitgliedschaftsregeln und – zumindest im Vergleich zu Interaktionen (Luhmann 1991) – durch Beständigkeit auszeichnet. Wie Organisationen sind Betriebe ein Kennzeichen der Moderne; sie sind entstanden mit der Industrialisierung (→ Industriegesellschaft und Industrialisierung). In der planvollen Kooperation mit anderen streift, wie Marx (1972a [1867], S. 349) geschrieben hat, „der Arbeiter seine individuellen Schranken ab und entwickelt sein Gattungsvermögen".

Als Organisationen sind Betriebe hierarchisch gegliedert. Dadurch gibt es (scheinbar) klare Regeln, durch die festgelegt ist, wer was darf und wer was nicht darf. Dieses ist bekannt, seit Max Weber (1976 [1922]) die Bürokratie als Prototyp moderner Verwaltung herausgestellt hat. Damit ist eine Organisation gemeint, die sich u.a. durch eine klare Hierarchie mit definierten Kompetenzen, durch Aktenförmigkeit und Regelgebundenheit des Handelns, also durch geregelte Prozessabläufe und das Fehlen von Willkür auszeichnet. Dadurch machen Bürokratien sich unabhängig von konkreten Personen (vgl. zusammenfassend Kieser 2019); ihnen ist es möglich, ihre Geschäfte fortzuführen, auch wenn Personen wechseln.

Hierarchien werden durch Organigramme dargestellt, in denen das Verhältnis von „oben" und „unten" definiert ist. Durch ein Organigramm sind Positionen in der Hierarchie abgegrenzt und es ist geklärt, wer an wen – wie man heute sagt – berichtet und, andersherum, wer wem etwas zu sagen berechtigt ist; ein Organigramm bildet also ein Herrschaftsverhältnis ab (→ Herrschaft). Bereits Marx hat darauf hingewiesen, dass den Beschäftigten der Zusammenhang ihrer Arbeiten „ideell als Plan, praktisch als Autorität des Kapitalisten gegenüber (tritt), als Macht eines fremden Willens, der ihr Tun seinem Zweck unterwirft" (Marx 1972a [1867], S. 351). Dieses Herrschaftsverhältnis kann als grundsätzlich akzeptiert gelten. Denn Herrschaft basiert Max Weber (1976 [1922], S. 28) zufolge auf dem Legitimitätsglauben der Beherrschten an die Herrschaft – aufgrund des Charismas des Herrschers, aufgrund von Tradition oder aufgrund einer gesetzten Ordnung.

Dies gilt auch für das betriebliche Herrschaftsverhältnis. Mit dem Abschluss eines Arbeitsvertrages, der üblichen Form, in der man Mitglied eines Unternehmens bzw. Betriebes wird, findet immer auch eine Festlegung auf dessen Ordnung statt. Zwar ergibt sich aus der prinzipiellen Unbestimmtheit des Arbeitsvertrages (→ Transformation von Arbeitskraft) die Notwendigkeit von Kontrolle (→ Kontrolle), aber ebenso ist bereits durch den Abschluss eines Arbeitsvertrages eine generelle Fügsamkeit der Beschäftigten (Schienstock et al. 1986, S. 303) sichergestellt, und sei es zunächst auch nur als prinzipielles Einverständnis, die eigene Arbeitskraft zur Verfügung zu stellen. Damit ist zugleich die Legitimität der betrieblichen Hierarchie, d.h. die Legitimität betrieblicher Herrschaft, anerkannt.

Diese generelle Anerkennung der Legitimität von Hierarchie im Betrieb schließt Konflikte keineswegs aus, im Gegenteil: Die formale Struktur von Unternehmen stellt geradezu einen Versuch dar, die jederzeit virulenten Konflikte zu kanalisieren und so beherrschbar zu halten. Diese Konflikte rühren aus Interessendivergenzen her, die in der Arbeits- und Industriesoziologie als Widerspruch zwischen Kapital und Arbeit gedeutet werden. Für die Regulierung dieser Interessendivergenzen hat sich in Deutschland neben der Hierarchie die Institution der Mitbestimmung herausgebildet – auf betrieblicher Ebene (→ Betriebsrat) ebenso wie (bei Unternehmen mit einer bestimmten Anzahl von Beschäftigten) auf Unternehmensebene im Aufsichtsrat (→ Unternehmensmitbestimmung).

Zentrale Forschungsergebnisse

Bis in der 1980er Jahre wurden Betriebe primär als korporative Akteure thematisiert. Paradigmatisch dafür steht der gesellschaftstheoretisch ambitionierte „Münchner Betriebsansatz" (Altmann/Bechtle 1971, Altmann et al. 1978, Bechtle 1980, Altmann et al. 1982), dessen Name daher rührt, dass er am Münchner Institut für sozialwissenschaftliche Forschung (ISF) entwickelt wurde. Dieser Ansatz stellte den Betrieb in den Mittelpunkt der Analyse, da dieser das Zentrum des gesellschaftlichen Produktionsprozesses ist.

In Anlehnung an die Marx'sche Theorie war die Grundannahme, dass Betriebe gesellschaftliche Bedürfnisse nur insoweit erfüllen, als es ihren privaten (betrieblichen) Interessen dient. Dies gelingt vor allem durch die Gestaltung der betrieblichen Produktionsorganisation (→ Arbeitsorganisation). Deren konkrete Gestalt ist Resultat betrieblicher Strategien, mit denen Betriebe darauf zielen, sich gegenüber den Anforderungen der Umwelt möglichst autonom zu halten.

Mit „Autonomie" war nicht gemeint, dass Betriebe sich von ihren Verwertungsbedingungen gewissermaßen abkoppeln können, sondern es handelte sich immer nur um Autonomie innerhalb gesellschaftlich gesetzter Grenzen, innerhalb der Beziehungen zwischen konkurrierenden Einzelkapitalen. Diese Bewahrung ihrer Autonomie wird Betrieben durch die permanente Einwirkung auf die eigenen Bedingungen der Kapitalverwertung ermöglicht, indem sie die – wie die Autoren es nennen – „Elastizität" von Technik, Organisation und Arbeit nutzen, also durch Strategien der Technisierung, Strategien der Organisierung und Strategien des Arbeitskrafteinsatzes. Von besonderer Bedeutung sind Strategien des Arbeitskrafteinsatzes, also etwa die Herstellung und Sicherung der Verfügung über Arbeitskraft, die Anpassung der Arbeitskraft an die Erfordernisse des Produktionsprozesses, Formen der Gratifizierung etc. (Altmann et al. 1982, S. 22 f., vgl. auch Bechtle 1980, S. 57ff.).

Damit relativierte dieser Ansatz zum einen die Bedeutung der sozialen Eigenständigkeit des Betriebes als autonomes Gebilde, weil dessen Autonomie immer auch Ergebnis erfolgreich eingesetzter Herrschaftsstrategie ist, und widersprach zum anderen der Begründung betrieblicher Herrschaftsstrukturen aus technisch-ökonomischen Sachzwängen. Vor allem wandte man sich explizit gegen Vorstellungen, denen zufolge betriebliches Handeln durch ökonomische Gesetzmäßigkeiten oder durch technisch-organisatorische Sachzwänge bedingt ist; Betriebe haben Optionen in der Gestaltung ihres Produktionsprozesses, die sie – obwohl in gleichem Maße dem Imperativ der Verwertung unterliegend – in durchaus unterschiedlicher Weise nutzen können, was auch bedeutet: Es gibt keinen „one best way" der → Rationalisierung.

Im Anschluss an Max Weber und an Taylor (→ Taylorismus) galt Steuerung und Koordinierung durch Hierarchie in Wissenschaft und Praxis lange Zeit als rationalste und effektivste Form des Wirtschaftens, doch die Vorteile starrer Hierarchien wurden um den Preis einer hohen Inflexibilität erkauft. Deswegen sind die Formalstrukturen von Unternehmen seit den 1990er Jahren erheblichen Veränderungen unterworfen, wie sich an Prozessen der Dezentralisierung (→ Unternehmens[re]organisation, Produktionsregime, Vermarktlichung), am Entstehen horizontaler und vertikaler → Netzwerke und vor allem am durch die Digitalisierung bedingten Aufkommen von räumlich verteilten Arbeitsstätten zeigte (→ Digitale Transformation der Arbeit, Home Office/Tele[heim]arbeit, Mobile Arbeit, Plattformarbeit).

Wegen dieser Entwicklungen ist der Münchner Betriebsansatz mittlerweile etwas in Vergessenheit geraten. Zudem wurde schon früh darauf aufmerksam gemacht, dass die betriebliche Verarbeitung von Umwelteinflüssen einen konstruktiven Prozess der stofflichen und sozialen Gestaltung von Wirklichkeit darstellt (Pries 1991), der Betrieben mehr Optionen einräumt als im Münchner Betriebsansatz vorgesehen war.

Zudem ist die eher strukturtheoretische Argumentation des Ansatzes durch stärker handlungstheoretisch orientierte Analysen ergänzt, wenn nicht ersetzt worden; der Betrieb wurde zunehmend weniger als korporativer Akteur untersucht, sondern verstärkt als soziales Gebilde. Diese veränderte Orientierung verdankt sich der Einsicht, dass sich in Betrieben nicht nur → Management und Belegschaft als monolithische Blöcke gegenüberstehen, sondern dass es sich bei den Betriebsangehörigen jeweils um Akteure mit spezifischen Eigeninteressen handelt, so dass betrieblicher Wandel sich nur schwerlich allein auf das Kapitalverwertungsprinzip zurückführen lässt. Deswegen wurden die betrieblichen Feinstrukturen in den Blick genommen, da unterschiedliche Formen der Kontrolle und des Technikeinsatzes nur unter Berücksichtigung der betrieblichen Sozialverfassung (Hildebrandt/Seltz 1989) verstanden werden können. Mittlerweile werden Betriebe auch im Hinblick auf ihre spezifischen Sozialordnungen untersucht, durch die den Betriebsangehörigen informell spezifische Rechte, aber auch Pflichten zugewiesen werden (→ betriebliche Sozialordnung). In anderer Ausrichtung werden Betriebe als Arenen interpretiert, in denen die Akteure mikropolitische Spiele betreiben, indem sie ihre Machtressourcen einsetzen (→ Mikropolitik), in deren Folge sich eine spezifische → Arbeitspolitik herausbildet. Alle diese Untersuchungen zeigen, dass Betriebe sich nicht in formalen Strukturen erschöpfen. Sie sind, wie alle Organisationen, höchst lebendige soziale Gebilde, in ihnen „tobt das Leben" (Windeler 2001, S. 23).

Alle Forschungen der Arbeits- und Industriesoziologie beziehen in der einen oder anderen Weise den Betrieb bzw. das Unternehmen mit ein, da die unterschiedlichen Formen der Entäußerung von Arbeitskraft nur zu verstehen sind bei einer Analyse der betrieblichen Strukturen. Ohne dass auf quantitative Erhebungsmethoden immer verzichtet würde, erfolgen die Untersuchungen oftmals in Form von betrieblichen → Fallstudien (Pongratz/Trinczek 2010). Als Beispiele seien die Studie von Kern/Schumann (1984) genannt, in der erstmals → „neue Produktionskonzepte" diagnostiziert wurden, die Untersuchungen von Kuhlmann et al. (2004) mit ihrer Analyse der Möglichkeiten einer anders gearteten Arbeitspolitik, die Untersuchungen von Kotthoff (1981, 1994) mit seiner „Entdeckung" der betrieblichen Sozialordnung oder die Erkundungen in der „Welt kleiner Betriebe" (Hilbert/Sperling 1990, Kotthoff/Reindl 1990).

Es würde den hier zur Verfügung stehenden Platz sprengen, alle zentralen empirischen Befunde zu erläutern; stattdessen sei auf vertiefende Stichwörter verwiesen (→ Arbeitsorganisation, Gruppenarbeit, Kleinbetrieb, Transnationale Unternehmen, Unternehmens[re]organisation, Rationalisierung). Allerdings hat die → digitale Transformation der Arbeit absehbar erhebliche Auswirkungen auf den Betrieb. Angesichts der zunehmenden Verbreitung von → Home Office, von → Plattformarbeit und von → mobiler Arbeit wird von der Kommission „Zukunft der Arbeit" der Hans-Böckler Stiftung (Jürgens et al. 2017) die Frage aufgeworfen, inwieweit noch von „Betrieb" als technisch-organisatorischer, räumlich lokalisierbarer Einheit gesprochen werden könne und ob Betriebe sich nicht eher in Richtung von digital verbundenen Netzwerken veränderten – was nachhaltige Folgen für die sozialen Beziehungen in Betrieben, für die betriebliche Mitbestimmung etc. hätte.

Internationaler Bezug

Im anglo-amerikanischen Sprachraum werden Betriebe und Unternehmen als Organisationen thematisiert (→ Organisationssoziologie/-theorien). Dem verdankt die deutsche Arbeits- und Industriesoziologie viele Anregungen etwa in Bezug auf die Rationalität betrieblicher Rationalisierungsstrategien (→ Rationalisierung, → Neo-Institutionalismus), in Bezug auf die Bereitschaft der Betriebsangehörigen zur Leistungserbringung (→ psychologischer Vertrag) oder auch in Bezug auf Entscheidungsprozesse in Unternehmen und Betrieb.

Heiner Minssen

Empfehlungen zum Weiterlesen

Altmann, Norbert/Bechtle, Günter/Lutz, Burkart 1978: Betrieb – Technik – Arbeit. Elemente einer soziologischen Analytik technisch-organisatorischer Veränderungen. Frankfurt a.M./New York: Campus.

Luhmann, Niklas 1991: Interaktion, Organisation, Gesellschaft. Anwendungen der Systemtheorie. In: ders. (Hg.): Soziologische Aufklärung 2. Aufsätze zur Theorie der Gesellschaft (4. Aufl.). Opladen: Westdeutscher Verlag, S. 9–20.

Hilbert, Josef/Sperling, Hans Joachim 1990: Die kleine Fabrik. Beschäftigung, Technik und Arbeitsbeziehungen. München und Mering: Hampp.

Betriebliche Beschäftigungssysteme

Begriff

Betriebliche Beschäftigungssysteme (engl. auch Employment [Sub-]Systems oder Human Resource Management Systems) bezeichnen Strukturen und Prozesse der Allokation, der Qualifikation sowie der materiellen und immateriellen Gratifikation (Anreize, Sanktionen, Vertrauens- und Kontrollmechanismen) in Erwerbsorganisationen (Hendry 2003, Köhler et al. 2007, Lepak/Snell 2002, Struck 2006). Diese sind aus unternehmerischer Sicht auf die Bearbeitung von Verfügbarkeitsproblemen (Menge und Qualität der Qualifikation) und Leistungsbereitschaftsproblemen (auch Wirksamkeits- oder Transformationsproblem) ausgerichtet (→ Transformation von Arbeitskraft). Beschäftigte haben insbesondere ein Interesse an Existenzsicherung und damit an der Höhe und Regelmäßigkeit eines Erwerbseinkommens sowie an dem Schutz von Beschäftigungsfähigkeit, etwa dem Erhalt der gesundheitlichen und qualifikatorischen Leistungsfähigkeit.

Die Analysekonzepte betrieblicher Beschäftigungssysteme sind zumeist eng an Interessen und organisatorischen und institutionellen Rahmenbedingungen von Akteuren und ihren Entscheidungen gebunden. Hingegen ist die Forschung zu Human Resource Management Systems bzw. Personalmanagementsysteme auf Leistungseffekte von Systemen, in Form verschiedener gleichzeitiger Praktiken gerichtet, zumeist ohne intentionale oder strategische Effekte beteiligter Akteure in Messungen und Analysen mit einzubeziehen (Boon et al. 2019).

In → Betrieben bestehen oft mehrere betriebliche Beschäftigungssysteme nebeneinander. Als wesentlich für die in ihnen jeweils vorherrschenden und komplementär zueinander stehenden Maßnahmen der Rekrutierung, Personalentwicklung, → Kontrolle, Anreize sowie Personalaustausche und -stabilisierung gelten die Anforderungsprofile der betrieblichen Tätigkeiten. Diese sind stark beeinflusst durch Technik und → Arbeitsorganisation wie auch durch die Menge und die Kompetenzen von Erwerbspersonen auf externen Arbeitsmärkten (→ auch Human Resource Management, Arbeit und Technik, Qualifikation/Kompetenz). Dabei lassen sich betriebliche Beschäftigungssysteme im Grad ihrer „Offenheit“ oder „Geschlossenheit“ gegenüber dem externen Arbeitsmarkt sowie – und damit im Zusammenhang stehend – hinsichtlich ihrer ökonomischen und innovativen Wirkkraft für Unternehmen oder bezüglich ihrer Folgewirkungen für Erwerbstätige, d.h. ihre Arbeitsmarkt-, Mobilitätschancen oder Qualifikationsanforderungen etc. unterscheiden (ebd., Bloom/van Reenen 2010, Struck/Dütsch 2012).

Genese/theoretischer Kontext

Die konzeptionellen Grundlagen betrieblicher Beschäftigungssysteme wurden in kritischer Anlehnung an die Tradition segmentierter Arbeitsmärkte entwickelt und durch neuere Ansätze aus der Arbeitssoziologie und Arbeits- und Personalökonomik ergänzt und systematisiert.

Segmentationsansätze zeigten auf, dass sich Arbeitsmärkte, entgegen der Homogenitätsannahme der Neoklassik, in strukturierte Teilsegmente aufgliedern, die zueinander Mobilitätsbarrieren aufweisen (→ Arbeitsmarktsegmentation) (Kerr 1954, Doeringer/Piore 1971).

In den 70er Jahren entwickelten in Deutschland vor allem Lutz und Sengenberger diese Überlegungen fort (Sengenberger 1987). Unter Berücksichtigung der institutionell verankerten berufsfachlichen Strukturierung des deutschen Arbeitsmarktes unterscheiden sie drei Segmente. Auf *betriebsinternen Arbeitsmärkten* sind (wie auch bei Doeringer und Piore) Gratifikation, Qualifikation und Allokation der Arbeitskräfte nach institutionellen Regeln und Verfahren festgelegt. Sie sind u.a. durch den Aufbau- und Erhalt betriebsspezifischer Qualifikationen, höhere Löhne, gute Arbeits- und Karrierebedingungen sowie hohe Beschäftigungssicherheit gekennzeichnet. *Externe („Jedermanns"-)Arbeitsmärkte* sind durch geringere Löhne, schlechtere Arbeitsbedingungen, fehlende Beförderungsmöglichkeiten und hohe Fluktuation charakterisiert. Beschäftigten mit allgemeinen Basisqualifikationen wird keine Beschäftigungsstabilität angeboten. Ergänzend wird ein *berufsfachlicher Arbeitsmarkt* beschreiben. Hier regulieren, kontrollieren und zertifizieren halbstaatliche Instanzen standardisierte berufsfachliche Qualifikationen. Arbeitgeber sparen dadurch Informations- sowie Anlern- bzw. Einarbeitungskosten. Arbeitnehmern ermöglichen sie eine geschützte zwischenbetrieblich-horizontale Mobilität (→ auch Beruf, Berufliche Bildung, Facharbeit, Qualifikation/Kompetenz).

Beobachtungen der Beschäftigungsentwicklung und wissenschaftstheoretische Gründe waren maßgeblich dafür, dass zunehmend systematischer auf Betriebsebene nach Ursachen und Folgen segmentierender Muster auf Arbeitsmärkten gesucht wurde. Zum einen gerieten inner- und überbetriebliche Mobilität und Flexibilität auch bei höher qualifizierten Beschäftigten stärker in den Blick. Über inner- und überbetriebliche Tätigkeitswechsel werden im Kontext veränderter betrieblicher und individueller Qualifikationsanforderungen individuell spezifische Qualifikationsmuster aufgebaut, die Erwerbspersonen gute Chancen auf externen Arbeitsmärkten bieten, auch wenn die fachlichen Inhalte und Qualifikationssignale weitgehend nichts mehr mit der Erstausbildung gemein haben. Solche Verläufe konnten mit den bisherigen Klassifikationen von Teilarbeitsmärkten nicht erfasst werden (Struck 2006). Zweitens ließen Segmentationsansätze innerbetrieblich differenzierte Beschäftigungsstrategien unberücksichtigt. Und nicht zuletzt wurde den bisherigen deskriptiven Typologien ein mangelnder ursächlicher Erklärungsgehalt beigemessen (ebd., Kaufman/Miller 2009).

Um zu erklärenden Modellen für eine betriebliche Personal- und Beschäftigungspolitik zu gelangen, aus denen sich auch arbeitsmarktstrukturelle Entwicklungen ableiten lassen, wurde auf neuere Ansätze der Arbeitssoziologie und Personal- und Arbeitsökonomik zurückgegriffen (→ Human Resource Management). Diese wiesen starke Bezüge zu Erkenntnissen der Humankapitaltheorie sowie vor allem der Neuen Institutionenökonomik (Transaktionskostentheorie; Prinzipal-Agent-Theorie) auf (Becker 1964, Williamson et al. 1975). Damit wurde in den USA eine konzeptionelle Grundlage betrieblicher Beschäftigungssysteme gelegt, die ab Ende der 1990er Jahre Eingang in die europäische und die deutsche Arbeitssoziologie fanden. Mit dem Perspektivenwechsel auf die Prozesse und Strukturen in Betrieben war zugleich eine systematische Berücksichtigung von institutionell und strukturell beeinflussten Handlungsspielräumen der Akteure verbunden. So wurden erklärende Analysen möglich. Gleichwohl ist immer noch ein Mangel an empirisch und theoretisch fundierten Untersuchungen zu Ursachen und Folgewirkungen von Beschäftigungssystemen zu konstatieren. Ein Grund ist die Datenlage. Notwendig wären tief ansetzende Paneldaten (Linked-Employer-Employee-Daten), die es erlauben, individuelle Tätigkeits- und Qualifikationsverläufe sowie Absichten im Kontext betrieblicher Entwicklungen zu analysieren (Struck/Ganesch 2018).

Zentrale Forschungsergebnisse

In Untersuchungen zu betrieblichen Beschäftigungssystemen (Alewell/Hansen 2012) werden häufig vier Systeme voneinander unterschieden (Kaufman/Miller 2009, Lepak/Snell 2002, Osterman 1987, Struck/Dütsch 2012). Eine größere Anzahl beschreibt Hendry (2003). Dichotome Strukturen zwischen kontrollbasierten oder internen und Commitment fördernden High Performance Human Resource Systems finden sich etwa bei Arthur (1994) oder Baron/Kreps (1999). Dabei wird im Kern von allen Autoren mehr oder minder explizit zugrunde gelegt, dass betriebliche Beschäftigungssysteme durch konsistente Bündel von Maßnahmen zu charakterisieren sind, die sich auf die Bearbeitung von Verfügbarkeits- und Leistungsbereitschaftsproblemen beziehen, um Organisationsziele effektiv und effizient verfolgen zu können.

Verfügbarkeitsprobleme betreffen die Menge und Qualität der Qualifikationen der extern oder intern verfügbaren Arbeitskräfte. Mit Rückgriff auf Humankapital- und Transaktionskosten wird betont, dass betriebliche Qualifizierungsprozesse und entsprechende Investitionen in betriebsspezifisches Humankapital Arbeitnehmer und Arbeitgeber wechselseitig aneinanderbinden (Becker 1964, Williamson et al. 1975 sowie auch Hendry 2003, Osterman 1987). Neuere Analysen zeigen allerdings, dass zu tendenziell *„geschlossenen internen Beschäftigungssystemen“* (Struck 2006) insbesondere auch jene Beschäftigte Zugang finden, die passgerechte Qualifikationsbündel aufweisen, die sie zunächst auch überbetrieblich erworben haben können (Lazear 2004). Hier ist entscheidend, dass die individuellen, aus fachlichen *und* allgemeinen Qualifikationen bestehenden Profile den Tätigkeitsanforderungen sehr gut entsprechen *und* sie Arbeitgebern mit Blick auf Wettbewerbsvorteile (Lepak/Snell 2002) oder für (führungs-)verantwortliche Funktionen (Struck 2006) strategisch wertvoll sind.

Leistungsbereitschaftsprobleme werden in Ansätzen, die Vertrauen und → Anerkennung einbeziehen, sowie im Prinzipal-Agenten-Ansatz dahingehend gesehen, dass Arbeitgeber aufgrund der Unvollständigkeit von Arbeitsverträgen Anreize bereitstellen müssen, um bei Arbeitnehmern eine „freiwillige“ Leistungsbereitschaft, d.h. unternehmensverantwortliches Engagement, loyale Kooperation und innovatives Handeln zu erzielen (Baron/Kreps 1999, Deutschmann 2002). So gehen Bedürfnisse und Interessen der Arbeitnehmer nach Anerkennung, Beschäftigungsfähigkeit („employability“), Lohn und Beschäftigungssicherheit in die Ausgestaltung betrieblicher Beschäftigungssysteme ein (Rousseau 1995, Struck 2006), auch wenn zu berücksichtigen ist, dass Arbeitgeber aufgrund ihrer höheren und ungebundenen Ausstattung mit Kapital sowie ihres Direktionsrechts im Grundsatz über eine höhere Handlungsmacht verfügen als Arbeitnehmer, die in der Regel finanziell, zeitlich und räumlich unmittelbarer auf Lohnerwerbsarbeit angewiesen sind (→ auch Entgelt und Leistung).

Werden betriebliche Beschäftigungssysteme im Einzelnen betrachtet, dann zeigt sich: Arbeitgeber können Leistungsbereitschaft nicht nur durch Arbeitsplatzsicherheit in *geschlossenen Beschäftigungssystemen* durch betriebliche Arbeitsplatzsicherheit erzielen, wie es Deutschmann (2002), Sengenberger (1987) und Williamson et al. (1975) beschreiben. Vielmehr weisen spätere Untersuchungen darauf hin, dass Leistungsbereitschaft auch über den Aufbau und Erhalt von signalisierbaren Qualifikationen, Netzwerkbildungen und Reputation für Übergänge zwischen Betrieben sichergestellt werden kann (Lepak/Snell 2002, Struck/Dütsch 2012).

Dementsprechend können Beschäftigtengruppen, die passgerechte und fachlich wertvolle Qualifikationen aufweisen, die für integrative (Führungs-)Aufgaben jedoch nicht benötigt werden, über externe Arbeitsmärkte rekrutiert werden. Hier sprechen Lepak und Snell (2002) in Fällen einzigartiger wissensintensiver Qualifikationen von *„Alliance Partners“*, die über Aufträge und „Werkverträge“ hinzugewonnen werden. Struck (2006, vgl. auch Struck/Dütsch 2012) zieht in diesem Kontext kurz- und mittelfristig beschäftigte (Projekt-)Mitarbeiter in seinen Entwurf eines „tätigkeitsbasierten Beschäftigungssystems“ mit ein. Als bedeutsam werden dabei, neben dem Rückgriff auf einzigartige Qualifikationsbündel, Vertrauen und Reziprozität zwischen Vertragspartnern sowie übergangssichernde Maßnahmen der Qualifizierung, Netzwerkbildung und Reputation angesehen, für die Erwerbstätige zumeist alleinverantwortlich sind (→ auch Netzwerke).

In den Fällen, in denen Mobilität auf Basis institutionell (durch Kammern, Verbände) regulierter, standardisierter und zertifizierter Qualifikationen erfolgt, kann von *„berufsfachlichen/professionellen Beschäftigungssystemen“* gesprochen werden (ebd. sowie Hendry 2003). Mit Blick auf das Handwerk spricht Osterman (1987) von einem *„Craft-System“*.

Arbeitskräfte, die geringqualifizierte Arbeiten übernehmen sollen und die für Unternehmen nicht von besonderem strategischen Wert sind, können ebenfalls über externe Arbeitsmärkte gewonnen werden. Die standardisierten Tätigkeiten sind auf einfache Weise zu kontrollieren und

Beschäftigte haben wenig Handlungsmacht. Betriebe verzichten weitgehend auf Maßnahmen zum Erhalt der Leistungsbereitschaft bzw. zum Aufbau von Qualifikationen. Osterman (1987) spricht von einem „*Secondary Subsystem*", Hendry (2003) analysiert analog ein „*Market Employment System*", Struck (2006) charakterisiert ein „*offenes unstrukturiertes Beschäftigungssystem*" und Lepak/Snell (2002) beschreiben „*Contract Workers*", wobei sie Beschäftigung in diesem System als prädestiniert für Outsourcing oder eine Überführung in Leiharbeit ansehen.

In Deutschland haben offene gegenüber geschlossenen internen Beschäftigungssystemen u.a. aufgrund von Arbeitskräfteüberschüssen bis etwa 2000 anteilig deutlich an Bedeutung gewonnen (Dütsch/Struck 2013). Danach geht der Trend zurück – eine Entwicklung, die im Zusammenhang mit der Sorge um die Verfügbarkeit von Fachkräften bzw. wertvoller spezifischer Qualifikationen diskutiert wird (Dütsch/Struck 2017).

Während die betriebswirtschaftliche Managementforschung Systeme beschreibt und strategische Entscheidungen von Arbeitgebern eher unterstellt als analysiert (Osterman 1987, Lepak/Snell 2002), bezieht die soziologische und psychologische (einschließlich der an der Neuen Institutionenökonomik orientierten) Forschung bei der Gestaltung von Beschäftigungssystemen Austausch- und Aushandlungsprozesse der Akteure in ihren jeweiligen institutionellen Kontexten ein (Budhwar/Debrah 2001, Struck/Dütsch 2012) (→ auch Neo-Institutionalismus). Damit ist es möglich, Interessen von Akteuren sowie Ausgestaltungen impliziter bzw. „psychologischer Kontrakte" (Rousseau 1995) zu berücksichtigen (→ Psychologischer Vertrag). Zudem können Handlungsmöglichkeiten der Akteure einbezogen werden. Diese bestimmen sich etwa durch die unterschiedliche Ressourcenausstattung von Akteuren (insbesondere ökonomisches Kapital, Zugriffsmöglichkeiten auf Netzwerke und Humankapital), die jeweiligen Wettbewerbs- bzw. Knappheitsbedingungen am Arbeitsmarkt, die vielfältigen (supra-)staatlichen und tarifvertraglichen Normen und die institutionell gefestigten Ordnungen (Kündigungsschutz, Mitwirkungsrechte, Ausbildungsordnungen etc.) einschließlich der damit verbundenen institutionellen und strukturellen Pfadabhängigkeiten. Dadurch wird die Forschung zu betrieblichen Beschäftigungssystemen zugleich anschlussfähig an Ansätze zu nationalen Beschäftigungsregimen (Marsden 1999).

Olaf Struck

Empfehlungen zum Weiterlesen

Alewell, Dorothea/Struck, Olaf (Hg.) 2012: Betriebliche Beschäftigungssysteme. (Sonderheft: Industrielle Beziehungen, Jg. 19, H. 2). München/Mering: Hampp.

Hendry, Chris 2003: Applying Employment Systems Theory to the Analysis of National Models of HRM. In: The International Journal of Human Resource Management, Vol. 14, No. 8, S. 1430–1442.

Köhler, Christoph/Weingärtner, Simon 2018: Betriebliche Beschäftigungssysteme. In: Böhle, F./Voß, G. G./Wachtler, G. (Hg.): Handbuch Arbeitssoziologie (2. Aufl.), Bd. 1: Arbeit, Strukturen und Prozesse. Wiesbaden: Springer VS, S. 537–577.

Lepak, David P./Snell, Scott A. 2002: Examining the Human Resource Architecture: The Relationships among Human Capital, Employment, and Human Resource Configurations. In: Journal of Management, Vol. 28, No. 4, S. 517–543.

Osterman, Paul 1987: Choice of Employment Systems in Internal Labor Markets. In: Industrial Relations, Vol. 26, No. 1, S. 46–67.

Struck, Olaf 2006: Flexibilität und Sicherheit. Empirische Befunde, theoretische Konzepte und institutionelle Gestaltung von Beschäftigungsstabilität. Wiesbaden: VS Verlag.

Betriebliche Sozialordnung

Begriff

Das Konzept ‚Betriebliche Sozialordnung' (BSO) thematisiert die Grundlagen der Sozialintegration im Betrieb. Es gibt eine Antwort auf die Frage: Warum arbeiten die Arbeiter? (vgl. Berger 1995), indem es Bezug nimmt auf die über den formalen Arbeitsvertrag hinausgehenden sozialmoralischen Grundlagen des Arbeitgeber-Arbeitnehmer-Verhältnisses. Es betrachtet dieses trotz der gegebenen Machtasymmetrie als ein reziprokes Verhältnis und verfolgt in kritischer Auseinandersetzung mit dem in der Arbeits- und Industriesoziologe dominanten macht- und interessentheoretischen Kontrollparadigma einen anerkennungstheoretischen Ansatz (Voswinkel 2005 b) (→ Anerkennung). Dabei geht es von der Annahme aus, dass Beschäftigte nicht ausschließlich

Interesse am Lohn haben, sondern auch Wertschätzung ihrer Person und Zugehörigkeit zu einem Arbeitskollektiv im Betrieb suchen. Ebenso wird unterstellt, dass das Management selbst in einer taylorisierten Arbeitsstruktur (→ Taylorismus) von einem Minimum an freiwilliger Zustimmung der Beschäftigten abhängig ist, denn produktives, d.h. umsichtiges und mitdenkendes Arbeiten setzt Freiwilligkeit des Subjekts voraus. Akzeptierte Abhängigkeit in einer als sinnhaft erlebten Ordnung ist legitime → Herrschaft. Das Konzept BSO ist daher die Anwendung des soziologischen Herrschaftsbegriffs auf den → Betrieb, und zwar nicht allein als Struktur-, sondern vor allem als Handlungskategorie, denn im Zentrum stehen die Interaktionen, Deutungen und Prozesse, die Freiwilligkeit, Zustimmung und Vertrauen bewirken und eine zumindest rudimentäre soziale Bindung zwischen dem Unternehmer/Manager und den Beschäftigten auf dem Hintergrund einer stark von Interessenkonflikten geprägten Struktur des Verhältnisses entstehen lassen. Die Grundannahme ist die These, dass das ökonomische und organisatorische Handeln im Betrieb trotz seiner relativen Eigenständigkeit eingebettet ist in die sozialen und kulturellen Handlungs- und Beziehungsmuster der außerbetrieblichen Lebenswelt und mit deren Differenzierungen variiert.

Genese/theoretischer Kontext

BSO ist der Schlüsselbegriff der älteren deutschen Betriebssoziologie. Der Betrieb als Arbeits- und Lebensraum und die Zivilisierung („Versachlichung") der betrieblichen Herrschaftsbeziehungen waren die zentralen Themen u.a. bei Gustav Schmoller, Götz Briefs und Otto Neuloh. Seit den 60er Jahren versandete diese Forschungsrichtung. Erst Mitte der 80er Jahre wurde der Betrieb als Sozialraum wiederentdeckt. Außer dem Konzept BSO, das im Zusammenhang von Mitbestimmungs- und → Kleinbetriebsforschung entstand (Kotthoff 1985), gingen aus anderen Forschungszusammenhängen weitere ähnliche Konzepte hervor. Deren Nähe zum Konzept BSO bemisst sich danach, inwieweit sie anerkennungstheoretisch fundiert sind, den Betrieb als eine Gesamtheit in Augenschein nehmen und die soziale Einbettung berücksichtigen. Das Konzept der betrieblichen Handlungskonstellation von Weltz und Lullies (1982) basierte auf der Erkenntnis, dass Rationalisierungsentscheidungen nicht allein ökonomischen Zwängen folgen. Das mit der BSO fast namensgleiche Konzept „Betriebliche Sozialverfassung" (Hildebrandt/Seltz 1989) entstand im Zusammenhang einer Rationalisierungsstudie, die die „High-Trust-Organization" von Maschinenbaubetrieben beschrieb, die Ergebnisse aber nicht anerkennungs-, sondern in Anlehnung an das macht- und interessentheoretische Konzept → „Mikropolitik" (Küpper/Ortmann 1992) aus den von den Facharbeitern beherrschten Ungewissheitszonen ableitete (→ auch Rationalisierung).

Anerkennungstheoretisch ausgerichtet war dagegen das sozialpsychologisch inspirierte Konzept der „betrieblichen Arbeitskultur" (Senghaas-Knobloch et al. 1997), das als Weiterentwicklung des Konzepts der „betrieblichen Lebenswelt" (Volmerg et al. 1986) die widerspenstige Gegenkultur informeller Arbeitsgruppen thematisierte, dabei die gesamtbetriebliche Ebene aber nicht in den Blick nahm. Diese Lücke versuchte G. Becke (2008) mit dem Konzept der „Sozialen Erwartungsstrukturen" zu schließen.

Der umgangssprachliche Begriff „Unternehmenskultur" weckt viele Assoziationen zu der BSO, die das Konzept „Unternehmenskultur", das aus der Managementberatungsliteratur stammt, jedoch nicht einlösen kann. Es ist ein aus der Perspektive des Managements normativ und sozialtechnologisch ausgerichtetes Konzept, das bewährte Grundannahmen als strategisch erfolgsrelevante „starke Kultur" im Unternehmen einpflanzen will. Aus soziologischer Sicht handelt es sich um „Firmenideologie" (Wittel 1996) und Vereinnahmungsstrategie – eine Modeerscheinung der Beratungsindustrie, die inzwischen abgeflaut ist und kaum soziologisch-empirische Forschung angeregt hat.

Ein weiteres verwandtes Konzept ist das des → „Psychologischen Vertrags" (Rousseau 1995), das im Unterschied zur BSO individualpsychologisch ausgerichtet ist.

Der Ausgangspunkt von BSO ist die Beobachtung, dass die Organisationsform „Betrieb" in der Regel ein relativ dauerhaftes und stabiles soziales Gebilde ist und dass selbst erbitterte Konflikte unter der Prämisse ausgetragen werden, dass beide Seiten am Ende wieder miteinander leben müssen. Das Konzept thematisiert daher in einer Langzeitperspektive im konkret anschaulichen Betrieb (lokale Ordnung) dessen psycho-soziale Innenseite und forscht nach dem Geben und Nehmen (sozialer Austausch), nach den real gültigen Normen, Selbstverständlichkeiten und Kompromissen, die Sozialintegration ermöglichen bzw. erschweren. Es untersucht die Praxis der Beziehungsarbeit von Personen, die im Betrieb wechselseitig um Anerkennung ringen. Es betrachtet die Grenze zwischen formaler und informaler Organisation und zwischen Betrieb und Lebenswelt als durchlässig und geht davon aus, dass es sich bei dem Austausch nicht primär um individuelle Übereinkünfte handelt, sondern um kollektive Deutungsmuster und Reziprozitäts*normen,* und dass diese den Betrieb als Gesamtheit betreffen, auch wenn sie nach Beschäftigtengruppen und Untereinheiten (z.B. Arbeiterbelegschaft, Hochqualifizierte) variabel ausgeprägt sind. Die Verflechtung von interessegeleitetem Handeln mit seinen soziokulturellen Voraussetzungen (Einbettung) (Granovetter 1985, Polanyi 1944), die normative Struktur und der Bezug auf die Gesamtheit sind das, was den Ordnungscharakter von Sozialordnung ausmacht.

Die betrieblichen Handlungsfelder, auf denen die BSO sich konstituiert, sind: die konkrete Praxis des Leistungsregimes; die betriebliche Beschäftigungs-, Personal- und Sozialpolitik; die Führungspraxis und der Umgangsstil; die Praxis der Interessenkommunikation und – wo vorhanden – der institutionalisierten Interessenvertretung; die Selbstpräsentation des Unternehmers/Top-Managers, d.h. seine persönlich-kommunikative Wirkung und Glaubwürdigkeit in den Augen der Beschäftigten.

Die sozial-moralischen Quellen, aus denen sich die BSO speist, sind vor allem die Autoritätsmuster aus der gesellschaftlichen Umgebung. Diese stammten bis vor kurzem aus der vordemokratischen Vergangenheit, denn es waren paternalistische, handwerkliche oder militärische Vorbilder, die auf die betrieblichen Autoritätsbeziehungen übertragen wurden (Fox 1974; Kocka 1969). Diese sozial-moralischen Polster sind spätestens seit den 1970er Jahren auch in Deutschland auf dem Rückzug. Weitere Quellen sind die vom Staat rechtlich verfassten wirtschafts- und arbeitspolitischen Institutionen wie die Tarifautonomie, die Mitbestimmung und das System der → beruflichen Bildung, die Teil der Wirtschaftskultur eines Landes sind und deren zentrale Werte und Leitbilder verkörpern, ferner technische und organisatorische Leitbilder, die zu Identifikationskernen werden, sowie die lokale und regionale Lebenswelt, in der sich die Organisationsmitglieder in außerbetrieblichen Rollen und Netzwerken begegnen und deren „bodenständige" Erwartungen sich mit den betrieblichen überschneiden. Die besondere wirtschafts- und sozialgeschichtliche Prägung der Region hat ebenso wie der Wirtschaftssektor und seine Geschichte einen bedeutenden Einfluss auf die „Moral" im Betrieb (Kotthoff/Reindl 1990). Eng damit zusammen hängt der betriebstypische Sozialcharakter der Beschäftigten und der Manager, insbesondere die Frage, welche Bedeutung der Betrieb für ihren privaten Lebenszusammenhang hat. Häufig werfen die Person des Firmengründers und die Konstellation in den Aufbaujahren des Unternehmens einen langen Schatten auf den „Geist des Hauses".

Die aktuelle BSO ist der Kompromiss einer aus diesen Faktoren historisch gewachsenen Anerkennungskultur, die bei aller Offenheit für Veränderung in der Regel ein erstaunliches Beharrungsvermögen zeigt, so dass man sie als die „soziologische DNA" eines Betriebs bezeichnen könnte. Auf der gesamtwirtschaftlichen Ebene hat das Konzept BSO Ähnlichkeit mit den Konzepten → „Varieties of Capitalism" (Hall/Soskice 2001 a) und „Wirtschaftskultur" (Abelshauser et al. 2012), die die Unterschiedlichkeit von Wirtschafts- und Finanzsystemen ebenfalls aus der sozialen, kulturellen und geografischen Einbettung erklären und dabei zentral institutionelle Mechanismen der Generierung von Vertrauen auf Märkten und gegenüber dem Staat behandeln. Dabei gehen sie hochgradig aggregiert vor, indem sie ein ganzes Land einem einzigen Wirtschaftskulturtypus zuordnen, z.B. Deutschland dem „Rheinischen Kapitalismus", während das Konzept BSO die betrieblichen Unterschiede auch innerhalb einer solchen Wirtschaftskultur hervorhebt, die als eine konkret noch auszufüllende Rahmung gedacht wird.

Zentrale Forschungsergebnisse

Bereits ältere industriesoziologische Studien über betriebliche Sozialbeziehungen geben vertiefte

Einblicke in Anerkennungskämpfe. Die Wildcat-Studie von A. Gouldner (1965) erklärte den Ausbruch eines wilden Streiks in einer bis dahin zufriedenen und streikungewohnten Belegschaft mit dem Auftreten eines neuen Geschäftsführers, der das sozialmoralische Muster der Großzügigkeit verletzte, das die BSO geprägt hatte. Die Consent-Studie von M. Burawoy (1979) zeigte, wie der widerspenstige Umgang der Arbeiter mit dem Stückakkord den Konsens mit dem Management nicht minderte, sondern noch erhöhte. Die Peugeot-Studie von St. Beaud und M. Pialoux (1999) untersuchte den Verlust der klassenbewussten französischen Widerstandskultur im Zusammenhang mit der Entwertung des Status der (Band-)Arbeiter als Folge der Einführung einer post-tayloristischen Produktionsorganisation. Ch. Deutschmann (1987) fasste die Grundzüge des japanischen „Erfolgs"-Modells der 1980er Jahre in einem komprimierten Portrait als „Betriebsclan" zusammen.

In den 1980er und 90er Jahren waren empirische Untersuchungen, die mit dem Konzept BSO arbeiteten, eher eine Ausnahme. Die Kleinbetriebsstudie von H. Kotthoff und J. Reindl (1990) fand eine überraschend hohe Varianz von BSO-Typen, z.B. für die gemeinschaftlich-kommunitäre Variante den Typus „Produktionsgemeinschaft", für die gemeinschaftlich-autokratische Variante den Typus „Imperien", für den Übergang von einer gemeinschaftlichen zu einer instrumentellen BSO den Typus „Waisenhaus" und für die gemeinschaftlich-liberale Variante den Typus „Integrierte Bürgergesellschaft". Die bereits erwähnte Maschinenbaustudie von E. Hildebrandt und R. Seltz (1989) entdeckte, dass die Einführung eines neuen Produktionssteuerungssystems die High-Trust-Sozialverfassung nicht beeinträchtigte. R. Buhr (1989) zeigte, wie ein verfestigtes technisches Leitbild (das Produkt Elektrische Schreibmaschine), das ein anerkennungsrelevanter Identifikationskern der Belegschaft war und lange für ökonomischen Erfolg stand, später in die Insolvenz führte, weil es die Umstellung auf die elektronische Textverarbeitung verhindere. W. Schmidt (1996) beschrieb die BSO eines DDR-Betriebs nach der Wende als Wandel von der „paternalistischen Misstrauensgemeinschaft" zum Typus „Waisenhaus", worüber das Gefühl der Zugehörigkeit verloren ging. A. Boes und A. Baukrowitz (2002) und P. Ittermann (2009) stellten in den Start-Ups der New Economy eine gemeinschaftliche Form der BSO fest, die noch enger war als in den traditionellen Kleinbetrieben. In diesen Arbeiten der Anfangsphase ging es um die Entdeckung und Typisierung der noch als überraschend neu wahrgenommenen Realität BSO.

Seit den 2010er Jahren etablierte sich das Konzept BSO zunehmend in der industriesoziologischen Forschung. Ein Anwendungsbereich sind nach wie vor Studien mit typisierender Absicht: D. Owetschkin (2016) vergleicht in einer Langzeitstudie umfassend die Mitbestimmung bei Volkswagen, Daimler, Opel und Ford seit 1945 auf dem Hintergrund der jeweiligen BSO. M. Krzywdzinski (2017) vergleicht mit einem Ansatz, der das BSO-Konzept mit dem Consent-Konzept von Burawoy verbindet, auf Länderebene die BSO in Russland und China, woraus Stabilitätsbedingungen autoritärer Ordnungen sichtbar werden.

Andere Forscher wenden das Konzept BSO im Kontext unterschiedlicher organisatorischer und unternehmensstrategischer Veränderungen an. So stellt S. Zimmer (2016) bei der Einführung des Entgeltrahmenabkommens (ERA) in der Firma Daimler trotz Absicherung des Lohnniveaus eine massive Anerkennungskrise fest und verdeutlicht überzeugend, dass Lohnfragen häufig mit Statusfragen verknüpft sind. N. Mayer-Ahuja (2008) und A. Mayer (2017) erforschen die Auswirkungen von Transnationalisierungsmaßnahmen auf die BSO. J. Reindl wendete schon 2000 das Konzept bei der Analyse des betrieblichen Innovationsverhaltens an (→ auch Globalisierung/Transnationalisierung, Produktionsregime, Transnationale Unternehmen, Unternehmens[re]orgsanisation).

Entgegen einer früheren Annahme, dass das Konzept (relativ) beständige Beziehungen in der Sozialform Betrieb voraussetzt, kann es, wie A. Manske (2017) in einer aufschlussreichen Untersuchung zeigt, auch in fluiden Projektarbeitsmärkten mit einer Netzwerkkultur angewendet werden (→ auch Projekt, Netzwerke).

Auch in der betriebswirtschaftlichen Verhaltensforschung wurde es adaptiert. M. Falke (2018) analysiert das Bindungsverhalten (commitment) der Organisationsmitglieder in Abhängigkeit von der Qualität der BSO. K. K. Pullig (2016) stellt aus betriebswirtschaftlicher Sicht Best-Practice-Fälle einer innovativen BSO vor.

Da die BSO „gewachsen" ist, erfordert ihr Studium ein Verständnis für die Zeitordnung der longue durée. Deshalb sind Anleihen bei der Sozial- und Unternehmensgeschichte eine Bereicherung. Beispielhaft ist u.a. die Ungerechtigkeitsstudie von B. Moore, in der die Streikbereitschaft in den Zechen und Eisenhütten des Ruhrgebiets vor 1914 vergleichend analysiert wird und die eklatanten Unterschiede auf die Integrationskraft der jeweiligen BSO zurückgeführt werden. Ebenso hat die neuere deutsche Unternehmensgeschichte lehrreiche Fallstudien hervorgebracht, u.a. von J. Kocka (1969) über Siemens, H. Berghoff (1997) über den Musikinstrumentenhersteller Hohner und K. Lauschke (2007) über die Montanmitbestimmung in der Stahlindustrie.

Das Konzept BSO ist ein Deutungsrahmen für sozialintegrativ sensible Forschung in pluralen Themenfeldern und hat in den empirischen Studien analytisches Potenzial erwiesen.

Hermann Kotthoff

Empfehlungen zum Weiterlesen

Beaud, Stéphane/Pialoux, Michel 1999: Die verlorene Zukunft der Arbeiter. Die Peugeot-Werke von Sochaux-Montbeliard. Konstanz: UVK.

Berghoff, Harmut 1997: Zwischen Kleinstadt und Weltmarkt. Hohner und die Harmonika 1857–1961 (2. Aufl.). Paderborn: Schöningh.

Kotthoff, Hermann/Reindl, Josef 1990: Die soziale Welt kleiner Betriebe. Wirtschaften, Arbeiten und Leben im mittelständischen Industriebetrieb. Göttingen: Schwartz.

Manske, Alexandra 2017: Informelle Beziehungen als Flexibilitätsressource auf Projektarbeitsmärkten. Zur Sozialordnung einer Designagentur. In: Holst, H. (Hg.): Fragmentierte Belegschaften. Globale Perspektiven auf Leiharbeit, Werkverträge und Informalität. Frankfurt a.M./New York: Campus, S. 191–216.

Mayer, Andre 2017: Die Internationalisierung kleiner und mittlerer Unternehmen (KMU) und ihre Folgen für die betriebliche Sozialordnung. In: Industrielle Beziehungen, Jg. 24, H. 3, S. 347–371.

Moore, Barrington 1987: Ungerechtigkeit. Die sozialen Ursachen von Unterordnung und Widerstand. Frankfurt a.M.: Suhrkamp.

Schmidt, Werner 1996: Betriebliche Sozialordnung und ostdeutsches Arbeitnehmerbewusstsein im Prozess der Transformation. München/Mering: Hampp.

Betriebsrat

Begriff

Der Betriebsrat ist die durch das Betriebsverfassungsgesetz (BetrVG) gesetzlich legitimierte kollektive Interessenvertretung der Beschäftigten in Betrieben der Privatwirtschaft mit mehr als fünf Beschäftigten. Unternehmensrechtlich selbstständige Betriebsteile können dabei unter bestimmten Voraussetzungen einen gemeinsamen Betriebsrat wählen (§ 1 BetrVG: ‚Einrichtung von Betriebsräten' und § 4: ‚Betriebsteile, Kleinstbetriebe').

Analog zu den Prinzipien der repräsentativen Demokratie wird die personelle Zusammensetzung des Betriebsrats als Gremium alle vier Jahre auf der Grundlage einer Wahl durch die wahlberechtigten Mitglieder der Belegschaft bestimmt, die das 16. Lebensjahr vollendet haben. Seit der Reform des BetrVG im Jahr 2001 sind auch Leiharbeitnehmer wahlberechtigt, insofern sie länger als drei Monate im Betrieb eingesetzt waren. Der Gesetzgeber drängt dabei auf eine materielle Repräsentativität der unterschiedlichen Beschäftigtengruppen und betrieblichen Organisationsbereiche (§ 15 BetrVG: ‚Zusammensetzung nach Beschäftigungsarten und Geschlechter'). Wählbar sind nur Beschäftigte des jeweiligen Betriebs. Die Größe des Betriebsrats hängt von der Anzahl der Beschäftigten ab und ist im BetrVG (§ 9: ‚Zahl der Betriebsratsmitglieder') abschließend geregelt. Nach der Wahl agiert der Betriebsrat als kollektiver Repräsentant der Belegschaft stellvertretend für diese.

Die Betriebsratstätigkeit ist grundsätzlich ehrenamtlich; der Betrieb ist verpflichtet, die Mitglieder des Betriebsrats für ihre Arbeit als Interessenvertreter in angemessenem Umfang von der Arbeit zu befreien. Ab 200 Beschäftigten steht dem Gremium die vollständige Freistellung einzelner Betriebsratsmitglieder zu, wobei auch hier die Anzahl der Freistellungen je nach Größe der Belegschaft gesetzlich definiert ist (§ 38: ‚Freistellungen') und degressiv zunimmt. Der Betrieb ist verpflichtet, die Kosten der Betriebsratsarbeit zu tragen.

Wesentlich für die Arbeit des Betriebsrats ist die gesetzliche Definition seiner Rechte und Pflichten, wie sie im Vierten Teil des BetrVG (‚Mitwirkung und Mitbestimmung der Arbeitnehmer') festgehalten sind. Generell wird unterschieden zwischen den Informations-, Anhörungs- und Beratungsrechten, den Widerspruchs- und den erzwingbaren Mitbestimmungsrechten des Betriebsrats. Letztere beziehen sich insbesondere auf Fragen der betrieblichen Arbeitszeit- und Lohngestaltung (§ 87), der ‚menschengerechten Gestaltung der Arbeit' (§ 91), auf Grundlagen der Personalauswahl (§§ 94 f.), auf betriebliche Bildungsmaßnahmen (§§ 96ff.) sowie auf die Beteiligung des Betriebsrats bei der Ausarbeitung von Sozialplänen (§ 112). Im thematischen Feld der erzwingbaren Mitbestimmungsrechte darf der Arbeitgeber nicht nur keine Maßnahmen ohne Zustimmung des Betriebsrats erlassen, sondern der Betriebsrat kann auch aus eigener Initiative Verhandlungen mit dem Arbeitgeber über mitbestimmungspflichtige Sachverhalte anstoßen.

Die Arbeit des Betriebsrats unterliegt der absoluten Friedenspflicht (§ 74: ‚Grundsätze für die Zusammenarbeit'); dies bedeutet, dass Arbeitsniederlegungen als Konfliktmittel auf betrieblicher Ebene untersagt sind und nach dem BetrVG Konflikte zwischen den Betriebsparteien ausschließlich im Rahmen schiedlich-friedlicher prozeduraler Arrangements bearbeitet werden. Im Falle der erzwingbaren Mitbestimmungsrechte kann beispielsweise als letzter Schritt der Konfliktregulierung die sogenannte ‚Einigungsstelle' unter Beteiligung eines neutralen Dritten als Vorsitzendem angerufen werden (§ 76); deren Spruch ersetzt abschließend die Einigung der Betriebsparteien.

Wenn Betriebe in Unternehmens- bzw. Konzernstrukturen eingebunden sind, wird ein Gesamt- bzw. Konzernbetriebsrat gebildet, und diesem werden Aufgabenbereiche von betriebs- bzw. unternehmensübergreifendem Interesse zuordnet (§§ 47ff.). Fällt ein Unternehmen unter die Bestimmungen der EU-Richtlinie zu Europäischen Betriebsräten, können die Interessenvertretungen aus den EU-Standorten dieser Unternehmen einen Europäischen Betriebsrat institutionalisieren.

Genese und Strukturmerkmale

Historisch gesehen speist sich die Entstehung der Betriebsverfassung in Deutschland aus drei unterschiedlichen, faktisch jedoch eng miteinander verwobenen Entwicklungssträngen: Erstens haben einige ‚aufgeklärte' Unternehmer seit den 1860er Jahren freiwillig und aus einer patriarchalischen Fürsorgehaltung heraus Arbeiterausschüsse mit begrenzten Kompetenzen eingerichtet, von denen sie sich eine Pazifizierung der innerbetrieblichen Sozialbeziehungen versprachen. Zweitens haben → Gewerkschaften und Beschäftigte gegen Ende des 19. Jahrhunderts verstärkt versucht, eigeninitiativ Interessenvertretungen in den Betrieben aufzubauen, was jedoch regelmäßig auf erbitterten Widerstand der Unternehmer stieß. Schließlich gab es, drittens, staatliche Initiativen zur gesetzlichen Einrichtung von betrieblichen Interessenvertretungen; Auslöser waren dabei entweder eskalierende Konflikte in den Betrieben (vgl. etwa bei der Berggesetznovelle von 1905) oder später im Ersten Weltkrieg die kriegswirtschaftlich notwendige Sicherung der Kooperation von Beschäftigten und Gewerkschaften (s. ‚Gesetz über den Vaterländischen Hilfsdienst' von 1916). Die Deutsche Revolution 1918/19 hat dann dazu geführt, dass 1920 ein erstes Betriebsrätegesetz erlassen wurde – gewissermaßen der bescheidene Rest der Rätebewegung, die anfänglich wesentlicher Träger der Deutschen Revolution gewesen war.

Seit 1920 wird die betriebliche Interessenvertretung wesentlich durch die staatlich garantierte Betriebsverfassung strukturiert. 1934 wurde das Betriebsrätegesetz vom NS-Regime durch das ‚Gesetz zur Ordnung der nationalen Arbeit' aufgehoben, mittels dessen das Führerprinzip auf die Betriebe ausgedehnt und damit eine eigenständige Interessenvertretung der Beschäftigten abgeschafft wurde. Nach dem Zweiten Weltkrieg wurde dann vom Gesetzgeber bei der Ausgestaltung des Betriebsverfassungsgesetzes von 1952 wieder an die Grundstrukturen des Betriebsrätegesetzes von 1920 angeschlossen; diese wurden auch bei der ‚großen' Novellierung des BetrVG im Jahr 1972 und verschiedenen weiteren Überarbeitungen der Betriebsverfassung, die danach folgten (zuletzt durch das ‚Betriebsrätemodernisierungsgesetz' 2021), nicht tangiert. Diese Grundstruktur der Betriebsverfassung in Deutschland lässt sich an fünf Merkmalen festmachen (vgl. hierzu auch Schmidt/Trinczek 1999 b):

- *Die autonome Positionierung des Betriebsrats gegenüber den Gewerkschaften:* Das BetrVG räumt den Gewerkschaften nur sehr begrenzte Rechte im Betrieb ein. Gleichzeitig haben Betriebsräte mit dem BetrVG und der Wahl durch alle Beschäftigten eines Betriebs eine eigenständige Legitimationsgrundlage, die sie formal völlig unabhängig von den Gewerkschaften macht. Auch wenn sich in der Alltagspraxis des sogenannten ‚dualen Systems' der Interessenvertretung häufig ein Geflecht von wechselseitigen Unterstützungs- und Dienstleistungen zwischen Betriebsräten und den jeweils zuständigen Gewerkschaften etabliert hat, ist der Zugriff der Gewerkschaften auf ‚ihre' Betriebsräte formal sehr begrenzt (→ Industrielle Beziehungen).
- *Der Betriebsrat als ‚Grenzinstitution':* Friedrich Fürstenberg hatte bereits in den späten 1950er Jahren konstatiert, dass der Betriebsrat eine ‚Grenzinstitution' sei, die üblicherweise nicht nur die Interessen der Belegschaft vertrete, sondern gleichzeitig auch die Interessen von Gewerkschaft und → Management berücksichtige; der Betriebsrat befinde sich daher in einer schwierigen „Pufferstellung (…) im Spannungsfeld sehr realer Interessengegensätze" (Fürstenberg 1958, S. 426).
- *Der hohe Verrechtlichungsgrad:* Eine der – gerade im internationalen Vergleich – auffälligen Eigentümlichkeiten der Betriebsverfassung in Deutschland ist ihr ausgesprochen hoher Verrechtlichungsgrad. Das BetrVG sowie die einschlägige Rechtsprechung der Arbeitsgerichtsbarkeit regulieren nahezu jeden denkbaren Sachverhalt innerbetrieblicher Austauschbeziehungen – von den möglichen Handlungsfeldern über die jeweiligen Mitbestimmungsrechte bis hin zu den Konfliktlösungsmodi (→ auch Industrielle Beziehungen in internationaler Perspektive).
- *Relative Pazifizierung der betrieblichen Regulierungsebene:* Im dualen System der Interessenvertretung sind die zentralen Verteilungsfragen zwischen ‚Arbeit' und ‚Kapital' auf die Tarifebene ‚ausgelagert', und der Gesetzgeber hat das Arbeitskampfmonopol den Tarifparteien zugesprochen. Die Akteure der Betriebsverfassung unterliegen dagegen einer permanenten und absoluten Friedenspflicht, was den Einsatz möglicher Machtmittel des Betriebsrats im Konfliktfall einschränkt.
- *Die subsidiäre Stellung der betrieblichen gegenüber der tariflichen und staatlichen Regulierungsebene:* Im deutschen System industrieller Beziehungen ist eindeutig geregelt, dass staatliche Gesetzgebung und Richterrecht, tarifliche Regelungen und Betriebsvereinbarungen insofern in einem hierarchischen Verhältnis zueinander stehen, als die Regelungen ‚höherer' Ebenen nicht abbedungen werden dürfen. Dies bedeutet, dass Betriebsräte – ohne entsprechende Öffnungsklauseln in höherwertigen Regelungen (wie etwa → Tarifverträgen) – keine Vereinbarungen treffen dürfen, die materiell unter das Niveau existierender gesetzlicher oder tariflicher Regelungen zurückfallen.

Zentrale Forschungsergebnisse

Die betriebliche Ebene der Interessenregulierung hat – nicht zuletzt vor dem Hintergrund der sich seit Mitte der 1980er Jahre vollziehenden Verbetrieblichungstendenzen im deutschen System industrieller Beziehungen – zunehmend forscherisches Interesse gefunden. Will man die Befunde in einer groben Übersicht zusammenfassen, so lassen sich vier wesentliche Ergebnisse festhalten: *Betriebsräte sind relativ selektiv verbreitet.* Auf Grundlage der regelmäßigen Veröffentlichungen aus dem IAB-Betriebspanel (zuletzt Ellguth/Kohaut 2022) ist bekannt, dass die Existenz eines Betriebsrats nicht nur keine Selbstverständlichkeit darstellt, sondern eher die Ausnahme: Lediglich in 8% der betriebsratsfähigen → Betriebe existiert tatsächlich ein solches Gremium. Als wichtige Einflussfaktoren auf die Existenz eines Betriebsrats haben sich erwiesen: Branche, Betriebsalter, Eigentümerstruktur, Zusammensetzung der Belegschaft, Status des Betriebs (ob Zweigstelle eines Unternehmens oder nicht) und Region; besonders hervorzuheben ist freilich der Einfluss der Betriebsgröße: In Großbetrieben ist der Betriebsrat nach wie vor eine Selbstverständlichkeit, während er in den → Kleinbetrieben eine Ausnahme darstellt. Dies hat zur Folge, dass insgesamt 39% (Westdeutschland) bzw. 34% (Ostdeutschland) aller Beschäftigten in betriebsratsfähigen Betrieben tatsächlich über eine solche gesetzlich garantierte betriebliche Interessenvertretung verfügen (ebd., Zahlen für 2021). Die Mehrheit der abhängig Beschäftigten in der Privatwirtschaft arbeitet hingegen in Betrieben ohne Betriebsrat (vgl. hierzu Artus et al. 2006), und es lassen sich – trotz gleichfalls zu beobachtender Neugründungen von Betriebsräten (Schlömer-Laufen/Kay 2011, Artus et al. 2015) – insgesamt deutliche Erosionstendenzen betrieblicher Mitbestimmung ausmachen (Ellguth/Trinczek 2016); dies dürfte zu einem gewissen Teil sicher auch auf aktive Verhinderungsstrategien durch Arbeitgeber zurückzuführen sein (vgl. Behrens/Dribbusch 2020). Die abnehmende Bedeutung der Institution Betriebsrat kann weder quantitativ noch qualitativ durch sogenannte ‚andere Vertretungsorgane', wie etwa ‚Runde Tische', kompensiert werden (vgl. Hertwig 2013, Ertelt et al. 2017).

Es gibt ganz unterschiedliche Typen von Betriebsräten. Bereits in frühen empirischen Arbeiten zur Alltagswirklichkeit der Betriebsverfassung (etwa Blume 1964) wurde deutlich, dass die gesetzlichen Normen in der Praxis recht unterschiedlich umgesetzt werden. Hermann Kotthoff hat diese Differenzen dann in seiner breit rezipierten Studie „Betriebsräte und betriebliche Herrschaft" (1981) in Form einer Typologie von Partizipationsmustern zusammengefasst; er unterschied sieben Typen, wobei das Spektrum vom „isolierten Betriebsrat" bis hin zum „klassenkämpferischen Betriebsrat" reicht. Im Grunde hat seitdem nur die Diskussion um den Betriebsrat als „Co-Manager" (Müller-Jentsch 1995) neue Facetten zu dieser Typologie hinzugefügt. Große Differenzen existieren nicht nur hinsichtlich der betriebspolitischen Ausrichtung und Durchsetzungsfähigkeit von Betriebsräten, sondern auch hinsichtlich der internen Strukturen der innerbetrieblichen Interessenvertretungen (Minssen/Riese 2007) und ihrer Wahrnehmung durch die Beschäftigten (Musiol 2014) (→ auch Partizipation, Unternehmensmitbestimmung).

Das Aufgabenspektrum der Betriebsräte hat sich in den letzten Dekaden erheblich verändert. Im Kontext veränderter Unternehmens- und Belegschaftsstrukturen, der Erosion des Flächentarifvertrags, von Verbetrieblichungstendenzen im deutschen System industrieller Beziehungen sowie angesichts von zunehmender Globalisierung und Digitalisierung haben sich die Rahmenbedingungen betriebsrätlichen Handelns erheblich verändert. Dies hat sich auch in einem veränderten Aufgabenspektrum der Betriebsräte niedergeschlagen. Während früher – neben den klassischen Sozialfragen des betrieblichen Alltags – die zentralen Themen Lohn/Leistung (→ Entgelt und Leistung), → Arbeitszeit und Arbeitssicherheit (→ Arbeits- und Gesundheitsschutz) dominierten, sind in den letzten Dekaden zunehmend Fragen der aktiven Krisenbewältigung (Haipeter 2012, Bellmann/Gerner 2012), der betrieblichen Umsetzung (gewollter und ungewollter) tariflicher Freiräume (etwa Haipeter 2010, Hauser-Ditz et al. 2012) sowie Qualifikationsfragen (Berger/Iller 2019) in den Vordergrund gerückt. Als besonders dramatisch werden die Auswirkungen von → Globalisierung/Transnationalisierung und Digitalisierung auf die Arbeit (→ Digitale Transformation der Arbeit) für die Arbeit der betrieblichen Interessenvertretungen wahrgenommen (etwa Haipeter et al. 2019, Keller 2020). Hinzu kommt, dass die COVID-19-Krise mit der durch sie induzierten Zunahme von → Home Office/Tele(heim)arbeit das Problem des Zerfalls des Betriebs als sozialer Einheit forciert, was völlig neue Herausforderungen an eine erfolgreiche Betriebsratsarbeit stellt.

Die Effekte von Betriebsratshandeln sind umstritten. In den Labour Economics wird insbesondere auch über die Effekte geforscht, die Betriebsräte auf die verschiedensten Dimensionen von Betrieben (Arbeitszeitflexibilität, Investitionen, Lohnhöhe etc.) haben – stets mit Blick auf die wirtschaftliche Performance der Betriebe (vgl. etwa Nienhüser 2009, Mueller 2015, Schnabel 2020 a). Im Einzelnen können solche Effekte durchaus nachgewiesen werden; ob der Betriebsrat nun aber insgesamt positiv zum Unternehmenserfolg beiträgt oder eher nicht, darüber herrscht eine gewisse Uneinigkeit unter den Forschenden, wobei die Mainstreamposition lautet, dass ein Betriebsrat durchschnittlich zumindest nicht ökonomisch schadet. Den wirtschaftlichen Erfolg eines Unternehmens zu befördern stellt allerdings auch nicht die vorrangige Aufgabe von Betriebsräten dar.

Rainer Trinczek

Empfehlungen zum Weiterlesen

Funder, Maria 2018 b: Quo vadis Betriebsrat? Entwicklungstrends der betrieblichen Mitbestimmung. In: WSI-Mitteilungen, Jg. 71, H. 6, S. 497–504.
Hauser-Ditz, Axel/Hertwig, Markus/Pries, Ludger 2008: Betriebliche Interessenregulierung in Deutschland. Arbeitnehmervertretung zwischen demokratischer Teilhabe und ökonomischer Effizienz. Frankfurt a.M./New York: Campus.
Kotthoff, Hermann 1981: Betriebsräte und betriebliche Herrschaft. Frankfurt a.M./New York: Campus.
Kotthoff, Hermann 2013: Betriebliche Mitbestimmung im Spiegel der jüngeren Forschung. In: Industrielle Beziehungen, Jg. 20, H. 4, S. 323–341.
Müller-Jentsch, Walther 1995 a: Mitbestimmung als kollektiver Lernprozeß: Versuch über die Betriebsverfassung. In: Rudolph, K./Wickert, C. (Hg.): Geschichte als Möglichkeit. Über die Chancen von Demokratie. Festschrift für Helga Grebing. Essen: Klartext, S. 42–54.
Trinczek, Rainer 2018: Betriebliche Regulierung von Arbeitsbeziehungen. In: Böhle, F./Voß, G. G./Wachler, G. (Hg.): Handbuch Arbeitssoziologie (2. Aufl.), Bd.2: Akteure und Institutionen. Wiesbaden: Springer VS, S. 579–617.

Dienstleistungsarbeit

Begriff

Um eine Definition des Dienstleistungsbegriffs wurde insbesondere in Deutschland in einem „endlosen Kampf“ (Häußermann/Siebel 1995, S. 148) gerungen. Verbreitete Charakterisierungen als immaterielle, nicht-lagerfähige und in einem zeitlich-räumlich simultanen („uno-actu“) Prozess aus Produktion und Konsum erstellte wirtschaftlich gerahmte Leistungen treffen auf viele, jedoch nicht auf alle Dienstleistungen zu. Die für die Erstellung von Dienstleistungen notwendige (Erwerbs-)Arbeit kann zunächst negativ dadurch bestimmt werden, dass sie nicht direkt auf die Herstellung eines materiellen Objekts gerichtet ist. Eine substanziellere Definition wird möglich, wenn Dienstleistungsarbeit als Anwendung von Wissen und Kompetenzen definiert wird, durch die eine positiv bewertete Veränderung des Zustands einer Person oder einer Sache bewirkt werden soll (vgl. Jacobsen 2018, Pongratz 2012).

In der Arbeits- und Industriesoziologie wird vor allem mit Klassifikationen von Dienstleistungsarbeit gearbeitet: Sie kann zunächst *sektoral* nach Branchen (produktions-, konsum-, personenbezogene oder soziale Dienste) oder *funktional* auf der Ebene der Aufgaben, die z.T. in Form von → Berufen institutionalisiert sind, differenziert werden. Zwischen 1991 und 2019 hat sich die Zahl der weltweit in Dienstleistungsbranchen Erwerbstätigen von ca. 800 Mio. auf 1,6 Mrd. verdoppelt. Ca. 54% aller erwerbstätigen Frauen und ca. 32% der Männer sind mit der Erbringung von Dienstleistungen beschäftigt (vgl. https://www.ilo.org/wesodata/). In den 36 Ländern, die aktuell in der OECD (Organisation for Economic Co-Operation and Development) zusammengeschlossen sind und von denen die meisten ein überdurchschnittliches wirtschaftliches Niveau erreicht haben, waren bereits Ende der 1990er Jahre ca. drei Viertel der Frauen und die Hälfte der Männer in Dienstleistungsbranchen erwerbstätig (OECD 2000, S. 123 f.). In (West-)Deutschland überwiegt die Dienstleistungsbeschäftigung seit Anfang der 1970er Jahre die Beschäftigung in der Industrie (→ auch Dienstleistungsgesellschaft). Gegenwärtig arbeiten in Deutschland gut zwei Drittel der sozialversicherungspflichtig Beschäftigten in Dienstleistungsberufen, davon die meisten in kaufmännisch-verwaltenden (9,7 Mio.) und in Berufen, die den personenbezogenen Dienstleistungen zugerechnet werden (7,1 Mio.). Eine weitere große Gruppe stellen die IT-Berufe und weitere technisch-naturwissenschaftliche Berufe dar (1,2 Mio.). Weitere Dienstleistungsberufe tragen noch einmal 4,2 Mio. zur Dienstleistungsbeschäftigung bei (Zahlen für 2017) (IAB 2018).

Detailliertere Analysen der gesellschaftlichen Organisation von Dienstleistungsarbeit wurden in den letzten Jahren zunehmend anhand der für die Erstellung von Dienstleistungen notwendigen *Tätigkeiten* vorgenommen (z.B. organisieren, forschen, bedienen, beraten, betreuen, pflegen, verkaufen, reparieren), die in unterschiedlichen Mischungsverhältnissen an Dienstleistungsarbeitsplätzen ausgeübt werden. Analytisch können drei Tätigkeitstypen unterschieden werden: *Interaktion* bezeichnet die Einbeziehung von Kund:innen/Nutzer:innen/Klient:innen, die notwendig ist, um die Dienstleistung in einer direkten persönlichen oder technisch vermittelten Begegnung zu erbringen (→ Arbeit und Interaktion). *Symbolanalyse* oder *Wissensarbeit* umfasst die Nutzung abstrakten Wissens für wissenschaftlich-technisches, kaufmännisches, verwaltendes, gestaltendes Arbeiten mit neuen Informationen, neuem Wissen, neuen Entscheidungen, neuen Symbolen oder auch einem Gegenstand (z.B. einem Film oder einem Softwareprogramm) als Arbeitsergebnis (→ Informations- und Wissensarbeit). *Handhabung* eines Gegenstands ist notwendig, um viele Dienstleistungen zu erstellen, etwa Transporte, Reparaturen, Bereitstellung von Waren zum Verkauf u.ä. (vgl. Jacobsen 2008). Ähnliche Differenzierungen wurden auch entlang unterschiedlicher „Arbeitslogiken" (interpersonell, organisatorisch-verwaltend, technisch) vorgenommen (vgl. Vester 2011).

Genese/theoretischer Kontext

Die Schwierigkeiten, eine allseits anerkannte Definition von Dienstleistungen zu entwickeln, liegen sowohl in ihrer Heterogenität als auch in der Komplexität ihrer Bedeutung für die Gesellschaft. Auf der Makroebene wurde die „Tertiarisierung" (zuerst Fourastié 1949) als langfristiger wirtschaftsstruktureller Wandel mit Implikationen für gesellschaftlichen Wandel thematisiert. Als Erklärung dafür ist insbesondere in Deutschland die von Johannes Berger und Claus Offe Anfang der 1980er Jahre vorgetragene These prominent, dass Dienstleistungen expandieren, weil die komplexer werdenden Produktions- und Reproduktionsprozesse zunehmend höhere Anforderungen an die „Gewährleistung der Formalstrukturen, Verkehrsformen und kulturellen Rahmenbedingungen, unter denen die materielle Reproduktion der Gesellschaft stattfindet" (Berger/Offe 1984, S. 233), stellen. Diese „Gewährleistungsfunktion" von Dienstleistungen bzw. ihre Bestimmung, der „Instandhaltung von etwas" (ebd., S. 235) zu dienen, schlägt sich in dreifacher Hinsicht nieder: als Verschiebung der wirtschaftlichen Aktivitäten vom primären und sekundären zum tertiären Sektor, als Ausweitung dienstleistender Funktionen innerhalb von Unternehmen auch in der herstellenden Industrie und als die Integration dienstleistender Aufgaben im weitesten Sinne auch in herstellende → Arbeit (vgl. Deutschmann 2002).

Auf der Mesoebene entwickelte sich ausgehend von der zunehmenden Bedeutung dienstleistender betrieblicher Funktionen in der frühen → *Angestelltensoziologie* ein Verständnis der Arbeitsaufgaben der Angestellten als delegierte Unternehmerfunktion, die mit kaufmännischen, verwaltenden und technischen Tätigkeiten zum Erfolg der Organisation beitragen. Daraus wurde ihr tendenziell individualistisches Arbeitsbewusstsein und wenig klassenorientiertes Gesellschaftsbild abgeleitet (vgl. Kadritzke 1975) (→ Arbeiterbewusstsein). In arbeitsinhaltlicher Hinsicht wurde gefragt, ob ‚geistige' Arbeit in vergleichbarer Weise wie ‚manuelle' Arbeit mechanisierbar und entsprechend von Dequalifizierung bedroht sei (Pirker 1962). Dienstleistungsarbeit kann jedoch nicht ohne Berücksichtigung von Widersprüchen zwischen Effizienz und Effektivität rationalisiert werden (→ Rationalisierung). Dienstleistungsunternehmen unterliegen nicht nur den auch für Industriebetriebe geltenden Logiken der Kapitalverwertung, sondern sie sind zugleich „von ihrem ‚Produkt' her, der Dienstleistung, auch in andere Entwicklungslinien der Vergesellschaftung eingebettet, die mit den innerbetrieblichen zunächst wenig zu tun haben" (Baethge/Oberbeck 1986, S. 408). Wie Dienstleistungen und Dienstleistungsarbeit organisiert werden, hat also eine gesellschaftliche Dimension.

Mit Blick auf die Mikroebene der Tätigkeiten insbesondere interaktiver Art schließt hier die Forschung zur Arbeit an der „Grenzstelle" (Holtgrewe/Kerst 2002) und zur „Dienstleistungstriade" (Nerdinger 1995) an. An der Grenzstelle der Dienstleistungsorganisation treffen in der Interaktion zwischen Dienstleistungsbeschäftigten und Kund:innen bzw. Nutzer:innen unterschiedliche Handlungsorientierungen aufeinander. Aufseiten der die Dienstleistung anbietenden Organisation sind Normen, Werte und Strukturen der Ökonomie sowie der Bürokratie handlungsleitend. Aufseiten der Nutzer:innen und Konsument:innen stehen lebensweltliche Ansprüche im Vordergrund. Für einen erfolgreichen Dienstleistungsprozess müssen sich die Akteure auf eine gemeinsame Lesart der Situation verständigen. Arbeitssoziologisch relevant ist v.a. die Widersprüchlichkeit der Anforderungen an der Grenzstelle, die sich durch das triadische Verhältnis zwischen der die Dienstleistung anbietenden Organisation, der Nutzerin/dem Nutzer dieser Dienstleistung und dem/der Beschäftigten ergeben (s.a. das Konzept der „customer oriented bureaucracy“, Korczynski 2002).

Zentrale Forschungsergebnisse

Einen wichtigen Zugang insbesondere zu den Zusammenhängen zwischen wirtschaftsstrukturellem und gesellschaftlichem Wandel auf der Makroebene eröffnete seit den 1990er Jahren die international vergleichende Betrachtung der institutionellen Einbettung von → Erwerbsarbeit. Die Strukturen und die Entwicklung der Dienstleistungsbeschäftigung werden von den nationalen Wohlfahrtsregimen, also den institutionell verankerten sozialpolitischen Unterstützungsangeboten, die auf spezifischen Beziehungen zwischen Staat, Markt und Familie beruhen, geprägt (vgl. zusammenfassend Häußermann/Siebel 1995). Konkrete Anhaltspunkte zur qualitativen Bewertung der in unterschiedlichen Wohlfahrtsregimen verfügbaren Arbeitsplätze im Bereich der sozialen und haushaltsbezogenen Dienstleistungen erbrachte seit den 1990er Jahren vor allem die Berücksichtigung von *Genderregimen*, also der Institutionen des Zugangs von Frauen zum Arbeitsmarkt, sowie der Bedingungen dafür, dass Frauen einen autonomen Haushalt führen können (→ Arbeit und Geschlecht).

Der Prozess der Tertiarisierung steht in einem sich gegenseitig verstärkenden, aber dennoch widersprüchlichen Verhältnis zur Geschlechterungleichheit. Einerseits werden Frauen durch die Ausweitung von Dienstleistungen in den Arbeitsmarkt integriert, was gleichzeitig die Nachfrage insbesondere nach haushaltsnahen und sozialen Dienstleistungen erhöht. Andererseits korrespondiert der betrieblicherseits ausgeprägte Bedarf an flexibler Arbeit in vielen Dienstleistungssektoren mit den in vielen Ländern vorherrschenden Geschlechterregimen, die überwiegend nur eine partielle Erwerbsbeteiligung von Frauen unterstützen. Die dadurch begünstigten fragmentierten Dienstleistungsarbeitsmärkte mit de-standardisierten Beschäftigungsverhältnissen (→ Atypische Beschäftigung) und nicht existenzsichernden Einkommen tragen zur Abkehr von den früheren Hoffnungen auf eine allgemeine Verbesserung von Arbeits- und Lebensbedingungen durch fortschreitende Tertiarisierung bei. Für Deutschland wurde gezeigt, dass die Ausweitung der Dienstleistungsbeschäftigung in den letzten beiden Jahrzehnten mit zunehmender Niedriglohnbeschäftigung (→ Niedriglohnsektor) insbesondere in den handhabungsorientierten Tätigkeiten in Verkauf, Transport und Logistik mit mehr als einem Viertel sowie in Bildung, Gesundheits- und Sozialwesen mit fast einem Fünftel der Beschäftigten (Grabka/Göbler 2020) verbunden war (vgl. umfassend hierzu Bosch/Weinkopf 2011).

Auf der Meso- und Mikroebene werden die für die verschiedenen Tätigkeitstypen relevanten Rationalisierungsstrategien untersucht:

In aktuellen Befragungen geben ca. zwei Drittel der in Deutschland Erwerbstätigen an, dass sie an ihrem Arbeitsplatz mit Externen interagieren (Tisch et al. 2020). Die Gestaltung von *interaktiver Arbeit* ist in den letzten Jahren zu einem wichtigen Forschungsgegenstand geworden. Sie prägt den Arbeitsalltag vor allem in personenbezogenen Dienstleistungen wie Pflege, Betreuung, Bildung, Gastronomie. Forschungsbefunde verweisen auf folgende zentrale Problemdimensionen: *Ökonomisierung und Marktsteuerung* (→ Vermarktlichung) können mit den arbeitsinhaltlichen Orientierungen der Beschäftigten an der Grenzstelle ebenso wie mit den Orientierungen der Nutzer:innen, die an Beziehungs- und Dienstleistungsqualität interessiert sind, konfligieren. Dies ist besonders augenfällig in Pflegetätigkeiten (Marrs 2007 b). Aber auch in distributiven Diensten, insbesondere im Einzelhandel und im Finanzgewerbe, treten Probleme auf, wenn die Formen der Steuerung und → Kontrolle der Arbeit es den Beschäftigten erschweren, den eigenen Ansprüchen an gute Dienstleistungsqualität gerecht zu werden (Voswinkel 2005 a, Laaser 2016) (→ auch Arbeit im Kapitalismus, Arbeitsqualität). *Technisch-organisatorische Rationalisierung* greift an interaktionsorientierten Arbeitsplätzen teils tief in die Arbeitsabläufe ein und kann auch die Fachlichkeit der Tätigkeiten in Frage stellen (Jacobsen/Hilf 2020). Es werden aber auch Formen der Nutzung insbesondere digitaler Technologien berichtet, die an interaktionsorientierten Arbeitsplätzen größere Handlungsspielräume ermöglichen (Kirchner et al. 2020).

Aktuelle Befunde zur Entwicklung der Arbeits- und Beschäftigungsbedingungen in den vorwiegend *wissensorientierten Tätigkeiten* zeigen, dass nach einer langen Phase der Ausdifferenzierung und zunehmenden Arbeitsteilung auf Basis komplexerer digitaler Technologien Sachbearbeitungsprozesse z.B. in Versicherungen und Verwaltungen überwiegend (re-)integriert wurden (vgl. Haipeter et al. 2012). Neue Managementkonzepte mit Strategien der Zentralisierung oder Auslagerung von Funktionen (z.B. bankenübergreifender Zahlungsverkehr, Shared Service Center) tragen jedoch zur Verdichtung der Arbeitsbelastung bei (z.B. Heiden/Jürgens 2013). Die damit eingesetzten Elemente von Marktsteuerung schließen an individualistische Arbeitsorientierungen der Beschäftigten an. Aus den begrenzten aktuellen Fallstudienuntersuchungen gibt es bisher keine Hinweise, dass diese weitgehend etablierten Formen der integrativen Arbeitsorganisation in verwaltenden, kaufmännischen und technischen Dienstleistungsorganisationen heute durch einen neuen „digitalen Taylorismus" aufgebrochen werden. Die schon integrierten zuarbeitenden Funktionen werden, wo dies möglich ist, technisch unterstützt bis hin zur Automatisierung durch Einsatz algorithmischer Routinen. Die qualifizierte Sachbearbeitung weist weiterhin hohe Belastungen auf, geht jedoch auch mit der Nutzung weiterer Qualifikationspotenziale einher, wie aktuell für das Finanzgewerbe gezeigt werden konnte (vgl. Tullius 2021).

Vorwiegend *handhabende* Dienstleistungstätigkeiten wie z.B. das Fahren, Ausliefern, Sortieren im Transportgewerbe oder in der Logistik, Reinigungsarbeiten im gewerblichen und im privaten Bereich, Hilfstätigkeiten bei der Zubereitung von Speisen im Gastgewerbe oder in Pflegeeinrichtungen unterliegen einer restriktiven Dynamik aus hohem Rationalisierungsdruck durch technische und organisatorische Steuerung und Kontrolle der Arbeit, etwa sanktionsbewehrte Leistungsvorgaben für Fahrer:innen oder Reinigungskräfte, einerseits und gleichzeitig der Tendenz zur Prekarisierung der Beschäftigungsbedingungen durch Auslagerung in nicht-tarifvertraglich gebundene Tochterunternehmen oder Vergabe an Subunternehmen. (Zeit-)Diagnosen eines neuen „digitalen Taylorismus" werden am ehesten in diesen Tätigkeiten empirisch nachgewiesen (vgl. Kirchner et al. 2020). Auch die digitale Vermittlung zwischen Anbietern und Nutzer:innen durch Plattformunternehmen spielt für die Beschäftigungsbedingungen insbesondere der handhabenden Dienstleistungstätigkeiten eine zunehmende Rolle (→ auch Digitale Transformation der Arbeit, Plattformarbeit).

Aktuelle Forschungsfragen stellen die Bedeutung der weiteren Durchdringung von Dienstleistungen mit neuen digitalen Technologien in den Vordergrund. Es ist zu erwarten, dass Anwendungen des maschinellen Lernens und der virtuellen Realität weiter vordringen in die Domänen interaktiver Arbeit. „Autonome" Fahr- und Transportdienste können handhabende Dienstleistungsarbeiten substituieren. Wissensintensive und beratende Tätigkeiten werden weiterhin unterstützt durch digital gewonnene und analysierte Verhaltens- und Vorhersagedaten (→ auch Arbeit und Künstliche Intelligenz). Die dafür benötigten Analyse- und Entwicklungstätigkeiten gehören zu den professionellen wissensorientierten Dienstleistungsarbeiten, die nach allen vorliegenden Prognosen weiter zunehmen werden. Auf der anderen Seite nehmen entgegen bisherigen Prognosen zuarbeitende Tätigkeiten auf geringem Qualifikationsniveau und mit geringen Einkommenschancen ebenfalls zu. Die dadurch implizierte soziale Ungleichheit wird verstärkt durch die Dynamik der institutionellen Entbettung von Lohnarbeit und zunehmend auch durch digitale Geschäftsmodelle, in denen Plattformanbieter zwischen Erzeugungs- und Nutzungskontext treten und die Dienstleistungsarbeit ihrer bisherigen Einbettung in betriebliche Strukturen und Prozesse des Erzeugungskontextes entkleiden (Kirchner 2019).

Internationaler Bezug

Dienstleistungsarbeit wurde in der angelsächsischen Forschung früher als in Deutschland untersucht. Ein Grund für die Verzögerung hierzulande kann der für Deutschland diagnostizierte „Industrialismus" (Baethge 2001) sein, der industrielle Arbeit länger als in anderen Ländern im Zentrum der Aufmerksamkeit hielt. Als bahnbrechend für die angelsächsische Forschung erwies sich eine Untersuchung zur „emotion work" in der Arbeit von Flugbegleiterinnen (Hochschild 1983). Die Arbeitssituation an der Grenzstelle im Spannungsfeld von Rationalisierung, Marktsteuerung und lebensweltlichen Ansprüchen der Nutzer:innen (v.a. in Call Centern, im Einzelhandel, in der Gastronomie) wurde intensiv untersucht (vgl. Leidner 1993, für einen aktuellen Überblick Warhurst/Nickson 2020) und prägt seither das Verständnis von „service work" als auf personenbezogene interaktive Arbeit orientiert: „The presence of the service recipient within the labor process is the central definitional element of service work." (Korczynski 2007) Andererseits jedoch werden trotz dieser Definition auch handhabungsorientierte Tätigkeiten auf geringem fachlichem Anforderungsniveau – wie z.B. von Fahrer:innen, Paketzusteller:innen u.ä. – in der englischsprachigen Forschung als „service work" bezeichnet. Die sozialstrukturelle Dimension der Herausbildung eines „Dienstleistungsproletariats" (Esping-Andersen 1990) wird in der englischsprachigen Forschung traditionell stärker in den Blick genommen: Wo es jemanden gibt, der (personenbezogene) Dienste erbringt, muss es jemanden geben, der diese Dienste bezahlen kann. Diese Perspektive wird demgegenüber in Deutschland bisher selten systematisch verfolgt (vgl. jedoch aktuell Mayer-Ahuja/Nachtwey 2021).

Heike Jacobsen

Empfehlungen zum Weiterlesen

Baethge, Martin 2011: Qualifikation, Kompetenzentwicklung und Professionalisierung im Dienstleistungssektor. In: WSI-Mitteilungen, Jg. 64, H. 9, S. 447–455.

Bosch, Gerhard/Wagner, Alexandra 2003: Dienstleistungsgesellschaften in Europa und Ursachen für das Wachstum der Dienstleistungsbeschäftigung. In: Kölner Zeitschrift für Soziologie und Sozialpsychologie, Jg. 55, H. 3, S. 475–499.

Jacobsen, Heike 2018: Strukturwandel der Arbeit im Tertiarisierungsprozess. In: Böhle, F./Voß, G. G./Wachtler, G. (Hg.): Handbuch Arbeitssoziologie (2. Aufl.). Bd. 1: Arbeit, Strukturen und Prozesse. Wiesbaden: Springer VS, S. 233–262.

Dienstleistungsgesellschaft

Begriff

Der Terminus Dienstleistungsgesellschaft bezeichnet hochentwickelte Gesellschaften, in denen der Dienstleistungssektor in quantitativer und qualitativer Hinsicht das Wirtschaftssystem dominiert. Als formales Kriterium gilt, dass mehr als die Hälfte aller Beschäftigten im Dienstleistungssektor beschäftigt sind; in einer weitergehenden Interpretation sind damit auch Veränderungen in den Lebens- und Beschäftigungsmustern und den Konfliktlinien einer Gesellschaft angesprochen.

In deskriptiver Hinsicht beschreibt der Begriff den Wandel der Wirtschaftsstrukturen in modernen Volkswirtschaften als dreifachen Prozess: Erstens als *sektorale* Verschiebung der Beschäftigung, wobei diese im Dienstleistungssektor ansteigt und im sekundären Sektor abnimmt, zweitens als *funktionale* Ausweitung dienstleistender Tätigkeiten in Organisationen und drittens als Integration dienstleistender Aufgaben in herstellende Prozesse (Deutschmann 2002, S. 27ff.). In analytischer Hinsicht wird der Begriff als Gesellschaftsmodell genutzt, um konstitutive Kennzeichen moderner Gesellschaften hervorzuheben und Aussagen über zukünftige Entwicklungen abzuleiten. Dabei bestehen große Überschneidungen zu anderen Modellen, z.B. zur postindustriellen oder zur → Wissensgesellschaft (→ auch Arbeitsgesellschaft). Demnach geht die Tertiarisierung nicht nur mit einer Beschäftigungsverschiebung einher, sondern auch mit qualitativen Veränderungen im sozialstrukturellen Gefüge der Gesellschaft, z.B. mit einem höheren Bildungsniveau oder mit Veränderungen in den geschlechtsspezifischen Rollenmustern. In normativer Hinsicht wird der Begriff genutzt, um auf Defizite im wirtschaftsstrukturellen Wandel aufmerksam zu machen. Mit Hilfe einer gezielten Dienstleistungs*politik*, d.h. mit einem ausgewogenen Set aus arbeitsmarkt-, bildungs- und sozialpolitischen Interventionen sollen die Beschäftigungspotenziale des Dienstleistungssektors systematisch erschlossen und gestaltet werden (Birken/Dunkel 2013).

Genese/theoretischer Kontext

Klassische theoretische Ansätze können danach differenziert werden, ob sie die Entwicklung zur Dienstleistungsgesellschaft auf sektorale Produktivitätsunterschiede oder auf Nachfrageveränderungen zurückführen. Außerdem lassen sich optimistische und pessimistische Ansätze unterscheiden, je nachdem, ob die Dienstleistungsgesellschaft als gesellschaftlicher Fortschritt (Melioration) oder als Stagnation bewertet wird.

Nach Alexander Fisher (1939) und Colin Clark (1940) beruhen die sektoralen Beschäftigungsverschiebungen auf einer anthropologisch begründeten Hierarchie der menschlichen Bedürfnisse: Erst wenn in fortgeschrittenen Industriegesellschaften grundlegende Bedürfnisse wie Nahrung und Wärme (primärer Sektor), Wohnen und Kleidung (sekundärer Sektor) gestillt sind, werden Bedürfnisse nach Dienstleistungen nachfragerelevant. Jean Fourastié (1949) hingegen unterscheidet die Wirtschaftssektoren nach dem Grad ihrer Produktivität. Durch technischen Fortschritt können im sekundären Sektor hohe Produktivitätssteigerungen erzielt werden; die dadurch freigesetzten Arbeitskräfte finden Beschäftigung im tertiären Sektor. Aufgrund ihrer spezifischen Merkmale (insbesondere Uno-actu-Prinzip) stuft Fourastié Dienstleistungstätigkeiten (→ Dienstleistungsarbeit) als rationalisierungsresistent ein, wodurch die Freisetzung von Arbeitskräften zum Stillstand kommt. Parallel dazu vollzieht sich eine Nachfrageverschiebung: Aufgrund von Überproduktionen der Industrie und steigender Realeinkommen entsteht der Wunsch nach Dienstleistungen, die Selbstverwirklichung und soziale Distinktion ermöglichen. Durch die niedrige Produktivität von Dienstleistungen kann dieser „immerwährende Hunger nach Tertiärem" nie vollkommen gestillt werden. Daher markiert der Eintritt in die Dienstleistungsgesellschaft einen Endpunkt wirtschaftlicher Entwicklung, der sich durch ökonomische und politische Stabilität und durch mehr Lebensqualität auszeichnet.

Für Daniel Bell (1973) ist das theoretische Wissen das „axiale Prinzip" der Dienstleistungsgesellschaft, die mit einer Ausweitung hochqualifizierter → Berufe und einer sozialverträglichen Steuerung des technischen Fortschritts einhergeht. Im Zuge der historischen Entwicklung haben Dienstleistungen zudem ihr Profil verändert: In der vorindustriellen Gesellschaft lag der Schwerpunkt auf einfachen persönlichen Dienstleistungen, in der Industriegesellschaft auf Transport, Verkehr und Versorgung. In der postindustriellen Gesellschaft dominieren wissensbezogene Dienste aus Gesundheit, Bildung, Forschung und Verwaltung; die moderne Wirtschaft ist durch das „Spiel zwischen Personen" gekennzeichnet. Personenbezogene Dienste spielen auch in der Konzeption von Alan Gartner und Frank Riessman (1974) eine besondere Rolle: Da die Mitwirkung der Klient:innen zentral für den Dienstleistungsprozess ist, eröffnen diese neue Emanzipations- und Demokratiepotenziale. Die Entwicklung zur Dienstleistungsgesellschaft sei außerdem mit einer Werteverschiebung Richtung Humanisierung der Arbeitswelt, Umweltschutz und Verbesserung der Lebensqualität verbunden.

Sektorale Produktivitätsunterschiede sind auch Ausgangspunkt in der Argumentation von William Baumol (1967), die aber in eine Prognose wirtschaftlicher Stagnation mündet. Denn trotz ungleicher Produktivitätsniveaus orientieren sich die Einkommen im Dienstleistungssektor an der Einkommensentwicklung in der Industrie. Diese Belastung wird über steigende Dienstleistungspreise ausgeglichen. Dieses als „Kostenkrankheit" bezeichnete Strukturproblem moderner Industriegesellschaften bremst das Wachstum der Dienstleistungen: Sie verschwinden entweder wegen zu hoher Kosten vom Markt oder müssen subventioniert werden, was wiederum die wirtschaftliche Prosperität schwächt. Zu einer ähnlich ernüchternden Prognose gelangt Jonathan Gershuny (1978). In der vermeintlichen Dienstleistungsgesellschaft setzt sich die industrielle Produktion in den Alltag der Konsumenten fort: Die rationalisierbaren Bestandteile der Dienstleistungsarbeit werden als Maschinen an die Haushalte verkauft. Resultat sei eine Selbstbedienungsgesellschaft, bei der berufliche Dienstleistungen durch eine Kombination aus Produkten und Eigenarbeit substituiert werden.

Peter Berger und Claus Offe (1984) relativieren sowohl die Bedeutung der niedrigen Produktivität als auch die der veränderten Nachfrage. Entsprechend ihrer Gewährleistungsdefinition haben Dienstleistungen die Funktion, Unsicherheiten des gesellschaftlichen Reproduktionsprozesses zu absorbieren. Da sie latent vorgehalten werden müssen, sind sie zwar mit hohen Kosten und unsicheren Erträgen verbunden, aber dennoch offen für → Rationalisierung durch Mechanisierung, Zentralisierung und Externalisierung. Daher ist die Dienstleistungsgesellschaft nicht zwangsläufig mit Beschäftigungswachstum verbunden. Sie geht auch nicht aus veränderten Bedürfnissen in der Gesellschaft hervor, sondern aus Verlagerungen der Trägerschaft. So ist der Bedarf nach Pflege oder Bildung konstanter Natur, auch wenn er sich nicht in monetärer Nachfrage nach professionellen Diensten äußert, sondern informell (z.B. in den privaten Haushalten) erbracht wird (→ auch Nicht-Erwerbsarbeit, Reproduktion von Arbeitskraft, Sorgearbeit).

Zentrale Forschungsergebnisse

Die empirischen Befunde bestätigen zwar die Existenz der Dienstleistungsgesellschaft, relativieren aber einige theoretische Annahmen bezüglich ihrer qualitativen Eigenschaften. Die meisten westlichen Industriegesellschaften haben bereits in den 1970er Jahren die Schwelle zur Dienstleistungsgesellschaft überschritten; für 2019 schätzt die ILO den Beschäftigungsanteil des Dienstleistungssektors für OECD-Länder auf 73% und für EU-Länder auf 71%. Dabei hat sich der Weg in die Dienstleistungsgesellschaft vor allem über das Wachstum der produktionsbezogenen und der sozialen Dienstleistungen vollzogen (Dauderstädt 2012, Krämer 2011). Erstgenannte expandieren, weil die steigende Komplexität der Produktion mehr planende und begleitende Dienstleistungen erfordert. Insofern steht die Dienstleistungsgesellschaft auch in engem Zusammenhang mit der Herausbildung postfordistischer Produktionskonzepte in einer global ausgerichteten Wirtschaft (→ Neue Produktionskonzepte, Produktionsregime). Das Wachstum der sozialen Dienste ist eng mit der demografischen Entwicklung verknüpft, die einen höheren Bedarf an Gesundheits- und Pflegeleistungen nach sich zieht. Hinzu kommt, dass die steigende Erwerbsbeteiligung der Frauen eine Nachfrage nach professionell erbrachten personen- und haushaltsbezogenen Diensten hervorruft (z.B. Kinderbetreuung, Reinigung), in denen wiederum überdurchschnittlich häufig Frauen beschäftigt sind. Somit ist die Entwicklung zur Dienstleistungsgesellschaft auch mit geschlechtsspezifischen Segmentierungen des Arbeitsmarktes (Gottschall 2018 a) (→ Arbeit und Geschlecht, Arbeitsmarktsegmentation) und mit einer Ausdifferenzierung des Arbeitsbegriffs in Richtung Care Work verbunden (→ auch Arbeit, Arbeit im Kapitalismus, Sorgearbeit).

Der Dienstleistungssektor galt lange Zeit als weniger produktiv als der industrielle Sektor. Mit der Digitalisierung der Arbeit sind jedoch die Potenziale → systemischer Rationalisierung auch im Dienstleistungssektor stark angewachsen (Staab/Nachtwey 2016). Beispiele sind Verlagerungen und Ausgliederungen von Tätigkeiten auf Konsument:innen (Onlinebanking) oder an einen externen Pool von Personen (Crowd Work bei Preisvergleichen oder Produktbewertungen), digitale Marktplätze und Plattformökonomien, welche Anbieter und Interessierte zusammenbringen (Partnerschaftsbörsen, Kleiderkreisel, Lieferservices) sowie die Substitution menschlicher Dienstleistungen durch technologische Äquivalente (Pflegeroboter, *youtube*-Vorlesungen). Der „immerwährende Hunger nach Tertiärem“ schließt somit Produktivitätssteigerung und Beschäftigungsabbau nicht aus (→ auch Digitale Transformation der Arbeit, Arbeit und Künstliche Intelligenz, Plattformarbeit).

Stark revisionsbedürftig sind auch die Visionen einer Dienstleistungsgesellschaft, die sich durch politische und ökonomische Stabilität und durch höhere Lebens- und → Arbeitsqualität auszeichnet. Vielmehr sind mit der Dienstleistungsgesellschaft spezifische Risiken und Konflikte verbunden (z.B. Finanzkrisen, Debatten um das Wachstum öffentlich finanzierter Dienste oder die ‚McDonaldisierung‘ der Gesellschaft). In Bezug auf die Arbeitsverhältnisse ist empirisch kein prinzipielles *Upgrading* von Arbeit zu beobachten, sondern eine Spaltung in abgesicherte hochqualifizierte Wissensarbeit und ein prekäres Dienstleistungsproletariat (Bartmann 2016) (→ auch Arbeitsmarktsegmentation, Atypische Beschäftigung, Informations- und Wissensarbeit, Prekarität). Hinzu kommt, dass der Dienstleistungssektor bevorzugter Schauplatz der → Entgrenzung von Arbeit mitsamt ihren negativen Folgeerscheinungen (z.B. Burnout) ist (Bauknecht/Wesselborg 2021). Schließlich birgt die Dienstleistungsgesellschaft auch Gefahren gesellschaftlicher Desintegration. Denn da Dienstleistungen eine hohe Einkommenselastizität aufweisen, begünstigen Einkommensunterschiede innerhalb einer Gesellschaft schichtspezifische Unterschiede im Lebensstandard und eine ungleiche Verteilung von Selbstverwirklichungs- und Teilhabechancen (Nachtwey 2016).

Das Konfliktpotenzial der Dienstleistungsgesellschaft kommt in der ‚Tertiarisierung des Streiks‘ zum Ausdruck (Bewernitz/Dribbusch 2014): Arbeitskämpfe werden zunehmend in Dienstleistungsarenen ausgetragen und dadurch für Klient:innen, Kund:innen und Öffentlichkeit deutlicher spürbar. Auch die Corona-Pandemie ist von öffentlichen Auseinandersetzungen über Dienstleistungen begleitet. So wurde deutlich, dass die Beschäftigungsqualität in den sozialen und gesundheitsbezogenen Berufen in keinem Verhältnis zur ‚Systemrelevanz' dieser Dienstleistungsfelder steht. Bei den Feldern Bildung, Freizeit und Kultur wurde hingegen der Vorwurf laut, dass vonseiten der Politik zu wenig für Beschäftigte und Klient:innen getan wird, um die Auswirkungen der Pandemie sozial- und wirtschaftsverträglich abzufedern.

Internationaler Bezug

Seit den 1990er Jahren wird die Entwicklung zur Dienstleistungsgesellschaft vermehrt international vergleichend analysiert, wobei das Tertiarisierungsniveau der Volkswirtschaften häufig als Nachweis für mehr oder weniger erfolgreiche Ökonomien interpretiert wird. Nach ILO-Daten liegt der Beschäftigungsanteil des Dienstleistungssektors 2019 weltweit bei etwa 50% (High-income-Länder: 74%, Middle-income-Länder: 47%, Low-income-Länder: 30%). Unter den OECD-Staaten führen Luxemburg, Israel, die Niederlande, Großbritannien und Schweden mit einer Beschäftigungsrate von mehr als 80% das Ranking der Dienstleistungsgesellschaften an. In Nordamerika und Europa hat sich der Beschäftigungszuwachs auf hohem Niveau stabilisiert; hohe Wachstumsraten weisen Südamerika und Südostasien auf. Deutschland (72%) nimmt traditionell einen Platz im oberen Mittelfeld ein. In den 1990er Jahren wurde diese Position unter dem Stichwort Dienstleistungslücke und Überindustrialisierung problematisiert, wobei vor allem beschäftigungspolitische Interventionen zur Förderung der sozialen und konsumbezogenen Dienstleistungen kontrovers diskutiert wurden (Bosch/Wagner 2003, Heinze/Streeck 2003).

Als ursächlich für nationale Differenzen wurden unterschiedliche Institutionen des Arbeitsmarktes und der sozialen Sicherung (Wohlfahrtsregime) sowie der Fertigungsstrukturen und Absatzmärkte (→ Produktionsregime) diskutiert (Häußermann/Siebel 1995, Baethge 2001). Die USA, Schweden und Deutschland bilden demnach verschiedene Modelle der Dienstleistungsgesellschaft ab. Kennzeichnend für die USA ist eine Entkopplung der Löhne im Dienstleistungssektor von den Löhnen im Fertigungssektor. Demnach steht ein großes Angebot billiger Arbeitskräfte für marktlich erbrachte soziale und konsumbezogene Dienste zur Verfügung, was aber mit einer polaren Einkommensentwicklung erkauft wird. In Schweden ist die Expansion der öffentlich erbrachten Dienstleistungen das Ergebnis eines über Steuern ausgebauten Sozialstaates, der mit hoher weiblicher Erwerbsquote und einer entsprechend hohen Nachfrage nach haushalts- und personenbezogenen Diensten einhergeht. Deutschland hingegen ist als traditionelle Industriegesellschaft gekennzeichnet, die auf einer ausgeprägten geschlechtsspezifischen Arbeitsteilung mit niedriger Frauenerwerbsquote und einem Hang zur Selbstbedienungs- und Versorgungsgesellschaft beruht.

In jüngeren Studien wird die deutsche Dienstleistungslücke unterschiedlich interpretiert oder mitunter ganz in Frage gestellt, denn die Ergebnisse variieren je nach den verwendeten statistischen Verfahren (Messung von Produktivität oder Beschäftigung) und nach Dienstleistungsbereich (Handel, Banken und Versicherungen, Gesundheitswesen oder Bildung). Sicher ist, dass sich Deutschland durch eine starke Profilierung in den unternehmensbezogenen Dienstleistungen auszeichnet; die Exporterfolge der deutschen Industrie beruhen auf einer engen Kombination von Gütern mit entsprechenden Serviceleistungen (*Hybridisierung*). Diese Entwicklung führte in jüngeren Ansätzen zu einer Relativierung der Dienstleistungsgesellschaft: Kennzeichen entwickelter Volkswirtschaften sei vielmehr eine starke Wissensorientierung der Ökonomie und ein ausgereiftes Innovationssystem, was zur Folge hat, dass die Bedeutung forschungs- und wissensintensiver Dienstleistungen *und* Industrien zunimmt (→ auch Informations- und Wissensarbeit, Informationsgesellschaft, Innovation, Wissensgesellschaft).

Anja Hartmann

Empfehlungen zum Weiterlesen

Baethge, Martin/Wilkens, Ingrid (Hg.) 2001: Die große Hoffnung für das 21. Jahrhundert? Perspektiven und Strategien für die Entwicklung der Dienstleistungsbeschäftigung. Opladen: Leske + Budrich.

Bartmann, Christoph 2016: Die Rückkehr der Diener. Das neue Bürgertum und sein Personal. München: Hanser.
Gottschall, Karin 2001: Zwischen tertiärer Krise und tertiärer Zivilisation. Zur sozialwissenschaftlichen Analyse von Dienstleistungsgesellschaften. In: Berliner Journal für Soziologie, Jg. 11, H. 2, S. 217–235.
Häußermann, Hartmut/Siebel, Walter 1995: Dienstleistungsgesellschaften. Frankfurt a.M.: Suhrkamp.
Jacobsen, Heike 2018: Strukturwandel der Arbeit im Tertiarisierungsprozess. In: Böhle, F./Voß, G. G./Wachtler, G. (Hg.): Handbuch Arbeitssoziologie (2. Aufl.), Bd. 1. Wiesbaden: Springer VS, S. 233–262.

Digitale Transformation der Arbeit

Begriff

‚Digitale Transformation' ist kein theoretisch-konzeptionell entwickelter Begriff der Arbeits- und Industriesoziologie, sondern wird dort seit einigen Jahren (wie im allgemeinen gesellschaftlichen Diskurs) als heuristischer und unpräzise gefüllter Ausdruck verwendet. Meist werden damit in zeitlicher bzw. räumlicher Hinsicht größere Veränderungsprozesse und -dynamiken gefasst, die sich an Phänomenen der Digitalisierung festmachen lassen. Digitalisierung wiederum wird seit einigen Jahren als ebenso technisch unpräziser, diskursiver Oberbegriff für eine Vielzahl digitaler Techniken verwendet, die sich im Arbeitskontext lange grob unterscheiden ließen in *entwicklungs- und produktionsbezogen* (z.B. Computerized Numerical Control [CNC], Computer-aided Manufacturing/Design [CAM/CAD]) oder *organisations- und prozessbezogen* (z.B. Customer Relationship Management [CRM], Enterprise Resource Planning [ERP]). Im Zuge der branchenübergreifenden Ausweitung der Digitalisierung, der zunehmenden und immer mehr auch betriebsübergreifenden und globalen Vernetzung (Cloud) (→ auch Netzwerke, Plattformarbeit) und neuer Entscheidungsautonomien (→ auch Arbeit und Künstliche Intelligenz) wird auch immer mehr der transformative Charakter thematisiert, so tritt etwa der Diskurs über → Industrie 4.0 selbst schon mit einer Phaseneinteilung an.

In der deutschsprachigen Arbeits- und Industriesoziologie werden mit dem Terminus der digitalen Transformation – alles andere als systematisch unterfüttert – vor allem Prozesse gefasst, die in der Soziologie bislang als soziotechnischer Wandel bezeichnet wurden (→ Arbeit und Technik, → auch Innovation, Techniksoziologie). Dabei wird zum einen betont, dass dazu noch keine abschließende Definition vorliege und der Begriff „weithin so verstanden" werde, „dass mit den jetzt vorhandenen technologisch-digitalen Potenzialen die Sphären Gesellschaft, Wirtschaft und Arbeitswelt unauflöslich so miteinander verbunden werden, dass gewohnte Grenzziehungen wie zwischen Arbeits-, Konsum- und Lebenswelt kaum noch existieren" (Zühlke-Robinet/Bach 2020, S. 19). Andere Arbeitsforschende verweisen zum anderen auf die Bedeutung des Diskurses: Worin die digitale Transformation genau bestehe und wohin sie uns führen werde sei „noch bemerkenswert unklar, vieldeutig und umstritten" (Apitzsch et al. 2021, S. 9) – und trotz aller Fortschritte in der arbeits- und industriesoziologischen Digitalisierungsforschung wiege die „Diskurslast nach wie vor schwer" (ebd., S. 10). Während es jedoch zum Begriff Industrie 4.0 eine Vielzahl an Studien gibt, die den durchaus interessegeleiteten Diskurs (und dessen Akteure) aus einer dezidiert arbeitssoziologischen Perspektive analysieren (Arlt et al. 2017, Matuschek 2016 a, Pfeiffer 2017, Wilkesmann et al. 2018), werden die Diskursdynamiken um den Begriff der digitalen Transformation bislang kaum systematisch rekonstruiert. Wörwag (2020 a) nimmt demgegenüber die ‚digitale Transformation' explizit als gesellschaftliches Narrativ in den Blick und arbeitet dessen Einbettung in andere Erzählungen heraus – von frühmodernen Technik- und Fortschrittsdiskursen bis hin zu postmodern-pluralen Gesellschaftsbildern (z.B. → Informationsgesellschaft). Während diese Narrative aus Sicht der Arbeits- und Industriesoziologie höchst umstrittene und sehr reale Arenen der Interessensaushandlung markieren, fasst Wörwag (2020 b, S. 92) die Digitalisierungsdiskurse als „zufällig und divers" und allenfalls verknüpft mit Funktion und Berufsgattung.

Genese/theoretischer Kontext

Der Begriff der digitalen Transformation hat konzeptuell innerhalb der Arbeits- und Industriesoziologie keine eigene Entstehungsgeschichte, er knüpft allerdings an eine Vielzahl an empirischen und theoretischen Arbeiten aus den letzten

Jahrzehnten an, die sich mit Auswirkungen und Gestaltungoptionen digitaler Arbeitsmittel und -gegenstände befasst und lange den überwiegenden Anteil der Beschäftigung der Disziplin im Schnittfeld von Arbeit und Technik dargestellt haben. Ähnlich wie heute standen dabei eher die konkreten Folgen der digitalen Technik für Arbeit sowie die veränderten Voraussetzungen von Arbeit bzw. für deren Gestaltung im Blickfeld – und weniger die Technik oder die Transformationsdynamik selbst.

So wurden in der Arbeits- und Industriesoziologie angesichts von technischen Neuerungen wie Industrierobotern und EDV-Systemen, politische Deregulierungsmaßnahmen und einer Relevanzverschiebung von der Industrie- zur → Dienstleistungsarbeit schon ab den 1980er Jahren viele Dynamiken thematisiert, die im aktuellen Diskurs um die digitale Transformation der → Erwerbsarbeit erneut hervortreten, darunter eine *Prekarisierung* von Arbeitsverhältnissen (→ Prekarität) und eine Ausweitung des → Niedriglohnsektors, eine *Intensivierung* von Arbeit durch IT-gestützte Rationalisierungsmaßnahmen, eine an Marktgegebenheiten orientierte *Flexibilisierung* von Arbeitsabläufen, eine → *Subjektivierung* von Arbeit, eine → *Entgrenzung* zwischen Erwerbsarbeit und Privatleben u.a. durch → Home Office/Tele(heim)arbeit sowie fallweise eine *Substitution* menschlicher Arbeitsleistung. Konzeptionell reflektiert im Erwerbstätigen-Typus des → *Arbeitskraftunternehmers*, erweitern sich im Kontext der Digitalisierung seit Jahrzehnten für viele Erwerbstätige die Entscheidungsspielräume, die allerdings oft mit einem erhöhten Impetus zur Selbstkontrolle, Selbstökonomisierung und Selbstrationalisierung einhergehen. Schon in den Zeiten der New Economy, als unter Titeln wie ‚Datenhighway' ähnliche transformative Prozesse ausgerufen wurden, wurde angesichts der Heterogenität der Befunde die behauptete Dramatik und Schnelligkeit von der Arbeits- und Industriesoziologie in Frage gestellt, da kaum generalisierbare Folgen zu beobachten waren, sondern vielmehr ein sich erstaunlich langsam vollziehender „betriebspolitische[r] Dauerprozeß" (Schmidt 1989, S. 232ff.).

Zweifellos hat die digitale Transformation – verstanden als Digitalisierung gesellschaftlicher Koordinationsstrukturen – insofern seit jeher Auswirkungen auf divergente Arbeitskontexte. Dazu kommen aktuelle technische Entwicklungen, die zu den bislang beobachteten Prozessen neue Phänomene hinzutreten lassen. Dazu gehören insbesondere algorithmische Entscheidungssysteme (→ Arbeit und Künstliche Intelligenz) sowie → Plattformarbeit als ein so zuvor nicht realisierbarer Modus der automatisierten Arbeitskoordination, der als eine digitale, unbegrenzt skalierbare Infrastruktur zum zeit- und ortsunabhängigen Austausch von Gütern, Dienst- oder Arbeitsleistungen gefasst werden kann.

Obwohl in der Arbeits- und Industriesoziologie Konzepte vorliegen, die das Potenzial zu einer inhaltlichen Füllung des Begriffs der digitalen Transformation hätten, wird in der Disziplin zwar durchaus auf diese zurückgegriffen, um sie neu für aktuelle Digitalisierungsdiagnosen zu nutzen und weiterzuentwickeln – allerdings wird dabei eher selten explizit auf den Begriff der digitalen Transformation abgehoben. Ausnahmen aber gibt es. So werden frühe Diagnosen zur Bedeutung von EDV als Organisationstechnologie (etwa Bergmann 1987) und damit als Rückgrat der → Systemischen Rationalisierung (Altmann u.a. 1986) im neueren Diskurs aufgegriffen, um neue betriebliche Rationalisierungsstrategien der → Vermarktlichung (Menz et al. 2019) und neue digitale Steuerungsformen von Marktbeziehungen und Wettbewerbsprozessen (Buss et al. 2022) in den Blick zu nehmen.

Mit dem Theorem der *Informatisierung* (vgl. Schmiede 1992, 2015) wurde zudem früh ein Konzept vorgelegt, das digitale Phänomene und ihre Nutzung in der Arbeitswelt in einen historisch wie (polit-)ökonomisch größeren Kontext stellt und in der Arbeits- und Industriesoziologie wiederholt aufgegriffen sowie in Bezug auf neuere digitale Phänomene konzeptuell weiterentwickelt wurde (z.B. Pfeiffer 2004). Andrea Baukrowitz und Andreas Boes (1996) prägten in diesem konzeptuellen Bezugsrahmen den Begriff des *Informationsraums* in Abgrenzung zu den damals populären Metaphern von Datenautobahn oder Cyberspace. Sie thematisierten damit „Computernetze" als sozialen Handlungsraum – ein Analyseblick, der angesichts der zunehmenden Bedeutung von Vernetzung wiederholt zur Beschreibung neuer Phänomene aufgegriffen wurde (etwa Boes/Kämpf 2010) und aktuell auch auf den Begriff der digitalen Transformation angewendet wird (Boes et al. 2020b). Zum anderen spürte nach dem Ende der DDR unter dem Begriff der *Transformation* eine ganze Forschungsrichtung dem institutionellen Wandel von Gesellschaft und Arbeit nach (Kollmorgen et al. 2015). Beide Konzepte wurden jedoch bislang kaum systematisch miteinander verbunden. Stärker findet sich in den letzten Jahren dagegen ein Bezug zwischen Karl Polanyis (1944) Analyse der „Großen Transformation" und den Herausforderungen der ökologischen (Dörre et al. 2019) oder digitalen Transformation (Pfeiffer 2019b). Arbeits- und industriesoziologische Konzepte, die Phasen bzw. Zäsuren des Wandels von Arbeit über größere Zeiträume in den Blick nehmen (wie etwa → Fordismus oder → Produktionsregime), beziehen sich zunehmend auch auf digitale Phänomene, selten aber explizit auf den Begriff der digitalen Transformation.

Zentrale Forschungsergebnisse

Für den Begriff der digitalen Transformation lässt sich keine eigene theoretisch-konzeptuelle Entwicklungsgeschichte innerhalb der Arbeits- und Industriesoziologie aufzeigen, folglich ließen sich darunter entweder keinerlei Forschungsergebnisse subsumieren – oder aber alle empirischen Befunde rund um Auswirkungen und Folgen digitaler Technik im Bereich Arbeit adressieren. Beides ist für einen Lexikonartikel nicht zielführend. Daher beschränken sich die folgenden Darstellungen auf drei aktuelle Ansätze, die auf eine konzeptionelle Einfassung der ‚digitalen Transformation' auf dem Feld Arbeit in der neueren Debatte fokussieren.

Für Hartmut Hirsch-Kreinsen (2020) geht es darum, zwar den Technologieschub ernst zu nehmen, aber weitreichende technikutopische und -dystopische Erwartungen kritisch zu hinterfragen. Er betont dabei das kontingente Verhältnis von Technik und Arbeit und wendet sich gegen einen neuen Technikdeterminismus: Während die Digitalisierung neue Kontrollpotenziale berge und Flexibilisierungstendenzen beschleunige, verortet Hirsch-Kreinsen die Grenzen einer schnell und disruptiv verlaufenden Transformation u.a. in kurzfristigen Pfadabhängigkeiten und der unterschätzten Bedeutung von Erfahrungswissen. Beobachtet wird demnach eher eine *inkrementelle Digitalisierungsumsetzung* und – damit verbunden – ein strukturkonservativer Wandel von Arbeit, der allenfalls in der Langfristbetrachtung disruptiven Charakter zeige. Gestaltungsoptionen sieht sein Ansatz von *digitaler Arbeit als soziotechnisches System* an den Schnittstellen Mensch – Technologie, Mensch – Organisation und Organisation – Technologie.

Auch ein Debattenbeitrag des SOFI (Buss et al. 2021) startet bei der Diagnose der Unbestimmtheit des Begriffs. Absetzen will sich der eigene heuristische Vorschlag einerseits von Befunden mit Verallgemeinerungstendenz, die den Konnex von Digitalisierung und Kapitalismus betonen (Boes et al. 2020b, Pfeiffer 2021, Staab 2019), andererseits aber auch von Diagnosen, die sich einzig auf die betriebliche Umsetzung, den Organisationswandel und die Arbeitsfolgen konzentrieren (z.B. Hirsch-Kreinsen 2020, Pfeiffer/Huchler 2018). Der vorgeschlagene pluralistische Ansatz dagegen denke den Prozess *„von der Arbeit her"*; Arbeitswelten werden hier unterschieden nach „Markteinbettung, organisationalem Feld und Regulationsrahmen" (Buss et al. 2021, S. 20). Der Anspruch dieses Konzepts besteht also darin, sich von den „digitalen Verheißungen" zu lösen und den Fokus auf die *„Arbeit in und an der Digitalisierung"* (ebd.) zu lenken und dadurch die strukturierte Vielfalt sowie die empirischen Ungleichheiten und Widersprüche in den Blick zu rücken (ebd., S. 22ff.).

Demgegenüber kritisieren Butollo et al. (2021, S. 28), es sei unbefriedigend, dem „Kult der Disruption" allein mit dem Verweis auf Kontinuitäten und Pfadabhängigkeiten des soziotechnischen Wandels zu begegnen, der diesen in den allermeisten Fällen zu einer „graduellen Angelegenheit" mache. Die Autoren konstatieren zwischen den Angeboten großer Formationsbegriffe einerseits und der Betonung von Gestaltungsoffenheit andererseits einen „Mangel an theoretischen Deutungen ‚mittlerer Reichweite'", um „digital vermittelte Strukturveränderungen und einen Wandel in Unternehmensstrategien, mit Veränderungen der betrieblichen Aushandlungs- und Gestaltungsprozesse zusammenzudenken" (ebd., S. 30). Vorgeschlagen wird ein Produktionsmodell-Ansatz, der in einer Vierfelder-Matrix einerseits die *Dimension der Digitalisierung* und *Auswirkungen auf Arbeitsbeziehungen* und andererseits die Dimensionen *Prozessorganisation* und *Produktpolitik* unterscheidet (ebd., S. 32ff.). Ziel sei dabei, digitalisierungsbedingte Veränderungen von eher gradueller Natur auf der Ebene der Prozessorganisation mit „drastischen" Veränderungen im Zuge der Transformation von Geschäftsmodellen in Bezug zu setzen (ebd., S. 36). In diesem Sinne liefern die Autoren keine Definition der digitalen Transformation an sich, aber entwickeln ein konzeptionelles Werkzeug, das „zwischen zu groben Großtheorien und empirischer Unübersichtlichkeit" angesiedelt ist und zur empirischen „*Kartographierung* aktueller Veränderungen" beitragen will (ebd., S. 39).

Der arbeits- und industriesoziologische Blick konzentriert sich – auch bedingt durch die vorherrschende Methode der betrieblichen → Fallstudie – typischerweise zunächst stärker auf Auswirkungen der Digitalisierung auf Arbeit innerhalb von Organisationen (wie etwa → Kontrolle, → Partizipation, → Subjektivierung) und oft aus dieser Perspektive auf darüber hinausgreifende Ableitungen für Transformationen im damit verbundenen Institutionensystem (→ industrielle Beziehungen, Arbeitsmarkt oder → berufliche Bildung) oder im globalen Kontext (Plattformökonomie).

In der *Techniksoziologie* dagegen wird die digitale Transformation als eine graduelle Verfestigung neuartiger gesellschaftlicher Ordnungsmuster verstanden, die sich über die soziale Aneignung informationstechnischer Strukturen und als ein langgestreckter und in unterschiedlicher Dynamik verlaufender soziotechnischer Rekonfigurationsprozess vollzieht. Dieser Prozess habe in den Industriestaaten bereits in den 1950er Jahren mit der Idee einer heraufziehenden → Informationsgesellschaft seinen Anfang genommen; seit ungefähr 2010 wird er nicht mehr als bereichsspezifisches, sondern als gesamtgesellschaftliches Phänomen angesehen (Schrape 2021, S. 80ff.). Typisch für einen solchen „großen soziotechnischen Umbruch" sei einerseits eine Zäsur von bislang vergleichsweise stabilen soziotechnischen Konstellationen und andererseits ein „zeitlich gestreckter und schrittweiser Prozess der Neustrukturierung" (Dolata 2011, S. 266 f.). (Zu weiteren techniksoziologischen Deutungen der Digitalisierung und der Mensch-Maschine-Interaktion → auch Techniksoziologie.)

Zwei Aspekte werden in der disziplininternen wie -übergreifenden Debatte noch kaum systematisch verfolgt, für die theoretische Füllung eines digitalen Transformationsbegriffs wäre es jedoch wünschenswert, sich ihnen verstärkt zuzuwenden: Erstens betrifft dies die *als transformierend angenommene Technik*: Gerade wenn die Gestaltungsoffenheit und die Abkehr von einem Technikdeterminismus betont wird, ist es unerlässlich, die neuen digitalen Technologien auf einer sehr konkreten Ebene immer auch dahingehend zu analysieren, inwiefern Gestaltung tatsächlich (noch) und vor allem auch auf betrieblicher Ebene möglich ist oder inwiefern diesem Ansinnen technisch-sachliche Gründe (etwa in Deep-Learning-Prozessen) oder macht- und marktstrukturelle Gründe (etwa bei proprietärer Software oder faktisch monopolistischen Plattformstrukturen) entgegenstehen. Zweitens betrifft dies die *Akteurssicht auf die Transformation* (Pfeiffer/Huchler 2018), also die Einschätzung der gestaltenden und aushandelnden Akteure im Feld oder im → Betrieb zur Transformationsdynamik (Wird sie als graduell oder disruptiv gesehen?), zur zeitlichen Transformationsverortung (Wo befindet sich die Branche oder der Betrieb in einem erwarteten Verlauf?) und zum Transformationshorizont (Muss situativ gestaltet werden, ohne die Zukunft zu kennen? Oder sollte erst eine gesellschaftliche oder betriebliche Verständigung zu den antizipierten Folgen stattfinden?).

Auch wenn in der aktuellen Digitalisierungsdebatte eine allmähliche Annäherung der Perspektiven zu konstatieren ist, fällt auf, dass in der arbeitssoziologischen Diskussion die empirische Konkretisierung der Technik oft ebenso fehlt wie in den techniksoziologischen Ansätzen die systematische Einbeziehung von Arbeit. Zudem bleiben viele theoretische Angebote bislang heuristischer Natur. Es bleibt abzuwarten, inwieweit eine tiefergehende theoretisch-konzeptuelle Füllung der ‚digitalen Transformation' in der Disziplin weiterverfolgt werden wird. Das 2020 gestartete und u.a. von Vertreter:innen der Arbeits- und Industriesoziologie sowie der Techniksoziologie initiierte DFG-Schwerpunktprogramm „Digitalisierung der Arbeitswelten" ist in dieser Hinsicht mit dem Ziel angetreten, nicht nur den Blick auf die Pluralitäten der Digitalisierung von Arbeit zu schärfen, sondern die Digitalisierung darüber hinaus als systemischen Transformationsprozess zu entschlüsseln, der sich in drei übergreifenden Bewegungsdynamiken zeigt: der Durchdringung (z.B. von Arbeitsprozessen), der Verfügbarmachung (z.B. von Daten über Arbeitshandlungen) und der Verselbstständigung (z.B. von datengetriebenen Wertschöpfungsketten).

Internationaler Bezug

Auch in der internationalen Debatte wird in der Betrachtung der digitalen Transformation von Arbeit häufig die These eines disruptiven und unumkehrbaren Wandels eher unkritisch übernommen. Dadurch wird der stark diskursiv eingefasste bzw. interessengeleitete und zugleich alles andere als klar definierte Begriff auch hier zum Ausgangspunkt wissenschaftlicher Analysen zum Wandel von Arbeit: „,Digitalization' and ,digital transformation' are the two most useful/significant terms when explaining the changes and impact that digital technology has had on society at large" (Larsson 2020, S. 3). Die deutschsprachige Arbeits- und Industriesoziologie ist im internationalen Diskurs um die digitale Transformation der Arbeit sichtbar vertreten, was sich auch darauf zurückführen lässt, dass viele Ausprägungen der plattformzentrierten Arbeitskoordination und Automatisierung von Arbeit auf den Angeboten global operierender Unternehmen fußen, die auf divergente regulative Rahmungen in den einzelnen Ländern treffen (→ auch Transnationale Unternehmen, Varieties of Capitalism). Dadurch werden vergleichende arbeitssoziologische Studien relevanter und leichter möglich, so zuletzt u.a. auf dem Feld der Plattformarbeit (z.B. Huws 2021, Rahman/Thelen 2019). Im englischsprachigen Raum werden daneben alternative Formen der Arbeitskoordination (z.B. ,platform cooperativism', vgl. Scholz 2017) sowie das Verhältnis von menschlicher Arbeit und Künstlicher Intelligenz in Verbindung mit digitalen Plattformen diskutiert (z.B. Wilkens 2020, Pettersen 2019, Zysman/Kenney 2017).

Sabine Pfeiffer, Jan-Felix Schrape

Empfehlungen zum Weiterlesen

Buss, Klaus-Peter/Kuhlmann, Martin/Weißmann, Marliese/Wolf, Harald/ Apitzsch, Birgit (Hg.) 2021: Digitalisierung und Arbeit: Triebkräfte – Arbeitsfolgen – Regulierung. Frankfurt a.M./New York: Campus.

Hirsch-Kreinsen, Hartmut 2020: Digitale Transformation der Arbeit. Stuttgart: Kohlhammer.

Meyer, Uli/Schaupp, Simon/Seibt, David (eds.) 2020: Digitalization in Industry. Cham: Palgrave Macmillan.

Pfeiffer, Sabine 2021: Digitalisierung als Distributivkraft. Über das Neue am digitalen Kapitalismus. Bielefeld: transcript.

Schrape, Jan-Felix 2021: Digitale Transformation. Bielefeld: transcript/UTB.

Einfacharbeit

Begriff

Der Begriff der Einfacharbeit beschreibt in kurzer Zeit erlernbare berufliche Tätigkeiten (u.a. Hilfs- und Anlernarbeiten oder geringqualifizierte Routinearbeiten), die keine spezifischen fachlichen Anforderungen an die Ausführenden stellen. Der Begriff wurde in der sozialwissenschaftlichen Arbeitsforschung in den 1970er und 1980er Jahren u.a. unter den Stichworten „restriktive Arbeit", „Repetitivarbeit" oder „Massenarbeiter" gefasst (vgl. Kern/Schumann 1970 u. 1984, Moldaschl 1993, Kurz 1999). Die Studien bezogen sich empirisch auf einfache Industriearbeiten wie Handarbeiten am Produkt, Montagetätigkeiten, Maschinenbedienung mit Einlege- und Abnahmetätigkeiten oder Restfunktionen bei hoch automatisierter Produktion (vgl. Kern/Schumann 1970).

In der Arbeitsmarktforschung ist dafür der Begriff der ,Jedermannstätigkeiten' gebräuchlich (vgl. Sengenberger 1987) (→ Arbeitsmarktsegmentation). Diese erfordern allenfalls „allgemeinste Befähigungen (etwa im Sinne zivilisatorischer Mindestanforderungen)" (Lutz 2002, S. 19) und unspezifische Basisqualifikationen. Im Kontext → betrieblicher Beschäftigungssysteme werden in ähnlicher Fassung „Arbeitsplätze mit einfachen Basisqualifikationen (,Jederperson-Qualifikationen') für Hilfstätigkeiten" (Köhler/Loudovici 2008, S. 43) beschrieben. Mit Blick auf das Qualifikationsniveau der Beschäftigten spricht die Arbeitsmarktforschung von ,Geringqualifizierten' oder ,Ungelernten' als Personen ohne formale Berufsausbildung bzw. nicht formal Qualifizierte (vgl. Hieming et al. 2005, Bellmann/Stegmaier 2007) (→ Berufliche Bildung, Qualifikation/Kompetenz). Eng mit dieser Perspektive ist der Sektor des Niedriglohns oder

Mindestlohns verbunden, ohne dass dieser den Begriff der Einfacharbeit umfassend bestimmen könnte (vgl. Kalina/Weinkopf 2010) (→ Niedriglohnsektor).

Zwar wurde auch in früheren Jahren von ‚einfacher Arbeit' in Abgrenzung zur → Facharbeit gesprochen, der Begriff etablierte sich jedoch erst Ende der 1990er Jahre in der Forschung und wurde als „in der Regel durch elementare, oft auch einseitige und sich häufig wiederholende senso-motorische Anforderungen vom Typ des Ausführens mit eingeengtem Handlungsspielraum" (Plath 1997, S. 425) charakterisiert. Hieming et al. (2005, S. 114ff.) halten in ihrer tätigkeitsbezogenen Definition von Einfacharbeit zwei Dimensionen für relevant: die Dezentralität und Handlungsautonomie der Beschäftigten einerseits und die funktionale Flexibilität bzw. Komplexität der Aufgaben andererseits. Das konkrete Arbeitshandeln ist tendenziell stark weisungsgebunden und vorstrukturiert; ebenso unterliegen der Arbeitsprozess und das Arbeitsergebnis einer intensiven → Kontrolle; die funktionale Flexibilität ist bei Einfacharbeit gering. Indem sie diese Dimensionen aufgreifen, beschreiben Abel et al. (2014) Einfacharbeit als Tätigkeit, die im Gegensatz zur qualifizierten Facharbeit keine einschlägige Berufsausbildung verlangt und nach kurzen Qualifizierungs- oder Einarbeitungsprozessen ausgeführt werden kann. Die Einfacharbeiten sind in der Regel arbeitsplatz- bzw. arbeitsbereichsbezogen; übergeordnetes Wissen und Hintergrundwissen spielen keine oder eine untergeordnete Rolle. In der funktionalen Komplexität und der Handlungsautonomie der Einfacharbeiter bestehen durchaus Spielräume ‚nach oben' (Ausweitung der Arbeitsumfänge, Jobrotation etc.), wenngleich sich diese auf einem im Vergleich zur Facharbeit niedrigeren Niveau befinden.

Genese/theoretischer Kontext

Die Geschichte der Einfacharbeit ist untrennbar mit dem Siegeszug der industriellen Massenproduktion verbunden. Unter den Maximen der Arbeitsteilung und hochstandardisierten Arbeitsweisen wurde im → Taylorismus und → Fordismus ein Typ von industrieller ‚Handarbeit' begründet, mit dem Ziel der „Verminderung der Ansprüche an die Denktätigkeit des Arbeitenden und eine Reduzierung seiner Bewegungen auf ein Mindestmaß. Nach Möglichkeit hat er ein und dieselbe Sache mit nur ein und derselben Bewegung zu verrichten." (Ford 1923, S. 93) Die tayloristisch-fordistischen Prinzipien begründeten die Massenarbeit in den Fabriken, aber in der Konsequenz auch die Entwertung berufsfachlicher, ganzheitlicher Arbeitsvollzüge und systematische Isolierung der Arbeitenden. Die Human-Relations-Bewegung zeigte, dass auch bei Einfacharbeit die schöpferischen Interessen und informellen Beziehungen der Beschäftigten eine maßgebliche Rolle für Leitungsbereitschaft und friktionsfreie Arbeitsabläufe spielen (vgl. Bendix 1960). In Deutschland blieb die Umsetzung des Taylorismus begrenzt, da sich mit dem ‚Facharbeiter' ein Qualifikationstyp durchgesetzt hatte, der seit den 1930er Jahren zur Leitfigur im dualen System der Berufsausbildung geworden war (Greinert 2006).

Nach der Polarisierungsthese von Kern und Schumann (1974) führten Mechanisierung und Automatisierung der Produktionsabläufe in den folgenden Jahrzehnten zwar zu zahlreichen höherwertigen Tätigkeiten und neuen Qualifikationsanforderungen, begründeten jedoch zugleich kurzzyklische und inhaltsarme Verrichtungen in der industriellen Fertigung. Durch die vorhandenen Mechanisierungslücken manifestierten sich einfache, ‚repetitive Teilarbeiten', die keine oder nur geringe Dispositionschancen, niedrige Qualifikationen und schwache soziale Kontakte bei gleichzeitig hohen Arbeitsbelastungen implizierten (vgl. Kern/Schumann 1970; Kurz 1999). Die Annahme einer weiteren Verbreitung von Einfacharbeit in der Industrie war bis in die 1980er Jahre präsent, bis Studien auf das mögliche ‚Ende der Massenproduktion' und die ‚Requalifizierung der Arbeit' (Kern/Schumann 1984) hinwiesen (→ Neue Produktionskonzepte).

Komplementär dazu sahen segmentationstheoretische Überlegungen die Einfachbeschäftigten im Zentrum eines unstrukturierten Arbeitsmarktsegments, das spezifische Mechanismen der Arbeitskräfteallokation (‚hire-and-fire-Prinzip') und der sozialen Schließung aufwies (Sengenberger 1987; → auch Arbeitsmarktsegmentation). Thematisiert wurden die Erwerbs- und Einkommenschancen der Einfachbeschäftigten sowie arbeitsmarktpolitische Maßnahmen zur Verbesserung der Beschäftigungsmöglichkeiten (Qualifizierung, Eingliederungshilfen etc.). Darüber hinaus sei Einfacharbeit nicht nur ein Element von Jedermanns-Arbeitsmärkten mit instabilen Beschäftigungsverhältnissen und niedrigen Löhnen, sondern auch Bestandteil betriebsinterner Arbeitsmärkte mit stabilen Arbeitsverhältnissen und relativ guten Entgeltmöglichkeiten (Köhler/Loudovici 2008).

Der von der Bildungsforschung formulierten Upgrading-These (vgl. Zeller 2005) zufolge entspricht Einfacharbeit in der modernen Wirtschaft immer weniger dem traditionellen Modell tayloristischer Arbeitsgestaltung. Durch die systematische Qualifizierung von Un- und Angelernten könnten nicht nur deren Beschäftigungschancen verbessert, sondern könnte auch dem Fachkräftemangel wirkungsvoll begegnet werden (Hall/Sevendik 2020, Bellmann et al. 2015, Galiläer 2004). Im Zuge des Strukturwandels haben einfache Dienstleistungstätigkeiten wie Gebäudereinigung, Logistikdienste, Servicedienste in Gastronomie und Einzelhandel, Pflegearbeiten und Leiharbeit eine höhere Bedeutung gegenüber der industriellen Einfacharbeit (→ auch Dienstleistungsarbeit, Dienstleistungsgesellschaft). Im Zuge der Corona-Pandemie 2020ff. gerieten zahlreiche Einfacharbeiten aufgrund ihrer „Systemrelevanz" und basalen Bedeutung für die Wirtschaft in den Fokus der Öffentlichkeit.

Zentrale Forschungsergebnisse

Die arbeits- und industriesoziologische Forschung konzentrierte sich über lange Zeit auf wissens- und qualifikationsintensive Prozesse und ließ das Thema Einfacharbeit mit wenigen Ausnahmen (u.a. Kurz 1999) weitgehend unbeachtet. Erst mit den Diskussionen über Re-Taylorisierung in der Industrie, den Wandel der Wirtschaftsstrukturen (Tertiarisierung) und die hohe Arbeitslosigkeit bei Geringqualifizierten rückte das Thema wieder stärker ins Blickfeld.

Der Blick auf den Stellenwert von Einfacharbeit in den Wirtschaftssektoren zeigt, dass diese Arbeitsform in Deutschland weiterhin verbreitet ist (vgl. Ittermann/Virgillito 2019). Nach Angaben des Mikrozensus waren 2019 rund 6,3 Mio. Erwerbstätige in Einfacharbeit tätig (ca. 15%); im Dienstleistungssektor waren es ca. 4,3 Mio. und in der Industrie ca. 1,4 Mio. Beschäftigte (Tab. 1). Unter Einbeziehung der geringfügig Beschäftigten und auf Basis der Angaben der Bundesagentur für Arbeit (2020) ergeben sich sogar höhere Werte: Demnach betrug die Zahl der Einfacharbeitenden Ende 2019 insgesamt rund 7,2 Mio. Personen bei einem Anteil von ca. 19%. Zu den wesentlichen Betätigungsfeldern zählen neben industriellen Tätigkeiten (u.a. in der Ernährungsindustrie oder der Gummi- und Kunststoffverarbeitung) die einfachen Dienstleistungen in der Gebäudereinigung, Kommissionierung und Transport und Leiharbeit. Die Betrachtung im Zeitverlauf macht deutlich, dass in den 1990er Jahren die Einfacharbeit stark zurückging, während sich ihr Anteil in den letzten Jahrzehnten als bemerkenswert stabil erwies.

Tab. 1: Erwerbstätige und Einfacharbeit nach Wirtschaftssektoren, 2019

	Verarbeitendes Gewerbe*		Tertiärer Sektor		Sonstige Sektoren**		*Gesamt*	
	in Tsd.	in %	in Tsd.	in %	in Tsd.	in %	*in Tsd.*	*in %*
Erwerbstätige	8.078	100,0	30.394	100,0	3.951	100,0	*42.379*	*100,0*
darunter: Einfacharbeit	1.382	17,1	4.343	14,3	531	13,4	*6.256*	*14,8*

* mit Bergbau, ** Forst- und Landwirtschaft, Energieversorgung, Baugewerbe

Quelle: Eigene Berechnungen nach Mikrozensus 2019 (Statistisches Bundesamt 2020)

Die Anteile von Männern und Frauen in Einfacharbeit sind in etwa gleich hoch: Während in der Industrie die männlichen Einfachbeschäftigten überwiegen, sind es im tertiären Sektor vornehmlich Frauen, die einfache Dienstleistungen durchführen. Letztere sind auch häufiger in atypischen oder prekären Arbeitsverhältnissen tätig und erzielen im Vergleich geringere Entgelte als Männer in Einfacharbeit (vgl. Hall/Sevindik 2020, S. 13ff., Statistisches Bundesamt 2020, S. 144ff.). Insgesamt zeichnen sich im Dienstleistungsbereich, aber auch in der hochregulierten Industrie Veränderungen ab, die die Wachstumsdynamik von atypischen Beschäftigungsformen begünstigen (→ Atypische Beschäftigung, Prekarität, Arbeit und Geschlecht).

Die vorliegenden Befunde zur Einfacharbeit deuten darauf hin, dass sich die Qualifikationsanforderungen bei einfacher Arbeit aufgrund von Technisierung, betrieblichen Restrukturierungen und Markt- bzw. Kundenanforderungen seit den 1960er Jahren verändert haben. So war die Einfacharbeit in der Industrie, die in den Nachkriegsjahrzehnten häufig ausländischen Arbeitskräften übertragen wurde, lange Zeit von inhaltsarmen Verrichtungen und geringen Bildungsanforderungen gekennzeichnet. Dieses Bild hat sich neueren Studien zufolge verändert. Nicht endgültig beantworten lässt sich allerdings die Frage, ob es sich dabei ausschließlich um Prozesse des Upgrading handelt oder ob nicht auch ein Downgrading bzw. eine Stabilisierung der Qualifikationsanforderungen erfolgen wird. Empirisch sind mit Bezug auf industrielle Einfacharbeit beide Entwicklungen beobachtbar. Während Zeller (2005) eine „Aufwärtsbewegung" konstatiert, gehen Galiläer und Wende von „De-Segmentierungsprozessen" (2008, S. 47) aus, bei denen einfache Tätigkeiten aufgrund von Anreicherungen sich der Facharbeit annähern, aber auch auf dem Niveau „einfacher Handlangertätigkeiten" (ebd.) verharren. Neuere Untersuchungen verweisen sowohl auf einfache Tätigkeiten in der industriellen Produktion, die weiterhin tayloristisch-fordistisch geprägt sind, als auch auf solche, bei denen aufgrund der Übernahme neuer Funktionen und einer größeren Verantwortung eine Aufwertung zu verzeichnen ist (vgl. Abel et al. 2014). Auch bei einfachen Dienstleistungstätigkeiten steigen die Anforderungen; deshalb werden für einfache Dienste immer häufiger Bewerber mit abgeschlossener Berufsausbildung eingestellt, um die während der Ausbildung erworbenen Basisqualifikationen (Lernfähigkeit, Qualitätsbewusstsein etc.) nutzen zu können (vgl. Hieming et al. 2005; → Dienstleistungsarbeit). Die gestiegenen Anforderungen führen für die ‚ungelernten' Einfachbeschäftigten zu schlechteren Arbeitsmarktchancen gegenüber Beschäftigten mit einer (fachfremden) Berufsausbildung.

Die Zukunft der Einfacharbeit in Bezug auf Umfang und Qualifikationsanforderungen hängt von verschiedenen Faktoren ab. Einen neuen Impuls in diese Frage bringen die Debatten um → Industrie 4.0 und die → digitale Transformation der Arbeit: Viele Studien zur Digitalisierung von Arbeit sehen erhebliche Substitutionseffekte von Einfacharbeit durch den Einsatz neuer Technologien, etwa bei den Helfertätigkeiten in der Industrie oder der Logistik (als Überblick: Ittermann/Virgillito 2019, S. 76ff.). Anderen Prognosen zufolge bleibt „der Bedarf an Helfertätigkeiten noch bis 2030 auf ähnlich hohem Niveau" (Hall/Sevindik 2020, S. 6), wofür u.a. das angesichts von Automatisierungslücken weiterhin notwendige menschliche Eingreifen in den Prozess, das dafür erforderliche Erfahrungswissen der Beschäftigten sowie die in Betrieben beobachtbaren Pfadabhängigkeiten bei der Technisierung von Arbeitsprozessen sprechen (vgl. Ittermann et al. 2019 a). Zudem fehlen kleinen und mittleren Betrieben (→ Kleinbetriebe) vielfach die Ressourcen, um größere Technisierungs- oder Verlagerungsvorhaben umzusetzen. In der Bilanz sprechen die aktuellen Verläufe für verschiedene Entwicklungsszenarien, die neben dem Substitutionsszenario die Szenarien digitale Optimierung von Einfacharbeit, Upgrading und qualifikatorische Aufwertung sowie Stabilisierung und strukturkonservativer Erhalt bisheriger Formen umfassen (Hirsch-Kreinsen et al. 2019 a). Dabei ist in der betrieblichen Praxis von zahlreichen „Hybridformen" (Hirsch-Kreinsen et al. 2019 b, S. 213) auszugehen.

Internationaler Bezug

Es liegen nur wenige europäische Vergleiche über Verbreitung, Qualifikationsanforderungen oder Tätigkeitsstrukturen von ‚low skilled work' vor; die nationalen Definitionen der Berufsausbildung und des Qualifikationsniveaus sind sehr uneinheitlich: „Confusingly, there is no single definition of what constitutes a low-skilled job or a low-skilled worker" (Morris 2017). Dem EU Labour Force Survey zufolge hatten 2016 in den EU-28-Staaten ca. 23% der Erwerbstätigen ein niedriges Ausbildungsniveau (‚low-qualified workers') (Cedefop 2018). Der Anteil der Einfachbeschäftigten (‚low skilled workers' mit den Levels 5, 6, 9 der International Standard Classification of Occupations [ISCO]) lag einer Studie von Eurofound (2020 a, S. 13) im Jahr 2015 EU-weit bei ca. 28%. Herausragende Anteile an Ein-

facharbeiten fanden sich in den Bereichen Landwirtschaft, Handel und Gastronomie.
Der höhere Stellenwert dieses Arbeitstyps in süd- und osteuropäischen Ländern spiegelt die Rationalisierungsdynamiken der letzten Jahrzehnte wider, die zur Verlagerung von Einfacharbeit in ‚Billiglohn-Länder' geführt haben (Zanker et al. 2013). Die skizzierten Prozesse der Digitalisierung intensivieren auch über die nationalen Grenzen hinaus die Debatten zum zukünftigen Stellenwert geringqualifizierter Arbeit und den Risiken einer möglichen weltweiten Polarisierung von Digitalisierungsgewinnern und -verlierern (z.B. WEF 2016).

Jörg Abel, Peter Ittermann

Empfehlungen zum Weiterlesen

Abel, Jörg/Hirsch-Kreinsen, Hartmut/Ittermann, Peter 2014: Einfacharbeit in der Industrie. Strukturen, Verbreitung und Perspektiven. Berlin: edition sigma.
Hirsch-Kreinsen, Hartmut/Minssen, Heiner (Hg.) 2011: Einfacharbeit – Ein vernachlässigter Sektor der Arbeitsforschung. Schwerpunktheft Zeitschrift Arbeit, Jg. 20, H. 3.
Hirsch-Kreinsen, Hartmut/Ittermann, Peter/Falkenberg, Jonathan (Hg.) 2019: Szenarien digitalisierter Einfacharbeit. Konzeptionelle Überlegungen und empirische Befunde aus Produktion und Logistik. Baden-Baden: Nomos.
Galiläer, Lutz/Wende, Ralf 2008: Produktionsarbeit im Wandel. Ergebnisse einer Untersuchung einfacher Fachtätigkeiten in der Metall- und Elektroindustrie. In: Loebe, H./Severing, E. (Hg.): Qualifikationstrends – Erkennen, Aufbereiten, Transferieren. Bielefeld: Bertelsmann, S. 23–53.
Hieming, Bettina/Jaehrling, Karen/Kalina, Thorsten/Vanselow, Achim/Weinkopf, Claudia 2005: Stellenbesetzungsprozesse im Bereich „einfacher" Dienstleistungen. Berlin: Bundesministerium für Wirtschaft und Arbeit.
Kurz, Constanze 1999: Repetitivarbeit – unbewältigt. Betriebliche und gesellschaftliche Entwicklungsperspektiven eines beharrlichen Arbeitstyps. Berlin: edition sigma.

Entgelt und Leistung

Begriff

Lohn und Entgelt sind in einer von → Erwerbsarbeit geprägten Gesellschaft die zentralen Bestimmungsgrundlagen für Lebensstandard, Konsumniveau, Reproduktionsmöglichkeiten, gesellschaftliche Partizipation sowie zumeist auch soziales Ansehen – nicht nur für den Entgeltempfänger, sondern auch seine Angehörigen und Lebensgefährten. Die finanziellen Auswirkungen reichen bis in die Phase nach dem Ausscheiden aus dem Erwerbsleben, sei es als Altersruhegeld oder als Arbeitslosengeld. Einer klassischen soziologischen Definition von Hillmann (1994, S. 499) folgend wird unter Lohn das in einer Geldsumme ausgedrückte Entgelt für eine zeitlich oder mengenmäßig bestimmte, unselbstständig verrichtete Arbeit verstanden; Lohn ist der Preis für die Überlassung der menschlichen Arbeitskraft (→ auch Arbeitszeit). Demzufolge handelt es sich um ein wesentliches Element der Arbeitswelt, mit dem sich die Arbeits- und Industriesoziologie in der Vergangenheit immer wieder beschäftigt hat. Durch Lohn, Gehalt und Entgelt kauft ein sog. „Arbeitgeber" – ein Eigentümer von Produktionsmitteln – das Versprechen auf eine Arbeitsleistung und Leistungsverausgabung durch einen sog. „Arbeitnehmer", einen Träger der Ware Arbeitskraft. Für die Arbeitskraft ist die Lohnhöhe als materielle Gratifikation entscheidend, da sie das Verhältnis von Aufwand und Ertrag, von Leistung und Arbeitsentgelt sowie die daraus resultierenden Haushaltseinkommen maßgeblich bestimmt. Sie spielt eine wesentliche Rolle für das Empfinden der Lohngerechtigkeit und die als normal angesehene Arbeitsleistung. Daneben trägt das Entgelt auch eine qualitative Seite: die angewandte Entlohnungsgrundlage bzw. Lohnform, welche festlegt, auf welche Ziele das Arbeitsergebnis ausgerichtet und welche Art von Arbeitsleistung wie gemessen, bewertet sowie gratifiziert wird. Mit der betrieblichen Bestimmung der für verschiedene Belegschaftsgruppen angewandten Lohnform werden auch die Reproduktionsgrundlagen der Beschäftigten vorgegeben, ein angemessenes Einkommen für einen bestimmten Arbeitseinsatz zu erreichen. Im Arbeitsprozess selbst erhält Lohn für die Arbeitskraft seine zentrale Bedeutung als Instrument der Motivation und der → Anerkennung (Lohnanreiz) und als individueller Bewertungsmaßstab von Leistung und Erfolg. Insofern ist Lohn auch Ausdruck einer gesellschaftlich bewerteten Über- und Unterordnungsrelation bzw. einer Differenzierung nach Stellung im → Beruf sowie ein Maß für soziale Ungleichheit.

Während im letzten Jahrhundert sowohl begrifflich als auch in der tariflichen Realität zwischen dem Lohn für die gewerblichen Beschäftigten (die Arbeiter) und dem Gehalt für die Angestellten (→ Angestelltensoziologie) unterschieden wurde, wurde mittlerweile in den meisten Wirtschaftssegmenten Deutschlands diese – ursprünglich auch sozialversicherungsrechtliche – Unterscheidung zugunsten einer Vereinheitlichung der Lohn- und Gehaltsstrukturen in eine einheitliche, für jegliche Belegschaftsgruppen gültige Entgelttabelle aufgegeben.

Genese/theoretischer Kontext

Den Startpunkt einer wissenschaftlichen Erörterung der grundlegenden Funktionen von Arbeitslohn markierte Marx im „Kapital" und in „Lohn, Preis und Profit". Während der „Arbeiter" aufgrund der Tatsache, dass er keine eigenen Produktionsmittel besitzt, seine Arbeitskraft auf dem Arbeitsmarkt gegen Lohn anbieten muss, kauft der Kapitalist nicht ein genau definierbares Arbeitsprodukt, sondern lediglich das Recht, das Arbeitsvermögen des Arbeiters für eine bestimmte Zeitspanne in seiner Produktion einsetzen zu dürfen: „Was der Arbeiter verkauft, ist nicht direkt seine *Arbeit*, sondern seine *Arbeitskraft*, über die er dem Kapitalisten vorübergehend die Verfügung überläßt" (Marx 1973 [1865], S. 130). Aus dieser Unbestimmtheit des Arbeitsvertrages resultiert eine jahrzehntelange Tradition der Arbeits- und Industriesoziologie, sich mit dem so genannten „Transformationsproblem" auseinanderzusetzen (vgl. Minssen 2006, Deutschmann 2002) (→ Transformation von Arbeitskraft). Neben der unmittelbaren → Kontrolle des Arbeiters stellt Lohn für das Kapital das zentrale Motivationsinstrument dar, dieses Auseinanderfallen von Arbeitskraft und verausgabter Arbeitsleistung in den Griff zu bekommen. Während Marx die Auffassung vertrat, „daß der Stücklohn die der kapitalistischen Produktionsweise entsprechendste Form des Arbeitslohns ist" und „allgemeine Regel" wird (Marx 1972 a [1867], S. 580 f.), da beim Stücklohn das Eigeninteresse der Arbeiter an qualitativ hochwertiger Arbeit und möglichst hohem Produktausstoß einen Großteil der Arbeitsaufsicht überflüssig mache (vgl. ebd., S. 576ff.), setzten sich arbeits- und industriesoziologische Studien der Nachkriegszeit in durchaus marxistischer Theorietradition mit dieser Prognose durch Untersuchungen zur Veränderung von Lohnformen und Entgeltgrundlagen sowie zur Bestimmung der Ursachenbündel (Technikeinsatz, → Arbeitsorganisation, Produktivität, Arbeitsmarktlage, Macht der → Gewerkschaften etc.) auseinander.

Einen Meilenstein in der Industriesoziologie setzte 1975 die Studie zur „Krise des Lohnanreizes" in der Stahlindustrie von Lutz, der resümierte, dass mit fortgeschrittener Industrialisierung die von der Maschinerie vorgegebene Produktionsgeschwindigkeit keine individuelle Steigerung menschlicher Leistungsverausgabung mehr zulässt und die Leistungslöhne sich daher zu einem Festlohn ohne individuelle Schwankungen entwickeln. In eine ähnliche Richtung argumentierten Schmiede/Schudlich (1976) sowie Teschner (1977). Gemeinsames Kennzeichen dieser frühen Untersuchungen war, dass die Anreizfunktion des Lohns im Vordergrund stand (siehe auch Fürstenberg 1955) und eine Zunahme von schwankungsunempfindlichen Lohnsystemen mit nur geringem Lohnanreiz vorausgesagt wurde. Als Impulse für diese Veränderungen wurden zusätzlich arbeitsmarktinduzierte Effekte der Lohnsteigerung aufgrund der (damaligen) Vollbeschäftigungssituation (Teschner 1977), das Interesse des Kapitals, die Leistungspolitik gegenüber Lohnveränderungen unabhängig zu machen (Lutz 1975, Schmiede/Schudlich 1976), oder auch das betriebliche Interesse an der Sicherung eines konstanten und kalkulierbaren Leistungsergebnisses, an der Stabilisierung der betrieblichen Entgeltstruktur sowie an der Erleichterung von Umsetzungen (Düll/Böhle 1980, Altmann et al. 1982) nachgewiesen.

Düll/Bechtle betteten mit ihrem 1988 veröffentlichten Ansatz des „normierten Verhandlungssystems" Lohn in ein theoretisches Konzept zum System der → industriellen Beziehungen in der Bundesrepublik ein. Die wichtigste Besonderheit der dualen Struktur aus tariflicher und betrieblicher Verhandlungsebene in der Bundesrepublik liegt in der engen Verzahnung von Normierung und Verhandlung. Die Normierung erfolgt mittels gesetzlicher und kollektivrechtlicher Regelungen auf der überbetrieblichen Ebene – primär in Form der von Gewerkschaften und Arbeitgeberverbänden ausgehandelten → Tarifverträge. Auf der Ebene der betrieblichen Verhandlung werden jene Regelungen den lokalen Bedingungen zugunsten eines konsensorientierten „historischen Leistungskompromisses" im Betrieb angepasst. Tarifverträge (Lohn- und Gehaltsrahmentarifverträge, Manteltarifverträge) setzen Vorgaben zu den erlaubten Entlohnungsgrundlagen und enthalten Durchführungsbestimmungen für Akkordlohn, Prämienlohn, Zeitlohn oder Leistungszulagen, zur Methode der Vorgabezeitermittlung, zum Auszahlungsmodus des Entgelts, zur Methode der Grundlohnbestimmung, zur Entlohnung bei Fließ- und Taktarbeit oder → Gruppenarbeit, zur Einrichtung von Eingruppierungskommissionen etc. (vgl. Müller-Jentsch 1997, Breisig 2003). Im historischen Verlauf haben sich diese Verhandlungsgegenstände in Abhängigkeit von rechtlichen Grundlagen und der Mobilisierungsfähigkeit der Gewerkschaftsmitglieder in konsolidierte und prekäre ausdifferenziert. Vor allem Regelungen der Lohneingruppierung und der Ausgestaltung der betrieblichen Entlohnungssysteme gehören zu den konsolidierten, durch den Betriebsrat mitbestimmten Verhandlungsfeldern, wohingegen die betriebliche Leistungspolitik als prekäres Verhandlungsfeld zu bezeichnen ist (→ auch Niedriglohnsektor).

Zentrale Forschungsergebnisse

Von den oben zitierten Trendaussagen hinsichtlich der Entlohnungsmethoden und der prognostizierten Tendenz zur „Stabilisierung des Leistungslohns" setzten sich in den frühen 1990er Jahren empirisch arbeitende Sozialwissenschaftler ab. Sie hielten fest, dass primär in der betrieblichen Lohnpolitik Anpassungen vorgenommen wurden, während sich auf der tarifvertraglichen Ebene kaum Bewegung verzeichnen ließ. In den empirischen Studien von Siegel/Schudlich (1993), Schmierl (1995) und Bender (1997) wurden eine starke Dynamik und eine historische Bruchstelle mit weitreichenden Veränderungen der Lohnsysteme festgestellt. Im Mittelpunkt dieser Studien stand die Frage nach dem Zusammenhang zwischen dem Wandel der Lohnformen und dem Strukturwandel von Arbeit, wobei die Rolle des Leistungslohns als Barriere gegen oder als flankierende Maßnahme zur Einführung moderner Produktionskonzepte untersucht wurde (→ auch Neue Produktionskonzepte, Produktionsregime). Konzeptuell fasste man die Befunde in den Formeln der „arbeitskraftzentrierten Lohn- und Leistungspolitik" (Schmierl 1995) oder der Leistungsentlohnung als Form der „direktiven Kontextsteuerung" (Bender 1997) zusammen. Diese industriesoziologischen empirischen Studien stimmten in den wesentlichen Schlussfolgerungen ziemlich gut überein: Die Instrumente der betrieblichen Lohnpolitik werden stärker auf die Flexibilisierung und Ökonomisierung des betrieblichen Gesamtprozesses ausgerichtet. Bisher auf den einzelnen Arbeitsprozess und auf die traditionelle Mengenmaximierung je Zeiteinheit bezogene Lohnmodelle, wie der Akkordlohn, werden abgeschafft. An seine Stelle treten neuartige Leistungsparameter zur Sicherung von Vielseitigkeit des Arbeitseinsatzes, Qualität und Termineinhaltung (→ Vermarktlichung). Es werden Lohnformen bevorzugt, die sich infolge großer Gestaltungsfreiheit an unterschiedliche betriebliche Bedingungen anpassen lassen. Unabhängig vom Produktionsprozess ermittelte und personenunabhängige Methoden der Vorgabezeitermittlung (Planzeiten, Tabellenwerte der Maschinenhersteller, standardisierte Zeiten) nehmen an Bedeutung zu. Die zunehmende Heterogenität von Arbeitsprozessen geht mit einer Vielfalt von Entgeltformen und -grundlagen einher, die die herkömmliche Dominanz von Akkordlohn und Zeitlohn ersetzen. Es lässt sich immer weniger ein einheitlicher Trend in der betrieblichen Lohn- und Leistungspolitik feststellen.

Im 21. Jahrhundert diagnostizierte die industriesoziologische Forschung fünf Weiterentwicklungen der Entgeltbestimmung:

Erstens nahmen Zielvereinbarungen an Bedeutung zu, was sich durch spezifische Vorteile für die anwendenden Organisationen erklärt: Kombinierbarkeit mit allen Leistungslohnformen, Vielseitigkeit für sehr unterschiedliche Arbeitsprozesse, Aushebelung einer Einflusssphäre von → Betriebsräten durch Vermeidung von bei klassischen Leistungslöhnen verwendeten Messverfahren, Mischung aus persönlichen, organisatorischen und prozessbezogenen Zielvorgaben sowie dezentralisierte Aushandlung der Leistungsziele zur Verpflichtung der Beschäftigten auf Unternehmensziele. Die Arbeitsforschung ging von „zumindest ambivalenten Wirkungen für die Beschäftigten“ aus (Kratzer 2006, S. 155, Drexel 2002), die auf die vielfältigen Anwendungsformen bezüglich Anzahl der Ziele, Dauer der Zielvereinbarungsperiode, Einbezug von qualitativen und/oder quantitativen Zielen oder Gruppenbezug von Zielen zurückgingen (Bahnmüller 2001, Tondorf et al. 2002). Neuere Bestandsaufnahmen ergaben, dass Zielvereinbarungen wachsende Bedeutung für die Leistungssteuerung, jedoch nur marginale Bedeutung für Entgeltdifferenzierung haben (Bahnmüller et al. 2019).

Zweitens wurden einheitliche Entgelttarifverträge für Arbeiter und Angestellte eingeführt sowie die Status-, Arbeitsbewertungs- und Entgeltdifferenzierung zwischen diesen Beschäftigtengruppen aufgelöst, so dass die Entgeltgrundlagen in vereinheitlichten Entgeltgruppen zusammenführt wurden: In einer Vielzahl von Branchen wurden entsprechende Reformen in den das Bundesgebiet abdeckenden Tarifverträgen vorgenommen oder nachgeholt. Intensiver wurde von Industriesoziologen der Übergang zum Entgeltrahmenabkommen (ERA) in der Metall- und Elektroindustrie Deutschlands empirisch untersucht (Brandl/Wagner 2011), mittlerweile bereits in Bezug auf Langzeiteffekte (Bahnmüller/Hoppe 2016).

Drittens wurden in vielen Tarifgebieten und Wirtschaftsbranchen zur Eindämmung von Entgeltungleichheiten bzw. von Lohndumping gesetzliche Mindestlöhne gefordert und in der Wissenschaft Fragen nach den Voraussetzungen, Anwendungsmöglichkeiten, Grenzen und Folgen von Mindestlöhnen (z.B. für das Tarifvertragssystem und die Tarifparteien) erörtert (Bosch/Weinkopf 2007 u. 2013). Am 1. Januar 2015 wurde ein gesetzlicher Mindestlohn in Höhe von 8,50 € pro Stunde in Deutschland eingeführt, der seitdem jeweils nach Berechnung und Aushandlung in der paritätisch besetzten Mindestlohnkommission in mehreren Stufen bis zum Januar 2022 auf 9,82 € stieg. Im Juni 2022 wurde der Mindestlohn – abweichend vom vorgesehenen Verfahren – per Gesetz auf 12 € angehoben (wirksam ab 1.10.22). Die vor der Mindestlohneinführung geäußerten Prognosen der Arbeitgeber, es werde zu massiven Beschäftigungsverlusten kommen, sind nicht eingetroffen (Brutteler/Himmelreicher 2021); im Gegenteil haben die damit verbundenen Lohnsteigerungen zu einem Anstieg des Binnenkonsums in Deutschland geführt (Schulten 2015 u. 2016). In bestimmten Branchen kommt es zu Wechselwirkungen zwischen dem gesetzlichen Mindestlohn und tariflich vereinbarten Entgelten (Bosch/Weinkopf 2013, Dingeldey 2019). In neueren empirischen Auswertungen wird auf ein Unterlaufen von Mindestlohnregelungen durch Arbeitgeber vor allem bei Minijobs verwiesen (Pusch/Seifert 2017, Pusch et al. 2020, Weinkopf 2020) (→ Niedriglohnsektor).

Viertens wurden im Zusammenhang mit Trends einer Verbetrieblichung von Aushandlungsverfahren zunehmend Einigungsverfahren von der Tarifebene auf die Betriebsebene übertragen; dies ließ sich auch bei neuen Entgeltgrundsätzen in aktuellen Tarifverträgen oder im Zusammenhang mit Öffnungsklauseln beobachten (Haipeter 2010, 2014 u. 2020; Amlinger/Bispinck 2016). Es kam damit zu einer Verbetrieblichung der Entscheidung über Entgeltgrundsätze durch eine breite Palette von in den Tarifverträgen erlaubten Entgeltmodellen. Zudem wurden formale, substanzielle Definitionen durch eine Prozeduralisierung der endgültigen Regulierung ersetzt, wie man an der Etablierung so genannter Paritätischer Kommissionen in den Betrieben zur Vor-Ort-Lösung von Konflikten bzw. Auslegungsunterschieden erkennen konnte. Auch bei der Bewältigung demografischer Veränderungen setzen Betriebe auf betrieblich ausgehandelte Sonderlösungen (Schmierl/Weimer 2014; Schmierl 2014 u. 2018).

Fünftens standen die Lohn- und Leistungspolitik in Unternehmen des Dienstleistungssektors bzw. in nicht tarifgebundenen Unternehmen unterschiedlicher Branchen im Fokus. Im Gegensatz zu den aus historischen Gründen im Produktionssektor höheren Verhandlungsmacht von betrieblichen Interessenvertretungen und Gewerkschaften waren Entgelte in den Dienstleistungsbranchen (→ Dienstleistungsarbeit) deutlich weniger reguliert sowie die Regelungen weithin uneinheitlich, diffus und oftmals bilateral zwischen Arbeitgeber und individuellem Beschäftigten ausgehandelt (Schmierl 2001, Schmierl et al. 2021, Schneider et al. 2022). In der Industriesoziologie wurde die Frage erörtert, ob mit der säkularen Zunahme dieser Wirtschaftssegmente eine Übertragung der dort angewandten Entgeltmodelle auf die klassischen Segmente zu erwarten sei (Ellguth/Trinczek 2016).

Klaus Schmierl

Empfehlungen zum Weiterlesen

Düll, Klaus/Bechtle, Günter 1988: Die Krise des normierten Verhandlungssystems – Rationalisierungsstrategien und industrielle Beziehungen im Betrieb. In: Bolte, K. M. (Hg.): Mensch, Arbeit und Betrieb. Weinheim: VCH, S. 215–244.

Ehlscheid, Christoph/Meine, Hartmut/Ohl, Kay (Hg.) 2006: Handbuch Arbeit – Entgelt – Leistung. Tarifanwendung im Betrieb. Frankfurt/M.: Bund.

Lutz, Burkart 1975: Krise des Lohnanreizes – Ein empirisch-historischer Beitrag zum Wandel der Formen betrieblicher Herrschaft am Beispiel der deutschen Stahlindustrie. Frankfurt/M., Köln: Europäische Verlagsanstalt.

Marx, Karl 1973 [zuerst 1865]: Lohn, Preis und Profit. In: Marx-Engels-Werke (MEW), Bd. 16. Berlin: Dietz, S. 101–152.

Müller-Jentsch, Walther 1997: Soziologie der industriellen Beziehungen (2. erw. Auflage). Frankfurt a.M./New York: Campus.

Schmiede, Rudi/Schudlich, Edwin 1976: Die Entwicklung der Leistungsentlohnung in der Bundesrepublik Deutschland. Frankfurt/M.: Aspekte.

Entgrenzung

Begriff

„Entgrenzung" ist das gemeinsame Merkmal verschiedener Entwicklungsprozesse von Arbeit im Übergang von der „fordistischen" in die „postfordistische" oder „postindustrielle" Arbeitswelt (vgl. dazu auch Voß 1998, Kratzer 2003). Fordistisch-tayloristische „Normalarbeit" als historische Organisationsform von Arbeit ist idealtypisch durch spezifische Grenzen auf institutioneller und individueller Ebene gekennzeichnet: Auf institutioneller Ebene durch die Trennung von Organisation und → Markt sowie zwischen Arbeits- und Lebenswelt, auf subjektiver Ebene durch die Trennung von („privater") Person und Arbeitskraft (→ auch Normalarbeitsverhältnis). Die wesentlichen Entgrenzungsprozesse sind die Erosion der Grenzen zwischen der betrieblichen Organisation und Märkten (→ „Vermarktlichung"), die Erosion der Grenzen zwischen (Erwerbs-)Arbeit und privater Lebenswelt („Flexibilisierung") sowie zwischen Person und Arbeitskraft (→ Subjektivierung). Die Entgrenzung von Arbeit ist die Folge betrieblicher Rationalisierungsstrategien und hat weitreichende Konsequenzen für das Verhältnis von → Erwerbsarbeit und privaten Lebenswelten („Entgrenzung von Arbeit und Leben"). Das Konzept der Entgrenzung ist ein Erklärungsansatz für das Zusammenwirken von Veränderungen auf verschiedenen Ebenen der Organisation von Arbeit, für die Ambivalenz und Widersprüchlichkeit dieser Veränderungen sowie für die wachsenden Anforderungen an die Selbstorganisation von „Arbeit" und „Leben" durch Beschäftigte (→ auch Arbeit im Kapitalismus, Arbeitsorganisation, Arbeitszeit, Produktionsregime, Rationalisierung, Unternehmens[re]organisation, Work-Lifte-Balance).

Genese/theoretischer Kontext

Die Erosion von Grenzen und Grenzziehungen ist kein genuin arbeits- und industriesoziologisches Thema, sondern wird in der Soziologie allgemein auf die Entwicklung moderner Gesellschaften etwa seit den 1970er Jahren bezogen (vgl. dazu Beck/Lau 2004). Nahezu zeitgleich erschienen Ende der 1990er Jahre mehrere Veröffentlichungen, mit denen der Begriff der Entgrenzung in die arbeits- und industriesoziologische Diskussion eingeführt wurde (Voß 1998, Kratzer et al. 1998, Minssen 2000). In der Folgezeit wurde das Konzept der Entgrenzung weiter ausgearbeitet (etwa: Kratzer 2003, Gottschall/Voß 2003, Mayer-Ahuja/Wolf 2005) und im arbeits- und industriesoziologischen Diskurs breit rezipiert (vgl. dazu etwa die Überblicksartikel von Eichmann 2006, Minssen 2006, Hirsch-Kreinsen 2009). Die These der Entgrenzung von Arbeit wurde aber auch über den engeren arbeits- und industriesoziologischen Diskurs hinaus aufgegriffen: so etwa in der Bildungs-, Geschlechter- oder Familienforschung (etwa: Jurczyk et al. 2009) und spielt auch in Diskursen zur Digitalisierung von Arbeit und Gesellschaft eine prominente Rolle (vgl. etwa Carstensen 2015; Hirsch-Kreinsen 2015) (→ auch Digitale Transformation der Arbeit, Industrie 4.0, Plattformarbeit).

Der empirische Ausgangspunkt der Entgrenzungsthese waren zwei Entwicklungstendenzen von Arbeit, die seit den 1980er Jahren eine zunehmende Bedeutung erlangten. Zum einen die soziale, zeitliche, räumliche und auch inhaltliche

Flexibilisierung von Arbeit: Beobachtet wurde hier etwa die Zunahme „atypischer" Beschäftigungsverhältnisse bzw. die „Erosion des Normalarbeitsverhältnisses", die forcierte Arbeitszeitflexibilisierung, die Verbreitung „mobiler" oder „alternierender" (Tele-)Arbeit u.a. (→ Atypische Beschäftigung, Home Office/Tele[heim]arbeit, Mobile Arbeit, Prekarität). Die zweite wesentliche Entwicklungstendenz ist die *„Subjektivierung"* von Arbeit: Im Rahmen neuer („partizipativer") Managementkonzepte, Arbeitsformen (→ Gruppen-, Projektarbeit) und „arbeitskraftorientierter" Rationalisierungsstrategien mutieren Beschäftigte „vom Objekt zum Subjekt" der Rationalisierung: Gefragt sind vermehrt subjektive Eigenschaften wie Kreativität, Kooperationsfähigkeit, Empathie u.a. sowie die Fähigkeit zur Selbststeuerung und Selbstorganisation der eigenen Arbeit (vgl. dazu Voß 1998, Moldaschl/Voß 2002, Kratzer 2003).

Die Flexibilisierung und Subjektivierung von Arbeit wurden im Rahmen der Entgrenzungsthese als Teilprozesse einer umfassenden Entgrenzung von Arbeit interpretiert, die Ausdruck der Erosion des fordistischen Produktions- und Sozialmodells und zugleich der Herausbildung eines neuen, „marktzentrierten" Produktionsmodells sind (vgl. dazu Voß 1998, Kratzer et al. 1998, Dörre 2001, Kratzer 2003, Hirsch-Kreinsen 2009). Damit haben die unterschiedlichen Fassungen der Entgrenzungsthese einen gemeinsamen regulationstheoretischen Kern: Den kleinsten gemeinsamen Nenner aller Ansätze, Veränderungen von Arbeit als „Entgrenzung" zu beschreiben und zu interpretieren, bildet die Vorstellung, dass Grenzziehungen erodieren, die für die institutionelle Verfasstheit von Arbeit im Fordismus-Taylorismus typisch und strukturbildend waren: Ob auf der Ebene der gesellschaftlichen Regulation, der organisationalen Grenzen zwischen Betrieb und Markt, der vertikalen und horizontalen Trennlinien innerhalb von Organisationen, der Grenzen zwischen internen und externen Arbeitsmärkten, des Verhältnisses von Person und Arbeitskraft oder von Arbeitswelt und Lebenswelt – auf jeder Ebene stehen vertraute Abgrenzungen, Trennungen, Differenzierungen zur Disposition (Kratzer 2003, S. 38 f.).

Für alle vorliegenden Entgrenzungskonzepte ist die These eines veränderten Verhältnisses von Organisation und Individuum leitend. Unterschiede bestehen jedoch im *Ausgangspunkt* der Analyse: Während die *rationalisierungstheoretische* Konzeption vor allem die betrieblichen Ursachen und Folgen der Entgrenzung von Arbeit in den Mittelpunkt stellt, steht in der *subjektorientierten* Konzeption insbesondere die Frage nach den Folgen für die Beschäftigten und ihre individuelle Lebensführung im Zentrum.

In der vor allem am ISF München entwickelten rationalisierungstheoretischen Konzeption (Kratzer et al. 1998, Kratzer 2003, Kratzer/Sauer 2003) werden die beobachtbaren Prozesse der Entgrenzung von Arbeit als betriebliches Rationalisierungsprojekt begriffen. Kern der rationalisierungstheoretischen Konzeption ist die These, dass die in der Erosion der Grenzen zwischen Organisation und Märkten zum Ausdruck kommende → „Vermarktlichung" von Unternehmen (Sauer/Döhl 1997, Moldaschl 1998) und die Flexibilisierung und Subjektivierung von Arbeit zusammen den Kern einer neuen Rationalisierungsstrategie bilden: Die Beschäftigten sind demnach unmittelbarer mit steigenden Marktanforderungen konfrontiert, die sie nun in Eigenregie und unter Rückgriff auf ihre subjektiven und lebensweltlichen Ressourcen bewältigen sollen. Im Gegenzug erhalten sie erweiterte Handlungs- und Gestaltungsspielräume und das Angebot, sich als Person in die Arbeit einzubringen und dort als Person weiterzuentwickeln. Die Entgrenzung von Arbeit dient aus betrieblicher Sicht der Freisetzung und betrieblichen Verwertung von zusätzlichen und bislang nur begrenzt zugänglichen (Arbeitskraft-)Ressourcen. Strategien der Flexibilisierung zielen dabei vor allem auf die Entgrenzung des Arbeitseinsatzes, d.h. der Organisation und Verfügbarkeit von Arbeitskraft in den Dimensionen Zeit, Ort und Beschäftigungsverhältnis (zeitliche, räumliche und soziale Entgrenzung). Strategien der Subjektivierung zielen dagegen vor allem auf Nutzung von Arbeitskraft, d.h. auf die Formen der Steuerung und Regulation der Verausgabung von Arbeitskraft: Wesentliche Dimensionen sind hier Motivation, subjektive Potenziale (etwa Kreativität) sowie Potenzial und Bereitschaft zur Selbststeuerung und Selbstrationalisierung. Die rationalisierungstheoretische Konzeption der Entgrenzungsthese wurde insbesondere in der Studie „Arbeitskraft in Entgrenzung" (Kratzer 2003) entwickelt und empirisch untersucht und dient als Grundlage für spätere Untersuchungen zur „neuen Leistungspolitik" in Unternehmen und den Folgen entgrenzter Arbeit für die (psychische) Gesundheit oder die → Work-Life-Balance von Beschäftigten (etwa Kratzer/Nies 2009) (→ auch Arbeits- und Gesundheitsschutz, Reproduktion von Arbeitskraft).

Die subjektorientierte Konzeption interpretiert die Flexibilisierung und Subjektivierung von Arbeit ebenfalls als Ausdruck eines Wandels der Organisation von Arbeit, verbindet diese aber mit einem subjektorientierten Ansatz. Diese Konzeption knüpft an Vorarbeiten einer „subjektorientierten" Forschung zum Wandel von Arbeit und „Alltäglicher Lebensführung" an und ist insbesondere von Günter Voß in die arbeits- und industriesoziologische Debatte eingebracht worden (Voß 1998). Entgrenzung wird als die „leitende Tendenz der derzeitigen Veränderung der Arbeitsverhältnisse *insgesamt* verstanden, die *alle* sozialen Ebenen der Verfassung von Arbeit betrifft (...). Entgrenzung kann dabei als allgemeiner sozialer Prozess definiert werden, in dem unter bestimmten historischen Bedingungen entstandene soziale Strukturen der regulierenden Begrenzung von sozialen Vorgängen ganz oder partiell erodieren bzw. bewusst aufgelöst werden" (ebd., S. 474, Hervorh. im Original; vgl. auch Gottschall/Voß 2003). Entgrenzung ist hier ein gesellschaftlicher Veränderungsprozess, der sich auf nahezu alle gesellschaftlichen Ebenen und Bereiche beziehen lässt. Für die Organisation von Arbeit im engeren Sinne werden insbesondere sieben Dimensionen benannt: Zeitliche, räumliche, „technische", fachlich-qualifikatorische, soziale (Erosion von Sozialbezügen), rechtliche (De-Regulierung) und berufsstrukturelle Entgrenzungsprozesse (Voß 1998, Gottschall/Voß 2003). Die subjekttheoretische Konzeption der Entgrenzungsthese ist grundlegend für eine Reihe von Untersuchungen zum Verhältnis von entgrenzter Arbeit und (individueller oder familialer) Lebensführung (etwa Jurczyk et al. 2009) und steht in einem engen Zusammenhang mit der von Günter Voß und Hans Pongratz formulierten These des → „Arbeitskraftunternehmers" (Voß/Pongratz 1998, Gottschall/Voß 2003).

Zentrale Forschungsergebnisse

Es liegen eine Vielzahl von Studien mit Bezug auf die These der Entgrenzung von Arbeit vor. Zu unterscheiden sind dabei Studien, die sich auch konzeptionell mit der Entgrenzungsthese auseinandersetzen (etwa: Kratzer 2003, Kratzer/Lange 2006, Mayer-Ahuja/Wolf 2005, Jürgens 2006, Jurczyk et al. 2009), von vor allem empirisch angelegten Untersuchungen zur Flexibilisierung und Subjektivierung von Arbeit: Dazu zählen etwa Untersuchungen zu Ein-Personen-Selbstständigen, flexiblen Arbeitszeiten, Teleheimarbeit, mobiler Arbeit u.v.m.

Mit den vorliegenden Befunden wird die Entgrenzungsthese sowohl in qualitativer wie auch in quantitativer Hinsicht bestätigt. In qualitativer Hinsicht zeigen viele Untersuchungen, dass Grenzen, die für die fordistisch-tayloristische Organisation von Arbeit strukturprägend waren, flexibler und durchlässiger, weniger selbstverständlich und entscheidungsoffener geworden sind. Zunehmende Aufmerksamkeit erfahren dabei in jüngerer Zeit räumliche Entgrenzungsprozesse: Zum einen – unter Stichworten wie „digitale Arbeitsräume", „(ständige oder erweiterte) Erreichbarkeit", „digitale Nomaden" u.a. – als Folge einer wachsenden Ortsunabhängigkeit von Arbeit im Zuge der → digitalen Transformation der Arbeit (Sauerborn 2019, Nowak et al. 2019). Zum anderen als Folge einer massenhaften Verlagerung von Arbeit in das → „Home Office" als betriebliche Bewältigungsstrategie der Corona-Pandemie. Und auch in quantitativer Hinsicht konnten Entgrenzungsprozesse, bei teils erheblichen Unterschieden in Ausmaß und Dimension (Heterogenität entgrenzter Arbeit), für ganz verschiedene Branchen, Berufe und Erwerbstätigengruppen nachgewiesen werden. Die Entgrenzung von Arbeit ist damit keine besondere, randständige Entwicklung, sondern eine allgemeine Tendenz der Entwicklung von Arbeit nach dem Ende des fordistischen Zeitalters – und mittlerweile neue Normalität: Umfragedaten zeigen, dass die meisten Erwerbstätigen ihre → Arbeitszeit flexibel gestalten und die eigene Arbeit selbst planen und einteilen können (Brenscheidt et al. 2021).

Die Entgrenzungsthese geht prinzipiell von einem Prozess aus, der mit neuen Chancen, aber auch neuen Risiken verbunden ist (Ambivalenz entgrenzter Arbeit). Die Forschung hat aber vor allem die Risiken entgrenzter Arbeit herausgearbeitet. Beschäftigte erhalten tatsächlich erweiterte Spielräume in der Arbeit und neue Optionen für die Gestaltung des Verhältnisses von Arbeit und Leben, sie sind zugleich aber einem stärkeren Leistungsdruck ausgesetzt. In der Folge kommt es oft zur erweiterten Vernutzung von Beschäftigtenressourcen und zum Übergriff der Arbeits- auf die Lebenswelt („Kolonialisierung der Lebenswelt").

Entgrenzung ist als wechselseitiger Prozess konzipiert: Entgrenzungsprozesse können arbeits- oder lebensweltlichen Dynamiken folgen und bedeuten nicht „einfach" Ausdehnung einer Sphäre gesellschaftlicher (Re-)Produktion auf Kosten einer anderen, sondern partielle Verschränkung von gesellschaftlichen Sphären. Die Forschung zeigt aber in der Tendenz, dass die Dynamik der Prozesse wesentlich von Unternehmen ausgeht und es in der Folge zu einer arbeitsweltlich getriebenen Verschränkung kommt.

Entgrenzung von Arbeit ist Teilprozess eines Umbruchs in der Entwicklung von Arbeit, aber dieser Umbruch bedeutet nicht die Auflösung bestehender Strukturen, sondern deren Transformation. Beobachtbar ist die Gleichzeitigkeit von Entgrenzungsprozessen und – alten sowie neuen – Grenzen der Entgrenzung und ein Nebeneinander von „alten" und neuen, entgrenzten Strukturelementen.

Internationaler Bezug

Von einem internationalen arbeits- und industriesoziologischen Entgrenzungsdiskurs zu sprechen, wäre sicherlich übertrieben. Dennoch gibt es klare Bezüge zum internationalen Diskurs über den Wandel von Arbeit, so insbesondere zur umfassenden Flexibilisierung von Arbeit sowie zu erodierenden Grenzziehungen zwischen Arbeitswelt und Privatleben. Einflussreiche Arbeiten sind in dieser Hinsicht etwa Richard Sennets „The Corrosion of Character (1998 b) oder auch „Time Bind: When Work Becomes Home and Home Becomes Work" von Arlie Hochschild (1997).

Nick Kratzer

Empfehlungen zum Weiterlesen

Gottschall, Karin/Voß, G. Günter (Hg.) 2003: Entgrenzung von Arbeit und Leben. Zum Wandel der Beziehungen zwischen Erwerbstätigkeit und Privatleben im Alltag, München/Mering: Hampp.

Kratzer, Nick 2003: Arbeitskraft in Entgrenzung – Grenzenlose Anforderungen, erweiterte Spielräume, begrenzte Ressourcen, Berlin: edition sigma.

Voß, G. Günter 1998: Die Entgrenzung von Arbeit und Arbeitskraft – Eine subjektorientierte Interpretation des Wandels der Arbeit. In: Mitteilungen aus der Arbeitsmarkt- und Berufsforschung, Jg. 31, H. 3, S. 473–487.

Erwerbsarbeit

Begriff

Erwerbsarbeit umfasst diejenige → Arbeit, die dem Erwerb von Einkommen dient. Dabei handelt es sich entweder um Lohnarbeit bei Arbeitgebern oder um selbstständige Arbeit. Aufgrund der großen quantitativen Bedeutung hat die Soziologie vor allem abhängige Arbeit, Arbeit gegen Entgelt, untersucht. Erwerbsarbeit lässt sich zumeist einem → Beruf zuordnen.

Von Erwerbsarbeit zu unterscheiden ist informelle Arbeit, darunter auch unbezahlte → Sorgearbeit, ehrenamtliche Arbeit oder nicht-offizielle Schwarzarbeit (→ Nicht-Erwerbsarbeit). Diese Trennung geht mit der Sichtbarkeit in offiziellen Statistiken einher, in denen zumeist formelle Erwerbsarbeit erhoben und ausgewiesen wird. Auch in Forschung und Recht ist informelle Arbeit vergleichsweise schwer zu erfassen; Ähnliches gilt z.T. für neue digital gestützte und räumlich entkoppelte Formen der Erwerbsarbeit, z.B. Click- oder Crowdwork (→ auch Home Office/Tele[heim]arbeit, Mobile Arbeit, Plattformarbeit).

Zu den Erwerbstätigen in den Volkswirtschaftlichen Gesamtrechnungen (VGR) zählen alle Personen, die als Arbeitnehmer (Arbeiter, Angestellte, Beamte, geringfügig Beschäftigte, Soldaten) oder als Selbstständige oder als mithelfende Familienangehörige eine auf wirtschaftlichen Erwerb gerichtete Tätigkeit ausüben, unabhängig von deren Umfang. Bei mehreren Beschäftigungen wird allein die Haupterwerbstätigkeit erfasst (Statistisches Bundesamt 2012).

Die Europäische Union orientiert sich an der Definition der ILO (International Labour Organization), die wiederum jener der VGR sehr ähnlich ist. Nach dieser Definition gilt als erwerbstätig, wer im Erhebungszeitraum mindestens eine Stunde pro Woche gegen Bezahlung gearbeitet hat und mindestens 15 Jahre alt ist. Abweichend von der Definition der ILO werden von der EU-Statistikbehörde Eurostat Wehr- und Zivildienstleistende sowie Erwerbstätige, die in Anstalten wohnen, nicht berücksichtigt. Eine solche Zuordnung ist für eine einheitliche Erhebung in allen Mitgliedstaaten der EU notwendig. Zudem werden Personen, die ihre Arbeit im laufenden Beschäftigungsverhältnis unterbrochen haben, von Eurostat auch dann als Erwerbstätige bezeichnet, wenn die Unterbrechung länger als drei Monate dauert.

Erwerbstätige bilden zusammen mit sofort am Arbeitsmarkt verfügbaren Erwerbslosen (→ Erwerbslosigkeit) die Gruppe der Erwerbspersonen.

Genese/theoretischer Kontext

Erwerbsarbeit im heutigen Sinn etablierte sich mit dem Übergang zur industriellen Produktion vorrangig im 19. und 20. Jahrhundert (→ Industriegesellschaft und Industrialisierung, Arbeit im Kapitalismus). Menschen stellten einen wesentlichen Teil ihres Arbeitsvermögens und ihrer Leistungsbereitschaft für eine Gegenleistung – in der Regel einen Verdienst in Geldform – einem anderen zur Verfügung: als persönlicher Dienst (z.B. als Hausangestellter in einem privaten Haushalt) oder als Anbieter von Leistungen für einen Kunden (z.B. als selbstständiger Handwerker), mehrheitlich jedoch als Lohnarbeiternehmer für einen Arbeitgeber (vgl. Kocka 2001) (→ auch Dienstleistungsarbeit, Entgelt und Leistung).

Arbeitsentgelt ist heute für abhängig Beschäftigte in der Regel die primäre Einkommensquelle für die Sicherung des Lebensunterhalts. Entsprechend bedeutsam ist es für sie, Erwerbsarbeit ausüben zu können und eine am Arbeitsmarkt verwertbare Qualifikation und psycho-physische Leistungsfähigkeit zu erlangen bzw. zu bewahren, also ihre individuelle Arbeits- und Beschäftigungsfähigkeit („employability") (Gazier 1999, Promberger 2008). Über Herkunft, schulische und berufliche Ausbildungen sowie berufliche Erfahrungen in mehr oder minder karrierefördernden Branchen, Unternehmungen oder auch Regionen bestimmt sich die Position am Arbeitsmarkt, wobei diese eng mit der Höhe des Erwerbseinkommens verbunden ist (→ auch Berufliche Bildung, Qualifikation/Kompetenz).

Hochschulisch und beruflich qualifizierte Berufsgruppen erzielen besonders in industriellen Kernsektoren wie der Chemie, dem Maschinenbau und der Automobilindustrie höhere Einkommen. Diese finden sich häufiger in städtischen Ballungszentren, in denen dann auch höherqualifizierte und besser entlohnte Berufsgruppen in Wissenschaft, Entwicklung, Finanzdienstleistungen und öffentlichen Verwaltungen tätig sind. Hier korrespondieren spezifische und schwer ersetzbare Qualifikationen aufseiten der Arbeitnehmer mit einer stärkeren gewerkschaftlichen Vertretung und breiterer tarifvertraglicher Bindung (→ Gewerkschaften, Tarifvertrag). Der Männeranteil in diesen Branchen und Berufen ist etwas höher als der Anteil von Frauen. Geringe Entgelte werden im Bereich von → Einfacharbeit gezahlt. Niedriglöhne finden sich insbesondere im Gastgewerbe, in der Land- und Forstwirtschaft, der Logistik sowie in der Leiharbeit (Seils/Emmler 2022) (→ Niedriglohnsektor). Da Konkurrenz um Arbeit Druck auf die Höhe von Vergütungen ausübt, ist es für Erwerbstätige günstig, wenn sie benötigte Qualifikationen als einer von wenigen Wettbewerbern – im Idealfall konkurrenzlos – am Teilarbeitsmarkt anbieten können.

Bewährung der Arbeitsfähigkeit gegenüber Konkurrenz am Markt und die damit verbundenen Anreize zur Verbesserung von Fähigkeiten und Fertigkeiten sind Merkmale eines Wettbewerbsdrucks, dem sehr viele Erwerbstätige ausgesetzt sind (eine Ausnahme sind z.B. Beamte). Diese Merkmale sind zugleich eine Basis der Effizienz von Erwerbsarbeit, die in der Regel höher ist als in anderen – feudal, familiär oder gemeinschaftlich gebundenen – Arbeitsformen (zur arbeitssoziologischen Diskussion über die Effizienz[steigerung] der Arbeit → auch Transformation von Arbeitskraft, Arbeitspolitik, Fordismus/Massenproduktion, Taylorismus).

Erwerbsarbeit wurde in Deutschland zudem zur Basis der Errichtung des Sozialstaats ab Ende des 19. Jahrhunderts. Dabei ist die Kopplung zwischen Erwerbsarbeit und sozialer Sicherung hier enger als in vielen anderen Ländern. Die Höhe von Altersrenten, Arbeitslosengeld (nach SGB III) oder die Höhe der Entgeltfortzahlung im Krankheitsfall orientieren sich an der Lohnhöhe und Anwartschaftszeiten in der Erwerbsarbeit. Die einzahlenden Erwerbstätigen beobachten, welche Gruppen Leistungen erhalten, und messen sie an subjektiven Gerechtigkeitsvorstellungen: Akzeptiert werden Leistungen insbesondere an Erwerbstätige im Falle unverschuldeter Krankheit oder Arbeitslosigkeit sowie im Alter nach langer Erwerbstätigkeit (van Oorschot et al. 2017). Ob Leistungsansprüche insbesondere in der Rentenphase auskömmlich sind, hängt im deutschen Sozialversicherungssystem stark davon ab, wie stark und wie lange die eigene Erwerbsbiografie am → Normalarbeitsverhältnis orientiert war. Erst eine Vollzeiterwerbstätigkeit mindestens mit Durchschnittsentlohnung über 40 Jahre hinweg reicht aus, um eine hinreichend lange und hohe Anwartschaft für statussichernde Leistungstransfers insbesondere im Alter zu erwerben. Selbstständig Erwerbstätige sind gefordert, selbst für Phasen der Nichterwerbsarbeit vorzusorgen.

Neben dem ökonomischen Wert wird der Erwerbsarbeit auch eine soziale und sozialpsychologische Bedeutung zugemessen. Der ausgeübte Beruf, das Einkommen und die Qualifikationen sind mit sozialem Prestige und gesellschaftlichem Status verbunden. Zudem bietet Erwerbsarbeit dadurch, dass die erstellten Güter und Dienste erfolgreich und nutzbringend am Markt und oft gegen Konkurrenz verkauft werden, soziale → Anerkennung. Sie kann das Selbstwertgefühl steigern und interessante soziale Kontakte ermöglichen. Allerdings können Belastungsfaktoren am Arbeitsplatz, etwa fehlende Handlungsspielräume, Konkurrenzdruck oder die Sorge um Arbeitsplatzverlust mit psychischen oder körperlichen Beanspruchungen einhergehen (→ auch Arbeits- und Gesundheitsschutz).

Empirische Forschung

Des Öfteren wurde prognostiziert, fortgeschrittenen Gesellschaften gehe die Erwerbsarbeit aus (Jenkins/Sherman 1979, Dahrendorf 1983, Rifkin 2004, Frey/Osborne 2013) (→ Arbeitsgesellschaft). Dagegen wird eingewendet, dass mit den z.T. erheblichen Strukturwandelprozessen und den umfänglichen technischen Rationalisierungen schon immer herkömmliche Arbeitsplätze verschwunden seien (Kocka 2001, Struck 2017). Gleichzeitig wandeln sich Berufszuschnitte und neue Berufe entstehen (Autor 2015, Bonin et al. 2015, Evangelista et al. 2014). Ungeachtet fortwährend gleichlautender Krisendiagnosen besteht historisch und bis heute mehr Evidenz für insgesamt ausgleichende Mengenrelationen neuer und verschwundener Arbeitsplätze. So ist die Gesamtzahl der Arbeitsstunden (Arbeitsvolumen) seit 1991 bis heute und ungeachtet der fortschreitenden technischen, digitalen und arbeitsorganisatorischen Rationalisierung in Deutschland nach Berechnungen des Statistischen Bundesamts nur geringfügig gesunken.

Viel diskutiert werden auch Veränderungen in der Erwerbsarbeit. Der Einsatz von Erwerbsarbeit in Unternehmen soll Gewinn erzeugen. Hierfür wird in → Betrieben versucht, die Effektivität durch Zweckrationalität, d.h. durch technische Rationalität in der Zweckverfolgung und ökonomisch-strategische Rationalität in Form effizienter Steuerung, Standardisierung, Überwachung und Kapitalrechnung zu erhöhen (Offe 1983, S. 40 f.).

Dies kann auch fernab von Fließbändern und hoch arbeitsteiliger Produktion gelten (Springer 1999 a). Einerseits wird → Dienstleistungsarbeit als stärker durch politisch-diskretionäre oder im Konsens der Professionsangehörigen gewonnene Bedarfs- und Nutzenkalküle charakterisiert, die soziale und kulturelle Tatbestände bei der Herstellung von Diensten mitberücksichtigt. Eben dadurch ist sie geeignet, negative Folgen einer technischen und ökonomisch-strategischen Rationalität zu bearbeiten (Offe 1983, S. 47 f.). Anderseits ist aber auch Erwerbstätigkeit in industriellen und kaufmännischen Dienstleistungen, wie auch in Kernbereichen der Professionsberufe – etwa der Medizin, Sozialarbeit oder Wissenschaft – keineswegs gegen Versuche gefeit, Prozesse zu standardisierenden, zu formalisieren und im Verfahren zu kontrollieren (Brose 2008, S. 1492). Dies geschieht oft mit dem Ziel, eine abrechenbare ökonomische Effizienz zu erreichen. Hierdurch geraten professionelle Arbeit und Klientelbezug (Oevermann 1996) immer wieder in Gefahr, verdrängt zu werden (Struck 2017).

Die Gefährdungen von Standardisierung und Formalisierung können mit neuen digitalen Techniken zunehmen, sofern die Techniken selbst, Mensch-Maschine-Schnittstellen und der arbeitsorganisatorische Einsatz nicht zu Gunsten individueller Handlungsspielräume und Lerngelegenheiten gestaltet wird (Badura et al. 2020). Einige Autoren konstatieren eine grundsätzliche Widerständigkeit aufgrund einer vermeintlich unverzichtbaren Bedeutung von Erfahrungswissen für Steuerbarkeit und Problemlösungen in technischen Arbeitsprozessen (Bauer et al. 2006) (→ auch Neue Produktionskonzepte, Subjektivierendes Arbeitshandeln). In der Praxis jedoch werden – wie andere Autoren einwenden – vielfach hierarchisch umgesetzte arbeitsteilige Alternativen präferiert: Bei Problemen kann eine hochqualifizierte Person eingreifen. Fortentwickelte Sensoren, neue Lernsysteme und zukünftig „selbstlernende" Algorithmen verbessern die Kommunikation zwischen Mensch und den sich künftig selbststeuernden Maschinen (Autor 2015, Collins 2013, Struck 2018). Jahrelange Lern- und Erfahrungsprozesse wären dann nur für eine Minderheit der Beschäftigten erforderlich. Zugleich können automatisierte Datenerfassungen, Berechnungen, Sachbearbeitung und Dokumentationen weitgehend durch datentechnische Lösungen ersetzt werden (→ auch Digitale Transformation der Arbeit, Arbeit und Künstliche Intelligenz, Industrie 4.0).

Im Grundsatz sind zwei idealtypische Szenarien möglich (Hirsch-Kreinsen 2016):

(a) Unternehmen können durch Technik und → Arbeitsorganisation knapp zugeschnittene repetitive und einfache Routinetätigkeiten fördern, bis zu dem Punkt, dass diese Arbeitsvollzüge günstig mit Angelernten (unter Nutzung einer in- und ausländischen Reservearmee) durchgeführt oder durch Computer und Roboter ersetzt werden können (Autor 2015). Arbeitgeber wählen diesen Weg, wenn ihnen qualifizierte Fachkräfte fehlen (Schneider et al. 2022). Eine Folge könnte dabei eine in der Forschung konstatierte Polarisierung zwischen komplexen Tätigkeiten mit hohen Qualifikationsanforderungen sowie Steuerungs- und Kontrollkompetenzen einerseits und einfachen Tätigkeiten mit niedrigem Qualifikationsniveau und heteronomen Arbeitsvollzügen anderseits sein, wobei der Anteil mittlerer Qualifikationsgruppen an Bedeutung verlieren könnte und soziale Ungleichheit zunimmt (Collins 2013, Struck 2018).

(b) Die Zukunft der Erwerbsarbeit kann aber auch anders aussehen: Qualifikation und Handlungskompetenz bleiben in Büroetagen und Werkhallen erhalten bzw. werden erhöht. Dies wird durch Arbeitsgestaltung und Technik bewirkt, die durchschaubar, vorhersehbar und beinflussbar ist (Wäfler et al. 1999). Qualifizierte Erwerbstätige werden über höhere Verantwortung und Anreicherung ihrer Tätigkeiten in die Arbeitsprozesse einbezogen (Friedman 1977 b, Kagermann 2014, Struck 2018).

Die Entwicklung von Erwerbsarbeit ist offen. Es hängt wesentlich auch vom Erwerbstätigenpotenzial und entsprechend von Bildungs- und Weiterbildungssystemen ab, wie viele Unternehmen und Beschäftigte den einen oder anderen Weg gehen werden.

Internationaler Bezug

Erwerbsarbeit ist in nahezu allen Regionen der Welt die primäre Einkommensquelle und von hoher Bedeutung für den sozialen Status. Dabei steht die Ausbreitung formeller und informeller Arbeit in einem Zusammenhang mit dem Ausmaß der industriellen Produktion von Gütern und Diensten sowie der Durchsetzung staatlich-rechtlicher Ordnungen, insbesondere für die soziale und eigentumsrechtliche Sicherung von Austauschen von Waren und Arbeitskraft.

Die oft sozial und rechtlich ungeschützte informelle Arbeit hat in Ländern des „globalen Südens" eine zum Teil deutlich höhere ökonomische und soziale Bedeutung als in wirtschaftlich entwickelten sowie staatlich und rechtlich gefestigten Gesellschaften. In Nationen ohne ausgebaute Bildungs- und Sozialversicherungssysteme sind die Lebensverläufe der allermeisten Menschen oft mit höheren zeitlichen Anteilen und unmittelbarer durch Erwerbsarbeit gekennzeichnet. In ausgebauten Wohlfahrtsstaaten existieren – finanziert aus Steuern und Abgaben aus hochproduktiver Erwerbsarbeit – mehr Zeiten, in denen Menschen auch in Perioden ohne Erwerbsarbeit, darunter in Bildungsphasen, im Ruhestand, bei Krankheit oder Arbeitslosigkeit, finanzielle Unterstützung erhalten.

Digitale Technik fördert Möglichkeiten der räumlichen Entkopplung von Arbeit, und damit verbunden auch neue technische und soziale Formen der Zusammenarbeit, neue direkte Kontrollformen, digitale Plattformen der Vermittlung von Arbeit usw. Dies stellt neue Herausforderungen an die institutionelle Regulierung von Erwerbsarbeit, auch über nationale Normen hinaus (Schmid 2018).

Zur Internationalisierung von Erwerbsarbeit trägt bei, dass Unternehmen oder Staaten häufig versuchen, durch gezielte Zuwanderung die Menge und Qualität der Arbeit volkswirtschaftlichen Bedürfnissen anzupassen (→ Arbeit und Migration). So können Arbeitskräfteknappheit und ein Mangel an Qualifikationen ausgeglichen und kann die Produktion gesteigert werden. Zuwanderung von Erwerbspersonen kann aber zugleich auch die Wettbewerbssituation und damit auch Löhne und Einkommen von Erwerbstätigen negativ beeinflussen. Hieraus ergeben sich hohe Anforderungen an politische Regulierungen transnationaler Arbeit (Platzer et al. 2020).

Olaf Struck

Empfehlungen zum Weiterlesen

Abraham, Martin/Hinz, Thomas (Hg.) 2018: Arbeitsmarktsoziologie. Probleme, Theorien, empirische Befunde (3. Auflage). Wiesbaden: Springer VS.

Böhle, Fritz/Voß, G. Günther/Wachtler, Günther (Hg.) 2018: Handbuch Arbeitssoziologie (2. Auflage). 2 Bde. Wiesbaden: VS Verlag. Hierin insbesondere: Teil B: Gestaltung und Entwicklung des Arbeitsprozesses, Kapitel V: Rationalisierung von Arbeit.

Möller, Joachim/Walwei, Ulrich (Hg.) 2017: Arbeitsmarkt kompakt. Analysen, Daten, Fakten. Bielefeld: Bertelsmann.

Hirsch-Kreinsen, Hartmut 2008 b: Lohnarbeit. In: Maurer, A. (Hg.): Handbuch der Wirtschaftssoziologie. Wiesbaden: VS Verlag, S. 268–290.

Kocka, Jürgen 2001: Thesen zur Geschichte und Zukunft der Arbeit. In: Aus Politik und Zeitgeschichte, B 21, S. 8–13.

Erwerbslosigkeit

Begriff

Erwerbslos sind potenziell Beschäftigte, die keine bezahlte Beschäftigung haben. Dieses weite Verständnis von Erwerbslosigkeit wird inzwischen durch Legaldefinitionen überlagert, die den einzuschließenden Personenkreis in unterschiedlichen Rechtskreisen genau abgrenzen. Das Statistische Bundesamt und die EU messen Erwerbslosigkeit nach dem Konzept der Internationalen Arbeitsorganisation (ILO) in Genf. Danach gilt jede nicht erwerbstätige Person zwischen 15 und 74 Jahren als erwerbslos, die innerhalb der letzten vier Wochen vor der Befragung nach einer Tätigkeit gesucht hat und innerhalb von zwei Wochen eine Arbeit aufnehmen kann. Diese Definition ist international akzeptiert und ermöglicht Vergleiche der Höhe und Entwicklung der Erwerbslosigkeit in unterschiedlichen Ländern. Sie ist Grundlage der Arbeitskräfteerhebung in der EU, die in Deutschland in den Mikrozensus integriert ist (→ Erwerbsarbeit). Davon zu unterscheiden sind die registrierten Arbeitslosen, die aufgrund unterschiedlicher Erhebungsweisen, Definitionen und Registrierungspflichten international nur sehr eingeschränkt vergleichbar sind. In Deutschland wird man als Arbeitsloser gezählt, wenn man sich bei der Bundesagentur für Arbeit oder einem Träger der Grundsicherung arbeitslos gemeldet hat, dem Arbeitsmarkt sofort zur Verfügung steht und eine Beschäftigung von mindestens 15 Wochenstunden sucht. Trotz registrierter Arbeitslosigkeit kann man eine Erwerbstätigkeit von bis zu 15 Stunden ausüben.

Die Erwerbslosenzahl liegt in Deutschland immer deutlich unter den Arbeitslosenzahlen, da schon eine Stunde Erwerbsarbeit ausreicht, um nicht mehr als erwerbslos gezählt zu werden. Die OECD veröffentlicht harmonisierte Erwerbslosenzahlen nach dem ILO-Konzept und versucht so weit wie möglich, Unterschiede in den nationalen Erhebungsmethoden zu korrigieren. Sie spricht in ihren beiden Arbeitssprachen dabei immer von „unemployment“ oder „chômage“, da diese nicht – wie im Deutschen – zwischen Erwerbs- und Arbeitslosigkeit unterscheiden.

Erwerbs- und Arbeitslosigkeit sind statistische Konstrukte, mit denen man nur einen Teil der Unterbeschäftigung erfasst. Der andere Teil, die verdeckte Arbeitslosigkeit, umfasst Personen in arbeitsmarktpolitischen Maßnahmen, entmutigte Personen, die die Suche aufgeben oder gar nicht aufgenommen haben, Personen, die z.B. wegen Krankheit oder temporären Familienpflichten nicht unmittelbar, aber in naher Zukunft Arbeit suchen, Personen, die aus Arbeitsmarktgründen vorzeitig aus dem Arbeitsleben ausgeschieden sind, und Personen, die unfreiwillig kürzer arbeiten, als sie wollen. Das Institut für

Arbeitsmarkt- und Berufsforschung schätzt die Stille Reserve mit Hilfe ökonometrischer Modelle (Fuchs/Weber 2021), das Statistische Bundesamt mit Hilfe der Arbeitskräfteerhebung. Von der verdeckten Arbeitslosigkeit ist das nicht verfügbare Arbeitskräftepotenzial zu unterscheiden, das alle Personen im Erwerbsalter umfasst, die zumindest nicht unmittelbar eine bezahlte Arbeit wünschen, wie traditionell viele Hausfrauen (Rengers 2012) oder wohlhabende Rentiers. Da sich Erwerbseinstellungen ändern können, sind die Grenzen zwischen verdeckter Arbeitslosigkeit und ungenutztem Arbeitskräftepotenzial unscharf.

Genese/theoretischer Kontext

Arbeitslosigkeit ist ein relativ neues Konzept. Smith und Ricardo sprachen von Arbeitskräfteüberschüssen und Marx von der „industriellen Reservearmee". Frankreich begann Ende des 19. Jahrhunderts als erstes Land, die Zahl der Arbeitslosen auszuweisen. In Deutschland griff man bis 1928 hilfsweise auf die Statistiken der Gewerkschaften zurück, die ihre arbeitslosen Mitglieder unterstützten und zählten. Diese Statistiken waren aber unvollständig, da nicht alle Arbeitslosen Gewerkschaftsmitglieder waren. Erst mit dem Aufbau einer zentralen Arbeitslosenversicherung im Jahre 1927, die einen Rechtsanspruch auf Arbeitslosenunterstützung etablierte, wurden Arbeitslose systematisch erfasst (Steffen 1994). In vielen anderen entwickelten Ländern dauerte der Aufbau einer Arbeitslosenstatistik bis in die 40er Jahre des letzten Jahrhunderts (Sengenberger 2011, S. 19).

Salais et al. (1986) beschreiben diesen Prozess als „Erfindung der Arbeitslosigkeit", die sich als eine eigene soziale Institution unter bestimmten Voraussetzungen entwickelt hat. Die erste Vorrausetzung war die Stabilisierung von Beschäftigungsverhältnissen. Die Gelegenheitsarbeiter in der Frühphase der Industrialisierung waren ständigen Wechseln zwischen Beschäftigung und Nichtbeschäftigung ausgesetzt. Arbeitslosigkeit war integraler Bestandteil der damals typischen Erwerbsbiografien. Mit der Stabilisierung der Beschäftigung und der Entwicklung des → Normalarbeitsverhältnisses wurde Arbeitslosigkeit als gesonderter Status sichtbar (Demazière 2012, S. 97). Die zweite Voraussetzung war der Aufbau von Arbeitslosenversicherungen und Sozialhilfe. Arbeitslosigkeit wurde zum juristischen Konstrukt, das mit definierten Rechten und Pflichten verbunden war. Diese Institutionen trennten anspruchsberechtigte und nichtanspruchsberechtigte Erwerbslose. Die dritte Voraussetzung war schließlich die Entwicklung einer keynesianischen Beschäftigungspolitik, die auf Vollbeschäftigung zielte, was ohne Kenntnis des Umfangs des Produktionspotenzials, wozu die Unterbeschäftigung und unausgelastete Kapazitäten zählen, gar nicht möglich ist. Vollbeschäftigungspolitik kann sich zwar an den offiziellen Arbeitslosenstatistiken als Erfolgsindikator orientieren, muss aber zur Kenntnis nehmen, dass immer ein Teil der Neueingestellten aus der Stillen Reserve rekrutiert wird. Die Zahl der neu zu schaffenden Arbeitsplätze muss also die der registrierten Arbeitslosigkeit übersteigen.

Das Konzept der Institutionalisierung von Arbeitslosigkeit hilft zu verstehen, warum die offiziellen Arbeitslosenquoten in weniger entwickelten Ländern ohne Arbeitslosenunterstützung und stabile Beschäftigung das tatsächliche Niveau der Unterbeschäftigung nicht erfassen. Es hilft auch, verdeckte Formen der Arbeitslosigkeit in anderen gesellschaftlichen Rollen aufzuspüren. Länger zu studieren, früher in Rente zu gehen, Rückkehr von Migranten in ihr Heimatland oder der Wechsel in eine Hausfrauen- bzw. Hausmannsrolle sind kulturell und institutionell akzeptierte, aber meistens „zweitbeste" Alternativrollen zur Arbeitslosigkeit. Das Konzept der Alternativrollen zur Arbeitslosigkeit ist in den 1970er Jahren entwickelt worden, als solche Alternativrollen etwa durch eine Politik der Frühpensionierung, Rückkehrprämien für Ausländer und Ehegattensplitting stark subventioniert wurden (Offe/Hinrichs 1977) (→ auch Arbeit und Migration). Durch den Abbau dieser Subventionen oder kulturellen Wandel kann der Wechsel in solche Alternativrollen unattraktiver oder ganz versperrt werden oder seine soziale Akzeptanz verlieren. Beispiele sind die weitgehende Abschaffung des Vorruhestands in Deutschland, der die offene Arbeitslosigkeit Älterer vor dem Renteneintritt erhöht hat, sowie die steigende Erwerbsorientierung von Frauen (→ auch Arbeit und Geschlecht).

Zentrale Forschungsergebnisse

Die längste Tradition in der soziologischen Forschung zur Erwerbslosigkeit haben Untersuchungen zu den Auswirkungen von Arbeitslosigkeit auf die Betroffenen. Die Grundlagen wurden durch die berühmte Marienthal-Studie von Jahoda et al. (1933) gelegt. Sie unterschieden „Ungebrochene", „Resignierte", „Verzweifelte" und „Apathische". Auf dieser Basis entwickelten Lazarsfeld/Eisenberg (1938) ein Phasenmodell, das die aufeinanderfolgenden Phasen des Schocks, des Optimismus, des Pessimismus und des Fatalismus bei lang andauernder Arbeitslosigkeit beschreibt. Dieses Phasenmodell ist nicht unwidersprochen geblieben. Heute besteht weitgehend Konsens, dass die Folgen der Arbeitslosigkeit auch durch „Moderatorvariablen" beeinflusst werden, die individuelle Merkmale, wie Alter und Geschlecht, Qualifikation, Gesundheitszustand, sowie soziale und institutionelle Faktoren, wie die Höhe der Arbeitslosenunterstützung oder das Angebot von Bildungsmaßnahmen, umfassen (Büssing 1993, S. 11). Die neuere differentielle Arbeitslosenforschung zeigt, dass sich Arbeitslosigkeit zwar unterschiedlich auf Individuen auswirkt, gleichwohl die Belastungen aber überwiegen. Die gravierenden negativen Folgen beispielsweise auf die Gesundheit (Bundesregierung 2021, S. 368) oder die Stabilität der Partnerschaft sind gut belegt. Ein starkes Selbstbewusstsein, eine ausreichende finanzielle Absicherung und eine hohe Qualifikation können die negativen Folgen mildern (Mohr 2010). Unter dem Eindruck der Diskussion über das Ende der → Arbeitsgesellschaft und der Herausbildung alternativer Milieus vor allem in den Großstädten wurde die Frage nach dem „Ende des Belastungsdiskurses" gestellt (Bonß et al. 1984). Tatsächlich konnten Kronauer et al. (1993) eine kleine Gruppe von Arbeitslosen (rund 12%) identifizieren, die Arbeitslosigkeit als Chance auf Zeit begriffen. Solche Chancen wurden allerdings nur von Arbeitslosen gesehen, die sicher waren, wieder eine Beschäftigung zu finden, und die durch den Wohlfahrtstaat oder die Familien materiell abgesichert waren. Die Verschärfung der Arbeitszwänge durch Lohnsenkungen, die Absenkung der Unterstützung für Langzeitarbeitslose sowie striktere Zumutbarkeitskriterien durch die Hartz-Gesetze haben die eher modischen Dialoge über selbst gewünschte Arbeitslosigkeit weitgehend beendet (→ auch Arbeit im Kapitalismus).

Die Arbeitsmarktforschung, die sich seit den 1970er Jahren rasch entwickelte, untersucht mit großen Datensätzen die Struktur und Dynamik der Erwerbslosigkeit, die kein fester Block ist (Bosch 2018). Der Umschlag an Arbeitslosen ist pro Jahr zwei- bis dreimal höher als der Bestand. Dabei ist der Umschlag bei den Kurzzeitarbeitslosen viel höher als bei den Langzeitarbeitslosen (Bundesagentur für Arbeit 2021, S. 19). Er sinkt weiter mit zunehmender Dauer der Arbeitslosigkeit, weshalb von einer Verfestigung der Langzeitarbeitslosigkeit gesprochen wird. Bei Langzeitarbeitslosen kumulieren sich zumeist mehrere Vermittlungshemmnisse wie geringe Qualifikation, gesundheitliche Einschränkungen, Mehrfacharbeitslosigkeit oder höheres Alter, die allerdings nicht nur individuelle Merkmale sind, sondern wie das Alter auch Vorurteile von Unternehmen widerspiegeln (→ auch Arbeit und Alter[n]). Über lange Zeitreihen lassen sich Veränderungen des Einstellungsverhaltens von Unternehmen feststellen. Der langfristige und wenig konjunkturelastische Anstieg der Arbeitslosigkeit für gering Qualifizierte signalisiert einen Trend zur Höherqualifizierung in den deutschen Betrieben, der – wie Langfristprognosen vorhersagen – weiter anhalten wird. Zugleich kann man heute mit Paneldaten über lange Zeiträume das Risiko unterschiedlicher Beschäftigtengruppen, arbeitslos zu werden, genauer bestimmen (→ auch Arbeitsmarktsegmentation, Qualifikation/Kompetenz). Es ist gut nachgewiesen, dass das Arbeitslosigkeitsrisiko prekär Beschäftigter, aber auch bestimmter Personengruppen, wie Migranten oder gering Qualifizierter, deutlich über dem Durchschnitt liegt (z.B. Bundesagentur für Arbeit 2021, Bremer/Seifert 2007) (→ auch Atypische Beschäftigung, Prekarität). Diese Erkenntnisse haben dazu geführt, den Prozess der Arbeitslosigkeit weiter zu fassen. Er beginnt mit der Unsicherheit in einem Beschäftigungsverhältnis und der Personalauswahl bei Entlassungen und ist auch mit Beendigung der Arbeitslosigkeit noch nicht abgeschlossen, da Arbeitslosigkeit vielfach längerfristige Konsequenzen für die weiteren Erwerbsbiografien der Betroffenen hat (Büchtemann 1984). Die Untersuchung solcher

Langfristfolgen, der sogenannten Narben-Effekte der Arbeitslosigkeit, ist ein wichtiger Baustein in der neueren Lebenslaufforschung. Bethmann (2013) stellte beispielsweise fest, dass erzwungene Berufswechsel bei Arbeitslosigkeit im Unterschied zu den Berufswechseln von Erwerbstätigen mit erheblichen Statusverlusten verbunden waren (→ auch Beruf).

Mit dem Ausbau der aktiven Arbeitsmarktpolitik, die zunehmend beansprucht, besondere Problemlagen spezifischer Zielgruppen von Arbeitslosen zu berücksichtigen und darauf einzugehen, hat sich schließlich eine umfangreiche Literatur zur Evaluation der Arbeitsmarktpolitik entwickelt. Der Erfolg bestimmter arbeitsmarktpolitischer Instrumente wird dabei zunehmend mit quasi-experimentellen Methoden gemessen, indem man die Erwerbsverläufe einer Treatmentgruppe mit der einer Kontrollgruppe mit gleichen Merkmalen vergleicht. Als besonders kritisch erweist sich dabei der Zeithorizont der Vergleiche. So stabilisieren längerfristige Qualifikationsmaßnahmen die Beschäftigung von ehemals Arbeitslosen zwar mittel- und langfristig, führen aber nicht zu einer so schnellen Eingliederung wie kurzfristige, aber wenig nachhaltige Trainingskurse (Bernhard et al. 2017). Die umfangreichen Evaluationen der Hartz-Gesetze haben zwar gezeigt, dass man mit einigen Arbeitsmarktinstrumenten die Integration von Arbeitslosen beschleunigen kann, haben aber nicht belegen können, dass man mit Arbeitsmarktpolitik das Niveau der Arbeitslosigkeit insgesamt senken kann (Knuth 2014). Die logische Folge ist, dass der Umschlag der Arbeitslosigkeit erhöht wird.

Internationaler Bezug

Die deutsche Forschung zur Erwerbslosigkeit ist theoretisch und methodisch sowie über länderübergreifende Datensätze so eng mit der internationalen Forschung verbunden, dass es schwierig ist, nationale und internationale Bezüge zu trennen. Die erkennbaren Differenzen ergeben sich weitgehend aus institutionellen und kulturellen Unterschieden, die die Struktur der Erwerbslosen und ihre Folgen betreffen.

In der amerikanischen Forschung wird die unfreiwillige Alternativrolle als Gefängnisinsasse untersucht. Die Zahl der Gefängnisinsassen lag 2007 in den USA mit 738 Personen pro 100.000 Einwohner ungefähr zehnmal so hoch wie die in den skandinavischen Ländern (UNDP zitiert nach Sengenberger 2011, S. 87). Zumeist handelt es sich um Jugendliche ohne Schulabschluss. Die Kriminalitätsraten sind eng mit der Höhe der Arbeitslosigkeit und der Lohnentwicklung verknüpft. Unter Einbeziehung der Häftlinge hatten die USA eine ähnlich hohe Quote der Langzeitarbeitslosigkeit wie manche europäischen Länder (Buchele/Christiansen 1998).

Gangl (2006) untersuchte die Narben-Effekte von Arbeitslosen zwischen 25 und 54 Jahren in 13 europäischen Ländern und den USA. Er konnte belegen, dass Arbeitsmarkinstitutionen die langfristigen Kosten der Arbeitslosigkeit erheblich minderten. So hatten Arbeitslose in den nordischen Ländern mit ihren relativ hohen Ausgaben für aktive Arbeitsmarktpolitik und ihrer großzügigen Arbeitslosenunterstützung die geringsten Einbußen in ihrem Lebenseinkommen.

Die OECD vergleicht regelmäßig das Niveau der Arbeitslosenunterstützung in ihren Mitgliedsländern und entwickelt auf dieser Basis vergleichbare Indikatoren über die „Großzügigkeit" der Arbeitslosenunterstützung. Auf der Basis dieser Indikatoren hat sich eine umfangreiche, meist ökonomische Literatur über die Auswirkungen von Arbeitslosenunterstützung auf das Suchverhalten von Arbeitslosen entwickelt. Die Annahme in der neoklassischen Ökonomie, dass eine hohe Arbeitslosenunterstützung die Bereitschaft zur Aufnahme einer Erwerbsarbeit schwächt, kann nicht schlüssig belegt werden. Howell/Rehm (2009) sehen den Grund in einer ausgeprägten Erwerbsorientierung, die durch die Neigung der Personen motiviert ist, die Arbeit als sinnstiftend und nicht, wie in der neoklassischen Ökonomie, als „disutility" anzusehen.

In einer eher verhaltensorientierten und institutionalistischen Forschung zu den Auswirkungen von Arbeitsmarktinstitutionen auf Arbeitslosigkeit hätte die Soziologie ein interessantes Forschungsfeld, das sie in den letzten Jahrzehnten kampflos an die Volkswirtschaft abgegeben hat.

Gerhard Bosch

Empfehlungen zum Weiterlesen

Bundesagentur für Arbeit 2021: Der Arbeitsmarkt in Deutschland 2020. In: Amtliche Nachrichten der Bun-

desagentur für Arbeit, Jg. 68, Sondernummer 2. Nürnberg.
Mohr, Gisela 2010: Erwerbslosigkeit. In: Kleinbeck, U./ Schmidt, K.-H. (Hg.): Arbeitspsychologie, Göttingen: Hogrefe, S. 471–519.
Knuth, Matthias 2014: Rosige Zeiten am Arbeitsmarkt? Strukturreformen und „Beschäftigungswunder". Expertise im Auftrag der Abteilung Wirtschafts- und Sozialpolitik der Friedrich-Ebert-Stiftung. Bonn: FES.
Sengenberger, Werner 2011: Beyond the Measurement of Unemployment and Underemployment. The Case for Extending and Amending Labor Market Statistics. Geneva: International Labour Office.

Facharbeit

Begriff

Facharbeit spielt in der Arbeitssoziologie und verschiedenen Praxisfeldern wie → beruflicher Bildung, Arbeitsmarktpolitik und Tarifpolitik eine wichtige Rolle. Als Begriff bezeichnet er einen spezifischen Arbeits- bzw. Tätigkeits-, Qualifikations- und Sozialtypus („Facharbeiter:in"). Diskussionen zur Zukunft von Facharbeit stehen häufig im Zentrum von Debatten über den Wandel von → Arbeit. Während es in den 1960er bis 1980er Jahren im innerdisziplinären Diskurs der deutschen Arbeits- und Industriesoziologie vor allem um handwerklich geprägte industrielle Facharbeit ging, wurde nach und nach der Blick auch auf andere Formen beruflich geprägter Fachtätigkeiten im Dienstleistungsbereich sowie von Angestellten erweitert (→ auch Dienstleistungsarbeit, Angestelltensoziologie). Der Terminus „Facharbeit" schließt heute alle Formen beruflich verfasster Arbeit ein, die eine systematische, mehrjährige (Fach-)Ausbildung voraussetzen, aber unterhalb der Stufe akademischer Ausbildung angesiedelt sind. In arbeitssoziologischen Texten werden zumeist drei Niveaus von Tätigkeiten, Ausbildungsständen und Arbeitskräften unterschieden: Un-/Angelernte bzw. → Einfacharbeit, qualifizierte Arbeit (Fachkräfte/Facharbeiter) und Hochqualifizierte. Im Unterschied zur internationalen, insbesondere angelsächsisch geprägten Diskussion, in der skilled work tätigkeits- und anforderungsseitig in Abgrenzung zu unskilled und semi-skilled auf der einen und professionals, highly skilled, academic auf der anderen Seite im Prinzip formal ähnlich definiert wird (Warhurst et al. 2017), ist in der deutschen Arbeitssoziologie, aber auch im Bereich der Comparative Political Economy (Busemeyer 2015) der Bezug auf das duale Ausbildungssystem und tarifvertragliche Entgeltregelungen zentral.

Konstitutiv für den Begriff ist, dass er über verschiedene Kontexte hinweg verwendet wird. Aufgrund der engen Verknüpfung mit Prozessen des Erwerbs von Qualifikationen in systematischen, formalisierten Ausbildungsprozessen verknüpft er sich in der deutschsprachigen Arbeitssoziologie eng mit dem Konzept → Beruf. Im Mittelpunkt stehen dabei zum einen Voraussetzungen und Eigenheiten der Ausübung von Tätigkeiten auf Basis einer spezifischen → Arbeitsorganisation und Ausbildung. Zum anderen aber auch durch berufliche Standards geprägte soziale Identitäten (beruflich-fachliche Autonomie, Produzentenstolz und Ansprüche an Arbeit sowie Formen der sozialen Sicherung und gesellschaftlichen Integration) (→ auch Arbeiterbewusstsein, Arbeit im Kapitalismus, Arbeitsqualität). Facharbeit verbindet sich bei den Subjekten mit Erwartungen an Arbeits- und Leistungssituationen, Kooperationsformen, Gratifikationen (Bezahlung) bis hin zu beruflichen Entwicklungsmöglichkeiten (Beck et al. 1980, Baethge/Baethge-Kinsky 1998, Demszky/Voß 2018, Kratzer et al. 2019). Facharbeit bzw. berufliche Ausbildung definiert Entgeltstufen in → Tarifverträgen und findet sich als Bezugspunkt in Regelungen der Sozialgesetzgebung. Drei miteinander verschränkte Merkmale sind konstitutiv für Facharbeit: (1) ein Typus des Erwerbs von Qualifikationen, der durch mehrjährige formalisierte Ausbildungsprozesse gekennzeichnet ist, in denen grundlegende theoretische Kenntnisse und praktische Fertigkeiten zunächst erlernt und in der nachfolgenden Ausübung des Berufs entfaltet und vertieft werden; (2) Arbeitsformen und Arbeitsorganisationsprinzipien, die auf beruflicher Autonomie und selbstständiger Ausführung von Tätigkeiten auf Basis einer Verbindung von Ausführung, Planung und Problemlösung beruhen; (3) ein sowohl standardisiertes als auch in Form von Ausbildungs- und Prüfungsordnungen sowie Berufsverbänden institutionalisiertes Wissen, dem gerade hierdurch eine Orientierungsfunktion auf Arbeitsmärkten zukommt. In Deutschland ist dieses Verständnis von Facharbeit eng mit dem System der dualen Berufsausbildung verknüpft, das in dieser Form nur in den deutschsprachigen Ländern besteht (Deissinger 2015, Bosch 2017b). Die Verwobenheit dieser verschiedenen Momente von Facharbeit hat in Debatten immer wieder eine Rolle gespielt: wenn auf die traditionelle Verwurzelung des Facharbeiters in spezifischen, eher bildungsfernen Herkunftsmilieus verwiesen wurde (Lutz/Voß 1992); wenn Facharbeit als Synonym für gute Arbeit mit existenzsichernden Einkommen, akzeptablen Arbeitsbedingungen und beruflichen Aufstiegsmöglichkeiten steht (Schumann 2013); wenn Facharbeit nicht nur ein Leitbild gewerkschaftlicher → Arbeitspolitik ist, sondern Facharbeiter:innen aufgrund ihrer arbeitsprozesslichen Primärmacht, ihres Selbstbewusstseins und Durchsetzungsvermögens zugleich die Basis gewerkschaftlicher Organisationsmacht und Aktionsfähigkeit bilden. Immer wieder Gegenstand von Diskussionen ist Facharbeit außerdem aufgrund der positiven arbeitsmarkt-, wirtschafts- und sozialpolitischen Effekte, die der Facharbeit bzw. berufsfachlich verfassten Arbeitsmärkten zugeschrieben werden.

Genese/theoretischer Kontext

Angesichts der Thematisierung von Facharbeit in unterschiedlichen Fachdisziplinen und Praxisfeldern verwundert es nicht, dass diese auch die theoretische Verortung des Begriffs prägen. Drei Kontexte und Theoriestränge sind dabei von besonderer Bedeutung.

In der Arbeits- und Industriesoziologie standen über viele Jahrzehnte hinweg entwicklungs- und kapitalismustheoretische Konzepte im Mittelpunkt, bei denen grundlegende Prinzipien des ökonomisch-technischen Wandels betont wurden. Während einige Autoren von einer fortschreitenden Dequalifizierung durch Substitution und Erosion von Facharbeit als Folge von Technisierung und Industrialisierung ausgingen, betonten andere in Stufen verlaufende Entwicklungen des Formwandels von qualifizierter (Fach-)Arbeit oder eine generelle Aufwertung in Richtung Facharbeit und sogar darüber hinausgehende Entwicklungen hin zu höherwertigen technisch-wissenschaftlichen Qualifikationen (vgl. als Überblick: Kern/Schumann 1985 [1970], S. 24–28, Hirschhorn 1984) (→ Arbeit und Technik, Qualifikation/Kompetenz). In späteren Jahren verstärkte sich eine kapitalismusanalytisch orientierte Theorieperspektive auf Facharbeit im Gefolge von kontrolltheoretischen Analysen (→ Kontrolle), die eine zunehmende tayloristische Trennung von Planung und Ausführung als generelles Prinzip kapitalistischer Verwertung betonten (Braverman 1985). Eine Loslösung von entwicklungslogisch orientierten Theoriekonzepten erfolgte erst im Zuge der arbeitspolitischen Wende der Arbeits- und Industriesoziologie. Seit den 1980er Jahren hat sich in diesem Zusammenhang die für das theoretische Verständnis dieses Arbeitstyps folgenreiche Erkenntnis durchgesetzt, dass → Betriebe unterschiedliche Strategien der Nutzung von Arbeitskraft verfolgen. Facharbeit steht in der Arbeitssoziologie, aber auch in gewerkschaftlichen Diskussionen seither für ein spezifisches arbeitspolitisches Leitbild, das in Konkurrenz zu Akademisierungstendenzen, dem Setzen auf gering qualifizierte Anlerntätigkeiten sowie arbeitspolitischen Strategien, die polarisierte Arbeitsstrukturen präferieren, steht.

Anders als in der Arbeits- und Industriesoziologie spielen aus der Perspektive der Arbeitsmarkt- und Berufsbildungsforschung (neo-)institutionalistische Theoriekonzepte bei Analysen von Entwicklungen im Bereich Facharbeit eine sehr viel größere Rolle (Biehler/Köhler 2011, Bosch 2016, Busemeyer et al. 2022) (→ Neo-Institutionalismus). Die Relevanz dieser zweiten Theorieperspektive auf Facharbeit hat mehrere Gründe. Zum einen versorgt das Berufsbildungssystem als wichtige Institution der Erzeugung von Qualifikationen den Arbeitsmarkt mit spezifischen, institutionell geprägten Ausformungen von Arbeitskraft und stattet die Arbeitskräfte dabei zugleich mit (berufs-)typischen Sichtweisen aus. Diese legen Unternehmen als Nachfragern von Arbeitskräften bestimmte, an Facharbeit orientierte Formen der → Arbeitsorganisation und des Arbeitseinsatzes nahe und erschweren andere. Sie erzeugen somit Gelegenheitsstrukturen. Außerdem haben → Berufe aus Sicht einer institutionenökonomisch geprägten Arbeitsmarktforschung sowie aus neo-institutionalistischer Perspektive eine wichtige Signal- und Orientierungsfunktion.

Ein dritter Theoriestrang lässt sich als Verbindung von arbeitssoziologischen Zugängen mit arbeitsmarkt- und berufsbildungssystembezogenen Überlegungen verstehen. Bei dieser als systemisch zu bezeichnenden Perspektive, die insbesondere in Analysen zur Zukunft der industriellen Facharbeit in Deutschland verbreitet ist, stehen Zusammenhänge zwischen den Systemen der Qualifikationserzeugung und -bereitstellung (duales Ausbildungssystem, Arbeitsmarkt) auf der einen Seite mit denen der Qualifikationsverwendung (betriebliche Strategien der Arbeitskraftnutzung, arbeitspolitische Leitbilder) im Mittelpunkt. Betrachtet werden die Austauschprozesse zwischen diesen beiden Systemen und die sie strukturierenden und steuernden Faktoren und Prinzipien. Dieser Perspektive, bei der neben Kontingenz- vor allem Erosionsszenarien eine wichtige Rolle spielen, sind u.a. Arbeiten am ISF München (Lutz/Voß 1992) und am SOFI Göttingen (Baethge/Baethge-Kinsky 1998) zuzuordnen. Burkart Lutz zufolge wird Facharbeit nicht nur durch arbeitspolitische Strategien bedroht, die die mit diesem Arbeitstyp verbundenen Lohn- und Ausbildungskosten sowie Kontrollprobleme scheuen; seiner Analyse zufolge können gesellschaftliche Veränderungen und Bildungsaspirationen auch dazu führen, dass Facharbeit als Sozialtyp für den potenziellen Nachwuchs immer weniger erstrebenswert wird. Eine systemische Betrachtungsweise kennzeichnet außerdem das Konzept → Betriebliche Beschäftigungssysteme.

Zentrale Forschungsergebnisse

Der Befund, dass das Konzept Facharbeit für die Verbindung eines Qualifikationszuschnitts mit einem Typ des Arbeitshandelns (berufliche Autonomie) und hierauf ausgerichteten betrieblichen Arbeitspolitikkonzepten steht und dabei zugleich mit institutionalisierten Prozessen der Erzeugung von Qualifikationen im Berufsbildungssystem sowie sozialen Identitäten und sozialstrukturellen Prozessen der Positionszuweisung verknüpft ist, entstand zunächst im Kontext industrieller Facharbeit (Hoffmann 1980, Mickler 1981), hat sich als wichtige Erkenntnis aber auch in Bezug auf andere Tätigkeitsfelder erwiesen (Demszky/Voß 2018). Die Erforschung von Facharbeit erfolgte dabei in weiten Teilen entlang einer überschaubaren Anzahl von grundlegenden Kontroversen über den Strukturwandel von Arbeit und hat in jüngerer Zeit im Zusammenhang mit der Digitalisierung der Arbeitswelt und der Akademisierung der Ausbildung erneut an Bedeutung gewonnen. Die „alte“ Frage, ob industrielle → Rationalisierung zu einer Dequalifizierung und Erosion oder eher zu einer Reprofessionalisierung und Ausweitung von Facharbeit führt, ist derzeit wieder aktuell (Dobischat et al. 2019, Baethge-Kinsky 2021).

(1) Ausgehend von der These, dass → Neue Produktionskonzepte zunehmend relevant würden, entwickelte sich seit den 1980er Jahren eine Kontroverse um den Stellenwert und die Zukunft von Facharbeit in der deutschen Industrie; dabei hat sich die Auffassung, dass es zu einer (Re-)Professionalisierung kommen werde, gegenüber Dequalifizierungsthesen weitgehend durchgesetzt (vgl. Köhler unter diesem Stichwort in der 2. Auflage dieses Lexikons). In der Industrie (im Handwerk ohnehin) sowie in einigen Dienstleistungsbereichen sind Facharbeit und berufsfachliche Ausbildung nicht nur das dominierende arbeitspolitische Leitbild (Buss et al. 2021), sondern sie haben auch in quantitativer Hinsicht gegenüber Angelerntentätigkeiten relativ zugenommen (→ auch Einfacharbeit). Weniger Dequalifizierung als vielmehr zunehmende Akademisierung scheint die vorherrschende Entwicklungsdynamik zu sein (Bosch 2014, Oesch/Piccito 2019). Nicht im Widerspruch hierzu steht eine parallele, insbesondere in einigen Dienstleistungsbereichen vorzufindende Tendenz der Fortschreibung und teilweise sogar der Zunahme gering qualifizierter Anlerntätigkeiten im Zusammenhang mit prekären Beschäftigungsformen, die zunehmend durch migrantische Arbeitskräfte geprägt sind (Castel/Dörre 2009, Birke 2022) (→ auch Prekarität, Arbeit und Migration).

(2) Anders als in der Arbeits- und Industriesoziologie lange unterstellt, ist Facharbeit nicht (mehr) generell gleichzusetzen mit „guter“ Arbeit im Sinne eines hohen Maßes an arbeitsbezogener Autonomie, begrenzten Arbeitsbelastungen und humanen Leistungsbedingungen (→ auch Arbeitsqualität). Bereits seit mehreren Jahrzehnten haben sich Hinweise verstärkt, dass Arbeits- und Leistungsintensivierung zunehmend auch in durch Facharbeit geprägten Bereichen von Industrie- und Dienstleistungsarbeit stattfindet (Sauer 2013, Böhle 2018, Korunka 2020). Verantwortlich hierfür sind eine ganze

Reihe von Faktoren: neue Organisationskonzepte der indirekten Steuerung über Zielvereinbarungen, eine Linie knapper Personalbemessung, die durch neue Logistikkonzepte ermöglichte immer engere Kopplung und stärkere Beschleunigung von Abläufen sowie gerade in Bereichen mit größerer fachlicher Autonomie anzutreffende Prozesse der → Entgrenzung und marktförmigen Steuerung von Arbeit (Kratzer 2020) (→ Vermarktlichung, Unternehmens[re]organisation).

(3) Facharbeit kann aber auch angebotsseitig unter Druck geraten. Insbesondere Burkart Lutz hat seit Ende der 1980er Jahre betont, dass eine wichtige Voraussetzung für den Fortbestand von Facharbeit traditioneller Prägung allmählich schwindet. Der für Facharbeit als Sozialtyp wichtige Zustrom von Beschäftigten aus handwerklich-bäuerlichen Milieus erodiert im Zuge des demografischen Wandels, vor allem jedoch angesichts einer stärkeren Orientierung an schulisch geprägten Aufstiegsperspektiven städtischer Mittelschichtmilieus. Baethge und Baethge-Kinsky verorteten Erosionsprozesse demgegenüber vor allem in den durch ökonomisch-technischen Wandel in den Betrieben induzierten Zweifel an der Tragfähigkeit einer Ausbildungssystematik, die eben nicht nur benötigte Qualifikationen vermittelt, sondern über das Berufsprinzip zugleich immer auch Ansprüche an Arbeit. Erosion der Facharbeit spiegelt sich nach dieser Analyse (Baethge/Baethge-Kinsky 1998) sowohl in der Arbeitssphäre (Tätigkeitsanforderungen, Handlungsspielräume, Lernbedingungen) wie umgekehrt in einer immer strikteren Definition des betrieblichen Ausbildungsbedarfs als Kehrseite betrieblicher Unsicherheiten, inwieweit der vorhandene Qualifikationsbedarf allein durch Rückgriff auf Facharbeiter:innen zu decken ist. Seit einigen Jahren sind die Klagen über Fachkräfte- und Nachwuchsmangel lauter denn je, und ein Mismatch zwischen Angebot und Nachfrage ist offensichtlich. Besonders betroffen sind hiervon zwar vor allem handwerkliche Bereiche von Facharbeit und geringer bezahlte, hochbelastende Formen qualifizierter Arbeit im Dienstleistungsbereich. Jedoch sind Erosionsprozesse auch für den Bereich industrieller Facharbeit spürbar. Im Lichte früherer Kontroversen spricht viel für eine systemische Problemkonstellation: Der demografische Wandel, eine Umorientierung von Jugendlichen auf akademische Ausbildungsabschlüsse und die zunehmende Akademisierung der betrieblichen Qualifikationsnachfrage in Verbindung mit institutionellen Neuerungen im Ausbildungssystem (duales Studium) verstärken sich wechselseitig (Linten/Prüstel 2017).

(4) Und schließlich ist im Zuge der jüngeren Debatten über Digitalisierung, künstliche Intelligenz und Plattformökonomie eine weitere Kontroverse erneut aktuell und erleben überwunden geglaubte entwicklungstheoretische und mitunter sogar technikdeterministische Analysekonzepte eine Renaissance (→ Digitale Transformation der Arbeit, Industrie 4.0, Arbeit und Künstliche Intelligenz, Plattformarbeit). Insbesondere in der angelsächsischen Arbeitsforschung dominieren Prognosen, die von einer technisierungsbedingten Polarisierung der Arbeitsanforderungen und der → Erwerbsarbeit insgesamt ausgehen. Diesen Annahmen zufolge bewirkt der gegenwärtige Digitalisierungs- und Automatisierungsschub einen substanziellen Rückgang industrieller Facharbeit und betrifft in breitem Maße zukünftig auch fachlich qualifizierte Tätigkeiten in Dienstleistungsbereichen (exemplarisch: Frey/Osborne 2017). Die deutschsprachige Arbeits- und Arbeitsmarktforschung sowie die Berufsbildungsforschung ist angesichts der nach wie vor hohen arbeitsprozesslichen und ökonomischen Bedeutung des spezifischen Qualifikationstyps Facharbeit deutlich skeptischer gegenüber Umbruchsthesen und geht von einem höheren Maß an Pfadabhängigkeit aus (Hirsch-Kreinsen 2020, Wolter et al. 2019, Deutscher Bundestag 2021 b). Betont werden vor allem sektorale Umschichtungen und eine Weiterentwicklung der Qualifikationsinhalte. Da sich das deutsche System der beruflichen Ausbildung angesichts seiner spezifischen Verfasstheit und der aktiven Rolle des Staates und der Sozialpartner auch in der Vergangenheit den neuen Anforderungen elastisch angepasst hat, erscheint es wahrscheinlicher, auch für die Zukunft eher von einer fortbestehenden Differenzierung und Modernisierung als von einer Abkehr vom Prinzip der Berufsfachlichkeit auszugehen (Bosch 2010, Lee/Pfeiffer 2019).

Internationaler Bezug

Eine große Bedeutung hat das Thema Facharbeit als arbeitssoziologisches Konzept vor allem im deutschsprachigen Raum. Gerade die Berufsbildungsforschung hat immer wieder auf die fortbestehenden Besonderheiten und spezifischen Wirkungen des dualen Systems der Qualifikationserzeugung hingewiesen (Deissinger 2015, Bosch 2017 b). In der Arbeits- und Industriesoziologie wurden nationale Unterschiede zunächst in einer Reihe v.a. deutsch-französischer Vergleichsstudien herausgearbeitet und sind seit den 1980er Jahren ein wichtiger Erklärungsfaktor für die Leistungsfähigkeit von Ökonomien und die je besonderen Dynamiken des Wandels von Arbeit (Lutz 1976, Maurice et al. 1980, Sorge 1985, Drexel 1993).

Betont wird in diesen Untersuchungen, dass Facharbeit in deutschen Betrieben typischerweise durch breitere Aufgabenzuschnitte, ein höheres Maß an fachlicher Autonomie, weniger stark hierarchisierte Kooperationsbeziehungen mit höherqualifizierten Beschäftigtengruppen und insgesamt flachere Hierarchien geprägt ist. Facharbeit dieser Ausprägung ist daher eine gute Grundlage für inkrementelle Innovationsprozesse, die in weiten Teilen der deutschen Wirtschaft nach wie vor eine erhebliche Rolle spielen. Sie stellt Flexibilität und Anpassungsfähigkeit an sich wandelnde Anforderungen sicher und erlaubt komparative Wettbewerbsvorteile bei der Erstellung diversifizierter Qualitätsprodukte und -dienstleistungen (Bosch et al. 2007, Sorge/Streeck 2016). Aufgrund der spezifischen Verbindung von theoretischem Wissen mit praktischer Erfahrung über Produkte, Produktionsverfahren und -technologien sowie eigenverantwortlichem, selbstständigem Arbeitshandeln auf Basis berufsspezifischer Qualitäts- und Leistungsstandards leistet Facharbeit einen wesentlichen Beitrag zur Wettbewerbsfähigkeit deutscher Unternehmen (Pfeiffer 2016).

Volker Baethge-Kinsky, Martin Kuhlmann

Empfehlungen zum Weiterlesen

Bosch, Gerhard 2014: Facharbeit, Berufe und berufliche Arbeitsmärkte. In: WSI-Mitteilungen, Jg. 67, H. 1, S. 5–13.

Bosch, Gerhard 2017 b: Different National Skill Systems. In: Warhurst, C./Mayhew, K./Finegold, D./Buchanan, J. (eds.) 2017: The Oxford Handbook of Skills and Training. Oxford: Oxford University Press, S. 424–443.

Brater, Michael 2018: Berufliche Bildung. In: Böhle, F./Voß, G. G./Wachtler, G. (Hg.): Handbuch Arbeitssoziologie (2. Aufl.). Bd. 2: Akteure und Institutionen. Wiesbaden: Springer VS, S. 539–575.

Demszky, Alma/Voß, G. Günter 2018: Beruf und Profession. In: Böhle, F./Voß, G. G./Wachtler, G. (Hg.): Handbuch Arbeitssoziologie (2. Aufl.). Bd. 2: Akteure und Institutionen. Wiesbaden: Springer VS, S. 477–538.

Dobischat, Rolf/Käpplinger, Bernd/Molzberger, Gabriele/Münk, Dieter (Hg.) 2019: Bildung 2.1 für Arbeit 4.0? Wiesbaden: Springer VS.

Lam, Alice/Marsden, David 2017: Employment Systems, Skills, and Knowledge. In: Warhurst, C./Mayhew, K./Finegold, D./Buchanan, J. (eds.) 2017: The Oxford Handbook of Skills and Training. Oxford: Oxford University Press, S. 466–488.

Fallstudie

Begriff

Fallstudien sind in der Arbeits- und Industriesoziologie eine besonders verbreitete und vielfältig genutzte Forschungsstrategie. Neben der klassischen Einzelfallstudie, die einen → Betrieb in Form einer *Betriebsfallstudie* untersucht, finden sich z.B. auch *vergleichende Fallstudien mehrerer Betriebe* sowie Fallstudien zu → Netzwerken *zwischen Organisationen*. Auch innerhalb von Betrieben werden Fallstudien durchgeführt, etwa zu spezifischen Organisationsstrategien oder zur → Betrieblichen Sozialordnung.

Für den Begriff „Fallstudie" besteht in der Methodenliteratur keine einheitliche Definition (Ragin/Becker 1992). Weitgehende Einigkeit besteht dahingehend, dass Fallstudien einen oder mehrere *Fälle* – d.h. soziale Phänomene oder Prozesse – in ihrer *Komplexität* und ihrem *Kontext* untersuchen (Yin 1984, Stake 1995).

Da soziale Phänomene und Prozesse aus dem Zusammenwirken mehrerer Akteure (oder Akteursgruppen) resultieren, schließt dieser Anspruch die Einbeziehung unterschiedlicher Deutungen und Handlungsperspektiven ein. Methodisch gelöst wird dies häufig über den kombinierten Einsatz mehrerer sozialwissenschaftlicher Erhebungs- und Auswertungsmethoden (z.B. Interviews, Dokumentenanalysen, standardisierte Fragebögen). In der Fachliteratur werden Fallstudien daher weniger als Einzelmethode verstanden, sondern als *„Forschungsstrategie"* (Yin 2014). Der Strategiebegriff verweist darauf, dass das

Forschungsdesign offen für Variationen der Erhebungs- und Auswertungsverfahren bleibt, um Kontextfaktoren, deren Bedeutung erst der Forschungsprozess erweist, systematisch in die Analyse einbeziehen zu können. Diese Charakteristika von Fallstudienforschung – *Kontextbezug*, *Multiperspektivität*, *Methodenkombination* und *Offenheit* – sind auch für die deutschsprachige Arbeits- und Industriesoziologie kennzeichnend (vgl. Pflüger et al. 2010).

Genese/theoretischer Kontext

In den Sozialwissenschaften gelten Fallstudien seit den 1920er Jahren als prominenter Forschungsansatz. Popularität erhielten sie zu dieser Zeit vor allem durch die weithin bekannte Chicago School und deren (stadtsoziologische) Einzelfallstudien. Dennoch wurden „case studies" bis in die 1950er Jahre vor allem in Abgrenzung zu statistischen Methoden diskutiert (z.B. bei Burgess 1927). Inzwischen existiert jedoch eine eigenständige Debatte der methodologischen und methodischen Charakteristika von Fallstudien. Neben mehreren einschlägigen Lehrbüchern (z.B. Stake 1995, Gerring 2006, Thomas 2011, Yin 2014) und breit angelegten Überblickswerken zur Case Study Methodology (z.B. David 2006) liegen auch vertiefende Analysen vor, etwa zur Generalisierbarkeit von Fallstudienergebnissen (z.B. Gomm et al. 2000) oder zur Theorieentwicklung mittels Fallstudien (George/Bennett 2005). Deren Ausführungen beziehen sich auf Fallanalysen in höchst heterogenen inhaltlichen Feldern; eine explizite Bezugnahme auf Arbeitsforschung bleibt vergleichsweise selten (lesenswerte Ausnahme: Hartley 2004).

Für die deutschsprachige Arbeits- und Industriesoziologie zeigen Pflüger et al. (2010) auf der Grundlage einer Bestandsaufnahme von 155 veröffentlichten Fallstudien, dass die Forschungsgegenstände dieser Studien erheblich variieren. So wurden in der Geschichte der deutschen Arbeits- und Industriesoziologie nach einer frühen Konzentration auf Großbetriebe und die überwiegend männliche Arbeiterschaft in der produzierenden Industrie zunehmend die Angestellten und die → Klein- und Mittelbetriebe als lohnender Untersuchungsgegenstand für Fallstudien entdeckt. Seit den 1990er Jahren ist die Fallstudienforschung der Arbeits- und Industriesoziologie durch eine Ausdifferenzierung ihrer Forschungsfelder gekennzeichnet. Neben der vergleichsweise stark beforschten → Erwerbsarbeit im sekundären Sektor (v.a. der Automobilbranche) werden inzwischen auch → Dienstleistungsarbeit und → Informations- und Wissensarbeit vermehrt analysiert. Damit einhergehend geraten sowohl spezifische Gruppen von Erwerbstätigen (wie etwa Selbstständige) in den Blick als auch sogenannte → atypische Beschäftigung. Standen bei den frühen Studien noch die klassischen Themen der → Industriegesellschaft und Industrialisierung, des → Arbeiterbewusstseins und der → Arbeitsorganisation im Mittelpunkt, so decken Fallstudien inzwischen eine große Bandbreite von arbeits- und erwerbsbezogenen Phänomenen ab, die sich von der → Arbeitszeit über Qualifizierungsmaßnahmen und Mitbestimmungspraktiken (→ auch Partizipation, Betriebsrat, Industrielle Beziehungen) bis hin zur → Reproduktion von Arbeitskraft erstreckt.

Die arbeits- und industriesoziologische Forschung hat dabei *vier Typen* von Fallstudien hervorgebracht (Pflüger et al. 2010, S. 42ff.):

1. *Interventionsorientierte Fallstudienforschung* (Typus „Gestaltung") verbindet (meist in Form weniger Einzelfälle) den Forschungs- mit einem betrieblichen Veränderungsprozess, wobei Theoriebezüge gegenüber dem Anspruch der Praxisrelevanz sekundär bleiben. Methodisch werden nicht selten auch partizipative Verfahren integriert.
2. *Exemplarisch vertiefende Fallstudien* (Typus „Vertiefung") konzentrieren sich auf wenige Untersuchungsfälle, deren soziale Komplexität sie intensiv zu ergründen und analytisch zu durchdringen suchen. Die Methodenvielfalt ist vergleichsweise hoch, wobei aufwändigere Verfahren der Erhebung (z.B. Tiefeninterviews oder teilnehmende Beobachtung) und der Auswertung (z.B. hermeneutische Interviewanalyse) verstärkt zum Einsatz kommen.
3. Dagegen richtet sich die *vergleichende Fallstudienforschung* des Typus „Vielfalt" auf den Vergleich einer größeren Zahl von Fällen mit dem Anspruch, die wichtigsten Merkmale eines sozialen Prozesses und seines Kontextes breit zu erfassen. Die Gewährleistung der Vergleichbarkeit der Fälle erfordert – trotz

prinzipiellen Festhaltens am Anspruch der Offenheit des Forschungsprozesses – eine Eingrenzung des Analysefokus und eine Vereinheitlichung der Erhebungs- und Auswertungsverfahren.

4. Die *gesellschaftsdiagnostische Fallstudienforschung* (Typus „Verallgemeinerung") ist auf die Analyse genereller Entwicklungen von Arbeit, Technik und Organisation ausgelegt und erfasst mit vielfältigem Methodeninstrumentarium und ausgeprägter Theorieorientierung umfangreiche Akteurskonstellationen in ihrem gesellschaftlichen Kontext. Zu diesem Zweck wurden groß angelegte Studien weniger Einzelfälle ebenso durchgeführt wie vergleichende Analysen einer Vielzahl von Fällen.

Zentrale Forschungsergebnisse

Fallstudien bilden neben unternehmensbezogenen Beschäftigtenbefragungen das dominante empirische Verfahren der Arbeits- und Industriesoziologie. Wesentliche Stärken der Forschungsstrategie können mittels eines Beispiels angedeutet werden: In der klassischen Studie von Kern und Schumann (1970) zu „Industriearbeit und Arbeiterbewußtsein" wurden 981 halbstandardisierte Arbeiterinterviews ergänzt durch 122 qualitative Arbeitsplatzbeschreibungen, 80 kurze Funktionsbeschreibungen sowie 32 Organisations- und Anlagebeschreibungen. Aus diesem umfangreichen Material wurden insgesamt 20 Intensivfallstudien von technischen Neuerungen (in neun Betrieben) erstellt, die Aussagen über typische Erscheinungsformen industrieller Arbeit, deren Veränderungen unter dem Einfluss des technischen Wandels und Auswirkungen auf das Arbeiterselbstverständnis in acht Branchen zuließen. Auf der einen Seite blieb durch die intensive Erhebung eine hohe analytische Tiefe pro Fallanalyse gewahrt, während auf der anderen Seite der Fallvergleich eine neue Aussagebreite erschloss, die für gesellschaftsanalytische Interpretationen genutzt wurde. Die Autoren zogen aus ihrer Studie beispielsweise die Schlussfolgerung, dass die Entwicklung von Kapitalverwertung, Technik und industrieller Arbeit durch Ungleichzeitigkeiten und Widersprüche gekennzeichnet ist, welche eine Polarisierung der Arbeitsbedingungen zur Folge haben.

Fallstudien erweisen sich als besonders geeignet, wenn man *komplexe soziale Zusammenhänge* in ihrem *Kontext* tiefgehend *verstehen* möchte (Yin 2014). Sie bieten sich darüber hinaus an, um *neuartige Forschungsfragen* in ihrem (möglicherweise noch unbekannten) Kontext *explorativ* zu untersuchen (Stake 1995). Beides erweist sich gerade in einem Feld wie der Arbeits- und Industriesoziologie als großer Vorteil, wo die soziale Strukturiertheit von Erwerbsarbeit im Zusammenhang mit ihren ökonomischen Bedingungen, technologischen Voraussetzungen und ihrer organisationalen Verfasstheit im Kontext einer kapitalistischen Gesellschaft und im Hinblick auf ihre Auswirkungen für die betroffenen Personen untersucht wird.

Ihre Popularität haben Fallstudien in der Arbeits- und Industriesoziologie ihrer *Vielseitigkeit* und *Flexibilität* zu verdanken. Erwerbsarbeit hat sich in den letzten Jahren erheblich gewandelt, und die Forschungsstrategie der Fallstudie hat sich als erstaunlich anpassungsfähig erwiesen. Weil sich die Forschungsgegenstände der Arbeits- und Industriesoziologie auch weiterhin in struktureller Veränderung befinden, bleibt eine kontinuierliche Prüfung und gegebenenfalls Erneuerung typischer Fallkonstruktionen und Forschungsdesigns erforderlich.

Gerade aufgrund ihrer Variationsbreite und flexiblen Einsatzfähigkeit erfordert die *Durchführung von Fallstudien* (siehe dazu Pflüger et al. 2017) eine umfangreiche und gründliche Vorbereitung. Folgende praktische Herausforderungen gilt es dabei u.a. zu beachten:

– Weil im Zuge von Fallstudien häufig mehrere Erhebungsmethoden zum Einsatz kommen, gilt *Methodenkombination* bzw. Triangulation als spezielle Herausforderung solcher Studien. Typischerweise werden in der Arbeits- und Industriesoziologie sog. „Experteninterviews" verwendet. Häufig werden diese kombiniert mit Dokumentenanalysen und qualitativen Beschäftigteninterviews. Seltener kommen Beobachtungsverfahren, standardisierte Fragebögen und Gruppendiskussionen zum Einsatz. Typisch sind außerdem offene Auswertungsverfahren. Es gelten dementsprechend die für die jeweilige Methode einschlägigen Verfahren und Qualitätsstandards (für Experteninterviews siehe z.B. Bogner et al. 2002, Liebold/Trinczek 2002, Helfferich 2011; zur Methodentriangulation in Fallstudien siehe Pflüger 2012). Besonders sorgfältig sollte das eigene Erkenntnisinteresse abgewogen und die *Fallauswahl und -definition* darauf ausgelegt werden. Zu entscheiden ist beispielsweise, ob die Studie primär einen anwendungsorientierten Beitrag leisten (z.B. organisationale Abläufe evaluieren), durch Verstehen eines besonderen Falls theoretische Deutungen befördern oder durch Vergleich unterschiedlicher Fallvariationen zu einer umfassenden (gesellschaftsdiagnostischen) Analyse beitragen soll (siehe Typologie oben). Solche Entscheidungen haben Folgen insbesondere für die Zahl der untersuchten Fälle.

– Fallstudien in der Arbeits- und Industriesoziologie finden häufig in Organisationen statt, was wiederum Spezifika mit sich bringt, z.B. hinsichtlich des *Feldzugangs* (häufig über sog. Gatekeeper) und des *Schutzes der Beforschten.* Um Vertraulichkeit in Unternehmen zu gewähren, sind u.a. ein vergleichsweise hoher Aufwand der Anonymisierung auf individueller und ggf. auch auf organisationaler Ebene erforderlich (siehe dazu Scheytt/Pflüger 2022).

Internationaler Bezug

Auch in der internationalen Arbeitsforschung erfreut sich die Forschungsstrategie der Fallstudie anhaltend großer Beliebtheit. Mit Blick auf die Art und Weise, wie Fallstudien-Forschungsdesigns typischerweise angelegt sind, bestehen allerdings Unterschiede (vgl. Pflüger 2013). In Skandinavien werden häufiger partizipative Methoden in Fallstudien integriert, in Großbritannien wird stärker auf ethnografische Zugänge Bezug genommen (z.B. in den sog. Workplace Studies) sowie mit international vergleichenden Fallstudiendesigns geforscht, und in den USA erfolgt nicht selten eine Kombination von Fallstudien mit standardisierten Methoden.

Jessica Pflüger

Empfehlungen zum Weiterlesen

Hartley, Jean 2004: Case Study Research. In: Cassell, C. (Hg.): Essential Guide to Qualitative Methods in Organizational Research. London: Sage, S. 323–333.

Pflüger, Jessica/Pongratz, Hans J./Trinczek, Rainer 2010: Fallstudien in der deutschen Arbeits- und Industriesoziologie. In: Pongratz, H. J./Trinczek, R. (Hg.): Industriesoziologische Fallstudien. Entwicklungspotenziale einer Forschungsstrategie. Berlin: edition sigma, S. 23–70.

Pflüger, Jessica/Pongratz, Hans J./Trinczek, Rainer 2017: Fallstudien in der Organisationsforschung: Charakteristika, Einsatzfelder und Durchführung. In: Liebig, S./ Matiaske, W./ Rosenbohm, S. (Hg.): Handbuch Empirische Organisationsforschung. Wiesbaden: Springer VS, S. 389–414.

Ragin, Charles C./Becker, Howard S. (Hg.) 1992: What is a Case? Exploring the Foundations of Social Inquiry. Cambridge: Cambridge University Press.

Yin, Robert K. 2014: Case Study Research. Design and Methods (5. Aufl.). Los Angeles: Sage.

Finanzmarkt-Kapitalismus

Begriff

Gegen Ende des 20. Jahrhunderts hat sich ein neues Regime des Kapitalismus etabliert, dessen zentrales Merkmal die Dominanz der Finanzmärkte ist. Bisher fehlt in den Sozialwissenschaften eine einheitliche Terminologie zur Beschreibung und Analyse dieses neuen Typs von Kapitalismus. In der Literatur findet sich häufig die Bezeichnung *shareholder value capitalism* – ein Begriff, der auf Alfred Rappaport zurückgeht. In einer einflussreichen Publikation hatte Rappaport (1986) eine einfache Botschaft verkündet: Der *shareholder value* – d.h. die Maximierung der Aktionärsrendite – ist das dominante Unternehmensziel, dem sich alle anderen Ziele und Interessen unterzuordnen haben (zur Kritik vgl. Lazonick/O'Sullivan 2000).

In den USA befinden sich die Großunternehmen seit den 1980er Jahren mehrheitlich im Eigentum von Investment-, Pensions- und Hedgefonds. Wir bezeichnen diese Gruppe von Eigentümern als institutionelle Investoren. Das Prinzip, den *shareholder value* zu maximieren, bedeutet also, dass sich die unternehmerischen Entscheidungen ausschließlich am Interesse der institutionellen Investoren ausrichten sollen (→ auch Management). Useem (1996) hat für diese Form des Kapitalismus daher den Begriff *investor capitalism* geprägt.

Genese/theoretischer Kontext

Die institutionellen Investoren sind ein neuer Typ von Eigentümern. Sie können weder mit den Unternehmer-Eigentümern des späten 19. Jahrhunderts verglichen werden (z.B. Alfred Krupp), noch mit den Kleinaktionären während der Epoche des Managerkapitalismus. Die institutionellen Investoren sind Akteure des *Finanzmarktes*. Ihre Strategien und Entscheidungen unterliegen nicht der Rationalität eines Produktionsunternehmens, sondern der Rationalität der Finanzmärkte. Daher wurde dieser neue Typ des Kapitalismus als Finanzmarkt-Kapitalismus bezeichnet (Windolf 2005). Die Eigentümer der (Groß-)Unternehmen sind Finanzmarkt-Akteure, deren Handlungsrationalität durch die auf globalen Finanzmärkten vorherrschende Konkurrenz bestimmt wird (→ auch Globalisierung/Transnationalisierung, Transnationale Unternehmen).

Der durch den Regimewechsel ausgelöste sozioökonomische Strukturwandel wird in der Literatur häufig als *Finanzialisierung* bezeichnet (Krippner 2011). Die verschiedenen Sozialsysteme – z.B. Bildung, Politik, Kultur und Wissenschaft – unterliegen nicht nur ökonomischen Zwängen (das war schon immer der Fall), sondern politische Entscheidungen und Bildungsinhalte orientieren sich zunehmend an den Interessen und Erwartungen der Finanzmarkt-Akteure. Dies gilt auch für das ökonomische System selbst. Auch die Unternehmen der Realökonomie werden „finanzialisiert". Damit ist gemeint, dass sich die unternehmerischen Entscheidungen nicht mehr in erster Linie an den Produktmärkten oder an der technischen Rationalität des Produktionsprozesses orientieren. Vielmehr werden die Unternehmen durch ein System von Finanzindikatoren kontrolliert, die nicht nur eine deskriptive, sondern vor allem eine normative Funktion haben. Sie bezeichnen ein Leistungssoll (benchmark), das die Unternehmen zu erfüllen haben. Dazu das folgende Beispiel:

Die Finanzdienstleister (z.B. Bloomberg, Reuters) stellen für jedes börsennotierte Unternehmen mehr als ein Dutzend Finanzindikatoren zur Verfügung, die Auskunft geben über Gewinne und Verluste während der vergangenen Jahre, über die Höhe des Eigenkapitals, die Schulden, den Aktienkurs, die Rücklagen des Unternehmens, den Umsatz etc. Die institutionellen Investoren (die diese Datenbanken kaufen) verfügen also über das Röntgenbild der börsennotierten Unternehmen – ein Röntgenbild, das auch über die Stärken und Schwächen eines Unternehmens informiert, die von außen nicht direkt sichtbar sind.

Finanzialisierung der Realökonomie bedeutet, dass sich die unternehmerischen Entscheidungen an den Interessen der Finanzmarkt-Akteure orientieren müssen, die ihre abstrakte Ausformulierung in den Finanzindikatoren finden. Die Indikatoren sind ein effizientes *Kontrollinstrument* der Finanzmärkte über die Realökonomie.

Zentrale Forschungsergebnisse

Die Forschungen zu den Finanzmärkten sind so umfangreich geworden, dass eine Zusammenfassung hier nicht möglich ist. Die folgenden Abschnitte (1–7) beschränken sich auf eine Auswahl von empirischen Ergebnissen, die zentrale Strukturmerkmale des Finanzmarkt-Kapitalismus hervorheben.

(1) Seit mehreren Jahrzehnten wächst der Anteil des Aktienkapitals, den die institutionellen Investoren an den großen Aktiengesellschaften halten. Abb. 1 zeigt für die USA, dass die institutionellen Investoren 1965 ca. 10% des Aktienkapitals hielten, bis 2017 ist dieser Anteil auf 80% gestiegen. Die institutionellen Investoren können die Hauptversammlung aller größeren Aktiengesellschaften kontrollieren. Von Bedeutung ist des Weiteren, dass ca. 40% des Aktienkapitals bei den 20 größten Investment- und Pensions-Fonds konzentriert sind. Berücksichtigt man, dass nicht alle Aktionäre an den Hauptversammlungen teilnehmen, wird deutlich, dass eine kleine Gruppe von institutionellen Investoren die Aktiengesellschaften in den USA kontrolliert. Auch in Frankreich und in Deutschland halten die institutionellen Investoren inzwischen hohe Anteile an den großen Aktiengesellschaften. 2019 waren die institutionellen Investoren im Durchschnitt mit 61% am Aktienkapital der (bis September 2021 noch) 30 DAX-Unternehmen beteiligt. Den höchsten Anteil mit 93% hielten die institutionellen Investoren am Aktienkapital der Deutschen Börse AG (2020).

Verschiedene Ursachen können den Wandel der Eigentümerstruktur erklären: Die entwickelten

Staaten haben nach dem Zweiten Weltkrieg eine lange Periode wirtschaftlichen Wachstums erlebt. Das liquide Vermögen des Publikums, das für Investitionen zur Verfügung steht, ist schneller gewachsen als das Sozialprodukt. Weiterhin zeigen die Statistiken eine zunehmende *Ungleichheit* der Einkommensverteilung. Vor allem in den oberen Sozialschichten sind die Vermögen stark angewachsen (Piketty 2014, Grafiken 9.5–9.8). Das vermögende Publikum investiert nicht mehr selbst an den Finanzmärkten, sondern delegiert die Entscheidung an professionalisierte Fonds-Manager. An den Finanzmärkten steht also eine wachsende Masse von liquidem vagabundierendem Kapital zur Verfügung, hinter dem keine unternehmerische Initiative mehr steht, sondern ein Publikum, das nach maximaler Rendite sucht (Deutschmann 2008). Das Wachstum dieser Vermögensbestände und die Übertragung des Vermögens an Investment-Fonds erklären, warum die Fonds zu den neuen Eigentümern der Aktiengesellschaften geworden sind.

Abb. 1: Anteil der Aktien im Eigentum der US-Fonds/Turnover-Rate an der NYSE

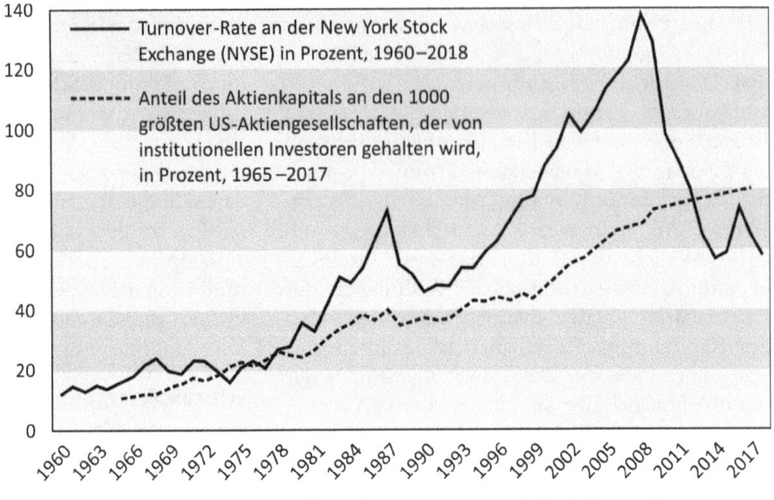

Eigene Darstellung. Quellen: Tonello/Rabimov 2010, S. 27; Windolf 2020, S. 251 u. 270.

Zwei Einschränkungen sollten beachtet werden: Abbildung 1 zeigt, dass sich der Regimewechsel vom Manager- zum Finanzmarkt-Kapitalismus über einen langen Zeitraum erstreckt hat. Man kann kein Datum angeben, das den Beginn des neuen Regimes markierte. Aber wenn man die 1970er Jahre mit dem Jahr 2017 vergleicht, wird deutlich, dass ein Strukturwandel stattgefunden hat. Weiterhin sollten die institutionellen Investoren nicht als isolierte Gruppe betrachtet werden. Sie sind Teil eines Netzwerks von Finanzmarktexperten. Zu diesem Netzwerk gehören Money-Manager, Investmentbanker, Broker, Finanzmathematiker, Juristen für Finanzrecht und die Experten der Rating-Agenturen (vgl. Abschn. 7).

(2) Der Markt für institutionelle Anleger ist fragmentiert und globalisiert. Hunderte von Fonds konkurrieren gegeneinander um das liquide Vermögen des Publikums. Die Kriterien, an denen der Erfolg der Fonds in jedem Jahr gemessen wird, sind Ertrag und Risiko, oder genauer: Ertrag pro Risiko-Einheit. Die Finanzwissenschaft hat verschiedene Indikatoren entwickelt, die es erlauben, die Investment- und Pensions-Fonds in eine Rangordnung zu bringen. Das investierende Publikum wird seine Einlagen bei erfolgreichen Fonds mit einem guten Ranking erhöhen; es wird seine Einlagen bei weniger erfolgreichen Fonds verringern oder ganz auflösen. Die Rangordnung der Fonds wird in Finanz-Ratgebern regelmäßig veröffentlicht. Die institutionellen Investoren stehen also unter einer permanenten Erfolgskontrolle, die für alle sichtbar ist. Fonds, die im Vorjahr besonders erfolgreich waren, können im Folgejahr mit höheren Einlagen rechnen (Chevalier/ Ellison 1997, S. 1177).

Um zu überleben, sind die Fonds gezwungen, ihren Kunden hohe und immer höhere Renditen zu versprechen. Sie erzeugen damit beim investierenden Publikum Erwartungen, die sie nicht erfüllen können. Es ist ausgeschlossen, dass in der Realökonomie in jedem Jahr eine Rendite von 20% oder mehr erwirtschaftet werden könnte. Diese hohen Renditen können nur in

Ausnahmefällen von wenigen Fonds erreicht werden. Die durch diese Konstellation erzeugte Konkurrenz treibt die Manager an den Rand der Legalität und häufig darüber hinaus. Seit mehr als einem Jahrzehnt beobachten wir eine zunehmende Kriminalität im Finanzsystem: Bilanzfälschung, Betrug und Korruption (Dobbin/Zorn 2005, National Commission 2011, Deutscher Bundestag 2021 a).

(3) Die institutionellen Investoren übertragen den Konkurrenzdruck, dem sie auf den Finanzmärkten ausgesetzt sind, auf die Unternehmen. Die institutionellen Investoren sind die Eigentümer der Großunternehmen. Als Eigentümer können sie die Option *voice* ausüben. Sie fordern von den Unternehmen Gewinnmaximierung (shareholder value). Mit Hilfe der bereits erläuterten Finanzindikatoren können sie überprüfen, ob und in welchem Umfang die Unternehmensmanager diese Forderung erfüllen.

Im Managerkapitalismus waren die Manager nicht gezwungen, ihre unternehmerischen Entscheidungen an Profitmaximierung auszurichten. Sie mussten für die Kleinaktionäre nur eine „zufriedenstellende" Dividende erwirtschaften. Im Finanzmarkt-Kapitalismus erwarten die Eigentümer von den Managern eine maximale Rendite.

Die Konkurrenz der Eigentümer hat ein paradoxes Resultat: Die Konkurrenz der Banken, die Kredite vergeben, führt in der Regel zu einer *Senkung* des Zinssatzes, den die Bankkunden für einen Kredit bezahlen müssen. Die Konkurrenz der Eigentümer hat eine gegenteilige Wirkung: Sie führt dazu, dass das haftende Eigenkapital (= Aktienkapital) immer teurer wird. Aktienkapital, d.h. die Finanzierung durch institutionelle Investoren, ist für viele Unternehmen zur teuersten Form der Finanzierung geworden (25% Eigenkapitalrendite als *benchmark*).

(4) Hohe Erträge können nur um den Preis eines hohen Risikos erzielt werden. Dieser Zusammenhang zwischen Ertrag und Risiko gilt als ein „fundamentales Gesetz" der Finanzwissenschaft. Seit Beginn der 1990er Jahre sind nicht nur die Aktienkurse dramatisch gestiegen, sondern auch die Volatilität der Aktienmärkte hat zugenommen. Je stärker der Kurs einer Aktie schwankt, umso höher ist das damit verbundene Risiko. Die Volatilität der Aktienmärkte – und damit ihr Risiko – ist im Finanzmarkt-Kapitalismus deutlich angestiegen. Die Finanzmarkt-Krisen von 2001/02 (Enron) und von 2007/09 (subprime mortgage crisis) sind besonders extreme Beispiele für das gestiegene Risikoniveau. Die institutionellen Investoren treiben das ökonomische System tendenziell auf ein höheres Risiko-Niveau (Windolf 2016).

(5) Die institutionellen Investoren halten die Aktien an einem Unternehmen im Durchschnitt weniger als ein Jahr (short termism). Die durchgezogene Linie in Abbildung 1 zeigt die Turnover-Rate für alle an der NYSE gelisteten Unternehmen. Sie gibt an, welcher Anteil der Aktien eines Unternehmens während eines Jahres gehandelt wird. 1960 wurden während eines Jahres ca. 12% der Aktien eines Unternehmens umgesetzt, d.h. die Kleinaktionäre haben die Aktien im Durchschnitt ca. 8,3 Jahre gehalten. 2008 betrug die Turnover Rate 138% (Haltedauer 8,6 Monate), bis 2018 ist die Rate auf 58% gesunken (Haltedauer 1,7 Jahre). Die 30 DAX-Unternehmen hatten 2020 eine durchschnittliche Turnover-Rate von 118%. Die Aktionäre dieser Unternehmen haben ihre Aktien also im Durchschnitt nach ca. zehn Monaten wieder verkauft. Die Turnover-Rate ist ein Indikator für den durchschnittlichen Anlagehorizont der Investoren.

Shleifer/Vishny (1997) haben gezeigt, dass institutionelle Investoren keine langfristige Strategie verfolgen. Diese Finanzmarkt-Akteure werden nach Erfolgskriterien beurteilt, die sie in der vorangegangenen Periode erfüllt haben (maximale Rendite). Eine unterdurchschnittliche Performance während des vergangenen Jahres führt im Folgejahr dazu, dass die Kunden einen Teil ihrer Einlagen abziehen oder ganz auflösen. Wenn Kunden ihre Einlagen sehr schnell abziehen, entwickelt sich eine Abwärtsspirale, die den Fonds in den Konkurs treibt.

Ein Investment-Fonds, der unter diesem Konkurrenzdruck steht, wird in der Regel in kein Unternehmen investieren, das eine sehr langfristige Unternehmensstrategie verfolgt (z.B. hohe Investitionen in Forschung und Entwicklung [FuE]). Das Unternehmen würde über mehrere Jahre keinen Gewinn ausschütten oder sogar Verluste verbuchen. Investment-Fonds, deren Renditen in jedem Jahr publiziert werden, können diesen langen Zeitraum nicht überbrücken. (Eine Übersicht über die Forschung zu den FuE-Ausgaben findet sich in Hirsch-Kreinsen 2011.)

(6) Im Finanzsektor hat sich eine neue ökonomische Elite ausdifferenziert, die der treibende Motor der Expansion und der Professionalisierung der Finanzmärkte ist (Windolf 2008). Zu dieser Elite gehören Fonds-, Money- und Bank-Manager, Finanzmarkt-Juristen, Analysten und Rating-Spezialisten. Es gehören dazu die Informations-Broker wie Reuters oder Bloomberg, die die Finanzmärkte mit einem kontinuierlichen Strom von Informationen versorgen. Zur neuen Wirtschaftselite gehören auch die Inhaber:innen zahlreicher Lehrstühle für Finanzwissenschaft, Aktien- und Wertpapierrecht, die Finanzmarkt-Instrumente entwickeln und zur Verfügung stellen. Die Auflistung zeigt, dass es kaum möglich ist, das Wachstum der Finanzmarkt-Elite genau zu quantifizieren. Die Elite besteht aus einem weit verzweigten Netz von Experten mit unterschiedlichen Qualifikationen.

Während der vergangenen drei Jahrzehnte ist der Finanzsektor stärker gewachsen als das Sozialprodukt, insbesondere in den angelsächsischen Ländern. Getrieben wurde das Wachstum vor allem von Finanzderivaten, also von Optionen, Futures, Kreditverbriefungen und Kreditausfall-Derivaten (CDS). Die Statistiken zeigen für Finanzmarktprodukte (Wertpapiere und Derivate) seit Beginn der 1990er Jahre stark ansteigende Wachstumsraten.

Die OECD liefert eine grobe Schätzung des Anteils der erwerbstätigen Bevölkerung, der in *Finance and Intermediation* beschäftigt ist. In Deutschland und Frankreich sind ca. 3,5% der Erwerbstätigen in diesem Sektor tätig, in Großbritannien 4,5%, in den USA 12,2%.

Im Gegensatz zu anderen Wirtschaftssektoren verfügen Finanzmärkte über die Option zu einem *selbstinduzierten* Wachstum. Optionen und andere Derivate müssen nicht „produziert" werden. Sie können von Finanzmarktexperten *ex nihilo* geschaffen werden. Der Käufer einer Kreditausfall-Versicherung (CDS) muss keinen Kredit vergeben haben und auch keine Anleihe besitzen, um sich gegen ein (fiktives) Ausfallrisiko abzusichern (Bolton/Oehmke 2011). Er kann eine Versicherung kaufen und damit auf den Konkurs eines Unternehmens spekulieren. Der Nominalwert der zirkulierenden Versicherungen übersteigt bei vielen Unternehmen den Nominalwert ihrer Kredite und Anleihen um ein Vielfaches.

Die ökonomische Elite des Finanzmarkt-Kapitalismus ist eine stark ausdifferenzierte Gruppe von Experten, die sich durch Professionalisierung und Informationsvorsprung kennzeichnen lässt. Die sog. „strukturierten Produkte", die von Investmentbanken während der Immobilienkrise konstruiert und verkauft wurden, haben nur wenige Experten verstanden. Das Verfahren, das die Rating-Agenturen angewandt haben, um diese Produkte zu evaluieren, wurde ebenfalls nur von einem kleinen Kreis von Experten durchschaut.

(7) Im Finanzmarkt-Kapitalismus ist zum ersten Mal in der Geschichte des Kapitalismus eine Gruppe von Akteuren zu *Mehrheits*eigentümern der großen Unternehmen geworden, die zugleich zentrale Akteure auf den Finanzmärkten sind. Ihre Strategien unterliegen der Konkurrenz und Rationalität der globalen Finanzmärkte. Sie stehen *als Eigentümer* (und nicht als Produzenten) in Konkurrenz gegeneinander. Als Eigentümer können sie in jedem Unternehmen die Option *voice* nutzen und unternehmerische Entscheidungen beeinflussen.

Diese Funktionselite hat in den Unternehmen ein Kontrollsystem implementiert, das in seiner Intensität und Rationalität mit dem → Taylorismus vergleichbar ist (Finanzialisierung). Jedes börsennotierte Unternehmen muss vierteljährlich Dutzende von Kennzahlen liefern. Die Manager sind gezwungen, ihre Strategien an der Logik des *shareholder value* auszurichten. Ihre Unternehmen unterliegen der Disziplin der Rating-Agenturen.

Die → Kontrolle ist selbstreferentiell: Die Kontrolleure unterliegen den gleichen Kontrollmechanismen wie die Kontrollierten. Die großen Banken befinden sich Eigentum der institutionellen Investoren. Die institutionellen Investoren selbst werden permanent von spezialisierten Rating-Agenturen bewertet (ranking).

Die Kontrollinstrumente sind insofern „rational", als sie auf mathematisch-wissenschaftlichen Modellen beruhen und immer wieder der empirischen Überprüfung ausgesetzt werden: Es ist *ex post* nachweisbar, ob das Rating, das ein Unternehmen erhalten hat, zutreffend war oder nicht (Ouroussoff 2010, S. 54). Und dies gilt auch für

Analysten, die für Aktien oder einen Fonds eine Kauf- oder Verkaufsempfehlung publizieren.
Im Finanzmarkt-Kapitalismus verbindet sich ein Höchstmaß an individueller Handlungsrationalität mit destabilisierenden Krisen auf der Ebene des ökonomischen Systems (Mizruchi 2010). Die Finanzmarktkrisen provozieren eine immer umfangreichere gesetzliche Regulierung, die jedoch häufig leerläuft, sei es, weil den staatlichen Behörden die Mittel zur Kontrolle fehlen, sei es, weil die Akteure immer neue Wege finden, gesetzliche Schranken zu umgehen (Opportunismus). „...the deliberate outwitting of social rules is an approved and indeed prestige-carrying behavior“ (Streeck 2009, S. 241).

Paul Windolf

Empfehlungen zum Weiterlesen

Deutschmann, Christoph 2008: Die Finanzmärkte und die Mittelschichten: Der kollektive Buddenbrooks-Effekt. In: Leviathan, Jg. 36, H. 4, S. 501–517.
Lazonick, William/O'Sullivan, Mary 2000: Maximizing Shareholder Value: A New Ideology for Corporate Governance. In: Economy and Society, Vol. 29, No. 1, S. 13–35.
National Commission on the Causes of the Financial and Economic Crisis in the United States 2011: The Financial Crisis Inquiry Report. New York: Perseus Books (Public Affairs). Internet: https://www.govinfo.gov/content/pkg/GPO-FCIC/pdf/GPO-FCIC.pdf [18.12.2021]
Useem, Michael 1996: Investor Capitalism: How Money Managers Are Changing the Face of Corporate America. New York: Basic Books.
Windolf, Paul (Hg.) 2005: Finanzmarkt-Kapitalismus. Wiesbaden: VS Verlag.

Fordismus/Massenproduktion

Begriff

Der Begriff ‚Fordismus‘ leitet sich von dem amerikanischen Unternehmer Henry Ford (1863–1947) ab und bezeichnet eine Produktionsweise, die er zuerst in den nach ihm benannten Automobilwerken in Detroit eingeführt hat. Sie besteht kurz gefasst darin, durch weitgehende Standardisierung der Einzelteile, zwangsverkettete Montageprozesse (Fließ[band]prinzip) und geringe Typenvarianz einen möglichst hohen Ausstoß an Fahrzeugen mit geringen Gestehungskosten zu erzielen. Zu seinem Konzept gehörte, durch kontinuierliche Kaufpreissenkung einerseits und überdurchschnittliche Löhne seiner Beschäftigten andererseits die Absatzchancen der Autos zu erhöhen. Eng verbunden damit ist das Modell der *Massenproduktion*, das in verschiedenen theoretischen Kontexten zum Inbegriff der modernen → Industriegesellschaft geworden ist. Ford wird oft zusammen mit Taylor als Protagonist des gemeinsamen Ziels einer effizienten durchrationalisierten Großserienproduktion genannt. Ihre originären Konzepte haben allerdings nur wenig gemeinsam (→ Taylorismus).
In den 70er Jahren haben französische Sozialwissenschaftler (Aglietta, Boyer, Lipietz u.a.), angeregt durch Überlegungen Gramscis (2007, bes. S. 49ff.), den Versuch unternommen, die Entwicklungs- und Transformationsdynamik kapitalistischer Gesellschaften neu zu bestimmen. Die sog. ‚Regulationsschule‘ (‚école de la régulation‘) fasst zeitweilig hegemoniale Normen der gesellschaftlichen Produktion, Distribution und Konsumtion mit ihren jeweiligen ökonomischen und sozialen Institutionen zu „Akkumulationsregimen“ zusammen. In diesem Konzept wird die sozial koordinierte Marktwirtschaft der Prosperitätsphase in der europäischen Nachkriegszeit mit ausgebautem Wohlfahrtstaat, standardisierter (‚tayloristisch-fordistischer‘) Massenproduktion in hierarchisch strukturierten Großunternehmen und Vollbeschäftigung ebenfalls als ‚Fordismus‘ bezeichnet. Als besonderes Akkumulationsregime bildet er zugleich eine relativ stabile historische Formation.

Historischer Kontext

Die Massenproduktion und der Fordismus in Amerika: Das 19. Jahrhundert wird allgemein als die Inkubationszeit der industriellen Massenproduktion betrachtet. Deren übergreifendes Merkmal war nicht das Fließband, sondern das Prinzip der Standardisierung. Erst die Herstellung identischer, austauschbarer Teile ermöglichte deren beliebigen Einbau in normierte Produkte des gleichen Typs. Nach ersten Anfängen zu Beginn des 19. Jahrhunderts (Hounshell 1985) gelangte die Massenproduktion erst in der Ford-Fabrik in Highland Park/Detroit zur vollen Entfaltung. Hier waren Ford und seine Ingenieure ab 1909 ständig darum bemüht, die Produktionseffizienz

durch eine Ressourcen sparende Integration der Fertigungsschritte zu steigern.
Der Ingenieur Henry Ford gründete 1903 die Ford Motor Company (zur Biografie und Entwicklung bis 1916 vgl. Nevins 1954 und bis 1921 vgl. Ford o.J. [1923]). Nach verschiedenen, nicht sonderlich erfolgreichen Modellen brachten die Fordwerke 1908 das Modell T heraus, das die entscheidenden Vorzüge besaß: leicht, kräftig motorisiert, einfach zu bedienen und preiswert. Es kostete zunächst 850 $ und wurde ein beispielloser Verkaufserfolg. Von 13.941 Fahrzeugen 1909 stieg die Produktion des Modells T im Jahr 1916 auf 585.400, also binnen acht Jahren um das Dreißigfache (Williams et al. 1992, S. 550).
Dieser Erfolg begründete Henry Fords Ruhm und machte die Fabrik Highland Park zur Pilgerstätte für alle Amerikabesucher, die dem Geheimnis des steilen Aufstiegs der USA zur führenden Wirtschaftsmacht auf die Spur kommen wollten. Die Besucher sahen eine Fabrik in dauernder Bewegung, die sich ab April 1913 im motorgetriebenen endlosen *Fließband* verkörperte. Dieses wurde allerdings nicht von Ford erfunden, sondern war schon früher bekannt und z.B. in den Schlachthäusern von Cincinnati und Chicago systematisch verbreitet. Das Fließband wurde zum herausragenden Symbol, galt gar als „Schlüsselelement" (Braverman 1977, S. 116) der modernen Massenproduktion. Deren Effizienz verdankt sich aber keinem einmaligen „revolutionären Geschehen ‚made in Detroit'" (Drucker 1949/50, S. 13), sondern war ein permanenter Prozess. Schon Ford schrieb dazu in seiner Autobiografie: „An unseren Produktionsmethoden haben wir die größten Änderungen vorgenommen. Diese stehen niemals still. [...] Das ist der Grund, warum wir so billig produzieren" (Ford o.J. [1923], S. 20).
Vor den durchgreifenden Änderungen in der Fertigung bei Ford wurden Autos noch ganz überwiegend in Einzelfertigung ohne austauschbare Teile hergestellt. Sie waren nicht nur teuer, sondern auch schwer zu reparieren. „Das Hauptelement der Massenproduktion war nicht – wie viele Leute glauben – das Fließband. *Es war vielmehr die vollständige und passgenaue Austauschbarkeit der Bauteile und die Einfachheit ihres Zusammenbaus.* Diese Neuerungen in der Fertigung machten das Fließband erst möglich" (Womack et al. 1992, S. 31 [Hervorh. im Orig.]; vgl. auch Williams et al. 1992, Ortmann 1995, S. 16ff., Kieser 1999, S. 87).
Das neue Prinzip bedeutete eine grundlegende Restrukturierung der Fertigungsorganisation, weg vom Werkstattprinzip, vom technologiezentrierten Nebeneinander von Dreherei, Bohrerei etc. hin zur produktbezogenen Maschinenanordnung entlang den Bearbeitungsphasen. Dadurch konnten lange Transportwege, hohe Durchlaufzeiten vermieden und Lagerkosten verringert werden. Dieses Prinzip haben Ford und seine Ingenieure bis zur Perfektion vorangetrieben (vgl. dazu Womack et al. 1992, S. 30ff., Nevins 1954, S. 447ff., Hounshell 1985, S. 217ff.).
Kosteneinsparungen ergaben sich auch daraus, dass für die Serienfertigung statt der bei der Werkstattfertigung üblichen Universalmaschinen billigere Spezial-Werkzeugmaschinen (Ein-Zweck-Standardmaschinen) verwendet werden konnten. Diese standen dicht beieinander und waren über Schiebevorrichtungen, Schwerkraftrutschen und Rollbahnen miteinander verbunden, was Platz und Transportpersonal sparte. Die Einführung des bewegten Montagebandes stellt im Grunde nur die konsequente Weiterentwicklung eines bereits praktizierten Prinzips dar.
Auf dem Wege zu immer effizienteren Produktionsleistungen ersannen die Ford-Ingenieure extrem unterteilte Arbeitsverrichtungen. Das Ergebnis ließ sich nochmals steigern, wenn man z.B. das Fixieren von Schraubenmuttern noch weiter zerlegte „in das Aufsetzen der Mutter auf das Gewinde, das Herunterschrauben bis zum Sitz und wieder durch einen neuen Mann das Festziehen der Mutter" (Köttgen 1928, S. 110).
Für derart kurztaktige Arbeiten benötigte man keine Facharbeiter, konnte also billigere Kräfte einstellen. Fords Produktionsmodell trug insofern auch dem auf dem amerikanischen Arbeitsmarkt vorherrschenden Facharbeitermangel Rechnung. Von den um 1920 in den Fordwerken vorhandenen 7.882 Arbeitsgängen erforderten 79% nur eine Anlernzeit von einem Tag bis zu sechs Tagen (Ford o.J. [1923], S. 128) (→ auch Facharbeit).
Auf dem Weg zum Ziel einer permanenten Produktverbilligung verlangte Ford die volle Leistung. Während Ford das Ausmaß der Arbeitsintensivierung mit den Worten abstritt: „Keiner

unserer Leute ist überarbeitet" (ebd., S. 133), zitiert Galbraith (1964, S. 123) einen früheren Geschäftsführer Fords: „Wir haben die Leute natürlich angetrieben. [...] Was das Antreiben angeht, gehörte Ford zu den schlimmsten Unternehmen." Negativ auf die Arbeitsbedingungen wirkte sich zudem aus, dass Ford über viele Jahre die Gewerkschaften aus seinem Unternehmen heraushalten konnte. Mit Einführung des Fließbands in der Endmontage 1913 ging er zum Zeitlohn über, der damals, wie in der Region üblich, 2,34 $ pro Tag betrug. Die Arbeitshetze führte zu dramatisch steigenden Fluktuationsraten von jährlich bis 380%. In dieser Situation wurde die Idee des Five-Dollar-Day geboren und gleichzeitig die tägliche → Arbeitszeit von neun auf acht Stunden gesenkt. „Bei all dem war jedoch keinerlei Wohltätigkeit im Spiele", bekannte Ford (o.J. [1923], S. 147). Das Kalkül ging auf; die Fluktuation sank vor allem, weil die Beschäftigten die zugemutete Arbeitslast hinnahmen, um den einträglichen Arbeitsplatz zu halten.

In der Öffentlichkeit verkaufte Ford den Fünf-Dollar-Tag als weitsichtige Einkommens- und Absatzpolitik und sicherte sich damit breite Zustimmung. Er argumentierte, dass mit seiner Doppelstrategie von niedrigen Preisen und hohen Löhnen dem Produzenten wie Konsumenten gleichermaßen gedient sei. In seinen Worten: „Aufgabe des Geschäftslebens ist es, für den Konsum, nicht aber für den Profit oder die Spekulation zu produzieren. Die Produktion für den Konsum bedingt, daß die Qualität des Produktionsartikels gut und der Preis gering sei – daß der betreffende Artikel dem Volke und nicht allein dem Produzenten diene" (ebd., S. 14). Ungeachtet der ideologischen Verbrämung hat die Ford Company offensichtlich sehr gut verdient: Obwohl der Preis für einen Ford T zwischen 1909 und 1916 von 950 $ auf 360 $ sank (Williams et al. 1992, S. 554), blieb die Profitmarge mit ca. 25% pro verkauftem Auto konstant, und wegen des stark ansteigenden Produktionsvolumens stieg der Gewinn von 3 Mio. $ 1909 auf 57 Mio. $ 1916. Es verwundert nicht, dass Ford weitgehend auf Bankkredite verzichten und seinen Unternehmensausbau aus Eigenmitteln finanzieren konnte.

Im unteren Marktsegment war Ford mit dem Modell T bald eindeutiger Marktführer. Schon 1913 produzierte das Unternehmen die Hälfte aller amerikanischen Autos (Hounshell 1985, S. 228), 1923 erreichte die Produktion ihren Höhepunkt mit 2 Mio. Exemplaren (Hughes 1991, S. 214). Von da an ging es abwärts, der Marktanteil von Ford sank bis 1927, dem Jahr des lang erwarteten Modellwechsels, auf 30% (ebd., S. 216). Inzwischen hatte ihn der große Konkurrent General Motors überholt.

Der Niedergang hat mehrere Ursachen. Zu lange wurde an demselben Modell festgehalten. Einige der fähigsten Ingenieure und Geschäftsführer verließen Ford im Streit und gingen zur Konkurrenz, wovon insbesondere General Motors profitierte, ebenso wie von der Übernahme der neuen Produktionsmethoden und der Verringerung des Lohnabstands zu Ford (vgl. ebd., S. 214ff.). Henry Ford überreizte das Prinzip der integrierten Produktion, indem er in der neuen, gigantischen Fabrik von River Rouge fast alle vorgelagerten Prozesse unter einem Dach vereinte. Die Ford Company entwickelte sich zu einem vertikalen Trust, der eigene Kohlegruben, ein Stahlwerk und eine Glasfabrik sowie Schifffahrts- und Bahnlinien etc. besaß. Sie konnte dadurch zwar zunächst Monopolgewinne abschöpfen und die Kontinuität der Produktion sicherstellen, wurde aber gegenüber Marktschwankungen inflexibel. Rationalisierungserfolge wie in Highland Park stellten sich nicht mehr ein.

General Motors unter Alfred Sloan ging den umgekehrten Weg; das Unternehmen dezentralisierte seine Produktion und führte die verschiedenen Subdivisionen in moderner Form als profit center. Es bot mehrere Auto-Modelle gleichzeitig an und führte einen jährlichen Modellwechsel ein. Es betrieb sorgfältige Marktstudien, verkaufte Autos auf Kredit und gewann so die Gunst der Käufer. „‚Sloanism' had triumphed over ‚Fordism'; marketing had triumphed over pure production" (Hounshell 1985, S. 267) (→ auch Produktionsregime, Unternehmens[re]organisation).

Fordismus in Deutschland: Während Taylors Ideen in Deutschland ein sehr geteiltes Echo fanden und nur partiell angewandt wurden (→ Taylorismus), trafen Ford und sein Produktionssystem anfangs auf z.T. enthusiastische Zustimmung. So verklärte der konservative Ökonom und Theoretiker der → Rationalisierung von Gottl-Ottlilienfeld (1926, S. 40) Fords Produktionsphilosophie zum „weißen Sozialismus der reinen tatfrohen Gesinnung". Zur besonderen Akzeptanz hatten Fords Niedrigpreispolitik und seine zeitweilig erhöhten Löhne beigetragen. Direkt nach dem Ersten Weltkrieg wurde ohnehin den amerikanischen Rationalisierungskonzepten aufgrund der Überlegenheit der amerikanischen Wirtschaft Vorbildcharakter zugesprochen (Schalldach 1930, S. 51).

Die Zustimmung von Gewerkschaftern und sozialdemokratischen Politikern galt vor allem den einkommens- und wirtschaftspolitischen Effekten des Ford'schen Produktionsmodells. Aber nach ernüchternden Erfahrungen mit den Folgen der repetitiven Bandarbeit mehrten sich die kritischen Stimmen (Schalldach 1930, S. 54ff.): gegen die Monotonie, die einseitigen Belastungen, den Mangel an Qualifikationschancen und positiven Arbeitserfahrungen. Es sei, wie Hellpach (1925, S. 51) beklagte, „der ‚ganze Mensch' folgerichtig überhaupt nur noch *außerhalb* der Arbeit vorhanden" (Hervorh. im Orig.) (→ auch Einfacharbeit, Arbeitsqualität).

Schon vor Ford war die Fließfertigung standardisierter Produkte in der deutschen Industrie durchaus bekannt. Es gab sie schon vor dem Ersten Weltkrieg in der Montage der Elektroindustrie. Mit Motoren getriebene Bänder wurden zuerst 1923 bei der Adam Opel AG installiert. Zum Teil wurde der Technisierungsspielraum auch bewusst nicht genutzt, weil man sich wie bei der Siemens AG die Flexibilität gegenüber wechselnden Marktanforderungen erhalten wollte, zum Teil waren die Seriengrößen zu niedrig (Schmidt 1993, S. 75; vgl. auch Stollberg 1981, S. 45ff.; zur Verbreitung von Fließbandarbeit bis 1933 vgl. die Branchenstudien bei Bönig 1993; für Siemens siehe auch Homburg 1991).

Ihren Höhepunkt in Deutschland erlebte die arbeitsteilige Fließproduktion von Massengütern in der Rekonstruktionsperiode der 1950er und 1960er Jahre. Sie gilt für die Zeit als strukturprägend, war aber selbst in dieser Phase nicht die empirisch vorherrschende Arbeitsform. Das liegt vor allem an der durch die Produktions- und Investitionsgüterindustrie geprägten Branchenstruktur. In diesen Fertigungsbereichen eignen sich nur wenige Arbeitsplätze für die standardisierte Fließfertigung.

Die klassische Domäne repetitiver Teilarbeit ist hingegen die Großserienfertigung in der Konsumgüterindustrie. Aber selbst in der Elektroindustrie mit ihrem hohen Anteil an ‚taylorisierten' bzw. ‚fordisierten' Arbeitsplätzen fiel angesichts des großen Investitionsgüteranteils kaum mehr als die Hälfte des Produktionsvolumens unter diese Arbeitsformen (vgl. Wittke 1996, siehe auch Schmidt 1993). In Frankreich war die Industrie stärker großbetrieblich organisiert und stand deshalb Taylor wie Ford viel aufgeschlossener gegenüber, zumal dort auch keine ausgeprägte Facharbeiterkultur wie in Deutschland bestand (→ auch Facharbeit).

Zentrale Forschungsergebnisse

Die ökonomische und gesellschaftliche Bedeutung der Massenproduktion ist in der Industriesoziologie unterschiedlich bewertet worden. Als repräsentativ für die 50er Jahre kann das fast emphatische Urteil Peter F. Druckers (1949/50, S. 15) gelten: „Heute besteht kein Zweifel mehr, daß die Idee der Massenproduktion über ihre Bedeutung für die Produktionswirtschaft hinaus ein *allgemeines Organisationsprinzip gesellschaftlicher Arbeit ist*". Nach den Krisen der 1970er Jahre diagnostizierten dann Piore/Sabel (1985, S. 205) die „Sättigung der Industriemärkte" und deuteten dies als das Ende der angebotsorientierten Massenproduktion. Dem Wandel zu stärker differenzierten Kundenwünschen trugen Ende der 70er Jahre neue Produktionsmuster wie die „flexible Spezialisierung" (ebd., S. 279ff.) oder die „differenzierte Qualitätsproduktion" (Sorge/Streeck 1988) Rechnung.

In der folgenden Experimentierphase der 80er und 90er Jahren scheiterten technikzentrierte Strategien wie die automatische Fabrik und CIM-Visionen an den marktbedingten Flexibilitätserfordernissen, während sich organisatorische Konzepte wie das Toyota-Modell der → ‚lean production' eher durchsetzten. Produktionstechnisch wurde der Kompromiss zwischen kostengünstiger Standardisierung und kundenbezogener Flexibilisierung durch den Serienbau von Modulen und deren Kombination zu unterschiedlichen Typen erreicht (Pries et al. 1990).

Castells (1996b) hat gezeigt, dass nicht nur Klein- und Mittelbetriebe, wie Piore/Sabel meinten, die Flexibilität gewährleisten. Das neue vertikal desintegrierte Unternehmen organisiert seine Produktionsintegration durch horizontale und vertikale Netzwerkbeziehungen, deren lose Bindung hinreichenden Verpflichtungscharakter bei maximaler Flexibilität aufweist. Dies wurde von Lüthje (2004) am Beispiel der IT-Industrie bestätigt. ‚Fabriklose' Unternehmen der New Economy mit Designkompetenz wie Apple beauftragen Kontraktfertiger (wie Foxconn in China), deren „netzwerkbasierte Massenproduktion" (ebd., S. 68) fordistisch organisiert ist (→ auch Netzwerke, Transnationale Unternehmen, Globale Wertschöpfungsketten und internationale Arbeitsteilung).

Wirtschaftshistoriker haben die in den 70er Jahren nicht nur unter Marxisten weit verbreitete These von der Generalisierbarkeit der Massenproduktion überzeugend kritisiert und darauf hingewiesen, dass dafür schon die erste Ford-Fabrik Highland Park kein gültiges Modell abgegeben habe. Williams et al. (1992) belegten anhand vieler zeitgenössischer Quellen, dass wesentliche Merkmale des daraus abgeleiteten ‚Fordismus' nicht zutrafen. Demnach hat die Einführung des angetriebenen Fließbands im April 1913 keinen entscheidenden Produktivitätssprung bewirkt, sondern war nur ein Schritt in einem ständigen Innovationsprozess. Sie widersprachen damit auch der These von der Starrheit der standardisierten Fertigung (ebd., S. 519 f.). Die enormen Produktivitätsfortschritte resultierten demgegenüber aus einer Vielzahl von Maßnahmen, unter denen die Fließarbeit nur eine, wenn auch eine sehr bedeutende war. Diese große Flexibilität ging in der vertikal voll integrierten Fabrik von River Rouge wieder verloren. Sie entsprach zwar den Modellkriterien des Ford zugeschriebenen Massenproduktionsmusters, widersprach ihnen aber faktisch durch ihre immanente Restriktivität.

Williams et al. zogen daraus den Schluss, dass das auf dem Beispiel von Ford beruhende Massenproduktionsmodell der ‚Fordismus'-Theoretiker nicht länger haltbar sei und aufgegeben werden müsse. Nach heutigen Kriterien sei die Highland-Park-Fabrik eher als „proto-japanisch" zu begreifen, weil diese Fabrik wesentliche Elemente des Toyota-Modells vorweggenommen habe und damit der ‚lean production' des Toyota-Modells strukturell näher stehe als dem sog. ‚Fordismus' der Regulationsschule (siehe dazu auch Castells 2000, S. 157ff.).

Bei Anerkennung der Korrekturen im Einzelnen muss man das radikale Gesamturteil nicht teilen. Die Orientierung am Highland-Park-Beispiel ist für die Rezeptionsgeschichte letztlich kaum von Belang, weil diese ihr eigenes wirkungsmächtiges Muster kreiert hat, das bis in die Gegenwart relevant geblieben ist. Anders verhält es sich mit der Kombination der beiden prominentesten Rationalisierungsmethoden: Taylors individuell optimiertes Höchstleistungskonzept und Fords technologisch definierte Optimierung des Arbeitsflusses (vgl. Braun 1992, S. 55). In der Hochzeit der deutschen Massenfertigung, Mitte der 1950er bis Ende der 70er Jahre, sind Fords technologisch induzierte Arbeitsintensivierung mit den tayloristisch verknappten Vorgabezeiten (MTM, Workfactor oder REFA) etc. oft miteinander verknüpft worden. Nur für diese Zeit kann von einem ‚tayloristisch-fordistischen' Arbeitsmuster die Rede sein. Mit der Wende zur differenzierten Qualitätsproduktion und zu teilweise wieder angereicherten Arbeitsinhalten, zur Rückverlagerung der Verantwortung auf das operative Personal etc., ist diese Verbindung gekappt (→ auch Unternehmens[re]organisation, Neue Produktionskonzepte).

Im Bereich digitaler → Einfacharbeit gibt es Entwicklungen, die oft mit früheren Rationalisierungskonzepten in Verbindung gebracht werden, vorzugsweise mit dem Taylorismus. Es gibt aber auch gewisse Tendenzen, z.B. in der Kommissionierungsarbeit der Warenlogistik, die mit dem Ford'schen Fließarbeitskonzept verglichen werden können. Am Beispiel der Verwendung von Handscannern in diesem Arbeitsfeld bei Amazon schreiben Staab und Nachtwey (2016: 28) über deren Einsatz: „Sie sind eher mit mobilen Fließbändern zu vergleichen, verkoppeln sie doch die verstreut tätigen Beschäftigten mit einem technischen System, das deren Aufgaben bis ins Detail reguliert." Welche Tendenzen überwiegen, ist gegenwärtig noch nicht auszumachen (→ auch Digitale Transformation der Arbeit).

Vom Begriff des Fordismus abgeleitet wird zuweilen vom *Postfordismus* gesprochen, der allerdings weder nach den Kriterien der Regulationstheorie noch sonst empirisch plausibel als eigenständige industrielle Formationsperiode angesehen werden kann. Mit dem Begriff wird nur eine zeitliche bzw. negatorische Abgrenzung gegenüber der vorangehenden Phase des sog. Fordismus, die in den 70er Jahren endete, vorgenommen.

Rudi Schmidt

Empfehlungen zum Weiterlesen

Ford, Henry o.J. [1923]: Mein Leben und Werk. Leipzig: List.
Galbraith, John Kenneth 1964: Tabus in Wirtschaft und Politik der USA. Reinbek: Rowohlt [zuerst unter dem Titel *The Liberal Hour*. Boston: Houghton 1960].
Hounshell, David A. 1985: From the American System to Mass Production 1800–1932. Second Printing. Baltimore/London: The Johns Hopkins University Press.
Nevins, Allan 1954: Ford. The Times, the Man, the Company. New York: Charles Scribners's Sons.
Williams, Karel/Haslam, C./Williams, J. 1992: Ford versus „Fordism": The Beginning of Mass Production? In: Work, Employment and Society, Vol. 6, No. 4, S. 517–555.
Wittke, Volker 1996: Wie entstand industrielle Massenproduktion? Die diskontinuierliche Entwicklung der deutschen Elektroindustrie von den Anfängen der ‚großen Industrie' bis zur Entfaltung des Fordismus (1880–1975). Berlin: edition sigma.

Gewerkschaften

Begriff

Gewerkschaften sind ein zentrales Element der → Industriellen Beziehungen in Deutschland und in anderen Ländern (→ Industrielle Beziehungen in internationaler Perspektive). Sie sind organisational verfestigte freiwillige Zusammenschlüsse abhängig Erwerbstätiger, um ihre kollektiven Interessen als Arbeitskräfte zu befördern. Vorrangiges Mittel der Gewerkschaften hierzu ist der Abschluss von → Tarifverträgen, für deren Durchsetzung die Mitglieder bei Vorliegen bestimmter Voraussetzungen zum Arbeitskampf (Streik) aufgerufen werden können. Daneben leisten Gewerkschaften aber auch Lobby-Arbeit in der politischen Arena, um die relevanten Akteure zu arbeitnehmerfreundlichen Entscheidungen zu bewegen; außerdem wird über Öffentlichkeitsarbeit versucht, ein gesellschaftliches Klima zu erzeugen, in dem gewerkschaftliche Forderungen positiv aufgenommen werden.
Die Machtbasis von Gewerkschaften (Schmalz/Dörre 2014) liegt zum einen in der Primärmacht der von ihr organisierten Mitglieder („strukturelle Macht"), zum anderen in der Fähigkeit, kollektives Handeln zu organisieren („Organisationsmacht"). Daneben verfügen sie in entwickelten Wohlfahrtsstaaten in aller Regel über „institutionelle Macht", also über historisch verfestigte Machtpositionen, die in das Institutionengeflecht einer Gesellschaft eingelassen sind (etwa in Form von gesetzlich verankerten Rollen und Rechten; → auch Unternehmensmitbestimmung). Darüber hinaus stellt die Anerkennung von Gewerkschaften und der Legitimität ihrer Forderungen und Politiken im öffentlich-politischen Diskurs eine zusätzliche Machtquelle („kommunikative" oder „Diskurs-Macht") dar, deren Erosion im Übergang vom „sozialdemokratischen Zeitalter" (Dahrendorf) zum antigewerkschaftlich orientierten neoliberalen Diskurs deutlich spürbar geworden war. Schließlich können Gewerkschaften auch über „Kooperationsmacht" verfügen, also über die Option, andere gesellschaftliche Akteure für eigene Kampagnen mobilisieren zu können.
Rechtliche Grundlage von Gewerkschaften ist in Deutschland die im Grundgesetz festgeschriebene Koalitionsfreiheit; Art. 9 Abs. 3 GG stellt fest: „Das Recht, zur Wahrung und Förderung der Arbeits- und Wirtschaftsbedingungen Vereinigungen zu bilden, ist für jedermann und für alle Berufe gewährleistet". Gleichzeitig erfahren die Gewerkschaften juristisch eine besondere Privilegierung, da nur sie laut § 2 (1) des Tarifvertragsgesetzes (TVG) für die Arbeitnehmerseite Tarifvertragspartei sein können, und gleichzeitig im Betriebsverfassungsgesetz (BetrVG) § 77 (3) eine sogenannte „Tarifüblichkeitssperre" eingerichtet wurde, die es → Betriebsräten untersagt, über Gegenstände Betriebsvereinbarungen abzuschließen, die üblicherweise tarifvertraglich geregelt werden, bzw. qua Betriebsvereinbarung die in Tarifverträgen festgelegten Standards zu unterlaufen. Damit ist klar, dass die Gewerkschaften auf Arbeitnehmerseite die zentralen Akteure bei der Festlegung von Arbeits- und Entlohnungsstandards darstellen.
Nicht jeder freiwillige Zusammenschluss abhängig Erwerbstätiger stellt jedoch eine Gewerkschaft dar. Das Bundesarbeitsgericht (BAG) hat in verschiedenen Urteilen über die Tariffähigkeit von Verbänden einen Kriterienkatalog ent-

wickelt, den Verbände erfüllen müssen, wenn sie als tariffähige Gewerkschaft gelten wollen: Sie müssen auf überbetrieblicher Grundlage organisiert, frei gebildet, gegnerfrei und unabhängig sein sowie über eine leistungsfähige Organisation und über hinreichende Durchsetzungskraft gegenüber dem Tarifgegner verfügen, was wesentlich über den Organisationsgrad im tarifrelevanten Bereich operationalisiert wird (vgl. etwa BAG, Beschluss vom 22.06.2021, 1 ABR 28/20). Außerdem müssen sie willens sein, Tarifverträge abzuschließen, und das geltende Tarifrecht als verbindlich anerkennen (vgl. etwa BAG, Beschluss vom 26.06.2018 – 1 ABR 37/16). Das Bundesverfassungsgericht (BVerfG) hat bestätigt, dass diese Kriterien auch unter den veränderten Rahmenbedingungen des 2015 verabschiedeten Tarifeinheitsgesetzes sowie des ebenfalls 2015 eingeführten Mindestlohngesetzes gültig sind (vgl. etwa BVerfG, Beschluss der 3. Kammer des Ersten Senats vom 13.09.2019 – 1 BvR 1/16, Rn. 1–16).

Genese/theoretischer Kontext

Entstanden sind Gewerkschaften in Deutschland in der zweiten Hälfte des 19. Jahrhunderts im Zuge der industriellen Revolution und der Ausbreitung des Industriekapitalismus (vgl. zur Geschichte der Gewerkschaften insgesamt u.a. Schönhoven 1987; → auch Industriegesellschaft und Industrialisierung). Organisatorisch schlossen sie in der Frühphase häufig an die Tradition der zünftlerischen Gesellenverbände an, was sich auch daran zeigt, dass die ersten Gewerkschaften in Deutschland, die sich im Kontext der Revolution von 1848 auf nationaler Ebene organisierten, Berufsgewerkschaften in handwerklicher Tradition waren (Buchdrucker und Zigarrenarbeiter).
In der Zeit zwischen 1850 bis 1890 waren die gewerkschaftlichen Organisationsversuche wiederholt politischen Repressionen ausgesetzt, was die Verbände entweder zur Auflösung oder zur Umwandlung in reine Unterstützungs- und Arbeiterbildungsvereine zwang. Erst nach Aufhebung der Sozialistengesetze 1890 konnte es zu einem organisatorischen Aufschwung auf breiter Basis kommen. Gleichzeitig markierte die Gründung des Deutschen Metallarbeiterverbandes (1891) den sich nun sukzessiv vollziehenden Übergang von den bislang dominierenden Berufs- hin zu Branchengewerkschaften, was fortan das vorherrschende Organisationsprinzip deutscher Gewerkschaften sein sollte; Ausnahmen stellten lediglich die statusgruppenorientierten Angestellten- und Beamtengewerkschaften dar.
Offizielle Anerkennung als legitime kollektive Interessenvertretung der abhängig Beschäftigten erfuhren die Gewerkschaften staatlicherseits 1916 mit dem Gesetz über den vaterländischen Hilfsdienst (‚Hilfsdienstgesetz'); 1918 wurden sie im Vorfeld der Revolution von 1918/19 mit dem Stinnes-Legien-Abkommen von den → Arbeitgeberverbänden als Tarifpartei akzeptiert, was dann auch rechtlich in der ‚Verordnung über Tarifverträge, Arbeiter- und Angestelltenausschüsse und Schlichtung von Arbeitsstreitigkeiten' (1918) ratifiziert wurde.
Organisatorisch blieben die Gewerkschaften während der Weimarer Republik zersplittert; nicht nur die Statusgruppen waren in unterschiedlichen Verbänden organisiert, sondern gleichzeitig waren die Arbeiter-, Angestellten- und Beamtenverbände regelmäßig auch noch politischen Richtungsgewerkschaften zugeordnet (sozialdemokratisch, christlich, liberal). 1933 wurden die Gewerkschaften vom nationalsozialistischen Regime zerschlagen und in die Deutsche Arbeitsfront (DAF) zwangsüberführt.
Da die organisatorische und politische Zersplitterung der Arbeitnehmerbewegung die Machtübernahme durch die Nationalsozialisten zumindest erleichtert hatte, waren sich die zentralen Akteure des Wiederaufbaus des Gewerkschaftswesens nach dem Zweiten Weltkrieg einig darüber, sich möglichst in Form von Einheitsgewerkschaften nach dem Industrieverbandsprinzip zu organisieren, so dass alle Beschäftigten einer Branche – unabhängig von Status und politischer oder weltanschaulicher Orientierung – ein und derselben Gewerkschaft angehören würden. Dieses Prinzip der Einheitsgewerkschaft wurde mit der Gründung von Gewerkschaften verwirklicht, die sich im Deutschen Gewerkschaftsbund (DGB) zusammenschlossen; der Deutsche Beamtenbund (DBB) sowie die Deutschen Angestelltengewerkschaft (DAG) oder der Christliche Gewerkschaftsbund (CGB) stellten die sichtbaren Ausnahmen von diesem Prinzip dar.
Seit den späten 1980er Jahren ist es zu diversen Zusammenschlüssen einzelner DGB-Gewerkschaften gekommen (Behrens/Pekarek 2016). Da-

durch hat sich die Zahl der Einzelgewerkschaften von ehemals 17 auf gegenwärtig acht mehr als halbiert; 2001 ist auch die DAG in der Vereinten Dienstleistungsgewerkschaft (ver.di) aufgegangen und damit Teil des DGB geworden.

Eine Entwicklung der letzten Jahre, die erhebliche Aufmerksamkeit auf sich gezogen hat, ist die erstarkte Bedeutung von kleineren, aber aufgrund ihrer Positionsmacht durchsetzungsstarken Berufsgewerkschaften wie etwa Cockpit (Piloten und Flugingenieure), Marburger Bund (Ärzte), GdL (Lokomotivführer) und UFO (Flugbegleiter) (vgl. etwa Keller 2017, 2020 a). Der Gesetzgeber hat 2015 mit dem sogenannten Tarifeinheitsgesetz auf das zunehmende Problem von Tarifkollisionen in Betrieben reagiert, in denen mehrere Gewerkschaften unterschiedliche Tarifverträge für ihre jeweiligen Mitglieder abschließen, und den Grundsatz ‚ein Betrieb – ein Tarifvertrag' dahingehend bestätigt, dass ein Anwendungsvorrang des Tarifvertrags der jeweiligen ‚Mehrheitsgewerkschaft' in einem Betrieb festgelegt wurde.

Zu Gewerkschaften und ihren Funktionen sind – aus (auch disziplinär) ganz unterschiedlichen Perspektiven – zahlreiche Theorieansätze entwickelt worden, die hier nicht in ihrer Breite dargestellt werden können (für eine zusammenfassende Übersicht vgl. Müller-Jentsch 2008 a). Für die einschlägigen sozialwissenschaftlichen Debatten in Deutschland waren insbesondere folgende relevant:

Marxistische Gewerkschaftstheorie: In dieser Perspektive wird regelmäßig auf den Doppelcharakter von Gewerkschaften zwischen systemimmanenten Versuchen der Verbesserung der Situation von Lohnabhängigen *im* Kapitalismus und dem systemtranszendierenden Kampf *gegen* das kapitalistische System verwiesen.

Gewerkschaften in organisationstheoretischer Perspektive: Im Kontext des historischen Übergangs der Gewerkschaften von ‚sozialer Bewegung' zu ‚Bürokratie' (Streeck 1981) wurden verstärkt auch die paradoxen Handlungsbedingungen von Gewerkschaften als Organisationen thematisiert; so streicht etwa Weitbrecht (1969) heraus, das sich Gewerkschaften in ihrer Tarifpolitik regelmäßig zwischen Effektivität und Legitimität ihres Handelns entscheiden müssten: Zum einen seien sie intern der demokratischen Willensbildung verpflichtet und an die ‚Beschlusslage' gebunden, gleichzeitig müssten sie in externen Verhandlungssituationen aber auch kompromiss- und entscheidungsfähig bleiben – ggf. auch entgegen der Mehrheitsmeinung der eigenen Mitgliedschaft.

Gewerkschaften als intermediäre Organisationen: Dieser Ansatz, den Müller-Jentsch seit den frühen 1980er Jahren (Müller-Jentsch 1982) entwickelt hat, sieht Gewerkschaften als Organisationen, deren Funktion wesentlich in der Vermittlung von Mitgliederinteressen und „Systeminteressen" besteht. Dieser Perspektive hinterlegt Müller-Jentsch später ein breiter angelegtes Konzept zur Analyse industrieller Beziehungen, das er als „erweiterten (akteurzentrierten) institutionalistischen Ansatz" bezeichnet (Müller-Jentsch 2008 a).

Zentrale Forschungsergebnisse

Auch wenn es mehrere inner- und außeruniversitäre Einrichtungen gibt, an denen regelmäßig zu diversen Gewerkschaftsthemen geforscht wird, ist doch zu konstatieren, dass die Gewerkschaftsforschung in Deutschland ihren Höhepunkt in den 1970er und frühen 1980er Jahren hatte. Allerdings scheint sich seit einigen Jahren – parallel zur gesellschaftlichen Relativierung des in den 1990er und 2000er Jahren nahezu hegemonialen neoliberalen und gewerkschaftsaversen Diskurses und im Kontext einer öffentlichen Re-Thematisierung klassischer Fragen sozialer Ungleichheit (Stichworte: wachsende Einkommensungleichheit, working poor, Altersarmut, prekäre Beschäftigungsverhältnisse etc.) – wieder eine zunehmende Beschäftigung mit Gewerkschaftsfragen anzudeuten. Dabei ist das Themenspektrum vielfältig: Es reicht von der Frage nach dem Funktionsverlust der Gewerkschaften im politischen Raum aufgrund des ‚gelockerten' Verhältnisses zur Sozialdemokratie über das (wieder gestiegene) Ansehen der Gewerkschaften in der Öffentlichkeit bis hin zu Fragen nach ‚neuen' gewerkschaftlichen Herausforderungen, wie etwa zwischengewerkschaftlicher Konkurrenz, dem demografischen Wandel, der Finanzialisierung des Kapitalismus (→ auch Finanzmarkt-Kapitalismus) oder dem (Wieder-)Erstarken bestimmter Handlungsfelder (→ Arbeits- und Gesundheitsschutz, Weiterbildung etc.). Besonders starke Beachtung in der einschlägigen Forschung haben in den letzten Dekaden jedoch folgende Themen gefunden (vgl. auch Dribbusch/Birke 2019):

Mitgliederentwicklung der Gewerkschaften: Die organisatorische Stärke von Branchen-Gewerkschaften, wie sie sich in Deutschland typischerweise herausgebildet haben, hängt wesentlich von der Zahl der Mitglieder ab, wobei insbesondere die aktiv erwerbstätigen Mitglieder die wesentliche Größe darstellen: Sie zahlen zum einen die höchsten Mitgliedsbeiträge und tragen damit entscheidend zur Sicherung der Finanzbasis der Gewerkschaften bei, zum anderen sind auch nur sie es, die im Konfliktfall durch Arbeitsniederlegungen Druck auf die Arbeitgeber ausüben können.

Als freiwillige Mitgliederorganisation können Gewerkschaften niemanden zum Beitritt zwingen, und die Tatsache, dass sie wesentlich an der Herstellung von Kollektivgütern beteiligt sind, von denen auch Nicht-Mitglieder (etwa in Form von Tariferhöhungen) profitieren, verweist auf das grundlegende Problem: Gewerkschaften müssen für (potenzielle) Mitglieder so attraktiv erscheinen, dass diese hinreichend motiviert werden, regelmäßige Beiträge zu leisten und sich eventuell sogar aktiv in der und für die Organisation zu engagieren.

Dies ist offensichtlich immer weniger der Fall gewesen, auch wenn sich in den letzten Jahren in manchen Organisationsbereichen eine Stabilisierung des Mitgliederbestandes abzeichnet: Der Organisationsgrad sank nach dem (durch die Integration der ehemaligen DDR-Gewerkschaften in den DGB ausgelösten) ‚Vereinigungsboom' kontinuierlich, und zwar sogar unter das ehemals in Westdeutschland erreichte Niveau. Die absoluten Mitgliederzahlen in den DGB-Gewerkschaften sind von einem Höchststand von gut 11,8 Mio. in den frühen 1990er Jahren auf 5,85 Mio. im Jahr 2020 gefallen. Damit liegt der (Brutto-)Organisationsgrad bei deutlich unter 15%; berücksichtigt man nur die aktiv erwerbstätigen Gewerkschaftsmitglieder (also ohne Rentner, Arbeitslose etc.), dürfte der (Netto-)Organisationsgrad noch mindestens zwei Prozentpunkte darunter liegen.

Verschärfend kommt hinzu, dass die Mitgliederstruktur der Gewerkschaften in dem Sinn ‚veraltet' ist, dass sich in ihr die Beschäftigtenstruktur der 1960er Jahre widerspiegelt: Stark bei den (männlichen) Facharbeitern und im Verarbeitenden Gewerbe, notorisch unterrepräsentiert bei Hochqualifizierten, Frauen, jüngeren Beschäftigten sowie in den ‚modernen' Dienstleistungsbranchen (Schnabel/Wagner 2007, Greef 2014, Hassel/Schroeder 2018).

Verlust gewerkschaftlicher Gestaltungsmacht: Im Kontext dieser Debatten werden wesentlich drei Argumentationen mobilisiert, die allesamt auf eine Verschiebung zwischen der tariflichen und der betrieblichen Regulierungsebene im deutschen System industrieller Beziehungen zugunsten letzterer hinauslaufen:

a) Die äußere und innere ‚Erosion' des Flächentarifvertrags (Bispinck/Schulten 1998; → auch Tarifvertrag): Zum einen nimmt wegen des sinkenden Organisationsgrades der → Arbeitgeberverbände der formale Geltungsbereich und damit die Deckungsrate von Flächentarifverträgen ab. 2021 waren in Westdeutschland nur noch 25% der Betriebe und 45% der Beschäftigten durch einen Flächentarif abgedeckt, in Ostdeutschland lediglich 15% der Betriebe und 34% der Beschäftigten (Ellguth/Kohaut 2022). Zum anderen nimmt die Normierungskraft der Tarife für die tatsächliche Ausgestaltung der Arbeitsverhältnisse in tarifgebundenen Betrieben ab – sei es in regulierter Form (etwa im Rahmen ‚Betrieblicher Bündnisse') oder durch schlichten Tarifbruch: In der WSI-Betriebsrätebefragung 2015 gaben 13% der Betriebsräte an, dass es in ihrem Betrieb zu Abweichungen von tariflichen Mindeststandards komme, die rechtlich nicht gedeckt seien (Amlinger/Bispinck 2016).

b) Verbetrieblichung durch Korridor-Regelungen und tarifliche Öffnungsklauseln: Seit Mitte der 1980er Jahre sind – zunächst im Kontext der Tarifverträge zur Arbeitszeitverkürzung und -flexibilisierung (→ Arbeitszeit) – vermehrt Tarifverträge zu beobachten, in denen die letztendliche Ausgestaltung der Vereinbarungen innerhalb festgelegter Bandbreiten („Korridore") an die Betriebsparteien delegiert wurde. Weitergehend sind die mitunter recht pauschalen tariflichen Öffnungsklauseln, durch die den Betriebsparteien die Chance eingeräumt wird, von bestimmten tariflichen Regulierungen abzuweichen, ohne dass Korridore vorgegeben würden (vgl. etwas das Pforzheimer Abkommen 2004 in der Metall- und Elektroindustrie); mitunter stehen die betrieblichen Lösungen unter dem Zustimmungsvorbehalt der Tarifparteien. Solche Öffnungsklauseln werden in rd. 20% der tarifgebundenen Betriebe angewendet und betreffen rd. 35% der in solchen tarifgebundenen Betrieben Beschäftigten (Ellguth/Kohaut 2014; zur Praxis der Tarifabweichungen am Beispiel der Metall- und Elektroindustrie vgl. Haipeter 2020).

c) Betriebliche Bündnisse: Seit Mitte der 1990er Jahre lassen sich vermehrt sogenannte „Betriebliche Bündnisse" finden, in deren Rahmen die Betriebsparteien Regelungen vereinbaren, die auf der einen Seite geltende tarifliche Standards verletzen, auf der anderen Seite Zusagen an die Belegschaften in Form von befristeten Beschäftigungs- oder Investitionsgarantien enthalten. Über die quantitative Verbreitung betrieblicher Bündnisse existieren gewisse Unsicherheiten; während Seifert/Massa-Wirth (2005) für 2003 noch von 23% der Betriebe ausgehen, die ein solches Bündnis abgeschlossen haben, scheint sich im Zuge der Krise seit 2008 die Anzahl beträchtlich erhöht zu haben (Bogedan et al. 2011). Zwar konnte gezeigt werden, dass sich existierende Bündnisse positiv auf die betriebliche Bewältigung der Krise ausgewirkt haben (Bellmann/Gerner 2012), gleichzeitig wurde aber auch grundsätzlich in Frage gestellt, ob und inwieweit eine Strategie der regelmäßigen Erneuerung betrieblicher Bündnisse überhaupt nachhaltig sein kann (Rehder 2006). Inwieweit die Covid-19-Krise zu einem abermaligen Aufleben solcher betrieblichen Bündnisse geführt hat, muss aktuell als offen bezeichnet werden; erste Hinweise finden sich bei Stettes (2021).

d) Das Aufkommen neuer → betrieblicher Beschäftigungssysteme: Insbesondere an den Beispielen der Zunahme von Crowd Workern, Werkvertragsnehmern und Solo-(Schein-)Selbstständigen wird diskutiert, inwiefern hier mit ‚normalen' abhängigen Erwerbsverhältnissen nicht auch die sozialstrukturelle Basis gewerkschaftlicher Gestaltungschancen erodiert (vgl. etwa die Beiträge in H. 2 der Zeitschrift ‚Industrielle Beziehungen' 2016, Greef et al. 2020) (→ auch Digitale Transformation der Arbeit, Mobile Arbeit, Normalarbeitsverhältnis, Plattformarbeit).

Union Revitalization: Angesichts des drohenden Bedeutungsverlusts der Gewerkschaften (nicht nur) in Deutschland entspann sich im weiteren Kontext der internationalen Debatten über ‚union revitalization' auch hier eine Diskussion darüber, was Gewerkschaften tun bzw. tun können, um ihre Position wieder zu stärken (vgl. etwa Behrens et al. 2003, Thünken 2018). In diesem Zusammenhang haben insbesondere ‚Organizing'-Bestrebungen von Gewerkschaften Aufmerksamkeit gefunden, die mit dem Ziel durchgeführt werden, die Mitgliederbasis und damit die Grundlage der Organisationsmacht von Gewerkschaften zu stärken (vgl. etwa Bremme et al. 2007). Insgesamt wird der bisherige Erfolg solcher Revitalisierungspolitiken allerdings eher als bescheiden eingeschätzt (Rehder 2014).

Herausforderung ‚ökologische Frage': Gewerkschaften haben in den vergangenen Jahren mit erheblichen Schwierigkeiten zu kämpfen, eine Position zu formulieren und umzusetzen, wie etwa ökologische ‚Gattungsinteressen' mit den Beschäftigteninteressen in Einklang zu bringen sein könnten (Brand 2019, Bohnenberger et al. 2021) (→ Arbeit und Nachhaltigkeit).

Internationaler Bezug

Schon in der Gründungsphase im 19. Jahrhundert unterhielten die Gewerkschaften – im Geiste des damals favorisierten „proletarischen Internationalismus" – zahlreiche Kontakte über europäische Ländergrenzen hinweg, aber z.B. auch in die USA. Bereits in den 1890er Jahren entstanden erste internationale Organisationen („Berufssekretariate"); im 20. Jahrhundert wurden auf Branchen- und Sektorebene zahlreiche europäische und globale Gewerkschaftsdachverbände gegründet. Über lange Zeiträume hinweg sahen sie ihre Hauptaufgabe in länderübergreifender Koordination gewerkschaftlicher Arbeit und in interessenpolitischer Einflussnahme auf die nationale Regulierung von Arbeits-, aber auch gewerkschaftlichen Operationsbedingungen. Einen erheblichen Bedeutungszuwachs erlebten die Dachverbände im Zuge der → Globalisierung/Transnationalisierung und Europäisierung, insbesondere weil die Gewerkschaften durch das zunehmend grenzüberschreitende Agieren multinationaler respektive → transnationaler Unternehmen gezwungen waren, ihrerseits länderübergreifend zu handeln. Damit mussten sie auch die Herausforderung annehmen, die teilweise konkurrierenden Interessen nationaler Belegschaften (z.B. in Bezug auf Arbeitsplatzsicherheit, Beschäftigungs- und Entgeltbedingungen) auszutarieren. Seit auch auf Konzernebene transnationale Unternehmensvereinbarungen abgeschlossen werden, ist eine neue quasi-tarifpolitische Arena entstanden, in der auch internationale Gewerkschaftsorganisationen aktiv sind (vgl. im Überblick: Platzer/Müller 2009, Rüb et al. 2011, Mangold 2020) (→ auch Industrielle Beziehungen in internationaler Perspektive).

Rainer Trinczek

Empfehlungen zum Weiterlesen

Bergmann, Joachim/Jacobi, Otto/Müller-Jentsch, Walther 1975: Gewerkschaften in der Bundesrepublik. Gewerkschaftliche Lohnpolitik zwischen Mitgliederinteressen und ökonomischen Systemzwängen. Frankfurt a.M.: EVA.

Brinkmann, Ulrich/Choi, Hae- Lin/Detje, Richard/Dörre, Klaus/Holst, Hajo/Karakayali, Serhat/Schmalstieg, Catharina 2008: Strategic Unionism: Aus der Krise zur Erneuerung. Umrisse eines Forschungsprogramms. Wiesbaden: VS Verlag.

Keller, Berndt 2008: Einführung in die Arbeitspolitik. Arbeitsbeziehungen und Arbeitsmarkt in sozialwissenschaftlicher Perspektive (7., völlig überarb. Aufl.). München: Oldenbourg.

Müller-Jentsch, Walther 2011: Gewerkschaften und Soziale Marktwirtschaft seit 1945. Stuttgart: Reclam.

Müller-Jentsch, Walther 2018: Tarifautonomie. Über die Ordnung des Arbeitsmarktes durch Tarifverträge. Wiesbaden: Springer VS.

Schroeder, Wolfgang (Hg.) 2014: Handbuch Gewerkschaften in Deutschland (2., überarb., erw. u. akt. Aufl.). Wiesbaden: Springer VS.

Globale Wertschöpfungsketten und internationale Arbeitsteilung

Begriff

Globale Wertschöpfungsketten bezeichnen transnationale Verflechtungen von geografisch fragmentierten Arbeits- und Produktionsprozessen, die in die Herstellung und Vermarktung eines bestimmten Produktes oder einer bestimmten Dienstleistung einfließen. Diese umfassen beispielsweise Produktentwicklung und -design, die Beschaffung von Rohmaterialien und Produktionsmitteln, den eigentlichen Herstellungsprozess sowie Marketing und Vertrieb. Diese Form grenzüberschreitender Produktion hat historische Vorläufer, gewinnt aber mit dem kostengetriebenen Offshoring ab den 1970er und vor allem den 1990er Jahren an Relevanz. In dieser Zeit begannen Unternehmen, arbeitsintensive Fertigungsprozesse in Länder mit niedrigeren Arbeitskosten zu verlagern. Treiber globaler Wertschöpfungsketten sind in der Regel multinational agierende Unternehmen, die durch die Organisation und Koordination geografisch ausdifferenzierter/fragmentierter Produktionssysteme versuchen, die Kosteneffizienz und Flexibilität von Arbeits- und Produktionsprozessen zu maximieren. Die dadurch entstandene „neue internationale Arbeitsteilung" (vgl. Fröbel et al. 1983) prägt seitdem die weltwirtschaftlichen Strukturen und die damit einhergehende Verteilung von Wohlstandserträgen. Anders als in früheren Formen der internationalen Arbeitsteilung, in denen die Länder Asiens, Afrikas und Lateinamerikas vorrangig Rohstoffe für die industrielle Produktion in West-Europa und Nordamerika lieferten, sind sog. Entwicklungsländer in der „neuen internationalen Arbeitsteilung" auch als Standorte für arbeitsintensive Produktionsschritte in die internationale Weltwirtschaft eingebunden (→ auch Globalisierung/Transnationalisierung). Die Wertschöpfungserträge in solchen Arrangements der internationalen Arbeitsteilung sind in hohem Maße ungleich verteilt, da wissensintensive Prozesse wie Produktentwicklung und Design vorwiegend in den Metropolen der am weitesten entwickelten Regionen verrichtet werden und die Unternehmensbeziehungen von Machtungleichgewichten geprägt sind. Die geografische Arbeitsteilung ist allerdings nicht statisch, sondern unterliegt stetigen Veränderungen mit regionalen Aufwertungs-, Abwertungs- und Exklusionsprozessen, die durch die Analyse von sektoralen Wertschöpfungsketten untersucht werden können. So sind inzwischen auch hochqualifizierte Tätigkeiten zunehmend von Globalisierungsprozessen gekennzeichnet (Ernst 2012, Kämpf 2008), wobei digitale Plattformen zunehmend eine Rolle spielen (→ auch Plattformarbeit).

Genese/theoretischer Kontext

Die Fragmentierung und räumliche Dispersion von Produktionsprozessen war Ausgangspunkt verschiedener theoretischer Deutungsversuche. In der deutschen Arbeitssoziologie wurde dieses Phänomen vor allem von Theorien der → Systemischen Rationalisierung erfasst. Der heute am breitesten rezipierte Global-Value-Chains-Ansatz (GVC-Ansatz) entsprang ursprünglich der Weltsystemtheorie, deren Gegenstand ungleiche Macht- und Austauschverhältnisse zwischen Wirtschaftsregionen sind. So wiesen Hopkins und Wallerstein (1986) globale Produktionsverflechtungen in Form globaler Warenketten („Global Commodity Chains") und damit einhergehende regionalspezifische Arbeitsteilung und ungleiche Entwicklung bereits für die Zeit vor 1800 nach. Das dependenztheoretische Erbe bei diesem Ansatz, der eine nachholende, exportorientierte Entwicklung als wenig realistisch ansah, wurde im GVC-Ansatz jedoch bald abgestreift. Unter dem Eindruck des ökonomischen Aufstiegs asiatischer Schwellenländer seit den 1980er Jahren fokussierte sich die GVC-Forschung vor allem auf Bedingungen für die industrielle Aufwertung (Upgrading) von Firmen im Rahmen exportorientierter Entwicklungsstrategien (Gereffi 1999). Diese pragmatische Zielsetzung trug dazu bei, dass der GVC-Ansatz heute von internationalen Organisationen wie der OECD oder der Weltbank aufgegriffen wird (Taglioni/Winkler 2016). Einige Autor:innen sehen darin jedoch eine affirmative Wendung des gesamten Forschungsfeldes, da die Kritik an globalen Ungleichheiten zugunsten einer markt- und firmenzentrierten Entwicklungspolitik abgelöst worden sei (Bair 2005).

Das grundlegende Erkenntnisinteresse bei der Analyse globaler Wertschöpfungsketten besteht darin, die Formen geografischer und unternehmerischer Organisation in globalen Produktionssystemen zu erfassen. Als konzeptionelles Novum brachten hier frühe Arbeiten zu globalen Warenketten die Unterscheidung von „käufergesteuerten" (buyer-driven) und „produzentengesteuerten" (producer-driven) Warenketten hervor (Gereffi 1994, S. 97). Erstere werden von multinationalen Einzelhandelsunternehmen aufgebaut und koordiniert. Diese Unternehmen kontrollieren Aktivitäten mit höheren Wertschöpfungsanteilen wie Design, Marketing und Vertrieb, während sie die arbeitsintensive und weniger wertschöpfende Produktion von Massen-Konsumgütern an unabhängige Zulieferer in Niedriglohnländern auslagern. Aufgrund geringer sozio-technischer Voraussetzungen für Zulieferer (z.B. Maschinen, Fach- und Erfahrungswissen etc.) ermöglichten käufergesteuerte Warenketten auch einen leichten Einstieg in die Industrieproduktion und förderten daher die exportorientierte Industrialisierung in den sog. Entwicklungsländern (Gereffi 1999). Produzentengesteuerte Warenketten hingegen sind vor allem in kapital- und wissensintensiven Sektoren wie der Automobil-, Flugzeug- oder Maschinenbauindustrie zu finden. Leitunternehmen sind hier → transnationale Unternehmen, die vor allem Produktentwicklung und Produktion kontrollieren. Sie lagern daher in der Regel nur die Produktion von einzelnen Teilen oder Modulen an unabhängige, teils technologieintensive Zulieferer aus (Gereffi 1994, S. 97).

Trotz des weitreichenden Einflusses der Unterscheidung von käufer- und produzentengesteuerten Warenketten erfuhr das Konzept der Warenketten ab den 2000er Jahren auch zunehmend Kritik. Erstens galt die Unterscheidung zwischen käufer- und produzentengesteuerten Warenketten als zu grob (Henderson et al. 2002, S. 440); zweitens wurde bemängelt, dass die linear-sequenzielle Ontologie von Warenketten und der damit verbundene enge Fokus auf Beziehungen zwischen Firmen den Einfluss weiterer Akteure und Institutionen unterschlage (Dicken et al. 2001, S. 100); ein dritter Kritikpunkt betraf die Vernachlässigung der „territorialen Einbettung" einzelner Warenkettensegmente in nationale, regionale und lokale institutionelle Kontexte und Machtbeziehungen, die für die Analyse lokaler Entwicklung eine große Rolle spielt (Henderson et al. 2002, S. 441).

Auch infolge dieser Kritik wurde das Konzept globaler Warenketten zum Konzept der globalen Wertschöpfungsketten erweitert, das u.a. eine neue, stärker ausdifferenzierte Typologie von fünf „Governance"-Formen einführte (Gereffi et al. 2005). Demnach können die Beziehungen zwischen Leitfirmen und ihren Zulieferern organisiert sein (1) nach dem Markt-Prinzip (punktuelle, marktbasierte Transaktionen); (2) modular (strategische Zulieferer produzieren spezialisierte Module für Leitfirmen); (3) relational (komplexe Interaktionen basierend auf hohem Vertrauen und gegenseitiger Abhängigkeit); (4) „captive" (einseitige Abhängigkeit kleiner Zulieferer von großen Leitfirmen); oder (5) hierarchisch (vertikale Integration aller Produktionsschritte durch das Leitunternehmen).

Als konzeptionelle Alternative, die globale Handels- und Produktionsverflechtungen nicht als linear-sequenzielle Ketten, sondern als komplexe, territorial eingebettete → Netzwerke auf mehreren Ebenen begreift, entwickelten Wirtschaftsgeograf:innen das Konzept der Globalen Produktionsnetzwerke (GPN) (Henderson et al. 2002). Das GPN-Konzept führte eine explizite Multi-Akteurs-Perspektive ein, der zufolge neben Firmen auch andere Akteure wie z.B. (Nicht-)Regierungsorganisationen und → Gewerkschaften hinsichtlich ihres Einflusses auf die Geografien, Organisation und Ressourcenflüsse von bzw. in globalen Produktionsnetzwerken untersucht werden. Die drei zentralen Analysedimensionen des GPN-Konzepts – Wert, Macht und „Einbettung" – spiegeln dieses erweiterte Erkenntnisinteresse wider. „Wert" wird dabei ausdrücklich (und anders als im GVC-Ansatz) sowohl als „Mehrwert" im marxistischen Sinne als auch als Gewinn im Sinne einer betriebswirtschaftlichen Kategorie verstanden. Das GPN-Konzept bot damit insbesondere auch neuen konzeptionellen Raum für die Analyse von Arbeitsprozessen und -verhältnissen in Globalen Produktionsnetzwerken.

Die verschiedenen Ansätze reflektieren Unterschiede in Bezug auf die theoretischen Perspektiven und Erkenntnisinteressen. Während beim GVC-Ansatz Firmenstrategien und -beziehungen im Zentrum stehen, betont das GPN-Konzept die territoriale Einbettung transnationaler Wertschöpfungsstrukturen. Die Grenzen zwischen den Ansätzen sind in der letzten Dekade jedoch zunehmend verwischt und es entsteht ein gemeinsames interdisziplinäres Forschungsfeld.

Zentrale Forschungsergebnisse

Sowohl der GVC- als auch der GPN-Ansatz bieten Analyseinstrumente, um die Organisation und Geografie global fragmentierter Produktionsbeziehungen, die Machtbeziehungen zwischen Leitfirmen und Zulieferern und die ungleiche Verteilung von Wertschöpfungserträgen zu erfassen. Empirische Arbeiten haben dabei sowohl die Struktur internationaler Arbeitsteilung in verschiedenen Wirtschaftssektoren untersucht als auch die Aufwertungsperspektiven für Firmen in den sog. Entwicklungsländern analysiert. Die im Rahmen des GVC-Konzepts ausgearbeitete Typologie industriellen ‚Upgradings' – v.a. Produkt-, Prozess-, funktionales Upgrading (vgl. Humphrey/Schmitz 2002) – präzisierte dabei die möglichen Verlaufsformen nachholender industrieller Entwicklung. Die soziologische Forschung in Deutschland fokussierte dabei u.a. auf die Ansiedlung von Produktionskapazitäten in grenznahen Regionen Osteuropas, zunächst als verlängerte Werkbänke, zunehmend jedoch auf fortgeschrittenem produktionstechnischem Niveau (Jürgens/Krzywdzinski 2010). Vor allem in asiatischen Ländern entstanden im Rahmen von Upgrading-Prozessen in der Elektronikindustrie (Hürtgen et al. 2009), zunehmend jedoch auch in anderen Branchen (Raj-Reichert 2019), große, kapitalintensive Kontraktfertiger, die nicht mehr dem in früheren Globalisierungsphasen vorherrschenden Modell der technologiearmen Lohnfertigung entsprachen. „High Tech für Niedriglohn" (Sproll 2010) exemplifiziert die nach wie vor eklatante soziale Ungleichheit innerhalb globaler Produktionssysteme, wobei durchaus Upgrading-Erfolge realisiert wurden, die jedoch kaum zu einer Verbesserung der Arbeitsbedingungen geführt haben. Neuere Beiträge zu industriellem Upgrading widmen sich u.a. dem Aufstieg einer neuen Generation von Niedriglohnstandorten in Südostasien und Nordafrika (Holweg et al. 2017, Azmeh/Nadvi 2013) und der gleichzeitigen technologischen Aufwertung großer Schwellenländer, allen voran Chinas (Butollo 2014). Erfolge exportorientierter Industrialisierung kombinieren sich dort mit neuen Upgrading-Möglichkeiten in expandierenden Binnenmärkten, die Vorteile für heimische Unternehmen bieten.

Eine systematische Auseinandersetzung mit Arbeit in globalen Wertschöpfungsketten und Produktionsnetzwerken begann international erst ab den 2010er Jahren mit der Einführung des Konzepts des „sozialen Upgrading", verstanden als

„Prozess der Verbesserung der Rechte und Ansprüche der Arbeitnehmer*innen (...), der die Qualität ihrer Beschäftigung verbessert" (Barrientos et al. 2011, S. 324). Eine zentrale Erkenntnis der Forschung zu „sozialem Upgrading" war, dass industrielles Upgrading nicht notwendigerweise auch zu einer Verbesserung der Arbeitsbedingungen (d.h. zu sozialem Upgrading) führt (ebd.). Insbesondere in käufergesteuerten Wertschöpfungsketten wirken der von Leitfirmen ausgeübte Preisdruck und die Konkurrenzbeziehungen zwischen Zulieferern oftmals sozialen Upgrading-Prozessen entgegen. Ein zweites zentrales Forschungsergebnis lag in der kritischen Bewertung von ‚weichen' privaten sozialen Regulierungsmechanismen wie sozialen Audits und Verhaltenskodizes von Leitfirmen. Zwar leisten diese einen Beitrag zur Verbesserung mess- und überprüfbarer Arbeitsstandards wie Arbeitsplatzsicherheit; sie können aber die Wahrung nicht-quantifizierbarer Fortschritte, wie z.B. gewerkschaftliche Rechte, in der Regel nicht sicherstellen (Bartley/Egels-Zandén 2015). Jüngste Arbeiten diskutieren vor diesem Hintergrund das Potenzial neuer gesetzlicher Regulierungsrahmen, die die rechtliche Haftung multinationaler Unternehmen für Menschen- und Arbeitsrechtsverstöße in ihren Lieferketten etablieren, wie beispielsweise das deutsche Lieferkettengesetz von 2021 (siehe Lorenzen 2021). Vor allem marxistische Soziolog:innen und Geograf:innen kritisierten das Konzept des „Social Upgrading" dafür, dass es den strukturellen Konflikt zwischen Kapital und Arbeit in kapitalistischen Produktionsbeziehungen ausblendet, die auf der Ausbeutung lebendiger Arbeit basieren. Arbeitsverhältnisse in globalen Produktionsnetzwerken werden entsprechend mit Bezug auf Dynamiken von Ausbeutung, Macht und → Kontrolle sowie Widerstand von Arbeiter:innen diskutiert (Selwyn 2013, Cumbers et al. 2008, Rainnie et al. 2011). Empirische Studien, beispielsweise über die Bekleidungsindustrie (López 2021) oder den Obst- und Gemüsesektor (Baglioni 2018) trugen dabei vor allem zu einem besseren Verständnis der Rolle lokaler Akteure und staatlicher Regulierungsinstanzen für die Gestaltung des Arbeitsprozesses bei und arbeiteten die Dynamiken von Ausbeutung und Kontrolle in den in globale Produktionsnetzwerke eingebundenen Exportsektoren heraus.

Die Rolle des technischen Wandels für die Struktur und Geografie der globalen Wertschöpfung war lange nicht Gegenstand der Forschungsdiskussion. IKT-Technologien werden zwar als konstitutiv für die Koordinierung global fragmentierter Produktionsprozesse gesehen und Technik spielt in der Analyse von Upgrading-Strategien eine Rolle, die Evolution und konkrete Gestalt der Koordinierungstechnologien war jedoch lange kaum Gegenstand der Forschung. Infolge der Diffusion neuer Internet-gestützter digitaler Instrumente und Organisationstechnologien entfaltete sich jedoch in jüngsten Jahren eine rege Diskussion über mögliche Effekte auf globale Wertschöpfungsketten (vgl. Butollo et al. 2022). Gegenstand sind u.a. die Möglichkeit einer Rückverlagerung arbeitsintensiver Tätigkeiten aufgrund von Automatisierung (Butollo 2021, Kinkel 2020), die Rolle von digitalen Plattformen als neuen Akteuren (Kenney/Zysman 2020) sowie Auswirkungen von digitalen Supply Chain Management Systemen auf Arbeitsprozesse und -bedingungen (López et al. 2021) (→ auch Digitale Transformation der Arbeit, Plattformarbeit).

Florian Butollo, Tatiana López

Empfehlungen zum Weiterlesen

Bair, Jennifer 2005: Global Capitalism and Commodity Chains: Looking Back, Going Forward. In: Competition & Change, Vol. 9, No. 2, S. 153–180.
Gereffi, Gary 2005: The Global Economy: Organization, Governance, and Development. In: Smelser, N. J./Swedberg, R. (eds.): The Handbook of Economic Sociology (2nd Edition). Princeton: Princeton University Press, S. 160–182.
Fischer, Karin/Reiner, Christian/Staritz, Cornelia (Hg.) 2021: Globale Warenketten und ungleiche Entwicklung. Arbeit, Kapital, Konsum, Natur. Wien: Mandelbaum Verlag.
Ponte, Stefano/Gereffi, Gary/Raj-Reichert, Gale (eds.) 2019: Handbook on Global Value Chains. Cheltenham/Northhampton: Edward Elgar.
Sproll, Martina 2020: Ungleichheit in globalen Wertschöpfungsketten: eine intersektionale Perspektive auf soziale Reproduktion. In: Österreichische Zeitschrift für Soziologie, Jg. 45, H. 4, S. 385–401.

Globalisierung/Transnationalisierung

Begriff

Globalisierung bezeichnet allgemein den Prozess der weltweiten Verbreitung internationaler Transaktionen, Kommunikationen, Wanderungen, sozialer Praktiken und Symbolsysteme einerseits sowie die zunehmend weltweite Wahrnehmung und das globale Bewusstsein von gemeinsamen Problemen, Risiken, Rechten, Ereignissen und Tendenzen, die die Menschheit als Ganze betreffen, andererseits. Zwischen den ‚objektiven' Prozessaspekten und den ‚subjektiven' Wahrnehmungsaspekten von Globalisierung besteht (dem Thomas-Theorem folgend) keine klare Grenze. Entsprechend herrscht in der wissenschaftlichen Literatur kein Einvernehmen darüber, wie weit- und tiefgreifend ‚objektive' Globalisierungsprozesse tatsächlich sind bzw. inwiefern es sich bei dem so Bezeichneten nur um veränderte Wahrnehmungen gesellschaftlicher Phänomene und Prozesse handelt (Giddens 1990).

Mit *Transnationalisierung* wird hier die Zunahme solcher Phänomene bezeichnet, die – lokal verankert in verschiedenen Nationalgesellschaften – relativ dauerhafte und dichte soziale Beziehungen, soziale Netzwerke oder Sozialräume über diese nationalen Grenzen hinweg konstituieren.

Genese/theoretischer Kontext

Der Begriff Globalisierung hat sich seit den 1990er Jahren in der Forschung und in öffentlichen Diskursen durchgesetzt (Deutscher Bundestag 2001, S. 3). Giddens (1990, S. 64; Übersetzung L.P.) definierte Globalisierung als „die Intensivierung der weltweiten sozialen Beziehungen, die unterschiedliche Plätze in einer solchen Weise miteinander verbinden, dass lokale Ereignisse durch Ereignisse beeinflusst werden, die sich viele Meilen entfernt ereignen, und umgekehrt." Globalisierung beinhaltet neben sozialen, ökonomischen, politischen und kulturellen Aspekten auch die Ausdehnung und Ausdifferenzierung grenzüberschreitender ökologischer, kriegerischer, demografischer und gesundheitlicher Dynamiken und Risiken, von Macht- und Abhängigkeitsstrukturen sowie von Versuchen, diese durch grenzüberschreitende soziale Bewegungen, kollektive und korporative Akteure sowie institutionalisierte Strukturen zu regulieren (Mayntz et al. 2005, S. 67ff., Keck/Sikkink 1998, S. 209ff.).

Der Begriff Transnationalisierung wurde zunächst in der Internationalen Beziehungsforschung und seit den 1990er Jahren (zuerst in der Sozialanthropologie, vgl. Basch et al. 1997) und seit Beginn des 21. Jahrhunderts auch in Europa zur Kennzeichnung bestimmter – historisch nicht völlig neuer – Formen lokal oder regional verankerter und nationalstaatliche Grenzen überspannender Austausch- und Kommunikationsverflechtungen benutzt. Während der Begriff Globalisierung vorwiegend auf großräumige, den gesamten Globus betreffende oder gar ‚de-territorialisierte' Phänomene bezogen wird und nicht selten mit der Vorstellung einer abnehmenden Bedeutung von Nationalstaat und Nationalgesellschaft verbunden ist, werden mit dem Konzept der Transnationalisierung gerade der Fortbestand nationaler Sozialraumbezüge und gleichzeitig das Anwachsen von diesen überschreitenden sozialen Beziehungen und Strukturen betont.

Die Begriffe Globalisierung und Transnationalisierung verweisen auf das theoretische Problem, die Raumbindungen oder das Scaling (Glick Schiller/Çaglar 2008, Weiß 2021) des Sozialen bzw. das Verhältnis von geografischen Räumen und Sozialräumen stärker zu reflektieren. Als *Flächenraum* kann dabei allgemein eine physikalisch-geometrische Extension, Lagerelation und das Verteilungsmuster von Elementen (Bäume, Gebirge, Flüsse, aber auch: Personen, Artefakte) bezeichnet werden (z.B. die Häuserausdehnung einer Stadt, das Territorium eines Nationalstaats, die Verteilung von Familienmitgliedern über viele Orte, Städte oder Staaten). Flächenräume (z.B. lokale, globale oder transnationale) werden spezifiziert durch die Aspekte von Verteilung, Verdichtung, Vernetzung, Richtung, Distanz, Ausdehnung, Grenze, Territorium, Ort, Platz sowie Inklusion und Exklusion, die in aller Regel Lagebeziehungen als Eigenschaften und als Prozesse gleichzeitig thematisieren. Unter *Sozialräumen* (oder Sozialsystemen) können allgemein die relativ dauerhaften sozialen Lebensbezüge von Menschen (z.B. Primärgruppe, Gemeinde, Nationalgesellschaft) verstanden werden. Die flächenräumlichen Aspekte von Sozialräumen, die in Konzepten wie Globalisierung, Transnationalisierung und Glokalisierung integriert werden,

sollten in ihrer Bedeutung nicht – etwa durch Thesen der De-Territorialisierung oder Enträumlichung des Sozialen – geschmälert, sondern eher stärker und expliziter bearbeitet werden.
Neben lokalen, regionalen, nationalen, supranationalen und globalen Raumbezügen, die den konzentrischen Ringen einer Zwiebel gleich ineinander geschachtelt sind, spielen dabei konzeptionell drei weitere Idealtypen von Raumbezügen in der Forschung eine Rolle. Der Begriff *glokal* wird auf Phänomene bezogen, in denen ein direkter Bezug zwischen globalen Prozessen und spezifischen Orten gesehen wird; *Diasporen* betreffen die Beziehungen zwischen einem ‚Mutterland' und seinen räumlich weit verteilten lokalen ‚Dependancen'; bei *transnationalen* Beziehungen erstreckt sich ein relativ stabiler und verdichteter Sozialraum über mehrere Flächenräume (z.B. nationalstaatliche Territorien). Globalisierung und Transnationalisierung sind als zwei idealtypische Formen der Flächenraumbindung des Sozialen zu verstehen; Letztere reichen von lokalen, regionalen, nationalen, supranationalen, globalen, glokalen, diasporischen bis zu transnationalen Mustern.

Zentrale Forschungsergebnisse

Die Verwendung der Begriffe Globalisierung und Transnationalisierung verweist einerseits auf tatsächlich zunehmende wirtschaftliche, politische, kulturelle und soziale länderübergreifende Verflechtungsbeziehungen, andererseits aber auch auf das Fehlen integrierender Großtheorien bzw. überzeugender sozialwissenschaftlicher Angebote, die die offensichtlichen tektonischen Verschiebungen in den Raumbezügen von Vergesellschaftung und Vergemeinschaftung angemessen erfassen. Konstatiert werden (Schmidt/Trinczek 1999 a) tautologische Argumentationen, in denen bestimmte grenzüberschreitende Phänomene fast beliebig entweder als Ursache, als Ausdrucksform oder als Folgewirkung bestimmter anderer grenzüberschreitender Phänomene behandelt werden, ohne dass ein klarer begrifflicher Bezugsrahmen gebildet wird. Einige weitgehend übereinstimmende Befunde lassen sich benennen.
Seit etwa Mitte der 1980er Jahre nimmt der Außenhandel der Nationalstaaten exponentiell und wesentlich stärker als das generelle Wirtschaftswachstum zu. Seit 1990 verzeichnet das Volumen des internationalen Finanzkapitals exponentielle Zuwachsraten. Dies gilt seit Mitte der 1990er Jahre auch für die Anzahl der Internet-Hosts als ein Indikator für die weltweite Kommunikationsvernetzung (Deutscher Bundestag 2001, S. 2ff.). In der wissenschaftlichen Forschung besteht weitgehend Einigkeit darüber, dass die die Grenzen von Nationalstaaten überschreitenden Strukturen und Prozesse des Austauschs von Rohstoffen, Gütern und Dienstleistungen, Finanzkapital, Kulturprodukten, Wissen und Arbeit seit dem letzten Viertel des 20. Jahrhunderts in einer Weise zugenommen haben, dass Orte, Regionen und Nationalgesellschaften in einem zwar spezifisch variierenden, insgesamt aber unausweichlichen und großen Ausmaß voneinander immer abhängiger werden (ebd.; Gresh et al. 2009, S. 16 f., 102 f., Held et al. 1999, Quack et al. 2018) (→ Arbeit und Migration, Globale Wertschöpfungsketten und internationale Arbeitsteilung). Vor allem die Finanzkapitalbewegungen haben sich seit den 1970er Jahren enorm globalisiert, nur ein Bruchteil hiervon hat mit der Zirkulation realer Handelsgüter zu tun (Altvater/Mahnkopf 1999, S. 159, Stiglitz 2003) (→ Finanzmarkt-Kapitalismus). Grenzüberschreitend tätige Unternehmen spielen eine immer größere Rolle in der Wirtschaft, sie sind an etwa zwei Dritteln des gesamten Welthandels beteiligt, die Hälfte davon findet als intra-organisationaler Handel zwischen Unternehmensteilen statt (→ Transnationale Unternehmen). Intensive wirtschaftliche Austauschbeziehungen sind immer weniger auf einige hochentwickelte kapitalistische Länder konzentriert, sie beziehen immer mehr sich entwickelnde Schwellen- und Transitionsländer ein (UNCTAD 2002 und 2011).
Neben der – häufig im Zentrum stehenden – wirtschaftlichen Globalisierung ist auch die politische Globalisierung im Sinne der Zunahme der Zahl und Komplexität bilateraler und multilateraler Verträge, internationaler Organisationen und Regelwerke sowie international tätiger und auf globale Themen ausgerichteter Nicht-Regierungsorganisationen, sozialer Bewegungen und Öffentlichkeiten vielfältig untersucht. Unter dem Stichwort der kulturellen Globalisierung werden Tendenzen der weltweiten Verbreitung und Vermischung von Konsummustern, Lebensstilen, Kommunikationsmedien und Wertorien-

tierungen untersucht (Ritzer 1995, Beck et al. 2003, Weiß 2021). Auch das Thema der Bereitstellung, Nutzung und Gefährdung öffentlicher Güter wie z.B. Wasser, saubere Umwelt, Bildung, Gesundheit oder stabile Geld- und Finanzsysteme und die Frage der globalen Diffusion gesellschaftlicher Normen und Standards werden im Zusammenhang zunehmender Globalisierung erforscht (Brunnengräber 2003, Holzer et al. 2014). Schließlich ist auch die soziale Globalisierung im spezifischen soziologischen Sinne, „dass die sozialen Beziehungen zwischen Menschen nicht mehr nur in nationalen und regionalen Räumen stattfinden, sondern immer mehr interkontinentale und weltumspannende Dimensionen annehmen" (Fürstenberg/Oesterdiekhoff 2004, S. 8), inzwischen vielfältig erforscht (Mau 2007, Dahinden 2011). Hier sind die Übergänge zur Transnationalisierung fließend.

Transnationale soziale Beziehungen wurden für die Mikro-Ebene alltäglicher Lebenswelten (z.B. transnationale Familienzusammenhänge, transnationale Migration, transnationale Identitäten; vgl. Basch et al. 1997, Levitt 2001, Lutz/Schwalgin 2006, Pries 2008), für die Meso-Ebene von Organisationen (z.B. transnationale Unternehmen als spezifische Form internationaler Profit-Organisationen, Euro-Betriebsräte als grenzüberschreitenden Interessenvertretungsorganisationen, Migranten- und Studentenorganisationen; vgl. Bartlett/Ghoshal 1989, Hauser-Ditz et al. 2010, Pries/Sezgin 2010; → auch Industrielle Beziehungen in internationaler Perspektive, Transnationale Unternehmen) und für die Makro-Ebene sozialer Institutionen (z.B. transnationaler Arbeitsmärkte, transnationaler sozialer Ungleichheitsstrukturen, transnationaler kollektiver Identitäten) ausführlich dokumentiert und analysiert (Berger/Weiß 2008, Mau 2007, Pries 2008 und 2010).

Seit den 2010er Jahren wird verstärkt diskutiert, inwieweit die Analyse von Globalisierung durch die Beachtung von Re-Nationalisierungsprozessen ergänzt werden müsse (vgl. etwa Fehmel 2016, Pausch 2016, Pries 2016b). Solche äußern sich in Europa z.B. im Brexit, in rechtspopulistischen Bewegungen gegen Einwanderung, vor allem gegen die Aufnahme von Flüchtlingen; in den USA gewannen einwanderungsfeindliche und protektionistische Politiken an Einfluss. Internationale Organisationen und Bündnisse (UN, NATO, WTO etc.) erwiesen sich bei der Lösung gewaltsamer Konflikte und ökologischer Probleme (Krieg im Mittleren Osten, Erderwärmung etc.) sowie sozialer und ökonomischer Herausforderungen (wachsende soziale Ungleichheit, nachhaltige Entwicklung, Rohstoffausbeutung etc.) als nur begrenzt handlungsfähig. Zunehmend werden Globalisierung und Transnationalisierung auch im Zusammenhang von grenzüberschreitender sozialer Ungleichheit, von (Post-)Kolonialismus und internationalen Machtkonstellationen erforscht (Lenger/Schumacher 2015, Holzinger 2019, Mau 2021, Weiß 2021). Gleichwohl ist nicht zu erwarten, dass die grundlegenden Tendenzen von Globalisierung und Transnationalisierung an Bedeutung verlieren.

Als weitgehend wissenschaftlich akzeptiert kann gelten,

(1) dass mit Globalisierung und Transnationalisierung reale Tendenzen erweiterter und differenzierter, Ländergrenzen überschreitender Raumbezüge des Sozialen sowie die zunehmende kollektive Wahrnehmung dieser Veränderungen bezeichnet werden,
(2) dass Globalisierung und Transnationalisierung vieldimensionale Prozesse sind, in denen ökonomische, kulturelle, soziale und politische Aspekte miteinander verwoben sind,
(3) dass in den Sozialwissenschaften lange Zeit ein ‚methodologischer Nationalismus' (Wimmer/Glick Schiller 2002) vorherrschte, demzufolge die nationalstaatlich verfasste Nationalgesellschaft die geradezu ‚natürliche' Kombination von Flächen- und Sozialraum sei,
(4) dass Globalisierung und Transnationalisierung nicht das Ende der Raumbindung von Vergemeinschaftung und Vergesellschaftung bedeuten, sondern dass sich die Raumbezüge des Sozialen vielschichtig ausdifferenzieren (Pries/Seeliger 2012) und
(5) dass die Entwicklungsdynamik von Globalisierung und Transnationalisierung insgesamt wesentlich ausgeprägter ist als das Entstehen neuer gesellschaftlicher bzw. institutioneller Mechanismen und Möglichkeiten ihrer Regulierung und Governance (welche grundsätzlich als genuiner Teil von Globali-

sierung und Transnationalisierung zu gelten haben; Pries 2019).

Ludger Pries

Empfehlungen zum Weiterlesen

Gresh, Alain/Radvanyi, Jean/Rekacewicz, Philippe (Hg.) 2009: Atlas der Globalisierung. Sehen und verstehen, was die Welt bewegt. Berlin: TAZ/Le Monde diplomatique.

Held, David/McGrew, Anthony/Goldblatt, David/Perraton, Jonathan 1999: Global Transformations. Politics, Economics, and Culture. Stanford: Stanford University Press.

Mau, Steffen 2007: Transnationale Vergesellschaftung: Die Entgrenzung sozialer Lebenswelten. Frankfurt a.M./New York: Campus.

Pries, Ludger 2010: Transnationalisierung. Theorie und Empirie grenzüberschreitender Vergesellschaftung. Wiesbaden: VS Verlag.

Weiß, Anja 2021: Globalization and Transnationalization. In: Hollstein, B./Greshoff, R./Schimank, U./Weiß, A. (eds.): Soziologie – Sociology in the German-Speaking World. Soziologische Revue, Special Issue 2020. Berlin: De Gruyter Oldenbourg, S. 149–163.

Gruppenarbeit

Begriff

Gruppenarbeit ist im Unterschied zu Einzelarbeit eine Form der → Arbeitsorganisation, bei der zwei oder mehr Personen zusammenarbeiten, um eine an sie übertragene Arbeitsaufgabe zu erledigen und gemeinsame Ziele zu erreichen. Damit bedarf Gruppenarbeit eines gemeinsamen Arbeitsauftrags und gemeinsamer Ziele, die übertragen und gemeinsam bearbeitet und erreicht werden sollen. Eine organisatorische Zusammenfassung von Beschäftigten genügt nicht. Das Betriebsverfassungsgesetz (§ 87 Abs. 1 Nr. 13 BetrVG) fasst dies noch enger: „Gruppenarbeit im Sinne dieser Vorschrift liegt vor, wenn im Rahmen des betrieblichen Arbeitsablaufs eine Gruppe von Arbeitnehmern eine ihr übertragene Gesamtaufgabe im Wesentlichen eigenverantwortlich erledigt." Dennoch bleibt viel Spielraum, wie viel Eigenverantwortung, welche primären/direkten und sekundären/indirekten Aufgaben übertragen werden, wie viele Mitglieder (Menschen oder auch intelligente autonome Roboter/Software-Agenten) mit welchen Merkmalen einer Gruppe angehören, ob sie unmittelbar oder räumlich verteilt und medial vermittelt zusammenarbeiten.

In der Arbeits- und Industriesoziologie wird der Begriff der Gruppenarbeit nur für bestimmte Formen der Arbeitsorganisation in der Produktion verwendet und im Kontext ganzheitlicher Produktionssysteme diskutiert (Minssen 1997, Springer 1999 b). In anderen Disziplinen werden die Begriffe Gruppen- und Teamarbeit synonym gebraucht und z.B. Produktions-, Service-, Management-, Projekt-, Problemlöse-, Action-, hierarchische und selbstgesteuerte, selbstgestaltende bzw. (teil-)autonome sowie Face-to-face- oder virtuelle/digitale Gruppen bzw. Teams anhand gewisser Merkmalsdimensionen differenziert, z.B. nach der Entscheidungsautonomie, der zeitlichen Stabilität des Teams, den Kooperationsanforderungen bzw. Interdependenz sowie der Vielfältigkeit und Komplexität der Teilaufgaben, der Homogenität bzw. Heterogenität der Mitglieder etwa bezüglich ihrer Rollen und ihres Wissens, und dem Digitalisierungsgrad der Kommunikation und Arbeitsprozesse (Antoni 2019, Antoni/Syrek 2017, Sundstrom et al. 2000).

Genese/theoretischer Kontext

Gruppen- und Teamarbeit erstreckt sich von der frühen Menschheitsgeschichte (gemeinsame Jagd) über heutige hybride sozio-digitale Arbeitsformen (Mensch-Roboter/Software-Agenten) bis hin zu Raumfahrtcrews zukünftiger Marsmissionen (O'Neill et al. 2020, Salas et al. 2015). In Organisationen lenkten in den 1920er Jahren die Hawthorne-Studien den Blick auf Gruppenstrukturen und -prozesse (Sundstrom et al. 2000). Zur gleichen Zeit beschrieben Lang und Hellpach (1922) das Konzept der Gruppenfabrikation, bei dem alle zur Herstellung eines Teilprodukts notwendigen Maschinen und Beschäftigten (teil-)produktorientiert zusammengeführt wurden. Ab dem Ende der 1940er Jahre fanden teilautonome Arbeitsgruppen (TAG) und die sozio-technische Systemtheorie (STS) durch Studien zur Produktivität im britischen Kohlebergbau größere Beachtung und beeinflussten das norwegische Programm der industriellen Demokratie, Pilotprojekte in der schwedischen Automobilindustrie und im deutschen Programm zur → Humanisierung des Arbeitslebens. In den 1980er und 1990er Jahren führte angesichts eines sich verschärfenden globalen Wettbewerbs die Diskussion um Total Quality Management, Kaizen, → Lean Production und ganzheitliche → Neue Produktionskonzepte zu einer sprunghaften Verbreitung von Gruppenarbeit. In den 1980er Jahren war vor allem die Verbreitung von Qualitätszirkeln und in den 1990er Jahren die Einführung von meist hierarchisch gesteuerter, standardisierter Gruppenarbeit in der Produktion, analog zum Toyotismus, zu beobachten. Seit den 2010er Jahren fanden selbstgesteuerte Formen der Gruppenarbeit im Rahmen agiler Formen der Softwareentwicklung sowie Arbeits- und Organisationsgestaltung verstärkte Beachtung (Antoni 2019).

Einflussreiche theoretische Konzepte zur Analyse von Gruppenarbeit sind zum einen die STS (Trist 1990) (→ auch Techniksoziologie, Arbeit und Technik). Die STS versteht Arbeitsgruppen als offene, zielgerichtete, dynamische, soziale und technische Systeme, die in einem ständigen Austauschprozess mit ihrer Umwelt stehen und Material oder Informationen (Inputs) in einem Transformationsprozess zu Produkten oder Dienstleistungen (Outputs) verarbeiten. Sie postuliert, dass eine effiziente Gestaltung eine gemeinsame Optimierung des technischen und sozialen Teilsystems erfordert; dass je häufiger unerwartete Ereignisse auftreten – z.B. technische Störungen – und sich Kundenforderungen kurzfristig ändern, Gruppen desto eher in der Lage sein müssen, darauf flexibel zu reagieren und sich eigenständig an diese veränderten Bedingungen anzupassen oder diese zu verändern. Um Selbstregulation und Selbststeuerung in kleinen und schnellen Regelkreisen zu ermöglichen, sollten demzufolge Arbeitsgruppen produktorientiert gebildet werden und ganzheitliche Arbeitsaufgaben weitgehend unabhängig von anderen Gruppen erledigen können.

Auch die psychologische Gruppenforschung basiert auf Input-Prozess-Output- bzw. Input-Mediator-Output-Input- (IMOI) Modellen (Ilgen et al. 2005). Sie fokussiert jedoch die Frage nach den Wechselwirkungen zwischen Inputfaktoren (z.B. Teamdesign, -zusammensetzung, -führung), Mediatoren – wie kognitiven und emotionalen emergenten Zuständen (z.B. geteilte mentale Modelle, transaktive Gedächtnissysteme oder Teamkohäsion) –, Interaktionsprozessen im Team (Kommunikation, Kooperation, Konflikt) und deren Auswirkungen auf Teamlernen, -adaptation und -effektivität.

Zentrale Forschungsergebnisse

Forschungsbefunde liegen zum einen zu den Auswirkungen unterschiedlicher Formen der Gruppenarbeit vor, zum anderen zu den Auswirkungen von Wirkungsfaktoren und -mechanismen von Gruppenarbeit. Meta-Analysen (z.B. Beekun 1989, Stewart 2006) berichten Leistungs- bzw. Produktivitätssteigerungen durch die Einführung (teil-)autonomer Arbeitsgruppen im Vergleich zu hierarchisch geführten Gruppen, zeigen aber eher gemischte Ergebnisse hinsichtlich der Einstellungen der Beschäftigten.

Die Auswirkungen der Einführung teilautonomer Arbeitsgruppen (TAG) untersuchte Antoni (1997) in einem Autozulieferbetrieb in einer quasi-experimentellen Längsschnittstudie über vier Jahre. Die sukzessive Umstellung einer verrichtungsorientierten Produktion auf produktorientierte TAG führte zu Produktivitäts- und Umsatzsteigerungen (+40 und +20%) sowie einem Rückgang der Kundenreklamationen auf ein Prozent. Die Zahl der direkten Beschäftigten sank um 12%, der Indirekten um 47%. Arbeitsanalysen zeigten, dass die Tätigkeiten in den TAG vollständiger waren und deutlich höhere Anforderungen an die Qualifikation, Denkleistung, Verantwortung und Kooperation stellten als in der verrichtungsorientierten Produktion. Weniger eindeutig waren die Einschätzungen der Arbeitsmerkmale durch die 122 bzw. 98 Beschäftigten, die je nach Merkmal sowohl positive als auch negative Veränderungen über die Befragungszeitpunkte zeigten; dies verweist darauf, dass die subjektiven Bewertungen von einer Vielzahl von Einflussfaktoren abhängen.

Parker (2003) untersuchte ebenfalls in einer quasi-experimentellen Längsschnittstudie über drei Jahre die Auswirkungen der Einführung von Lean Production. Sie verglich dabei 77 Beschäftigte in hierarchisch gesteuerter, standardisierter Gruppenarbeit (Bedingung 1, ‚Lean Teams'), die ihre Arbeitsprozesse und -standards selbst festlegen konnten und für Qualitätssicherung und Prozessverbesserungen zuständig waren, mit 31 Beschäftigten am Fließband mit vorgegebenen Arbeitsprozessen und -standards (Bedingung 2), ferner mit 231 Beschäftigten, deren Arbeit in der Produktion formalisiert und standardisiert wurde (Bedingung 3), sowie mit 29 Beschäftigten mit vergleichsweise komplexer Arbeit in technischen Unterstützungsbereichen, die nicht unmittelbar von der Einführung von Lean Production betroffen waren (Bedingung 4). Bei Letzteren veränderten sich die erfassten Merkmale der Arbeit und deren Auswirkungen erwartungsgemäß nicht. In allen drei Produktionsbedingungen reduzierte die Einführung von Lean Production die wahrgenommenen Entscheidungsspielräume und Möglichkeiten, die eigenen Fähigkeiten bei der Arbeit einzusetzen. Die Beschäftigten am Fließband und in der standardisierten Produktion berichteten auch über weniger Mitsprachemöglichkeiten, fühlten sich emotional weniger an das Unternehmen gebunden und waren depressiver. In den Lean Teams verschlechterte sich dagegen nur die Bindung an das Unternehmen geringfügig. Die Ergebnisse der Studie zeigen, dass sich die negativen Auswirkungen von Lean Production auf die Beschäftigten zumindest reduzieren lassen, wenn sie Mitsprachemöglichkeiten bei der Arbeit wahrnehmen und ihre Arbeitsprozesse und -standards selbst festlegen können.

Positive Auswirkungen direkter Mitwirkungsmöglichkeiten der Beschäftigten auf ihre Bindung an das Unternehmen, ihre Zufriedenheit und ihr Wohlbefinden bestätigten sich auch in einer britischen repräsentativen Längsschnittbefragung der Jahre 2012 und 2014 (Gallie et al. 2017). Dies gilt für Einflussmöglichkeiten auf die eigene Arbeit und auf organisationale Veränderungen, die die Arbeit betreffen. Bei der ersten Befragung wurden auch Beschäftigte, die in TAG arbeiteten, mit Beschäftigten verglichen, die in Gruppen mit keinen oder geringen Mitwirkungsmöglichkeiten oder in keinen Gruppen arbeiteten. Dabei zeigten auch die Mitwirkungsmöglichkeiten in TAG positive Effekte auf die Arbeitszufriedenheit, die Möglichkeiten, eigene Fertigkeiten und eigenes Wissen zu nutzen und Neues zu lernen, wenn auch die Effekte etwas schwächer waren als bei den direkten Einflussmöglichkeiten auf die eigene Arbeit und auf organisationale Veränderungen (Gallie 2013).

Obwohl Autonomie und Mitwirkungsmöglichkeiten zweifellos wichtige Merkmale sind, zeigt eine Flut von Studien und Metanalysen, dass zahlreiche weitere Faktoren und Wirkungsmechanismen Einfluss darauf ausüben, wie sich Gruppenarbeit auswirkt. So beeinflussen Führungskräfte, die Teammitglieder coachen und ihre Fähigkeiten zum Selbstmanagement entwickeln, die Teamproduktivität, die wahrgenommene Teamleistung, und das Teamlernen stärker als Führungskräfte, die sich auf die Aufgabe fokussieren (Burke et al. 2006). Teamentwicklung und Teamtraining fördern nicht nur affektive und kognitive Kompetenzen der Teammitglieder, Teamprozesse und die Teamleistung (Klein et al. 2009), sondern verbessern z.B. im Gesundheitsbereich auch die Patientenzufriedenheit und -sterblichkeit (Hughes et al. 2016). Meta-Analysen belegen auch die Bedeutung kognitiver Teamprozesse, d.h. von emergierenden geteilten mentalen Aufgaben- und Teammodellen (DeChurch/Mesmer-Magnus 2010) sowie – insbesondere bei Spezialistenteams – von transaktiven Wissenssystemen für die effiziente Teamkoordination und Teamleistung (Austin 2003) (→ auch Arbeitsqualität, Management).

Internationaler Bezug

Die Bedeutung von Gruppenarbeit spiegelt sich in den Ergebnissen einer repräsentativen Befragung von 21.869 Personalmanagern mit mehr als zehn Beschäftigten in 27 EU-Ländern und dem Vereinigten Königreich des Jahres 2019 wider (Eurofound/Cedefop 2020). 70% der Befragten gaben an, dass ihr Unternehmen Gruppen/Teams hat, in denen Beschäftigte entweder in einer oder in mehreren Gruppen in gemeinsamer Verantwortung an der Ausführung zugewiesener Arbeitsaufgaben arbeiten und dabei entweder aus derselben Geschäftseinheit oder aus mehreren stammen. In 54% der Unternehmen handelte es sich um hierarchisch geführte und lediglich in 15% um selbstgesteuerte Gruppenarbeit, bei denen die Mitglieder über ihre Aufgabenausführung entscheiden. In 36% der Unternehmen arbeiteten die meisten Beschäftigten in einem, in 19% in mehreren hierarchisch geführten Gruppen. In 10% der Unternehmen arbeiteten die meisten Beschäftigten in einer, in 5% in mehreren selbstgesteuerten Gruppen. Dabei zeigten sich deutliche Länder- und Branchenunterschiede. Die meisten Unternehmen mit selbstgesteuerter Gruppenarbeit fanden sich in den skandinavischen Ländern Schweden, Finnland und Dänemark (33%, 28%, 27%) und die wenigsten in der Slowakei, Zypern und Tschechien (8%, 10%, 9%). Deutsche Unternehmen lagen mit 20% dazwischen. Entsprechende Länderunterschiede fanden sich auch beim Anteil der Beschäftigten, deren Arbeitstempo durch Maschinen vorgegeben ist bzw. die ihre → Arbeitszeit und Arbeit selbst einteilen können und die neue Problemlöseaufgaben zu bewältigen haben. Tätigkeiten mit hoher oder mittlerer Autonomie und Komplexität fanden sich häufiger in Unternehmen mit einem hohen Digitalisierungsgrad und einer Marktstrategie der Innovation bzw. Produktpersonalisierung. Jedes dritte dieser Unternehmen hatte auch selbstgesteuerte Gruppenarbeit. Dagegen fanden sich Tätigkeiten mit geringer Autonomie und Komplexität vor allem in Unternehmen mit geringem Digitalisierungsgrad oder einem hohen Einsatz von Robotern und einer Marktstrategie des Preiswettbewerbs. Nur 5% dieser Unternehmen hatten selbstgesteuerte Gruppenarbeit, 53% hierarchisch geführte und 42% keine Gruppenarbeit. Die Angaben der Befragung der Personalmanager zur Verbreitung von selbstgesteuerter oder hierarchisch geführter Gruppenarbeit entsprechen auch weitgehend den Ergebnissen einer Befragung der Beschäftigten zu den Arbeitsbedingungen in der EU im Jahre 2015 (Eurofound 2017). Dort gaben 59% der Befragten an, in einer Gruppe/Team mit gemeinsamen Arbeitsaufgaben zu arbeiten und diese Arbeit planen zu können, dreiviertel davon arbeiteten ständig in demselben Team. 57% der Befragten arbeiteten in Gruppen, die selbst über ihre Arbeitsverteilung entscheiden können, 42% in Gruppen, die über ihre Arbeitszeit, und 28% in Gruppen, die über ihre Teamleitung entscheiden können. Gruppen mit weitreichenden Entscheidungsbefugnissen fanden sich am häufigsten in den skandinavischen Ländern.

Conny H. Antoni

Empfehlungen zum Weiterlesen

Antoni, Conny H./Bungard, Walter 2004: Arbeitsgruppen. In: Schuler, H. (Hg.): Enzyklopädie der Psychologie. Organisationspsychologie – Gruppe und Organisation. Göttingen: Hogrefe Verlag, S. 129–191.

Jöns, Ingela (Hg.) 2016: Erfolgreiche Gruppenarbeit – Konzepte, Instrumente, Erfahrungen (2. Aufl.). Wiesbaden: Springer Gabler.

Kozlowski, Steve W. J./Ilgen, Daniel R. 2006: Enhancing the Effectiveness of Work Groups and Teams. In: Psychological Science in the Public Interest, Vol. 7, No. 3, S. 77–124.

Kozlowski, Steve W. J./Bell, Bradford S. 2013: Work Groups and Teams in Organizations. In: Weiner, I. B./ Schmitt, N. W./Highhouse, S. (eds.): Handbook of Psychology: Industrial and Organizational Psychology (2nd ed.). Vol. 12. Hoboken, NJ: Wiley, S. 412–469.

Minssen, Heiner 1997: Gruppenarbeit in der Fertigung – Probleme eines zukunftsorientierten Konzepts. In: Kröll, M./Schnauber, H. (Hg.): Lernen der Organisation durch Gruppen- und Teamarbeit. Wettbewerbsvorteile durch umfassende Unternehmensplanung. Berlin u.a.O.: Springer, S. 195–235.

Herrschaft

Begriff

Herrschaft ist einer Definition von Weber (1976 [1922], S. 28) zufolge „die Chance, für einen Befehl bestimmten Inhalts bei angebbaren Personen Gehorsam zu finden". Gehorsam kann der Herrscher beanspruchen, weil seine Herrschaft auf dem Legitimitätsglauben der Beherrschten basiert; Folgsamkeit muss nicht eingefordert oder gar durchgesetzt werden, sondern wird gleichsam freiwillig gegeben, weil der Herrscher zur Herrschaft berechtigt ist. Die Legitimität bezieht Herrschaft aus dem Charisma des Herrschers, aus der Tradition oder, wie im Falle der rationalen Herrschaft, aus „dem Glauben an die Legalität gesatzter Ordnungen" (ebd., S. 124). Der „reinste Typus" der rationalen Herrschaft ist die Herrschaft mit dem „Verwaltungsstab" der Bürokratie, die sich durch Amtshierarchie, Aktenmäßigkeit und Regelhaftigkeit des Handelns etc. auszeichnet; gehorcht „wird der legal gesatzten sachlichen *unpersönlichen Ordnung* und dem durch sie bestimmten *Vorgesetzten* kraft formaler Legalität seiner Anordnungen und in deren Umkreis" (ebd.; Hervorh. im Orig.).

Im Unterschied zu Macht ist Herrschaft nicht an eine soziale Beziehung geknüpft und damit situationsunabhängig. Allerdings ist dieser Unterscheidung in der Arbeits- und Industriesoziologie wie in der Soziologie insgesamt nicht immer gefolgt worden. Es ist hier nicht der Platz, die unterschiedlichen Sichtweisen zu referieren. Stattdessen soll aus pragmatischen Gründen ein Vorschlag von Ortmann et al. (1990b, S. 14) aufgegriffen werden, die im Anschluss an Giddens den Machtbegriff für die Handlungsdimension und den Herrschaftsbegriff für die Strukturdimension reservieren wollen. Betriebliche Herrschaft betrifft deswegen in erster Linie die Hierarchie.

Genese/theoretischer Kontext

Die Beziehungen in → Betrieben stellen immer ein Herrschaftsverhältnis dar „zwischen den Unternehmern, die die Autorität ausüben, und den Arbeitern, die gehorchen müssen" (Bendix 1960, S. 33). Dieses Herrschaftsverhältnis wird – zumindest prinzipiell – mit dem Abschluss eines Arbeitsvertrages akzeptiert (→ Transformation von Arbeitskraft). Es drückt sich aus in der Formalstruktur von Betrieben bzw. Unternehmen, durch die Weisungsbefugnisse geregelt werden. Die vertikale Strukturierung erzeugt hierarchische Beziehungen der Über- und Unterordnung. Sie werden ausgedrückt in Organigrammen, in denen das Verhältnis von „oben" und „unten" definiert ist, wobei vor allem die Linienorganisation, die Spartenorganisation und die Matrixorganisation von Bedeutung sind (dazu Schreyögg 1999).

Organigramme beschreiben Positionen in der Hierarchie und legen damit fest, wer – um es mit Weber zu sagen – zu gehorchen hat und wer Gehorsam verlangen kann, wer zu Anweisungen berechtigt ist und wer Anweisungen auszuführen hat oder wer, wie es neuerdings heißt, an wen berichtet. Im Anschluss an das Bürokratiemodell von Max Weber (als Überblick Kieser 2019) und an Taylors Vorschläge extremer Arbeitsteilung und ständiger → Kontrolle (→ auch Taylorismus) galt Steuerung und Koordinierung durch Hierarchie in Wissenschaft und Praxis lange Zeit als rationalste und effektivste Form des Wirtschaftens. Aber die Vorteile starrer Hierarchien wurden um den Preis einer hohen Inflexibilität erkauft. Zwar waren die Negativeffekte einer rigiden Hierarchie bei turbulenten Umwelten in der Organisationsforschung bereits seit der Untersuchung von Burns/Stalker (1961) bekannt, doch erst in den 1990er Jahren wurden die Vorteile flacher Hierarchien popularisiert (→ Lean Production/Toyotismus). Hierarchien wurden als überregulierend, als bürokratisch und ineffektiv gescholten; stattdessen wurde auf die Vorteile von → Partizipation und → Netzwerken verwiesen, Unternehmen wurden dezentralisiert und es wurde mit innovativen Arbeitsorganisationen (→ Neue Produktionskonzepte/innovative Arbeitspolitik) experimentiert, die den Beschäftigten mehr Einflusschancen einräumten. Dies kann als ein Schritt in Richtung diskursive Koordinierung (Braczyk 1997u. 2001, Minssen 1999) interpretiert werden; damit ist der Sachverhalt gemeint, dass die veränderten Organisationsstrukturen eine engere Kommunikation zwischen Vorgesetzten und Mitarbeitern wie auch zwischen den Beschäftigten selbst nahelegen (→ auch Arbeit und Interaktion).

Allerdings ändert dies nichts an dem grundlegenden Sachverhalt, dass betriebliche Beziehungen herrschaftsstrukturiert sind; auch flache Hierarchien sind immer noch Hierarchien. Hierarchie ist eines der Merkmale, die Organisationen von anderen sozialen Systemen unterscheiden (→ Organisationssoziologie); sie gehört „zu den kaum zu ersetzenden Notwendigkeiten des Aufbaus komplexer Organisationen" (Luhmann 2000, S. 20). Zudem entfalten Hierarchien eine konfliktregulierende Wirkung; während Macht auf Drohpotenzialen beruht, die jederzeit aktualisiert werden können, bringt Hierarchie und damit Herrschaft dies in eine für die Beteiligten „aushaltbare Form, die vor allem von der Notwendigkeit entlastet, Drohungen jedes Mal neu zu testen bzw. zu realisieren" (Ortmann et al. 1990b, S. 36). Und nicht zuletzt bewirken Hierarchien, dass Organisationen nicht „in jedem Fall Rücksicht auf die Empfindlichkeiten ihrer Mitglieder nehmen" (Kühl 2011, S. 73) müssen.

Zentrale Forschungsergebnisse

Herrschaft war bis in die 1980er Jahre ein wichtiges Thema in der Arbeits- und Industriesoziologie, und zwar vorwiegend in herrschaftskritischer Absicht (vgl. etwa Schumm-Garling 1972). Wenn der Betrieb hinsichtlich seiner Herrschaftsstrukturen untersucht wurde, stand vor allem die Asymmetrie zwischen Herrschern und Beherrschten im Mittelpunkt. Der Analyserahmen war nicht die Herrschaftssoziologe Webers, sondern vor allem das 13. Kapitel des ersten Bandes des „Kapital" (1972a [1867]), also das Kapitel, in dem Marx Technik und industrielle Fertigung analysiert, und das, so Bahrdt (1982, S. 14) in einem ironisierenden Rückblick, für Industriesoziologen seit dem Zweiten Weltkrieg etwa die gleiche Rolle spielte wie der Römerbrief für die protestantischen Theologen. Die Arbeiter wurden ausschließlich als Besitzer der Ware Arbeitskraft interpretiert, und da von einem unauflösbaren Gegensatz von Arbeit und Kapital ausgegangen wurde, nahm man grundsätzlich an, dass Arbeiter nur durch die Ausübung betrieblicher Herrschaft zu angemessener Arbeit bewegt werden konnten; weit verbreitet war die Ansicht, dass die Arbeiter aufgrund fehlender Autonomie bei der Arbeit „überhaupt kein Interesse an einer Anstrengung (haben), die über das Mindestmaß hinausgeht, das zur Vermeidung von Langeweile erforderlich ist" (Edwards 1981, S. 21). Die → Transformation von Arbeitskraft in Arbeit erschien deswegen als ein Problem von Zwang und Kontrolle, die in den Betrieben auf die Arbeiter ausgeübt werden musste, um sie zum Arbeiten zu veranlassen.

Dabei wurde ein sehr „weiter" Begriff von Herrschaft zugrunde gelegt; Altmann/Bechtle (1971, S. 21 f., Fn. 11) etwa verstanden unter Herrschaft „alle subjektivierten und objektivierten Formen von innerbetrieblicher Machtausübung, Verfügungsgewalt, Gewährung oder Versagung positiver und negativer Sanktionen". Sie fügten hinzu, dass dies weitreichende Konsequenzen für den Begriff der Kooperation habe, da Kooperation nicht nur den Aspekt der Solidarität betreffe, sondern auch die als funktional ausgewiesene „Kooperation, die sich am Arbeitsablauf, am Arbeitsprodukt, am Arbeitsergebnis u.ä. orientiert, und in der Herrschaft sich nur vermittelt als vermeintliche Sachnotwendigkeit auswirkt, um ihre Legitimität zu sichern" (ebd.). Damit wurde an eine Denkfigur von Marx angeknüpft, der zufolge der „Zusammenhang ihrer [der Arbeiter; H. M.] Arbeiten (...) ihnen daher ideell als Plan, praktisch als Autorität des Kapitalisten gegenübertritt, als Macht eines fremden Willens, der ihr Tun seinem Zweck unterwirft" (Marx 1972 a [1867], S. 351). Herrschaft war also nicht nur als persönliche Herrschaft von Interesse, womit – auch wenn das vermutlich kaum bewusst war – an den zur damaligen Zeit in Deutschland noch recht unbekannten Max Weber angeknüpft wurde, der ausführlich die entpersönlichten Regeln der Bürokratie herausgearbeitet hatte.

Ein wichtiger Forschungsschwerpunkt der Arbeits- und Industriesoziologie bis in die 1980er Jahre war die Untersuchung der Folgen, die die rasante Automatisierung und Technisierung der Arbeitsprozesse nach sich zogen. In diesem Zusammenhang wurde die These vertreten, dass Herrschaft sich versachlicht, sich gleichsam in bürokratische Verfahren und vor allem in die technische Apparatur verflüchtigt: „Einem Arbeiter, der eine moderne Maschine bedient, wird der Gedanke gar nicht kommen, der sinnfälligen Gesetzlichkeit dieser Maschine willkürlich zuwider zu handeln" (Popitz et al. 1976 [1957], S. 211). Dies würde zu einem Funktionsverlust, aber auch zu einer Versachlichung von Vorgesetztentätigkeiten führen, da Arbeitsteilung, Arbeitsorganisation und Arbeitsaufgabe nun als technische Anforderung, nicht mehr jedoch als Vorgesetztenentscheidung erschien; Herrschaft habe sich abgelöst von Personen und sich versachlicht in den technischen und bürokratischen Abläufen. Dies sei allerdings keinesfalls gleichzusetzen mit einem Verschwinden von Herrschaft, im Gegenteil: Die Versachlichung, die sich in einem Ausbau und einer Professionalisierung der Industrieverwaltungen (Arbeitskontrolle, Arbeitsplanung und Buchhaltung) ausdrückte, sei ein „Anschein (...), der jedoch den Fortbestand der Klassenstruktur nur verhüllt" (Braun 1964, S. 118).

Dieser Prozess einer Versachlichung von Herrschaft ließ sich nicht nur in der Produktion, sondern ebenso in der Verwaltung nachweisen; auch in der Büroarbeit, also im Bereich der Arbeit von Angestellten (→ auch Angestelltensoziologie), wurde wegen der Mechanisierung und Automatisierung der Tätigkeiten „eine ähnliche Relativierung des hierarchischen Prinzips (...) wie in der Produktion" (Bahrdt 1958, S. 2) beobachtet. Widerstand gegen Herrschaft werde angesichts der technisch perfektionierten Kontrolle immer schwieriger; die Prozesse der Technisierung verschöben „das Kräfteverhältnis zwischen Kapital und Lohnarbeit ein deutliches Stück weiter in die Richtung einer Position weitgehender Ohnmacht der Lohnabhängigen" (Schmiede 1983, S. 73).

Eine ähnliche Sichtweise findet sich auch in einer Studie von Braverman (1974). Darin wurde behauptet, dass Kontrolle seit jeher das wesentliche Kennzeichen von → Management sei, dass diese mit dem Taylorismus jedoch eine nie da gewesene Dimension angenommen habe, da jedem Arbeiter vom Management genau diktiert werde, wie die Arbeit auszuführen sei, und dass jeglicher Handlungsspielraum, der die handwerkliche Produktion noch ausgezeichnet habe, dadurch beseitigt werde. Der kapitalistische Produktionsprozess habe deswegen die grundsätzliche Tendenz zu einer umfassenden und fortschreitenden Degradation und Dequalifizierung von Arbeitskraft. Diese Studie löste eine intensive Debatte unter an Marx orientierten angelsächsischen Industriesoziologen aus, die als *Labour Process Debate* bekannt wurde und deren Ertrag u.a. darin zu sehen ist, auf die Existenz unterschiedlicher Formen von Kontrolle aufmerksam gemacht zu haben.

Insgesamt wurde eine Tendenz zur Ausweitung objektivierter Formen von Herrschaft und eine Bevorzugung indirekter, technisch-organisatorischer Herrschaft gegenüber persönlich vermittelter Macht beobachtet (Zündorf 1982); Herrschaft hatte sich entpersönlicht, sich verobjektiviert in technisierten Verfahrensweisen und damit „anhand des in ihnen vorgeblich herrschenden Sachzwangs die Produktionsverhältnisse" (Schumm-Garling 1972, S. 98) selbst legitimiert. Die Beschäftigten waren der alltäglichen Herrschaft im Betrieb mehr oder minder ohnmächtig ausgeliefert; subtile und unspektakuläre Formen des Widerstands wie etwa der Dienst nach Vorschrift, den Lichte (1978) bei seiner teilnehmenden Beobachtung von Industriearbeitern herausgefunden hatte, fielen demgegenüber kaum ins Gewicht.

Seitdem haben, wie gesagt, in der Industrie und im Dienstleistungsbereich viele Reorganisationsprozesse stattgefunden, deren Folgen als → Subjektivierung, als → Vermarktlichung, als → Entgrenzung etc. gedeutet werden. Zugleich hat sich die soziologische Perspektive auf den Betrieb erweitert, indem neben der Strukturdimension stärker auch die Handlungsdimension in den Blick genommen wurde. Dadurch wurden Sachverhalte deutlich wie etwa die Machtpotenziale, über die auch Machtbetroffene aufgrund ihrer Kontrolle von relevanten Ungewissheitszonen verfügen (→ Mikropolitik), die Bedeutung von Vertrauen in den innerbetrieblichen Austauschprozessen oder auch die Existenz einer → betrieblichen Sozialordnung, in der informell Rechte und Pflichten verteilt sind. Auch wenn Herrschaft als eigenständiges Thema damit ein wenig von der arbeits- und industriesoziologischen Agenda verschwunden ist, hat die Virulenz des Gegenstands keineswegs an Bedeutung verloren. Eher hat sich ein neuer Herrschaftsmodus herausgebildet, der darin besteht, „Bedingungen zu schaffen, unter denen die Beherrschten mehr als bisher dieselben Ziele verfolgen wie die Herrschenden (…), womit sich eine Aktualisierung von Herrschaft im selben Maße erübrigt" (Moldaschl/Sauer 2000, S. 213). Die Transformation von Arbeitskraft in Arbeit ist zunehmend weniger ein durch die Betriebe zu bewältigendes Problem und zunehmend mehr durch die Beschäftigten selbst zu bewerkstelligen – man denke nur an den Typus des → Arbeitskraftunternehmers, an Alleinselbstständige (→ Atypische Beschäftigung) oder Crowdworker (→ Digitale Transformation der Arbeit, Plattformarbeit). Dies hat eine veränderte Balance von Autonomie und Herrschaft, von Freiheit und Zwang zur Folge gehabt, was von Moldaschl (2001) in die pointierte Frage überführt wurde, ob Herrschaft und Autonomie überhaupt noch als Gegensatz begriffen werden könnten oder ob nicht die Möglichkeit einer Herrschaft durch Autonomie in Betracht gezogen werden müsse. Manche sprechen sogar von einer „neuen Qualität von Herrschaft", denn auch wenn indirekte Steuerungs- und Kontrollformen an Bedeutung gewonnen haben, „bleibt das strukturelle Herrschaftsverhältnis selbst doch weitgehend unangetastet" (Pongratz/Voß 2000, S. 234).

Heiner Minssen

Empfehlungen zum Weiterlesen

Braczyk, Hans-Joachim 1997: Organisation in industriesoziologischer Perspektive. In: Ortmann, G./Sydow, J./Türk, K. (Hg.): Theorien der Organisation. Die Rückkehr der Gesellschaft. Opladen: Westdeutscher Verlag, S. 530–575.

Braverman, Harry 1974: Labor and Monopoly Capital. The Degradation of Work in the Twentieth Century. Reprint. New York: Monthly Review Press.

Edwards, Richard 1981: Herrschaft im modernen Produktionsprozeß. Frankfurt a.M./New York: Campus.

Moldaschl, Manfred 2001: Herrschaft durch Autonomie. Dezentralisierung und widersprüchliche Arbeitsanforderungen. In: Lutz, B. (Hg.): Entwicklungsperspektiven von Arbeit. Ergebnisse aus dem Sonderforschungsbereich 333 der Universität München. Berlin: Akademie-Verlag, S. 132–164.
Popitz, Heinrich/Bahrdt, Hans Paul/Jüres, Ernst August/Kesting, Hanno 1976 [zuerst 1957]: Technik und Industriearbeit. Soziologische Untersuchungen in der Hüttenindustrie (3., unveränderte Aufl.). Tübingen: Mohr.
Zündorf, Lutz 1982: Machtprozesse in Industrieunternehmen. In: Schmidt, G./Braczyk, H.-J./Knesebeck, J. v. d. (Hg.): Materialien zur Industriesoziologie. Sonderheft 24 der Kölner Zeitschrift für Soziologie und Sozialpsychologie. Opladen: Westdeutscher Verlag, S. 166–184.

Home Office/Tele(heim)arbeit

Begriff

Generell bezeichnet (Arbeiten im) Home Office, ebenso wie der weitgehend synonyme ältere Begriff Tele(heim)arbeit, eine Form → mobiler und ortsungebundener Arbeit: die (in der Regel nur *anteilige*) Verlagerung eigentlich im → Betrieb verorteter (Büro-)Arbeit und des betrieblichen Arbeitsplatzes in die Privatwohnung von Beschäftigten auf der Grundlage einer informationstechnischen Anbindung. Der Begriff bezeichnet also nicht jedwede erwerbsförmige Tätigkeit in der Privatwohnung Erwerbstätiger (seien dies Lehrer:innen, die Unterricht vor- und nachbereiten, Handwerker:innen, die ihre Büroarbeiten hier erledigen, oder Soloselbstständige aller Art). Im Kern handelt es sich um prinzipiell ortsungebundene, wissens- und/oder kommunikationsbasierte Tätigkeiten (→ Informations- und Wissensarbeit), die Beschäftigte in ihrer Privatwohnung mit digitalisierten Arbeitsgegenständen unter informationstechnischer Anbindung an den Betriebszusammenhang erbringen (→ auch Digitale Transformation der Arbeit).

Eine davon zu unterscheidende zweite Bedeutung erhielt der Begriff Home Office im Zuge der Corona-Pandemie: Hier bezeichnet er ein mit dem ersten Lockdown Mitte März 2020 beginnendes gesellschaftsweites Realexperiment, bei dem betriebliche (Büro-)Arbeit in kürzester Zeit massenhaft weitestgehend in die Privatwohnungen der Beschäftigten verlagert wurde, um betriebliche Prozesse aufrechterhalten zu können. „Home Office in der Corona-Pandemie“ bezeichnet eine kategorial andere betriebliche und individuelle Arbeits- und Alltagspraxis als das (Arbeiten im) Home Office zuvor, wo Beschäftigten nach Prüfung der betrieblichen Funktionalität je einzeln die Möglichkeit zum in der Regel nur anteiligen bzw. gelegentlichen Arbeiten im Home Office eingeräumt wurde. In der Corona-Pandemie dagegen inkludiert Home Office tendenziell alle potenziell dafür geeigneten betrieblichen Aufgabenzuschnitte und einen Großteil der hier Beschäftigten.

Die nationalen Entwicklungspfade variieren im ersten wie im zweiten Begriffssinn. Im Folgenden wird vor allem die Entwicklung in Deutschland fokussiert, was zudem kongruent mit der auf den deutschen Sprachraum beschränkten Verwendung des Begriffs Home Office ist: Im Englischen bezeichnet man die hier gemeinten Phänomene als „working from home“.

Genese/theoretischer Kontext

Die Debatte um „Telearbeit“ bzw. „Teleheimarbeit“ begann mit dem Aufkommen der informationstechnischen Voraussetzungen dafür in den 1980er Jahren. Teleheimarbeit wurde zunächst v.a. als Möglichkeit diskutiert, anhand erster existierender Einzelfälle illustriert und nachfolgend in den 1990er Jahren zunächst vereinzelt in eng begrenzten Modellprojekten zu ihrer Erprobung praktiziert. Zentrale Zielsetzung der Modellversuche war die verbesserte Vereinbarkeit von Beruf und Familie. Die Vorsicht (und Skepsis) von Führungskräften, aber (aus anderen Gründen) auch der Betriebs- bzw. Personalräte gegenüber dieser „neuen Arbeitsform“ war groß. Entsprechend umfassend wurde die neue Arbeitsform betrieblich reguliert und begleitet, und es gab nur wenige real existierende Teleheimarbeitsplätze, die ganz überwiegend in Form der alternierenden Teleheimarbeit, also im regelmäßigen Wechsel zwischen Betrieb und Privatwohnung, aber mit deutlichem Arbeitsschwerpunkt zu Hause, praktiziert wurde (vgl. Kleemann 2005, Seger 2009).

Trotz fortlaufender Verbesserung der technischen Bedingungen für das Arbeiten auf Distanz blieb alternierende Teleheimarbeit auch seit den 2000ern eine im Einzelfall separat zu vereinbarende „besondere“ Arbeitsform auf der Grundlage formeller Betriebs- bzw. Dienstvereinbarungen (die unter der Prämisse, dass die Privatwohnung der zentrale Arbeitsort ist, genaue Anforderungen an die Ausgestaltung des Heimarbeitsplatzes durch den Betrieb definieren) mit hohen Zugangshürden, da das betriebliche Interesse an ihrer Einrichtung sich auf Einzelfälle beschränkte, und entsprechend geringer Verbreitung.

Zugleich entstanden quasi im Schatten der formalisierten Teleheimarbeit mit steigenden Flexibilitätsbedarfen der Beschäftigten und komplementären Veränderungen der betrieblichen Führungskultur (→ Subjektivierung von Arbeit) in den letzten beiden Jahrzehnten in Absprache zwischen Beschäftigten und unmittelbaren Vorgesetzten zunehmend informelle Arrangements, an einzelnen Tagen zu Hause statt im Betrieb zu arbeiten. Hierfür etablierte sich in den 2010er Jahren allgemein die Bezeichnung „(Arbeiten im) Home Office", und es ergab sich eine schleichende Veralltäglichung dieses (gelegentlichen) Arbeitens zu Hause (vgl. Petendra 2014). Brenke (2016) schätzt, dass im Jahr 2014 von 12% aller abhängig Beschäftigten bzw. an 30% aller dafür geeigneten Arbeitsplätze Home Office zumindest gelegentlich praktiziert wird. Die Einrichtung von Home Office erfolgt einzelfallbezogen und abhängig von betrieblichen Strategien der → Arbeitsorganisation und von den Motiven der Beschäftigten: einerseits Erwerbs- und Familienarbeit besser in Einklang zu bringen (→ Work-Life-Balance), andererseits („leistungsbezogen"; Kleemann 2005, S. 151–196) Aufgaben zu Hause ungestörter und damit effektiver als im betrieblichen Arbeitskontext verrichten zu können.

Mit der Zunahme dieser mehr oder weniger informellen Arrangements eines gelegentlichen bzw. partiellen Arbeitens im Home Office begannen insbesondere große Organisationen in den letzten Jahren vor der Corona-Pandemie damit, diese Praxis auf der Grundlage von Betriebs- bzw. Dienstvereinbarungen zu „mobiler" bzw. „orts- und zeitflexibler" Arbeit grundlegend zu regulieren (vgl. Mierich 2020, Krause/Matuschek 2022). Angestrebt werden eher niedrigschwellige Regelungen, um die Gewährung von Home Office aus betrieblicher Sicht praktikabel zu halten und die hohen Gestaltungsanforderungen, die in etablierten Betriebsvereinbarungen zur Teleheimarbeit verankert sind, zu vermeiden. (Daher wird die den Arbeitsort eindeutig bestimmende Bezeichnung Home Office vermieden zugunsten ortsneutraler Bezeichnungen, die prinzipiell alle außerbetrieblichen Arbeitsorte adressieren und die schon aufgrund der Heterogenität der jeweiligen Arbeits[platz]bedingungen der verschiedenen möglichen Arbeitsorte einen hohen Regulationsgrad ausschließen.)

Relevanz für die Arbeits- und Industriesoziologie hat der Gegenstand Home Office/Teleheimarbeit vor allem in zweierlei Hinsicht: Zum einen mit Blick auf die Möglichkeiten einer besseren Vereinbarkeit von Beruf und Familie für die Beschäftigten – hier richtet sich die Untersuchungsperspektive vor allem auf die Auswirkungen der Arbeitsform und auf damit verbundene Geschlechterarrangements sowie das veränderte Wechselverhältnis von → Erwerbsarbeit und Privatleben (vgl. Seger 2009) (→ Reproduktion von Arbeitskraft, Arbeit und Geschlecht). Zum anderen wird Home Office/Teleheimarbeit als prototypische Arbeitsform im Kontext der Debatten zur → Entgrenzung und → Subjektivierung von Arbeit im Hinblick auf veränderte Formen der Arbeitsorganisation und insbesondere der in ihnen praktizierten indirekten Steuerungsformen und ergebnisbezogenen Formen der Leistungsbemessung (→ auch Kontrolle, Transformation von Arbeitskraft) in den Blick genommen (vgl. Kleemann 2005).

Wurde Teleheimarbeit in älteren Untersuchungen (dem tatsächlichen Verbreitungsgrad angemessen) vor allem als Leitbild und „exemplarische [zukünftige] Arbeitsform" fokussiert, verschiebt sich die Perspektive mit der Veralltäglichung des Home Office auf Praxisaspekte und konkrete Form der Entgrenzung und Subjektivierung von Arbeit. Man könnte insofern von einer „Normalisierung" der Telearbeitsforschung sprechen. Jedenfalls bis die relative Normalität des Home Office durch ein historisches Ereignis erschüttert wurde: Mit dem ersten Lockdown im März 2020 erfährt die Arbeitsform Home Office eine Zäsur:

Zuvor im Betrieb verrichtete Bürotätigkeiten wurden ad hoc massenhaft in die Privatwohnungen der Beschäftigten verlagert. Quantitative Beschäftigtenbefragungen (Blom/Möhring 2021, Emmler/Kohlrausch 2021) gelangen trotz unterschiedlicher Samples und Zugänge zu ähnlichen Schätzungen: Demnach ist davon auszugehen, dass ca. ein Viertel aller Erwerbstätigen in Deutschland (incl. personenbezogene und handwerkliche Dienstleistungen sowie produzierendes Gewerbe, für die Home Office nicht praktikabel ist) in den beiden Lockdown-Phasen (März–Mai 2020 und November 2020–Mai 2021) ausschließlich oder überwiegend von zu Hause aus gearbeitet hat, und in der Zwischenzeit 2020 immer noch ca. 15%.

Home Office wurde über Nacht zum Rettungsanker, um betriebliche Prozesse im Lockdown überhaupt aufrechterhalten zu können. Dies geschah oft ohne adäquate informationstechnische Ausstattung und Anbindung an den Betrieb; unter Aussetzung üblicher betrieblicher Effizienzmaßstäbe; auch für Beschäftigte mit Aufgabenzuschnitten, die nur eingeschränkt von zu Hause aus erledigt werden können; und unter Absehung von üblichen betrieblichen Arbeitsschutzbestimmungen bezüglich der Ausstattung und Ergonomie des Arbeitsplatzes. Die Arbeitsbedingungen wurden fortlaufend inkrementell verbessert und an betriebliche Standards anzupassen versucht. Im weiteren Verlauf der Corona-Pandemie erfolgte – je nach organisationalen und arbeitsinhaltlichen Rahmenbedingungen und in Abhängigkeit von Richtungsentscheidungen des Managements – für größere Teile der Betroffenen eine partielle oder vollständige Rückkehr zur betrieblichen Arbeit.

Insgesamt handelt es sich um ein gigantisches Realexperiment wider Willen und ohne klare Versuchsanordnung, aus dem sich gleichwohl umfassende Erkenntnisse über die Potenziale und für die künftige Gestaltung des Arbeitens im Home Office gewinnen lassen (wenn auch nicht mit prognostischen Schnellschüssen aller Art, wie sie bereits kurz nach Ausbruch der Pandemie Konjunktur hatten, sondern nur auf solider empirischer Grundlage). Zu fragen ist in diesem Sinne, unter welchen Bedingungen und mit welchen Effekten sich zuvor in zentralen Betriebsstätten verrichtete Arbeit in mehr oder weniger umfassender Weise auch im Home Office in funktionaler Weise erbringen lässt. Das Realexperiment fand teils unter extrem erschwerten Bedingungen statt – insbesondere in dem Maße, wie die Privatwohnung keinen adäquaten Büroarbeitsplatz vorhält, wenn der Partner oder die Partnerin ebenfalls im Home Office arbeitet und wenn im Lockdown oder bei sonstigen Schul- oder Kitaschließungen zeitgleich zu betreuende Kinder präsent sind. Dadurch werden – überwiegend *ex negativo* – auch die Voraussetzungen besonders deutlich sichtbar, unter denen dauerhaft produktives und die physische und psychische Gesundheit der Beschäftigten nicht beeinträchtigendes Arbeiten möglich ist.

Außerdem bietet das Home Office in der Corona-Pandemie zahlreiche Möglichkeiten zur vertiefenden Untersuchung unterschiedlicher relevanter soziologischer Fragestellungen, insbesondere mit einem Fokus auf Geschlechterverhältnisse, soziale Ungleichheiten und Vereinbarkeitsfragen: Wer übernimmt die Kinderbetreuung im Lockdown? Nutzen die „neuen Väter" die sich eröffnenden Möglichkeiten, sich in die Familienarbeit einzubringen? Welche Auswirkungen auf Arbeitszeitvolumen und Einkommen ergeben sich? Welche Produktivitätseffekte?

Zentrale Forschungsergebnisse

Zentrale Befunde zu grundlegenden Bedingungen, Praxen und Effekten der Arbeitsform wurden bereits von der Forschung zur (alternierenden) Teleheimarbeit bis etwa Mitte der 2000er Jahre erarbeitet (auch wenn in den 1990ern häufig noch mehr oder weniger solide „Potenzialabschätzungen" die Debatte prägten – als positives Beispiel hierfür: Dostal 1999). Vor allem zum Ende der 2010er Jahre entwickelte sich im neuen Licht einer relativen „Normalisierung" des Home Office als allgemein verbreitete Arbeitsform erneut eine verstärkte empirische Auseinandersetzung.

Auf empirischer Grundlage wurden bereits früh Auswirkungen der Teleheimarbeit auf die Geschlechterverhältnisse kritisch reflektiert (exemplarisch: Goldmann/Richter 1991, Winker 2001): Zwar ergibt sich eine bessere Vereinbarkeit von Familien- und Erwerbsarbeit, aber nur um den Preis einer Steigerung der Doppelbelastung (Goldmann/Richter 1991) und Tendenzen der Selbstausbeutung (Maus/Winker 2001). (Eine unintendierte „Selbstausbeutung" der Beschäftigten resultiert aus der Eigenbemessung der Arbeitsleistungen: Sie erfassen zu Hause tendenziell nur „Netto-Arbeitszeiten" und nicht wie im Betrieb die ebenfalls mit nicht erwerbsbezogenen Aktivitäten durchsetzte Anwesenheitszeit vor Ort; Kleemann 2005, S. 308ff.) Diese frühen Befunde bestätigt aktuell Carstensen (2020): Teilzeitbeschäftigten ermöglicht Home Office eine Erhöhung der vertraglichen Arbeitszeit, zugleich steigt der Anteil unbezahlter Mehrarbeit, und es kommt nur in geringem Maße zu innerfamilialer Umverteilung der häuslichen Arbeitsteilung. Abendroth/Diewald (2019) unterscheiden vier betriebliche Einsatzstrategien von Teleheimarbeit und gelangen zu dem Befund, dass sich in Abhängigkeit davon positive oder negative geschlechtsspezifische Einkommenseffekte ergeben (→ auch Arbeit und Geschlecht, Sorgearbeit).

Als zentrale organisationale Bedingungen für Teleheimarbeit erweisen sich Tätigkeiten mit wenig Kollaborationsbedarf (Godehardt 1994) und stark kognitiv-wissensbasierten Aufgabenzuschnitten (Mergener 2020) sowie ein gewachsenes Vertrauensverhältnis zwischen Mitarbeiter:innen und Vorgesetzten (Jäckel/ Rövekamp 2001; s.a. Büssing/Broome 1999, Büssing 2001). Die räumliche Distanzierung von Kolleg:innen im Home Office bewirkt eine Ausdünnung betrieblicher Sozialzusammenhänge (Kleemann 2005). Das betrifft nicht nur den persönlichen Austausch, sondern insbesondere auch die Ebene der „halbformellen Kommunikation“ (ebd.), also den „Flurfunk“ oder die wechselseitige Unterstützung und Beratung bei der Erledigung von Aufgaben (→ auch Arbeit und Interaktion). Die Motive der Beschäftigten für Teleheimarbeit können primär „familien-“ oder primär „leistungsbezogen“ sein, mit entsprechend divergierenden Anteilen des Arbeitens und Strukturen des Arbeitstages zu Hause (ebd.). Teleheimarbeit bzw. Home Office adressiert vor allem höher qualifizierte Mitarbeiter:innen, um deren Arbeitsbedingungen und Zufriedenheit zu verbessern (Fischer et al. 1994, Krömmelbein 2000).

Auch mit der allgemeinen Verbreitung der Arbeitsform in den 2010er Jahren bleibt Home Office eine individuell gewährte Arbeitsform und tendenziell ein Privileg. Home-Office-Arrangements basieren letztlich auf einem impliziten Tauschverhältnis von produktiver Arbeitsleistung für den Betrieb gegen erweiterte raum-zeitliche Autonomiespielräume für die Beschäftigten (Kleemann 2005), stellen also ein „erkauftes“ Privileg für die Beschäftigten dar, wenn ihr primäres Motiv die bessere Vereinbarkeit von Erwerbsarbeit und Privatleben ist, während sich bei „leistungsbezogenen“ Motiven der Beschäftigten eine zumindest partielle Interessenkongruenz ergibt. Zentrale Faktoren dafür, dass sich aus Sicht der Beschäftigten gute Arbeitsbedingungen und gute Vereinbarkeit von Beruf und Privatleben ergeben, sind die wahrgenommene Fairness von Vorgesetzten, ganze Arbeitstage im Home Office zu regulären betrieblichen Arbeitszeiten und eine vertragliche Regelung des Arrangements (Lott 2020). Auf dieser Grundlage hat Home Office auch einen betrieblichen Effekt der Mitarbeiterbindung (Marx et al. 2021) (→ auch Arbeitsqualität, Arbeitszeit).

Zum Arbeiten im Home Office in der Corona-Pandemie liegen zahlreiche erste Bestandsaufnahmen und Untersuchungen mit Fokus auf Arbeitsbedingungen und Gestaltung des Home Office, Arbeitseffizienz und betriebliche Kooperationsstrukturen, Auswirkungen auf Geschlechterverhältnisse und Mobilitätsmuster vor. Allerdings handelt es sich insofern um Momentaufnahmen, als die empirische Erfassung unter wechselnden Bedingungen im Zeitverlauf der Corona-Pandemie erfolgte und bei vielen Fragestellungen erst längerfristige Effekte Aussagekraft haben werden. Daher wird an dieser Stelle auf den Versuch einer Systematisierung der vorliegenden Befunde weitgehend verzichtet.

Generalisierbar scheint aber, dass in vielen Fällen funktionale betriebliche Zusammenarbeit auf Distanz mehr oder weniger gut aufrechterhalten werden kann (und die Effizienz zum Teil auch höher sein kann als in Kopräsenz), dass aber der nicht unmittelbar auf die Erledigung von Aufgaben bezogene Austausch mit Kollegen leidet. (Auch hier steht aber eine genaue Analyse der Bedingungen und Folgen noch aus.) Zudem scheint klar ersichtlich, dass Beschäftigte, die selbst umfassende praktische Erfahrungen mit der Arbeitsform und ihrer (betrieblichen wie privaten) Funktionalität gemacht haben, ganz überwiegend eine Verstetigung des anteiligen Arbeitens im Home Office unter neuen Normalbedingungen nach Ende der Pandemie wünschen (Emmler/Kohlrausch 2021); präferiert werden ein bis drei Tage pro Woche ohne strikte Festlegung fester Tage, unter Aufrechterhaltung der sozialen Kontakte zu den unmittelbaren Arbeitskolleg:innen im Betrieb und mit Gestaltungsspielräumen bezüglich der täglichen Arbeitszeit (Kleemann/Leontaris 2021). Die Bewertung des Home Office durch Unternehmen und Organisationen scheint demgegenüber äußerst heterogen und noch nicht systematisch untersucht.

Abzuwarten bleibt angesichts vielfach, aber keineswegs nur positiver Erfahrungen vieler Beschäftigter und Betriebe, welche neuen gesellschaftlichen Normalitätsvorstellungen des Arbeitens im Home Office und neuen betrieblichen Normalitäten der Praxis des Home Office sich nach der Corona-Pandemie herausbilden und inwieweit das Arbeiten im Home Office seinen vormaligen Status als „Sonderform" betrieblichen Arbeitens verlieren wird.

Frank Kleemann

Empfehlungen zum Weiterlesen

Abendroth, Anja-Kristin/Diewald, Martin 2019: Auswirkungen von Teleheimarbeit auf geschlechtsspezifische Einkommensungleichheiten in Arbeitsorganisationen. Die Bedeutung unterschiedlicher Umsetzungsformen. In: Kölner Zeitschrift für Soziologie und Sozialpsychologie, Jg. 71. H. 1, S. 81–109.

Carstensen, Tanja 2020: Orts- und zeitflexibles Arbeiten: Alte Geschlechterungleichheiten und neue Muster der Arbeitsteilung durch Digitalisierung. In: Zeitschrift für Arbeitswissenschaft, Jg. 74, H. 2, S. 195–205.

Kleemann, Frank 2005: Die Wirklichkeit der Teleheimarbeit. Eine arbeitssoziologische Untersuchung. Berlin: edition sigma.

Human Resource Management

Begriff

Human Resource Management (HRM) oder auch Personalmanagement bezeichnet die Organisationsfunktion der Bereitstellung geeigneter Arbeitskräfte für betriebliche Aufgaben. Ökonomisch gesehen handelt es sich um die Bewirtschaftung des Produktionsfaktors Arbeit, aus soziologischer Sicht steht die Einbindung der Belegschaft in das soziale Gefüge der Organisation im Vordergrund. HRM umfasst ein vielfältiges Aufgabengebiet, vor allem Personalplanung (Einschätzung der Bedarfsentwicklung), Personalbeschaffung (Anwerbung und Einstellung), Personalverwaltung (einschließlich Entlohnung und betrieblicher Sozialpolitik), Personalentwicklung (Karriereplanung und Qualifizierung) und Personalfreisetzung (vgl. zur Übersicht Stock-Homburg/Groß 2019, Wilkinson et al. 2019). Die formale Grundlage der Personalarbeit bilden die zwischen Betrieb und Personal abgeschlossenen Arbeitsverträge und die entsprechenden arbeitsrechtlichen Regelungen.

Unterschiedliche personalpolitische Herangehensweisen werden als „soft and hard approaches to HRM" charakterisiert (Collings/Wood 2018). Auf der einen Seite („soft") steht die Stärkung der Bindung an den → Betrieb („commitment") durch Förderung individueller Fähigkeiten und zwischenmenschlicher Beziehungen. Die betriebliche Aus- und Weiterbildung bildet dafür ein zentrales Handlungsfeld (→ Berufliche Bildung); im weiteren Sinn zählt auch die Personalführung als Alltagspraxis der Führungskräfte dazu. Auf der anderen Seite („hard") wird mit auf den Shareholder Value ausgerichteten Unternehmenszielen die Erwartung an HRM verbunden, Kosten und Effizienz des Produktionsfaktors Arbeit zu optimieren. Eine strategische Option hierfür bildet die Reduzierung des Personalbestands durch den Einsatz externer Arbeitskräfte in Form von Leiharbeit oder Selbstständigkeit (→ Atypische Beschäftigung). Aufgrund ihrer arbeitsrechtlichen und organisatorischen Ausgliederung hat das HRM auf diese Humanressourcen wenig Einfluss. Gesamtkonzeption und Zusammenhang der verschiedenen Aufgabenfelder werden als „HRM systems" oder → „betriebliche Beschäftigungssysteme" bezeichnet. Diese integrative Betrachtung von HRM ermöglicht theoretische Anschlüsse an die Arbeitsmarktforschung und eröffnet empirische Vergleichsperspektiven zwischen Branchen und Ländern.

Genese/theoretischer Kontext

Human Resource Management hat sich als Konzept für die Personalarbeit ausgehend von den USA seit den 1970er Jahren auch in Europa durchgesetzt. HRM markierte den Übergang von der eher passiven Personaladministration zur aktiven Entwicklung des Humankapitals als Produktionsfaktor, insbesondere von Motivation und → Qualifikation/Kompetenz der Beschäftigten. Maßgeblich dafür waren ökonomische Erwartungen der Leistungssteigerung und sozialtechnologische Ansätze der Human-Relations-Bewegung und der Arbeits- und Organisationspsychologie (Wächter 2013). In Deutschland blieb das Personalmanagement nach dem Zweiten Weltkrieg zunächst durch die bürokratisch-autoritären Verfahren von Stellenbeschreibung und Aufgabendelegation nach dem an militärische Vorbilder angelehnten „Harzburger Modell" geprägt. Breisig (1990) hat Kontinuität und Wandel betrieblicher Führungs- und Sozialtechniken in Deutschland von frühen Formen der persönlichen und bürokratischen → Kontrolle über die Führer-Gefolgschafts-Ideologie im Nationalsozialismus bis zum HRM-orientierten Modell kooperativer Führung in den 1980er Jahren nachgezeichnet. Erst mit der Durchsetzung einer verhaltenswissenschaftlich fundierten Managementlehre verlor diese Vorgeschichte an unmittelbarer Relevanz.

Vor wie nach der Wendung zum HRM haben Personalarbeit und Personalführung in der soziologischen Forschung wenig Aufmerksamkeit gefunden. Die Arbeits- und Industriesoziologie weist zahlreiche Schnittstellen zu Aufgaben des Personalmanagements auf, etwa in der Gestaltung der betrieblichen Aus- und Weiterbildung, mit Regelungen von → Entgelt und Leistung, hinsichtlich der Zusammenarbeit mit dem → Betriebsrat oder im Hinblick auf Fragen der Personalentwicklung und der Personalführung. HRM wird aber vorwiegend als Managementfunktion identifiziert und dem Feld der Betriebswirtschaftslehre zugerechnet, weshalb Bedingungen und Praxis der Personalarbeit kaum untersucht werden. Die Analyse der betrieblichen Kernfunktion der → Transformation von Arbeitskraft nimmt in kapitalismuskritischer Tradition primär Bezug auf Strukturen der → Arbeitsorganisation und der technischen Kontrolle. Die Labour Process Debate fokussiert zwar seit den 1980er Jahren unterschiedliche Managementstrategien, aber Studien zur → Entgrenzung oder konkretere Interpretationen selbstorganisierter Arbeitsformen, etwa mit dem Typus → Arbeitskraftunternehmer, beziehen HRM-Praktiken selten mit ein.

Im Anschluss an die Labour Process Theory widmen sich seit den 1990er Jahren Critical Management Studies theoretisch und empirisch der Diskrepanz von Anspruch und Praxis des HRM. Der Mainstream-Forschung wird eine funktionalistisch-technokratische und normativ-einseitige Ausrichtung unter Übernahme der Arbeitgeberperspektive bescheinigt (Alvesson 2009). Mit ideologiekritischem Blick werden HRM-Konzepte und die ihnen zugrundeliegende Rhetorik (Beispiel: „Mensch im Mittelpunkt") als Diskursstrategien zur Herrschaftssicherung interpretiert (→ Herrschaft). Unter Bezugnahme auf Foucaults Machttheorie lassen sich HRM-Praktiken als subjektivierende Machttechniken mit disziplinierender Wirkung verstehen. Townley (1994) analysiert das Human Resource Management als Macht-Wissen-Apparat, der die Belegschaft zum Gegenstand von Verfahren der Messung, Klassifikation und Bewertung macht und das „industrial subject" als Resultat derart objektivierender Konstruktionen hervorbringt. Allerdings bleibt es eine offene empirische Frage, wie stringent HRM-Konzepte in der Praxis umgesetzt und damit als Machtressource wirkmächtig werden (Alvesson 2009).

Zentrale Forschungsergebnisse

Für die Arbeits- und Industriesoziologie sind drei Forschungsstränge zu HRM von besonderem Interesse: (a) die strategische Positionierung im Unternehmen, (b) der Einfluss auf die Kultur von Führung und Zusammenarbeit und – im Zuge der → digitalen Transformation von Arbeit – (c) die Digitalisierung der Personalarbeit.

(a) Aus betriebswirtschaftlicher Sicht stellt die strategische Personalpolitik ein wesentliches Unterscheidungskriterium zur klassischen Personaladministration dar: HRM soll sich machtpolitisch positionieren und einen eigenständigen Beitrag zur Unternehmensstrategie leisten. Für einen derartigen Einflussgewinn des Personalmanagements finden sich allerdings wenig empirische Hinweise. Es bleibt offen, inwieweit dem eher seine Randständigkeit gegenüber zentralen Managementfunktionen von Produktion, Vertrieb oder Finanzen entgegenstehen oder das mangelnde Profil personalpolitischer Ansätze. Da es dem Personalmanagement schwerfällt, mit geeigneten Kennzahlen den eigenen Beitrag zur Wertschöpfung nachzuweisen, wird es primär an der reibungslosen Abwicklung operativer Aufgaben gemessen.

Nicht zuletzt aus Kostengründen gilt das Outsourcing von Personaldienstleistungen als wichtige strategische Option. Auf den Prüfstand einer Make-or-Buy-Entscheidung werden operative Funktionen wie Gehaltsabrechnung, Weiterbildung, Personalrekrutierung oder Maßnahmen zur Personalfreisetzung (Outplacement) gestellt. Alewell et al. (2008) zeigen, dass in Deutschland die größeren Unternehmen zum Outsourcing neigen – und solche mit Betriebsrat, auch wenn dieser in die Entscheidung kaum einbezogen wird. Nienhüser und Baumhus (2002) verweisen auf die veränderten Integrationsanforderungen an das Personalmanagement durch den Einsatz von externem Personal.

(b) Der Forschungsstrang zur Kultur von Führung und Zusammenarbeit ist geprägt von organisationspsychologischen Studien. Die Führungsforschung bildet seit den 1950er Jahren eine Leitdisziplin des HRM, in die erst allmählich soziologische Beiträge Eingang fanden (Storey et al. 2017). Aus organisationssoziologischer Sicht soll „ein prägnantes Konzept von Personalführung deren Sozialität bereits konzeptionell begreifen" (Türk 1981, S. 71) und innerhalb des Herrschaftsrahmens der Organisation verorten. Türk sieht ihre spezifische Funktion in der Verhaltenslenkung in jenen Steuerungslücken, welche technische und administrative Kontrollsysteme nicht ausfüllen können. Vor diesem Hintergrund untersucht Pongratz (2003) die Interaktionsdynamik zwischen Führungskräften und Beschäftigten zur Bewältigung des Dilemmas von bürokratisch-hierarchischem Verfügungsanspruch einerseits und Erfordernissen kommunikativer Aushandlung andererseits (→ auch Arbeit und Interaktion, Mikropolitik).

Die Organisationskultur wurde in den 1980er Jahren zum Kernthema von „soft HRM": Personalauswahl und Personalentwicklung, Führungskonzepte und Bildungsmaßnahmen sollen ein leistungsförderliches soziales Umfeld schaffen. Krell (1994) erkennt in instrumentellen Kulturkonzepten Grundzüge einer „vergemeinschaftenden Personalpolitik", die Vorläufer in der Werksgemeinschafts-Idee der Weimarer Republik und in der Ideologie der NS-Betriebsgemeinschaft findet. Seit den 2000er Jahren reagiert das HRM zunehmend auf Anforderungen aus dem gesellschaftspolitischen Umfeld der Betriebe, etwa im Hinblick auf die Nachhaltigkeit der Unternehmensentwicklung (→ auch Arbeit und Nachhaltigkeit), die → Work-Life-Balance der Beschäftigten oder das Diversity Management. Personalpolitik bewegt sich dabei im Spannungsfeld von ökonomischem Druck, rechtlicher Norm und sozialer Verantwortung.

(c) Mit zunehmender Nutzung digitalisierter Informationen und algorithmischer Verfahren gewinnt der Forschungsstrang zu „electronic HRM" (Bondarouk/Fisher 2020) an arbeitssoziologischer Relevanz. Er umfasst mit People Analytics (auch: HR Analytics, Workforce Analytics) zum einen Personal- und Leistungsdaten der Belegschaft und zum anderen Informationen zu Bewerber:innen, die mit Talent Acquisition Technology im Prozess der Personalrekrutierung gewonnen werden. In beiden Bereichen gibt es eine Vielzahl technologischer Innovationen, die erst in begrenztem Umfang Anwendung finden und zu deren Einsatz in der Praxis deshalb noch wenig Forschung existiert (Marler/Boudreau 2017). Neben dem Personalinformationssystem speist sich People Analytics aus digitalen Spuren des Arbeits- und Kommunikationsverhaltens, aber auch aus öffentlich zugänglichen Quellen wie den sozialen Netzwerken (Kels/Vormbusch 2020, S. 70). Sowohl die Sammlung von Daten als auch ihre algorithmische Auswertung (→ Arbeit und Künstliche Intelligenz) werfen grundlegende Fragen der Transparenz der Verfahren und der Akzeptanz damit erzielter Bewertungen und Entscheidungen durch die Betroffenen auf.

Neue Möglichkeiten der datenbasierten Analyse der Humanressourcen erhöhen den Legitimationsdruck für das Personalmanagement: „es muss sich gegenüber der Unternehmensführung als messbar wertschöpfend, gegenüber dem Linienmanagement als problemlösender Handlungspartner und gegenüber der Belegschaft als vertrauenswürdiger Förderer von Kompetenzen (…) legitimieren." (ebd., S. 83) Derart konfligierende Erwartungshaltungen kennzeichnen generell die Situation im HRM und erklären die oft von Vorsicht geprägten strategischen Entscheidungen und Positionierungen – nicht nur bezüglich People Analytics. Besonders breit ist das Spektrum der Talent Acquisition Technology über den gesamten Rekrutierungsprozess hinweg: von der Online-Stellenausschreibung über die Analyse von Bewerberdaten (CV-Parsing), Video-Interviews und Online-Tests bis hin zu automatisierten Matching-Verfahren. Die erweiterten technischen Optionen haben die Rekrutierungsstrategien der Unternehmen verändert (Weitzel et al. 2020): Konzepte von Active Sourcing, Social Sourcing oder Candidate Relationship Management eröffnen Online-Zugänge auch zu Kandidat:innen, die nicht aktiv auf Stellensuche sind.

Internationaler Bezug und weitere Entwicklungsperspektiven

Neben der Soziologie der → Industriellen Beziehungen gründet die skizzierte HRM-Forschung vor allem in der englischsprachigen Managementforschung. Neuere Studien mit kritischer Betrachtung der HR-Praxis finden insbesondere Anschluss an die britischen Critical Management Studies (z.B. Collings/Wood 2018). Verstärkt werden die internationalen Forschungsbezüge in der Analyse der Digitalisierung der Personalarbeit, mit der neue, global aktive Akteure ins Spiel kommen: Software-Anbieter (wie SAP, Oracle oder Workday), Plattformunternehmen (Stellenbörsen, Karrierenetzwerke u.a.) sowie Personalberatungen, die ihre Dienste über die Rekrutierung von Führungskräften (Headhunting) hinaus auf fachliche Teilarbeitsmärkte ausdehnen. Die Beschäftigungsindustrie („employment industry") wächst somit weit über die das Feld bisher dominierenden Zeitarbeitsfirmen hinaus, die selbst wiederum nach einer neuen Rolle suchen, indem sie ihr Angebot durch Akquisitionen von Plattformen und Personalberatungen diversifizieren (Pongratz 2021).

Vorangetrieben wird diese Dynamik durch Rekrutierungsprobleme der Betriebe in Arbeitsmarktsegmenten mit Fachkräftemangel. Der von der Beratungsindustrie um das Jahr 2000 ursprünglich für den Führungsnachwuchs („high potentials") proklamierte „war for talents" hat dabei zu einer Umdeutung von Arbeitskräften zu „talents" geführt. National wie international wird inzwischen vielfach von Talent Management statt HRM gesprochen (Ritz/Thom 2018). Auch wenn der Begriff „talent" weitgehend unbestimmt bleibt, signalisiert er einen Wandel der Personalpolitik: Mit der Konzentration auf die besonders nachgefragten Arbeitskräfte ist er indirekt exkludierend, mit der Einbeziehung verschiedener Beschäftigungsformen (Selbstständige, Plattformbeschäftigte u.a.) wirkt er arbeitspolitisch nivellierend. Im programmatischen Anspruch von Total Talent Management, den große Zeitarbeitsfirmen mit ihrem diversifizierten Angebot von Leiharbeit, Freelancern und Personalrekrutierung verbinden, zeichnen sich weitreichende arbeitsmarktpolitische Konsequenzen dieser Neuorientierung im HRM ab (Pongratz 2021).

Hans J. Pongratz, Laura Späth, Philipp Wissing

Empfehlungen zum Weiterlesen

Alvesson, Mats 2009: Critical Perspectives on Strategic HRM. In: Storey, J./Wright, P. M./Ulrich, D. (eds.): The Routledge Companion to Strategic Human Resource Management. Abingdon: Routledge, S. 52–67.

Bondarouk, Tanya/Fisher, Sandra (eds.) 2020: Encyclopedia of Electronic HRM. Berlin: De Gruyter.

Kels, Peter/Vormbusch, Uwe 2020: People Analytics im Personalmanagement. Auf dem Weg zur automatisierten Entscheidungskultur? In: Industrielle Beziehungen, Jg. 27, H. 1, S. 69–88.

Pongratz, Hans J. 2021: Die digitale Beschäftigungsindustrie als global expandierende Branche. In: WSI-Mitteilungen, Jg. 74, H. 4, S. 263–273.

Wilkinson, Adrian/Bacon, Nicolas/Snell, Scott/Lepak, David (eds.) 2019: The Sage Handbook of Human Resource Management (2nd edition). London: Sage.

Humanisierung des Arbeitslebens

Begriff

Die Aktivitäten zur Humanisierung des Arbeitslebens (HdA) haben ihren Ursprung in der mit der kapitalistischen Industrialisierung entstehenden sozialen Frage, Arbeiterbewegung und staatlichen Reformpolitik im 19. Jahrhundert (Hofmann 1970) (→ Industriegesellschaft und Industrialisierung). Im engeren Sinne sprechen wir jedoch von HdA-Aktivitäten erst seit den 1960er und 1970er Jahren, als sich eine Krise der arbeitsteiligen Massenfertigung mit ihren monotonen, taktgebundenen und belastungsintensiven Fließbandarbeiten abzeichnete. Sie waren im fordistischen → Produktionsregime von der wissenschaftlichen Betriebsführung F. W. Taylors weiter vorangetrieben worden, auf deren psychische und soziale Grenzen schon die Human-Relations-Bewegung und die Sozio-technische Systemgestaltung aufmerksam gemacht hatten (Ulich 2011) (→ auch Fordismus, Taylorismus, Techniksoziologie).

Den verstärkten Motivations-, Beteiligungs- und Entfaltungsbedürfnissen der Beschäftigten entsprachen steigende berufliche und kooperative Anforderungen in einer flexiblen und qualitätsorientierten Fertigung vor dem Hintergrund sich verwissenschaftlichender Produktivkräfte bei zunehmend gesättigten Märkten. Sinkende Gewinne lösten kostensparende Rationalisierungsmaßnahmen mit vermehrten Freisetzungen, angespannten Arbeitsbedingungen und gesundheitlichen Beeinträchtigungen aus. In der Kluft zu wachsenden arbeitsinhaltlichen und lebensweltlichen Bedürfnissen der Beschäftigten erhielten HdA-Bestrebungen eine hohe gesellschaftliche Aktualität.

Genese/politisch-theoretischer Kontext

Die Zuspitzung der politisch-ökonomischen Widersprüche markierte eine Phase gesellschaftlicher Umbrüche, in der die sozial-kulturellen Impulse antiautoritär firmierender Studentenbewegungen gegen Ende der 1960er Jahre in einigen westeuropäischen Ländern radikaldemokratische Forderungen nach Arbeiterkontrolle, Fabrikräten und Selbstverwaltung befruchteten, während in Nordeuropa, den Niederlanden und vor allem in Deutschland sich eher sozialpartnerschaftliche HdA-Initiativen im Rahmen einer sozial-liberalen Koalition entwickelten. Nunmehr auf Delegation von Verantwortung setzende Führungskonzepte der Arbeitgeber korrespondierten mit gewerkschaftlichen Mitbestimmungsforderungen; die Qualität des Arbeitslebens avancierte zu einem öffentlichen Thema (→ auch Arbeitsqualität). So verlangte das 1972 novellierte Betriebsverfassungsgesetz die Anwendung gesicherter arbeitswissenschaftlicher Erkenntnisse bei der menschengerechten Arbeits- und Technikgestaltung. Im arbeitspolitischen Regelwerk dieser Jahre wurden humanere Arbeitsbedingungen ebenso festgeschrieben wie in dem 1973 abgeschlossenen Lohnrahmentarifvertrag II in der Metallindustrie von Baden-Württemberg. Dieses Reformbündel ebnete den Weg zum Aktionsprogramm „Forschung zur Humanisierung des Arbeitslebens" (1974–1989), das auf einen arbeitspolitischen Produktivitätspakt zur Verbesserung der Arbeitsbedingungen und Modernisierung der Wirtschaft zielte (Matthöfer 1980).

Entscheidend für seine Wirkungsmechanismen war die Übersetzung der reformpolitischen Ausgangskonstellation der gesetzlich geregelten Tarifautonomie und Mitbestimmung (→ Industrielle Beziehungen, Partizipation) in paritätische Beteiligungsregelungen bei den Gestaltungsprojekten der Unternehmen und in allen programmbegleitenden Beratungsgremien sowie in trägerautonome Umsetzungsprojekte der Tarifparteien mit Bildungsbausteinen und Beratungskapazitäten für ihre Zielgruppen (Fricke et al. 1982a). In der institutionalisierten Beteiligungs- und Transferstruktur bildete sich ein breites Interaktionsgeflecht heraus – eine politikmächtige Handlungskonstellation, die heftige Gegenreaktionen etablierter Institutionen auslöste (Pöhler/Peter 1982). Auch wenn die „HdA-Community" (Volkholz) die Existenz dieser wirtschaftsdemokratischen Innovationskonfiguration längerfristig bewahren konnte, lagen den folgenden verfahrensmäßigen, finanziellen und inhaltlichen Einschränkungen jene marktzentrierten Kräfteverschiebungen insbesondere seit den späten 1980er Jahren zugrunde, die in steigendem Maße von kostenminimierenden Rentabilitäts- und arbeitsmarktpolitischen Deregulierungsstrategien bestimmt worden sind (→ auch Arbeit im Kapitalismus, Finanzmarkt-Kapitalismus).
Zugleich zeichnete sich mit der wettbewerbswirtschaftlichen Transformation des Sozialstaats ein institutioneller Rückbau der Mitwirkungs- und Umsetzungsmöglichkeiten beider Tarifparteien ab. Mit deren sinkendem Engagement im Übergang zum folgenden FuE-Programm „Arbeit und Technik" (AuT, 1989–2000) und danach stärker innovationsorientierten Förderaktivitäten verloren die konstruktiven Entwicklungsformen vergesellschafteter Forschungspolitik in Richtung der von einigen Protagonisten angestrebten humanisierungspolitischen Durchdringung der Marktkräfte an Boden (Neubauer/Oehlke 2009). In den aktuellen Digitalisierungsschüben fehlen daher die institutionellen Voraussetzungen für eine arbeitspolitisch beförderte Integration der vorwiegend technisch bestimmten Vernetzungsprozesse (Internet der Dinge) (→ auch Digitale Transformation der Arbeit, Industrie 4.0, Netzwerke). Sie bringen mit flexibilisierten Unternehmens- und Produktionsformen (Hirsch-Kreinsen et al. 2018) jedoch wieder ar-

beitswissenschaftliche und innovationspolitische Herausforderungen auf die Tagesordnung (Oehlke 2015); diese bedürfen über einzelbetriebliche Lösungsversuche hinaus eines erneuerten gesellschaftlichen Gestaltungswillens und angesichts verlängerter Wertschöpfungsketten mit integrierten Dienstleistungen in einer transnationalen Perspektive (Pfeiffer 2021, Srnicek 2018) (→ auch Globale Wertschöpfungsketten und internationale Arbeitsteilung).

Zentrale Forschungsergebnisse

Der Aufstieg einer humanisierungspolitischen Interessenkonvergenz wurde durch kontinuierliche Kommunikations- und Kooperationsprozesse befördert – zwischen den Beschäftigten, Betriebsräten und Betriebsleitungen sowie den Vertretern der arbeits-, sozial- und ingenieurwissenschaftlichen Disziplinen, aber auch der Tarifparteien, diverser Fachvereinigungen und intermediärer (prüfender, normierender, beratender und ausbildender) Institutionen. Es handelte sich um spannungsreiche Formen der diskursiven Bearbeitung arbeits- und technikpolitischer Problemlagen in themenspezifischen Einzel-, komplexen Verbund- und umfassenden Branchenprojekten sowie trägerautonomen Transfervorhaben und feldübergreifenden Querschnittuntersuchungen. Sie lieferten eine Fülle von betrieblichen Erfahrungen und wissenschaftlichen Erkenntnissen in einer außerordentlichen Spannweite – vom Abbau negativer Umgebungseinflüsse und epidemiologischen Nachweisen arbeitsbedingter chronischer Krankheiten über differenzierte Methodenentwicklungen etwa zur ergonomischen Belastungs- und psychologischen Tätigkeitsanalyse, differentiellen Arbeitsgestaltung und erweiterten Wirtschaftlichkeitsrechnung bis zur menschengerechten Entwicklung von Industrierobotern und Werkzeugmaschinen, flexiblen Fertigungssystemen und interaktiver Software. Sozialwissenschaftliche Untersuchungen fundierten wiederum neue Arbeitsschwerpunkte, in denen anspruchsvollere Arbeitsstrukturen und Organisationskonzepte (→ auch Gruppenarbeit) entwickelt und erprobt, qualifikatorische Entfaltungsmöglichkeiten in computergestützten Produktions- und Verwaltungstätigkeiten erschlossen oder beschäftigungspolitisch orientierte Innovationsaktivitäten begründet wurden.

Die betrieblichen, wissenschaftlichen und institutionellen Protagonisten standen im Zuge der sich differenzierenden HdA-Aktivitäten zunehmend komplexeren Anforderungen des → Arbeits- und Gesundheitsschutzes sowie der Arbeits- und Technikgestaltung gegenüber. In diesem Kontext formulierte der HdA-Gesprächskreis als zentrales Beratungsgremium der Bundesregierung bereits 1984 humanisierungspolitische Innovationsthesen; sie gewannen in der Verbindung humaner und sozialer, technischer und wirtschaftlicher Aspekte für die weitere Programmentwicklung einen prägenden Stellenwert (Oehlke 2004). So konnten zentrale Dimensionen für einen arbeitspolitischen Paradigmenwechsel in der Perspektive eines menschengerechten Produktivitätsfortschritts herausgearbeitet werden. Es handelte sich um arbeitsmedizinisch und betriebsepidemiologisch erweiterte Ansätze einer präventiven Gesundheitsförderung; arbeitspsychologisch und berufspädagogisch begründete Formen der individuellen Persönlichkeitsentfaltung in der aktiven Gestaltung von Arbeitsbedingungen; arbeits- und ingenieurwissenschaftlich, aber auch von Informatikern vorangetriebene Technikentwicklungen in der Werkzeugperspektive sowie industrie- und organisationssoziologisch inspirierte beteiligungsorientierte Produktions- und Dienstleistungskonzepte (→ auch Soziale Innovation, Partizipation).

Auch wenn disziplinspezifische Methoden von einzelnen ergonomischen Verbesserungen bis zur Begleitung organisatorischer Veränderungsprozesse unverzichtbar blieben, forderten technisch-organisatorische Gesamtlösungen interdisziplinäre Problembearbeitungen heraus. So konnte der immanente Spannungsbogen zwischen den quantitativ orientierten naturwissenschaftlichen und den eher qualitativ ausgerichteten sozialwissenschaftlichen Disziplinen tendenziell überbrückt werden (Luczak et al. 1987). Damit ging eine breite Unterstützung der arbeitsbezogenen Forschung einher, in deren Rahmen sich neue Forschungsinstitute etablieren und zahlreiche Wissenschaftler qualifizieren konnten – ein forschungs- und wissenschaftspolitisch bedeutsamer Infrastruktureffekt der öffentlichen HdA-Förderung insbesondere für die Arbeits- und Industriesoziologie.

Im Zuge der arbeitspolitischen Aktivitäten erhärtete sich die arbeitswissenschaftliche Erkenntnis, dass individuelle Persönlichkeitsentfaltung in selbstbestimmten Arbeitsformen und soziale Produktivität in einer gesellschaftlichen Entwicklungsperspektive zwei Seiten einer Medaille darstellen. Solch visionär anmutender Möglichkeitsraum zeichnet sich in zunehmend wissensintensiven Wertschöpfungsprozessen einer digitalisierten Arbeitswelt ab, in denen „die freie Entwicklung der Individualitäten" und der „allgemeinen Mächte des menschlichen Kopfes" (Marx 1974 [1857/58], S. 593) zur Bedingung und zum Maßstab der gesellschaftlichen Entwicklung werden könnten – realiter jedoch in den verkehrten Gestalten von fremdgesteuerter Autonomie und krankmachender Selbstausbeutung angesichts der neoliberalen Entfesselung der Marktkräfte in Erscheinung treten (Garibaldo/Telljohann 2010) (→ Vermarktlichung, Entgrenzung).

Im Kontext anhaltender → systemischer Rationalisierungs- und sozialstaatlicher Erosionsprozesse zehrte jedoch der schrittweise Abbau von Fördermitteln und Arbeitsschwerpunkten, arbeitswissenschaftlichen Lehr- und Forschungskapazitäten sowie gestaltungsorientierten Abteilungen in zahlreichen Unternehmen an den humanisierungspolitischen Aktionspotenzialen (Frieling 2003, Schumann 2008), so sehr diese auch in sozial- und arbeitswissenschaftlichen Zeitschriften periodisch lebendig gehalten wurden (siehe u.a. WSI-Mitteilungen, Zeitschrift für Arbeitswissenschaft, Jahrbuch Gute Arbeit). Hiermit gingen eine Rückbesinnung auf das HdA-Erbe, Bestrebungen zu einer neuen Politik der Arbeit und Vorstellungen zur arbeits- und wirtschaftsdemokratischen Neugestaltung einher (GfA 2009, Scholz et al. 2006, Oehlke 2012). Sie bedürfen im Zuge der Digitalisierung der Arbeitswelt, differenzierter Arbeitsformen und heterogener Beschäftigungsverhältnisse dringend einer Erneuerung (Urban 2019) (→ Prekarität, Atypische Beschäftigung).

Auf diesem Wege hatte das Bundesministerium für Arbeit und Soziales mit dem „Grünbuch Arbeiten 4.0", einer Serie von Konferenzen und der Foresight-Studie „Digitale Arbeitswelt" einen Dialogprozess zwischen Politik, Gewerkschaften, Unternehmen, Wissenschaft und Zivilgesellschaft angestoßen (BMAS 2015). Solche arbeitspolitischen Interaktionen als Katalysatoren anstehender sozial-ökologischer Transformationsprozesse sind jedoch weder systemisch verstetigt, noch systematisch in den arbeitsbezogenen Disziplinen reflektiert worden (→ auch Arbeit und Nachhaltigkeit). Unabhängig hiervon kommen in spezifischen Drucksituationen wieder Manifestationen eines widerständigen Eigensinns in einzelnen Belegschaften zum Tragen (Detje/Sauer 2021, Schaupp 2021).

Internationale Bezüge

Die deutschen HdA-Aktivitäten standen von Anfang an in einem europäischen Bezugsgeflecht, in dem die nordischen Demokratien mit ihrer wohlfahrtsstaatlichen Ausrichtung eine prägende Wirkung erzielten. Insofern lag es auf der Hand, dass deutsche HdA-Akteure mit norwegischen, schwedischen und finnischen Partnern einen Erfahrungsaustausch organisierten. Schon bei der Arbeitsstrukturierung mit länger-zyklischen und rotierenden Arbeitsaufgaben in teilautonomen Arbeitsgruppen spielte die außerordentliche Publizität der Automobilkonzerne Saab und Volvo eine zentrale Rolle (→ Arbeitsorganisation, Neue Produktionskonzepte/innovative Arbeitspolitik). Die produktionsstrategische Kehrtwendung erweiterte sich eine Dekade später im Kontext der sich ausbreitenden Informations- und Kommunikationstechnologien um die Auflösung des technologischen Determinismus, insbesondere unter den Einflüssen skandinavischer Projekte (vgl. hierzu Ehn 1988), des von der EU geförderten ESPRIT-Projekts „Human Centred CIM Systems" (Corbett et al. 1991) und international diskutierter anthropozentrischer Gestaltungsalternativen (Brödner 1985, Gill 1996). Mit den HdA- und AuT-Bestrebungen zu erfahrungsgeleiteten CIM-Strategien und beteiligungsorientierten Ansätzen in der Softwareentwicklung verloren die technische Konstruktionslogik einer menschenleeren Fabrik ebenso wie der Hype um Künstliche Intelligenz an Terrain, was sich im Digitalisierungsrausch der letzten Jahre wieder umzukehren beginnt (→ auch Arbeit und Künstliche Intelligenz).

Im internationalen Vergleich beachtliche deutsche HdA-Aktivitäten konnten infolge ihrer Beschränkung auf den deutschen Sprachraum (vgl. hierzu den Hertog/Schröder 1989) nicht an die transnationalen Wirkungen nordischer Länder heranreichen. Dies machte sich bei europäischen Institutionen wie der Europäischen Stiftung zur Verbesserung der Lebens- und Arbeitsbedingungen in Dublin (Eurofound) ebenso bemerkbar wie bei den vom Europäischen Sozialfonds (ESF) seit den 1980er Jahren geförderten Verbünden nationaler Programmträger bis zum European Work and Technology Consortium (EWTC) und dem European Work Organisation Network (EWON) in den 1990ern. Sie begannen einen lern- und gesundheits- wie qualitäts- und innovationsförderlichen High Road betrieblicher und wirtschaftlicher Entwicklung zu propagieren (Andreasen et al. 1995, Oehlke 2013). Die Interventionen der transnational agierenden Promotoren hatten zwar in das Grünbuch „Eine neue Arbeitsorganisation im Geist der Partnerschaft" (Europäische Kommission 1997) Eingang gefunden; angesichts immer stärker von kurzfristigen Finanzkalkülen und Kosteneinsparungen bestimmten Wettbewerbsorientierungen stellten jedoch humanisierungspolitische Entwicklungspfade einer innovativen → Arbeitspolitik vorerst nur begrenzt realisierbare, wenngleich nach wie vor zukunftsträchtige Optionen dar.

Auf die sich verschärfenden Probleme eines drastisch verstärkten Zeit- und Leistungsdrucks mit betrieblichen Qualitäts- und Innovationsverlusten hatten Arbeits- und Sozialwissenschaftler in europäischen Projektzusammenhängen mit Konzeptionen zu nachhaltigen Arbeitssystemen (Docherty et al. 2002) und innovativen Entwicklungspfaden (Rouilleault/Rochefort 2005) reagiert. Hierfür lieferte das von der EU ab 2004 bis 2010 geförderte Projekt „Work-In-Net" (www.workinnet.org/3.htm) unter deutscher Federführung und starkem finnischen Einfluss weitere Ansatzpunkte. Sie sind exemplarisch, aber bisher singulär im finnischen Workplace Development Programme als lernendes Programm stetig weiterentwickelt worden (Alasoini et al. 2005) – unter Sanna Marins Regierungsprogramm von 2019 mit einem längeren Horizont (WORK2030). Doch stehen transnationale Transferbemühungen wie arbeitspolitische Revitalisierungen unter dem verschärften Diktat der Finanzmärkte vor kaum lösbaren Bewährungsproben. Und im Zuge der europäischen Liberalisierungstendenzen (Streeck 2013) kommt der „soziale Dialog" zwischen den Sozialpartnern auf dem Wege zu einem „sozialen Europa" nicht über symbolische Aktionen hinaus, ganz zu schweigen von einer sozial-ökologischen Produktivitätsstrategie in der EU.

Paul Oehlke

Empfehlungen zum Weiterlesen

Brödner, Peter/Oehlke, Paul 2008: Introduction: Shaping Work and Technology. In: Rauner, F./Maclean, R. (eds.): Handbook of Technical and Vocational Education and Training Research. Dordrecht: Springer, S. 573–581.

Docherty, Peter/Forslin, Jan/Shani, A.B. (Rami) (eds.) 2002: Creating Sustainable Work Systems. Emerging Perspectives and Practice. London: Routledge.

Oehlke, Paul 2013: Arbeitspolitische Impulse für soziale Produktivität. Fallstudien zu regionalen, nationalen und europäischen Aktivitäten. Hamburg: VSA.

Rouilleault, Henri/Rochefort, Thierry 2005: Changer le travail – oui mais ensemble. Lyon: ANACT.

Schaupp, Simon 2021: Technopolitik von unten. Algorithmische Arbeitssteuerung und kybernetische Proletarisierung. Berlin: Matthes & Seitz.

Ulich, Eberhard 2011: Arbeitspsychologie (7. Aufl.). Zürich: vdf Hochschulverlag/Stuttgart: Schäffer-Poeschel.

Industrie 4.0

Begriff

Seit längerem ist der Begriff „Industrie 4.0" aus der deutschen innovations- und industriepolitischen Debatte nicht mehr wegzudenken. Auch in der Arbeitsforschung hat er eine hohe Prominenz gewonnen. Mit Industrie 4.0 verbindet sich eine Vision völlig neuer Fabrik- und Wertschöpfungsstrukturen auf der Basis einer umfassenden Nutzung „intelligenter" Informations- und Kommunikationstechnologien sowie Robotik, so dass auch von einer vierten industriellen Revolution gesprochen wird. Technologisch basiert das Konzept auf der Grundüberlegung, Produktionsprozesse virtuell abzubilden und diese virtuelle mit der realen Ebene in sogenannten cyberphysischen Produktionssystemen zu koppeln. Dabei werden zwei Hauptziele verfolgt: Zum einen wird eine hoch flexible und weitgehend autonom ablaufende Vernetzung zwischen physischen Produktionssystemen und Komponenten der verschiedensten Art mit verteilten und intelligenten Softwaresystemen und globalen Datennetzen angestrebt. Zum zweiten zielt das Konzept auf die intelligente und gezielte Erfassung und Nutzung der in Produktion und in Absatz anfallenden Daten durch den Einsatz von Sensoren und avancierten Auswertungsmethoden, die oft unter dem Begriff „Big Data" zusammengefasst werden. Damit, so die Vision, eröffnen sich grundlegend neue Potenziale für eine technologisch autonome Planung, die Steuerung und die Organisation von Produktionsprozessen, ganzer Wertschöpfungsketten und die Entwicklung neuer Produkte und Geschäftsmodelle (z.B. Forschungsunion/acatech 2013, Pfeiffer 2015 b).

Ein Beispiel für eine Industrie-4.0-Anwendung ist etwa eine selbsttätige Prozesssteuerung von Werkstücken und Bearbeitungsmaschinen, die als vernetzte Systeme autonom interagieren und den Bearbeitungsprozess nach vorgegebenen Zielgrößen, insbesondere ökonomischen Effizienzkriterien optimieren. Ein anderes vielzitiertes Beispiel ist die sog. Mensch-Roboter-Kollaboration, d.h. eine situationsabhängige flexible Interaktion zwischen Arbeitskräften und intelligenten Robotern etwa in Montageprozessen. Zwar weist das Konzept Industrie 4.0 mit seinem Grundmerkmal der Vernetzung Ähnlichkeiten mit der gescheiterten Konzeption des Computer Integrated Manufacturing (CIM) der 1980er Jahre auf, jedoch werden durch die massive Leistungssteigerung und dramatische Verbilligung der neuen digitalen Technologien die früheren Realisationsprobleme des Einsatzes von Computertechnologien als überwindbar angesehen. Insbesondere gelten inzwischen Methoden und Konzepte der Künstlichen Intelligenz als unverzichtbare Voraussetzung der Realisation von Industrie 4.0 (→ Arbeit und Künstliche Intelligenz).

Fraglos ist der Industrie-4.0-Diskurs stark informationstechnisch geprägt. Jedoch wird von Anbeginn an auch die Frage aufgeworfen, welche Konsequenzen der Einsatz digitaler Technologien für Arbeit haben wird und welche Gestaltungspotenziale sich für Arbeit eröffnen. Die Formulierung maßgeblicher Protagonisten von Industrie 4.0, „Der Mensch im Mittelpunkt des Konzepts", bezeichnet daher eine zentrale programmatische Perspektive des Industrie-4.0-Diskurses (Kagermann/Wahlster 2021). So werden auf der gesellschafts- und arbeitspolitischen Ebene, unter dem Label „Arbeit 4.0", intensiv Gestaltungspotenziale und neue Regulationserfordernisse digitalisierter Arbeit kritisch diskutiert (z.B. BMAS 2017). Auch hat diese Thematik auf breiter Front Eingang in die industrie- und arbeitssoziologische Forschung gefunden. Das Thema Industrie 4.0 ist für die Arbeits- und Industriesoziologie zum Ausgangspunkt für eine intensive theoretische und empirische Auseinandersetzung mit dem generellen Prozess der Digitalisierung und seinen gesellschaftlichen Konsequenzen geworden (→ Digitale Transformation der Arbeit).

Genese/theoretischer Kontext

Genese des Begriffs: Den Ausgangspunkt des laufenden Diskurses über Industrie 4.0 markiert eine Perspektive, die technologisch begründet die Potenziale wie die Notwendigkeiten eines strukturverändernden ökonomischen Wandels betont. Die Vision einer Industrie 4.0 wurde von hochrangigen Informatikwissenschaftlern und Politikvertretern erstmals einer größeren Fachöffentlichkeit im Rahmen der Hannover-Messe im Frühjahr 2011 vorgestellt. Annonciert wurde damit ein weitreichender industrieller „Paradigmenwechsel" für Deutschland auf der Basis der neuen digitalen Technologien. Dieser sei vor allem aus ökonomischen Gründen unabdingbar, um die Zukunft der deutschen Industrie im globalen Wettbewerb zu sichern (Forschungsunion/acatech 2013). Innovationstheoretisch kann diese Perspektive auch als „Technologieversprechen" verstanden werden (→ Innovation), das die unterschiedlichsten Akteure aus Wirtschaft, Politik und Wissenschaft interessieren, sie zu daran orientierten Innovations- und Förderaktivitäten veranlassen soll und schließlich zur Genese eines neuen Technologiefeldes führt. So wurden in den 2010er Jahren zahlreiche Initiativen in Politik, Wirtschaft, Wissenschaft und Verbänden u.a. in Gestalt von Forschungsprogrammen, institutionalisierten Kooperationen und Pilotprojekten unternommen, die sich unter dem Label der Industrie 4.0 subsumieren lassen.

Theoretischer Kontext: Ein direkter Bezug des Industrie-4.0-Diskurses zur arbeits- und industriesoziologischen Theoriedebatte lässt sich kaum herstellen, zu unterschiedlich sind die disziplinären Kontextbedingungen, zu fragmentarisch erscheint die konzeptionelle Ausrichtung von

Industrie 4.0 und zu stark ihr innovationspolitischer Bias. Gleichwohl lassen sich plausible Verknüpfungen herstellen, von denen die folgenden besonders hervorgehoben seien:

Zum einen setzt das Thema Industrie 4.0 die über lange Jahre vernachlässigte Frage nach dem *Verhältnis von → Arbeit und Technik* wieder auf die Forschungsagenda. Dabei erweisen sich zunächst die „alte Gewissheiten" der arbeitsorientierten Technikforschung theoretisch und analytisch insofern als fruchtbar, als damit die im Industrie-4.0-Diskurs vielfach vorherrschenden technikzentrierten Verkürzungen über die Konsequenzen für Arbeit deutlich relativiert werden können. So verdeutlichen übereinstimmend alle vorliegenden Studien, dass gerade auch im Kontext von Industrie 4.0 keinesfalls von einem „Technikdeterminismus" in Hinblick auf den Wandel von Arbeit ausgegangen werden dürfe. Vielmehr handelt es sich dabei um einen komplexen und wechselseitigen Zusammenhang zwischen Technik und Arbeit, der von einer Vielzahl ökonomischer, sozialer und arbeitspolitischer Einflussfaktoren geprägt wird. Die Analyse des Verhältnisses von Arbeit und digitalisierter Technik erfordert daher das Verständnis von Arbeitsprozessen als sozio-technisches System und den Blick auf die hier wirksamen Interdependenzen zwischen Technologie, Organisation und Arbeit (z.B. Hirsch-Kreinsen 2020). Als zentrale nichttechnische Einflussfaktoren für die Gestaltung dieses Zusammenhangs von Technik und Arbeit werden in der Forschung die konkreten Aneignungsprozesse der neuen Technologien durch die Beschäftigten, stofflich-tätigkeitstypische Eigenheiten von Branchen und Tätigkeitsfeldern sowie arbeitspolitische Leitbilder, Organisationskonzepte und Aushandlungsprozesse hervorgehoben (Baethge-Kinsky et al. 2018).

Zum zweiten bedarf der analytische Zugriff auf das Verhältnis von Arbeit und Technik angesichts der Fähigkeit der neuen Systeme zur autonomen Selbstorganisation von Produktionsprozessen einer konzeptionellen Ergänzung und Weiterentwicklung. Aufgrund dieser Fähigkeit können digitale Systeme zunehmend Organisations- und Regulationsaufgaben übernehmen, wodurch die Grenzen zwischen Technologie, Organisation und Arbeit verschwimmen. Konzeptionelle Überlegungen hierzu findet man vor allem in der → Techniksoziologie. Theoretisch inspiriert von Latours Actor-Network Theory wird dabei im Unterschied zur traditionellen Perspektive auf Technik als passives Objekt der Technik die Rolle eines handlungsfähigen Akteurs zugeschrieben. Gesprochen wird daher auch von *hybriden Systemen*, in denen sich das Aufgaben- und Handlungsverhältnis zwischen Technik und Mensch situationsabhängig stets erneut einspielt. Es wird von einem Konzept einer dynamisch sich ändernden verteilten Handlungsträgerschaft zwischen Mensch und Technik ausgegangen und deren wechselseitiger Zusammenhang und Verknüpfung zu komplexen und dynamischen sozio-technischen Konstellationen hervorgehoben (Rammert/Schulz-Schaeffer 2002 b). Arbeitssoziologisch verbinden sich damit eine ganze Reihe bislang ungeklärter konzeptioneller Fragen, z.B. welcher Stellenwert unter den Bedingungen des Einsatzes lernfähiger digitaler Systeme dem menschlichen Erfahrungswissen in Zukunft (noch) zukommt (→ Subjektivierendes Arbeitshandeln) oder in welcher Weise sich neue Muster betrieblicher Kontroll- und Herrschaftssysteme einspielen (→ Herrschaft, Kontrolle).

Zum dritten lässt sich das Thema Industrie 4.0 mit dem Konzept der → *Systemischen Rationalisierung* verbinden. Denn Industrie 4.0 beschränkt sich nicht allein auf die Digitalisierung innerbetrieblicher Prozesse. Vielmehr zielt dieses Konzept, etwa über die Entwicklung neuer Geschäftsmodelle, gleichermaßen auf die Reorganisation und permanente technologisch gesteuerte Optimierung von Wertschöpfungsketten sowie ihre Erweiterung durch neue Servicestrategien und den digital gestützten Einbezug von Konsumenten in laufende Produktions- und Innovationsprozesse. Die These ist daher plausibel, dass die mit dem Konzept der Systemischen Rationalisierung schon vor Jahren postulierten betriebsübergreifenden Strukturveränderungen (Altmann et al. 1986) erst mit dem jetzt beobachtbaren Technologieschub auf breiter Front Platz greifen werden. Daran anknüpfend wird unter dem Label „Systemische Rationalisierung 4.0" in der neueren Forschung betont, dass ein wesentlicher Treiber von Industrie 4.0 ökonomische Faktoren der jeweiligen Wettbewerbs- und Marktsituation der Unternehmen sei. Digitalisierungsprozesse verlaufen danach nicht, wie vielfach angenommen,

vorrangig technologiegetrieben, sondern sind unternehmensstrategisch mit Perspektiven von Profitgenerierung, Wettbewerbspositionierung und Kontrolle getrieben (Buss et al. 2022).
Arbeitssoziologisch sind hierbei besonders die Steuerungs- und Flexibilisierungspotenziale der neuen digitalen Systeme von Relevanz, da damit Arbeitskraft deutlich erweiterte und neue Funktionen in Hinblick auf die Gewährleistung der Funktionsfähigkeit der flexiblen Technologie und der systemisch vernetzten Produktion gewinnen kann. Freilich ergeben sich zugleich offene und neue Fragen, z.B. inwieweit sich damit ein neues Verhältnis zwischen einer informationstechnisch möglichen Dezentralisierung und einer erweiterten zentralen Steuerung und Kontrolle von Wertschöpfungsketten einspielt. Darüber hinaus sind industriestrukturelle Wirkungen durch die „Autonomisierung" von Produktionssystemen und damit verbundene Effekte der zwischenbetrieblichen Arbeitsteilung, für die Entwicklung von Unternehmensstandorten und für Arbeitsplätze völlig ungeklärt (→ auch Unternehmens[re]organisation, Globale Wertschöpfungsketten und internationale Arbeitsteilung).
Zum vierten kann das Thema Industrie 4.0 *gesellschaftstheoretisch* mit dem Konzept der *Informatisierung von Arbeit* verknüpft werden (→ Informations- und Wissensarbeit, Informationsgesellschaft). Die Informatisierung materieller und immaterieller Arbeit wird hier als die Durchsetzung kapitalistischer Verwertungslogik begriffen und es wird nach den damit einhergehenden Strukturveränderungen der kapitalistischen Produktionsweise und der gesellschaftlichen Arbeit gefragt. Arbeit wird dabei als der digital vermittelten ökonomischen Logik subsumiert angesehen und sie gewinnt einen abstrakten und tendenziell entqualifizierten Charakter (Schmiede 1996 a). Dieses Konzept der Informatisierung von Arbeit steht in der Tradition der Computerstudien des Frankfurter Instituts für Sozialforschung aus den frühen 1980er Jahren (Benz-Overhage et al. 1982). Die damals entwickelte und heftig diskutierte These war die einer Abstraktifizierung von Arbeit durch den Einsatz computergestützter Technologien. Technologien wurden als *Organisationstechnologie* gefasst, um die mit ihnen verbundene Verschränkung von Technik und Organisation sowie die Subsumtion von Arbeit unter die technologisch vermittelten Verwertungserfordernisse des Kapitals kategorial zu fassen.

Zentrale Forschungsergebnisse

Insgesamt gesehen hat der Industrie-4.0-Diskurs der arbeits- und industriesoziologischen Forschung einen vorher nicht erwarteten Schub verliehen und es liegt inzwischen eine nur schwer überschaubare Zahl empirischer Studien vor und ist Gegenstand einer inzwischen kaum mehr überschaubaren Zahl von Publikationen (zusammenfassend z.B. Hirsch-Kreinsen et al. 2018, Matuschek et al. 2018, Hirsch-Kreinsen 2020, Buss et al. 2021). Die Forschung fokussiert sich auf die folgenden Themenfelder:
Arbeitsmarkt und Beschäftigung: Sehr intensiv wird wissenschaftlich wie auch gesellschaftspolitisch die Frage diskutiert, welche Beschäftigungseffekte Industrie 4.0 nach sich ziehen wird. Weitgehend einig sind sich fast alle einschlägigen Studien, dass Arbeitsplatzverluste vor allem im Segment gut strukturierter und regel-basierter Tätigkeiten zu erwarten sind, da diese relativ problemlos in Algorithmen überführt und automatisiert werden können. Dies betrifft nicht nur geringqualifizierter und standardisierter Tätigkeiten (→ auch Einfacharbeit), sondern auch teilweise qualifizierte Arbeiten in Büros und in der Produktion. Darüber hinaus wird die absehbare Substitution auch (nicht-)routinisierter Tätigkeiten und Berufe mit kreativen und sozial-interaktiven Aufgaben nicht ausgeschlossen. Dies betrifft nicht nur qualifizierte Tätigkeiten auf dem Shopfloor von Industriebetrieben, sondern auch die indirekten Bereiche der Planung und des Engineerings, der Verwaltung und des Managements (z.B. Frey/Osborne 2017, Dengler/Matthes 2021).
Weitreichende Substitutionsthesen sind allerdings umstritten. Denn, so das Argument (Vogler-Ludwig et al. 2016), zum einen heben erwartbare positive Wachstums- und Beschäftigungseffekte der Digitalisierung das gesamte Beschäftigungsniveau an, und zum anderen werde einfache und routinisierte Arbeit weiterhin gebraucht. Zudem schließen Routinetätigkeiten stets auch Nicht-Routine-Elemente wie Erfahrungswissen ein, die sich computertechnisch kaum zureichend abbilden und substituieren lassen (z.B. Autor 2015, Pfeiffer/Suphan 2015).

Tätigkeiten und Qualifikationen: Die Mehrzahl der hier relevanten Forschungsergebnisse basiert methodisch auf qualitativen Erhebungen, ihr Hauptfokus richtet sich auf den Shopfloor industrieller Produktionsprozesse und den hier beobachtbaren Wandel von Arbeit. Die Konsequenzen für Planungs- und Engineeringprozesse, für administrative Tätigkeiten und für Managementpositionen bleiben bislang weitgehend ausgeblendet. Insgesamt belegen die Forschungsergebnisse ungleichzeitige und divergierende Entwicklungspfade von Arbeit.

Zunächst zeigen die Befunde, dass kurzfristig kaum tiefgreifende Strukturveränderungen von Arbeit Platz greifen. Sieht man einmal von einer begrenzten Anzahl von technologieintensiven Betrieben ab, so ist in der Mehrzahl der Betriebe ein pragmatisches und schrittweises Vorgehen beobachtbar. Die Adaption von Industrie-4.0-Systemen folgt vielfach einem von den gegebenen technologischen, organisationsstrukturellen und personellen Bedingungen vorgezeichneten Pfad, um unkalkulierbare Risiken zu vermeiden und kurzfristig positive Rationalisierungseffekte zu erzielen. Dies impliziert, dass die eingespielten Arbeitsstrukturen beim Einsatz der neuen Technologien zunächst einmal moderat weiterentwickelt werden (z.B. Baethge-Kinsky et al. 2018, Kuhlmann/Voskamp 2019, Hirsch-Kreinsen 2020, Falkenberg 2021).

Zugleich ist in der Forschung unstrittig, dass langfristig im Zuge der fortschreitenden Digitalisierung von deutlichen Strukturveränderungen von Arbeit in unterschiedlichen Richtungen auszugehen ist. Zum einen kann von der Tendenz zu einer Aufwertung von Tätigkeiten und Qualifikationen gesprochen werden. Diese Tendenz wird zunächst als Folge der Substitution einfacher und geringqualifizierter Tätigkeiten durch digitale Technologien angesehen. Darüber hinaus wird darunter aber auch ein Prozess verstanden, der generell alle Beschäftigtengruppen erfasst. Deren Komplexität und die neuen Möglichkeiten, durch Digitalisierung umfangreiche Informationen zu nutzen, führt danach ganz generell zu neuen und bislang nicht gekannten Qualifikationsanforderungen an Tätigkeiten. Dieser qualifikationsorientierte Entwicklungspfad von Arbeit wird insbesondere auch im Industrie-4.0-Diskurs als die sich durchsetzende Perspektive angesehen (z.B. Ittermann et al. 2019).

Zum zweiten ist der Entwicklungspfad einer fortschreitenden *Polarisierung von Arbeit* unübersehbar. Der Kern dieser These ist, dass sich zunehmend eine Schere zwischen komplexen Tätigkeiten mit hohen Qualifikationsanforderungen und einfachen Tätigkeiten mit niedrigem Qualifikationsniveau öffnet, während mittlere Qualifikationsgruppen durch ihre Algorithmierung und qualifikatorischen Entwertung zunehmend an Bedeutung verlieren. Verschiedentlich wird Polarisierung als der zukünftig dominante Entwicklungspfad digitalisierter Arbeit angesehen (zusammenfassend Staab/Prediger 2019) (→ auch Qualifikation/Kompetenz).

Auch daher lässt sich die Prognose, dass einfache und routinisierte Tätigkeiten durch Industrie 4.0 verschwinden werden, kaum aufrechterhalten. Vielmehr werden neue einfache Tätigkeiten mit niedrigen Qualifikationsanforderungen entstehen (→ Einfacharbeit). In der Forschung ist in diesem Kontext verschiedentlich von einem aufkommenden „Digitalen → Taylorismus" die Rede, der vor allem in den boomenden Sektoren der Logistik und der Lieferdienste traditionelle repetitive Arbeitsformen verstärke. Demnach wird Arbeit durch den Einsatz digitaler Systeme auf der operativen Ebene stark kontrolliert und standardisiert mit der Folge, dass nur mehr sehr geringe Qualifikationen und wenig Erfahrungswissen erforderlich seien (z.B. Butollo et al. 2017, Baethge-Kinsky et al. 2018).

Flexibilisierung und Entgrenzung: In der Literatur ist es weitgehend unumstritten, dass von Tendenzen der Flexibilisierung und beschleunigten → Entgrenzung von Arbeit im Zuge ihrer Digitalisierung auszugehen ist. Danach werden sich innerbetrieblich auf der Basis digitalisierter Planungs-, Steuerungs- und Kommunikationssysteme zeitlich und räumlich flexible Formen von Arbeit durchsetzen lassen. Überbetrieblich erlauben die neuen Möglichkeiten der Vernetzung und plattformbasierten Koordination eine Ausdifferenzierung und Öffnung von Arbeitsprozessen und den Einbezug unterschiedlichster unternehmensexterner Akteure in den Wertschöpfungsprozess, die auch als *Crowdwork* bezeichnet wird (→ Mobile Arbeit, Plattformarbeit). Die Konsequenzen dieser Trends werden widersprüchlich eingeschätzt: Einerseits wird von einer Steigerung der Qualität der Arbeit (→ auch Arbeitsqualität), insbesondere Chancen für eine deutlich verbesserte → Work-Life-Balance ausgegangen. Andererseits werden damit zusammenhängende Risiken wie prekäre Beschäftigungsverhältnisse (→ Prekarität) sowie auch das bislang kaum einschätzbare digitale Kontrollpotenzial diskutiert (BMAS 2017).

Internationaler Bezug

Ursprünglich bezeichnet „Industrie 4.0" einen primär deutschen Diskurs. Allerdings hat diese Vision in der internationalen Debatte über industriellen Wandel wirtschaftlich, wissenschaftlich und politisch schnell eine hohe Prominenz gewonnen. So orientieren sich nicht nur verschiedenen Länder wie China, Frankreich oder die USA mit ihren industriepolitischen Strategien am Konzept Industrie 4.0, sondern es haben sich auf internationaler Ebene unter diesem Label eine ganze Reihe politisch initiierter Kooperationszusammenhänge gebildet. Die Europäische Kommission hat in Anlehnung daran 2021 ein Konzept Industry 5.0 vorgelegt, das explizit auf eine „human centric European industry" zielt (European Commission 2021). In Hinblick auf Forschung über den Wandel von Arbeit im Kontext der Digitalisierung trifft dies auf eine breite internationale Forschungstradition. Beispielhaft seien hier folgende Aspekte genannt: Zum ersten steht in der internationalen Forschung die Frage nach möglichen Arbeitsplatzverlusten (z.B. Frey/Osborne 2017) im Vordergrund. Zum zweiten werden seit langer Zeit breit und intensiv mögliche strukturelle Folgen für Tätigkeiten und Qualifikationen diskutiert (z.B. Zuboff 1988, Boos et al. 2013, Rainnie/Dean 2020). Zum dritten werden intensiver als im deutschsprachigen Raum die gesellschaftspolitischen Risiken einer vertieften Polarisierung von Jobs, Skills und Einkommen thematisiert (z.B. Autor 2015, McAfee/Brynjolfsson 2017).

Hartmut Hirsch-Kreinsen

Empfehlungen zum Weiterlesen

Buss, Klaus-Peter/Kuhlmann, Martin/Weißmann, Marliese/Wolf, Harald/Apitsch, Birgit 2021 a: Digitalisierung und Arbeit. Frankfurt/New York: Campus.

Hirsch-Kreinsen, Hartmut 2020: Digitale Transformation von Arbeit. Stuttgart: Kohlhammer.

Papsdorf, Christian 2019: Digitale Arbeit. Eine soziologische Einführung. Frankfurt/New York: Campus.

Pfeiffer, Sabine 2015 b: Industrie 4.0 und die Digitalisierung der Produktion – Hype oder Megatrend? In: Aus Politik und Zeitgeschichte, B 31/32, S. 6–12.

Zuboff, Shoshana 1988: In the Age of the Smart Machine. The Future of Work and Power. New York: Basic Books.

Industriegesellschaft und Industrialisierung

Mit dem Begriff „Industriegesellschaft" wird ein grundlegendes Merkmal der im Modernisierungsprozess entstandenen Gesellschaftsform gekennzeichnet, die materiell auf einer gegenüber Landwirtschaft, Handel und Handwerk neuen Produktionsweise durch kapitalintensiven Maschineneinsatz sowie der Existenzsicherung für Erwerbstätige durch von Unternehmern organisierte lohnabhängige Arbeit beruht. Voraussetzung waren technisch-wissenschaftliche Innovationen und eine im Zusammenhang mit der geldwirtschaftlichen Entwicklung herausgebildete marktwirtschaftliche, allmählich auf Massenabsatz gerichtete Wirtschaftsorganisation (Sombart 1916/17, Polanyi 1944). Diese ermöglichte den Einsatz neuer Technologien und machte ihn erforderlich. Hinzu kam die Verfügbarkeit eines durch Agrarreformen aus der landwirtschaftlichen Produktion freigesetzten Arbeitskräftepotenzials und damit einhergehend allmählich „die Bildung des Volkes zur Industrie" (Wagemann 1791), womit zunächst die Förderung des „Gewerbefleißes" gemeint war.

Der französische Sozialreformer Claude-Henri de Saint-Simon prägte für diesen Strukturwandel in deutlicher Abhebung vom feudalen Ancien régime Frankreichs den Begriff der „industriellen Gesellschaft" als Organisationsform der von Unternehmern gesteuerten, produktiven und wirtschaftlichen Nutzen bringenden → Arbeit. Die weitere theoretische Auseinandersetzung wurde mitentscheidend durch den Versuch von Marx und Engels geprägt, die Bewegungsgesetze der industriellen Gesellschaft zu analysieren, und zwar als Ausdruck der antagonistischen Produktionsverhältnisse, die sich für sie als Abfolge von Klassenkämpfen zwischen den Trägern von Lohnarbeit (Proletariat) und Kapital darstellten. Demgegenüber wurde von „bürgerlichen" Sozialreformern, die einer vermittelnden Sicht Lorenz v. Steins folgten, der Schwerpunkt auf einen Interessenausgleich durch Staatsintervention als Vorwegnahme sozialstaatlicher Strukturen und Strategien gelegt.

Lange Zeit war in theoriebezogenen Untersuchungen und Auseinandersetzungen eine politökonomische, auf die Erforschung der Entstehungs- und Erscheinungsweisen des modernen Kapitalismus gerichtete Perspektive vorherrschend (zusammenfassend Seidel 1955). Wesentliche Erweiterung brachten Max Webers Untersuchungen zum Einfluss der protestantischen Ethik auf den Geist des Kapitalismus. Nach dem Zweiten Weltkrieg setzte sich dann von den USA ausgehend eine umfassende sozialwissenschaftliche Betrachtungsweise des gesellschaftlichen Strukturwandels unter erneuter Verwendung des Leitbegriffs „Industriegesellschaft" durch (Kerr et al. 1966, Galbraith 1968). Als Zukunftsmodell zeichnet sich demnach die durch marktbezogene, arbeitsteilige Wertschöpfungsketten integrierte „Pluralistische Industriegesellschaft" ab, in der die Führungsrolle „schöpferischer Unternehmer" (Schumpeter 1950 [1942]) schwindet. Eine neue, von Managern kontrollierte „Technostruktur" entsteht, in der Klassenkämpfe durch Konkurrenz der Bürokratien und die Klassen durch Interessengruppen abgelöst werden, wobei in einer wohlfahrtsstaatlichen Rahmenordnung die Bedeutung konkurrierender Ideologien abnimmt (kritisch: Gurland 1969). Alternative Strukturen bilden sich in totalitär regierten Staaten.

Paradigmatisch beeinflussten die idealtypischen Merkmale der „Industriegesellschaft" auch die Leitlinien antimodernistischer kulturkritischer Diskurse. So postulierte Hans Freyer 1955 abwertend die Entstehung „sekundärer Systeme", in denen der Vorrang der materiellen Produktion und Verteilung, gekennzeichnet durch die „Machbarkeit der Sachen", losgelöst von überlieferten Institutionen und Überzeugungen dominiere und eine „Entmenschlichung mit Komfort" (Freyer 1955, S. 233) bewirke.

Zunehmend wurde Kritik an der Tragfähigkeit des „industriellen" Bezugsrahmens geäußert, insbesondere im Hinblick auf die Dominanz von Dienstleistungstätigkeiten (Fourastié 1949), den dadurch bedingten Strukturwandel der Arbeitnehmerschaft und deren Requalifizierung (Piore/Sabel 1985) sowie das Entstehen von unternehmensübergreifenden technokratischen Herrschaftsstrukturen auf der Basis funktionaler Rationalität (Bell 1973) und die subjektorientierten Proteste gegen eine Inanspruchnahme der gesamten Lebenswelt in einer postindustriellen Gesellschaft (Touraine 1972). Zunehmend wird der Begriff „Industriegesellschaft" durch alternative, aber partiell bleibende Typisierungen wie → „Arbeitsgesellschaft", → „Dienstleistungsgesellschaft", → „Wissensgesellschaft" und → „Informationsgesellschaft" ergänzt oder ersetzt.

Kritisch wird gefragt, ob die Charakterisierung der übergreifenden, globale Dimensionen annehmenden gesellschaftlichen Modernisierung auf der Grundlage einer in Phasen fortschreitenden Industrialisierung sich allein aus diesem zwar notwendigen, jedoch nicht zur Strukturanalyse hinreichenden Merkmal herleiten lässt. Erst im Zusammenhang mit ähnlich fundamentalen Komponenten (insbesondere Demokratisierung, Emanzipationen, Volksbildung und personale Mobilisierung, Urbanisierung) wird der epochale Strukturwandel auch in seinen Differenzierungen erfassbar.

Die *Analyse des Prozesses der Industrialisierung* ist als Grundlage für die Anwendung des Konzepts „Industriegesellschaft" unerlässlich. Hierbei sind das Auftreten und der Transfer von → Innovationen in allen Handlungsfeldern sowie deren Formung durch Habitus und Zielorientierung der Handlungsträger in unterschiedlichen Herrschaftsstrukturen (Bendix 1960) bestimmend.

Der phasenartige Verlauf der Industrialisierung stellt sich als sehr komplex dar. In einer *expansiven Startphase* (in Zentraleuropa bis 1850/1880) erfolgte die als revolutionär wahrgenommene Umstrukturierung der → Arbeitsorganisation durch betriebliche Kombination von krafterzeugenden, kraftübertragenden und Arbeitsmaschinen. Sie wurden unter der Herrschaft der Unternehmer in der Rolle von „Fabrikherren" von zunächst gering qualifizierten Lohnarbeitern bedient. Auf den Erfahrungen der vorangegangenen Manufakturperiode aufbauend und bei Vermeidung des Zunftzwangs entwickelte sich das frühindustrielle Fabriksystem innerhalb einer vorerst nur wirtschaftlich zunehmend liberalisierten politisch-rechtlichen, das Privateigentum schützenden Rahmenordnung. Die regional gebundene Produktion unterlag starken Marktschwankungen, was für die Beschäftigten eine Instabilität der Lebenslagen (häufige Arbeitslosigkeit und Lohnschwankungen) zur Folge hatte. Der Pauperismus breiter Bevölkerungsschichten und zunächst spontane, später organisierte Protestbewegungen ließen die „soziale Frage“ entstehen. Soziale Innovationen führten zu Anfängen von Interessenvertretungen (→ Gewerkschaften und Genossenschaften) und zu Ansätzen des Arbeitsschutzes durch staatliche Gesetzgebung (→ Arbeits- und Gesundheitsschutz).

Gegen Ende des 19. Jahrhunderts erfolgte in Deutschland der Übergang der Industrialisierung von der expansiven in die *intensive Phase*, die auch als *Zweite Industrielle Revolution* bezeichnet wird: Ein gegebenes Leistungspotenzial wurde nicht mehr bloß aufgebraucht, sondern zielstrebig durch Rationalisierungsbemühungen genutzt und erweitert. Diese Stabilisierungsphase wurde durch den Übergang zur Massenproduktion in zu Großbetrieben zusammengefassten Arbeitsstätten mit zunehmend steigendem Einsatz von Kapital und Spezialwissen gekennzeichnet. Komplexe Marktbildungen und -verflechtungen entstanden durch die Schaffung von Nationalstaaten und ein von Großmächten beherrschtes weltweites Kolonialsystem. Interessengegensätze und Arbeitskämpfe bedingten institutionelle Regelungen zur Konfliktminderung (→ Tarifverträge, später → Betriebsräte) und Ansätze einer sozialstaatlichen Rahmenordnung (Sozialversicherung).

Schon vor der großen Weltwirtschaftskrise Anfang der 30er Jahre setzte die *integrative Phase* der Industrialisierung mit der Einbeziehung aller Produktionsfaktoren und möglichst aller Beeinflussungsfaktoren der Arbeit in Rationalisierungsbemühungen ein. Sie wurden zunächst ohne hinreichende Berücksichtigung der arbeitenden Menschen unter rein wirtschaftlich-technischen Gesichtspunkten im Rahmen der „wissenschaftlichen Betriebsführung“ „tayloristisch“ durchgesetzt. Auf der Grundlage einer funktionalen Produzentenlogik wurden Verwertungsinteressen nun allgegenwärtig. Vollzugsorgane und Träger der verwissenschaftlichten Betriebsführung sind Experten, die immer mehr die Gestaltung der Arbeitswelt dominieren (→ auch Fordismus, Rationalisierung, Taylorismus).

Hauptmerkmale der *Dritten Industriellen Revolution* sind die Mechanisierung und Steuerung der Produktion bis zu ihrer Vollendungsgrenze, der *Automatisierung* (Rifkin 2004) und damit einhergehend die *Bürokratisierung* als umfassende Planung mit Hilfe neuer Informationstechniken geworden. Diese Phase wurde durch eine allmähliche Verknüpfung von Großindustrie und Gesellschaftsordnung (v. Beckerath 1954) mit einer Institutionalisierung von Interessenkonflikt und -kooperation gekennzeichnet. In zahlreichen Ländern wurde rationale Nutzung der Produktivkräfte als Bestandteil programmierten Wirtschaftswachstums ein Instrument nationaler, teilweise totalitaristischer Politik „nachholender“ Industrialisierung.

Die neueste Entwicklung, auch als *Vierte Industrielle Revolution* (→ Industrie 4.0, Digitale Transformation der Arbeit) gekennzeichnet, wurde durch Entwicklung einer leistungsfähigen Informations- und Kommunikationstechnologie möglich. Dies führt durch digitale Steuerung von Arbeitsprozessen und Wertschöpfungsketten zu einer funktionalen, raum-zeitlichen Vernetzung und Flexibilisierung von Arbeitsstrukturen über herkömmliche Organisationsgrenzen hinweg (Hirsch-Kreinsen et al. 2018), teilweise schon in globalem Ausmaß (→ auch Netzwerke, Systemische Rationalisierung). Die unternehmensbezogene Produktion von Gütern und Dienstleistungen wird mit der Nutzung von Gebrauchsgütern in der Konsumsphäre netzwerkartig und systemisch verknüpft. So zeichnet sich die computergestützte, marktgebundene *Industrialisierung eines Großteils auch der privaten Lebenswelt* ab. Es kommt hierbei zur Auslagerung von Arbeitsgängen, zur „industrialisierten“ privatisierten, durch Serviceleistungen gestützten Alltagsarbeit (→ Entgrenzung). Unternehmen und staatliche Organe bleiben weiterhin Macht-, Kontroll- und Entscheidungszentren für Innovations- und Rationalisierungsprozesse, wobei Mitbestimmungsstrukturen die Arbeitnehmerschaft an sozial relevanten Entscheidungen beteiligen (→ auch Partizipation, Industrielle Beziehungen). Organisierte Massenstreiks sind auf grundsätzliche, die

Lebenslagen gefährdende Konfliktsituationen beschränkt. Funktionale „Systemzwänge“ in der Arbeitswelt führen allerdings bei Blockierung von Lebenszielen verbreitet zu personalen Rückzugs- und Verweigerungshaltungen. Sozialstaatliche Intervention zur Kompensation von Industrialisierungsfolgen weitet sich zu wohlfahrtstaatlicher Stützung einer an sozialkulturellen Standards gemessenen Lebensführung in allen Altersstufen aus. Hierbei sichtbare systemische Leistungsgrenzen charakterisieren eine krisenhafte Weiterentwicklung.

Zentrale Forschungsergebnisse lassen sich wie folgt charakterisieren:

- Im Verlauf des Industrialisierungsprozesses haben sich zunächst in der Arbeitswelt entstandene Handlungsstrukturen und Handlungsorientierungen auf die gesamte Lebenswelt ausgebreitet und unter diesem Aspekt als „Industriegesellschaft“ institutionell verfestigt.
- Die Handlungsstrukturen werden in vielen Lebensbereichen nach dem Vorbild und den Erfordernissen arbeitsteilig strukturierter Leistungsorganisationen vorrangig nach dem Leistungsprinzip (Offe 1970) gestaltet. Progressive Arbeitsqualifikation wird zur Schlüsselkategorie einer entstehenden „Wissensgesellschaft“ (→ auch Qualifikation/Kompetenz). Mit der Integration der weiblichen Bevölkerung in die abhängige Erwerbstätigkeit erfolgt eine umfassende Anpassung der lebenszeitlichen und lebensräumlichen Strukturen an die Leistungserfordernisse der zunehmend digitalisierten Arbeitswelt (→ auch Arbeit und Geschlecht).
- Auf dieser Grundlage manifestieren sich gewandelte Lebensformen. Strukturen des Familienlebens, des Bildungswesens, des Freizeitverhaltens, gesellschaftliche Partizipationsformen, auch personale Anforderungen und Ansprüche wie das Gesundheitsverhalten, werden durch den Einfluss industrialisierter Verhaltensmuster nachhaltig verändert (→ auch Reproduktion von Arbeitskraft, Sorgearbeit).
- Als maßgebende Handlungsträger werden Eigentümer von Produktionsmitteln durch Experten und Funktionäre abgelöst, die zur Organisation zielorientierter Zusammenarbeit befähigt sind.
- Ganzheitliche Erfahrungen werden als Grundlage von Handlungsorientierungen auch außerhalb der Erwerbswelt durch systemische Fragmentierung und Spezialisierung zurückgedrängt. An die Stelle personaler Wertorientierungen treten ergänzend und sogar verdrängend funktionale Zweckbindungen.
- Umweltfolgen der industriellen Wirtschaftsweise und wachstumsorientierte Anspruchshaltungen bedingen staatliche Intervention.
- Die Bestanderhaltung der „Industriegesellschaft“ hängt neben der Gewährleistung funktionaler Erfordernisse (Produktivität, Rentabilität und soziale Akzeptanz) von einer nachhaltigen, die natürlichen Ressourcen schonenden Wirtschafts- und Lebensweise ab. Zunehmend werden zur sich global abzeichnenden Risikosteuerung transnationale Initiativen erforderlich (→ auch Arbeit und Nachhaltigkeit).

Industriegesellschaften mit diesen Merkmalen breiten sich weltweit aus, auch als Folge nationaler Entwicklungs- und Wachstumspolitik. Ihre Vernetzung, insbesondere durch internationale Wertschöpfungsketten, regionale Wirtschaftsunionen und das Internet, schreitet voran (→ Globalisierung/Transnationalisierung, Globale Wertschöpfungsketten und internationale Arbeitsteilung). Hierbei zeigen sich im technisch-wirtschaftlichen Bereich Konvergenzphänomene. Vorläufiges Ergebnis des Industrialisierungsprozesses ist die sich mit Phasenverschiebungen ausbreitende Bindung der Menschen an technische Hilfsmittel, die rationales Leistungsverhalten erfordert, nicht nur in der Arbeit, sondern auch in der Alltagspraxis. Produktivitätssteigerungen öffnen Chancen der Wohlstandsbegründung und -vermehrung. Gleichzeitig wachsen aus dieser funktionalen Abhängigkeit Risiken, insbesondere durch die Gefährdung und sogar Zerstörung der natürlichen Umwelt. Werner Sombarts Forderung nach einer „Bändigung des Riesen Kapitalismus“ erhält neue Aktualität.

Ungleich verteilte Ressourcen sowie regional verankerte sozialstrukturelle und sozialkulturelle Besonderheiten bedingen Prägungen durch unterschiedliche Interessen- und Wertbindung. Ihre politische Instrumentalisierung wird zu einer vorrangigen Konfliktursache. Trotz transnationaler Kopplungen (Pries 2008) bleibt die Entstehung einer integrierten „industriellen Weltgesellschaft" ein utopisches Konstrukt. Allerdings zwingt ein internationales Krisenmanagement zu begrenzter funktionaler Kooperation. Aufgabe bleibt die als human verstandene und erlebte Nutzung der materiellen Wohlstandszuwächse in sozialkulturell differenzierten Lebensformen.

Friedrich Fürstenberg

Empfehlungen zum Weiterlesen

Bell, Daniel 1973: Die postindustrielle Gesellschaft. Frankfurt/M.: Europäische Verlagsanstalt.

Fürstenberg, Friedrich (Hg.)1966/1975: Industriesoziologie I–III. Darmstadt/Neuwied: Luchterhand.

Galbraith, John Kenneth 1968: Die moderne Industriegesellschaft. München/Zürich: Droemer-Knaur.

Hirsch-Kreinsen, Hartmut/Ittermann, Peter/Niehaus, Jonathan (Hg.) 2018: Digitalisierung industrieller Arbeit. Die Vision Industrie 4.0 und ihre sozialen Herausforderungen (2. Aufl.). Baden-Baden: edition sigma bei Nomos.

Michel, Ernst 1960: Sozialgeschichte der industriellen Arbeitswelt, ihrer Krisenformen und Gestaltungsversuche. Frankfurt/M.: Knecht.

Piore, Michael J./Sabel, Charles F. 1985: Das Ende der Massenproduktion. Berlin: Wagenbach.

Sombart, Werner 1916/17 [zuerst 1902]: Der moderne Kapitalismus. Leipzig: Duncker & Humblot.

Industrielle Beziehungen

Begriff und Gegenstandsbereich

Industrielle Beziehungen ist eine Lehnübersetzung des englischen Begriffs Industrial Relations. Für das Synonym Arbeitsbeziehungen kennt das Englische ebenfalls ein Äquivalent: Labour Relations. Seit einiger Zeit ist im Englischen auch der Begriff Employment Relations gebräuchlich. In der deutschen Fachliteratur taucht der Begriff Industrielle Beziehungen erstmals in Ralf Dahrendorfs einführender „Industrie- und Betriebssoziologie" auf (1956, S. 9, 81ff.).

Gegenstand der Industriellen Beziehungen sind im Einzelnen:

1. Die Beziehungen zwischen dem → Management eines Unternehmens und dessen Arbeitnehmern bzw. deren Repräsentanten, sowie die Beziehungen zwischen → Arbeitgeberverbänden und → Gewerkschaften,
2. im weiteren Sinne auch die Beziehungen zwischen diesen Akteuren und den staatlichen und öffentlichen Instanzen, soweit sie mit Arbeits-, Beschäftigungs-, Tarif- und Arbeitsmarktfragen befasst sind,
3. die Organisationen, zu denen sich die Akteure zusammengeschlossen haben (insbesondere Gewerkschaften und Arbeitgeberverbände),
4. die Institutionen, die von den Akteuren geschaffen wurden bzw. aus ihren Beziehungen historisch hervorgegangen sind (insbesondere → Tarifverträge, Mitbestimmung, Konflikt- und Schlichtungsverfahren),
5. die vereinbarten, erlassenen und durchgesetzten Normen und Regeln für die Arbeitsverhältnisse.

Unter theoretischen Gesichtspunkten betrachtet, bilden die Industriellen Beziehungen ein komplexes intermediäres System, das sich – im Verlauf wiederkehrender industrieller Konflikte, temporärer Kompromisse und staatlicher Interventionen – zwischen den Konfliktparteien Kapital und Arbeit evolutionär herausgebildet hat. Dahrendorf spricht von einer „vermittelnden Zwischenebene zwischen Unternehmern und Arbeitern" (1956, S. 88). Ihre raison d'être gründet im spezifischen Charakter des Arbeitsmarktes und der ‚Ware Arbeitskraft', über deren Besonderheiten ein breites Spektrum sozialökonomischer Meinungen Auskunft gibt. Wenn der Ordoliberale Walter Eucken postuliert: „Arbeit ist keine Ware" (2004 [1952], S. 322) und der Wirtschaftshistoriker Karl Polanyi in ihr eine „fiktive Ware" sieht (1978 [1944], S. 106f.), dann liegt die Schlussfolgerung nahe, dass sie jedenfalls keine gewöhnliche Ware ist. Nach Karl Marx ist es eine „eigentümliche Ware, die keinen anderen Behälter hat als menschliches Fleisch und Blut" (1982 [1849], S. 399). Da die Arbeitskraft nicht von der Person abzulösen ist und der Arbeitnehmer in der Regel der schwächere Marktteilnehmer ist, bedarf er des besonderen Schutzes bzw. – im Fachterminus – einer „Dekommodifizierung" seiner spezifischen Ware. Diese Funktion übernehmen die Industriellen Beziehungen in Verbindung mit dem Arbeitsrecht.

Genese

Die Industriellen Beziehungen sind ein emergentes Phänomen. Aus den konfliktreichen Interaktionen und historischen Lernprozessen ihrer Akteure resultierte eine kontingente Institutionenbildung, die in den einzelnen Ländern zwar nationalspezifischen Entwicklungspfaden folgte, aber gleichwohl einen typischen Verlauf und ein verallgemeinerbares Ergebnis für alle industriekapitalistischen Länder des Westens zeitigte (→ Industrielle Beziehungen in internationaler Perspektive).

Im frühen Industriekapitalismus erzeugte die Konstellation von freien Arbeitsmärkten und einem mehr oder weniger despotischen Fabriksystem, deren Gesetzen und Zwängen sich die pauperisierten Massen der Handwerker und ehemaligen Landarbeiter fügen mussten, eine doppelte Widerspruchs- und Konfliktstruktur: zum einen den durch die Ausbeutungsproblematik bedingten Gegensatz zwischen Kapital und Arbeit (Marx), zum anderen den zivilgesellschaftlichen Widerspruch zwischen dem Status des rechtlich gleichberechtigten, freien Bürgers und dem des Lohnarbeiters als eines benachteiligten Marktteilnehmers und faktischen Fabrikuntertans (Schmoller 1890, Müller-Jentsch 2008, S. 13ff.). Soziales Elend, spontane Widerstandsaktionen und politische Proteste waren die direkten Folgen; sie wurden zu Motoren der sozialen Dynamik, die zu Bestrebungen bürgerlicher Reformbewegungen („soziale Frage") führte und zur Herausbildung einer sich selbst organisierenden Arbeiterklasse (Arbeiterbewegung) beitrug, welche ihrerseits mit der Gründung von Gewerkschaften und Arbeiterparteien, durch Arbeitskämpfe und Wahlrechtsbewegungen, soziale und politische Rechte erkämpfte und sozialstaatliche Einrichtungen erzwang. Zur Abwehr der gewerkschaftlichen Offensive bildeten sich auf Unternehmerseite Arbeitgeberverbände, die ihre wirtschaftlichen und politischen Ressourcen zur Eindämmung der Arbeiterbewegung mobilisierten (→ auch Industriegesellschaft und Industrialisierung).

Aus den – anfänglich eher antagonistischen, später auch kooperativen – Interaktionen zwischen den kollektiven Akteuren entstand eine historisch gewachsene Kompromissstruktur, anders gesagt: ein System von Konnex- und Komplementärinstitutionen zum freien Arbeitsmarkt und (despotischen) Fabrikregime, das die unilateralen Konfliktstrategien der Akteure durch bilaterale Verhandlungssysteme überformte. Dank zweier interagierender Kräfte – des (manifesten und latenten) Klassenkampfs und der (reaktiven und prophylaktischen) Sozialpolitik von Unternehmern und Staatsapparat – erhielten die Arbeitnehmer nicht nur das Recht, staatlich unabhängige und gegnerfreie Gewerkschaften zu bilden und soziale Zugeständnisse ihrer Arbeitgeber mit Kampf- und Druckmitteln zu erringen, sondern es entstanden auch paritätische Regelsysteme, die ihre Beteiligung an der Regulierung der Arbeitsverhältnisse sicherstellten (→ auch Partizipation). Vornehmlich dienten sie der Bewältigung und Kompensation der Marktrisiken und sozialen Zumutungen des Lohnarbeitsverhältnisses, kurz: der Eingrenzung des Warencharakters der Arbeit (Dekommodifizierung).

Ihren theoretisch resümierenden Ausdruck fand diese historische Entwicklung in Begriffen wie „Institutionalisierung des Klassengegensatzes" (Geiger 1949, S. 182, Dahrendorf 1957, S. 70), „Industrial Citizenship" (Marshall 1963, S. 98), „Konstitutionalisierung eines in der Klassenstruktur verankerten sozialen Gewaltverhältnisses" (Habermas 1981, Bd. 2, S. 530). Der Verfasser dieses Stichworts hat dafür den Begriff der „Konfliktpartnerschaft" geprägt (Müller-Jentsch 1999 a, S. 8–10). Verstanden wird darunter ein relativ stabiles Arrangement von durchsetzungsfähigen Akteuren, die ihre konfligierenden Interessen in einem historisch herausgebildeten Institutionensystem zum wechselseitigen Vorteil teils streitig, teils kooperativ austragen und deren Ergebnisse in der Regel in paritätisch ausgehandelten Vereinbarungen fixieren. Als Alternativbegriff zur Sozialpartnerschaft verweist Konfliktpartnerschaft auf die – bei aller Kooperation – weiterhin bestehenden, im Arbeitsverhältnis begründeten Interessengegensätze und -konflikte (Müller-Jentsch 2016).

Theorien

Das Forschungsgebiet wird interdisziplinär bearbeitet und hat zentrale gesellschaftliche Konflikte und widersprüchliche Interessen zum Inhalt, so dass eine geschlossene und allseits akzeptierte Theorie der Industriellen Beziehungen schwerlich zu erwarten ist. Es herrscht theoretischer Pluralismus vor.

Der erste systematische Theorievorschlag stammt von John T. Dunlop, der mit seinem Buch „Industrial Relations Systems" (1958) an Talcott Parsons' Systemtheorie anknüpfte und das Industrial Relations System als ein Subsystem der Industriegesellschaft konzipierte. Dunlops Ansatz enthielt ein heuristisches Potenzial, das sich als anschlussfähig für spätere Theorieansätze (z.B. Strategic Choice) erwies. Neben

(a) systemtheoretischen Ansätzen werden
(b) marxistische,
(c) institutionalistische,
(d) handlungstheoretische,
(e) strukturationstheoretische und
(f) ökonomische bzw. modelltheoretische unterschieden (vgl. Müller-Jentsch 2008, S. 239–283).

Mit einer Verknüpfung von institutionalistischen und handlungstheoretischen Theorieansätzen hat der Verfasser dieses Stichworts den Theorieansatz eines „akteurzentrierten Institutionalismus" vorgelegt (ebd., S. 275ff.). Dessen Architektur besteht aus drei analytischen Bauelementen: 1. der historischen Konstitutionsanalyse von Akteuren und Institutionen, 2. dem Arenen-Konzept und 3. dem Aushandlungs-Konzept.

Kennzeichnend für die Forschung ist der pragmatische Umgang mit diesen sich nicht ausschließenden, zum Teil komplementären Ansätzen.

System der Industriellen Beziehungen

Kernbereich: Kollektive Regelungen: Das Gravitationszentrum der Industriellen Beziehungen ist die Regelung von Arbeitsverhältnissen, d.h. die Fixierung von Beschäftigungs-, Arbeits- und Entlohnungsbedingungen von Arbeitnehmern und ihren Arbeitsplätzen. Als paritätisch vereinbarte beinhalten die kollektiven Regelungen den kontrahierten wirtschaftlichen Austausch zwischen Kapital und Arbeit (Lohn gegen Arbeitsleistung) (→ auch Entgelt und Leistung); sie können aber auch einseitig von staatlicher Seite vorgenommen werden (z.B. Arbeitsschutzbestimmungen, Mindestlohn, Entlohnung von Beamten). Die paritätische Regelung ist in eine Konstellation konfligierender Interessen eingebunden, die sich in Arbeits- und Verteilungskonflikten entladen kann, welche ihrerseits durch ein Institutionensystem kanalisiert werden. Letztlich manifestieren sich die wirtschaftlichen Austauschprozesse und sozialen Kooperations- und Konfliktbeziehungen in Normen, Vereinbarungen und Verträgen. Typischerweise werden dabei auf Arbeitsmärkten die Verkaufsbedingungen der Arbeitskraft und in Betrieben deren Anwendungsbedingungen mit gesonderten Regelungen festgelegt (→ auch Arbeits- und Gesundheitsschutz).

Die kollektiven Regelungen werden unterschieden in

(a) *unilaterale, bilaterale und trilaterale:* Charakteristisch sind *bilaterale* Regelungen zwischen den Tarifvertragsparteien Gewerkschaften und Arbeitgeberverbänden sowie zwischen den Betriebsparteien Management und betriebliche Interessenvertretung (→ Betriebsrat). *Unilaterale* Regelungen können vom Staat (Gesetze, Verordnungen) erlassen, vom Management (Direktionsrecht) angeordnet, aber auch von starken Arbeitergruppen (Arbeiterkontrolle) durchgesetzt, in seltenen Fällen auch von Gewerkschaften der anderen Seite aufgezwungen werden (z.B. Closed Shop). Bei *trilateralen* Regelungen (Tripartismus) kommt der Staat als dritte Partei hinzu (z.B. Konzertierte Aktionen, Sozialpakte).

(b) *formelle und informelle: Formelle* Regelungen werden meist in Schriftform erlassen, vereinbart oder angeordnet, aber auch förmliche mündliche Anordnungen und Abreden sind ihnen zuzurechnen. Insbesondere im betrieblichen Alltag werden die formellen Regelungen ergänzt, modifiziert, konkretisiert und nicht selten konterkariert durch *informelle* Regelungen bzw. Normen. Sie füllen einerseits Planungslücken und Koordinationsmängel der Betriebshierarchie aus und schützen andererseits die abhängig Arbeitenden gegen Leistungsverdichtung und umfassende managerielle → Kontrolle (Dombois 1982) (→ auch Arbeitspolitik, Mikropolitik).

(c) *substanzielle und prozedurale: Substanzielle* Regelungen beziehen sich auf inhaltliche Arbeitsnormen (Arbeitsentgelt, Arbeitsbedingungen); *prozedurale* Regelungen

sind Verfahrensregeln (z.B. über Mitbestimmung, Schlichtung, Konfliktaustragung).

Akteure: Träger der Industriellen Beziehungen sind Verbände (Gewerkschaften und Arbeitgeberorganisationen), Gruppen (Management, Belegschaftsvertretungen, teilautonome Arbeitsgruppen) und Personen beider Seiten sowie staatliche Instanzen.

Gewerkschaften gehören zu den frühesten Akteuren. Sie entstanden als Selbsthilfeorganisationen der Lohnarbeiter im frühen industriellen Kapitalismus. Die ersten Gewerkschaften entstanden in England, dem Pionierland der Industrialisierung. Dort, wie auch später in Deutschland, waren es *Berufsgewerkschaften*, die von Berufsgruppen gegründet wurden, die ihren sozialen Status durch Prozesse der Industrialisierung und marktwirtschaftliche Kommerzialisierung bedroht sahen. Im Zeitalter der Hochindustrialisierung entstanden *Industriegewerkschaften*, die sich als Konglomerate von Berufsgewerkschaften zusammenschlossen oder als Organisationen aller Arbeitnehmer eines Industriezweiges gegründet wurden. Legale Voraussetzungen für ihre Existenz und Betätigung sind Koalitionsfreiheit und Streikrecht sowie die Anerkennung als Verhandlungspartner durch die Arbeitgeber. Goetz Briefs charakterisierte die Gewerkschaft als ein „Schutzgehäuse gegen die Kommerzialisierung der menschlichen Arbeitskraft“ (1927, S. 1117).

Arbeitgeberverbände als Zusammenschlüsse von Unternehmen sind organisatorische Antworten auf die Koalitionsbildungen der Arbeiter und deren wachsende Kampfkraft. Im System der Industriellen Beziehungen nehmen sie die Interessen von Unternehmen in ihrer Arbeitgeberfunktion wahr und sind komplementäre Akteure, d.h. gegnerische Partei und Vertragspartner der Gewerkschaften. Als legales Machtmittel steht ihnen die Aussperrung (in der Regel als Abwehrreaktion auf Streiks) zur Verfügung.

Als variantenreich sind jene Akteure anzusehen, die als *betriebliche Repräsentanten der Belegschaft* historisch auf den Plan treten. Zu ihren Frühformen zählten in Deutschland die *Arbeiterausschüsse*, die von Unternehmern mit sozial-liberaler Gesinnung und, vermittelt durch akademische Sozialreformer (‚Kathedersozialisten‘), von staatlicher Seite im späten 19. Jahrhundert eingeführt wurden (Teuteberg 1961). In Deutschland ist seit der Verabschiedung des Betriebsrätegesetzes von 1920 der → Betriebsrat der dominante Akteur betrieblicher Interessenvertretung. Die vornehmlich in Betrieben ohne Betriebsrat entstandenen „anderen Vertretungsorgane“ wie Runde Tische, Sprecher, Ältestenräte etc. (Hauser-Ditz et al. 2008, S. 73ff.) treten als neue Akteure und vielfach als Konkurrenz oder Substitut der repräsentativen Formen der Mitbestimmung durch den Betriebsrat in Erscheinung. Neue betriebliche Akteure sind auch die aus den Formen direkter Partizipation (z.B. teilautonome → Gruppenarbeit) hervorgehenden Gruppensprecher.

Wichtiger Akteur ist schließlich der *Staat*, genauer: die mit Sozial-, Arbeits- und Arbeitsmarktfragen befassten staatlichen Instanzen. Aus den rudimentären Aufgaben der Arbeitsschutzgesetzgebung (z.B. Fabrikinspektion, Verbot von Kinderarbeit, Beschränkung der täglichen → Arbeitszeit) entwickelte sich ein Politikfeld mit einem eigenen Ministerium (Arbeitsministerium), das mit zahlreichen Verordnungen und Gesetzen (Arbeitsrecht) in die Gestaltung von Arbeits- und Beschäftigungsverhältnissen eingreift.

Die Kapital und Arbeit repräsentierenden Akteure treten in der Regel als Kontrahenten im doppelten Sinne (Vertragspartner und Gegner) auf. Die staatlichen Instanzen nehmen

(a) hoheitliche Funktionen wahr (Setzung der institutionellen Rahmenbedingungen durch kollektives Arbeitsrecht, staatliches Schlichtungswesen etc.; Festlegung bestimmter Mindestnormen wie Mindestlohn, tägliche und wöchentliche Höchstarbeitszeit und Mindestjahresurlaub), beeinflussen
(b) als ‚dritte Partei‘ den tarifpolitischen Prozess etwa durch einkommenspolitische Daten, oder verhandeln
(c) als Tarifvertragspartei des öffentlichen Dienstes direkt über Lohnsätze und Arbeitsnormen.

Institutionen und „Arenen“: Akteure der Industriellen Beziehungen sind eingebunden in Institutionen, die aus evolutionären Prozessen im „Kampf zwischen Kapital und Arbeit“ (Weber 1954 [1920]) hervorgingen und – nicht selten mit staatlicher Sanktionshilfe – sich zu Institutionensystemen bzw. Subsystemen der Industriellen Beziehungen auskristallisierten.

Die für Deutschland charakteristischen Institutionensysteme auf gesetzlicher Grundlage bestehen aus *Betriebsverfassung* (Betriebsverfassungsgesetz), → *Unternehmensmitbestimmung* (Mitbestimmungsgesetze) und *Tarifautonomie* (Tarifvertragsgesetz; → auch Tarifvertrag). Betriebsverfassung und Tarifautonomie bilden ein „duales System der Interessenrepräsentation". Es ermöglicht eine funktionale Differenzierung der Regelung von Interessenkonflikten in zwei – nach Interessen, Akteuren und Durchsetzungsformen – voneinander getrennten „Arenen" (Müller-Jentsch 1997, S. 194–200). Aus der Desaggregation der Konfliktinhalte, der Dezentrierung der Konfliktaustragungsorte und den abgestuften Sanktionsmöglichkeiten (Streikrecht für Gewerkschaften, Einigungsstelle für Betriebsräte) ergibt sich als Struktureffekt die Verhinderung von Konflikt-Kumulationen, mit anderen Worten: der „Übersprung" von Konflikten aus einer Arena in die andere wird erschwert, Konflikte in der einen können mit Kooperationen in der anderen Arena koexistieren.
Eine die Betriebsverfassung ergänzende Institution ist die Unternehmensmitbestimmung (Arbeitnehmervertretung im Aufsichtsrat), die meist in Personalunion von den Vorsitzenden und geschäftsführenden Mitgliedern des Betriebsrats, neben gewerkschaftlichen Vertretern, wahrgenommen wird.

Mitbestimmte Wirtschaftsordnung und Sozialverfassung

Die Praxis der Akteure der industriellen Beziehungen zeitigte im historischen Verlauf rekursive Effekte auf Wirtschaftsordnung und Sozialverfassung. Im Zentrum der ordoliberalen (Wettbewerbs-)Konzeption standen die Waren- und Dienstleistungsmärkte, während Arbeitsmärkte weitgehend unbeachtet blieben. Zwar postulierte Walter Eucken, „Arbeit ist keine Ware", aber Mitbestimmung und Tarifautonomie blieben ihm ein weißes Feld. Nicht von der Hand zu weisen ist indes, dass Gewerkschaften, Arbeitgeberverbände und Betriebsräte an der Ausgestaltung der Sozialen Marktwirtschaft und der Strukturen der Arbeitsmärkte einen prägenden Anteil hatten (Müller-Jentsch 2021). Beispielsweise ging der gesetzlichen Regelung der Lohnfortzahlung im Krankheitsfall eine tarifliche Vereinbarung voraus. Auch die gesetzliche Urlaubsregelung folgte der tarifvertraglichen. Der gesetzliche Mindestlohn wurde erst nach jahrelanger gewerkschaftlicher Kampagne eingeführt. Eingespielte Konventionen aus der betrieblichen Mitbestimmungspraxis wurden nicht selten in Gesetzesnovellen ratifiziert. Das neuartige „Tarifeinheitsgesetz" verdankte sich dem Aufkommen neuer Berufs- bzw. Spartengewerkschaften im Gesundheits- und Verkehrswesen. Nicht zuletzt erwies sich das Zusammenspiel von ausgewählten bilateral abgeschlossenen Tarifverträgen mit nachträglicher Allgemeinverbindlichkeitserklärung als eine strukturbildende Verklammerung von Tarifautonomie und sozialstaatlicher Regulierung. Die Liste derartiger Beispiele ließe sich unschwer verlängern.

Wandel und Weiterentwicklung

Mit dem wirtschaftlichen Strukturwandel und der ökonomischen → Globalisierung gingen vielfältige Veränderungen in den Industriellen Beziehungen einher.
(1) Der Strukturwandel von der Industrie- zur → Dienstleistungs- und → Wissensgesellschaft ließ traditionelle Industrien schrumpfen und versiegen und neue Wirtschaftszweige entstehen. In diesen wie auch in den älteren Fertigungsindustrien wurden die Produktions- und Arbeitsprozesse nachhaltig umstrukturiert. Die Industriesoziologie unterscheidet zwischen einem ‚fordistisch-tayloristischen' und einem ‚postfordistischen' Produktionsmodell (→ Arbeitsorganisation, Neue Produktionskonzepte, Produktionsregime). Betont wird der Wechsel von standardisierten, zentralisierten und hierarchisch organisierten Arbeitsprozessen zu flexiblen, projektförmig vernetzten Organisationsformen mit kleinen Teams und Projektgruppen (→ auch Netzwerke, Projekt, Gruppenarbeit). Dieser Wechsel geht einher mit der Aufweichung traditioneller Beschäftigungsformen und Sicherungssysteme (Deregulierung, Prekarisierung; → auch Normalarbeitsverhältnis, Prekarität). Schließlich bringt die verstärkte Nutzung digitaler Steuerungs- und Kontrolltechnologien die Verbreitung neuer Vertragsformen und Arbeitszeitarrangements (z.B. → Home Office) mit sich (→ Digitale Transformation der Arbeit, Plattformarbeit).
Weitreichende Effekte für die Industriellen Beziehungen haben die schwindenden traditionel-

len Wirtschafts- und Beschäftigungssektoren und die zunehmenden Formen → atypischer Beschäftigung (Teilzeit- und Leiharbeit, befristete Anstellung, geringfügige Beschäftigung). Zu diesen gehört vornehmlich die Schwächung der zentralen Akteure; sowohl Gewerkschaften als auch Arbeitgeberverbände verloren in einem empfindlichen Ausmaß Mitglieder, mit der Folge, dass die tarifvertragliche Absicherung erodierte und die mitbestimmungsfreien Zonen expandierten. Im Zeitraum von 2000 bis 2021 sank die Quote der Tarifbindung für Arbeitnehmer von 70 auf 52%, während ihre Vertretung durch Betriebsräte von 48 auf 38% zurückging (WSI 2016, Ellguth/Kohaut 2022, vgl. Müller-Jentsch 2021, S. 204 f.). Betriebe ohne Betriebsräte, in denen „andere Vertretungsorgane" substitutive Funktionen wahrnehmen oder der individuelle Arbeitsvertrag alleinige Regelungsgrundlage ist, fanden insbesondere in den Klein- und Mittelbetrieben der ‚neuen Ökonomie' ihre Verbreitung (Ittermann 2009).

Neue Relevanz erhielten kleine, aber schlagkräftige Berufs-/Spartengewerkschaften der Piloten, Lokführer, Klinikärzte etc., die mit spektakulären Arbeitskämpfen den Branchengewerkschaften des DGB das Vertretungsmonopol streitig machen (Keller 2015, Lesch 2016) und den Gesetzgeber zum Erlass eines „Tarifeinheitsgesetzes" veranlassten.

(2) Diese Entwicklungen haben eine wissenschaftliche Diskussion über einen grundlegenden Wandel der Industriellen Beziehungen in Deutschland entfacht, bei der das Konzept der „Konfliktpartnerschaft" in den Fokus der Kontroverse geriet. Einige Experten (Streeck 2016, Dörre 2016) halten das Konzept für historisch überholt, allenfalls noch für einen Kernbereich gültig, andere halten es für „still alive" (Schroeder 2016) oder verstehen darunter ein kooperatives Aushandlungssystem, das nach exemplarischen Arbeitskämpfen von Zeit zu Zeit neu justiert wird (Kädtler 2016). Die Kritiker verweisen zum einen auf Sektoren des Verkehrs- und Gesundheitswesens, in denen Anerkennungs- und feindselige Verteilungskämpfe durch Berufs- bzw. Spartengewerkschaften vorherrschen, und zum anderen auf den wachsenden Bereich der privaten Dienstleistungen, in denen es an konfliktfähigen Akteuren auf der Arbeitnehmerseite mangelt (Rehder 2016). Wenn auch Einigkeit darüber herrscht, dass die Industriellen Beziehungen fragmentierter geworden sind, sehen die Verteidiger des Konzepts jedoch weiterhin zentrale Bereiche der deutschen Industriellen Beziehungen durch konfliktpartnerschaftliche Strukturen geprägt (Schroeder 2016, Lesch 2017). Auch als analytischer Bezugsrahmen zur Untersuchung von Wandlungsprozessen bleibe das Konzept relevant (so Rehder 2016).

(3) Mit der Entwicklung eines vertraglich gestalteten europäischen Wirtschaftsraums (Europäische Union) ging die Transnationalisierung der Industriellen Beziehungen als eines europäischen Regelungssystems *in statu nascendi* einher (Müller-Jentsch 2012, 2017).

Zu seinen Akteuren gehören die schon seit den frühen 1970er Jahren geschaffenen transnationalen Gewerkschaftsstrukturen in Gestalt des Europäischen Gewerkschaftsbundes (EGB). Analog dazu sind die Dachorganisationen der nationalen Wirtschaftsverbände und Arbeitgeberorganisationen auf europäischer Ebene in der europaweiten Organisation BUSINESSEUROPE zusammengeschlossen.

Hinsichtlich der zentralen Institutionen der Industriellen Beziehungen – Tarifautonomie und Mitbestimmung – gibt es für Tarifverhandlungen bislang nur ein Substitut, den „sozialen Dialog". Die Arbeitgeberverbände lehnen grenzüberschreitende Tarifverträge ab. Und da Tarifverträge eine bilaterale Angelegenheit sind, bleibt den Gewerkschaften nur der Ausweg, ihre nationalen Tarifpolitiken europaweit zu koordinieren. Aus dem von der Europäischen Kommission geschaffenen „sozialen Dialog" sind zwar eine Reihe gemeinsamer Stellungnahmen und erste Vereinbarungen hervorgegangen, die allerdings eher Rahmenbedingungen und nachgeordnete Materien betreffen. Die erste genuine Institution europäischer Industrieller Beziehungen entstand 1994 mit dem Europäischen Betriebsrat (EBR). Eine repräsentative Befragung von 473 Vertretern europäischer Betriebsräte (Waddington 2006) erbrachte ein zwiespältiges Bild: Die Mehrzahl beklagte verspätete Informationen über geplante Umstrukturierungsmaßnahmen, wodurch ihre potenzielle Einflussnahme erheblich eingeschränkt wurde; ein knappes Drittel der Befragten hatte indes mit der Konzernleitung transnationale Vereinbarungen getroffen, deren

Status die in der Richtlinie fixierten Kompetenzen des EBR überschritten. Man kann in dieser Institution den Grundstein für den Aufbau eines supranationalen Regulierungssystems in einem „Sozialen Europa" (Jacques Delors) sehen und in der mit dem EU-Verfassungsvertrag von Lissabon rechtskräftig gewordenen „Charta der Grundrechte" dessen stützendes Gerüst. Neben der Koalitions- und Streikfreiheit garantiert die Charta das Recht, Kollektivverträge abzuschließen sowie Arbeitnehmerrechte auf Unterrichtung und Anhörung.

Walther Müller-Jentsch

Empfehlungen zum Weiterlesen

Blyton, Paul/Bacon, Nicolas/Fiorito, Jack/Heery, Edmund (eds.) 2008: The Sage Handbook of Industrial Relations. London: Sage.

Keller, Berndt 2008: Einführung in die Arbeitspolitik. Arbeitsbeziehungen und Arbeitsmarkt in sozialwissenschaftlicher Perspektive (7. Aufl.). München: Oldenbourg.

Müller-Jentsch, Walther 1997: Soziologie der Industriellen Beziehungen. Eine Einführung (2. Aufl.). Frankfurt a.M./New York: Campus.

Müller-Jentsch, Walther (Hg.) 1999: Konfliktpartnerschaft. Akteure und Institutionen der industriellen Beziehungen (3. Aufl.). München/Mering: Hampp.

Müller-Jentsch. Walther 2008: Arbeit und Bürgerstatus. Studien zur sozialen und industriellen Demokratie. Wiesbaden: VS Verlag.

Müller-Jentsch, Walther 2017: Strukturwandel der industriellen Beziehungen. ‚Industrial Citizenship' zwischen Markt und Regulierung (2. Aufl.). Wiesbaden: Springer VS.

Müller-Jentsch, Walther 2021: Wirtschaftsordnung und Sozialverfassung als mitbestimmte Institutionen. Studien zur sozialen und industriellen Demokratie II. Wiesbaden: Springer VS.

Industrielle Beziehungen in internationaler Perspektive

Begriff

Die Institutionen und Praktiken → industrieller Beziehungen sind international in hohem Maße variant. Dies ergibt sich u.a. aus ihrem engen Zusammenhang mit anderen gesellschaftlichen Subsystemen (‚institutionelle Komplementarität'), z.B. dem Bildungs- und Qualifizierungssystem, der Arbeitsorganisation sowie betrieblichen Hierarchiestrukturen (vgl. Maurice et al. 1982).

Im Zuge der Tertiarisierung der Wirtschaftsstrukturen sowie der Zunahme komparativer Forschungen hat sich für die international vergleichende Analyse industrieller Beziehungen in jüngerer Zeit der Begriff der ‚comparative employment relations' durchgesetzt (vgl. Bamber et al. 2016, Barry/Wilkinson 2011, Frege/Kelly 2013, Wilkinson et al. 2014). Er beansprucht den auf kollektive und politisch-institutionalisierte Prozesse fokussierten Begriff der industriellen Beziehungen mit dem betriebswirtschaftlich orientierten Blick des → Human Resource Management zu verknüpfen.

Die meisten komparativen Industrial-Relations-Studien bewegen sich im Rahmen eines methodologischen Nationalismus. Transnationale Prozesse und Institutionen, die in Zeiten der wirtschaftlichen Europäisierung, Trans- und Internationalisierung an Bedeutung gewinnen (z.B. Europäische Betriebsräte und Gewerkschaften, internationale Rahmenabkommen, Koordinierungsregeln der Tarifpolitik etc.) und zur Entstehung komplexer Mehr-Ebenen-Regulierung (multi-level governance) führen, werden daher im Folgenden nicht diskutiert (→ auch Globalisierung/Transnationalisierung, Transnationale Unternehmen, Globale Wertschöpfungsketten und internationale Arbeitsteilung).

Genese/theoretischer Kontext

Die differenten Systeme industrieller Beziehungen sind das Ergebnis national spezifischer, pfadabhängiger gesellschaftlicher Modernisierungsverläufe. Wichtige Einflussfaktoren sind u.a. Zeitpunkt und Geschwindigkeit der Industrialisierung (→ Industriegesellschaft und Industrialisierung), die Verfasstheit des Wirtschaftssystems und die wirtschaftliche Entwicklung, demografische Faktoren, Verlauf der politischen Demokratisierung, Umfang und Ergebnis der Kämpfe der Arbeiterbewegung, das Verhältnis von Parteien und Gewerkschaften, Klassenkonstellationen und -bündnisse, kulturelle und religiöse Spezifika, ideologische Faktoren sowie die Betroffenheit durch kriegerische Ereignisse (→ auch Varieties of Capitalism).

Ältere Theorieansätze gingen davon aus, dass es angesichts ähnlicher struktureller Herausforderungen und Modernisierungslogiken zu einer zunehmenden Konvergenz der nationalen Systeme industrieller Beziehungen kommen werde. Seit den 1980er/1990er Jahren setzten sich verstärkt institutionalistische Theorieansätze durch, die von einer Pfadabhängigkeit und anhaltenden Divergenz der Modelle industrieller Beziehungen ausgehen. Sie gruppieren die Vielzahl verschiedener nationaler Modelle häufig zu Idealtypen oder auch ‚Clustern', wobei die Kriterien der Einordnung bzw. der statistischen Messung variieren (vgl. Crouch 1993, Ebbinghaus/Visser 1997, Gumbrell-McCormick/Hyman 2013, Visser 2009, Eurofound 2016, 2020). In Europa werden häufig die folgenden Varianten diagnostiziert:

- Korporatismus (v.a. nordische Länder): Kennzeichen sind ein verpflichtungsfähiges, koordiniertes und zentralisiertes Kollektivverhandlungssystem mit hohem Deckungsgrad, gut organisierte und umfassende Tarifparteien, ein dichtes Netz sozialpartnerschaftlicher Beratungsgremien und systematische Einbeziehung der Tarifparteien in staatliche Entscheidungen.
- Sozialpartnerschaft (v.a. Österreich, Belgien, Luxemburg, Niederlande): Kennzeichen sind eine wichtige Rolle der Tarifparteien bei zugleich konservativem Sozialstaat und weniger umfassenden Gewerkschaften. Deutschland wird meist diesem Typus zugerechnet, manchmal aber auch im Cluster der nordischen Länder verortet (z.B. Eurofound 2020).
- Staatlich gerahmte Konfliktregulierung (v.a. Südeuropa, aber auch Frankreich, Slowenien): Die Tarifparteien sind relativ stark, agieren jedoch häufig unkoordiniert; es gibt zersplitterte und konkurrenzielle Gewerkschaften. Die dezentralen, betrieblichen und nicht selten konflikthaft zugespitzten Verhandlungen evozieren systematische staatliche Eingriffe.
- Liberal-pluralistische Marktorientierung (v.a. UK, Irland, Osteuropa): Kennzeichen sind relativ schwache Tarifverbände, dezentralisierte und mangelhaft koordinierte Lohnfindungssysteme, eine geringe Tarifdeckung. Der Staat interveniert kaum in die Verhandlungen, setzt aber wichtige Rahmenbedingungen z.B. in Bezug auf Mindestlöhne, Streikgesetzgebung. Wichtige Differenzen existieren bezüglich der Rechte und Möglichkeiten von Mitbestimmung im Betrieb sowie in Aufsichtsräten. Letztere sind in manchen Fällen recht substanziell (z.B. Ungarn, Slovakei), in anderen schwach (z.B. Bulgarien, Rumänien).

Die institutionalistischen Theorieansätze wurden in vielerlei Hinsicht kritisiert. Sie seien in ihrem Geltungsbereich auf den globalen Norden beschränkt und selbst für diesen zu undifferenziert. Für realsozialistische Staaten oder auch geringer industrialisierte Länder müssten andere theoretische Konzepte entwickelt werden. In Letzteren spielen ein ausgedehnter informeller Sektor sowie agrarische Subsistenzwirtschaft eine wichtige Rolle für die Funktionsweise der formalen und informellen Systeme industrieller Beziehungen (vgl. Morley et al. 2006, Visser 2019 a). Den institutionalistischen Konzepten wird auch die Übertreibung nationaler Differenzen und deren Reifizierung anhand institutioneller Merkmale vorgeworfen. Sie verlören aus dem Blick, dass sich Prozesse und Ergebnisse industrieller Beziehungen innerhalb desselben nationalen Institutionensystems (z.B. auf Branchenebene) deutlich unterscheiden und sich zugleich viele Praktiken im internationalen Vergleich über Ländergrenzen und Institutionenmodelle hinweg ähneln (vgl. Dufour/Hege 2002, Artus 2008, Bechter et al. 2011). Sie hätten zudem Schwierigkeiten bei der Erklärung institutioneller Dynamik. In jüngerer Zeit wird daher versucht, institutionalistische Konzepte (wieder) mit allgemeinen Trendaussagen zu kombinieren, ohne jedoch eine Konvergenzthese zu postulieren (Meardi 2018). So wird seit Anfang der 1990er Jahre im Zuge von Liberalisierung und Internationalisierung der Wirtschaft eine EU-weite Tendenz zur Schwächung der Kollektivverbände, zur Dezentralisierung des Verhandlungsgeschehens und zugleich – paradoxerweise – eine gewisse Stärkung des Nationalstaats als Akteur industrieller Beziehungen konstatiert. Dies führt jedoch nicht zu einer Angleichung der national differenten Modi industrieller Beziehungen, sondern wird von diesen in unterschiedlicher Weise verarbeitet.

Zentrale Forschungsergebnisse

Betriebliche Ebene/Arena: In der EU-27 besaßen im Jahr 2019 29% aller Betriebe in der Privatwirtschaft (mit zehn oder mehr Beschäftigten) sowie 50% der dort Beschäftigten eine Institution zur Belegschaftsvertretung (Angaben des European Company Survey ECS 2019, Eurofound 2020) (→ Betriebsrat). Grundsätzlich lassen sich monistisch strukturierte („single channel") von dualen Systemen („dual channel") betrieblicher Interessenvertretung unterscheiden (vgl. Rogers/Streeck 1995, Eurofound 2015 a). In monistischen Systemen repräsentieren die Gewerkschaften die Beschäftigten im Betrieb (z.B. USA, UK, Türkei, realsozialistische Staaten). Das Erreichen eines bestimmten Prozentsatzes an Gewerkschaftsmitgliedern bzw. die Mehrheit der Stimmen in Wahlprozeduren (‚Anerkennungswahlen') ist oft die Voraussetzung für betriebliche Vertretungsinstitutionen. In dualen Systemen (z.B. Deutschland, Österreich, Niederlande) wählen die Belegschaften eine betriebliche Vertretung, die nicht gewerkschaftlich organisiert sein muss. In diversen Ländern (z.B. Frankreich, Tschechien) gibt es Mischformen. Nur selten (z.B. Deutschland, Schweden) haben die Beschäftigten zusätzlich rechtlich garantierte Mitbestimmungsmöglichkeiten in der Unternehmensleitung (Aufsichtsrat) (→ auch Unternehmensmitbestimmung). Manche betrieblichen Vertretungssysteme sind stark verrechtlicht, d.h. sie verfügen über gesetzlich garantierte Informations-, Konsultations- und Mitbestimmungsrechte (z.B. Deutschland); in anderen Ländern hängen die Einflussmöglichkeiten der Repräsentationsgremien stark von der kollektiven Mobilisierungsfähigkeit der Belegschaft ab (z.B. UK, Frankreich).

Tarifliche Ebene/Arena: Gewerkschaften – Arbeitgeberverbände: In international vergleichenden Studien über Gewerkschaften (vgl. Ebbinghaus/Visser 2000, Hyman 2001, Addison/Schnabel 2003, Frege/Kelly 2004, Gumbrick-McCormick/Hyman 2013, Vandaele 2019, Schnabel 2020) wird deren große Heterogenität deutlich, z.B. nach gewerkschaftlichem Organisationsgrad sowie dem Grad der Zentralisierung versus Pluralisierung der Verbandssysteme. Der Begriff der → Gewerkschaft bezeichnet international sehr Unterschiedliches: Intermediäre und weltanschaulich neutrale Massenorganisationen mit quasi-staatlichen Funktionen (z.B. Arbeitslosenversicherung) und hohem Organisationsgrad ebenso wie kleine Berufs-, Betriebs- oder politische Richtungsgewerkschaften mit nur wenigen Mitgliedern und geringer oder lokal stark beschränkter Einflussmacht. Es gibt klassenkämpferische (z.B. anarchosyndikalistische oder kommunistische) Gewerkschaften, sozialistisch-reformorientierte, liberale, christliche, muslimische oder auch ‚gelbe' (d.h. arbeitgeberfreundliche) Gewerkschaften. Hyman (2001) unterscheidet drei Pole möglicher Gewerkschaftsidentitäten in Europa: Orientierungen am Markt (Arbeitsmarktakteur), an der Klasse (antikapitalistische Mobilisierung) und an der Gesellschaft (Agent sozialer Integration). Grundsätzlich müssen alle Gewerkschaften (im Kapitalismus) alle drei Orientierungen berücksichtigen, doch die Mischungsverhältnisse sind different (→ auch Arbeit im Kapitalismus).

Eine Sonderform stellen die Gewerkschaften in realsozialistischen Ländern dar (z.B. China, Vietnam, Kuba, ehemals Osteuropa). Sie waren/sind zwar einflussreiche und mitgliederstarke Einheitsgewerkschaften, jedoch ohne oder mit nur beschränktem Streikrecht. Als staatstragende Massenorganisationen waren/sind sie im Rahmen eines planwirtschaftlichen Systems von den Direktiven der Staatspartei abhängig und erfüll(t)en primär soziale sowie wirtschaftslenkende Aufgaben (bei Vernachlässigung der direkten Interessenvertretung der Beschäftigten). In vielen Transformationsgesellschaften haben sich realsozialistische Orientierungsmuster erhalten (vgl. Kohl/Platzer 2004, Pringle/Clarke 2011).

Gewerkschaften zählen global zu den größten Massenorganisationen mit weltweit über 500 Millionen Mitgliedern (ohne China: 200 Mio.). In den meisten Ländern und Weltregionen ging jedoch zwischen 2000 und 2016 die Zahl der Gewerkschaftsmitglieder zurück. Ausnahmen sind große Teile Afrikas, Süd- und Mittelamerikas sowie Südasien (China). Fast überall sinkt der gewerkschaftliche Organisationsgrad, besonders stark ist dies jedoch im globalen Norden der Fall (Daten der ILO und ICTWSS; Visser 2019 a, Schnabel 2020).

Ein Überblick über 32 europäische Länder zeigt einen kontinuierlichen, deutlichen Mitgliederrückgang zwischen 2000 und 2016 in den meisten (aber nicht allen) Ländern (besonders deutlich in Zentral- und Osteuropa), der sich in jüngerer Zeit etwas abschwächt (Vandaele 2019). Auch der Organisationsgrad nahm ab

– von rund 25% (2000) auf nur noch 21,4% (2016). Jüngere und atypisch Beschäftigte (→ Atypische Beschäftigung) in kleineren Betrieben und im Dienstleistungsbereich sind seltener Gewerkschaftsmitglied. Beschäftigte im öffentlichen Dienst sind überdurchschnittlich gut gewerkschaftlich organisiert. Der Unterschied in der Organisierung von (traditionell besser organisierten) männlichen und weiblichen Beschäftigten wird geringer; in vielen Ländern sind Frauen inzwischen häufiger Gewerkschaftsmitglied als Männer (Vandaele 2019, Visser 2019 a, Schnabel 2020).

Auch die Unternehmerverbände (→ Arbeitgeberverbände) unterscheiden sich international in ihrem Organisationsgrad, ihren Organisationsprinzipien sowie Vertretungsstrategien (vgl. Ebbinghaus/Visser 1997, Schmitter/Streeck 1999, Traxler et al. 2001, Traxler/Huemer 2007). Ein Überblick über 25 OECD-Länder zeigt, dass der Organisationsgrad der Unternehmer bemerkenswert stabil ist. Er lag im Jahr 2018 mit fast 60% mehr als dreimal so hoch wie der gewerkschaftliche Organisationsgrad (OECD 2019). Allerdings üben nicht alle Unternehmerverbände tarifpolitische Funktionen aus, viele haben eher wirtschaftspolitische Lobbyfunktion. In den nordischen Ländern, Deutschland, der Schweiz und partiell in Österreich existiert eine funktionale Differenzierung zwischen Arbeitgeber- und Wirtschaftsverbänden, in den meisten anderen westeuropäischen Ländern gibt es integrierte Spitzenverbände. Die Verbandsstrukturen sind nach konfessionellen und territorialen Prinzipien sowie entlang der Konfliktlinien zwischen Großunternehmen und kleineren Betrieben differenziert. Internationale Studien zeigen, dass der Organisationsgrad der Arbeitgeberverbände (und die Arbeitsgesetzgebung) entscheidender für die Stabilität des Tarifsystems ist als jener der Gewerkschaften.

Neben den Tarifparteien ist auch der Staat ein wichtiger Akteur für die Ausformung der nationalen Tarifsysteme. Seine aktive Einmischung (z.B. über Allgemeinverbindlichkeitserklärungen, Festlegung von Mindestnormen für Lohn und → Arbeitszeit) oder passive Zurückhaltung spielt eine wichtige Rolle. Die Festlegung der Tarifnormen kann auf unterschiedlichen Wegen erfolgen, z.B. über ‚normale' Tarifrunden, die freiwillig oder auch staatlich vorgeschrieben sein können und nach unterschiedlichen Regeln ablaufen, durch konzertierte Aktionen, nationale Expertenkommissionen, über Streiks, freiwillige Schlichtungen, Zwangsschlichtungen. Kollektivverträge haben zudem einen differenten rechtlichen Status: Im Rahmen liberaler angelsächsischer Traditionen sind sie nicht rechtsverbindlich, sondern freie Vereinbarungen. In den meisten westeuropäischen Ländern ist die Rechtsverbindlichkeit oder sogar die Allgemeinverbindlichkeit die Regel. Etwa 60% Beschäftigten in der EU-27 werden von Tarifregelungen erfasst (Daten der Europäischen Kommission). Detaillierte Daten zur internationalen Entwicklung der Tarifstrukturen und des tariflichen Deckungsgrads – der weltweit deutlich niedriger liegt als in der EU – finden sich in der ICTWSS Database (Visser 2019 b). Sie zeigen eine hohe und tendenziell zunehmende länderspezifische Varianz, einen Trend zur Abnahme des Tarifdeckungsgrads und zur Dezentralisierung des Verhandlungsgeschehens (Schnabel 2020) (→ auch Tarifvertrag).

Die staatliche/nationale Ebene: Der Einfluss des Staates sowie supranationaler Organisationen (v.a. der EU) auf die nationalen industriellen Beziehungen hat zugenommen, z.B. bei der Stimulierung korporatistischer Bündnisse und im Rahmen tripartistischer Arrangements. Im Jahr 2020 existierten in 21 Ländern der EU sowie in Großbritannien staatlich festgesetzte Mindestlöhne, die allerdings in ihrer Höhe und Relevanz stark variieren.

Auf allen drei genannten Ebenen kann es zu Arbeitskonflikten kommen. Streiks und Aussperrungen sind dabei in vielen Ländern legale und legitime Mittel zur Interessendurchsetzung, was die gleichzeitige Verbreitung von ‚wilden', d.h. illegalen Streiks nicht ausschließt. Für Ausmaß und Legalität der Streiks ist z.B. wichtig, ob zentrale Streikfonds und ein Streikmonopol der Gewerkschaften existieren, ob sich Streiks v.a. auf wirtschaftliche oder auch auf politische Ziele beziehen (dürfen), ob ein Streik die ‚ultima ratio' ist oder eine Vorbedingung für die Aufnahme von Verhandlungen, ob Aussperrungen erlaubt sind oder verboten, welche rechtlichen Regelungen zum Thema Solidaritätsstreiks, Streikposten oder auch Generalstreiks existieren. Internationale Streikstatistiken sind wegen differenter Erfassungsmodalitäten problematisch (Dribbusch/Vandaele 2016). Dennoch ist sicher, dass in Ländern wie Frankreich, Belgien oder Kanada wesentlich häufiger gestreikt wird als z.B. in Schweden, Österreich oder der Schweiz (Frindert et al. 2020). Im Zuge der Wirtschaftskrise 2008/09 war in Europa eine deutliche Zunahme politischer Streiks und von Generalstreiks zu beobachten.

Ingrid Artus

Empfehlungen zum Weiterlesen

Bamber, Greg J./Lansbury, Russell D./Wailes, Nick/Wright, Chris F. (eds.) 2016: International and Comparative Employment Relations. National Regulation, Global Changes (6th edition). London u.a.O.: Sage.

Barry, Michael/Wilkinson, Adrian (ed.) 2011: Research Handbook of Comparative Employment Relations. Cheltenham/Northampton: Edward Elgar.

Gumbrell-McCormick, Rebecca/Hyman, Richard 2013: Trade Unions in Western Europe. Hard Times, Hard Choices. Oxford: Oxford University Press.

Morley, Michael J./Gunnigle, Patrick/Collings David G. 2006: Global Industrial Relations. Oxon/New York: Routledge.

Visser, Jelle 2019a: Trade Unions in the Balance. ILO ACTRAV Working Paper. Geneva: ILO.

Wilkinson, Adrian/Wood, Geoffrey/Deeg, Richard (eds.) 2014: The Oxford Handbook of Employment Relations. Oxford: Oxford University Press.

Informations- und Wissensarbeit

Begriff

Die Begriffe „Informationsarbeit“ und „Wissensarbeit“ bezeichnen Tätigkeiten und Tätigkeitsfelder im Bereich der → Erwerbsarbeit, die überwiegend die Generierung von Wissen sowie die Erzeugung, Bearbeitung und Weitergabe von Informationen zum Gegenstand haben. Ursprünglich stammen die Begriffe aus der angelsächsischen Diskussion. Sie resultieren dort aus dem Bestreben, den sektoralen Wandel der Wirtschaft differenziert zu analysieren und neben der klassischen Triade aus Agrar-, Industrie- und Dienstleistungssektor eine vierte Tätigkeitsgruppe „ex positivo“ zu identifizieren, die in modernen Gesellschaften als Informations- bzw. Wissensarbeit eine wachsende Bedeutung erlangt. Die Ausbreitung dieser Tätigkeiten wird dabei zum Anlass grundlegender theoretischer Überlegungen zum Wandel moderner Gesellschaften.

Die Begriffe Informations- und Wissensarbeit tragen einer Ausweitung und Separierung geistiger Tätigkeiten im modernen Arbeitsprozess Rechnung. Hintergrund hierfür sind die systematische Maschinisierung und Verwissenschaftlichung der Produktion, ein steigender Aufwand für die Steuerung komplexer organisatorischer Abläufe sowie die Zunahme marktbezogener Arbeitsfelder. Gemein ist diesen Tätigkeiten, dass sie auf Basis der „Informatisierung“ (vgl. dazu Schmiede 1996c, Boes 2005, Boes/Kämpf 2012) von der materiell-stofflichen Produktion getrennt werden können und mit komplexen Informationssystemen über eigenständige Arbeitsmittel verfügen. In der Folge ist der Anteil der Beschäftigten stark gewachsen, die Informationssysteme nutzen und dabei Informationen bearbeiten oder auch Wissen und Innovation erzeugen. Nicht zuletzt die Diskussion um die → „Industrie 4.0“ zeigt, dass selbst Arbeitsbereiche wie die Fertigung zunehmend von Informationstechnologien durchdrungen werden. Vor allem aber gilt, dass entsprechende Bereiche, die originär der Informations- und Wissensarbeit – wie etwa die Verwaltung oder auch F&E – zuzuordnen sind, quantitativ und qualitativ an Bedeutung gewonnen haben. Der hohe Anteil von Erwerbstätigen im → Home Office während der Corona-Lockdowns in den Jahren seit 2020 unterstreicht dies (Flüter-Hoffmann/Stettes 2022, Holst et al. 2022). Greifbar werden damit auch die strukturellen Unterschiede im Gegensatz zu Tätigkeitsbereichen, die an materiell-stofflichen Arbeitsgegenständen tätig sind. Für Informations- und Wissensarbeit wird der digitale „Informationsraum“ (Baukrowitz/Boes 1996), der es ermöglicht, Arbeitsort und Arbeitszeit flexibler zu bestimmen, zur neuen Handlungsgrundlage. Insgesamt steigt so die Notwendigkeit, Begriffe und Konzepte zu entwickeln, die Arbeit auch jenseits der traditionellen Produktionsarbeit theoretisch-konzeptionell fundieren und für empirische Analysen fruchtbar machen.

Genese/theoretischer Kontext

Ausgehend von den Überlegungen Fourastiés zum sektoralen Wandel wurde in der angelsächsischen Diskussion vergleichsweise früh begonnen, die Veränderung der Wirtschafts- und der Beschäftigtenstruktur aus der Perspektive der Informations- und Wissensarbeit in den Blick zu nehmen und mit empirischen Daten zu belegen (Drucker 1959, Machlup 1962, Porat 1976). Insbesondere Machlup versuchte, abweichend vom bis heute dominierenden Drei-Sektoren-Konzept der Wirtschaftsstruktur, die wirtschaftliche Bedeutung eines neuen Sektors der Wissensindustrie („knowledge industry") und der „knowledge worker" empirisch zu zeigen. Diese Ergebnisse wurden von Drucker (1968) aufgegriffen und zur These zugespitzt, dass sich die USA von einer Warenökonomie zu einer Wissensökonomie gewandelt habe. Ähnlich argumentierte Porat, im Gegensatz zu Drucker und Machlup stützte er sich jedoch auf den Begriff der Informationsarbeit – allerdings ohne dass dieser Unterscheidung eine systematische Differenzierung zu Grunde liegt. In der Folge wurden dennoch immer wieder Versuche unternommen, genauer zwischen „Informationsarbeit" und „Wissensarbeit" zu differenzieren. Am einflussreichsten war hier sicherlich Reichs Unterscheidung der kreativ und problemlösenden „Symbolanalytiker" und der „routinemäßigen Produktionsdienste", zu denen er weite Bereiche der Datenverarbeitung zählt (1993).

Diese empirischen Überlegungen erfuhren in den Arbeiten Bells eine einflussreiche gesellschaftstheoretische Zuspitzung (1973). Mit der Verschiebung des „axialen Prinzips" von der industriellen Produktion in Richtung von Information und Wissen löst demnach die „post-industrielle Gesellschaft" den in die Krise geratenen Industriekapitalismus ab. Damit verbunden ist die Annahme, dass die neu entstehende Informations- und Wissensarbeit befreit ist von den Zwängen der industriekapitalistischen Lohnarbeit und so zu einer positiven Entwicklung der Arbeitsbedingungen und der individuellen Entfaltung von Beschäftigten führt.

In Deutschland wurde der Diskussion um die Informations- und Wissensarbeit zunächst weniger Beachtung geschenkt. Der Wandel von Arbeit und die damit verbundenen Verschiebungen in der Beschäftigtenstruktur wurden und werden hier vor allem auf Basis der Unterscheidung Industrie vs. Dienstleistungen thematisiert. Mit der auch in Deutschland Anfang der 1990er Jahre an Dynamik gewinnenden Diskussion um die → „Informationsgesellschaft" und später die → „Wissensgesellschaft" (Stehr 1994a) veränderte sich dies. Weniger der Begriff der „Informationsarbeit", sondern vielmehr der Begriff der „Wissensarbeit" gewann nun rasch an Bedeutung. Folgt man dieser Diskussion, ist charakteristisch für moderne Wissensarbeit, dass Wissen nun nicht mehr nur einmal erworben wird, sondern immer wieder verbessert, revidiert und in neuen Kontexten angewandt werden muss – und damit zum Gegenstand von immer neuen Lernprozessen wird.

Die Diskussion um die „Wissensarbeit" steht auch in Deutschland in der Tradition des Bell'schen Programms einer Überwindung der industriekapitalistischen Gesellschaft in Richtung einer Wissensgesellschaft. Mit der darin angelegten dualistischen Entgegensetzung von Industrie und Wissen wird einer alternativen Forschungsperspektive, die das Wachstum der geistigen Tätigkeiten im Arbeitsprozess als Moment einer fortschreitenden Industrialisierung begreift (vgl. dazu z.B. Hack/Hack 1985, Boes/Kämpf 2012), der Blick verstellt. Damit droht der Begriff für die weitere Forschung nutzlos zu werden: Unterschiedlichste Arbeitsbereiche werden zu einer unterkomplexen Kategorie subsumiert und auf der anderen Seite wird mit der einseitigen Fixierung auf „Nicht-Industrialisierbarkeit" grundlegenden empirischen Fragestellungen, etwa zur Automatisierung dieser Tätigkeiten, der Boden entzogen. Damit wird der Begriff auch der ursprünglichen Intention, nämlich die Veränderung von Tätigkeits- und Beschäftigtenstrukturen positiv zu bestimmen, kaum mehr gerecht.

Gerade mit Blick auf die Digitalisierung und die damit verbundene Informatisierung von Arbeit, Wirtschaft und Gesellschaft könnten die Begriffe neu an Relevanz gewinnen (→ Digitale Transformation der Arbeit). Mit der rasanten Verbreitung digitaler Arbeitsgegenstände und -mittel bewegen sich viele Tätigkeitsfelder in Richtung Informations- und Wissensarbeit. Zugleich macht die Digitalisierung der Prozesse auch in diesen Feldern selbst in hochqualifizierten Bereichen neue Formen der Industrialisierung möglich (für eine ausführliche Erläuterung des Begriffs Digitalisierung siehe Boes/Langes 2021). Aber auch im Zeitalter „Künstlicher Intelligenz" braucht es weiterhin (eine wachsende Zahl von) Menschen

und ihre Arbeitskraft, die aus digitalen Daten sinnbezogene Informationen und Innovationen machen (→ Arbeit und Künstliche Intelligenz).
Ihre analytische Schärfe im gesellschaftlichen Diskurs und ihre Stellung im arbeits- und industriesoziologischen Theorie- und Begriffsapparat werden die Begriffe Informations- und Wissensarbeit deshalb nur erhalten können, wenn damit in Zukunft weniger die bloße Abgrenzung von der Industrie und ihren Prinzipien forciert wird, sondern vielmehr die Ausdifferenzierung der geistigen Tätigkeiten und ihre gestiegene Bedeutung für den kapitalistischen Produktionsprozess in den Blick genommen wird. Notwendig sind auf konzeptioneller Ebene eine genauere Unterscheidung von „Informationsarbeit“ und „Wissensarbeit“ bzw. von Information und Wissen, aber auch eine Theorie der Informatisierung als Teil der Produktivkraftentwicklung. Auf empirischer Ebene sind Forschungsarbeiten notwendig, die auf eine präzise arbeitsinhaltliche und arbeitsorganisatorische Differenzierung abzielen und somit eine positive Bestimmung der verschiedenen Arbeitsbereiche ermöglichen, die heute als Informations- und Wissensarbeit bezeichnet werden.

Zentrale Forschungsergebnisse

Zentrale Forschungsergebnisse rund um die Begriffe Informations- und Wissensarbeit beziehen sich zunächst vor allem auf den sektoralen Wandel der Wirtschaft und die Veränderung der Beschäftigtenstruktur. So konnte z.B. Porat (1976) für die US-Ökonomie zeigen, dass bereits 1967 mehr als die Hälfte der Beschäftigten dem Informationssektor zuzuordnen seien. Für Deutschland wurden diese Forschungen insbesondere von Dostal (1995) fortgeführt. Ausgehend von der Tätigkeitsstruktur von Berufen klassifizierte er „Informationsberufe“ und darauf aufbauend einen neuen ökonomischen Sektor, den „Informationsbereich“, dem er in Deutschland 1991 44% der Beschäftigten zuordnete.
Neben diesen eher quantitativ und makroökonomisch angelegten Fragestellungen liegt gerade in der deutschen Arbeits- und Industriesoziologie ein Fokus auf der Frage der betrieblichen Organisation und Steuerung von Informations- und Wissensarbeit sowie ihrer Stellung im Produktionsprozess (Dörhöfer 2010). In der Vergangenheit spielten auf der einen Seite Studien eine wichtige Rolle, die den Wandel von Arbeit durch Informatisierung und „Computerisierung“ im Kontext der Produktion bis hin zur Veränderung „technisch-geistiger Arbeit“ in Bereichen wie etwa der Produktionsplanung oder auch der industriellen Forschung und Entwicklung in den Blick nahmen. Auf der anderen Seite wurde vor allem zu den Möglichkeiten der → Rationalisierung geistiger Tätigkeiten bzw. der „Angestelltenarbeit“ geforscht (→ Angestelltensoziologie). Auch wenn nicht immer explizit von Informations- und Wissensarbeit die Rede ist, bezieht sich die einflussreiche Debatte auf dieses Feld. Insbesondere Bravermans (1977) Überlegungen zur Ausweitung der Taylorisierung auf Bürotätigkeiten und die Arbeit von Ingenieuren wurden kontrovers diskutiert (→ Ingenieursarbeit). Berger und Offe (1981) betonten in diesem Zusammenhang das „Rationalisierungsdilemma der Angestelltenarbeit“. Durch ihren Charakter als „Gewährleistungsarbeit“ seien hier besondere „Dispositionsspielräume und Reservekapazitäten“ notwendig, welche traditionellen effizienzorientierten Rationalisierungs- und Kontrollstrategien Grenzen setzen. Insbesondere die von Baethge und Oberbeck (1986) durchgeführten Studien zur Computerisierung des Büros und der Veränderung moderner Verwaltungstätigkeiten öffneten den Blick für neue Formen → „systemischer Rationalisierung“ (vgl. auch Altmann et al. 1986).
Mit der Debatte zur → „Subjektivierung von Arbeit“ verschob sich die Diskussion: Zugespitzt formuliert richtete sich der Fokus von der Rationalisierung der Informationsarbeit nun auf die Organisation von Wissensarbeit – zum Beispiel im Kontext von Projekt- oder auch Innovationsarbeit (→ Projekt, Innovation). Betont wurden in der Folge der gestiegene Stellenwert von Selbstorganisation und die Bedeutung von Handlungsspielräumen. Gleichzeitig gab es seit dem Ende der New Economy jedoch verschiedene empirische Studien, die z.B. auch auf Formen direkter → Kontrolle, Standardisierung bis hin zu einem „neuen Typ der Industrialisierung“ (Boes/Kämpf 2012) oder auch auf neue Unsicherheiten und gestiegene gesundheitliche Belastungen in Bereichen der Informations- und Wissensarbeit hinweisen (Arlinghaus 2017). Im Zuge der Debatte um Digitalisierung wird heute zudem mehr und mehr nach der Automatisierbarkeit und der Er-

setzbarkeit von Arbeit durch „digitale Technologien" gefragt – diese Diskussion bezieht sich dabei auch auf zentrale Felder von Informations- und Wissensarbeit (Brynjolfsson/McAfee 2011, Frey/Osborne 2017, Frank et al. 2019, Giering 2021). Die verdinglichende Perspektive auf Technik läuft jedoch Gefahr, die konkrete Gestalt neuer Arbeitsprozesse und die vielschichtigen Veränderungen in diesem Feld – die z.B. von agilen Organisationsformen über plattformbasierte Arbeit (→ Plattformarbeit) bis hin zu regelrechten digitalen Fließbändern reichen – aus dem Blick zu verlieren (Boes et al. 2016 a). Darüber hinaus bedarf es einer arbeitswissenschaftlichen Betrachtung der spezifischen Formen der kapitalistischen Verwertung von Wissen, wie etwa der zur Selbstverständlichkeit gewordenen Nutzung subjektiver Freizeitwissensbestände in Arbeitskontexten (Koch/Warneken 2012).

Wichtige Ergebnisse wurden schließlich in einem dritten Forschungsstrang mit Blick auf die arbeitspolitischen Folgen eines wachsenden Bereichs von Informations- und Wissensarbeit erzielt. Zunächst standen die sozialstrukturelle Verortung einer neuen „technischen Intelligenz" und ein sich wandelndes Klassengefüge im Vordergrund. In verschiedenen empirischen Studien wurde in der Folge nach dem „Bewusstsein" dieser Beschäftigtengruppe gefragt (vgl. dazu Kadritzke 1982). Im Zuge der Diskussion um die New Economy wurde gerade in Deutschland dann jedoch vor allem die Zukunft der Arbeitsbeziehungen in den Blick genommen. Aus arbeitspolitischer Perspektive bestimmte die These einer Durchsetzung individueller gegenüber kollektiven Formen des Interessenhandelns die Debatte, die in Deutschland vor allem mit Blick auf die IT-Beschäftigten geführt wurde. Die Befunde hierzu wurden kontrovers diskutiert. Mit Blick auf das kleinbetrieblich strukturierte Segment der Start-up-Firmen der Dotcom-Generation wurde argumentiert, dass trotz einer gewissen Ernüchterung die individuelle Selbstvertretung der Königsweg der meisten Beschäftigten bleibe. Dem stehen Studien gegenüber, die zeigen, dass in mittleren und großen Unternehmen infolge der Krise und damit verbundener Verwerfungen und Konflikte auch kollektive Formen des Interessenhandelns an Legitimität gewinnen (Boes/Baukrowitz 2002). Dem entspricht in jüngerer Zeit die These von Boes et al. (2016 b), wonach ein beobachtbarer Wandel der Interessenorientierung von Angestellten mit neuen Möglichkeiten der Interessenvertretung von Hochqualifizierten einhergeht: Die Autoren beschreiben, wie sich diese Arbeitnehmergruppe im Zuge der Produktivkraftentwicklung mit einem Erodieren von vormals genossenen Autonomien auseinandersetzen muss und dabei zum Teil durchaus ein solidaritätsförderndes Arbeitnehmerbewusstsein ausbildet. Vor diesem Hintergrund erhalten in den letzten Jahren auch Perspektiven an Bedeutung, die den Wert einer Verknüpfung von individueller Selbstbestimmung und kollektiver Mitbestimmung betonen (vgl. etwa Bolte 2020) (→ auch Arbeitspolitik, Partizipation, Gewerkschaften, Betriebsrat). Einen differenzierten Blick auf den Sachverhalt liefern schließlich Pernicka et al. (2018), die die Heterogenität der Kontexte von Wissensarbeit herausarbeiten und damit die These eines allgemeinen Trends hinsichtlich individueller oder kollektiver Interessenvertretung ablehnen. Laut ihnen sind es vor allen Dingen auch spezifische Organisations- und Machtstrukturen, die über das Ausmaß der Organisationsbereitschaft unter Hochqualifizierten entscheiden.

Internationale Bezüge

Weil die Begriffe ursprünglich aus der angelsächsischen Debatte stammen, gibt es zahlreiche internationale Bezüge. Im Rahmen internationaler arbeitssoziologischer Debatten wie etwa der „Labour Process Debate" wurden Informations- und Wissensarbeit zum Gegenstand von empirischer Forschung und konzeptioneller Überlegungen. Insbesondere das Konzept der „verantwortlichen Autonomie" (Friedman 1977 a) erweist sich als ein zentraler Beitrag für ein Verständnis der Organisation und Kontrolle von Informations- und Wissensarbeit. Auch in international breit diskutierten Gesellschaftsanalysen, wie etwa von Sennett, Hardt/Negri oder auch Boltanski/Chiapello, spielt der Aufstieg von Informations- und Wissensarbeit eine wichtige Rolle. Hervorzuheben sind die Arbeiten von Castells (1996 a), in denen Informations- und Wissensarbeit als grundlegender Baustein eines neuen Informationszeitalters gefasst werden. Dessen Überlegungen zum → Netzwerk sind schließlich auch ein wichtiger Bezugspunkt für die sowohl in den USA als auch in Europa und zugleich in Asien geführte Diskussion zur → Globalisierung von Informations- und Wissensarbeit. Nicht unerwähnt bleiben sollen die zahlreichen populärwissenschaftlichen Zeitdiagnosen, wie etwa Floridas „Rise of the Creative Class“ (2002), die zu einer Popularisierung der Diskussion über die neue Bedeutung von Informations- und Wissensarbeit beigetragen haben. Mit Blick auf die arbeits- und gesellschaftspolitischen Folgen sind darüber hinaus die Arbeiten von Huws (2014) im Kontext ihrer These eines „Cybertariats“ ein wichtiger Beitrag zur internationalen Diskussion. Ähnliche sozialstrukturelle Umwälzungen erkennt auch Johannessen (2019), der hochqualifizierte Wissensarbeiter als Profiteure einer vierten, technologiegetriebenen Revolution betrachtet, bei gleichzeitig anwachsendem Prekariat. Nicht zuletzt gibt es eine umfangreiche Debatte um spezifische, sich wandelnde Charakteristika von Wissensarbeit im Zuge der Digitalisierung. Dabei werden etwa Veränderungen des Zusammenhangs von digitalisierter Arbeit und Räumlichkeit diskutiert (Will-Zocholl/Roth-Ebner 2021), insbesondere damit verbundene Auswirkungen auf Arbeitsweise und -gesundheit von Wissensarbeitenden (Rosengren et al. 2021).

Andreas Boes, Tobias Kämpf

Empfehlungen zum Weiterlesen

Baukrowitz, Andrea/Berker, Thomas/Boes, Andreas/Pfeiffer, Sabine/Schmiede, Rudi/Will, Mascha (Hg.) 2006: Informatisierung der Arbeit – Gesellschaft im Umbruch. Berlin: edition sigma.

Boes, Andreas/Kämpf, Tobias/Gül, Katrin/Langes, Barbara/Lühr, Thomas/Marrs, Kira/Ziegler, Alexander 2016 a: Digitalisierung und „Wissensarbeit“: Der Informationsraum als Fundament der Arbeitswelt der Zukunft. In: Aus Politik und Zeitgeschichte, B 18–19, S. 32–39.

Castells, Manuel 1996 a: The Information Age: Economy, Society and Culture. Oxford: Blackwell.

McKercher, Catherine/Mosco, Vincent (eds.) 2007: Knowledge Workers in the Information Society. Lanham, MD: Rowman.

Will-Zocholl, Mascha/Roth-Ebner, Caroline 2021: Topologies of Digital Work. Dynamics of Virtual Work. Cham: Palgrave Macmillan.

Informationsgesellschaft

Begriff

Der Begriff der Informationsgesellschaft wurde in der zweiten Hälfte der 1970er Jahre geprägt, in den 80er Jahren breiter in der Wissenschaft diskutiert und in den 90er Jahren auch in Politik und Gesellschaft populär. Er schloss zunächst an das den Thesen der Tertiarisierung und der → „Dienstleistungsgesellschaft“ zugrunde liegende Sektorenmodell an. Am deutlichsten wird dieser Denkansatz bei Daniel Bell (1980), der unter dem Eindruck der raschen Ausbreitung der Informationstechnologien und mit Berufung auf die Analysen und empirischen Daten von Porat (1977) argumentierte, dass der Informationssektor – definiert als die Bereiche der Volkswirtschaft, die entweder direkt Informationen und Informationstechnik herstellen oder indirekt in Form von Organisation, Dienstleistung, Management oder Bürokratie hauptsächlich mit der Sammlung und Weitergabe von Informationen befasst sind – 1980 schon rund die Hälfte der US-amerikanischen Beschäftigten ausmachte; deshalb sei die Informationsgesellschaft sozusagen die inhaltliche Ausfüllung des schon seit Beginn der 70er Jahre prognostizierten Aufstiegs der Dienstleistungsgesellschaft. Ähnlich argumentierte zur selben Zeit in Japan Yoneji Masuda (1981), für den Information auf der Grundlage einer computer-basierten Infrastruktur die Achse der weiteren sozio-ökonomischen Entwicklung darstellte. Auch in dieser ersten Phase wurde dieser Prozess aber schon von Nora und Minc (1979) als „Informatisierung der Gesellschaft“ bezeichnet. Der Begriff der Informationsgesellschaft bezeichnet mithin diesen Prozess der Informatisierung in wirtschaftlicher, sozialer, technologischer und arbeitsbezogener Hinsicht.

Genese/theoretischer Kontext

Der Begriff wurde eher durch die mit ihm verbundenen gesellschaftlichen und politischen Hoffnungen als durch seine inhaltliche Schärfe populär. Dies gilt noch mehr für die letzten fünf bis zehn Jahre, in denen, zusammen mit der Durchdringung aller Lebensbereiche durch digitale Informationstechniken, der noch unschärfere Begriff der „Digitalisierung“ (von Gesellschaft, Ökonomie, Arbeit etc.) an seine Stelle getreten

ist (vgl. dazu jüngst Pohle/Lenk 2021). Im Zuge der Ausbreitung und dann auch der Popularisierung der Debatten über Information, Informationstechnik und die Informationsgesellschaft in den 80er und 90er Jahren wurden mit ihrer Durchsetzung vor allem Hoffnungen auf gesellschaftlichen Fortschritt verknüpft (vgl. den zusammenfassenden Überblick in Schmiede 1996 b sowie breiter Lyon 1988 und Webster 2002); sogar in einem Bericht für den Club of Rome wurde diese optimistische Perspektive betont (Schaff 1985). Zum einen wurde die Ausbreitung der Informationsarbeit als generelle → Humanisierung der Arbeit gesehen, da diese Tätigkeiten autonomer, weniger hierarchisch und kontrolliert, weniger belastend, kreativer und damit menschlicher seien. Zum zweiten sei die Informationsgesellschaft auch eine informierte Gesellschaft, da Informationen nun überall und frei zugänglich und damit die Grundlage von mehr sozialer Gleichheit würden. Dies gelte drittens auch im weltweiten Maßstab, da die → Globalisierung von Information und Kommunikation auch wenig entwickelten Ländern den Einstieg in modernste Technologien ermöglichen werde. Schließlich entstünden durch die neue Informations- und Kommunikationskultur neue Formen der Vergemeinschaftung mit dem Potenzial neuer Gemeinschaftlichkeit („communitarianism").
In den 1990er Jahren wurde die Perspektive der Informationsgesellschaft auch auf die politische Bühne gehoben, als der „information super highway" sogar zum Bestandteil des US-Regierungsprogramms wurde; wenig später wurde die Informationsgesellschaft von dem G7-Gipfel Anfang 1995 zur Entwicklungsleitlinie für das 21. Jahrhundert erhoben. Mittlerweile dominiert auch hier die Parole der umfassenden Digitalisierung, die Sicht auf eine digitale Gesellschaft (→ auch Informations- und Wissensarbeit, Digitale Transformation der Arbeit).
In der wissenschaftlichen Debatte wurden – wohl durch das Bewusstwerden der Zusammenhänge zwischen Information, Wissen und Reflexion – die Bezüge der „Informationsgesellschaft" immer mehr in die allgemeine Soziologie hinein erweitert, so dass etwa Webster (2002) auch die Theorien von Habermas und Giddens zu den „Theories of the Information Society" rechnet. Die großen gesellschaftlichen und politischen Hoffnungen der 1980er Jahre sind jedoch in den Hintergrund getreten, die inhaltlichen Spezifika der Informatisierung wurden eher in den Teildisziplinen zum Thema und damit auch die kritischen Seite dieses Prozesses deutlicher zur Sprache gebracht. Mit der Ernüchterung über das Potenzial der Informationstechnik ist die Debatte über die Ambivalenzen der Digitalisierung an die Stelle der Diskussion über die Informationsgesellschaft getreten.
Mit dem Verflachen der Debatte über die Informationsgesellschaft sind zwar auch die großen Hoffnungen weggeschmolzen, die ursprünglich mit dem Konzept verbunden waren; trotzdem ist sicherlich Manuel Castells (2001–2003) zuzustimmen, der mit dem Übergang in das „Informationszeitalter" einen tief greifenden Epochenwandel, eine neue Periode der kapitalistischen Produktionsweise diagnostizierte. Zu fragen ist also: Was ist die reale Basis, was sind die gesellschaftlichen Veränderungen und Entwicklungstendenzen, die in der Debatte über die Informationsgesellschaft zutreffend oder auch ungenügend thematisiert worden sind?
Der Weg zur Beantwortung dieser Frage muss von einem Blick auf die Dynamik der kapitalistischen Entwicklung ausgehen, um die damit zusammenhängenden Tendenzen in ihren wechselseitigen Beeinflussungen erkennen zu können (vgl. zum Folgenden Schmiede 2006, S. 458ff. und grundlegend Schiller 2000). Mit der Wirtschaftskrise 1973–1976, dem ersten synchron in der ganzen Welt stattfindenden Wachstumseinbruch seit der Weltwirtschaftskrise der späten 1920er Jahre, kam das lange Zeitalter der hoch arbeitsteiligen standardisierten Massenproduktion – charakterisiert durch → Taylorismus, → Fordismus und Keynesianismus – an das Ende seiner Entfaltung; die Verwertungsprobleme des Kapitals wurden akut. Zwei Antworten auf diese Krise – nicht intentional zusammengehörig, aber dann komplementär – bildeten sich heraus: Die *Globalisierung* und die *Informatisierung* von Wirtschaft und Gesellschaft. Allmählich, aber mit zunehmender Bedeutung, gesellte sich als dritte Antwort die *Finanzialisierung* – d.h. die wachsende Bedeutung von Finanzanlagen, -geschäften und entscheidungsleitenden -kennzahlen – hinzu (→ Finanzmarkt-Kapitalismus). Während auf den Märkten die Globalisierung mit weitreichen-

den institutionellen Deregulierungsmaßnahmen, begründet mit einer neo-liberalen Marktdoktrin, einherging, zog sie im Inneren der Organisationen zusammen mit der Informatisierung und zunehmend verstärkt durch die Finanzialisierung eine neue Unmittelbarkeit der Ökonomie nach sich, die ihren Ausdruck in organisatorischer Dezentralisierung bei gleichzeitiger weiterer finanzieller Zentralisierung fand (→ auch Unternehmens[re]organisation). Diese Antworten sind mehr und mehr zu einer neuen Form der kapitalistischen Produktionsweise zusammengewachsen, die man als globalisierten und informatisierten Finanzkapitalismus bezeichnen kann; Finanzialisierung und Digitalisierung sind – wie Staab (2019, S. 97) formulierte – „aus demselben Holz geschnitzt".

Im Hinblick auf die Informationsgesellschaft ist hier vor allem die *Informatisierung* von Interesse. Weder die zentrale Bedeutung von Informationen im Kapitalismus noch deren Unterstützung durch Informationstechniken sind historisch neu, sondern beide haben eine lange, bis zum Ausgang des Mittelalters zurückreichende Geschichte. Neu in der gegenwärtigen Periode der Informatisierung sind drei technologische Eigenschaften der computer-basierten Informations- und Kommunikationstechniken, die nachhaltige Folgen zeitigen. Erstens stellt der Computer im Unterschied zu allen klassischen Maschinen eine „universale Maschine" dar (Krämer 1988; vgl. dazu auch Beniger 1986 und Schmiede 1996 a); er ist, da programmgesteuert, für beliebige modellierbare Aufgaben einsetzbar. Innovation findet mehr und mehr in der Welt der Information statt, und diese hat ein prinzipiell unbegrenztes Potenzial. Dies bedeutet zweitens, dass Informations- und Kommunikations(IuK)-Technologien nicht mehr primär ein Werkzeug sind wie traditionelle Arbeitsmittel, sondern Bestandteil eines Gesamtprozesses, eines Systems. Sie sind dadurch reflexiv geworden: Eine ständig wachsende Zahl von materiellen Prozessen ist in der Sphäre der Information modellierbar, berechenbar, in ihren Varianten simulierbar, in ihren Wirkungen kalkulierbar. Diese Technisierung von Wissen in seiner Informationsform ist der Schritt von der konventionellen Technisierung zur Informatisierung und bildet dadurch die Basis für ein riesiges neues Produktivitätspotenzial (vgl. Spinner 1994, 1998) – selbst wenn es sich in den gängigen Kennziffern für die Arbeitsproduktivität bislang kaum niederschlägt, was vor allem ein statistisches Definitions- und Erfassungsproblem zu sein scheint (vgl. dazu etwa Stehr 2003 b, Zimmer/Ziehmer 2019).

Dieses Produktivitätspotenzial kann nur wegen der dritten neuen Eigenschaft, nämlich ihrer Wirkungen auf Raum und Zeit, genutzt werden. Mit der Informatisierung werden IuK-Netze möglich, die global und in Echtzeit operieren können; ohne sie wären weder die globalisierten Organisationsformen noch die heutige Gestalt der Finanzwelt denkbar. Zugleich darf jedoch nicht aus dem Blick geraten, dass – wie die krisenhaften Folgen der Covid-19-Pandemie unübersehbar deutlich gemacht haben – die IuK-Technologien immer materiell in der realen Welt verankert bleiben; wenn man in den letzten vier bis fünf Jahrzehnten von einer Revolution der IuK-Technologien sprechen kann, dann muss ebenso von einer revolutionären Entwicklung der materialen Logistik und Mobilitätsströme im realen – nicht nur im virtuellen – Raum die Rede sein. Dieses Argument lässt sich so resümieren: Begreift man die „Informationsgesellschaft" und ihre Theoretisierung als Herangehensweise an die Analyse der informatisierten Gesellschaft, dann kann sie wichtige theoretische, analytische und empirische Fragen und Perspektiven eröffnen und den Blick für gesamtgesellschaftliche Veränderungen schärfen.

Zentrale Forschungsergebnisse

Die Überprüfung der in den 1980er und 1990er Jahren formulierten Hoffnungen in die Informationsgesellschaft aus heutiger Sicht und vor dem Hintergrund der Informatisierungsprozesse kann dies verdeutlichen. Zum ersten hat die Ausbreitung von → Informations- und Wissensarbeit ihre zwei Seiten (vgl. zur inneren Widersprüchlichkeit dieser Entwicklung generell: Butollo/de Paiva Lareiro 2020, Butollo et al. 2021, Krzywdzinski 2021): Der Zunahme angereicherter Tätigkeiten steht die Ausbreitung des größtenteils unqualifizierten „Crowd Workings" gegenüber; und für beide gilt ein erhöhter Zeit- und Flexibilisierungsdruck, oft verbunden mit einem angewachsenen Unsicherheitspotenzial (→ Mobile Arbeit, Plattformarbeit). Die empirische Forschung zu unterschiedlichen digitalen Arbeitsprozessen, die sich in den letzten Jahren dynamisch entwickelt hat, belegt diese Problematik markant (vgl. exemplarisch Matuschek et al. 2018, Baethge-Kinsky 2019, Bendel/Latniak 2018, Pfeiffer et al. 2018). Zweitens sind tatsächlich viele Informationen leichter und breiter verfügbar geworden. Der Bereich, in dem das vielleicht im Alltag am ausgeprägtesten sichtbar wird, ist der der medizinischen Information. Neue Informations- und Kommunikationsformen bis hin zu sozialen Bewegungen sind auf dieser Basis entstanden. Die andere Seite ist nicht nur in der viel beklagten Informationsüberflutung (d.h. den bislang weithin defizitären Kompetenzen und wenig entwickelten Technologien im Umgang mit Informationen) zu sehen, sondern darüber hinaus dem Umstand geschuldet, dass Informationen immer auch → Kontrolle erlauben. Mit der unter dem Schlagwort „Big Data" diskutierten Neuauflage der Informationsgesellschaft sind zwar einerseits neue Dimensionen der Wissensgewinnung und -verarbeitung entstanden, andererseits aber auch neue Felder und Techniken umfassender sozialer Kontrolle möglich geworden (vgl. dazu Mainzer 2014; Big Data 2013; als Überblick Mayer-Schönberger/Cukier 2013 sowie speziell zu den Wissenschaften Borgman 2015) (→ auch Industrie 4.0, Arbeit und Künstliche Intelligenz). Dazu gehört nicht zuletzt das immense Wachstum der *Plattformökonomie*, also der jeweilige Teile des Weltmarkt beherrschenden Position weniger großer Anbieter, als fortschreitender Prozess ökonomischer und technologischer Vermachtung (vgl. dazu Dolata 2020, Staab 2019, Kirchner 2019, Nachtwey/Staab 2020, Krzywdzinski/Gerber 2021). Drittens hat die Globalisierung von Information und Kommunikation zumindest über einen begrenzten Zeitraum einer Reihe von Ländern (den BRICS- und ASEAN-Ländern) verstärkte Wachstumsmöglichkeiten eröffnet und zusammen mit anderen wirtschaftlichen Einflüssen zu einer dramatischen Umverteilung der wirtschaftlichen Machtpositionen und -strukturen geführt. Zugleich haben sich jedoch die ärmeren Teile der Welt durch ihre fortbestehende ökonomische Stagnation weiter von den erfolgreichen entfernt. Die weltweite soziale Ungleichheit (und mit ihr vor allem in Afrika auch Armut und Hunger) haben – wie auch innerhalb der nationalen Gesellschaften – deutlich zugenommen. Viertens schließlich sind zwar in einigen gesellschaftlichen Randbereichen stärker vergemeinschaftete Lebensformen entstanden, im Großen und Ganzen haben sich allerdings umgekehrt die bestehenden und angewachsenen sozialstrukturellen Differenzen auch im Zugang, in der Nutzung und damit in der gesellschaftlichen Wirkung der Informations- und Kommunikationstechnologien niedergeschlagen. Die Nutzung der „Social Media" dient, wie viele Untersuchungen zeigen, primär der Unterstützung und Aufrechterhaltung oder auch der Intensivierung bestehender sozialer Beziehungen, zieht aber in den wenigsten Fällen eine qualitative Ausweitung der sozialen → Netzwerke nach sich; und in nicht unerheblichem, leider wachsenden Ausmaß werden „Social Media" für unsoziale Zwecke wie Mobbing, Hasstiraden, Fake News etc. eingesetzt. Da die Informatisierung der Gesellschaft mittlerweile eine alle gesellschaftlichen Bereiche durchziehende und sie prägende Kraft ist, ist ihre Erforschung, auch wenn das bislang nur wenig realisiert wird, zu einer zentralen Aufgabe der Soziologie und ihrer Nachbardisziplinen geworden.

Rudi Schmiede

Empfehlungen zum Weiterlesen

Baukrowitz, Andrea/Berker, Thomas/Boes, Andreas/Pfeiffer, Sabine/Schmiede, Rudi/Will, Mascha (Hg.) 2006: Informatisierung der Arbeit – Gesellschaft im Umbruch. Berlin: edition sigma.

Mansell, Robin (Hg.) 2009: The Information Society. London/New York: Routledge.

Mayer-Schönberger, Viktor/Cukier, Kenneth 2013: Big Data. A Revolution That Will Transform How We Live, Work and Think. London: John Murray.

Pohle, Jörg/Lenk, Klaus (Hg.) 2021: Der Weg in die „Digitalisierung" der Gesellschaft. Was können wir aus der Geschichte der Informatik lernen? Marburg: Metropolis.

Schmiede, Rudi 2021: Digitalisierung als neue Stufe der Informatisierung. Überlegungen zum Verständnis der Informationstechnologien. In: Bontrup, H.-J./Daub, J. (Hg.): Digitalisierung und Technik. Fortschritt oder Fluch? Köln: PapyRossa, S. 212–342.

Schiller, Dan 2000: Digital Capitalism. Networking the Global Market System. Cambridge/London: MIT Press.

Webster, Frank 2002: Theories of the Information Society. London/New York: Routledge.

Ingenieursarbeit

Begriff

Ingenieursarbeit umfasst eine große Bandbreite an Tätigkeiten, die sich auf Basis naturwissenschaftlicher Erkenntnisse mit der Problemanalyse und -lösung durch technische Artefakte oder Prozesse beschäftigten. Dabei spielen immer auch ökonomische Überlegungen mit hinein, in Bezug auf die Qualität, den Mitteleinsatz und die Zeit, so dass sich eine eigene Arbeitsmethode, das „ingenieursmäßige Vorgehen" flankiert von einer Reihe standardisierter Vorgaben in Form von einschlägigen Richtlinien, herausgebildet hat (Greif 2007 a). Der Begriff „Ingenieur" geht zurück auf das lateinische Wort für Begabung, „ingenium", und bezeichnete zunächst die Kriegsbaumeister des römischen Reichs. Später umfasste er sowohl technische Experten für Wege- und Wasserbau, Waffen- sowie Schiffsbau als auch „Erfinder" und „Zeichner" technischer Maschinen wie z.B. Leonardo da Vinci (vgl. Kaiser/König 2006, S. 1ff.), die sogenannten „Künstleringenieure". Mit dem Voranschreiten der Industrialisierung wandelte sich das Bild des „Ingenieurs": von heroischen Einzelpersönlichkeiten oder erfolgreichen Ingenieursunternehmern hin zu einem Massenjob in großen Betrieben (→ Industriegesellschaft und Industrialisierung, Beruf). Dabei rückte insbesondere die Gruppe der Maschinenbauingenieure in den Fokus, die in der zweiten Phase der Industrialisierung maßgeblich an der Optimierung von Arbeitsprozessen beteiligt waren und denen zugeschrieben wurde, einen massiven Beitrag zur Verbesserung der Lebensumstände von Menschen zu leisten (König 2006, Neef 2007). Heutige Ingenieursarbeit ist weiterhin stark geprägt vom Fokus auf Problemlösung und technische Expertise, allerdings stärker als zuvor dem ökonomischen Primat unterworfen. Dies stärkt die interdisziplinäre Ausrichtung der Ingenieursarbeit, die über den Gegenstand einer angewandten Naturwissenschaft weit hinausgeht (Greif 2007 a).

Ingenieursarbeit ist aufgrund der Ausdifferenzierung in verschiedene Branchen und Spezialisierungen ein heterogenes Feld; arbeitssoziologische Analysen fokussieren vor allem auf den Bereich der Produktentwicklung und Produktion im Maschinen- und Anlagenbau sowie der Automobilindustrie. Die Arbeit in diesem Kontext ist geprägt von der → Rationalisierung der Produktion und der Entwicklung unterstützender Maschinen und Werkzeuge. Ingenieursarbeit ist bereits seit Anfang der 20. Jahrhunderts arbeitsteilig organisiert, die Anteile veränderten sich allerdings im Laufe der Zeit. Zunächst übernahmen Ingenieure mehr und mehr Tätigkeiten von den Arbeitern und Meistern im Produktionsbereich, indem ihnen Tätigkeiten der Arbeitsvorbereitung und Produktionsplanung zufielen und gaben selbst Tätigkeiten an andere ab, wie z.B. das technische Zeichnen, das sich zu einem eigenen Berufsbild entwickelte. Später im Kontext zunehmender Arbeitsteilung folgte eine Spezialisierung, dann die Übernahme koordinierender und managerialer Tätigkeiten und schließlich die Rückverlagerung von „Zeichentätigkeiten" im Rahmen der Nutzung von CAD-Technologien (vgl. Neef 1982). Der grundsätzliche Konflikt zwischen technisch optimaler Problemlösung und kostensparender Ausführung, der der Ingenieursarbeit immanent ist, verschärfte sich mit der Zeit durch stringentere Kosten- und Zeitvorgaben sowie deren Kontrolle (Paul 1989, Clasen 2016).

Aus einer soziologischen Perspektive stand Ingenieursarbeit unter verschiedenen Perspektiven im Fokus. Zunächst aufgrund ihrer Stellung im Produktionsprozess, später dann im Hinblick auf ihre gesellschaftliche Verantwortung bzw. der Verantwortung für den Einsatz der von ihnen erarbeiteten Technik (Neef 2007) sowie Fragen von Geschlechterkonstruktionen technischer Arbeit (Paulitz/Prietl 2013).

Genese/theoretischer Kontext

Für die arbeits- und industriesoziologische Analyse wird Ingenieursarbeit mit ihrer Ausbreitung zum Massenjob im Kontext der Industrialisierung interessant. Denn der Beginn des 20. Jahrhunderts in Deutschland markierte einen Bruch sowohl im Berufsbild als auch im Selbstverständnis der Ingenieure. Der Ingenieur als Generalist wurde zunehmend von spezialisierten Kollegen abgelöst, die in Konstruktionsbüros oder technischen Büros der deutschen Wirtschaft arbeitsteilig ihre Aufgaben bewältigten. Im gleichen Zuge bildeten sich zahlreiche Hierarchiestufen aus, die mögliche Aufstiegswege beschrieben. Die Anzahl der Aufgaben wuchs zunehmend an und damit die Anzahl der beschäftigten Ingenieure in den Produktionsbetrieben ebenfalls (Laatz 1979, Neef 1982). Zunächst war Ingenieursarbeit nur vereinzelt Gegenstand der → Angestellten- und Managementsoziologie (Bahrdt 1971, König 1964), bevor in den 1970er und 1980er Jahren eine Vielzahl an Studien sich auf Ingenieure und technische Experten konzentrierten.

Dabei war zunächst die Professionalisierung der Ingenieursarbeit ein wichtiger Debattengegenstand. Ursprünglich erfolgte die Rekrutierung aus der Facharbeiterschaft, doch in Deutschland wurde schon sehr früh auf eine theoretische Ausbildung gesetzt. Im 20. Jahrhundert bildete sich dann eine stärkere Hierarchisierung der bisherigen Ausbildung (Mittelschulen, Berufsausbildung, Akademien oder Hochschulen) aus. Das Abitur wurde Voraussetzung für die Ausbildung an den Hochschulen, die Obersekundarreife für die Ausbildung an Mittelschulen. 1899 wurde der „Diplom-Ingenieur" in Abgrenzung zum „graduierten Ingenieur", wie sich die Absolventen der Mittelschulen nennen durften, eingeführt. Das Promotionsrecht wurde kurz darauf (1901) verliehen und verschaffte den Ingenieurwissenschaften zusätzliches Ansehen (Winkler 2007, König 2006). Erst mit Einführung der neuen Abschlüsse (Bachelor und Master) im Zuge des Bologna-Prozesses wurde die Hierarchisierung der Ingenieursstudiengänge zwischen den verschiedenen Hochschultypen sukzessive aufgehoben. Der Professionalisierungsprozess wird allerdings weiter als unvollendet betrachtet (Winkler 2007) (→ auch Berufliche Bildung, Qualifikation/Kompetenz).

Das politische Bewusstsein der Ingenieure wurde im Kontext der Bewusstseinsforschung (→ auch Arbeiterbewusstsein) erörtert. Ausgehend von der spezifischen Stellung der Ingenieure im Produktionsprozess – oberhalb der „Kragenlinie", aber in der Regel unterhalb des Managements und vor dem Hintergrund einer technokratisch geprägten Wirtschaftspolitik – entspann sich eine Debatte, inwieweit Ingenieure als Teil einer „wissenschaftlich-technischen Intelligenz" (Mallet 1972) zu sehen sind, die gesellschaftlich (und in den Unternehmen) Führungsansprüche geltend macht (Bahrdt 1971, Hortleder 1973), oder ob sie sich als „neue" Arbeiterklasse mit den Arbeitern solidarisieren würden (Paul 1989). Studien konnten allerdings weder Anzeichen für eine Solidarisierung mit den Arbeitern noch ein größeres Interesse an gesellschaftlichen Fragestellungen feststellen (Hortleder 1973). Die Ingenieure selbst sahen sich eher als unpolitische Fachleute, Parteien- und Interessenpolitik im bürgerlichen Sinne wurde eher negativ bewertet (vgl. König 2006, Laatz 1979). Daran änderten zunächst auch die vielen Ingenieursvereine wenig, die zwar berufspolitische Zielsetzungen wie die Verbesserung des gesellschaftlichen und politischen Ansehens und der sozialen Stellung der Ingenieure zum Ziel hatten, sich aber in der Zusammenarbeit und Organisation politischer Einflussnahme schwertaten, da ihre Ziele und Interessen sehr unterschiedlich waren (vgl. König 2006). Erst nach und nach gelang es dem Verein Deutscher Ingenieure (VDI) u.a. durch Zusammenschlüsse mit anderen Vereinigungen, seinen Einfluss auszubauen und zu einem außergewöhnlichen Pol der Interessenvertretung heranzuwachsen. So war er nicht nur maßgeblich an der Institutionalisierung und Professionalisierung der Ausbildung beteiligt, sondern auch an der Herausbildung innerdisziplinärer Standards (VDI Richtlinien) und Normierungsprozesse (DIN-Normen) in der Wirtschaft und, beeinflusst dadurch, in hohem Maße an politischen Entscheidungen, der technischen Sicherung von Produkten, der Produktentwicklung und der Gestaltung von Produktentwicklungsprozessen. Der korporatistische Aspekt der Arbeit des VDI ist dabei nicht zu unterschätzen, das galt auch in der Zeit des Nationalsozialismus, als er sich aktiv für die Entwicklung und Verbesserung von Kriegstechnologien engagierte und sich auch organisatorisch an den Vorgaben der Nationalsozialsozialisten orientierte, indem z.B. die Verbandsvorstände auch in der NSDAP aktiv waren (Kehrt 2002, König 2006).

Was ihre Stellung im Produktionsprozess angeht, setzte sich mit der Veränderung der Arbeitsbedingungen im Zuge von Reorganisationsprozessen in den Unternehmen (→ Unternehmens[re]organisation) zunehmend ein Verständnis als „Lohnarbeiter" durch (Paul 1989, Kadritzke 1982). Dies führte allerdings weder zur massenhaften Orientierung an → Gewerkschaften noch zu einer Solidarisierung mit Arbeitern (Paul 1989, Neef/Rubelt 1986).

Zentrale Forschungsergebnisse

Ein wiederkehrender Diskurs im Kontext von Ingenieursarbeit dreht sich um die Frage der Rationalisierung von Ingenieursarbeit. Ausgangspunkt bildete die Annahme Bravermans (1974), dass nun (nach der Produktionsarbeit) auch verstärkt höher qualifizierte „Kopfarbeiter", insbesondere die Ingenieure, die zuvor selbst maßgeblich an der Taylorisierung von Produktionsarbeit mitgewirkt hätten, von einer Rationalisierung und Taylorisierung ihrer Arbeit betroffen seien und damit stärker als zuvor der → Kontrolle durch die Unternehmensleitung unterworfen sein würden (→ Taylorismus). So erklärt sich das zentrale Anliegen der empirischen Studie von Laatz (1979), die These der „Annäherung des Arbeitsinhaltes [von Ingenieuren an den] von Handarbeitern" (ebd., S. 155) zu überprüfen. Damals diagnostizierte er eine in engen Grenzen verlaufende Taylorisierung von Ingenieursarbeit, von der insbesondere „Handlangeringenieure" betroffen seien. Sowohl in seiner als auch in nachfolgenden Studien wurde der Ingenieursarbeit eine gewisse Widerständigkeit zugestanden, da sie immer auch kreative Momente und Innovationstätigkeit beinhalte, die einer Standardisierung nicht zugänglich seien (Laatz 1979, Paul 1989, Wolf et al. 1992). Die Vielfalt der Anforderungen, Fähig- und Fertigkeiten erfordere „geistige Flexibilität" (Paul 1989, S. 167). Einschränkungen in der Autonomie in der Arbeit ergaben sich weniger durch den Einsatz von Computern als durch stärkere Vorgaben durch die Unternehmensleitungen. Paul (1989, S. 137) sprach hier auch von der „Angestelltenillusion vom individuellen Spielraum fachlicher Interessen".

Der Computer- und EDV-Einsatz in Form von Computer-Aided-Design-(CAD-)Software in der Ingenieursarbeit bedeutete zwar Veränderungen im Arbeitsprozess (Böhle/Milkau 1988) – so wurden Tätigkeiten der technischen Zeichner rückverlagert oder neue Kompetenzen wichtig – er sollte sich aber nicht als per se als „Rationalisierungsmaschine" erweisen. Größere Standardisierungstendenzen, eine Dequalifizierung oder Einschränkungen in der Autonomie in der Arbeit ließen sich zunächst nicht aufspüren (vgl. Paul 1989, S. 137ff., Wolf et al. 1992). Erst im Zusammenspiel mit Reorganisationsprozessen in Unternehmen, die einerseits Produkte standardisieren und mehr Vorgaben in Bezug auf Materialverbrauch, Kosten, Kundenorientierung und Kontrolle machen und andererseits den gesamten Produktentwicklungsprozess zunehmend entlang der Wertschöpfungskette (über den Informationsraum) neu organisieren, treten neue Aspekte zutage. Es entsteht ein höherer Grad an, zunehmend internationaler, Arbeitsteilung zwischen einzelnen Akteuren, die auf der Prozessebene mit Standardisierungstendenzen einhergeht und sich auf den Handlungsspielraum und die Arbeit der Beschäftigten auswirkt (Will-Zocholl 2011, 2016) (→ auch Arbeit im Kapitalismus, Informations- und Wissensarbeit, Globale Wertschöpfungsketten und internationale Arbeitsteilung).

Die bereits angedeutete Ausdifferenzierung der Ingenieursarbeit hinsichtlich der benötigten Qualifikationen („Handlangeringenieure" vs. Konstrukteure) verschärfte sich mit zunehmender Arbeitsteilung. Schon Paul (1989) identifizierte einen grundsätzlichen Konflikt zwischen Tätigkeiten, die im engeren Sinn als Ingenieursarbeit verstanden wurden (der Qualifikation angemessen, technisch avanciert und effizient), und einer zunehmenden Anzahl von Tätigkeiten, die als Behinderung der eigentlichen Arbeit angesehen werden, wie Büroarbeiten (Beschaffung, Dokumentation), aber auch Kontrollfunktionen und Kommunikationstätigkeiten. Kadritzke (1997) sprach gar von einer „Entprofessionalisierung", die sich im Kontext einer → „Vermarktlichung" der Produktentwicklung Bahn breche, und griff damit die Braverman'sche Dequalifizierungsthese auf. Die Ausdifferenzierung von Tätigkeiten setzte sich fort, klassische technische Tätigkeiten werden von einem signifikanten Anstieg an Managementtätigkeiten wie Projektmanagement oder Koordination verdrängt, kreative Konstruktionsarbeiten nehmen ab zugunsten von Kommunikations- und Koordinationstätigkeiten, Dokumentationstätigkeiten steigen stark an (Warschat et al. 2001, Kurz 2000). Auch Kurz (2000) spricht angesichts dieser Entwicklung von einer „Entkernung" im Sinne einer Entfachlichung von Ingenieursarbeit, die Gefahr laufe, den hohen Anspruch an technische Durchdringung und Expertise, die in Kombination mit Kreativität erst die Entwicklung innovativer Produkte ermögliche, zu vereiteln. Dabei geht es weniger um die unter Ingenieuren übliche Trennung zwischen Manageringenieuren und Konstruktionsingenieuren, sondern um den Umstand, dass sich eine veränderte → Arbeitsorganisation entwickelt, die geprägt ist von einer Projektifizierung von Arbeit (Kalkowski/Mickler 2009) (→ Projekt), einer Verkürzung von Entwicklungszeiten (Simultaneous Engineering), einer Standardisierung der Produkte (Stichwort: Modularisierung) und Prozesse sowie einer intensivierten globalen Arbeitsteilung, gepaart mit Formen verteilten Arbeitens, die sich auf die ingenieurwissenschaftlichen Kernbereiche auswirkt (Pfeiffer et al. 2012, Will-Zocholl 2016). Ansprüche der Ingenieure an ihre Arbeit werden damit schwieriger einzulösen (Nies 2015). Ein Teil sieht sich nur noch als „Wasserträger" (Will-Zocholl 2011), die Kontrolle in der Arbeit nimmt zu, mit Folgen für kreative Arbeitsanteile (Clasen 2016). Heute steht die Informatisierung und Virtualisierung von Ingenieursarbeit im Fokus. Eingebettet in die Debatte um Rationalisierung von Informations- und Wissensarbeit werden Herausforderungen einer globalen Arbeitsteilung in Arbeitsprozessen, neuer Kooperationsformen oder Rekonfigurationen von Raum und Zeit thematisiert (Will-Zocholl 2016). Auch an die Qualifikation und das Arbeitsvermögen werden neue Anforderungen gestellt. Zentral ist dabei die Übersetzungsleistung zwischen virtuellen Simulationen und dem physischen Produkt, die nur auf Basis des Erfahrungswissens im Umgang mit den physischen Komponenten gelingen kann (Kurz/Will-Zocholl 2017). Aber auch neue, agile Methoden der Produktentwicklung (z.B. Klein 2016) oder der zunehmenden Komplexität geschuldete Ansätze wie das „Systems of Systems Engineering (SoSE)" (z.B. Jamshidi 2008) verändern die Arbeit nachhaltig.

Internationaler Bezug

Der zentrale Stellenwert, den die Auseinandersetzung mit Ingenieuren und Ingenieursarbeit in den 1970er und 1980er Jahren in der deutschsprachigen Debatte eingenommen hat, wurde im internationalen Kontext nicht erreicht. Zwar waren beide Debattenstränge – jener um die „wissenschaftlich-technische Intelligenz" (Mallet 1972) und jener um die Rationalisierung und Dequalifizierung von Ingenieursarbeit (Braverman 1974, Whalley 1986) – in größere Zusammenhänge eingebettet, wurden aber nur vereinzelt weiterverfolgt. Seit 2009 bildet ein eigenes Journal, die „Engineering Studies", die aktuelle internationale Diskussion zu Ingenieursarbeit ab.

Mascha Will-Zocholl

Empfehlungen zum Weiterlesen

Kaiser, Walter/König, Wolfgang (Hg.) 2006: Geschichte des Ingenieurs. München: Hanser.

Greif, Monika (Hg.) 2007: Das Berufsbild der Ingenieurinnen und Ingenieure im Wandel. VDI Report 37. Düsseldorf: VDI.

Will-Zocholl, Mascha 2011: Wissensarbeit in der Automobilindustrie. Topologie der Reorganisation von Ingenieursarbeit in der globalen Produktentwicklung. Berlin: edition sigma.

Innovation

Begriff

Spätestens seit den 1980er Jahren kommt kaum noch eine öffentliche oder wissenschaftliche Diskussion über gesellschaftliche Zukunft ohne den Begriff „Innovation" aus. Insbesondere in politischen Debatten ist der Begriff zu einem ständig gebrauchten „Buzzword" ohne weitere inhaltliche Bestimmung geworden, das letztlich als Chiffre für Fortschritt und Moderne stehen soll. Im wissenschaftlichen Diskurs herrscht weitgehend Einigkeit darüber, dass der Begriff Innovation nur unscharf zu fassen ist. Relativ abstrakt wird unter Innovation eine Idee, eine Praxis oder ein Gegenstand verstanden, die bzw. der als neu und als verbesserte Problemlösung gegenüber einer früheren Situation wahrgenommen wird (Rogers 2003, S. 12ff.). Daran orientiert werden in einer breiten Definition darunter nicht nur technologische, sondern auch politische, kulturelle und soziale Wandlungsprozesse gefasst (→ Soziale Innovation). Das vorherrschende, stark von den Arbeiten Alois Schumpeters beeinflusste Verständnis von Innovation stellt indes den technologischen Wandel ins Zentrum des Begriffs. Dabei geht es allerdings nicht allein um Produktinnovationen und technische Prozessinnovationen, sondern dieser Begriff umfasst auch Innovationen von Organisationsstrukturen sowie von Marketing- und Dienstleistungsaktivitäten. Zudem handelt es sich dabei in der Regel um ökonomisch ausgerichtete Aktivitäten von Unternehmen, die darauf zielen, gegenüber der Konkurrenz Innovationsgewinne zu realisieren (vgl. zusammenfassend Fagerberg 2005). Allerdings zeichnen sich Innovationsprozesse oft durch technologische, ökonomische sowie soziale Risiken und Ungewissheiten aus. Wie die Innovationsforschung zeigt, sind daher Entscheidungen über Innovationen stets von in eine ungewisse Zukunft gerichteten *Erwartungen* geprägt. Sie sind treibendes Moment der generellen kapitalistischen Dynamik, deren temporale Struktur durch „Zukunftsimaginationen" überwunden und bewältigt wird (Beckert 2016).

Konkret werden verschiedene Innovationstypen in Hinblick auf ihre Reichweite und den Grad ihrer Neuigkeit unterschieden, die sich zwischen den Polen inkrementeller, mehr oder weniger kontinuierlich verlaufender Innovationen und radikaler, diskontinuierlich verlaufender Neuerungen erstrecken. Das engere, auf technologischen Wandel fokussierte Verständnis von Innovation meint – präziser gesagt – immer *sozio*-technische Innovationen, weil die damit angesprochenen technologischen Veränderungen eine weitgehende Erneuerung sowohl organisatorischer Kompetenzen und Geschäftsbeziehungen als auch den Wandel von Wertschöpfungsketten, von Wirtschafts- und Gesellschaftsstrukturen mit einschließen (z.B. Joly/Rip 2012). In dieser soziotechnischen Perspektive begründet sich das Interesse der Arbeits- und Industriesoziologie an der Innovationsthematik insofern, als Innovationen stets auf die → Rationalisierung von Produktions- und Arbeitsprozessen zielen.

Genese/theoretischer Kontext

Die theoretischen Zugänge zu Innovation umfassen verschiedene disziplinäre Wurzeln von Ökonomie über Politikwissenschaften bis hin zu Geschichte und Soziologie (vgl. z.B. Braun-Thürmann 2005). Die zentralen Fragen richten sich dabei auf die Erklärung der Verlaufsmuster von Innovationen, die Analyse ihrer bestimmenden Einflussfaktoren sowie ihren sozio-ökonomischen Konsequenzen. Dabei zeigt die neuere Literatur überzeugend, dass sich die Komplexität von Innovationsverläufen letztlich nur durch einen interdisziplinären Zugriff angemessen erfassen lässt. Eine Möglichkeit, die relevanten wirtschafts- und sozialwissenschaftlichen Ansätze zu klassifizieren, setzt an der Modellierung von Innovationsprozessen an, die bestimmte Einflussfaktoren sowie funktionale und zeitliche Verlaufsmuster von Innovationen priorisiert. Zugespitzt lassen sich die folgenden Modelle unterscheiden:

Das lineare Innovationsmodell: Kern dieses Modells ist die Annahme, dass der Ausgangspunkt jeglicher Innovationen Forschungs- und Entwicklungsaktivitäten sind und wissenschaftlich generiertes Wissen Anstöße für die Entwicklung neuer Techniken gibt. Forschung und Entwicklung (FuE) werden als elementare, funktional und zeitlich dem industriellen Prozess vorausgehende Innovationsstufen angesehen. Es gibt in diesem Modell einen klar strukturierten Ablauf, in dem Wissen von der Grundlagenforschung über die angewandte Forschung schrittweise übertragen, spezifiziert und genutzt wird und schließlich, umgesetzt in ganz konkrete Techniken, in einem bestimmten Anwendungskontext Einsatz findet. Daher kann man auch von einem Kaskadenmodell oder einem linear-sequentiellen Modell des Innovationsprozesses sprechen. Soziologisch gesehen kann es in einen gesellschaftstheoretischen Kontext gestellt werden, der auch als Regime der „techno-wissenschaftlichen Versprechen" gefasst wird (Joly/Rip 2012). Danach verbinden sich mit technologischen Perspektiven nicht nur Erwartungen in Hinblick auf Einkommen, Gewinn oder verbesserten Status, sondern sie versprechen auch die Lösung vieler gesellschaftlicher Probleme, wenn der erforderliche Aufwand betrieben und die nötigen Investitionen getätigt werden. Obgleich dieses Innovationsmodell in der Öffentlichkeit sich bis heute aufgrund seiner leichten Eingängigkeit großer Popularität erfreut, wird es in der Innovationsforschung seit langer Zeit als unterkomplex kritisiert: Zum ersten generalisiere es ein Verlaufsmuster, das bestenfalls für eine Minorität von Innovationen gültig sei. Die Relevanz wissenschaftlich generierten Wissens werde hypostasiert und beispielsweise der Einfluss praktischen und anwendungsorientierten Wissens vernachlässigt. Zum zweiten ignoriere dieses Modell die vielfältigen Feedbackprozesse und Rückkopplungsschleifen zwischen den verschiedenen Stufen eines Innovationsprozesses. Drittens wird die diesem Modell zugrunde liegende gesellschaftspolitische Perspektive als einseitig überzogen, ja ideologisch zugespitzt kritisiert, da der Umfang wissenschaftlich generierten Wissens als der zentrale Indikator für die Modernität einer Gesellschaft angesehen werde (Fagerberg 2005).

Das rekursive Modell: Ganz offensichtlich sind bei Innovationen vielfältige Muster, mannigfaltige Iterationen, Lernprozesse und Rückkopplungen zu beobachten, die komplexere Modelle erfordern. Stichworte sind hier „rekursiv" und „interaktiv", wie sie für differenziertere Modellansätze aus der Innovationsökonomie und der → Techniksoziologie anzutreffen sind. Ein seit langer Zeit prominentes Modell aus der Innovationsökonomie ist das „chain-link model" (Kline/Rosenberg 1986), das Innovationen als iterativen, mit vielfältigen Rückkopplungsschleifen versehenen Prozess begreift. Eine ähnliche Perspektive findet sich in der Techniksoziologie, wo seit längerem „Innovation als rekursiver Prozess" begriffen wird (Kowol/Krohn 1995). Besondere Aufmerksamkeit wird dabei der Wechselwirkung zwischen Entwicklungs- und Anwendungsbereichen in und außerhalb von Unternehmen und den dabei relevanten Prozessen des Wissenstransfers geschenkt. Es wird davon ausgegangen, dass sich technische Innovationen über Rückkopplungsprozesse zwischen Entwicklung, Herstellung und Anwendung einspielen, stabilisieren und kontinuierlich weiter entwickeln. Diese Annahmen haben wichtige Implikationen für die Sicht auf Innovationen: Zum ersten basieren Innovationen nicht nur auf den Ergebnissen von Forschung und Entwicklung, neuen Technologien, Verfahren oder Methoden, sondern sie umfassen in der Regel inkrementelle Veränderungen gegebener Technologien, die von großer ökonomischer und sozialer Relevanz sind. Zum zweiten wird die Bedeutung von nicht-wissenschaftlich generiertem Wissen für Innovationen betont, denn die angesprochenen Rückkopplungsprozesse verknüpfen unterschiedliche Formen von Wissen miteinander: einerseits wissenschaftliches Wissen aus Forschung und Entwicklung, andererseits praktisches Wissen aus Anwendungsbereichen, das über Prozesse des „learning by doing" und „learning by using" gewonnen wird (ebd., S. 83). Diese rekursive Modellperspektive betont die Komplexität von Innovationsprozessen insofern, als sie als Mehrebenenprozess mit der Beteiligung heterogener Akteure konzeptualisiert wird. Sie vermeidet monokausale Erklärungen (z.B. Geels 2020).

Das systemische Modell: Dieses Modell stellt Innovationsprozesse in den Kontext gesellschaftlicher Einflussfaktoren. Dies betonen verschiedene Ansätze institutionalistischer Innovationsanalyse (vgl. zusammenfassend Werle 2005). Ihr Grundgedanke ist, dass verschiedene gesellschaftlich-institutionelle Arrangements, die länderspezifisch wie aber auch sektoral und regional variieren, die Verlaufsmuster technologischer Innovationen prägen und die als Innovationssystem gefasst werden. Zu nennen sind hier zunächst politökonomische Ansätze, die sich mit dem Wandel nationalspezifischer wirtschaftlicher Systeme und den hier vorherrschenden Innovationsmustern befassen. Hervorzuheben ist hier insbesondere das Konzept der → Varieties of Capitalism, in dessen Rahmen länderspezifische Innovationsmuster als wesentliches Moment der wirtschaftlichen Leistungsfähigkeit einzelner Länder angesehen werden. Daneben ist die innovationsökonomische Forschung zu nennen, die in ähnlicher Perspektive unter der Überschrift National Systems of Innovation die Unterschiede zwischen einzelnen Staaten im Hinblick auf ihre Innovationsfähigkeit und Innovationsschwerpunkte analysiert (z.B. Blättel-Mink/Ebner 2009). Generell machen diese Konzepte deutlich, dass das Zusammenspiel innovativer Akteure mit institutionellen Regelungen der verschiedensten Art Innovationsverläufe prägt. Die Innovationsforschung hat dabei insbesondere auf die Bedeutung regionaler Innovationssysteme für den Verlauf und den Erfolg von Innovationen aufmerksam gemacht. Insgesamt bildet das Konzept der Innovationssysteme seit den 1990er Jahren eine wesentliche Grundlage für die Formulierung politischer Innovationsempfehlungen und für die Begründung entsprechender Maßnahmen (Lundvall 2007).

Zentrale Forschungsergebnisse, internationaler Bezug

Sozialwissenschaftliche Innovationsforschung ist in besonderer Weise international orientiert und vor allem in anglophonen Ländern präsent. Fragt man nach ihren Forschungsergebnissen, so lassen sich daher kaum deutschsprachige von in-

ternationalen Befunden unterscheiden. Sie beruhen dabei stets auf einer engen Verschränkung der konzeptionellen Überlegungen mit empirischen Analysen. Folgende Forschungsergebnisse können als zentral hervorgehoben werden:
Ausgehend vom systemischen Innovationskonzept zeigt die empirische Forschung, dass Innovationsverläufe nach Zeit, Raum und ihren Gegenstandsbereich stark variieren (Fagerberg 2005, S. 14ff.). Historisch haben sich die Zentren sozio-technischer Innovationen dramatisch verschoben. Erinnert sei an den Prozess der Industrialisierung, der verschiedene, einander ablösende nationale Systeme der Innovation hervorbrachte. Er verlagerte sich vom Großbritannien der Dampfkraft in der Mitte des 19. Jahrhunderts über Deutschland mit der Chemie und Elektrotechnischen Industrie zu Beginn des 20. Jahrhunderts hin zu den USA mit dem System der Massenproduktion in der Mitte des 20. Jahrhunderts. In räumlicher Hinsicht betont die Forschung zum ersten die Relevanz nationalspezifischer Innovationsmuster. So verweist beispielsweise die international vergleichende politökonomische Forschung auf die Dominanz von High-Tech-Innovationen in den USA, während in Deutschland der Innovationsschwerpunkt eher auf traditionellen komplexen Technologien liegt (z.B. Hall/Soskice 2001 b). Zum zweiten wird der förderliche Einfluss regionaler Systemstrukturen auf die Innovationsfähigkeit von Unternehmen hervorgehoben; der zentrale empirische Befund ist hier, dass die räumliche Nähe zwischen verschiedenen an Innovationen beteiligten Akteuren vertrauensbasierte Austauschprozesse fördere und damit den ungehinderten Transfer des für Innovationen unverzichtbaren „tacit knowledge" ermögliche. Schließlich verweist die Innovationsforschung auf beträchtliche sektorale Divergenzen der Innovationsmuster. Überzeugend verdeutlicht wird dies durch die klassische Studie von Keith Pavitt (1984), in der primär anhand des Kriteriums der wichtigsten Wissensquellen für Innovationen drei unterscheidbare Muster technologischen Wandels in verschiedenen industriellen Sektoren identifiziert werden. Deutlich wird dabei zum wiederholten Male, dass zwar Forschungs- und Entwicklungsaktivitäten eine wichtige, aber keineswegs die alleinige Quelle von Innovationen sind. Vielmehr kommt weiteren Wissensquellen wie den Erfahrungen und Qualifikationen der Beschäftigten, kumulativen Lernprozessen bei allen Beteiligten oder den Innovationsfähigkeiten von Technologielieferanten eine ebenso wichtige Rolle zu. Dass FuE-Aktivitäten sogar eine nachgeordnete Rolle für Innovationen spielen können, zeigen empirische Untersuchungen über die spezifische Innovationsfähigkeit von traditionellen Industrien (Hirsch-Kreinsen 2008 a).
Die Frage, wie interaktive Innovationsprozesse und die Vielzahl der daran beteiligten Akteure koordiniert werden, beantwortet die neuere Innovationsforschung mit der These von der wachsenden Bedeutung von Innovationsnetzwerken (→ Netzwerke). Danach ist heute von einem neuen Innovationstypus auszugehen, nämlich der „Innovation im Netz". Unter diesen Bedingungen hängt der Erfolg von Innovationen nicht mehr primär von der Leistungsfähigkeit einzelner Organisationen und Akteure ab, sondern es sind Netzwerke verschiedenster Akteure, die den Status eines zentralen Agenten gewinnen (Rammert 1997). Postuliert wird damit, dass Netzwerke neuartige Formen der Bearbeitung von Innovationsproblemen und in besonderem Maße geeignet seien, die Turbulenzen der Krisen- und Umbruchsituation seit den 1980er Jahren zu beherrschen. Verwiesen wird hier besonders auf Faktoren wie eine wachsende Komplexität von Innovationen, eine zunehmende Innovationskonkurrenz sowie die Internationalisierung von Innovationsprozessen (Heidenreich et al. 2012), die weder durch marktliche Koordination noch ausschließlich durch hierarchisch-organisatorische Strukturen bewältigt werden könnten. Vielmehr sei die Flexibilität, Offenheit und Lernfähigkeit von Netzwerken die hierfür angemessene Koordinationsform.
Zahlreiche empirische Studien belegen die wachsende Bedeutung von Innovationsnetzwerken spätestens seit Beginn der 1990er Jahre. Zum einen sind diese vor allem in neuen High-Tech-Branchen wie IT, Biotechnologie und Mikrotechnologien von besonderer Bedeutung, wo Unternehmen schnell auf neues Wissen und neue Technologien zugreifen müssen. Zum anderen ist ihre Bedeutung aber auch in alten Industrien wie etwa der Automobilindustrie oder den elektrotechnischen Branchen aufgrund wachsenden In-

novationsdrucks unübersehbar (vgl. zusammenfassend Powell/Grodal 2005). Wie neuere Untersuchungen zeigen, werden die Grenzen etablierter Innovationsnetzwerke zunehmend überschritten, indem weitere heterogene Akteure flexibel in Innovationsprozesse einbezogen werden. Beschrieben wird dieser Trend mit dem Stichwort der Open Innovation. In einer anwendungsorientierten Perspektive wird dies verschiedentlich in dem Terminus „innovation ecosystem" gefasst, wonach eine Vielzahl heterogener und locker verbundener Akteure als die bestimmenden Kräfte von Innovationen angesehen werden. Danach versuchen Unternehmen weit systematischer als früher, Kunden und auch Konkurrenten in Entwicklungsprozesse einzubeziehen, um Innovationspotenziale zu vergrößern (z.B. Weber/Truffer 2017).

Die wachsende Komplexität von Innovationsprozessen wird in der Forschung mit einer zunehmenden Heterogenität der für Innovationen relevanten Wissensbestände begründet. Im Feld der Science and Technology Studies (STS) (→ Techniksoziologie) ist das Phänomen heterogener Wissensbestände schon vor längerem aufgegriffen worden. So wird unter der metaphorischen Überschrift „Triple Helix" ein neues Muster der Kollaboration zwischen Universitäten, Industrie und staatlichen Stellen analysiert. Die These lautet, dass dieses Muster aufgrund einer wachsenden Bedeutung verschiedenster wissenschaftlicher Wissensquellen einen zunehmend wichtigen Stellenwert für erfolgreiche Innovationen erhält. Innovationsprozesse gewinnen dabei einen zunehmend hybriden Charakter, indem die Rollen der genannten Akteure miteinander verschmelzen und sich nicht-lineare Innovationsdynamiken etablieren (Etzkowitz/Leydesdorff 2000). Ähnlich argumentieren die Autoren der Studie „The New Production of Knowledge" (Nowotny et al. 2001). Sie diagnostizieren einen neuen Erzeugungsmodus von Wissen, der durch vier wesentliche Merkmale charakterisiert ist: erstens die wachsende Bedeutung eines Anwendungskontextes für die Generierung auch von theoretischem Grundlagenwissen; zweitens Transdisziplinarität des generierten Wissens, d.h. ein systematisches Überschreiten disziplinärer, aber auch sektoraler Grenzen bei der Wissenserzeugung; drittens organisatorische Vielfalt der Formen, in denen Wissen erzeugt wird, und die Beteiligung einer Vielzahl unterschiedlicher Akteure; viertens die partielle Verlagerung der Erzeugung von systematisiertem (auch wissenschaftlichem) Wissen aus akademisch und disziplinär bestimmten Kontexten in breiter definierte soziale Zusammenhänge. Empirisch bezieht sich dieses Konzept in besonderer Weise auf neue Technologiefelder wie Bio- und Umwelttechnologien, die sich durch eine hohe FuE- und Wissensintensität auszeichnen. Neuere Forschungsergebnisse zeigen, dass Transdisziplinarität sowohl Voraussetzung als auch Folge der Entwicklung digitaler Technologien sind (z.B. Botthof et al. 2020).

Neuere Forschungsergebnisse führen allerdings vor Augen, dass bei grundlegenden Innovationen wie bei der Elektrifizierung oder dem Internet in besonderer Weise ein aktiver und risikobereiter Staat trotz einer Vielzahl beteiligter Akteure eine bestimmende Rolle spielte. In ihrer innovationspolitisch viel rezipierten Studie „The Entrepreneurial State" widerlegt Mariana Mazzucato (2013) die weit verbreitete Auffassung vom bürokratischen und schwerfälligen Staat im Gegensatz zu dynamischen, erfindungsreichen Unternehmen. Am Beispiel einer Reihe von Technologien zeigt sie, dass das Gegenteil stimmt: Der Privatsektor findet den Mut zu investieren erst, nachdem der unternehmerische Staat Investitionen in hochriskante Innovationen bereits getätigt und diese angestoßen hat.

Hartmut Hirsch-Kreinsen

Empfehlungen zum Weiterlesen

Blättel-Mink, Birgit/Schulz-Schäffer, Ingo/Windeler, Arnold 2021: Handbuch Innovationsforschung. Sozialwissenschaftliche Perspektiven. Wiesbaden: Springer VS.

Braun-Thürmann, Holger 2005: Innovation. Bielefeld: transcript.

Fagerberg, Jan 2005: Innovation: A Guide to the Literature. In: Fagerberg, J./Mowery, D./Nelson, R. R. (eds.): The Oxford Handbook of Innovation. Oxford: Oxford University Press, S. 1–27.

Fagerberg, Jan/Martin, Ben R./Andersen, Esben Sloth (eds.) 2013: Innovation Studies. Evolution & Future Challenges. Oxford: Oxford University Press.

Rogers, Everett M. 2003 [zuerst 1962]: Diffusion of Innovations (5. Aufl.). New York: Free Press.

Innovative Arbeitspolitik

→ Neue Produktionskonzepte/innovative Arbeitspolitik

Interessenvertretung

→ Arbeitgeberverbände, Betriebsrat, Gewerkschaften, Partizipation, Unternehmensmitbestimmung

Kleinbetrieb

Begriff

Der Kleinbetrieb (oft in Kombination mit dem mittelgroßen → Betrieb gefasst) spielt in der ökonomischen und sozialen Verfasstheit von nationalen Ökonomien eine tragende Rolle, die in der Arbeits- und Industriesoziologie weitgehend unberücksichtigt geblieben ist. Vielmehr richtete diese theoretisch und empirisch ihren Fokus in aller Regel auf den modernen industriellen Großbetrieb. Dieser hatte sich im Prozess der marktkapitalistischen Entwicklung seit dem 19. Jahrhundert aus dem Handwerksbetrieb, dem Verlagssystem und der Manufaktur herausgebildet und avancierte zum dominanten Leitbild der industriell-sozialen Modernisierung (→ Industriegesellschaft und Industrialisierung). Im Schatten der großen Betriebe bildete der (industrielle) Kleinbetrieb dennoch weiterhin eine soziale Realität, wobei sich Stellenwert und Bedeutung historisch veränderten, wesentlich auch im Wechselverhältnis zum großbetrieblichen Segment.

Klein- und Mittelbetriebe bieten ein vielfältiges und differenziertes Bild an organisatorischen Strukturen und arbeitsprozesslichen Abläufen, was eine Definition und typologische Bündelung von Unternehmensorganisationsformen erschwert. Am eindeutigsten definiert sich der Klein- und Mittelbetrieb über das Strukturmerkmal der Größe, gemessen an der Zahl der Beschäftigten und/oder ökonomischen Umsatzzahlen. Quantitativ orientierte Abgrenzungen und Definitionen sind gebräuchlich, wenn auch nicht einheitlich. Die amtliche deutsche Wirtschaftsstatistik folgt seit 2003 einer Empfehlung der Kommission der Europäischen Gemeinschaft (mit der zugleich Fördergrenzen festgelegt werden) und grenzt Kleinstunternehmen (mit bis zu neun Beschäftigten) von kleinen (bis 49 Beschäftigte) und mittleren Unternehmen (bis 249 Beschäftigten) und Großunternehmen (mit 250 und mehr Beschäftigten) ab. Gebräuchlich ist daneben aber auch eine Definition von kleinen Unternehmen mit weniger als zehn Beschäftigten und eine Beschäftigungsobergrenze von 500 für mittlere Unternehmen (so das Institut für Mittelstandsforschung), der empirische Untersuchungen zumeist folgen.

Nach Berechnungen des Instituts für Mittelstandsforschung machen die kleinen und mittleren Unternehmen in Deutschland 99,3% aller Unternehmen aus, die knapp 33% aller Umsätze erwirtschaften und in denen rund 55% aller sozialversicherungspflichtigen Arbeitnehmer beschäftigt sind (Stand 2019). Im verarbeitenden Gewerbe hat der industrielle Kleinbetrieb seinen ökonomischen und sozialen Stellenwert insgesamt im Verlauf der Entwicklung behaupten können, auch wenn er im Schatten der großen Industrie agiert. In der Dienstleistungsökonomie ist der kleine und mittlere Betrieb stets schon die dominante Form gewesen, entzieht sich aber aufgrund der noch ausgeprägteren Heterogenität der eindeutigen Festlegung einer typischen sozialen Gestalt.

Üblicherweise werden Klein- und Mittelbetriebe zu einer Kategorie zusammengezogen; im englisch-internationalen Gebrauch ist der Terminus SMEs (small and medium enterprises) üblich. Traditionellerweise werden kleine und mittlere Betriebe in Deutschland meist synonym als „mittelständische Unternehmen“ charakterisiert, um mit dem nicht eindeutig definierten Begriff auf ökonomisch-soziale Besonderheiten jenseits der bloßen Größe zu verweisen.

Genese/theoretischer Kontext

Theoretische Konzeptualisierungen von Unternehmen und Betrieben richten sich in der Arbeits- und Industriesoziologie in aller Regel auf den industriellen Großbetrieb, selten dagegen auf den Kleinbetrieb, der als spezifischer Unternehmenstypus ebenso Aufgaben und Probleme der Differenzierung und Koordination von Funktionen und Arbeitssystemen zu lösen hat, um seine ökonomische Leistungsfähigkeit bei der Her-

stellung von Gütern und Dienstleistungen zu gewährleisten.
Die auf der Differenzierung von Grundelementen von Unternehmensorganisation (→ Unternehmens[re]organisation) und der Einbeziehung unternehmensexterner Faktoren basierende Typologie von Unternehmen, die Mintzberg (1989, S. 109ff.) entwickelt hat, spiegelt die Dominanz großbetrieblicher Unternehmensorganisation wider. Neben den dominanten bürokratischen Großunternehmen und den divisionalen und professionellen Unternehmen repräsentiert das „eigentümerzentrierte Unternehmen" in dieser Typologie den Bereich mittlerer und kleiner Unternehmen. Der Unternehmenstyp zeichnet sich aus durch einen geringen Grad von funktionaler und hierarchischer Arbeitsteilung mit wenig ausdifferenzierten Führungs- und Leitungsstrukturen. In der Regel stellt der Eigentümer die Zentralfigur des Unternehmens dar, die der Unternehmenskultur ihren Stempel aufprägt. Aktive und passive Anpassungsfähigkeit sichert dem kleinen und mittleren Unternehmen ein hohes Maß an Flexibilität, die eingeschränkt wird durch eine begrenzte Verfügung über Kapital-, Personal- und Wissensressourcen und damit eine begrenzte Strategiefähigkeit. Die gering formalisierte Organisationsstruktur öffnet diesen Unternehmen in günstigen Konstellationen am ehesten dort Chancen, sich als „innovative Unternehmen" am Markt zu platzieren, wo sie in Unternehmensnetzwerke eingebunden sind (Hirsch-Kreinsen/Wannöffel 2003) (→ auch Innovation, Netzwerke).

Zentrale Forschungsergebnisse

Dass die Arbeits- und Industriesoziologie ihr Augenmerk und Interesse von Beginn an in hohem Maße auf den industriellen Großbetrieb gerichtet hat, hatte nicht unwesentlich auch forschungspragmatische Gründe. Der hochgradig ausdifferenzierte Großbetrieb bietet empirischen → Fallstudien Zugangsweisen und formalisierte Strukturen, die einem elaboriert-professionellen Forschungsdesign entgegenkommen (vgl. Pongratz/Trinczek 2010). Dagegen stellen schon die Auswahl und der forschungspraktische Zugang nicht unerhebliche Hürden für eine empirische Forschung in Kleinbetrieben dar, die zudem mit dem Problem der Verallgemeinerungsfähigkeit in besonderer Weise konfrontiert ist. „Research into small business may not be very attractive because the great diversity, individualism and number of small business mean that valid findings with wider applications are not easily to come by" (Stanworth/Curran 1973, S. 13).
Gleichwohl haben empirische Forschungsprojekte in den letzten Jahrzehnten ausdrücklich „Die soziale Welt kleiner Betriebe" (Kotthoff/Reindl 1990) und „Die kleine Fabrik" (Hilbert/Sperling 1990) fokussiert. Weitere empirische Studien der 80er und 90er Jahre, als angesichts der beginnenden Krise der traditionellen großbetrieblichen Massenproduktion „Visionen einer Kleinbetriebsökonomie" (Piore/Sabel 1985) propagiert wurden, widmeten sich der Kleinbetriebswelt (so Dabrowski et al. 1986, Domeyer/Funder 1991, Manz 1993). In jüngerer Zeit haben eine Reihe von empirischen Untersuchungen in Feldern neuer Dienstleistungen und Technologiesektoren (Mayer-Ahuja/Wolf 2005, Mehlis 2008) dabei auch organisatorische und personelle Besonderheiten kleiner und mittlerer (oft neugegründeter) Kleinbetriebe thematisiert, wenn auch nicht in analytisch-systematischer Weise. Ein kohärentes Bild des Kleinbetriebs lässt sich aus diesen verschiedenen Befunden gleichwohl nicht gewinnen, wohl aber sind Konturen zu erkennen, die über eine bloße Negation bzw. Abgrenzung zum industriellen Großbetrieb hinausgehen.
Theoretisch-konzeptionell ambitioniert haben Kotthoff/Reindl auf der Basis von ethnografisch „dichten Beschreibungen" in „konzentrierten Fallstudien" der Möbel- und Bekleidungsindustrie und des Maschinenbaus kontrastierende Typen einer instrumentalistischen und einer gemeinschaftlichen → betrieblichen Sozialordnung herausgearbeitet. Als Kern der empirisch dominierenden gemeinschaftlichen Sozialordnung gilt den Autoren zufolge, „daß dort in einem sozial relevanten Ausmaß eine in der Regel durchaus spannungsgeladene subjektiv gefühlte Zusammengehörigkeit zwischen Unternehmer und Belegschaft besteht, die sich als gemeinsame Verantwortlichkeit für den Betrieb als wechselseitige Abhängigkeit, als wechselseitige Einforderung von Einsatzbereitschaft und Kooperation, als Fehlen bzw. weitgehende Relativierung einer Gegnervorstellung, als Relativierung der Kontrollfrage und als Offenheit für direkte Berührungen

ausdrückt“ (Kotthoff/Reindl 1990, S. 363). Der dominierende Typus der „pragmatischen Produktionsgemeinschaften“ in Kleinbetrieben setzt in hohem Maß auf die Nutzung von Formen der Selbstregulation der Arbeitskräfte, die auf personengebundenen Wissens- und Erfahrungsbeständen, der Mobilisierung von quasi inoffiziellen Produktionsleistungen und einer Respektierung der Einheit von Person und Arbeitsvermögen beruhen (Hilbert/Sperling 1990).

Der im deutschen Kontext übliche und auch von Kotthoff/Reindl verwendete Begriff des mittelständischen Unternehmens verweist auf die eminente Bedeutung des (Familien-)Eigentümers in der Rolle als oft mitarbeitender Leiter und Dreh- und Angelpunkt der Sozialordnung des Betriebes. „Die Sozialfigur des Unternehmers ist die prägende Figur für die Ausgestaltung der betrieblichen Sozialordnung“ (Kotthoff/Reindl 1990, S. 14). Auch wenn vom Eigentümer Unternehmensaufgaben delegiert werden, ist doch in der Regel das → Management (die Leitungs- und Führungsstruktur) im Kleinbetrieb nur gering ausdifferenziert. Kurze Wege und flache Hierarchien dominieren hier, was den Koordinierungs- und Steuerungsaufwand reduziert und auch den Kontrollaufwand minimiert. Dies sichert ein hohes Maß an Flexibilität, das erforderlich ist, um den Konjunktur- und Marktschwankungen zu begegnen, denen kleine und mittlere Betriebe stärker ausgesetzt sind als Großunternehmen.

Die soziale Organisation der Arbeit im Kleinbetrieb ist charakterisiert durch Besonderheiten einer spezifischen betrieblichen Sozialordnung, die sich allerdings mit den ökonomischen Bedingungen und den technologischen Voraussetzungen sehr unterschiedlich ausprägen; ein einheitliches Produktions- und Rationalisierungsleitbild ergibt sich daraus nicht. Schon die Fertigungskonzepte differieren erheblich nach der Art der Produkt- und Branchenspektren. Die Spannbreite reicht von standardisierter Massenfertigung in der Gebrauchsgüterindustrie bis zu hochspezialisierten Nischenprodukten in Zweigen der Maschinenbau- und Elektronikindustrie. Deshalb ist auch das Niveau der fachlichen Kompetenz wie der formalen Qualifikationen breit gestreut: von einer Dominanz gering qualifizierter → Einfacharbeit in kleinen und mittleren Industriebetrieben (Hirsch-Kreinsen et al. 2012) bis zur hochqualifizierten Wissensarbeit bei industrienahen Dienstleistungen und neuen Technologiefeldern (Boes/Trinks 2006). Formalisierte Fort- und Weiterbildung erlangt in den Kleinbetrieben einen geringen Stellenwert, gleichwohl werden die steigenden fachlich-technischen Anforderungen bislang zumeist betrieblich bewältigt, wobei ein hohes Maß an pragmatischer Improvisationsfähigkeit betrieblich zum Tragen kommt.

Generell zeichnet sich der Kleinbetrieb durch ein beträchtliches Maß an Informalität aus bzw. durch einen Verzicht auf hochgradig regulierte Verfahren der Koordinierung, Steuerung und → Kontrolle und konnte deshalb Rigiditäten und Ineffizienzen tayloristischer Rationalisierung durch eine erweiterte Nutzung des Arbeitsvermögens vermeiden. Das Problem der → Transformation von Arbeitskraft in Arbeit und der Schließung von Unbestimmtheitslücken versucht der Kleinbetrieb stärker unter Rückgriff auf eine freiwillige Mobilisierung von Kooperationsbereitschaft und Mitwirkung der Beschäftigten zu lösen. Das gilt auch für die → Arbeitszeit- sowie die Lohn- und Leistungsregulierung, die ein hohes Maß an Flexibilität aufweisen und durch Erwartungen, Ansprüche und Normen impliziter Natur sich auszeichnen (→ auch Entgelt und Leistung, Mikropolitik, Rationalisierung, Taylorismus).

Entgelt und Arbeitszeit unterliegen in geringerem Maße kollektiv verbindlicher Regelung, weil kleinere und mittlere Betriebe deutlich weniger dem Geltungsbereich und -anspruch von → Tarifverträgen unterliegen, da die Unternehmer seltener Mitglieder in → Arbeitgeberverbänden sind und auch die gewerkschaftliche Organisationsbereitschaft der Beschäftigten in Klein- und Mittelbetrieben in der Regel gering ist. Dies hat vielfach ungesicherte und im materiellen Niveau niedrigere Beschäftigungs- und Arbeitsstandards für die Beschäftigten zur Folge. Auch die Wirksamkeit der betrieblichen Mitbestimmung ist in Kleinbetrieben von begrenzter Reichweite, da von den Beschäftigten gewählte → Betriebsräte zumeist nicht etabliert sind (Schlömer-Laufen/Kay 2011, Ellguth/Kohaut 2022). Gleichwohl gibt es Formen der Beteiligung und Mitwirkung, die unterhalb kollektiv vereinbarter Institutionen und Regelungen praktiziert und wirksam werden, die als „Schattenpartizipation" (Hilbert/Sperling 1990, S. 157ff.) beschrieben wurden, bei der individuelle und kollektive Vertretungsmuster sich mischen (→ auch Gewerkschaften, Industrielle Beziehungen, Partizipation).

Internationaler Bezug

Der Kenntnis- und Forschungsstand zur Produktions- und Arbeitsorganisation des Kleinbetriebs bleibt empirisch und theoretisch defizitär. Das gilt weitgehend auch international: „Small- and medium-sized enterprises (SMEs) are still a disregarded species in social science" (Bluhm/Schmidt 2008, S. 1). Mit deterministischen Erklärungsansätzen kommt man angesichts der empirisch vorfindbaren Vielfältigkeit von kleinen und mittleren Betrieben nicht sehr weit. Das verdeutlichen auch Untersuchungsbefunde, in denen die Rolle der Kleinbetriebe im Kontext der gravierenden sozio-ökonomischen Restrukturierungen der letzten Jahrzehnte thematisiert werden. Den globalen Trends der Verlagerung, von Outsourcing und Reorganisation angesichts → Globalisierung und Finanzialisierung (vgl. Becker et al. 2008, Meyer 2017) können sich auch kleinere und mittlere Unternehmen kaum mehr entziehen. Welchen Stellenwert sie im Kontext grenzüberschreitender Produktions- und Dienstleistungsnetzwerke erlangen können, ist nicht eindeutig zu erkennen. Kleinbetriebe, die sich „international ausgerichteter Arbeit" anschließen, sehen sich erheblichen Anforderungen und Belastungen ausgesetzt (v. Behr/Semlinger 2004). Trotz begrenzter Ressourcen und Handlungsfähigkeit kann es auch mittelständischen Betrieben gelingen, im global verschärften Wettbewerb mitzuhalten und durch Kooperationsformen in Netzwerken und Wertschöpfungsketten ihre spezifischen Flexibilitäts- und Innovationspotenziale einzubringen (Hirsch-Kreinsen/Wannöffel 2003, Abel/Hirsch-Kreinsen 2007). Wie es auf mittlere Sicht mit der (Über-)Lebensfähigkeit von Klein- und Mittelbetrieben angesichts erhöhter Anforderungen im Hinblick auf Kosten, Qualität und Flexibilität bei andauernden sozioökonomischen Umbrüchen bestellt ist, bleibt insgesamt freilich strittig und offen (Bluhm/Schmidt 2008).

Hans Joachim Sperling

Empfehlungen zum Weiterlesen

Behr, Marhild von/Semlinger, Klaus (Hg.) 2004: Internationalisierung kleiner und mittlerer Unternehmen. Neue Entwicklungen bei Arbeitsorganisation und Wissensmanagement. Frankfurt a.M./New York: Campus.

Bluhm, Katharina/Schmidt, Rudi (eds.) 2008: Change in SMEs. Towards a New European Capitalism? Houndmills/Basingstoke: Palgrave Macmillan.

Hilbert, Josef/Sperling, Hans Joachim 1990: Die kleine Fabrik. Beschäftigung, Technik und Arbeitsbeziehungen. München/Mering: Hampp.

Hirsch-Kreinsen, Hartmut/Wannöffel, Manfred 2003: Netzwerke kleiner Unternehmen. Praktiken und Besonderheiten internationaler Zusammenarbeit. Berlin: edition sigma.

Kotthoff, Hermann/Reindl, Josef 1990: Die soziale Welt kleiner Betriebe. Wirtschaften, Arbeiten und Leben im mittelständischen Industriebetrieb. Göttingen: Schwartz.

Schlömer-Laufen, Nadine/Kay, Rosemarie 2011: Betriebsratsgründungen in kleinen und mittleren Unternehmen. Berlin: edition sigma.

Kontrolle

Begriff

Kontrolle ist ein zentraler Begriff der Arbeits- und Industriesoziologie. Er thematisiert das aus der Unbestimmtheitslücke des Arbeitsvertrags resultierende Transformationsproblem: Wie kann die auf dem Arbeitsmarkt von Unternehmen gekaufte Arbeitskraft innerbetrieblich in reale Arbeitsleistung überführt werden? Die Formen betrieblicher Kontrolle werden maßgeblich von der Charakteristik der jeweiligen Arbeits- und Produktionsprozesse (Stand und Art der Technik, Form der Arbeitsorganisation, betriebliche Leistungspolitik), der wirtschaftlichen Lage des Unternehmens, den Machtverhältnissen und Spezifika der jeweiligen Arbeitsmärkte, staatlichen Interventionen, sektoraler und betrieblicher Interessenvertretung und daraus abgeleiteten „Primär- und Sekundärmachtpotentialen" (Jürgens 1984) der Beschäftigten beeinflusst und unterliegen dementsprechend einem historischen Wandel.

Genese/theoretischer Kontext

Mit dem Kauf und insbesondere mit der Konsumtion der Ware Arbeitskraft sind prinzipielle Schwierigkeiten verbunden, die durch die bekannte Marx'sche Unterscheidung von Arbeitskraft und Arbeit zu fassen sind (→ Transformation von Arbeitskraft). Demnach ist es unmöglich, eine bestimmte Menge und Qualität von Arbeit, die ja eine unveräußerliche körperliche und geistige Funktion darstellt, auf dem Arbeitsmarkt zu kaufen oder zu verkaufen. Der Käufer von Arbeitskraft kann immer nur das Recht zur Nutzung von Arbeitsvermögen für einen bestimmten Zeitraum käuflich erwerben. Der besondere Charakter der Ware Arbeitskraft hat zur Folge, dass der Arbeitsvertrag sich von anderen Formen von Kaufverträgen durch seine Unbestimmtheit bzw. seine Unvollständigkeit unterscheidet. Arbeitsverträge werden nicht über eine im Einzelnen definierte Qualität und Quantität von zu erbringender Arbeitsleistung geschlossen. Diese Unbestimmtheitslücke des Arbeitsvertrages verlagert die Spezifizierung und Gewährleistung von Arbeit von der juristisch-formalen auf die betriebliche Ebene (→ Betrieb). Das konkrete Leistungsversprechen kann nicht auf dem Arbeitsmarkt eingelöst werden, da der tatsächliche Gebrauchswert von Arbeitskraft für die Unternehmen sich erst im Produktionsprozess ergibt.

Das Thema Kontrolle wurde in den Konzepten der bundesdeutschen Arbeits- und Industriesoziologie lange Zeit eher implizit und vor allem mit Blick auf seine empirische Relevanz thematisiert. Anfang der 1980er Jahre wurde der Begriff dann in Auseinandersetzung mit der angelsächsischen Labour Process Debate theoretisch systematisiert. In der neueren Entwicklung des Begriffs wird vermehrt auf Veränderungen in Unternehmen im Zusammenhang der Herausbildung neuer Managementkonzepte, der → Subjektivierung von Arbeit und der → Vermarktlichung rekurriert.

Zentrale Forschungsergebnisse

Einen differenzierteren Blick auf die betrieblichen Kontrollstrukturen ermöglichten die Beiträge der angelsächsischen Labour Process Debate, die sich in kritischer Auseinandersetzung mit dem im Jahre 1974 von Harry Braverman veröffentlichten Buch „Labour and Monopoly Capital" entwickelte und sich mit der Struktur und der Entwicklung des kapitalistischen Arbeitsprozesses beschäftigte (als Überblick Hildebrandt/Seltz 1987, Lappe 1986). Die Labour Process Debate hat eine große Variabilität technisch-organisatorischer und sozialer Kontrollstrukturen aufgedeckt und zugleich die sozialen Mechanismen fokussiert, durch welche Leistungsbereitschaft, Kooperation und Konsens im Produktionsprozess hergestellt werden. Ein Verdienst dieser Debatte ist es, auf die Koexistenz von unterschiedlichen Managementstrategien hingewiesen und zwischen der „direkten Kontrolle" im Bereich taylorisierter Arbeit und der „verantwortlichen Autonomie" im Angestelltenbereich (Friedman 1977 b) (→ auch Angestelltensoziologie) unterschieden zu haben.

Die Strategie der „direkten Kontrolle" (Friedman 1977 b; „Kapitalistenkontrolle" bei Braverman 1985, „persönliche" und „technische" Kontrollformen bei Edwards 1981, „despotische Kontrolle" bei Burawoy 1979) erfolgt durch detaillierte Anweisung, Bewertung und Sanktionierung der Arbeitenden auf der Basis von Misstrauensbeziehungen zwischen den Unternehmern und ihren Beschäftigten. Dabei beziehen sich die Kontrollambitionen des → Managements primär auf das Arbeitshandeln und die Arbeitsleistung der Beschäftigten und weniger auf deren Leistungs- oder Kooperationsbereitschaft, welche allenfalls durch den ökonomischen Anreiz des Leistungsentgelts sichergestellt werden soll (→ auch Entgelt und Leistung); subjektive Fähigkeiten und Potenziale werden zumindest formal von den Arbeitenden nicht gefordert. Dieser Kontrollmodus setzte eine spezifische Organisationsstruktur voraus und fand sich hauptsächlich bei taylorisierter Arbeit, bei der der Arbeitsinhalt durch horizontale und vertikale Arbeitsteilung auf möglichst wenige Arbeitsaufgaben reduziert ist.

Die zweite Managementstrategie, die so genannte „verantwortliche Autonomie" (Friedman 1977; „bürokratische Kontrolle" bei Edwards 1981, „hegemoniale Kontrolle" bei Burawoy 1979) hatte im Vergleich zur direkten Kontrolle einen entgegengesetzten Ausgangspunkt und ein anderes Kontrollverständnis. Die Kontrollbemühungen des Managements richteten sich hier insbesondere auf die Leistungsbereitschaft der Arbeitenden. Die Unternehmen gehen mit ihren Beschäftigten soziale Tauschbeziehungen ein, wobei das Vertrauensmotiv daraus resultiert, dass die Unternehmensleitung von dem Engagement, der Kooperation, der Kreativität und Qualifikation der Beschäftigten abhängig ist. Diese Produktivi-

tätspotenziale können nicht durch direkte Kontrolle mobilisiert werden, sondern erfordern ein Eingehen auf die Interessen der Beschäftigten, wie beispielsweise Beschäftigungssicherung, Aufstiegsmöglichkeiten und Autonomiespielräume.
Demgegenüber galt innerhalb der bundesdeutschen Industriesoziologie Taylors wissenschaftliche Betriebsführung lange Zeit als „one best way", als *die* Methode der Managementkontrolle und der Unterordnung der lebendigen Arbeit unter das Kapital (→ Taylorismus). Bis in die 1980er Jahre wurde innerhalb der Arbeits- und Industriesoziologie die Durchsetzung tayloristischer Prinzipien auch in der Büroarbeit prognostiziert. Insbesondere durch die EDV-Einführung sollte eine Angleichung der Arbeit im Büro an die Arbeit in der Fabrik erfolgen. Die Annahme einer Taylorisierung der Büroarbeit mit den damit einhergehenden Konsequenzen für Angestellte wie Dequalifizierung oder Qualifikationspolarisierung sowie mit einer der Fließbandarbeit vergleichbaren lückenlosen Kontrolle der einzelnen Beschäftigten wurde jedoch in den 1980er Jahren in einigen Untersuchungen zur Rationalisierung der Büroarbeit (z.B. Hartmann 1984, Baethge/Oberbeck 1986) widerlegt. Auch die Maschinenbauindustrie war – trotz zahlreicher Versuche der Implementierung des Taylor-Systems – kein Paradigma für tayloristische Organisationsprinzipien. Die hier vorherrschende „Kontrolllücke" wurde mit der Einführung moderner Informationstechnologien, welche die Basis für neue Kontrollformen bieten, neu bearbeitet (vgl. Hildebrandt/Seltz 1989, Manske 1991).
Erst in den 1990er Jahren richtete sich der Fokus innerhalb der bundesdeutschen Industriesoziologie verstärkt auf alternative Lösungen des Transformationsproblems. Die programmatische Abkehr von tayloristischen Arbeitsformen zeigte sich in einem zweiten Lösungsweg: den sogenannten neuen Managementkonzepten, die Anfang der 1990er Jahre aufkamen und u.a. auf Dezentralisierung, Hierarchieabbau, Selbstorganisation und neue Beteiligungsformen setzten (→ auch Neue Produktionskonzepte, Partizipation, Produktionsregime). Unter dem Begriff der neuen Managementkonzepte wurde eine Vielfalt von z.T. sehr unterschiedlichen Maßnahmen und Ansätzen subsummiert, die von Mitarbeitergesprächen und Zielvereinbarungen über KVP-Teams (kontinuierlicher Verbesserungsprozess), Qualitätszirkel und Gruppenarbeitskonzepte (→ Gruppenarbeit) bis hin zu Werte-Management, sozial-integrativen Führungsstilen und Unternehmenskultur-Ansätzen reichen (vgl. Wolf 1994, Deutschmann 1989). Im Mittelpunkt dieser Konzepte steht eine neue „Wertschätzung" der lebendigen Arbeitskraft, deren subjektive Leistungen und Potenziale zu einem unverzichtbaren Wettbewerbsvorteil avancieren. Demnach werden vom Management bewusst und zielstrebig Kompetenzen und Verantwortlichkeiten „nach unten" auf die operative Ebene verlagert. Auf der unmittelbaren Arbeitseinsatzebene werden den Beschäftigten neue Handlungsspielräume eingeräumt bzw. bestehende Spielräume werden anerkannt und ausgeweitet, um ihnen die Möglichkeit zu „subjekthaftem" Handeln zu geben. Dies wird auch in den Konzepten des → „psychologischen Vertrags" oder des „Vertrauens als Organisationsprinzip" deutlich (→ auch Arbeit im Kapitalismus, Qualifikation/Kompetenz).
Von den neuen Managementkonzepten kann eine weitere, zeitlich darauf folgende Lösung des Arbeitsextraktionsproblems unterschieden werden: der „marktzentrierte Kontrollmodus" (Boes 2003). Nicht nur das Management, sondern auch die Beschäftigten auf den operativen Ebenen sollen möglichst unmittelbar mit den Anforderungen des Marktes konfrontiert und für die Bewältigung des permanenten Marktdrucks verantwortlich gemacht werden. Der Begriff der Marktsteuerung hat eine beachtliche Prominenz innerhalb der Arbeits- und Industriesoziologie erreicht (→ Vermarktlichung). Sie gilt als Inbegriff moderner Steuerungsformen von Arbeit und zugleich als umfassender Trend sowohl im Bereich von industrieller Arbeit als auch im Bereich der Dienstleistungstätigkeiten. Darüber hinaus betrifft sie nicht nur qualifizierte Dienstleistungstätigkeiten, wie beispielsweise die IT-Industrie (→ Informations- und Wissensarbeit), sondern durchaus auch einfache Dienstleistungstätigkeiten, wie z.B. die Verkaufsarbeit im Einzelhandel (→ Dienstleistungsarbeit). Dieser Wandel wird als zentrales Moment eines neuen Herrschafts- und Kontrollsystems begriffen (→ Herrschaft).
Eine Reihe von Forschungsarbeiten thematisiert den symbolisch-normativen Gehalt der Vermarktlichung und verweist darauf, dass der → Markt

zur zentralen Bezugsebene für die Begründung und Legitimation betrieblicher Leistungsanforderungen avanciert. Die Leistungsanforderungen erscheinen nicht mehr als Diktat vonseiten der Unternehmensleitung, sondern als Ausfluss scheinbar „objektiver" Markterfordernisse (Voswinkel 2005 c, Peters/Sauer 2005, Menz 2009). Davon zu unterscheiden sind Forschungsarbeiten, die sich stärker mit den Fragen auseinandersetzen, wie der Markt durch informatisierte Strukturen in Unternehmen transformiert wird und welche Folgen für die Beschäftigten daraus resultieren (vgl. Boes/Bultemeier 2008, 2010, Marrs/Boes 2003, Marrs 2007 a, 2008, Kämpf 2008). Sie verweisen auf eine grundlegende Veränderung im Vergleich zur verantwortlichen Autonomie: Beim marktzentrierten Kontrollmodus geht es nicht darum, den Beschäftigten ein „subjekthaftes Handeln" z.B. durch die Chance der selbstorganisierten Bewältigung konkreter Arbeitsaufgaben zu ermöglichen. Vielmehr werden die Beschäftigten vor die Anforderung gestellt, ihren Beitrag zu Wertschöpfung und Profit überzeugend gegenüber dem Unternehmen zu rechtfertigen. Zugleich verschärfen sich im „System permanenter Bewährung" (Boes/Bultemeier 2008, 2010) nicht nur der Leistungsdruck, sondern auch die Folgen einer unzureichenden Erfüllung der Leistungsvorgaben. Vom Erreichen der ökonomischen Kennziffern sollen auf der betrieblichen Ebene der Fortbestand einzelner Abteilungen und die Sicherheit des Standorts abhängen, während auf der individuellen Ebene der Erhalt des eigenen Arbeitsplatzes auf dem Spiel steht. Dieser Wirkungsmechanismus macht sich auch im Bereich der Hochqualifizierten breit und begründet auch hier ein allgemeines Gefühl der Unsicherheit (Kämpf 2008). In einer digitalen Arbeitswelt wird dies durch eine neue Qualität der Transparenz von Arbeit verstärkt. In digitalen Arbeitsformen entstehen neue Formen der Kontrolle, die bis hin zur Steuerung des Sozialverhaltens einzelner Beschäftigter reichen. In neueren Forschungsarbeiten wird daher auch das Szenario eines „Kontrollpanoptikums der Daten" thematisiert (Boes et al. 2016 a), gerade vor dem Hintergrund der zunehmenden Verbreitung von Künstlicher Intelligenz in der digitalen Arbeitswelt (Kämpf/Langes 2021) (→ auch Digitale Transformation der Arbeit, Arbeit und Künstliche Intelligenz).

Kira Marrs

Empfehlungen zum Weiterlesen

Braverman, Harry 1985: Die Arbeit im modernen Produktionsprozess (2. Aufl.). Frankfurt a.M./New York: Campus.

Burawoy, Michael 1979: Manufacturing Consent. Changes in the Labor Process under Monopoly Capital. Chicago/London: University of Chicago Press.

Hildebrandt, Eckhard/Seltz, Rüdiger (Hg.) 1987: Managementstrategien und Kontrolle. Eine Einführung in die Labour-Process-Debatte. Berlin: edition sigma.

Marrs, Kira 2018: Herrschaft und Kontrolle in der Arbeit. In: Böhle, F./Voß, G. G./Wachtler, G. (Hg.): Handbuch Arbeitssoziologie. Band 1: Arbeit, Strukturen und Prozesse (2. Aufl.) Wiesbaden: Springer VS, S. 473–498.

Lean Production/Toyotismus

Begriffe

Lean Production (übersetzt als ‚schlanke Produktion') wurde bekannt durch eine weltweit stark beachtete Buchpublikation von Ergebnissen eines internationalen Forschungsprogramms am Massachusetts Institute of Technology, erschienen 1990 unter dem Titel „The Machine That Changed the World" (Womack et al. 1990; deutsche Übersetzung 1991 unter dem Titel „Die zweite Revolution in der Automobilindustrie") – im Weiteren bezeichnet als MIT-Studie. Der Begriff diente hier der Charakterisierung von Produktionssystemen japanischer Automobilhersteller (zum MIT-Projekt und zur Entstehung des Begriffs: Holweg 2007). Lean Production sei schlank, so erklärten die Autoren ihre Begriffswahl, „weil sie von allem weniger einsetzt als die Massenfertigung – die Hälfte des Personals in der Fabrik, die Hälfte der Produktionsfläche, die Hälfte der Investitionen in Werkzeuge, die Hälfte der Zeit für die Entwicklung eines neuen Produkts" (Womack et al. 1991, S. 19). Die Erklärung dieser enormen Leistungsunterschiede liegt nach Ansicht der Autoren zum einen in Besonderheiten der Prozessgestaltung, zum anderen in arbeits- und sozialorganisatorischen Faktoren. Zentrales Organisationsmerkmal der schlanken Fabrik ist danach die Übertragung eines Maximums an Aufgaben und Verantwortlichkeiten auf jene Arbeiter, die am Band tatsächliche Wertschöpfung am Auto erbringen (ebd., S. 103). Im Gegensatz zum „geisttötenden Stress" traditioneller Massenproduktionsfabriken, aber auch im Gegensatz zu den neohandwerklichen Ansätzen neuer Fabriken in Schweden würden die Arbeiter an der Lösung komplexer Probleme beteiligt. Schlanke Produktion biete damit eine „kreative Spannung", in der die Arbeiter viele Möglichkeiten haben, den Herausforderungen zu begegnen (ebd., S. 107).

Angesichts der Wettbewerbsüberlegenheit der schlanken Produktion, so die drängende Botschaft der Studie, sei es für die westlichen Unternehmen eine Frage des Überlebens, dieses System bei sich einzuführen. Lean Production werde alle anderen Ansätze der Produktionsorganisation ersetzen und sich zum „weltweite[n] Standardproduktionssystem des 21. Jahrhunderts" etablieren (ebd., S. 292).

Mit Blick auf die generelle Anwendbarkeit der Prinzipien und Methoden von Lean Production auf die Organisation komplexer Wertschöpfungsprozesse nicht nur in der Industrie, sondern auch im Dienstleistungssektor (→ auch Dienstleistungsarbeit) wurde der Begriff später erweitert zu ‚Lean Enterprise', ‚Lean Management' und schließlich ‚Lean Thinking' (Womack/Jones 1996).

Zu den Lean-Begriffen der MIT-Studie kam am Anfang 1990er Jahre ein weiterer hinzu, der – auch wenn es Bezüge zur Japan-Debatte gab – seinen Ursprung eher in der Business-Reengineering-Bewegung (vgl. dazu: Hammer/Champy 1994) hatte: Lean bedeutete hier Verschlankung durch Outsourcing. Im Zentrum stand dabei Restrukturierung der Wertschöpfungsketten (in der Regel) mit dem Ziel der Verringerung der eigenen Wertschöpfungstiefe durch die Ausverlagerung von Aktivitäten an andere Unternehmen und Suborganisationen (→ auch Systemische Rationalisierung). Dort wurden sie oft in enger Abhängigkeit vom fokalen Unternehmen und unter deutlich schlechteren Arbeitsbedingungen durchgeführt.

In der MIT-Studie war das Toyota-Produktionssystem der zentrale empirische Beleg und Demonstrationsfall für die Funktionsweise von Lean Production. Hier kreuzt sich die Begriffshistorie mit der des Toyotismus. Dieser Begriff wurde Anfang der 1980er Jahre eingeführt, um Besonderheiten japanischer Unternehmen im Hinblick auf Fragen zu diskutieren, die zeitgenössisch unter dem Rubrum der Krise des → Fordismus thematisiert wurden. Dohse et al. (1984) eröffneten diese Diskussion mit der Frage, inwieweit sich der Toyotismus in seinen Praktiken der Leistungsregulierung von dem Fordismus unterscheidet.

Im Rahmen eines internationalen Forschungsprogramms des französisch koordinierten Forschungsnetzwerks Gerpisa (Groupe d'Etude et de Recherche Permanent sur l'Industrie et les Salariés de l'Automobile) wurde das spezifische Produktionsmodell des Toyotismus näher untersucht (zur Theorie industrieller Produktionsmodelle vgl. Boyer/Freyssenet 2003). Kennzeichnend für den Toyotismus ist danach eine Strategie der permanenten Kostenreduzierung. Zu den charakteristischen negativen Folgen dieses Produktionsmodells gehören verschärfte Arbeitsintensivierung und wachsende soziale Ungleichheit. Lean-Strategien bergen die Gefahr, so stellte Harrison (1994) in seiner Studie zu den Folgen der Verbreitung der flexibler Produktionskonzepte in den USA (unter dem Buchtitel „Lean and Mean") fest, Low-Road-Entwicklungen in der Gesellschaft zu bestärken.

Die Herausgeber des „Cambridge International Handbook of Lean Production", Janoski und Lepadatu, führen den Toyotismus (neben „Waltonismus" und „Nikeification") als prototypisches Beispiel einer kritisch verstandenen Lean Production an (Janoski/Lepadatu 2021 b). Mit der Verbreitung von Lean-Production-Systemen auch in andere Industrien und in Dienstleistungsbereiche hinein traten an die Stelle der Kostenreduzierung zunehmend auch andere Ziele wie schnellere Response-Zeiten bei Kundenbestellungen und Bestrebungen, den Lean-Begriff aufgrund seiner negativen Konnotation in den Hintergrund zu drängen (vgl. Schonberger 2021, 2019).

Genese/theoretischer Kontext

Sowohl für Lean Production als auch für Toyotismus spielt das Toyota-Produktionssystem (TPS) eine zentrale Rolle. Dieses System entstand in den 1940er/1950er Jahren unter sehr widrigen Umständen: Investitionsmittel für den Kauf von Spezialmaschinen und Transferstraßen wie in modernen westlichen Werken waren nicht vorhanden, das Produktprogramm war zersplittert, Economy-of-Scale-Effekte waren kaum zu realisieren. Der Schwerpunkt lag daher notgedrungen auf Maßnahmen der Prozessoptimierung im Sinne der Fließfertigung, der Standardisierung der Arbeit und der Bekämpfung von jedweder Art von „Verschwendung". Eine wesentliche Rolle bei der Entstehung des TPS spielte Taichi Ohno, der als Leiter eines betrieblichen Fertigungsbereichs maßgeblich an der Einführung der Prinzipien des ‚one-piece flow' und der Just-in-Time- und Null-Fehler-(Jidoka-)Produktion beteiligt war (zur Entstehungsgeschichte: Elis 2009; zur besonderen Rolle von Ohno: Shimokawa/Fujimoto 2009).

Die ersten englischsprachigen Publikationen über das Toyota-Produktionssystem erschienen erst in den 1980er Jahren, darunter auch Darstellungen von Personen, die an der Entwicklung des TPS maßgeblich beteiligt waren wie Shingo (1981), Nemoto (1987) und Ohno (1988). Die erste systematische Darstellung des TPS wurde von Monden (1983) vorgelegt. Schließlich ist in diesem Zusammenhang die Veröffentlichung von Imai (1986) zum System der kontinuierlichen Verbesserungen (‚Kaizen') zu nennen.

Die ersten genaueren Beschreibungen westlicher Autoren erfolgten überwiegend aus einer produktionswissenschaftlichen bzw. Industrial-Engineering-Perspektive. Diese Perspektive hat auch die spätere Rezeption des TPS und des Lean-Production-Systems (LPS) wesentlich geprägt, und die bei Weitem größte Anzahl von Publikationen wurde seither von Autoren mit diesem Praxis- bzw. wissenschaftsdisziplinären Hintergrund verfasst. An der Grundstruktur der Prinzipien und dem zentralen Methodenarsenal zur Gestaltung schlanker Prozesse hat sich seit der ‚Klassik' der 1980er Jahre aber nicht mehr viel verändert.

Ein wesentlicher Bestandteil des TPS ist die Einbeziehung der Beschäftigten in Aktivitäten der kontinuierlichen Verbesserung. Die Mitwirkung der Beschäftigten an kostensenkenden Maßnahmen, auch wenn sie die eigenen Leistungsvorgaben betrafen, konnte erst 1962 durch eine Grundlagenvereinbarung zwischen → Management und → Gewerkschaft abgesichert werden, im Gegenzug wurden Beschäftigungssicherheit und innerbetrieblicher Aufstieg garantiert. Allerdings förderte diese Regelung auch die Entstehung einer Randbelegschaft von befristeten Beschäftigten, die als Puffer zur Absicherung der Beschäftigungsgarantie für die Stammbelegschaft dienten. Das von Ohno entworfene Lohnsystem (vgl. Shimizu 1999), das einen starken Anreiz für Produktivitätsverbesserungen und ein System der Personalbeurteilung mit entsprechenden Kriterien vorsah, übte zugleich einen starken Druck auf die Stammbeschäftigten aus, sich an den Verbesserungsaktivitäten zu beteiligen.

Eine hohe Aktualität erhielt die Frage des Leistungsdrucks mit der Errichtung der ‚Transplants' japanischer Unternehmen in den USA (vgl. Boyer et al. 1998) (→ auch Transnationale Unternehmen). Die Kritik an den dortigen Arbeitsbedingungen manifestierte sich in der Bezeichnung ‚Management by Stress' (vgl. Parker/Slaughter 1988, Babson 1995). Eine entsprechende Insiderbeschreibung der Arbeitsbedingungen in dem Transplant eines japanischen Automobilherstellers geben Fucini/Fucini (1990).

Anfang der 1990er Jahre schien die zunehmende Schwierigkeit bei der Rekrutierung die Kritik an den sozialen Härten des Systems zu bestätigen. Das Unternehmen reagierte mit einer Vielzahl von Maßnahmen im Bereich der → Arbeitsorganisation, beispielsweise der Einrichtung von Pufferstrecken an den Montagelinien, um die Gruppenarbeit zu stärken, vor allem aber mit Änderungen im Entgeltsystem, bei der Personalentwicklung und der Qualifizierung. Zu den Reformmaßnahmen gehörte die Abschaffung des traditionellen von Ohno eingeführten Entgeltsystems mit seiner engen Kopplung des Bonus an ‚harte' Produktivitätsindikatoren. Shimizu (1998) sieht diese Maßnahmen als Anzeichen für die Entstehung eines „neuen Toyotaismus".

Mit der Internationalisierung des Unternehmens kamen weitere Anstöße zur Weiterentwicklung des TPS. Ein wichtiger Schritt in diesem Zusammenhang war die Einführung des „Toyota Way 2001" (vgl. Liker 2004). In diesem Dokument werden die grundlegenden sozialen Werte und Umgangsweisen benannt, in die das Toyota-Produktionssystem eingebettet ist. Die Initiative hierfür ging von Managern in Toyota-Werken in den USA aus. Das Grundlagendokument beschreibt den Toyota Way als ein Haus, dessen

Dach von den beiden Säulen „kontinuierliche Verbesserung" und „Respekt" getragen wird.
Nach der Klassikerliteratur der 1980er Jahre folgte damit eine zweite Welle der Literatur über das Toyota-Produktionssystem, vor allem mit nordamerikanischen Autoren, die nunmehr verstärkt die Aspekte des Personalsystems und die soziale Einbettung der TPS betonen und ihre Empirie auf die Praxis nordamerikanischer Transplants gründen (Liker 2004, Liker/Meier 2007, Liker/Hoseus 2008). Einen bemerkenswerten Versuch einer systemtheoretischen Interpretation des Toyota-Produktionssystems unternahm in diesem Zusammenhang Marksberry (2013).

Zentrale Forschungsergebnisse

Die Veröffentlichung der MIT-Studie bildete den Ausgangspunkt für intensive Debatten in der Arbeits- und Industriesoziologie.
Die Bewertung der Beteiligung der Beschäftigten an dem System der Leistungsregulierung stellt ein zentrales Thema von Kontroversen über den Toyotismus dar. Mit Blick auf das System der Leistungsregulierung und die damit verbundenen Arbeitsintensivierungen sahen Dohse et al. (1984) im Toyotismus eher eine Bestärkung fordistischer Organisationsprinzipien als eine Alternative zum Fordismus.
Diese Sichtweise löste heftige Kontroversen aus. Kenney/Florida (1988; vgl. dazu weitere Beiträge in Kato/Steven 1993) sahen in der japanischen Produktionsweise ein neues postfordistisches Produktionsmodell, das auf der Synthese von Hand- und Kopfarbeit beruht und das die Erfahrungen und Intelligenz aller Beschäftigten nutzt. Eine ähnliche Position vertraten Adler und Cole (1993), die dafür den Begriff des „demokratischen Taylorismus" verwendeten. Unter Verweis auf die positiven Effekte von Teamarbeit, basisgetragenen kontinuierlichen Verbesserungsaktivitäten und anderen Praktiken der japanischen Leitunternehmen wurden von Mitgliedern der MIT-Forschergruppe das Konzept der High Performance (oder auch High Involvement) Work Practices (HPWP) entwickelt, das „Bündel" (Teamarbeit, Problemlösungsgruppen usw.) solcher Praktiken (MacDuffie 1995, MacDuffie/Pil 1997) umfasst.
In Deutschland wurde die MIT-Studie vor allem im Zusammenhang mit der Einführung von → Gruppenarbeit diskutiert. Nachdem bis dahin auf Management-, aber auch Gewerkschaftsseite vielfach Bedenken bestanden hatten, trug die Studie nun wesentlich dazu bei, der Gruppenarbeit zum Durchbruch zu verhelfen. In der Debatte wurde Lean Production zunächst als eine Bestärkung von Entwicklungslinien, die ihre Ursprünge in der Diskussion über → Humanisierung der Arbeit und schwedische Produktionskonzepte hatten, gesehen. So verstanden Schumann et al. Lean Production zunächst als eine „fortschrittliche" Formel für die Reform von Unternehmen im Sinne von Dezentralisierung, flacher Hierarchie, Rücknahme von Arbeitsteilung zwischen planender und ausführender Arbeit und – im Hinblick auf Produktionsarbeit – der „Kombination von breiteren Aufgaben und erweiterter Zuständigkeit mit direkter Beschäftigtenpartizipation" (Schumann et al. 1994, S. 17; zur Diskussion über Lean Production und Gruppenarbeit: Hans-Böckler-Stiftung/IG Metall 1992, Bungard 1995, Kißler 1996). Appelbaum und Batt (1994) unterscheiden in ihrer Studie über Teamarbeit in US-amerikanischen Werken zwischen den Typen „American Team Production" und „American Lean Production". Im Allgemeinen waren, so der Befund in ihrer Untersuchung, Teams des letzteren Typus stärker restriktiv im Hinblick auf Aufgabengestaltung und Autonomiegrad ausgelegt als Teams des ersten Typs.
Ende der 1990er Jahre wurde auch in Deutschland vermehrt ein „arbeitspolitischer Rollback" konstatiert. Diese Wahrnehmung bezieht sich zum einen auf die Prozessgestaltung der neuen Generation von ‚Lean-Fabriken' mit ihren zumeist sehr kurzen Taktzeiten und Arbeitsbedingungen, bei denen es fraglich erscheint, inwieweit die Beschäftigten hier die aktive Rolle des Problemlösers einnehmen können, die sie nach dem Lean-Production-Konzept übernehmen sollen. In der deutschen Diskussion jüngeren Ursprungs stehen sich hier die Positionen gegenüber, die auf der einen Seite in der zunehmenden Betonung von standardisierter Arbeit eine Gefährdung der Spielräume für das Einbringen von Erfahrungswissen seitens der Beschäftigten sehen (Pfeiffer 2007), und auf der anderen die Position, dass zum Erreichen der Produktivitätsziele eine stärkere Disziplin erforderlich sei und

vom Produktionsmanagement eingefordert werden müsse (Springer 2009).
Anfang der 2000er Jahre kam es noch einmal zu einer Diskussion über Lean Production, die mit dem Begriff der „Ganzheitlichen Produktionssysteme" (GPS) verbunden war (Spath 2003, Springer 2009). Ausgangpunkt war hier die Beobachtung, dass Lean-Production-Konzepte in der Vergangenheit häufig nur partiell und in bestimmten Bereichen eingesetzt wurden und ihre eigentlichen Potenziale erst im Zusammenwirken sowie einer wechselseitigen Verstärkung ihrer komplementären Elemente entfalten können. Die in den Unternehmen beobachtete Praxis wurde als Innovationschaos beschrieben, in dem viele Maßnahmen unkoordiniert nebeneinander und teils gegeneinander durchgeführt wurden. Im Vordergrund der GPS-Bewegung steht vor allem die Frage der Standardisierung der Systemarchitektur. Durch Festlegung ihrer unternehmensspezifischen Produktionssysteme soll die Kohärenz der Systemelemente gewahrt und eine Hürde gegenüber der Einführung immer neuer Managementmoden errichtet werden. Erkennbar in der Diskussion ist nun aber eine deutlich pragmatische Position. So sieht Spath (2003) keine Probleme in dem Nebeneinander von Methoden und Instrumenten unterschiedlicher Provenienz neben dem Lean-Production-Arsenal. Letztlich liegt es damit bei den Unternehmen, ihre eigenen Kombinationen vorzunehmen und auf diese Weise ihr Unternehmen/Produktionssystem zu definieren. Vor diesem Hintergrund ging das Interesse an Lean Production in Theorie und Praxis – anders als in den USA – in den letzten Jahren zurück (→ auch Produktionsregime, Unternehmens[re]organisation).
Damit sieht es so aus, als ob 20 Jahre nach Erscheinen der MIT-Studie Lean-Production-Methoden zur Routinepraxis der Unternehmen gehören, auch wenn es der Lean Production nicht gelungen ist, alle anderen Systemansätze zu verdrängen. Hinzu kam, dass die Zeit der Pilgerreisen nach Japan vorüber war. Nach einer Phase des Turbowachstums war die japanische Ökonomie in eine Phase lang andauernder Stagnation eingetreten, die bis heute anhält.
Die Ära der japanischen Überlegenheit – „Are they unbeatable?" (Berggren et al. 1991) – ist vorüber. Revolutionen erwartet man heute eher auf dem Gebiet der technischen Entwicklung (→ auch Digitale Transformation der Arbeit, Arbeit und Künstliche Intelligenz, Industrie 4.0). Aber auch das wird sicherlich nicht das letzte Wort sein.

Ulrich Jürgens

Empfehlungen zum Weiterlesen

Janoski, Thomas/Lepadatu, Darina (eds.) 2021: The Cambridge International Handbook of Lean Production: Diverging Theories and New Industries around the World. Cambridge: Cambridge University Press.
Liker, Jeffrey K. 2004. The Toyota Way: Fourteen Management Principles from the World's Greatest Manufacturer. New York: McGraw-Hill.
Monden, Yasuhiro 1983: Toyota Production System. Practical Approach to Production Management. Atlanta: Industrial Engineering and Management Press.
Ohno, Taiichi 1988: Toyota Production System: Beyond Large Scale-Production. Portland: Productivity Press.
Womack, James P./Jones, Daniel T./Roos, Daniel 1991: Die zweite Revolution in der Autoindustrie. Konsequenzen aus der weltweiten Studie des Massachusetts Institute of Technology. Frankfurt a.M./New York: Campus.
Womack, James P./Jones, Daniel T. 1997: Auf dem Weg zum perfekten Unternehmen (Lean Thinking), Frankfurt a.M./New York: Campus 1997.

Lohn

→ Entgelt und Leistung

Lohnarbeit

→ Erwerbsarbeit

Management

Begriff

Der Manager ist, formal betrachtet, eine von einer Organisation angestellte Person, welche qua Position mit Führungs-, Koordinations- und Kontrollaufgaben in der Organisation betraut ist. Er gehört damit – anders als z.B. der Unternehmer – zum Personal der Organisation. Dass sich aber alle, die dies wollen, Manager nennen können, macht deutlich, dass die Bezeichnung nicht durch eine Profession geschützt ist. Man muss nicht „Management" studiert haben, um Manager zu werden.

Das Management verkörpert in einer soziologischen Perspektive die Idee der zielgerichteten Gestaltung einer Organisation. Der Begriff „Management" bezieht sich dabei aber nicht nur auf die ihm zugeschriebenen *Funktionen* der Orientierung, auf die Gestaltung, Kontrolle und Koordination der Organisation, sondern damit sind auch *Positionen* angesprochen, die in der Organisation hierarchisch übergeordnet und formal weisungsbefugt sind. Management ist immer auch Führung, strategisch ausgewiesene Unternehmens- und Mitarbeiterführung. Darüber hinaus thematisiert man mit diesem Begriff auch die Manager als *Personen*, welche die Entscheidungen der Organisation prägen und zugleich ein wichtiger Bestandteil der Sozialstruktur moderner Gesellschaften geworden sind (→ auch Betrieb, Herrschaft, Human Resource Management, Kontrolle).

Genese/theoretischer Kontext

Im letzten Viertel des 19. Jahrhunderts bildete sich eine neue Form der Unternehmung in den USA, in England, Frankreich und Deutschland heraus. Koordinationsprobleme (wie z.B. beim Ausbau der Eisenbahnen) machten dabei die Etablierung einer Managerhierarchie entlang der funktionalen Linie erforderlich (vgl. Chandler 1990, S. 32). Ziel der sich ausbreitenden Unternehmen war es, die → Märkte durch Organisation und Management zu kontrollieren. Die entstehenden Aktiengesellschaften leisteten zu dieser Entwicklung einen wesentlichen Beitrag. Dabei gab es allerdings länderspezifische Unterschiede. Großbritannien, mit seinen länger zurückreichenden Industrietraditionen, entwickelte sich erst langsam in Richtung eines „managerial capitalism" mit funktional integrierten und diversifizierten Großunternehmen. In den Vereinigten Staaten und in Deutschland erfolgte die Etablierung dieser neuen Form der managerkoordinierten Unternehmung in den neuen Industrien hingegen relativ schnell (vgl. ebd., S. 592). Aufgrund der raschen stoßartigen Industrialisierung in Deutschland und des schnellen Wachstums der Märkte in den USA war der „Manager-Kapitalismus" dort fortgeschrittener als im früh industrialisierten Großbritannien. Während aber nach Chandlers Analysen zwischen den Großunternehmen in den USA eher Marktbeziehungen vorherrschten („competitive managerial capitalism"), dominierten in Deutschland Aushandlungen und relationale Verträge die zwischenbetrieblichen Beziehungen („cooperative managerial capitalism") (→ auch Industriegesellschaft und Industrialisierung).

Durch den sich ausbreitenden → Taylorismus und → Fordismus in der ersten Hälfte des 20. Jahrhunderts wurden die Planungs- und Kontrollfunktionen des Managements weiter aufgewertet. In der deutschen Wirtschaft war zu dieser Zeit noch von „Industriebeamten" oder „Privatbeamten" statt von Managern die Rede. Diese Bezeichnung war noch nicht, wie heute jene des Managements, auf riskante Entscheidungsvollmachten, sondern auf ein Verwaltungs*amt* in einer bürokratischen Organisation bezogen. Für die obersten Leitungsfunktionen hatte sich der Titel des Betriebsführers etabliert. Als dieser in den 1950er Jahren durch die Bezeichnung „Manager" abgelöst wurde, erregte das große Widerstände. Im Kampf um die Bezeichnung spiegelte sich eine Zeitenwende. In den 1960er Jahren, so schreiben Boltanski und Chiapello (2003, S. 100), waren die Manager dem eigenen Empfinden nach der Inbegriff von Modernität. Ihr Gegenbild war die Logik der „familienkapitalistischen Welt" – einer Welt von Fürsorge und Unterordnung, von Führern und Untergebenen. Nicht die „Amtsautorität" des Vorgesetzten, sondern die Kooperation von Individuen zum Erreichen eines gemeinsamen Zieles stand nun im Vordergrund der mit dem Management verbundenen Vorstellungen (Boltanski/Chiapello 2003). Die Anzahl der von Managern geführten Unternehmen nahm in den 1970er und 1980er Jahren dann auch bei – zuvor oft familiengeführten – Klein- und Mittelunternehmen zu (→ auch Betriebliche Sozialordnung, Kleinbetrieb). Der „Managerkapitalismus" setzte sich gegen den Familienkapitalismus durch, ohne ihn zu eliminieren. Die zunehmende Trennung von Management und Eigentum brachte den Manager als Vertreter einer neuen Berufsgruppe, eines neuen sozialen Standes hervor. Diese neue sozialstrukturelle Bedeutung der Manager wurde auch durch deren stetig wachsende Gehälter unterstrichen. Ihre gesamtgesellschaftliche Bedeutung beruht bis heute auf dem Grad, in dem es ihnen gelingt, wichtige Ressourcen der Gesellschaft in ihre eigene Verfügungskompetenz zu überführen (→ auch Transnationale Unternehmen).

Die Sozialwissenschaften machten vor diesem Hintergrund die – an die zunehmende organisationale und sozialstrukturelle Bedeutung anknüpfende – Heroisierung des Managements durch die Management- und Betriebswirtschaftslehre nicht mit. Vielmehr wurde die Bedeutung dieser Positionen hier schon früh in den Kontext der Entwicklung des bürgerlichen Betriebskapitalismus eingeordnet (bei Marx und Weber). Es wurde (sowohl bei Sombart als später auch bei Schumpeter) konstatiert, dass die Verwissenschaftlichung und Bürokratisierung den heroischen Anspruch organisationaler „Führer" – seien es Unternehmer oder Manager – obsolet werden lasse (vgl. dazu auch Pohlmann 2002). Auch die daran anschließende Arbeits- und Industriesoziologie sah zunächst die ökonomischen Gesetzmäßigkeiten als bestimmend für das Managerhandeln. Sie nahm erst später, in den 1980er und 1990er Jahren, eine stärker akteursorientierte Perspektive ein (→ Mikropolitik), ohne jedoch den steuerungstheoretischen Optimismus der Managementlehre zu teilen. Denn für die Theorie rationaler Wahl, die mit ihren Prinzipal-Agenten-Annahmen der Managementlehre ein theoretisches Gerüst gab, schien es klar, dass das Management durch Anreize und Sanktionen die Organisation steuern konnte, indem es eine Übereinstimmung der Interessen der Agenten mit jenen des Prinzipals herstellte. Management- und Produktionskonzepte wurden vor diesem Hintergrund nun aber auch für die Industriesoziologie zum Thema (Kern/Schumann 1984), das Managementwissen wurde als Rationalisierungswissen zum Untersuchungsgegenstand (Deutschmann et al. 1995). Mit dem neuen Institutionalismus und der sich daran orientierenden → Organisationssoziologie interessiert sich die Arbeits- und Industriesoziologie heute auch dafür, dass Managementstrukturen und Managementideen von den unterschiedlichsten Organisationen – seien es Krankenhäuser, Universitäten oder Kirchen – übernommen werden, um als rational zu gelten und mehr Ressourcen akquirieren zu können. Ob sich mit der Etablierung moderner Managementstrukturen aber die Steuerbarkeit der Organisationen verbessert oder ihre Rationalität erhöht, bezweifelt sie ebenso nachdrücklich wie die Systemtheorie Luhmann'scher Prägung. Das Management kann in der systemtheoretischen Perspektive zwar Steuerungsimpulse geben und formale Entscheidungsprämissen setzen, aber damit nicht sicherstellen, dass sich emergente, komplexe Entscheidungsprozesse daran orientieren.

Zentrale Forschungsergebnisse, internationaler Bezug

In einer sozialwissenschaftlichen Perspektive stehen bei der Beschäftigung mit dem Thema „Management" nicht so sehr die zugeschriebenen Eigenschaften, Kompetenzen oder Führungsstile einer Akteursgruppe im Vordergrund, sondern ihre gesellschaftliche Rolle und ihre Bedeutung für die Organisation/en moderner Industrie- und → Arbeitsgesellschaften.

Bezogen auf die Karrieren und die sozialstrukturelle Herkunft der Top-Manager hat sich mit der Globalisierungsliteratur die Annahme verbreitet, es habe sich mit den transnationalen Unternehmen auch eine neue globale Elite, eine „Weltklasse" des Managements herausgebildet (→ Managementkarriere). Demgegenüber zeigen verschiedene internationale Studien (Hartmann 2007, 2015, 2016, 2018, 2020, Pohlmann 2009, Pohlmann/Lim 2014, Minssen 2009 a, 2019 a, Mense-Petermann/Wagner 2006, Mense-Petermann et al. 2013, Park/Mense-Petermann 2014, Spiegel et al. 2019) zum einen, dass die Internationalisierung des Managements in Deutschland, Europa, Ostasien und in den USA mit wenigen Ausnahmen nicht der forcierten Internationalisierungsdynamik der Unternehmen folgt. Zwar hat die zeitlich befristete Entsendedynamik zugenommen, aber nach wie vor werden für mittlere und Top-Führungspositionen eher Insider rekrutiert, und die Rückkehr der sog. Expatriates erweist sich als mit Problemen behaftet. Zum anderen wird für Top-Managementpositionen in Deutschland, Europa und in den USA – mit wenigen Ausnahmen – zwar bevorzugt Personal mit gehobener sozialer Herkunft rekrutiert, aber es findet, z.B. in Deutschland, keine Elitereproduktion statt. Das bedeutet, dass die Eltern oder die erwachsenen Kinder von Top-Managern zwar oft gehobenen Schichten angehören, aber selbst keine Elitepositionen innehaben. Zudem fällt in sozialstruktureller Hinsicht auf, dass Frauen auf diesen Positionen – mit Ausnahme weniger Länder – deutlich in der Minderzahl sind. Zur Erklärung dieser sozialstrukturellen Befunde wird gerne auf die Annahme rekurriert, dass im Management eine Rekrutierung nach sozialer Ähnlichkeit stattfinde, die sowohl den Habitus als auch das Geschlecht einbeziehe. Sozialwissenschaftliche Studien zum Lebensstil und Habitus der Manager, die diese Annahme belegen könnten, liegen bisher jedoch kaum vor. Allerdings zeigen die wenigen Untersuchungen zu den Familienwelten von Managern, dass diese sich in Deutschland zumindest im Rahmen eines bürgerlichen Lebensstils bewegen (vgl. Böhnisch 1999, Liebold 2001). Zugleich wird bei der Erklärung dieser sozialstrukturellen Befunde aber auch auf die Selektionseffekte der Bildungssysteme verwiesen, welche die Rekrutierung der Manager mitbestimmen.

Die meisten Top-Manager in Europa, Ostasien und in den USA haben Wirtschafts- oder Ingenieurwissenschaften studiert und ihr Studium weit überproportional entweder an Eliteuniversitäten abgeschlossen oder können, wie in Deutschland, Eliteabschlüsse mit dem Doktortitel nachweisen. Auch bei den Managern von Klein- und Mittelunternehmen ist der Akademisierungsgrad (mit einer ähnlichen Bedeutung von Ingenieur- und Wirtschaftswissenschaften) sehr hoch (vgl. dazu für das Management in Ost- und Westdeutschland Martens/Michailow 2003, S. 25 f.; vgl. in komparativer Perspektive auch Bluhm et al. 2011). Da die Bildungssysteme in Deutschland, aber z.B. auch in den USA, in Frankreich, England oder Ostasien sozial selektiv sind, bauen insbesondere die Eliteabschlüsse voraussetzenden Managerkarrieren bereits auf einem hohen Maß an sozialstruktureller Ungleichheit und horizontaler Segregation auf.

Neben den Karrieren und den sozialstrukturellen Hintergründen beleuchtet die sozialwissenschaftliche Forschung auch zunehmend die Handlungsrationalitäten des Managements sowie die Handlungskonstellationen, in denen es sich bewegt. So wird der konstatierte institutionelle Wandel des Kapitalismus in der Arbeits- und Industriesoziologie als einer verstanden, der auf die Handlungsrationalitäten der Unternehmer und Manager zurückweist. Daher werden auch die Wandlungen im „Geist des Kapitalismus“ thematisiert, und es wird untersucht, welche Prinzipien die Manager ihrem Handeln zugrunde legen.

In den letzten Jahrzehnten ist deutlich geworden, dass die Veränderungen der institutionellen Bedingungen des Kapitalismus durch die → Globalisierung und Entwicklung der Finanzmärkte sowohl andere Möglichkeiten als auch Restriktionen für manageriales Handeln mit sich brachten. Sie wurden unter den Stichworten von Neoliberalismus, Shareholder Value oder finanzmarktgetriebener Kapitalismus international breit diskutiert. Die u.a. mit Bezug auf die USA und auf Deutschland formulierte These lautet in diesem Zusammenhang, dass der Managerkapitalismus heute durch einen → Finanzmarkt-Kapitalismus abgelöst werde. Mit den institutionellen Investoren habe sich eine *neue Wirtschaftselite* ausdifferenziert, der es gelungen sei, die Macht der Manager zu begrenzen und die Managerbürokratie den Imperativen der globalen Finanzmärkte zu unterwerfen. Die Handlungsrationalitäten der Manager werden, so versuchen die Autoren zu zeigen, von diesem Institutionenwandel mitbestimmt, der nach Meinung vieler Autoren in Deutschland auf einen Wandel des neokorporatistischen Kapitalismus hinausläuft (vgl. zu dieser Diskussion Windolf 2012, S. 4, 2014, Faust/Thamm 2015, Faust et al. 2017). Aber auch innerhalb der Unternehmen haben „Downsizing“ und „Lean-Management“ vor dem mittleren Management nicht haltgemacht, ohne jedoch deren Hochleistungskulturen zu zerstören (vgl. für das mittlere Management auch Faust 2002, Kotthoff/Wagner 2008). Dabei wird jedoch nicht mehr eine „Konvergenz der Kapitalismen“ vermutet. Vielmehr ist von einem pfadabhängigen Wandel die Rede, der durch das Zusammenspiel von institutionellen Anlegern, Managern von Großunternehmen und den politischen Kräften maßgeblich geprägt wird (vgl. Windolf 2012, S. 4).

In der daran anschließenden Beschäftigung mit dem „Geist des Kapitalismus“ zeigen u.a. Boltanski und Chiapello anhand ihrer Analyse der Managementliteratur der 1990er Jahre auf, wie sich die Rechtfertigungsstrukturen im Kapitalismus in Richtung eines stärkeren Abbaus von Hierarchien und einer projektorientierten Fassung von Arbeit geändert haben (Boltanski/Chiapello 2003, S. 100–109). Daran schließen sich Diskursanalysen der 2000er Jahre an, die insbesondere auf eine neoliberale Diskursformation hinweisen. Dabei obliegt die Leitung der Teams einem neuen Typ von Managern, der als Coach seinen Mitarbeitern gegenüber eine beratende Rolle einnimmt. Nicht Kontrolle, sondern charismatisches Auftreten und Beratung, kreative Planung und Innovation werden nun als zentrale Aufgaben dargestellt (Schmidt-Wellenburg 2009, S. 331). Die internationale Forschung zeigt vor dem Hintergrund dieses Diskurses zwar auf, dass die Stellungnahmen der Manager in den verschiedenen Ländern in eine ähnliche Richtung weisen (vgl. dazu u.a. die auf den Vergleich von 62 Ländern angelegte GLOBE-Studie). Aber generalisierbare Befunde zum tatsächlichen Führungsgeschehen sind bisher kaum verfügbar. Im internationalen Managementdiskurs ist es darüber hinaus von großer Bedeutung, dass die Kontrolle der Manager zunehmend dem Markt für Unternehmenskontrolle überlassen werden kann. Die Manager sollen an den Effekten ihrer Entscheidungen für die Bewertung des Unternehmens auf den Finanzmärkten gemessen werden und haben durch ihre Vergütung selbst ein Interesse, ihre Entscheidungen daran zu orientieren. Wie stark jedoch die Handlungsrationalitäten der Manager tatsächlich in der einen und anderen Weise „neoliberal“ orientiert sind, darüber gibt es derzeit nur abgeleitete Vermutungen und Indizien, aber bislang nur wenige abgesicherte Befunde.

Verstärkt thematisiert wird in den letzten Jahren die mit der „digitalen Transformation“ einhergehende Veränderung der Organisationsstrukturen von Unternehmen und die Rolle des Managements dabei (Elias/Valarini 2021). Im Managementdiskurs werden diesbezüglich neue Führungskonzepte unter dem Label „digital leadership“ oder „agile Führung“ diskutiert (Boes et al. 2018, 2021, Gergs/Lakeit 2020 a, b). Zur Digitalisierung von Führungsbeziehungen fehlen bisher aber weitgehend noch fundierte empirische Beiträge (Pfeiffer 2019 a). Der Praxisdiskurs mit seinen Verlautbarungen überwiegt (Lenz/Grützmacher 2018, Franken/Franken 2018) ebenso, wie Theorien des digitalen Kapitalismus einen Aufschwung erfahren (Pfeiffer 2021 a) (→ auch Digitale Transformation der Arbeit, Unternehmens[re]organisation).

Bezüglich der Interaktionsformen zwischen Managern und → Betriebsräten konstatiert man in Deutschland eine Tendenz von teilweise eher konfliktorientierten zu weitgehend entideologisierten sowie stärker sachbezogenen Kooperationsformen (Gerst 2020, Müller-Jentsch 2021 a) (→ auch Industrielle Beziehungen). Die Betriebsräte sind oft besser qualifiziert als früher und kommen oft aus dem Angestelltenbereich. Ihr Arbeitsstil sei „gegenstands- und effizienzorientiert, systematisch, delegativ und teamförmig“ (Schmidt/Trinczek 1999 b, S. 123) und häufiger als früher an einem Co-Management orientiert. Auf der anderen Seite weisen z.B. die Untersuchungen der Werthorizonte von Top- und mittleren Managern in Deutschland darauf hin, dass die Orientierung an Gemeinschafts- und Solidaritätswerten sowie die Bereitschaft zur Übernahme gesellschaftlicher Verantwortung zwar nicht geringer geworden ist (vgl. dazu Buß 2007, Imbusch/Rucht 2007), sich das Verständnis dafür aber stark geändert hat. Soziale Werte, so schreibt Buß, haben eine individualistische Färbung angenommen. Auch in der Frage der Mitbestimmung lockern sich die klaren Orientierungen vorangegangener Generationen an den Sozialpakt-Prinzipien von „Fairness“ und „Geben und Nehmen“. Stattdessen werden Leistungsprinzipien in den Mittelpunkt gestellt, hinter denen eine Humankapitaltheorie erkennbar wird, die von kollektiven Organisationsformen von Interessen zunehmend Abstand nimmt (vgl. dazu Pohlmann 2011). Jeder ist seines eigenen Glückes Schmied und für sich selbst verantwortlich, scheint die Devise der jüngeren Managergenerationen zu sein. Imbusch/Rucht (2007, S. 10) stellen diesen Befund in ihrer Studie in einen größeren Sinnzusammenhang, indem sie schreiben: „Diese Haltung signalisiert eine Verlagerung vom eher europäischen Modell der Solidarität der Brüderlichkeit (...) zum eher US-amerikanischen Modell der *Charity*, einer Solidarität des Mitleids, beruhend auf der Gunst der Gebenden und der Dankbarkeit der Nehmenden“ (Hervorh. im Orig.).

Markus Pohlmann

Empfehlungen zum Weiterlesen

Boes, Andreas/Gül, Katrin/Kämpf, Tobias/Lühr, Thomas 2021: Empowerment in der agilen Arbeitswelt: Ein Schlüssel für die nachhaltige Gestaltung neuer

Arbeitsformen. In: Bauer, W./Mütze-Niewöhner, S./Stowasser, S./Zanker, C./Müller, N. (Hg.): Arbeit in der digitalisierten Welt: Praxisbeispiele und Gestaltungslösungen aus dem BMBF-Förderschwerpunkt. Berlin/Heidelberg: Springer Vieweg, S. 307–319.
Buß, Eugen 2007: Die deutschen Spitzenmanager. Wie sie wurden, was sie sind. Herkunft, Wertvorstellungen, Erfolgsregeln. München/Wien: Oldenbourg.
Elias, Friederike/Valarini, Elizângela 2021: Von der charismatischen Herrschaft zum „digital leader“: Führung im Wandel? In: Arbeit, Jg. 30, H. 3, S. 239–259.
Hartmann, Michael 2016: Die globale Wirtschaftselite: Eine Legende. Frankfurt a.M./New York: Campus.
Hartmann, Michael 2020: Nichts Neues an der Spitze der Großunternehmen!? Die deutsche Wirtschaftselite zwischen 1970 und 2020. In: Berliner Journal für Soziologie, Jg. 30. H. 3, S. 347–368.
Minssen, Heiner 2019: Management und Karriere. In: Minssen, H.: Arbeit in der modernen Gesellschaft: Eine Einführung (2. Aufl.). Wiesbaden: Springer VS, S. 159–174.
Pohlmann, Markus/Lim, Hyun-Chin 2014: A New „Spirit“ of Capitalism? Globalization and its Impact on the Diffusion of Neoliberal Management Thinking in Germany and the East Asian Economies. In: Development and Society, Vol. 43, No. 1, S. 1–32.

Managementkarriere

Begriff

Mit dem Begriff Karriere, der vom alten französischen Wort „carrière“ = Straße oder Rennbahn abstammt, wird in Lexika gemeinhin die zeitliche Abfolge der verschiedenen Entwicklungsschritte eines Menschen innerhalb seines Berufslebens bezeichnet. Im deutschsprachigen Kontext wird der Begriff dabei relativ eng mit beruflichem Erfolg und innerorganisatorischem Aufstieg assoziiert, während er im angelsächsischen Sprachraum allgemeiner als Laufbahn- oder Berufsverlauf (auch horizontal) begriffen wird (Mayrhofer et al. 2002, S. 394). Diese grundsätzliche Differenz trifft auch auf den Begriff der Managementkarriere zu (→ Management), allerdings in geringerem Maße, weil dort der Bezug auf die hierarchische Position innerhalb einer Organisation relativ eindeutig ist.

Genese/theoretischer Kontext

Der Unterschied im Verständnis von Karriere ist jedoch erst seit den 1990er Jahren wirklich relevant geworden, als in der angelsächsischen Organisationsforschung die Begriffe von der „boundaryless career“ (Arthur/Rousseau 1996) oder der „protean career“ (Hall 1996) entwickelt und erfolgreich etabliert wurden. Mit diesem Begriff grenzten sich die Autoren bewusst von den (bis dahin auch in den USA) vorherrschenden Ansätzen der organisationsbezogenen Karriereforschung ab, die aus ihrer Sicht nicht mehr in der Lage waren, die neuen Formen von Berufsverläufen, die sich nach ihrer Ansicht durch einen ständigen Wechsel des Arbeitsplatzes wie der Organisation auszeichneten, angemessen zu erfassen. Karrieren seien heute nicht mehr organisationsgebunden und gehorchten daher nicht mehr den Regeln von Organisationen, sondern seien immer stärker individualisiert, d.h. letztlich frei von bestehenden organisatorischen Arrangements vom Individuum selbst zu bestimmen (→ auch Arbeitskraftunternehmer, Entgrenzung).
Auch für die Debatte über Managementkarrieren haben beide Begriffe, vor allem aber der von der „boundaryless career“, in den letzten Jahren eine zunehmend größere Rolle gespielt. „Boundaryless career“ wird in erster Linie im Zusammenhang mit Prognosen von globalen, grenzüberschreitenden Karrieremustern verwendet und dominiert mittlerweile die angelsächsische Diskussion über das Verhältnis von Globalisierungsprozessen und Management, inklusive Managementkarrieren (Mense-Petermann 2009, S. 4).
Die sozialwissenschaftliche Debatte im deutschsprachigen Raum hat die beiden Begriffe erst vor knapp eineinhalb Jahrzehnten aufgenommen, und das überwiegend kritisch (u.a. Minssen 2009 b, Pohlmann 2009). Es dominierten bis dahin Forschungen, die sich mit den Folgen der Dezentralisierung von Unternehmen auf Managementkarrieren (Faust et al. 2000, Kotthoff 1997), mit der Bedeutung der sozialen Herkunft für Karrieren im Topmanagement (Hartmann 1996, 2002) oder der Ablösung des deutschen durch das angelsächsische Managementmodell beschäftigen (Streeck/Höpner 2003, Höpner 2004 a).

Zentrale Forschungsergebnisse

Was die Konsequenzen der Dezentralisierung angeht, kommen die Studien in den wesentlichen Punkten zu denselben Ergebnissen. Die Anzahl der Managementpositionen nimmt durch den

Wegfall von Hierarchieebenen erheblich ab und die für deutsche Unternehmen typische Form der Kaminkarriere (in einem funktionalen Bereich wie etwa Technik oder Vertrieb von Stufe zu Stufe aufwärts) verliert spürbar an Bedeutung (→ auch Unternehmens[re]organisation, Produktionsregime). Damit wird auch der für hochqualifizierte Fachkräfte traditionell gültige implizite Vertrag (zumindest ein ganzes Stück weit) aufgekündigt, der für hohe Leistungsbereitschaft und Loyalität dem Unternehmen gegenüber eine gewisse Karrieregarantie beinhaltete. Umstritten bleibt allerdings, ob diese Aufkündigung zu dauerhaft negativen Reaktionen aufseiten der Fach- und Führungskräfte führt (Faust et al. 2000, Kotthoff 1997, Kotthoff/Wagner 2008).

Was die Bedeutung der sozialen Herkunft betrifft, sind die Forschungsergebnisse ebenfalls eindeutig. Vier Fünftel der Spitzenmanager – und das gilt für alle großen Industrieländer – stammen aus den oberen vier Prozent der Bevölkerung, dem Bürgertum (inkl. Großbürgertum). Verantwortlich dafür sind soziale Selektionsmechanismen im Bildungs- wie im Berufssystem. So wirken in Frankreich Elitebildungsinstitutionen als entscheidender sozialer Filter, in Deutschland dagegen persönlichkeitsbezogene Auswahlkriterien in den Unternehmen selbst (Hartmann 2007, 2020). Letztere sorgen dafür, dass selbst unter promovierten Ingenieur-, Rechts- und Wirtschaftswissenschaftlern die Wahrscheinlichkeit, die erste Führungsebene eines großen Unternehmens zu erreichen, je nach sozialer Herkunft enorm unterschiedlich ausfällt. Bei aus dem Großbürgertum stammenden Personen liegt sie bis zu viermal höher als bei solchen aus den Mittelschichten und der Arbeiterschaft. Kinder von hohen Managern haben sogar eine siebzehn Mal so große Chance wie Arbeiterkinder (Hartmann 2002).

Die Debatte um die Ablösung des deutschen durch das angelsächsische Management- und Karrieremodell ist erheblich kontroverser. Ein Teil der Forscher geht wie Streeck und Höpner davon aus, dass das spezifische deutsche Modell erodiert. Es habe sich durch „technische statt finanzwissenschaftlicher Expertise sowie lange Unternehmenszugehörigkeiten und Amtszeiten" ausgezeichnet (Streeck/Höpner 2003, S. 32). Die vorwiegend innerbetriebliche Rekrutierung des Managements bis in die Spitzenpositionen hinein habe eine auf Dauerhaftigkeit und Produktqualität statt auf das Erreichen relativ kurzfristiger Gewinnmarken angelegte Firmenpolitik begünstigt. Demgegenüber führten im angelsächsischen Raum die aufgrund vorwiegend externer Rekrutierung viel kürzeren Verweilzeiten des Führungspersonals innerhalb der Unternehmen zu einer Politik, die kurzfristig zu erzielende Gewinne in den Mittelpunkt des Managementhandelns stelle (Höpner 2004 a, S. 265 f.). Die veränderten Rahmenbedingungen auf den internationalen Märkten, vor allem dem für Kapitalanlagen und -verkehr, hätten nun in den letzten zehn bis 15 Jahren zu einer Angleichung der deutschen Managementkarrieren an die Gegebenheiten in Großbritannien und den USA geführt (→ auch Finanzmarkt-Kapitalismus). Andere Studien kommen zu gegenteiligen Ergebnissen (Hartmann 2009, 2015, 2016, 2020, Pohlmann 2009). Sie betonen die hohe Stabilität der jeweils nationalen Karrieremuster und stellen damit zugleich auch die These von der „boundaryless career" in Frage.

Wie stabil Karrieremuster nach wie vor sind, zeigt sowohl ein Vergleich von Topmanagementkarrieren in den fünf größten europäischen und den drei größten außereuropäischen Wirtschaftsmächten als auch die Entwicklung in Deutschland in den letzten Jahrzehnten (Hartmann 2015, 2020). Es gibt vier Grundtypen von Karrieren: die Hauskarriere, bei der jemand in den ersten fünf Jahren nach Abschluss seiner Berufsausbildung seine Karriere in einem Unternehmens beginnt und sie ausschließlich dort fortsetzt; die Branchenkarriere mit Unternehmenswechseln innerhalb einer einzigen Branche; die Interbranchenkarriere mit Wechseln zwischen verschiedenen Branchen, aber ausschließlich innerhalb der Wirtschaft; und schließlich die Karriere mit wichtigen Karriereabschnitten außerhalb der Wirtschaft, vor allem in der Politik und der hohen Verwaltung. Bei den Vorstandsvorsitzenden der 100 größten deutschen Unternehmen ist die Verteilung auf diese vier Typen heute exakt dieselbe wie 1995 (Hartmann 2020, S. 354). Die Stabilität ist außerordentlich hoch. Betrachtet man die acht genannten Länder, zeigen sich allerdings große nationale Unterschiede (siehe Tab. 1).

Tab 1: Karrierewege der einheimischen Topmanager der 100 größten Unternehmen Deutschlands, Frankreichs, Großbritanniens, Chinas, Japans und der USA sowie der 30 größten Unternehmen Italiens und Spaniens (in Prozent)

	D	F	GB	IT	ESP	USA	JAPAN	CHINA
Hauskarriere	43,7	27,2	25,8	43,3	16,7	46,8	96,8	30,3
Branchenkarriere	21,8	14,1	31,8	26,7	23,3	23,4	1,1	33,3
Interbranchenkarriere	31,0	18,5	36,4	30,0	33,3	21,3	1,1	3,0
Karriere mit Karriereabschnitten außerhalb der Wirtschaft	3,4	40,2	6,1	–	26,7	8,5	1,1	33,3

Quelle: Hartmann 2015

In Japan ist die Hauskarriere obligatorisch. Fast 97% der Firmenpräsidenten haben ihr gesamtes Berufsleben in ein und demselben Unternehmen verbracht. Auch in Deutschland, Italien und den USA hat immerhin noch fast jeder zweite Topmanager diesen Karriereweg beschritten. In China, Frankreich und Großbritannien sind es demgegenüber nur 25 bis 30%. Dafür haben ein Drittel der chinesischen CEO (Chief Executive Officer) und 40% der französischen PDG (Président-Directeur Général) einen mehr oder minder langen Teil ihrer Berufskarriere in staatlichen Institutionen, vor allem der Verwaltung oder der Politik, absolviert. In allen anderen Ländern mit Ausnahme Spaniens, wo auch gut jeder Vierte den Weg über die hohe Verwaltung und Politik gegangen ist, trifft das dagegen auf kaum einen Manager zu. Die Werte schwanken gerade einmal zwischen null und gut acht Prozent. Reine Branchenkarrieren wiederum findet man am häufigsten in China und Großbritannien, wo jeder dritte Spitzenmanager seine gesamte Karriere in nur einer Branche verbracht hat. Karrieren über die Branchengrenzen hinweg, nicht aber über die Grenzen der Wirtschaft, sind ebenfalls besonders oft in britischen Großunternehmen zu beobachten, wo mehr als 36% diesen Weg gewählt haben. In Italien, Deutschland, den USA und Spanien ist es auch ungefähr ein Drittel. In China und Japan ist dieser Typus dagegen kaum zu finden. Bei einer Untergliederung in Alterskohorten ändert sich an diesen spezifischen nationalen Karrieremustern kaum etwas.

Wie dominant die nationalen Karrierewege sind, zeigt ein Vergleich zwischen Japan und Frankreich; denn die Eliten dieser beiden Länder haben viel gemein. Das gilt nicht nur für die zentrale Rolle, die die führenden Elitehochschulen bei ihrer Ausbildung spielen, sondern auch für die traditionell engen Verbindungen zwischen den Spitzen der drei entscheidenden gesellschaftlichen Sektoren, der Wirtschaft, der Politik und der Verwaltung. Was sie aber grundlegend unterscheidet, ist die Art und Weise, in der die Toppositionen in den großen Konzernen besetzt werden. In Japan herrscht ein striktes Modell des innerbetrieblichen Aufstiegs vor. Die Absolventen der Elitehochschulen treten unmittelbar nach dem Abschluss des Studiums in ein Unternehmen ein und verlassen dieses während ihres gesamten Berufslebens nicht mehr (Ernst 1998). In Frankreich dagegen ist es nach dem Abschluss an einer Elitehochschule üblich, die Karriere zunächst in der hohen Verwaltung zu beginnen und nach einigen Jahren dann direkt in die Topetage eines großen Unternehmens zu wechseln (Hartmann 2007, S. 99ff.).

Dass solch unterschiedliche nationale Elitebildungs- und -rekrutierungssysteme mit ihren jeweils spezifischen Karrierepfaden und Elitenetzwerken einer Inter- und Transnationalisierung der Wirtschaftseliten große Hindernisse in den Weg legen, ist offensichtlich. Von „boundaryless careers" zu sprechen ist daher mehr als gewagt. Karrieren bleiben im Kern national, und das nicht nur im Topmanagement (Minssen 2009 b, Pohlmann 2009). Minssen (2009 b, S. 54) spricht sogar ausdrücklich davon, dass in einem Forschungsprojekt über Expatriates nicht einmal Ansätze von „boundaryless careers" auszumachen waren. Von einer globalen Wirtschaftselite ist jedenfalls nicht viel zu sehen. Knapp 90% der Topmanager der 1000 größten Unternehmen der Welt arbeiten und leben in ihrem Heimatland (Hartmann 2016, S. 31ff.). In den Ländern, in denen der Anteil der Ausländer unter den Topmanagern besonders hoch war, ist in den letzten Jahren sogar ein Rückgang zu verzeichnen. So ist der Ausländeranteil in Deutschland von 15 auf zehn Prozent gesunken, in Großbritannien von 33 auf 30% und in der Schweiz von 72 auf 40% (Hartmann 2020, S. 363 f.).

Michael Hartmann

Empfehlungen zum Weiterlesen

Hartmann, Michael 2002: Der Mythos von den Leistungseliten. Spitzenkarrieren und soziale Herkunft in Wirtschaft, Politik, Justiz und Wissenschaft. Frankfurt a.M./New York: Campus.
Hartmann, Michael 2016: Die globale Wirtschaftselite. Eine Legende. Frankfurt a.M./New York: Campus.
Hartmann, Michael 2020: Nichts Neues an der Spitze der Großunternehmen!? Die deutsche Wirtschaftselite zwischen 1970 und 2020. In: Berliner Journal für Soziologie, Jg. 30, H. 3–4, S. 347–368.
Kotthoff, Hermann/Wagner, Alexandra 2008: Die Leistungsträger. Führungskräfte im Wandel der Firmenkultur – eine Follow-up-Studie. Berlin: edition sigma.
Mense-Petermann, Ursula 2009: Zwischen „Weltklasse" und „Nomaden wider Willen" – Soziologische Beiträge zur Globalisierung des Managements. In: Österreichische Zeitschrift für Soziologie, Jg. 34, H. 4, S. 3–12.
Minssen, Heiner 2009 b: Karriere durch Auslandsentsendungen? In: Österreichische Zeitschrift für Soziologie, Jg. 34, H. 4, S. 41–59.
Pohlmann, Markus 2009: Globale ökonomische Eliten? Eine Globalisierungsthese auf dem Prüfstand der Empirie. In: Kölner Zeitschrift für Soziologie und Sozialpsychologie, Jg. 61, H. 4, S. 513–543.

Markt

Begriff

Der Begriff „Markt" bezeichnet eine spezifische Form des Tausches, bei der Wettbewerber um vorteilhafte Tauschchancen konkurrieren, ohne dass sie dabei einem direkten Zwang unterliegen. Sie bleiben in dieser Tauschbeziehung formal unabhängig voneinander und regeln den Tausch typischerweise in der Form von Verträgen. In marktförmigen Beziehungen ist es legitim, ein ausschließliches (sachliches) Interesse am Tauschgut zu verfolgen. Damit kommt dem marktförmigen Tausch eine besondere Kulturbedeutung zu, wie insbesondere Max Weber gezeigt hat. Bereits Karl Marx wies allerdings darauf hin, dass die marktförmige Zirkulation von Waren voraussetzungsreich ist und Kosten verursacht, so dass von einer prinzipiellen Krisenhaftigkeit ausgegangen werden müsse. Die spätere → Wirtschaftssoziologie hat diesen Grundgedanken aufgegriffen und gezeigt, dass zahlreiche institutionelle Voraussetzungen notwendig sind, damit Märkte entstehen und aufrecht erhalten werden können. Ein Kernproblem der Marktakteure ist dabei, wie sie das Problem der Unsicherheit überwinden. Macht- und Informationsasymmetrien können den formal freien Tausch wesentlich beeinflussen, z.B. in Arbeits- oder Wohnungsmärkten. Außerdem können Märkte zu einer gesellschaftlich unerwünschten Verteilung führen und spezifische Marktversagen generieren. Die gesellschaftliche Einbettung von Märkten ist zu einer zentralen These geworden, die selbst für die besonders abstrakt und unpersönlich erscheinenden modernen Finanzmärkte geltend gemacht werden kann. Die soziologische Forschung richtet sich also sowohl auf die Analyse von Produktmärkten als auch von Arbeitsmärkten und Finanzmärkten, ebenso wie auf Prozesse der allgemeinen → Vermarktlichung der Gesellschaft.

Genese/theoretischer Kontext

Soziologische Ansätze betrachten Märkte typischerweise nicht als abstrakte Prinzipien oder kontextfreie ahistorische Gebilde, sondern als konkrete Phänomene, die institutionell oder kulturell eingebettet sind. Karl Polanyi argumentierte in seiner klassischen Studie „The great transformation", dass eine Verselbstständigung von Marktstrukturen im Sinne einer „Entbettung" zerstörerische Folgen für die Gesellschaft habe (Polanyi 1978). Spätere Arbeiten weisen jedoch nach, dass Märkte im Grunde nicht ohne Einbettung bestehen. Dieser Nachweis zieht sich durch die kultursoziologischen Studien zur symbolischen und emotionalen Bedeutung von Geld (Zelizer 1997) über die kulturelle Einbettung von Transaktionen auf Finanzmärkten (Abolafia 1996) und die notwendige Einbettung von Marktverträgen in Kollaborationsbeziehungen (Priddat 2012) bis hin zur Moralisierung von Märkten (Arnold/Hasse 2016, Stehr 2007, Arnold 2019).

Die Erzeugung von Gütern und Dienstleistungen lässt sich als ein Prozess rekonstruieren, in dem permanent verschiedene Ressourcen gegeneinander getauscht werden: Rohstoffe werden gegen Geld getauscht; → Arbeit und Formen von Energie kommen im Tausch gegen Geld im Produktionsprozess zum Einsatz; das fertige Produkt (oder die Dienstleistung) wird wiederum im Tausch gegen Geld auf den Endmärkten veräußert. Für die Arbeits- und Industriesoziologie, die sich mit der Entwicklung kapitalistischer Wirtschafts- und Organisationsformen befasst, stellt sich nun die interessante Frage, warum bestimmte Teile dieses Prozesses tatsächlich marktförmig durchgeführt werden (durch den freien Markttausch), während andere Teile des Prozesses „unfrei" getauscht werden, nämlich im Rahmen von hierarchischer Organisation – also in Wirtschaftsunternehmen (→ auch Betrieb). Diese Frage stellt sich umso dringender, als die Betrachtung der Wirtschaftsgeschichte unterschiedliche historische Phasen erkennen lässt, in denen jeweils andere Lösungen für diese Aufteilung zwischen Markt und Hierarchie Dominanz erlangt haben (Chandler 1962). Der in den 1980er und 1990er Jahren von vielen konstatierte Wechsel von fordistischen zu postfordistischen Produktionsmodellen (Hirsch 2001) lässt sich u.a. dadurch charakterisieren, dass viele Bereiche der Produktion von Hierarchie auf Markt umgestellt wurden. Das gilt sowohl innerhalb der Unternehmen, indem z.B. Unternehmenseinheiten als unabhängige Profitcenter behandelt wurden, als auch zwischen den Unternehmen und der wirtschaftlichen Umwelt, da viele Zulieferfunktionen ausgelagert und auf nun formal unabhängige Zulieferer übertragen wurden (→ auch Fordismus, Produktionsregime, Unternehmens[re]organisation). Außerdem werden Märkte zunehmend als instrumentell im Sinne einer effektiven Umsetzung politischer Ziele diskutiert, beispielsweise in der Umweltpolitik (Störmann 2019).

Ein wichtiger theoretischer Ansatz, der die Grundlagen für diese Fragestellung liefert, ist der Transaktionskostenansatz in der Ökonomie. Ronald H. Coase formulierte bereits 1937 in seinem Aufsatz „The Nature of the Firm", dass der Markttausch u.a. mit Such- und Informationskosten, Verhandlungs-, Absicherungs- und Durchsetzungskosten verbunden ist. Marktakteure werden typischerweise versuchen, derartige Kosten einer Transaktion zu reduzieren. Die Erschaffung von Firmen ist eine wichtige Antwort auf das Problem der Transaktionskosten (Coase 1937). Oliver E. Williamson hat diese grundlegenden Formulierungen aufgegriffen und auf eine Reihe empirischer Phänomene wirtschaftlicher Organisation übertragen. Im Mittelpunkt steht dabei die Frage nach der Effizienz unterschiedlicher organisationaler Arrangements. So widmete er sich beispielsweise der Vielfalt von Unternehmensformen, der Organisation von Arbeitsabläufen in Unternehmen sowie der Organisiertheit von Arbeiterinteressen außerhalb von Unternehmen (Williamson 1975).

In der soziologischen Forschung ist dieser Ansatz aufgegriffen und um weitere Koordinationsformen wirtschaftlichen Handelns erweitert worden. Allerdings wird hier die Vorteilhaftigkeit einer jeweiligen Lösung nicht allein mit einer Reduktion der Transaktionskosten gleichgesetzt. Stattdessen geraten zusätzliche gesellschaftliche Dimensionen ins Blickfeld. Hollingsworth und Boyer stellten verschiedene Koordinationsformen einander gegenüber und verglichen ihre Leistungsfähigkeit im Hinblick auf die zentrale Fragestellung, die aus soziologischer Sicht auch für die Analyse von Wirtschaftsprozessen im Vordergrund steht: Wie ist Handlungskoordination überhaupt möglich (Hollingsworth/Boyer 1997)? Jede dieser Koordinationsformen birgt sowohl spezifische Leistungspotenziale als auch spezifische Formen des Versagens in sich. Die Koordinationsformen kapitalistischen Wirtschaftens lassen sich daher typischerweise als eine spezifische Kombination unterschiedlicher Koordinationsformen beschreiben, die zusammen sogenannte soziale Systeme der Produktion ergeben. Daraus lässt sich die Frage ableiten, welche typischen Produktionssysteme innerhalb von einzelnen Industriebranchen oder in unterschiedlichen geografischen Regionen bestehen (z.B. Saxenian 2004, Cooke et al. 2004) bzw. ob es nicht grundlegend unterschiedliche Spielarten des Kapitalismus gibt (Hall/Soskice 2001 a) (→ Varieties of Capitalism).

Ein zentraler Zugang der Arbeits- und Industriesoziologie zum Thema Markt ergibt sich aus der Beschäftigung mit Arbeitsmärkten (Köhler et al. 2017). Ein wichtiges Ausgangsproblem stellt die Frage nach der → Transformation von Arbeitskraft (die von den Arbeitsuchenden angeboten wird) in tatsächliche Arbeit (die von den Betrieben für den Produktionsprozess nachgefragt wird) dar (Minssen 2006). Neben der Organisation der Arbeit (→ Arbeitsorganisation) in den Betrieben spielt für diese Frage der Arbeitsmarkt eine wichtige Rolle, da hier ein Passungsverhältnis zwischen Angebot und Nachfrage hergestellt wird. Sie zeichnen sich jedoch im Vergleich z.B. zu Gütermärkten durch einige Besonderheiten aus. Der Tauschvorgang führt nicht einfach dazu, dass ein Tauschobjekt den Besitzer wechselt, sondern er führt zu einem längerfristigen Autoritätsverhältnis, in dem der Anbieter der Arbeitskraft dem Nachfrager eine dauerhafte und wiederkehrende Verfügungsgewalt über die Nutzung der Arbeitskraft einräumt. Beide Seiten des Tauschverhältnisses sind hoch reguliert und in gesellschaftliche Normsysteme eingebunden, so z.B. die Bedingungen am Arbeitsplatz (Sicherheit, Ausstattung, Arbeits- und Ruhezeiten) wie auch die Höhe des Lohns und sonstiger Kompensationsleistungen (Abraham/Hinz 2005). Von besonderem Interesse ist dabei, wer Arbeit zu welchen Konditionen erhält und wodurch dieser Prozess gesellschaftlich kanalisiert wird. Der Zugang zum Arbeitsmarkt sowie die Zusammenhänge zwischen Bildungsinvestition, Beschäftigung und Lohnhöhe werden u.a. durch gesellschaftliche Ausformung der Bildungs- und Qualifikationssysteme geregelt, die formale Bildungsabschlüsse gewähren und durch die Form des → Berufs standardisierte Kompetenzprofile erwarten lassen (Mikl-Horke 2007). Insbesondere die Erstplatzierung auf dem Arbeitsmarkt ist für die Entwicklung der gesamten Arbeitsmarktsituation entscheidend (Dietrich/Abraham 2018). Als Folge von Machtasymmetrien, die den Arbeitsmärkten zugrunde liegen, lassen sich in vielen Gegenwartsgesellschaften stark segmentierte oder duale Arbeitsmärkte empirisch nachweisen. Zur Ermittlung der Ursachen für diese folgenreichen Ungleichheiten in den Arbeitsmärkten steht eine Reihe von soziologischen und im weiteren Sinne sozialwissenschaftlichen Arbeitsmarkttheorien zur Verfügung (Weingärtner 2019). Ungleichheiten werden insbesondere im Hinblick auf die Geschlechtszugehörigkeit sowie auf ethnische Zugehörigkeit bzw. Migrationshintergrund erfasst und in Ursachen und Auswirkungen diskutiert (Gottschall 2018 b, Kalter/Granato 2018). Besonders weitreichende und destabilisierende Folgen werden z.B. bei einer weitverbreiteten dauerhaften Chancenlosigkeit von Jugendlichen auf dem primären Arbeitsmarkt erwartet (Schels 2018) (→ auch Arbeit und Geschlecht, Arbeitsmarktsegmentation, Atypische Beschäftigung, Berufliche Bildung, Entgelt und Leistung, Tarifvertrag).

In den letzten Jahren hat sich die Soziologie verstärkt der Analyse von Spezialmärkten zugewandt, so z.B. Märkten für Kunst (Pardo-Guerra 2013) und Wein (Maguire 2018) sowie illegale Märkte (Beckert/Dewey 2017). Besondere Aufmerksamkeit kommt Finanzmärkten zu, die inzwischen ein weitaus größeres Transaktionsvolumen als Produktmärkte angenommen haben und daher gesellschaftlich von besonderer Bedeutung sind (→ Finanzmarkt-Kapitalismus). Finanzmärkte können als Teil einer Ökonomie zweiter Ordnung betrachtet werden, da sie weder auf die Produktion von Gütern noch auf den Konsum durch Endverbraucher gerichtet sind (Knorr Cetina/Preda 2005). Trotz einer gewissen Entkopplung von realwirtschaftlichen Prozessen sind jedoch auch hier Anzeichen von kultureller und institutioneller Einbettung zu beobachten (Beyer/Senge 2017). Das Beispiel des Derivatehandels wird zudem für den Nachweis genutzt, dass die ökonomische Theorie selbst eine konstitutive Bedeutung für die Ausbildung der Marktstrukturen hat (MacKenzie 2007). Aktuelle Entwicklungen betreffen darüber hinaus eine wachsende Orientierung von Finanzmarkttransaktionen an „Fremd“-Orientierungen wie z.B. an Nachhaltigkeitskriterien, die zu einer neuen Form der Einbettung von Finanzmärkten führen würden (Hiß et al. 2020, Besedovsky 2018) (→ auch Arbeit und Nachhaltigkeit). Umgekehrt wird aber auch eine zunehmende Finanzialisierung von bisher nicht markt- oder finanzförmig organisierten Lebensbereichen konstatiert (Chiapello 2015).

Zentrale Forschungsergebnisse

Die Arbeits- und Industriesoziologie hat in vielen Bereichen nachgewiesen, dass sich ein genereller Trend in Richtung Marktkoordination beobachten lässt. Das zeigt sich sowohl im Übergang von fordistischen zu postfordistischen Produktionsweisen als auch in der zu beobachtenden Angleichung der Spielarten des Kapitalismus, die in den 1990er Jahren eine stärkere Übernahme von Elementen der liberalen Marktförmigkeit haben erkennen lassen (Schneider/Paunescu 2004). Auch auf der Ebene der Arbeitsmarktakteure lässt sich dieser Trend zeigen. So gehen verschiedene Autoren von einem stärker werdenden Zwang zur permanenten Selbstvermarktung aus (Pongratz/Voss 2004, Bröckling 2007) (→ auch Arbeitskraftunternehmer). Die Zunahme marktförmiger Verhaltensmuster als Reaktion auf staatliche Vorgaben, Programme und Arbeitsmarktreformen wird insgesamt unter dem Stichwort der „Aktivierung" analysiert und als Angstmobilisierung kritisch diskutiert (z.B. Lessenich 2009, Betzelt/Bode 2017). Insbesondere die Verbindung von Arbeits- und Industriesoziologie mit Fragestellungen der → Wirtschaftssoziologie und deren Beschäftigung mit Märkten erweist sich als fruchtbar (Wilmers 2017). Die nachgewiesene Kommerzialisierung von Lebensbereichen ist vielfach kritisch kommentiert worden (Lukes 2005), wenngleich andere darauf verwiesen haben, dass empirisch differenziert werden müsse – weder sei die Kommerzialisierung zwangsläufig in allen Lebensbereichen zu beobachten noch sei sie unumkehrbar (Kraemer 1997, Baur/Meier 2017). Die wachsende Dominanz von marktförmiger Koordination ist insbesondere nicht auf die prinzipielle Überlegenheit von Märkten gegenüber anderen Formen zurückzuführen, sondern ist das Ergebnis von historisch kontingenten kulturellen Prozessen, denen staatliche Akteure und Institutionen eine jeweils spezifische Prägung verleihen (z.B. Le Galès/Scott 2009, Chiapello/Engels 2021). Märkte sind also nicht etwa naturförmig, sondern treten in jeweils konkreten Erscheinungsformen auf, die historisch veränderlich sind und großen regionalen oder nationalen Differenzen unterliegen – sie sind sozial konstituiert und hoch voraussetzungsreich. Das ist auch für die Grundfragen, wie die Qualität von Marktprodukten bewertet wird und wie ein Marktwert und Marktpreise zustande kommen, in zahlreichen empirischen → Fallstudien gezeigt worden (Stark 2009, Beckert/Aspers 2011, Beckert/Musselin 2013).

Anita Engels

Empfehlungen zum Weiterlesen

Beyer, Jürgen/Senge, Konstanze (Hg.) 2017: Finanzmarktsoziologie: Entscheidungen, Ungewissheit und Geldordnung. Wiesbaden: Springer VS.

Fourcade, Marion 2007: Theories of Markets and Theories of Society. In: American Behavioral Scientist 50, S. 1015–1034.

Krüger, Anne K./Reinhart, Martin 2017: Theories of Valuation-building Blocks for Conceptualizing Valuation between Practice and Structure. In: Historical Social Research/Historische Sozialforschung, Jg. 42, H. 1, S. 263–285.

Bishu, Sebawit G./Alkadry, Mohamad G. 2017: A Systematic Review of the Gender Pay Gap and Factors that Predict It. In: Administration & Society, Vol. 49, No. 1, S. 65–104.

Massenproduktion

→ Fordismus/Massenproduktion

Mikropolitik

Begriff

Mit dem Begriff „Mikropolitik" wird auf die Politikhaltigkeit aller innerbetrieblichen Entscheidungsprozesse verwiesen und zugleich eine Abgrenzung gegenüber staatlicher Politik, aber auch gegenüber Unternehmenspolitik vorgenommen. Mikropolitik bezeichnet die alltäglichen Bestrebungen von betrieblichen Akteuren, eigene Interessen auch neben und jenseits der formalen Struktur von Unternehmen durchzusetzen, indem sie die ihnen zur Verfügung stehenden Machtressourcen nutzen (Küpper/Felsch 2000, Neuberger 2006 a, S. 18). In dieser Sichtweise wird der → Betrieb als eine politische Arena gesehen, in der sich nicht nur → Management, Belegschaft und die betriebliche Interessenvertretung als monolithische Akteure gegenüberstehen (Birke/Schwarz 1990, S. 170), sondern in der prinzipiell jeder Unternehmensangehörige ein (mehr oder minder) relevanter Akteur ist. Die mikropolitische Analyse geht also davon aus, dass das Geschehen in (Wirtschafts-)Organisationen nicht durch externe Zwänge determiniert ist, sondern dass Akteure die entscheidenden Weichenstellungen bestimmen, wobei ihr Handeln durch Strukturen zugleich restringiert und ermöglicht wird, und dass die Akteure in ihrem Handeln nicht rationalistisch ökonomischen Zielen folgen, sondern Ökonomisches mit anderen Dimensionen des Sozialen vermischen (vgl. Windeler 1992). Erstmals gebraucht wurde der Begriff der Mikropolitik im anglo-amerikanischen Sprachraum von Burns (1961) – bei ihm allerdings nur im Titel seines Aufsatzes – und in Deutschland von Bosetzky (1972). Einem breiteren arbeits- und industriesoziologischen Publikum wurde er durch einen erstmals im Jahr 1988 veröffentlichten Sammelband von soziologisch orientierten Betriebswirtschaftlern (Küpper/Ortmann 1992) bekannt.

Genese/theoretischer Kontext

Die Betrachtung der formalen Struktur eines Unternehmens bleibt verkürzt, wenn nicht auch die sozialen Beziehungen zwischen den Unternehmensmitgliedern berücksichtigt werden, da diese sich nicht selbstverständlich den formalen Strukturen fügen. Der zentrale Aspekt, durch den soziale Beziehungen im Unternehmen begründet werden, ist die Transformation von Arbeitskraft in Arbeit (→ Transformation von Arbeitskraft), die nicht durch formale Strukturen allein gewährleistet werden kann.

Kontrolle und Macht: Zu einer gelingenden Transformation bedarf es – so die lange Zeit unter betrieblichen Praktikern verbreitete Auffassung – eines möglichst engmaschigen Kontrollnetzes (→ Kontrolle, Herrschaft). Dieses „Kontrollparadigma" (Edwards 1981) wurde auch in der wissenschaftlichen Diskussion lange nachvollzogen. So vertrat etwa Braverman (1974) die Auffassung, dass es Aufgabe des Managements sei, die Arbeiter umfassend zu kontrollieren, und dass Taylors scientific management (→ Taylorismus) die bestmögliche Kontrollmethode sei. Dem wurde in der dadurch ausgelösten, vor allem im angloamerikanischen Sprachraum geführten „Labour Process Debate" entgegengehalten, dass die Beschäftigten ausschließlich in einer „passiven Opferrolle" (Littek/Heisig 1986, S. 232) gesehen würden, als Objekt betrieblicher Maßnahmen; als eigenständige Akteure kämen sie in der Analyse nicht vor. Zudem übersehe dieses Kontrollparadigma, dass das Management auf die Bereitschaft der Beschäftigten zur produktiven Einbringung ihrer Qualifikationen und Verantwortlichkeit angewiesen sei, da das Arbeitshandeln nicht vollständig zu kontrollieren sei und der Arbeitsvertrag die Kontrolllücke nicht schließen könne.

Das Verhältnis zwischen Vorgesetzten und Untergebenen, zwischen Management und Arbeitern bzw. Angestellten kann mithin nicht nur als eine Beziehung der einseitigen Kontrolle angesehen werden, die von den Mächtigen im Unternehmen ausgeübt wird. Dies wird auch damit begründet, dass es nicht nur einige wenige Mächtige im Betrieb gibt. Max Weber zufolge bedeutet Macht „jede Chance, innerhalb einer sozialen Beziehung den eigenen Willen auch gegen Widerstreben durchzusetzen, gleichviel worauf diese Chance beruht" (Weber 1976 [1922], S. 28). Ihm schien dieser Begriff zwar „soziologisch amorph", so dass er den Begriff der Herrschaft bevorzugte, doch in der Perspektive der Verteilung von Macht können auch soziale Beziehungen im Betrieb analysiert werden, die sich neben der oder quer zur Hierarchie entwickeln.

Diese Perspektive wurde von Crozier/Friedberg (1979) stark gemacht. Ihnen zufolge zeigt ein genauerer Blick auf die Weber'sche Definition, dass Macht nicht Attribut eines Akteurs, also beispielsweise des Vorgesetzten ist, sondern eine Beziehungsrelation. Diese Relation ist instrumentell, nicht-transitiv und gegenseitig, aber unausgewogen. Instrumentell ist diese Beziehung, weil sie sich nur unter der Perspektive eines Ziels begreifen lässt, nicht-transitiv, weil sie nicht übertragbar ist – wenn Akteur A Macht über Akteur B hat und B wiederum über C, bedeutet dies noch lange nicht, dass A auch Macht über C hat –, und gegenseitig, aber unausgewogen, weil Macht eine Beziehung unterstellt, in der die beteiligten Akteure Ressourcen einbringen, ohne jedoch von der Beziehung in gleichem Maße profitieren zu können. Wenn Macht auf diese Weise an die Existenz sozialer Beziehungen geknüpft wird, dann ist daraus zu schließen, dass niemand dem anderen vollständig ausgeliefert ist. Zudem sind soziale Beziehungen durch die beteiligten Akteure gestaltbar; damit sind auch Machtstrukturen innerhalb einer sozialen Beziehung nicht festgeschrieben, sondern veränderbar.

Ungewissheitszonen: Als Quellen von Macht haben Crozier/Friedberg (1979, S. 43) die Bedeutung von Ungewissheitszonen herausgearbeitet, deren Verfügbarkeit die ausschlaggebende Machtressource darstellt. Dabei kommt es entscheidend darauf an, dass diese Ungewissheitszonen für andere Akteure von Bedeutung sind. Macht kann also definiert werden als die Verfügung über relevante Ungewissheitszonen und die Möglichkeit, anderen Akteuren die Verfügung über diese Ungewissheitszonen vorzuenthalten (Friedberg 1992, S. 42 f.).

In Organisationen wie Unternehmen und Betrieben sind es besondere Ungewissheitszonen, die Macht verleihen. Crozier/Friedberg (1979) heben als relevante Ungewissheitszonen vor allem erstens die Beherrschung eines spezifischen Fachwissens aufgrund der funktionalen Spezialisierung innerhalb eines Unternehmens hervor, zweitens die Kontrolle von Beziehungen zwischen dem Unternehmen und Segmenten der Umwelt, drittens die Kontrolle von Informations- und Kommunikationskanälen und viertens schließlich allgemeine Regeln, die die Kontrolle von Ungewissheitszonen ermöglichen. Allerdings basiert Macht, wie Ortmann (1995, S. 56) unter Rückgriff auf die vier Dimensionen der Struktur von Anthony Giddens (1988) – Regeln der Sinnkonstitution, Regeln der Sanktionierung sozialen Handelns, allokative Ressourcen und autoritative Ressourcen – hinzufügt, nicht nur auf Wissen und Information, sondern „auch auf (der Verteilung von) Ressourcen" – was von ihm als Präzisierung, nicht als Kritik des Machtbegriffs von Crozier und Friedberg gemeint ist.

Da also Macht Ausdruck einer sozialen Beziehung ist, in der jeder der beteiligten Akteure über für den anderen relevante Ungewissheitszonen verfügt – ansonsten käme keine soziale Beziehung zustande –, ist der Mächtige nicht unabhängig vom Machtbetroffenen; auch dieser kann ein gewisses Maß an relevanten Ungewissheitszonen und damit Macht ins Feld führen, ist somit nicht ohnmächtig. Entscheidungen in Organisationen bspw. in Bezug auf Rationalisierungsmaßnahmen sind demzufolge Resultat von mikropolitischen Auseinandersetzungen, in denen die beteiligten Akteure ihre jeweiligen Machtressourcen einsetzen, um ihre Interessen zu verfolgen (→ Rationalisierung).

Nun kann mit dem Verweis auf die Macht der Machtbetroffenen keineswegs behauptet werden, dass Unternehmen sich durch Machtsymmetrie auszeichnen; selbstverständlich sind durch die Hierarchie Ungewissheitszonen und damit Machtressourcen ungleich verteilt. Doch Macht auf der einen Seite korrespondiert eben nicht mit Ohnmacht auf der anderen Seite. Zwar legen Hierarchien positional differenzierte Machtressourcen fest, aber auch die Belegschaft verfügt über Ungewissheitszonen und damit über Machtressourcen. Die Drohung mit Arbeitsverweigerung, also die kollektive Verweigerung einer Transformation von Arbeitskraft in Arbeitshandeln, stellt dabei nur eine Machtressource unter mehreren dar; allein schon die Möglichkeit einer strikten Befolgung von formalen Regeln und Anweisungen („Dienst nach Vorschrift") erzeugt ein Drohpotenzial, das vom Management in Rechnung zu stellen ist. Somit kann Macht ohne Berücksichtigung der Interessen und Präferenzen von hierarchisch tiefer Gestellten nicht ausgeübt werden.

Das betriebliche Interesse an der Vernutzung von Arbeitskraft und das Interesse der Arbeitenden an dem langfristigen Erhalt ihrer Arbeitskraft begründen unauflösbare Divergenzen. Insofern müssen Betriebe Leistung kontrollieren und können eine bestimmte Form der Leistungsabgabe, falls notwendig, im Rahmen bestimmter Grenzen auch erzwingen. Doch immer erfordert diese Kontrolle ein grundsätzliches Einverständnis des Kontrollierten, sich auch kontrollieren zu lassen; es erfordert letztlich Konsens (Minssen 1990). Jede Organisation ist zumindest in einem gewissen Maß auch auf Konsens angewiesen; andernfalls wäre bereits die Sicherstellung eines ordnungsgemäßen Arbeitsablaufs, der immer auch das rasche Ausbügeln unvorhersehbarer Störungen erfordert, nicht möglich. Bereits mit dem Arbeitsvertrag findet eine Einverständniserklärung statt, und sei es zunächst auch nur die prinzipielle Bereitschaft, die eigene Arbeitskraft zur Verfügung zu stellen. Insofern gibt es seitens des Managements nicht nur einen Konsensbedarf, sondern es kann aufseiten der Akteure auch von einem nicht unerheblichen Konsenspotenzial ausgegangen werden (Ortmann 1992).

Unternehmen bestehen also aus Akteuren, die in unterschiedlicher Weise über Machtressourcen verfügen und ihren je eigenen Rationalitäten folgen. Alle betrieblichen Akteure sind Mikropolitiker; sie alle verfolgen ihre ganz persönlichen Strategien, wollen befördert werden, wollen mehr Geld verdienen, wollen mehr Einfluss nehmen oder auch einfach nur ihre Ruhe haben. Bei der Durchsetzung ihrer Interessen haben sie umso mehr Erfolgsaussichten, je mehr sie über Machtressourcen verfügen – und insofern ist ein Sachbearbeiter natürlich ein weniger bedeutsamer Akteur als ein Vorstandsvorsitzender, der aufgrund seiner Stellung in der innerbetrieblichen Hierarchie allein qua Position über relevante Ungewissheitszonen und damit Macht verfügt. Aber auch ein Vorstandsvorsitzender kann nicht davon ausgehen, dass seinen Anweisungen jederzeit so gefolgt wird, wie er es sich wünscht.

Dies wirft unmittelbar die Frage auf, wie der Bestand der Organisation gesichert werden kann, wenn deren Mitglieder ihre eigenen Interessen verfolgen. Die Eigensinnigkeit der Akteure in der Verfolgung ihrer Strategien findet spätestens dann eine Grenze, wenn der Bestand des Gesamten gefährdet wird. Dafür gibt es Regeln.

Strategische Spiele: Mikropolitische Auseinandersetzungen können als Spiele begriffen werden, an denen alle betrieblichen Akteure teilnehmen. Diese Erkenntnis geht zurück auf Burawoy (1979). Er analysierte betriebliche Auseinandersetzungen als „games", an denen Arbeiter ebenso beteiligt sind wie ihre Vorgesetzten und die zu einer informellen Verständigung über Leistungsnormen führen und damit der Leistungsregulierung dienen. Die Teilnahme an solchen Spielen führt nicht zur Desintegration, sondern ganz im Gegenteil: Durch die „games" wird unter der Hand Konsens erzeugt, selbst wenn dies von den Akteuren keineswegs beabsichtigt ist. Man kann nicht, so Burawoy (1979, S. 81), Spiele spielen und zugleich die Regeln in Frage stellen.

Mit der Metapher des Spiels soll nicht das Spielerische betont werden – es geht eher um Schach als um Monopoly –, denn mikropolitische Spiele sind kein Vergnügen, sondern eine sehr ernsthafte Angelegenheit (vgl. Ortmann 1992). Es sind strategische Spiele, mit denen die Spieler ihre Interessen verfolgen und durchzusetzen suchen. Die Spielmetapher soll auf die Verschränkung von Freiheit und Zwang verweisen, d.h. auf die Möglichkeit, eigene Strategien zu verfolgen, bei gleichzeitiger Gebundenheit an die Spielregeln. Sie determinieren nicht das Verhalten der Akteure, aber sie konditionieren es. Sie begrenzen mögliche Entscheidungsoptionen und schaffen dadurch Sicherheit.

Regeln ermöglichen also einerseits die strategischen Spiele der Akteure, weil sie erst den Rahmen schaffen, innerhalb dessen gespielt werden kann, andererseits ziehen sie die Grenzen, an die die Spieler sich zu halten haben (Ortmann et al. 1997 b). Sie schränken die Bandbreite möglicher Handlungsoptionen ein, denn jeder Spieler muss und kann davon ausgehen, dass der andere sich an diese Regeln hält. Dadurch wird Erwartungssicherheit erzeugt, die eine Grundbedingung sozialer Ordnung darstellt. Im Grunde handelt es sich um Erwartungserwartungen: Man erwartet, dass Regelhaftigkeit des eigenen Handelns erwartet wird, und man verhält sich entsprechend dieser Erwartung.

Somit kann die Formalstruktur einer Organisation als eine „Reihe von miteinander verbundenen und bedingenden Spielen" (Friedberg 1992, S. 46) interpretiert werden; sie ist ein Produkt des Handelns der Akteure, das deren Handlungsmöglichkeiten zugleich einschränkt und ermöglicht (vgl. Giddens 1988), da durch sie Machtquellen definiert und damit auch die Gewinnchancen der Akteure definiert sind (Ortmann 1995, S. 54).

Spiele folgen also verbindlichen Regeln. Diese können formell festgelegt sein, sie müssen es aber nicht, im Gegenteil: Mikropolitische Spiele sind am ehesten in Situationen möglich, die sich nicht durch eine konditionale Programmierung im Sinne von Luhmann (1976, S. 282) auszeichnen, in denen beim Vorliegen bestimmter Bedingungen also nicht bestimmte Entscheidungen vorgeschrieben sind. Spiele müssen auch nicht unbedingt den durch die Hierarchie kodifizierten Regeln folgen. In Betrieben und Unternehmen gibt es eine „doppelte Wirklichkeit" (Weltz 2010): auf der einen Seite die offizielle Wirklichkeit der festgelegten Regeln und Abläufe, auf der anderen Seite die praktizierte Wirklichkeit, die tatsächlichen Kooperations- und Arbeitsweisen. Aber auch informelle Regeln sind verbindlich, und diese Verbindlichkeit gewährleistet die Existenz der Organisation. Denn wenn Organisationen wie Unternehmen als eine Gesamtheit miteinander verzahnter Spiele angesehen werden, dann bewirken gerade die Spielregeln eine Integration der konfligierenden Strategien der Unternehmensmitglieder; ohne Regeln könnten die Spiele bestandsgefährdend wirken.

Mögliche dysfunktionale Folgen von Mikropolitik werden also durch formelle und informelle Spielregeln eingehegt. Deswegen ist Mikropolitik kein Störfall in einem ansonsten wohlgeordneten und regulierten Mit- oder auch Gegeneinander, sondern sie „ist möglich und nötig, weil *der Betrieb* (in seinen beiden Bedeutungen) nur funktioniert, wenn nicht alles vorab verbindlich geregelt und fixiert ist." (Neuberger 2006 b, S. 191, Hervorh. im Orig.).

Zentrale Forschungsergebnisse

Die Bedeutung des mikropolitischen Ansatzes für die Arbeits- und Industriesoziologie ist vor allem darin zu sehen, dass durch ihn der Blick geschärft wurde für die Bedeutung von (in unterschiedlicher Stärke) mit Macht ausgestatteten Akteuren im betrieblichen Geschehen, die ihre spezifischen Interessen verfolgen. Angesichts der bis in die 1980er Jahre vorherrschenden strukturorientierten Argumentation, in der die empirisch ermittelten Phänomene vornehmlich als Ausdruck des Widerspruchs von Arbeit und Kapital interpretiert wurden, stellte diese Perspektive auf Akteurshandeln, das nicht umstandslos auf diesen Widerspruch zurückgeführt werden konnte, eine bedeutsame inhaltliche Erweiterung dar.

Mittlerweile steht die Relevanz von Mikropolitik für das Verständnis betrieblicher Entscheidungsprozesse außer Frage. Allerdings gibt es nur wenige empirische Studien, die explizit auf diesem Ansatz aufgebaut sind. Dazu zählt vor allem die Untersuchung von Ortmann et al. (1990 a). In sieben, sehr ausführlich dokumentierten → Fallstudien von Prozessverläufen der Entscheidungen, der Implementation und der Anfangsphase der Anwendung unterschiedlicher EDV-Systeme konnte unter anderem gezeigt werden, dass Entscheidungsprozesse sich nicht durch geordnete Stringenz, sondern eher durch schleppende Verläufe, Pannen, Abbrüche, Neuanfänge etc. auszeichnen, was sie aber keineswegs irrational macht, sondern ihrem Charakter als „bricolage", als „Bastelei" entspricht. Die Hauptauseinandersetzungen verliefen nicht zwischen Management und Betriebsrat, sondern innerhalb des Managements, etwa zwischen EDV- und Fachabteilungen, zwischen höheren und niedrigeren Hierarchieebenen oder zwischen Routinespielern und Innovationsspielern. Bei Routinespielen geht es um die solide Erfüllung von üblicherweise anfallenden Aufgaben; Gewinne können aus der Erfüllung der normalen Aufgaben gezogen werden. Innovationsspiele hingegen zielen auf die Veränderung eben dieser Regeln, so dass zwischen Routine- und Innovationsspielen ein struktureller Konflikt angelegt ist (→ Innovation).

Ansonsten gibt es nur wenige empirische Untersuchungen, die explizit als mikropolitische Analyse angelegt sind; dazu zählen etwa Untersuchungen zur Gleichstellungspolitik (Riegraf 1996), zu Entscheidungsprozessen bei → Gruppenarbeit (Hoering et al. 2001) oder zu Machtspielen bei der Verwaltungsmodernisierung (Bogumil/Kißler 1998, Bogumil/Schmid 2001). Doch tut dies der Bedeutung des mikropolitischen Ansatzes keinen Abbruch. Die der Mikropolitik zu Grunde liegenden Überlegungen gehören mittlerweile zum arbeits- und industriesoziologischen Allgemeingut, und viele Untersuchungen zu betrieblichen Reorganisationsprozessen gehen zumindest am Rande auch auf mikropolitische Aspekte ein.

Heiner Minssen

Empfehlungen zum Weiterlesen

Crozier, Michel/Friedberg, Erhard 1979: Macht und Organisation. Die Zwänge kollektiven Handelns. Königstein/Ts.: Athenäum.

Küpper, Willi/Ortmann, Günther (Hg.) 1992: Mikropolitik. Rationalität, Macht und Spiele in Organisationen (2., durchges. Aufl.). Opladen: Westdeutscher Verlag.

Neuberger, Oswald 2006 a: Mikropolitik und Moral in Organisationen. Herausforderung der Ordnung (2., völlig neu bearb. Aufl.). Stuttgart: Lucius & Lucius.

Ortmann, Günther 1995: Formen der Produktion. Organisation und Rekursivität. Opladen: Westdeutscher Verlag.

Ortmann, Günther/Windeler, Arnold/Becker, Albrecht/Schulz, Hans-Joachim 1990: Computer und Macht in Organisationen. Mikropolitische Analysen. Opladen: Westdeutscher Verlag.

Mitbestimmung

→ Betriebsrat, Gewerkschaften, Partizipation, Unternehmensmitbestimmung

Mobile und ortsungebundene Arbeit

Begriff

Der idealtypische Ort für erwerbsförmige Arbeit in Industriegesellschaften ist der → Betrieb als arbeitsteilig organisierte, räumlich an einem Ort konzentrierte kollektive Arbeitsstätte. *Mobile Arbeit* (bzw. Mobilarbeit, mobiles Arbeiten) bezeichnet komplementär dazu jene Tätigkeiten bzw. Tätigkeitsanteile, die Erwerbstätige an Arbeitsplätzen außerhalb der zentralen Betriebsstätte leisten. Mobile Arbeit umfasst historisch unterschiedliche empirische Phänomene räumlicher Mobilität und wird in Abhängigkeit vom Erkenntnisinteresse im Detail jeweils uneinheitlich spezifiziert (einen generellen Überblick zum Verhältnis von Mobilität und Arbeit geben Kesselring/Vogl 2010, S. 23–68).

Zwei Ausprägungen mobiler Arbeit sind grundlegend zu unterscheiden:

1) Tätigkeiten, die in funktionaler Weise nur an einem bestimmten betriebsexternen Arbeitsort erbracht werden können. Solche *mobile Präsenz-Arbeit* erfordert physische Anwesenheit am außerbetrieblichen Arbeitsplatz und umfasst neben räumlich mobiler Arbeit im engeren Sinne (z.B. Transportdienstleister) insbesondere Außendiensttätigkeiten bei Kunden vor Ort (z.B. Handelsvertreter, Monteure) und Zeiten der Kopräsenz bei betriebsübergreifenden Kooperationen und Projekten.

2) Wissensbasierte Tätigkeiten, deren Arbeitsort prinzipiell variabel ist. Solche *ortsungebundene Arbeit* kann gleichermaßen im Betrieb oder – soweit ihre Einbindung in bzw. Rückbindung an betriebliche Prozesse gewährleistet ist – außerbetrieblich verrichtet werden, sei es in der Privatwohnung Beschäftigter (→ Home Office/Tele[heim]arbeit) oder an anderen Orten. Der tatsächliche Arbeitsplatz wird letztlich von betrieblichen Strategien der → Arbeitsorganisation bestimmt.

Informations- und Kommunikationstechnologien und die Digitalisierung von Arbeitsgegenständen befördern die Ortsungebundenheit von Arbeit massiv (→ Digitale Transformation der Arbeit, Plattformarbeit). Sie bewirken auch einen Wandel mobiler Präsenz-Arbeit, indem sie physische Anwesenheit von Personal bei Kunden vor Ort funktional ersetzbar machen (z.B. Fernwartung). Komplementär erweitern sich die Möglichkeiten der Einbindung von Leistungen *betriebsexterner Dritter* in eigene Betriebsabläufe (d.h. der Externalisierung von betrieblichen Arbeitsaufgaben) sowie für („virtuelle") *überbetriebliche* Kooperationszusammenhänge (v.a. Team- und → Projektarbeit). Hier ersetzt Zusammenarbeit über räumliche Distanzen hinweg (*remote work*) die physische räumliche Mobilität von Erwerbstätigen. „Mobil" i.S.v. ortsungebunden sind dann nicht in erster Linie die Beschäftigten, sondern die Arbeits*gegenstände*. Damit einher geht die (prinzipielle) Ortsungebundenheit der Arbeitenden.

Genese/theoretischer Kontext

Zwar war mobile Arbeit in industrialisierten Gesellschaften schon immer existent, aber die Aufmerksamkeit der Arbeits- und Industriesoziologie galt über lange Zeit allein der räumlich konzentrierten, arbeitsteiligen Arbeit in Fabriken und Verwaltungen als Spezifikum der → Industriegesellschaft. Systematische Aufmerksamkeit gewann das Thema mobile Arbeit erst mit der Ausbreitung von IuK-Technologien und der Digitalisierung von Arbeitsgegenständen, die sowohl die Auslagerung betrieblicher Teilfunktionen, z.B. in Lieferketten (→ Systemische Rationalisierung), als auch die Aufhebung der Ortgebundenheit der Arbeit einzelner Beschäftigter ermöglicht. Daraus resultiert eine zunehmende *räumliche* → Entgrenzung von Betrieben, so dass Perspektiven allein auf betriebliche Arbeit zunehmend zu kurz greifen.

Als *exemplarische* Arbeitsformen werden neue Spielarten mobiler Arbeit im Kontext der Debatten zum Posttaylorismus bzw. Postfordismus bezüglich der in ihnen praktizierten indirekten Steuerungsformen und ergebnisbezogenen Formen der Leistungsbemessung untersucht (→ auch Kontrolle, Subjektivierung, Transformation von Arbeitskraft). Der Aspekt der räumlichen Mobilität gewinnt hier insbesondere im Zusammenhang mit Fragen der Vereinbarkeit von Erwerbstätigkeit und Privatleben und Bedürfnissen von Beschäftigten nach stärker zeit- und ortsflexiblen Arbeitsarrangements an Relevanz („Entgrenzung von Arbeit und Leben"; vgl. Gottschall/Voß 2003). Dagegen sind Formen *mobiler Präsenz-Arbeit* – nach einer kurzen Konjunktur von Studien zum informatisierten Außendienst in den 1980/90er Jahren (vgl. Weißbach et al. 1990) – kein zentraler Untersuchungsgegenstand, obwohl hier interessante Prozesse einer stärkeren betrieblichen Strukturierung der Tätigkeit auf informationstechnischer Grundlage erwartbar sind. Die beobachtbaren neuen Phänomene mobiler Arbeit dienen außerdem als mehr oder weniger zentrale Bezugspunkte zur Extrapolation künftiger Leitmodelle für die Organisation von Arbeit und für teils weitreichende Gesellschaftsdiagnosen und gesellschaftstheoretische Interpretationen unterschiedlicher Provenienz (z.B. zur „Informations-" bzw. „Netzwerkgesellschaft", vgl. Castells 2001, Bd. 1; zur „immateriellen Arbeit", vgl. Negri et al. 1998, Hardt/Negri 2003; oder zum „digitalen Kapitalismus", vgl. Staab 2016).

Als genuiner Untersuchungsgegenstand wird räumlich mobile Arbeit systematisch im Hinblick auf die betriebliche Steuerung von Mobilität analysiert („betriebliche Mobilitätsregime"; Kesselring/Vogl 2010, Kesselring 2012). In subjektorientierter Perspektive werden außerdem ihre Auswirkungen auf die Beschäftigten und die von den Beschäftigten generierten Arbeits- und Alltagspraxen mit Bezug auf einzelne Erscheinungsformen mobiler Arbeit erfasst (z.B. Poppitz 2009).

Insbesondere im Rahmen jüngster Debatten zur Digitalisierung von Arbeit bzw. zur → Industrie 4.0 (vgl. Hirsch-Kreinsen et al. 2018) und komplementär zum „Arbeiten 4.0" (vgl. BMAS 2016) gewinnt das Thema ortsungebundene mobile Arbeit in der Arbeits- und Industriesoziologie gegenwärtig an Bedeutung, vor allem im Hinblick auf Kooperationen über Betriebsgrenzen hinweg und auf die räumliche Auslagerung von Einzeltätigkeiten aus dem Betrieb.

Zentrale Forschungsergebnisse

Mobile Arbeit erscheint als Analysekonzept mit Potenzial. Der prototypische Untersuchungsgegenstand bis Mitte der 2000er Jahre war Telearbeit, insbesondere in ihrer empirisch häufigsten Spielart, der im Wechsel zwischen Betrieb und Privatwohnung praktizierten alternierenden Teleheimarbeit; für Untersuchungsperspektiven und Befunde hierzu → Home Office/Tele(heim)arbeit. Demgegenüber beschäftigen sich bislang nur wenige empirische Untersuchungen genuin mit dem Thema räumliche Mobilität in der Arbeit, und ein systematischer Forschungstand zu im engeren Sinne mobiler Arbeit liegt bislang nur in ersten Konturen vor.

Während alternierende Teleheimarbeit bzw. Home Office mit indirekten Formen betrieblicher Leistungssteuerung einhergehen (Kleemann 2005), vollzieht sich bei etablierten Formen mobiler Präsenz-Arbeit (wie z.B. im Außendienst), die traditionell mit großen Autonomiespielräumen ausgestattet waren, eine gegenläufige Entwicklung. Die zunehmende Konnektivität digitaler Arbeitsmittel bewirkt eine stärkere Rückbindung an die Zentrale und damit einhergehend eine Zunahme an Mitarbeiterkontrolle, und auch für „neu-mobile" Beschäftigtengruppen ist räumliche Mobilität durch bürokratische Regelungen und informationstechnische Rückbindung gerahmt (Kesselring/Vogl 2010). Zugleich erweist sich die „Führung auf Distanz" bei mobiler Arbeit als besondere Herausforderung für Führungskräfte (Breisig 2020).

Für die betriebliche und gewerkschaftliche Interessenvertretung bewirkt die Zunahme mobiler bzw. ortsungebundener Arbeit Folgeprobleme bezüglich der Arbeitszeit- und Leistungsmessung, des Schutzes vor Überlastungen (ständige Erreichbarkeit, Fehlbelastungen), der sozialen Einbindung nicht permanent ko-präsenter Akteure und der Kompetenz- und Personalentwicklung (Maschke et al. 2014, Vogl/Nies 2013). Regelungsbedarf durch Betriebs- und Dienstvereinbarungen wird insbesondere in den Bereichen Telearbeit, Außendienst, Dienstreisen und Nutzung mobiler Geräte konstatiert (Vogl/Nies 2013).

Im Hinblick auf Arbeitsbelastungen insbesondere im Kontext von projektförmiger Arbeit auf räumliche Distanz werden Arbeitsverdichtung und steigender Zeit- und Leistungsdruck und damit zusammenhängende gesundheitliche Belastungen (Hupfeld et al. 2013) konstatiert. Dazu trägt auch die ständige Erreichbarkeit unterwegs und außerhalb regulärer → Arbeitszeiten bei (Paridon/Heise 2012). Als ebenfalls besonders belastend erweist sich Mobilarbeit mit wechselnden Arbeitsorten während des Arbeitstages (Kraus et al. 2020), also insbesondere im ortsgebundenen mobilen Außendienst, da sich sowohl arbeits- als auch mobilitätsbezogene Anforderungen („Mobilitätsarbeit") ergeben, die von den Beschäftigten mit eigenen Ressourcen bewältigt werden müssen (Gressel et al. 2019; Monz/Vogl 2020). Betriebliche Gestaltungsbedarfe ergeben sich im Hinblick auf Arbeits- und Gesundheitsschutz, Arbeitszeitgestaltung, technische Infrastruktur und Führung (ifaa 2020). Erforderlich sind insbesondere vielseitige Aufgabenzuschnitte, Planungsspielräume und technisch-organisatorische Unterstützung für mobil Arbeitende (Rieder et al. 2019) (→ auch Arbeits- und Gesundheitsschutz, Arbeitsqualität).

Für mobile Beschäftigte ergeben sich durch im Spannungsfeld zwischen Mobilitätserfordernissen und Anforderungen an der zentralen Betriebsstätte Vereinbarkeitskonflikte innerhalb der Arbeit (Nies et al. 2017), und sie müssen ihre Integration in betriebliche Zusammenhänge aktiv selbst herstellen (Kesselring/Vogl 2010, Monz/Vogl 2020). Dass dies auf Grenzen stößt, wird exemplarisch an der Extremgruppe temporär ins Ausland entsandter Manager („Expatriates") ersichtlich (Minssen 2009 a). Ebenso erfordert außerbetriebliche Arbeit von den Beschäftigten die Herstellung funktionaler Rahmen- und Kontextbedingungen für das Arbeiten am jeweiligen Arbeitsort (Monz/Vogl 2020). Exemplarisch zeigt sich dies in der Analyse des „multipel entgrenzten" fliegenden Personals im zivilen Luftverkehr (Matuschek 2008, Huchler 2013): Multilokalität muss in Abhängigkeit von betrieblichen Rahmenbedingungen als eigene Form der Lebensführung von den Akteuren gestaltet werden.

War in den 1990er und 2000er Jahren der Blick primär auf informationstechnisch vermittelte Vernetzung mit dem Betrieb gerichtet, die mobiles Arbeiten für einzelne Beschäftigte ermöglicht, so verschiebt sich die Perspektive in den 2010er Jahren zunehmend auf das Internet und das Arbeiten „im Netz". So verweisen Untersuchungen zur IT-Branche und zur Kultur- und Kreativwirtschaft auf die Relevanz des Internets als virtuellem Ort des Arbeitens und der arbeitsbezogenen Vernetzung (insbesondere für Soloselbstständige), der prinzipiell von beliebigen Orten zugänglich ist und räumlich entgrenztes Arbeiten befördert (Manske/Schnell 2010, S. 712ff.). In diesem Kontext entstehen neue Form kollektiver Arbeitsorte wie z.B. Gemeinschaftsbüros (Coworking Spaces) für Solo-Selbstständige (Pohler 2012), die für die Nutzer:innen als soziale und räumliche Ressourcen für mobile Arbeit fungieren (Grazian 2020).

Mit der räumlichen Entgrenzung des Betriebs (→ Unternehmens[re]organisation) werden auch überbetriebliche Kooperationsstrukturen und Arbeitspraxen zum Untersuchungsgegenstand ortsungebundener Arbeit, sei es als Auslagerung einzelner Aufgaben an andere Betriebsstandorte bzw. an Kooperationspartner in Netzwerken, als Externalisierung von betrieblichen Aufgaben an Drittanbieter (Outsourcing) oder als modulare Vergabe zeitlich abgegrenzter einzelner Aufgaben an Externe (Crowd Work; vgl. Leimeister et al. 2016 a,b), die in hohem Maße mit prekären Arbeitsbedingungen einhergeht (Leimeister et al. 2016 a, S. 31–71). Insbesondere im Kontext der Verlagerung von betrieblichen Teilfunktionen oder Prozessen im internationalen Kontext („Offshoring") wird ersichtlich, dass sich in der Arbeitsteilung zwischen Zentrum und Peripherie hierarchische Kooperationsstrukturen herausbilden (Boes/Kämpf 2011; Mayer-Ahuja 2011) (→ auch Globalisierung/Transnationalisierung, Digitale Transformation der Arbeit, Plattformarbeit).

Internationaler Bezug

Obwohl Felstead et al. (2005) mit ihrer Überblicksmonografie eine breite Grundlage für eine entsprechende Auseinandersetzung geschaffen haben, und trotz oder gerade wegen der thematisch breiten, allgemeinsoziologischen Öffnung der Perspektive auf Mobilität*en* (mobilities) durch Urry (2002, 2007) scheint auch in der angelsächsischen Arbeits- und Industriesoziologie das Thema räumliche Mobilität in der Arbeit bislang nicht zentral zu sein. Auch die Debatte zur Entgrenzung von Arbeit, die im deutschsprachigen Raum, wie aufgezeigt, einen zentralen Ankerpunkt für die Auseinandersetzung mit mobilen Arbeitsformen bildet, wurde nicht in entsprechender Form geführt. Der angelsächsische Diskurs zur Telearbeit fokussiert nicht auf räumliche Mobilität (kritisch dazu: Hislop/Axtell 2007), sondern primär auf Aspekte von → Work-Life-Balance und Arbeitszufriedenheit in Teleheimarbeit (vgl. Morganson et al. 2010). Genuine Auseinandersetzungen mit Formen mobiler Arbeit (siehe etwa den Ansatz von Cohen 2010) oder Feinanalysen der arbeitsbezogenen Zeitverwendung bei

Dienstreisen (vgl. Hislop/Axtell 2015) bleiben bislang die Ausnahme.

Frank Kleemann

Empfehlungen zum Weiterlesen

Felstead, Alan/Jewson, Nick/Walters, Sally 2005: Changing Places of Work. Houndmills, Basingstoke: Palgrave Macmillan.
Kesselring, Sven/Vogl, Gerlinde 2010: Betriebliche Mobilitätsregime. Die sozialen Kosten mobiler Arbeit. Berlin: edition sigma.
Monz, Anna/Vogl, Gerlinde 2020: Mobile Arbeit – räumlich entgrenzt und ortsgebunden. In: Zeitschrift für Arbeitswissenschaft, Jg. 74, H. 3, S. 178–187.

Neo-Institutionalismus

Begriff

Unter „Neo-Institutionalismus" versteht man einen theoretischen Rahmen für die Analyse organisationaler Strukturen und Prozesse sowie gesellschaftlicher Entwicklungen, der vor allem in der Soziologie, der Politikwissenschaft, der Pädagogik und der Wirtschaftswissenschaft verbreitet ist. Mittlerweile gibt es zahlreiche neo-institutionalistische Strömungen wie den Soziologischen Neo-Institutionalismus (Powell/DiMaggio 1991), den Old Institutionalism (Selznick 1949), den Skandinavischen Institutionalismus (Czarniawska/Sevón 2005), den Französischen Institutionalismus (Diaz-Bone 2009), den Rational-Choice-Institutionalismus (Brinton/Nee 1998), den akteurzentrierten Institutionalismus (Mayntz/Scharpf 1995) und last but not least den Historischen Institutionalismus im Anschluss an Steinmo et al. (1992). Der wohl bedeutendste Ansatz ist der Soziologische Neo-Institutionalismus, wie er insbesondere in der Organisationsforschung im Anschluss an John W. Meyer, Richard Scott, Brian Rowan, Paul J. DiMaggio, Lynne Zucker (um nur die wichtigsten Persönlichkeiten zu nennen) seit den 1970er Jahren zur Anwendung kommt; auf diesen beziehen sich die folgenden Ausführungen: Kennzeichen des Neo-Institutionalismus ist im Unterschied zum Mainstream der US-amerikanischen Organisationswissenschaft die herausgehobene Betonung von kulturellen Leitideen, Werten und Normen für Organisationen und gesellschaftliche Entwicklungen (vgl. Senge 2011, 2013, Senge/Dombrowski 2019) (→ auch Organisationssoziologie).

Genese/theoretischer Kontext

Die intellektuellen Wurzeln des Neo-Institutionalismus weisen zurück auf soziologische Forschungen, die ihren Ursprung bereits in den 1950er Jahren des letzten Jahrhunderts hatten und unter dem Label „Old Institutionalism" zusammengefasst werden (z.B. Selznick 1949, Stinchcombe 1965). Die damals adressierten Themen wie die gegenseitige institutionelle Durchdringung von Organisation und Gesellschaft, die Bedeutung von Organisationen für die moderne westliche Gesellschaft sowie der Einfluss von Kultur und Werten auf Organisationen wurden von den Neo-Institutionalisten aufgenommen und stehen im Zentrum ihrer Forschung.
Der Neo-Institutionalismus fand seinen Ausdruck zunächst in verstreut veröffentlichten Beiträgen in den 1970er Jahren. Zu diesen, heute als Gründungsdokumente des Neo-Institutionalismus klassifizierten Beiträgen zählen vor allem drei Aufsätze, mit denen die elementaren Grundsteine der theoretischen Fundierung des Ansatzes gelegt wurden: der im Jahre 1977 veröffentliche Aufsatz von Meyer und Rowan „Institutionalized Organizations: Formal Structure as Myth and Ceremony", „The Role of Institutionalization in Cultural Persistence" von Zucker (1977) sowie „The Iron Cage Revisited: Institutional Isomorphism and Collective Rationality in Organization Fields" von DiMaggio und Powell (1983). Diesen Aufsätzen und der sich daran entzündenden Kritik und Weiterentwicklung ist ein großer Teil der Dynamik neo-institutionalistischer Theoriearbeit geschuldet. Maßgebende und formierende Entwicklungen wurden ferner von Richard Scott und Ronald Jepperson, Thomas Lawrence, Roy Suddaby auf den Weg gebracht. Entscheidend für die Konturierung des Ansatzes war der 1991 von Powell und DiMaggio veröffentlichte Sammelband „The New Institutionalism in Organizational Analysis", in dem auch die drei oben genannten Aufsätze wieder aufgenommen wurden. Wesentliche Weiterentwicklungen, Konturierungen und zentrale Kritikpunkte, welche in den Folgejahren auf dem Gebiet der neo-institutionalistischen Forschung zu beobachten waren, wur-

den in dem Handbuch von Greenwood et al. (2008) auf den Punkt gebracht.
Grundsätzlich kann man sagen, dass in den frühen Arbeiten während der 1970er/1980er Jahre der Neo-Institutionalismus die institutionellen Einflüsse auf Organisationen besonders hervorhebt, bei gleichzeitiger Vernachlässigung des Eigenlebens von Organisationen und der Aktivitäten einzelner Akteure. Der Grund für diese Übersozialisierung und Defokussierung von Handlungen und Akteuren ist in dem Bestreben zu sehen, eine Gegenposition zu dem damals dominanten Rational-Choice-Modell einzunehmen (DiMaggio 1988, S. 4). Akteure, Handlungsprozesse, Motive, Interessen galten deshalb als zu vernachlässigende Konzepte und Phänomene, wollte man doch zeigen, dass Organisationen viel weniger rational agieren als gemeinhin angenommen und dass die Motive für die rational intendierten Ziele in der Regel aufgrund (oftmals unbewusster) institutioneller Einflüsse entstehen (→ auch Rationalisierung). Rationales Handeln wird im Neo-Institutionalismus also nicht wie im Rational-Choice-Ansatz als Prämisse der Theorie grundsätzlich zugrunde gelegt, sondern in seinen sozialen Voraussetzungen erst erklärt. Dabei ist der Ursprung derartiger institutioneller Einflüsse in der Regel in einem weiteren gesellschaftlichen Umfeld zu verorten. Das heißt, in der Gesellschaft gibt es institutionalisierte Vorstellungen richtigen oder zu vermeidenden Handelns, welche von Organisationen oftmals unbewusst übernommen werden. In der Logik des Neo-Institutionalismus wird die Gesellschaft als ein Gefüge von Institutionen begriffen, und es sind die Institutionen der Gesellschaft, welche das organisationale Handeln bestimmen. Als Folge institutioneller Einflüsse kommt es zu isomorphen Strukturen zwischen Organisationen und ihren institutionellen Umwelten, d.h. Organisation(en) und Umwelt werden strukturähnlich (Meyer/Rowan 1991 [1977]). Organisationen entsprechen den institutionellen Anforderungen ihrer Umwelt, weil sie dadurch ihre Legitimität erhöhen, also den Grad gesellschaftlicher Anerkennung, die für den Fortbestand der Organisation ebenso wichtig ist wie eine effiziente Ausführung adaptiver Prozesse. Entsprechend heißt es bei Meyer/Rowan (ebd., S. 41): „[T]he formal structures of many organizations in post-industrial society (...) dramatically reflect the myths of their institutional environments instead of the demands of their work activities (...) Organizations that do so increase their legitimacy". Der Neo-Institutionalismus liefert also eine Erklärung für mitunter irrationale Praktiken von Organisationen und Unternehmen, welche lediglich „Mythen" entsprechen.
In der Folge entwickelte sich ein Forschungsprogramm, welches gegen den damaligen Mainstream argumentierte und nolens volens überdeutlich zu einer Defokussierung von Akteuren und deren sozialen Praktiken sowie zu einer Überbetonung der institutionellen Bedingtheit von Organisationen führte (DiMaggio 1988). Als Konsequenz und Kritik der einseitigen Fokussierung entstand während der letzten zwei Dekaden das Bemühen um die Etablierung einer Mikrofundierung. Agency, Interessen, voluntative Akte und Emotionen lassen sich derart in die neo-institutionalistische Forschung integrieren.

Zentrale Forschungsergebnisse

Nach fast vierzigjähriger Forschung erscheint es angebracht, den Neo-Institutionalismus in drei Stränge neo-institutionalistischer Arbeit zu unterteilen. Es handelt sich erstens um die so genannte neo-institutionalistische World-Polity-Forschung, die sich die Analyse der Weltkultur zur Aufgabe gemacht hat; zweitens einen prononcierten organisationssoziologischen Forschungsstrang, der sich auf die Untersuchung organisationaler Felder konzentriert; und drittens eine deutliche Mikroorientierung, die das Fühlen, Denken und Handeln individueller Akteure bei der Schaffung, Aufrechterhaltung und Destabilisierung von Institutionen in den Blick nimmt. Alle drei Richtungen basieren zwar auf denselben Grundannahmen und heben die Bedeutung von Organisationen hervor, setzen aber verschiedene Schwerpunkte, so dass es in der Ausdifferenzierung der Entwicklungen mitunter zu Inkomplementaritäten zwischen aktueller Forschung und den ursprünglichen Prämissen des Neo-Institutionalismus kommt (vgl. Senge 2015):
World-Polity-Forschung: Eine international bedeutsame Forschungsrichtung des Neo-Institutionalismus ist die World-Polity-Forschung. Wichtige Autoren auf diesem Gebiet sind John W. Meyer, John Boli, Gili S. Driori, David J. Frank, Ronald Jepperson, Georg Krücken, George M.

Thomas und Francisco O. Ramirez. Die zentralen Texte finden sich in den Sammelbänden von Krucken/Driori 2009, Driori et al. 2006, Driori/Meyer 2006 und Meyer 2005. Vertreter der World-Polity-Forschung gehen davon aus, dass soziales Handeln in modernen Gesellschaften maßgeblich durch institutionalisierte Regeln geprägt ist und dass diese Regeln Ausdruck einer übergreifenden Kultur sind, nämlich der World Polity. World Polity bezeichnet eine kulturelle Ordnung, vornehmlich westlicher Gesellschaften, deren Strukturmomente und allgemeine Prinzipien zunehmend global diffundieren. Die World Polity ist also keine territorial gedachte, sondern eine kulturelle Einheit (→ auch Globalisierung).

Die zentralen Strukturmomente der World Polity sind der Staat als einzig legitime Autorität für die Artikulation territorialer Ansprüche, Organisationen als dominantes Koordinationsprinzip kollektiven Handelns und das moderne rationale Individuum als Zuschreibungsinstanz von Handlungen (Meyer et al. 2005). Zu den allgemeinen Prinzipien der kulturellen World-Polity-Ordnung gehören vor allem der selbstverständliche Glaube der Akteure der World Polity an Fortschritt, Gerechtigkeit und Rationalität. Die Diffusion der Strukturmomente und Prinzipien wird vor allem von supranationalen Einrichtungen (wie der Weltbank) und Verbünden (wie der EU), von internationalen Nichtregierungsorganisationen und internationalen Unternehmen getragen, außerdem durch so genannte „Andere", womit Berater gemeint sind, meist Wissenschaftler, Rechts- oder Moralexperten. Die Dynamik der World Polity wird durch dominante Akteure geprägt, jedoch beruht der Wandel der Weltkultur nicht allein auf dem zweckgerichteten Handeln der Akteure. Wandel und Dynamik sind vielmehr inhärente Merkmale der Weltkultur (ebd.). Viele Merkmale des modernen Nationalstaats, der Funktionsweise von Organisationen, der Typik individuellen Handelns sowie die Dynamik zwischen diesen Akteuren sind, so die zentrale These, von globalen kulturellen Modellen abgeleitet. Damit definieren die kulturellen Modelle der World Polity, was in modernen Gesellschaften als angemessenes Verhalten von Individuen, Organisationen und Staaten gilt, um die umfassenden, wiederum kulturell definierten Ziele wie Fortschritt, Gerechtigkeit und Rationalität zu erreichen (Meyer et al. 1987, S. 12).

Organizational-Field-Forschung: Die überwiegende Anzahl neo-institutionalistischer Studien bezieht sich auf die Feld-Ebene, wobei bei weitem nicht in allen Arbeiten der Feld-Begriff thematisiert wird (vgl. Senge 2011, S. 102ff.). Der Feld-Begriff wurde 1983 von DiMaggio und Powell als zentrale Analyseeinheit neo-institutionalistischer Forschung formuliert. Ausgehend von einer Fokalorganisation umfasst das organisationale Feld alle relevanten Akteure, welche für die Fokalorganisation von Bedeutung sind: Konkurrenzorganisationen, Kontrollorganisationen, Gewerkschaften, Ressourcengeber, Konsumenten u.a. (DiMaggio/Powell 1991, S. 148 f.). Wesentlich ist dabei, dass die Akteure ein Bewusstsein entwickeln, dass sie Teil eines gemeinsamen Bedeutungssystems und einer gemeinsamen institutionellen Umwelt sind, welche auf eine Strukturähnlichkeit (Isomorphie) von Organisationen und Umwelt hinwirken (Wooten/Hoffman 2008, S. 131ff.).

Sowohl bei den jüngeren als auch den älteren Studien stehen dabei gewisse institutionelle Arenen bzw. Organisationen und ihre institutionellen Einflüsse auf das Feld im Mittelpunkt, nämlich der Staat (Dobbin 1994), die Professionen (Scott 2008) und kulturelle Werte (Meyer/Rowan 1991 [1977]). Die Hauptachse neo-institutionalistischer Feld-Studien befasst sich mit der Frage nach dem Einfluss der Kultur im Sinne übergeordneter gesellschaftlicher Werte auf die Konturierung organisationaler Felder. So fragen Meyer/Rowan (1991 [1977]) in ihrem klassischen Beitrag, warum es in modernen Gesellschaften so viele Berater gibt, wenn doch der Erfolg der Beratungstätigkeit oftmals fragwürdig bleibt und organisationsintern kaum nachvollzogen werden kann. Meyer/Rowan argumentieren, dass Unternehmen diese Praxis pflegen, da die Hinzunahme von Beratern gesellschaftlichen, institutionalisierten Vorstellungen von Effizienz und von moderner rationaler Unternehmensführung entspricht (ebd., S. 56). Indem Unternehmen diesen Vorstellungen von Effizienz und Rationalität formal entsprechen, sind sie in der Lage, ihre Legitimität zu erhöhen. Legitimität wiederum wird als notwendig für das Fortbestehen der Organisation angesehen (ebd., S. 41ff.). In der Argumentation von Meyer und Rowan ist die Orientierung an allgemeinen Werten derart zentral für das Überleben der Organisation, dass die ökonomische Performanz in ihrer Bedeutung im Einzelfall zweitrangig sein kann. Auf diese Weise lässt sich das Fortbestehen von „permanently failing organizations" (Meyer/Zucker 1989) erklären.

Neo-institutionalistische Mikrofundierung: Wegweisend für eine mikroanalytische neo-institutionalistische Forschungsrichtung war vor allem der Beitrag von DiMaggio (1988), in dem er das Konzept des „institutional entrepreneur" entwickelte. Der „institutionelle Unternehmer" wird darin als individueller Akteur beschrieben, der in der Lage ist, seine Interessen zu realisieren und existierende institutionelle Elemente gestalterisch für seine Zwecke zu verändern. Hinter einer solchen Konzeption steht die Idee divergierender Interessen und damit die Vorstellung eines heterogenen Kulturverständnisses, wodurch Individuen und Organisationen unterschiedliche „institutional logics" zur Verfügung gestellt werden, um soziale Beziehungen mit Bedeutungen zu versehen. Eine institutionelle Logik wird dabei als eine sinnhafte Ordnung der Produktion von Praktiken und Objekten verstanden. Man nahm damit also tendenziell Abstand von den Beschreibungen von Isomorphie und Gleichheit und konzentrierte sich auf Heterogenität und Wandel. Gleichzeitig bietet der Verweis auf heterogene institutionelle Logiken die Möglichkeit, den Akteuren, die diesen Logiken ausgesetzt sind und sie mitgestalten, eine größere Handlungsautonomie zuzugestehen. Im Neo-Institutionalismus konzentrieren sich die Arbeiten zum Thema „institutional logics" häufig auf die Frage, wie Individuen in Organisationen zwischen verschiedenen institutionellen Logiken wählen, diese kombinieren, importieren, unterstützen oder anpassen. Durch diese Öffnung der Forschung hielt die Perspektive Einzug in den Neo-Institutionalismus, dass Akteure maßgeblich, auch durch den Einsatz von „institutional work" (vgl. Lawrence/Suddaby 2006, Senge/Dombrowski 2019) Institutionen, Organisationen und Kultur mitprägen. „Institutional work" kann dabei als absichtsvolle Aktivität von Akteuren verstanden werden, welche in der Lage sind, ihre Macht, ihre Kompetenzen und Ressourcen für sich erfolgreich einzusetzen (Senge/Dabrowski 2015; siehe auch Lawrence et al. 2009). Insbesondere die Arbeiten, die um das Konzept der „institutional work" zentriert sind, zeigten zudem, inwiefern der Erhalt oder der Abbau von Institutionen eine Motivation, einen Impetus benötigt, z.B. Ziele, Interessen, Werte, aber auch Emotionen wie Furcht, Gier etc. (vgl. Zietsma/Lawrence 2010, Lawrence/Suddaby 2006, S. 239). Mit der Integration von Emotionen in die neo-institutionalistische Theoriearchitektur wurde nun einerseits versucht, Emotionen als Teil von Agentschaft anzusehen (kritisch dazu Senge/Dombrowski 2019), andererseits zeigten Autoren (Voronov/Vince 2012), inwiefern Emotionen organisationale Felder mitkonstituieren und (feld)typische „institutional emotions" beobachtbar sind (Senge 2015).

Konstanze Senge

Empfehlungen zum Weiterlesen

Greenwood, Royston/Oliver, Christine/Sahlin, Kerstin/Suddaby, Roy (eds.) 2008: The Sage Handbook of Organizational Institutionalism. Los Angeles u.a.O.: Sage.

Hasse, Raimund/Krücken, Georg 2005: Neo-Institutionalismus. Bielefeld: transcript.

Powell, Walter W./DiMaggio, Paul J. 1991: The New Institutionalism in Organizational Analysis. Chicago: University of Chicago Press.

Scott, W. Richard 2001: Institutions and Organizations. Thousand Oaks, CA: Sage.

Senge, Konstanze 2011: Das Neue am Neo-Institutionalismus. Der Neo-Institutionalismus im Kontext der Organisationswissenschaft. Wiesbaden: VS Verlag.

Senge, Konstanze/Hellmann, Kai-Uwe 2006 (Hg.): Einführung in den Neo-Institutionalismus. Wiesbaden: VS Verlag.

Netzwerke

Begriff

Die Diskussion um Netzwerke zerfällt seit Mitte der 1980er Jahre weltweit in *zwei Diskurse* – in einen um die strukturelle Netzwerkforschung und in einen um die Netzwerkgovernance.

Weltweit führend ist die *strukturelle Netzwerkforschung* – die oft auch soziale Netzwerkanalyse genannt wird. Unter einem *Netzwerk* versteht sie „a specific set of linkages among a defined set of persons with the additional property that the characteristics of these linkages as a whole may be used to interpret the social behaviour of the persons involved" (Mitchell 1969, S. 1 f.). Aus dieser Netzwerkperspektive ist *alles Soziale* über spezifische *Geflechte von Beziehungen* zwischen definierten Mengen von Personen zu analysieren – oder wie es in späteren Schriften verallgemeinert wird: aus Geflechten von Beziehungen zwischen Einheiten jeglicher Art und damit etwa auch aus Ensembles von Beziehungen zwischen Organisationen oder Ereignissen. Dabei bestimmen aus dieser Perspektive Charakteristika der Beziehungsgeflechte ebenso soziales Geschehen und soziale Ordnungen wie soziales Handeln. Forscher in dieser Forschungstradition konzentrieren sich auf *Strukturmerkmale* der Beziehungsgeflechte wie z.B. die Zentralität einzelner Positionen, die Dichte des Netzwerks oder die Erreichbarkeit von Akteuren. Die kontextuelle Einbettung von Netzwerken wird selten explizit angesprochen, auch weil angenommen wird, Kontexte schlügen sich in den Beziehungsgeflechten nieder.

Der zweite Diskurs thematisiert *Netzwerke als eine Form von Governance*, als eine besondere Form der Koordination sozialer Handlungen. Unterschieden wird die Koordinationsform des Netzwerks von jener von Organisationen und → Märkten. Governanceforscher interessieren sich insbesondere für den Vergleich von Koordinationsformen. Sie fragen, welche spezifischen Möglichkeiten des Zusammenhandelns die jeweilige Form der Koordination eröffnet. Sie interessieren sich so etwa für die besonderen Handlungsmöglichkeiten in Netzwerken, für die besonderen Herausforderungen, die sich etwa für passendes Netzwerkhandeln oder passende Netzwerkordnungen stellen, und dafür, was Vernetzung für das Zusammenleben, für den Arbeitsmarkt oder die Innovationsfähigkeit in der Gesellschaft oder in Organisationen bedeutet. Was ein Netzwerk ist, ist im Governancediskurs nicht einheitlich bestimmt. Vielmehr finden sich unterschiedlichste Definitionen, die sich entlang von zwei Grundpositionen ordnen lassen.

Eine dieser Grundpositionen vertritt Oliver Williamson (1990 [1985]). Netzwerke versteht er als *Hybride*, als Mischform marktlicher und hierarchischer Koordination. Netzwerke liegen für ihn vor, wenn Unternehmungen zwei Arten und Weisen vertraglicher Koordination miteinander kombinieren, die auf Märkten und in Organisationen (die er als Hierarchien versteht) – womit er Netzwerke auf einem Kontinuum zwischen Markt und Hierarchie verortet. Die meisten Betriebswirte nehmen diese Netzwerkperspektive ein (etwa Sydow 1992). Williamson offeriert eine funktionalistische Perspektive auf Governance: Unterschiedliche Formen der Koordination dienen einzig und allein dazu, Transaktionskosten einzusparen, das heißt Kosten für die Anbahnung, Durchführung und Kontrolle von Transaktionen. Und er liefert ein Optimierungskriterium: Zu wählen ist die Governance, die Form der Koordination, welche die geringsten Transaktionskosten aufweist. Kurios ist, dass Williamson lediglich dyadische Geschäftsbeziehungen untersucht. Er nimmt damit gar keine Netzwerkperspektive ein – das gilt zumindest dann, wenn man die Perspektive der strukturellen Netzwerkforschung und die oben aufgenommene Bestimmung von Netzwerken von Mitchell zugrunde legt. Ferner thematisiert Williamson zwar die kontextuelle Beeinflussung von Governanceentscheidungen, betrachtet deren Produktion oder Reproduktion jedoch nicht weiter (Windeler 2005).

Die Gegenposition zu Williamson formuliert Walter W. Powell (1990). Für ihn bilden Netzwerke eine *eigenständige* Form der Koordination jenseits von Markt und Hierarchie. Die meisten Soziologen schließen sich dieser Position an. Damit endet aber auch schon die Gemeinsamkeit. Strittig ist, was die Eigenständigkeit der Netzwerke begründet. Für Powell ist Vertrauen das entscheidende *Beziehungsmerkmal*. Für ihn liegt ein Netzwerk vor, wenn Akteure vor allem vertrauensvoll zusammenarbeiten. Andere betonen Beziehungsmerkmale wie Reziprozität, räumliche Nähe, Verlässlichkeit sowie Gruppen- oder Familienzugehörigkeiten. Wiederum andere bestimmen Netzwerke nicht über Beziehungsmerkmale, sondern qualifizieren den Beziehungszusammenhang. Arnold Windeler (2001, S. 231 f.) definiert Unternehmungsnetzwerke in diesem Sinne. Er versteht sie als *Sozialsysteme*, „die vornehmlich aus Geschäftsbeziehungen und Geschäftsinteraktionen zusammengesetzt [sind], die (mehr als zwei) Unternehmungen überwiegend mit Blick auf den zwischen ihnen konstituierten *dauerhaften Beziehungszusammenhang* reflexiv koordinieren." Unternehmungen – wie etwa Automobilhersteller und Zulieferer – koordinieren Aktivitäten entsprechend der Definition von Windeler dann netzwerkförmig miteinander, wenn sie eigenständige Unternehmungen bleiben und soziale Interaktionen und Beziehungen untereinander vorrangig unter Rückgriff auf den in der Zeit und im Raum konstituierten Beziehungszusammenhang miteinander abstimmen. Eine solche Definition nutzt explizit eine Netzwerkperspektive. Sie formuliert ferner einen Begriff von Netzwerkgovernance, der für ergänzende Merkmale offen ist. Unternehmungen können in Netzwerken etwa auch vertrauensvoll zusammen handeln; ihr Zusammenhandeln kann aber auch auf Misstrauen gründen oder Resultat machtvoller Zusammenarbeit sein. Thematisiert Powell die soziale Einbettung, so liefern erst Theorieansätze wie der strukturationstheoretische Netzwerkansatz einen allgemeinen Theorierahmen, der das Zusammenspiel von Handlung und Struktur sowie von Organisationen, Feldern und Gesellschaften konzeptionell aufzunehmen erlaubt (Windeler 2001).

Genese/theoretischer Kontext

Netzwerke sind weder als Phänomen noch als Gegenstand der Forschung etwas Neues. Dass Beziehungen für ein Verständnis des Sozialen elementar sind, betonen bereits Klassiker der Soziologie wie Karl Marx, Émile Durkheim, Max Weber und Georg Simmel. Seit Mitte der 1980er Jahre stehen Netzwerke nun im Zentrum der Aufmerksamkeit – und zwar in allen Bereichen moderner Gesellschaften und einer Vielzahl von Disziplinen.

Die Ursprünge der *strukturellen Netzwerkforschung* liegen in der ersten Hälfte des 20. Jahrhunderts. Ein Ausgangspunkt waren Analysen von Entwicklungen moderner Vergesellschaftung multiethnischer, von saisonalen Booms geprägter Minenstädte Zentralafrikas durch britische Sozialanthropologen wie J. Clyde Mitchell. Sie griffen Überlegungen zur Kleingruppenforschung wie die Soziometrie (Moreno) auf und nahmen theoretisch Anleihen bei Alfred Radcliffe-Brown und Simmel, die grundlegende Positionen zum Zusammenhang von Geflechten von Beziehungen und Struktur bieten. Ferner ließen sie sich von mathematischen Analysemethoden wie der Graphentheorie inspirieren, der sie auch den Begriff des Netzwerks entlehnten. Erst ab den 1960er Jahren entwickelten Forscher um Harrison C. White an der Harvard University den heute bekannten, generellen Untersuchungsansatz. Ihnen gelang die Ausweitung des Forschungsansatzes über Kleingruppen hinaus. Sie wiesen nach – das ist entscheidend –, dass man mathematische Verfahren verwenden kann, um großzahlige Datensätze über Beziehungen in soziale Distanzen zu übertragen und Netzwerke in sozialen Räumen abzubilden (Freeman 2004).

Der strukturellen Netzwerkforschung unterliegt eine *strukturtheoretische Grundannahme*: Will man das Handeln von Individuen, Organisationen und Nationalstaaten verstehen und erklären, dann sind die Strukturen der Beziehungsgeflechte wichtiger als das beobachtete Verhalten oder die Attribute von Akteuren (wie Alter, Geschlecht usw.). Verwiesen wird beispielsweise auf die folgende Beobachtung: Arbeiter handeln etwa im → Betrieb, in der → Gewerkschaft und der Freizeit recht unterschiedlich, obgleich deren Attribute gleichbleiben (Knoke/Yang 2008). Handeln sie gleichartig, so das Argument, ist dies primär durch Zwänge und Möglichkeiten der jeweiligen Geflechte bedingt, in denen sie sich bewegen. Wie weitgehend die Beziehungsgeflechte das Verhalten der Akteure bestimmen, ist in der Netzwerkdefinition von Mitchell offengelassen. In der Forschungstradition der strukturellen Netzwerkforschung geht man jedoch – wie Mustafa Emirbayer und Jeff Goodwin (1994) herausgearbeitet und zu Recht kritisiert haben – zumeist von einer recht weitgehenden Bestimmung des Verhaltens durch Netzwerkstrukturen aus.

Netzwerke gewannen im *Governancediskurs* vergleichsweise spät, d.h. erst ab den 1980er Jahren, Beachtung. Dann avancierten sie jedoch schnell – als Reflex des Wandels westlicher Industriestaaten – zu *dem* Analyseschwerpunkt. Die anfänglichen Diskussionen um Vernetzung im Governancediskurs griffen nur sporadisch den reichen Fundus an Literatur der strukturellen Netzwerkforschung auf (für einen Überblick vgl. Sydow 1992). Ausgelöst wurde der Governancediskurs durch die so genannte „japanische Herausforderung", dadurch, dass japanische Unternehmungen in den 1980er Jahren zu relevanten Konkurrenten oder gar Weltmarktführern in zentralen Industrien wie der Automobilindustrie aufstiegen. Die zugeschriebene höhere Handlungskompetenz japanischer Unternehmungen wurde mit den von ihnen praktizierten Formen der Koordination mit anderen Unternehmungen wie Zulieferern begründet (vgl. hierzu etwa Piore/Sabel 1985 [1984], Sydow 1992, Windeler 2001, S. 57ff., Womack et al. 1991). Aufmerksamkeit anderer Art erzeugten „dark networks" (Milward/Raab 2003) und die damit verbundene Erkenntnis, dass der illegale Waffenhandel, Terroranschläge und vieles mehr in Netzwerken koordiniert wird und diese vielfältige Möglichkeiten bieten, sich robust (staatlichen) Ein- und Angriffen zu erwehren. Al Qaida avancierte zum Synonym für Terrornetzwerke.

Methodisch weist der Governancediskurs kein einheitliches Profil auf. Es finden sich qualitative wie quantitative Studien. Theoretisch greifen viele Forschungen Organisationstheorien wie etwa Theorien der *Ressourcenabhängigkeit* oder die *Transaktionskostentheorie* auf. Das ist naheliegend, richtet die Theorie der Ressourcenabhängigkeit die Aufmerksamkeit doch darauf, wie das → Management von Organisationen (etwa eines Herstellers) versucht, die Ressourcenabhängigkeit von anderen Organisationen (Zulieferern und Abnehmern) zu gestalten, und die Transaktionskostentheorie, wie Unternehmungen ihre Beziehungen untereinander vertraglich regeln. Selten werden allgemeine Sozialtheorien genutzt. Gerade aber zum Beispiel die *Strukturationstheorie* des englischen Soziologen Anthony Giddens bietet ein neues Verständnis der Vermittlung von Handlung und Struktur auch bei der koordinierten Zusammenarbeit von Unternehmungen in Unternehmungsnetzwerken (Windeler 2001).

Eine immer wieder gestellte Frage lautet, ob die strukturelle Netzwerkanalyse vor allem eine Kollektion von Methoden ist, oder ob sie eine Theorieperspektive repräsentiert. Einen wichtigen Impuls erfuhr diese Diskussion durch das „Manifesto for a Relational Sociology", in dem Emirbayer (1997) einen Vorschlag unterbreitete, die strukturelle Netzwerkforschung unter Rückgriff auf Klassiker der Soziologie und modernere soziologische Theoretiker auf eine tragfähige Theoriegrundlage zu stellen. Das eröffnete der strukturellen Netzwerkanalyse Möglichkeiten, Anschlüsse an avancierte Theoriepositionen der Governanceforschung wie beispielsweise der strukturationstheoretischen Netzwerkforschung zu finden (vgl. Mohr/White 2008). Umgekehrt bemühen sich avancierte Theorieansätze der Governanceforschung, Erkenntnisse der strukturellen Netzwerkforschung zu integrieren (etwa Windeler 2001).

Zentrale Forschungsergebnisse

Die *Netzwerkforschung* schreibt insgesamt die soziologische Grundeinsicht der „Eingebettetheit" (Granovetter 1985) und fortlaufenden Produktion und Reproduktion des Sozialen fort. Soziales kann man aus einer Netzwerkperspektive folglich weder über isolierte Akteure noch über isolierte Merkmale wie Alter und Geschlecht erklären. Aus einer Netzwerksicht müssen die soziologische Forschung und Theoriebildung vielmehr notwendig Geflechte von Beziehungen und ergänzend Modi der Koordination als auch Praktiken ihrer Produktion wie Reproduktion aufnehmen. Die Forderung, Geflechte von Beziehungen zu berücksichtigen, wird von Vertretern der strukturellen Netzwerkanalyse ebenso eingeklagt wie von Governanceforschern. Die Forderung, Modi der Koordination sowie Praktiken ihrer Produktion wie Reproduktion zu berücksichtigen, verbindet sich dagegen vorrangig mit avancierten Positionen der Governanceforschung.

Der strukturellen Netzwerkforschung und der Governanceforschung verdanken wir eine Vielfalt von Erkenntnissen, wie die folgende – notgedrungen exemplarische – Auflistung bereits andeutet.

Ein wichtiges Ergebnis der *strukturellen Netzwerkforschung* verbindet sich mit der „Theorie der Stärke schwacher Beziehungen" (Granovetter 1973). Ausgangspunkt ist die Beobachtung, dass je stärker die Beziehung zwischen zwei Personen ist, es umso wahrscheinlicher ist, dass sich deren soziale Welten überlappen und sie Ideen und Informationen teilen. Schwache Verbindungen bilden dagegen häufig Brücken zwischen ansonsten unverbundenen Gruppen von Akteuren. Sie sind daher potenziell Quellen für neue Ideen, Innovationen sowie von Autonomie. Für Arbeitsuchende sind, wie Mark Granovetter (1995 [1974]) aufgezeigt hat, schwache Beziehungen, etwa Kontakte jenseits der eigenen Familie und des engeren Bekanntenkreises, bei der Arbeitssuche bedeutsam. Denn sie verschaffen Arbeitsuchenden zusätzliche Informationen über freie oder frei werdende Arbeitsplätze – vor allem im Vergleich mit öffentlich zugänglichen Informationsquellen. Zudem hilft oft ein „gutes Wort" eines Bekannten bei der Einstellung. Umgekehrt heißt das: Arbeitsuchende ohne derartige Informationskanäle haben viel geringere Chancen auf eine passende Beschäftigung und finden sich mit höherer Wahrscheinlichkeit auf weniger gewünschten Positionen wieder. Ronald Burt (2005) entwickelte mit seinem Konzept der „strukturellen Löcher" eine strategische Perspektive auf Netzwerke. Er fragte, wie Handelnde Strukturen von Netzwerken gezielt für sich optimieren (können). Die für Burt bedeutendste Möglichkeit besteht für Handelnde darin, für sich die Position des ‚lachenden Dritten' (Simmel) zu schaffen, das heißt die Position, in denen Ego Personen gegeneinander ausspielen kann, mit denen er zwar Beziehungen hat, die untereinander aber keine Beziehungen unterhalten. Diese Strategie trifft man vielfach in der Wirtschaft an – etwa wenn Endhersteller ein „dual sourcing" betreiben und Zulieferern (vertraglich) untersagen, über die Vertragsbedingungen mit anderen zu kommunizieren (ausführlicher dazu Windeler/Wirth 2018). Eine prominente Erklärung von Marktgeschehen, Markthandeln und Strukturen von Märkten aus Geflechten voneinander abhängiger Beziehungen von Zulieferern und Abnehmern verdanken wir White (2000). Last but not least erklären Michel Ferrary und Mark Granovetter (2009) die Innovationsfähigkeit des Innovationsclusters Silicon Valley aus Strukturmerkmalen von Netzwerken.

Die *Governanceforschung* schärft den Blick für alternative Formen der Koordination und damit für Unterschiede, die sich mit ihnen für das Handeln sowie für Formen der → Rationalisierung und Kapitalverwertung über Grenzen einzelner Organisationen hinweg ergeben. Governancestudien zeichnen nicht nur die Vielzahl von Experimenten mit Formen der Netzwerkgovernance in allen Bereichen der Gesellschaft (und quer zu ihnen) auf. Sie tragen auch mit zu deren Verbreitung und Fortschreibung im Kontext der → Globalisierung von Produktion, Distribution und Konsumtion bei (Jungmann 2020). Es sind zudem vor allem Studien dieser Forschungsrichtung, die das Zusammenspiel von Netzwerken mit organisationalen Feldern (Sydow et al. 2012) und von temporären und dauerhaften Strukturen in Projektnetzwerken (Windeler/Sydow 2001, Sydow/Windeler 2020) analysieren (→ auch Projekt). Darüber hinaus betonen sie die Bedeutung von Netzwerken für → Qualifikationen und Kompetenzen (Windeler 2014), für Regulationen von Arbeit in Netzwerken (Hertwig/Wirth 2021, Lohmeyer/Sydow 2021, Windeler/Wirth 2018), für Felder (Manning et al. 2012) und für Plattformen (Kirchner/Schüssler 2020) sowie für Prozesse der Innovation (Sydow et al. 2012, Windeler 2016, 2021, Windeler/Jungmann 2022). Die Governanceforschung leistet insoweit einen bedeutenden Beitrag zur Erklärung des Sozialen, als sie die Bedeutung von Koordination und Regulation bei der Produktion und Reproduktion des Sozialen aufzeigt.

Internationaler Bezug

Entwickelte sich die *strukturelle Netzwerkforschung* ab den 1960er Jahren vornehmlich in den USA und Kanada zu einer etablierten Forschungsrichtung, so etablierten Soziologen wie Rolf Ziegler, Franz U. Pappi, Hans J. Hummel und Wolfgang Sodeur diese Forschungsrichtung nahezu zeitgleich auch in der Bundesrepublik Deutschland. Seit den 1970er Jahren institutionalisiert sich diese Forschung zunehmend international. Hierzu tragen das *International Network for Social Network Analysis*, die Zeitschrift *Social Networks* und jährliche Symposien und Tagungen maßgeblich bei.

Theoretisch wie methodisch wird auch der *Governancediskurs* international geführt, obgleich auch hier zunächst US-amerikanische Forschungen vielfach den Anstoß gaben. In der Bundesrepublik Deutschland kommt Forschergruppen wie der von Jörg Sydow und Arnold Windeler bei der Etablierung dieser Forschungsrichtung eine bedeutsame Rolle zu. Der Governancediskurs hat bisher jedoch keine eigenen Institutionen ausgebildet. Eine Vielzahl thematischer Tracks auf internationalen Tagungen sowie eine kaum zu übersehende Vielfalt von Beiträgen in einschlägigen soziologischen sowie Managementzeitschriften sprechen aber auch hier eine eindeutige Sprache.

Arnold Windeler

Empfehlungen zum Weiterlesen

Crossley, Nick 2011: Towards Relational Sociology. London/New York: Routledge.

Light, Ryan/Moody, James (eds.) 2021: The Oxford Handbook of Social Networks. Oxford, UK: Oxford University Press.

Stegbauer, Christian/Häußling, Roger (Hg.) 2010: Handbuch Netzwerkforschung. Wiesbaden: VS Verlag.

Sydow, Jörg/Duschek, Stephan 2011: Management interorganisationaler Beziehungen. Netzwerke – Cluster – Allianzen. Stuttgart: Kohlhammer.

Windeler, Arnold 2001: Unternehmungsnetzwerke. Konstitution und Strukturation. Wiesbaden: Westdeutscher Verlag.

Windeler, Arnold/Wirth, Carsten 2018: Netzwerke und Arbeit. In Böhle, F./Voss, G. G./Wachtler, G. (Hg): Handbuch Arbeitssoziologie (2. Aufl.). Band 2: Akteure und Institutionen. Wiesbaden: Springer VS, S. 237–275

Neue Produktionskonzepte/innovative Arbeitspolitik

Begriff

Die Begriffe ‚Neue Produktionskonzepte' und ‚innovative Arbeitspolitik' lassen sich historisch sowie im arbeitssoziologischen Diskurs genau lokalisieren und bestimmten Autoren zuordnen. Sie bezeichnen technisch-organisatorische Konzepte der Gestaltung und → Rationalisierung von Arbeit, die in ihren Grundbestimmungen zwar klar konturiert sind, in der konkreten Ausgestaltung jedoch sehr unterschiedliche und zudem sich wandelnde Formen annehmen können. Im Kern geht es bei beiden Begriffen um post-tayloristische Organisationskonzepte und Gestaltungsprinzipien, wie sie in den 1980er Jahren im industriellen Bereich zunehmend Einzug gehalten haben und von der Arbeitssoziologie in unterschiedlichen Ausprägungen diagnostiziert und hinsichtlich ihrer Wirkungen und Entstehungsbedingungen diskutiert werden.

Genese/theoretischer Kontext

Urheber des Begriffs ‚neue Produktionskonzepte' sind Horst Kern und Michael Schumann, die ihn mit ihrer Studie „Das Ende der Arbeitsteilung? Rationalisierung in der industriellen Produktion" (Kern/Schumann 1984) als Gegenbegriff zu tayloristischen Formen der Arbeits- und Organisationsgestaltung etablierten (→ Taylorismus). In dieser Follow-up-Untersuchung zu einer in den 1960er Jahren durchgeführten Studie konstatierten sie auf der Basis von → Fallstudien in der Automobil- und Chemieindustrie sowie im Werkzeugmaschinenbau einen sich abzeichnenden Paradigmenwechsel der Gestaltung von Arbeit sowie der Rationalisierungslogik: „Das Credo der neuen Produktionskonzepte lautet: (...) Der restringierende Zugriff auf Arbeitskraft verschenkt wichtige Produktivitätspotenziale. Im ganzheitlicheren Aufgabenzuschnitt liegen keine Gefahren, sondern Chancen; Qualifikationen und fachliche Souveränität auch der Arbeiter sind Produktivkräfte, die es verstärkt zu nutzen gilt." (S. 19)

Neue Produktionskonzepte (NPK) bezeichnen einen Pfad der Entwicklung von Industriearbeit, bei dem Geschäftsmodelle, die auf eine flexibilisierte Produktion kundenangepasst differenzierter, qualitativ hochwertiger Produkte setzen, mit Arbeitsorganisations- und Arbeitseinsatzkonzepten verknüpft werden, die auf prozessnahe Aufgabenintegration, erweiterte Entscheidungskompetenzen der ausführenden Ebenen und eine qualifikatorische Aufwertung von Produktionsarbeit abzielen (→ auch Produktionsregime). Die Verortung eines paradigmatischen Wandels auf der Ebene der betrieblichen Konzepte der Gestaltung von Arbeit und der besondere Fokus auf den Aspekt der gestiegenen Wertschätzung lebendiger Arbeit bilden den Kern des Begriffs ‚Neue Produktionskonzepte'. Die These einer Ablösung tayloristisch-fordistischer Formen der Gestaltung von Arbeits- und Produktionsprozessen wurde in etwa zeitgleich – wenn auch mit unterschiedlichen Begriffen – jedoch von einer ganzen Reihe von Autoren diagnostiziert: Flexible Spezialisierung, Post-Fordismus, diversifizierte Qualitätsproduktion, anthropozentrische oder arbeitsorientierte Rationalisierung (Piore/Sabel 1985, Brödner 1985, Sorge/Streeck 1988 u. 2016, Boyer 1992, Moldaschl/Schultz-Wild 1994). Die Durchsetzung von NPK bedeutete aus Sicht der Autoren allerdings keine generelle oder gar flächendeckende Aufwertung von Arbeit. An die Stelle der in den 1970er Jahren von Kern/Schumann formulierten Polarisierungsthese trat vielmehr eine Interpretationslinie, die ein Nebeneinander von Reprofessionalisierung (der Produktionsarbeit) und Segmentierungsprozessen bezogen auf verschiedene Branchen und Beschäftigtengruppen („Rationalisierungsgewinner", „-dulder" und „-verlierer") betonte. Mit dem Begriff NPK verbindet sich letztlich jedoch ein taylorismuskritischer und zugleich gestaltungsorientierter Blick auf Arbeit, der etwa in den Studien der britisch-skandinavischen sozio-technischen Schule oder den Arbeiten von George Friedman in Frankreich zwar Vorläufer besaß, die in der deutschen Arbeits- und Industriesoziologie allerdings randständig blieben.

Der seit den 1990er Jahren sich etablierende Begriff ‚innovative Arbeitspolitik' verstärkt den Fokus auf die Gestaltbarkeit von Arbeit noch einmal und erweitert außerdem den zunächst auf die Aspekte der Fachlichkeit der Arbeit und der Reintegration von Planung und Ausführung gerichteten Bedeutungsgehalt der Neuen Produktionskonzepte (Schumann/Gerst 1996, Kuhlmann et al. 2004, Schumann 2005):

(1) Ausgehend von der Gruppenarbeitsdiskussion (→ Gruppenarbeit) und der Debatte um → Lean Production steht dieser Begriff für eine Erweiterung der Analysedimensionen über die Aspekte → Arbeitsorganisation und Arbeitseinsatz hinaus in Richtung auf betriebsorganisatorische Strukturen, betriebliche Führung (→ Management, Corporate Governance), Entgeltsysteme und Leistungspolitik (→ Entgelt und Leistung), Organisationsformen von Prozessoptimierung sowie betriebliche Koordinations- und Steuerungsformen.

(2) Der post-tayloristische Bedeutungsgehalt der NPK wird beibehalten und noch dadurch unterstrichen, dass der Begriff explizit auf Versuche der Aufweichung des traditionellen, antagonistischen Leistungs- und Rationalisierungsverständnisses bezogen wird: „Innovative Arbeitspolitik setzt auf die Überwindung der traditionellen Leistungs-Zurückhaltung und -Regulierung" (Schumann/Gerst 1996, S. 49).

(3) Als dritter Aspekt der Begriffserweiterung wird schließlich das in den NPK noch eher implizit enthaltene Merkmal der Verschränkung von Unternehmens- und Beschäftigteninteressen – die ‚doppelte Zielsetzung' („mutual gains", Kochan/Osterman 1994) – explizit gemacht: „Gesucht wird dabei nach Organisationsformen bzw. Gestaltungslösungen, die erhöhte Wirtschaftlichkeit und Wettbewerbsfähigkeit sowie Produktivitätszuwächse mit verbesserten Arbeits- und Beschäftigungssituationen kombinieren, Kooperationsstrukturen stärken sowie Kompetenzen der Beschäftigten entwickeln und nutzen" (Kuhlmann 2007, S. 133).

Die Begriffe NPK und später innovative Arbeitspolitik stehen somit für eine sich seit den 1980er Jahren etablierende Forschungslinie, der es um die zeitdiagnostische Deutung laufender Veränderungsprozesse geht und die hierbei einen Schwerpunkt auf die Identifizierung und Analyse von Organisationskonzepten legt, denen überwiegend – oder zumindest *auch* – positive Wirkungen in sozialer Hinsicht sowie unter Humanisierungsgesichtspunkten zugeschrieben werden können. Auch wenn in den zugrundeliegenden empirischen Studien zumeist von konkreten betrieblichen Organisationskonzepten ausgegangen wird, besteht die wissenschaftliche und politisch-gesellschaftliche Bedeutung dieser Begriffe außerdem in der Diskussion genereller Trends des Wandels von Arbeit und ihren Wechselwirkungen mit anderen gesellschaftlichen Sphären wie dem Bildungsbereich (v.a. Aus-/Weiterbildung), Arbeitsmarktstrukturen und Arbeitskräftenachfrage sowie der Bedeutung von Arbeit für die Subjekte und sozialstrukturelle Entwicklungen (→ auch Arbeit im Kapitalismus, Arbeitsqualität, Beruf, Berufliche Bildung, Qualifikation/Kompetenz).

NPK sowie innovative Arbeitspolitik sind zwar theoretisch eher voraussetzungsarme Begriffe, sie beziehen sich jedoch auf identifizierbare theoretische Hintergrundannahmen. Zentral hierbei ist ein in einer Studie zu Rationalisierungsentwicklungen im Schiffbau (‚Werftstudie') entwickeltes Analysekonzept, das von der systematischen Unterscheidung einer kapital- und arbeiterbezogenen Analyse ausgeht (Schumann et al. 1982). Der Begriff ‚Produktionskonzept' ist dort Bestandteil der sogenannten Kapitalperspektive und stellt einen zentralen Bestandteil der jeweiligen Verwertungskonzepte (Geschäftsmodelle bzw. Wettbewerbsstrategien) spezifischer Unternehmen bzw. → Betriebe (in der Studie: Einzelkapitale) dar. Betriebliches Handeln wird als ‚Politik' konzipiert und die jeweiligen Betriebspolitiken stellen eine theoretisch und analytisch wichtige Untersuchungsdimension dar. Im Zentrum steht die Annahme, dass die aus den Gesetzmäßigkeiten einer kapitalistische Ökonomie erwachsenden Gewinnerwirtschaftungs- und Kapitalverwertungsimperative sich nicht unvermittelt – oder gar ableitbar – in bestimmte Organisationskonzepte übersetzen lassen, sondern als Folge potenziell divergierender Geschäftsmodelle bzw. Wettbewerbsstrategien, Produktionskonzepte (in der Werftstudie außerdem: Einkaufs- und Absatzmarktkonzepte) und eben Arbeitspolitiken konzipiert werden müssen.

In theoretischer Hinsicht steht der Begriff → ‚Arbeitspolitik' nicht nur für die These der Gestaltbarkeit von Arbeit, er öffnet betriebliche Gestaltungspolitiken außerdem für Einflussmöglichkeiten der Beschäftigten sowie staatlicher und gesellschaftlicher Akteure. Hiermit wird auch begrifflich die ‚arbeitspolitische Wende' (vgl. Schmidt 2007) in der deutschen Arbeits- und Industriesoziologie vollzogen.

Zentrale Forschungsergebnisse

Mit der provokanten Frage „Das Ende der Arbeitsteilung?" und der These eines grundlegenden Wandels der Nutzungsformen lebendiger Arbeit eröffnete die Studie von Kern/Schumann eine intensive Debatte und prägte für viele Jahre erhebliche Teile der arbeits- und industriesoziologischen Diskussion. Schon frühzeitig (vgl. z.B. Malsch/Seltz 1987 und Heft 3/1985 der WSI-Mitteilungen) wurde Kritik an dem optimistischen Blick auf die Entwicklung von Arbeit geübt und die Reichweite des behaupteten Paradigmenwechsels sowie die Gültigkeit der Reprofessionalisierungsthese in Frage gestellt. Zutreffend sei letztere im strengen Sinne allenfalls in der Automobilindustrie, da in anderen Industrien entweder zuvor keine Facharbeiter vorhanden waren (Chemiebranche sowie andere Prozessindustrien) oder der Facharbeitereinsatz nie wirklich zur Disposition stand (Werkzeugmaschinenbau) (→ auch Facharbeit). Für die Automobilindustrie wiederum wurde betont, dass eine nennenswerte Aufwertung der Arbeit nur für eine kleine Minderheit der Produktionsbeschäftigten gelten dürfte. Neben dieser eher empirisch orientierten Kritik wurde andererseits aber auch der analytische Rahmen der These der NPK bezweifelt und stattdessen auf die Relevanz einer kontrolltheoretischen Perspektive auf Arbeit hingewiesen sowie Kritik am Ausblenden alternativer Rationalisierungszugriffe geübt, die etwa die Systemhaftigkeit von Rationalisierungsprozessen hervorheben (→ auch Kontrolle, Systemische Rationalisierung).

Nach dieser ersten Phase der Diskussion wurden bis Mitte der 1990er Jahre dann eine ganze Reihe von Branchenstudien (exemplarisch: Jürgens et al. 1989, Hildebrandt/Seltz 1989, Hirsch-Kreinsen et al. 1990, Moldaschl 1991, Widmaier 2000) sowie breiter angelegte Bestandsaufnahmen (Pries et al. 1990, Schumann et al. 1994, ISF et al. 1993) durchgeführt, die für diesen Zeitraum ein vergleichsweise verlässliches sowie in den Grundzügen übereinstimmendes Bild der Entwicklung von Industriearbeit zeichneten. Demnach ließ sich ein Wandel in Richtung Aufgaben- und Funktionsintegration, qualifikatorische Aufwertung von Produktionsarbeit, weniger restriktive Arbeitseinsatzkonzepte und eine Erweiterung der Handlungs- und Entscheidungsspielräume in der Tat feststellen. Hierbei handelte es sich jedoch nicht um eine generelle, breitflächig bereits wirksame Tendenz, sondern um differenzierte Entwicklungen. Besonders ausgeprägt waren (Re-)Professionalisierungstendenzen in technisierten Produktionsbereichen und dort insbesondere bei neuen Formen von Automationsarbeit (Systemregulierer); weniger verbreitet in manuellen Arbeitssystemen der Großserienmontage, obwohl sich auch hier Inseln einer weitgehenden Abkehr von tayloristisch organisierter Fließarbeit nachweisen ließen. Das Gros der Arbeit im Bereich der manuellen Großserienproduktion blieb jedoch tayloristischen Prinzipien der Gestaltung von Arbeit unterworfen (→ auch Einfacharbeit). Relevante Unterschiede in den arbeitspolitischen Konzepten fanden sich danach allerdings nicht nur zwischen Tätigkeitsbereichen, sondern auch zwischen Branchen, die durch unterschiedliche Grade der Technisierung und einen differierenden Stellenwert von Facharbeit gekennzeichnet sind. In Branchen mit einem stärkeren Gewicht von Facharbeit und Facharbeitern (Maschinenbau, Chemieindustrie, teilweise Automobilindustrie und Teile der Elektroindustrie) spielten neue Produktionskonzepte bzw. innovative Arbeitspolitik eine größere Rolle, andere Branchen, wie z.B. die von weiblichen Beschäftigten geprägten Teile der Elektroindustrie, folgten eher tayloristischen Mustern der Arbeitsgestaltung.

Beginnend in der zweiten Hälfte der 1990er Jahre mit der breitflächigen Durchsetzung von Gestaltungsprinzipien aus dem Kontext → Lean Production und verschärften Debatten um den Industriestandort Deutschland sowie forciert ab den 2000er Jahren, in denen zudem Prozesse der globalen Neuordnung von Wertschöpfungsketten, arbeitsmarktpolitisch induzierte Prekarisierungsprozesse und eine zunehmende Finanzialisierung der Unternehmenssteuerung zu verzeichnen sind, lässt sich schließlich eine zweite Phase der Entwicklung post-tayloristischer Arbeitsformen feststellen, die gegenwärtig anhält (→ auch Finanzmarkt-Kapitalismus, Globalisierung/Transnationalisierung, Prekarität, Unternehmens[re]organisation). Hinsichtlich der Organisationskonzepte zeigt sich (auch) in dieser Phase eine große Gestaltungsbandbreite: Der Weiterführung und sogar konzeptionell-gestalterischen Erweiterung von Formen innovativer Arbeitspolitik (Kuhlmann et al. 2004, Schumann et al. 2006, Appelbaum et al. 2000) stehen in erheblichem Umfang Prozesse der Re-Taylorisierung und der Durchsetzung neuer Kontroll- und Steuerungsformen gegenüber (Jürgens 1997, Dörre 2002, Kuhlmann 2004, Kratzer et al. 2008). Ein empirisch verlässlicher Überblick über den Entwicklungsstand des Wandels von Industriearbeit ist gegenwärtig allerdings nicht möglich. Die Tradition breit angelegter Branchenstudien ist bezogen auf Industriearbeit weitgehend abgerissen. Die seit Mitte der 1990er Jahre verfügbaren Massendaten der alle drei Jahre durchgeführten Betriebebefragung „Modernisierung der Produktion" des Fraunhofer-ISI Karlsruhe (Lay et al. 1996) deuten jedoch auf einen hohen Durchdringungsgrad neuer Organisationskonzepte hin. Dezidiert post-tayloristische Formen im Sinne der NPK bzw. innovativer Arbeitspolitik machen diesen Daten zufolge allerdings nur einen kleineren Teil aus. Eine trennscharfe Abgrenzung konkurrierender arbeitspolitischer Gestaltungskonzepte auf der Basis von Betriebsbefragungen erscheint gesichert jedoch nicht möglich zu sein.

In der politischen und insbesondere gewerkschaftlichen Debatte spielen arbeitspolitische Konzepte in der Nachfolge der neuen Produktionskonzepte nach wie vor eine prominente Rolle (Detje et al. 2005, Haipeter 2011, Seibold et al. 2016). Charakteristisch für die arbeitssoziologische Analyse post-tayloristischer Formen der Arbeitsgestaltung sind seit Mitte der 1990er Jahre allerdings nicht so sehr generalisierende Trendbestimmungen, sondern Spezialstudien, in denen differenziert die Wirkungen spezifischer Gestaltungskonzepte untersucht werden und dabei, etwa im Kontext von Prozessen der → Entgrenzung von Arbeit, der → Subjektivierung und → Vermarktlichung, ein größeres Gewicht auf veränderte Verhaltenszumutungen gelegt wird. Ein zentraler Befund bezogen auf post-tayloristische Organisationskonzepte lautet, dass neue Belastungsmomente vor allem aus der Kombination von erweiterten Handlungsspielräumen mit hohen, wenig spezifizierten Leistungsanforderungen, marktförmigen, indirekten Steuerungsformen und einer unzureichenden Ressourcenausstattung resultieren.

Die Erforschung und Diskussion der Arbeitswirkungen neuer post-tayloristischer Arbeitsformen und Arbeitspolitikkonzepte spielt nach wie vor eine große Rolle und hat seit den 2010er Jahren neuen Auftrieb erhalten und eine Ausweitung erfahren. In den Blick genommen werden neue Arbeitskonzepte wie New Work (→ Arbeitsgesellschaft), Agiles Arbeiten oder → Plattformarbeit, in der Tradition innovativer Arbeitsgestaltung aber auch die spezifischen Gestaltungsanforderungen im Bereich von Interaktionsarbeit (Böhle et al. 2015). Zudem werden die Arbeitswirkungen von Digitalisierung (Menz et al. 2019, Hirsch-Kreinsen 2020, Buss et al. 2021, Haipeter et al. 2021) und Zusammenhänge von Digitalisierung und → Lean Production diskutiert (Butollo et al. 2018 b, Kirner et al. 2022) (→ auch Digitale Transformation der Arbeit, Industrie 4.0, Arbeit und Interaktion, Arbeit und Künstliche Intelligenz).

Internationaler Bezug

NPK und innovative Arbeitspolitik lassen sich auch verstehen als deutsche Ausprägung der zunächst im angelsächsischen Raum begonnenen, mittlerweile aber weltweit geführten Debatte über High-Performance Work Practices/Systems (HPWP/HPWS), die in der deutschen Arbeits- und Industriesoziologie bislang allerdings nur wenig rezipiert wurde (Godard 2004, Kirchner/Oppen 2007). Auch in dieser zunächst eher arbeits- und organisationsbezogenen, mittlerweile aber auch institutionalistisch ausgerichteten Forschungslinie geht es um die vergleichende Analyse post-tayloristischer Organisationskonzepte unter der Perspektive einer Verschränkung von positiven ökonomischen und sozialen Effekten (Guest 2017). Ein wichtiges Ergebnis dieser Forschung lautet, dass „mutual gains" eher dann wahrscheinlich sind, wenn die Organisationsgestaltung dem sogenannten A-M-O-Modell folgt, d.h. die Fähigkeiten (Ability), die Bereitschaft (Motivation) und die Möglichkeiten (Opportunity) der Beschäftigten verbessert, Einfluss auf die Gestaltung und Optimierung von Arbeitsabläufen zu nehmen (Boxall/Macky 2009, Appelbaum et al. 2000). Auch in der internationalen Forschung gibt es Hinweise auf die Notwendigkeit einer differenzierenden Analyse post-tayloristischer Organisationskonzepte und es deutet wiederum viel auf eine insgesamt eher begrenzte, zugleich jedoch im internationalen Vergleich durchaus variierende Verbreitung innovativer Arbeitspolitik hin (Arundel et al. 2007, Holm/Lorenz 2015). Vergleichsweise stabil ist beispielsweise der Befund, dass es ein Gefälle sowohl in der Umsetzung als auch in den Arbeitswirkungen zwischen den nordeuropäischen Ländern und dem angelsächsischen Raum gibt. Stärker als in der deutschen Arbeits- und Industriesoziologie werden in der internationalen Forschung zudem Fragen der Wechselwirkungen und der Kohärenz arbeitspolitischer Konzepte in den Blick genommen und es zeigt sich die Bedeutung widerständigen Handelns der Beschäftigten (Vallas 2006, Ackroyd/Thompson 1999).

Martin Kuhlmann

Empfehlungen zum Weiterlesen

Appelbaum, Eileen/Bailey, Thomas/Berg, Peter/Kalleberg, Arne L. 2000: Manufacturing Advantage. Why High-Performance Works Systems Pay Off. Ithaca: ILR Press.

Godard, John 2004: A Critical Assessment of the High-Performance Paradigm. In: British Journal of Industrial Relations, Vol. 42, No. 2, S. 349–378.

Kern, Horst/Schumann, Michael 1984: Das Ende der Arbeitsteilung? Rationalisierung in der industriellen Produktion. München: Beck.

Kuhlmann, Martin/Sperling, Hans Joachim/ Balzert, Sonja 2004: Konzepte innovativer Arbeitspolitik. Good-Practice-Beispiele aus dem Maschinenbau, der Automobil-, Elektro- und Chemischen Industrie. Berlin: edition sigma.

Malsch, Thomas/Seltz, Rüdiger (Hg.) 1987: Die neuen Produktionskonzepte auf dem Prüfstand. Berlin: edition sigma.

Nicht-Erwerbsarbeit

Begriff

Moderne → Arbeitsgesellschaften sind durch die Trennung und Interdependenz der Sphären von Öffentlichkeit und Privatheit, Betrieb und Haushalt, → Erwerbsarbeit und Freizeit gekennzeichnet und weisen damit verbundene, unterschiedliche Arbeitsformen auf. Die Sphären und Arbeitsformen sind hierarchisch aufeinander bezogen, weil sich Lohnarbeit historisch in den westlichen Industrieländern zur hegemonialen Erwerbsform, zum Hauptbezugspunkt der Arbeits- und Sozialpolitik und zur zentralen Quelle von → Anerkennung und Teilhabe entwickelt hat. Damit einher geht die Unterordnung und Unsichtbarmachung anderer Arbeitsformen, die unbezahlt oder bezahlt, innerhalb oder außerhalb des Privathaushalts, ohne Einhaltung arbeitsvertraglicher Regularien erbracht werden. Dass diese analytisch schwer zu fassen sind, liegt nicht nur in ihrem Status als von der regulären Erwerbsarbeitsnorm abgespaltene Residualkategorie begründet. Auch die „notorische Unbestimmtheit des Arbeitsbegriffes" (Voß 2010b) trägt dazu bei (→ auch Arbeit, Arbeit im Kapitalismus).

Vorschläge, mit dieser Unbestimmtheit umzugehen, bestehen darin, Erwerbsarbeit in Abgrenzung zu Nicht-Erwerbsarbeit zu bestimmen, Tätigkeitsspektren festzulegen oder das „Drittpersonenkriterium" zu verwenden, demzufolge solche Tätigkeiten nicht als Arbeit gelten, die nicht für andere und nicht durch andere geleistet werden können (vor allem Tätigkeiten im Bereich der Freizeit und Erholung). Der Begriff der Nicht-Erwerbsarbeit weist dabei auf Arbeitstätigkeiten hin, die nicht auf Erwerb gerichtet sind und sensibilisiert so für das breite Spektrum nicht-kommodifizierter Arbeitsformen wie Eigen-, Haus- oder Subsistenzarbeit. Gleichwohl reproduziert er die residuale Logik einer hegemonialen Erwerbsarbeitsnorm, bei der „ihr Anderes" kategorial unterbestimmt bleibt. Und er erfasst auch nicht diejenigen Arbeitstätigkeiten, die informell verrichtet werden, aber dennoch auf Erwerb abzielen. Konträr zu solchen Abgrenzungen ist argumentiert worden, Arbeit als grundlegend vielgestaltig und historisch variabel zu betrachten, dichotome Unterscheidungen zugunsten der Analyse eines Kontinuums verschiedener Tätigkeiten mit mehr oder weniger ausgeprägtem Arbeitscharakter zu überwinden und die kontingente Bestimmung von Arbeit als Ausdruck gesellschaftlicher Verhältnisse und sozialer Kämpfe in den Blick zu nehmen (Voß 2010 b). Eine solche Perspektive ist umso wichtiger, als tradierte Grenzziehungen durch die Deregulierung, Prekarisierung und → Entgrenzung von Lohnarbeit fließender werden.

Beim heterogenen Spektrum von Arbeitstätigkeiten, jenseits der Norm regulierter Erwerbsarbeit, wird häufig von informellen Arbeitstätigkeiten gesprochen, die nicht von der amtlichen Statistik erfasst, staatlichen Revenueansprüchen entzogen und jenseits arbeitsvertraglicher Regularien verrichtet werden (Evers 1987). Auch wenn es stets fließende Übergänge gibt und der Begriff der informellen Arbeit nicht einheitlich verwendet wird, können grundsätzlich drei Stränge unterschieden werden: marktvermittelte informelle Arbeit, unbezahlte Haus- und Sorgearbeit sowie wechselseitige Unterstützungsaktivitäten (Williams/Windebank 2002). Darunter fallen Tätigkeiten wie Eigen- und Subsistenzarbeit, nicht entlohnte Praktika, Haushalts-, Familien- und Sorgearbeit, freiwilliges Engagement und Nachbarschaftshilfe, aber auch Arbeiten in der „Sharing-Economy", die Arbeit von Usern und Konsument*innen und sogenannte „Schwarzarbeit".

Eigenarbeit bezeichnet die nicht-marktvermittelte, selbstbestimmte und nutzenorientierte Arbeit für den häuslichen Eigenbedarf (Mückenberger 1990). Subsistenzarbeit umfasst ebenfalls nichtmarktvermittelte informelle Arbeitstätigkeiten, die etwa im Rahmen bedarfsorientierter Landwirtschaft erbracht werden. Haushaltsarbeit umfasst die privat erbrachten Tätigkeiten, die der physischen, kulturellen, sozialen und emotionalen Bedürfnisbefriedigung von Haushaltsmitgliedern dienen (Geissler 2018). Davon lässt sich die Familienarbeit abgrenzen, die Mitglieder einer Familie verrichten und die mit der Hausarbeit wiederum zum Spektrum der → Sorgearbeiten gezählt wird. Als Ehrenamt oder zivilgesellschaftliches Engagement werden demgegenüber öffentlich-gemeinwohldienliche, nicht auf materiellen Gewinn gerichtete, freiwillige und meist kooperativ ausgeübte Tätigkeiten zur wechselseitigen Unterstützung und Stärkung gesellschaftlichen Zusammenhalts bezeichnet (Simonson et al. 2021). Die Nachbarschaftshilfe, die häufig dem Engagement zugeordnet wird, umfasst ebenfalls freiwillige Unterstützungsarbeiten, die unentgeltlich Leistungen im sozialen Nahraum erbringt. Jüngst haben außerdem digitale Plattformen zu neuen Formen der ko-produktiven, nicht entlohnten Arbeit von Usern und Konsument*innen (dem sogenannten „Prosuming") und des Austausches informeller Hilfen und Dienstleistungen beigetragen, die als Sharing Economy oder als Crowdworking diskutiert werden und sich ebenfalls an den und jenseits der Grenzen (arbeits-)vertraglicher Regulierungen bewegen (Pongratz/Bormann 2017, Voß/Rieder 2006). Während all diese Tätigkeiten informell, aber zumeist legal sind, werden in der sogenannten Schwarzarbeit bezahlte Dienstleistungen im Verstoß gegen Steuer- und Sozialversicherungsrecht und damit illegal erbracht. Schließlich wird mitunter auch die sogenannte Schattenwirtschaft illegalisierter Arbeitstätigkeiten bis hin zu Wirtschaftsaktivitäten im Bereich des organisierten Verbrechens (wie der Drogen- oder Menschenhandel) zur informellen Ökonomie gezählt.

Genese/theoretischer Kontext

Bis in die 1980er Jahre war in der Arbeitssoziologie ein enger Arbeitsbegriff im Sinne regulärer betrieblicher Lohnarbeit dominant. Angesichts des Wandels hin zur → Wissens- und → Dienstleistungsgesellschaft, des Bedeutungsverlustes von → Normalarbeitsverhältnis und Industriearbeit sowie zunehmender Frauenerwerbstätigkeit wurden jedoch Forderungen nach einer Erweiterung des Arbeitsbegriffes laut. Diese kamen maßgeblich aus feministischen Debatten zu Haus- und Reproduktionsarbeit, die eine Anerkennung unbezahlter und feminisierter Haus- und Sorgearbeiten sowie die Aufwertung sozial und ökologisch nachhaltiger Arbeitsformen forderten (→ auch Sorgearbeit, Reproduktion von Arbeitskraft, Arbeit und Nachhaltigkeit).

Unter dem Druck von Unterbeschäftigung und Massenarbeitslosigkeit wurden außerdem Debatten um eine „Krise der Arbeitsgesellschaft" (Matthes 1983) sowie Überlegungen zur politischen Neuordnung der → Arbeitsgesellschaft hin zu einer „Tätigkeitsgesellschaft" einflussreich. Seit den 1990er Jahren erfuhren schließlich auch die Zusammenhänge zwischen regulärer Erwerbsarbeit und nicht-erwerbsbezogenen Arbeitsformen verstärkte Aufmerksamkeit. Diskutiert wurden Konzepte wie die „Triade der Arbeit" (Korfmacher/Mutz 2004) oder die „Mischarbeit" (Brandl/Hildebrandt 2002), die die Interdependenzen zwischen bezahlter Erwerbsarbeit und unbezahlter Versorgungs-, Gemeinschafts- und Eigenarbeit ins Zentrum rückten. Daneben trieben die arbeitssoziologische Bewusstseinsforschung und die Forschung zur alltäglichen Lebensführung die Erweiterung des soziologischen Arbeitsverständnisses voran (Projektgruppe „Alltägliche Lebensführung" 1995).

Versuche, den Arbeitsbegriff zu erweitern, sind mitunter der Kritik ausgesetzt, sie würden die Bedeutung regulärer Erwerbsarbeit relativieren und den Arbeitsbegriff inflationär verallgemeinern (Brandl/Hildebrandt 2002, S. 103). Trotzdem gilt ein „erweiterter Arbeitsbegriff" inzwischen als weitgehend akzeptiert, was sich insbesondere im Anstieg von Studien zu Sorgearbeit zeigt. Zugleich ist die Analyse formell regulierter Lohnarbeit weiterhin dominant, während Wechselwirkungen mit informellen Arbeitsformen wenig untersucht sind und das Spektrum nicht regulär entlohnter Tätigkeiten *jenseits* des Privathaushalts ein Forschungsdesiderat bleibt. Dieses Desiderat erhält angesichts einer umfassenden Reproduktionskrise (→ Reproduktion von Arbeitskraft) derzeit neue Brisanz, weil informelle Arbeits- und Unterstützungsformen jenseits von Staat, → Markt und Familie aufgrund von Versorgungsdefiziten auch sozialpolitisch an Bedeutung gewinnen. Vor diesem Hintergrund schlagen van Dyk und Haubner vor, nicht regulär entlohnte und nicht arbeitsrechtlich regulierte Aktivitäten jenseits des Privathaushalts (die substanziell zur Kapitalakkumulation, sozialen Reproduktion und Daseinsvorsorge beitragen) mithilfe des Konzeptes der „Post-Erwerbsarbeit" einzufangen (van Dyk/Haubner 2021). Damit wird auch dem Umstand Rechnung getragen, dass es sich in diesen Fällen um die Ausbeutung unbezahlter oder aufwandsentschädigter Arbeit handelt – zum Zweck der Externalisierung und damit Senkung von Reproduktionskosten. Das Konzept schließt an die feministische Kritik der Verengung des Arbeitsbegriffs an und greift Impulse aus Debatten um immaterielle Arbeit auf, die auch solche (v.a. reproduktiven und sozialen) Tätigkeiten als „Free Labor" (Terranova 2000) in den Blick nimmt, die normalerweise nicht als Arbeit begriffen werden. Das Präfix „Post" sensibilisiert dafür, dass es weder um ein sequenzielles Aufeinanderfolgen, eine eindeutige Abgrenzung zwischen regulär entlohnter Arbeit und Post-Erwerbsarbeit oder die Behauptung einer Überwindung von Erwerbsarbeit geht, sondern um vielgestaltige und fließende Übergänge, die durch die Flexibilisierung, Prekarisierung und Subjektivierung von Lohnarbeit verstärkt werden (→ auch Prekarität).

Zentrale Forschungsergebnisse und internationaler Bezug

Das Spektrum von Arbeitsformen jenseits regulärer Lohnarbeit ist unterschiedlich gut erforscht. Neben der umfangreichen Forschung zu Prekarisierung, Pluralisierung und Flexibilisierung von Arbeit hat sich die Forschung zu Sorgearbeit international etabliert. Während auch die Grauzonen personenbezogener Dienstleistungen zunehmend erforscht werden, bleiben private, gegenstandsbezogene Haushaltsarbeiten wie Waschen, Putzen oder Aufräumen (vgl. Geissler 2018, S. 767) und informelle Arbeit vergleichsweise unterbelichtet.

Die Forschung zu Informalität setzte in den 1960er und 1970er Jahren ein, vor allem fokussiert auf Länder des globalen Südens. Seither hat sich die Forschung international ausdifferenziert und bezieht zunehmend die Länder des globalen Nordens in die Analyse mit ein (Marcelli et al. 2009), besteht inzwischen doch weitgehende Einigkeit darüber, dass informelle Arbeit auch in den westlichen Industrieländern einen konstitutiven Bestandteil von Wirtschaft und Gesellschaft darstellt (Horodnic et al. 2018). Zentral ist außerdem der Befund, dass gesellschaftsübergreifend mehr Zeit für informelle als für formelle Arbeit aufgewendet wird und dass die Bedeutung unbezahlter informeller Arbeit gegenüber formeller Erwerbsarbeit seit den

1970er Jahren international zugenommen hat (Williams/Windebank 2002, S. 232). Mit einem Anteil zwischen 6 und 16% des Bruttoinlandsprodukts weist Deutschland (eingedenk methodischer Schwierigkeiten bei der Erfassung „verborgener" informeller Wirtschaftsaktivitäten) dabei den höchsten Anteil informeller Arbeit in Nord- und Zentraleuropa auf, wobei die Schwarzarbeit im Handwerk und Bausektor traditionell besonders stark verankert ist (Pfau-Effinger/Magdalenic 2010, S. 71ff.).

Umstritten ist, ob informelle Arbeit als Substitut oder als Begleiterscheinung formeller Erwerbsarbeit betrachtet werden muss. So ist argumentiert worden, dass informelle Arbeit in den westlichen Industrienationen im Kontext deregulierter Arbeitsmärkte und sinkender sozialstaatlicher Absicherung insbesondere für einkommensschwache Bevölkerungsgruppen an Bedeutung gewinnt (Portes et al. 1989). Demgegenüber stehen Befunde, wonach formelle Erwerbstätigkeit und mittlere Einkommen häufiger mit informellen Tätigkeiten einhergehen (Williams/Round 2007). Jüngere internationale Studien liefern für beide Annahmen Belege und zeigen außerdem, dass die Einbettung in soziale Beziehungsnetzwerke einen zentralen Prädiktor für informelle Arbeitstätigkeiten darstellt und dass diejenigen, die informelle Arbeit für Geld verrichten, dies am häufigsten mit nahestehenden Personen tun (Slack et al. 2017).

In Deutschland lassen sich außerdem seit Ende der 1990er Jahre Prozesse einer Informalisierung von Arbeit beobachten, die mit dem Strukturwandel freiwilliger Arbeit im Dritten Sektor zusammenhängen. Im Kontext des Strukturwandels des Sozialstaats vollzieht sich ein sozialpolitischer Ausbau informeller, zivilgesellschaftlicher Aktivitäten wie Engagement, Freiwilligenarbeit und Nachbarschaftshilfe. Dem fünften Freiwilligensurvey zufolge waren im Jahr 2019 39,7% aller Erwachsenen in Deutschland freiwillig tätig, was einem Anstieg um fast neun Prozentpunkte während der letzten 20 Jahre entspricht (Simonson et al. 2021, S. 4) Ein wachsender Teil dieser freiwilligen Arbeit wird für zentrale Aufgaben der sozialen Daseinsvorsorge, in der Altenhilfe, Pflege, sozialen Arbeit, Armutsbekämpfung oder Flüchtlingshilfe aufgewendet. Auf diese Weise entstehen arbeitsrechtliche Grauzonen und fließende Übergänge zwischen Freiwilligenarbeit, prekärer Niedriglohnbeschäftigung (Mini- und Midi-Jobs) und arbeitsmarktpolitischer Förderung (→ auch Niedriglohnsektor). Auch gehen Prozesse der Informalisierung und Deprofessionalisierung beruflicher Erwerbsarbeit damit einher, wenn Freiwillige (etwa in der Altenpflege) unter dem Druck des Personalmangels Aufgaben übernehmen, für die sie nicht qualifiziert sind oder entsprechend bezahlt werden (vgl. Haubner 2021). Wie die Beispiele zeigen, gewinnt das Spektrum der Arbeit jenseits regulärer Erwerbsarbeit im Kontext der Hybridisierung und Deregulierung von Arbeit und einer Krise sozialer Reproduktion an Bedeutung. Ob dem künftig in der Forschungspraxis Rechnung getragen wird, hängt auch von der Bereitschaft ab, Arbeit systematisch im Plural, sowohl empirisch als auch theoretisch fundiert, ins Visier zu nehmen.

Tine Haubner, Silke van Dyk

Empfehlungen zum Weiterlesen

Biesecker, Adelheid 2000: Kooperative Vielfalt und das „Ganze der Arbeit". Discussion Paper P 00-504. Berlin: Wissenschaftszentrum Berlin für Sozialforschung.

Burchardt, Hans-Jürgen/Peters, Stefan/Weinmann, Nico 2013: Prekarität und Informalität – eine Annäherung in globaler Perspektive. In: Dies. (Hg.): Arbeit in globaler Perspektive. Facetten informeller Beschäftigung. Frankfurt a.M./New York: Campus, S. 9–28.

Haubner, Tine/Pongratz, Hans J. 2021: Die ganze Arbeit! Für eine transversale Arbeitssoziologie. In: AIS-Studien, Jg. 14, H. 2, S. 8–26.

Voß, G. Günter 2010 c: Was ist Arbeit? Zum Problem eines allgemeinen Arbeitsbegriffs. In: Böhle, F./Voß, G. G./Wachtler, G. (Hg.): Handbuch Arbeitssoziologie. Wiesbaden: VS Verlag, S. 23–80.

Niedriglohnsektor

Begriff

Es existiert keine einheitliche Definition zur Abgrenzung des Niedriglohnsektors. In den letzten Jahren hat sich jedoch zunehmend die Verwendung einer Konvention der OECD etabliert, nach der angemessene Löhne bei mindestens 60% des jeweiligen nationalen Medianlohns oder bei mehr als 50% des durchschnittlichen Lohns von Vollzeitbeschäftigten im jeweiligen Land liegen sollen. Diese Schwellenwerte finden sich auch in internationalen Konventionen wie z.B. der im Jahr 2017 verabschiedeten „Europäischen Säule sozialer Rechte". Beschäftigte mit Stundenlöhnen unterhalb dieser relativen Schwellenwerte werden als „Niedriglohnbeschäftigte" bezeichnet. Nicht einheitlich gehandhabt wird dabei jedoch, ob sich diese Abgrenzung ausschließlich auf Vollzeitbeschäftigte bezieht oder auch die Stundenlöhne von Teilzeitbeschäftigten einbezogen werden. Nach Berechnungen des Instituts Arbeit und Qualifikation auf Basis des Sozio-oekonomischen Panels lag die Niedriglohnschwelle in Deutschland bei Einbeziehung aller Beschäftigten im Jahr 2019 bei 11,50 € brutto pro Stunde (Kalina/Weinkopf 2021).

Genese/theoretischer Kontext

Wann der Begriff des „Niedriglohnsektors" geprägt wurde, ist schwierig zu bestimmen. In Deutschland wurde noch Mitte der 1990er Jahre zeitweilig sogar die These vertreten, dass man einen Niedriglohnsektor hierzulande erst einführen müsse, obwohl mehrere Studien zu dem Ergebnis gekommen waren, dass der Niedriglohnanteil in Deutschland im Ländervergleich bereits überdurchschnittlich hoch war. Wichtig ist, dass Niedriglöhne sich auf ein individuelles Arbeitsverhältnis beziehen, während der Begriff der „Einkommensarmut" meist im Haushaltskontext verwendet wird. Ein geringer Lohn führt damit nicht automatisch zu einem hohen Armutsrisiko, weil es auf Haushaltsebene auch mehrere Einkommen geben kann. Die Lohnverteilung innerhalb einer Gesellschaft wird als Indikator für das Ausmaß der sozialen Ungleichheit (Hradil 2001) verwendet. Während soziologische Theorien zur Lohnfindung teilweise auch Aspekte wie → Anerkennung, Wertschätzung sowie die Arbeitsbedingungen im weiteren Sinne einbeziehen (→ auch Entgelt und Leistung, Arbeitsqualität), stehen in gängigen ökonomischen Lohntheorien die Zusammenhänge von Lohn und Beschäftigung im Fokus.

Demnach sinkt die Arbeitsnachfrage von Unternehmen mit einem steigenden Lohn der Arbeitskräfte, während umgekehrt das Arbeitsangebot mit ansteigenden Löhnen wächst. Im Schnittpunkt beider Kurven ist der markträumende Lohn erreicht, d.h. es existiert keine unfreiwillige Arbeitslosigkeit. Modelltheoretisch werden in diesem Marktgleichgewicht alle Arbeitskräfte entsprechend ihrer individuellen Produktivität bezahlt. Strittig ist allerdings, ob sich die individuelle Produktivität einzelner Arbeitskräfte überhaupt bestimmen lässt.

Hinzu kommt, dass die Lohnfindung in der Praxis durch vielfältige weitere Faktoren beeinflusst wird. Hierbei ist vor allem an Tarifverhandlungen zwischen → Arbeitgeberverbänden und → Gewerkschaften zu denken, aber auch an sozialstaatliche Regelungen, nach denen Arbeitslose Anspruch auf Lohnersatzleistungen haben, so dass sie (zumindest modelltheoretisch) nicht bereit sind, für einen geringeren Lohn zu arbeiten. Solche institutionellen Regelungen werden oft als „Lohnrigiditäten" bezeichnet, die verhindern, dass sich Änderungen der Nachfrage nach Arbeitskräften unmittelbar auf die Löhne und die Lohnstruktur auswirken.

Ökonomischen Theorien zufolge kann es durchaus auch Konstellationen geben, die es den Unternehmen ermöglichen, aufgrund von Marktmacht Löhne unterhalb des Gleichgewichtslohns zu zahlen (Monopson). In solchen Fällen können Lohnerhöhungen (z.B. durch die Einführung eines gesetzlichen Mindestlohns) auch zu einem Beschäftigungszuwachs führen.

Zentrale Forschungsergebnisse

Deutschland galt lange als ein Land mit einer vergleichsweise geringen sozialen Ungleichheit und einer hohen Beschäftigungssicherheit. Die Produktivitätsfortschritte wurden gleichmäßig verteilt, die Einkommensverteilung blieb stabil, und alle Bevölkerungsschichten profitierten vom wirtschaftlichen Wachstum. Die Entgelte wurden von starken Sozialpartnern auf der Branchenebene autonom ausgehandelt, ein Großteil der Beschäftigten wurde nach Tarif bezahlt und Betriebe ohne Tarifbindung orientierten sich meist an diesen Verhandlungsergebnissen. Seit Mitte der 1990er Jahre hatte sich diese traditionelle Verknüpfung von wirtschaftlicher Effizienz und gesellschaftlicher Solidarität jedoch deutlich abgeschwächt. Unsichere und schlecht bezahlte Arbeitsplätze gewannen an Bedeutung und der Anteil von Niedriglohnbeziehenden war auf fast ein Viertel der Beschäftigten gewachsen, was auch deutlich über dem Umfang in den meisten anderen EU-Ländern lag (→ auch Atypische Beschäftigung, Prekarität, Normalarbeitsverhältnis).

Vor allem die Gewerkschaften im Dienstleistungsbereich (ver.di und NGG) hatten früh erlebt, dass es in ihren Branchen immer schwieriger geworden war, überhaupt Tarifabschlüsse zu erreichen, und sprachen sich als erste für die Einführung eines gesetzlichen Mindestlohns in Deutschland aus. Die besser organisierten Industriegewerkschaften brauchten deutlich länger, bis auch sie die Notwendigkeit eines gesetzlichen Mindestlohns anerkannten. Nach kontroversen Debatten innerhalb der Gewerkschaften sprach sich der DGB-Bundeskongress im Mai 2006 schließlich dafür aus, in Deutschland einen gesetzlichen Mindestlohn in Höhe von 7,50 € einzuführen, und im Mai 2010 wurde die Forderung auf 8,50 € erhöht. Es dauerte dann aber noch mehrere Jahre, bis es der SPD nach der Bundestagswahl 2013 in den Koalitionsverhandlungen mit den Unionsparteien gelang, die Einführung des gesetzlichen Mindestlohns von 8,50 € ab Januar 2015 durchzusetzen. Weil dieser so spät kam, handelte es sich nicht um einen kleinen Eingriff, sondern um „eine der größten Sozialreformen in der Nachkriegszeit" (Bosch 2015, S. 180).

Da das Lohnsystem in Deutschland nach unten stark ausgefranst war, hatten im Zuge der Mindestlohneinführung etwa 15% aller Beschäftigten in Deutschland Anspruch auf eine – teils deutliche – Anhebung ihrer Stundenlöhne. Die Einführung des Mindestlohns in Deutschland zielte u.a. darauf ab, angemessene Arbeitsbedingungen für Beschäftigte sicherzustellen und die sozialen Sicherungssysteme zu stabilisieren. Außerdem sollten Geschäftsmodelle, die nur funktionieren, wenn extrem niedrige Löhne gezahlt werden, wirksam unterbunden werden.

Die Wirkungen der Einführung des gesetzlichen Mindestlohns in Deutschland lassen sich wie folgt zusammenfassen (vgl. Mindestlohnkommission 2020):

- Von der Einführung des gesetzlichen Mindestlohns im Januar 2015 profitierten rund 4 Mio. Beschäftigte, die zuvor teils deutlich weniger als 8,50 € brutto pro Stunde verdient hatten.
- Negative Beschäftigungseffekte wurden kaum gefunden, weil die Betriebe die gestiegenen Lohnkosten über andere Anpassungskanäle wie z.B. eine Verringerung der → Arbeitszeit, Preiserhöhungen oder reduzierte Gewinne kompensierten.
- Der durchschnittliche Stundenlohn im untersten Dezil der Lohnverteilung war von 2014 bis 2018 um rund 15% gestiegen, während der Anstieg der Löhne in den Jahren von 1998 bis 2014 im Durchschnitt bei nur 1% pro Jahr gelegen hatte.
- Besonders hohe Lohnzuwächse im Zuge der Mindestlohneinführung Anfang 2015 verzeichneten Frauen, Beschäftigte in Ostdeutschland, geringfügig Beschäftigte, Personen ohne Berufsausbildung sowie Beschäftigte in kleinen Betrieben.
- Ein Rückgang der Beschäftigung war nur im Bereich der Minijobs festzustellen, von denen jedoch etwa die Hälfte in reguläre Teilzeitstellen umgewandelt wurden (oft im selben Betrieb).
- Einige Studien legen nahe, dass die Einführung des gesetzlichen Mindestlohns auch zu einer erhöhten Arbeitszufriedenheit und einer verbesserten → Work-Life-Balance der Beschäftigten geführt hat (Pusch/Rehm 2017).

Die umfangreiche internationale Forschung zur Lohnungleichheit und zur Eindämmung des Niedriglohnsektors hat ergeben, dass eine hohe Tarifbindung einen deutlich stärkeren Beitrag hierzu leisten kann als die Existenz oder Höhe eines gesetzlichen Mindestlohns (Hayter/Weinberg 2011). Dies ist wenig überraschend, weil der Mindestlohn nur eine untere Stundenlohngrenze zieht, die legal nicht unterschritten werden darf. Tarifverträge weisen demgegenüber meist deutlich differenziertere Lohnstrukturen auf, um unterschiedlich qualifizierte und leistungsfähige Arbeitskräfte angemessen zu entlohnen. Aus der Perspektive der Unternehmen soll dies auch einen Beitrag dazu leisten, erfahrene Arbeitskräfte an sich zu binden und weitere qualifizierte Beschäftigte zu gewinnen, um einem Mangel an Fachkräften vorzubeugen.

Der Mindestlohn hat zu einer Kompression der Lohnstruktur unterhalb der Niedriglohnschwelle geführt und das „Ausfransen" der Löhne nach unten gebremst. Diese erfreuliche Entwicklung war jedoch zunächst nicht ausreichend, um auch den Umfang des Niedriglohnsektors in Deutschland spürbar zu verringern. Dies gelang erstmals in den Jahren 2018 und vor allem 2019.

Ein wesentlicher Unterschied zu den meisten anderen EU-Ländern besteht darüber hinaus darin, dass in Deutschland in hohem Maße auch Kerngruppen des Arbeitsmarkts von Niedriglöhnen betroffen sind. Im Jahr 2019 verfügten immerhin 60,2% der Niedriglohnbeschäftigten in Deutschland über eine abgeschlossene Berufsausbildung und weitere 10,6% sogar über einen akademischen Abschluss. Nur 29,3% der Niedriglohnbeschäftigten verfügten im Jahr 2019 nicht über einen anerkannten Berufsabschluss (→ auch Beruf, Berufliche Bildung, Qualifikation/Kompetenz).

Da sich Mindestlöhne meist an der wirtschaftlichen Leistungsfähigkeit der schwächeren Branchen orientieren, werden sie in der Regel eher vorsichtig angehoben und liegen meist recht deutlich unterhalb der Niedriglohnschwelle. Die Einführung eines Mindestlohns reduziert daher nicht automatisch den Umfang des Niedriglohnsektors, kann aber zumindest ein weiteres Ausfransen des Lohnspektrums nach unten verhindern. Ein gesetzlicher Mindestlohn soll auch einen Beitrag dazu leisten, dass Unternehmen staatliche Subventionen von geringen Erwerbseinkommen nicht ausnutzen können, um die Löhne zu drücken. Dies war auch ein wichtiges Argument für die Einführung des gesetzlichen Mindestlohns in Großbritannien im Jahr 1999.

Dass Forderungen nach einem gesetzlichen Mindestlohn in Deutschland erst spät erhoben wurden, hatte auch damit zu tun, dass die Tarifautonomie in Deutschland ein verfassungsmäßig geschütztes Gut ist (→ auch Tarifvertrag, Industrielle Beziehungen). Man war sich in Deutschland lange einig, dass sich der Staat aus der Lohnfindung heraushalten sollte. Erst mit der deutlichen Ausweitung des Niedriglohnsektors und der rückläufigen Tarifbindung hatte sich die Stimmung verändert. Eine Besonderheit in Deutschland sind auch die branchenbezogenen Mindestlöhne, die teils deutlich über dem gesetzlichen Mindestlohn liegen.

Im Vorfeld und nach der Bundestagswahl im September 2021 wurde auf der politischen Ebene verstärkt darüber debattiert, den gesetzlichen Mindestlohn in Deutschland einmalig deutlich stärker zu anzuheben, als dies nach der üblichen Orientierung am Tarif-Index möglich gewesen wäre. Die neue Bundesregierung hatte im Februar 2022 beschlossen, den gesetzlichen Mindestlohn ab Anfang Oktober 2022 auf 12 € brutto pro Stunde anzuheben. In der Folge dieser Entscheidung ist es den Gewerkschaften in typischen Niedriglohnbranchen wie z.B. dem Gastgewerbe und der Leiharbeit gelungen, Tarifabschlüsse auszuhandeln, in deren Rahmen die Stunden- und Monatslöhne der Beschäftigten um 15 bis fast 30% angehoben wurden.

In den Koalitionsverhandlungen der sogenannten „Ampelkoalition" 2021 strittig war der künftige Umgang mit den Minijobs. Forderungen, deren Zahl durch eine Absenkung der Einkommensgrenze zu reduzieren oder diese auf Schüler:innen, Studierende und Rentner:innen – also Personengruppen, die meist nur zeitweilig einen Minijob ausüben – zu begrenzen, waren jedoch nicht durchsetzbar. Stattdessen einigte man sich schließlich darauf, die Geringfügigkeitsgrenze ab Oktober 2022 auf 520 € pro Monat anzuheben und dynamisch auszugestalten, so dass künftig eine Wochenarbeitszeit von bis zu zehn Stunden auf Basis des jeweils aktuellen gesetzlichen Mindestlohns ohne Abzüge möglich sein soll.

Internationaler Bezug

Für ländervergleichende Analysen ist der sogenannte „Kaitz-Index" aussagekräftiger als die absolute Höhe der Mindestlöhne in Euro; der Index gibt Auskunft über die relative Höhe von Mindestlöhnen gemessen am jeweiligen nationalen Durchschnitts- oder Medianlohn. Im Jahr 2020 lagen die Mindestlöhne in der EU – nach Angaben der WSI-Mindestlohndatenbank – zwischen 43,9% (Tschechien) und 65,9% (Bulgarien) des jeweiligen nationalen Medianlohns. Deutschland lag mit einem Mindestlohn von 50,7% des nationalen Medians auf Platz 11 unter den EU-Ländern, also immer noch erheblich unter der Orientierungsmarke der Europäischen Kommission, wonach ein auskömmliches Einkommen bei mindestens 60% des Median-Einkommens von Vollzeitbeschäftigten (respektive bei 50% des nationalen Durchschnittseinkommens) liegen solle (Lübker/Schulten 2022).

Ein noch deutlich wirksameres Instrument zur Begrenzung der Lohnungleichheit ist jedoch eine hohe Tarifbindung. In den EU-Ländern lag diese zuletzt im Durchschnitt der EU-Länder bei ca. 70% (bezogen auf die Zahl der Beschäftigten, die im Geltungsbereich eines Tarifvertrags arbeiten). Die höchste Tarifbindung von 98% wies Österreich auf, was vor allem mit der dortigen Pflichtmitgliedschaft der Unternehmen in der Wirtschaftskammer zusammenhängt. Aber auch Frankreich (94%), Belgien (93%), Finnland (91%) und Schweden (90%) haben eine hohe und weitgehend stabile Tarifbindung (Lübker/Schulten 2021). In Deutschland ist die Tarifbindung hingegen über die Jahre immer weiter gesunken und wurde für das Jahr 2020 auf nur noch gut die Hälfte der Beschäftigten beziffert (Ellguth/Kohaut 2021). Eine besonders geringe Tarifbindung im Ländervergleich wiesen Estland (19%), Polen (17%) und Litauen mit nur 7% auf.

Internationale Vergleiche zeigen keine eindeutigen Zusammenhänge zwischen dem Ausmaß der Lohnungleichheit, dem Umfang des Niedriglohnsektors und dem Beschäftigungsniveau in einem Land. Von besonderer Bedeutung sind hingegen die Institutionen der Lohnfindung. Die Wirkungen der → Globalisierung, des technischen Fortschritts, unterschiedlicher Wirtschaftsstrukturen sowie externer Schocks wie etwa die Deregulierung von Gütermärkten und die Privatisierung öffentlicher Dienstleistungen werden durch nationale Lohnsysteme „gefiltert", was zu unterschiedlichen Wirkungen führt. Die zunehmende Verbreitung geringer Löhne kann fast völlig mit der Schwächung dieser Institutionen erklärt werden (Salverda/Mayhew 2009, Sniekers 2011).

In den Jahren 2004 bis 2010 war eine breit angelegte vergleichende Studie zur Niedriglohnbeschäftigung in Dänemark, Deutschland, Frankreich, Großbritannien und den Niederlanden von der US-amerikanischen Russell Sage Foundation gefördert worden. Sie bezog sich auf mehrere Branchen – darunter z.B. Call Center, die Ernährungsindustrie und der Einzelhandel. Ein zentrales Ergebnis dieser Studie bestand darin, dass der Umfang der Niedriglohnbeschäftigung mit der „Inklusivität" der jeweiligen institutionellen Regelungen korrespondiert (Gautié/Schmitt 2010). Je mehr institutionelle oder faktische „Exit-Optionen" für die Unternehmen bestehen, desto größer fällt der Niedriglohnsektor aus.

In Deutschland werden solche Exit-Optionen vor allem in der rückläufigen Tarifbindung und auch in der mangelnden Einhaltung und Durchsetzung arbeitsrechtlicher Standards vor allem im Bereich der Minijobs gesehen (Bosch/Weinkopf 2017). Darüber hinaus wird auch die vergleichsweise geringe Zahl der Kontrollen kritisiert, für die der Zoll bzw. die Finanzkontrolle Schwarzarbeit (FKS) zuständig sind. Hinzu kommt, dass viele Planstellen bei der FKS unbesetzt sind, was die Durchführung einer ausreichenden Zahl und Prüftiefe der Kontrollen deutlich beeinträchtigt.

Claudia Weinkopf

Empfehlungen zum Weiterlesen

Bosch, Gerhard/Hüttenhoff, Frederic/Weinkopf, Claudia 2019: Kontrolle von Mindestlöhnen. Wiesbaden: Springer VS.

Bosch, Gerhard/Weinkopf, Claudia 2013: Wechselwirkungen zwischen Mindest- und Tariflöhnen. In: WSI-Mitteilungen, Jg. 66, H. 6, S. 393–404.

Bosch, Gerhard/Weinkopf, Claudia 2017: Gleichstellung marginaler Beschäftigung – Vorschlag zur Reform der Minijobs. Expertise für die Sachverständigenkommission Zweiter Gleichstellungsbericht der Bundesregierung. Berlin.

Mindestlohnkommission 2020: Dritter Bericht zu den Auswirkungen des gesetzlichen Mindestlohns. Berlin.

Normalarbeitsverhältnis

Begriff

Mit jeder Definition des Normalarbeitsverhältnisses (NAV) wird eine Grenze zu anderen Arbeitsverhältnissen gezogen, die dann folgerichtig als nicht normal oder atypisch gelten. Für die Kennzeichnung von Normalität finden sich in der Literatur drei unterschiedliche Bezugspunkte. Der erste ist quantitativ und nimmt die am weitesten verbreiteten Arbeitsverhältnisse als normalen Typus. Der zweite knüpft an die geltende Rechtsordnung an und sieht solche Arbeitsverhältnisse als normal, an die unterschiedliche vorteilhafte Regelungen geknüpft sind. Der dritte ist normativ und bezieht sich auf ein wünschenswertes Optimum solcher vorteilhafter Regelungen.

Mückenberger (1985) bezeichnet das NAV als herrschende Fiktion, die Orientierungspunkt für die wichtigsten Schutz- (Sozialversicherungen, Kündigungsschutz etc.) und Gestaltungsrechte

(Mitbestimmung etc.) im Arbeits- und Sozialrecht ist. Da sich Rechtsordnung und Realitäten auf dem Arbeitsmarkt auseinanderentwickeln können, ist das NAV für Mückenberger nicht notwendigerweise auch die empirisch häufigste Arbeitsform. Andere Autoren knüpfen an die wachsende Verbreitung sozial abgesicherter Vollzeitbeschäftigung in der Nachkriegszeit an. Ein NAV ist danach eine „stabile, sozial abgesicherte, abhängige Vollzeitbeschäftigung, deren Rahmenbedingungen (Arbeitszeit, Löhne, Transferleistungen) kollektivvertraglich oder arbeits- bzw. sozialrechtlich auf einem Mindestniveau geregelt sind" (Bosch 1986, S. 165). Einige Autoren definieren das NAV viel enger. Sie sehen zusätzlich Normalarbeitszeiten und lebenslange Betriebszugehörigkeit als Wesensmerkmale. Überstunden, Schichtarbeit oder auch Betriebswechsel gelten dann schon als Abweichungen vom NAV. Zu enge Definitionen sind allerdings wenig zweckmäßig, da starre Arbeitsverhältnisse mit der in einer Marktwirtschaft üblichen Flexibilität der wirtschaftlichen Abläufe nicht kompatibel sind und im Übrigen auch in den 1960er und 1970er Jahren des vorigen Jahrhunderts die Ausnahme waren. Wagner (2000, S. 209) bemerkt hierzu: „Es liegt auf der Hand: Je detaillierter und stringenter die Merkmale für das Normalarbeitsverhältnis gefasst werden und je mehr dieser Elemente als konstitutiv angesehen werden, desto leichter ist es, empirisch seine Auflösung zu begründen".

Neuere Definitionen versuchen, den Begriff für veränderte Erwerbsverläufe zu öffnen und statische Gegenüberstellungen von Vollzeit- und Teilzeitarbeit sowie Erwerbsunterbrechungen zu vermeiden. Sozial abgesicherte flexible Erwerbsverläufe mit Vollzeit- oder vollzeitnaher Beschäftigung, die durch selbst gewählte Phasen der Teilzeitarbeit oder Nichterwerbstätigkeit unterbrochen werden, gelten dabei als neues NAV (Bosch 2001). Damit werden die sozial abgesicherten und selbst gewählten Formen unter den früher pauschal als atypisch bezeichneten Beschäftigungsverhältnissen in ein verändertes, für Männer und Frauen besser lebbares, modernisiertes NAV wieder begrifflich eingemeindet (→ auch Arbeit im Kapitalismus, Atypische Beschäftigung, Erwerbsarbeit, Prekarität).

Genese/theoretischer Kontext

Das Konzept des NAV ist an die Herausbildung des Sozialstaats gebunden. Seine historische Bedeutung besteht darin, „in die durch Flexibilität begründete Unsicherheit, Unordnung und Unruhe der Lohnarbeiterexistenz sozusagen Korsettstangen von Gewissheit, Voraussehbarkeit und Frieden einzuziehen" (Mückenberger 1985, S. 17). Für die Unternehmen bot das NAV kalkulierbare Nutzungsbedingungen der Ware Arbeitskraft. Unbefristete Vollzeitbeschäftigung mit kalkulierbarer Verfügbarkeit über den Arbeitseinsatz wurde die Planungsnorm für die betriebliche → Arbeitsorganisation in der Massenproduktion der Nachkriegszeit. Die damals beachtlichen Wachstumsraten erzeugten einen hohen Arbeitskräftebedarf in den großen → Betrieben, die mit ihren guten Löhnen und dem Versprechen hoher Arbeitsplatzsicherheit viele der oft schlecht gesicherten Arbeitskräfte aus den traditionellen Sektoren der Landwirtschaft und der kleinen Gewerbetreibenden aufsogen. Das hohe Wachstum schuf weiterhin die Voraussetzungen für die sozialen Kompromisse zur Verbesserung und Verallgemeinerung der Schutzfunktion des NAV für alle Vollzeitbeschäftigten. Allerdings blieb es im traditionellen deutschen Familienmodell weitgehend auf die männlichen Alleinverdiener zugeschnitten.

In der kontroversen Debatte um das NAV in den letzten 25 Jahren ging es vor allem um die Frage nach seiner Stabilität oder Erosion. In der feministischen Diskussion wurde das NAV als männliches Beschäftigungsmodell kritisiert, dem spiegelbildlich eine weibliche Normalbiografie mit meist kurzzeitiger Beschäftigung und Erwerbsunterbrechungen gegenübersteht (Holst/Maier 1998) (→ Arbeit und Geschlecht). In der industriesoziologischen Forschung wurden die zunehmende Flexibilität der Fertigung, die neue internationale Arbeitsteilung mit der ständigen Drohung einer Verlagerung, die Dezentralisierung von Verantwortung in Unternehmen, die abnehmende Betriebsgröße sowie die Deregulierung des NAV von einigen Autoren als unaufhaltsame Treiber einer Erosion des NAV gedeutet (→ auch Globale Wertschöpfungsketten und internationale Arbeitsteilung, Unternehmens[re]organisation). Der → „Arbeitskraftunternehmer", der ohne die Sicherheiten des NAV seine Arbeitskraft immer wieder neu vermarkten muss, wurde als Gegentypus entwickelt (Voß/Pongratz 1998). Andere Autoren entdecken hingegen in steigenden Qualifikationsanforderungen, der Entwicklung von nicht übertragbarem Produktionswissen (tacit knowledge) der Belegschaften in zunehmend spezialisierten Produktions- und Dienstleistungstätigkeiten sowie neuen Formen der betrieblichen Beteiligung wachsende Interessen der Unternehmen an Stammbelegschaften (Bosch 2001). Allerdings veränderten sich dabei die impliziten Arbeitsverträge, also die Erwartungen an das Arbeitsverhalten der Beschäftigten sowie deren Akzeptanz zumutbarer Flexibilität (→ Psychologischer Vertrag). Im NAV aus dem Zeitalter der Massenproduktion wurde soziale Sicherheit mit garantiertem Entgelt gegen hohe Verfügbarkeit in festen Hierarchien und klar beschriebenen betrieblichen Funktionen und festen Standorten getauscht. Heute wird Sicherheit nur noch im Austausch gegen hohe zeitliche, funktionale, örtliche und finanzielle Flexibilität versprochen. Die Grenzen der Flexibilitätszumutungen werden zunehmend dezentral ausgehandelt, woraus sich zunehmend komplexere Anforderungen an die Interessenvertretungen der Beschäftigten ergeben, wenn sie überhaupt involviert sind (→ auch Entgrenzung, Partizipation).

In der Diskussion um die Weiterentwicklung des NAV erweist sich die Unterscheidung zwischen der Form des NAV, die sich ändern kann, und ihrem konstituierenden Kern als zentral (Bosch 2001). Der Kern wird in der De-Kommodifizierung der Ware Arbeitskraft gesehen, also in der Absicherung des NAV gegen die Risiken des → Marktes. Im NAV werden auch Zeiten der Nichtarbeit (Krankheit, Mutterschaft, Arbeitslosigkeit, Unfall, Ruhestand) und der Investition in die Arbeitskraft (Aus- und Weiterbildung) vergütet. Vertragsgegenstand ist sozusagen nicht nur das Jetzt, sondern auch das Morgen. Diese Begriffsöffnung ermöglicht es, auch neue, selbst gewählte und sozial abgesicherte Erwerbsverläufe mit Optionen der Beschäftigten auf eine vorübergehende Verringerung der → Arbeitszeit und abgesicherten Erwerbsunterbrechungen, etwa bei Elternschaft oder Weiterbildung, einzuschließen. Eine solche Lebenslaufperspektive trägt der Tatsache Rechnung, dass sich mit der Erwerbstätigkeit von Frauen neue Erwerbsmuster für beide Geschlechter herausbilden und dabei nicht jede neue Beschäftigungsform untypisch, unfreiwillig und mit schlechten Arbeitsbedingungen behaftet ist.

In der neoklassischen ökonomischen Theorie ist vor allem der Schutzeffekt des NAV in die Insider-Outsider-Theorie aufgenommen worden. Lindbeck/Snower (2002) sehen in dem Beschäftigungsschutz und der Tarifbindung von Stammbeschäftigung einen Grund für unfreiwillige Arbeitslosigkeit, da Arbeitslose keine Möglichkeit haben, durch Lohnunterbietung einen Arbeitsplatz zu bekommen. Das NAV sei durch Ausschaltung des freien Marktes Ursache einer lohnbedingten Arbeitslosigkeit, die man nur durch eine Deregulierung der besonderen Schutzregelungen des NAV beseitigen könne. Diese These bestimmt das ökonomische Denken weltweit, obgleich sie theoretisch und empirisch höchst zweifelhaft ist. Es wird übersehen, dass erst Schutzrechte und Tarifvereinbarungen Machtgleichgewichte auf dem Arbeitsmarkt herstellen. Die empirische Forschung zeigt zudem, dass ein Abbau von Schutzrechten nicht das Beschäftigungsniveau erhöht, wohl aber die Beschäftigungsfluktuation, da zwar im Aufschwung schnell eingestellt, in der Krise aber ebenso schnell entlassen wird (→ auch Erwerbslosigkeit).

Zentrale Forschungsergebnisse

Die eher deskriptive Sozialstrukturanalyse hat die Entwicklung unterschiedlicher Arbeitsverhältnisse gut dokumentiert. Der Anteil der Normalarbeitsverhältnisse (unter Einschluss der sozialversicherungspflichtigen Teilzeit über 20 Wochenstunden) ist zwischen 1984 und 2019 von 85 auf 71% zurückgegangen. Zugenommen haben vor allem Teilzeitarbeit mit geringerer Stundenzahl, Leiharbeit, soloselbstständige Tätigkeit und befristete Beschäftigung (BMAS 2016, S. 49, Datenreport 2021, S. 156). Obwohl sich durch den Ausbau der Elternzeit, der Kinderbetreuung und der Ganztagsschulen die Chancen einer Vereinbarkeit von Beruf und Familie deutlich verbessert haben, üben immer noch viele Frauen kurze, wenig perspektivreiche Teilbeschäftigungen aus. Wesentlicher Grund hierfür sind die hohen finanziellen Vorteile kurzer Teilzeit in Haushalten mit zwei Verdienern durch das Ehegattensplitting in Kombination mit den abgabefreien

Minijobs. Die einst für Zusatzverdienste von verheirateten Frauen geschaffenen Minijobs wurden in manchen Branchen (z.B. Gastronomie und Einzelhandel) inzwischen zur normalen Beschäftigungsform für Frauen, fast immer auf Kosten von Vollzeit- und sozialversicherungspflichtiger Teilzeitbeschäftigung. Obgleich die Erwerbstätigenquote der Frauen in Deutschland stark gestiegen ist, hat sich durch die Umverteilung von Vollzeit- auf Teilzeittätigkeiten das Arbeitsvolumen der Frauen kaum verändert (Wanger 2020, S. 110). Der Anstieg der Frauenerwerbstätigkeit in Verbindung mit geringfügiger Teilzeitbeschäftigung wirkt somit wie ein eingebauter Deregulator, der mindestens so viel Sprengstoff für das NAV enthält wie eine direkte Deregulierung von Arbeitsverhältnissen.

Ein zweiter empirischer Forschungsstrang hat sich mit der Frage nach der Destabilisierung von Beschäftigungsverhältnissen befasst. Die meisten Forschungsergebnisse deuten auf eine hohe Stabilität von Erwerbsbiografien und Beschäftigungsverhältnissen hin (Erlinghagen 2004, Rhein/Stüber 2014). Dahinter verbergen sich aber sehr unterschiedliche Trends. Die Erwerbsverläufe von Frauen sind kontinuierlicher geworden. Die negativen Wirkungen einer abnehmenden Betriebsgröße auf die Beschäftigungsstabilität werden durch eine wachsende Betriebsbindung in → Klein- und Mittelbetrieben kompensiert. In einzelnen Branchen (z.B. Medien und Wissenschaft) hat die Dauer der Betriebszugehörigkeit abgenommen und Branchen mit hoher Instabilität (z.B. Arbeitnehmerüberlassung) haben an Bedeutung gewonnen. Gleichzeitig wachsen aber auch Branchen mit hoher Beschäftigungsstabilität (z.B. Bildung und Erziehung sowie der Gesundheitssektor).

Die neue Kombination einer stabilen Dauer der Betriebszugehörigkeit bei gleichzeitig steigenden Flexibilitätsanforderungen an Betriebe wurde nur möglich durch eine höhere interne Flexibilität. Viele Studien belegen eine zunehmend flexiblere Verteilung der Arbeitszeit mittels unterschiedlicher Instrumente der Arbeitszeitflexibilisierung, etwa durch Arbeitszeitkonten (und ein Ansteigen der funktionalen Flexibilität in Unternehmen). Die Beschäftigungsfolgen der Finanzkrise 2008/2009 und der Corona-Krise 2020ff. wurden in Deutschland fast vollständig intern durch Kurzarbeit und die Nutzung interner Arbeitszeitressourcen (Abbau von Arbeitszeitguthaben und Überstunden) aufgefangen.

Ein dritter Forschungsstrang zeigt schließlich, dass die als fast selbstverständlich angenommene Verknüpfung zwischen NAV und guten Arbeitsbedingungen und sozialem Schutz brüchig geworden ist. Die abnehmende Tarifbindung und die Verlagerung von Arbeitsplätzen in mitbestimmungsfreie Betriebe ohne → Betriebsräte haben vor allem im Dienstleistungssektor auch in unbefristeter Vollzeitarbeit große Zonen prekärer Beschäftigung entstehen lassen (Bosch/Weinkopf 2011) (→ auch Dienstleistungsarbeit, Arbeitsqualität). In der neueren Segmentationsforschung werden deshalb die Segmentationslinien zwischen *guter* und *schlechter* Arbeit neu gezogen. Auch innerhalb der betriebsinternen und beruflichen Arbeitsmärkte werden sekundäre Segmente abgegrenzt, in denen Niedriglöhne bezahlt werden (→ auch Arbeitsmarktsegmentation, Niedriglohnsektor). Köhler/Krause (2010) äußern ihr Unbehagen über eine dichotome Gegenüberstellung von Erosion und Stabilität. Sie beobachten in ihrer empirischen Forschung eine Ablösung interner Arbeitsmärkte mit hoher Beschäftigungsstabilität durch eine instabile Koexistenz von geschlossenen und offenen → betrieblichen Beschäftigungssystemen, wobei Ostdeutschland eine Vorreiterrolle übernommen hat. Gleichzeitig verändern sich die Funktionsbedingungen interner Arbeitsmärkte, in denen die Allokation zunehmend leistungsbasiert ist. Diese Dynamik setzt bisherige Erwerbsmuster unter Druck, darunter auch die, die nach formalen Kriterien zum NAV gezählt werden.

Die empirischen Ergebnisse zeigen erstens, dass auch in einem deutlich veränderten wirtschaftlichen Umfeld in der Entwicklung der internen Flexibilität Potenziale der Stärkung des NAV liegen, die je nach Regulierungen des Arbeitsmarkts und Handelns zentraler Akteure in Wirtschaft und Gesellschaft genutzt werden. Sie belegen zweitens, dass die Zunahme von marginaler und schlecht bezahlter Teilzeitarbeit der größte Posten auf der Verlustliste des NAV ist. Wenn es gelingt, die in den beiden letzten Jahrzehnten entwickelten Optionen auf selbstgewählte Teilzeitarbeit (z.B. durch das Recht auf Teilzeitarbeit) mit Rückkehrrechten auf Vollzeitarbeit weiter auszubauen und prekäre Arbeitsverhältnisse besser zu regulieren, wird sich ein neues flexibleres NAV herausbilden. Drittens sind innerhalb des NAV sekundäre Segmente mit schlechten Arbeitsbedingungen entstanden, so dass neue Definitionen → Prekarität nicht mehr über bestimmte Arbeitsverhältnisse, sondern über die Einhaltung von Arbeitsstandards bestimmen (Dörre 2005). Viertens schließlich verbergen sich hinter der äußeren Stabilität des NAV, gemessen an der Dauer der Betriebszugehörigkeit, große Umbrüche im Binnenverhältnis des NAV. Die Flexibilitätsanforderungen sind gestiegen und neue Formen der Leistungsvorgaben und der Leistungskontrollen sollen den Beschäftigten signalisieren, dass die Sicherheit immer nur temporär versprochen wird und durch gute Leistung immer wieder neu *verdient* werden muss. Von einer reinen → Vermarktlichung der innerbetrieblichen Beziehungen, wie es die Figur des → Arbeitskraftunternehmers andeuten soll, sind interne Arbeitsmärkte durch Kündigungsschutz und Mitbestimmung jedoch noch weit entfernt.

Internationaler Bezug

Auch in anderen Ländern findet sich eine vergleichbare Diskussion über Veränderungen der standard employment relationship (SER). Castells repräsentiert die Erosionstheoretiker. Er schreibt, „the traditional form of work, based on full-time employment, clear-cut occupational assignment, and a career pattern over the lifecycle is being slowly but surely eroded away" (1996 b, S. 268). Auer/Cazes (2003) hingegen sehen eine Überschätzung der Wirkungen der → Globalisierung und stellen eine hohe Beschäftigungsstabilität in den meisten entwickelten Ländern fest. Marchington et al. (2005) halten die Diskussion eher für nachrangig, da sich die drastischen Veränderungen der Beschäftigungsbedingungen nur auf betrieblicher Ebene und im Arbeitsprozess, also im Binnenverhältnis des NAV, voll verstehen lassen. Gautié/Schmitt (2010) zeigen, wie tief sich in vielen Ländern schlechte Arbeitsstandards in klassische Domänen des NAV eingegraben haben. Vosko (2010) kritisiert das Regulierungsgefälle zwischen dem SER und atypischen Beschäftigungsverhältnissen, was vor allem Frauen benachteilige, und diskutiert die Chancen und Wünschbarkeit einer Wiederherstellung des traditionellen NAV in Form eines Vollzeitmodells für Männer und Frauen sowie eines flexiblen neuen Normalarbeitsverhältnisses mit Arbeitszeitoptionen.

Unübersehbar sind aber die nationalen Unterschiede der Analysen, die die jeweiligen nationalen Kontexte widerspiegeln. In Ländern ohne oder mit nur geringem Kündigungsschutz und geringer Tarifbindung, wie den USA, lebt das SER außerhalb des öffentlichen Dienstes und der zunehmend kleineren gewerkschaftlich organisierten Segmente des Arbeitsmarkts nur noch in den Erinnerungen an die goldenen 1950er oder 1960er Jahre weiter. In einem Beschäftigungssystem, in dem man jederzeit gekündigt werden kann, macht die Unterscheidung zwischen einem befristeten und unbefristeten Vollzeitarbeitsverhältnis nur wenig Sinn. Da in den USA der für die Herausbildung eines Normalarbeitsverhältnisses gesetzliche und tarifliche Rahmen fehlt, konzentriert sich die Forschung auf die zunehmende Ausdifferenzierung der Arbeitsverhältnisse durch veränderte Unternehmensstrategien (z.B. Osterman 2019) (→ auch Industrielle Beziehungen in internationaler Perspektive).

In den skandinavischen Ländern ist die schon in den 1950er Jahren entwickelte Vision einer Gesellschaft mit Wahlmöglichkeiten von Gösta Rehn (1973) weitgehend umgesetzt worden. Für Eltern wurden großzügige Optionen für Erwerbsunterbrechungen und temporäre Verkürzungen der Arbeitszeit geschaffen. Hinzu kommen Anrechte auf Weiterbildungsmaßnahmen. Gleichzeitig wurden durch Ganztagsschulen und eine flächendeckende Infrastruktur für Kinderbetreuung sowie Erwachsenenstipendien für Weiterbildung auch die tatsächlichen Wahlmöglichkeiten erweitert. Teilzeitarbeit gilt längst nicht mehr als atypisch, sondern als Teil normaler Erwerbsverläufe für Männer und Frauen. Dieses skandinavische Modell inspirierte das Leitbild des ersten deutschen Gleichstellungsberichts (2011, S. 48) ebenso wie Supiots (2001) Visionen einer Neugestaltung des europäischen Arbeitsrechts mit mehr Optionen für die Beschäftigten (→ auch Work-Life-Balance).

In Südeuropa wird das SER viel kritischer gesehen, weil die hohe Absicherung der männlichen Alleinverdiener durch starken Kündigungsschutz viel selektiver wirkt und nicht nur die meisten

Frauen, sondern auch viele Männer, vor allem Jüngere und Beschäftigte in Klein- und Mittelbetrieben, ausschließt. Durch den geringen Ausbau des Sozialstaats bietet der Schutz des männlichen Alleinverdieners dem Staat die Möglichkeit, die soziale Sicherung an die Familie zu delegieren (Anxo et al. 2010). Allerdings sind die südeuropäischen Staaten durch ihre geringe Steuerbasis in diesem System gefangen. Die Deregulierung des sicherlich privilegierten SER in diesen Ländern wird ohne einen komplementären Ausbau des Sozialstaats nur zur Verarmung führen (→ auch Varieties of Capitalism).

Gerhard Bosch

Empfehlungen zum Weiterlesen

Anxo, Dominique 2010: Towards an Active and Integrated Lifecourse Policy. The Swedish Experience. In: Anxo, D./Bosch, G./Rubery, J. (eds.): The Welfare State and Life Transitions. A European Perspective. Cheltenham: Edward Elgar, S. 104–127.

Bosch, Gerhard 2001: Konturen eines neuen Normalarbeitsverhältnisses. In: WSI-Mitteilungen, Jg. 54, H. 4, S. 219–230.

Gleichstellungsbericht der Bundesregierung 2011: Neue Wege – Gleiche Chancen. Gleichstellung von Frauen und Männern im Lebensverlauf, Gutachten der Sachverständigenkommission an das Bundesministerium für Familie, Senioren, Frauen und Jugend für den ersten Gleichstellungsbericht der Bundesregierung. Bundestags-Drucksache 17/6240, Berlin.

Marchington, Mick/Grimshaw, Damian/Rubery, Jill/Willmott, Hugh (eds.) 2005: Fragmenting Work. Blurring Organizational Boundaries and Disordering Hierarchies. Oxford: Oxford University Press.

Mückenberger, Ulrich 1985: Die Krise des Normalarbeitsverhältnisses. In: Zeitschrift für Sozialreform, Jg. 31, H. 7, S. 415–435.

Rehn, Gösta 1973: Die Gesellschaft der freien Wahl. In: Külp, B./Stützel, W. (Hg.): Beiträge zu einer Theorie der Sozialpolitik. Festschrift für Elisabeth Liefmann-Keil zum 65. Geburtstag. Berlin: Duncker & Humblot, S. 317–351.

Organisationssoziologie/ Organisationstheorien

Begriff

Die Organisationssoziologie ist bis heute Teil der übergeordneten Organisationswissenschaft bzw. Organisationsforschung, die von Beginn an in hohem Maße interdisziplinär ausgerichtet war. Unter Organisationssoziologie wird eine spezielle Soziologie verstanden, die sich – theoretisch und empirisch – mit den unterschiedlichen Formen (→ Betrieb, Verwaltung, Schule usw.), formalen und informellen Strukturen sowie internen Prozessen und Eigenlogiken von Organisationen befasst. Von Interesse sind nicht nur der Begriff und die Geschichte der Organisation, gefragt wird auch nach ihrer Funktion für die Gesellschaft. Bereits die Klassiker der Soziologie sahen in der Organisation ein zentrales Strukturelement der Neuzeit. Dementsprechend wurde die moderne Gesellschaft sogar als „Organisationsgesellschaft", „organisierte Gesellschaft" oder „Gesellschaft der Organisationen" beschrieben (vgl. u.a. Perrow 1996, Presthus 1979, Schimank 2001). Wenngleich diese Gesellschaftsdiagnosen auch kritisch zu hinterfragen sind (vgl. u.a. Davis 2009, Kühl 2003, 2015 b, Walgenbach 2011), erstaunt die lange Zeit vorherrschende Betonung der gesellschaftlichen Relevanz von Organisationen nicht, denn Organisationen sind nicht nur allgegenwärtig und in vielerlei Hinsicht von grundlegender Bedeutung für das Handeln von Menschen, sie können auch zur Veränderung der Gesellschaft beitragen und sogar die Welt strukturieren (Nassehi 2021, S. 226). Die moderne Gesellschaft ist also ohne (formale) Organisationen kaum vorstellbar. Die Politik funktioniert nicht ohne Staatsorganisationen, die Wissenschaft nicht ohne Hochschulen und die Wirtschaft nicht ohne Unternehmen.

Insbesondere in der Wirtschaft spielt ein arbeitsteiliges, koordiniertes und zielorientiertes Zusammenwirken, das in Organisationen geplant und umgesetzt werden soll, eine große Rolle. So erfolgt die Produktion von Gütern und Dienstleistungen in (Erwerbs-)Organisationen, die zugleich zentrale Schaltstellen für die Integration von Frauen und Männern in die → Erwerbsarbeit sind, denn sie entscheiden über den Zugang zu Positionen sowie Aufstiegschancen und damit auch über individuelle Lebenslagen und Perspektiven. Im Fokus der Organisationssoziologie steht daher – so schon Renate Mayntz (1963) – nicht nur die Frage, wie die Gesellschaft (oder ein Teil) auf Organisationen – ihre Strukturen und Prozesse – wirkt, sondern auch, wie Organisationen die Gesellschaft (bzw. einzelne Teilsysteme) beeinflussen. Theoretische Ansätze, die sich mit diesen Fragen befassen und zur Erklärung des Phänomens der Organisation(en) beitragen wollen, sind mittlerweile zahlreich. In Anbetracht der großen Varianz von Organisationstypen und -formen (vgl. u.a. Apelt/Tacke 2012), die vielfach nur noch wenig mit der klassischen formalen bürokratischen Organisation gemein haben, geht es seit einiger Zeit vor allem darum, zu einem neuen, elaborierten Organisationsverständnis zu gelangen (vgl. u.a. Apelt/Wilkesmann 2015, Wilz 2015, Wolf 2015, Funder/Walden 2017, Ahrne/Brunsson 2019). Hierzu liegen bereits unterschiedliche Vorschläge vor, die im Kern darauf abzielen, den neuen hybriden, fluiden Formen der Organisation, ihrer Prozesshaftigkeit und Dynamik sowie auch ihrer kulturellen und institutionellen Einbettung Rechnung zu tragen. In den Fokus der Organisationssoziologie sind somit wieder verstärkt Prozesse organisationaler Ordnungsbildung gerückt, so dass eher situations- und kontextorientierte wie operative und nicht mehr rein deduktive, substanzielle Konzipierungen des Organisationsbegriffs vorgenommen werden (vgl. Apelt/Wilkesmann 2015, von Groddeck/Wilz 2015 b). Allerdings wird der Vorschlag von Ahrne und Brunsson (2011, 2019), die für eine Aufweichung des Organisationsbegriffs in Richtung „partial organization" plädieren und so ein breites Spektrum organisierter Ordnungen (z.B. auch Preise) in den Blick nehmen wollen, in der deutschsprachigen Organisationssoziologie eher abgelehnt (Apelt et al. 2017). Zwar kann die Organisationssoziologie so eine größere Offenheit im Hinblick auf unterschiedlichste Formen organisierter Ordnungen (selbst Warteschlangen, Intimbeziehungen und soziale Bewegungen) gewinnen, riskiert damit aber, aufgrund einer weitreichenden Schwächung des Organisationsbegriffs ihren eigentlichen Kern – die Organisation – aus dem Auge zu verlieren.

Genese/theoretischer Kontext

Das Phänomen der Organisation gab es im Grunde schon im Altertum, wenn man hierunter das planvolle, zielorientierte Zusammenwirken von Menschen versteht, gleichwohl hat sich die Organisation erst im Zuge des neuzeitlichen gesellschaftlichen Wandels, wie der Herauslösung des Individuums aus ständischen Bindungen, zu einem eigenständigen Systemtypus mit großer Ausstrahlungskraft auf das soziale Leben entwickelt. Im Unterschied zu traditionellen Kooperationsformen, z.B. Dorfgemeinschaften, entscheiden moderne Organisationen selbst darüber, wer Mitglied wird und wer nicht. Umgekehrt haben auch Mitglieder – von „totalen Institutionen" (z.B. einem Gefängnis) einmal abgesehen – die Option des freien Ein- und Austritts. Analytisch ist das soziale Gebilde der Organisation (wie etwa das Unternehmen oder die Schule) zu unterscheiden von der Tätigkeit des Organisierens, die auf die Herstellung, Ausgestaltung und Steuerung von Ordnung abzielt. Rückblickend waren es vor allem die im Verlauf der Industrialisierung sich herausbildenden großen Fabriken, die zu ihrem Bedeutungszuwachs beitrugen. Während der Sozialtheoretiker James S. Coleman (1979) die massenhafte Verbreitung von Arbeitsorganisationen – insbesondere großer Unternehmen – vor allem auf ihre höhere Leistungsfähigkeit (Arbeitsteilung, Spezialisierung etc.) im Hinblick auf die Herstellung von Gütern und Dienstleistungen zurückführte und daher in erster Linie die Effektivitätsvorteile der Organisation betonte, stellten andere – wie Karl Marx, aber auch der Wirtschaftshistoriker Karl Polanyi und der Organisationsforscher Charles Perrow – besonders den Herrschafts-, Kontroll- und Ausbeutungscharakter des bürgerlich-kapitalistischen Betriebs/Unternehmens heraus (→ Betrieb, Herrschaft, Kontrolle). Demnach ist speziell die Erwerbs- bzw. Arbeitsorganisation nicht nur unter dem Aspekt der Leistungsfähigkeit (effiziente Kooperation, Spezialisierungsvorteile etc.) zu betrachten, vielmehr muss sie immer auch als ein Ort des kontrollierten, legitimen Zugriffs auf → Arbeit und damit als Herrschaftsinstrument gesehen werden (Funder 2018 a). Die Organisationssoziologen Türk, Lemke und Bruch (2006) verstehen unter Organisation folglich einen Prozess, der menschliche Kooperation reguliert und ein historisch jeweils spezifisches Macht- und Herrschaftsverhältnis hervorbringt. Was die weltweite Ausbreitung von Arbeitsorganisationen – nicht nur in der Wirtschaft (vgl. Bromley/Meyer 2015) – wirklich vorangetrieben hat, ob es sich tatsächlich um ihre Effektivität und die Möglichkeit der Leistungssteigerung handelt oder um das Streben nach Kontrolle und Herrschaftssicherung, ist

letztendlich eine Frage des theoretischen Standpunkts und Thema der Organisationssoziologie.
Entscheidend für die Entwicklung der Organisationssoziologie waren die Studien von Max Weber, speziell seine Ausführungen zu Rationalisierungsprozessen (→ Rationalisierung) und zur Bürokratie. Als akademische Disziplin etablierte sie sich zunächst in den USA, wo sie nach dem Zweiten Weltkrieg – angestoßen durch Arbeiten von Robert Merton, Philipp Selznick sowie Talcott Parsons u.a. – rasch zu einem prominenten Forschungsfeld wurde. In Europa – mit Ausnahme von Großbritannien – setzte das Interesse an der Organisationssoziologie erst später ein. In Deutschland entstanden zwar schon in den 1960er Jahren wichtige Arbeiten (vgl. u.a. Mayntz 1963), eine stärkere Beachtung fand die Organisationssoziologie aber erst ab den 1980er Jahren. Institutionell hat sie sich sogar erst im Herbst 2011 mit der Gründung einer eigenständigen Sektion in der Deutschen Gesellschaft für Soziologie verankern können. Erklärtes Ziel der Sektion ist es, aus dem akademischen Schattendasein – in dem sich die Organisationssoziologie in Deutschland lange Zeit befand – herauszutreten und eine eigene Fachidentität zu entwickeln. Organisationen spielen zwar auch in anderen speziellen Soziologien eine Rolle, wie etwa die Kirche in der Religionssoziologie, die Justizbehörde in der Rechtssoziologie oder der Betrieb/das Unternehmen in der Arbeits- und Industriesoziologie, eine spezifisch organisationsbezogene Perspektive weisen sie jedoch nicht auf. Diese näher zu bestimmen, ist allerdings kein einfaches Unterfangen und treibt die Organisationssoziologie bis heute immer wieder um (vgl. u.a. Apelt/Wilkesmann 2015, Ahrne et al. 2016, Ahrne/Brunsson 2019, Besio et al. 2020).
Die Organisationssoziologie verfügt über ein breites Spektrum unterschiedlichster theoretischer Ansätze. Es reicht von der klassischen Vorstellung, Organisationen seien rationale Systeme, bis hin zu konstruktivistischen Ansätzen, die in Organisationen „nichtkalkulierbare, unberechenbare, historische Systeme" (Luhmann 2000, S. 9) sehen. Einen Kompass zur Durchdringung des theoretischen Dickichts bietet eine Anfang der 1980er Jahre von W. Richard Scott (1986) entwickelte Systematisierung. Danach können Organisationen als rationale Systeme, als natürliche Systeme sowie als offene Systeme verstanden werden. Vor allem die zuletzt genannte Sichtweise lieferte den Anstoß zu theoretischen Weiterentwicklungen.
Die rationale Organisation: Nach Scott – der hiermit eine weit verbreitete Auffassung wiedergibt – dominierte zunächst ein Organisationsverständnis, für das Webers Idealtypus des legalen, rationalen bürokratischen Systems Pate stand und zum Urmodell der Organisationssoziologie wurde. Die frühen Konzepte (siehe z.B. Taylor und Fayol) wiesen noch ein stark technisch-ingenieurwissenschaftliches Verständnis auf, demzufolge speziell Arbeitsorganisationen im Prinzip wie Maschinen funktionieren, die „manipuliert" und „geformt" werden können, um festgelegte Ziele zu erreichen (vgl. u.a. Scott 2006, S. 203). Emotionen, Zufälle oder Irrationales sowie informelle Strukturen spielen daher in der Theoriebildung keine allzu große Rolle.
Die Organisation als „natürliches", soziales Gebilde: Eine an den sozialen Prozessen ausgerichtete Organisationsforschung setzte etwa in den 1930er/40er Jahren ein. Zahlreiche Studien – den Anfang machten die Arbeiten der Human-Relations-Forschung – führten zu der Erkenntnis, dass Organisationen als „natürliche Systeme" betrachtet werden können, in denen Akteure sich keineswegs immer nur rational Verhalten. Eine nicht zu unterschätzende Bedeutung kommt in jeder Organisation informellen Strukturen und Normen zu. Organisationen werden demnach nicht mehr als durch und durch rational wahrgenommen, sondern als „Kollektive, die sich in spontanen, ungelenkten Prozessen entwickeln" (Scott 2006, S. 203). Damit geriet die Vorstellung der „perfekten" Rationalität in die Kritik, was sich nicht nur in der Vorstellung einer „begrenzten Rationalität" widerspiegelt, sondern auch in neuen Konzepten und Einsichten, insbesondere über das Entscheidungsverhalten in Organisationen. In der Folge wurden die Geschehnisse in Organisationen als von Zufällen abhängig betrachtet. Im „Garbage Can-" bzw. „Mülleimer-Modell" wird beispielsweise davon ausgegangen, dass Entscheidungen nicht auf der Basis rationaler Abwägungsprozesse getroffen werden, Problemlösungen kommen vielmehr eher zufällig zustande und können demnach mal so und auch mal anders ausfallen (vgl. u.a. Cohen et al. 1972).

Nicht ganz so zufällig stellt sich das Organisationsgeschehen aus der Perspektive der → Mikropolitik dar, die jede Organisation als einen Ort ansieht, an dem sich vielerlei Formen von Mikropolitik abspielen, womit ein nicht immer leicht zu durchschauendes interessengeleitetes Gegen- und Miteinander von Organisationsmitgliedern gemeint ist (vgl. Crozier/Friedberg 1979).

Die Organisation und ihre Umwelt: Ein ebenfalls tiefgreifender Wandel des Organisationsverständnisses ist in den 1950er/60er Jahren zu verzeichnen, als sich der Blick verstärkt auf den Zusammenhang zwischen Organisation und Umwelt richtete. Organisationen wurden jetzt als „offene" Systeme beschrieben, die ihre Umwelt nicht nur beobachten, sondern ihre internen Strukturen und Prozesse den Umweltanforderungen anpassen. Am bekanntesten ist die Kontingenztheorie (auch situativer Ansatz genannt), die die Gestaltung der Formalstrukturen einer Organisation auf Umweltanforderungen (u.a. Marktverhältnisse, Fertigungstechnologien, Organisationsgröße) zurückführt. Die Kritik an dieser theoretischen Sichtweise blieb nicht aus. Hinterfragt wurde das recht einseitige und deterministische Verständnis des Zusammenhangs zwischen Organisation und Umwelt, denn vielfach ging es nur noch um die Frage der effizienten Anpassung der formalen Organisationsstruktur an Umwelterfordernisse. Ein Gegenpol hierzu ist der → Neo-Institutionalismus, der sich im Unterschied zur Kontingenztheorie keineswegs vom Rationalitätsparadigma leiten lässt. Die Vorstellung von der unschlagbaren Effizienz und Effektivität der formalen, hierarchischen, arbeitsteilig strukturierten Organisation (aber auch der spätmodernen dezentralisierten, agilen Organisation mit ihren flachen Hierarchien und autonomen Sub-Einheiten) ist danach letztendlich nur eine Frage des „Glaubens" an gesellschaftlich als legitim, angemessen und richtig geltende Formen der Organisationsgestaltung. Sie entwickeln sich zu „rationalisierten institutionalisierten Mythen" (Meyer/Rowan 1977) mit großer Ausstrahlungskraft auf Organisationen. Damit rückten nicht nur Fragen der Strukturangleichung (Isomorphie) und Prozesse der Entkopplung (‚talk' versus ‚action') in den Fokus, sondern auch organisationale Felder (vgl. u.a. DiMaggio/Powell 1983, Fligstein/McAdam 2012, Scott 2014).

Theoretische Weiterentwicklungen: In den letzten Jahrzehnten ist die Theorieentwicklung weiter vorangeschritten und hat nicht nur ein höheres Niveau erreicht, sondern auch neue Entwicklungsrichtungen eingeschlagen (vgl. u.a. Scott 2006, 2014, Greenwood et al. 2017). Mehr Aufmerksamkeit wird Organisationsgrenzen, Inter- und Externalisierungsprozessen sowie dem Prozess des Organisierens gewidmet, wobei relationale, prozessorientierte Betrachtungsweisen an Gewicht gewonnen haben. Der Organisationswissenschaftler Mustafa Emirbayer (1997) erachtet diese Entwicklung – weg von „substantialistischen" und hin zu „relationalen" Konzepten – als dringend geboten. Für ihn steht fest, dass Organisationen zwar auch weiterhin als eigenständige Gebilde zu betrachten sind, allerdings darf ihre Einbettung bzw. Abhängigkeit von wechselnden Kontextbedingungen – ob technischer, politischer, kultureller oder institutioneller Art – nicht ausgeblendet werden. So entwickelte sich z.B. eine an Pierre Bourdieu anknüpfende, relationale, prozessorientierte Sicht auf Organisationen (vgl. u.a. Emirbayer/Johnson 2008). Wichtige Impulse für die Weiterentwicklung der Organisationssoziologie lieferte auch die in den 1990er Jahren einsetzende Debatte über die „Rückkehr der Gesellschaft" (Ortmann et al. 1997 a) in die Organisationstheorie. In Deutschland waren es vor allem Günter Ortmann, Jörg Sydow und Arnold Windeler, die – anknüpfend an Anthony Giddens' Strukturationstheorie und das Konzept der Mikropolitik – dazu beigetragen haben, den Organisationsbegriff neu zu definieren und als „reflexive Strukturation" zu begreifen (vgl. Ortmann et al. 1997 a, Sydow/Wirth 2014). Überhaupt wird in der Organisationssoziologie wieder verstärkt auf allgemeinsoziologische Theorien – von Luhmann über Foucault und Bourdieu bis Latour – Bezug genommen, um zu komplexeren Organisationskonzepten zu gelangen. Gleichwohl gibt es immer noch Leerstellen und offene Fragen (vgl. u.a. Apelt/Wilkesmann 2015), z.B. mit Blick auf die Grenzen der Organisation und die organisationale Ordnung. Folglich wird nunmehr verstärkt nach der Relevanz organisationaler Eigendynamiken, nach Chaos, Scheitern und Illegalität gefragt, aber auch nach der Bedeutung von Emotionen und Affekten in Organisationen. Bis heute ist zudem eine anhaltende Ausblendung der feministischen Organisationsforschung aus dem Mainstream auszumachen. Dabei gibt die Geschlechterforschung nicht nur Aufschluss darüber, wie die Geschlechterdifferenz in Organisationen Relevanz erlangt und Geschlechterungleichheiten im Hinblick auf Positionierungen, Karriereverläufe und Einkommen erzeugt (vgl. u.a. Aulenbacher/Riegraf 2011, S. 157ff., Funder 2016), sondern bietet auch Anknüpfungspunkte für theoretische Weiterentwicklungen (vgl. u.a. Müller 2013, 2020, Funder 2014, 2017, 2019) (→ auch Arbeit und Geschlecht). Zu nennen ist z.B. die reflexive Diversitätsforschung, die u.a. die Naturalisierung von Geschlecht (insbesondere Zweigeschlechtlichkeit) sowie von Ethnizität/„race“ in Frage stellt und daher von einem kontingenten Verständnis von Diversität ausgeht (vgl. u.a. Bührmann 2020, Funder et al. i.E.). Eine solche kritische Identitäts- bzw. Diversitätspolitik zielt darauf ab, Geschlecht, Ethnizität/„race“, soziale Herkunft, Alter, Behinderungen usw. zu hinterfragen, um hegemoniale Praktiken, Stereotypisierungen und Diskriminierungen in Organisationen abzubauen.

Internationaler Bezug

Die Organisationssoziologie ist heute eine national wie auch international gut vernetzte Scientific Community, die in den letzten Jahrzehnten eine Vielzahl einschlägiger Studien durchgeführt und eine Fülle interessanter Forschungsergebnisse zutage gefördert hat. Einen ersten Überblick vermitteln Einführungs- und Handbücher (z.B. Bonazzi 2008, Clegg et al. 2013, Godwyn/Gittel 2012, Kühl 2011, 2015 a, Kieser/Ebert 2014, Preisendörfer 2016, Apelt et al. 2020). Befunde der Organisationsforschung, die hier ebenfalls nicht im Einzelnen aufgeführt werden können, sind mittlerweile in zahlreichen Publikationen und organisationswissenschaftlichen Zeitschriften nachzulesen (u.a. *Administrative Science Quarterly, Organization, Organization Science, Organization Studies, Organization Theory, Organization Management Journal*). Internationale Konferenzen der American Sociological Association (ASA), der International Sociological Association (ISA) sowie der European Group of Organzational Studies (EGOS) bieten Raum für Debatten über neue empirische und theoretische Erkenntnisse, aber auch für grundlegende Reflexionen über das Fach, das in den letzten Jahren sowohl Boom- als auch Krisenphasen erfahren hat. Erst jüngst wird wieder darüber diskutiert, ob die Organisationsforschung bzw. -soziologie nicht längst von Management und Business Schools an den Rand gedrängt wurde. King (2017) behauptet sogar, dass die Subdisziplin irrelevant werden könnte, wenn es ihr nicht gelinge, sich wieder verstärkt in aktuelle Debatten über die „großen“ Themen der Gesellschaft einzubringen. Impulse hierzu gibt es bereits (Besio et al. 2020); nachgedacht wird z.B. über die Relevanz von Organisationen mit Blick auf soziale Ungleichheit, die Stabilität geschlechtlicher Diskriminierungen, ethnischer Stereotypisierungen und des Rassismus, aber auch über die Digitalisierung, die Klimakrise (Nachhaltigkeit) und das Anthropozän (u.a. Arjaliés et al. 2021, Wright et al. 2018). Die Veränderung von Organisationen zu untersuchen bleibt somit zentral, denn ein Wandel der Gesellschaft ist nicht ohne einen Wandel von Organisationen möglich.

Maria Funder, Nina Hossain

Empfehlungen zum Weiterlesen

Apelt, Maja/Wilkesmann, Uwe (Hg.) 2015: Zur Zukunft der Organisationssoziologie. Wiesbaden: Springer VS.

Apelt, Maja et al. (Hg.) 2020: Handbuch Organisationssoziologie. Wiesbaden: Springer VS (online).

Bonazzi, Giuseppe. 2008: Geschichte des organisatorischen Denkens. Wiesbaden: VS Verlag.

Clegg, Steward R./Hardy, Cynthia/Lawrence, Tom/Nord, Walter R. 2013: Handbook of Organization Studies (2., überarb. Aufl.). London: Sage.

Funder, Maria 2018 a: Betriebliche Organisation und Organisationsgesellschaft. In: Böhle, F./Voß, G. G./Wachtler, G. (Hg.): Handbuch Arbeitssoziologie (2. Aufl.). Band 2: Akteure und Institutionen. Wiesbaden: Springer VS, S. 133–176.

Groddek, Victoria von/Wilz, Sylvia Marlene (Hg.) 2015 a: Formalität und Informalität in Organisationen. Wiesbaden: Springer VS.

Müller, Ursula/Riegraf, Birgit/Wilz, Sylvia Marlene (Hg.) 2013: Geschlecht und Organisation. Wiesbaden: Springer VS.

Partizipation

Begriff

Der Begriff Partizipation leitet sich aus den lateinischen Wurzeln „pars“ (Teil) und „capere“

(nehmen) her. Partizipation beschreibt Prozesse und Strukturen der direkten Teilhabe (abhängig) Beschäftigter in Wirtschaftsbetrieben. Teilhabe an ökonomischen Prozessen außerhalb von Organisationen (etwa als bürgerschaftliches Engagement) oder in der Rolle von Konsumenten (z.B. als „Prosumer" oder im Rahmen eines Customer-Relationship-Management) fallen nicht unter diese Betrachtung. In der deutschsprachigen Literatur wird Partizipation zudem nicht einheitlich definiert; zumeist findet aber eine Abgrenzung zu materieller Beteiligung, repräsentativer Mitbestimmung („delegative Partizipation") und genossenschaftlicher Teilhabe statt. Partizipation soll daher vor dem Hintergrund des deutschen institutionellen Gefüges gesetzlicher Mitbestimmungsvarianten primär im Hinblick auf *direkte*, also unmittelbar auf den Arbeitsplatz, die Arbeitsstrukturen und -prozesse bezogene Teilhabeformen diskutiert werden. In dieser Tradition und im Unterschied zum englischen „participation" stellt Partizipation damit keinen Überbegriff, sondern eine Spezialform dar (→ auch Industrielle Beziehungen, Unternehmensmitbestimmung).

Genese/theoretischer Kontext

Begriffsgeschichtlich lassen sich zwei zentrale Traditionslinien identifizieren, aus denen dieses Partizipationsverständnis herrührt. *Inhaltlich-thematisch* wurden direkte Teilhabeformen in der deutschsprachigen Literatur nach dem Zweiten Weltkrieg vor allem als „Mitbestimmung (am Arbeitsplatz)" diskutiert. Eine Google-Ngram-Analyse fördert für den Untersuchungszeitraum 1948 bis 2008 zutage, dass diese Debatten 1972 ihren Höhepunkt erreichten, danach abklangen und ab Ende der 1980er Jahre auf mittlerem Niveau stagnierten. Ab ca. 1965 tauchte dagegen der *Begriff* Partizipation erstmals in signifikanter Weise in der deutschsprachigen Literatur auf (z.B. Gather 1970) – zunächst inspiriert durch die US-amerikanische Forschung zur „political participation" (vgl. Milbrath 1965). Mit der Ausweitung von Partizipationsforschung im Allgemeinen und der betrieblichen Verbreitung spezifischer Managementkonzepte im Besonderen stieg ab 1990 die Zahl der Fundstellen von Partizipation stark an; seither finden sich in deutschsprachigen Büchern deutlich häufiger Verweise auf Partizipation als auf Mitbestimmung (2008 ca. 2,5 mal so oft). Im historischen Rückblick ist nicht nur der dargestellte terminologische und semantische Wandel auffällig, sondern auch das Nebeneinander von unterschiedlichen, oftmals unverbundenen disziplinären Konzepten von direkter Partizipation. Auf Unternehmen und Arbeit bezogen fällt ins Auge, dass Beschäftigte ihre Partizipationsmöglichkeiten fast ausnahmslos gegen Widerstand der Kapitalseite erkämpfen mussten – ganz gleich, ob man die Frühphase des Industriekapitalismus (Thompson 1980) oder den aktuellen Plattform-Kapitalismus (Heiland/Brinkmann 2020) betrachtet.

Ein Blick auf die Wurzeln der ökonomischen (F. Taylor) und soziologischen (M. Weber) Organisationstheorien sowie der (auto-)biografischen Managementliteratur (H. Ford) verdeutlicht: Wenngleich das Erscheinen dieser Werke in die Periode des Kampfes um die Durchsetzung des allgemeinen Wahlrechts fiel, spielte die Frage nach dem demokratischen Charakter einer direkten Teilhabe von abhängig Beschäftigten an betrieblichen Entscheidungsprozessen keine oder nur eine sehr nachrangige Rolle. Taylor etwa entwickelte seine „wissenschaftliche Betriebsführung" (→ Taylorismus) geradezu in Abgrenzung vom „Initiativesystem", das dem Beschäftigten vormals aus einer handwerklichen Tradition heraus noch Gestaltungsspielraum auf seine konkrete Arbeitssituation eingeräumt hatte. Die Trennung von Kopf- und Handarbeit steht dabei paradigmatisch für den Bruch mit dem „alten System" und damit auch für den Verlust direkter Einflussmöglichkeiten auf dem „shop floor". Alles disponierende Nachdenken müsse der Arbeiter nun der Leitung überlassen, denn er könne ohnehin nicht „gleichzeitig an seiner Maschine und am Pult arbeiten" (Taylor 1995 [1913], S. 40), zudem sei er „aus Mangel an Bildung oder geistiger Befähigung nicht in der Lage [...], diese Wissenschaft zu verstehen" (ebd., S. 43).

Auch Weber beschrieb in seinem nach 1910 entwickelten Bürokratiemodell die rationale Organisationsform als eine durch eine strikte Formalisierung und Regelgebundenheit der Entscheidungsprozesse gekennzeichnete Einheit, mit einem festgelegten Dienstweg und gestaffelten Weisungs- und Kontrollbefugnissen (→ auch Betrieb). Effizienzvorteile sah er gerade in der Minimierung individueller Gestaltungsspielräume.

Zudem verwies der Soziologe Weber auch schon auf das Grundsatzproblem demokratischer Teilhabe: Sie setzt nämlich erhebliche ökonomische und zeitliche Ressourcen voraus (Weber 1976 [1922]).

Ford dokumentierte in seiner einflussreichen Autobiografie das gespaltene Verhältnis eines Eigentümer-Unternehmers zur Teilhabe von Beschäftigten: Betriebliche Demokratisierungsansinnen wies er als Eingriff in seine Rechte als Eigentümer zurück. Die überwiegende Mehrheit seiner Beschäftigten wolle ohnehin nur „dort bleiben, wo sie hingestellt ist. Sie will geführt werden" (Ford 1923, S. 116). Für die meisten sei „Denkenmüssen eine Strafe. Ihnen schwebt als Ideal eine Arbeit vor, die keinerlei Ansprüche an den Schöpferinstinkt stellt" (ebd., S. 120). Auf der anderen Seite berichtete er euphorisch über Effizienzgewinne, die durch Verbesserungsvorschläge von Beschäftigten erzielt werden. Dieser Widerspruch wird bei Ford nicht aufgelöst, er verkauft allerdings die Partizipations- auch als Humanisierungserfolge, denn: „Gewöhnlich stellt sich auch heraus, daß die Erleichterung der Arbeit für den Arbeiter zugleich eine Verminderung der Produktionskosten mit sich bringt. Anständigkeit und Rentabilität sind tatsächlich eng miteinander verknüpft" (ebd., S. 116 f.) (→ auch Fordismus).

Die *Human-Relations-Bewegung* der 1930er Jahre und die sich anschließenden Weiterentwicklungen in der Organisationspsychologie und Organisationsentwicklung werden im Allgemeinen mit der ‚Entdeckung' menschlicher Beziehungen in der Arbeit assoziiert. Die von E. Mayo begleiteten Hawthorne-Experimente lieferten die wissenschaftliche Fundierung für eine gewandelte, „mitarbeiterorientierte Führungspraxis", die der Einbindung und Motivation des „Faktors Arbeit" mehr Aufmerksamkeit schenkt. Zu den praktizierten methodischen Ansätzen gehörte etwa die Schulung der Führungskräfte in der Interviewführung mit Beschäftigten, die später ins Repertoire partizipativer Gestaltungsansätze aufgenommen wurde (so etwa das von K. Lewin auf der Basis von Gruppenexperimenten entwickelte Drei-Phasen-Modell der Partizipation).

Einen nachhaltigen Schub erhielt der Partizipationsgedanke im Gefolge der gesellschaftskritischen Bewegung ab Mitte der 1960er Jahre. Elemente, die von Boltanski/Chiapello (2003) später als Künstlerkritik (an Entfremdung und Fremdbestimmung) sowie Sozialkritik (an Armut, Ungleichheit und Unsicherheit) identifiziert wurden, flossen schon in den 1970er Jahren in die politische und gewerkschaftliche Bewegung zur → Humanisierung des Arbeitslebens (HdA) und ab den 1980er Jahren in die neuen Managementkonzepte ein (→ auch Management, Human Resource Management).

Ausgangspunkte des HdA-Programms waren die Krise fordistischer Produktionskonzepte sowie neue arbeitspolitische Zielsetzungen, in denen Rationalisierung und Humanisierung miteinander verbunden und dabei die Möglichkeiten untersucht werden sollten, „wie die Arbeitsbedingungen stärker als bisher den Bedürfnissen der arbeitenden Menschen angepaßt werden können" (Peter 2003). Staatliche Förderung von angewandter Arbeitsforschung schuf in dieser Zeit erstmals auf breiter Basis Räume für Entwicklungsprojekte, in denen neue arbeitswissenschaftliche Erkenntnisse und betriebliche Erfahrungen mit direkten Beteiligungsformen gewonnen wurden. Zu den innovatorischen Aspekten dieser Projekte zählen die gleichberechtigte Zusammenarbeit mit Vorgesetzten und Experten, die Qualifizierung für betriebliche Beteiligungsprozesse oder auch der Aufbau von Kenntnissen zur Nutzung vorhandener Rechte. In Anknüpfung an die Tradition der Aktionsforschung ging man unter anderem davon aus, dass nur die Beschäftigten selbst vollständige Defizitanalysen und angemessene Bewertungen alternativer Gestaltungsansätze leisten können (Fricke et al. 1982 b). Neu an dieser Partizipationslinie ist, dass sie oftmals aus einem gewandelten gesellschaftlichen und politischen Umfeld heraus von einem Demokratisierungsimpetus getragen wurde. Das Auftauchen der einzelnen Beschäftigten als Partizipationsakteure rief in dieser Phase aufseiten der deutschen → Gewerkschaften nicht nur Zustimmung, sondern eine teilweise harte Kritik hervor. Die etwa von Teilen des damaligen IG-Metall-Vorstands ins Spiel gebrachte Wahlmöglichkeit für Arbeitsgruppensprecher wurde bspw. als „liberalistische Gedanken mit äußerst ernsten Gefahren für die Arbeitnehmerschaft" (Pinther 1970, S. 296) gebrandmarkt und Partizipation als Untergrabung gewählter Vertretungen, Schwächung der Solidarität zwischen den Erwerbstätigen bis hin zur Stärkung „antigewerkschaftlicher Organisationen" bezeichnet.

Zentrale Forschungsergebnisse

Die Vertreter der ab Anfang der 1980er Jahre die industriesoziologische Debatte in Deutschland bestimmenden → neuen Produktionskonzepte proklamierten nicht nur einen Trendbruch zur bisherigen Entwicklung industrieller Arbeit. Durch Automation und Reprofessionalisierung der Produktionsarbeit, so die These Kerns und Schumanns (Kern/Schumann 1990), lasse sich auch „das Rad der Arbeitsteilung zurück(zu)drehen" (ebd., S. 318). Neue Formen der Selbstregulierung der Beschäftigten trafen den Kern der von der Künstlerkritik vorgebrachten Forderung nach mehr Autonomie; gleichzeitig versprach diese „partizipative Wende" (Dörre 2002) einen Abbau von arbeitsorganisatorischer Entfremdung.

Auch die von Womack et al. (1990) proklamierte schlanke Produktion (→ Lean Production) zielte darauf, das „Gold in den Köpfen" der Beschäftigten zu heben. Als „gemanagte Partizipation" (Greifenstein et al. 1993) setzen Ansätze in dieser Tradition etwa auf die Einführung von → Gruppenarbeit und Qualitätszirkeln zur Behebung von Produktivitätsrückständen und einer Steigerung der Arbeitsmotivation. In den späten 1990er Jahren war dann zunächst ein Rückgang der managerialen Partizipationseuphorie zu verzeichnen, der sich in den Betrieben beispielsweise auf die Kritik an den Partizipationskosten und an einem Revival der Linienfertigung bezog (Springer 1999 a). Erst mit dem Anschwellen des Agilitäts-Booms erfuhren Partizipationsvarianten wiederum eine Renaissance. Dieses beobachtbare, modisch-situative An- und Ausschalten von Partizipationsofferten durch das Management führt bei betroffenen Beschäftigten – hier kann man Dörre/Neubert (1995, S. 192 f.) zustimmen – nicht selten dazu, Partizipation als *Rationalisierungstrick* zu deuten.

In der Novellierung des Betriebsverfassungsgesetzes von 2001 wurden schließlich mit den „sachkundigen Beschäftigten" (§ 80, 2 [3]) und den Arbeitsgruppen (§ 28 a) zwei neue Wege der Beschäftigtenbeteiligung auch rechtlich institutionalisiert. Als *hybride Beteiligung* (Brinkmann/Speidel 2006) stellen sie nach den bisherigen empirischen Befunden ein funktionierendes Scharnier zwischen Partizipation und institutioneller Beteiligung und damit auch eine Vermittlung zwischen Sozial- und Künstlerkritik dar (Becker 2012). Insbesondere mit Blick auf die Bearbeitung psychischer Belastungen ermöglicht die hybride Partizipation damit auch die von Arbeitswissenschaft und -psychologie (z.B. Ulich/Wülser 2009) schon seit Langem geforderte systematische Beschäftigtenbeteiligung.

In der der Traditionslinie eines eher instrumentellen Zugriffs auf Partizipation stehen Argumentationen, die vor allem ihren Performanzaspekt betonen (z.B. Becker/Huselid 2006) – eine Debatte, die im Übrigen auch hinsichtlich der Frage der Kosten und des ökonomischen Nutzens der institutionellen Mitbestimmung in Deutschland ihren Niederschlag fand (→ Unternehmensmitbestimmung).

Ein ganzer Zweig der aktuellen Partizipationsforschung fokussiert zudem das Verhältnis von fortschreitender Fragmentierung der Unternehmen und einer dadurch induzierten wachsenden Komplexität von Partizipationsverfahren (z.B. Marchington et al. 2009) (→ auch Unternehmens[re]organisation).

Im Rückblick auf die Partizipationsforschung der jüngeren Vergangenheit ist unverkennbar, dass zwar die deutliche Mehrzahl von Publikationen in der Linie einer durch das → Human Resource Management (HRM) geprägten Sicht angesiedelt ist, die im Unterschied zu Traditionen, welche primär einen Demokratisierungsaspekt betonen, eher auf individualistische, nicht-institutionelle und oftmals instrumentelle Varianten von Partizipation abzielen (Wilkinson/Fay 2011). Aber die unabgeschlossene Debatte zum Verhältnis von Kapitalismus und Demokratie, wie sie etwa mit einem deutlich pessimistischen Unterton von W. Streeck und C. Crouch geführt wird, findet auch ihren betrieblichen Widerhall (vgl. etwa Sattelberger et al. 2015, Brinkmann/Nachtwey 2017).

Internationaler Bezug

Konzepte wie Lean Production oder HRM, die aus einer angelsächsischen Tradition kommend seit den 1990er Jahren direkte Beteiligung als Element moderner Personalsteuerung anpreisen, entfalten als Managementmoden *per se* eine internationale Wirkung. Aber auch für die HdA-Bewegung galt schon, dass sie ihre Themen und Inhalte – vor allem auch die Frage der Demokratisierung der Wirtschaft und der „Mitbestimmung am Arbeitsplatz" – international vergleichend diskutierte (z.B. Vilmar 1975), wobei ein besonderes Augenmerk auf die skandinavischen Experimente (z.B. Emery/Thorsrud 1982 [1970]), aber auch die italienische Arbeitermedizin gelegt wurde. Bis heute lässt sich aufgrund spezifischer nationaler Entwicklungspfade und Traditionen kein einheitliches Bild direkter Partizipation in Europa darstellen. Das von der EU geförderte EPOC-Projekt (vgl. Benders et al. 2000) etwa förderte eine enorme Bandbreite und Variantenvielfalt von Partizipation in den Unternehmen der untersuchten zehn EU-Länder zutage. Zu den am weitesten verbreiteten Erklärungen für diese internationale Vielgestaltigkeit trotz eines „neoliberalen Konvergenzdrucks" gehören Ansätze, die in der Tradition der → Varieties-of-Capitalism-Forschung auf die Bedeutung der gewachsenen institutionellen Konfigurationen verweisen (z.B. Frege/Godard 2010). Vor dem Hintergrund der Unterschiede sowie der eingeschränkten Vergleichbarkeit ist aber bemerkenswert, dass in der EPOC-Studie in vier von fünf Unternehmen zumindest eine (wenn auch oft geringfügige) Variante von „direkter Mitwirkung" nachgewiesen werden konnte.

Festzuhalten ist, dass Auftreten und Bedeutung von Partizipation in der EU nicht abnehmen (Kessler et al. 2004), allerdings vor allem in der managementinduzierten Spielart, die sich signifikant von der Variante industrieller Demokratisierung – wie sie auch in Formen der Sozialkritik artikuliert wird – unterscheidet (Wilkinson/Fay 2011).

Karina Becker, Ulrich Brinkmann

Empfehlungen zum Weiterlesen

Demirovic, Alex 2007: Demokratie in der Wirtschaft. Positionen – Probleme – Perspektiven. Münster: Westfälisches Dampfboot.

Dörre, Klaus 2002: Kampf um Beteiligung. Arbeit, Partizipation und industrielle Beziehungen im flexiblen Kapitalismus. Wiesbaden: Westdeutscher Verlag.

Kißler, Leo/Greifenstein, Ralph/Schneider, Karsten 2011: Die Mitbestimmung in der Bundesrepublik Deutschland. Eine Einführung. Wiesbaden: VS Verlag.

Müller-Jentsch, Walther 2008: Arbeit und Bürgerstatus. Studien zur sozialen und industriellen Demokratie. Wiesbaden: VS Verlag.

Wilkinson, Adrian/Gollan, Paul J./Marchington, Mick/Lewin, David (eds.) 2010: The Oxford Handbook of Participation in Organizations. Oxford: Oxford University Press.

Personal

→ Human Resource Management

Plattformarbeit

Begriff

Plattformarbeit ist ein Sammelbegriff für verschiedene Formen der Abwicklung von bezahlten Arbeitsaufträgen über im Internet öffentlich zugängliche Plattformen (als Überblick siehe Schmidt 2016, Codagnone et al. 2016). Dienstleistungen werden über die Webseite eines Plattformunternehmens vermittelt und in unterschiedlichen Graden in ihrem Ablauf durch dessen Software (App) gesteuert. Unter Gig Economy und Gigwork wird in Deutschland meist die ortsgebundene Plattformarbeit verstanden, etwa zur Personenbeförderung oder Essenslieferung in direktem Kontakt zur Kundschaft. Die Begriffe Crowdwork oder Online-Arbeit (auch: Cloudwork, Clickwork) bezeichnen dagegen Aufträge mit digitalisierbaren Ergebnissen, die etwa als Text oder Bild online übermittelt und somit an beliebigen Orten mit Internetzugang angefertigt werden können. Da die Kategorien unterschiedlich ausgelegt werden, ist im Einzelfall zu klären, welche Plattformtypen konkret gemeint sind. Die englischsprachige Literatur verwendet „platform labour" und „gig economy" häufig synonym (Woodcock/Graham 2019, Vallas/Schor 2020).

Plattformarbeit umfasst verschiedene Aufgaben und Qualifikationen und ist nur in wenigen spezifischen Feldern fest etabliert. Ortsgebundene Gigwork ist global vor allem bei niedrig qualifizierten Dienstleistungen wie Liefer- und Fahrdiensten verbreitet; in Deutschland gibt es weitere Angebote etwa für Reinigung, Pflegeunterstützung oder handwerkliche Aufgaben, allerdings mit ungewissen Entwicklungsperspektiven. Das Spektrum des ortsunabhängigen Crowdworking ist wesentlich größer. Microtasks erfordern oft nur wenige Sekunden oder Minuten, beispielsweise bei der Verschlagwortung (Tagging) von Bildmaterial, und werden mit sehr geringen Beträgen über Plattformen wie Clickworker oder Amazon Mechanical Turk (AMT) entlohnt. Macrotasks umfassen komplexere Aufgaben, bei höchst unterschiedlichen Qualitätsansprüchen und Vergütungsstrategien auf Freelancer-Plattformen wie Upwork oder twago. Typische Macrotasks sind Designaufträge (Logos, Webseiten), Texterstellung (Produktbeschreibungen, Transkriptionen), Übersetzungen oder Software-Programmierung. Auftraggebende sind im Falle von Gigwork eher Privatpersonen, bei Crowdwork vorwiegend Unternehmen. Deren Motive sind noch wenig erforscht, aber Erwartungen schneller Auftragserledigung und geringer Kosten sind unübersehbar.

Die Plattformen verstehen sich als digitale Marktplätze, über die Auftraggebende und Auftragnehmende in Kontakt treten und ihre Transaktion organisieren. Grundsätzlich handelt es sich um eine triadische Konstellation, in der sich die Plattform als Vermittlungsinstanz (Intermediär) zwischen den beiden Parteien positioniert, die mehr oder weniger eigenständig Inhalt und Durchführung des Auftrags miteinander abstimmen. Arbeitsbedingungen, Produktionsmittel und Leistungsergebnisse sehen sie nicht in ihrer Verantwortung und erwarten deshalb die Ausführung in beruflicher Selbstständigkeit (durch „independent contractors"). Da ihre Regularien („terms and conditions") und App-gesteuerten Verfahren oft gravierend in den Arbeitsprozess eingreifen, ist dieser Status arbeitsrechtlich vielfach umstritten (z.B. bei Fahrdiensten) und hat in einigen Feldern zur Festanstellung geführt (z.B. der Fahrer/Rider von Lieferdiensten).

Plattformarbeit bildet ein wichtiges Element der → digitalen Transformation von Arbeit. In ihrer Frühphase ging sie mit Hoffnungen auf neue Arbeitschancen für alle einher, verbunden mit Begriffen wie Sharing Economy (Teilen von Ressourcen, etwa dem eigenen Fahrzeug) oder Crowdsourcing (Marktzugang für Laien und Profis gleichermaßen). Niedrige Qualifikationshürden erleichtern zwar den Einstieg, verschärfen jedoch die Konkurrenz um Aufträge und sind mit hoher Abhängigkeit von der intransparenten Steuerung durch die Algorithmen der Plattformen verbunden. Unter diesen Bedingungen ist Plattformarbeit vor allem für Erwerbsgruppen interessant, deren Zugang zum Arbeitsmarkt durch wirtschaftliche, kulturelle oder institutionelle Beschränkungen erschwert ist.

Genese/theoretischer Hintergrund

Die ersten Plattformen zur Vermittlung von Arbeitsaufträgen entstanden um das Jahr 2000, vorwiegend in den USA. Seit etwa 2010 verzeichnen sie teils rasante Umsatzzuwächse im globalen Maßstab, mit Schwerpunkten auch in Asien und Europa. Besonders weite Verbreitung haben die Fahrdienste gefunden: Uber war 2019 der weltweit größte Anbieter von Plattformarbeit mit ca. 13 Mrd. US-Dollar Umsatz (einschließlich des Lieferdienstes Uber Eats). Das größte deutsche Unternehmen ist der Kurierdienst Delivery Hero mit ca. 1,2 Mrd. Euro Umsatz 2019 und über 24.000 Beschäftigten weltweit (inklusive Fahrer/Rider). Die Finanzierung der Plattformen durch Risikokapital erzwingt schnelle Steigerungen der Nutzerzahlen und erlaubt häufig die Akquisition von Konkurrenzfirmen; angestrebt wird Marktdominanz, Gewinn wird erst in späteren Phasen erwartet. Diese Strategie beruht auf den für die Plattformökonomie charakteristischen direkten und indirekten Netzwerkeffekten auf zweiseitigen Märkten: Je mehr aktive Mitglieder eine Plattform hat, desto attraktiver wird sie für weitere Nutzergruppen (Dolata 2018).

Die Entwicklungsdynamik variiert erheblich zwischen verschiedenen Aufgabenfeldern. Das Wachstum von Crowdwork ist gebremst durch die Komplexität der Aufträge: Die größte Freelancer-Plattform Upwork gibt für 2019 mit ca. 300 Mio. US-Dollar einen weit geringeren Umsatz an als führende Fahr- und Lieferdienste. Während ein Fahrdienst mit wiederkehrendem Auftragsschema – „bringe Person X zum Zeitpunkt t von A nach B" – operieren kann, sind Design- oder Programmierungsaufgaben wesentlich schwieriger in Ablauf und Ergebnis festzulegen. Die erforderliche Auftragsklärung kann aufwändig sein und im interkulturellen Kontext globaler Transaktionen Anlass zu Missverständnissen und Konflikten geben (Pongratz 2019).

Sozialwissenschaftliche Analysen gründen auf technik-, organisations-, wirtschafts- und arbeitssoziologischen Ansätzen und zeigen die komplexe sozioökonomische Einbettung von Plattformarbeit auf. In techniksoziologischer Sicht lassen sich Plattformen als „digitale, datenbasierte und algorithmisch strukturierende soziotechnische Infrastrukturen" (Dolata 2018, S. 6) beschreiben und im weiten Feld der Plattformökonomie verorten. Kirchner und Beyer (2016) identifizieren drei Formen der Lockerung etablierter Kopplungen in Plattformunternehmen: Delokalisierung (ortsunabhängiger Zugriff auf Ressourcen), Delegation (lose Bindung an Arbeitskraft) und Marktorganisation (relativ unabhängig vom konkreten Tauschgut). Industriesoziologisch betrachtet sind damit die Aufhebung der Betriebsförmigkeit von Arbeit (→ Betrieb), Machtverschiebungen zwischen Produktion und Distribution und eine Dezentrierung der Ausbeutungsverhältnisse verbunden: Als intermediäre Instanzen nehmen die Plattformen eine machtvolle und nur scheinbar neutrale Vermittlungsrolle ein, indem sie ihre „zahlende Kundschaft" – die Auftraggebenden – gegenüber den Produzent:innen tendenziell bevorteilen. Gerber und Krzywdzinski (2019) erkennen speziell bei Crowdwork typische Aspekte der → Entgrenzung von Arbeit, → Vermarktlichung, Flexibilisierung und → Subjektivierung.

Mit Blick auf den Arbeitsmarkt lässt sich Plattformarbeit als neue Beschäftigungsform zwischen abhängiger und selbstständiger Erwerbstätigkeit einordnen. Bei Online-Arbeit zeigt sich die formale Selbstständigkeit bei der Bewerbung um Aufträge oder in der selbstbestimmten Arbeitsausführung. Gleichzeitig schränken die Plattformen den „unternehmerischen Spielraum" im Zugang zur Auftraggeberseite oft erheblich ein und machen Anbietende von plattformspezifischen Bewertungssystemen abhängig (Schörpf et al. 2017). In theoretischen Analysen zum „platform capitalism" oder „digitalen Kapitalismus" (vgl. Srnicek 2017, Nachtwey/Staab 2020) werden Annahmen zur Entwicklung von Internet-Konzernen wie Google/Alphabet, Amazon oder Facebook/Meta auch auf Plattformarbeit bezogen. Dabei bleibt die Spezifik der Vermarktung von Arbeitskraft zu beachten, wie sie arbeitsmarkt- und wirtschaftssoziologische Forschungen zu Intermediären im Allgemeinen und „labour market intermediaries" im Besonderen erfassen. Mit Blick auf die Digitalisierung des → Human Resource Management und der Vermittlungsprozesse am Arbeitsmarkt (für Angestellte wie für Freelancer), lassen sich Gigwork- und Crowdwork-Plattformen im Feld der sich neu formierenden globalen Beschäftigungsindustrie verorten (Pongratz 2021).

Zentrale Forschungsergebnisse

Frühen Anlass zur arbeitspolitischen Debatte und empirischen Erforschung von Crowdwork in Deutschland gaben Pläne von IBM zur Ausschreibung von Projektarbeiten über interne und externe Plattformen. Schnell rückte die Frage nach Ausmaß und gesellschaftlicher Relevanz von Plattformarbeit in den Fokus, die aufgrund der Vielfalt und transnationalen Ausrichtung der Plattformen erhebliche methodische Probleme aufwirft: Amtliche Statistiken erfassen sie nicht, und die von Plattformen angegebenen Nutzerzahlen geben wenig Aufschluss über tatsächliche Aktivitäten. Ein unscharfer Plattformbegriff (z.B. „work on a website") führt zu sichtlichen Überschätzungen von Plattformarbeit, etwa mit der Zahl von 12% „crowd worker" unter allen 16-bis-70-Jährigen in Deutschland (Huws et al. 2016, S. 22). Eine repräsentative Umfrage mit genauer Bestimmung der Plattformen ermittelt einen Bevölkerungsanteil von 0,27% mit Online-Arbeit und 0,61% mit Gigwork (Bonin/Rinne 2017, S. 11), wobei nur etwa ein Drittel von ihnen, also ca. 200.000 Personen, damit regelmäßig Geld verdienen.

Aus Befragungen aktiver Crowdworker:innen ist bekannt, dass diese eher jünger, gut qualifiziert und überwiegend männlich sind (Leimeister et al. 2016a); bei Gigwork ist der Anteil von Personen mit Migrationshintergrund besonders hoch (Heiland/Brinkmann 2020). Die Motive zur Plattformarbeit variieren stark nach Plattformtypus und können eher inhaltlicher Art sein (z.B. Softwareentwicklung oder Innovationsprojekte) oder auf Erwerbseinkommen abzielen (z.B. bei Fahr- und Lieferdiensten). Schwankende Auftragslagen und geringe Bezahlung erlauben oft nur einen Nebenerwerb oder die Überbrückung beruflicher Übergänge (Leimeister et al. 2016 a). Bei Online-Arbeit finden sich oft Arbeitende aus Ländern mit sehr unterschiedlichen Lohnniveaus im direkten Wettbewerb miteinander wieder. Plattformarbeitende aus der Kreativwirtschaft berich-

ten beispielsweise von ausgeprägter Konkurrenz um Aufträge und daraus resultierendem Preisdruck (Schörpf et al. 2017). Generell weisen die empirischen Befunde auf ein hohes Maß an → Prekarität von Plattformarbeit hin, insbesondere auf Microtask-Plattformen für kleinteilige Aufgaben (zur globalen Situation siehe ILO 2021) (→ auch Atypische Beschäftigung, Mobile Arbeit).
Bei Crowdwork stehen den Vorteilen des leichten Plattformzugangs, der flexiblen Zeiteinteilung und der vereinfachten Auftragsabwicklung zahlreiche Nachteile gegenüber: neben Konkurrenz- und Preisdruck vor allem die fehlende soziale Absicherung, strukturelle Begünstigungen der Auftraggeberseite und intransparente Bewertungsverfahren (Codagnone et al. 2016). Einseitig festgelegte Geschäftsbedingungen, undurchsichtige Auswahlentscheidungen und Rechtsunsicherheit in globalen Auftragsbeziehungen werden als Machtungleichgewicht zwischen Plattformen und Arbeitenden interpretiert (Wood et al. 2019). Bei Gigwork verstärkt die algorithmische Arbeitssteuerung die Asymmetrie, etwa durch Strecken- und Zeitvorgaben von Fahr- und Lieferdiensten. Mit der „App as a boss" (Ivanova et al. 2018) erleben Fahrer:innen den Zusammenhang von → Arbeit und Künstlicher Intelligenz als Autonomieverlust durch automatisierte Anreiz- und Wettbewerbsmechanismen.
Prekäre Erwerbsbedingungen und asymmetrische Arbeitsbeziehungen haben Anlass zur kollektiven Organisierung der Arbeitenden und einer Reihe von Forderungen an die Plattformunternehmen gegeben (Drahokoupil/Vandaele 2021). Die Auseinandersetzungen richten sich insbesondere auf den arbeitsrechtlichen Status, die Höhe der Bezahlung, die Transparenz der Auftragsvergabe und die Transferierbarkeit der über Plattformen erworbenen Online-Reputation. Durch Protestaktionen bis hin zum Streik konnten Fahrer:innen den Lieferdiensten in Deutschland erhebliche Zugeständnisse, etwa im Hinblick auf Festanstellungen und die Einrichtung von → Betriebsräten, abringen (Heiland/Brinkmann 2020). International ist vor allem der arbeitsrechtliche Status von Uber-Fahrer:innen umstritten und hat zu unterschiedlichen nationalen Regelungen geführt (Thelen 2018). Weniger Gegenbewegung ist bei Crowdworker:innen zu erkennen, was sich auf ihre räumlich und sozial isolierte Arbeitssituation zurückführen lässt. Die Turkopticon-Initiative gegenüber der Microtask-Plattform AMT (Irani/Silberman 2013) fand wenig Nachfolge; in Deutschland organisiert die Industriegewerkschaft Metall unter dem Motto „Fair Crowd Work" einen Austausch zur plattformbasierten Arbeit. Selbstorganisierte Plattformgründungen erfolgen unter dem Leitgedanken eines „platform cooperativism" (https://platform.coop/).

Internationaler Bezug

Die Ergebnisse deutschsprachiger und internationaler Forschung unterscheiden sich nicht wesentlich, da die meisten Plattformen transnational aktiv sind und global mit ähnlichen Geschäftsmodellen operieren. Allerdings dominiert in der Forschung die Perspektive des globalen Nordens, in der Plattformarbeit ins Verhältnis zu hochregulierter Lohnarbeit gesetzt wird. In Regionen mit hohen Anteilen informeller Ökonomie bietet sie trotz aller Prekarität Chancen zur Teilhabe am globalen Arbeitsmarkt, ist jedoch auch von Diskriminierungserfahrungen begleitet. Das Oxford Internet Institute hat unterschiedliche regionale Kontexte von Plattformarbeit früh untersucht und in Überblicksanalysen zum gesamten Feld der „labour platforms" berücksichtigt (u.a. Wood et al. 2019, Woodcock/Graham 2019). Mit dem Online Labour Index hat es zudem ein Instrument zur tagesaktuellen Dokumentation der Auftragslage für Crowdwork entwickelt, das zu einem Baustein des Online Labour Observatory der International Labour Organization (ILO) geworden ist (siehe auch ILO 2021).
Die politische Gestaltung der Rahmenbedingungen von Plattformarbeit wurde in den 2010er Jahren als nationale Grenzen überschreitende Herausforderung erkannt. Internationale Organisationen bemühen sich fortlaufend um Bestandsaufnahmen von Crowdwork und Gigwork, neben der ILO etwa die Europäische Kommission (Codagnone et al. 2016) oder der Europäische Gewerkschaftsverband Uni-Europa (Huws et al. 2016). Die von Drahokoupil und Vandaele (2021) gesammelten Beiträge belegen die große Bandbreite von Forschungen zu Protestformen und Regulierungsansätzen. Diese fanden ihren Niederschlag Ende 2021 in ersten konkreten Vorschlägen der EU-Kommission zur Verbesserung

der Bedingungen von Plattformarbeit (https://ec.europa.eu/commission/presscorner/detail/de/ip_21_6605).

Hans J. Pongratz

Empfehlungen zum Weiterlesen

Drahokoupil, Jan/Vandaele, Kurt (eds.) 2021: A Modern Guide to Labour and the Platform Economy. Cheltenham: Edward Elgar.

Heiland, Heiner/Brinkmann, Ulrich 2020: Liefern am Limit. Wie die Plattformökonomie die Arbeitsbeziehungen verändert. In: Industrielle Beziehungen, Jg. 27, H. 2, S. 120–140.

Leimeister, Jan M./Durward, David/Zogaj, Shkodran 2016 a: Crowd Worker in Deutschland: Eine empirische Studie zum Arbeitsumfeld auf externen Crowdsourcing-Plattformen. Study Nr. 323. Düsseldorf: Hans-Böckler-Stiftung.

Schörpf, Philip/Flecker, Jörg/Schönauer, Annika/Eichmann, Hubert 2017: Triangular Love-hate: Management and Control in Creative Crowdworking. In: New Technology, Work and Employment, Vol. 32, No. 1, S. 43–58.

Vallas, Steven P./Schor, Juliet B. 2020: What Do Platforms Do? Understanding the Gig Economy. In: Annual Review of Sociology, Vol. 46, S. 273–294.

Wood, Alex J./Graham, Mark/Lehdonvirta, Vili/Hjorth, Isis 2019: Good Gig, Bad Gig: Autonomy and Algorithmic Control in the Global Gig Economy. In: Work, Employment and Society, Vol. 33, No. 1, S. 56–75.

Prekarität

Begriffe: Prekarität, Prekarisierung, Prekariat

In der Arbeits- und Industriesoziologie bezeichnet der Begriff Prekarität unsichere Arbeits-, Beschäftigungs- und Lebensverhältnisse. Ein Erwerbsverhältnis gilt als prekär, wenn es nicht dauerhaft oberhalb eines von der Gesellschaft definierten kulturellen Minimums existenzsichernd ist und deshalb bei der Entfaltung in der Arbeitstätigkeit, gesellschaftlicher Wertschätzung und → Anerkennung, der Integration in soziale Netzwerke, den Partizipationschancen und der Möglichkeit zu längerfristiger Lebensplanung dauerhaft diskriminiert. In fortgeschrittenen Kapitalismen bedeutet Prekarität, dass Beschäftigte aufgrund ihrer Tätigkeit und deren vertraglicher Einbettung deutlich unter das wohlfahrtsstaatliche Schutz- und Integrationsniveau sinken, das gesellschaftliche Mehrheiten als Standard definieren. Beschäftigungsverhältnisse und/oder Arbeitstätigkeiten können in einem solchen Fall auch subjektiv mit Sinnverlusten, Partizipations- und Anerkennungsdefiziten sowie Planungsunsicherheit verbunden sein (Castel/Dörre 2009, S. 17).

Eine strukturell unsichere Erwerbstätigkeit muss subjektiv keineswegs als prekär empfunden werden. Umgekehrt können strukturelle Prekaritätsrisiken auch dann vorhanden sein, wenn es sich im Bewusstsein der Betreffenden um eine erwünschte Form der Erwerbstätigkeit handelt. Insofern bildet die Prekaritätskategorie eine besondere Beziehung von Erwerbstätigen zu ihrer Biografie ab. Ein nach strukturellen Merkmalen prekäres Arbeits- und Beschäftigungsverhältnis konstituiert eine erwerbsbiografische Problemlage, die aktiv bearbeitet wird. Dabei beeinflussen der Neigungswinkel der Erwerbsbiografie, individuelle Qualifikationen und Kompetenzen (→ Qualifikation/Kompetenz), Konstruktionen von Geschlecht, Nationalität und Ethnie sowie das Lebensalter die Art der Auseinandersetzung mit und die Bewertung von prekären Arbeits- und Lebensverhältnissen.

Wichtig ist die Unterscheidung zwischen einer Prekarität der Beschäftigung und der Prekarität von Arbeit (Paugam 2009). Diese impliziert, dass sich in der Arbeitswelt höchst unterschiedliche Formen von Prekarität finden lassen. Eine prekäre Beschäftigung kann mit kreativer Arbeit verbunden sein. Ebenso kann eine unbefristete Vollzeitbeschäftigung mit prekären, weil physisch wie psychisch überdurchschnittlich belastenden Tätigkeiten sowie niedriger Entlohnung einhergehen. Kombinationen und wechselseitige Verstärkungen der reproduktiven und der sinnhaft-subjektbezogenen Dimensionen von Prekarität sind ebenfalls denkbar.

Bezieht man die Fremd- und Selbstwahrnehmungen ein, so ist Prekarität weder mit vollständiger Ausgrenzung aus dem Erwerbssystem und absoluter Armut noch mit totaler sozialer Isolation und erzwungener politischer Apathie identisch, wenngleich der Begriff solche Phänomene als untere Referenzpunkte einschließen kann. Prekarität ist eine relationale Kategorie, deren Aussagekraft wesentlich von der Definition gesellschaftlicher Normalitätsstandards abhängt.

Mit Prekarisierung werden soziale Prozesse bezeichnet, die über die Erosion von Normalitätsstandards auch auf sozial Integrierte und Stammbeschäftigte zurückwirken können. Der Begriff Prekariat hingegen ist ein Neologismus, der sich aus den Wörtern Prekarität und Proletariat zusammensetzt. Er thematisiert eine zeitgenössische Variante jener „gefährlichen Klassen", denen eine Neigung zu gezielten Regelverletzungen bis hin zu gewalttätigen Revolten zugeschrieben wird (Standing 2011). In einer alternativen Verwendung bezeichnet Prekariat die Institutionalisierung unsicherer Erwerbsformen. Die schützende wohlfahrtsstaatliche Einbettung der noch immer vorherrschenden Lohnarbeit erodiert. Zugleich kann eine Tendenz zur Vollerwerbstätigkeit Arbeitslosigkeit durch Ausweitung unsicherer, schlecht entlohnter, wenig anerkannter Arbeitsverhältnisse zum Verschwinden bringen (Castel 2011, S. 136).

Genese/theoretischer Kontext

Die Geschichte prekärer Arbeits- und Lebensformen lässt sich mindestens bis in das 14. Jahrhundert zurückverfolgen. Konstitutiv für die neuere sozialwissenschaftliche Prekarisierungsdiskussion war ursprünglich die Ausbreitung niedrig entlohnter, zeitlich befristeter, ungeschützter Beschäftigungsverhältnisse bei akademisch qualifizierten Arbeitskräften. In Italien bezeichnete man diese Gruppen als precariato. Französische Soziologen nutzten precarité als Sammelkategorie, um zusätzlich zum akademischen Proletariat und alternativ zur Kategorie der Exklusion unterschiedliche soziale Verwerfungen zu bündeln (Schultheis/Herold 2010, S. 244). André Gorz münzte den Begriff auf „Randarbeitnehmer" und externe Arbeitskräfte jenseits geschützter Stammbelegschaften (Gorz 1989, S. 100–102, 200) sowie auf jene neuen Dienstbotentätigkeiten, die im Zuge der Flexibilisierung von Arbeit und Beschäftigung entstanden sind. In den Arbeiten Pierre Bourdieus (1997) thematisierte der Begriff vornehmlich die Entkollektivierung der Industriearbeiterschaft sowie den sozialen Bruch in den französischen Vorstädten. In Südamerika gab es bereits in den 1980er Jahren eine Prekarisierungsdiskussion (Galin/Novick 1990), die auch Formen informeller, vertragloser Arbeit einschloss. Dagegen blieb Prekarität als sozialwissenschaftliches Konzept im deutschen Sprachraum lange Zeit randständig. Das hat sich erst seit der Jahrtausendwende und beeinflusst durch Forschungen aus dem Bereich der Arbeits- und Industriesoziologie geändert (Barbier 2013, Motakef 2015). Besondere Aufmerksamkeit zogen dabei neu entstehende Praktiken von Erwerbsarbeit auf sich, die erst durch die → digitale Transformation der Arbeit möglich wurden (z.B. → Plattformarbeit) und die durch den Anschein der Selbstständigkeit den Umstand verdecken, dass es sich auch bei ihnen um Formen abhängiger Beschäftigung handelt (Choonara et al 2022, S. 130ff.).

Große Ausstrahlung auf die Arbeits- und Industriesoziologie hatte eine Arbeitshypothese Robert Castels (2000, S. 360 f.), der zufolge sich die nachfordistischen → Arbeitsgesellschaften in Zonen unterschiedlicher Sicherheitsniveaus spalten: Zwar befinde sich die Mehrzahl der Beschäftigten noch immer in einer „Zone der Integration" mit → Normalarbeitsverhältnissen und halbwegs intakten sozialen Netzen. Darunter expandiere jedoch eine „Zone der Prekarität", die sich sowohl durch unsichere Beschäftigung als auch durch erodierende soziale Netze auszeichne. Am unteren Ende der Hierarchie entstehe eine „Zone der Entkoppelung", in der sich Gruppen ohne reale Chance auf eine Integration in den ersten Arbeitsmarkt befänden. Bei diesen Überzähligen der Arbeitsgesellschaft paare sich Ausschluss von regulärer → Erwerbsarbeit mit relativer sozialer Isolation.

In Castels Hypothese klingt die Herausbildung eines historisch neuen, postsozialstaatlichen Typus diskriminierender Prekarität an, der ausschließlich in den nach wie vor reichen und historisch betrachtet sicheren Gesellschaften des globalen Nordens entstehen kann. In dieser zeitdiagnostischen Verwendung thematisiert Prekarität Veränderungen an der Schnittstelle von Erwerbsarbeit, Wohlfahrtsstaat und Demokratie. Prekarität bezeichnet demnach „eine allgemeine Erschütterung der Gesellschaft" (Ehrenberg 2011, S. 366), die zunehmend auch solche Gruppen erfasst, die zuvor zu den gesicherten zählten. Von solch weiten Begriffsdefinitionen heben sich empirisch ausgerichtete Operationalisierungen ab, die Prekarität als eine Spezialform → atypischer Beschäftigung, als Externalisierung am Arbeitsmarkt oder als Form sozialer Verwundbarkeit definieren, die im Zentrum der Arbeitsge-

sellschaft entsteht und gegenüber Phänomenen wie Armut, Arbeitslosigkeit und Ausgrenzung begrifflich abgegrenzt werden muss (→ auch Erwerbslosigkeit).
Ähnlich heterogen wie die Begriffsdefinitionen sind auch die theoretischen Bezüge der Prekarisierungsforschung. Bourdieu (2000) nutzt das Prekaritätskonzept für seine reflexive Anthropologie; Castel (2000) baut es in eine von Durkheim inspirierte historisch-vergleichende Soziologie ein; andere Autoren betreiben Prekarisierungsforschung im Rahmen von Gender Studies oder einer neomarxistisch inspirierten Soziologie kapitalistischer Landnahmen (Castel/Dörre 2009, S. 41ff.). Im angelsächsischen Sprachraum arbeitet sich die Debatte an der klassenanalytisch angelegten, theoretisch aber wenig fundierten Prekariatsthese Guy Standings ab (kritisch: Munck 2013). Die neu aufgeflammte lateinamerikanische Debatte diskutiert Prekarität als Alternative zum Theorem der strukturellen Heterogenität (Sproll/Wehr 2014). Eine segmentationstheoretisch inspirierte politische Soziologie hat „the making and unmaking of precariousness" als Gegenstand arbeits(markt)politischer Analyse entdeckt (della Porta et al. 2015). Als wichtige theoretische Referenz vor allem feministischer Prekaritätsstudien gelten Judith Butlers Überlegungen zur Verwundbarkeit im Lebenszusammenhang (Butler 2005).

Zentrale Forschungsergebnisse

Ungeachtet unterschiedlicher Begriffsdefinitionen und theoretischer Kontexte hat die Prekarisierungsforschung inzwischen eine Reihe empirisch abgesicherter Ergebnisse vorgelegt. So breitet sich prekäre Beschäftigung in den meisten europäischen Staaten und inzwischen auch in den skandinavischen Ländern in allerdings stark variierenden Formen aus (della Porta et al. 2015). Allein in Deutschland arbeiteten in den 2000er Jahren kontinuierlich zwischen 22 und 24% der Beschäftigten, Rentner und Schüler eingeschlossen, im → Niedriglohnsektor, der erst in den Jahren unmittelbar vor der Corona-Krise schrumpfte. Im Niedriglohnbereich finden sich überdurchschnittlich viele Frauen, Migranten und Geringqualifizierte. Drei Viertel der Niedriglohnbezieher haben jedoch eine abgeschlossene Berufsausbildung, sieben Prozent gar einen akademischen Abschluss. Mehr als jeder fünfte Erwerbstätige arbeitet in einem atypischen Beschäftigungsverhältnis, das nicht prekär sein muss, aber doch ein überdurchschnittlich hohes Prekaritätsrisiko beinhaltet. Neben dem dauerhaften Ausschluss von Erwerbsarbeit und der Expansion unsicherer Beschäftigung stellen die kollektiven Statusängste von Stammbeschäftigten eine wichtige Ausprägung von Prekarität dar. Von den 64% der Bevölkerung, die sich zur leistungsorientierten Mitte zählen, leben inzwischen ca. 20% in „prekärem Wohlstand". Der Glaube, dass sich die eigene Situation und die der nachfolgenden Generation langsam, aber kontinuierlich verbessert, dass Wohlstand und Sicherheit beständig zunehmen, ist grundlegend erschüttert (Vogel 2009, Nachtwey 2016). In der „precarious full-employment society" (Schmalz/Sommer 2019, S. 19) gehen jedoch stabile und prekäre Beschäftigungsformen, Fachkräfteengpässe und ungeschützte Arbeit spannungsvolle Wechselbeziehungen ein.
Allerdings werden Unsicherheitserfahrungen subjektiv höchst unterschiedlich bewältigt (Gefken et al. 2015), wie u.a. Typologien dieser Verarbeitungsformen belegen (Castel/Dörre 2009, S. 48, Sander 2012, S. 362), die das Castel'sche Zonenmodell ausdifferenzieren. Prekäre Arbeits- und Lebensformen wirken vor allem über das Zeitregime. Ohne ein Minimum an sozialer Sicherheit kann sich ein in die Zukunft gerichtetes Bewusstsein nicht entwickeln. Ein solcher Zukunftsbezug ist jedoch für die Aneignung und Habitualisierung ökonomisch-kalkulierender Denkschemata elementar, die zu rationalem Verhalten am Arbeitsmarkt überhaupt erst befähigen (Bourdieu 2000). In der Gegenwart beeinträchtigen prekäre Schwebelagen die Aneignung eines ökonomischen Habitus und bewirken so, dass Erwerbsarbeit ihren Charakter als Basis einer längerfristigen Zukunftsplanung teilweise eingebüßt hat.
Trotz ihrer diskriminierenden Wirkung mündet Prekarität nicht linear in gesellschaftlichen Zerfall und Desintegration; vielmehr kann sie zu einer eigentümlichen Stabilisierung instabiler gesellschaftlicher Verhältnisse beitragen (Dörre 2012, S. 36). Dabei wird die sozialintegrative Wirkung sozial geschützter Lohnarbeit durch sekundäre Integrationsmechanismen ersetzt. Im Grunde handelt es sich um schwache, kompensatori-

sche Formen der gesellschaftlichen Integration, die entweder auf Normalisierungshoffnungen oder auf einer Aufwertung partikularer Zugehörigkeiten sowie der Nutzung geborgter oder angesparter Ressourcen beruhen.

Empirisch belegt ist zudem, dass Prekarität als Herrschafts- und Kontrollsystem funktioniert, das auch formal integrierte Gruppen diszipliniert (Brinkmann et al. 2006, S. 61ff.). Durch Konfrontation mit unsicher Beschäftigten forciert die Prekarisierung auch innerhalb der Stammbelegschaften einen Trend zur Produktion gefügiger Arbeitskräfte. Insofern ist Prekarität tatsächlich „überall" (Bourdieu 1998, S. 96ff.), d.h. sie findet sich in nahezu allen gesellschaftlichen Bereichen und Segmenten des Arbeitsmarktes (→ auch Arbeitsmarktsegmentation). Aber sie betrifft nicht jeden und sie wirkt nicht immer gleich.

Indessen ist keiner der genannten Befunde in der Arbeits- und Industriesoziologie unumstritten. Da inzwischen zum Politikum geworden, wird das Ausmaß von Prekarität höchst kontrovers beurteilt. Während manche von einer „Prekarisierungsgesellschaft" sprechen, die nahezu alle betrifft (Marchart 2013), betrachten andere Prekarität lediglich als Spezialfall atypischer Beschäftigung und damit als randständiges Phänomen (Arnold et al. 2015). Die feministische Forschung hat zudem den anthropozentrischen Blick der Prekarisierungsdebatte kritisiert (Aulenbacher 2009) (auch → Arbeit und Geschlecht) und auf den engen Zusammenhang von → Normalarbeitsverhältnis und männlicher Dominanz verwiesen. Der Prekarisierungsforschung hält sie daher eine exklusive Orientierung am Normalarbeitsverhältnis vor. Als Alternative empfehlen einige Autorinnen, die Prekaritätskategorie auf Phänomene eines unsicheren Lebens und die → Sorgearbeit auszudehnen (Aulenbacher et al. 2014). Ungeachtet dieses kontrovers diskutierten Vorschlags kann als sicher gelten, dass Pflege- und Sorgearbeiten ein traditionelles Refugium prekärer Arbeit darstellen. Der Einsatz informell beschäftigter, teilweise akademisch qualifizierter Migrantinnen in begüterten Haushalten stellt eine neue Ausprägung des altbekannten „Dienstmädchenproblems" dar (Mayer-Ahuja 2003) (→ auch Arbeit und Migration, Reproduktion von Arbeitskraft). Unklar ist in diesem Zusammenhang auch, wie sich Prekarität zur Klassen- und Schichtstruktur der Gesellschaft verhält. Während Castel betont, dass Prekarisierungsprozesse „die Gesellschaftsstruktur auf breiter Front" durchziehen und ihre Wirkung „im Inneren der verschiedenen sozialen Gruppen" (Castel/Dörre 2009, S. 30) entfalten, sehen andere Autoren einen engen Zusammenhang zwischen sozialer Klassenlage und der Verteilung von Prekaritätsrisiken (Pelizzari 2009, Kraemer 2009) (→ auch Arbeit im Kapitalismus).

Internationale Debatte

Weitere Fragen stellen sich mit Blick auf international vergleichende Forschungen. Wird Prekarität auf ihre postsozialstaatlichen Ausprägungen in fortgeschrittenen Kapitalismen verengt, wäre dieses Phänomen in den Gesellschaften des globalen Südens gar nicht existent. Damit bliebe jedoch eine (arbeits-)soziologische Debatte unberücksichtigt (Lee/Kofman 2012, Rodríguez Llona/Vidal Molina 2013), die – u.a. in Schwellenländern wie Südafrika und China – nicht nur prekäre Arbeit untersucht, sondern mit Blick auf die Erosion sozialer Regeln von „prekären Gesellschaften" spricht (von Holdt 2012). Prekarität in Gesellschaften mit schwach entwickeltem Wohlfahrtsstaat ist soziologisch betrachtet von elementarer Bedeutung, weil sie für viele Länder des globalen Südens und neuerdings auch für einige Krisenländer der europäischen Peripherie eine Mehrheitsperspektive darstellt, die in transnationalen Wertschöpfungsketten und Sozialräumen auf vielfältige Weise mit Prekarisierungsphänomenen in den kapitalistischen Zentren verflochten ist. Die Wechselbeziehungen und Distinktionen von informeller und prekärer Arbeit stellen in diesem Zusammenhang ein noch kaum erforschtes Feld dar (Burchardt/Groisman 2014). In diesem Zusammenhang ist bedeutsam, dass Pierre Bourdieu elementare Mechanismen der Prekarisierung nicht in fortgeschrittenen Kapitalismen, sondern am Beispiel der algerischen Übergangsgesellschaft analysiert hat (Bourdieu 2000).

Bourdieu korrigierend hat die internationale Forschung zudem belegt, dass prekarisierte Gruppen durchaus die Fähigkeit zu kollektiver Selbstorganisation entwickeln können. Jenseits der organisierten Arbeitsbeziehungen lässt sich inner- wie außerhalb Europas ein Bedeutungszuwachs von nicht-normierten Konflikten, Labor Unrest und spontanen Revolten beobachten (Silver/Zhang 2009), die wesentlich von prekarisierten Gruppen initiiert und getragen werden. Eine gesellschaftliche Repräsentation dieser Gruppen kann offenbar auch über Formen eines gezielten gewerkschaftlichen Organizings erreicht werden (Voss/ Sherman 2000) (→ auch Gewerkschaften). Insgesamt sind Selbstorganisation, kollektiver Protest und politische → Partizipation prekarisierter Gruppen aber noch wenig erforscht.

Neue Forschungen: Das hat sich erst in der jüngeren Vergangenheit geändert. Neuere Forschungen befassen sich mit der gewerkschaftlichen Organisierbarkeit prekärer Gruppen, dem Zusammenhang von Wirtschaftskrisen und Prekarität sowie den politischen Verarbeitungsformen von Unsicherheitserfahrungen. Wie empirische Forschungen belegen, ist eine Organisierung prekär Beschäftiger grundsätzlich möglich, aber doch schwierig und voraussetzungsvoll. Das gilt insbesondere für süd- und osteuropäische Gesellschaften, in denen Prekarität infolge von Finanzkrise und Austeritätspolitik zu einer normalen Organisationsform von Erwerbsarbeit geworden ist (Schmalz/Sommer 2019). Ein direkter Zusammenhang von Prekarität und rechtspopulistischen Orientierungen in der Arbeitswelt lässt sich hingegen nicht feststellen. Entsprechende Gesellschaftsbilder finden sich in allen Zonen der Arbeitsgesellschaft, überdurchschnittlich häufig jedoch bei Arbeitern in der Zone der Integration, die um ihren Status fürchten (Becker et al. 2018). Dies ist einer der Gründe für eine intensivere Bearbeitung des Verhältnisses von Prekarität, Exklusion und sozialen Klassen (Williams 2017, Evans/Tilley 2017, Dörre 2021). Wacquant nutzt den Begriff ‚precariat' anstelle des abwertenden Terminus ‚underclass' (Wacquant 2022, S. 162–168) – ein Vorschlag, den Wright (2015, S. 173) ablehnt, weil das Prekariat für ihn „keine eigenständige Klasse" bildet. Zudem ist das Verhältnis von prekärer und informeller Arbeit in den Fokus arbeitssoziologischer Forschung gerückt. Wie Forschungen u.a. in der argentinischen Autoindustrie (Sittel 2022), der malaysischen Palmölwirtschaft (Puder 2022) oder verschiedenen Sektoren der brasilianischen Arbeitsgesellschaft zeigen (de Paula Leite et al. 2020), sind Prekarität und Überausbeutung in Ländern des globalen Südens verbreitet; in ihrer Verzahnung mit informeller Arbeit in und außerhalb von Haushalten tragen sie jedoch paradoxerweise zur Stabilisierung instabiler Verhältnisse bei. Insgesamt zeichnet sich die Prekaritätsforschung noch immer durch eine ungenügende Datenlage aus. Für die Bundesrepublik wird die Herausbildung einer prekären Vollerwerbsgesellschaft im „Jahrbuch Gute Arbeit" kontinuierlich dokumentiert (z.B. Schröder/Urban 2019).

Klaus Dörre

Empfehlungen zum Weiterlesen

Castel, Robert 2000: Die Metamorphosen der sozialen Frage. Eine Chronik der Lohnarbeit. Konstanz: UVK.

Castel, Robert/Dörre, Klaus (Hg.) 2009: Prekarität, Abstieg, Ausgrenzung. Die soziale Frage am Beginn des 21. Jahrhunderts. Frankfurt a.M./New York: Campus.

Dörre, Klaus 2019: Die neuen Vagabunden. Prekarität in reichen Gesellschaften. In: Bittlingmayer, U. H./Demirovic, A./Freytag, T. (Hg.): Handbuch Kritische Theorie. Band 2. Wiesbaden: Springer VS, S. 981–1004.

Schmalz, Stefan/Sommer, Brandon (eds.) 2019: Confronting Crisis and Precariousness. Organized Labour and Social Unrest in the European Union. London/New York: Rowman and Littlefield.

Produktionsregime

Begriff

Der Begriff Produktionsregime bezeichnet Konfigurationen von institutionellen Systemen auf der einen und Unternehmensakteuren und ihren Strategien und Interaktionen auf der anderen Seite. Ein Produktionsregime beschreibt „the ways in which the microagents of capitalist systems – companies, customers, employees, owners of capital – organize and structure their interrelationships, within a framework of incentives and constraints or ‚rules of the game' set by a range of market-related institutions" (Soskice 1999, S. 101 f.). Im Hinblick auf die Konzeptionalisierung der Unternehmensebene lassen sich zwei unterschiedliche theoretische Traditionen unterscheiden. Die marxistische, auf Burawoy (1983, 1984), aber auch regulationstheoretische Konzepte (Boyer/Durand 1997, Dörre 2003) zurückgehende Analyse von Produktionsregimen fokussiert auf Machtbeziehungen zwischen → Management und Arbeitskräften und die Unterordnung der Arbeitskräfte im Arbeitsprozess. In dieser qualitativ ausgerichteten Forschung werden einerseits Konzepte der hegemonialen und der despotischen Regime gegenübergestellt, andererseits Phasentypologien des Kapitalismus (etwa Fordismus – Postfordismus) entwickelt. Das zweite Paradigma ist die (oftmals quantitativ ausgerichtete) institutionalistische politikökonomische Forschung über den Zusammenhang zwischen nationalen Institutionensystemen und den Produkt- und Innovationsstrategien der Unternehmen (Hall/Soskice 2001 b, Sorge/Streeck 1988) (→ Innovation). Sie fokussiert auf die Produkt- und Innovationstrategien von Unternehmen und die damit verbundenen Koordinationsprobleme zwischen Unternehmen und Kunden, Investoren und Arbeitskräften. Beide Paradigmen sind mit der Herausforderung konfrontiert, die Rolle und Vielfalt sektoraler Institutionen und Prozesse sowie auch die Einbindung der Betriebe und Unternehmen in globale Produktionsnetzwerke angemessen zu berücksichtigen (→ auch Globale Wertschöpfungsketten und internationale Arbeitsteilung, Globalisierung/Transnationalisierung, Netzwerke).

Genese/theoretischer Kontext

Die erste wichtige Quelle für den Begriff der Produktionsregime sind die Arbeiten von Michael Burawoy. Burawoy benutzte den Begriff Produktionsregime selbst nicht, sondern sprach von „factory regimes“ (Fabrikregime) oder – synonym – von „regimes of production politics“ (Burawoy 1983). Fabrikregime setzten sich aus zwei zentralen Elementen zusammen: dem Arbeitsprozess sowie den „political apparatuses of production“, worunter Burawoy die Institutionen verstand, welche die Machtbeziehungen und die Konflikte im Arbeitsprozess regulieren. Ein zentrales Element der „political apparatuses of production“ waren die Formen der staatlichen Intervention in den Arbeitsprozess und insbesondere die soziale Absicherung der Arbeitskräfte sowie die Regulierung der kollektiven Arbeitsbeziehungen (→ Industrielle Beziehungen, Industrielle Beziehungen in internationaler Perspektive). Zudem spielte die Art und Weise des Wettbewerbs zwischen Unternehmen eine Rolle, wobei Burawoy einen ungeregelten/anarchischen und einen regulierten/eingeschränkten Wettbewerb unterschied (Burawoy 1983, 1984).

Eine mit dem Ansatz Burawoys verwandte Konzeption entwickelte zur gleichen Zeit die französische Regulationstheorie (Aglietta 1976, Boyer/Durand 1997). Sie argumentierte, dass es unterschiedliche Phasen (und damit unterschiedliche Produktionsregime) der kapitalistischen Entwicklung gebe, die auf jeweils unterschiedlichen Konfigurationen von Akkumulationsregimen, Regulationsweisen und betrieblichen Produktionsmodellen beruhen. Akkumulationsregime repräsentierten spezifische ökonomische Wachstumsmodi, Regulationsweisen entsprachen den Burawoyschen „political apparatuses of production“, die betrieblichen Produktionsmodelle dem Arbeitsprozess im Burawoy'schen Sinne.

Parallel zu der von der Marx'schen Theorie geprägten Konzeptionen Burawoys und der Regulationstheorie entwickelte sich ein zweites Verständnis des Begriffs des Produktionsregimes, der in der institutionalistischen politikökonomischen Diskussion wurzelt. Im Fokus stehen hier nicht die Beziehungen zwischen politischer Regulierung und den Machtbeziehungen im Arbeitsprozess, sondern jener zwischen Regulierung und den Produktions- und Innovationsstrategien von Unternehmen sowie den daraus resultierenden Koordinationsproblemen.

Für die Genese des Produktionsregimebegriffs in der institutionalistischen politikökonomischen Diskussion lassen sich wiederum mehrere Quellen identifizieren. Eine erste wichtige Quelle sind die Arbeiten von Arndt Sorge und Wolfgang Streeck über die Diversifizierte Qualitätsproduktion (DQP) in Deutschland. Sorge und Streeck (1988) identifizierten die DQP als ein spezifisches Produktionsregime, das sich von der fordistischen Massenproduktion der Nachkriegszeit unterscheidet (→ Fordismus/Massenproduktion). Sein erstes zentrales Element waren Unternehmensstrategien, die auf diversifizierte Hochqualitätsprodukte setzten – das Musterbeispiel war hier der deutsche Maschinenbau. Das zweite zentrale Element war ein Institutionensystem, das langfristige Bindung der Beschäftigten an Unternehmen (Kündigungsschutz), langfristige Investitionen in Berufsausbildung sowie kooperative kollektive Arbeitsbeziehungen (Mitbestimmung, Flächentarifvertragssystem) fördert. Dieses Institutionensystem erschwert Strategien, die nur auf preisliche Wettbewerbsfähigkeit setzen, und fördert ein „upmarket restructuring" (Streeck 1991, S. 54). Das Institutionensystem wirkt auf der betrieblichen und überbetrieblichen Ebene und ähnelt damit durchaus den Burawoy'schen „political apparatuses of production".

In einer späteren Analyse diskutierten Sorge und Streeck (2018) die institutionellen Veränderungen in Deutschland. Sie zeigten einen Deregulierungstrend und auch eine Zunahme von preisbasierten Wettbewerbsstrategien der Unternehmen, betonten aber zugleich, dass die DQP in wichtigen industriellen Kernbereichen der deutschen Ökonomie in teilweise abgewandelter Form weiter bestehe (vgl. Baccaro et al. 2018).

Eine zweite, mit dem DQP-Konzept verwandte, Quelle für die Entwicklung des institutionalistisch politikökonomischen Verständnisses von Produktionsregimen ist die → Varieties-of-Capitalism-Theorie (VoC-Theorie; Hall/Soskice 2001 a). Hall und Soskice sprechen selbst zumeist einfach von Kapitalismusvarianten, bezeichnen aber die letzteren in einigen Aufsätzen als Produktionsregime (Soskice 1999; vgl. auch Gallie 2007, Rhodes 2005, Höpner 2005, Hult/Svallfors 2002).

Nach diesem Verständnis ist ein Produktionsregime erstens durch ein spezifisches Institutionensystem mit vier Bereichen charakterisiert: (a) Institutionen der Corporate Governance, (b) Institutionen, die die Zusammenarbeit von Unternehmen prägen, (c) Institutionen der industriellen Beziehungen und (d) Institutionen des Ausbildungssystems. Indem sie Koordinationsprobleme zwischen Akteuren regulieren, beeinflussen die Institutionensysteme maßgeblich Produkt- und Innovationsstrategien von Unternehmen, die das zweite zentrale Element von Produktionsregimen bilden. Hall und Soskice (2001) unterscheiden zwischen inkrementellen und radikalen (disruptiven) Produkt- und Innovationsstrategien. Die Autoren sehen den Maschinenbau oder auch die Automobilindustrie als Beispiele für inkrementelle Strategien, während in der Elektronikindustrie oder der Softwareindustrie radikale → Innovationen vorherrschen. Strategien mit Fokus auf inkrementellen Innovationen finden besonders günstige Bedingungen in so genannten „coordinated market economies" (CME). Strategien mit Fokus auf radikalen Innovationen benötigen hingegen ein Umfeld, das von den Institutionen der „liberal market economies" (LME) geschaffen wird. Die CME und die LME stellen zwei Idealtypen von Produktionsregimen dar, wobei in der VoC-Diskussion die Typologie der Produktionsregime weiter ausdifferenziert wurde (z.B. Amable 2003, Nölke/Vliegenthart 2009).

Zentrale Forschungsergebnisse

Das zentrale Ziel von Burawoys marxistischem Begriff des Fabrikregimes war es, historisch unterschiedliche Formen der Unterordnung von Arbeitenden unter das Kapital und der Generierung von Zustimmung zu dieser Unterordnung zu erklären (→ auch Betrieb, Herrschaft). So unterschied Burawoy die im 19. Jahrhundert vorherrschenden Regime des Paternalismus (geringe staatliche Intervention in den Arbeitsprozess/eingeschränkter Wettbewerb) und des Marktdespotismus (geringe staatliche Intervention in den Arbeitsprozess/ungeregelter Wettbewerb) von den im 20. Jahrhundert dominanten hegemonialen Fabrikregimen (erhebliche staatliche Intervention in den Arbeitsprozess/eingeschränkter Wettbewerb) der Nachkriegszeit und dem hegemonialen Despotismus (eingeschränkte staatliche Intervention in den Arbeitsprozess/globaler ungeregelter Wettbewerb) der 1980er Jahre (Burawoy 1983). Diese Typen und historische Phasen gingen jeweils mit unterschiedlichen Gewichtungen von Zwang und Legitimation bei der Generierung von Zustimmung der Arbeitenden im Arbeitsprozess einher.

Auch die regulationstheoretischen Begriffe hatten das Ziel, Entwicklungsphasen des Kapitalismus zu erklären. In diesem Sinne wurden sie auch in der deutschsprachigen Diskussion über die Transformation vom fordistischen zum postfordistischen Produktionsregime aufgegriffen (Dörre 2003, Bechtle/Sauer 2003). Der Postfordismus wurde dabei als eine Verbindung von verstärkter Marktzentrierung und zugleich einer Retaylorisierung der betrieblichen Produktionsmodelle charakterisiert (Dörre 2003), was Ähnlichkeiten zur Burawoy'schen Analyse des hegemonialen Despotismus aufweist.

Der Versuch der Identifikation von jeweils historisch dominanten Formen von Produktionsregimen wurde allerdings von Autoren wie Edwards (1986) und Thompson (1990) kritisiert, die Burawoy eine unzulässige Vereinfachung der faktischen Vielfalt von politischen Regulierungsformen und Strategien des Managements vorwarfen. Der gleiche Vorwurf gilt auch für die regulationstheoretischen Konzeptionen. Dennoch wird der Regime-Begriff in der Forschung weiter verwendet, um die Zusammenhänge zwischen politischer und ökonomischer Regulierung sowie den Machtbeziehungen im Arbeitsprozess zu analysieren. Dabei ist die Bezeichnung Fabrikregime seltener geworden, stattdessen benutzen die jüngeren Studien eher den Begriff der „production regimes" (Produktionsregime) (z.B. Dörflinger et al. 2021, Pun 2016) oder der „workplace regimes" (Wood 2021). Einige Studien geben den von Burawoy und der Regulationstheorie formulierten Anspruch auf, das Produktionsregime einer ganzen Epoche charakterisieren zu wollen, und beschränken sich auf bestimmte Branchen oder Länder. So untersuchen Dörflinger et al. (2021) im Anschluss an Burawoys Konzept des hegemonialen Despotismus die Produktionsregime in der europäischen Logistikindustrie, die sie als „hegemonic flexibility", „coercive flexibility" und „institutional mutuality" bezeichnen. Pun (2016) wiederum versucht, die Genese und Funktionsweise des dominanten Produktionsregimes in China zu rekonstruieren. Andere Studien halten allerdings an dem übergreifenden Anspruch des Produktionsregimebegriffs fest. Wood (2021) argumentiert, dass sich gegenwärtig ein übergreifender Trend der Verschiebung des Schwerpunkts von Produktionsregimen von Legitimation hin zu Zwang feststellen lässt.

Auch die Begriffe der institutionalistischen VoC-Theorie haben Kritik auf sich gezogen, die insbesondere die statische Konzeption von Produktionsregimen, die fehlende Berücksichtigung von Konflikten und Kämpfen und zudem eine Vernachlässigung der Rolle des Staates hervorgehoben hat (vgl. Hancké et al. 2007 a). Zudem stießen Versuche der Nutzung der VoC-Typologie von Produktionsregimen für die Analyse des Arbeitsprozesses auf Grenzen. Gallie (2007) untersuchte, inwieweit es Unterschiede zwischen Produktionsregimen im Hinblick auf Gestaltung der → Arbeitsorganisation sowie Umfang der Autonomie und → Partizipation von Beschäftigten im Arbeitsprozess gibt. Zwar zeigten sich hier Länderunterschiede, diese ließen sich aber nicht leicht mit den Erwartungen der VoC-Theorie in Einklang bringen (vgl. auch Hult/Svallfors 2002). Aufgrund der Schwierigkeiten, nationale oder gar für eine ganze Phase kapitalistischen Entwicklung geltende Produktionsregime zu identifizieren, haben Boyer und Freyssenet (2002) vorgeschlagen, die Beziehungen zwischen politischer Regulierung und Unternehmensstrategien auf der Ebene spezifischer Industrien zu diskutieren. Sie entwickelten dafür das Konzept der Produktionsmodelle, die eine Verbindung von Produktstrategien, der Produktions- und Lieferkettenorganisation sowie der industriellen Beziehungen in Unternehmen darstellen (vgl. auch Jürgens et al. 2003). Der Begriff der unternehmensspezifischen Produktionsmodelle wurde auch in der Diskussion über das postfordistische Marktregime aufgegriffen (Dörre 2003), wenngleich ohne dabei das Plädoyer für eine sektorale Analyse zu berücksichtigen.

Martin Krzywdzinski

Empfehlungen zum Weiterlesen

Burawoy, Michael 1985: The Politics of Production, London: Verso.
Dörre, Klaus/Röttger, Bernd (Hg.) 2003: Das neue Marktregime. Konturen eines nachfordistischen Produktionsmodells. Hamburg: VSA.
Hall, Peter/Soskice, David 2001 b: An Introduction to Varieties of Capitalism. In: Dies. (eds.): Varieties of Capitalism. Oxford: Oxford University Press, S. 1–68.
Gallie, Duncan 2007: Production Regimes and the Quality of Employment in Europe. In: Annual Review of Sociology, Vol. 33, S. 85–104.
Sorge, Arndt/Streeck, Wolfgang 2018: Diversified Quality Production Revisited: Its Contribution to German Socio-economic Performance over Time. In: Socio-Economic Review, Vol. 16, No. 3, S. 587–612.
Wood, Alex 2021: Workplace Regimes: A Sociological Defence and Elaboration. In: Work in the Global Economy, Vol. 1, No. 1–2, S. 119–138.

Projekt, Projektarbeit, Projektmanagement

Begriff

Die Begriffe Projektarbeit und Projektmanagement stehen in engem Zusammenhang und fokussieren – in der Praxis häufig nicht zu trennende – arbeits- wie organisationsbezogene

Aspekte von Projekten. Organisational erschließen Projekte als zeitlich wie ressourcenseitig begrenzte Kooperationszusammenhänge ein Feld jenseits einer auf Dauerhaftigkeit ausgelegten Linien- und Funktionalorganisation. Sie sind „im Wesentlichen durch Einmaligkeit der Bedingungen in ihrer Gesamtheit gekennzeichnet" (DIN 69901-5 2009) und repräsentieren nach jahrzehntelanger Verwendung im Unternehmenskontext zunehmend einen (ideologisch-überhöhten) Idealtypus aktueller Arbeits- und Lebensorganisation (Boltanski/Chiapello 2003). Projektziele sind die Erfüllung innovativer und häufig disziplin-, funktions- und hierarchieübergreifender Aufgaben und die Gewähr hierfür erforderlicher Flexibilität – bis hin zur Veränderung eigener Vorgehensweisen und Zielstellungen im laufenden Projekt.

Projekte sollen dabei insbesondere schnell auf Unwägbarkeiten und Komplexität reagieren und können als idealtypisches Gegenteil des Modells einer auf Dauerhaftigkeit und Stabilität ausgerichteten hierarchischen und bürokratischen Organisation gelten. Dieser Gegensätzlichkeit verdanken Projekte einerseits ihre Popularität in einer durch Komplexität und Unsicherheit gekennzeichneten Arbeitswelt, andererseits führt sie jedoch oft zu Spannungen und Konflikten, die letztlich Projektmanagende wie Projektbeschäftigte bearbeiten müssen. Letzteres mag ein Grund dafür sein, dass in den vergangenen Jahren der Projektarbeit und ihrer Rolle für die Projekt- wie projektübergreifende Organisation erhöhte Aufmerksamkeit zuteilwird.

Für die (prekäre) Einpassung von Projekten in Organisationen gibt es vier idealtypische Modelle: Die Einfluss-Projektorganisation, innerhalb derer Projektleiter:innen keine eigene Weisungsbefugnis inne haben, die reine Projektorganisation mit gebündelten Kompetenzen und Weisungsrechten bei der Projektleitung, die Matrix-Projektorganisation, bei der sich Kompetenzen und Befugnisse zwischen Linie und Projekt überschneiden und – zunehmend – eine Multi-Projektorganisation und Projektnetzwerke, wo Projekte die Linienorganisation mehr und mehr verdrängen und zum Leittypus organisationaler – und zunehmend organisationsübergreifender – Arbeit werden. Bekannte Modelle sind beispielsweise das V- und das Wasserfallmodell. Hinsichtlich ihres Inhalts kann zwischen Projekten in Forschung und Entwicklung, Change-Projekten zur Veränderung organisationaler Strukturen sowie Produktions- und Dienstleistungsprojekten differenziert werden (→ auch Organisationssoziologie, Unternehmens[re]organisation, Netzwerke).

Genese/theoretischer Kontext

Der Ursprung des Projektmanagements wird in den US-Militärprogrammen nach dem Zweiten Weltkrieg gesehen. Damals herrschte eine starke Orientierung an möglichst präziser Planung und Steuerung vor, die durch den „contingency approach" und das „management of projects", die stärker die Beziehung zwischen Projekt und Umwelt betonen und die Existenz eines „one best way" bestreiten, abgelöst wurde (Morris et al. 2011 a). Projektmanagement etablierte sich davon ausgehend als eigenständige (Sub-)Disziplin inklusive Fachorganisationen und Aus- und Weiterbildungsangeboten. Hauptgründe für die zunehmende Popularität der Projektarbeit werden im zeitlichen Druck auf Unternehmen angesichts immer kürzerer Produktlebenszyklen und der zunehmenden Abkehr von bzw. Modifikation der Massenfertigung gesehen (Bieber/Möll 1993, Lullies et al. 1993).

Der Ursprung, die differierenden Ansätze und die Debatten darum zeigen ein bis heute und trotz aller „Professionalisierung der Projektorganisation" (Kalkowski/Mickler 2009, S. 83) fortbestehendes Paradox auf: Einerseits sollen Projekte flexibel und innovativ (re-)agieren, andererseits wird versucht, Projektarbeit möglichst engmaschig zu kontrollieren und zu steuern (Ekstedt et al. 1999). Projekte sind somit in besonderer Weise vom organisationalen Paradox von Autonomie und → Kontrolle (Clegg et al. 2002) betroffen. Ein Hinweis hierauf ist auch der Umstand, dass Projekte zwar neuartige Organisationsweisen und Aufgabenstellungen beinhalten, häufig aber mit aus der Linienorganisation abgeleiteten Methoden gesteuert werden (sollen) (Bieber/Möll 1993). Projekte sollen auf Komplexität reagieren und Innovationen generieren, zugleich wird ein wesentlicher Bestandteil ihres Managements jedoch weiterhin in einer Steuerungsform gesehen, die Unsicherheit und Risiken vermindern soll (Weltz/Ortmann 1992, S. 81ff.). Der vorherrschende Umgang mit Unwägbarkeiten ist mit

anderen Worten – trotz allem – immer noch der Versuch ihrer Negation, Projekte dienen gewissermaßen als ‚Auslagerung' dieser Unwägbarkeiten, die jedoch wieder eingehegt werden müssen, sobald projektübergreifende Thematiken – und dazu rechnet beispielsweise auch das Projektcontrolling – involviert sind.
Die Projektarbeit ist in der Arbeitssoziologie eng mit den Debatten um die → Subjektivierung und → Vermarktlichung von Arbeit verbunden und bildet sowohl die Künstlerkritik an Arbeit – also die Forderung, Beschäftigte sollen in ihrer und durch ihre Arbeit nicht borniert werden (Baethge 1991, Boltanski/Chiapello 2003) – als auch die zunehmenden Anforderungen vonseiten der Unternehmen an die (Ver-)Nutzung von Subjektpotenzialen (Kleemann 2012, Moldaschl/Voß 2002) ab. Auch Parallelen zu Debatten rund um neue Formen der Kontrolle von Arbeit können gezogen werden, da Projektbeschäftigten häufig nicht die Gestaltung ihrer Arbeit vorgegeben wird, sondern die Zielstellung, Ressourcen, Zeit und Budget. Auf der gesellschaftlichen Ebene schließt der Begriff an Prozesse der Beschleunigung, Komplexitätssteigerung und Individualisierung an.

Zentrale Forschungsergebnisse

Die Analyse projektförmig organisierter Arbeit begann bereits in den 1980er Jahren (z.B. Zündorf/Grunt 1982) und erhielt ab Ende der 1980er/Anfang der 1990er Jahre mit Einführung von Informationstechnologien und Mikroelektronik neuen Schub, stand jedoch nie im Scheinwerferlicht arbeitssoziologischer Debatten und ist häufig vor allem konzeptioneller Art (Bakker 2010). Im Fokus stehen hierbei die vergleichsweise hohen Autonomiegrade der Beschäftigten und die damit einhergehenden Anforderungen wie Chancen für nicht-repetitive und belastungsarme Arbeit sowie Aspekte wie Offenheit, Innovationsorientierung und Vernetzung auch über einzelne Organisationen hinaus (Kalkowski/Mickler 2015, Pollack 2007).
In jüngerer Zeit waren für die Debatten über Projektarbeit neben den seit Jahren diskutierten Begriffen rund um → Netzwerke und „Netzwerkgesellschaft", die in Bezug auf Projekte vor allem interorganisationale Kooperationen in komplexen Wertschöpfungsketten fokussieren, vor allem zwei Haupttrends wesentlich: Die zunehmende Durchsetzung neuartiger, auf Flexibilität, Innovation und Geschwindigkeit ausgerichteter Formen des Projektmanagements unter dem Sammelbegriff der Agilität sowie die Rolle der Digitalisierung für Projektmanagement und Projektarbeit. Digitalisierung und Projektarbeit konstituieren sich hierbei wechselseitig, da digitale Lösungen zumeist in Projekten entwickelt und implementiert werden und Arbeit in digital vernetzten, globalen Wertschöpfungsketten zunehmend in Projekten stattfindet und hierin situativ wie temporär organisiert wird (Braun/Sydow 2019). Digitale Lösungen bieten einerseits die Möglichkeit, plattformbasiert zu kooperieren, untergraben damit andererseits die vielfach geforderte Co-Präsenz von Projektbeschäftigten und weiten überfachliche Anforderungen weiter aus, wie Zorn et al. (2021) unter Bezugnahme auf ein spezifiziertes Drei-Schicht-Modell (Ebene der persönlichen Kompetenzen, Prozessebene, Methoden- und Toolebene) aufzeigen. Überfachlichen Anforderungen an Projekte auf der Prozessebene stehen so mehr und mehr auch Vermittlungsfunktionen zwischen den Ebenen gegenüber.
Aktuell werden im Zuge der seit Jahren reüssierenden agilen Methoden (Status Quo [Scaled] Agile 2019/20), die an das agile Manifest anknüpfen (www.agilemanifesto.org), Aspekte wie Selbstorganisation und funktionsübergreifende Arbeit als Handlungsmaximen genannt. Damit verbunden ist häufig die Hoffnung, agile Projektarbeit mit Frameworks wie Scrum könne widersprüchliche Arbeitsanforderungen abmildern. Die – betrieblich stets fremdorganisierte – Selbstorganisation ist hierbei zentraler Ankerpunkt auch der Analysen, so wird Organisieren als Arbeit fokussiert (Kalff 2018) oder analytisch zwischen Selbstorganisation als Rahmung und Selbstorganisieren als Tätigkeit differenziert (Sauer 2017). Im Zuge dessen wird Agilität auch als Möglichkeit für Empowerment gedeutet (Boes et al. 2020 a). Agile und klassische Ansätze treten in der Praxis häufig verschränkt auf, zunehmend werden auch konzeptionell hybride Modelle entwickelt (Timinger/Seel 2016). Hierauf aufbauend kann versucht werden, die Geschichte der Projektarbeit als Abfolge wellenförmiger Bewegungen zwischen einem marktinduzierten Mehr an Flexibilität und Autonomie und einem organisa-

tional induzierten Mehr an Bürokratie und Kontrolle/Steuerung zu skizzieren (Nicklich et al. 2021). Auf individueller Ebene führt die Abfolge wie Kombination mehrerer Ansätze zu Rollen- und Zuständigkeitsdiffusion und ihren negativen Folgen für Beschäftigte (Krieg 2017).

Obwohl insbesondere agile Ansätze sehr stark auf Selbstorganisation setzen und somit tendenziell gegen widersprüchliche Arbeitsanforderungen wirken können, bleiben die Belastung und die Burnout-Gefahr in diesem komplexen Tätigkeitsfeld hoch und ihre Ausgestaltung herausfordernd (Porschen-Hueck et al. 2020). Psychische Belastung ist daher ein hoch relevantes Forschungsthema mit heterogenen Ergebnissen, in denen die Arbeitsform Projekt zwischen Gestaltungsoption für gesundheitsförderliche Arbeit und hohen Risiken insbesondere für psychische Erkrankungen verhandelt wird (Chrobok/Makarov 2019, Wu et al. 2019). Ein wesentlicher Belastungsfaktor ist hierbei die gleichzeitige Tätigkeit in mehreren Projekten, wie sie beispielsweise auf rund die Hälfte der Projektmanager:innen zutrifft (vgl. Deslisle 2020) (→ auch Arbeits- und Gesundheitsschutz).

Internationaler Bezug

Der internationale Bezug ist doppelt relevant. Zum einen steht hier die Transnationalisierung der Projektarbeit im Fokus, die nicht zuletzt durch Digitalisierungsprozesse immer umfassender ermöglicht wird (→ auch Digitale Transformation der Arbeit). Zum anderen handelt es sich bei der Projektifizierung um ein transnationales Phänomen, so vergleichen Schoper et al. (2018) diese anhand ihrer Verbreitung und Wirkungsweise in Deutschland, Norwegen und Island. McKevitt et al. (2017) setzen sich anhand der Arbeitszufriedenheit von Projektmangenden kritisch mit der Individualisierung der Sinnstiftung von Arbeit auseinander. Auch in anderen Bereichen fordert Projektarbeit traditionelle Gewissheiten und Formen interessenpolitisch eingehegter → Arbeitsorganisation heraus (Ekstedt 2018). Henning und Wald (2019) skizzieren positive wie negative Effekte der Projektarbeit aus einer Makroperspektive und plädieren für eine differenzierte Sichtweise der einzelnen Aspekte. Hodgson und Cicmil (2008) sowie Lundin et al. (2015) werfen aus der Perspektive der Critical Management Studies die grundsätzliche Frage nach der gesellschaftlichen Verortung des Projektmanagements auf, kritisieren die auch in der Forschung nicht mitbedachten sozialen, ethischen und politischen Dimensionen des Projektmanagements und dessen teils ideologisch überhöhte Funktion. Sie knüpfen damit an machttheoretische Überlegungen an, die insbesondere in der „skandinavischen Schule", die den Diskurs rund um Projektmanagement maßgeblich prägte, eine große Rolle spielten und spielen (Söderlund 2002).

Stefan Sauer

Empfehlungen zum Weiterlesen

Kalkowski, Peter/Mickler, Otfried 2009: Antinomien des Projektmanagements. Eine Arbeitsform zwischen Direktive und Freiraum. Berlin: edition sigma.

Lundin, Rolf/Arvidsson, Niklas/Brady, Tim/Ekstedt, Eskil/Midler, Christophe/Sydow, Jörg 2015: Managing and Working in Project Society: Institutional Challenges of Temporary Organizations. Cambridge: Cambridge University Press.

Morris, Peter W. G./Pinto, Jeffrey K./Söderlund, Jonas (eds.) 2011: The Oxford Handbook of Project Management. Oxford: Oxford University Press.

Pfeiffer, Sabine/Nicklich, Manuel/Sauer, Stefan (eds.) 2021: The Agile Imperative. Teams, Organizations and Society under Reconstruction? Cham: Palgrave Macmillan.

Psychologischer Vertrag

Begriff, Genese/theoretischer Kontext

Das Konzept des psychologischen Vertrags offeriert eine alternative Betrachtungsweise der Arbeitsbeziehungen (→ Industrielle Beziehungen), indem es jenseits des rechtlichen Bezugsrahmens die impliziten Aspekte des Beschäftigungsverhältnisses in den Vordergrund rückt. Dabei wird das Arbeitsverhältnis als sozialer Austauschprozess verstanden, charakterisiert durch ein wechselseitiges Geben und Nehmen zwischen den Beschäftigten und ihrem Arbeitgeber. Getauscht wird zum einen Arbeitskraft gegen Entgelt und insofern handelt es sich um eine ökonomische Tauschbeziehung, die über den juristischen Arbeitsvertrag geregelt wird. Da weder der genaue Inhalt sowie die Qualität der von der Arbeitskraft geschuldeten Leistung im Arbeitsvertrag spezifiziert werden kann noch soll (Unvollständigkeit des Arbeitsvertrags nach March/Simon 1958), existiert eine Vielzahl an Erwartungen hinsichtlich wechselseitiger Rechte und Pflichten zwischen der Arbeitskraft und dem Arbeitgeber, die nicht rechtlich fixiert sind (→ auch Transformation von Arbeitskraft). Das Gewähren von Arbeitsplatzsicherheit, lebenslange Beschäftigung oder Aufstiegsmöglichkeiten sind Beispiele für implizit wahrgenommene Erwartungen und Verpflichtungen im Arbeitsverhältnis, die den Gegenstand des ungeschriebenen psychologischen Vertrags bilden. Sie verweisen darauf, dass das Arbeitsverhältnis nicht als rein ökonomisches, sondern zugleich als soziales Austauschverhältnis verstanden werden muss, um die Arbeitsbeziehung in ihrer Komplexität zu erfassen (→ auch Anerkennung, Mikropolitik, Arbeit im Kapitalismus).

Eine eindeutige Bestimmung des psychologischen Vertrags ist aufgrund der Vielzahl an existierenden Definitionen schwierig. Dies ist darauf zurückzuführen, dass bereits zu Beginn der psychologischen Vertragsforschung das Konstrukt dazu genutzt wurde, sehr unterschiedliche Phänomene zu beschreiben (Roehling 1997, S. 214). Eingeführt wurde der Begriff von Argyris (1960) und Levinson et al. (1962), die darunter die wechselseitigen impliziten Erwartungen zwischen den Arbeitskräften und Arbeitgebern verstanden. Bezugnehmend auf diese Definition wies Edgar Schein auf die Bedeutung des psychologischen Vertrags hin, um das Verhalten von Individuen in Organisationen zu erklären: „Die Erkenntnis des psychologischen Vertrags impliziert, dass das Individuum mit vielfältigen Erwartungen der Organisation gegenübertritt und dass die Organisation umgekehrt eine Erwartungshaltung bezüglich des Individuums einnimmt. Gegenstand dieser Erwartungen ist nicht nur, wie viel Arbeit für welche Bezahlung zu leisten ist, sondern auch das ganze Spektrum von Rechten, Privilegien und Pflichten zwischen Mitarbeiter und Organisation“ (Schein 1980 [1965], S. 24). Der Großteil der in den 1970er und 80er Jahren erfolgten Publikationen zum psychologischen Vertrag bezog sich vornehmlich auf diese Definition von Schein (Roehling 1997).

Die diesen Ansätzen zugrunde liegende Vorstellung eines Austauschverhältnisses, das durch die Wechselseitigkeit eines Gebens und Nehmens gekennzeichnet ist, geht u.a. zurück auf Überlegungen der Anreiz-Beitrags-Theorie (z.B. March/Simon 1958) sowie der soziologischen Austauschtheorie (z.B. Blau 1964). Auch bei den psychologischen Verträgen geht es um einen Austausch, da eine einmalige Gabe noch keinen psychologischen Vertrag konstituiert. Erst wenn der Empfänger sich durch die Gabe verpflichtet fühlt, etwas zu erwidern, beginnt ein Austausch, und wenn dieser Austausch zu einem sich wiederholenden Verhaltensmuster zwischen den Tauschpartnern führt, dann entsteht ein Vertragsverhältnis. Die Erwartungshaltung, dass eine erbrachte Leistung eine Gegenleistung nach sich zieht, ist in der Norm der Reziprozität (Gouldner 1960) begründet, die sowohl für wirtschaftliche als auch für soziale Transaktionen charakteristisch ist.

Die gegenwärtige psychologische Vertragsforschung bezieht sich vornehmlich auf die Begriffsdefinition von Rousseau (1989, S. 121): „Psychological contracts are individual beliefs in a reciprocal obligation between the individual and the organization.“ Demzufolge machen nicht Erwartungen, sondern „verbindlichere“ Verpflichtungen in der Arbeitsbeziehung den psychologischen Vertrag aus. Der psychologische Vertragsinhalt entsteht durch Wahrnehmung des eigenen Verhaltens aufseiten der Arbeitskraft sowie des Verhaltens der Organisation im Sinne von impliziten oder expliziten Versprechungen, die aus sich wiederholenden Verhaltensmustern zwischen Individuum und Organisation resultieren. Die Arbeitskraft vertraut darauf, dass die wechselseitigen Verpflichtungen wahrgenommen werden und erbringt eine Leistung als Gegenleistung für das wahrgenommene Versprechen der Organisation.

Im Unterschied zu den oben angeführten früheren Arbeiten, die den psychologischen Vertrag auf der Beziehungsebene verorten, stellt der psychologische Vertrag nach Rousseau (1995, S. 6) ein subjektives Phänomen dar, das ausschließlich im Auge des Betrachters existiert. Aus diesem Grunde verfügen ausschließlich Individuen und nicht Organisationen über einen psychologischen Vertrag (Rousseau 1989, S. 126).

Dabei differenziert Rousseau (1995, S. 6ff.) zwischen unterschiedlichen Vertragstypen: Zum einen der individuelle psychologische Vertrag, der ein im Bewusstsein der Arbeitskraft veranker-

tes mentales Modell beschreibt, welches die Arbeitsbeziehung mit ihren wechselseitigen Erwartungen und Verpflichtungen repräsentiert. Davon zu unterscheiden ist der implizite Vertrag, der gekennzeichnet ist durch Versprechungen, die in der Interaktion zwischen Individuum und Organisation wahrgenommen werden und vonseiten Dritter beobachtbar sind. Die Verbindung zwischen psychologischem und implizitem Vertrag, die in der Literatur häufig synonym verwendet werden, besteht darin, dass die Interaktionsmuster, die einen impliziten Vertrag konstituieren, zugleich zu einer Entwicklung des psychologischen Vertrags der Individuen führen, der jedoch bei jedem Einzelnen idiosynkratisch ist (Rousseau 1989). Dieses „conceptual muddle" (Guest 1998, S: 651) gestaltet es auf der operationalen Ebene schwierig, zwischen psychologischem und implizitem Vertrag zu differenzieren.
Weitere konzeptionelle Schwächen bestehen darin, dass die Bezeichnung „Vertrag" suggeriert, dass es sich um eine Vereinbarung handelt, obgleich das Konstrukt ausschließlich auf der Ebene des Individuums zu verorten ist. Ebenso ist nicht deutlich, wer die Vertragspartner aufseiten der Organisation sind (Cullinane/Dundon 2006), da Arbeitskräfte mit einer Vielzahl von Agenten der Organisation in Kontakt treten, mit jeweils unterschiedlichen Erwartungen (→ auch Arbeit und Interaktion). Und nicht zuletzt beinhaltet die Bezeichnung Vertrag, dass zwei unabhängige Vertragspartner ihre Erwartungshaltungen in einem ausgewogenen Austauschverhältnis abgleichen. Jedoch kennzeichnet das Arbeitsverhältnis ein asymmetrisches Tauschverhältnis (Voswinkel 2005 b), was in der Vertragsforschung weitgehend ausgeblendet bleibt (Cullinane/Dundon 2006, S. 119) (→ auch Herrschaft).

Zentrale Forschungsergebnisse und internationaler Bezug

Nach Conway/Briner (2005) lässt sich die psychologische Vertragsforschung in zwei Phasen unterteilen: Die erste Phase ist gekennzeichnet durch die bereits oben aufgeführten Arbeiten von Argyris (1960), Levinson et al. (1962) und Schein (1965). Bedeutsam für die Entwicklung des psychologischen Vertragskonstrukts ist ebenso die Arbeit von Karl Menninger (1958) zur Beziehung zwischen Psychotherapeut und Patient, wenngleich er in dieser Arbeit nicht ausdrücklich von einem psychologischen Vertrag spricht. Des Weiteren ist die empirische Arbeit von J. P. Kotter aus dem Jahre 1973 zu nennen, der erstmalig die Erwartungshaltungen der Arbeitskräfte mit denen der Arbeitgeber abgeglichen hat. Obgleich sich namhafte (Organisations-)Forscher mit dem Phänomen befasst haben, ist der Umfang der Arbeiten zum psychologischen Vertrag in dieser ersten Phase überschaubar.
Neuen Auftrieb erlangte die psychologische Vertragsforschung in den 1990er Jahren, forciert durch die Rekonzeptualisierung des Vertragskonstrukts durch Rousseau (1989). In dieser zweiten Phase wurde eine große Anzahl von empirischen Arbeiten zum psychologischen Vertrag durchgeführt. Dabei bezieht sich ein Großteil der aktuellen Forschung zum einen auf die Bestimmung psychologischer Vertragsinhalte sowie die Auseinandersetzung mit den Folgen von Vertragsbrüchen auf Einstellungen und Verhaltensweisen von Arbeitskräften.
Um die enorme Vielfalt an psychologischen Vertragsinhalten und -formen zu erfassen, wird auf vereinfachende Kategorisierungen zurückgegriffen. Eine prominente Differenzierung ist die zwischen relationalen und transaktionalen Verträgen (Rousseau 1989; 1995). Relationale und transaktionale Verträge können als zwei Enden eines psychologischen Vertragskontinuums verstanden werden, das die Spannweite an möglichen Vertragsvarianten aufzeigt (Rousseau 1995, S. 91ff.). So kennzeichnet einen typischen transaktionalen Vertrag eine eher kurzfristig orientierte Austauschbeziehung auf transparenter ökonomischer Grundlage, während ein relationaler Vertrag eine langfristig angelegte, umfassende Austauschbeziehung umschreibt, die stärker die sozio-emotionale Ebene zwischen den Vertragspartnern einbezieht. In der Praxis finden sich beide Varianten selten in Reinform, vielmehr enthält ein psychologischer Vertrag zumeist transaktionale als auch relationale Elemente.
In den vergangenen Jahren haben sich eine Vielzahl an Organisationsforschern und Vertretern der Managementforschung mit den Veränderungen der Austauschbeziehung zwischen Arbeitskräften und ihren Arbeitgebern befasst, die auch die Balance des wechselseitigen Gebens und Nehmens aus dem Gleichgewicht bringt

(Anderson/Schalk 1998). In der Folge hat sich die Natur des psychologischen Vertrags verändert (Hiltrop 1995). Ausschlaggebend dafür sind die Zunahme des internationalen Wettbewerbs und erhöhte Anforderungen an Flexibilität und Innovativität der Unternehmen, die zu Umstrukturierungen geführt haben, teils auch einhergehend mit Personalfreisetzungen, von denen erstmalig auch das (mittlere) Management betroffen war. Hiltrop (1995) beschreibt, inwiefern sich die Natur des psychologischen Vertrags gewandelt hat (s. auch Anderson/Schalk 1998): Demnach ist der traditionelle psychologische Vertrag im Kern gekennzeichnet durch Erwartungshaltungen wie Arbeitsplatzsicherheit, Loyalität und Fürsorgepflichten des Arbeitsgebers (→ auch Betriebliche Sozialordnung). Im Zuge der oben beschriebenen Entwicklungen verlieren diese Erwartungshaltungen jedoch an Bedeutung bzw. werden durch neue ergänzt, wie z.B. Flexibilität, hohe Leistungsorientierung, Akzeptanz von Unsicherheit etc. Transaktionale Verträge werden zunehmend die Norm (ebd.). Insbesondere für Führungskräfte, deren Tätigkeit hohe Selbstregulations- und Flexibilisierungsanforderungen beinhalten und die als Wissensarbeiter oder → Arbeitskraftunternehmer bezeichnet werden, wird dieser Wandel des psychologischen Vertrags in Richtung neuer Vertrag proklamiert (Raeder/Grote 2012, Wilkens 2004 b) (→ auch Arbeitspolitik, Informations- und Wissensarbeit, Subjektivierung, Vermarktlichung).

Diese Verschiebungen in den Arbeitsbeziehungen haben zugleich dazu geführt, dass die Mehrheit der Beschäftigten bereits die Erfahrung eines Vertragsbruchs bzw. einer Vertragsverletzung gemacht hat (Robinson/Rousseau 1994). Ein Vertragsbruch („breach") beruht auf der subjektiven Wahrnehmung der Arbeitskraft, dass die Organisation ihren Verpflichtungen nicht nachgekommen ist, unabhängig davon, ob dies tatsächlich der Fall ist oder nicht. Als typische Form des Vertragsbruchs wird es z.B. empfunden, wenn versprochene Weiterbildungsmaßnahmen nicht ermöglicht wurden oder wenn eine Diskrepanz zwischen erhaltenen und versprochenen Bezügen registriert wird (ebd.) (→ auch Entgelt und Leistung). Insgesamt existieren zwei Gründe, warum psychologische Verträge gebrochen werden (Coyle-Shapiro/Kessler 2000): Entweder der Arbeitgeber kann oder will seinen Verpflichtungen gegenüber dem Beschäftigten nicht nachkommen („reneging") oder beide Parteien haben unterschiedliche Auffassungen von den Versprechungen, die gemacht wurden („incongruence").

Von dem Vertragsbruch zu unterscheiden ist die Vertragsverletzung („violation"), welche die emotionale Reaktion (Ärger, Enttäuschung usw.) auf den Vertragsbruch beinhaltet. Insofern ist der Vertragsbruch eher eine Frage der Kognition, während die Vertragsverletzung mit affektiven Reaktionen verknüpft ist (Dulac et al. 2008). Vor allem die Vertragsverletzung führt zu sinkender Loyalität bis hin zur Kündigung, während eine kalkulierte Leistungsbereitschaft oder „Drückebergerei" nach Taylor vor allem eine Reaktion auf den Vertragsbruch darstellen. Insbesondere das Interesse der Praktiker, die Motive für Loslösungserscheinungen gegenüber der Organisation zu verstehen, hat dazu geführt, dass eine Vielzahl an Untersuchungen zum Vertragsbruch, jedoch nur wenige zum Funktionieren des psychologischen Vertrags existieren.

Die angeführte Literatur verdeutlicht bereits, dass eine Auseinandersetzung mit dem psychologischen Vertrag vor allem im englischsprachigen Raum erfolgt. Im deutschen Sprachraum gibt es nur vereinzelte Vertreter, wie z.B. Sabine Raeder und Gudela Grote.

Abschließend bleibt festzuhalten, dass das psychologische Vertragskonzept der Spezifizierung der „subjektiven Seite von Arbeit" (Schmidt 2011, S. 413) dient, indem mit dem Arbeitsverhältnis einhergehende implizite Annahmen thematisiert werden. Auf diese Weise liefert das Konstrukt Antworten auf die von Berger (1995) aufgeworfene Frage „Warum arbeiten die Arbeiter?" und zeigt, welche Voraussetzungen zur Erzeugung von Arbeitsbereitschaft und damit zur Interessenkonvergenz zwischen Kapital und Arbeit zu schaffen sind. Insofern dient eine weitere soziologische Auseinandersetzung nicht nur der konzeptionellen Schärfung des Konstrukts, sondern auch dem Erkenntnisinteresse der soziologischen Arbeitsforschung.

Pamela Wehling

Empfehlungen zum Weiterlesen

Conway, Neil/Briner, Rob B. 2005: Understanding Psychological Contracts at Work. A Critical Evaluation of Theory and Research. Oxford: Oxford University Press.
Cullinane, Niall/Dundon, Tony 2006: The Psychological Contract: A Critical Review. In: International Journal of Management Reviews, Vol. 8, No. 2, S. 113–129.
Raeder, Sabine/Grote, Gudula 2012: Der psychologische Vertrag. Göttingen u.a.O.: Hogrefe.
Rousseau, Denise M. 1995: Psychological Contracts in Organizations: Understanding Written and Unwritten Agreements. Thousand Oaks/London/New Delhi: Sage.
Rousseau, Denise M. 2001: Schema, Promise and Mutuality: The Building Blocks of the Psychological Contract. In: Journal of Occupational and Organizational Psychology, Vol. 74, No. 4, S. 511–541.

Qualifikation/Kompetenz

Begriff

„Qualifikation" und „Kompetenz" sind zentrale Kategorien für die arbeits- und industriesoziologische Forschung; beide Begriffe zielen nicht nur auf die individuelle Arbeitskraft und deren Beschäftigungsfähigkeit oder den betrieblichen Arbeitskontext, sondern haben auch eine gesellschaftlich-historische Dimension, indem sie sich auf die Produktivkraftentwicklung und übergreifende soziale Wandlungsprozesse beziehen, etwa auf die Verwissenschaftlichung der Gesellschaft, die → Rationalisierung der Lebenswelt oder Prozesse der Mechanisierung, Automatisierung und Digitalisierung.

Beide Begriffe sind eng verknüpft mit den Kategorien Bildung sowie Berufsbildung (→ Berufliche Bildung). *Qualifikation* „bezeichnet das formale Ergebnis eines Beurteilungs- und Validierungsprozesses, bei dem eine dafür zuständige Institution festgestellt hat, dass die individuellen Lernergebnisse vorgegebenen Standards entsprechen" (AK DQR 2011, S. 9). Die Standards resultieren aus Tätigkeiten mit spezifischen Qualifikationsanforderungen, so dass Qualifikationen als „Befähigungen, d.h. Kenntnisse, Fähigkeiten und Fertigkeiten" gefasst werden können, „über die Personen verfügen" und „die bei der Ausübung einer beruflichen Tätigkeit (...) zur Verwendung kommen" (Teichler 2003, S. 29; vgl. Erpenbeck/Sauter 2013, S. 32). Nachgewiesen werden diese Befähigungen durch Zertifikate – quasi als Eintrittskarten zu bestimmten Positionen im Erwerbssystem (→ auch Erwerbsarbeit, Arbeitsmarktsegmentation).

Der Begriff *Kompetenz* ist nach verbreiteter Auffassung nicht so eindeutig definiert, wie angesichts seiner häufigen Verwendung vermutet werden könnte; vielmehr vereint er verschiedene Bedeutungen (vgl. Kurtz 2010). Kompetenz wird von manchen Autor:innen als „Gegenbegriff zum Qualifikationsbegriff" (Sevsay-Tegethoff 2004, S. 272) konzeptualisiert, bei anderen – etwa der OECD – ist Kompetenz umfassender und schließt Qualifikation ein (vgl. ebd., S. 271).

Im Folgenden werden Kompetenzen weiter gefasst als Qualifikationen und bezeichnen „das Ensemble *aller* ‚Fähigkeiten, Wissensbestände und Denkmethoden (...), die ein Mensch in seinem Leben erwirbt und betätigt'" (Pfadenhauer 2010, S. 150 f., unter Berufung auf Weinberg 1996). Dieses Ensemble unterstützt das Individuum, sich in mannigfachen Situationen zu bewegen, die „häufig von Unbestimmtheit, Komplexität und Unsicherheit geprägt" (Edelmann/Tippelt 2008, S. 132) sind. Mit erworbenen Kompetenzen sollen Individuen, wie der Deutsche Bildungsrat 1974 formulierte, „die Befähigung zum selbstorganisierten und selbstbestimmten Handeln in privaten, beruflichen oder gesellschaftlichen Situationen" (Weiß 2018, S. 1085) erhalten – Selbstorganisation ist somit zentral für einen modernen Kompetenzbegriff.

Bei → Erwerbsarbeit wird von beruflicher Handlungskompetenz gesprochen, die es Beschäftigten ermöglicht, sich sowohl in bekannten als auch in unbekannten beruflichen Situationen zurechtzufinden. Dazu sind neben den genannten Dimensionen auch Motivationen und individuelle Dispositionen vonnöten, wobei letztere „eine allgemeine personale Haltung, eine Art Hintergrundbereitschaft" für „selbstorganisiertes Handeln (...) nach den Erfordernissen der Situation und den eigenen Intentionen" (Brater 2010, S. 825) sind – und teilweise mit Kompetenz in eins gesetzt wird –, während erstere Handlungsbereitschaft meint, „Leistungsvorsätze zu entfalten und sich im Rahmen der Arbeit und außerhalb kreativ zu entwickeln und zu lernen" (Erpenbeck/Heyse 1999, S. 157). Metaphorisch lassen sich Kompetenzen fassen als „Werkzeugkasten" sowie das Potenzial, die „Werkzeuge auch handhaben zu können" (Brater 2016, S. 203). Wenngleich Qualifikation und Kompetenz keine Gegensätze bilden, sondern erstere wesentliche Bedingung für letztere sind, sind Unterschiede zu verzeichnen: Qualifikation ist auf konkrete (Berufs-)Anforderungen bezogen und bezeichnet unmittelbar tätigkeits- bzw. arbeitsplatzbezogene Kenntnisse, Fähigkeiten und Fertigkeiten (→ auch Beruf, Facharbeit), während Kompetenz auf die „Fähigkeit zur selbst organisierten Problemlösung einer Person" (Erpenbeck/Sauter 2013, S. 34) verweist. Dementsprechend ist der Erwerb von Qualifikationen fremdbestimmt, etwa in Ausbildungsordnungen festgeschrieben und somit überprüfbar sowie aufgrund von Zertifikaten von der Person nachweisbar. Kompetenzen sind demgegenüber subjekt- und handlungsorientiert; sie offenbaren sich in neuartigen Handlungssituationen und deren Resultaten. Der Kompetenzerwerb ist selbstbestimmt und „an die Bewältigung konkreter Arbeitsaufgaben gekoppelt", ansonsten „wird langfristig ein Kompetenzabbau die Folge sein" (Kauffeld 2002, S. 133).

Genese/theoretischer Kontext

Ausgehend vom → Beruf als „gesellschaftlich festgeschriebene, normierte Bündelungen von Wissen und Können" (Brater 2018, S. 540) war der Begriff Qualifikation zentral, erhielt aber schon in den 1970er Jahren eine Erweiterung: einmal durch die Differenzierung in funktionale und extrafunktionale, ein andermal durch die Unterscheidung von prozessgebundenen und prozessungebundenen Qualifikationen (vgl. Brater 2018); breitere Verwendung fand der Begriff der Schlüsselqualifikationen (Mertens 1974). Diese Begriffe markieren die Hinwendung zu der weiter als pure Qualifikation gefassten Kompetenz. Aufgegriffen wird die Erkenntnis, dass aufgrund der Veränderungen der Arbeitswelt der relativ eng gefasste Begriff der Qualifikation nicht mehr ausreicht: Schlüsselqualifikationen „beziffern spezifische Voraussetzungen für eine Wirklichkeitsbewältigung durch den einzelnen in einer rationalen, humanen, kreativen, flexiblen und multi-optionalen Umwelt. Sie können gleichzeitig als ebenso geeignet für die Bewältigung einer flexiblen und variantenreichen Arbeitswelt ausgegeben werden." (Mertens 1974, S. 40)

Wenngleich der Kern des Berufs weiterhin die Qualifikation bleibt, hat sich als dominierender Begriff „Kompetenz" durchgesetzt (vgl. Weinberg 1996), der sich zunehmend ausdifferenziert. Dabei – so die gängige Auffassung – setzt sich Kompetenz aus diversen Teilkompetenzen zusammen, deren Komposition wiederum vielfältig sein kann (vgl. Abel 2018). Weitgehend akzeptiert sind die Kompetenzbereiche Fach-, Methoden-, Sozial- und Selbstkompetenz (vgl. Kauffeld 2002).

- *Fachkompetenz* weist Ähnlichkeiten zum Qualifikationsbegriff auf. Wird Qualifikation als „Fertigkeiten und Fähigkeiten" bestimmt, die „bei der Ausübung beruflicher Tätigkeiten" (Erpenbeck/Sauter 2013, S. 32) erforderlich sind, bildet diese – verbunden mit Erfahrungswissen – das Fundament für Fachkompetenz, um neue fachliche Probleme in der Arbeit kreativ auf Basis des vorhandenen Wissens zu bewältigen. Das im praktischen Handeln erworbene Erfahrungswissen gilt sowohl als Basis für Fachkompetenz als auch als notwendige Ergänzung von beruflich erlerntem Wissen und befähigt „gerade auch zur Bewältigung neuer Situationen im Sinne eines ‚Erfahrung-Machens'" (Böhle 2009 b, S. 76).
- Zwischen Fach- und prozeduraler *Methodenkompetenz* besteht eine enge Beziehung: Zur Problemlösung ist in fachlicher Hinsicht nicht nur „Wissen im engeren Sinne" (Erpenbeck/Sauter 2013, S. 27) erforderlich, sondern unvorhergesehene Probleme müssen analysiert und verstanden, (kreative) Lösungen oder Konzepte gesucht werden, über die zu entscheiden ist (Alternativen beurteilen, Prioritäten setzen etc.).
- *Sozialkompetenz* zielt auf Kommunikation, Kooperation und Führung (vgl. Kreulich et al. 2016, S. 38–44). Kommunikation umfasst die Fähigkeit, Kontakte zu knüpfen, sowie rhetorische Fertigkeiten und Verhandlungsgeschick; Kooperation beinhaltet Aspekte wie Teamfähigkeit (konsensorientierte und konfliktfreie Zusammenarbeit), Konfliktlösungspotenzial und das Einstehen für Überzeugungen; Führung ist zu verstehen als Ein-

flussnahme von Vorgesetzten auf Untergebene – und bedarf kommunikativer und kooperativer Fähigkeiten und Fertigkeiten (→ auch Arbeit und Interaktion).

– *Selbstkompetenz* beschränkt sich nicht auf die Arbeitswelt, sondern beinhaltet an die Person gebundene Basisfähigkeiten, die in allen Lebenslagen bedeutsam sind. Fokussieren lassen sich drei Eigenschaften: (Selbst-)Lernkompetenz, der angesichts der Notwendigkeit des (lebenslangen) Lernens und der damit verknüpften Diskussion um Employability (Kraus 2006) – verstanden als „Entwicklung einer positiven Einstellung gegenüber der heute stark dynamisierten erwerbsförmig verfassten Arbeit" (Greinert 2008, S. 9) – eine hohe Relevanz zukommt; ethisches Verhalten „umfasst die Fähigkeit und die Bereitschaft, Handlungen anderer, aber auch der eigenen Person, vor dem Hintergrund der geltenden Moral zu reflektieren und das eigene Verhalten daran zu orientieren" (Kreulich et al. 2016, S. 36); unternehmerische Kompetenz meint „die Fähigkeit und Bereitschaft, Ideen und Chancen in Taten umzusetzen" (ebd., S. 37), z.B. Eigeninitiative, Innovations- und Risikobereitschaft oder Zielorientierung.

Die Vorstellungen von Kompetenzen und die unterschiedlichen Kompetenzmodelle, die sich über mehrere Jahrzehnte herausgebildet haben, basieren auf verschiedenen theoretischen Strängen. Soziologische Bezugspunkte (vgl. zum Folgenden Kurtz 2010) sind die linguistischen Arbeiten Chomskys, dessen Kompetenzbegriff Habermas aufgenommen hat und kommunikative Kompetenz zur Schlüsselkompetenz für das menschliche Zusammenleben erhoben hat, die Herrschaftssoziologie Webers mit dem Verständnis von Kompetenz als Zuständigkeit sowie der kompetente Umgang mit Wissen (und Nicht-Wissen) im Anschluss an Parsons und Platt. Bezogen auf die arbeits- und industriesoziologische Qualifikationsforschung unterscheiden Baethge und Baethge-Kinsky (2006, S. 153) zwischen einer „entwicklungstheoretisch gefasste[n] Perspektive" (Fokus: quantitative Makro-Analyse von Veränderungen der Qualifikationsstruktur) und einer „eher strukturbezogene[n] Perspektive" (Fokus: qualitative Entwicklungsrichtung von Qualifikationen).

Disziplinär ist neben der Soziologie zuvörderst die Bildungsforschung mit ihrer Kerndisziplin Erziehungswissenschaften zuständig, ebenso die Anknüpfungen u.a. an Psychologie oder Ökonomie (Neoklassik, Humankapitaltheorie, politische Ökonomie; vgl. Tippelt/Schmidt-Hertha 2018). Seit der „kompetenzorientierten Wende" (Brater 2018, S. 564) in den 1980er Jahren hat sich die Berufsbildung vorrangig mit Fragen der Kompetenzmodellierung (vgl. Klieme et al. 2007), der Kompetenzmessung (vgl. Prenzel et al. 2008) und des Kompetenzerwerbs (vgl. Dehnbostel et al. 2007) beschäftigt, weniger indes mit dem Begriff selbst, dessen theoretisch-konzeptionelle Ausgangspunkte und Implikationen weiterhin nicht gänzlich geklärt sind.

Zentrale Forschungsergebnisse

Qualifikations- und Kompetenzanforderungen wandeln sich laufend; diese Veränderungen zu analysieren, ist ein zentrales Erkenntnisinteresse der Arbeits- und Industriesoziologie. Unterscheiden lassen sich vier relevante Faktoren, die Einfluss auf Qualifikations- und Kompetenzanforderungen haben: „a) Einsatz neuer Technologien und Techniken, b) neue Produkte und Materialien, c) Veränderungen in den Produktentstehungsprozessen bzw. der Arbeitsorganisation und d) Veränderungen gesetzlicher Rahmenbedingungen" (Frieling 2006, S. 316). Diese Faktoren wirken auf Qualifikations- und Kompetenzanforderungen ein, wenngleich ohne Kausalität: Die vormals diskutierten Abhängigkeiten etwa zwischen zunehmender Arbeitsteilung und Dequalifizierung (bzw. vice versa) oder zwischen Automatisierung und Dequalifizierung stellten sich als problematisch heraus (Moldaschl 2018, S. 379). Entwicklungstrends in der Arbeitswelt können demzufolge unterschiedliche, möglicherweise gegensätzliche Auswirkungen auf Qualifikation und Kompetenz zeitigen – abhängig u.a. von Branchen, Management- und Produktionskonzepten, Vernetzungsgrad oder Technisierung und Digitalisierung (→ auch Arbeit und Technik, Arbeitsorganisation, Produktionsregime, Unternehmens[re]organisaton).

Die kompetenzorientierte Wende in den 1980er Jahren hing mit Veränderungen in der Industrie zusammen, die mit den Labels → Neue Produktionskonzepte und → Systemische Rationalisierung versehen wurden, aber auch die Umsetzung von Dezentralisierungskonzepten und Hierarchieabbau bedeuteten. Der damit verknüpfte arbeitsorganisatorische Wandel (→ Gruppenarbeit, Qualitätszirkel, Erweiterung von Handlungsspielräumen etc.) bedingten ein Mehr etwa an sozial-kommunikativen oder Methodenkompetenzen der Beschäftigten.

Spezialisierte Qualifikationsbündel verloren angesichts der zunehmenden „Unvorhersehbarkeit und Offenheit“ (Brater 2018, S. 561) in der Arbeitswelt ihre Berechtigung; → Subjektivierung und Individualisierung (Moldaschl 2018, S. 385–386) wurden wichtiger und Beschäftigte mutieren zu → Arbeitskraftunternehmern, die „möglichst individuelle, entwicklungsoffene und vielfältig einsetzbare Qualifikationspotenziale“ (Demszky/Voß 2018, S. 506) benötigen – mithin Kompetenzen auf der Basis zertifizierter Qualifikationen. Dazu zählen etwa Selbstlern-, Individual-, Alltags- und Planungskompetenzen.

Neben den Organisierungstendenzen in den Unternehmen beeinflusst Technisierung die Qualifikations- und Kompetenzanforderungen massiv, wobei die Auswirkungen weder deterministisch noch eindimensional sind, wie etwa die Polarisierungsthese von Kern und Schumann belegt. Aktuell ist angesichts von Digitalisierung und → Industrie 4.0 die Diskussion um die Folgen für Qualifikationen und Kompetenzen wieder intensiver geworden (vgl. Windelband 2014) (→ Digitale Transformation der Arbeit, Informations- und Wissensarbeit): Beim Automatisierungsszenario übernimmt die Technik viele Aufgaben, übt → Kontrolle aus und trifft in Echtzeit Entscheidungen; für die Beschäftigten heißt das Dequalifizierung, Entwertung von Erfahrungswissen und fehlende Fähigkeiten, die komplexe Technik, etwa im Störfall, zu bedienen. Den anderen Pol bildet das Werkzeugszenario: Technik unterstützt Beschäftigte als „Assistenzsystem“ (Windelband 2014, S. 156); Kontrolle und Entscheidungen verbleiben beim Beschäftigten – Qualifikations- und Kompetenzanforderungen steigen.

Die Digitalisierung hat zu einer beinahe ausufernden Auflistung von neuen Kompetenzen geführt (vgl. Abel 2018); grundlegende Entwicklungsszenarien haben u.a. Hirsch-Kreinsen et al. (2018) und Pfeiffer et al. (2016) ausgearbeitet, die von dem Dreiklang Polarisierung, Upgrading und Substitution bzw. Growing Gap, General Upgrade und Central Link ausgehen. Zieht man aus der Vielzahl der Digitalisierungsstudien ein Fazit, deutet sich als Trend eine verbreitete Höherqualifizierung insbesondere der Fachkräfte an. Was das für die Qualifikations- und Kompetenzanforderungen konkret bedeutet, bleibt indes ungewiss: Viel mehr als die Notwendigkeiten, Komplexität zu beherrschen, über prozessspezifisches Wissen und entsprechendes IT-Wissen zu verfügen, lassen sich derzeit kaum ableiten.

Internationaler Bezug

Die internationale Diskussion über den Kompetenzbegriff ist ähnlich unübersichtlich wie die deutsche: unterschiedliche Bedeutungen, ein zu hoher Abstraktionsgrad, so dass Vergleichbarkeit problematisch ist, sowie Komposita ohne klare Abgrenzung der einzelnen Begriffe (vgl. Winther 2018, S. 1059). Dennoch lassen sich einige Merkpunkte festhalten:

- In vielen angelsächsischen Staaten bedeutet Kompetenz in einer behavioristischen Forschungstradition eher Performanz und wird nicht – wie in Deutschland – als Disposition verstanden (ebd.). Dabei geht es vorrangig um praktische Fähigkeiten und Fertigkeiten zur Erfüllung der Arbeitsplatzanforderungen (vgl. Edelmann/Tippelt 2008, S. 134 f.).
- Insbesondere in England ist das Kompetenzverständnis mit den Schlüsselqualifikationen (Mertens 1974) vergleichbar (vgl. Winther 2018, S. 1059).
- Das OECD-Kompetenzverständnis steht in einer „kognitive[n] Tradition“, demzufolge Kompetenzen „erlern- und vermittelbare, kognitive Funktionen im Sinne des Potenzials, in spezifischen (auch neuen) Situationen angemessen handeln zu können“ (Winther 2018, S. 1059 f.).
- Im Unterschied zu Deutschland gibt es etwa in Frankreich („bilan de compétences“ seit 1985) oder Großbritannien („National Vocational Qualifications“ seit 1989) Zertifizierungen für „nonformale und insbesondere informelle Lernleistungen“ (Edelmann/Tippelt 2008, S. 137). Ein vergleichbarer Ansatz in Deutschland ist der ProfilPASS, mit dem Beschäftigte eigenverantwortlich ihre Kom-

petenzen systematisch ermitteln und darstellen können (https://www.profilpass.de/).

- Die Notwendigkeit digitaler Kompetenzen, wie sie in der öffentlichen, auch deutschen Diskussion betont wird, schlägt sich u.a. in dem OECD-Bericht „Skills for a Digital World" (Unterscheidung von Programmier-, Anwendungs- und Querschnittskompetenzen) und dem europäischen „Digital Competence Framework 2.0 – DigComp 2.0" nieder, der Kompetenzen und deren Niveaus definiert (vgl. Ziegler et al. 2019).

Jörg Abel

Empfehlungen zum Weiterlesen

Baethge, Martin/Baethge-Kinsky, Volker 2006: Ökonomie, Technik, Organisation: Zur Entwicklung von Qualifikationsstruktur und qualitativem Arbeitsvermögen. In: Arnold, R./Lipsmeier, A. (Hg.): Handbuch der Berufsbildung (2. Auflage). Wiesbaden: VS Verlag, S. 153–173.

Bolder, Axel 2010: Arbeit, Qualifikation und Kompetenzen. In: Tippelt, R./Schmidt, B. (Hg.): Handbuch Bildungsforschung (3. Auflage). Wiesbaden: VS Verlag, S. 813–843.

Brater, Michael 2018: Berufliche Bildung. In: Böhle, F./Voß, G./Wachtler, G. (Hg.): Handbuch Arbeitssoziologie. Band 2: Akteure und Institutionen (2. Auflage). Wiesbaden: Springer VS, S. 539–575.

Erpenbeck, John 2013: Was „SIND" Kompetenzen? In: Faix, W./Erpenbeck, J./Auer, M. (Hg.): Bildung. Kompetenzen. Werte. Stuttgart: Steinbeis-Edition, S. 297–353.

Kurtz, Thomas/Pfadenhauer, Michaela (Hg.) 2010: Soziologie der Kompetenz. Wiesbaden: VS Verlag.

Rationalisierung

Begriff

In einer weit gefassten Bedeutung bezeichnet Rationalisierung die bereits von August Comte im 19. Jahrhundert in seinem Drei-Stadien-Gesetz herausgearbeitete kognitive Durchdringung und damit „Entzauberung der Welt" (Weber 1976 [1922]), die zunehmend berechenbar und beherrschbar wird; in diesem Sinne ist Rationalisierung ein wesentliches Element der Hausbildung der modernen kapitalistischen Gesellschaft, das auch die Ebene der praktischen Lebensführung (Weber 1975) einbezieht und letztendlich zu einer Kolonialisierung der Lebenswelt (Habermas 1981) führt. In einem enger gefassten Sinn meint Rationalisierung die durch Konkurrenz ausgelöste und auf Grundlage rationaler Überlegungen erfolgende technisch-organisatorische Optimierung von Betriebs- und Verwaltungsabläufen; in diesem Sinn wird der Begriff in der Arbeits- und Industriesoziologie verwendet.

Genese/theoretischer Kontext

Rationalisierung ist eng verknüpft mit dem Begriff der Rationalität und, damit verbunden, der Vorstellung einer Kalkulierbarkeit sozialer Prozesse. Laut Weber (1972, S. 6) kommt es für den Begriff der Rationalität nur darauf an, dass das wirtschaftliche Handeln entscheidend bestimmt wird durch eine rechenhafte Kosten-Nutzen-Abschätzung. In diesem Sinn ist Rationalisierung formal rational, wenn die Mittel angesichts gegebener Präferenzen wirksam und kalkuliert eingesetzt werden. Von dieser formalen Rationalität unterscheidet Weber aber, was in der Regel nur wenig beachtet wird, die materiale Rationalität, die auch „ethische, politische, utilitaristische, hedonische, ständische, egalitäre oder irgendwelche andren *Forderungen* stellt und daran die Ergebnisse des – sei es auch formal noch so ‚rationalen', d.h. rechenhaften – Wirtschaftens *wertrational* oder *material* zweckrational bemisst" (Weber 1976 [1922], S. 45; Hervorh. im Orig.). Die Beurteilung von Rationalisierungsmaßnahmen, vor allem die Bewertung des Erfolgs von Rationalisierungsmaßnahmen ist demzufolge immer auch abhängig von einem ethisch-normativen Präferenzsystem, das allerdings je nach Standpunkt und Interessengruppe divergieren kann: Während von einer Seite die durch Rationalisierungsmaßnahmen ermöglichte verbesserte Kostenökonomie hervorgehoben wird, kann von anderer Seite auf die mit den Rationalisierungsmaßnahmen verbundene Personalreduktion hingewiesen werden. Deswegen wird Rationalisierung sowohl mit Fortschritt und Effizienz als auch mit Entfremdung und Arbeitsplatzverlusten assoziiert.

Rationalisierung beruht auf Entscheidungen, die auf einen Zweck orientiert als rational angesehen werden. Allerdings wird mittlerweile die Frage gestellt, warum „man ausgerechnet Organisationen (...) eine besondere, wenngleich problembeladene Nähe zur Rationalität zumutet" (Luhmann 1992, S. 165). Bereits Ende der 1940er Jahre hielt Simon (1948) die Rationalität von Entscheidungen für begrenzt, da Entscheider nicht über alle Handlungsalternativen und auch nicht über alle möglichen Folgen von Entscheidungen informiert sind, so dass sie eher zu befriedigenden als zu optimalen Lösungen greifen. Diese Sichtweise wurde radikalisiert in dem Mülleimermodell von Entscheidungen (Cohen et al. 1972; vgl. auch die Zusammenfassung bei Berger et al. 2019), demzufolge sich in Organisationen Lösungen, Probleme, Entscheidungssituationen und Entscheidungsteilnehmer relativ unverbunden nebeneinander finden, so dass Entscheidungen eher zufällig getroffen werden und es auch schon mal passieren kann, dass Entscheidungen zu Lösungen führen, für die noch kein Problem definiert ist.

Zweifel an der formalen Rationalität von Rationalisierung werden heute vor allem von zwei Seiten vorgebracht. Nach Auffassung der Vertreter des → Neo-Institutionalismus operieren Organisationen in organisationalen Feldern, in denen bestimmte, kollektiv geteilte Annahmen darüber herrschen, wie rational, effizient und modern zu produzieren ist. Rationalität ist ein institutionell verankerter Mythos, dem Organisationen aus Gründen der Legitimitätsbeschaffung zu folgen haben. Die zu Grunde liegenden Annahmen und Vorstellungen können im Laufe der Zeit aber durchaus wechseln („Managementmoden"; vgl. Kieser 1996). Für die Funktionsfähigkeit von Organisationen kommt es deswegen weniger darauf an, ob Entscheidungen rational sind, als vielmehr darauf, dass sie Rationalität symbolisieren und sich in Übereinstimmung mit den kollektiv geteilten Rationalitätsannahmen befinden. Entscheidungen und Rationalisierung müssen immer zumindest mit dem Signum von Rationalität belegbar sein.

Zum zweiten sind alle betrieblichen Entscheidungen Ergebnis mikropolitischer Aushandlungsprozesse intentional handelnder Akteure und Akteurskoalitionen, die ihre je eigenen Strategien verfolgen (→ Mikropolitik). Dies bedeutet nicht, dass die Teilnehmer an Entscheidungsprozessen sich irrational verhielten, doch ihre Intentionalität beruht auf einer spezifischen Rationalität, vor allem der Rationalität ihrer individuellen Interessen. Diese müssen keineswegs deckungsgleich sein mit den Interessen der Organisation insgesamt, sondern sind eher auf Statusabsicherung, beruflichen Aufstieg und Verfügung über Machtressourcen ausgerichtet.

Entscheidungen in Organisationen sind also nicht alternativlos und die Rationalität von Rationalisierung bemisst sich an den Vorstellungen, was für rational gehalten wird. Demzufolge ist, so bereits Braczyk et al. (1982, S. 29), angesichts der in Rechnung zu stellenden Komplexität des Rationalisierungsgeschehens „Rationalisierung hinsichtlich Entstehung, Verlauf und Ergebnis als kontingent" zu begreifen.

Zentrale Forschungsergebnisse

Rationalisierung kann prinzipiell erfolgen als Technisierung und Organisierung. Unter Technisierung werden alle Maßnahmen zusammengefasst, die durch Einsatz moderner Technik auf einen effizienteren Produktionsprozess zielen; mit Organisierung hingegen werden die Maßnahmen gemeint, die das gleiche Ziel mit einer veränderten Organisation von Arbeit erreichen wollen.

In den 1950er Jahren galt die Aufmerksamkeit der industriesoziologischen Forschung vor allem der Technisierung. In dieser Zeit wurde der technische Wandel recht ungebrochen als technischer Fortschritt interpretiert. Erst im folgenden Jahrzehnt mehrten sich die kritischen Stimmen. In dieser „Automationsdebatte" gingen die Meinungen weit auseinander: Während die einen sich von der Automation gewissermaßen die Befreiung von körperlich anstrengender, ja von entfremdeter Arbeit überhaupt erhofften, befürchteten andere eine Reduzierung der Arbeitskraft auf ein Anhängsel von Produktionsanlagen, eine Zunahme sehr restriktiver Arbeitsbedingungen und letztlich eine Zunahme von Arbeitslosigkeit (→ Erwerbslosigkeit).

Bei allem Dissens über die Folgen der Automatisierung war man sich in einem Punkt freilich einig, nämlich in der Annahme, dass Technik als exogener Faktor einen erheblichen, wenn nicht sogar determinierenden Einfluss auf die Arbeitsbedingungen habe. Diesem Technikdeterminismus folgte auch die klassische Studie „Technik und Industriearbeit" (Popitz et al. 1976 [1957]), in der herausgearbeitet wurde, dass Herrschaft sich in den technischen und bürokratischen Abläufen versachlicht, was aber keinesfalls gleichzusetzen sei mit einem Verschwinden von Herr-

schaft (→ Arbeit und Technik, Herrschaft, Kontrolle).
Die Frage nach den Folgen der Technisierung für Arbeit war ebenfalls eine zentrale Themenstellung bei Kern/Schumann (1970). Sie kamen zu dem Schluss, dass weder von einer durchgängigen Dequalifizierung noch von einer durchgängigen Requalifizierung der Arbeit als Folge von Automatisierungsprozessen gesprochen werden könne. Technisierung führe nicht zu einer Differenzierung, sondern eher zu einer Polarisierung; für einen Teil der Belegschaften lassen sich Prozesse feststellen, die ihre Arbeitsplatzsituation verbessern, zugleich sind jedoch auch „Automatisierungsprozesse zu beobachten, mit denen Dispositionschancen verringert, Qualifikationen reduziert, Arbeitsplatzbelastungen erhöht und bestehende Gruppenzusammenhänge aufgelöst werden" (ebd., S. 163). Diese Polarisierung bedeutet aber nicht, wie sich in einer späteren Studie herausstellte (Mickler et al. 1976), dass durch technischen Wandel in gleichem Maße Arbeitsplätze mit höheren Qualifikationsanforderungen und Arbeitsplätze mit geringeren Anforderungen entstehen, sondern eher sei ein Anwachsen der Arbeitsplätze mit niedrigen Anforderungen zu erwarten (→ auch Qualifikation/Kompetenz, Einfacharbeit).
Diese Polarisierungsthese war in der Industriesoziologie jedoch nicht unumstritten. In den Forschungsarbeiten aus dem Frankfurter Institut für Sozialforschung (Brandt et al. 1978, Benz-Overhage et al. 1983) wurde Technik als endogene Variable, als kapitalistische Technik begriffen, deren Nutzung auf eine Verbilligung von Arbeitskraft zielt und eine Dequalifizierung bewirkt. Dies wurde als „Subsumtionstheorem", als Theorem der reellen Subsumtion der Arbeit unter das Kapital bekannt. Damit wurde an eine Denkfigur von Marx angeknüpft, der zufolge mit der Industrialisierung die Arbeitskraft zunächst formell dem kapitalistischen Produktionsprozess unterworfen wurde, der kapitalistische Arbeitsprozess aber erst dann zu einem spezifisch kapitalistischen geworden war, als die Arbeit auch reell dem Kapital subsumiert war, d.h. der Produzent zum bloßen Produktionsmittel und der sachliche Reichtum zum Selbstzweck geworden war (vgl. ausführlicher Marx 1969, S. 49ff.). Für diese Subsumtion war die Verfügbarkeit von Computertechniken von entscheidender Bedeutung, da sie geeignet erschienen, die bisher durch die Anforderungen einer Marktökonomie erzeugten Grenzen der Zeitökonomie gewissermaßen zu erweitern.
Mit dem Einzug der Mikroelektronik in die Produktion wurde die Realisierung einer gewandelten Rationalisierungsperspektive möglich, die auf eine zugleich flexiblere und kostengünstigere Produktion zielte. Unter dem Stichwort CIM (Computer Integrated Manufacturing) träumten Ingenieure und auch betriebliche Praktiker den Traum von der vollständig vernetzten, automatischen Fabrik, der für Arbeits- und Industriesoziologen allerdings angesichts der absehbaren Konsequenzen für die Beschäftigten hinsichtlich Qualifikationsanforderungen und Beschäftigungsmöglichkeiten eher ein Albtraum war. Diese Hoffnungen bzw. Befürchtungen haben sich indes nicht verwirklicht; die technischen Schwierigkeiten stellten sich als derart groß heraus, dass von hochfliegenden CIM-Visionen oftmals nur CIM-Ruinen übrig blieben.
Die zunehmende Nutzung von EDV in Produktion und Verwaltung allerdings war die Voraussetzung für einen neuen Rationalisierungstyp, die → „systemische Rationalisierung", mit dem die gesamte Wertschöpfungskette in Rationalisierungsmaßnahmen einbezogen werden sollte. Zeitgleich zur Diagnose eines neuen Rationalisierungstyps kamen Kern/Schumann (1984) unter der Überschrift „Ende der Arbeitsteilung?" zu der Erkenntnis, dass lebendige Arbeit in den Unternehmen zunehmend weniger als ein Störfaktor der Produktion gesehen wurde, deren Unberechenbarkeit durch Vorstrukturierung und Technisierung in Schach zu halten ist, sondern auch aus einer ökonomischen Perspektive war die Wertschätzung der qualitativen Potenziale von Arbeit gestiegen (→ Neue Produktionskonzepte/Innovative Arbeitspolitik); selbst im Management fand sich zunehmend eine Sichtweise, der zufolge es Gestaltungsoptionen auszuschöpfen galt, um die Qualifikations- und Motivationspotenziale der Beschäftigten zu nutzen. Dies war ein weiterer Schritt zum Abschied vom Technikdeterminismus (Lutz 1987), also von der Auffassung, dass die jeweilige Arbeitsgestaltung aus den Anforderungen der technischen Basis des Arbeitsprozesses zu erklären ist. Allerdings scheint

dieser Abschied nicht ganz endgültig gewesen zu sein; unter dem Label → „Industrie 4.0“ lebt der Traum von der automatischen Fabrik, jetzt als „Internet der Dinge“, wieder auf. Ferner sind Vorstellungen von „autonomen“ und „hybriden Systemen“ in die Rationalisierungs- und Automationsdebatte eingegangen, von denen noch nicht geklärt zu sein scheint, inwieweit der an menschliche Kognition gebundene Rationalitätsbegriff zu ihrer Beschreibung noch taugt (→ auch Digitale Transformation der Arbeit, Arbeit und Künstliche Intelligenz, Techniksoziologie).

Die Bedeutung der Organisierung von Arbeit (→ Arbeitsorganisation) wurde gestützt durch die Ergebnisse einer weltweit durchgeführten Studie in der Automobilindustrie (Womack et al. 1990), die auch unter betrieblichen Praktikern für erhebliches Aufsehen sorgte. In dieser Studie wurden die Vorteile einer in Japan implementierten Produktionsweise herausgestellt, die von den Autoren → „lean production“ genannt wurde. Der Erfolg dieser insbesondere bei Toyota entwickelten schlanken Produktion begründete sich nicht etwa in einer überlegenen Technik, einer weit vorangetriebenen Automation oder dergleichen, sondern in einer überlegenen Organisations- und Kooperationsform, die sich vor allem durch eine Dezentralisierung von Unternehmensstrukturen auf allen Ebenen auszeichnete. Für die Arbeitsebene popularisierte dies u.a. die Vorteile von → Gruppenarbeit in der Fertigung, d.h. der Arbeit in dauerhaft eingerichteten Gruppen, der auch Entscheidungskompetenzen zugewiesen werden, die zuvor den unmittelbaren Vorgesetzten oblagen. Diese Form der Arbeitsgestaltung wurde nun nicht mehr nur als eine unter Aspekten einer Humanisierung der Arbeit wünschenswerte, sondern als eine auch ökonomisch sinnvolle Form der Arbeitsgestaltung angesehen. Entsprechend wurde in vielen Unternehmen von der Einzelarbeit auf Gruppenarbeit umgestellt, so dass mittlerweile unter dem Label „Gruppenarbeit“ eine Vielzahl höchst unterschiedlicher Organisationsformen figuriert. Allen gemeinsam aber ist, dass die Arbeitsinhalte, wenn auch in unterschiedlichem Umfang, erweitert und Entscheidungskompetenzen in die Gruppe verlagert worden sind (→ auch Unternehmens[re]organisation, Produktionsregime).

Von der Gruppenarbeit in der Fertigung sind Projektgruppen (→ Projekt, Projektarbeit, Projektmanagement) zu unterscheiden. Sie werden eingerichtet, wenn es um die Lösung komplexer und innovativer Aufgaben geht, und da viele Aufgaben, vor allem wissensintensive Aufgaben sich immer häufiger nur durch die Vernetzung unterschiedlicher Kenntnisse und Fertigkeiten bewältigen lassen, werden auch Projektgruppen immer wichtiger (Kalkowski/Mickler 2009). Inner- sowie auch zwischenbetrieblich nimmt die Projektförmigkeit von Arbeit zu, so dass mittlerweile von einem Trend zur Projektifizierung von Organisationen gesprochen wird.

Kennzeichnend für diese veränderten Arbeitsformen ist die Zuweisung von mehr Handlungs- und Entscheidungsspielräumen an die Beschäftigten. Dies hat notwendigerweise Folgen für die Gestaltung des Lohn-Leistungs-Verhältnisses; in die Gratifikation werden zunehmend erfolgsabhängige Entgeltbestandteile einbezogen (→ auch Entgelt und Leistung).

Neben diesen den Arbeitskrafteinsatz unmittelbar betreffenden Maßnahmen zählen zur Organisierung auch Reorganisationsprozesse, die die zeitliche und räumliche Verteilung von Arbeit betreffen. Die → Arbeitszeit ist in Bezug auf Dauer, Lage und Verteilung der täglichen bzw. wöchentlichen Arbeitszeit erheblich flexibilisiert worden; starre Arbeitszeitverhältnisse mit gleichmäßiger Vollzeitbeschäftigung am Tage von Montag bis Freitag ohne Varianten sind nicht mehr die Norm. Zum einen ist die Länge der Arbeitszeiten nach Beschäftigten(-gruppen) differenziert worden. Zum anderen ist die Verteilung des individuellen Arbeitszeitvolumens über einen längeren Zeitraum (von einer Woche bis hin zu einem Jahr) variabilisiert (Arbeitszeitkonten); damit werden Auftragsschwankungen ausgeglichen, indem in Spitzenzeiten mehr, bei Auftragstiefs weniger gearbeitet wird („atmende Fabrik“), so dass sich erst über einen längeren Zeitraum die tariflich festgelegte Wochenarbeitszeit als Durchschnitt ergibt.

In räumlicher Hinsicht wurde die Arbeit durch die Trennung von → Betrieb und Arbeitsort flexibilisiert. Die anfallenden Tätigkeiten werden unter Nutzung moderner Informations- und Kommunikationstechniken auch außerhalb der eigentlichen Betriebsstätte erledigt. Dabei kann es sich um mobile Telearbeit handeln – der Arbeitsplatz außerhalb des Betriebes ist flexibel und räumlich ungebunden wie etwa bei Vertretern – oder um Teleheimarbeit (vgl. Kleemann 2005); die Digitalisierung der Arbeit („Arbeit 4.0") ermöglicht Arbeit prinzipiell an jedem Ort, an dem ein Laptop und ein Internetanschluss zur Verfügung stehen (→ Home Office/Tele[heim]arbeit, Mobile Arbeit, Plattformarbeit.

Durch die Prozesse der Rationalisierung hat die Arbeit in den letzten Jahrzehnten in rasanter Geschwindigkeit ihr Gesicht gewandelt. Körperliche Arbeit ist nicht bedeutungslos geworden, aber sie hat längst nicht mehr die dominierende Stellung wie früher. Vor allem hat die Vorstellung, man könne hohe Leistungen am besten dadurch erzielen, dass den Arbeitenden möglichst exakt vorgeschrieben wird, wie sie ihre Arbeit zu erledigen haben, der Überzeugung Platz gemacht, dass es erfolgversprechender sei, den Beschäftigten Spielräume zu eröffnen und ihnen damit selbst in gewissem Rahmen die Entscheidung zu überlassen, wie das Ziel zu erreichen ist. Das aber bedeutet, dass eine eindeutige Entwicklung von Arbeit nur schwer auszumachen ist; stattdessen geht es „eher in Richtung einer vielgestaltigen Fraktionierung und darüber hinaus einer Hybridisierung von Arbeit" (Schmidt 2018, S. 157).

Heiner Minssen

Empfehlungen zum Weiterlesen

Braczyk, Hans-Joachim/Knesebeck, Jost von dem/Schmidt, Gert 1982: Nach einer Renaissance. Zur gegenwärtigen Situation von Industriesoziologie in der Bundesrepublik Deutschland. In: Schmidt, G./Braczyk, H.-J./Knesebeck, J. v. d. (Hg.): Materialien zur Industriesoziologie. Sonderheft 24 der Kölner Zeitschrift für Soziologie und Sozialpsychologie. Opladen: Westdeutscher Verlag, S. 16–56.

Kern, Horst/Schumann, Michael 1984: Das Ende der Arbeitsteilung? Rationalisierungsprozesse in der industriellen Produktion. München: Beck.

Kieser, Alfred 1996: Moden und Mythen des Organisierens. In: Die Betriebswirtschaft, Jg. 56, H. 1, S. 21–39.

Popitz, Heinrich/Bahrdt, Hans Paul/Jüres, Ernst August/Kesting, Hanno 1976 [zuerst 1957]: Technik und Industriearbeit. Soziologische Untersuchungen in der Hüttenindustrie (3., unveränd. Aufl.). Tübingen: Mohr.

Schmidt, Gert 2018: Arbeit und Gesellschaft. In: Böhle, F./Voß, G. G./Wachtler, G. (Hg.): Handbuch Arbeitssoziologie (2.Aufl.). Band 1: Arbeit, Strukturen und Prozesse. Wiesbaden: Springer VS, S. 143–168.

Reproduktion von Arbeitskraft

Begriff

Seit langem ist bekannt, dass Thematisierungen von „Arbeit" ihr Augenmerk zumeist auf bezahlte Tätigkeiten richten, die in einen komplexen ökonomischen Produktionsprozess eingebunden sind. Dass hierfür bestimmte Voraussetzungen erfüllt sein müssen, steht außer Zweifel, bleibt jedoch in wissenschaftlichen ebenso wie politischen Debatten zuweilen unterbelichtet. Zu nennen sind hier zwei Konditionen: Erstens müssen ausreichend Arbeitskräfte zur Verfügung stehen, um Waren herzustellen oder Dienstleistungen bereitzustellen. Indem Menschen bereit sind, Kinder zu zeugen und aufzuziehen, tragen sie insofern dazu bei, dem Arbeitsmarkt neue Generationen von Arbeitskräften zur Verfügung zu stellen. Zweitens bringt jeder Arbeitseinsatz, unabhängig davon, worauf dieser zielt, Beanspruchungen mit sich, von denen sich Menschen erholen müssen. Nötig sind angemessene Pausen- und Regenerationszeiten. Der Prozess ökonomischer Produktion ist insofern doppelt an reproduktive Leistungen geknüpft: Produktion setzt biologische und soziale Reproduktion voraus.

Der Begriff „Reproduktion" ist im gesellschaftlichen Diskurs kaum geläufig. Bevorzugt ist die Rede von der „Vereinbarkeit von Beruf und Familie" oder einer → „Work-Life-Balance", um auf die Haus- und Familienarbeit (→ auch Sorgearbeit) oder die Erfordernisse der Erholung aufmerksam zu machen. Diese Begriffe assoziieren jedoch ein gleichgewichtiges Nebeneinander unterschiedlicher Arbeitsformen, das de facto so nicht existiert. Ökonomische Produktionsprozesse erfahren in kapitalistischen Gesellschaften vielmehr eine Priorisierung und legen in hohem Maße fest, wie reproduktive Arbeiten geleistet und bewertet werden (→ auch Arbeit im Kapitalismus). Mit dem Begriff der „Reproduktion" versucht die Soziologie somit darauf hinzuweisen, dass hier ein ganzes Gefüge von Arbeitsleistungen für sich und andere erforderlich ist. Sie akzentuiert daher auf das historische ‚Gewordensein' und ein Modell gesellschaftlicher Arbeitsteilung, das sich im Zuge der Industrialisierung herauskristallisiert hat. In den damals errichteten Fabriken und Büros erhielten Menschen für ihre Leistung Lohn, mit dem sie ihre Existenz bestritten. Alle anderen Arbeiten wurden indes ausgelagert, blieben jedoch weiterhin Voraussetzung für die Verausgabung in der Sphäre der Produktion (vgl. grundlegend Marx 1972a [1867]). Bis heute prägt dieses Modell die Raum- und Zeitordnung der Gesellschaft sowie die Lebensführung der Menschen, und es zieht Dynamiken der Hierarchisierung auch derjenigen nach sich, die die jeweiligen Arbeitsleistungen übernehmen. Der Begriff der „Reproduktion" nimmt insofern deutlicher als die Begriffe „Vereinbarkeit" oder „Work-Life-Balance" soziale Hierarchisierungen und Konfliktlagen in den Blick, die sich aus gesellschaftlicher Arbeitsteilung ergeben. Er thematisiert die Widersprüchlichkeit des Wirtschaftsmodells und zeigt einen Zusammenhang zwischen scheinbar getrennten Lebensbereichen an.

Genese/theoretischer Kontext

Die Frauen- und Geschlechterforschung hat bereits in den 1970er Jahren Widersprüche zwischen den Lebensbereichen thematisiert, die sich aus einem Primat des Ökonomischen ergeben. Die empirischen Studien stießen auf eine erhebliche Arbeitsüberlastung von Frauen, die aus deren Hauptverantwortung für die Haus- und Familienarbeit resultierte, und sie verknüpften ihre Befunde mit konzisen Analysen zur Entstehungsgeschichte des Kapitalismus. Dieses Wirtschaftsmodell befördere nicht nur eine räumliche Trennung der Arbeits- und Lebensbereiche. Es weise Frauen und Männern auch je andere Tätigkeiten zu und werde kulturell durch „Geschlechtscharaktere" (Hausen 1978) gerahmt, die Frauen eine bevorzugte Befähigung für reproduktive Tätigkeiten unterstellten. Dadurch ließ sich rechtfertigen, Tätigkeiten im Bereich der Reproduktion nicht zu entlohnen; sie wurden in den Privathaushalt verbannt, wo sie weitgehend unsichtbar blieben. Die öffentlich sichtbare → Erwerbsarbeit hingegen wurde Voraussetzung für eine eigenständige materielle Existenzsicherung und entschied über den sozialen Status (vgl. grundlegend Becker-Schmidt 1987). Bis heute wirken diese Trennung und die mit ihr verknüpften Stereotype fort und gereichen als Legitimation für geschlechtlich segregierte Arbeitsmärkte. Wer Familienarbeit übernimmt, muss noch immer mit Statusverlust am Arbeitsmarkt rechnen; zugleich werden die familiennahen → Berufe, wie etwa der Bereich Erziehung oder Pflege, geringer entlohnt als z.B. die Arbeit im industriellen Sektor (→ Arbeit und Geschlecht). Es handelte sich somit von Beginn an um kein gleichgewichtiges Wechselspiel von Produktion und Reproduktion, sondern um eine Hierarchisierung von Arbeitsformen, die Dynamiken sozialer Über- und Unterordnung in Gang setzte.

Auch den Konflikt um die Freizeit und Erholung erkannte die Soziologie schon lange vor der Debatte um „Burn Out". So hoben Asendorf-Krings et al. (1976) und Brock/Vetter (1984) die Bedeutung der sozialen Reproduktion hervor und sprachen von der notwendigen „Reproduktion *als* Arbeitskraft". Sie wiesen in ihrer Studie nicht nur auf die vielfältigen Anforderungen an die Erwerbstätigen hin, sondern zeigten auch auf, welche Leistungen diese erbringen, um sich arbeitsfähig zu halten. Damit gelang ein Perspektivwechsel von der Familienarbeit zur Erhaltung der eigenen Arbeitsfähigkeit. War der Diskurs zum Zusammenhang von „Arbeit" und „Leben" lange Zeit auf die familiale Sorgearbeit und „Vereinbarkeit" enggeführt, wurden in den 2000er Jahren die US-amerikanischen Debatten zu → „Work-Life-Balance" breiter rezipiert (vgl. bereits Harvard Business School 2000, Guest 2002, Harvard Business Manager 2010). Umfassende Bestandsaufnahmen zum Thema konnten nachweisen, dass Reproduktion ein „Vermögen der Person [darstellt, K.J.], physische und psychische Stabilität sowie soziale Einbindung herzustellen" (Jürgens 2006).

Reproduktionsleistungen sind für den Arbeitsmarkt somit in zweierlei Hinsicht relevant: Zum einen ersetzen → Betriebe im Generationenwechsel die ausscheidenden Arbeitskräfte durch neue, junge Beschäftigte und sind angewiesen auf Fertilität und Generativität. Zum anderen soll die beschäftigte Person dauerhaft einsatzbereit sein, weshalb physische und psychische Leistungsgrenzen zu berücksichtigen sind (→ auch Arbeits- und Gesundheitsschutz). Die Realität weicht indes in vielen Bereichen des Arbeitsmarktes von diesen Zielvorstellungen ab: Die Geburtenrate war über Jahrzehnte hinweg niedrig und führte in einigen Segmenten des Arbeitsmarkts zu einem Fachkräftemangel und alternden Belegschaften (→ auch Arbeit und Alter[n]); Phänomene wie Erschöpfung und Überlastung haben Arbeitsausfall provoziert. Ursache und zugleich Folge dieser Entwicklung sind Passungsprobleme zwischen den Lebensbereichen, die bis heute fortwirken.

Zentrale Forschungsergebnisse

Es gibt bislang keine dezidierte soziologische Reproduktionsforschung, sondern der Forschungsstand erstreckt sich vielmehr auf mehrere Teildisziplinen der Soziologie und auf benachbarte Wissenschaften, wie z.B. Forschungen zu Generativität und Familie (Vereinbarkeit, familiale Arbeitsteilung, Sorge, Demografie und Geschlechterforschung etc.). Hinweise finden sich zudem in all jenen Forschungszweigen, die veränderte Anforderungen an die Person und entsprechende Bewältigungsformen untersuchen (Belastung, Work-Life-Balance, Selbstsorge, Resilienz, Gesundheit etc.). Auf die Kategorie der „Reproduktion" nehmen dabei nur jene Ansätze Bezug, die die untersuchten Phänomene in Zusammenhang zur gesellschaftlichen Arbeitsteilung und Entwicklungsdynamik des Kapitalismus reflektieren.

In der Gesamtschau fällt auf: Bis in die 2000er Jahre – und zuweilen noch heute – werden zum Thema „Reproduktion" zugehörige Fragen vor allem unter der Perspektive der „Vereinbarkeit von Beruf und Familie" untersucht. Diese Akzentuierung auf die biologische Reproduktionsfunktion von Familie lag weniger an den wiederholten Hinweisen auf eine Geburtenrate unterhalb des Reproduktionsniveaus, sondern an Lebensrealitäten, die in scharfem Kontrast zu den veränderten Lebensentwürfen stehen: Infolge der Bildungsexpansion wurden Frauen zwar umfassender in das Erwerbssystem integriert, doch handelt es sich dabei überwiegend um Teilzeitbeschäftigung. Für Frauen zählt Erwerbstätigkeit heute zur Normalbiografie, aber ihr Anteil am Erwerbsarbeitsvolumen hat nur um wenige Prozentpunkte zugenommen (→ auch Arbeitszeit, Normalarbeitsverhältnis). Frauen übernehmen weiterhin das Gros der Elternzeit und steigen danach zumeist mit deutlich reduzierter Stundenzahl wieder ein (vgl. exemplarisch Wanger 2020). Sie erzielen in der Folge seltener existenzsichernde Einkommen und sind bei beruflicher Weiterbildung und Aufstieg benachteiligt. Die Familienorientierung der Männer hat sich zwar verstärkt, und die „Vätermonate" erfahren großen Zuspruch (als Überblick vgl. Aunkofer et al. 2019), doch bleiben die Haus- und Sorgearbeit in der Summe noch zu Lasten von Frauen organisiert. Dies provoziert wiederholt Debatten um die Bezahlung dieser Arbeit oder ein Bedingungsloses (oder an Bedingungen geknüpftes) Grundeinkommen.

Um die Erwerbsorientierung zu fördern und damit dem absehbaren Fachkräftemangel vorzubeugen, wurde inzwischen die Infrastruktur zur Kinderbetreuung ausgebaut. Viele Eltern sind jedoch noch immer auf Unterstützung aus der Verwandtschaft oder privat finanzierte Dienstleistungen angewiesen – oft in Form illegaler Beschäftigung, die Arbeitsmigration von Frauen befördert (Lutz/Palenga-Möllenbeck 2015). Steht all dies nicht zur Verfügung, bleibt der (partielle) Rückzug vom Arbeitsmarkt die (oft unfreiwillige und fast ausschließlich von Frauen vollzogene) Vereinbarkeitslösung, die ein hohes Armutsrisiko in sich birgt.

Dass heute der Begriff „Reproduktion" wieder offensiver verwendet wird, liegt nicht nur an der anhaltenden Vereinbarkeitsproblematik, sondern an veränderten Gestaltungsweisen von Arbeitsprozessen. Die Arbeitssoziologie identifiziert erweiterte Gestaltungsspielräume für Beschäftigte, problematisiert aber auch eine systematische Überforderung, die vielen neuen Arbeitskonzepten innewohnt: Der Konkurrenz- und Leistungsdruck sind angestiegen; Abläufe unterliegen einer gesteigerten Flexibilisierung. Selbstkontrolle und -verantwortung haben in vielen Bereichen zugenommen, wodurch vielerorts die Grenzen zwischen Arbeits- und Freizeiten verschwimmen und sich Ansprüche der Arbeitenden an ihre Tätigkeit kaum mehr von Unternehmensinteressen unterscheiden. Folge sind neuartige Belastungen (→ auch Arbeitskraftunternehmer, Entgrenzung, Subjektivierung) und entsprechend veränderte Regenerationsbedürfnisse der Erwerbstätigen. Zwar gibt es inzwischen Instrumente wie Gefährdungsanalysen, die Überlastung verhindern sollen, doch werden diese nur in Teilen des Arbeitsmarkts und zumeist nicht vollständig durchgeführt. Die Reflexion der Reproduktionsbedingungen zählt insofern (nach wie vor) zum Kern einer zeitgemäßen Kapitalismusanalyse – und sie gewinnt im Zuge der Debatten um nach-

haltiges Leben an Aufmerksamkeit (→ auch Arbeitsqualität, Arbeit und Nachhaltigkeit).
Nachdem zunächst die betriebliche → Arbeitsorganisation, konkrete Anforderungen an Erwerbstätige und deren Bewältigungsweisen im Fokus der Forschung standen, ist inzwischen auch das gesellschaftliche Reproduktionsmodell in den Blick geraten. Dieses basierte von der deutschen Nachkriegszeit bis in die jüngste Vergangenheit auf drei Pfeilern: Reproduktion war über die Trias aus → Erwerbsarbeit, Sozialstaat und Familie stabilisiert. Dieses kollektiv regulierte Modell war nicht nur ein Arbeitsteilungsmuster zwischen Geschlechtern, sondern ein alle gesellschaftlichen Bereiche erfassender Modus. Es war (und ist partiell noch immer) ein Zusammenspiel aus einem männlich geprägten → Normalarbeitsverhältnis, sozialstaatlicher Absicherung und traditioneller Arbeitsteilung in der (Teil-)Versorger-Ehe. Dieses Modell steht unter Druck: Die Erwerbsarbeit ist erfasst von Flexibilisierung und Prekarisierung (→ Prekarität); der aktivierende und sanktionierende Sozialstaat verlangt private Selbstvorsorge der Bürger:innen; in Familie und Partnerschaft finden sich neue Selbst- und Fremderwartungen, und als neues (familien-)politisches Leitbild gilt das „adult worker model" (vgl. bereits Lewis 2003). Die bislang kollektiv und über (geschlechtliche) Arbeitsteilung regulierte Reproduktion von Arbeitskraft wird dadurch zu einem zusehends individualisierten Projekt – das jedoch auch scheitern und in einer gleichermaßen individuellen wie gesellschaftlichen „Reproduktionskrise" (Jürgens 2010) münden kann.
Geschlechterhierarchien und strukturelle Widersprüche von Produktion und Reproduktion werden mit diesem Umbau des Reproduktionsmodells weiter verschärft, und es ergeben sich neue Widersprüche auch innerhalb der Bereiche: z.B. die arbeitsorganisatorische Selbstkontrolle bei gleichzeitiger Fremdsteuerung und Rechenschaftspflicht im Betrieb; die Aktivierung für den Arbeitsmarkt bei gleichzeitiger Aussichtlosigkeit eines Einstiegs oder das Feststecken im → Niedriglohnsektor; das Leitbild der Zweiverdiener-Familie und der Vereinbarkeit von Kind und Karriere bei nur teilweise modernisierter Arbeitsteilung in der Familie und fehlenden öffentlichen Betreuungsangeboten für Kinder und Pflegebedürftige.
Absehbare Folge dieser Widersprüche sind Ambivalenzerfahrungen, die sich auf die psychosoziale Entwicklung der Person negativ auswirken können und individuell wie sozial destabilisierende Effekte in sich bergen (vgl. bereits Keupp/Dill 2010). Im veränderten Zusammenspiel von verstärkten Anforderungen einerseits und zeitgleich reduzierten Unterstützungsleistungen andererseits kann die Reproduktion von Arbeitskraft misslingen: sei es durch den Verzicht auf Familiengründung oder -erweiterung, sei es durch Verschleiß und Krankheit.
Der technologische Fortschritt, der als Strukturwandel nicht nur neue Geschäftsmodelle und Rationalisierungspotenziale mit sich bringt, sondern auch die Konzeption des Arbeitnehmerstatus oder des Betriebs in Frage stellt, wird die Problematik weiter dynamisieren. Neue Technologien bieten Lösungen zur besseren Vereinbarkeit oder zur Reduktion von Beanspruchungen an, doch ergeben sich zeitgleich erweiterte Zugriffe auf Arbeitskraft, wenn Arbeitsprozesse beschleunigt, entgrenzt, verdichtet und digital überwacht und evaluiert werden. Entlang klassischer Ungleichheitsfaktoren sind Menschen von all diesen Entwicklungen unterschiedlich stark betroffen, und es stehen ihnen je andere Ressourcen zur Bewältigung zur Verfügung. Büßt Reproduktion an institutioneller Absicherung und Unterstützung ein, obliegt ihr Gelingen nunmehr den Einzelnen. Neue, durch die Gestaltung von Erwerbsarbeit induzierte Polarisierungen sind damit absehbar.

Kerstin Jürgens

Empfehlungen zum Weiterlesen

AIS-Studien 2017: Schwerpunktheft „Nachhaltige Arbeit", Jg. 10, H. 2.
Aulenbacher, Brigitte/Riegraf, Birgit/Theobald, Hildegard (Hg.) 2014: Sorge: Arbeit, Verhältnisse, Regime. Care: Work, Relations, Regimes (Soziale Welt, Sonderband 20). Baden-Baden: Nomos.
Jürgens, Kerstin 2010: Deutschland in der Reproduktionskrise. In: Leviathan, Jg. 38, H. 4, S. 559–587.
Jürgens, Kerstin 2012: Arbeit und Reproduktion. In: Dörre, K./Sauer, D./Wittke, V. (Hg.): Arbeitssoziologie und Kapitalismustheorie. Frankfurt a.M./New York: Campus, S. 273–288.
Meyer, Sophie-Charlotte/Tisch, Anita/Hünefeld Lena 2019: Arbeitsintensivierung und Handlungsspielraum in digitalisierten Arbeitswelten – Herausforderung für

das Wohlbefinden von Beschäftigten? In: Industrielle Beziehungen, Jg. 26, H. 2, S. 207–231.
Völker, Susanne/Amacker, Michèle (Hg.) 2015: Prekarisierungen. Arbeit, Sorge, Politik. Weinheim/Basel: Beltz Juventa.

Sorgearbeit

Begriff

Der Begriff Sorgearbeit erfasst Tätigkeiten versorgender, umsorgender oder fürsorgender Art. Er hat sich innerhalb der letzten 20 Jahre zunehmend gegen die bis dahin gängigen Begriffe der Reproduktionsarbeit und Hausarbeit durchgesetzt. Im Unterschied zu diesen bezeichnet Sorgearbeit sowohl unbezahlte als auch bezahlte Tätigkeiten, die auf vielfältige Weise – in privatwirtschaftlichen Unternehmen, als öffentliche Dienstleistung, ehrenamtlich, freiwillig oder in privaten Haushalten – erbracht werden (→ auch Nicht-Erwerbsarbeit, Reproduktion von Arbeitskraft). Das Gemeinsame der Arbeiten wird in ihrem arbeitsinhaltlichen Charakter gesucht. Hierin stimmt Sorgearbeit mit dem englischen Begriff Care Work überein, als dessen deutsche Übersetzung er auch häufig verwendet wird (synonym auch: Care-Arbeit). Was zu Sorgearbeit zählt, wird unterschiedlich gefasst: Weite Definitionen schlagen vor, hierunter alle Tätigkeiten zu subsumieren, die zur Erhaltung von Menschen und ihrer nicht-menschlichen Umwelt beitragen (Tronto 1993, S. 103). Andere Autor:innen schlagen eine stärkere Eingrenzung auf Tätigkeiten vor, die in einer asymmetrischen Beziehung erfolgen, d.h. in denen die zu versorgende Person selbst dazu nicht oder eingeschränkt in der Lage und deshalb auf Hilfe angewiesen ist (Jochimsen 2003, S. 13ff.). Die deutschsprachige Arbeitsforschung folgt in der Regel diesem engeren Verständnis und versteht unter Sorgearbeit Tätigkeiten in Pflege und Gesundheit, im Bereich Erziehung, Betreuung und Bildung sowie alltägliche Hausarbeiten. Dass diese Arbeiten weit überwiegend von Frauen verrichtet werden, sowohl die Tätigkeiten als auch die damit verbundenen gesellschaftlichen Bereiche auf symbolischer Ebene feminisiert sind und die spezifische gesellschaftliche Organisation von Sorgearbeit zentrale Bedeutung für die Aufrechterhaltung des Geschlechterverhältnisses hat, gehört zu den wesentlichen Erkenntnissen der feministischen Forschung, die den Begriff und den wissenschaftlichen Diskurs zu Sorgearbeit bis heute prägt.

Genese/theoretischer Kontext

Die theoretische Bestimmung des Begriffs Sorgearbeit schließt an feministische Interventionen in eine auf männliche Industriearbeiter fixierte Arbeitssoziologie seit den späten 1960er Jahren an, die vor allem die gesellschaftliche und ökonomische Bedeutung der von Frauen im Privathaushalt unbezahlt geleisteten Arbeit (Sorge für und Erziehung von Kindern, Haushaltsarbeiten, Pflege für alte und kranke Menschen) herausgearbeitet hat.
Verschiedene theoretische Ansätze wurden entwickelt, um das Verhältnis unbezahlter Hausarbeit zum kapitalistischen System und ihre Verstrickung mit dem patriarchalen Geschlechterverhältnis zu analysieren (z.B. Bock/Duden 1976, Werlhof et al. 1988). Von den im engeren Sinn arbeitssoziologischen Studien ist vor allem die von Regina Becker-Schmidt, Gudrun-Axeli Knapp und Beate Schmidt durchgeführte „Fabrikarbeiterinnen-Studie" (Becker-Schmidt et al. 1985) in der Arbeitssoziologie breiter rezipiert worden. Darin konzipierten die Autorinnen das Verhältnis von unbezahlter Sorgearbeit im Privathaushalt und bezahlter → Erwerbsarbeit von erwerbstätigen Frauen als ambivalentes gesellschaftliches Verhältnis, das zu einer spezifischen „doppelten Vergesellschaftung" von Frauen als Genusgruppe führe. In losem Anschluss an diese und weitere Arbeiten aus dieser Phase der Frauenarbeitsforschung hat sich in der Folge ein empirisch-arbeitssoziologischer Forschungszweig zum Verhältnis und zur Vereinbarkeit von Erwerbsarbeit und unbezahlter Sorgearbeit im Privathaushalt etabliert (→ auch Work-Life-Balance).
Ein zweiter Strang der Forschung misst einem Ethos der Fürsorge bzw. einer Care-Ethik große Relevanz für die Bestimmung von Sorgearbeit zu. Ausgangspunkt für diesen Diskurs waren u.a. die Schriften der us-amerikanischen Psychologin Carol Gilligan, die eine Theorie einer weiblichen „Ethics of care" entwickelte. In Gilligans stark differenzorientierter Stoßrichtung bescheinigte sie Frauen, aufgrund der weiblichen Sozialisation empathischer und bindungsorientierter zu sein

(Gilligan 1982). Neuere Beiträge zur Debatte legen den Fokus auf die geschlechtsunabhängigen Spezifika sorgender Tätigkeiten. Mit Begriffen wie „Fürsorgerationalität" (Waerness 2000) oder „Ethos fürsorglicher Praxis" (Senghaas-Knobloch 2008) wird versucht, die spezifischen professionellen Fähigkeiten, handlungsleitenden Orientierungen und normativen Ansprüche von Beschäftigten in Sorgeberufen zu erfassen. Als charakteristisch in der Arbeit mit und für Sorgebedürftige gelten starke Prozess-, Bedürfnis- und Beziehungsorientierungen, die wesentlich durch die asymmetrischen Verhältnisse zwischen Sorgenden und Umsorgten geprägt sind.

Ein dritter Strang schließlich bestimmt Sorgearbeit als gesellschaftliche Tätigkeit, „die Anforderungen zu bewältigen, die sich aus der Kontingenz des menschlichen Daseins ergeben, wie Zufälligkeiten und Hinfälligkeiten, Prekaritäten und Volatilität" (Riegraf 2018, S. 765). Wie Sorge und Sorgearbeit gesellschaftlich organisiert sind, sei entscheidend sowohl für den Umgang mit der Endlichkeit und Verletzlichkeit des Lebens als auch für die Art und Weise, wie sich Gesellschaft reproduziert. In kapitalistischen Gesellschaften würden Sorge-Bedarfe aufgrund des Primats der Kapitalverwertung systematisch unzureichend erfüllt. Daher wird von einer strukturellen „Sorglosigkeit des Kapitalismus" (Aulenbacher et al. 2015) gesprochen. Diese dokumentiere sich u.a. in der → Rationalisierung bezahlter Sorgearbeit und dem zunehmenden Druck auf private Sorgearrangements.

Nicht zufällig fand und findet die begriffliche Bestimmung von Sorgearbeit an der Schnittstelle von Arbeitssoziologie und Geschlechterforschung statt: Für das Gros der arbeitssoziologischen Forschung hatte Sorgearbeit – genauso wie der Zusammenhang von → Arbeit und Geschlecht – über lange Zeit den Status eines gesellschaftlichen Randphänomens inne. Das gewachsene Interesse an Sorgearbeit ist neben der zunehmenden Etablierung feministischer Perspektiven in der Arbeitssoziologie auch empirischen Entwicklungen geschuldet: Der zunehmenden quantitativen und qualitativen Relevanz von Fragen der „Vereinbarkeit" sowie dem gesellschaftlichen Bedeutungsgewinn und der Expansion bezahlter Sorgearbeit. Damit steigt die Zahl der Studien, wobei zugleich ein theoretisch bestimmter Begriff von Sorgearbeit nur für einen Teil der Forschung relevant ist.

Zentrale Forschungsergebnisse

Empirische Studien zu Sorgearbeit fokussieren zumeist entweder auf bezahlte oder auf unbezahlt im Privathaushalt erbrachte Sorgearbeit (→ Reproduktion von Arbeitskraft). Phänomene, die nicht in dieses Raster fallen – wie die bezahlte 24-Stunden-Pflege („Live-in"-Pflege) im Privathaushalt (Schilliger 2014) oder die zunehmende Nutzung ehrenamtlicher und freiwilliger Sorgearbeit in der Altenpflege (Haubner 2017) (→ Nicht-Erwerbsarbeit) – geraten in den letzten Jahren ebenfalls in den Blick. Als Rahmenbedingungen von Sorgearbeit werden neben dem Geschlechterverhältnis Beschäftigungs-, Wohlfahrts- und Migrationsregime berücksichtigt, so dass es analytisch gelingt, die Verknüpfung der gesellschaftlichen Organisation von Sorgearbeit mit rassistischen und sexistischen Herrschaftsverhältnissen einzubeziehen (→ auch Arbeit und Migration). Angesichts aktueller Entwicklungen des Sorge-Bereichs orientieren vor allem Fragen nach der fortgesetzten Abwertung von Sorgearbeit, nach Arbeitsbelastungen und Gesundheitsschutz, sowie nach Prekarisierung die arbeitssoziologische Forschung (→ auch Arbeits- und Gesundheitsschutz, Prekarität, Atypische Beschäftigung). Erkenntnisse aus den Erziehungswissenschaften, Pflegewissenschaften und der Sozialen Arbeit, die sich als Fachdisziplinen je einzelnen Teilbereichen von Sorgearbeit zuwenden, werden in empirischen Studien aufgegriffen.

Bezahlte Sorgearbeit wird in profitorientierten Arbeitsorganisationen, solchen des öffentlichen Dienstes und des sogenannten Dritten Sektors sowie in Privathaushalten erbracht und ist – abgesehen von informalisierter Sorgearbeit – in sozialstaatliche Leistungsprozesse eingebunden. Die verschiedenen Teilbereiche von bezahlter Sorgearbeit übergreifend wird eine zunehmende „Ökonomisierung" von Sorgearbeit festgestellt. Hierbei unterscheiden sich verschiedene Teilbereiche bezahlter Sorgearbeit danach, ob vorrangig austeritätsorientiert oder sozial-investiv politisch gesteuert und restrukturiert wird und inwiefern Profitinteressen relevant sind.

Hinsichtlich der Beschäftigungsbedingungen und des Arbeitsmarkts im Bereich bezahlter

Sorgearbeit wird eine verstetigte problematische Lage festgestellt, von der weit überwiegend Frauen als (potenzielle) Arbeitskräfte betroffen sind: Diese ist gekennzeichnet durch eine hohe Teilzeitquote, eine vielfach als unzureichend angesehen Entlohnung und Bewertung der → Berufe und Tätigkeiten sowie die Etablierung von Hilfstätigkeiten mit Niedriglöhnen insbesondere in der Altenpflege (→ auch Arbeitszeit, Entgelt und Leistung, Niedriglohnsektor). Hierauf und auf die vergeschlechtlichte gesellschaftliche Bestimmung von Sorgearbeit zurückzuführen sind eine anhaltende vergeschlechtlichte Segregation des Arbeitsmarktes und ein Fachkräftemangel in vielen Teilbereichen, der häufig in einen Teufelskreis aus Unterbesetzung, Überbelastung, krankheitsbedingten Ausfällen und letztlich weiteren Austritten aus dem Berufsfeld mündet (Evans/Kerber-Clasen 2017). Als eine der wenigen positiven Entwicklungen wird eine Professionalisierung von Sorgearbeit ausgemacht, beispielsweise als beginnende Verberuflichung in der Kindertagespflege und teilweise Akademisierung von Tätigkeiten in Kindertagesstätten und der Altenpflege.

Als Folge der sich zuspitzenden problematischen Bedingungen treten Beschäftigte in der Krankenpflege und der Kindertagesbetreuung seit etwa 15 Jahren vermehrt in Arbeitskonflikte ein, die hauptsächlich von der Gewerkschaft ver.di geführt werden. Innerhalb der Arbeitssoziologie hat sich in der Folge die Erforschung von Konflikten um bezahlte Sorgearbeit (Artus et al. 2017 b, Décieux et al. 2019) als neues Forschungsfeld etabliert: Bearbeitet werden hier Fragen nach Möglichkeiten und Schwierigkeiten von Arbeitskonflikten angesichts der spezifischen Arbeitsinhalte und der Governance der Arbeit, die neben der Sozialstaatlichkeit auch die vielfach zerklüfteten Tariflandschaften in die Analyse einbezieht (→ auch Arbeitspolitik, Industrielle Beziehungen, Tarifvertrag). Letztere bedingten beispielsweise im Bereich der Altenpflege die Regelung einer tarifangemessenen Bezahlung und eines Mindestpersonalschlüssels in Pflegeheimen auf bundesgesetzlicher Ebene, nachdem in langwierigen Verhandlungen zwischen berufsständischen Vertretungen, Trägerverbänden und → Gewerkschaften keine Fortschritte erzielt werden konnten. Im Gegensatz hierzu wurde im Bereich der Krankenpflege eine Mindestpersonalausstattung bereits in vielen Kliniken und Krankenhausgesellschaften über die Konstruktion von „Entlastungstarifverträgen" erfolgreich zum Gegenstand von Tarifauseinandersetzungen gemacht (Quetting 2022).

In der Forschung werden die Kämpfe der Sorgearbeiter:innen vielfach mit Fokus auf → Anerkennung und Aufwertung untersucht, weitere Perspektiven sind die Feminisierung der Arbeitskonflikte sowie die Einbeziehung der Klient:innen in diese Prozesse. Zeitdiagnostisch eingebettet werden diese Konflikte in die Charakterisierung der gegenwärtigen gesellschaftlichen Verfasstheit von Sorgearbeit als Sorge-Krise bzw. Care-Krise (Aulenbacher/Dammayr 2014). In dieser Diagnose verdichten Autor:innen die allenthalben zu beobachtenden problematischen Entwicklungen bezahlter und unbezahlter Sorgearbeit.

Die Verfasstheit der Branche und die beobachtbaren Prozesse der „Ökonomisierung" führen zusammen mit der arbeitsinhaltlichen Ausrichtung von Sorgearbeit zu spezifischen Formen der betrieblichen Rationalisierung bezahlter Sorgearbeit. Umfangreich untersucht wird, wie im Bereich der Pflege Arbeitsprozesse im Zuge dessen reorganisiert werden (Mohan 2018, Dammayr 2019): Veränderungen umfassen neue Arbeitsanforderungen und -tätigkeiten (Dokumentationen, Übertragung vormals ärztlicher Tätigkeiten an Pflegekräfte) sowie neue arbeitsinhaltliche Orientierungen (betriebswirtschaftlich kalkulierend) und führen zu zunehmenden Verdichtungen im Arbeitsprozess. Aufseiten der Pflegekräfte kommt es zu steigenden Belastungen und vielfach zu Überlastungen sowie zu Schwierigkeiten, das Handeln an berufsrelevanten Leitbildern fürsorglicher Praxis zu orientieren.

In einzelnen Studien wird zudem fokussiert, wie innerbetriebliche Aushandlungen dieser Reorganisationsprozesse stattfinden. Hierbei zeigt sich, dass kollektives innerbetriebliches Interessenhandeln voraussetzungsvoll ist und es sich auch in dieser Hinsicht bei bezahlter Sorgearbeit um ein heterogenes Feld handelt: Relevante Faktoren sind die rechtliche Regelung der Mitbestimmung – insbesondere eingeschränkte Handlungsspielräume in kirchlichen Einrichtungen –, die oftmals geringe gewerkschaftliche Verankerung in

Einrichtungen außerhalb des öffentlichen Dienstes, die Größe der jeweiligen Einrichtungen sowie arbeitsbezogene Orientierungen der Beschäftigten, die eine Konfliktaustragung entlang formalisierter Wege nicht nahe legen (Kerber-Clasen et al. 2020).

Stefan Kerber-Clasen, Franziska Meyer-Lantzberg

Empfehlungen zum Weiterlesen

Artus, Ingrid/Birke, Peter/Kerber-Clasen, Stefan/Menz, Wolfgang (Hg.) 2017: Sorge-Kämpfe. Auseinandersetzungen um Arbeit in sozialen Dienstleistungen. Hamburg: VSA.

Aulenbacher, Brigitte/Riegraf, Birgit/Theobald, Hildegard (Hg.) 2014: Sorge: Arbeit, Verhältnisse, Regime – Care: Work, Relations, Regimes (Soziale Welt, Sonderband 20). Baden-Baden: Nomos.

Chorus, Silke 2013: Care-Ökonomie im Postfordismus. Perspektiven einer integralen Ökonomietheorie. Münster: Westfälisches Dampfboot.

Fraser, Nancy 2021: Gender, Capital and Care. In: Browne, J. (ed.): Why Gender? Cambridge u.a.O.: Cambridge University Press.

Soziale Innovation

Begriff

Unter sozialer Innovation versteht man in soziologischer Perspektive die Durchsetzung und Institutionalisierung von neuen sozialen Praktiken in unterschiedlichen gesellschaftlichen Bereichen im Rahmen eines kreativen und kollektiven Prozesses. Die Entstehung und Durchsetzung des Neuen vollzieht sich hier nicht wie bei technologischen Innovationen im Medium technischer Artefakte, sondern auf der Ebene sozialer Praktiken, von Organisationsformen, Formen des Wirtschaftens und Konsumierens, der Regulierung und Koordination, des Zusammenlebens sowie der Lebensstile. Sie können Voraussetzung, Begleiterscheinung oder Folge technischer Innovationen (vgl. Zapf 1989, S. 177) und Auslöser sozialen Wandels sein (vgl. Ogburn 1969). Obwohl der Begriff schon lange vor der technologischen und ökonomischen Vereinnahmung des Innovationsbegriffs in unterschiedlichen Kontexten vermehrt zirkulierte, existiert bis heute keine eindeutige und konsensual anerkannte Definition. Die zugeschriebenen Bedeutungen wie Konnotationen verändern sich, wie auch beim Begriff der → Innovation selbst, im Laufe der Zeit erheblich (vgl. Godin 2012).

Angeregt durch das mit Blick auf ungelöste gesellschaftliche Herausforderungen stark gestiegene politische und öffentliche Interesse an dem über technische Innovationen hinausgehenden Problemlösungspotenzial sozialer Innovation nahm die einschlägige wissenschaftliche Diskussion in den letzten Jahren deutlich zu. Vor diesem Hintergrund und angesichts der Dysfunktionalitäten eines einseitig technologisch und ökonomisch ausgerichteten Innovationsverständnisses und einer darauf aufbauenden Innovationspolitik (vgl. Schot/Steinmueller 2018) gewinnt die Beschäftigung mit sozialen Innovationen in zahlreichen Forschungsfeldern als ein zentrales gesellschafts- und innovationstheoretisches Konzept stetig an Bedeutung (Howaldt/Schwarz 2021 a). Dabei konzentriert sich die Diskussion auf Fragen nach dem Zusammenhang von sozialen Innovationen und sozialem Wandel einerseits sowie nach einer normativen oder analytischen Qualifizierung des Konzepts andererseits (vgl. etwa BEPA Report 2010, Phills et al. 2008, Howaldt/Schwarz 2021 b).

Genese/theoretischer Kontext

Der Begriff tauchte erstmals vermehrt zu Beginn des 19. Jahrhunderts auf. Semantisch wurde er zunächst mit Revolution und später dann mit sozialer Reform verknüpft (vgl. Godin 2012). Ab Ende des 19. und im beginnenden 20. Jahrhundert kam eine neue Bedeutung auf: Soziale Innovation als Einführung oder Übernahme eines neuen Verhaltens oder einer neuen Praxis. Der Begriff wurde zu einem allgemeinen Label, um beliebige soziale Phänomene und Prozesse des Wandels zu umschreiben (vgl. ebd., S. 21ff.). In den 60er Jahren des 20. Jahrhunderts wurde erstmals eine sozialtechnologische Verwendung des Begriffs in der Weise wahrgenommen, dass er in den Zusammenhang mit der Suche nach alternativen Lösungen für soziale Probleme mit Hilfe wissenschaftlicher Methoden gestellt wurde (vgl. Fairweather 1967).

William F. Ogburn wird häufig als der erste Soziologe genannt, der im Rahmen seiner Theorie des sozialen Wandels explizit auf die Bedeutung sozialer Innovationen einging. Im Zusammenspiel von Erfindung, Akkumulation, Austausch und Anpassung sah er die Grundelemente der Kulturentwicklung. Er konzipierte sozialen Wandel als einen emergenten Innovationsprozess, wobei technische Veränderungen, aber ebenso gut auch eine Ideologie oder eine andere nicht-technische Variable der Auslöser sein kann (vgl. Ogburn 1969). Er listete soziale Erfindungen der unterschiedlichsten Art auf, untersuchte sie aber nicht im Detail in der Perspektive auf ihre Institutionalisierung als soziale Innovationen und die dabei relevanten Prozesse und Mechanismen. Eine Integration von sozialen Innovationen in eine Theorie sozialen Wandels wurde hier als möglich und nötig proklamiert, aber nicht weiter entfaltet.

Als eigenständiges Phänomen wurde soziale Innovation im deutschen Sprachraum erstmals systematisch in einem Beitrag von Wolfgang Zapf aus dem Jahr 1989 behandelt. Im Kontext seiner modernisierungstheoretischen Konzeption stellte er explizit den Zusammenhang von sozialer Innovation mit sozialem Wandel her. Demnach handelt es sich bei sozialen Innovationen um „neue Wege, Ziele zu erreichen, (…) die die Richtung des sozialen Wandels verändern, Probleme besser lösen als frühere Praktiken, und die deshalb wert sind, nachgeahmt und institutionalisiert zu werden“ (Zapf 1989, S. 177). Sie sind Teilmenge von Prozessen des sozialen Wandels bzw. gesellschaftlicher Modernisierung.

Auch wenn in den letzten Jahren verstärkt über Prozesse des sozialen Wandels und der Transformation diskutiert und die Bedeutung sozialer Innovationen in diesem Zusammenhang hervorgehoben wird (vgl. Howaldt/Schwarz 2021 b, Pel et al. 2020), fehlt es den etablierten Ansätzen zur Analyse und Gestaltung sozialer Transformation (UNRISD 2016) oder des „systemischen Wandels“ (BEPA Report 2010) häufig nicht nur an einem klar definierten Begriff des sozialen Wandels und der Transformation, sondern vor allem auch an einem gesellschaftstheoretisch fundierten Konzept sozialer Innovation. Bis heute werden soziale Innovationen nur unzureichend in Theorien des Wandels eingebettet (Godin 2012, S. 35). Sie werden vielmehr – insbesondere im Kontext der Social-Entrepreneurship-Forschung – häufig als Mikrophänomene gesehen, die durch Diffusions- und Scaling-up-Prozesse in die Gesellschaft gelangen (Mulgan 2015, S. xiii). Offen bleibt dabei, woher die entsprechenden neuen Ideen kommen, welchen Einfluss soziale Bewegungen, politische Akteure und → Netzwerke dabei spielen und welche gesellschaftlichen Mechanismen dazu beitragen, dass sich manche verbreiten und andere nicht (Nicholls et al. 2015, S. 8–11).

Die Frage, wie der Zusammenhang von sozialen Innovationen und sozialem Wandel in einer nicht normativ angelegten Theorie sozialer Innovation zu erfassen ist, wurde in praxistheoretischer Perspektive und unter Rückgriff auf die Sozialtheorie von Gabriel Tarde weiterverfolgt (vgl. Howaldt/Schwarz 2010, Howaldt et al. 2014). Hier wurde soziale Innovation definiert als „eine von bestimmten Akteuren bzw. Akteurskonstellationen ausgehende intentionale, zielgerichtete Neukombination bzw. Neukonfiguration sozialer Praktiken in bestimmten Handlungsfeldern bzw. sozialen Kontexten“ (Howaldt/Schwarz 2010, S. 54). Es handelt sich dann und insoweit um eine soziale Innovation, wenn bestimmte Erfindungen, Ideen und Initiativen nachgeahmt, kontextspezifisch angepasst werden und dadurch zu einer Transformation sozialer Praktiken als Ausdruck und Treiber sozialen Wandels führen.

Dieser soziologischen Konzeption stehen Ansätze gegenüber, die das normative Element im Sinne einer Gemeinwohlorientierung als bestimmendes Kriterium sozialer Innovation verstehen. Es handelt sich dann um eine soziale Innovation, wenn ihre Wirkung mit Blick auf benachteiligte soziale Gruppen, auf gesellschaftliche Herausforderungen oder das menschliche Wohlergehen sozial vorteilhaft ist. In der EU-Programmatik etablierte sich ein Verständnis, welches die Wirkungs- mit der Prozessdimension zu verknüpfen versucht. Demnach sind soziale Innovationen sozial sowohl in ihren Resultaten als auch in ihrer Gestaltung im Sinne der Entwicklung kooperativer Problemlösung (vgl. BEPA Report 2010), sie sind „social both in their ends and their means“ (Mulgan 2019, S. 10). Jenseits einer solchen politikorientierten und normativen Perspektive auf soziale Innovationen kommt es aber vor allem darauf an, sie als analytische Kategorie zu konzipieren und als solche systematisch in – primär praxistheoretische – Ansätze zur Erklärung transformativen sozialen Wandels zu integrieren (vgl. Howaldt/Schwarz 2021 b). Damit rücken anstelle von linearen und sequentiellen Diffusionsverläufen die vielfältigen, sich dynamisch verstärkenden, überlagernden und widersprüchlichen Konstellationen sozialer Praktiken sowie sektorübergreifende Akteurskonstellationen, vernetzte Lernprozesse, Experimente und Initiativen in den Fokus (Howaldt/Kopp/Schwarz 2021).

Zentrale Forschungsergebnisse

Die Management- und Organisationsforschung gehörten zu den ersten Forschungsfeldern, in denen das Konzept sozialer Innovation international breitere Beachtung fand (Brooks 1982) (→ auch Organisationssoziologie/-theorien). Hier standen zunächst der Zusammenhang von effizienteren und effektiveren Formen der → Arbeitsorganisation und den damit erzielbaren positiven wirtschaftlichen und sozialen Effekten im Vordergrund (vgl. Moulaert et al. 2005, S. 1973ff.). In diesem Kontext wurden auch Programme und Aktivitäten unter der Überschrift Corporate Social Responsibility (CSR), mit denen wirtschaftlicher Erfolg mit sozialer und ökologischer Verantwortung in Einklang gebracht werden sollen, im Hinblick auf ihre Wirkung und ihren Stellenwert in der Unternehmensstrategie kritisch reflektiert (vgl. Howaldt/Schwarz 2010, S. 78) (→ auch Arbeit und Nachhaltigkeit).

Seit der Jahrtausendwende trat in der Diskussion um soziale Innovation vermehrt das Konzept des Social Entrepreneurs in den Mittelpunkt der Aufmerksamkeit (vgl. Mair/Rathert 2021). Hier wurden die Potenziale untersucht, die das aus der ökonomischen Innovationsforschung hervorgegangene Konzept des Entrepreneurs zur Lösung sozialer Probleme mit sich bringt. Neue und zugleich effektivere, effizientere und nachhaltigere Lösungen für soziale Probleme mit hohem gesellschaftlichen Nutzen standen hier im Vordergrund (vgl. Phills et al. 2008). Dabei wurden innovative Aktivitäten und Dienstleistungen, die durch das Ziel motiviert sind, ein gesellschaftliches Bedürfnis zu befriedigen und primär durch Organisationen mit einer sozialen Zweckbestimmung entwickelt und verbreitet werden, zum Gegenstand empirischer Untersuchungen.

In der Arbeitsforschung geht es hingegen zentral um soziale Innovationen zur Verbesserung der Arbeitsbedingungen und des Arbeitslebens (vgl. Széll 2009). Prozesse der Arbeitsgestaltung werden als soziale Innovationsprozesse angelegt (Howaldt u.a. 2016). Eine fundamentale und weitreichende soziale Innovation war die Einführung sozialer Sicherungssysteme in einer institutionalisierten Form. Programme und Projekte zur → Humanisierung des Arbeitslebens und später zur sozialverträglichen Technikgestaltung haben vielfältige soziale Innovationen vor allem im Bereich der Arbeitsorganisation entwickelt und implementiert. Anfang der 1990er Jahre trat die Frage nach der Innovationsfähigkeit von Gesellschaft und Unternehmen in den Mittelpunkt der Aufmerksamkeit. In diesem Zusammenhang legte die Arbeitsforschung ein starkes Augenmerk auf die soziale Seite der → Innovation und betonte die große Bedeutung menschlicher → Arbeit im Innovationsgeschehen (vgl. u.a. Gatermann/Fleck 2010). Innovationsprozesse wurden nicht mehr als Resultate des Handelns einer einzelnen Unternehmerpersönlichkeit konzipiert, sondern vielmehr als „Ensembleleistungen" (Volkholz 2007, S. 48). In den letzten Jahren spielten zudem Konzepte der *Open Innovation* eine wichtige Rolle (vgl. Reichwald/Piller 2006), die die Interaktion mit externen Wissensträgern in den Blick nahmen.

Zunehmende Bedeutung gewannen soziale Innovationen auch mit der Digitalisierung von Wirtschaft und Gesellschaft (→ Digitale Transformation der Arbeit). Angestoßen durch die Debatte um → Industrie 4.0 etablierte sich mit zeitlicher Verzögerung seit Anfang 2015 das Thema Arbeiten 4.0 im arbeits- und innovationspolitischen Diskurs (vgl. Kopp/Schwarz 2017). In diesem Zusammenhang wurde eine stärkere Ausrichtung der digitalen Transformation auf gesellschaftliche Bedürfnisse und auf Ansprüche der Beschäftigten an die Gestaltung von Arbeit eingefordert. Damit werden Fragen geeigneter Partizipationsformate virulent und darauf bezogene soziale Innovationen im Sinne von ‚Empowerment' der Beschäftigten (vgl. Lager 2020), einer zunehmenden Dezentralisierung von Entscheidungen sowie Selbstorganisation und -kontrolle zentral.

In der Dienstleistungsforschung wurde herausgearbeitet, dass mit der zunehmenden Bedeutung des Dienstleistungssektors eine Erweiterung des Innovationsbegriffs um die Neukonfiguration sozialer Arrangements, also um soziale Innovation, erforderlich ist (vgl. Heinze/Naegele 2010,

S. 298). Denn hier sind soziale Innovationen die neuen Produkte und damit Zielpunkte des Innovationsprozesses. Wie eng soziale Innovationen und erfolgreich vermarktbare Dienstleistungsinnovationen miteinander verwoben sind, zeigte sich insbesondere bei der Herausbildung von neuen Nutzungsregimen und damit einhergehenden veränderten sozialen Praktiken einerseits und neuen Dienstleistungsangeboten andererseits (vgl. Howaldt/Schwarz 2010, S. 86).

Internationaler Bezug

International setzte sich zunehmend die Überzeugung durch, dass soziale Innovationen im Sinne kreativer und zielgerichteter Veränderungen sozialer Praktiken von entscheidender Bedeutung zur Bewältigung der großen gesellschaftlichen Herausforderungen sind. So etablierten sich in einer Reihe von Ländern mit der Zeit Initiativen und Zentren zur Förderung und Erforschung sozialer Innovation. Mit der 2011 gestarteten Social Innovation Europe Initiative wurde eine entsprechende Schwerpunktverlagerung der Forschungsförderung der EU eingeleitet. Soziale Innovation ist inzwischen Kernelement der „Europe 2020 – Strategy for Smart, Sustainable and Inclusive Growth" (European Commission 2010) sowie des europäischen Rahmenprogramms für Forschung und Innovation Horizon 2020. Vor diesem Hintergrund bildete sich in der Europäischen Union eine neue Generation von Projekten, in deren Mittelpunkt die Entwicklung eines theoretisch fundierten Konzepts sowie die weltweite empirische Vermessung sozialer Innovation stehen. Zugleich werden vonseiten der Wissenschaft, die sich zunehmend international vernetzt mit dem Thema beschäftigt, vermehrt konkrete Vorschläge zur Förderung sozialer Innovationen an die Politik adressiert (vgl. Howaldt et al. 2019).

Im Kontext dieser Diskussion gewann auch das Thema Arbeit an Bedeutung. So machte das Konzept der *Workplace Innovation* (WPI) das Potenzial sozialer Innovation für die internationale Arbeitsforschung nutzbar (vgl. Totterdill 2015). WPI umfasst Aspekte wie dynamisches → Management, flexible Organisation, → Arbeitsqualität, Entwicklung von Fähigkeiten und Kompetenzen, Netzwerkbildung, Modernisierung und das → Human Resource Management (vgl. Pot/Vaas 2008, S. 468). Empirische Studien wiesen den engen Zusammenhang zwischen der organisationalen Leistungs- und Innovationsfähigkeit einerseits und der Arbeitsqualität andererseits nach (vgl. Dhondt/Oeij 2014).

Jürgen Howaldt, Michael Schwarz

Empfehlungen zum Weiterlesen

Harrison, Denis/Széll, György/Bourque, Reynald (eds.) 2009: Social Innovation, the Social Economy and World Economic Development. Democracy and Labour Rights in the Era of Globalization, Frankfurt a.M. u.a.O.: Peter Lang.

Howaldt, Jürgen/Schwarz, Michael 2010: „Soziale Innovation" im Fokus. Skizze eines gesellschaftstheoretisch inspirierten Forschungskonzepts. Bielefeld: transcript.

Howaldt, Jürgen/Kaletka, Christoph/Schröder, Antonius/Zirngiebl, M. (eds.) 2019: Atlas of Social Innovation. New Practices for a Better Future. München: Oekom.

Howaldt, Jürgen/Jacobsen, Heike 2010: Soziale Innovation. Auf dem Weg zu einem postindustriellen Innovationsparadigma. Wiesbaden: Springer VS.

Oeij, Peter/Rus, Diana/Pot, Frank D. (eds.) 2017: Workplace Innovation. Theory, Research and Practice. Cham: Springer.

Zapf, Wolfgang 1989: Über soziale Innovationen. In: Soziale Welt, Jg. 40, H. 1/2, S. 170–183.

Subjektivierendes Arbeitshandeln

Begriff

Der Begriff subjektivierendes Arbeitshandeln bezieht sich auf eine Erweiterung der Analyse von → Arbeit und speziell des Arbeitshandelns. Das in modernen Gesellschaften in der Wissenschaft und Praxis vorherrschende Verständnis von Arbeit begreift das Arbeitshandeln als ein planmäßig-rationales, objektivierendes Handeln. Dieses beruht auf der Orientierung an rational begründbarem, explizierbarem Wissen und entsprechenden Regeln sowie einer Wahrnehmung der Umwelt als Objekt, das sich vom menschlichen Subjekt unterscheidet und hiervon getrennt existiert. Der Begriff subjektivierend bezieht sich demgegenüber auf die Orientierung an subjektgebundenen, subjektiven Erfahrungen, Empfinden und Erleben sowie auf einer Beziehung zur Umwelt, bei der diese „als" bzw. „wie" ein Subjekt wahrgenommen wird, so dass zu ihr eine Nähe und Verbundenheit besteht. Das Konzept des subjektivierenden Arbeitshandelns behauptet, dass menschliches Arbeitsvermögen auf der Fähigkeit sowohl zu objektivierendem als auch zu subjektivierendem Handeln beruht und beides zur Bewältigung von Arbeitsanforderungen notwendig ist. Die Unterscheidung zwischen subjektivierend und objektivierend bezieht sich auf ein jeweils unterschiedliches „Verhältnis zur Welt". Sie ist nicht zu verwechseln mit der Unterscheidung zwischen den Arbeitenden als „Objekt" betrieblicher → Rationalisierung einerseits und „Subjekt" selbst gesteuerten Handelns andererseits oder der Unterscheidung zwischen dem auf die „Außenwelt" gerichteten instrumentellen Handeln einerseits und dem nur auf die „Innenwelt" gerichteten subjektiven Erleben und Empfinden andererseits. Die Begriffe objektivierendes und subjektivierendes Handeln beziehen sich hingegen auf unterschiedliche Formen der (subjektiven) Auseinandersetzung mit der Umwelt – ihrer Wahrnehmung, ihres Erkennens sowie ihrer praktischen Gestaltung (vgl. Böhle et al. 2004, S. 48ff.). Das subjektivierende Handeln eröffnet demnach einen Zugang zu Eigenschaften und Verhaltensweisen von konkreten Gegebenheiten, die von der Objektivierung ausgeblendet werden und ihr nicht zugänglich sind. Es richtet sich speziell auf die Bewältigung von Unwägbarkeiten und Unbestimmtheiten in Arbeitsprozessen. In Anknüpfung an einen gemäßigten Konstruktivismus handelt es sich um zwei mögliche „Konstruktionen" von Wirklichkeit, die sich auf jeweils Unterschiedliches beziehen und unterschiedliche Erkenntnis- und Handlungsmöglichkeiten eröffnen. Speziell aus soziologischer Sicht sind das subjektivierende ebenso wie das objektivierende Handeln Potenziale menschlichen Handelns, deren konkrete Ausformungen und Entwicklungen von gesellschaftlichen (Handlungs-)Bedingungen abhängen. Gegenüber dem Verständnis von Arbeit als objektivierendes Handeln lässt sich das subjektivierende Handeln in vier Dimensionen näher charakterisieren:

- Vorgehensweise,
- sinnliche Wahrnehmung,
- Denken und
- Beziehung zur Umwelt (vgl. Böhle 2017 b):

Vorgehensweise: Planmäßig-rationales Handeln verläuft nach dem Grundsatz „erst entscheiden, dann handeln". Der praktische Vollzug des Handelns beruht demnach im Wesentlichen auf der Durch- und Ausführung der ex ante getroffenen Entscheidungen über Ziele und Mittel. Das subjektivierende Handeln beruht demgegenüber auf einem explorativ-dialogischen Vorgehen. Ziele und vor allem Mittel und Wege werden (erst) im praktischen Handeln und durch das praktische Handeln eruiert und festgelegt. Man tritt dementsprechend „in einen Dialog" mit den Dingen und wartet die „Antwort" des Gegenübers ab. Aktion und Reaktion, Entscheiden und praktisches Handeln sind hierbei unmittelbar verschränkt und in einem kontinuierlichen Fluss (dies ist ein wesentlicher Unterschied zur Zerlegung von übergreifenden Handlungszielen in Teilziele und zu dem damit verbundenen inkrementellen planmäßigen Entscheiden). Auch im Umgang mit materiellen Objekten weist das interaktiv-dialogische Vorgehen Merkmale eines „gemeinsamen Tuns" auf. So sprechen beispielsweise technische Fachkräfte davon, dass sie bei Unwägbarkeiten mit einer technischen Anlage „kämpfen" oder mit ihr „zusammenarbeiten", um einen reibungslosen Ablauf zu gewährleisten.

Sinnliche Wahrnehmung: Das explorative, dialogisch-interaktive Vorgehen ist mit einer besonderen Art der Wahrnehmung verbunden. Sie richtet sich nicht nur – wie beim objektivierenden Handeln – auf exakt und eindeutig erfassbare Informationen, sondern vor allem auf diffuse und nicht präzisierbare Eigenschaften und Ausdrucksformen konkreter Gegebenheiten. Exemplarisch hierfür sind Geräusche und Vibrationen bei technischen Anlagen, die Stimmigkeit einer Bewegung oder eines Verlaufs, die Atmosphäre eines Raumes oder auch sozialer Situationen. Diese sinnliche Wahrnehmung ist verbunden mit einem subjektiven Empfinden, das sich in einem leiblichen Spüren äußert. Ein Geräusch wird beispielsweise als warm, rund oder schräg, eine Atmosphäre als wohltuend oder erdrückend empfunden. Dieses Empfinden und Spüren bezieht sich nicht nur auf ein „inneres Erleben", sondern informiert über äußere Gegebenheiten. Anhand eines schrägen Geräusches wird erkannt, dass Fehler auftreten, die gespannte Atmosphäre macht auf Konflikte aufmerksam und ein mulmiges Gefühl weckt die Sensibilität für eine sich anbahnende Störung.

Denken: Denken erfolgt – im Unterschied zu einem objektivierenden Handeln – nicht in einem dem praktischen Handeln vorgeschalteten und sich ihm gegenüber distanzierend verhaltenden Prozess der Analyse und Reflexion, sondern ist unmittelbar ins praktische Handeln eingebunden. Es ist damit wahrnehmungs- und verhaltensnah. Dem entspricht ein Denken weniger in Begriffen, sondern vor allem in Bildern, aber auch akustischen und anderen Imaginationen. Damit verbinden sich auch die Orientierung an erfahrungsbezogenen Heuristiken und der Vergleich eines aktuellen Problems mit ähnlichen Situationen in der Vergangenheit.

Beziehung zur Umwelt: Die Beziehung zur Umwelt beruht – im Unterschied zum objektivierenden Handeln – auf Nähe und Verbundenheit. Auch materielle Objekte werden als bzw. wie Subjekte wahrgenommen. Sie erscheinen damit als nicht vollständig berechenbar und manipulierbar, sondern „lebendig". Des Weiteren erfolgt eine Orientierung an Ähnlichkeiten zwischen der Umwelt und dem Handelnden und damit verbunden eine empathische Beziehung zur Umwelt. Hierauf beruht die Fähigkeit zum subjektiven, nicht nur mentalen, sondern vor allem auch gefühlsmäßigen und körperlichen Nachvollzug äußerer Gegebenheiten sowie die Synchronisation des eigenen Handelns mit der Umwelt. Exemplarisch hierfür sind die Antizipation und das Erahnen eines technischen Verlaufs oder eine Schmerzempfindung bei einer (technischen) Störung.

Wegen der besonderen Rolle der sinnlich-körperlichen Wahrnehmung und des Erfahrens als Grundlage von Wissen und Handeln wird das subjektivierende Handeln auch als erfahrungsgeleitetes oder erfahrungsgeleitet-subjektivierendes Handeln bezeichnet.

Genese/theoretischer Kontext

Das Konzept des subjektivierenden Arbeitshandelns steht in Zusammenhang sowohl mit allgemeinen, disziplinübergreifenden Neuorientierungen in der Handlungstheorie als auch mit neuen Entwicklungen von Arbeit seit Mitte der 1980er Jahre (vgl. Böhle 2017 a, S. 3ff., Böhle 2009 a). Speziell in der Auseinandersetzung mit den Möglichkeiten der computergestützten Simulationen menschlichen Denkens und Handelns in den 1980er Jahren entstanden neue Forschungsansätze, die zeigten, dass Menschen auch ohne vorangehende Handlungsplanung Aufgaben und Probleme erfolgreich lösen (Suchman 1987). Des Weiteren wurde auch das schon früher vorgelegte Konzept impliziten Wissens von Polanyi und die Kritik von Ryle an der Trennung von Entscheiden und praktischem Handeln neu aufgegriffen und mit dem Konzept praktischer Könnerschaft weiterentwickelt (Neuweg 2004). In eine ähnliche Richtung gehend, hat in der allgemeinen soziologischen Handlungstheorie Joas in Anknüpfung an den Pragmatismus das Konzept eines intentionalen, aber nichtteleologischen Handelns entwickelt (Joas 1992) und Bourdieu die kreative Rolle eines „praktischen Sinns", der unabhängig von rationaler Analyse und Entscheidung mit einem körperlich fundierten Handeln verbunden ist, aufgezeigt (Bourdieu 1987, S. 120 f., 190 f.). Eine weitere Relativierung des Modells planmäßig-rationalen Arbeitshandelns erfolgt durch die kognitionspsychologisch ausgerichtete Expertise- und Professionsforschung. Sie verweist auf ein breites Spektrum mentaler Prozesse wie mitlaufendes Denken, Heuristiken, Chunks sowie analoges und synthetisches Denken, die von Experten zur Lösung von Problemen angewandt und genutzt werden (vgl. Sternberg/Wagner 1986). Unter Bezug auf die erkenntnis- und handlungsleitende Rolle einer empfindenden und spürenden Wahrnehmung knüpft das Konzept des subjektivierenden Arbeitshandelns an phänomenologische Theorien des „leiblichen Zur-Welt-Seins" von Merleau-Ponty (1966) und Schmitz (1978) sowie an das Konzept eines inkorporierten, impliziten Wissens (Polanyi 1985) an. Grundlegend ist dabei nicht nur die Überwindung der Trennung zwischen Geist und Körper, sondern vor allem der im modernen Denken verankerten Trennung zwischen einem objektivierenden, rationalen Erkennen der „Außenwelt" und dem (nur) auf die „Innenwelt" gerichteten, spürenden und empfindenden Wahrnehmen und Erleben.

Bei der Analyse neuer Entwicklungen von Arbeit geht das Konzept des subjektivierenden Arbeitshandelns davon aus, dass die Bestimmung des Arbeitshandelns ein zentraler Referenzrahmen für die kritische Analyse von Arbeit ist. Das Konzept planmäßig-rationalen Arbeitshandelns war demnach ein wichtiger Referenzrahmen für die Kritik tayloristischer → Rationalisierung, da es Arbeit nicht nur auf ausführende, körperliche Tätigkeiten reduzierte (→ Taylorismus, Rationalisierung). Dieses Konzept reicht jedoch – so die These – für die kritische Analyse selbstverantwortlicher und selbstgesteuerter Arbeit nicht (mehr) aus. Es ist damit nicht möglich zu sehen, wie auch bei der Integration von planend-dispositiven und ausführenden Aufgaben wichtige Elemente menschlichen Arbeitsvermögens ausgeblendet werden. Im Besonderen betrifft dies die Tendenz zur Entkörperlichung und Intellektualisierung von Arbeit. Sie erscheint in der Perspektive planmäßig-rationalen Handelns als Befreiung von körperlicher Mühsal; dass hierdurch Arbeit auch noch von Anderem „befreit" wird, kommt dabei kaum in den Sinn. Bereits frühere industrie- und arbeitssoziologische Untersuchungen haben demgegenüber auf Phänomene wie Gespür für Technik, Orientierung an Geräuschen, subjektiven Nachvollzug technischer Abläufe sowie das besondere Produktionswissen von Arbeitern hingewiesen. Solche Phänomene wurden allerdings konzeptuell nicht systematisch erfasst. Auch wurden sie angesichts der fortschreitenden Verwissenschaftlichung von Arbeit als letztlich unzulänglich betrachtet. Doch gerade dies wird mit dem Konzept des subjektivierenden Arbeitshandelns infrage gestellt.

Zentrale Forschungsergebnisse

Das Konzept des subjektivierenden Arbeitshandelns beruht auf einer engen Verschränkung von theoretisch-konzeptueller und empirischer Forschung. Die Untersuchungen führten zu neuen Erkenntnissen über die in der Praxis bestehenden Arbeitsanforderungen und ihre Bewältigung sowie Restriktionen und Kontrolle im Arbeitsprozess.

In *empirischen Untersuchungen* wurde das subjektivierende Arbeitshandeln in nach Branche, Qualifikation und technischem Niveau unterschiedlichen Arbeitsbereichen aufgedeckt und seine jeweils konkreten Ausprägungen analysiert (vgl. Böhle 2017a). Im Einzelnen liegen hierzu Untersuchungen vor zur Arbeit in der Metallbearbeitung, in der Prozessindustrie, der informationstechnisch gesteuerten Montage und im technischen Service sowie zur Arbeit bei der Projektsteuerung, der Softwareentwicklung, der Informationssuche, der Pflege, bei Ärzten und bei Piloten (exemplarisch hierzu Böhle/Rose 1992, Carus/Schultze 1995, Pfeiffer 2007, Weishaupt 2006, Merl 2021, Fink-Cvetnic 2020). Diese Untersuchungen lenken den Blick auf Unwägbarkeiten und Grenzen der Planung, die in technisch-organisatorischen Prozessen trotz fortschreitender wissenschaftlicher Durchdringung bestehen bleiben und in immer wieder neuer Weise entstehen. Zu ihrer Bewältigung ist menschliche Arbeit unverzichtbar. Zugleich gerät dabei aber ein planmäßig-objektivierendes Handeln an Grenzen und erfordert eine Erweiterung durch das subjektivierende Handeln.

Die Ergebnisse der empirischen Untersuchungen verweisen auf eine *widersprüchliche Entwicklung von Arbeit*: Zum einen ist ein subjektivierendes Handeln unverzichtbar; zum anderen beziehen sich die Technisierung und Organisierung von Arbeiten sowie auch die Personalpolitik und → berufliche Bildung primär auf ein objektivierendes Handeln (→ auch Qualifikation/Kompetenz). Bei der → Subjektivierung von Arbeit tritt damit an die Stelle der tayloristischen Ausgrenzung des Subjekts eine „Spaltung des Subjekts" in das durch die betriebliche Arbeitsgestaltung (→ Arbeitsorganisation) und → Arbeitspolitik favorisierte objektivierende Arbeitshandeln und das hierdurch ausgegrenzte, aber zugleich in der Praxis notwendige subjektivierende Arbeitshandeln. In weiteren Untersuchungen hierzu wird gezeigt, in welcher Weise das subjektivierende Arbeitshandeln im Rahmen kapitalistischer Produktionsweise mit dem Erfordernis der Transformation menschlichen Arbeitsvermögens in (kontrollierbare und berechenbare) Arbeitskraft korrespondiert (Pfeiffer 2004) (→ Transformation von Arbeitskraft). Bei selbstverantwortlicher Arbeit zeigt sich dies in einer neuen „Herrschaft durch Objektivierung" auf der Grundlage eines Zwanges zur „Selbstobjektivierung" (Böhle et al. 2011).

Aus dem Konzept des subjektivierenden Arbeitshandelns ergaben sich weitere *konzeptuelle Neuorientierungen*: bei der Analyse von kooperativer Arbeit (Böhle/Bolte 2002), Interaktionsarbeit bei Dienstleistungen (Böhle/Glaser 2006, Böhle/Weihrich 2020) sowie Innovationsarbeit und dem Management von → Innovationen (Böhle et al. 2012). Des Weiteren ergaben sich hieraus neue Anstöße für die Technikgestaltung (Pfeiffer 2004, Huchler 2017), den Wissensaustausch (Porschen

2008) und die berufliche Bildung (Bauer et al. 2006, Bolte/Neumer 20121) (→ auch Arbeit und Interaktion, Arbeit und Technik, Informations- und Wissensarbeit).

Fritz Böhle

Empfehlungen zum Weiterlesen

Böhle, Fritz (Hg.) 2017 a: Arbeit als Subjektivierendes Handeln. Handlungsfähigkeit bei Unwägbarkeiten und Ungewissheit. Wiesbaden: Springer VS.

Neuweg, Georg Hans 2015: Das Schweigen der Könner. Gesammelte Schriften zu implizitem Wissen. Münster/New York: Waxmann.

Pfeiffer, Sabine 2004: Arbeitsvermögen. Ein Schlüssel zur Analyse (reflexiver) Informatisierung. Wiesbaden: VS Verlag.

Volpert, Walter 2003: Wie wir handeln – was wir können. Ein Disput als Einführung in die Handlungspsychologie (3. Aufl.). Sottrum: artefact.

Subjektivierung von Arbeit

Begriff

Der Begriff ‚Subjektivierung von Arbeit' als Prozess beschreibt eine zeithistorische Entwicklung im betrieblichen Umgang mit menschlicher Arbeitskraft in der Arbeitswelt der postfordistischen (Dienstleistungs-, Wissenschafts-, Informations- oder auch digitalen) Gesellschaft, die sich deutlich von der Regulierung der Arbeit in der fordistisch-tayloristischen → Industriegesellschaft absetzt (→ auch Fordismus, Taylorismus). Während (idealtypisch) die fordistisch-tayloristische Organisation von Arbeit Subjektivität im Arbeitsprozess durch strikte Regeln der Arbeitsteilung und -ausführung sowie (Fremd-)Kontrolle weitgehend ausschließt, ist gegenwärtig eine Entwicklung zu erkennen, die die Potenziale menschlicher Arbeitskraft, das individuelle Leistungsvermögen, die spezifischen → Qualifikationen und Kompetenzen, Fähigkeiten und Fertigkeiten von Beschäftigten für die Steigerung der Effizienz und Flexibilität im Arbeits- und Produktionsprozess zunehmend funktional werden lässt. Veränderte arbeitsorganisatorische Strukturen sowie Modi der Koordination und → Kontrolle in den Betrieben sind der Auslöser für einen ganzheitlichen Zugriff auf das menschliche Arbeitsvermögen: Handlungs- und Entscheidungsspielräume werden erweitert, hierarchische Anweisung und Kontrolle wird durch eine Kontextsteuerung und Ergebniskontrolle ersetzt. Gefragt ist so das elastische Potenzial des sich selbst steuernden autonomen Subjekts, welches in der Lage ist, intentional zu handeln, den eigenen Arbeitsprozess selbst zu strukturieren, kreativ auszugestalten, innovativ zu sein und Verantwortung zu übernehmen. Eng verwoben damit ist, dass die Arbeitenden zunehmend selbst nach Sinn- und Selbstverwirklichung in der Arbeit streben, Arbeit als wesentliches Element der Identitätsstiftung begreifen und auch die Realisierung ihrer lebensweltlichen Ansprüche einfordern. In diesem verflochtenen Prozess von veränderten Anforderungen seitens der Betriebe einerseits und von wachsenden individuellen Ansprüchen von Subjekten andererseits entwickelt sich so ein komplementäres und spannungsreiches Verhältnis von Anforderungen und Ansprüchen in der Arbeit („doppelte Subjektivierung", vgl. Kleemann et al. 2002), welches gerahmt wird durch eine veränderte gesellschaftliche Konstruktion von Subjektivität.

Genese/theoretischer Kontext

Die Debatte um eine Subjektivierung von Arbeit wird in der Arbeits- und Industriesoziologie intensiv seit den 1990er Jahren geführt. Sie knüpft an die Forschung zum → Arbeiterbewusstsein sowie an Diagnosen an, die im Rahmen der Restrukturierung von Unternehmen in den 1970/80er Jahren → „neue Produktionskonzepte" identifizierten und darauf verwiesen, dass damit zumindest in einigen Beschäftigungssegmenten eine Aufhebung von überzogenen Formen tayloristischer Arbeitsteilung und ein ganzheitlicher Zugriff auf menschliches Arbeitsvermögen erfolgt (vgl. u.a. Schumann et al. 1994). Den Begriff „Subjektivierung" führte Baethge (1991) in den arbeitssoziologischen Diskurs ein, indem er darauf verwies, dass Beschäftigte zunehmend danach streben, ihre Fähigkeiten, Kompetenzen und Qualifikationen anzuwenden, zu erproben und weiter zu entwickeln, eine sinnvolle und inhaltlich anspruchsvolle Tätigkeit auszuüben, an der Gestaltung der eigenen Arbeitssituation teilzuhaben, lebensweltlich aufgeladene Ansprüche an ihre Arbeit einbringen zu können und nicht zuletzt Spaß an der Arbeit zu haben (→ Arbeit im Kapitalismus, Arbeitsqualität). Er bezeichnete dieses sich neu entwickelnde subjektive Arbeitsverständnis als „normative Subjektivierung" und stellte diese gewachsenen Ansprüche an die Arbeitswelt in den Kontext von Individualisierungsprozessen, ein gestiegenes gesellschaftliches Qualifikationsniveau, veränderte Wertorientierungen sowie die Ausbildung neuer Lebensstile und -milieus.

Aber erst im Zuge wirtschaftlicher Veränderungen im Kontext von → Globalisierungs- und Transnationalisierungsprozessen, die mit einem verstärkten Konkurrenzdruck und Wettbewerb und neuen Flexibilitätserfordernissen für Unternehmen einhergehen, wird Subjektivierung der Arbeit unter der Perspektive thematisiert, dass ein veränderter betrieblicher Zugriff auf Subjektivität zum allgemeinen Trend wird. Mit marktinduzierten neuen Flexibilitätsanforderungen an Unternehmen, einer Verschiebung von Marktgrenzen in die Betriebe hinein und anderen Formen der Organisation, Koordination und Steuerung von Arbeitsprozessen und -abläufen (→ Entgrenzung, Vermarktlichung) (vgl. zusammenfassend Sauer 2005), dem Strukturwandel hin zu einer tertiären Gesellschaft, technologischen Entwicklungen, insbesondere der fortschreitenden Informatisierung von Arbeit (→ Informations- und Wissensarbeit), wird der erweiterte Zugriff auf die Subjektivität zu einem Thema betrieblicher Organisationsgestaltung (→ Arbeitsorganisation). Im Kontext fortschreitender Digitalisierungsprozesse und neu entstehender Arbeits- und Beschäftigungsformen erhält diese Debatte erneut Auftrieb (→ Digitale Transformation der Arbeit, Mobile Arbeit, Plattformarbeit).

Eine erste Thematisierung der Konsequenzen dieser Entwicklung für den Umgang mit Arbeitskraft erfolgte, angestoßen durch Voß und Pongratz (1998), mit der These, dass sich ein neuer Typus von Arbeitskraft ausbildet: der → „Arbeitskraftunternehmer". Auch wenn der theoretische Zugriff und die verwendete Begrifflichkeit in dieser Diskussion etwas anders gelagert ist, verweist diese These auf das „Selbst", also die Verantwortlichkeit arbeitender Subjekte, so dass dieser (auch kontrovers) geführte Diskurs zunehmend mit dem Theorem der Subjektivierung von Arbeit verschwimmt. Prominent wurde das Konzept der doppelten Subjektivierung mit einem ersten Überblick von Kleemann et al. (2003) über neue Entwicklungen in der betrieblichen Nutzung von Arbeitskraft und dem Versuch der theoretischen Fassung von Subjektivierungsprozessen. Hier wurden der Topos der Subjektvierung von Arbeit begrifflich-konzeptionell bestimmt, bereits auf verschiedene Formen von Subjektivierung verwiesen und zentrale Untersuchungsdimensionen herausgearbeitet. In der Folge widmete sich eine Vielzahl empirischer Studien in unterschiedlichen Branchen und Tätigkeitsfeldern aus verschiedenen Perspektiven (betriebliche Strategien, subjektive Ansprüche, Vermittlung von beidem und gesellschaftliche Formierung von Subjekten, vgl. Kleemann 2012) der Frage, ob Subjektivierung von Arbeit ein empirisch nachweisbares Phänomen sei und wie es zu beschreiben und zu erklären sei.

Wurde Subjektivierung von Arbeit in der frühen Auseinandersetzung mit diesem Entwicklungsprozess vor allem als neuer Modus der Rationalisierung (vgl. Moldaschl 2002) verstanden, so hat sich im Verlauf der theoretischen Auseinandersetzung und empirischen Prüfung der Blick zum einen auf die gesellschaftlichen Konstitutionsbedingungen von Subjektivität erweitert. Das zentrale Argument ist, dass im gesellschaftlichen Diskurs gesellschaftliche Sinnstrukturen und Wertorientierungen wirkmächtig werden, die Individuen im Sinne des „unternehmerischen Selbst" (vgl. Bröckling 2007) oder des „flexiblen Menschen" (vgl. Sennett 1998 a) prägen. Zum anderen wird der subjektiven Sinndeutung, individuellen Subjektivierungsweisen und Identitätsbildungsprozessen nicht nur im Kontext von Arbeit, sondern im gesamten Lebenszusammenhang mehr Raum eingeräumt (vgl. z.B. Bosančić 2014). Bezüglich der Frage, wie das Subjekt konstituiert wird, wird auf diverse theoretische Konzepte zugegriffen (Foucault, Boltanski/Chiapello, Boltanski/Thevenot, Butler) (vgl. Bogusz 2011, Kleemann et al. 2019). Das Konzept der Subjektivierung findet darüber hinaus Eingang in verschiedene wissenschaftliche Disziplinen, so die Bildungsforschung, die Ethnologie, die Sozialanthropologie und andere; auch wenn sich diese nicht immer explizit auf Arbeit beziehen, befruchten sich diese Diskurse gegenseitig.

Zentrale Forschungsergebnisse

Die empirische Analyse von Subjektivierungsprozessen nimmt seit Beginn dieses Jahrhunderts einen breiten Raum ein. Neben Untersuchungen in Industrieunternehmen gerieten zunehmend auch andere Beschäftigungsfelder und Beschäftigtengruppen, vor allem im tertiären Bereich, in den Blick (Call-Center, Softwareentwicklung, Teleheimarbeit, Banken, Transport- und Logistikunternehmen, Kreativwirtschaft , öffentliche Verwaltung, Pflege etc.; vgl. u.a. die Beiträge in Lohr/Nickel 2005, Huchler et al. 2007). Neue Untersuchungsfelder sind diverse Formen von → Plattformarbeit und (in einem erweiterten Arbeitsverständnis) Subjektivierungspraktiken in den sozialen Medien (Carstensen 2014, 2017). Die Studien zeigen einerseits, dass sich vor unseren Augen ein Umbruch in der Nutzung subjektiver Potenziale vollzieht, andererseits die Befunde jenseits dieser allgemeinen Diagnose kaum auf einen gemeinsamen Nenner zu bringen sind und ein hohes Maß an Differenziertheit gegeben ist. Die Nutzung des subjektiven Arbeitsvermögens beschränkt sich nicht mehr, wie Anfangs vermutet, auf bestimmte Tätigkeiten, arbeitsorganisatorische Formen und Qualifikationsgruppen (vor allem im Dienstleistungsbereich und bei hochqualifizierten Beschäftigten), sondern die Anrufungen an subjektive Potenziale richten sich auch an Facharbeiter in traditionellen Bereichen der Industrie, an Beschäftigte in einfachen Dienstleistungsberufen und selbst an in prekären Verhältnissen Arbeitende. Das Aufeinandertreffen von atypischen, prekären und flexiblen Beschäftigungsverhältnissen mit veränderten Anforderungen an die Subjekte wird unter dem Aspekt einer doppelten Verunsicherung durch unklare Arbeitsanforderungen einerseits und unsichere Beschäftigungsverhältnisse andererseits problematisiert (→ auch Atypische Beschäftigung, Prekarität). Die empirischen Befunde verwiesen aber darauf, dass Subjektivierungsprozesse nach Beschäftigtengruppen, Branchen und konkreter Arbeitsorganisation differenziert verlaufen. Das Spektrum reicht von erweiterten Handlungs- und Entscheidungsspielräumen, die intentionales Handeln der Beschäftigten zur Sicherung eines effizienten Produktionsablaufs erfordern und es erlauben, subjektive Potenziale einzubringen, bis zu nach wie vor weitgehend fremdbestimmten, formalisierten und hoch arbeitsteiligen Strukturen, in die Beschäftigte regulierend eingreifen, um Abläufe zu verbessern und Störungen zu beseitigen. Erste Überlegungen und Befunde thematisieren die ebenso ambivalenten Konsequenzen der Digitalisierung als „neue Organisationstechnologie" und „sozialer Handlungsraum" (vgl. Boes et al. 2015) für subjektives Arbeitshandeln. Empirisch wurde auch gezeigt, dass Subjektivierung unterschiedliche Aspekte aufweisen kann. Selbstregulationspotenziale können sich auf die zeitliche und räumliche Verfasstheit von Arbeit beziehen, sachlich-qualifikatorische, technische, sinnhafte und emotionale Aspekte umfassen, aber auch die soziale Kooperation im Arbeitsprozess betreffen.

Differenzierend wirken allerdings nicht nur die in den Betrieben angewendeten Formen der Arbeitsorganisation und Kontrolle, sondern auch, dass die Subjekte die konkreten strukturellen Herausforderungen verschieden interpretieren, annehmen und ausformen. Sie verfügen subjektiv über je spezifische Ressourcen und Dispositionen, um sich zu positionieren, ihre Interessen zu formulieren und zu realisieren. Diese Ressourcen ergeben sich aus der konkreten Arbeitssituation selbst, den individuellen Interessen, Erfahrungen, Qualifikationen, Kompetenzen sowie Lebenslagen und nicht zuletzt daraus, wie Beschäftigte in Interaktionszusammenhänge und → Netzwerke eingebunden sind. Analysen stellen daher heraus, dass sich Beschäftigte den betrieblichen Anforderungen, aber auch den gesellschaftlichen Dispositionen nicht einfach unterwerfen, sondern sich, wie verschiedene Typologien zeigen (vgl. Bosančić 2014, Bahl 2016), dazu verschieden positionieren. Nicht zuletzt ist wesentlich, welche Unterstützung sie durch institutionalisierte Formen der Interessenvertretung (→ Betriebsräte, → Gewerkschaften, Gleichstellungsbeauftragte) erhalten.

Gerade im Kontext von Arbeit und Leben werden Subjektivierungsprozesse auch aus einer Geschlechterperspektive untersucht. Wurde der Subjektivierungsdebatte anfangs eine Geschlechtsblindheit zugeschrieben oder von der These ausgegangen, dass die neuen betrieblichen Strategien der Nutzung von Arbeitskraft gleichgültig gegenüber dem Geschlecht seien, wird in den empirischen Studien deutlich, dass das Geschlecht nach wie vor ein zentraler Differenzierungsfaktor ist. Der Zusammenhang von Subjektivierung und Geschlecht erweist sich als ambivalent: Einerseits wird der Zugang zu ökonomisch, technologisch und qualifikatorisch bedeutsameren Positionen möglich, andererseits besteht aber die Gefahr, dass Geschlechterunterschiede weiter zementiert oder auch re-traditionalisiert werden. Neue Differenzierungslinien zwischen Männern und Frauen, aber auch innerhalb der Genus-Gruppen werden konstatiert, die sich vor allem an der Verantwortlichkeit für → Sorgearbeit festmachen. Mit dem ganzheitlichen Zugriff auf Arbeitskraft und das Subjekt und dem Übergreifen von Arbeit auf das ganze Leben stellt sich das „Versorgungsproblem" neu (vgl. u.a. Andresen/Völker 2005). Subjektivierungsanforderungen setzen solche Arbeits- und Lebensmuster voraus, die eher für Männer typisch sind, da individualisierte Konzepte der Leistungserbringung kaum konkrete Lebensumstände berücksichtigen. Für beide Geschlechter gilt daher, dass die Wirkungen von Subjektivierung wesentlich davon abhängen, wie Männer und Frauen in der Lage sind, eine Lebensführung zu praktizieren, die kompatibel mit den neuen Anforderungen ist (→ auch Arbeit und Geschlecht, Reproduktion von Arbeitskraft). Gleichzeitig bieten neue Formen der Arbeitsorganisation und die Möglichkeit, die eigene Subjektivität in die Arbeit einzubringen, auch Chancen, Gender subjektiv durch proaktives Handeln und individuelle Handlungsentscheidungen selbst zu kodieren und damit „doing gender while doing working" zu betreiben (Voß/Weiß 2016). Eine Erweiterung erfährt diese stark auf Deutschland bezogene Debatte zunehmend aus transnationaler Perspektive (Becker et al. 2020). Ebenso wird die Frage aufgeworfen, inwiefern subjektive Orientierungen mit der Klassenherkunft, der Ethnie und anderen Differenzierungsfaktoren verflochten sind (vgl. Altreiter 2019) und sich verschiedene Subjektivierungsformen unter Einbezug des Lebenszusammenhangs identifizieren lassen.

Bei der Interpretation der Folgen verschiedener Erscheinungsformen von Subjektivierung im Wechselspiel von strukturellem Zwang zu mehr Subjektivität und von subjektiven Ansprüchen an Arbeit war strittig, ob es sich „nur" um ein verändertes Rationalisierungsverständnis (→ Rationalisierung) handelt, indem durch die Umstellung von Fremdbestimmung und -kontrolle auf Selbstorganisation, Selbstverantwortung und Selbstökonomisierung Potenziale zur wirtschaftlichen Verwertung von menschlicher Arbeit erschlossen werden sollen, oder ob damit tatsächlich Chancen der Selbstverwirklichung und Autonomie verbunden sind. Eine zunehmende Selbstausbeutung, steigende Arbeitsbelastungen und -verdichtung, ein stetiger Leistungsdruck, überbordende Flexibilitätsansprüche, die zugleich mit Unsicherheitserfahrungen und Prekarisierungstendenzen verbunden sind (→ auch Prekarität) spricht für das Rationalisierungspotenzial aus der Sicht der Betriebe.

Auf der Positivseite stehen Chancen für mehr Selbstverwirklichung, Autonomie in der Arbeit und die Vereinbarkeit von Arbeit und Leben (→ auch Work-Life-Balance). Gewährte Handlungs- und Entscheidungsspielräume geben Raum für individuelle Deutungen und dienen der Legitimierung weitergehender arbeitsinhaltlicher und professioneller Ansprüche. Reflexive Praktiken in der Aneignung der eigenen Arbeitssituation, eigensinnige Relevanzsetzungen und (Selbst-)Begrenzungen dienen dazu, sich selbst emanzipatorische Freiräume zu schaffen. Eigensinnige und auch widerständige Praktiken werden möglich, können als ein Mehr an Autonomie in der Arbeit interpretiert werden und führen zu mehr → Anerkennung in und durch Arbeit (vgl. Frey 2009). In diesem Kontext verweisen die Befunde auch auf neue Formen der Solidarisierung, dichotome Arbeits- und Gesellschaftsbilder und kritisches Potenzial bei den Beschäftigten. Damit entwickelt sich auch ein neues Feld betrieblicher Auseinandersetzungen sowie arbeitspolitischer Einflussnahme (vgl. Kleemann et al. 2019, Carstensen 2016) (→ Arbeitspolitik).

Eine abschließende Beurteilung der Chancen und Risiken einer Subjektivierung von Arbeit ist kaum möglich, vielmehr werden Ambivalenzen, Widersprüche und Uneindeutigkeiten sichtbar. Autonomie- und Anerkennungsgewinne stehen neben dem Zwang, das Arbeitshandeln auf ökonomische Zwecke auszurichten und die eigene Arbeitskraft zu vermarkten (Lohr/Nickel 2005, Minssen 2019). Selbst Entsubjektivierungstendenzen werden in manchen Tätigkeitsbereichen (z.B. der Pflege, dem Bildungswesen; vgl. Lohr et al. 2013) konstatiert und unter Bezug auf Digitalisierungsprozesse lassen sich gar Tendenzen einer „subjektivierte[n] Taylorisierung" (Ma-

tuschek et al. 2007) durch die IT-gestützte Standardisierung und Formalisierung von Arbeitsprozessen feststellen (Böhle/Senghaas-Knobloch 2019).
Letztlich wird gegenwärtig eingeschätzt, dass Subjektivierung von Arbeit „keine allumfassende Entwicklungstendenz in der Arbeitswelt als Ganzes" (Kleemann et al. 2019, S. 192) ist.

Internationaler Bezug

Im internationalen wissenschaftlichen Diskurs tauchen die Begriffe „subjectivity" und „subjectification" vor allem im Kontext der Rezeption von Foucault, Butler u.a. auf. In Bezug auf Arbeit wird diese Diskussion im Kontext der „Labour Process Debate" aufgenommen (vgl. u.a. O'Doherty/Thompson 2009). In Abgrenzung zum orthodoxen Ansatz, der die Logik der Akkumulation in den Vordergrund rückt, auf die strukturelle Verfasstheit des Kapital-Arbeit-Verhältnisses als Macht-, Herrschafts- und Kontrollbeziehungen abstellt und die Aushandlungsbeziehungen zwischen Management und Beschäftigten betont, wird aus aktueller (neo-orthodoxer, poststrukturalistischer) Perspektive die Abwesenheit einer Subjekttheorie und die Marginalisierung von Subjekten kritisiert. Ausgangspunkt der Versuche, Subjekte und Subjektivität zu adressieren, ist die Unbestimmtheit des Arbeitsvertrages und die daraus resultierende Widerständigkeit oder Unkontrollierbarkeit von Subjekten im Arbeitsprozess. Zugleich werden Veränderungen im Arbeitsprozess thematisiert (Teamarbeit, eine neue Managementkultur, Flexibilisierung von Arbeit), so dass Subjektivität eine wachsende Bedeutung erlangt. Die empirischen Befunde (z.B. aus der Automobilindustrie, dem Dienstleistungsbereich und der Kreativbranche) sind vergleichbar mit den Erkenntnissen deutscher Studien: Selbstvermarktung, Selbstregulation, Selbstdisziplinierung sowie eine zunehmende Reflexivität im Arbeitsprozess werden als Trends ausgemacht und als Individualisierungsprozesse interpretiert (vgl. McCabe 2007), die zugleich mit Prekaritäts- und Entgrenzungserfahrungen verbunden sind (Murgia et al. 2016). Theoretisch ist die Diskussion gegenwärtig durch das Ringen um einen Subjektbegriff gekennzeichnet, der eng mit dem Begriff der Identität in Zusammenhang gebracht wird und die Rolle von subjektiver Identität oder Subjektivität in den Arbeitsbeziehungen (und weniger im Arbeitsprozess, wie im deutschen Diskurs) hinterfragt. Das Subjekt wird hier als Kulminationspunkt verschiedener Machtbeziehungen und reziproker Interpretationen verstanden; es bildet auf Basis seiner subjektiven Erfahrungen (Zugehörigkeit zu Klasse, Nationalität, Familie, Gewerkschaft, Arbeitsorganisation u.a.) eine eigene Identität heraus. Subjektivität wird also als sozial konstruiert gefasst (vgl. O'Doherty/Thompson 2009). Im Fokus der Debatte steht dabei vor allem, wie subjektive Identitäten Widerstand, Einverständnishandeln und Eigensinn hervorbringen, was Subjektivierung für kollektiv solidarische Formen der Regulierung von Arbeitsbeziehungen bedeutet und wie Subjektivität und Kollektivität oder individuelle Identität und Klassenidentität (vgl. Farrugia 2019) in ihrer Wechselwirkung gefasst werden können. Strittig ist, ob Widerstand mit Begriffen der Subjektivität und Selbst-Identität verstanden werden kann, so dass dafür plädiert wird, die strukturelle Perspektive des orthodoxen Ansatzes handlungstheoretisch zu erweitern.

Karin Lohr

Empfehlungen zum Weiterlesen

Becker, Karina/Binner, Kristina/Décieux, Fabienne 2020: Gespannte Arbeits- und Geschlechterverhältnisse im Marktkapitalismus. Wiesbaden: Springer VS.
Böhle, Fritz/Senghaas-Knobloch Eva 2019: Andere Sichtweisen auf Subjektivität. Impulse für kritische Arbeitsforschung. Wiesbaden: Springer VS.
Kleemann, Frank/Westerheide, Jule/Matuschek, Ingo 2019: Arbeit und Subjekt. Aktuelle Debatten der Arbeitssoziologie. Wiesbaden: Springer VS.
Langfeld, Bettina 2009: Subjektorientierung in der Arbeits- und Industriesoziologie: Theorien, Methoden und Instrumente zur Erfassung von Arbeit und Subjektivität. Wiesbaden: VS-Verlag.
Lohr, Karin/Nickel, Hildegard-Maria (Hg.) 2005: Subjektivierung von Arbeit – Riskante Chancen. Münster: Westfälisches Dampfboot.
Moldaschl, Manfred/Voß, G. Günter (Hg.) 2002: Subjektivierung von Arbeit. München/Mering: Hampp.

Systemische Rationalisierung

Begriff

Systemische Rationalisierung bezeichnet eine neue historische Qualität in der Rationalisierungsentwicklung. Es geht nicht mehr allein um die Leistungssteigerung an einzelnen Arbeitsplätzen, den Nutzungsgrad einzelner Maschinen und Anlagen und die punktuellen Effekte einzelner Bearbeitungsprozesse. Im Zentrum stehen die Effektivierung und Optimierung des gesamtbetrieblichen Prozesses, die Organisierung von Markt- und Austauschprozessen und die Gestaltung der Beziehungen zwischen → Betrieben und Unternehmen. Voraussetzung der organisatorischen Neuordnung betrieblicher Funktionen und Abläufe und ihrer prozess- und betriebsübergreifenden Integration und Vernetzung ist die Verfügbarkeit neuer IuK-Technologien. Die besonderen Eigenschaften der Informationstechnik, ihre Funktion als Organisations- und Steuerungstechnologie, macht sie zur zentralen Flexibilitätsressource und damit zum zentralen Instrument systemischer Rationalisierung. Dieser „neue Rationalisierungstyp" wurde Mitte der 1980er Jahre in Deutschland in Studien zur → Rationalisierung industrieller Produktion (Altmann et al. 1986) und von Verwaltungs- und Bürotätigkeiten (Baethge/Oberbeck 1986) parallel „entdeckt" und konzeptuell entwickelt.

Standen zunächst innerbetriebliche Integrations- und Vernetzungstendenzen im Zentrum, rückte in der Folge vor allem der unternehmensübergreifende Charakter systemischer Rationalisierung in den Vordergrund: Rationalisierungsreserven wurden nicht mehr ausschließlich in betriebsinternen Prozessen gesehen, sondern zunehmend in der Gestaltung der Beziehungen zwischen Betrieben und Unternehmen. Die von gesättigten Märkten und verschärfter Konkurrenz ausgehenden Anforderungen nach höherer Flexibilität, Effizienz und Innovationsgeschwindigkeit werden aus den beschränkten Spielräumen einzelner Produktionsprozesse und Unternehmenseinheiten in die gesamte Produktions- und Wertschöpfungskette verlagert. Dies geschieht durch die Zerlegung herkömmlicher Abläufe in Teilsegmente, ihre Neuordnung und Reintegration in die gesamte Produktionskette (Segmentierung, Modularisierung). Dadurch ergibt sich die Möglichkeit, die in der gesamten Kette liegenden eigenständigen Produktivitäts- und Flexibilitätspotenziale zu erschließen (überbetriebliche Arbeitsteilung und Kooperation als neue Quelle der Wertschöpfung).

Mit der Weiterentwicklung der Informatisierung, dem Aufstieg des Internets bis hin zum aktuellen Stand des digitalen Wandels werden die Potenziale systemischer Rationalisierung enorm erweitert. Vieles von dem, was in früheren Konzepten angedacht und nur teilweise realisiert wurde, scheint nun technisch möglich. Vor diesem Hintergrund erfährt auch das Konzept der systemischen Rationalisierung ein Revival. Die vor über vier Jahrzenten formulierten begrifflichen Fassungen der Entwicklungsdynamik von Rationalisierung in Industrie- und Dienstleistungsbetrieben erweisen sich als in hohem Maße anschlussfähig für die Analyse gegenwärtiger Digitalisierungs- und Rationalisierungsprozesse (vgl. Buss et al. 2022, Nies 2021).

Genese/theoretischer Hintergrund

Die industriesoziologische Rationalisierungsdebatte der 1970er und 1980er Jahre war geprägt durch die Auseinandersetzung mit der tayloristisch-fordistischen Organisation (→ Fordismus, Taylorismus) von → Betrieb und → Arbeit und ihren negativen Folgen für die Arbeitskräfte. In der Analyse und der „humanen" Gestaltung von Rationalisierungsmaßnahmen in den 1970er Jahren ging es zunächst immer um technisch-organisatorische Veränderungen einzelner betrieblicher Arbeitsprozesse und davon betroffene Arbeitsplätze bzw. Arbeitskräfte. Die analytische Ausrichtung auf Prozesse und auf die Ebene der → Arbeitsorganisation (Arbeitsstrukturierung) war gegenüber der damals üblichen punktuellen arbeitsplatzbezogenen Betrachtungsweise bereits das Resultat ambitionierter theoretischer Konzeptualisierungsversuche (vgl. Altmann et al. 1978). In der Gestaltungsperspektive ging es um die Auflösung traditioneller Formen der Fließarbeit, die Zusammenfassung arbeitsteiliger Verrichtungen zu kompletten Arbeitszyklen an Einzelarbeitsplätzen und die partielle Einführung kooperativer Arbeitsformen (vgl. Altmann et al. 1982) (→ auch Gruppenarbeit). In den 1980er Jahren zeigte sich jedoch, dass die Krise des Taylorismus zugleich Ausdruck einer sehr viel tiefer reichenden Krise traditioneller Formen der Produktionsorganisation und traditioneller Rationalisierungsmethoden war. Die auf dem Hintergrund von Marktsättigung und verschärfter internationaler Konkurrenz entstandenen widersprüchlichen Flexibilisierungs- und Ökonomisierungsanforderungen konnten mit den starren, auf Massenproduktion ausgerichteten Produktionsstrukturen nicht mehr erfüllt werden. Einerseits mussten betriebliche Fertigungs- und Verwaltungsabläufe flexibilisiert werden, um komplexeren und häufig wechselnden Marktanforderungen gerecht zu werden, zugleich musste aber auch kostengünstiger produziert werden. In den Strategien zur Bewältigung dieser Anforderungen erhielt der Einsatz neuer Technologien einen zentralen Stellenwert. Die Rationalisierungsdiskussion in den 80er Jahren war dementsprechend zunächst stark technikzentriert und von einem deutlichen ingenieurwissenschaftlichen Bias gekennzeichnet (Spur 1986, Scheer 1987). Im Vordergrund standen technikzentrierte Konzepte einer fortschreitenden Automatisierung („CIM"-Systeme, „mannlose Fabrik") (→ auch Arbeit und Technik). Ein ähnlicher Bias und auch ähnliche Visionen sind in der gegenwärtigen Digitalisierungsdebatte wieder zu beobachten (→ Industrie 4.0, Digitale Transformation der Arbeit).

In den Sozialwissenschaften entwickelte sich damals eine breite Kontroverse über den historischen Stellenwert von Technik, Arbeit und Organisation in der Rationalisierungsentwicklung. So waren es insbesondere die Frankfurter Computer-Studien (Benz-Overhage et al. 1982), die die neue Qualität von Informationstechnologien in betrieblichen Rationalisierungsprozessen umfassend aufgriffen und im Kontext struktureller gesellschaftlicher Entwicklungen (Verhältnis von Markt- und Zeitökonomie) interpretierten. Im Kontrast dazu – aber durchaus bezogen auf die neuen Automatisierungstendenzen – wurde in neuen arbeitspolitischen Konzepten in Abkehr vom Taylorismus eine „Reprofessionalisierung von Produktionsarbeit" und damit ein neuer Typ von Produktionsarbeit propagiert, der sich durch breite Funktions- und Aufgabenintegration auszeichnete (vgl. Kern/Schumann 1984) (→ auch Neue Produktionskonzepte).

Die Konzepte systemischer Rationalisierung fokussierten vor allem auf das dritte Merkmal, die Ebene der betrieblichen und überbetrieblichen Organisation, verknüpften diese aber eng mit Aussagen zum Stellenwert von Technik und Arbeit (→ auch Arbeit und Technik). Die flexiblen Potenziale, die in der computergestützten Steuerung und in der datentechnischen Vernetzung betrieblicher Prozesse liegen, relativieren die strategische Bedeutung von Arbeitskraft in betrieblichen Rationalisierungsstrategien. Arbeitskraft sichert nicht mehr unmittelbar die Flexibilität der Produktion, sondern sie gewährleistet die Funktionsfähigkeit der flexiblen Technik als Basis einer systemisch vernetzten Produktion. Diesem Bedeutungsverlust von Arbeitskraft steht somit ein Bedeutungszuwachs von qualifizierter Arbeitskraft in jenen Funktionsbereichen gegenüber, die für die technische Flexibilisierung der Produktionsabläufe und für die technisch-organisatorische Gestaltung der zwischenbetrieblichen Arbeitsteilung zentral werden (z.B. Forschung und Entwicklung, Qualitätssicherung, Logistik). Auch in der aktuellen Debatte um die beschäftigungspolitischen Folgen der Digitalisierung geht es um dasselbe Verhältnis. Der Saldo zwischen Verlust und Entstehung von Arbeitsplätzen ist allerdings noch ungewiss.

In der gegenwärtigen Digitalisierungsdebatte wird inzwischen deutlich, dass eine sozialwissenschaftliche Deutung digitaler Transformationsprozesse im Kontext betrieblicher Rationalisierungsstrategien wesentlich mehr zur Erklärung der aktuellen Veränderungen beitragen kann, als die zahlreichen oft recht pauschalen und deterministischen Aussagen, die von einem disruptiven Technologieschub ausgehen. Dabei erweist sich das Konzept systemischer Rationalisierung als besonders ertragreich: die aktuelle Digitalisierung setzt an der strategischen Rolle von Informationstechnik, ihrer Funktion als Organisations- und Steuerungstechnologie an, die in den letzten Jahrzehnten in den Unternehmen in der Perspektive zunehmender Transparenz und Vernetzung von Produktions- und Marktprozessen immer weiter entwickelt wurde. Auch die wichtiger werdende Optimierung von marktlichen Austauschprozessen (Markterschließung, Kundenbeziehungen, Absatzsteuerung etc.), bei der digitale Technologien (insbesondere Big Data und Künstliche Intelligenz) eine wesentliche Rolle spielen (vgl. Pfeiffer 2021, Buss et al. 2022), war in den beiden Ansätzen zu systemischer Rationalisierung in Industrie (Altmann et al. 1986) und Dienstleistungen (Baethge/Oberbeck 1986) bereits konzeptuell enthalten (→ auch Vermarktlichung).

Zentrale Forschungsergebnisse, internationaler Bezug

Die „Entdeckung" eines „neuen Rationalisierungstyps", seine Konzeptualisierung im Begriff systemischer Rationalisierung und die daraus angestoßenen Debatten über die zukünftige Entwicklung post-tayloristischer Rationalisierung waren zunächst wichtige Forschungsergebnisse in den 1980er Jahren. Mit der systemischen Rationalisierung wurde kein geschlossenes Konzept formuliert, sondern bezeichnet wurde damit eine offene Stoßrichtung betrieblicher Rationalisierung. Diese ist auf die Bewältigung von Problemen gerichtet, die sich aus widersprüchlichen Anforderungen an Flexibilisierung und Ökonomisierung ergeben und zu einer „unsystematischen Implementation und Durchsetzung systemischer Rationalisierungsmaßnahmen" (Altmann et al. 1986, S. 200) führen. Der widersprüchliche Charakter von Rationalisierung und Reorganisation in den darauf folgenden Jahrzehnten hat diese Einschätzung bestätigt. Einzelne Elemente des Konzepts der systemischen Rationalisierung spielen in den nachfolgenden sozialwissenschaftlichen Untersuchungen mit unterschiedlichen Schwerpunktsetzungen eine einflussreiche Rolle.

Unternehmensübergreifende Rationalisierungsstrategien: In den 1990er Jahren gerieten im Kontext vieldiskutierter Konzepte wie → Lean Production, Business Re-Engineering, Total Quality Management u.ä. verstärkt unternehmensübergreifende organisatorische Zusammenhänge ins Blickfeld einer erweiterten Rationalisierungsperspektive. Angestoßen von Vergleichen zwischen japanischen, amerikanischen und europäischen Unternehmen der Automobilindustrie (Womack et al. 1990) waren auch die sozialwissenschaftlichen Analysen und Debatten stark international ausgerichtet (vgl. hierzu Tokunaga et al. 1992, Sabel et al. 1991) Weitreichende Umstrukturierungsmaßnahmen in den Unternehmen beziehen vor- und nachgelagerte Produktions-, Dienstleistungs- oder auch Handelsstufen ein. Dezentralisierung und Auslagerung geht einher mit dem Aufbau zwischenbetrieblicher netzwerkartiger Organisationsformen auf informationstechnischer Grundlage, die sich zu weltumspannenden integrierten Produktionssystemen weiterentwickeln (→ Netzwerke). Physische Dezentralisierung vollzieht sich gleichzeitig mit der Einrichtung zentralistischer, datentechnisch gestützter Kontroll- und Steuerungssysteme. „Autonomie" und „Kontrolle" oder „Markt" und „Hierarchie" wurden in den so entstehenden Produktionsnetzwerken zu einem neuartigen Koordinations- und Steuerungsmechanismus miteinander verbunden (vgl. Sauer/Döhl 1994, Hirsch-Kreinsen 1995) (→ auch Kontrolle, Herrschaft). Die Einführung sog. Cyberphysischer Systeme, in denen betriebliche Produktionsprozesse auch mit räumlich entfernten Produktionsanlagen autonom kommunizieren und mit Dienstleistungen verknüpft werden (Internet der Dinge und Dienste) verweist gegenwärtig auf eine neue Stufe der Reorganisation und eine neue Dimension in der (Selbst-)Steuerung) komplexer Systeme (→ Industrie 4.0, Arbeit und Künstliche Intelligenz).

Netzwerkbildung und Marksteuerung: Digitalisierung hat zu einer neuen Qualität in der Analyse, Gestaltung und Kontrolle von Märkten und Austauschprozessen geführt. Die Erschließung neuer Märkte und Kunden und die Sicherung und Ausdehnung des Absatzes wird zur entscheidenden Überlebensbedingung von Unternehmen – mehr als die Effektivierung von Produktions- und Dienstleistungsprozessen (vgl. Pfeiffer 2021). Nicht nur in den Strategien der großen Tech-Unternehmen spielen neue Geschäftsmodelle eine zentrale Rolle, die mit unternehmens- und branchenübergreifender Netzwerkbildung die Reichweite ihres Markteinflusses ausdehnen. Digitale Technologien unterstützen diese systemischen Transformationsprozesse auf einer höheren Entwicklungsstufe.

Folgen für die Arbeitskräfte: Systemische Rationalisierung führt zu keinen eindeutigen Folgen für die betroffenen Arbeitskräfte, da diese verdeckt und nach Funktionsbereichen segmentiert und in die heterogene Struktur der Produktionskette verlagert werden. Es ist von zwiespältigen Konsequenzen auszugehen: So kommt es in Zulieferketten zu einer Verlagerung negativer Folgeerscheinungen auf vorgelagerte Produktionsstufen in internationalem Maßstab (Schwellenländer, industrielle Billiglohnländer): im Hinblick auf Beschäftigungsrisiken, ungesicherte Beschäftigungsverhältnisse, Arbeitszeitstrukturen, Leistungsdruck etc. Andererseits können anpassungsstarke Zulieferbetriebe auch von der sinkenden Fertigungstiefe und anderen Reorganisationsmaßnahmen profitieren: stabilisierte Beschäftigung, steigendes Qualifikationsniveau etc. (→ auch Unternehmens[re]organisation, Globale Wertschöpfungsketten und internationale Arbeitsteilung).

Für die Interessenvertretung von Arbeitnehmern stellen sich neuartige Anforderungen. Die Mitbestimmungsrechte, die sich herkömmlich auf die rechtlichen Einheiten „Betrieb" und „Unternehmen" beziehen, können übergreifende Systemwirkungen nicht mehr erfassen. Die formal existierenden Mitbestimmungsrechte laufen leer (vgl. Nagel et al. 1990) (→ auch Partizipation, Unternehmensmitbestimmung). Es wurden zwar Ansätze zu einer übergreifenden Mitbestimmung und Koordination von Interessenvertretungen entwickelt, die sich stärker an der Reichweite von Systemwirkungen orientieren, allerdings wurde bislang ein effektives „Nachziehen" der Arbeitsbeziehungen gegenüber den weltweiten ökonomischen Vernetzungen nicht erreicht (→ auch Industrielle Beziehungen, Industrielle Beziehungen in internationaler Perspektive).

Dieter Sauer

Empfehlungen zum Weiterlesen

Altmann, Norbert/Deiß, Manfred/Döhl, Volker/Sauer, Dieter 1986: Ein „Neuer Rationalisierungstyp" – neue Anforderungen an die Industriesoziologie. In: Soziale Welt, Jg. 37, H. 2/3, S. 191–206.

Baethge, Martin/Oberbeck, Herbert 1986: Zukunft der Angestellten. Neue Technologien und berufliche Perspektiven in Büro und Verwaltung. Frankfurt a.M./New York: Campus.

Bechtle, Günter 1994: Systemische Rationalisierung als neues Paradigma industriesoziologischer Forschung? In: Beckenbach, N./Treeck, W. v. (Hg): Umbrüche gesellschaftlicher Arbeit. Sonderband 9 der Sozialen Welt. Göttingen: Schwartz, S. 45–65.

Buss, Klaus-Peter/Oberbeck, Herbert/Tullius, Knut 2022: Systemische Rationalisierung 4.0. Wie Wettbewerb und Geschäftsmodelle die Digitalisierung in Handel, Logistik und Finanzdienstleistungen prägen. In: Berliner Journal für Soziologie, Jg. 32, H. 1, S. 35–68.

Sauer, Dieter 2016: Permanente Reorganisation. Unsicherheit und Überforderung in der Arbeitswelt. In: Doering-Manteuffel, A./Raphael, L./Schlemmer T. (Hg): Vorgeschichte der Gegenwart. Dimensionen des Strukturbruchs nach dem Boom. Göttingen: Vandenhoeck & Ruprecht, S. 37–57.

Tarifvertrag

Begriff

Ein Tarifvertrag ist ein Kollektivvertrag zwischen den Interessenverbänden von Arbeit und Kapital, den → Gewerkschaften und den → Arbeitgeberverbänden. Aber auch einzelne Unternehmen sind als kollektive Akteure tariffähig. Deshalb existieren sowohl überbetriebliche Flächen- oder Verbandstarifverträge als auch unternehmensbezogene Tarifverträge. Die unternehmensbezogenen Tarifverträge lassen sich wiederum danach unterscheiden, ob sie die Arbeitsnormen als Haustarifvertrag für das Unternehmen vollständig regeln, oder ob sie die für das Unternehmen geltenden Flächentarifvertragsnormen ergänzen oder verändern (dann zumeist bezeichnet als Ergänzungs-, Sanierungs- oder Anerkennungstarifverträge). In Deutschland sind überbetriebliche Tarifverträge weit stärker verbreitet als unternehmensbezogene. Weil Gewerkschaften und Arbeitgeberverbände nach dem Industrieverbandsprinzip organisiert sind, beziehen sich auch die Tarifverträge zumeist auf Branchen oder einzelne Regionen innerhalb der Branchen (den so bezeichneten Flächen).

Inhaltlich haben die Tarifverträge zwei Regelungsbestandteile. In ihrem schuldrechtlichen Teil regeln sie die Rechte und Pflichten der Tarifvertragsparteien wie Friedens-, Verhandlungs- oder Aufsichtspflichten. In ihrem normativen Teil enthalten die Tarifverträge Festlegungen zu Arbeitsnormen und -standards. Dabei lassen sich – aber nicht in allen Branchen in gleicher Weise – mehrere *Arten von Tarifverträgen* unterscheiden. Entgelttarifverträge legen periodisch die Entgelthöhe fest. Entgeltrahmentarifverträge definieren Entgeltgruppen sowie Standards für Arbeitsbewertungen und Eingruppierungen (→ Entgelt und Leistung). Und Manteltarifverträge regeln → Arbeitszeiten, Urlaubsansprüche oder Mehrarbeitszuschläge.

In der Bundesrepublik Deutschland werden Tarifverträge im Rahmen der *Tarifautonomie* ausgehandelt (→ auch Industrielle Beziehungen). Grundlage dafür ist das Tarifvertragsgesetz von 1949, das Gewerkschaften – und implizit auch Arbeitgeberverbänden – das Recht zuspricht, kollektive Arbeitsnormen ohne Einfluss des Staates zu vereinbaren. Der Geltungsbereich von Tarifverträgen erstreckt sich formal auf die Mitglieder der vertragschließenden Parteien, also zum einen auf die Mitglieder der Gewerkschaften und zum anderen auf die Unternehmen, die Mitglied eines tarifschließenden Arbeitgeberverbandes sind oder selber Tarifverträge abschließen. Die tarifgebundenen Unternehmen wenden die Tarifnormen jedoch auf alle Beschäftigten an, um keine Anreize zum Eintritt in die Gewerkschaften zu setzen. Tarifverträge können zudem vom Bundesarbeitsministerium in einer Branche für *allgemeinverbindlich* erklärt werden. Voraussetzung dafür sind, neben dem Antrag und der Zustimmung der Tarifvertragsparteien, nach dem Tarifvertragsgesetz entweder die „überwiegende Bedeutung“ eines Tarifvertrages in seinem Geltungsbereich oder die „Absicherung der Wirksamkeit der tarifvertraglichen Normsetzung gegen die Folgen wirtschaftlicher Fehlentwicklungen“.

Tarifliche Arbeitsnormen haben Vorrang vor Betriebsvereinbarungen (→ Betriebsrat). Der *Tarifvorrang* ist rechtlich sowohl durch das Tarifvertragsgesetz (§ 4.3 TVG) als auch durch das Betriebsverfassungsgesetz (§ 77 [3] BetrVG) abgesichert. Demnach dürfen tatsächlich oder üblicherweise in Tarifverträgen behandelte Themen nicht Gegenstand von Betriebsvereinbarungen sein. Von dieser Regel kann unter zwei Bedingungen abgewichen werden: Die Tarifvertragsparteien ermächtigen die Betriebsparteien mittels Tarifvertrag, ergänzende oder verändernde Regelungen zu bestimmten Tarifnormen auszuhandeln; oder Betriebsvereinbarungen (oder individuelle Arbeitsverträge der Arbeitnehmer) zu diesen Themen enthalten für die Beschäftigten günstigere Arbeitsnormen. Durch den Tarifvorrang werden kollektive Konflikte über die Verkaufsbedingungen der Arbeitskraft auf der Ebene der Tarifautonomie zentralisiert.

Genese

Traditionell sind die Gewerkschaften treibende Kraft der Entwicklung von Tarifverträgen. Für sie waren die Tarifverträge stets zentrales Instrument zur Verbesserung der kollektiven Arbeitsbedingungen der Beschäftigten und zur Sicherung ihrer materiellen und demokratischen Teilhabe an der Verteilung des wirtschaftlichen Wohlstands. Tarifverträge haben zugleich eine Befriedungs- und Produktivitätsfunktion für die Unternehmen, weil sie Arbeitskämpfe während ihrer Laufzeit ebenso ausschließen wie die Verbesserung der Wettbewerbsfähigkeit durch Lohnkonkurrenz (Bispinck/Schulten 1999). Damit wirken Tarifverträge als „vorteilhafte Zwänge“ (Streeck 1997), denen sich die Unternehmen unter dem Druck gewerkschaftlicher Organisationsmacht beugen müssen.

Begleitet von zahlreichen Arbeitskämpfen hatte sich das bundesdeutsche *System der Tarifverträge* in den 1950er und 1960er Jahren herausgebildet. Es gelang den Gewerkschaften in dieser Phase durch Lohnsteigerungen und Arbeitszeitverkürzungen, die Lohn- an die Produktivitätsentwicklung zu koppeln und so das Zeitalter des Massenkonsums einzuläuten (→ Fordismus). In den frühen 1970er Jahren wurde die Tarifsetzungsmacht der Gewerkschaften für kurze Zeit in Frage gestellt, als moderate Tarifabschlüsse „wilde“ Streiks in den Betrieben auslösten. Der darauf folgende Schwenk der Gewerkschaften zu einer expansiven Lohnpolitik hat die gewerkschaftliche Kontrolle über Arbeitskämpfe wieder gefestigt. Allerdings endete diese Strategie mit der einsetzenden Massenarbeitslosigkeit in der zweiten Hälfte der 1970er Jahre. Die Gewerkschaften reagierten darauf mit der Forderung nach Arbeitszeitverkürzung und Einführung der 35-Stunden-Woche. Zwar gelang dabei nach den umfangreichsten Arbeitskämpfen in der Geschichte der Bundesrepublik in vielen Branchen der Einstieg in die Arbeitszeitverkürzung, die 35-Stunden-Woche wurde aber schließlich nur in den Vorreiterbranchen der Metall- und Druckindustrie erreicht.

Seit den späten 1980er Jahren fanden neue Themen Aufnahme in die Tarifverträge, darunter Weiterbildung oder Demografie (→ auch Berufliche Bildung, Arbeit und Alter[n]). Hinzu kamen weitere Themen wie die Altersteilzeit, die durch arbeitsmarkt- und sozialpolitische Entwicklungen angestoßen wurden. Zudem wurden in den letzten beiden Jahrzehnten in mehreren Branchen neue Entgeltrahmentarifverträge ausgehandelt, die neben einer Modernisierung der Arbeitsbewertung die traditionelle Trennung von Arbeitern (Lohn) und Angestellten (Gehalt) aufgehoben haben (→ auch Angestelltensoziologie, Arbeiterbewusstsein, Entgelt und Leistung). In jüngster Zeit wurden schließlich in mehreren

Branchen neue Arbeitszeitregelungen durch tarifliche Zusatzentgelte eingeführt, die mit individuellen Wahloptionen für Arbeitszeitverkürzungen verbunden sind.

Bis in die 1990er Jahre hinein funktionierten die Tarifrunden nach dem *Geleitzugprinzip*. Die organisations- und durchsetzungsstarken Gewerkschaften der Metallindustrie, der chemischen Industrie oder des öffentlichen Dienstes vereinbarten jeweils Tarifverträge, die für die anderen Branchen als Vorbild dienten. Auf diese Weise entwickelten sich die Tarifnormen zwischen den Branchen relativ einheitlich.

Zentrale Forschungsergebnisse

Die Forschung zu Tarifverträgen hat vier aktuelle Entwicklungstrends der Tarifverträge herausgearbeitet. Der erste Entwicklungstrend ist der *Rückgang der Tarifbindung*. Zwar finden sich weiterhin in nahezu allen Branchen überbetriebliche Kollektivvereinbarungen. Doch immer weniger Unternehmen und die in ihnen Beschäftigten sind an Flächentarifverträge gebunden. Die Tarifbindung (inklusive der Haustarifverträge) nach Beschäftigten ist in Deutschland im Zeitraum von 1992 bis 2020 um 25 Prozentpunkte von 76% auf 51% gesunken (Ellguth/Kohaut 2021). Ursache des Rückgangs ist die abnehmende Mitgliederbindung der Arbeitgeberverbände. Allerdings hängt diese auch mit der schwindenden Organisationsmacht der Gewerkschaften zusammen, die seltener als früher Austritte aus dem Arbeitgeberverband verhindern oder Eintritte erzwingen können (vgl. auch die Mitgliedschaft „ohne Tarifbindung": → Arbeitgeberverbände).

Der zweite Trend ist die *Differenzierung der Entgeltstandards*. Der Geleitzug zwischen den Branchen ist aufgebrochen. Während die Tarifentgelte in der Metallindustrie im Zeitraum zwischen 2000 und 2016 um fast 52% angestiegen sind, betrug das Wachstum im Einzelhandel lediglich 37% (Schulten/Bispinck 2018). Vor allem im privaten Dienstleistungssektor schützen tarifliche Stundenentgelte in den unteren Vergütungsgruppen nicht vor Niedriglohnbezahlung; der Anteil der Niedriglohnbeschäftigung im Einzelhandel lag im Jahr 2019 bei über 40%, in den Branchen Gastgewerbe und in der Gebäudereinigung über 60%. Niedrige Tariflöhne haben zum Anwachsen des → Niedriglohnsektors beigetragen, der im Jahr 2019 knapp 20% der abhängig Beschäftigten umfasste (Kalina/Weinkopf 2021). Als Reaktion auf diese Entwicklung wurde im Jahr 2015 auf Drängen der Gewerkschaften der gesetzliche Mindestlohn eingeführt, um Entgeltmindeststandards sicherzustellen, die im Rahmen der Tarifautonomie nicht mehr gewährleistet werden können. Entscheidungen über die Höhe des Mindestlohns werden in der Regel in einer Mindestlohnkommission des Bundesarbeitsministeriums getroffen, die mit Vertreter:innen der Tarifvertragsparteien besetzt ist.

Die Differenzierung der Tarifstandards fördert zugleich die *Tarifkonkurrenz* zwischen den Branchen und Outsourcingstrategien im Industriesektor (Dribbusch 2010), weil es für Unternehmen im Geltungsbereich von Tarifverträgen mit höheren Regulierungsniveaus wirtschaftlich attraktiv ist, Tätigkeiten an Unternehmen aus Branchen mit niedrigeren Niveaus oder ganz ohne Tarifbindung zu verlagern. Die Allgemeinverbindlichkeit wirkt dem kaum entgegen. Sie wird, nicht zuletzt wegen des Widerstands der Arbeitsgeberspitzenverbände in der zuständigen paritätisch besetzten Tarifkommission des Bundesarbeitsministeriums, nur noch selten angewendet, und wenn, dann in Form von Branchenmindestlöhnen, die nach dem Arbeitnehmer-Entsendegesetz in 13 Branchen für allgemeinverbindlich erklärt wurden. Für einzelne Berufsgruppen wie Lokführer, Ärzte und Flugpiloten besteht eine Tarifkonkurrenz zwischen Berufsgewerkschaften und Branchengewerkschaften des DGB (Schroeder et al. 2011) (→ Gewerkschaften).

Der dritte Trend ist die *Dezentralisierung der Tarifregulierung*. Seit den 1980er Jahren wurden den Betriebsparteien im Rahmen einer Verbetrieblichung bei der Ausgestaltung und Veränderung von Tarifnormen zunehmend Handlungsspielräume eingeräumt (Schmidt/Trinczek 1989). Dies galt zunächst vor allem für die betriebliche Flexibilisierung der Arbeitszeiten. Seit den 1990er Jahren wurde die Dezentralisierung von der Ausweitung betrieblicher Beschäftigungsbündnisse angetrieben, in denen Lohn- und Arbeitszeitkonzessionen der Beschäftigten gegen die Zusage temporärer Beschäftigungssicherung getauscht werden (Seifert 2002). Teilweise haben die Bündnisse auch Tarifnormen unterschritten und damit zu einer ‚wilden' Dezentralisierung beigetragen

(Rehder 2003, Traxler 1995 b). Vor allem deshalb haben die Gewerkschaften seit Mitte der 1990er Jahre in vielen Branchen *tariflichen Öffnungsklauseln* zugestimmt, die betriebsbezogene Abweichungen von den Tarifnormen erlauben und in eine organisierte Dezentralisierung überführen sollten (Haipeter 2009). Im Unterschied zur Verbetrieblichung geht es hier nicht um die Anwendung, sondern um die Veränderung von Tarifnormen, und dies zumeist unter der Federführung der Tarifparteien und nicht der Betriebsparteien. Die Verbreitung von Tarifabweichungen hat sich in der Metall- und der Chemischen Industrie auf einen Durchschnitt von etwa 10–20% der tarifgebundenen Betriebe eingependelt (Haipeter 2020). Die Konzessionen können für Betriebsräte und Gewerkschaften mit Legitimationsproblemen verbunden sein (Rehder 2006). Vor allem in der Metallindustrie haben daher die Interessenvertretungen neue Wege der Beteiligung der Gewerkschaftsmitglieder auf Mitgliederversammlungen an Tarifabweichungen entwickelt. Dieses Vorgehen hat sich als überaus wirksam bei der Gewinnung neuer Mitglieder und der Steigerung der gewerkschaftlichen Organisationsmacht im Betrieb erwiesen (Haipeter 2010).

Viertens schließlich haben seitdem auch zunehmend *Beteiligungselemente* Eingang in die Verhandlungen von Flächentarifverträgen gefunden. Dies geschieht im Rahmen unterschiedlicher Beteiligungsformen wie Beschäftigtenbefragungen bei der IG Metall, Mitgliederbefragungen über Verhandlungsergebnisse bei ver.di im öffentlichen Dienst oder auch der stärkeren Einbeziehung aktiver Mitglieder in die Streikaktivitäten wie die Streikdelegierten in den Tarifkonflikten der Erzieher:innen bei ver.di (Bahnmüller/Salm 2018, Dörre 2016). Verbunden damit ist auch ein Funktionswandel der Streiks als Instrument einer „Organisierung am Konflikt“ (Bewernitz/Dribbusch 2014).

Der Rückgang der Tarifbindung oder die Tarifdifferenzierung sind frühzeitig als Indikatoren für eine Erosion des Tarifsystems eingestuft worden (Hassel 1999). Dies galt zunächst auch für die Dezentralisierung durch tarifliche Öffnungsklauseln, doch sprechen nicht zuletzt die dabei erzielten Organisierungserfolge der Gewerkschaften für eine differenziertere Bewertung. Diese waren zudem auch ein wichtiger Anstoß für die Entwicklung beteiligungsorientierter Verhandlungs- und Konfliktstrategien der Gewerkschaften. Allerdings haben diese Entwicklungen die fortdauernde Erosion des Tarifsystems bislang nicht eindämmen können.

Internationaler Bezug

Eine rechtlich abgesicherte Tarifautonomie findet sich nur in wenigen Ländern (→ Industrielle Beziehungen in internationaler Perspektive). In den angelsächsischen Ländern oder auch in Schweden beispielsweise gibt es keinen formalen rechtlichen Rahmen für das „Collective Bargaining“. Viele mittel- und osteuropäische (aber auch lateinamerikanische und südostasiatische) Länder kennen wegen rechtlicher Regulierungen oder des Vorherrschens von Betriebsgewerkschaften keine überbetrieblichen Tarifverträge. Zugleich finden sich in vielen Ländern staatliche Interventionen durch gesetzliche Festlegungen von Arbeitsbedingungen – auch über nationale Mindestlöhne hinaus. Zudem wird in vielen europäischen Ländern die Tarifbindung durch die Allgemeinverbindlichkeitserklärung von Tarifverträgen gestützt.

In den meisten Systemen mit überbetrieblichen Tarifverträgen sind seit den 1990er Jahren Dezentralisierungsprozesse zu erkennen. Dezentralisierung kann dabei sowohl die Verlagerung von zentralen zu branchenbezogenen Tarifverträgen als auch von Branchentarifen zu betriebsbezogenen Vereinbarungen bedeuten; in einzelnen Ländern wie Schweden findet sich auch beides. Im Vergleich der Systeme zeigt sich, dass die Existenz von Branchentarifverträgen zentral für den Erhalt der Prägekraft von Tarifverträgen ist (OECD 2019). In Deutschland allerdings ist das nur bedingt der Fall; nicht nur ist hier die Erosion der Tarifbindung dynamischer als in vielen anderen Ländern; auch wird diese hier nicht durch Maßnahmen wie die Allgemeinverbindlichkeitserklärung kompensiert.

Thomas Haipeter

Empfehlungen zum Weiterlesen

Bispinck, Reinhard/Schulten, Thorsten (Hg.) 2010: Zukunft der Tarifautonomie. 60 Jahre Tarifvertragsgesetz: Bilanz und Ausblick. Hamburg: VSA.

Haipeter, Thomas 2021: Between Industry and Establishment: Recent Developments in German Collective

Bargaining and Codetermination. In: Labour & Industry: A Journal of the Social and Economic Relations of Work (online), DOI 10.1080/10301763.2021.1901333.
Müller, Torsten/Schulten, Torsten 2019: Germany: Parallel Universes of Collective Bargaining. In: Müller, T./Vandaele, K./Waddington, J. (eds.): Collective Bargaining in Europe. Towards an Endgame. Brussels: ETUI, S. 239–266.
Müller-Jentsch, Walther 2017: Strukturwandel der industriellen Beziehungen. ‚Industrial Citizenship' zwischen Markt und Regulierung (2. Auflage). Wiesbaden: Springer VS.

Taylorismus

Begriff

Taylorismus ist ein nach dem amerikanischen Ingenieur Frederick W. Taylor (1856–1915) benanntes arbeitsorganisatorisches Konzept, bei dem es in der originalen Fassung auf die Optimierung aller Arbeitsbedingungen und die Maximierung der individuellen Arbeitsleistung ankommt. Diese will Taylor u.a. durch Bestenauslese, systematische Arbeitszeitstudien anhand kleiner, analytisch zerlegter Arbeitsschritte erreichen, deren Planung, Koordination und Kontrolle auf ein Arbeitsbüro und gesonderte Funktionsmeister übertragen werden. Ergänzt werden diese Maßnahmen durch Schulung, sanktionierende Lohnanreize und das Versprechen der betrieblichen Interessenharmonisierung. Nach vorherrschender Auffassung ist dieses später vielfältig modifizierte Konzept, zusammen mit dem Prinzip der Fließfertigung, zur Grundlage der industriellen Massenfertigung geworden (→ Fordismus/Massenproduktion).

Obwohl für die moderne Industrieproduktion schon lange vor Taylor Arbeitsteilung bzw. funktionale Spezialisierung konstitutiv gewesen sind, wurde der Begriff des Taylorismus im wissenschaftlichen Sprachgebrauch zum allgemeinen Synonym für hoch arbeitsteilige Arbeitsverrichtungen.

Begriffsgeschichte: Bis in die 30er Jahre stand Taylors Konzept für Höchstleistungsarbeit, die anderen Aspekte blieben sekundär. Erst in der Zeit nach dem Zweiten Weltkrieg hat sich ein Bedeutungswandel vollzogen. Seitdem stehen Arbeitsteilung und Dequalifikation im Vordergrund der Begriffszuschreibung, ergänzt um Trennung von Hand- und Kopfarbeit und erhöhten Kontrollzugriff (→ Kontrolle). In gesellschaftskritischen Theoriediskursen – insbesondere in Anschluss an eine verkürzte Marx-Rezeption, wie sie in den 70er und 80er Jahren verbreitet war – wurde der Taylorismus zum originären Modus kapitalistischer Produktion stilisiert. Und bis heute fungiert er in der arbeitspolitischen Diskussion als – häufig pejorativ gebrauchter – Gegenbegriff zum Leitbild ganzheitlicher Arbeitsvollzüge, wie sie z.B. durch die → ‚Neuen Produktionskonzepte' angestrebt werden. Ein Bedeutungswandel trat auch im Verhältnis von Taylorismus und Fordismus zueinander ein. Bis in die 30er Jahre galten sie als völlig verschiedenartige, teilweise sogar gegensätzliche Rationalisierungsmethoden. Während Taylor Effizienz vor allem durch → Rationalisierung der manuellen Arbeit erreichen wollte, hatte dies Ford durch Mechanisierung, vor allem durch das Diktat des verketteten Maschinentaktes erreicht. Gegenwärtig gelten in der dominanten Deutung der französischen Regulationsschule Fordismus und Taylorismus als sich ergänzende Varianten der gleichen Produktionsmethode (→ auch Produktionsregime).

Das Taylor-Konzept ist in seiner wissenschaftlichen Rezeptionsgeschichte sehr kontrovers bewertet worden. Das betrifft nicht nur seine Akzeptanz, sondern auch die Praxistauglichkeit, das Effizienzversprechen, den Innovationsgrad und die Folgen für Arbeitskräfte, Betrieb und Gesellschaft. Als konzeptioneller Begriff hat sich weitgehend die *‚wissenschaftliche Betriebsführung'* durchgesetzt. Das ist auch der Titel von Taylors letztem Buch – wenngleich die wissenschaftliche Berechtigung der 1910 kreierten Propagandaformel (Drury 1922, S. 1ff.) schon von Zeitgenossen (Hoxie 1966 [1915], S. 137f.) bestritten worden ist.

Genese/empirisch-theoretischer Kontext

Das System der → Arbeitsorganisation, das sich mit dem Namen Taylors verbindet, entwickelte sich nicht zufällig am Ende des 19. Jahrhunderts. Der schnell wachsenden amerikanischen Industrie mangelte es an qualifizierten Arbeitskräften; dafür gab es ein Überangebot an Un- und Angelernten (Söllheim 1922, S. 83f., 86f.). Um diese produktiv einsetzen zu können, mussten Aufgaben mit kurzer Anlernzeit konzipiert werden, was die Zerlegung komplexer Arbeitsaufgaben in kleine, standardisierte Einheiten notwendig machte. Das gleiche Kalkül ist auch heute noch maßgeblich, wenn standardisierte Massenfertigung in Länder mit Niedriglöhnen und großem Angebot an gering qualifizierten Arbeitskräften verlagert wird (→ auch Globale Wertschöpfungsketten und internationale Arbeitsteilung).

Für Taylor selbst war das Hauptmotiv für die Reorganisation der Arbeit die weit verbreitete Leistungszurückhaltung der Arbeiter (Taylor 1995 [1913], S. 52ff.), entstanden aus den negativen Erfahrungen mit häufigen Lohnkürzungen im Stücklohnsystem (Burchardt 1977, S. 52). Auf dem Weg zu größtmöglicher Prosperität galt es für Taylor, das private Produktionswissen der Arbeiter zu ‚enteignen', ihre subjektive Definitionsmacht über den Arbeitsablauf in ein überindividuelles Regelwerk zu transferieren und mit dessen Hilfe die Produktionsarbeit und deren Ergebnisse systematisch zu verbessern. Dazu war Taylor bestrebt, die technisch-organisatorischen Prozesse zu optimieren, um daraus methodisch überprüfte Vorgaben für die Arbeitsverrichtung zu erhalten, deren individuelle Einhaltung durch das Taylorsche ‚Differentiallohnsystem' entweder negativ oder positiv sanktioniert werden konnte (→ auch Entgelt und Leistung). Die Aufmerksamkeit auf die systematische Integration der Fertigungsorganisation gelenkt zu haben, bei einem Höchstmaß an Effizienz jedes Teilprozesses, ist wahrscheinlich das bedeutendste Erbe Taylors.

In die Geschichte der → Rationalisierung ist Taylor aber vor allem als Pionier der *Zeitanalysen* eingegangen. Sein Verfahren beschreibt er ausführlich in dem 1903 publizierten Buch ‚Shop Management' (dt. ‚Die Betriebsleitung' 1909/1920), seine eigentliche Hauptschrift. Bei den Zeitstudien ging es Taylor darum, die Arbeitsabläufe in die kleinsten voneinander isolierbaren Zeiteinheiten zu zerlegen, überflüssige auszugliedern und die verbliebenen effizienter auf den Zweck hin auszurichten. „Die schnellste Fertigstellungszeit für jede Arbeit ist diejenige, in welcher ein erstklassiger und eingeschulter Arbeiter sie leisten kann. Die Zeit mag als die ‚schnellste Zeit' oder ‚Normalzeit' [!] bezeichnet werden" (Taylor 1920, S. 20). Wer dieses Pensum dauerhaft nicht schaffte, wurde an einen anderen, geringer bezahlten Arbeitsplatz versetzt oder entlassen. Diejenigen, die dem Anspruch der neuen Taylorschen ‚Normalzeit' genügten oder darüber lagen, erhielten nach Taylors Angaben mindestens 30 und bis zu 60% mehr Lohn. Dessen Höhe war garantiert, solange die vorgegebene Leistung erbracht wurde, konnte also vom Management nicht einseitig gekürzt werden. Andererseits blieb der Leistungsstachel erhalten, denn wenn die ‚Normalzeit' nicht eingehalten wurde, sank auch der Lohn, und dies sogar überproportional. Dem Unternehmer wurde hingegen der zwei- bis dreifache Ertrag in Aussicht gestellt.

Das Taylorsche *Arbeitsbüro* (s. ebd., S. 53ff.) kann als Keimzelle der heutigen Arbeitsvorbereitung angesehen werden. In ihm bündelte Taylor die gesamte Planung und → Kontrolle der Arbeit, aber auch Materialverwaltung, Kostenberechnung, Lohnbüro etc. – im Grunde genommen den ganzen operativen Prozess. Damit stärkte er die Planungseffizienz und die Bedeutung des mittleren Managements, weshalb ihm die Ingenieure bis heute eine gewisse Grundsympathie bewahrt haben. Aber es ist auch zum Synonym für die mit Taylor verbundene Trennung von ausführender und planender Arbeit geworden – und für deren (Über-)Zentralisierung.

Taylors scheinbar so schlüssiges Konzept barg einige gravierende Widersprüche. Die starke Zentralisierung und Bürokratisierung lohnte sich nur bei konstanter Fertigung, insbesondere bei Massenproduktion in Großbetrieben, andererseits war Taylors strikt vom Einzelarbeitsplatz ausgehende, sehr kleinteilige Rationalisierungsmethode nur von Klein- und Mittelbetrieben in einer überschaubaren Zeit zu bewältigen; dort fand Taylor denn auch die meiste Resonanz. Und hier rechnete er schon mit zwei- bis vierjähriger Einführungszeit; bei größeren Betrieben dauerte sie noch länger.

Ein anderes Problem ergab sich aus der strikten Trennung von planender und ausführender Arbeit. Sie machte die Fabriken unflexibel, und Flexibilität, d.h. schnelle Marktreagibilität, ist gerade die Stärke der kleinen und mittleren Betriebe (s. die Kritik bei Söllheim 1922, S. 85 u. 192ff.). So konnten Taylor und seine Mitstreiter (u.a. Gilbreth, Gantt, Emerson) in den beiden Jahrzehnten vor und nach 1900 in den USA zwar einige Anfangserfolge verbuchen, dann aber erlahmte das Unternehmensinteresse wieder; einige Nachteile des Verfahrens hatten sich herumgesprochen. Schätzungen für 1917 ergaben einen Verbreitungsgrad von ca. 1% aller Betriebe mit mehr als 100 Beschäftigten, wovon nur wenige Taylors System vollständig angewandt hatten (Drury 1922, S. 104 f.). Sofern für spätere Phasen Daten verfügbar sind, werden keine höheren Angaben gemacht.

Taylors Gedanken fanden rasch ihren Weg nach Europa. Doch war die Resonanz nur in Frankreich ausgeprägt, in anderen Ländern war sie schwächer - auch in Deutschland, wo nur sehr wenige Betriebe versuchten, Taylors Programm vollständig einzuführen; manche übernahmen Teile daraus (vgl. Drury 1922, S. 106, Thompson 1940, S. 172ff., Burchardt 1977, S. 97). In der Debatte traten nur selten - und allenfalls unter Ingenieuren - Verfechter der reinen Lehre Taylors auf, das Echo von Sozialwissenschaftlern und Ökonomen war vorwiegend ambivalent. Die → Gewerkschaften der Weimarer Republik hielten sich, anders als die US-Gewerkschaften, mit Kritik an Taylors Konzept zurück, offenbar auch, weil sie infolge der Stärkung der Arbeiterrechte nach der Novemberrevolution nicht befürchteten, dass das Taylor-System in Betrieben gegen den Willen der Belegschaften eingeführt werden könnte (vgl. Schalldach 1930, S. 37).

Die Rezeption in der Sowjetunion wurde stark durch Lenins Haltung beeinflusst, der sich 1913 zunächst strikt ablehnend geäußert hatte (vgl. Lenin 1962, S. 588 f.), später aber die Auffassung vertrat, dass Taylors Grundgedanke einer wissenschaftlichen Arbeitsorganisation auch zur Lösung der Probleme einer sozialistischen Ökonomie beitragen könne („Das letzte Wort des Kapitalismus in dieser Hinsicht, das Taylorsystem, vereinigt in sich - wie alle Fortschritte des Kapitalismus - die raffinierte Bestialität der bürgerlichen Ausbeutung und eine Reihe wertvollster wissenschaftlicher Errungenschaften."; Lenin 1960, S. 249). Auf seine Anregung hin wurden zahlreiche Forschungseinrichtungen gegründet und deren Ergebnisse kontrovers und praktisch folgenlos diskutiert. In den 30er Jahren stellten sie v.a. auf Stalins Betreiben ihre Arbeit wieder ein; ‚rustikalere' Methoden der Effizienzsteigerung (z.B. die ‚Stachanowbewegung') erschienen aussichtsreicher als die aufwändige Umsetzung des Taylor-Konzepts (vgl. Traub 1976; Wren/Bedeian 2004). Erst in den 60er Jahren wurde das Konzept der ‚wissenschaftlichen Arbeitsorganisation' mit seiner ambivalenten Taylor-Bewertung wieder aufgenommen und so auch von der DDR praktiziert (Grundlagen 1974).

Forschungsergebnisse – Neuere Rezeptionsgeschichte

Ein Charakteristikum der deutschen Rezeptionsgeschichte des Taylorismus ist die zeitweilige Entkoppelung von betrieblicher Praxis und wissenschaftlicher Reflexion. Den heftigen Debatten um Taylors arbeitsorganisatorische Konzepte in den 1920er Jahren korrespondierte eine geringe Relevanz in den → Betrieben. Genau umgekehrt verhielt es sich nach dem Zweiten Weltkrieg: Die massenhafte Ausbreitung taylorisierter Arbeit (im weiten Sinne) wurde in der deutschen Soziologie lange kaum thematisiert.

In der *Arbeitswissenschaft* und der *Betriebswirtschaftslehre* blieb Taylor einer der Säulenheiligen und bot in der Nachkriegszeit der 50er Jahre die eher implizite, nicht systematisch hinterfragte Handlungsgrundlage für die Alltagsarbeit der Akteure industrieller Modernisierung und → Rationalisierung. Die Kontroversen der 20er Jahren galten vielen als ‚abgehakt', praktische Konflikte wurden - durch verbesserte Mitbestimmung und die Mitwirkung der Gewerkschaften z.B. auch in REFA-Ausschüssen und RKW-Gremien - entschärft. Diese ‚Domestizierung' des Taylorismus und seine Verschmelzung mit anderen Rationalisierungsmethoden erklärt womöglich dessen begriffliche Absenz in der industriesoziologischen Literatur der 50er und 60er Jahre.

Wissenschaftssoziologisch bemerkenswert ist zum einen, dass das in den 1970er Jahren neu erwachte sozialwissenschaftliche Interesse an Taylor und seinem arbeitsorganisatorischen System sich zunächst in verschiedenen, z.T. voneinander isolierten Diskussionsarenen entwickelt hat, und zum anderen, dass dies in einer Phase geschah, in der der Höhepunkt der großseriellen Massengüterproduktion bereits überschritten war.

Die thematische ‚Quarantäne' des Taylorismus endete erst Anfang der 70er Jahre, als unter dem Einfluss der wachsenden Gesellschafts- und Kapitalismuskritik der Studentenbewegung auch in der Soziologie die Aufmerksamkeit für die industrielle Arbeitssphäre stieg. Sie wurde zudem angeregt durch sich verschärfende arbeits- und tarifpolitische Konflikte Ende der 60er und Anfang der 70er Jahre. Lohn, Leistung und → Arbeitszeit wurden in der Folge wieder zu wichtigen Themen industriesoziologischer Forschung (→ auch Entgelt und Leistung). Aus der Kritik an den bestehenden Arbeitsverhältnissen entstand zur gleichen Zeit das große Forschungs- und Gestaltungsprogramm → ‚Humanisierung des Arbeitslebens' (HdA), das sich explizit vom jetzt deutlich als Taylorismus gekennzeichneten Produktionsmodell abhob.

In der HdA-Debatte fungierte der Taylorismus zunächst nur als negative Kontrastfolie, oft auch als Verständigungs-Chiffre ohne tiefergehenden analytischen Anspruch. Das änderte sich im Verlauf der 1970er Jahre mit der auch die Industriesoziologie erfassenden marxistischen Kapitalismuskritik. Deren vielfach deduktives und deterministisches Theorieverständnis brachte es freilich oft nur zu einem unvermittelten Nebeneinander von abstraktem Begriffsgewebe und empirischer Analyse der Arbeit. Gleichzeitig trübte sich der Blick für Differenzierungen und Einflusskräfte des Wandels, wie sich insbesondere an der Rezeption Sohn-Rethels (1970) und Bravermans (1974, 1977) in der industriesoziologischen Debatte zeigen lässt. Mit der Beförderung des Taylorismus „zur herrschenden Form des kapitalistischen Arbeitsprozesses" (Sohn-Rethel 1970, S. 155; Braverman 1977, S. 74 f.: „Der Taylorismus beherrscht die Welt der Produktion.") wähnte man sich im Besitz einer schlanken, griffigen Formel, die der Mühsal empirischer Konkretion enthob, zumal es nur eine Entwicklungsrichtung zu geben schien: Die komplexe Technisierung könne im Kapitalismus nur zur Dequalifikation der industriellen (und der Büro-)Arbeit führen.

Die neuerliche Wiederbelebung der Taylor-Debatte unter kapitalismuskritischen Sozialwissenschaftlern in den 70er Jahren galt denn auch nicht so sehr den Prinzipien der Taylorschen Arbeitsorganisation oder ihrer veränderten Anwendung in den Betrieben als vielmehr deren Fungibilisierung für die damals aktualisierte Krisenprognose des Kapitalismus. Taylorismus wurde zur Chiffre für geistige Enteignung, Dequalifikation und drohenden Arbeitsplatzverlust durch technische Substitution. Man sah im Taylorismus die konkrete technisch-organisatorische Ausprägung des ökonomischen Ausbeutungsverhältnisses, dessen ‚Degradationstendenz' (Braverman) die moderne Form der Verelendungsthese zu sein schien.

Verantwortlich für die zeitweilig hohe Attraktivität der bloßen Dequalifikationsthese war u.a. die einseitige Rezeption der von Marx im 13. Kapitel des ersten Bandes von „Das Kapital" beschriebenen Nivellierungstendenz der Maschinenarbeit (Marx 1972 a, S. 443), ohne die gegenteiligen Aussagen im gleichen Kapitel (S. 511) zu berücksichtigen, vor allem aber die zentrale Marx'sche Aussage, dass das Kapital gleichgültig gegenüber der stofflichen Beschaffenheit der durch es vernutzten Mittel sei (Marx 1972 c, S. 95). Demnach ist es dem Unternehmer egal, ob sein Profit aus einem Sweatshop in Bangladesh oder aus einem Ingenieurbüro in Untertürkheim stammt: Es gibt keine ‚natürliche' Präferenz des Kapitals für Taylor'sche oder irgendwelche anderen Arbeitsmethoden. Das heißt aber auch, dass der arbeitspolitische Spielraum prinzipiell größer ist, als es die These von der prägenden Kraft des Taylorismus im Kapitalismus suggeriert.

Zurückgedrängt wurde die Position durch theoretische Einwände und gegenläufige empirische Befunde, die nicht länger ignoriert werden konnten. In der angelsächsischen *Labour Process Debate* wurde die von Braverman u.a. dem → Management zugeschriebene tayloristische Kontrollmacht grundsätzlich in Zweifel gezogen. Ihre Vertreter (Edwards, Burawoy, Littler, Wood u.a.) gingen davon aus, dass die Transformation von lebendigem Arbeitsvermögen in formalisierte Arbeitsleistung wegen der Unbestimmtheit des Arbeitsvertrages und der menschlichen Subjektivität nicht abschließend geregelt werden könne, weshalb sie unter kapitalistischen Bedingungen immer ein *contested terrain* bleibe. In Deutschland wurde die Debatte besonders durch eine Forschergruppe am WZB in Berlin (Hildebrandt, Jürgens, Naschold und Seltz) bekannt gemacht und empirisch angewandt (Dohse 1987) (→ auch Transformation von Arbeitskraft).

Ein parallel dazu verlaufender, bedeutender Forschungsstrang der 80er Jahre widmete sich der Taylorisierung geistiger Arbeit, insbesondere der Büroarbeit. Damals lief eine Rationalisierungswelle durch die Verwaltungstrakte, die Banken,

Versicherungen etc. bis hin zu den EDV-Dienstleistern. Die Taylorisierung standardisierbarer, repetitiver Büroarbeiten war aber nur ein zuvor abgelaufener Zwischenschritt, der nicht zu dauerhafter Dequalifizierung, sondern zum Wegfall dieser Arbeitsplätze durch Technisierung und Reorganisation führte (→ auch Dienstleistungsarbeit, Informations- und Wissensarbeit).

Dreißig Jahre später wird ein neuer Rationalisierungsschub im Zuge der erweiterten Digitalisierung registriert. Jetzt gilt die besondere Aufmerksamkeit dem Dienstleistungsbereich, in dem ein Großteil der Forschung das Vordringen eines *digitalen Taylorismus* beobachtet mit Konsequenzen vor allem für die dort stark verbreitete → Einfacharbeit. Im Zentrum der Aufmerksamkeit steht dabei die Logistik, die von zentraler branchenübergreifender Relevanz ist und sich teilweise wegen ihrer standardisierbaren, repetitiven Prozesse gut für eine digitale Rationalisierung eignet. Wie schon in der ersten großen Rationalisierungswelle in der jüngeren Industriegeschichte, in den 1950er Jahren, vermutet man einen Automatisierungsschub mit Polarisierungstendenzen bei den Beschäftigten. Die Ziele sind größere Effizienz, Schnelligkeit und Präzision bei der Bereitstellung der zu verteilenden Güter. Als Folgen für die Beschäftigten werden rigidere Bedingungen, d. h. Arbeitsverdichtung, verringerte Arbeitsinhalte, verstärkte Kontrolle und höhere Substituierbarkeit angenommen (→ Digitale Transformation der Arbeit).

Als ein „Vorreiter" (Staab/Nachtwey 2016, S. 27, siehe auch Nachtwey/Staab 2015) für den digitalisierten Taylorismus wird der Versandkonzern Amazon angesehen, bei dem die Autoren für den Kernbereich der Kommissionierung durch den Einsatz von Handscannern ein „lückenloses System autonomisierter Steuerung" mit fast vollständigem Verlust der individuellen Spielräume für autonome Arbeitsgestaltung ausgemacht haben (Staab/Nachtwey 2016, S. 28). Butollo et al. (2017) sehen Parallelen dazu in Rationalisierungsmaßnahmen bei der angewachsenen Intralogistik in einem Montagewerk der Autoindustrie, wo ein kundennahes Lean-Production-Konzept mit umfangreicher Digitalisierung verbunden war. Mit anderen Ergebnissen bestreitet hingegen Jaehrling (2019) die Pacesetter-Bedeutung Amazons. Sie verweist auf die Bedeutung von Pfadabhängigkeit und betrieblicher Gegenmacht (Mitbestimmung durch → Betriebsrat) für die Gestaltung von Einfacharbeit.

Die deutsche Digitalisierungsdebatte hatte durch einen im Economist (am 12.09.2015) erschienenen und breit rezipierten Artikel über die disruptiven Folgen des *Digital Taylorism* in großen amerikanischen Technologiekonzernen eine gewisse Schärfe gewonnen. Deren technologische Führungsstärke galt aber noch nie für die → Arbeitspolitik. Und so mehrten sich denn die Stimmen, die keinen einheitlichen Taylorisierungstrend erkennen mochten und auf differenzierende Ergebnisse hinwiesen, so z.B. Hirsch-Kreinsen (2017 und 2021) für die industrielle → Einfacharbeit. Am Beispiel mehrerer Fallstudien in Industrie und Handel kommt Falkenberg (2021, S. 162) zu dem Schluss, dass es unterschiedliche Entwicklungsmuster gebe und seine Ergebnisse die „Leittendenz eines digitalen Taylorismus" nicht bestätigen könnten (ebd., S. 248). Diese Auffassung teilen auch Kirchner et al. (2020), die nach einer Literaturdiskussion urteilen: „Der zugespitzte Debattenbegriff *digitaler Taylorismus* beschreibt damit in erster Linie spezifische, vorrangig negative Arbeitsbedingungen." (ebd., S. 4) Und sie setzen hinzu: „Auch hat der Debattenbegriff konzeptionell bisher wenig mit dem wissenschaftlichen Management von Taylor (1910) zu tun."

Das trifft zu und liegt daran, dass der Begriff allgemein nicht als analytische, sondern inzwischen nur noch als deskriptive, pejorativ gemeinte Catch-all-Kategorie verwendet wird. Dazu hat freilich auch der irreführende Titel von Taylors Erfolgsbuch (*Scientific Management*) von 1911 beigetragen. Es handelt sich dabei nicht um eine wissenschaftliche Publikation, sondern um die systematisierte Praxiserfahrung unter spezifischen Handlungsbedingungen.

Rudi Schmidt

Empfehlungen zum Weiterlesen

Burchardt, Lothar 1977: Technischer Fortschritt und sozialer Wandel. Das Beispiel der Taylorismus-Rezeption. In: Düwell, K./Treue, W. (Hg.): Deutsche Technikgeschichte. Vorträge vom 31. Historikertag am 24. September 1976 in Mannheim. Göttingen: Vandenhoeck + Ruprecht, S. 52–98.

Gerhardt, J. 1929: Rationalisierung. In: Handwörterbuch der Staatswissenschaften. Ergänzungsband zur 4. Aufl. Jena: G. Fischer, S. 708–760, bes. 730–36.
Hebeisen, Walter 1999: F. W. Taylor und der Taylorismus. Über das Wirken und die Lehre Taylors und die Kritik am Taylorismus. Zürich: vdf Hochschulverlag.
Kieser, Alfred 1999: Managementlehre und Taylorismus. In: ders. (Hg.): Organisationstheorien (3. überarb. u. erw. Aufl.). Stuttgart: Kohlhammer, S. 65–99.
Taylor, Frederic W. 1920: Die Betriebsleitung (3. verm. Aufl.). Berlin: J. Springer [zuerst u.d.T. *Shop Management*. New York: Harper and Brothers 1903].
Taylor, Frederic W. 1995: Die Grundsätze wissenschaftlicher Betriebsführung. Reprint. Weinheim: Beltz/Psychologie Verlags Union 1995 [zuerst München: Oldenbourg 1913, zuvor u.d.T. *Principles of Scientific Management*. New York: Harper and Brothers 1911].

Techniksoziologie

Begriff

Techniksoziologie befasst sich mit dem Verhältnis von Technik und Gesellschaft bzw. mit dem Zusammenspiel technischer und sozialer Dynamiken im Wandel moderner, im Kern soziotechnisch verfasster Gesellschaften. Mit dem Begriff Technik werden nicht nur technische Artefakte benannt, die bewusst konstruiert werden, um wiederholbare Wirkungen zu erzielen *(Sachtechnik)*, sondern im weiteren Sinne des englischen Wortes *technology* auch regelbasierte Zeichensysteme, die u.a. als Software zur Steuerung von Sachtechnik eingesetzt werden *(Symboltechnik)*, sowie habitualisierte Methoden und Verfahren, die fixierten Mustern folgen *(Handlungstechnik)* (Rammert 2016). Die Entwicklung, Herstellung und Nutzung von Technik basiert stets auf einer Kombination von sach-, symbol- und handlungstechnischen Prozessen, die in wirtschaftliche, soziale, rechtliche und kulturelle Rahmenbedingungen eingebettet sind. Moderne Technikformen unterscheiden sich insofern nicht lediglich in ihren technischen Eigenheiten voneinander, sondern auch in ihrer sozialen Organisation, in ihren regulativen Erfordernissen und in ihren sozioökonomischen Effekten (Dolata 2013). Die techniksoziologische Forschung weist in empirischer wie theoretischer Hinsicht Schnittstellen zur → Wirtschaftssoziologie, → Organisationssoziologie, Innovationsforschung (→ Innovation) sowie Arbeits- und Industriesoziologie (→ Arbeit und Technik) auf.

Das Verhältnis von Technik und Gesellschaft lässt je nach Analyseinteresse unterschiedlich konzeptualisieren. Vorstellungen von Technik als *Struktur* konzentrieren sich auf die übergreifenden Wirkungen großer Infrastruktursysteme (z.B. in den Bereichen Mobilität, Energie), durch die gesellschaftliche Möglichkeitsräume erweitert und zugleich soziale Abhängigkeitsverhältnisse auf Dauer gestellt werden (Weyer 2008). Konzeptionen von Technik als *Institution* fokussieren auf die regelsetzenden Eigenheiten technischer Strukturen in individuellen, kollektiven oder organisationalen Handlungskontexten: Ähnlich wie soziale Normen definieren diese die Spielregeln und grenzen das Spektrum erwartbarer Handlungen ein (Mayntz 1993). In den Science and Technology Studies (STS) wird Technik auch als *Handlungsträger* konzeptualisiert, der mehr oder minder eigenständig an Zwecktätigkeiten partizipiert (Felt et al. 2017). Pragmatischere Ansätze gehen hierbei von einem situativen Mit-Handeln von Technik aus (Rammert/Schulz-Schaeffer 2002 a). Gemeinsam ist allen Positionen die Einsicht, dass neuartige Technikformen nicht nur mit weitreichenden sozialen Folgen einhergehen können, sondern dass Technik auch in ihrer Genese sowohl mit grundlegenden als auch mit situativ variierenden gesellschaftlichen Ordnungsmustern verflochten ist.

Genese/theoretischer Kontext

Der durch die industrielle Revolution (→ Industriegesellschaft und Industrialisierung) angestoßene soziotechnische Wandel war ein wichtiger Auslöser für die Herausbildung der Soziologie als einer eigenständigen Fachdisziplin. Im 20. Jahrhundert spielte Technik als Bezugspunkt für allgemeine soziologische Reflexionen hingegen lange eine untergeordnete Rolle und war Gegenstand spezialisierter Diskurse, so u.a. in der Arbeits- und Industriesoziologie (Altmann et al. 1978). Dies änderte sich ab Anfang der 1980er Jahre: Erstens wurde damals das zuvor über Jahrzehnte robuste öffentliche Vertrauen in die vorwiegend positiven Effekte technischen Fortschritts durch sichtbare Nebenfolgen brüchig. Zweitens wuchs angesichts erster Forschungsergebnisse der Technikfolgenabschätzung (TA) das

Bewusstsein für die Ambivalenzen der Atom-, Gen-, Informations- und Automationstechnik. Drittens wurde in internationalen sozialwissenschaftlichen Studien (z.B. zur ‚Social Construction of Technology') sichtbar, wie eng nicht nur die Diffusion und Nutzung, sondern auch die Entwicklung von Technik in genuin soziale Prozesse eingelassen ist (Bijker et al. 1984). Die Fragen nach den gesellschaftlichen Prämissen und Wirkungen von Technik avancierten vor diesem Hintergrund wieder zu einem Primärinteresse soziologischer Forschung. Die deutschsprachige Techniksoziologie verfolgt seitdem drei wesentliche Ziele: (1) die *Genese* neuer technischer Artefakte und Strukturen als sozialen Prozess zu beschreiben; (2) die *Nutzung* von Technik in unterschiedlichen gesellschaftlichen Bereichen und Weltregionen mit jeweils spezifischen Interessenlagen, Akteuren und Regulationsmustern in Bezug zu setzen; und (3) die mit diesen Aneignungsprozessen einhergehenden gesellschaftlichen *Folgen* herauszuarbeiten (Lutz 1987, Böschen et al. 2021). In techniksoziologischer Perspektive erscheint Technik damit nicht mehr per se als disruptive Kraft, die eindeutig ableitbare sozioökonomische Anpassungen hervorruft (das wäre eine technikdeterministische Sichtweise). Die technische Entwicklung lässt sich jedoch auch nicht erwartungssicher planen oder steuern (das wäre eine sozialdeterministische Sichtweise), da sich soziale Aneignungsdynamiken in Innovationsprozessen nicht vorhersagen lassen.

Diese Verwobenheit von technischen und sozialen Prozesszusammenhängen schlug sich zunächst im Konzept *soziotechnischer Systeme* nieder, mit dem soziale Handlungs- und technische Sachsysteme insbesondere auf dem Feld der Arbeit als integrale Einheit beschrieben worden sind (Ropohl 1979). Spezifizierungen erfuhr dieses Modell in ländervergleichenden → Fallstudien zu großtechnischen Systemen (z.B. Stromnetzen), zu deren Elementen nicht nur technische Artefakte, sondern auch Ressourcen, Normen und Konventionen, staatliche und privatwirtschaftliche Organisationen sowie Kapital-, Wissens- und Rechtsstrukturen gezählt wurden (Hughes 1987, Mayntz 1993). Um die Aufmerksamkeit stärker auf die konkreten Interaktionen zwischen diesen sozioökonomischen und technischen Funktionselementen zu lenken, entwickelte sich ausgehend von den genannten Studien und mit Bezug auf die internationale STS-Forschung das Konzept *soziotechnischer Konstellationen*, das Handeln in technisierten Gesellschaften grundsätzlich als verteiltes Handeln zwischen sozialen Akteuren und technischen Instrumenten bzw. Systemen beschreibt (Schulz-Schaeffer 2008). Anders als in der klassischen Ethnografie werden technische Artefakte hierbei nicht nur als Einflussgrößen sozialer Praktiken verstanden, sondern als mithandelnde Entitäten, die in komplexen Beziehungen zueinander stehen. Einen mikrosoziologischen Fokus nimmt daran anknüpfend das Forschungsprogramm der *Technografie* ein, welches das gesamte Spektrum verteilter Handlungen zwischen sozialen Akteuren, Dingen und Zeichen im Arbeits- und Alltagsleben in den Blick nimmt und die Grenzziehungen zwischen menschlichen und nichtmenschlichen Aktivitäten hinterfragt (Schubert/Schulz-Schaeffer 2019, Rammert/Schubert 2006).

Explizit auf das prozessuale Zusammenspiel von technikinduziertem Veränderungsdruck und sozioökonomischen Anpassungsleistungen fokussiert die *Theorie soziotechnischer Transformation* (Dolata 2013). Ihr Beobachtungsschwerpunkt liegt – u.a. anknüpfend an den ‚akteurzentrierten Institutionalismus' (Mayntz/Scharpf 1995) – auf der Eingriffstiefe neuer Technikformen in Arbeits- und Wirtschaftssektoren oder anderen gesellschaftlichen Teilbereichen, auf der Adaptionsfähigkeit der dortigen Akteure und Institutionen sowie auf den daraus resultierenden graduellen Transformationsverläufen. Zentral ist dabei die Einsicht, dass sich einschneidende soziotechnische Rekonfigurationsprozesse nicht als disruptive Umbrüche in kurzen Fristen vollziehen, sondern als lang gestreckte Such- und Selektionsvorgänge, die ein Feld sukzessive und erst mit der Zeit weitreichend verändern. In systematischerer Form als die interdisziplinär verbreitete Heuristik der *Multi-Level Perspective* (Geels 2002) bietet dieser Ansatz einen Ausgangspunkt für eine historische und sozioökonomische Kontextualisierung der jeweils analysierten soziotechnischen Innovationsprozesse, um ihre konkreten Verlaufsformen, ihre Eigenheiten sowie die in unterschiedlichen Phasen dominanten Einflussfaktoren und Pfadabhängigkeiten herauszuarbeiten.

Zentrale Forschungsergebnisse

Seit den 1980er Jahren hat die Techniksoziologie eine Vielzahl an Studien vorgelegt, die reduktionistischen Vorstellungen zur Technikgenese, -diffusion und -nutzung entgegentreten und den grundlegend soziotechnischen Charakter moderner Gesellschaften herausstellen (Rammert 2021). Mit Blick auf ihre Anschlussfähigkeit an die Arbeits- und Industriesoziologie sollen hier drei aktuelle techniksoziologische Forschungsrichtungen erwähnt werden.

Zum ersten ist die zunehmende Hinwendung zu einem substanziell *ausdifferenzierten Innovationsbegriff* zu nennen. Schon in den 1990er Jahren zeigten empirisch fundierte Arbeiten zu nationalen, regionalen und sektoralen Innovationssystemen bzw. -netzwerken (Werle 2005), dass technische Neuerungen nicht isoliert auftreten, sondern in ihrer Genese und Diffusion konstitutiv mit den gegebenen soziokulturellen und sozioökonomischen Bedingungen sowie kollektiven Problemwahrnehmungen verwoben sind und auf diese zurückwirken. Dadurch traten die Defizite eines auf technische Aspekte verengten Innovationsverständnisses hervor und wurden auch in forschungspolitischen Kontexten sichtbar. In der Folge wurde der alltagssprachlich ohnehin weit gefasste Innovationsbegriff auch in den Sozialwissenschaften auf wirtschaftliche, organisationale, rechtliche, politische sowie kulturelle Erneuerungsprozesse erweitert. Die techniksoziologische Innovationsforschung konnte hier wesentlich zum Verständnis komplexer und divergenter Innovationsprozesse beitragen. Dies gilt ebenso für die Ausarbeitung des Konzepts → sozialer Innovationen (Howaldt/Jacobsen 2010), das sich auf Prozesse der Entstehung und Verfestigung neuer sozialer Praktiken bezieht sowie – normativ gewendet – auf verbesserte Formen sozialer Teilhabe (→ Partizipation), sozialer Integration und sozialer Gerechtigkeit abzielt. Darüber hinaus ist die deutschsprachige Techniksoziologie regelmäßig an der empirischen Einordnung und kritischen Reflexion neuerer Innovationsparadigmen wie z.B. ‚Open Innovation' beteiligt (Blättel-Mink et al. 2021).

Zum zweiten rückte mit den anziehenden Dynamiken der Digitalisierung die Frage nach den *sozioökonomischen und -kulturellen Wirkungen von Technik* erneut in den Fokus (nicht nur) der Techniksoziologie. Mit dem Wandel der wissenschaftlich-technischen Grundlagen moderner Gesellschaften durch die Informatisierung (→ Informationsgesellschaft, Informations- und Wissensarbeit) hatte sich die deutsche Arbeits- und Technikforschung bereits seit Ende der 1970er Jahre beschäftigt (Böschen et al. 2021). Auch mit der Digitalisierung als einem Zusammenspiel aus soziotechnischen Rekonfigurationsdynamiken, sozialen Adaptionsprozessen, ökonomischen Konkurrenz- und Kooperationsbeziehungen sowie veränderten Machtverhältnissen setzt sich die Techniksoziologie seit der Etablierung des Internets und in jüngerer Vergangenheit insbesondere mit einem Fokus auf digitale Plattformen auseinander (Dolata/Schrape 2022, Musik/Bogner 2019). Mit Blick auf neuere Trends (z.B. → Industrie 4.0, → Plattformarbeit) werden drei Ambivalenzen der Digitalisierung hervorgehoben: (a) Mit der wachsenden gesellschaftlichen Zentralstellung informationstechnischer Architekturen gehen *ermöglichende* wie auch *kanalisierende Effekte* einher. Das zeigt sich z.B. in internetbasierten Formen von Sozialität, die durch digitale Plattformen zwar effektiver werden, aber zugleich durch soziotechnisch prädefinierte Regulationsmuster wesentlich mitbestimmt werden. (b) Die Digitalisierung eröffnet weitreichende Potenziale nicht nur zur *Flexibilisierung*, sondern auch zur → *Kontrolle* von Austausch- und Arbeitsprozessen. (c) Die digitale Transformation wird von Dynamiken sowohl der *Dezentralisierung* als auch der *(Re-)Zentralisierung* begleitet (Schrape 2021) (→ auch Digitale Transformation der Arbeit, Unternehmens[re]organisation).

Zum dritten sind *hybride Konstellationen zwischen Menschen und autonomen Maschinen* zu einem wichtigen Gegenstand der techniksoziologischen Forschung geworden, die hier in weit ausgelegte Leitbild- und Erwartungsdiskurse um denkbare soziotechnische Zukünfte (Lösch et al. 2019) und neue methodologische Zugänge (Maasen et al. 2020) eingebunden ist. Schon heute wirken soziale Akteure und informationstechnische Systeme, die bis zu einem gewissen Grad zur Selbststeuerung bzw. zum selbsttätigen Problemlösen fähig sind, in vielen Handlungssituationen ineinander (z.B. im Falle von Assistenzsystemen in Automobilen oder Flugzeugen). Einerseits werden in komparativen Studien die Auswirkungen derart hybrider Konstellationen für die Lebens- und Arbeitswelt eruiert (→ Arbeit und Künstliche Intelligenz) und die Frage der Steuerung bzw. Regulierung entsprechend komplexer Systeme bzw. ihrer Hersteller diskutiert (Weyer 2019). Andererseits schließen diese Studien an die techniksoziologisch von Beginn an essenzielle Frage an, wie sich die situative Funktionsteilung zwischen Mensch und Maschine jeweils konzeptualisieren lässt und inwiefern Technik als solcher ein Akteurstatus zugeschrieben werden kann oder technische Artefakte eher als kontextabhängige Akteurfiktionen verstanden werden sollten (Werle 2000, Schubert/Schulz-Schaeffer 2019).

Internationaler Bezug

Die deutschsprachige Techniksoziologie steht in einem regen konzeptionellen und empirischen Austausch mit der internationalen Innovations- und Technikforschung und greift daneben regelmäßig Impulse u.a. aus dem interdisziplinären Feld der *Science and Technology Studies* (Felt et al. 2017), den *Workplace Studies* (Suchman 1987) und den *Cultural Studies* auf. Mit den Debatten um die digitale Transformation und intelligente Technologien, die nachhaltige Reorientierung der Gesellschaft und das EU-Rahmenprogramm für *Responsible Research and Innovation* haben sich diese Bezüge intensiviert, da die damit verknüpften soziotechnischen Rekonfigurationsprozesse in genuin globale Zusammenhänge eingelassen sind. Als Spezifika der deutschsprachigen techniksoziologischen Forschung im internationalen Diskurs lassen sich ihre vielfältigen Kollaborationen mit Nachbardisziplinen (z.B. Informatik, Philosophie, Ethnografie), die Einordnung der entsprechenden Forschungsergebnisse in einen dezidiert soziologischen Rahmen, ihr differenzierten Begriffsfassungen von Technik und Innovation sowie ihr Fokus auf historisch-vergleichende Fallstudien mit dem Ziel empirisch begründeter Theoriebildung hervorheben (Rammert 2021).

Ulrich Dolata, Jan-Felix Schrape

Empfehlungen zum Weiterlesen

Blättel-Mink, Birgit/Schulz-Schaeffer, Ingo/Windeler, Arnold 2021: Handbuch Innovationsforschung. Sozialwissenschaftliche Perspektiven. Wiesbaden: Springer VS.

Dolata, Ulrich 2013: The Transformative Capacity of New Technologies. A Theory of Sociotechnical Change. London/New York: Routledge.

Felt, Ulrike/Fouché, Rayvon/Miller, Clark A./Smith-Doerr, Laurel (eds.) 2017: The Handbook of Science and Technology Studies. Cambridge: MIT Press.

Rammert, Werner 2021: Technology and Innovation. In: Hollstein, B./Greshoff, R./Schimank, U./Weiß, A. (eds.): Soziologie – Sociology in the German-Speaking World. Soziologische Revue, Special Issue 2020. Berlin: de Gruyter Oldenbourg, S. 515–534.

Schubert, Cornelius/Schulz-Schaeffer, Ingo (Hg.) 2019: Berliner Schlüssel zur Techniksoziologie, Wiesbaden: Springer VS.

Weyer, Johannes 2008: Techniksoziologie. Genese, Gestaltung und Steuerung sozio-technischer Systeme. Weinheim: Juventa.

Toyotismus

→ Lean Production/Toyotismus

Transformation von Arbeitskraft

Begriff

Mit der Transformation von Arbeitskraft ist die Umsetzung von Arbeitskraft in konkrete Arbeit gemeint. Arbeitskraft ist ein ganz spezieller Produktionsfaktor, der sich von anderen wie Kapital und Boden dadurch unterscheidet, dass er ein Potenzial darstellt, das für vielfältige Einsatzmöglichkeiten offen ist; Arbeitskraft ist ein Versprechen, dessen Realisierung durchaus ungewiss ist. Deswegen muss von einer prinzipiellen Differenz zwischen der Fähigkeit zu arbeiten, also Arbeitskraft, und der Entäußerung dieser Fähigkeit, also tatsächlicher Arbeit, ausgegangen werden; die Fähigkeit zu arbeiten bedeutet keineswegs, dass auch wie gewünscht gearbeitet wird. In → Betrieben muss Arbeitsvermögen in wirkliche Arbeit umgesetzt werden, und zwar in möglichst viel, möglichst engagierte und optimal an den betrieblichen Zielen ausgerichtete Arbeit (Minssen 2019).

Der Abschluss eines Arbeitsvertrages löst dieses Transformationsproblem nicht, denn er ist unbestimmt. Im Arbeitsvertrag ist zwar geregelt, welche Arbeit für welche Vergütung zu leisten ist, es bleibt jedoch unbestimmt, wie die Arbeit geleistet wird; jeder Arbeitsvertrag ist in dieser Hinsicht unvollständig, da nicht alle zu erbringenden Leistungen und Gegenleistungen von Arbeitgebern und Arbeitnehmern, von Organisation und Organisationsmitgliedern im Voraus zu spezifizieren sind. Im Extremfall sind in einem Arbeitsvertrag nur → Arbeitszeit und Arbeitsentgelt, also die allgemeinen Bedingungen der Verausgabung von Arbeitskraft geregelt, nicht jedoch die Art und Weise, wie gearbeitet wird. Dies ist nicht etwa einer unzureichenden Vertragsgestaltung, sondern dem Gegenstand selbst geschuldet; motiviertes Arbeiten kann vertraglich schlechterdings nicht vereinbart werden. Das Transformationsproblem besteht demzufolge darin, dass sichergestellt werden muss, dass die Beschäftigten diese Unbestimmtheitslücke nicht zu ihrem Vorteil nutzen (Marrs 2018).

Genese/theoretischer Kontext

Die sich aus dieser Unbestimmtheit des Arbeitsvertrages ergebende Problematik einer Transformation von Arbeitskraft in Arbeit ist das entscheidende Problem, das in Betrieben und Verwaltungen immer wieder neu gelöst werden muss. Es kann aus unterschiedlichen Theorieperspektiven begründet werden. Erkannt wurde es bereits von Marx, der darauf hinwies, dass es die „eigentümliche Natur" der Ware Arbeitskraft mit sich bringt, „dass mit der Abschließung des Kontrakts zwischen Käufer und Verkäufer ihr Gebrauchswert noch nicht wirklich in die Hand des Käufers übergegangen ist" (Marx 1972a [1867], S. 188). Arbeitskraft ist – und das unterscheidet sie von jeder anderen Ware – nicht von ihrem Besitzer, also von der Person, zu trennen. Daraus begründet Marx bekanntlich den grundlegenden Interessengegensatz von Kapital und Arbeit: Den Interessen des Arbeitgebers an einer möglichst hohen Arbeitsleistung steht das Interesse des Arbeitnehmers an der Erhaltung seiner Arbeitskraft und einer für ihn möglichst günstigen Lohn-Leistungs-Relation entgegen (→ Entgelt und Leistung).

Luhmann (2000, S. 81ff.) begründet das Transformationsproblem – ohne es so zu nennen – damit, dass Personen zur Umwelt sozialer Systeme gerechnet werden müssen; dies gilt auch für formalisierte soziale Systeme, also Betriebe oder Verwaltungen. Sie benötigen deswegen Regeln, um Zugehörigkeit zu erkennen. Dies sind Mitgliedschaftsregeln, durch die klar definiert ist, wer dazugehört und wer nicht; man tritt formell bei und auch wieder aus. Zwar werden durch Mitgliedschaft prinzipiell die Erwartungen akzeptiert, die seitens der Organisation an die Person gestellt werden, doch letztlich ist das aus der Unbestimmtheit des Arbeitsvertrages resultierende Problem damit nicht gelöst. Da Personen eben zur Umwelt von Organisationen zählen, sagt die Tatsache einer Mitgliedschaft trotz einer prinzipiellen Akzeptanz der Erwartungen noch nichts aus über das tatsächliche Handeln der Person. Zudem umfasst Mitgliedschaft nie die ganze Person. Jede Person ist zugleich Mitglied mehrerer Organisationen, also nicht nur des Betriebes, in dem Geld verdient wird, sondern auch noch bspw. in → Gewerkschaften oder politischen Parteien. Und schließlich kann jede Person mehr als das, was in der jeweiligen Organisation abverlangt wird. Bei Mitgliedschaft handelt es sich also nie um Vollmitgliedschaft, um Vollinklusion. Organisationen entwickeln Luhmann zufolge deswegen Entscheidungsprogramme, also Regeln, die bestimmen, wie beim Vorliegen bestimmter Bedingungen zu entscheiden ist, und legen Kommunikationswege fest, die bestimmen, wer wem was sagen darf bzw. zu sagen berechtigt ist. Damit soll gewünschtes Verhalten konditioniert werden, doch solche Konditionierungen können Handeln allenfalls lenken, aber nicht bis ins Detail steuern (→ auch Herrschaft).

Das Verhältnis von Person und Organisation ist höchst spannungsreich. Seit den Ausführungen zur Bürokratie von Max Weber (1976 [1922]) ist in der Organisationsforschung bekannt (→ Organisationssoziologie/-theorien), dass Organisationen sich durch ihre Regelhaftigkeit von Personen unabhängig machen; wenn die Mitgliedschaft aufgekündigt wird, zieht das eine Organisation nicht in Mitleidenschaft, sie existiert weiter wie bisher. Aber auch Personen sind von Organisationen unabhängig; sie sind nicht, zumindest nicht prinzipiell, gezwungen, in einer bestimmten Organisation zu arbeiten; auch sie können die Mitgliedschaft wechseln.

Zugleich aber sind Personen und Organisationen auch wechselseitig aufeinander angewiesen. Personen sind auf Organisationen angewiesen, weil nur sie ihnen Erwerbsmöglichkeiten bieten; wenn von staatlichen Transferleistungen einmal abgesehen wird, erzielt man in modernen Gesellschaften reguläres Einkommen durch die Mitgliedschaft in (Erwerbs-)Organisationen (→ Erwerbsarbeit). Organisationen wiederum sind auf Personen angewiesen, weil sie ohne diese ihre Ziele nicht erreichen würden; das müssen keine bestimmten Personen sein, aber Personen mit einem bestimmten (Qualifikations-)Zuschnitt. Es gibt also ein ganz spezifisches Verhältnis gegenseitiger Abhängigkeit von Person und Organisation, bei dem auch die gegenseitige Unabhängigkeit in Rechnung gestellt werden muss. Dies erst macht es möglich, dass Arbeitskraft nicht wie gewünscht (oder erforderlich) in Arbeit transformiert wird; da Organisationen nicht zur Vollinklusion in der Lage sind, sich also nicht den „ganzen Menschen" einverleiben können, können sie auch die Transformationsproblematik nicht vollends beherrschen. Oder aus der Perspektive der Person, der Beschäftigten formuliert: Sie haben Wahlmöglichkeiten und können sich entschließen, den Erwartungen nicht zu entsprechen.

Der Ort, an dem die Transformationsproblematik zu lösen ist, ist die Organisation, also der → Betrieb, die Verwaltung etc.; hier wird letztlich geregelt, wie die Beschäftigten arbeiten (Trinczek 2018). Solche Arbeitsorganisationen sind geprägt durch Tauschbeziehungen. In einem Arbeitsvertrag wird der Tausch von Arbeit gegen Entgelt vereinbart. Wegen der erwähnten Unvollständigkeit des Arbeitsvertrages ist das Arbeitsverhältnis jedoch nicht nur ein ökonomisches, sondern auch ein soziales Austauschverhältnis; es kann nicht auf das Tauschverhältnis Arbeitskraft gegen Geld reduziert werden. Im Unterschied zum ökonomischen Austausch stellt das soziale Tauschverhältnis eine unspezifische, diffuse und persönlich wahrgenommene Verpflichtung dar, die ein wechselseitiges Loyalitäts- und Treueverhältnis begründet. Der Tausch von Leistung und Gegenleistung ist im sozialen Tausch nicht an exakt definierte Tauschäquivalente geknüpft (Blau 1986), so dass es den Tauschpartnern überlassen bleibt, miteinander auszuhandeln, was als angemessene Gegenleistung gilt, und zwar nicht ein für allemal, sondern ständig aufs Neue. Diese „Aushandlungen" finden im alltäglichen Arbeitsprozess statt und führen zu einem Geflecht gegenseitiger Erwartungen und Verpflichtungen, aber sie führen nicht zu einem dauerhaften „Verhandlungsergebnis". Das ist der Grund, warum die Transformation von Arbeitskraft in Arbeit ein immer wieder zu lösendes Problem ist. Arbeiter, Angestellte, Beamte etc. sind wie alle Menschen „opportunistisch", was kein moralisches Werturteil ist, sondern eine der Grundannahmen über menschliches Verhalten in der Transaktionskostentheorie (Williamson 1985). Menschen neigen dazu, sich strategisch und ihren Vorteilen entsprechend zu verhalten und schrecken auch vor Vertragsverletzungen nicht zurück; sie halten Leistungen zurück, verlängern eigenmächtig die Pausen, erscheinen zu spät zum Dienst oder vermeiden Anstrengungen. Dieses *shirking* ließe sich nur vermeiden, wenn der Arbeitgeber jeden einzelnen Arbeitnehmer lückenlos überwachen könnte, wenn er ausreichend Spezialkenntnisse besäße, um die Leistung jeden Arbeitnehmers zu beurteilen, und wenn er über wirksame Sanktionen bspw. in Form jederzeitiger fristloser Kündigungsmöglichkeit verfügte (→ Kontrolle) – das eine so unrealistisch (und unerwünscht) wie das andere.

Nun halten Organisationsmitglieder natürlich nicht ununterbrochen Leistung zurück, natürlich wird bereits mit dem Abschluss eines Arbeitsvertrages auch eine innere Verpflichtung zur Leistungserbringung eingegangen und natürlich spielen Reziprozitätsverpflichtungen auch im Arbeitsprozess eine große Rolle, so dass immer auch ein zumindest grundsätzlicher Vorrat an Einverständnis (Schmidt 1986) und Konsens (Minssen 1990) vorausgesetzt werden kann. Doch „opportunistisches" Verhalten kann eben auch nicht ausgeschlossen werden, und gerade das ist der entscheidende Punkt: Arbeiter und Angestellte müssen auch arbeiten wollen; sie dürfen nicht nur körperlich anwesend sein und „Dienst tun", es ruhiger angehen lassen, ihre Identifikation zurücknehmen (Neuberger 1997), sie müssen auch bereit sein, sich zu engagieren, sie müssen, um es anders auszudrücken, intrinsisch motiviert sein. Dabei spielt ihr → psychologischer Vertrag mit dem Unternehmen eine herausragende Rolle.

Zentrale Forschungsergebnisse

Die Frage von Berger (1995): „Warum arbeiten die Arbeiter?" (oder Angestellte oder Professoren) ist durch den Abschluss eines Arbeitsvertrages mit einer entsprechenden Entgeltregelung also keineswegs beantwortet; die Bereitschaft zur Arbeit muss erzeugt werden. Die dabei in den Unternehmen verfolgten Konzepte haben sich im Laufe der letzten hundert Jahre erheblich gewandelt. Lange Zeit wurde – den Überlegungen und Vorschlägen von Frederick Winslow Taylor folgend (→ Taylorismus) – das Allheilmittel in einer möglichst exakten Vorstrukturierung und Kontrolle der Arbeitsabläufe gesehen. Die Subjektivität von Arbeitskraft erschien als potenzieller Störfaktor des Arbeitsprozesses, die mittels Standardisierung und Kontrolle möglichst ausgeschaltet werden sollte; zu einer gelingenden Transformation bedürfe es – so die lange Zeit unter betrieblichen Praktikern, aber auch unter Wissenschaftlern verbreitete Auffassung – eines möglichst engmaschigen Kontrollnetzes mit (vermeintlich) klaren Regeln von Anweisung und Ausführung. Da die Leistungen des Arbeitnehmers aufgrund der Unvollkommenheit des Arbeitsvertrages unsicher und seine Leistungen vorab nicht vollends spezifizierbar sind, wurde auf Hierarchie zurückgegriffen, um die Ungewissheit zu reduzieren. Koordination durch Hierarchie, so kann diese Strategie zur Lösung des Transformationsproblems zusammengefasst werden.

Diese Strategie ist nicht passé; in Deutschland gibt es noch immer Bereiche mit kurzzyklischen Tätigkeiten, die durch hohe Belastungen, minimale Spielräume zur Gestaltung von Arbeitsmethode und Arbeitstempo sowie ein hohes Maß an Fremdkontrolle und Leistungsdichte gekennzeichnet sind (→ Einfacharbeit). Das Transformationsproblem wird hier nach wie vor als Kontrollproblem, oder besser gesagt: als durch Fremdkontrolle zu lösendes Problem behandelt. Doch solche Tätigkeiten sind nicht mehr typisch für industrielle Arbeit; für Tätigkeiten im Dienstleistungssektor waren sie es ohnehin kaum (→ Dienstleistungsarbeit, Informations- und Wissensarbeit).

In vielen Bereichen der → Erwerbsarbeit hat sich die Strategie, Verhalten durch Hierarchie steuern zu wollen, mittlerweile als obsolet erwiesen – nicht zuletzt auch deswegen, weil nicht länger zu übersehen war, dass die Potenziale von Arbeitskraft nur höchst unvollständig genutzt werden, wenn die vorstrukturierten Arbeitsabläufe keinerlei Möglichkeiten der Eigenentscheidung zulassen (→ Neue Produktionskonzepte/innovative Arbeitspolitik, Gruppenarbeit); zudem funktioniert das Leitbild der → Vermarktlichung nicht ohne das Zugeständnis von Handlungs- und Entscheidungsspielräumen an die Beschäftigten. Deshalb wird heute verstärkt auf Selbstorganisation und Selbstverantwortung bei der Lösung des Transformationsproblems gesetzt. Damit wird die Lösung dieses Problems zunehmend den Erwerbstätigen selbst zugewiesen, wie es in dem Arbeitskrafttypus des → Arbeitskraftunternehmers besonders deutlich wird. Aber auch in den → Normalarbeitsverhältnissen lautet die Zauberformel: von der Prozesskontrolle zur Ergebniskontrolle; wie (und zum Teil auch: wann) gearbeitet wird, wird im Grundsatz dem Arbeitenden überlassen – Hauptsache, die Arbeitsaufgabe ist bis zu einem vereinbarten oder festgelegten Zeitpunkt erledigt, was für die Beschäftigten nicht nur eine erhöhte Autonomie in der Arbeit, sondern auch eine Zumutung bedeutet (Minssen 2001). Die Voraussetzungen und Folgen dieser veränderten Formen des Arbeitskrafteinsatzes werden in der Arbeits- und Industriesoziologie oftmals als → Subjektivierung und → Entgrenzung diskutiert. Der Subjektivitätsbedarf von Organisationen ist zwar gestiegen, doch dies bedeutet nicht automatisch, dass sie diese Subjektivität auch wie gewünscht bekommen (Holtgrewe 2005) – ein Problem, das sich auch und besonders in der Plattformökonomie (→ Plattformarbeit, Digitale Transformation der Arbeit) stellt und dem die Unternehmen mit „algorithmischem Management", also dem Einsatz algorithmischer Systeme zur Arbeits- und Leistungssteuerung zu begegnen versuchen (Beverungen 2017, Gerber 2020).

Internationaler Bezug

Zur Transformationsproblematik gibt es, wenngleich nicht unter dieser Bezeichnung, im angloamerikanischen Sprachraum eine umfangreiche Literatur, insbesondere im Bereich der Personalforschung (→ Human Resource Management). Zu nennen sind etwa umfangreiche Studien zur

Führung von Mitarbeitern, zum psychologischen Vertrag, zur persönlichkeitsfördernden Arbeitsgestaltung, zur Arbeitsmotivation, zum Zusammenhang von Arbeitszufriedenheit und Arbeitsleistung etc. Diese Diskurse sind jedoch mehr betriebswirtschaftlich als soziologisch orientiert; auch deswegen werden die ermittelten Befunde in der Arbeits- und Industriesoziologie eher verhalten zur Kenntnis genommen.

Heiner Minssen

Empfehlungen zum Weiterlesen

Blau, Peter Michael 1986: Exchange and Power in Social Life. New Brunswick: Transaction Books.

Minssen, Heiner 2019: Arbeit in der modernen Gesellschaft. Eine Einführung (2. Aufl.) Wiesbaden: Springer VS, Kap. 3.

Neuberger, Oswald 1997: Individualisierung und Organisierung. Die wechselseitige Erzeugung von Individuum und Organisation durch Verfahren. In: Ortmann, G./Sydow, J./Türk, K. (Hg.): Theorien der Organisation. Die Rückkehr der Gesellschaft. Opladen: Westdeutscher Verlag, S. 487–522.

Transnationale Unternehmen

Begriff

Grenzüberschreitend tätige Unternehmen werden in der sozialwissenschaftlichen Globalisierungsforschung als zentrale Akteure thematisiert (→ Globalisierung/Transnationalisierung). Durch ihre Aktivitäten treiben sie die ökonomische Verflechtung immer weiterer Teile der Welt voran, sei dies durch internationalen Handel, ausländische Direktinvestitionen (Eröffnung nationaler Tochtergesellschaften und Niederlassungen), strategische Unternehmensnetzwerke (wie z.B. Holdings) und/oder Aufbau globaler Wertschöpfungsketten und Produktionsnetzwerke (firmenübergreifende Zusammenarbeit zur Herstellung von Produkten und Dienstleistungen) (→ Globale Wertschöpfungsketten und internationale Arbeitsteilung). Zu ihrer Bestimmung haben sich in der Literatur unterschiedliche Begrifflichkeiten entwickelt, die teilweise unspezifisch und synonym verwendet werden: globales Unternehmen, internationales Unternehmen, multinationales Unternehmen (MNU) bzw. transnationales Unternehmen (TNU).

In einer spezifischen Bedeutung wird der Begriff des transnationalen Unternehmens jedoch von einem Strang der Debatte verwendet, der im Gegensatz zu früheren Debatten nicht auf die teilweise marktbeherrschende und das politische System partiell dominierende Bedeutung einzelner multinationaler Großunternehmen abhebt (vgl. z.B. Reich 1993), sondern mit dem Begriff einen bestimmten (und historisch relativ neuen) *Organisationstyp* beschreiben möchte, der sich aufgrund seiner spezifischen Eigenschaften von anderen Organisationstypen signifikant unterscheidet (Mense-Petermann/Wagner 2006, Mense-Petermann 2012).

In diesem Strang der Debatte werden transnationale Unternehmen eng mit der weiteren soziologischen Debatte zur Transnationalisierung verknüpft. Transnationale Unternehmen stellen dieser Sichtweise zufolge Unternehmen dar, die ein grenzüberschreitend integriertes, jedoch geografisch verteiltes und funktional differenziertes Netz an Produktionsstätten, Forschungs- und Entwicklungsstandorten sowie Marketing-, Finanz- und Verwaltungseinheiten bilden, das ohne hierarchisches oder geografisches Zentrum auskommt (vgl. Flecker 2017, S. 228, Wagner/Mense-Petermann 2006, S. 15). Den Netzwerkaspekt der betrieblichen Strukturen aufgreifend (→ Netzwerke), bestimmt Dicken (2015, S. 130) TNU als „Netzwerke in Netzwerken". In seiner Definition scheint ein weiterer definitorischer Unterschied in der gegenwärtigen Behandlung von TNU in der Debatte auf: das Problem der Unternehmensgrenzen. Während weite Teile der Debatte auf die internen Strukturen und Prozesse von TNU fokussieren, also TNU innerhalb eigener Unternehmensgrenzen fassen, weitet Dicken den Begriff insofern aus, als die Fähigkeit, (ökonomische) Operationen in mehr als einem Land und über die eigenen Unternehmensgrenzen hinaus zu koordinieren und zu kontrollieren, zum zentralen Kennzeichen von TNU erhoben wird. Damit beziehen sich die Aktivitäten von TNU nicht mehr nur auf eigene Niederlassungen und Tochtergesellschaften, sondern beinhalten auch die Rolle von TNU in globalen Wertschöpfungsketten und Produktionsnetzwerken, in denen TNU durchaus Einfluss auf zwar formal selbstständige, aber trotzdem eng mit ihren eigenen Aktivitäten verknüpfte Unternehmen nehmen (vgl. ebd.,

S. 115). Beide Auffassungen beinhalten damit unterschiedliche Fokusse, mit denen auch unterschiedliche Ausschnitte der betrieblichen Herausforderungen für das → Management transnationaler Wirtschaftsaktivitäten und Arbeitsprozesse in den Blick geraten.

Genese/theoretischer Kontext

Der hier hervorgehobene Strang der Debatte, in dem TNU einen spezifischen Organisationstypus darstellen, hat seinen Ursprung in den strategischen Managementwissenschaften und ist eng mit dem Werk von Bartlett und Ghoshal (1990) verknüpft. In ihrem 1989 in englischer Sprache erschienenen Werk „Managing Across Borders: The Transnational Solution" entwickeln die Autoren eine Typologie unterschiedlicher Formen des grenzüberschreitenden Engagements von Unternehmen, das im Anschluss häufig auch als „evolutionäres Paradigma" beschrieben wird. In einer kontingenztheoretischen Tradition wird die Entwicklung von Unternehmensstrukturen als Entwicklung gefasst, in der Unternehmen sich mit ihren Strukturen an veränderte Markt- und Wettbewerbssituationen anpassen. Das transnationale Unternehmen (von den Autoren auch als integriertes Netzwerk beschrieben) stellt dabei den idealtypischen Fluchtpunkt der neueren Entwicklung dar, dessen Vorläufer als das multinationale, das internationale sowie das globale Unternehmen beschrieben werden (→ auch Unternehmens[re]organisation).

Als *multinationale* Unternehmen werden dabei Unternehmen beschrieben, die ihre grenzüberschreitenden Aktivitäten dezentral nach den jeweiligen Operationsländern (host countries) strukturieren. Die Aktivitäten orientieren sich stark an den jeweils national vorherrschenden Markt- und Wettbewerbssituationen, die globale Integration und der Transfer zwischen Niederlassungen und host countries bleibt gering. *Internationalen* Unternehmen hingegen wird zugeschrieben, wesentlich stärker von der Firmenzentrale und den Heimatmärkten aus zu agieren. Die jeweiligen Landesniederlassungen werden eng kontrolliert, und der Informationsfluss verläuft wesentlich von der Zentrale zu den Niederlassungen. Die Auslandsniederlassungen stellen bei diesem Strategietyp primär eine Erweiterung der am Heimatmarkt erlangten Position dar. Das *globale* Unternehmen schließlich soll durch grenzüberschreitende Aktivitäten gekennzeichnet sein, in denen die Firmenzentrale die völlige Kontrolle über die Auslandsniederlassungen übernimmt und die Niederlassungen ausschließlich Entscheidungen und Strategien der (im Unterschied zum internationalen Unternehmen jedoch explizit global orientierten) Zentrale exekutieren. Globale Integration und Effizienz gehen hier zu Lasten lokaler Lernfähigkeit und Adaption.

Von den Autoren wird jeder der vorgestellten Idealtypen zwar auch historischen Phasen zugeordnet, in denen einflussreiche Unternehmen solche Strategien verfolgten, jedoch ist festzuhalten, dass die Idealtypen auch historisch überlappend auftreten. Letztlich repräsentieren sie unterschiedliche Lösungen für unternehmerische Problemlagen. Dem transnationalen Unternehmen wird im Anschluss an diesen Gedanken zugeschrieben, die Lösung für gegenwärtige Probleme grenzüberschreitender Aktivitäten darzustellen, die in der *gleichzeitigen* Realisierung globaler Integration und Effizienz als auch lokaler Adaption und Lernfähigkeit bestehe. Beim transnationalen Unternehmen finden sich zu diesem Zweck funktional (und nicht mehr national, wie es bei multinationalen Unternehmen der Fall war) differenzierte und heterarchisch (Hedlund 1986) koordinierte, netzwerkförmige Strukturen und Koordinationsmuster, die es erlauben, globale Templates und Vorgaben lokal zu adaptieren und lokale Lerneffekte zur Verbesserung der globalen Strategien zu verwenden. In dieser Sichtweise stellt das TNU den gegenwärtig besten „Fit" angesichts veränderter Markt- und Wettbewerbssituationen dar. Vor diesem Hintergrund wurde dem Konzept stets vorgeworfen, dass das analytische Konzept untrennbar mit normativen Implikationen verknüpft sei und eher beabsichtige, selbst einen „one best way" für das grenzübergreifende Management kreieren zu wollen, statt kritisch-analytisch zu verfahren.

Einige Autor:innen beschlossen aufgrund dieser Kritik, den Begriff des transnationalen Unternehmens gänzlich zu verwerfen und stattdessen am wesentlich breiter gefassten Begriff des MNU festzuhalten (z.B. Dörrenbächer 2006). In der Tat findet sich heute in der Literatur eine sehr inkonsistente und unsystematische Verwendung der Begriffe MNU und TNU. In den letzten Jahren hat sich jedoch ein breiter Strang auch der sozialwissenschaftlichen Debatte herausgebildet, der trotz der Kritik am normativ-evolutionären Paradigma von Bartlett und Ghoshal in kritischer Weise an die getroffenen begrifflichen Unterscheidungen anknüpft.

Im Gegensatz zum originären Beitrag von Bartlett und Ghoshal wird in dieser Debatte die Herausbildung transnationaler Unternehmen zwar in bestimmten Fällen als empirisch zutreffende Beschreibung aktueller Veränderungsprozesse akzeptiert und als begriffliche Differenzierungsmöglichkeit grenzüberschreitender Unternehmensaktivitäten begrüßt, jedoch die teleologische und evolutionäre Gesetzmäßigkeit heftig kritisiert (vgl. Wagner/Mense-Petermann 2006). Die Herausbildung unilinearer „transnationaler" Unternehmensstrukturen wird dabei von einer ganzen Reihe unterschiedlicher Theorietraditionen der sozialwissenschaftlichen Disziplinen problematisiert. In dieser Stoßrichtung hat die Forschung zu TNU jedoch auch durchaus produktiv an verschiedene Theorietraditionen der sozialwissenschaftlichen Forschung angeknüpft, von denen im Folgenden nur einige kurz (und stark vereinfacht) erwähnt werden können:

In der vergleichenden politischen Ökonomie und Organisationsforschung fand eine sehr kritische Auseinandersetzung mit der Frage statt, inwiefern TNU globale Integration jenseits nationaler Einflussnahme und Abhängigkeiten erreichen können. Als Widerstreit zwischen europäischem und amerikanischem Institutionalismus etwas stilisiert gegenübergestellt, wurde debattiert, inwieweit TNU unabhängig von nationalen Institutionengefügen operieren (für einen guten Überblick vgl. Geppert et al. 2006). Autor:innen vor allem aus dem Lager des soziologischen → Neo-Institutionalismus hoben die Rolle globaler Managementkonzepte und feldspezifisch gültiger (aber eben nicht national spezifischer!) Best-Practice-Lösungen und Legitimationsmuster hervor, die dazu führten, dass sich Unternehmensstrukturen und -prozesse global angleichen. Dem setzten Vertreter:innen aus der vergleichenden politischen Ökonomie Studien entgegen, die unterschiedliche Muster der grenzüberschreitenden Aktivitäten von TNU in Abhängigkeit ihrer jeweiligen Herkunfts- (home-country effect) oder Zielländer (host-country effect) belegten.

Aus mikropolitischer Perspektive der Organisationsforschung (→ Mikropolitik) befassten sich Forscher:innen intensiv mit den Annahmen der Heterarchie innerhalb des Netzwerks, indem Konflikte und Auseinandersetzungen zwischen Beschäftigtengruppen, aber auch zwischen Zentralen und Niederlassungen (und zwischen verschiedenen Niederlassungen) innerhalb der entstehenden Firmennetzwerke analysiert wurden.

Mit der Forschung zu transnationalen sozialen Räumen schließlich konnte ein Bogen zu sozialwissenschaftlichen Forschungen geschlagen werden, die sich auf die Herausbildung transnationaler Strukturen in anderen Bereichen konzentrierten, wie z.B. Familienzusammenhänge und Migrationsbewegungen. In dieser Hinsicht konnten auch TNU als eigene transnationale Räume aufgefasst werden, deren Strukturen dieselben Widersprüchlichkeiten und Wechselwirkungen zwischen ortsgebundenen und globalen Dynamiken aufweisen wie die anderen beobachteten Phänomene. Diese Orientierung öffnete das Feld auch für Studien, die sich stärker auf die Unternehmenskultur und soziale Aushandlungsprozesse innerhalb von TNU konzentrierten.

Zentrale Forschungsergebnisse und Internationaler Bezug

Die nach wie vor laufende Forschung zu Dynamik, Struktur und Grenzen von TNU hat wichtige Differenzierungen und Relativierungen ergeben, die gerade auch für die Arbeits- und Industriesoziologie zu wichtigen Einsichten und Ergebnissen zum Wandel von Arbeitsverhältnissen, -formen und -organisation im Zuge der Globalisierung geführt haben (vgl. auch die Übersicht von Hirsch-Kreinsen in der 2. Auflage dieses Lexikons).

So kann die Annahme eines globalen „one best way" der Transnationalisierung oder unilinearer Transnationalisierungsmuster als widerlegt betrachtet werden. Studien zu Transnationalisierungsverläufen haben interessante und z.T. erhebliche Unterschiede in den Transnationalisierungsbemühungen von TNU in unterschiedlichen Branchen, Herkunfts- und Zielländern mit z.T. erheblichen Konsequenzen für Arbeitseinsatz und -organisation ergeben (vgl. z.B. Feuerstein 2012, Jürgens/Krzywdzinski 2016, Mayer-Ahuja 2011). Die vorliegenden Studien betonen weniger klare globale oder lokale Dynamiken, sondern eher umkämpfte Felder, auf denen unterschiedliche Konzeptionen und Leitorientierungen von Akteuren aufeinandertreffen und zu stets neu ausgehandelten Kompromissen und Hybriden führen (vgl. z.B. für einen frühen Beitrag Rugirok/van Tulder 1995). Offen ist jedoch nach wie vor die jeweilige Relevanz, die nationale Institutionengefüge bzw. branchenweite organisationale Felder in diesem Prozess haben (vgl. Bair/Mahutga 2012, Herrigel/Wittke 2005). Weitgehend unbestritten ist, dass TNU keinesfalls so wurzellos und flexibel sind, wie in der (oft politisch aufgeladenen) Globalisierungsdiskussion häufig suggeriert wird (vgl. Altvater/Mahnkopf 2007). Stattdessen verweisen Studien auf die wichtige Rolle der Einbettung auch transnationaler Unternehmen in (nationale oder regionale) Institutionengefüge (→ Berufliche Bildung, → Industrielle Beziehungen, → Produktionsregime) für (erfolgreiche) Transnationalisierungsprozesse (vgl. z.B. Porter 2000, Whitley 1999). Darauf aufbauende Annahmen weitgehend homogener nationaler Institutionengefüge mit annähernd deterministischer Wirkung für Unternehmens- und → Arbeitsorganisation haben sich jedoch nicht bestätigt (→ auch Varieties of Capitalism). Letztlich zeigt sich, dass die Debatte zu Konvergenz/Divergenz von Unternehmensstrukturen im Zuge der Globalisierung statisch nicht zu entscheiden ist, sondern als dynamischer sozialer Prozess aufgefasst werden muss, in dem – trotz zweifellos ausgelöster isomorpher Veränderungen durch grenzübergreifende Aktivitäten von TNU – lokale Unterschiede auch modifiziert reproduziert werden (vgl. Herrigel 2010).

Die stärker akteurzentrierte Perspektive der mikropolitischen und pragmatistischen Ansätze haben zudem wichtige Spannungsfelder innerhalb transnationaler Unternehmensstrukturen identifizieren können, die die Rolle und Handlungsspielräume sowohl lokaler Managementfraktionen als auch Beschäftigtengruppen betreffen und für die Frage der Gestaltung von Arbeitsverhältnissen und gewerkschaftlicher Interessenvertretung relevant sind (vgl. z.B. Dörrenbächer/Geppert 2014). Diese Studien haben damit wichtige Erkenntnisse geliefert, die Transnationalisierung von Unternehmen als einen umkämpften Prozess zwischen verschiedenen Beschäftigtengruppen zu dekonstruieren, und damit auch Fragen von Macht und Konfliktverhältnissen aufgeworfen (vgl. auch Geppert/Dörrenbächer 2014).

Aber auch die Studien zu transnationalen sozialen Räumen haben das Bild transnationaler Unternehmen um Aspekte der sozialen Einbettung ergänzt, die in der ursprünglichen Fassung unterschlagen wurden und zu einer deutlich differenzierteren Bewertung der Qualität transnationaler Unternehmensstrukturen geführt haben. So heben Forschungen hier z.B. die aktive Rolle von Beschäftigtengruppen hervor, transnationale Strukturen auszuhandeln und zu gestalten und somit überhaupt erst zu konstituieren (Park/Mense-Petermann 2014).

Patrick Feuerstein

Empfehlungen zum Weiterlesen

Bartlett, Christopher A./Ghoshal, Sumantra 1990: Internationale Unternehmensführung. Frankfurt a.M./New York: Campus.

Geppert, Mike/Dörrenbächer, Christoph 2014: Politics and Power within Multinational Corporations: Mainstream Studies, Emerging Critical Approaches and Suggestions for Future Research. In: International Journal of Management Reviews, Vol. 16, No. 2, S. 226–244.

Morgan, Glenn/Hull Kristensen, Peer/Whitley, Richard (eds.) 2003: The Multinational Firm: Organizing Across Institutional and National Divides. Oxford: Oxford University Press.

Mense-Petermann, Ursula/Wagner, Gabriele 2006: Transnationale Konzerne: Ein neuer Organisationstyp? Wiesbaden: VS Verlag.

Transnationalisierung

→ Globalisierung/Transnationalisierung

Unternehmen

→ Betrieb, Kleinbetrieb, Transnationale Unternehmen

Unternehmensmitbestimmung

Begriff

Mitbestimmung ist ein zentrales Prinzip demokratisch verfasster Gesellschaften und gewährleistet die Beteiligung von Personen an den sie betreffenden Entscheidungen. Abweichend von den angelsächsischen Ausprägungen der Marktwirtschaft vornehmlich in Großbritannien und den USA, in denen die → Partizipation der Beschäftigten an Entscheidungen in Unternehmen keineswegs institutionell verankert ist (Soskice 1999), ist die Mitbestimmung konstitutiv für das deutsche System der → Industriellen Beziehungen. Mit der Verabschiedung des Betriebsrätegesetzes in der Weimarer Republik (1920) und der Entflechtung der wirtschaftlichen Leitsektoren (Bergbau, Eisen- und Stahlindustrie im Jahr 1947) hat sich unter alliierter Kontrolle die Dualität zwischen der Mitbestimmung auf der betrieblichen Ebene (u.a. durch Betriebs- und Personalräte) und der Unternehmensmitbestimmung bereits vor der Gründung der Bundesrepublik etabliert (Müller-Jentsch 2020, S. 316). Die Unternehmensmitbestimmung stellt die rechtlich legitimierte Partizipation der Beschäftigten an unternehmerischen Entscheidungen in den Führungsgremien (Aufsichtsrat, Vorstand) kapitalmarktorientierter Unternehmungen dar, indem sie den Arbeitnehmervertretungen Befugnisse der Information, Überwachung und Mitentscheidung zusichert. Nach dem Mitbestimmungsurteil des Bundesverfassungsgerichts von 1979 besteht die Aufgabe der Unternehmensmitbestimmung darin, „die mit der Unterordnung der Arbeitnehmer unter fremde Leitungs- und Organisationsgewalt in größeren Unternehmen verbundene Fremdbestimmung durch die institutionelle Beteiligung an den unternehmerischen Entscheidungen zu mildern (…) und die ökonomische Legitimation der Unternehmensleitung durch eine soziale zu ergänzen“ (BVerfGE, 50, 290 [350]).

Die Unternehmensmitbestimmung liegt „als dritte Säule“ (Müller-Jentsch 1999 b, S. 289) an der Nahtstelle von kollektiver Interessenvertretung (durch → Gewerkschaften) und betrieblicher Interessenregulierung. Somit werden nicht nur die Belange von Arbeitgeber- und Arbeitnehmerseite verhandelt, sondern es treffen auch die verschiedenen Perspektiven branchenweiter und unternehmensbezogener Interessenpolitik aufeinander. Die Unternehmensmitbestimmung markiert eine der wichtigsten sozial- und wirtschaftspolitischen Errungenschaften der bundesdeutschen Nachkriegszeit; sie ist zugleich ein Kulminationspunkt kontroverser Auseinandersetzungen über das Konzept der Wirtschaftsdemokratie und über den Wert institutionalisierter Arbeitnehmerbeteiligung in den Unternehmen: Im Kern geht es um den strukturellen Konflikt zwischen Kapital und Arbeit, das „Prinzip der Freiheit auf dem Markt mit dem sozialen Ausgleich zu verbinden“ (Müller-Armack 1956, S. 390).

Genese/theoretischer Kontext

Die deutsche Unternehmensmitbestimmung umfasst drei verschiedene Modelle mit jeweils eigenen Rechtsgrundlagen: die Montanmitbestimmung von 1951, die ‚76er Mitbestimmung‘ nach dem Mitbestimmungsgesetz von 1976 und die Mitbestimmung nach dem Drittelbeteiligungsgesetz von 2004 für kleinere Kapitalgesellschaften (BMAS 2019, S. 60ff.). Die Modelle differieren in der Reichweite der Mitbestimmung und der Konstellation der Machtbeziehungen von Arbeits- und Kapitalseite. In Abhängigkeit von der Zusammensetzung des Aufsichtsrats und den Partizipationsmöglichkeiten der Arbeitnehmervertretungen implizieren sie Modelle einer paritätischen, einer quasi-paritätischen und einer unterparitätischen Mitbestimmung im Unternehmen.

Montanmitbestimmung: Kurz nach dem Ende des Zweiten Weltkriegs erhoben die neu formierten Gewerkschaften des DGB den Anspruch, in den Führungsgremien der Konzerne der Montanindustrie beteiligt zu werden. Nach kontroversen Auseinandersetzungen und Verhandlungen über die Sozialisierung der im Nazi-Regime involvierten Schlüsselindustrien und die Etablierung einer Wirtschaftsdemokratie zwischen Gewerkschaften, Unternehmen, alliierten Kontrollbehörden und schließlich der Bundesregierung beschloss der Bundestag am 10.4.1951 das „Gesetz über die Mitbestimmung der Arbeitnehmer in den Aufsichtsräten und Vorständen der Unternehmen des Bergbaus und der Eisen und Stahl erzeugenden Industrie“ (MontanMitbestG). Der Geltungsbereich erstreckte sich auf Unternehmen mit mehr als 1.000 Beschäftigen. Erweitert wurde diese Regelung wenige Jahre später durch das „Mitbestimmungsergänzungsgesetz“ (1956) auf die Obergesellschaften von Montankonzernen.

Die besondere Reichweite dieses Modells paritätischer Mitbestimmung lässt sich auf zwei Merkmale zurückführen (Abb. 1): Zum einen auf die Zusammensetzung des Aufsichtsrates, der aus gleichberechtigten Gruppierungen von Kapital- und Arbeitnehmervertretern sowie einem gemeinsam bestellten ‚neutralen‘ Mitglied besteht (§ 4 MontanMitbestG). Zum anderen auf die Position des Arbeitsdirektors im Vorstand, der nicht gegen die Stimmenmehrheit der Arbeitnehmer im Aufsichtsrat bestellt werden kann (§ 13 MontanMitbestG).

Abb. 1: Montanmitbestimmung: Zusammensetzung des Aufsichtsrates

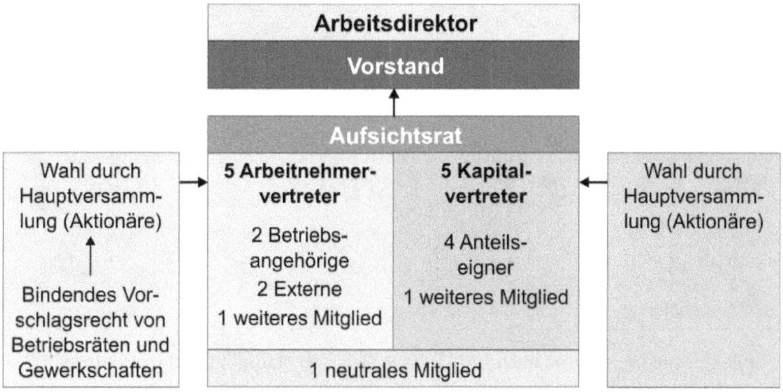

Quelle: Eigene Darstellung nach BMAS 2019, Beispiel: elfköpfiger Aufsichtsrat

Die Montanmitbestimmung hatte in den Nachkriegsjahrzehnten eine herausragende Bedeutung für das deutsche Modell koordinierter Marktwirtschaft und stellt einen wichtigen Stabilisator des dualen System der Mitbestimmung dar (Abelshauser 2020, S. 289, Müller-Jentsch 2020, S. 316). Fielen zu Beginn der 1950er Jahre noch über 100 Unternehmen unter die Montanmitbestimmung, unterlagen im Zuge des wirtschaftlichen Strukturwandels und durch das Ende des Kohlenbergbaus im Dezember 2018 im Jahr 2021 nur noch 18 Eisen- und Stahlbetriebe dieser Regelung (Berberich 2021, S. 20). Das Modell der paritätischen Mitbestimmung bleibt für die Gewerkschaften als weitreichendes wirtschaftsdemokratisches Konzept eine wichtige programmatische Orientierung der Mitbestimmung insgesamt (Gotto 2019, S. 5 f).

Drittelbeteiligungsgesetz: Ein Jahr nach der Verabschiedung der Montanmitbestimmung trat 1952 das Betriebsverfassungsgesetz in Kraft, welches auf die Installierung von Betriebsräten und Beteiligungsverfahren auf der betrieblichen Ebene abzielte. Es enthielt jedoch auch Regelungen zur Mitbestimmung in den Führungsgremien der ‚kleineren‘ Kapitalgesellschaften mit 500 bis 2.000 Beschäftigten. Hierbei sollten die Aufsichtsräte in diesen Unternehmen zu zwei Dritteln von den Anteilseignern und zu einem Drittel von den Arbeitnehmern besetzt werden (Abb. 2). Im Jahre 2004 wurde diese Regelung eines unterparitätischen Mitbestimmungsmodells in das „Gesetz über die Drittelbeteiligung der Arbeitnehmer im Aufsichtsrat“ (Drittelbeteiligungsgesetz) überführt, um die Wahlen in den Führungsgremien von Unternehmen zu vereinfachen. Die letzte Anpassung erfolgte im Jahr 2015 (BMAS 2019, S. 281). In dessen Geltungsbereich fielen 2009 rund 1.500 Unternehmen. Nicht wenige Unternehmen, für die das zutrifft, nutzen jedoch ausländische Rechtsformen oder haben keinen mitbestimmten Aufsichtsrat, obwohl sie gesetzlich dazu verpflichtet wären (Bayer/Hoffmann 2015, Sick 2020).

Mitbestimmungsgesetz: Die Empfehlung der ‚Biedenkopf-Kommission‘ (Kommission Mitbestimmung 1970) zur Ausweitung der Unternehmensmitbestimmung auf große Kapitalgesellschaften mit mehr als 2.000 Beschäftigten mündete in die Verabschiedung des Mitbestimmungsgesetzes (Gesetz über die Mitbestimmung der Arbeitnehmer) im Jahre 1976 (Gotto 2019, S. 7). Im Gegensatz zur paritätischen Mitbestimmung in der Montanindustrie sieht dieses nur ein Modell quasi-paritätischer Beteiligung von Kapital- und Ar-

Abb. 2: Drittelbeteiligungsgesetz: Zusammensetzung des Aufsichtsrates

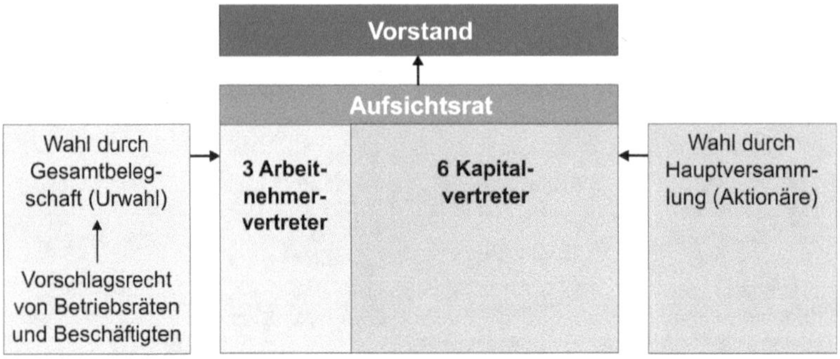

Quelle: Eigene Darstellung nach BMAS 2019, Beispiel: neunköpfiger Aufsichtsrat

beitnehmervertretungen in den Aufsichtsräten vor: Zwar besteht das Gremium formal aus gleich vielen Vertretern der beiden Parteien, jedoch weist die Zusammensetzung einige Besonderheiten auf (Abb. 3): Zum einen wird der Arbeitnehmerbank ein Vertreter der leitenden Angestellten zugeordnet, der in der Regel die Unternehmens- bzw. Kapitalinteressen vertritt. Zum anderen wird dem Aufsichtsratsvorsitzenden, der von der Kapitalseite gestellt wird, in Pattsituationen eine ‚zweite Stimme' eingeräumt, womit das Letztentscheidungsrecht der Kapitaleigner gesichert werden soll. In der Konsequenz wird auch der Arbeitsdirektor im Vorstand mehrheitlich von der Unternehmensseite gewählt. Der Aufsichtsrat besteht je nach Unternehmensgröße aus 12, 16 oder 20 Mitgliedern.

Der ‚76er Mitbestimmung' wird die größte Relevanz in der Unternehmensmitbestimmung zugeschrieben, wenngleich die Zahl der mitbestimmten Unternehmen rückläufig ist: Im Jahr 2002 waren noch rund 770 Unternehmen unter das Mitbestimmungsgesetz gefallen, Ende 2019 waren es noch 652 Unternehmen (Emmler/Misterek 2020). Gründe für den Rückgang werden u.a. im Wandel der Rechtsformen (s. Internationaler Bezug) oder in Restrukturierungen gesehen, in deren Folge die Unternehmen aus dem Geltungsbereich der 76er Mitbestimmung fallen.

Die gesetzlichen Regelungen der Unternehmensmitbestimmung sind immer wieder Gegenstand von Auseinandersetzungen, nicht zuletzt da von den Gewerkschaften eine Ausweitung und von den Wirtschafts- und Arbeitgeberverbänden eine Eindämmung der Beteiligungsrechte gefordert wurde. Die unterschiedlichen Interessen in Wirtschaft und Politik haben in bekannten Formulierungen zur Mitbestimmung als „bewegende Kraft der kommenden Jahre" (Bundeskanzler W. Brandt in der Regierungserklärung 1969) oder als „Irrtum der Geschichte" (BDI-Präsident M. Rogowski in einem Zeitungsinterview 2004) ihren Ausdruck gefunden.

Von Regierungen und Verbänden wurden in der Vergangenheit zahlreiche ‚Mitbestimmungskommissionen' initiiert und mit Fragen nach dem Wert und der Zukunft der Unternehmensmitbestimmung beauftragt: Neben der Biedenkopf-Kommission vor der Einführung des Mitbestimmungsgesetzes 1976 evaluierten u.a. die Kommission Mitbestimmung von Hans-Böckler-Stiftung und Bertelsmann Stiftung (1998), eine Mitbestimmungskommission von BDA- und BDI-Vertretern (BDA/BDI 2004) sowie die „Kommission zur Modernisierung der deutschen Unternehmensmitbestimmung" (2006) (erneut unter dem Vorsitz von K. Biedenkopf) den Reformbedarf der (Unternehmens-)Mitbestimmung. Zu einer grundlegenden Modifizierung der Mitbestimmungsregelungen kam es jedoch nie.

Zentrale Forschungsergebnisse

Nicht zuletzt um die politischen Lager und Positionen zur Unternehmensmitbestimmung empirisch zu ‚unterfüttern', wurden insbesondere von der wirtschafts- und sozialwissenschaftlichen Forschung zahlreiche Studien zu der Thematik vorgelegt (zum Überblick: Streeck/Kluge 1999, Höpner 2004 b, Kißler et al. 2011, Jäger et al. 2020). Diese behandelten im Wesentlichen zwei zentrale Aspekte: die Strukturen und Praktiken der Interessenaushandlung in den Kontrollorganen einerseits und die Auswirkung der Unternehmensmitbestimmung auf die wirtschaftliche Entwicklung der Unternehmung andererseits. Funder (1999 a, S. 170ff.) leitete aus der Bilanzierung einschlägi-

ger Studien drei Untersuchungswellen der Mitbestimmungsforschung ab: (1) Ging es zunächst in den industriesoziologischen Arbeiten der Nachkriegsjahrzehnte um das neue Instrument der paritätischen Mitbestimmung in der Montanindustrie, so untersuchten (2) in den 1970er Jahren Betriebs- und Rechtswissenschaftler in institutionenorientierter Perspektive („Rechtstatsachenforschung") die Auswirkungen der Mitbestimmungsgesetze. Seit den 1980er Jahren rückten (3) die Kooperations- und Interaktionsmuster von Unternehmensleitungen und Arbeitnehmervertretungen in den Fokus der Analysen. Das wissenschaftliche Interesse verschob sich dabei zunehmend von der Unternehmensmitbestimmung zu den Arbeitsbeziehungen auf der betrieblichen Ebene.
Mögliche Modernisierungsbedarfe der Mitbestimmung begründeten zahlreiche betriebswirtschaftlich orientierte Studien zu Fragen nach der ökonomischen Effizienz der Unternehmensmitbestimmung (u.a. Vitols 2006, Stettes 2007, Jirjahn 2010). Ein eindeutiges Ergebnis lieferten die vorliegenden Arbeiten dabei nicht: Weder konnten Standortnachteile bzw. eine geringere Performance noch eine höhere Produktivität mitbestimmter Unternehmen eindeutig nachgewiesen werden (Greifenstein/Kißler 2010). Analysen zur Corporate Governance in den führenden Industrieunternehmen haben gezeigt, dass die Aufsichtsratsarbeit mehrheitlich „effizient und reibungslos" (Raabe 2011) funktioniert. Diese hat sich auch in Zeiten der Wirtschaftskrisen nach 2009 und 2020 bewährt. Die demokratietheoretische Begründung der Mitbestimmung, wie sie im Urteil des Bundesverfassungsgerichtes und der ersten Biedenkopf-Kommission betont wurde, trat hingegen immer mehr in den Hintergrund (Müller-Jentsch 2020, S. 324; Nienhüser 2015). Im Rahmen der Kommission „Erinnerungskulturen der sozialen Demokratie" (2019–2021) setzt sich die neuere wirtschafts- und sozialhistorische Forschung (https://www.erinnerungskulturen.boeckler.de/forschung-14003.htm) mit der Frage auseinander, welche Erinnerungen an die Durchsetzung sozialer Bürgerrechte aktuell in der Gesellschaft noch präsent sind. Hierbei wird auch die Rolle von Gewerkschaften und Arbeitgeberverbänden bei der Konstituierung der Unternehmensmitbestimmung in den Blick genommen (Gotto 2019, Lauschke 2021).
Im Zuge des wirtschaftsstrukturellen Wandels hat die Unternehmensmitbestimmung ihre zentrale Rolle für die Mitbestimmungsforschung verloren; im Zuge einer Verbetrieblichung der Arbeitsbeziehungen werden zunehmend die Strukturen und Praktiken der betrieblichen Mitbestimmung, die „zur wichtigsten Form der Mitbestimmung" (Müller-Jentsch 2008, S. 185) geworden ist, in den Blick genommen. Darüber hinaus stößt das deutsche Modell der Unternehmensmitbestimmung im Zuge der fortschreitenden → Globalisierung bei international agierenden Kapitalgesellschaften und angesichts der Anforderungen der europäischen Integration an nationale Grenzen (→ auch Tarifvertrag, Transnationale Unternehmen).

Abb. 3: Mitbestimmungsgesetz: Zusammensetzung des Aufsichtsrates

Quelle: Eigene Darstellung nach BMAS 2019, Beispiel: 20-köpfiger Aufsichtsrat

Internationaler Bezug

Aus Sicht der Mitbestimmungsforschung bedarf es eines europaweiten Konsenses zur „Verteidigung, Rechtfertigung und Weiterbildung der Mitbestimmung auf EU-Ebene" (Müller-Jentsch 2020, S. 324). Eine wichtige Etappe auf diesem Weg ist die *Societas Europaea*, kurz SE: Unternehmen können die Rechtsform der ‚europäischen Gesellschaft' wählen; die Beteiligungsrechte der Arbeitnehmerschaft werden zwischen den Sozialpartnern auf der Basis einer EU-Richtlinie und nationaler Gesetzgebung ausgehandelt. Im Jahr 2020 waren bereits 413 SE in Deutschland operativ tätig (Rosenbohm/Hertwig 2021, Rosenbohm 2021); diese führten in der Regel ihre ‚nationale' Mitbestimmungskultur auf der europäischen Ebene weiter (Köstler/Rose 2011, Rosenbohm 2014). Eine weitere Herausforderung für die deutschen Mitbestimmungsinstitutionen besteht in der durch den Europäischen Gerichtshof (EuGH) ermöglichten Verbreitung ausländischer (Unternehmens-)Rechtsformen wie der britischen ‚Limited', die nicht von den deutschen Mitbestimmungsrechten erfasst werden. Einer aktuellen Studie (Rosenbohm/Hertwig 2021) zufolge steigt die Anzahl neu registrierter SE in Deutschland weiter an, von denen viele „mitbestimmungsfrei" agieren (vgl. Sick/Pütz 2011).

Peter Ittermann, Manfred Wannöffel

Empfehlungen zum Weiterlesen

Abelshauser, Werner 2020: Zweierlei Mitbestimmung. Die Montanmitbestimmung von der wirtschaftlichen Innovation zu unbehaglichen Vereinsamung. In: Jäger, W./Lauschke, K./Mittag, J. (Hg.): Mitbestimmung im Zeichen von Kohle und Stahl. Debatten um die Montanmitbestimmung im nationalen und europäischen Kontext. Essen: Klartext-Verlag, S. 285–305.
Greifenstein, Ralph 2011: Perspektiven der Unternehmensmitbestimmung in Deutschland. Ungerechtfertigter Stillstand auf der politischen Baustelle? Expertise im Auftrag der Abteilung Wirtschafts- und Sozialpolitik der Friedrich-Ebert-Stiftung. Bonn: Friedrich-Ebert-Stiftung.
Lauschke, Karl 2007: Die halbe Macht. Mitbestimmung in der Eisen- und Stahlindustrie 1945 bis 1989. Essen: Klartext.
Gotto, Bernhard 2019: Ein schöngeredeter Misserfolg? Erinnerungen an das 1976er Mitbestimmungsgesetz. Arbeitspapier aus der Kommission „Erinnerungskulturen der sozialen Demokratie", Internet: https://www.erinnerungskulturen.boeckler.de/forschung-14003.htm.
Müller-Armack, Alfred 1956: Soziale Marktwirtschaft, in: Handwörterbuch der Sozialwissenschaften, Bd. 9, Stuttgart: Fischer, S. 243–250.
Müller-Jentsch, Walther 2020: Die Montanmitbestimmung aus sozialwissenschaftlicher Perspektive. Entstehung – Wirkung – Rechtfertigung, in: Jäger, W./Lauschke, K./Mittag, J. (Hg.): Mitbestimmung im Zeichen von Kohle und Stahl. Debatten um die Montanmitbestimmung im nationalen und europäischen Kontext. Essen: Klartext-Verlag, S. 307–329.

Unternehmens(re)organisation

Begriff

Je nachdem, ob man eine instrumentelle oder institutionelle Perspektive zugrunde legt, *hat* oder *ist* das Unternehmen eine Organisation (→ Organisationssoziologie/-theorien, → auch Betrieb, Arbeitsorganisation). Während im ersten Falle die auf Dauer gestellte Strukturierung von Arbeitstätigkeiten und das Festlegen von Regeln als Instrument der Betriebsführung dient, wird im zweiten Fall nicht nur die auf Rationalität ausgerichtete formale Ordnung, sondern das soziale Gebilde als Ganzes in den Blick genommen (Schreyögg/Geiger 2016). Auf Basis von Aufgaben, Arbeits- und Prozessanalysen bilden sich spezifische Ordnungen der Aufbau- und Ablauforganisation. Als bekannte Formen der organisatorischen Arbeitsteilung können hierbei die funktionale und divisionale Unternehmensorganisation genannt werden. Als zentral für die Unternehmensorganisation gilt die organisatorische Integration unterschiedlicher Stellen und Aufgaben über Abstimmungen durch Hierarchie, Programme oder Selbstorganisation. Diese nicht unerhebliche Problematik wird zunehmend unter dem Stichwort des „Business Reengineering" diskutiert. Doch gerade aus einer institutionellen Perspektive auf Unternehmensorganisation scheint die einseitige Fokussierung auf rationale Aspekte der Strukturierung und Reorganisation als eine unzulängliche Verengung. Diese Unzulänglichkeit wird umso deutlicher, blickt man auf die Unternehmensorganisation aus einer internationalen Perspektive, bei der das Wechselverhältnis von Unternehmensorganisation und den institutionenspezifischen Bedingungen der schulischen und beruflichen Ausbildung sowie Einstellungspraktiken deutlich werden (Maurice et al. 1980).

Demnach lässt sich der Prozess der Unternehmens(re)organisation auf keinen einheitlichen Begriff bringen. Vielmehr konzentrieren sich die Positionen in der wissenschaftlichen Debatte auf unterschiedliche Phänomene, die jeweils in den Untersuchungsfokus gerückt werden. So ist beispielsweise die Rede vom „Ende der Unternehmung“ (Fenwick/Vermeulen 2019), der „Produktion in Ketten und Netzen“ (Flecker 2012), einer „organisatorischen Revolution“ (Sauer 2013), der „Entgrenzung von Organisationen“ (Funder 2000) oder der → systemischen Rationalisierung. Dabei werden einerseits Veränderungen einzelner Strukturprinzipien der Organisation und andererseits eine Abkehr von etablierten Organisationsformen wie z.B. dem öffentlich kontrollierten, börsennotierten Großunternehmen (Davis 2013) adressiert.

Auf einer arbeitsbezogenen Ebene stehen ein „Umbruch in der Organisation des Einsatzes der Arbeitskraft und damit veränderte Strategien des Personaleinsatzes und zwar insbesondere in den Dimensionen Beschäftigungs(verhältnis) und Arbeitszeit“ (Sauer 2013, S. 38) zur Debatte. Insgesamt kann sich Reorganisation auf unterschiedlichen Ebenen vollziehen und die Bereiche Rechtsform, Aufbau- und Ablauforganisation sowie Arbeitsorganisation umfassen. Dies ist jedoch nur analytisch zu trennen, da sich diese Ebenen im Laufe einer Unternehmensreorganisation als tief miteinander verwoben darstellen und Veränderungen auf der einen Ebene immer auch Konsequenzen auf anderen Ebenen nach sich ziehen.

Bei Betrachtung der unterschiedlichen Diagnosen lässt sich keine lineare Entwicklung hinsichtlich der Unternehmens(re)organisation identifizieren. Vielmehr bewegen diese sich zwischen De- und Rezentralisierung, Ausdehnung und Konzentration. Insbesondere bei großen Unternehmen erfolgte dies in der Regel über Wachstum, aber auch über Zukäufe, bei denen oftmals kleinere Unternehmen von größeren geschluckt wurden. Zudem gab es in den letzten Jahren immer wieder auch Fusionen einzelner Großkonzerne. Diese unterschiedlichen Bewegungen der Reorganisation werden unter dem Begriff „Mergers & Acquisitions (M&A)“ subsumiert. Unter Bedingungen der Konkurrenz wurde diese Tendenz zur Konzentration und Einflussnahme über Verflechtungen bereits von Marx als inhärent für den Kapitalismus, aber nicht notwendigerweise linear betrachtet (Marx 1972 a). Die enge Verflechtung, die für Deutschland diagnostiziert wurde und lange unter dem Begriff der „Deutschland AG“ firmierte, befindet sich seit längerem in einem Prozess der Auflösung, was nicht zuletzt durch institutionelle Anleger forciert wurde und umgekehrt diese wiederum begünstigt (Windolf 2020) (→ auch Finanzmarkt-Kapitalismus). Die unter den Begriff der Finanzialisierung gefasste Tendenz hat dabei auch Auswirkungen auf die organisatorische Aufstellung der Unternehmen und die Praktiken des Outsourcings und Offshorings (Kädtler 2012). Bei der konkreten Ausgestaltung dieser Praktiken spielen die institutionellen und betrieblichen Bedingungen eine ausschlaggebende und differenzierende Rolle (Helfen et al. 2017). Nach Faust et al. (1994) lässt sich zwischen einer strategischen und operativen Dezentralisierung unterscheiden. Letztere fokussiert auf die Arbeitsebene und hat eine Verlagerung von Kontrollfunktionen und Verantwortung auf niedrigere Hierarchieebenen oder ausführende Stellen zur Folge. In der Konsequenz entwickeln sich neue Arbeits- und Organisationsformen (→ Gruppenarbeit, Projekt) als Mittel zum flexiblen Umgang mit Unsicherheit und Komplexität. Unter strategischer Dezentralisierung werden alle Prozesse der Verlagerung von Aufgaben und Zuständigkeiten zusammengefasst, die auf Unternehmensebene stattfinden und zu den schon genannten Prozessen der Auslagerung von Unternehmensteilen oder zur Übertragung von Aufgaben an Dritte führen können.

Genese/theoretischer Kontext

Die Gründe für Unternehmensreorganisationen sind vielfältig, was sowohl theoretisch als auch empirisch seinen Niederschlag findet. Sie folgen der Maßgabe der → Rationalisierung, reagieren auf veränderte Umweltanforderungen und politische Rahmenbedingungen sowie auch auf neue technische Möglichkeiten. Dabei beobachtet man historisch gesehen keine lineare Entwicklung, sondern sowohl in der wissenschaftlichen Beschäftigung mit dem Thema als auch in der unternehmensstrategischen Ausrichtung der

Praxis ein kontinuierliches Wechselspiel von Dezentralisierung und Konzentrationsprozessen der Unternehmen.

Ausgangspunkt für Debatten um Unternehmens(re)organisation im heutigen Kontext sind die großen fordistisch und tayloristisch geprägten Großunternehmen, die sich im Zuge fortschreitender Industrialisierung durch Konzentration und Integration bildeten (Coase 1937). Die wesentlichen Gestaltungsmerkmale einer derart integrierten Organisation beschrieb Max Weber als „bürokratische Organisation" (Weber 1976 [1922]). Eine stark hierarchisch gegliederte, verregelte und auf Rationalität ausgelegte Struktur kennzeichnet diese Organisationen. Sie bilden häufig den Bezugspunkt für spätere Debatten um die Reorganisation von Unternehmen. Während die genannten Theorien als eher funktionalistisch interpretiert werden können, gibt es zudem stärker konflikttheoretisch orientierte Perspektiven auf Unternehmensreorganisation. In der damals unter Betriebs- und Industriesoziologie firmierenden Soziologiesparte stand dementsprechend der → Betrieb im Mittelpunkt, für den sich spezifische Ausprägungen von Macht und → Herrschaft, Steuerung und → Kontrolle usw. feststellen lassen. So spielen auch mikropolitische Sichtweisen auf Unternehmensreorganisation eine Rolle: etwa wenn → Mikropolitik zu Reorganisationen führt oder wenn sich im Zuge von Reorganisationen Ungewissheitszonen auftun, über die durch mikropolitische Praktiken Hoheit erlangt werden soll (Crozier/Friedberg 1979).

Zunehmend kehrte sich der historische Trend um und Ansätze der Desintegration, flacherer Hierarchien und sich auflösender Unternehmensgrenzen rückten phänomenologisch und theoretisch in den Fokus (Marchington et al. 2005). Einerseits werden aktuell die Reorganisationen als Anpassung an externe ökonomische Gegebenheiten (Bouncken et al. 2013) oder als an Legitimität orientierte Angleichung an erfolgreiche Unternehmen und dem Folgen von Moden interpretiert (Kieser 1996). Anderseits werden auch hier konflikttheoretische (Rubery/Grimshaw 2003), arbeitsprozesstheoretische (Thompson 1990) und transaktionstheoretische (Matiaske/Kabst 2002) Fragen aufgeworfen, um die Entwicklungen zu erklären. Konzepte wie → Lean Production oder Lean Management (Womack et al. 1992) stehen dabei für einen Abbau von (insbesondere mittleren) Hierarchieebenen und einer Entbürokratisierung der Unternehmen. Die Vielfalt theoretischer Zugänge zur Unternehmens(re)organisation macht deutlich, dass ein Fokus auf Rationalisierung und Fragen von Effektivität zu kurz greift und zur Erklärung darüber hinaus auch eine Reihe von externen Faktoren herangezogen werden müssen. Dazu zählen nicht zuletzt an Legitimität orientierte isomorphe Tendenzen in der Strukturierung und der Veränderung von Unternehmen (DiMaggio/Powell 1983). Unterschieden wird dabei zwischen koerzitiver Isomorphie, d.h. der Ausrichtung der Unternehmensorganisation aufgrund von rechtlichen Vorgaben, mimetischer Isomorphie, d.h. der Orientierung an besonders erfolgreichen Formen von Unternehmensorganisationen, und normativer Isomorphie, d.h. der Angleichung aufgrund einer gleichen professionellen Sozialisation der Verantwortungsträger in Business Schools oder auch der Beeinflussung durch Beratungsunternehmen. Der Fokus der Unternehmen soll demnach auf ihren „Kernkompetenzen" liegen, was weitreichende Auslagerungssprozesse, z.B. durch die Verringerung der Fertigungstiefe oder die Ausgliederung von Unternehmensteilen, Abteilungen etc. zur Folge hatte und noch immer hat (Hirsch-Kreinsen 1995, Sauer 2006). Verwiesen wird in diesem Sinne auf die Veränderung inner- und zwischenbetrieblicher Arbeitsteilung (Wirth 2010): Reorganisation lässt sich demnach als Veränderung der „kleinen Arbeitsteilung" einerseits – sie bezieht sich auf die Arbeitsorganisation im Unternehmen selbst – und einer „großen Arbeitsteilung" entlang des Wertschöpfungsprozesses andererseits begreifen. Dazu zählen auch Verlagerung der Produktion oder einzelner Produktionsschritte in sogenannte Niedriglohnländer, die globale Wertschöpfungsnetzwerke zur Folge hatten. Diese Aktivitäten lassen sich auch zunehmend im Bereich klassischer Bürotätigkeiten wie z.B. Rechnungsstellung oder der Bearbeitung von Kundenanfragen beobachten; ebenso verstärkt auch bei hochqualifizierter Arbeit in der Software- oder der Produktentwicklung (→ auch Globalisierung/Transnationalisierung, Transnationale Unternehmen, Globale Wertschöpfungsketten und internationale Arbeitsteilung).

Insbesondere der Trend zur „Externalisierung von Arbeit“, bei dem die Beschäftigten administrativ, zeitlich und lokal aus der hierarchischen Organisation herausgelöst werden (Pfeffer/Baron 1988) ist dabei Gegenstand der Debatte. In diesem Kontext gewinnt die Betrachtung von Projektorganisationen an Bedeutung, bei denen zugespitzt von der „Temporalisierung von Organisationen“ gesprochen wird (Braun/Sydow 2019). Nicht zuletzt entstehen über die Verlagerung von Verantwortung matrixförmige Organisationsstrukturen über Ländergrenzen hinweg und → Netzwerke werden zunehmend Thema in der theoretischen Auseinandersetzung mit dem Thema (Windeler 2001). Als radikalste Form der Dezentralisierung von Unternehmen galt schon in den 1990er Jahren das „virtuelle Unternehmen“ (Sauer/Döhl 1997), bei dem rechtlich unabhängige Einheiten zusammenfinden und nach außen, trotz der jeweiligen Unabhängigkeit, wie eine einzelne Organisation wirken. Wiewohl dies damals eher eine exotische Seitenlinie der Diskussion darstellte, nahm dieser Verweis im Grunde die plattformbasierten Organisationsmodelle – wie beispielsweise das Geschäftsmodell von Amazon – vorweg.

Die Dominanz der Dezentralisierungsthese schloss Zentralisierungsprozesse jedoch nicht aus. Im Gegenteil, einigen Dezentralisierungsmaßnahmen gingen Zentralisierungsprozesse voraus, z.B. wurden kleine Einheiten, die auf Abteilungsebene mit Datenverarbeitungsprozessen betraut waren, zunächst zu einer großen IT-Abteilung zusammengelegt, um anschließend in ein eigenständiges Unternehmen ausgelagert oder an einen Dritten verkauft zu werden. Auch eine Rücknahme in Form einer „Rezentralisierung“ wird diskutiert, um Standardisierungs- und Rationalisierungsprozesse zu realisieren.

Zentrale Forschungsergebnisse

Wahrzunehmende Entwicklungslinien der fallstudienbasierten Forschung in der Arbeits- und Industriesoziologie zu Unternehmensreorganisationsprozessen verlaufen entlang der schon benannten Begriffe der De- und Rezentralisierung, → Vermarktlichung bzw. „Internalisierung des Marktes“, → Rationalisierung und Informatisierung, Vernetzung sowie indirekter Steuerung und Selbstorganisation (Sauer et al. 2005).

Insbesondere in den vielfältigen Betriebsfallstudien der späten 1970er und frühen 1980er Jahre rückten betriebliche Rationalisierungsprozesse in den Fokus der Debatte um die Reorganisation von Unternehmen. Diese standen in Verbindung mit einer ersten ökonomischen Krise der Nachweltkriegswirtschaft. In der Folge gerieten auch tayloristische und fordistische Produktionssysteme, die sich als dominante Form herausgebildet hatten, unter Handlungszwang. Die → „systemische Rationalisierung“ (Altmann et al. 1986) umfasst vor allem die Reorganisation, Integration und Flexibilisierung technischer Systeme sowie die Reformulierung der Rolle der Beschäftigten bei ansonsten relativ stabilen Organisationsstrukturen. Allerdings seien im Unterschied zu „normalen“ Rationalisierungsprozessen, die sich auf eine Optimierung und Produktivitätssteigerung einzelner Bereiche beziehen, wie sie Organisationen immanent sind, die gesamte Organisation diesem Prozess unterworfen.

Eine Reihe von Studien in dieser Tradition heben hervor, dass die Unternehmensreorganisation mit erheblichen Konsequenzen für Arbeit in den einzelnen Unternehmen einhergeht. Konzentrationsprozesse über „Mergers & Acquisitions“ bringen – ausgehend von einem gewissen Renditedruck – beispielsweise häufig eine Reduzierung der Beschäftigtenzahl mit sich (Prokla-Redaktion 2012). Darüber hinaus ergibt sich eine empirisch beobachtbare Pluralisierung von Beschäftigungsformen, z.B. eine Triadisierung von Beschäftigung (Helfen 2014) oder die Herausbildung sogenannter Multi-Arbeitgeber-Beziehungen (Marchington et al. 2005). Dies hat soziale Implikationen für Arbeit, deren Bedingungen und die damit verbundenen Arbeitsmarktinstitutionen. So untersuchen unterschiedliche Studien die mit Prozessen der Unternehmensreorganisation in Beziehung stehenden möglichen Erosionsprozesse betrieblicher Mitbestimmung (Brinkmann/Nachtwey 2017), Parallelwelten überbetrieblicher Arbeitsbeziehungen (Helfen/Nicklich 2013) sowie die spezifische Arbeitsregulation durch Beruflichkeit (Nicklich 2017). Eine Zuspitzung ist die Plattform-Organisation, die für eine Radikalisierung steht, in der „der Betrieb“ nur noch eine Vermittlerrolle übernimmt und die Arbeitenden ihre Arbeitsmittel selbst einbringen (Kirchner 2019) (→ auch Beruf, Industrielle Beziehungen, Partizipation, Plattformarbeit).

Hinsichtlich der Phänomene von „Vermarktlichung“ bzw. „Internalisierung des Marktes“ wird eine doppelte Bewegung der Reorganisation beschrieben: die Öffnung der Unternehmen in den Markt durch Auslagerungen sowie die Hereinnahme marktlicher Aspekte in das Unternehmen (Sauer 2013). Zeichen dieser Entwicklungen sind die Einrichtung von Cost- und Profit-Centern innerhalb von Unternehmen, die die „Konkurrenz von Unternehmenseinheiten (...) als Instrument zur internen Koordination“ (Kühl 2000, S. 818) implementieren. In diesem Kontext entsteht ein marktzentrierter Kontrollmodus, der Verantwortung und Zielvorgaben immer stärker einer Marktlogik unterwirft, in der sich das Management zunehmend einer Verantwortung entzieht. Zudem werden empirisch immer schnellere und kürzere Reorganisationszyklen identifiziert, die die Permanenz der Reorganisation (Moldaschl/Sauer 2000) zum Normalfall erklären.

Insgesamt zeigt sich empirisch zudem eine große Vielfalt an Organisationsmodellen, die aktuell mit Umbrüchen im Rahmen der → digitalen Transformation der Arbeit im Zusammenhang stehen. Eine zentrale Rolle spielen dabei insbesondere die Rekonfiguration von Arbeit und Raum über das Internet und die steigenden Anteile an Arbeit, die darüber vermittelt stattfinden. „Ortsunabhängigkeit“ wird hierbei zu einem wichtigen Faktor (Flecker/Schönauer 2006).

Zudem stehen bei aktuellen Untersuchungen weitere Modularisierungen auf unterschiedlichen Ebenen im Zentrum der Aufmerksamkeit, z.B. im Sinne einer „fraktalen Organisation“ (Warnecke 1992), die – in kleinen Einheiten agierend – sich selbst organisiert und agile Organisationsformen umsetzt (Pfeiffer et al. 2021), um mehr Marktnähe zu erreichen sowie weitere Flexibilisierungsprozesse zu initiieren und innovatives Potenzial zu erschließen. Insbesondere die schnellere Reaktion auf sich ständig verändernde Anforderungen kultiviert Organisationskonzepte, die weniger auf starre Strukturen und mehr auf beständig im Fluss befindliche Organisationsprozesse abstellen, wie die „fluide Organisation“. Andere, wie die „Holokratie“, stellen die Transparenz von Entscheidungsprozessen und die Beteiligung der Beschäftigten in den Mittelpunkt. Gemeinsam ist diesen Ansätzen, dass sie Hierarchien weiter auflösen, Ansprüche und Wünsche von Beschäftigten stärker berücksichtigen und den volatilen Kontextbedingungen zum Trotz über Regeln, Vorgehensweisen und Prozessvorgaben strukturelle Verbindlichkeiten schaffen (wollen). Dennoch müssen zukünftige Forschungen zeigen, inwiefern die benannten Konzepte nachhaltig wirksam werden und nicht nur einen weiteren Management-„Hype“ darstellen (Eccles et al. 1992). Denn die auch hier formulierten Hoffnungen, wie die Beteiligung der Beschäftigten etc., wurden historisch gesehen immer wieder mit neuen Buzzwords versehen (Nicklich et al. 2021).

Internationaler Bezug

International betrachtet spielt neben den empirisch geprägten Diskussionen zu Unternehmenstrategien und -strukturen (Chandler 1962), zum Niedergang traditioneller Großunternehmen (Davis 2013, Fenwick/Vermeulen 2019) und der Herausbildung von Multi-Arbeitgeber-Beziehungen auch die theoretische Debatte zu organisationalem Wandel eine Rolle. Einerseits werden dabei „Professional Service Firms“ wie beispielsweise Unternehmensberatungen als Akteure und ihre herausgehobene Rolle bei der Verbreitung und Durchsetzung bestimmter Ideen von Unternehmens(re)organisation beleuchtet (Boussebaa/Faulconbridge 2019). Andererseits wird in der theoretischen Diskussion zu Unternehmens(re)organisation in der Regel zwischen diskontinuierlichem, episodischem Wandel und dem Wandel aus einer Prozessperspektive – d.h. als kontinuierlichem Prozess – unterschieden (Weick/Quinn 1999). Beim Ansatz des episodischen Wandels wird von einem grundsätzlich stabilen Zustand der Organisation ausgegangen, die sich vor allem dann wandelt, wenn sie mit bestimmten Problemen konfrontiert ist, die es zu lösen gilt. Dies sei aber dann immer nur eine Episode, ein vorübergehender Zustand, bevor wieder ein stabiler Zustand eintrete. Organisationaler Wandel wird als etwas Außerordentliches gesehen und behandelt. Darauf bezogene Kritik betont, dass die grundsätzlich vorhandenen, vielfältigen Dynamiken in Organisationen mit einem derart schematischen Verständnis nicht abgebildet würden (Tsoukas/Chia 2002). Dementsprechend wird bei der Prozessperspektive auf Organisationen die Entwicklung als fortwährender Veränderungsprozess verstanden. Organisationen sehen sich in diesem Verständnis einem permanenten Veränderungsdruck ausgesetzt, so dass sich Anforderungen oder sich ergebende Möglichkeiten nicht isoliert für eine bestimmte Episode betrachten lassen (→ auch Organisationssoziologie/-theorien, Transnationale Unternehmen, Produktionsregime).

Manuel Nicklich, Mascha Will-Zocholl

Empfehlungen zum Weiterlesen

Funder, Maria 1999: Paradoxien der Reorganisation. München/Mering: Hampp.
Marchington, Mick/Grimshaw, Damian/Rubery, Jill/Willmott, Hugh (eds.) 2005: Fragmenting Work. Blurring Organizational Boundaries and Disordering Hierarchies. Oxford: Oxford University Press.
Sauer, Dieter 2013: Die organisatorische Revolution. Umbrüche in der Arbeitswelt – Ursachen, Auswirkungen und arbeitspolitische Antworten. Hamburg: VSA.

Varieties of Capitalism

Begriff

Der Begriff ‚Varieties of Capitalism' bezeichnet einen polit-ökonomischen Forschungsansatz, der sich zu einem wesentlichen Fixpunkt der jüngeren Kapitalismusforschung entwickelt hat. Schlüsselwerk des ‚Varieties-of-Capitalism'-Ansatzes ist der von Peter Hall und David Soskice im Jahr 2001 erschienene gleichnamige Sammelband. Nach Hall geht die Entwicklung des Ansatzes auf zwei grundlegende Beweggründe zurück. Zum einen stellt der Ansatz einen Versuch zur Erklärung dar, warum institutionelle Arrangements, die stärker auf Kooperation als auf Wettbewerb beruhen, selbst unter den weltwirtschaftlichen Bedingungen des globalen Wettbewerbs weiterhin ökonomisch effizient sein können. Zum anderen soll mit diesem Ansatz verdeutlicht werden, dass wichtige Interaktionseffekte zwischen den Institutionen bestehen, welche die politische Ökonomie strukturieren. Letztlich zielt der Ansatz somit darauf ab zu zeigen, „dass ein Land auf mehr als einem Weg wirtschaftlich erfolgreich sein kann" (Hall 2006, S. 182).

Genese/theoretischer Kontext

Der ‚Varieties of Capitalism'-Ansatz steht in einer längeren Tradition der vergleichenden Kapitalismusforschung, in der nationale Besonderheiten stets als wichtiger Aspekt der kapitalistischen Vielfalt betont wurden. Zu nennen sind etwa Andrew Shonfields (1965) Werk ‚Modern Capitalism', in dem zwischen verschiedenen Stilen der wirtschaftspolitischen Intervention unterschieden wurde, oder auch Michel Alberts ‚Capitalisme contre capitalisme' (1991), in dem die Niederlage des eigentlich überlegenen ‚Rheinischen Kapitalismus' im Systemwettbewerb mit dem anglo-amerikanischen Kapitalismus postuliert wurde. Zudem gibt es weitere Strömungen der neueren Kapitalismusforschung, die mit anderen Begründungen und zum Teil in kritischer Distanz zum ‚Varieties of Capitalism'-Ansatz die Vielfalt kapitalistischer Systeme betonen, etwa der ‚Governance Approach' (z.B. Hollingsworth et al. 1994), der ‚National Business Systems'-Ansatz (z.B. Whitley 1999), die politisch-kulturelle Marktsoziologie (Fligstein 2011), die ‚Growth Model'-Perspektive (z.B. Baccaro/Pontusson 2016) oder regulationstheoretische Konzeptionen (z.B. Boyer 2005).
Die Besonderheit des ‚Varieties of Capitalism'-Ansatzes liegt darin, dass deren Vertreter (u.a. Hall/Soskice 2001 a, Hall/Gingerich 2009, Hancké et al. 2007) davon ausgehen, dass institutionelle Komplementaritäten, komparative Vorteile, selbstverstärkend wirkende Tradierungen und gesellschaftliche Machtverteilungen den Fortbestand unterschiedlicher Kapitalismustypen sichern. Hierbei werden primär zwei unterschiedliche Varianten des Kapitalismus unterschieden, die als relativ stabile institutionelle Formationen aufgefasst werden. In den ‚liberalen Marktwirtschaften' (liberal market economies) machen die Unternehmen stärker von der Marktkoordination Gebrauch. Die Koordination wird hier maßgeblich über Lohn- und Preisanpassungen herbeigeführt, die dadurch für den Ausgleich von Angebot und Nachfrage bei Gütern sorgen. Die USA, Großbritannien, Kanada, Irland, Neuseeland und Australien sind nach Hall und Soskice (2001 a) gute Beispiele für den liberalen Kapitalismus. In koordinierten Marktwirtschaften (coordinated market economies) wird hingegen

häufiger als im liberalen Kapitalismus mittels strategischer Interaktion eine Übereinstimmung über akzeptierte Praktiken erzielt. Deutschland, Japan, Südkorea und die Mehrzahl der nordeuropäischen Wirtschaften werden im ‚Varieties of Capitalism'-Ansatz dem koordinierten Typ des Kapitalismus zugerechnet. Um erfolgreich sein zu können, bedarf es in beiden Varianten des Kapitalismus spezifisch gestalteter Institutionen. Die Marktkoordination im liberalen Kapitalismus erfordert Institutionen, die Wettbewerb fördern und für die Einhaltung formaler Vereinbarungen zwischen gleichberechtigten Akteuren sorgen. Im koordinierten Kapitalismus sind hingegen Institutionen zweckmäßig, die es den Akteuren ermöglichen, Informationen miteinander zu teilen, Vereinbarungen auszuarbeiten und sich wechselseitig glaubwürdig zu verpflichten (Hall 2006, S. 184). Systematische institutionelle Differenzen zwischen den beiden Varianten des Kapitalismus gibt es daher in der Ausgestaltung der → industriellen Beziehungen, im Bereich der Aus- und Weiterbildung (→ Beruf, Berufliche Bildung, Qualifikation/Kompetenz), bei den Institutionen der Unternehmenskontrolle und -finanzierung sowie bei der Entwicklung von unternehmensübergreifenden Standards (Hall/Soskice 2001 b; Hall/Gingerich 2009) (→ auch Industrielle Beziehungen in internationaler Perspektive, Globalisierung/Transnationalisierung).

Die fortgesetzte Kontinuität der Länderunterschiede beruht nach Ansicht der Vertreter des ‚Varieties of Capitalism'-Ansatzes auf verschiedenen Mechanismen:

Relational eingebundene Unternehmen: Unternehmen werden im ‚Varieties of Capitalism'-Ansatz als entscheidende wirtschaftliche Akteure angesehen, die danach trachten, Kernkompetenzen zu finden, die ihnen die gewinnbringende Veräußerung von Produkten und Dienstleistungen ermöglichen. Im Hinblick auf die Erfüllung von ökonomischen Schlüsselaufgaben, wie bei der Sicherstellung des Zugangs zu qualifizierten Arbeitskräften, Kapital und Technologie, sind Unternehmen in der Sicht der Vertreter des Ansatzes allerdings von anderen Akteuren abhängig. Ob ein Unternehmen wirtschaftlichen Erfolg hat, hängt demnach davon ab, wie gut es sich mit anderen Akteuren koordiniert. In liberalen Marktwirtschaften fällt es aufgrund der Koordinationsnotwendigkeit mit anderen Akteuren einem Unternehmen leichter, Profite zu erzielen, wenn es auf die Marktkoordination vertraut. Umgekehrt bilden die relationalen Verbindungen der Unternehmen im koordinierten Kapitalismus zum Teil eine geradezu nachteilige Umgebung für jene Praktiken, die im liberalen Kapitalismus erfolgversprechend sind.

Institutionelle Komplementarität: So, wie die Unternehmen relational verbunden sind, so treten die für wirtschaftliche Aktivitäten relevanten Institutionen aus Perspektive des ‚Varieties of Capitalism'-Ansatzes länderspezifisch in charakteristischen Konstellationen auf. Stehen Institutionen in einem komplementären Verhältnis, so wird nach Hall und Soskice (2001 b, S. 17ff.) der Ertrag der einen Institution durch das Vorhandensein oder die Funktionsweise der anderen Institution gesteigert. Da einzelne institutionelle Elemente demzufolge nicht ohne ökonomische Einbußen einseitig aus einer komplementären Gesamtkonstellation herausgelöst werden können, stellen diese Erträge einen Schutz vor einer fundamentalen Veränderung der Gegebenheiten dar. In gemischten institutionellen Konstellationen können, dieser Sicht zufolge, im Durchschnitt nur deutlich niedrigere Wachstumsraten erzielt werden (Hall/Gingerich 2009).

Komparative Vorteile: Neben institutionellen Komplementaritäten sind komparative Vorteile ein ergänzendes Argument für die fortgesetzte Kontinuität der bestehenden marktwirtschaftlichen Differenzen. Es wird angenommen, dass jeder Variante des Kapitalismus komparative Vorteile eigen sind, die auf der jeweils zugrunde liegenden institutionellen Konstellation beruhen. Die Institutionen des koordinierten Kapitalismus gelten als förderlich für die Herstellung von diversifizierten Qualitätsgütern und hinderlich für kurzfristig orientierte Produktmarktstrategien. Liberale Ökonomien hätten hingegen Vorteile bei der Entwicklung von Grundlageninnovationen und Nachteile bei der inkrementellen Weiterentwicklung etablierter Technologien (Hall/Soskice 2001 b, S. 36–45). Ein Institutionensystem, das weltweit von allen Unternehmen übereinstimmend als optimal eingestuft wird, kann es diesen Überlegungen zufolge daher nicht geben. Die institutionelle Vielfalt ist in dieser Perspektive zudem eine Chance für multinationale Unternehmen. Von diesen wird angenommen, dass sie institutionelle Arbitrage betreiben, indem sie nur jene Aktivitäten in andere institutionelle Kontexte verlagern, die sich dort effizienter realisieren lassen. Die Multinationalisierung von Unternehmen, so die Überlegung, trägt daher zur Verfestigung der bestehenden nationalen Differenzen bei (Hall/Soskice 2001 b, S. 57) (→ auch Transnationale Unternehmen).

Gesellschaftliche Machtbalance: In der Diskussion um die Zukunft der Spielarten des Kapitalismus werden neben Komplementaritäten, komparativen Vorteilen und relational eingebundenen Unternehmen schließlich noch Aspekte der Machtbalance und des gesellschaftlichen Interessenausgleichs als Gründe für eine hohe institutionelle Kontinuität genannt. Hall (2006, S. 189) zählt das Machtgleichgewicht zwischen konkurrierenden Organisationen zu den „wichtigsten Faktoren, die den institutionellen Praktiken der politischen Ökonomie Dauerhaftigkeit verleihen." Gemeinsame Auffassungen, Machtbeziehungen und Regierungspolitiken werden zwar nicht ausschließlich als Faktoren angesehen, die den Bestand von Institutionen in der politischen Ökonomie stützen, sondern gleichermaßen auch als Ursachen des institutionellen Wandels (ebd., S. 190), doch würden die institutionellen Reaktionen auf gesellschaftliche Herausforderungen zeigen, dass eine Konvergenz zwischen den verschiedenen Spielarten des Kapitalismus letztlich nicht festgestellt werden könne (Hall/Gingerich 2009, Iversen 2007).

Zentrale Forschungsergebnisse

Aus den konzeptionellen Annahmen des ‚Varieties of Capitalism'-Ansatzes ergeben sich klar formulierte Erwartungen bezüglich der Dauerhaftigkeit von Länderdifferenzen. Insofern zeichnet sich der Ansatz durch einen hohen heuristischen Wert und eine eindeutige empirische Überprüfbarkeit aus. Dementsprechend sind sowohl die Theorie als Ganze als auch die einzelnen konzeptionellen Bausteine (wie z.B. die Thesen der Komplementarität oder der institutionellen komparativen Vorteile) zur Grundlage einer umfangreichen Folgeforschung geworden (vgl. Jackson/Deeg 2006, Hancké et al. 2007). Zentrale Diskussionslinien der Debatte thematisieren u.a. die Begrenzung auf zwei dominante Kapitalismustypen (vgl. z.B. Schmidt 2002, die den ‚state led capitalism' als gesonderten Typ vorschlägt), die Einordnung und Abgrenzung von ursprünglich nicht in die Betrachtung einbezogenen Ländern und Regionen (z.B. Peck/Zhang 2013 im Hinblick auf China und Bohle/Greskovitz 2012 zur Situation in Mittelosteuropa), die Bewertung von hybriden institutionellen Strukturen und Mischtypen (z.B. Campbell/Pedersen 2007) und die Stabilität von Länderzuordnungen (z.B. Schneider/Paunescu 2012). Teilweise haben die Vertreter der ‚Varieties of Capitalism'-Forschung im Verlauf der Debatte auf Kritik reagiert, die gegen den Ansatz vorgebracht wurde. So haben sie sich von der Fokussierung auf liberale und koordinierte Ökonomien teilweise gelöst und den Ansatz offener für die Berücksichtigung institutioneller Veränderungen gemacht (Hall 2006, Hancké et al. 2007).

Aktuell werden insbesondere der Zusammenhang zwischen nationalen Institutionensystemen und Einkommensungleichheiten (z.B. Roberts/Kwon 2017, Behringer/van Treeck 2018), die sich in der Handelsaktivität zeigenden komparativen Vorteile von institutionellen Konfigurationen (z.B. Witt/Jackson 2016, Meelen et al. 2017) und unterschiedliche Varianten von Unternehmertum und Innovationstätigkeit (z.B. Dilli et al. 2018, Schmid/Kwon 2020) im Kontext der Varieties-of-Capitalism-Debatte diskutiert. Bemerkenswert ist hierbei die Reichweite der Diskussion, da disziplinäre Grenzen deutlich überwunden wurden. So wird der ‚Varieties of Capitalism'-Ansatz beispielsweise in der soziologischen, politikwissenschaftlichen, wirtschaftsgeografischen und ökonomischen Literatur breit rezipiert. Im Bereich der Arbeits- und Industriesoziologie hat der Ansatz insbesondere Analysen zur Vielfalt der Produktionsformen innerhalb nationaler Kontexte (z.B. Hirsch-Kreinsen et al. 2012, Sorge/Streeck 2016), den damit verbundenen Differenzen in der Arbeitsgestaltung und -qualität (z.B. Frege/Godard 2014, Cristiani/Peiró 2018) sowie Untersuchungen zu den innerbetrieblichen Reaktionen auf institutionellen Wandel angeregt (z.B. Herrigel/Wittke 2005; Faust et al. 2011) (→ auch Produktionsregime, Arbeitsorganisation, Arbeitsqualität). Das Bewusstsein für nationale Differenzen hat der Ansatz zudem im Allgemeinen erheblich gefördert.

Jürgen Beyer

Empfehlungen zum Weiterlesen

Beyer, Jürgen 2009: Varietät verspielt? Zur Nivellierung der nationalen Differenzen des Kapitalismus durch globale Finanzmärkte. In: Beckert, J./Deutschmann, C. (Hg.): Wirtschaftssoziologie. Sonderheft 49 der Kölner Zeitschrift für Soziologie und Sozialpsychologie. Wiesbaden: VS Verlag, S. 305–325.

Frege, Carola/Godard, John 2014: Varieties of Capitalism and Job Quality – The Attainment of Civic Principles at Work in the United States and Germany. In: American Sociological Review, Vol. 79, No. 5, S. 942–965.

Hall, Peter A. 2014: Varieties of Capitalism and the Euro Crisis. In: West European Politics, Vol. 37, No. 6, S. 1223–1243.

Hall, Peter A./Soskice, David 2001 b: An Introduction to Varieties of Capitalism. In: Dies. (eds.): Varieties of Capitalism: The Institutional Foundations of Comparative Advantage. Oxford: Oxford University Press, S. 1–68.

Schneider, Martin R./Paunescu, Mihai 2012: Changing Varieties of Capitalism and Revealed Comparative Advantages from 1990 to 2005: A Test of the Hall and Soskice Claims. In: Socio-Economic Review, Vol. 10, No. 4, S. 731–753.

Witt, Michael A./Kabbach de Castro, Luiz Ricardo/Amaeshi, Kenneth/Mahroum, Sami/Bohle, Dorothee/Saez, Lawrence 2018: Mapping the Business Systems of 61 Major Economies: A Taxonomy and Implications for Varieties of Capitalism and Business Systems Research. In: Socio-Economic Review, Vol. 16, No. 1, S. 5–38.

Vermarktlichung

Begriff

Vermarktlichung bezeichnet – im engeren Kontext arbeits- und industriesoziologischer Analysen – ein neues historisches Verhältnis von → Markt und → Betrieb bzw. Markt und Organisation. Während es im fordistischen Unternehmen darum ging, die konkreten Produktionsabläufe gegenüber den Unwägbarkeiten des Marktes abzuschotten, setzen Unternehmensstrategien seit den 1990er Jahren verstärkt darauf, den Markt zum Motor der Reorganisation der Binnenstrukturen zu machen. Der Markt wird in seiner Kontingenz und Dynamik zum Strukturierungsmoment der betrieblichen Organisation. Marktprozesse werden zugleich instrumentalisiert und inszeniert und auf diese Weise auch strategisch genutzt. Vermarktlichung beschreibt eine doppelte Bewegung der Reorganisation: einerseits die Öffnung des Unternehmens in den Markt (von der möglichst unmittelbaren Marktanbindung von dezentralisierten Organisationseinheiten bis hin zur vollständigen Ausgliederung), andererseits die Hereinnahme von Markt- und Konkurrenzmechanismen in das Unternehmen entweder über erlös- und renditegesteuerte Profit-Center oder über die „Simulation" von Marktbeziehungen („Internalisierung des Marktes") (vgl. dazu Sauer/Döhl 1997, Moldaschl/Sauer 2000, Dörre 2001).

Hintergrund dieser betrieblichen Reorganisationstendenzen ist eine tiefgehende gesellschaftliche Restrukturierung, die sich in den letzten 30 Jahren in den entwickelten kapitalistischen Ländern vollzogen hat. Dieser als „Bruch mit dem → Fordismus" bezeichnete gesellschaftliche Wandel findet seinen Ausdruck in einer neuen historischen Dominanz der Märkte gegenüber der Produktion. Waren es in den 1980er Jahren zunächst die Sättigungstendenzen auf den Absatzmärkten (vom Verkäufer- zum Käufermarkt) und die verschärfte Konkurrenz auf zunehmend globalen Märkten, so kam in den 1990er Jahren der dominante Einfluss der Kapital- und Finanzmärkte dazu. Seit den 2010er Jahren wird in den Unternehmen versucht, Strategien der Vermarktlichung durch digitale Technik zu optimieren und effizienter zu gestalten. Ziel ist es, auf der Basis einer umfassenden Datenerfassung die Marktanpassung weiter zu flexibilisieren, Prozesse über die gesamte Wertschöpfungskette transparenter und enger zu verknüpfen und Marktstrategien der Wertrealisierung zu verbessern (vgl. dazu Menz et al. 2019, Pfeiffer 2021) (→ auch Digitale Transformation der Arbeit). Dabei geht es nicht nur um eine Anpassung der internen Strukturen an die Marktveränderungen, sondern zunehmend um die Einflussnahme auf Märkte, um den Versuch, Märkte im Unternehmensinteresse zu gestalten.

Als hoch generalisierte Kategorie steht Vermarktlichung auch für die gesellschaftliche Verallgemeinerung des ökonomischen Prinzips des marktförmigen Tausches („Kommodifizierung"), die Herausbildung eines „reinen Marktregimes" ohne soziale Begrenzung – meist im Rückgriff auf die These der „disembeddedness" des Wirtschaftshistorikers Karl Polanyi (1978 [1944]). Die auf dieser Basis formulierten Kritiken am Neoliberalismus und auch die kultursoziologischen Studien zur Vermarktlichung (z.B. Neckel 2008) werden im Folgenden nicht berücksichtigt.

Genese/theoretischer Kontext

Neben der Vermarktlichung waren es vor allem Kategorien der Dezentralisierung und Vernetzung (→ Netzwerke) und die entsprechenden konkreten Reorganisationskonzepte, die das jahrzehntealte Leitbild eines integrierten, zentralistisch geführten Unternehmens mit einer eher planwirtschaftlichen Binnenstruktur in Frage stellten (vgl. dazu Sauer/Döhl 1997, Funder 1999 b, Kühl 2002) (→ Unternehmens[re]organisation).

Dezentralisierung bezeichnet die organisatorische Seite der Desintegration hierarchisch strukturierter Unternehmenskomplexe: die Verringerung der Leistungstiefe, die Verlagerung von Kompetenzen zentraler Instanzen auf ausführende Stellen, die Stärkung der Autonomie und Eigenverantwortung von Organisationseinheiten (vgl. Faust et al. 1994, Hirsch-Kreinsen 1995; in der Betriebswirtschaftslehre: Schreyögg 1999). Vermarktlichung meint die Seite der Koordination und Steuerung durch den Markt und hat die Dezentralisierung zur Voraussetzung.

Vernetzung basiert ebenso auf Prozessen der Dezentralisierung (Modularisierung, Segmentierung): Sie setzt an den in den 1980er Jahren entwickelten Formen → systemischer Rationalisierung an und treibt sie weiter in Richtung einer Organisation von Wertschöpfungsketten und Netzwerkstrukturen. Vermarktlichung und die Herausbildung von Unternehmensnetzwerken wurden lange Zeit als unabhängige oder auch alternative Entwicklungsszenarien betrachtet. Inzwischen wird deutlich, dass „forcierte Vermarktlichung" und der Ausbau globaler Unternehmensnetzwerke sich zu einer Reorganisationsperspektive verbinden: Mechanismen der Marktsteuerung und der organisatorischen Netzwerksteuerung überlagern sich.

Dieser Prozess wird getrieben durch neue Qualitäten in der Reorganisationsentwicklung. Mit der Dominanz der Finanzmärkte werden finanzmarktorientierte Steuerungsgrößen für die innere Organisation und die Arbeitsabläufe dominierend. Die „*Finanzialisierung*" der internen Unternehmensstruktur, die neue Herrschaft der Zahlen, ist Folge und Voraussetzung für die orientierende Kraft der Finanzmärkte (vgl. Windolf 2005) (→ Finanzmarkt-Kapitalismus). Diese Kraft wird verstärkt durch eine weitere neue Qualität, die mit der digitalen Transformation hinzukommt: Durch digital erweiterte Vernetzung und zunehmende Datentransparenz können Erfolgsgrößen und Marktkennzahlen als Echtzeitdaten in den laufenden Arbeitsprozess integriert werden.

Die Wirksamkeit von Markt- und Konkurrenzmechanismen im Unternehmen oder in Unternehmensnetzwerken wird durch eine weitergehende Standardisierung der einbezogenen Prozesse erhöht, die diese im globalen Maßstab vergleichbar, bewertbar und austauschbar macht. Dies ist nicht nur generelle Voraussetzung für eine weitergehende Digitalisierung, sondern auch für Strategien von Unternehmen, die auf die Ablösung der internen Leistungserbringung durch wettbewerbsorientierte Ausschreibungen (open calls) über webbasierte Plattformen abzielen (Crowdsourcing). Standardisierung ist in diesem Fall eine wichtige Grundlage für die netzbasierte Ausschreibung einzelner Arbeitseinheiten. Nur so können die organisationale Externalisierung von Arbeitskraft und die lose Re-Integration der weltweit verteilten Crowdsources über virtuelle Communities funktionieren (vgl. Kawalec/Menz 2013) (→ auch Mobile Arbeit, Plattformarbeit).

Mit der Vermarktlichung wird in den Unternehmen und in Unternehmensnetzwerken ein neuer Steuerungsmodus implementiert, der als „*Indirekte Steuerung*" bezeichnet wird (Peters/Sauer 2005). Das Neue an dieser Steuerungsform besteht darin, dass sich das → Management darauf beschränkt, den weiteren Rahmen festzulegen (d.h. Kopfzahlen als Begrenzung der Gesamtbelegschaft, die technische Ausstattung, strategische Prioritäten etc.), spezifische Ziele vorzugeben (Umsatzziele, Erträge, Kosten, Termine u.a.) und die konkrete Bearbeitung weitgehend dezentralen Einheiten und in letzter Konsequenz den Beschäftigten selbst zu überlassen. Mit der Indirekten Steuerung tragen Unternehmen einerseits Marktentwicklungen als unbewussten, unberechenbaren und ungesteuerten Prozessen Rechnung. Andererseits wollen sie diese Markteigenschaften nutzen, um ihre Beschäftigten zu aktivieren. Digitale Medien übernehmen dabei die Rolle „aktivierender Transparenz“: Sie zeigen den Beschäftigten in Echtzeit an, wo sie gerade stehen, wie weit sie von der Erreichung der Kennzahlen (Ziele) entfernt sind, wie es um die Auslastung der Kapazitäten bestellt ist, welche Kundenforderungen offen sind, welche Terminziele erreicht werden etc. Durch den Einsatz digitaler Technik verändert sich nicht das Wesen der Indirekten Steuerung, aber sie wird dadurch effektiviert und breiter anwendbar. Sie liefert entschieden wirksamere Kennzahlen und Rückmeldungen an die Beschäftigten, die ihnen kaum mehr ausweichen können und quasi einem ökonomischen Dauerbeschuss ausgesetzt sind.

Mit Vermarktlichung und Indirekter Steuerung gewinnt die → Subjektivierung von Arbeit seit den 1990er Jahren eine neue Qualität. Dies betrifft vor allem die Dimension von Subjektivierung als erweiterte (Selbst-)Steuerungsleistung der Beschäftigten. Die Erfüllung von marktorientiert definierten Ergebniszielen ersetzt tendenziell die leistungspolitische Detailsteuerung qua Hierarchie und Bürokratie (vgl. Kratzer et al. 2008) (→ auch Arbeitskraftunternehmer, Herrschaft, Kontrolle).

Zentrale Forschungsergebnisse

Vermarktlichung ist zum einen ein hoch generalisierter Begriff, der in vielen empirischen Detailanalysen als Interpretationshintergrund für die Erklärung unterschiedlicher sozialer Phänomene dient, die weit über das Forschungsfeld der Arbeits- und Industriesoziologie hinausreichen.

In der empirischen Rationalisierungs- und Reorganisationsforschung waren es jeweils *unterschiedliche Märkte*, die seit den 1980er Jahren zum Bezugspunkt unternehmensinterner Restrukturierungsmaßnahmen wurden. Ausgangspunkt war die stärkere Ausrichtung auf die Absatzmärkte, die Kunden, die Spezifika des Produkts und den auf dem Markt erzielbaren Preis. Nicht mehr die technischen Erfordernisse und Kosten des Produktionsprozesses bestimmen, was im Betrieb geschieht, sondern was „der Markt hergibt“. Zu Beginn der 1990er Jahre waren es dann die Beschaffungsmärkte (Zulieferer- und Technikhersteller), die entlang der Wertschöpfungsketten reorganisiert wurden (Vernetzung). Und mit der „Re-Kommodifizierung von Arbeitskraft“ verändert sich auch das Verhältnis von internen und externen Arbeitsmärkten, das u.a. in einer Flexibilisierung der Beschäftigungsverhältnisse seinen Ausdruck findet. Schließlich wurde die Ausrichtung auf die globalen Finanzmärkte, also die Erwartungen der Investoren, ihre Renditemargen und den Kurswert auf den Aktienmärkten zum dominanten Bezugspunkt einer Finanzialisierung der unternehmensinternen Prozesse. Der gegenwärtige Megatrend der Digitalisierung hat vermutlich weniger mit einer Effektivierung der Produktion zu tun als mit einer Optimierung von Vermarktlichungsprozessen. Mit digitaler Technik verbinden Unternehmen vor allem die Hoffnung, einen reibungsloseren „Wertstrom“ zu verwirklichen, also Friktionen im vernetzten Wertschöpfungsprozess zu minimieren und Widersprüche zwischen Markt- und Produktionsökonomie durch technisch gestützte Flexibilität bearbeiten zu können. Zugleich geht es um die gegenüber der Konkurrenz möglichst schnellere Erschließung von Märkten und die dauerhafte Sicherung des Absatzes (Pfeiffer 2021).

Vermarktlichung verweist auf alle Marktbeziehungen und thematisiert insbesondere deren widersprüchliche Verhältnisse, die sich in einer Reihe von Inkonsistenzen und Konfliktfeldern in den Strategien der Unternehmen widerspiegeln.

Analysen zur konkreten Umsetzung von Vermarktlichungstendenzen in den Unternehmen richteten sich auf *verschiedene empirische Indikatoren und Mechanismen*:

- Marktorientierte Kennziffern zur Steuerung und Bewertung von Unternehmen (Accounting- und Controlling-Systeme) können als tägliche Erinnerung an den Markt verstanden werden. Nach außen sollen sie das Interesse der Finanzmärkte wecken, nach innen bleiben die Kennziffern nicht geheimes Herrschaftswissen des Managements, sondern werden im Unternehmen verbreitet, um die Beschäftigten zu aktivieren. Kennziffern und Benchmarks erreichen ihre Wirksamkeit vor allem im direkten Kosten- und Leistungsvergleich mit Konkurrenten außerhalb als auch innerhalb der Unternehmensgrenzen (vgl. Lehndorff/Voss-Dahm 2006).

- In den ersten historischen Phasen der Vermarktlichung stand vor allem die direkte Konfrontation mit den Kunden und seinen Wünschen im Zentrum. „Kundenorientierung“ und „Marktorientierung“ wurden dabei oft in eins gesetzt. Kundenbezug und Marktbezug können jedoch in ein widersprüchliches Verhältnis geraten: etwa wenn der Kunde Qualität will und die marktbezogenen Kennziffern Kostensenkung verlangen (vgl. Holtgrewe/Voswinkel 2002).
- Im Kontext der datentechnischen Integration des Wertschöpfungsprozesses steigen die Zwänge zur beschleunigten Reaktion auf Marktanforderungen. Kund:innen und Kooperationspartner:innen greifen über virtuelle Netzwerke teils unmittelbar in den Arbeitsprozess ein, die technische Infrastruktur erlaubt noch kürzerfristige Anpassungen der Auftragsvolumina, denen sich die Beschäftigten zu unterwerfen haben.
- Angesichts der enormen Steigerung verfügbarer betrieblicher Daten im Zuge von Digitalisierungsprozessen entscheiden die Zugriffsmöglichkeiten auf transparente Datensysteme, ob es zu einer Verschärfung der betrieblichen Kontrolle und/oder zu eine Erhöhung der Autonomie der Beschäftigten kommt (vgl. Nies 2021). Zwar werden Kontrollpotenziale der digitalen Technik auch im Sinne einer arbeitskraftbezogenen Leistungskontrolle genutzt (zum „digitalen Taylorismus“ vgl. Nachtwey/Staab 2020), entscheidender als die Überwachung des Arbeitsprozesses erweist sich allerdings die permanente Rechtfertigung für erreichte Zielstände und Arbeitsergebnisse.
- Eine flexible Beschäftigungsorganisation mit wachsenden und schrumpfenden Belegschaften (bedarfsgerechte Personalanpassung, virtuelle Belegschaften) und eine flexible Arbeitszeitorganisation, in der die individuellen → Arbeitszeiten in Lage, Dauer und Verteilung variieren („atmende Fabrik“), sind wichtige Merkmale „vermarktlichter“ Arbeitsverhältnisse in den Betrieben.
- Mit steigendem Leistungsdruck und gesundheitlichen Gefährdungen verbindet sich die Durchsetzung einer ergebnis- und erfolgsorientierten Leistungspolitik: Mit ihr werden Leistung und Lohn zunehmend vom menschlichen Aufwand abgelöst und mit dem am Markt erzielten Ergebnis verkoppelt. Instrumente dazu sind Zielvorgaben und -vereinbarungen, Entgeltvariabilisierungen, Leistungsdifferenzierungen u.ä. (vgl. Menz et al. 2011) (→ auch Entgelt und Leistung).

Das Komplement zur marktorientierten Steuerung ist die Selbstorganisation als Modus der Organisation dezentraler Einheiten und individueller Arbeit. Mit dem Prinzip der Selbstorganisation wird dem Beschäftigten die → Transformation seines Arbeitsvermögens in Arbeitsleistung selbst überlassen, d.h. er muss seine Verfügbarkeit, seine Leistungserbringung und auch die → Rationalisierung seines Arbeitsprozesses selbst steuern. Dies ist entscheidende Voraussetzung für die Bewältigung von immer weniger vorhersehbaren und sich dynamisch verändernden Marktanforderungen und setzt spezifische Veränderungen der → Arbeitsorganisation voraus: den Abbau von Hierarchiestufen und die Implementation von Arbeitsformen, die offener und flexibler gegenüber variablen Anforderungen sind und Selbstorganisation explizit ermöglichen (Agile Projektarbeit [→ Projekt], → Gruppenarbeit). Selbstorganisation, Ergebnisorientierung und flexible Arbeitszeiten bauen die bisherigen institutionellen Puffer zwischen Individuum und Markt ab.

Internationaler Bezug

Die internationale Debatte über Vermarktlichung/Marketization (vgl. Crouch 2010) weist eine etwas andere Akzentsetzung auf: Vermarktlichung wird weniger als Veränderung im „Inneren der kapitalistischen Ökonomie“, als neues historisches Verhältnis von Markt und Organisation gefasst, sondern vielmehr als Durchsetzung des Marktprinzips in weitere nicht ökonomisierte gesellschaftliche Bereiche hinein (als „Economizing the Non-Economic“ in Deutschland eher Gegenstand der → Wirtschaftssoziologie) oder einfacher als Privatisierung des öffentlichen Sektors (Bildung, Sozialwesen, etc.) (vgl. etwa Massey 1997). Darüber hinaus steht der Begriff für die Transformation ehemals staatssozialistischer

Länder in Osteuropa und Asien in kapitalistische Marktgesellschaften (z.B. Zhang 2008).

Dieter Sauer

Empfehlungen zum Weiterlesen

Dörre, Klaus/Röttger, Bernd (Hg.) 2003: Das neue Marktregime. Hamburg: VSA.
Peters, Klaus/Sauer, Dieter 2005: Indirekte Steuerung – eine neue Herrschaftsform. In: Wagner, H. (Hg.): Rentier ich mich noch? Hamburg: VSA, S. 23–59.
Sauer, Dieter 2013: Die organisatorische Revolution. Umbrüche in der Arbeitswelt – Ursachen, Auswirkungen und arbeitspolitische Antworten. Hamburg: VSA.
Menz, Wolfgang/Nies, Sarah/Sauer, Dieter 2019: Digitale Kontrolle und Vermarktlichung. Beschäftigtenautonomie im Kontext betrieblicher Strategien der Digitalisierung. In: Prokla, Jg. 49, H. 195, S. 181–200.
Pfeiffer, Sabine 2021: Digitalisierung als Distributivkraft. Über das Neue am digitalen Kapitalismus. Bielefeld: transcript.

Wertschöpfungsketten

→ Globale Wertschöpfungsketten und internationale Arbeitsteilung

Wirtschaftssoziologie

Begriff

Die Wirtschaftssoziologie (engl. *economic sociology*) ist eine Teildisziplin der Soziologie, die *wirtschaftliche Sachverhalte* in einer soziologischen Perspektive untersucht. Unter wirtschaftlichen Sachverhalten (oder genereller: unter Wirtschaft) werden all die Handlungen, Institutionen und Strukturen verstanden, die auf die Bereitstellung, die Verteilung und den Gebrauch begehrter Güter und Leistungen abstellen. Gegenüber ökonomischen Ansätzen thematisiert die Wirtschaftssoziologie dabei insbesondere die sozial-strukturellen Grundlagen, die soziale Einbettung, der Wirtschaft und fragt zudem nach den gesellschaftlichen Konsequenzen. Aktuelle Arbeiten analysieren vor allem die Bedeutung sozialer Faktoren wie die von Institutionen und sozialen → Netzwerken für das Funktionieren von → Märkten und stellen dafür auch realistischere Modelle und Erklärungen des Marktgeschehens dar. Daneben beschäftigen sich wirtschaftssoziologische Arbeiten zunehmend mit der sozialen Einbettung und der gesellschaftlichen Orientierung von Unternehmen sowie alternativen Formen des Produzierens und Tauschens.

Die Wirtschaftssoziologie hat sich als eigenständige Teildisziplin von den USA ausgehend im deutschen Sprachraum und in Europa seit Ende des 20. Jahrhunderts wieder erfolgreich etabliert. Sie hat indes wichtige Vorläufer in den frühen Gesellschaftslehren der Aufklärung, der Politischen Ökonomie (Karl Marx) und der Sozialökonomik (Max Weber und Joseph Schumpeter). Die Renaissance der Wirtschaftssoziologie seit den 1980er Jahren (vgl. Smelser/Swedberg 2005) hat auf der einen Seite die sozialwissenschaftliche Beschäftigung mit wirtschaftlichen Phänomenen verstärkt und auf der anderen Seite eine kritische Auseinandersetzung mit der ökonomischen Theorie angeregt und so insgesamt die theoretische Debatte befördert. Daraus speist sich heute der Anspruch, eine eigenständige soziologische Perspektive auf Wirtschaft durch den Einsatz und die Weiterentwicklung soziologischer Begriffe, Konzepte, Theorien und Modelle einzunehmen und realistischere Erklärungen und Analysen wirtschaftlicher Phänomene vorzulegen (Maurer 2017).

Das „Alleinstellungsmerkmal“ der Wirtschaftssoziologie ist die Definition wirtschaftlichen Handelns als *soziales* Handeln und die Unterscheidung verschiedener Wirtschafts- und Gesellschaftsformen (Weber 1976 [1922], Kap. 2). Vor diesem Hintergrund werden die soziale Einbettung wirtschaftlichen Handelns sowie die soziale Konstitution der wirtschaftlichen Kerninstitutionen moderner Gesellschaften, Unternehmen (→ auch Betrieb) und Märkte, aber auch → Rationalisierung und → Vermarktlichung als typische Merkmale moderner Gesellschaften thematisiert. Gegenüber der Standardökonomik, die wirtschaftliche Akteure als Nutzenmaximierer und Wirtschaftsinstitutionen rein als Mechanismen einer effizienten Ressourcenallokation analysiert, werden vermehrt erweiterte Handlungsmodelle sowie auch → Macht, Reputation, Vertrauen usw. als sozialer Rahmen wirtschaftlichen Handelns eingeführt. Vor allem institutionentheoretische Ansätze fragen daher danach, wie sich wirtschaftliche Institutionen und Strukturen durch das soziale Handeln im historischen Ablauf ausbilden und wie sich die Organisation und die Institutionen der Wirtschaft auf das sozialkulturelle und strukturelle Fundament moderner Gesellschaften auswirken (vgl. dazu etwa Polanyi 1978 [1944]). In der Wirtschaftssoziologie, wie auch in den neuen Institutionentheorien oder der Wirtschaftsphilosophie, wird in kritischer Abgrenzung zur neoklassischen Standardökonomik das Postulat von der universellen Effizienz der Marktkoordination kritisch hinterfragt und werden Entwicklungen und Umbrüche im marktwirtschaftlichen Kapitalismus dargelegt.

Genese/theoretischer Kontext

Mit Adam Smith setzte im 18. Jahrhundert die klassische ökonomische Analyse ein, welche den materiellen Reichtum von Nationen in der Organisationsform der Wirtschaft verortet. Die Wirtschaftsanalyse wurde so von anderen normativen Kriterien und Verteilungsfragen abgelöst. An deren Stelle trat das Prinzip der effizienten Nutzung knapper Ressourcen angesichts menschlicher Bedürfnisse. Dem → Markt sprach Smith drei positive Effekte für die Wohlfahrtsproduktion zu: die dezentrale Ermittlung von Preisen, die Umsetzung der Vorteile von Arbeitsteilung und Spezialisierung sowie die Motivation zum Tausch. Der Staat übernimmt idealer Weise die unterstützende Funktion der Gewaltregelung und der Allgemeinbildung und die Gesellschaft die Bildung und Sicherung tugendhaften Handelns. Auch Karl Marx rückte die materielle Produktion ins Zentrum seiner Analysen und sah in der kapitalistischen Produktionsweise eine Warenwirtschaft, welche in der menschlichen Arbeit die entscheidende wertschaffende Größe findet. Ihm zufolge ist die Logik des Kapitalismus durch die Aneignung des Mehrwerts und damit durch Ausbeutung und Entfremdung der menschlichen → Arbeit bestimmt. Soziale, rechtliche, politische und ästhetische Institutionen sind der aus der Produktionsweise abgeleitete Überbau. Die Entwicklung der menschlichen Gesellschaft folgt der Entwicklung der Produktivkräfte und der Produktionsweisen.

Max Weber machte zu Beginn des 20. Jahrhunderts das Zusammenspiel von Wirtschaft und Gesellschaft zum Thema der Soziologie (vgl. Swedberg 1998, Maurer 2010, 2021). Auch plädierte er für eine integrative Perspektive auf Wirtschaft durch Wirtschaftstheorie, Wirtschaftsgeschichte und Wirtschaftssoziologie. Außerdem entwickelte er „soziologische Kategorien" des Wirtschaftens und machte den „wirtschaftlichen Tatbestand" ausdrücklich zum Thema der Soziologie. Die „friedliche Verfügungsgewalt" ist bei ihm das Kennzeichen des modernen Wirtschaftens und *wirtschaftliches Handeln* eine besondere inhaltliche Ausrichtung *sozialen Handelns*. „‚Wirtschaftlich *orientiert*' soll ein Handeln insoweit heißen, als es seinem gemeinten Sinne nach an der Fürsorge für einen Begehr nach Nutzleistungen orientiert ist." (1976 [1922], S. 31; Hervorh. im Orig.) Weber wollte neben dem autonomen Entscheiden auf Märkten ausdrücklich das soziale, an anderen ausgerichtete wirtschaftliche Handeln erfassen und neben Nutzenerwägungen auch Ideen als individuelle Motive berücksichtigen. Darüber hinaus zeichnet sich seine Analyse dadurch aus, dass das Zusammenwirken von Markt, Unternehmen, Staat, Recht, Religion usw. als Rahmen wirtschaftlichen Handelns berücksichtigt wird. In der Weber'schen Kapitalismusthese wird so auch die Entstehung dieser Wirtschaftsform nicht aus technischen Entwicklungen oder ökonomischer Effizienz, sondern aus sozialen Faktoren gefolgert und als pfadabhängiger Prozess beschrieben. Weber hat dabei die spezifische formale → Rationalisierung im und durch den modernen Kapitalismus und der modernen westlichen Welt herausgestellt.

Trotz dieser gemeinsamen Anfänge gingen Soziologie, Ökonomie, Politik- und Geschichtswissenschaft im 20. Jahrhundert zunehmend getrennte Wege, und die Soziologie verlor dabei das Wirtschaften gänzlich aus dem Blick. Dieser vielschichtige Prozess hat eine Grundlage in der Konzentration der Soziologie auf normativ-moralische Prozesse der Ordnungsbildung, wodurch interessenbasiertes Handeln und Tauschbeziehungen zusehends aus dem Fokus gerieten. Unter dem Einfluss des US-amerikanischen Soziologen Talcott Parsons wurden zudem das soziale Zusammenleben als wertbasierte Integration und das Wirtschaften als ein Subsystem der Gesellschaft reduziert. Bis in die 1980er Jahre konnte sich so trotz wichtiger Einzelstudien (etwa Bronislaw Malinowskis Analyse des Tauschringsystems, Karl Polanyis wirtschaftshistorische Arbeiten oder Hans Alberts frühe Darlegung der

Marktsoziologie) eine starke Wirtschaftssoziologie nicht ausbilden (Smelser 1968, S. 43ff., Maurer 2017).

Dies änderte sich zu Beginn der 1980er Jahre grundlegend. Im Kontext neuer soziologischer Theoriedebatten und mit dem einsetzenden Bemühen, Handeln und Struktur in soziologischen Erklärungen zu verbinden, und um zugleich auf Entwicklungen wie die Neue Institutionenökonomik zu reagieren, konnten sich neue Zugänge zur Wirtschaft erschließen, die realistischere handlungsbasierte Erklärungen als die Ökonomie anstreben. In den neueren Institutionentheorien, der Netzwerkforschung, der Sozialkapitaltheorie usw. werden seither soziale Interdependenzen in wirtschaftlichen Handlungsfeldern erfasst und ausgehend vom Handeln der Wirtschaftsakteure Preisbildung, Marktordnungen, Branchenstrukturen, Unternehmenserfolge „realistischer" erklärt. Damit wollen Wirtschaftssoziologen den Herausforderungen der Ökonomik begegnen und wirtschaftliches Handeln, Institutionen und Strukturen wieder zu einem soziologischen Thema machen, wobei sie in weiten Teilen die sozialen Mechanismen aufdecken, die neben dem Marktwettbewerb wirtschaftlichen Tausch stützen. Der Anspruch dabei ist, die Relevanz *soziologischer Erklärungsfaktoren* wie soziale Beziehungen und Institutionen für wirtschaftliche Sachverhalte theoretisch und empirisch darzulegen und damit Vertrauen, Reputation, Kontrolle, Lernen usw. als bedeutsame Aspekte des wirtschaftlichen Handelns zu kennzeichnen.

Die Anfangsphase der neuen Wirtschaftssoziologie wurde in den USA in den 1980er Jahren vor allem von den Arbeiten Mark Granovetters, James Colemans, Richard Swedbergs und Harrison Whites angeregt. Granovetter hat, wie auch Coleman, entscheidend durch seine programmatischen Schriften zum Neuaufbruch der Wirtschaftssoziologie beigetragen, indem dezidiert eine Neuausrichtung der Soziologie angemahnt wurde. Granovetters Verdienst ist es, ausgehend von der Prämisse einer grundlegenden Unsicherheit die Vorteile einer „sozialen Einbettung" (Granovetter 1985) wirtschaftlichen Handelns zu thematisieren, Colemans Verdienst ist es, das verschiedenen sozialen Handlungssystemen innewohnende Sozialkapital als vorteilhafte soziale Regelungsmechanismen in der Wirtschaft thematisiert zu haben (Coleman 1985). Beide haben Wettbewerbsmärkte als einen unrealistischen Sonderfall wirtschaftlicher Koordination beschrieben und angeregt, komplexere soziale Institutionen als Mechanismen wirtschaftlicher Koordination ins Blickfeld der Soziologie zu rücken. Granovetter leitete dazu in seinen Netzwerkstudien die Informationsqualitäten schwacher Beziehungen auf Arbeitsmärkten bzw. die vertrauensförderlichen Effekte starker Beziehungen etwa bei der Akquise von Risikokapital ab und erklärte darüber den Erfolg des Silicon Valley. Coleman bearbeitete auf Basis der Theorie rationalen Handelns zwei Grundprobleme sozialen wirtschaftlichen Handelns unter einem Dach: die Realisierung gemeinsamer Interessen und die unterschiedlicher, aber kompatibler Interessen. Darauf bezogen analysierte er die Entstehung und die Funktionsweise von → Herrschaft, Macht und Organisationen (→ auch Organisationssoziologie). Die Wirtschaftssoziologie findet hingegen bei Granovetter ein empirisch ausgerichtetes Konzept mittlerer Reichweite, das allgemein die Unsicherheit reduzierenden Effekte sozialer Netzwerkstrukturen in wirtschaftlichen Kontexten aufzeigt. Granovetters Arbeit lässt sich insoweit als Weiterführung der empirisch-historischen Tradition der Soziologie betrachten, wohingegen Coleman eine erklärende Soziologie vertritt, die allgemeine Theorien anstrebt und den Modellplatonismus der ökonomischen Theorie zu überwinden sucht.

Der Erfolg der neuen Wirtschaftssoziologie ist insgesamt darin begründet, dass es von Anfang an gelang, sich sowohl in der Soziologie gegen den lange dominierenden Strukturfunktionalismus als auch von der ökonomischen Theorie abzusetzen und eine eigenständige theoretische Position in Form handlungsbasierter Erklärungen und Analysen aufzubauen, die vielfältige Anschlussmöglichkeiten und Erweiterungen eröffnet (Maurer 2021). Nicht zuletzt gelang es der neuen Wirtschaftssoziologie auch, aktiv an der Entwicklung und Anwendung anspruchsvoller Verfahren der empirischen Sozialforschung – darunter Netzwerkanalysen, Simulationen, Experimente, agentenbasierte Modellierungen usw. – teilzuhaben (vgl. etwa White 2002). Die anfängliche Konzentration auf Märkte lässt sich so auf andere Institutionen und Felder auszuweiten und verschiedenste „institutionelle Rahmungen“ wirtschaftlichen Handelns wie etwa kulturelle Ideensysteme, Hierarchien, Geld und Rationalität wieder verstärkt zum Thema wirtschaftssoziologischer Arbeiten zu machen (vgl. für Überblicke Smelser/Swedberg 2005, Maurer 2017, 2021).

Zentrale Forschungsergebnisse

Trotz der langen Tradition sozial- und politökonomischer Betrachtungen und der nie ganz aufgegebenen soziologischen Analyse von Tausch und von Industrieunternehmen kann heute zu Recht von einer Renaissance der Wirtschaftssoziologie gesprochen werden, die insbesondere mit den Arbeiten der „new economic sociology“ verbunden ist (vgl. Granovetter 1992). Auch in Deutschland und Europa hat sich die Wirtschaftssoziologie wieder etabliert, indem zunächst vor allem Probleme von Tauschbeziehungen diskutiert wurden, woraus eine intensive Beschäftigung mit Märken hervorging (vgl. etwa Beckert 1996). Neben Marktstudien, welche die soziale Konstitution von und soziale Prozesse auf konkreten Märkten beschreiben, behandeln neuere Ansätze jedoch auch zunehmend Unternehmen, Unternehmenskooperationen, Branchen, Industriedistrikte sowie globale Wirtschaftsverbünde, Standards, Abkommen, Rating-Agenturen, Konventionen und Regeln (Granovetter/Swedberg 2011) sowie auch die Digitalisierung und → Globalisierung der Wirtschaft.

Im Zuge des erstarkenden soziologischen Interesses an Wirtschaft kam es im deutschen Sprachraum zu einer Ausdehnung der Themenfelder und umfänglichen theoretischen und empirischen Weiterentwicklungen:

- Im Kontext handlungsbasierter Erklärungen und Zugänge sind vor allem die neuen Institutionentheorien, die erklärend-verstehende Soziologie, das Weberianische Forschungsprogramm sowie die Sozialtheorien von Anthony Giddens und Pierre Bourdieu wichtige Anschlüsse. *Institutionen* ermöglichen es der Wirtschaftssoziologie, sich im Unterschied zur Neoklassik mit dem sozial gesetzten Rahmen wirtschaftlicher Handlungen auseinanderzusetzen und die Koordinationseffekte von Hierarchie, Netzen, kulturellen Ideen wie auch von verschiedenen Marktformen auseinanderzusetzen und auch deren jeweilige soziale Konstitution zu thematisieren (vgl. Schmid/Maurer 2003).
- Das wiedererwachte Interesse an *Kapitalismustheorien* und *-analysen* innerhalb der Wirtschaftssoziologie führte dazu, dass die Organisationsformen kapitalistischer Gesellschafts- und Wirtschaftssysteme vergleichend – etwa im Hinblick auf ihre Fähigkeit, Wohlstand zu generieren, Krisen wie auf den Finanzmärkten hervorzurufen oder soziale Gerechtigkeitsstandards zu realisieren – vermehrt diskutiert werden (Hall/Soskice 2001 a).
- Mit der (neuen) Politischen Ökonomie, der ökonomischen Verhaltensforschung, der Kulturökonomik sowie der Wirtschaftsgeschichte liegen weitere anschlussfähige theoretische und empirische Analysen der Entstehung der Kerninstitutionen des Wirtschaftslebens vor (klassisch: North 1990, Kocka 2013).
- Vielbeachtete Arbeiten zu Finanzmärkten entstanden im Rahmen der cultural studies, der Finanzmarktsoziologie oder der Governance-Forschung (vgl. Windolf 2005).
- Unter dem Dach der *Kultursoziologie* werden empirisch anschauliche Analysen von Tauschpraktiken und alltäglichen Umgangsformen mit Geld und Zeit vorgelegt (im Überblick: Junge 2008; bezogen auf Finanzmärkte: Kalthoff 2012).
- Eine nachhaltige Wirkung entfaltete der Netzwerkansatz, inspiriert durch White (2002), mit dem die Einbettung von Märkten in → Netzwerke untersucht werden kann. Auch Netzwerke zwischen Unternehmen bzw. Unternehmen und Juristen bzw. Kapitalgebern werden studiert (Granovetter 1992).

Die meisten Arbeiten im Kontext der neuen Wirtschaftssoziologie verbindet der Anspruch, das Zentrum der modernen Wirtschaft mit soziologischen Mitteln und in soziologischer Absicht zu analysieren. Dennoch zeichnet sich auch in dieser Teildisziplin bereits die „multiparadigmatische Struktur“ der Soziologie ab und werden in unterschiedlichen Traditionen je unterschiedliche soziologische Faktoren als erklärungsrelevant hervorgehoben und die der anderen ignoriert und abgewertet (vgl. Maurer 2021).

Internationaler Bezug

Im internationalen Kontext werden im Rahmen des Rational-Choice-Ansatzes und der Spieltheorie wichtige Analysen von Prinzipal-Agenten-Beziehungen, Hierarchien und Managementstrukturen vorgenommen, welche Vertrauen, Normen, Kultur, aber auch materielle Anreizsysteme als wirtschaftliche Koordinationsmechanismen kenntlich machen (vgl. für einen Überblick Voss/Abraham 2000). Eine weitere wichtige Entwicklung nahm in Frankreich ihren Ausgangspunkt mit der Kapital- und Feldtheorie Pierre Bourdieus (vgl. Florian/Hillebrandt 2006) und der in kritischer Abgrenzung davon entstandenen „Ökonomie der Konventionen" (Boltanski/Thévenot 2007). Sowohl in den USA als auch in Europa gewinnen Konzeptionen der Sozialökonomie Einfluss, die u.a. Mikrokredite, soziales Unternehmertum und nachhaltiges Wirtschaften in den Fokus rücken (vgl. im Überblick Smelser/Swedberg 2005) (→ auch Arbeit und Nachhaltigkeit), während in der Ökonomie die Verhaltensökonomik („behavioral economics") und Experimente neue Impulse setzen.

Andrea Maurer

Empfehlungen zum Weiterlesen

Beckert, Jens 1996: Was ist soziologisch an der Wirtschaftssoziologie? Ungewißheit und die Einbettung wirtschaftlichen Handelns. In: Zeitschrift für Soziologie, Jg. 25, H. 2, S. 125–146.

Coleman, James 1985: Introducing Social Structure into Economic Analysis. In: American Economic Review, Vol. 74, S. 84–88.

Granovetter, Mark 1992: The Old and the New Economic Sociology: A History and an Agenda. In: Friedland, R./Robertson, A. (eds.): Beyond the Marketplace. Rethinking Economy and Society. New York: Aldine de Gruyter, S. 89–112.

Maurer, Andrea (Hg.) 2017: Handbuch der Wirtschaftssoziologie (2. aktualis. und erw. Aufl.). Wiesbaden: Springer VS.

Maurer, Andrea (ed.) 2021: Handbook of Economic Sociology for the 21st Century. Cham: Springer.

Smelser, Neil J./Swedberg, Richard (eds.) 2005: The Handbook of Economic Sociology. Princeton: Princeton University Press.

Wissensgesellschaft

Begriff

Der Begriff Wissensgesellschaft reflektiert zum einen Veränderungen in den Strukturen, Prozessen und Regelsystemen gesellschaftlicher Reproduktion. Seine Verwendung geht meist mit der These der Auflösung eines industriell geprägten Gesellschaftstypus (→ Industriegesellschaft und Industrialisierung) einher, der durch die vorrangige Bedeutung des produzierenden Gewerbes, durch bürokratische Organisation und technische Arbeitsteilung sowie eine primär „vergegenständlichte Wissenskraft" (Marx 1974 [1857/58], S. 594) gekennzeichnet ist. In Abgrenzung hierzu wird auf Phänomene wie insbesondere die Expansion des Dienstleistungssektors (→ Dienstleistungsarbeit, Dienstleistungsgesellschaft), das Vordringen von intelligenten Organisationen, Wissensarbeit (→ Informations- und Wissensarbeit) und immateriellen Vermögenswerten sowie eine sich forcierende gesellschaftliche Innovationsdynamik (→ Innovation) hingewiesen. Zum anderen fungiert der Begriff Wissensgesellschaft als semantisches Konstrukt, das nicht nur wissenschaftliche Forschungen orientiert, sondern vor allem in der politischen und ökonomischen Kommunikation strategisch herangezogen wird, um soziale Beziehungen gemäß spezifischen Leitvorstellungen zu gestalten (→ auch Arbeitsgesellschaft, Informationsgesellschaft).

Genese/theoretischer Kontext

Die Begriffsgeschichte der Wissensgesellschaft beginnt in den 1950er Jahren. Peter Drucker (1959) diagnostizierte zwei Veränderungen, deren Besonderheiten sich nicht anhand herkömmlicher Konzepte einer Industriegesellschaft beschreiben und erklären ließen: erstens die rasche Verbreitung von Wissensarbeit („knowledge work"), die auf neue Anforderungen innerhalb von Organisationen verweist; zweitens den Sachverhalt, dass Wissen zu einem zunehmend wichtigen Produktionsfaktor wird. Dabei bemerkte Drucker nicht nur eine immer intensivere Anwendung von Wissen auf Wissen, sondern darüber hinaus, dass die Produktionsfaktoren der traditionellen Nationalökonomie (Grundbesitz, Arbeit, Kapital) mehr und mehr zu Grenzen der Erzeugung und Ausnutzung von Kenntnissen werden. Zu einer konzeptionellen Ausgestaltung des Begriffs trug in besonderem Maße Daniel Bell (1973) bei. Er versuchte die post-industrielle Wissensgesellschaft anhand von fünf Dimensionen zu erfassen:

(1) Dem Übergang von einer güterproduzierenden Wirtschaft zu einer Dienstleistungswirtschaft,
(2) dem Vorrang einer Klasse professionalisierter und technisch qualifizierter Berufe,
(3) der Zentralität theoretischen Wissens als Quelle von Innovationen und Ausgangspunkt der gesellschaftlich-politischen Programmatik,
(4) der Steuerung des technischen Fortschritts und der Bewertung der Technologie sowie
(5) der Schaffung einer neuen ‚intellektuellen Technologie'.

Seit den 1980er Jahren sind zahlreiche Studien erschienen, die ergänzende Perspektiven auf das Phänomen Wissen sowie einen in *qualitativer* Hinsicht sich wandelnden gesellschaftlichen *Umgang* mit Wissen eröffnen. Verwiesen wird etwa auf die Kommodifizierung von Wissen (Lyotard 1986), die Existenz intelligenter Organisationen (Quinn 1992), das Vordringen von Symbolanalysten (Reich 1991) sowie die Probleme eines Wissenskapitalismus (Gorz 2004). Auffallend ist, dass die vorgetragenen Indizien für die wachsende qualitative gesellschaftliche Bedeutung des Wissens den Bereich der Wissenschaft transzendieren. Zwar gilt die moderne Wissenschaft auch weiterhin als eine wichtige Triebkraft für die Herausbildung der Wissensgesellschaft (z.B. Stehr 2003 a), doch scheint sich deren Prinzip der Produktion *neuen* Wissens auf die Gesellschaft insgesamt auszuweiten. In allen funktional spezifischen Teilbereichen und insbesondere in Ökonomie und Politik wächst offensichtlich die Anforderung, neues Wissen in systematischer und strategischer Absicht zu erzeugen. Häufig rezipierte begriffliche Fassungen einer sich entfaltenden Wissensgesellschaft (z.B. Stehr 2003 a, Willke 2001) finden ihre Bezugspunkte daher in der Vorrangstellung von Wissen als Faktor gesellschaftlicher Reproduktion sowie der Relevanz von Innovationen.

Zentrale Forschungsergebnisse und internationaler Bezug

In den 1960er und 70er Jahren wurde die Wissensgesellschaft im Kern als verwissenschaftliche, dienstleistungszentrierte, akademisierte Gesellschaft beschrieben. Die im Wesentlichen im angelsächsischen Kontext entstandenen Arbeiten (z.B. Lane 1966, Drucker 1959, Bell 1973) bildeten die Grundlage für eine internationale Forschungsdynamik, die von sehr vielfältigen konzeptionellen und empirischen Beiträgen gespeist wird. Der starke internationale Bezug zeigt sich zudem an Studien, die in vergleichender Perspektive und unter Berücksichtigung von Indikatoren Angaben zum Entwicklungsstand nationaler Wissensgesellschaft*en* machen (z.B. Rohrbach 2007). Wichtige Erkenntnisse konzeptioneller und empirischer Beiträge werden im Folgenden ausführlicher dargestellt.

Der ‚faustische' Drang der Wissensgesellschaft: Für ein weitreichendes Verständnis sowohl der quantitativen Ausweitung von Wissen als auch qualitativer Veränderungen im gesellschaftlichen *Umgang* mit Wissen ist es aufschlussreich, eine Verbindung zwischen der Entstehung der Wissensgesellschaft und der Transformation der gesellschaftlichen Wissensproduktion herzustellen. Die Wissensgesellschaft ist dann weder lediglich durch die vermehrte Produktion und Anwendung von Wissen, noch schlicht durch einen Bedeutungszuwachs der Wissenschaft gekennzeichnet. Entscheidend ist vielmehr, dass es zu einer gesellschaftsweiten Generalisierung des Handlungstyps wissenschaftlicher Forschung im Sinne einer ebenso systematischen wie kontrollierten Reflexion und Revision von Wissensbeständen kommt. Beruhte die Wissensbasis früherer Gesellschaften auf Regeln, die fraglos tradiert wurden, und fand Lernen im Wesentlichen unbeabsichtigt-beiläufig statt, so gerät die gegenwärtige Gesellschaft immer mehr unter den Imperativ des durch *aktive* Erfahrung gesteuerten Lernens, welches sich beispielsweise über kontrollierte Methoden, Modelle, Simulationen, Evaluationen, Feedbackschleifen etc. vollzieht (Weingart 2001, S. 17 f.). Mit dieser Sichtweise korrespondiert ein Wissensbegriff, der Wissen als aktiv erzeugt, kontextabhängig, vorläufig und optionsstiftend beschreibt (z.B. Stehr 2001, Willke 2001).

Übernimmt man die hier knapp skizzierte Perspektive auf Wissen, so ist einerseits klar, dass alle Gesellschaften wissensbasiert operieren. Zum anderen zeigt sich, dass die grundlegende Besonderheit der Wissensgesellschaft in einem Reproduktionsmodus besteht, der nicht einfach durch die vermehrte Anwendung, sondern primär durch die reflexiv und hoch dynamisch gestaltete *Erzeugung* von Wissen bestimmt wird.

Arbeit und Organisation in der Wissensgesellschaft: Bereits Drucker (1959) beschrieb die Wissensgesellschaft als eine Gesellschaft der Organisationen, deren zentrales Merkmal das Phänomen Wissensarbeit ist. Aktuelle Studien zeigen diesbezüglich, dass die Reflexivität von Wissen auch den Wissensstil von → Arbeit und Organisation verändert, indem sie ein Umschalten von der Anwendung vorhandenen Wissens auf die Erschließung prospektiven Wissens (gegenwärtigen Nichtwissens) ermöglicht bzw. erzwingt. Für Wissensarbeit ist dementsprechend ein ausgeprägt kognitiver (lernorientierter) Erwartungsstil bestimmend, der zugleich besondere Unsicherheiten hervorbringt (Willke 2001, S. 21). In ihrem Kern vollzieht sich Wissensarbeit nicht als *reaktives* ‚Lösen' von Problemen, die sich in der Arbeitspraxis stellen – etwa indem sie von Kunden, Vorgesetzten, Geschäftspartnern, Gesetzgebern etc. ‚herangetragen' werden –, sondern als *aktives* Erkunden und Spezifizieren von Problemen (Nichtwissen), welche sich in anschlussfähiges, produktives (aber immer auch riskantes) Wissen überführen lassen. Die Folge dieser Fokussierung auf die Generierung und Anwendung neuen Wissens ist, dass der Wettbewerb um *passendes* Wissen immer rasanter und schärfer wird. Organisationen erscheinen in diesem Zusammenhang als lernende bzw. intelligente Systeme, die sowohl Antreiber als auch Getriebene der gesellschaftlichen Wissensproduktion sind. Forscher:innen verweisen in diesem Zusammenhang auf Strategien des Wissensmanagements (z.B. Willke 2001) sowie neue Formen von Organisation und Arbeit. Das Vordringen von Wissensarbeit geht mit Veränderungen einher, die aus arbeitssoziologischer Sicht anhand von Begriffen wie Dezentralisierung, → Entgrenzung und → Subjektivierung beschrieben werden (z.B. Minssen 2019).

Das Nichtwissen der Wissensgesellschaft: Aufbauend auf der Grundüberlegung, dass bei der Erzeugung neuen Wissens gleichzeitig Nichtwissen progressiv reproduziert wird (z.B. Ravetz 1986, Luhmann 1995), befassen sich jüngere Studien mit den dynamischen Wechselwirkungen von Wissen und Nichtwissen (z.B. Strulik 2004, Wehling 2009). Zum einen geht es um Fragen bezüglich der Entstehung, der Merkmale und der Funktionen von Nichtwissen. Zum anderen wird thematisiert, dass die Gesellschaft auf die Expansion und die generelle Unauflösbarkeit von Problemen des Nichtwissens mit der Herausbildung von Mechanismen und institutionellen Arrangements reagiert, die durch einen aktiveren und reflexiveren Umgang mit Nichtwissen gekennzeichnet sind. Vor allem die Organisationen einer sich entfaltenden Wissensökonomie sind immer intensiver darauf ausgelegt, die Profitabilitätsräume einer offenen Zukunft zu erschließen (Strulik 2004, S. 50ff.). Man denke etwa an wissensintensive und dynamische Bereiche wie den Wertpapierhandel, dessen Wachstum ein wichtiges Merkmal des globalen Finanzsystems ist (→ Finanzmarkt-Kapitalismus). Hier ist die Brauchbarkeit von Analysen und Portfoliostrukturen oftmals auf wenige Stunden oder Minuten begrenzt. Unter den Bedingungen des Wettbewerbs nimmt allerdings nicht nur der Zwang zu, Wissen schneller zu erzeugen, sondern vor allem auch, Nichtwissen zu identifizieren und in produktives Wissen umzuwandeln. Wichtig ist, dass die Leistungen der in solchen Feldern tätigen „symbolic analysts" (Reich 1991) zwar einerseits zur Herstellung von Erwartungssicherheit beitragen, andererseits jedoch stets auf eine Expansion von Risiken und Gefahren verweisen, die mittlerweile in ihrer Ausprägung als „Systemrisiken" (z.B. Willke 2002, S. 30) bzw. „Gefahren zweiter Ordnung" (Bonß 1995, S. 54) diskutiert werden. Die soziologischen Vorschläge zur Handhabung dieser paradox konstituierten „progressiven Reproduktion von Nichtwissen" (Luhmann 1995, S. 177) reichen von der Entwicklung einer „kollektiven Intelligenz" (Willke 2002, S. 174 f.), die zu einem intelligenten Umgang mit Nichtwissen befähigen soll, bis hin zu Empfehlungen hinsichtlich einer „Politisierung von Nichtwissen" und eines etwaigen gesellschaftlichen Verzichts auf Wissen (Wehling 2009, S. 104 f.).

Konsequenzen der Wissensgesellschaft: Nico Stehr (z.B. 2000, 2003 a) zeigt, dass die Herausbildung der Wissensgesellschaft mit Orientierungsverlusten und veränderten Ordnungs- bzw. Steuerungsproblemen einhergeht. Angesichts einer sich intensivierenden Wissensproduktion und entsprechend anwachsenden Handlungsmöglichkeiten diagnostiziert Stehr eine neue „Zerbrechlichkeit der Gesellschaft", die sich in der Unfähigkeit staatlicher sowie anderer großer gesellschaftlicher Institutionen (z.B. Staat, Kirche, Militär) äußert, „gegenwärtig – und aller Wahrscheinlichkeit nach noch nachhaltiger und eindringlicher in Zukunft – zu regieren bzw. ihren Willen durchzusetzen" (Stehr 2000, S. 15). Staat und Verwaltung sehen sich einem Publikum gegenüber, dessen Handlungsmöglichkeiten im Zuge der gesellschaftlichen Ausweitung von Wissen deutlich angewachsen sind. Damit „ändert sich nicht nur die Kapazität der Regierbarkeit der zu Regierenden und des politisch Machbaren, es ändern sich auch Inhalt, Grenzen und Zerbrechlichkeit der modernen Politik. Der Staat verliert seine bisherigen monolithischen Qualitäten" (ebd., S. 188). An diese Beschreibungen schließen sich Fragen bezüglich einer geeigneten Steuerung der Wissensgesellschaft in Form einer „Wissenspolitik" (z.B. Stehr 2003 a) an. Drei Entwicklungen geraten dabei in den Blick: Erstens verschärfen sich die bereits von Max Weber (1976 [1922], S. 129) beschriebenen Probleme einer politisch-rechtlichen „Herrschaft kraft Wissen". Nicht zuletzt angesichts einer forcierten Innovationsdynamik in den Teilsystemen Wirtschaft und Wissenschaft wird es für die primär normativ orientierten Teilsysteme Politik und Recht immer schwieriger, eine adäquate Regulierung der gesellschaftlichen Wissensproduktion zu gewährleisten. Zweitens wächst parallel hierzu der Einfluss von Organisationen, die als private Autoritäten (z.B. multinationale Anwaltskanzleien, Wirtschaftsprüfungsgesellschaften, Rating-Agenturen) an der Bearbeitung von Entscheidungsproblemen beteiligt sind. Ihre autoritative Expertise (Strulik 2000, S. 451) ist zu einer dominanten, andere Wissensformen ausstechenden Grundlage sozietaler Steuerung geworden. Hiervon sowie von korrespondierenden Folgeproblemen zeugt etwa eine über Kennziffern und → Vermarktlichung vermittelte zunehmende Orientierung verschiedener sozialer Bereiche (z.B. Gesundheit, Wirtschaft, Politik, Kultur) und entsprechender Organisationen an den Interessen und Erwartungen finanzwirtschaftlicher Akteure (z.B. Crouch 2015). Drittens führt die fortschreitende Herauslösung teilsystemischer Funktionen aus nationalstaatlichen Regelstrukturen zu wachsenden Anforderungen an die Gestaltung institutioneller Steuerungsarrangements. Diesbezügliche Untersuchungen stellen daher explizite Anschlüsse an die Globalisierungsforschung und an Weltgesellschaftsanalysen her. Die Steuerung der Wissensgesellschaft erscheint in zunehmendem Maße als Angelegenheit einer mehr kognitiv orientierten Global Governance (z.B. Strulik 2004) (→ auch Finanzmarkt-Kapitalismus, Globalisierung/Transnationalisierung, Neo-Institutionalismus).

Kritik der Zeitdiagnose „Wissensgesellschaft": Wissenschaftliche Zeitdiagnosen bzw. Transformationsbeschreibungen, die multiple Veränderungen in der Gesellschaft auf *einen* Entwicklungstrend zurückführen, tendieren zu einer konzeptionellen Übergeneralisierung. Die damit verbundenen Probleme einer analytisch unscharfen Betrachtung sozialer Komplexität und einer Nichterfassung ambivalenter Zustände treten auch in der Debatte um die Wissensgesellschaft hervor. In empirischer Hinsicht ist erkennbar, dass viele Studien sich von Managementkonzepten (z.B. Quinn 1992) anleiten lassen und/oder an normativ-postulatorisch formulierten Entwicklungserfordernissen (z.B. Reich 1991) orientiert sind. Eher selten finden sich gezielte Anschlüsse an arbeits- und industriesoziologische Forschungen, die sich den verändernden Bedingungen von Arbeit und Organisation mehrperspektivisch nähern und die etwa für die Untersuchung der Wandlung von Arbeit in Richtung Wissensarbeit sowie parallel sich verändernde Ansprüche und Spannungsfelder der Arbeitspraxis äußerst relevant sind. Exemplarisch verwiesen sei hier auf Forschungen zur → Transformation von Arbeitskraft, zur → Subjektivierung von Arbeit, zur Informationsarbeit (→ Informations- und Wissensarbeit) und zum → Human Ressource Management. Beachtenswert ist darüber hinaus eine Kritik, die von einer „Ungleichheits- und Herrschaftsvergessenheit" (Bittlingmayer/Tuncer 2010, S. 347) im Wissensgesellschaftsdiskurs spricht und eine Beziehung zu neoliberalen Politikkonzepten herstellt. Hingewiesen wird auf die Ausblendung „symbolischer Herrschaftsverhältnisse, die sich gerade dadurch ergeben, dass sich die Wissensgesellschaft als gesamtgesellschaftliche Orientierungsfolie durchsetzt, ohne dass alle sozialen Milieus ‚wissensgesellschaftliche Capabilities' verfügbar hätten" (ebd., S. 354).

Torsten Strulik

Empfehlungen zum Weiterlesen

Bittlingmayer, Uwe H. 2004: „Wissensgesellschaft" als Wille und Vorstellung. Konstanz: UVK.

Drucker, Peter F. 1993: Post-Capitalist Society. New York: Harper.

Engelhardt, Anina/Kajetzke, Laura (Hg.) 2010: Handbuch Wissensgesellschaft. Theorien, Themen, Probleme. Bielefeld: transcript.

Kette, Sven 2008: Bankenregulierung als Cognitive Governance. Eine Studie zur gesellschaftlichen Verarbeitung von Komplexität und Nichtwissen. Wiesbaden: VS Verlag.

Moldaschl, Manfred/Stehr, Nico (Hg.) 2010: Wissensökonomie und Innovation. Beiträge zur Ökonomie der Wissensgesellschaft. Marburg: Metropolis.

Stehr, Nico 1994 b: Knowledge Societies. London: Sage.

Work-Life-Balance

Begriff

„Work-Life-Balance" (WLB, auch: „Balance von Arbeit und Leben") bezeichnet ein bestimmtes Verhältnis zwischen den Bereichen → Erwerbsarbeit einerseits und Privatleben, d.h. Familie, Partnerschaft, ehrenamtlicher Tätigkeit sowie Freizeit, andererseits, das sowohl durch dynamische Veränderlichkeit als auch durch das Bestreben nach Abstimmung und Ausgeglichenheit geprägt ist. Der Begriff der WLB ergänzt und ersetzt den in der deutschen Arbeitssoziologie und der Geschlechterforschung bis zur Jahrhundertwende häufiger verwendeten Begriff der „Vereinbarkeit" (von „Beruf" und „Familie") mehr und mehr. „Balance" betont die Vorläufigkeit und Labilität der Arrangements und unterstreicht zudem die Handlungsperspektive, da sie einen Zustand impliziert, der fortlaufend aktiv hergestellt und erhalten werden muss. Während der Begriff der „Vereinbarkeit" zunächst überwiegend in Bezug auf Frauen verwendet wurde, berücksichtigt das WLB-Konzept heute explizit unterschiedliche Lebenslagen beider Geschlechter. Das Ausbalancieren der Lebensbereiche betrifft Frauen und Männer, wenn auch in geschlechterdifferenter Weise. Zudem werden mit WLB nicht nur familiäre Sorgearbeitsanforderungen, sondern weitere Dimensionen des „Lebens" als „Gegenpol der Erwerbsarbeit" (Oechsle 2010) verstanden (→ Nicht-Erwerbsarbeit, Sorgearbeit).

Der Begriff der WLB stammt ursprünglich aus dem us-amerikanischen → Human Resource Management und ist damit weniger ein analytischer Begriff als ein Gestaltungskonzept, das auf die erfolgreiche Abstimmung zwischen den Lebensbereichen und ein niedriges Konfliktniveau zwischen ihnen abzielt. Es ist Ausdruck von und Antwort auf zweierlei gesellschaftliche Phänomene: zum einen auf die Zunahme von Erschöpfungskrankheiten und zum anderen auf die Schwierigkeit, Anforderungen entgrenzter Erwerbsarbeit mit Sorgeverpflichtungen zu vereinbaren. Auf betrieblicher Ebene zielen WLB-Konzepte darauf ab, Arbeitskraft trotz ihrer entgrenzten Nutzung zu erhalten. Die Maßnahmen beinhalten meist einerseits klassische Vereinbarkeitsinstrumente (Unterstützung bei Kinderbetreuung, flexible Arbeitszeitregelungen), andererseits gesundheitliche Präventionsmaßnahmen.

Die Arbeitspsychologie, die den Begriff stark geprägt hat, nutzt zur quantitativen Messung von WLB in der Regel zwei Faktorenbündel: zeit- und belastungsbasierte Konflikte zwischen → Beruf und Familie (in beiderlei Wirkrichtungen) sowie deren wechselseitige Bereicherung („Work-Family-Conflict" bzw. „Work-Family-Enrichment").

Am WLB-Begriff wurde und wird vielfach Kritik geübt. Es wird bemängelt, dass zwar die subjektiven Schwierigkeiten des Herstellens von Balance thematisiert, dabei aber Herrschaftsverhältnisse unterschätzt würden, so dass er – ähnlich wie der Vereinbarkeitsbegriff – eine „Verharmlosung von strukturell Widersprüchlichem" darstelle (Jürgens 2009). Kritisiert wird zudem, dass „Arbeit" mit Erwerbsarbeit identifiziert wird, während unbezahlte Sorgearbeit zum „Leben" gezählt wird. Problematisch ist auch die Diffusität des Begriffs des Lebens, der alles zu umfassen scheint, was nicht Erwerbsarbeit ist.

Auch in der Arbeitspsychologie ist der Begriff nicht unumstritten geblieben. So sei die Differenzierung zwischen „Arbeit“ und „Leben“ irreführend, weil erstens auch im „Leben“ in vielerlei Form gearbeitet werde und zweitens auch die Erwerbsarbeit als eine (spezifische) Lebenssphäre anzusehen sei, daher wird alternativ der Begriff „Life Domain Balance“ vorgeschlagen (Ulich/Wiese 2011). Als Alternativbegriff wird auch „Work-Life-Integration“ (Kossek/Lambert 2005) genutzt, um die enge wechselseitige Durchdringung von Erwerbsarbeit und Nicht-Erwerbsarbeit zu betonen.

Genese/theoretischer Kontext

Dass das Verhältnis zwischen Arbeits- und Lebensbereichen zum Thema wird, ist voraussetzungsreich. Erst mit der räumlichen und zeitlichen Trennung der Erwerbsarbeitssphäre vom Privatleben im Zuge der → Industrialisierung sind die Bedingungen dafür entstanden, dass überhaupt nach ihrem „angemessenen“ Verhältnis zueinander gefragt werden kann. Zweite Voraussetzung sind grundlegende Veränderungen in den Geschlechterverhältnissen. Im Male-Breadwinner-Modell kamen Vereinbarkeitsfragen nicht auf, da „Produktion“ und „Reproduktion“ klar geschlechtlich zugewiesen waren. Mit der steigenden Erwerbsbeteiligung von Frauen seit den 1960er Jahren ist das Spannungs- und Konfliktpotenzial zwischen Arbeit und Privatleben gestiegen. Von der Frauenforschung wurde mit dem Begriff der „doppelten Vergesellschaftung“ auf die widersprüchlichen Anforderungen aus Erwerbsarbeit und Familie an Frauen und Mütter aufmerksam gemacht.
Mit der zunehmenden Verbreitung des Adult Worker Model, d.h. dem normativen Leitprinzip, dass erwachsene Personen unabhängig vom Geschlecht erwerbstätig sind, wird die Frage, wer die lange im Rahmen der Familie von Frauen erbrachte Sorgearbeit übernimmt, innerhalb der Paarbeziehungen wie auch im gesellschaftlichen Verständnis drängender. Die Frage nach der Abstimmung und dem Konflikt zwischen den Sphären stellt sich heute nicht mehr nur Frauen. Viele Väter haben heute den Wunsch nach einer aktiven Vaterschaft, der aber auf betrieblicher Ebene häufig auf hohe Hürden stößt. Nach wie vor übernehmen die Frauen den Großteil der familiären Sorgearbeit und sind daher in besonderem Maße mit Schwierigkeiten bei der Vereinbarkeit von Erwerbs- mit Sorgearbeit konfrontiert.
Neben den Veränderungen in Familie und Geschlechterverhältnissen liegt der wichtigste Anstoß für die Konjunktur der Debatten um WLB in der zeitgleichen Entwicklung (und Analyse) von → Arbeit selbst: Mit der wachsenden → Entgrenzung und → Subjektivierung von Arbeit geraten die Grenzlinien zwischen den Lebensbereichen in Bewegung. Bestehende Institutionalisierungen der zeitlichen und räumlichen Trennung von „Arbeit“ und „Leben“ werden aufgelöst und tendenziell durch jeweils individuelle Arrangements der Trennung und Zusammenführung ersetzt (→ auch Arbeit im Kapitalismus). Mit der Flexibilisierung von → Arbeitszeiten, mit vermehrter → mobiler Arbeit und mit erweiterten Nutzungsformen von Beschäftigtensubjektivität gewinnt die Debatte um WLB an Bedeutung. Diese Entwicklung spiegelt sich auch in der gewerkschaftlichen Diskussion wider. So rekurriert der DGB-Index Gute Arbeit bei Beurteilung der → Arbeitsqualität etwa auch auf Fragen der Arbeitszeitlage. Das Zusammenwirken von entgrenzter Arbeit und Integration von Frauen in die Erwerbsarbeit bei fehlenden institutionellen Rahmenbedingungen zum Auffangen der entstehenden Reproduktionslücke gilt als Ursache der seit einigen Jahren konstatierten „Reproduktionskrise“ (Jürgens 2010). Es fehlt bis heute eine umfassende gesellschaftliche Neu-Organisation von Produktions- und Reproduktionsarbeit (→ Reproduktion von Arbeitskraft).
Forschung zur WLB findet man auf drei Ebenen (Oechsle 2010): *Handlungstheoretische Konzepte* unterstreichen, dass die Individuen sich zwar innerhalb vorgegebener Strukturen bewegen, diese Strukturen aber durch ihr Handeln gestalten können. Das Konzept der Alltäglichen Lebensführung (Jurczyk/Voß 2000) analysiert, wie Individuen widersprüchliche Anforderungen aus den verschiedenen Lebensbereichen in ihrem Alltag miteinander verknüpfen. Fokussiert werden Handlungsstrategien oder -kompetenzen, die entwickelt werden müssen, um unter den gegebenen strukturellen Rahmenbedingungen eine WLB herzustellen: aktives Zeithandeln (ebd.), doing family (Jurczyk 2014), boundary work (Clark 2000) sowie Reproduktionshandeln (Jürgens 2009). Vermissen ließ der WLB-Begriff lan-

ge eine Lebensverlaufsperspektive. Diese Lücke wird in den letzten Jahren mit Konzepten wie „Arbeitszeitoptionen im Lebensverlauf" (Klenner/Lott 2016) oder „Atmende Lebensverläufe" (Jurczyk 2014) geschlossen.

Konzentriert man sich auf die *Organisationsebene*, stehen die betrieblichen Strukturen als Rahmenbedingungen für WLB im Fokus. Die Entwicklung von Arbeit wird im Hinblick auf ihre Auswirkung auf die Nutzung und Gefährdung der Arbeitskraft der Beschäftigten und ihre außerbetrieblichen Sozialbeziehungen analysiert (dazu ausführlicher im nächsten Abschnitt).

Makrotheoretische Konzepte fokussieren den Zusammenhang von entgrenzter Erwerbsarbeit, neuen Geschlechterverhältnissen, demografischen und wohlfahrtsstaatlichen Entwicklungen sowie politischer Regulierung. Untersucht werden Auswirkungen arbeits- oder familienpolitischer Instrumente unterschiedlicher Länder (im Folgenden ausgeklammert).

Zentrale Forschungsergebnisse

WLB stellt innerhalb der Arbeits- und Industriesoziologie kein abgrenzbares, eigenständiges Forschungsgebiet dar, relevante Befunde erbringen folgende empirische Forschungsfelder:

Die Studien zur *Arbeitszeitflexibilisierung*, die die Handlungsmöglichkeiten und Belastungen der Individuen zwischen widersprüchlichen Anforderungen sowie ihre individuellen Umgangsstrategien fokussieren, zeigen, dass flexible Arbeitszeiten – ursprünglich als Lösung des Vereinbarkeitsproblems begrüßt – häufig nicht mit einer gestiegenen Zeitsouveränität der Beschäftigten einhergehen. Es überwiegt eine durch betriebliche und marktorientierte Anforderungen bestimmte Variabilisierung von Arbeitszeiten (Eberling et al. 2004). Die Chancen auf die Nutzung neuer Zeitoptionen durch die Beschäftigten sind nach Betrieben und Tätigkeitsbereichen sehr unterschiedlich verteilt, unterscheiden sich nach Geschlecht und hängen von den konkreten Aushandlungs- und Entscheidungsprozessen sowie von den Unternehmens- und Zeitkulturen in den Betrieben ab (Böhm et al. 2004). Vor allem aber implizieren flexible Arbeitszeiten einen gesteigerten Aufwand an individuellen Koordinations- und Grenzziehungsleistungen der Subjekte. Was zuvor betrieblichen Institutionalisierungen überlassen war, wird für individuelles Zeithandeln geöffnet und beinhaltet damit neue Belastungen und Verantwortlichkeiten, etwa die Koordination widersprüchlicher Zeit- und Rationalitätsanforderungen der Lebensbereiche (Jurczyk 2005). Dabei entstehen auffällige Geschlechterungleichheiten: Während Frauen mit betreuungsbedürftigen Kindern im Rahmen neuer Arbeitszeitformen eher zur Etablierung fester individueller Zeitstrukturen tendieren, zeigen Männer stärkere Anzeichen zur selbstinitiativen Verlängerung von Arbeitszeiten (Munz 2006).

Zwar manifestieren sich zentrale Work-Life-Konflikte im Feld von Arbeitszeiten; dies bedeutet jedoch nicht, dass deren Ursache in der Arbeitszeitregulierung liegt. Darauf weisen die Studien zur *Leistungssteuerung* hin. Mit der Herausbildung ergebnis- und erfolgsorientierter „indirekter" Steuerungsverfahren geraten die Arbeitszeiten zunehmend in Abhängigkeit von unternehmerischen Kennzahlen, vereinbarten oder vorgegebenen Zielen, Benchmarks und Deadlines. Versuchen, Work-Life-Balance primär über Arbeitszeitregelungen zu gestalten, sind damit systematische Grenzen gesetzt (Kratzer et al. 2015b).

Die Studien zur *räumlichen Flexibilisierung von Arbeit* (insbesondere zu → Home Office/Tele(heim)arbeit sowie → mobiler Arbeit) zeigen ähnliche Ambivalenzen wie diejenigen zu flexiblen Arbeitszeiten. Die räumliche Nähe, teilweise in Verbindung mit erhöhter Zeitautonomie, schafft neue Möglichkeiten, Arbeit und Leben individuell zu verbinden, führt zugleich aber auch zu Mehrfachbelastungen (insbesondere von Müttern) durch Rollen- und Zeitkonflikte und durch Übertragung von beruflichem Stress auf die Familie. Nötig werden Fähigkeiten zur Erbringung eigenständiger Strukturierungsleistungen, zur Selbstorganisation und Kontrolle wie auch zur Abgrenzung von familiären und beruflichen Anforderungen (Kleemann 2005). Mobile Arbeit (Kesselring/Vogl 2010) bedeutet für die WLB neue Chancen, aber auch neue Risiken: Reisezeiten liegen häufig außerhalb der regulären Arbeitszeiten und somit in der Privat- und Familienzeit. Es fehlen verlässliche Zeiträume für die Regeneration und private Aktivitäten. Eine stabile Integration in Familie und andere soziale Netzwerke ist in besonderem Maße gefährdet. Im Gegenzug werden eine erhöhte Gestaltungsautonomie und eine Entlastung von familiären Verpflichtungen durch Abwesenheit als Vorteile beschrieben (Monz 2017). Auch hier zeigen sich Geschlechterdifferenzen: Sind Mütter beruflich mobil, hat dies einen egalisierenden Effekt auf die Arbeitsteilung in der Paarbeziehung, während die Berufsmobilität von Vätern zu einer Traditionalisierung der Geschlechterrollen führt (Rüger/Becker 2011).

Im Zuge der → Digitalen Transformation der Arbeit werden verschiedene der genannten Entwicklungstendenzen noch verstärkt. Unterstützt durch smart devices wird Arbeit auch an bislang nicht genutzten Orten bzw. zu vormals „unproduktiven" Zeiten – z.B. während Wege- und Wartezeiten – möglich, so dass noch bestehende Poren des (Lebens-)Alltags für Arbeit erschlossen werden. Digitale Konnektivität führt zur Ausweitung ständiger Erreichbarkeit in Familienleben und Beziehungen für Belange der Erwerbsarbeit und zur weiteren Entgrenzung und Verschränkung der Lebensbereiche und macht individuelle Strukturierungs- und Abgrenzungsleistungen wichtiger (Menz et al. 2016, Monz 2017, Nowak et al. 2019).

Neue Debattenstränge mit starkem Bezug auf WLB drehen sich um die Frage *veränderter Ansprüche von jüngeren Beschäftigten*, denen eine stärkere Orientierung auf Vereinbarkeit diagnostiziert wird. Studien zur *Corona-Pandemie* zeigen verschärfte Konflikte und Belastungen durch erzwungene Home-Office-Arbeit und erhöhte Sorgeverpflichtungen durch entfallene Kinderbetreuung und Schulschließungen, zugleich aber auch wachsende Ansprüche der Beschäftigten, ortsflexible Arbeitsformen nutzen zu können. Was sich davon als „neue Normalität" etabliert, ist offen (Vyas 2022).

Internationaler Bezug

Eine Vielzahl internationaler Studien haben sich, v.a. mit arbeitspsychologischem Schwerpunkt, mit den Wechselwirkungen zwischen Arbeit, Privat- und Familienleben befasst sowie Herausforderungen und Umgangsstrategien analysiert (Rashmi/Kataria 2021). Für die Arbeitssoziologie ist die Studie von Arlie Hochschild (2002) zu nennen, die eine Umwertung von Arbeit und Familie beobachtet: Erwerbsarbeit wird positiv besetzt, während Familie und Haushalt zunehmend unter Rationalisierungsdruck geraten und damit mit Belastungen und Stress assoziiert werden. Dies wird einerseits als Erklärung für die schwache Nutzung von WLB-Angeboten herangezogen; andererseits konstatiert Hochschild, dass Beschäftigte sich in ihrer Zeitfalle einrichten, anstatt die ihr zugrunde liegenden Ursachen zu hinterfragen. Zentral ist auch die border theory (Clark 2000), die die Herausforderungen der „Grenzgänger" zwischen den Lebensbereichen „Arbeit" und „Familie" mit unterschiedlichen Organisations- und Funktionslogiken thematisiert.

Aktuelle internationale Arbeiten zu Care und Sorgearbeit interpretieren wachsende Imbalancen zwischen Erwerbsarbeit und weiteren Lebensbereichen als Ausdruck einer generellen „Care Crisis" (Dowling 2021). Im → Finanzmarkt-Kapitalismus würde Sorgearbeit wieder vermehrt in Sorgegemeinschaften und Familien verlagert, was dort zur Ausweitung von Vereinbarkeitsproblemen führe (Fraser 2021).

Wolfgang Menz, Anna Monz

Empfehlungen zum Weiterlesen

von Alemann, Annette/Oechsle, Mechtild 2019: Vereinbarkeit und Work-Life-Balance: Forschungen zu Erwerbsarbeit, Lebensführung und Geschlecht. In: Kortendiek, B./Riegraf, B./Sabisch, K. (Hg.): Handbuch Interdisziplinäre Geschlechterforschung. Wiesbaden: Springer VS, S. 1151–1160.

Hochschild, Arlie 2002: Keine Zeit. Wenn die Firma zum Zuhause wird und zu Hause nur Arbeit wartet. Opladen: Leske + Budrich.

Jurczyk, Karin 2005: Work-Life-Balance und geschlechtergerechte Arbeitsteilung. Alte Fragen neu gestellt. In: Seifert, H. (Hg.): Flexible Zeiten in der Arbeitswelt. Frankfurt a.M./New York: Campus, S. 102–123.

Jürgens, Kerstin 2009: Arbeits- und Lebenskraft. Reproduktion als eigensinnige Grenzziehung (2. Aufl.). Wiesbaden: VS Verlag.

Nowak, Iris/Klussmann, Coco/Menz, Wolfgang 2019: Normalität in Bewegung. Beschäftigte zwischen erweiterter Erreichbarkeit und digitaler Konnektivität. In: Arbeit, Jg. 28, H. 3, S. 307–322.

Kumulierte Bibliografie

Abel, J. 2018: Kompetenzentwicklungsbedarf für die digitalisierte Arbeitswelt. FGW-Studie Digitalisierung von Arbeit 09. Düsseldorf: Forschungsinstitut für Gesellschaftliche Weiterentwicklung

Abel, J./Hirsch-Kreinsen, H. 2007: Lowtech-Unternehmen am Hightech-Standort. Berlin: edition sigma

Abel, J./Hirsch-Kreinsen, H./Ittermann, P. 2014: Einfacharbeit in der Industrie. Strukturen, Verbreitung und Perspektiven. Berlin: edition sigma

Abelshauser, W. 2020: Zweierlei Mitbestimmung. Die Montanmitbestimmung von der wirtschaftlichen Innovation zur unbehaglichen Vereinsamung. In: Jäger, W./Lauschke, K./Mittag, J. (Hg.): Mitbestimmung im Zeichen von Kohle und Stahl. Debatten um die Montanmitbestimmung im nationalen und europäischen Kontext, Essen: Klartext Verlag, S. 285–305

Abelshauser, W./Gilgen, D./Leutzsch, A. (Hg.) 2012: Kulturen der Weltwirtschaft. Göttingen: Vandenhoeck & Ruprecht

Abendroth, A.-K./Diewald, M. 2019: Auswirkungen von Teleheimarbeit auf geschlechtsspezifische Einkommensungleichheiten in Arbeitsorganisationen. Die Bedeutung unterschiedlicher Umsetzungsformen. In: Kölner Zeitschrift für Soziologie und Sozialpsychologie, Jg. 71. H. 1, S. 81–109

Abolafia, M.Y. 1996: Making Markets: Opportunism and Restraint on Wall Street. Cambridge, MA: Harvard University Press

Abraham, M./Hinz, T. 2005: Arbeitsmarktsoziologie: Probleme, Theorien, empirische Befunde. Wiesbaden: VS Verlag

Abraham, M./Hinz, T. 2018: Arbeitsmarktsoziologie. Probleme, Theorien, empirische Befunde (3. Aufl.). Wiesbaden: Springer VS

Absenger, N./Ahlers, E./Bispinck, R./Kleinknecht, A./Klenner, C./Lott, Y./Pusch, T./Seifert, H. 2014: Arbeitszeiten in Deutschland. Entwicklungstendenzen und Herausforderungen für eine moderne Arbeitszeitpolitik. WSI Report Nr. 19. Düsseldorf: WSI

Acker, J. 1990: Hierarchies, Jobs, Bodies: A Theory of Gendered Organizations. In: Gender & Society, Vol. 4, No. 2, S. 139–158

Ackroyd, S./Thompson, P. 1999: Organizational Misbehaviour. London: Sage

Addison, J. T./Schnabel, C. 2003: International Handbook of Trade Unions. Cheltenham/Northampton: Edward Elgar

Adler, P. S./Cole, R. E. 1993: Designed for Learning: A Tail of Two Auto Plants. In: Sloan Management Review, Vol. 34, No. 1, S. 35–94

Aglietta, M. 1976: Régulation et crises du capitalisme. L'expériences des Etats-Unis. Paris: Calmann-Lévy

Ahlers, E./Klenner, C./Lott, Y./Maschke, M./Müller, A./Schildmann, C./Voss, D./Weusthoff, A. 2018: Genderaspekte der Digitalisierung der Arbeitswelt. Arbeitspapier der Hans-Böckler-Stiftung Nr. 311, Düsseldorf

Ahrne, G./Brunsson, N. 2011: Organization Outside Organizations: The Significance of Partial Organization. In: Organization, Vol. 18, No. 1, S. 83–104

Ahrne, G./Brunsson, N. (eds.) 2019: Organization outside Organizations. The Abundance of Partial Organization in Social Life. Cambridge: Cambridge University Press

Ahrne, G./Brunsson, N./Seidl, D. 2016: Resurrecting Organization Be Going beyond Organizations. In: European Management Journal, Vol. 34, No. 2, S. 93–101

AK DQR (Arbeitskreis Deutscher Qualifikationsrahmen) 2011: Deutscher Qualifikationsrahmen für lebenslanges Lernen. Berlin: BMBF

Alasoini, T./Ramstad, E./Rouhiainen, N. 2005: The Finnish Workplace Development Programme as an Expanding Activity. Results, Challenges, Opportunities. Helsinki: Ministry of Labour

Albert, M. 1991: Capitalisme contre capitalism. Paris: Seuil

Alemann, A. von/Oechsle, M. 2019: Vereinbarkeit und Work-Life-Balance: Forschungen zu Erwerbsarbeit, Lebensführung und Geschlecht. In: Kortendiek, B./Riegraf, B./Sabisch, K. (Hg.): Handbuch Interdisziplinäre Geschlechterforschung. Wiesbaden: Springer VS, S. 1151–1160

Alewell, D./Bähring, K./Canis, A./Hauff, S./Thommes, K. 2008: Wer nutzt HR-Outsourcing? Zentrale Strukturvariablen und ihr Einfluss auf die Nachfrage nach Personaldienstleistungen. In: Zeitschrift für Personalforschung, Jg. 22, H. 4, S. 346–369

Alewell, D./Hansen, N. K. 2012: Human Resource Management Systems – A Structured Review of Research Contributions and Open Questions. In: Industrielle Beziehungen, Jg. 19, H. 2, S. 90–123

Alewell, D./Struck, O. (Hg.) 2012: Betriebliche Beschäftigungssysteme (Sonderheft der Industriellen Beziehungen, Jg. 19, H. 2). München/Mering: Hampp

Alt, J. 2003: Leben in der Schattenwelt. Problemkomplex illegale Migration. Karlsruhe: von Loeper

Altenried, M./Dück, J./Wallis, M. (Hg.) 2021: Plattformkapitalismus und die Krise der sozialen Reproduktion. Münster: Westfälisches Dampfboot

Altmann, N./Bechtle, G. 1971: Betriebliche Herrschaftsstruktur und industrielle Gesellschaft. Ein Ansatz zur Analyse. München: Hanser

Altmann, N./Bechtle, G./Lutz, B. 1978: Betrieb – Technik – Arbeit. Elemente einer soziologischen Analytik technisch-organisatorischer Veränderungen. Frankfurt a.M./New York: Campus

Altmann, N./Binkelmann, P./Düll, K./Stück, H. 1982: Grenzen neuer Arbeitsformen. Betriebliche Arbeitsstrukturierung, Einschätzung durch Industriearbeiter, Beteiligung der Betriebsräte. Frankfurt a.M./New York: Campus

Altmann, N./Deiß, M./Döhl, V./Sauer, D. 1986: Ein „Neuer Rationalisierungstyp“ – neue Anforderungen an die Industriesoziologie. In: Soziale Welt, Jg. 37, H. 2/3, S. 191–205

Altreiter, C. 2019: Subjekt ohne Klasse? Zur sozialen Genese von Arbeitskraft in aktuellen Debatten um eine Subjektivierung von Arbeit. In: Arbeits- und Industriesoziologische Studien, Jg. 12, H. 1, S. 103–118

Altvater, E./Mahnkopf, B. 1999: Grenzen der Globalisierung. Ökonomie, Ökologie und Politik in der Weltgesellschaft (4. Aufl.). Münster: Westfälisches Dampfboot

Altvater, E./Mahnkopf, B. 2007: Grenzen der Globalisierung. Ökonomie, Ökologie und Politik in der Weltgesellschaft (7. Aufl.). Münster: Westfälisches Dampfboot

Alvesson, M. 2009: Critical Perspectives on Strategic HRM. In: Storey, J./Wright, P. M./Ulrich, D. (eds.): The Routledge Companion to Strategic Human Resource Management. Abingdon: Routledge, S. 52–67

Amable, B. 2003: The Diversity of Modern Capitalism. Oxford: Oxford University Press

Amlinger, M./Bispinck, R. 2016: Dezentralisierung der Tarifpolitik – Ergebnisse der WSI-Betriebsrätebefragung 2015. In: WSI-Mitteilungen, Jg. 69, H. 2, S. 211–222

Amstutz, N./Eberherr, H./Funder, M./Hofmann, R. (Hg.) 2018: Geschlecht als widersprüchliche Institution. Neoinstitutionalistische Implikationen zum Gender Cage in Organisationen. Baden-Baden: Nomos

Anderson, N./Schalk, R. 1998: The Psychological Contract in Retrospect and Prospect. In: Journal of Organizational Behavior, Vol. 19, Special Issue, S. 637–647

Anderson, B./Shutes, I. (eds.) 2014: Migration and Care Labour. Theory, Policy and Politics. Basingstoke: Palgrave Macmillan

Andreasen, L. E./Coriat, B./den Hertog, F./Kaplinsky, R. 1995: Europe's Next Step: Organisational Innovation, Competition and Employment. Ilford: Frank Cass

Andresen, S./Völker, S. 2005: Hat das Arbeitssubjekt der Zukunft (k)ein Geschlecht? Überlegungen zur Analyse der aktuellen Umbrüche in der Arbeit aus genderkritischer Perspektive. In: Lohr, K./Nickel, H.-M. (Hg.): Subjektivierung von Arbeit: Riskante Chancen. Münster: Westfälisches Dampfboot, S. 92–114

Antoni, C. H. 1997: Soziale und ökonomische Effekte der Einführung teilautonomer Arbeitsgruppen – eine quasi-experimentelle Längsschnittstudie. In: Zeitschrift für Arbeits- und Organisationspsychologie, Jg. 41, H. 3, S. 131–142

Antoni, C. H. 2019: Gruppenorientierte Interventionstechniken. In: Schuler, H./Moser, K. (Hg.): Organisationspsychologie. Bern: Huber, S. 225–267

Antoni, C. H./Bungard, W. 2004: Arbeitsgruppen. In: Schuler, H. (Hg.): Enzyklopädie der Psychologie. Organisationspsychologie – Gruppe und Organisation. Göttingen: Hogrefe, S. 129–191

Antoni, C. H./Syrek, C. J. 2017: Digitalisierung der Arbeit: Konsequenzen für Führung und Zusammenarbeit. In: Gruppe. Interaktion. Organisation (GIO), Jg. 48, H. 4, S. 247–258

Anxo, D. 2010: Towards an Active and Integrated Lifecourse Policy. The Swedish Experience. In: Anxo, D./Bosch, G./Rubery, J. (eds.): The Welfare State and Life Transitions. A European Perspective. Cheltenham: Edward Elgar, S. 104–127

Anxo, D./Bosch, G./Rubery, J. (eds.) 2010: The Welfare State and Life Transitions. A European Perspective. Cheltenham: Edward Elgar

Anxo, D./O'Reilly, J. 2000: Working-Time Regimes and Transitions in Comparative Perspective. In: O'Reilly, J./Cebrián, I./Lallement, M. (eds.): Working-Time Changes: Social Integration through Transitional Labour Markets. Cheltenham: Edward Elgar, S. 62–63

Apelt, M./Besio, C./Groddeck, V. von/Corsi, G./Grothe-Hammer, M./Tacke, V. 2017: Resurrecting Organization without Renouncing Society: A Response to Ahrne, Brunsson and Seidl. In: European Management Journal, Vol. 35, No. 1, S. 8–14

Apelt, M./Bode, I./Hasse, R./Meyer, U./von Groddeck, V./Wilkesmann, M./Windeler, A. (Hg.) 2020: Handbuch Organisationssoziologie. Wiesbaden: Springer VS (online)

Apelt, M./Tacke, V. (Hg.) 2012: Handbuch Organisationstypen. Wiesbaden: VS Verlag

Apelt, M./Wilkesmann, U. (Hg.) 2015: Zur Zukunft der Organisationssoziologie. Wiesbaden: Springer VS

Apitzsch, B./Buss, K.-P./Kuhlmann, M./Weißmann, M./Wolf, H. 2021: Arbeit in und an Digitalisierungen: Ein Resümee als Einführung. In: Buss, K.-P./Kuhlmann, M./Weißmann, M./Wolf, H./Apitzsch, B. (Hg.): Digitalisierung und Arbeit. Triebkräfte – Arbeitsfolgen – Regulierung. Frankfurt a.M./New York: Campus, S. 9–38

Apitzsch, B./Shire, K. A./Heinrich, S./Mottweiler, H./Tünte, M. 2015: Flexibilität und Beschäftigungswandel. Weinheim: Beltz Juventa

Appelbaum, E./Bailey, T./Berg, P./Kalleberg, A. L. 2000: Manufacturing Advantage. Why High-Performance Works Systems Pay Off. Ithaca: ILR Press

Appelbaum, E./Batt, R. 1994: The New American Workplace. Transforming Work Systems in the United States. Ithaca, NY: ILR Press, Cornell University

Arendt, H. 1981: Vita Activa oder Vom tätigen Leben. München: Piper

Argyris, C. 1960: Understanding Organizational Behavior. Homewood: Dorsey Press

Arjaliés, L.-D./Banerjee, S. B. 2021: Celebrating the End of Enlightment: Organization Theory in the Age of the Anthropocecne and Gaia (and why neither is the solution to our ecological crisis). In: Organization Theory (online), DOI: 10.1177/26317877211036714

Arlinghaus, A. 2017: Wissensarbeit. Aktuelle arbeitswissenschaftliche Erkenntnisse. Report Mitbestimmungsförderung Nr. 35, Düsseldorf: Hans-Böckler-Stiftung

Arlt, H.-J./Kempe, M./Osterberg, S. 2017: Die Zukunft der Arbeit als öffentliches Thema. Presseberichterstattung zwischen Mainstream und blinden Flecken. Frankfurt a.M.: Otto Brenner Stiftung

Arnold, M./Mattes, A./Wagner, G. G. 2015: Zur anhaltend prägenden Rolle des Normalarbeitsverhältnisses auf dem deutschen Arbeitsmarkt. Expertise für die IG BCE. Berlin: DIW ECON

Arnold, N. 2019: Die Produzenten in moralisierten Märkten. In: Zeitschrift für Soziologie, Jg. 48, H. 1, S. 70–91

Arnold, N./Hasse, R. 2016: Die Organisation von Wertzuschreibungen: Zur Bedeutung von Drittparteien für die Signalisierung moralischer Qualitäten in Märkten. In: Berliner Journal für Soziologie, Jg. 26, H. 3–4, S. 329–351

Arthur, J. B. 1994: Effects on Human Resource Systems on Manufacturing Performance and Turnover. In: Academy of Management Journal, Vol. 37, No. 3, S. 670–687

Arthur, M. B./Rousseau, D. B. (eds.) 1996: The Boundaryless Career. A New Employment for a New Organizational Era. Oxford/New York: Oxford University Press

Artus, I. 2008: Interessenhandeln jenseits der Norm. Mittelständische Betriebe und prekäre Dienstleistungsarbeit in Deutschland und Frankreich. Frankfurt a.M./New York: Campus

Artus, I./Birke, P./Kerber-Clasen, S./Menz, W. (Hg.) 2017 a: Sorge-Kämpfe. Auseinandersetzungen um Arbeit in sozialen Dienstleistungen. Hamburg: VSA

Artus, I./Birke, P./Kerber-Clasen, S./Menz, W. 2017 b: Die aktuellen Kämpfe um Sorge-Arbeit. Zur Einleitung. In: Dies. (Hg.): Sorge-Kämpfe. Auseinandersetzungen um Arbeit in sozialen Dienstleistungen. Hamburg: VSA, S. 7–31

Artus, I./Böhm, S./Lücking, S./Trinczek, R. (Hg.) 2006: Betriebe ohne Betriebsrat. Informelle Interessenvertretung in Unternehmen. Frankfurt a.M./New York: Campus

Artus, I./Kraetsch, C./Röbenack, S. 2015: Betriebsratsgründungen. Typische Prozesse, Strategien und Probleme – eine Bestandaufnahme. Baden-Baden: edition sigma bei Nomos

Arundel, A./Lorenz, E./Lundvall, B.-A./Valeyre, A. 2007: How Europe's Economies Learn: A Comparison of Work Organization and Innovation Mode for the EU-15. In: Industrial and Corporate Change, Jg. 16, H. 6, S. 1175–1210

Asendorf-Krings, I./Drexel, I./Nuber, C. 1976: Reproduktionsvermögen und die Interessen von Kapital und Arbeit. Ein Beitrag zur theoretischen Bestimmung von Qualifikation. In: ISF München (Hg.): Betrieb, Arbeitsmarkt, Qualifikation. Frankfurt a.M./New York: Campus, S. 207–236

Atkinson, W. 2010: The Myth of the Reflexive Worker: Class and Work Histories in Neo-liberal Times. In: Work, Employment & Society, Vol. 24, No. 3, S. 413–429

Auer, P./Cazes, S. (eds.) 2003: Employment Stability in an Age of Flexibility. Evidence from Industrialized Countries. Genf: International Labour Office

Aulenbacher, B. 2009: Die soziale Frage neu gestellt – Gesellschaftsanalysen der Prekarisierungs- und Geschlechterforschung. In: Castel, R./Dörre, K. (Hg.): Prekarität, Abstieg, Ausgrenzung. Die soziale Frage am Beginn des 21. Jahrhunderts. Frankfurt a.M./New York: Campus, S. 65–80

Aulenbacher, B. 2018: Rationalisierung und der Wandel von Erwerbsarbeit aus der Genderperspektive. In: Böhle, F./Voß, G. G./Wachtler, G. (Hg.): Handbuch Arbeitssoziologie (2. Aufl.). Band 1: Arbeit, Strukturen und Prozesse. Wiesbaden: Springer VS, S. 435–469

Aulenbacher, B./Dammayr, M. 2014: Für sich und andere sorgen: Krise und Zukunft von Care in der modernen Gesellschaft. Weinheim: Beltz Juventa

Aulenbacher, B./Dammayr, M./Décieux, F. 2015: Prekäre Sorge, Sorgearbeit und Sorgeproteste. Über die Sorglosigkeit des Kapitalismus und eine sorgsame Gesellschaft. In: Völker, S./Amacker, M. (Hg.): Prekarisierungen: Arbeit, Sorge und Politik. Weinheim/Basel: Beltz Juventa, S. 59–74

Aulenbacher, B./Dammayr, M./Dörre, K./Menz, W./Riegraf, B./Wolf, H. (Hg.) 2017: Leistung und Gerechtigkeit. Das umstrittene Versprechen des Kapitalismus. Weinheim/Basel: Beltz Juventa

Aulenbacher, B./Lutz, H./Riegraf, B. (eds.) 2018: Global Sociology of Care and Care Work. Los Angeles u.a.O.: Sage

Aulenbacher, B./Lutz, H./Schwiter, K. (Hg.) 2021: Gute Sorge ohne gute Arbeit? Live-in-Care in Deutschland, Österreich und der Schweiz. Weinheim/Basel: Beltz Juventa

Aulenbacher, B./Riegraf, B. 2011: Geschlechterdifferenzen und -ungleichheiten in Organisationen. In: Aulenbacher, B./Meuser, M./Riegraf, B. (Hg.): Soziologische Geschlechterforschung. Eine Einführung. Wiesbaden: VS Verlag, S. 157–171

Aulenbacher, B./Riegraf, B./Theobald, H. (Hg.) 2014: Sorge: Arbeit, Verhältnisse, Regime – Care: Work, Relations, Regimes (Sonderband 20 der Sozialen Welt). Baden-Baden: Nomos

Aulenbacher, B./Wetterer, A. (Hg.) 2012: Arbeit. Perspektiven und Diagnosen der Geschlechterforschung (2. Aufl.). Münster: Westfälisches Dampfboot

Aunkofer, S./Wimbauer, C./Neumann, B./Meuser, M./Sabisch, K. 2019: Väter in Elternzeit. Deutungen, Aushandlungen und Bewertungen von Familien- und Erwerbsarbeit im Paar. In: Berliner Journal für Soziologie, Jg. 29, H. 1–2, S. 93–125

Austin, J. R. 2003: Transactive Memory in Organizational Groups: The Effects of Content, Consensus, Specialization, and Accuracy on Group Performance. In: Journal of Applied Psychology, Vol. 88, No. 5, S. 866–878

Autor, D. H. 2015: Why Are There Still so Many Jobs? The History and Future of Workplace Automation. In: Journal of Economic Perspectives, Vol. 29, No. 3, S. 3–30

Azmeh, S./Nadvi, K. 2013: „Greater Chinese" Global Production Networks in the Middle East: The Rise of the Jordanian Garment Industry. In: Development and Change, Vol. 44, No. 6, S. 1317–1340

Babson, S. (ed.) 1995: Lean Work. Empowerment and Exploitation in the Global Auto Industry. Detroit: Wayne State University Press

Baccaro, L./Doellgast, V./Edwards, T./Whitford, J. 2018: Discussion Forum: Diversified Quality Production 2.0. In: Socio-Economic Review, Vol. 16, No. 3, S. 613–635

Baccaro, L./Pontusson, J. 2016: Rethinking Comparative Political Economy – The Growth Model Perspective. In: Politics & Society, Vol. 44, No. 2, S. 175–207

Bäcker, G./Lehndorff, S./Weinkopf, C. (Hg.) 2016: Den Arbeitsmarkt verstehen, um ihn zu gestalten. Festschrift für Gerhard Bosch. Wiesbaden: Springer VS

Bade, Klaus J. 2000: Europa in Bewegung. Migration vom späten 18. Jahrhundert bis zur Gegenwart. München: C. H. Beck

Badura, B. 1993: Gesundheitsförderung durch Arbeits- und Organisationsgestaltung – Die Sicht des Gesundheitswissenschaftlers. In: Pelikan, J. M./Demmer, H./Hurrelmann, K. (Hg.): Gesundheitsförderung durch Organisationsentwicklung. Konzepte, Strategien und Projekte für Betriebe, Krankenhäuser und Schulen. Weinheim/München: Juventa, S. 20–33

Badura, B./Ducki, A./Schröder, H./Klose, J./Meyer, M. (Hg.) 2020: Fehlzeiten-Report 2019. Digitalisierung – gesundes Arbeiten ermöglichen. Heidelberg: Springer

Baethge, M. 1991: Arbeit, Vergesellschaftung, Identität – Zur zunehmenden normativen Subjektivierung der Arbeit. In: Soziale Welt, Jg. 42, H. 1, S. 6–19

Baethge, M. 2001: Abschied vom Industrialismus. In: Baethge, M./Wilkens, I. (Hg.): Die große Hoffnung für das 21. Jahrhundert? Perspektiven und Strategien für die Entwicklung der Dienstleistungsbeschäftigung. Opladen: Leske + Budrich, S. 23–44

Baethge, M. 2011: Qualifikation, Kompetenzentwicklung und Professionalisierung im Dienstleistungssektor. In: WSI-Mitteilungen, Jg. 64, H. 9, S. 447–455

Baethge, M./Baethge-Kinsky, V. 1998: Jenseits von Beruf und Beruflichkeit? Neue Formen von Arbeitsorganisation und Beschäftigung und ihre Bedeutung für eine zentrale Kategorie gesellschaftlicher Integration. In: Mitteilungen aus der Arbeitsmarkt- und Berufsforschung, Jg. 31, H. 3, S. 461–472

Baethge, M./Baethge-Kinsky, V. 2006: Ökonomie, Technik, Organisation: Zur Entwicklung von Qualifikationsstruktur und qualitativem Arbeitsvermögen. In: Arnold, R./Lipsmeier, A. (Hg.): Handbuch der Berufsbildung (2. Aufl.). Wiesbaden: VS Verlag, S. 153–173

Baethge, M./Oberbeck, H. 1986: Zukunft der Angestellten. Neue Technologien und berufliche Perspektiven in Büro und Verwaltung. Frankfurt a.M./New York: Campus

Baethge, M./Solga, H./Wieck, M. (unter Mitarb. v. C. Petsch) 2007: Berufsbildung im Umbruch. Signale eines überfälligen Aufbruchs. Gutachten zur beruflichen Bildung in Deutschland im Auftrag der Friedrich-Ebert-Stiftung. Berlin: Friedrich-Ebert-Stiftung

Baethge, M./Wilkens, I. (Hg.) 2001: Die große Hoffnung für das 21. Jahrhundert? Perspektiven und Strategien für die Entwicklung der Dienstleistungsbeschäftigung. Opladen: Leske + Budrich

Baethge-Kinsky, V. 2019: Digitalisierung in der industriellen Produktion und Facharbeit: Gefährdung 4.0? In: Mitteilungen aus dem SOFI, H. 30 (Jg. 13), S. 2–5

Baethge-Kinsky, V. 2021: Zur Zukunft der Facharbeit in der digitalisierten industriellen Produktion. In: Buss, K.-P./Kuhlmann, M./Weißmann, M./Wolf, H./Apitzsch, B. (Hg.): Digitalisierung und Arbeit. Triebkräfte – Arbeitsfolgen – Regulierung. Frankfurt a.M./New York: Campus, S. 209–234

Baethge-Kinsky, V./Kuhlmann, M./Tullius, K. 2018: Technik und Arbeit in der Arbeitssoziologie – Konzepte für die Analyse des Zusammenhangs von Digitalisierung und Arbeit, in: Arbeits- und Industriesoziologische Studien, Jg. 11, H. 2, S. 91–106

Baglioni, E. 2018: Labour Control and the Labour Question in Global Production Networks. Exploitation and Disciplining in Senegalese Export Horticulture. In: Journal of Economic Geography, Vol. 18, No. 1, S. 111–137

Bahl, F. 2016: Arbeit und Subjekt – Herausforderungen für eine Forschungstradition. In: WSI-Mitteilungen, Jg. 69, H. 7, S. 552–554

Bahnmüller, R. 2001: Stabilität und Wandel der Entlohnungsformen. München/Mering: Hampp

Bahnmüller, R./Hoppe, M. 2016: Ten years after – Langzeiteffekte von ERA in der baden-württembergischen Metall- und Elektroindustrie. In: WSI-Mitteilungen, Jg. 69, H. 8, S. 631–640

Bahnmüller, R./Hoppe, M./Mugler, W./Salm, R./Schwarz-Kocher, M. 2019: Wohin treibt die Leistungsentlohnung? Befunde aus der Metall- und Elektroindustrie. In: Industrielle Beziehungen, Jg, 26, H. 1, S. 5–34

Bahnmüller, R./Salm, R. 2018: Beteiligung und Tarifpolitik: Debatten, Ansätze und Grenzen am Beispiel der IG Metall. In: Industrielle Beziehungen, Jg. 25, H. 1, S. 27–50

Bahnmüller, R./Schmidt, W. 2009: Riskante Modernisierung: Wirkungen und Bewertungen der ERA-Einführung in Baden-Württemberg. In: WSI-Mitteilungen, Jg. 62, H. 3, S. 119–126

Bahrdt, H. P. 1958: Industriebürokratie. Versuch einer Soziologie des industrialisierten Bürobetriebes und seiner Angestellten. Stuttgart: Enke

Bahrdt, H. P. 1971: Die Stellung der Technischen Intelligenz in der Gesellschaft. In: Ders.: Wissenschaftssoziologie – ad hoc. Beiträge zur Wissenschaftssoziologie und Wissenschaftspolitik aus den letzten zehn Jahren. Düsseldorf: Bertelsmann Universitätsverlag, S. 72–82

Bahrdt, H. P. 1982: Die Industriesoziologie – eine „spezielle Soziologie"? In: Schmidt, G./Braczyk, H.-J./Knesebeck, J. v. d. (Hg.): Materialien zur Industriesoziologie (Sonderheft 24 der KZfSS). Opladen: Westdeutscher Verlag, S. 11–15

Bahrdt, H. P. 1983: Arbeit als Inhalt des Lebens. In: Matthes, J. (Hg.): Krise der Arbeitsgesellschaft? Verhandlungen des 21. Deutschen Soziologentages in Bamberg 1982. Frankfurt a.M./New York: Campus, S. 120–137

Bainbridge, L. 1983: Ironies of Automation. In: Automatica, Vol. 19, S. 775–779

Bair, J. 2005: Global Capitalism and Commodity Chains: Looking Back, Going Forward. In: Competition & Change, Vol. 9, No. 2, S. 153–180

Bair, J./Mahutga, M. C. 2012: Varieties of Offshoring? Spatial Fragmentation and the Organization of Production in Twenty-First Century Capitalism. In: Morgan, G./Whitley R. (eds.): Capitalisms and Capitalism in the Twenty-First Century. Oxford: Oxford University Press, S. 270–297

Bakker, R. 2010: Taking Stock of Temporary Organizational Forms: A Systematic Review and Research Agenda. In: International Journal of Management Reviews, Vol. 12, No. 1, S. 1–21

Bamber, G. J./Lansbury, R. D./Wailes, N./Wright, C. F. (eds.) 2016: International & Comparative Employment Relations. National Regulation, Global Changes (6th ed.). London u.a.O.: Sage

Barbier, J.-C. 2013: A Conceptual Approach of the Destandardization of Employment in Europe since the 1970s, in: Koch, M./Fritz, M. (eds.): Non-standard Employment. Paradigms, Prevalence and Policy Resposes. Basingstoke: Palgrave Macmillan, S. 13–28

Barca, S. 2012: On Working-Class Environmentalism: A Historical and Transnational Overview. In: Interface, Vol. 4, No. 2, S. 61–80

Baron, J./Kreps, D. M. 1999: Strategic Human Resources: Frameworks for General Managers. New York: John Wiley & Sons

Barrientos, S./Gereffi, G./Rossi, A. 2011: Economic and Social Upgrading in Global Production Networks. A New Paradigm for a Changing World. In: International Labour Review, Vol. 150, No. 3–4, S. 319–340

Barry, M./Wilkinson, A. (ed.) 2011: Research Handbook of Comparative Employment Relations. Cheltenham/Northampton: Edward Elgar

Barth, T./Jochum, G./Littig, B. (Hg.) 2016: Nachhaltige Arbeit. Soziologische Beiträge zur Neubestimmung der gesellschaftlichen Naturverhältnisse. Frankfurt a.M./New York: Campus

Bartlett, C. A./Ghoshal, S. 1989: Managing Across Borders: The Transnational Solution. London: Harvard Business Review Press

Bartlett, C. A./Ghoshal, S. 1990: Internationale Unternehmensführung. Frankfurt a.M./New York: Campus

Bartley, T. I./Egels-Zandén, N. 2015: Responsibility and Neglect in Global Production Networks. The Uneven Significance of Codes of Conduct in Indonesian Factories. In: Global Networks, Vol. 15, Special Issue S1: Corporate Social Responsibility and Contested Governance in Global Production Networks, S. S21–S44

Bartmann, C. 2016: Die Rückkehr der Diener. Das neue Bürgertum und sein Personal. München: Hanser

Basch, L./Glick Schiller, N./Szanton Blanc, C. 1997: Nations Unbound. Transnational Projects, Postcolonial Predicaments, and Deterritorialized Nation-States (4th ed.). Amsterdam: Gordon and Breach

Bathke, S. 2004: Beschäftigte im Arbeitsfeld ambulante Pflege auf dem Weg zum personenbezogenen Arbeitskraftunternehmer? Freiburg: Lambertus

BAuA (Bundesanstalt für Arbeitsschutz und Arbeitsmedizin) (Hg.) 2017: Alterns- und altersgerechte Arbeitsgestaltung. Grundlagen und Handlungsfelder für die Praxis. Dortmund u.a.O.: BAuA

BAuA (Bundesanstalt für Arbeitsschutz und Arbeitsmedizin) 2019: Grundauswertung der BIBB/BAuA-Erwerbstätigenbefragung 2018. Vergleich zur Grundauswertung 2006 und 2012 (2., überarb. Aufl.). Dortmund u.a.O.: BAuA

Bauer, H. G./Böhle, F./Munz, C./Pfeiffer, S./Woicke, P. (Hg.) 2006: Hightech-Gespür. Erfahrungsgeleitetes Arbeiten und Lernen in hoch technisierten Arbeitsbereichen. Bielefeld: Bertelsmann

Bauknecht, J./Wesselborg, B. 2021: Psychische Erschöpfung in sozialen Interaktionsberufen von 2006 bis 2018. In: Prävention und Gesundheitsförderung (online). DOI: 10.1007/s11553-021-00879-0

Baukrowitz, A./Berker, T./Boes, A./Pfeiffer, S./Schmiede, R./Will, M. (Hg.) 2006: Informatisierung der Arbeit – Gesellschaft im Umbruch. Berlin: edition sigma

Baukrowitz, A./Boes, A. 1996: Arbeit in der „Informationsgesellschaft". Einige grundsätzliche Überlegungen aus einer (fast schon) ungewohnten Perspektive. In: Schmiede, R. (Hg.): Virtuelle Arbeitswelten. Arbeit, Produktion und Subjekt in der „Informationsgesellschaft". Berlin: edition sigma, S. 129–158

Baumol, W. J. 1967: The Macroeconomics of Unbalanced Growth. The Anatomy of Urban Crisis. In: American Economic Review, Vol. 57, No. 3, S. 415–426

Baur N./Meier L. 2017: Vermarktlichung und Lebenswelt. In: Sachweh P./Münnich S. (Hg.): Kapitalismus als Lebensform? Deutungsmuster, Legitimation und Kritik in der Marktgesellschaft. Wiesbaden: Springer VS, S. 187–220

Bayer, W./Hoffmann, T. 2015: Gesetzeswidrige Mitbestimmungslücken bei der GmbH, in: GmbH-Rundschau, H. 17/2015, S. 909–918

BDA/BDI 2004: Mitbestimmung modernisieren. Bericht der Kommission Mitbestimmung der Bundesvereinigung der deutschen Arbeitgeberverbände (BDA) und des Bundesverbandes der deutschen Industrie (BDI). O.O.

Beaud, S./Pialoux, M. 1999: Die verlorene Zukunft der Arbeiter. Die Peugeot-Werke von Sochaux-Montbeliard. Konstanz: UVK

Bechter, B./Brandl, B./Meardi, G. 2011: From National to Sectoral Industrial Relations: Developments in Sectoral Industrial Relations in the EU. Luxembourg: Publications Office of the European Union

Bechtle, G. 1980: Betrieb als Strategie. Theoretische Vorarbeiten zu einem industriesoziologischen Konzept. Frankfurt a.M./New York: Campus

Bechtle, G. 1994: Systemische Rationalisierung als neues Paradigma industriesoziologischer Forschung? In: Beckenbach, N./Treeck, W. van (Hg): Umbrüche gesellschaftlicher Arbeit (Sonderband 9 der Sozialen Welt). Göttingen: Schwartz, S. 45–65

Bechtle, G./Sauer, D. 2003: Das neue Marktregime – Krisenphänomen oder hegemonialer Herrschaftstyp? In: Dörre, K./Röttger, B. (Hg.): Das neue Marktregime. Hamburg: VSA, S. 35–54

Beck, U. 1986: Risikogesellschaft. Auf dem Weg in eine andere Moderne. Frankfurt a.M.: Suhrkamp

Beck, U. 1999: Schöne neue Arbeitswelt. Frankfurt a.M./New York: Campus

Beck, U./Brater, M./Daheim, H. 1980: Soziologie der Arbeit und der Berufe. Grundlagen, Problemfelder, Forschungsergebnisse. Reinbek: Rowohlt

Beck, U./Lau, C. (Hg.) 2004: Entgrenzung und Entscheidung. Was ist neu an der Theorie reflexiver Modernisierung? Frankfurt a.M.: Suhrkamp

Beck, U./Sznaider, N./Winter, R. (Hg.) 2003: Globales Amerika? Die kulturellen Folgen der Globalisierung. Bielefeld: transcript

Becke, G. 2008: Soziale Erwartungsstrukturen in Unternehmen. Zur psychosozialen Dynamik von Gegenseitigkeit im Organisationswandel. Berlin: edition sigma

Becke, G. (Hg.) 2019: Gute Arbeit und ökologische Innovationen: Perspektiven nachhaltiger Arbeit in Unternehmen und Wertschöpfungsketten. München: oekom

Becke, G./Bleses, P. (Hg.) 2022: Interdependenzen von Arbeit und Nachhaltigkeit. Weinheim/Basel: Beltz Juventa

Becke, G./Warsewa, G. 2017: Erweiterte Subjektperspektive – Neue Ansprüche an Arbeit und Nachhaltigkeit. In: Arbeits- und Industriesoziologische Studien, Jg. 10, H. 2, S. 20–36

Becker, B./Huselid, M. 2006: Strategic Human Resources Management: Where Do We Go from Here? In: Journal of Management, Vol. 32, No. 6, S. 898–925

Becker, G. S. 1964: Human Capital. Chicago: University of Chicago Press

Becker, K. 2012: Hybrid Participation. A Hinge between Individual Participation and Institutional Co-determination. In: International Journal of Action Research, Vol. 8, No. 3, S. 342–372

Becker, K./Binner, K./Décieux, F. (Hg.) 2020: Gespannte Arbeits- und Geschlechterverhältnisse im Marktkapitalismus. Wiesbaden: Springer VS

Becker, K./Bluhm, K./Martens, B. 2008: Unternehmensführung in Zeiten des „Shareholder Value": Zum Wandel des industriellen Mittelstandes. In: Benthin, R./Brinkmann, U. (Hg.): Unternehmenskultur und Mitbestimmung. Frankurt a.M./New York: Campus, S. 213–242

Becker, K./Dörre, K./Reif-Spirek, P. 2018: Arbeiterbewegung von rechts? Ungleichheit – Verteilungskämpfe – populistische Revolte. Frankfurt a.M./New York: Campus

Beckerath, H. von 1954: Großindustrie und Gesellschaftsordnung. Tübingen/Zürich: Mohr/Polygraphischer Verlag

Becker-Schmidt, R. 1983: Entfremdete Aneignung, gestörte Anerkennung, Lernprozesse: Über die Bedeutung von Erwerbsarbeit für Frauen. In: Matthes, J. (Hg.): Krise der Arbeitsgesellschaft? Verhandlungen des 21. Deutschen Soziologentages in Bamberg 1982. Frankfurt a.M./New York: Campus, S. 412-426

Becker-Schmidt, R. 1987: Frauen und Deklassierung. Geschlecht und Klasse. In: Beer, U. (Hg.): Klasse Geschlecht: feministische Gesellschaftsanalyse und Wissenschaftskritik. Bielefeld: AJZ, S. 187–235

Becker-Schmidt, R. (ed.) 2002: Gender and Work in Transition. Globalization in Western, Middle and Eastern Europe. Opladen: Leske + Budrich

Becker-Schmidt, R. 2003: Umbrüche in Arbeitsbiografien von Frauen: Regionale Konstellationen und globale Entwicklungen. In: Knapp, G.-A./Wetterer, A. (Hg.): Achsen der Differenz. Gesellschaftstheorie und feministische Kritik II. Münster: Westfälisches Dampfboot, S. 101–132

Becker-Schmidt, R./Knapp, G./Schmidt, B. 1985: Eines ist zuwenig – beides ist zuviel. Erfahrungen von Arbeiterfrauen zwischen Familie und Fabrik. Bonn: Verlag Neue Gesellschaft

Beckert, J. 1996: Was ist soziologisch an der Wirtschaftssoziologie? Ungewissheit und die Einbettung wirtschaftlichen Handelns. In: Zeitschrift für Soziologie, Jg. 25, H. 2, S. 125–146

Beckert, J. 2010: How Do Fields Change? The Interrelations of Institutions, Networks, and Cognition in the Dynamics of Markets. In: Organization Studies, Vol. 31, No. 5, S. 605–627

Beckert, J. 2016: Imagined Futures. Fictional Expectations and Capitalist Dynamics. Cambridge, MA/ London: Harvard Uniersity Press

Beckert, J./Aspers, P. (eds.) 2011: The Worth of Goods. Valuation and Pricing in the Economy. Oxford: Oxford University Press

Beckert, J./Dewey, M. (eds.) 2017: The Architecture of Illegal Markets. Towards an Economic Sociology of Illegality in the Economy. Oxford: Oxford University Press

Beckert, J./Musselin, C. (eds.) 2013: Constructing Quality. The Classification of Goods in Markets. Oxford: Oxford University Press

Beekun, R. I. 1989: Assessing the Effectiveness of Sociotechnical Interventions: Antidote or Fad? In: Human Relations, Vol. 42, No. 10, S. 877–897

Beer, U. 1990: Geschlecht, Struktur, Geschichte. Soziale Konstituierung des Geschlechterverhältnisses. Frankfurt a.M./New York: Campus

Behr, M. von 2010: Von der bleibenden Bedeutung der Arbeitsorganisation. In: Altmann, N./Böhle, F. (Hg.): Nach dem „Kurzen Traum". Berlin: edition sigma, S. 37–58

Behr, M. von/Semlinger, K. (Hg.) 2004: Internationalisierung kleiner und mittlerer Unternehmen. Neue Entwicklungen bei Arbeitsorganisation und Wissensmanagement. Frankfurt a.M./New York: Campus

Behrens, M. 2011: Das Paradox der Arbeitgeberverbände. Von der Schwierigkeit, durchsetzungsstarke Unternehmensinteressen kollektiv zu vertreten. Berlin: edition sigma

Behrens, M. 2013: Arbeitgeberverbände – auf dem Weg in den Dualismus? In: WSI-Mitteilungen , Jg. 66, H. 7, S. 473–480

Behrens, M./Dribbusch, H. 2020: Umkämpfte Mitbestimmung. Ergebnisse der dritten WSI-Befragung zur Be- und Verhinderung von Betriebsratswahlen. In: WSI-Mitteilungen, Jg. 73, H. 4, S. 286–294

Behrens, M./Fichter, M./Frege C. M. 2003: Unions in Germany: Regaining the Initiative? In: European Journal of Industrial Relations, Vol. 9, No. 1, S. 25–42

Behrens, M./Helfen, M. 2009: Innerverbandliche Heterogenität und die Vertretungswirksamkeit deutscher Arbeitgeberverbände. In: Industrielle Beziehungen, Jg. 16, H. 1, S. 5–24

Behrens, M./Helfen, M. 2016: Sachzwang oder Programm? Tarifpolitische Orientierungen und OT-Mitgliedschaft bei deutschen Arbeitgeberverbänden. In: WSI-Mitteilungen, Jg. 69, H. 6, S. 452–459

Behrens, M./Pekarek, A. 2016: Between Strategy and Unpredictability: Negotiated Decision Making in German Union Mergers. In: ILR Review, Jg. 69, H. 3, S. 579–604

Behringer, J./van Treeck, T. 2018: Varieties of Capitalism and Growth Regimes: The Role of Income Distribution. IMK Working Paper No. 194. Düsseldorf: Institut für Makroökonomie und Konjunkturforschung der Hans-Böckler-Stiftung

Bell, D. 1973: The Coming of Post-Industrial Society. A Venture in Social Forecasting. New York: Basic Books [dt. Ausgabe: Die postindustrielle Gesellschaft. Frankfurt a.M.: Europäische Verlagsanstalt 1973]

Bell, D. 1980: The Social Framework of the Information Society. In: Forester, T. (ed.): The Microelectronics Revolution. The Complete Guide to the New Technology and its Impact on Society. Oxford: Basil Blackwell, S. 500–549

Bellmann, L. 2017: Chancen und Risiken der Digitalisierung für ältere Produktionsarbeiter. IAB-Forschungsbericht. Nürnberg: IAB

Bellmann, L./Brandl, S./Dummert, S./Guggemos, P./Leber, U./Matuschek, I. 2018: Altern im Betrieb. Alterung und Alter(n)smanagement in kleineren und mittleren Unternehmen – vom Einzelfall zur professionellen Systematik. HBS-Study Nr. 393. Düsseldorf: Hans-Böckler-Stiftung

Bellmann, L./Dummert, S./Ebbinghaus, M./Krekel, E. M./Leber, U. 2015: Qualifizierung von Beschäftigten in einfachen Tätigkeiten und Fachkräftebedarf. In: Zeitschrift für Weiterbildungsforschung – Report, Jg. 38, H. 2, S. 287–301

Bellmann, L./Gerner, H.-D. 2012: Company-level Pacts for Employment in the Global Crisis 2008/2009: First Evidence from Representative German Establishment-level Panel Data. In: The International Journal of Human Resource Management, Vol. 23, No. 16, S. 3375–3396

Bellmann, L./Stegmaier, J. 2007: Einfache Arbeit in Deutschland: Restgröße oder relevanter Beschäftigungsbereich? In: Friedrich-Ebert-Stiftung (Hg.): Perspektiven der Erwerbsarbeit: Einfache Arbeit in Deutschland. Bonn: Friedrich-Ebert-Stiftung, S. 10–24

Bendel, A./Latniak, E. 2018: Arbeits- und prozessorientierte Digitalisierung in Industrieunternehmen (APRODI) – ein interventionsorientiertes Forschungsprojekt, in: Arbeits- und Industriesoziologische Studien, Jg. 11, H. 2, S. 44–57

Bender, G. 1997: Lohnarbeit zwischen Autonomie und Zwang – Neue Entlohnungsformen als Element veränderter Leistungspolitik. Frankfurt a.M./New York: Campus

Benders, J./Huijgen, F./Pekruhl, U. 2000: Gruppenarbeit in Europa. Ein Überblick. In: WSI-Mitteilungen, Jg. 53, H. 6, S. 365–374

Bendix, R. 1956: Work and Authority in Industry. New York: Transaction Publishers

Bendix, R. 1960: Herrschaft und Industriearbeit. Untersuchungen über Liberalismus und Autokratie in der Geschichte der Industrialisierung. Frankfurt a.M.: Europäische Verlagsanstalt

Beniger, J. R. 1986: The Control Revolution. Technological and Economic Origins of the Information Society. Cambridge/London: Harvard University Press

Benz-Overhage, K./Brumlop, E./Freyberg, T. v./Papadimitriou, Z. 1982: Neue Technologien und alternative Arbeitsgestaltung. Auswirkungen des Computereinsatzes in der industriellen Produktion. Frankfurt a.M./New York: Campus

Benz-Overhage, K./Brumlop, E./Freyberg, T. v./Papadimitriou, Z. 1983: Computergestützte Produktion. Fallstudien in ausgewählten Industriebetrieben. Frankfurt a.M./New York: Campus

BEPA Report 2010: Empowering People, Driving Change. Social Innovation in the European Union. Bureau of European Policy Advisers, European Commission. Internet: www.transitsocialinnovation.eu/resource-hub/empowering-people-driving-change-social-innovation-in-the-european-union

Berberich, S. C. 2021: Ein Zukunftsmodell wird 70. In: Metallzeitung 5/2021, S. 20–21

Berg, P./Bosch, G./Charest, J. 2014: Working-time Configurations: A Framework for Analyzing Diversity across Countries. In: Industrial & Labor Relations Review, Vol. 67, No. 3, S. 805–837

Berger, J. 1995: Warum arbeiten die Arbeiter? Neomarxistische und neodurkheimianische Erklärungen. In: Zeitschrift für Soziologie, Jg. 24, H. 6, S. 407–421

Berger, J./Offe, C. 1984: Die Entwicklungsdynamik des Dienstleistungssektors. In: Offe, C. (Hg.): Arbeitsgesellschaft. Strukturprobleme und Zukunftsperspektiven. Frankfurt a.M./New York: Campus, S. 229–270

Berger, K./Iller, C. 2019: Lückenbüßer im System. Kollektive Interessenvertretungen in der betrieblichen Weiterbildung. In: Dobischat, R./Käpplinger, B./Molzberger, G./Münk, D. (Hg.): Bildung 2.1 für Arbeit 4.0? Wiesbaden: Springer VS, S. 183–199

Berger, P. A./Konietzka, D./Michailow, M. 2001: Beruf, soziale Ungleichheit und Individualisierung. In: Kurtz, T. (Hg.): Aspekte des Berufs in der Moderne. Opladen: Leske + Budrich, S. 209–237

Berger, P. A./Weiß, A. (Hg.) 2008: Transnationalisierung sozialer Ungleichheit. Wiesbaden: VS Verlag

Berger, U./Bernhard-Mehlich, I./Oertel, S. 2019: Die Verhaltenswissenschaftliche Entscheidungstheorie. In: Kieser, A./Ebers, M. (Hg.): Organisationstheorien (8., erw. u. aktualis. Aufl.). Stuttgart: Kohlhammer, S. 122–167

Berger, U./Offe, C. 1981: Das Rationalisierungsdilemma der Angestelltenarbeit. Arbeitssoziologische Überlegungen zur Erklärung des Status von kaufmännischen Angestellten aus der Eigenschaft ihrer Arbeit als „Dienstleistungsarbeit". In: Kocka, J. (Hg.): Angestellte im europäischen Vergleich (Geschichte und Gesellschaft, Sonderheft). Göttingen: Vandenhoeck & Ruprecht, S. 39–58

Berggren, C./Björkman, T./Hollander, E. 1991: Are They Unbeatable? Report from a Field Trip to Study Transplants, the Japanese Owned Auto Plants in North America. Stockholm: Royal Institute of Technology

Berghoff, H. 1997: Zwischen Kleinstadt und Weltmarkt. Hohner und die Harmonika 1857–1961 (2. Aufl.). Paderborn: Schöningh

Bergmann, F. 2004: Neue Arbeit – neue Kultur. Freiburg: Arbor

Bergmann, J. 1987: Technik und Arbeit. In: Lutz, B. (Hg.): Technik und sozialer Wandel. Verhandlungen des 23. Deutschen Soziologentags in Hamburg 1986. Frankfurt a.M./New York: Campus, S. 114–134

Bergmann, J./Jacobi, O./Müller-Jentsch, W. 1975: Gewerkschaften in der Bundesrepublik. Gewerkschaftliche Lohnpolitik zwischen Mitgliederinteressen und ökonomischen Systemzwängen. Frankfurt a.M.: EVA

Bernays, M. 1910: Auslese und Anpassung der Arbeiterschaft der geschlossenen Großindustrie. Schriften des Vereins für Socialpolitik, Bd. 133. Leipzig: Duncker & Humblot

Bernhard, S./Lang, J./Kruppe, T. 2017: Langfristige Wirkungen von geförderter beruflicher Weiterbildung. In: Möller, J./Walwei, U. (Hg.): Arbeitsmarkt kompakt. Analysen, Daten, Fakten. IAB-Bibliothek 363. Nürnberg: IAB, S. 146–148

Besedovsky, N. 2018: Finanzialisierung von Nachhaltigkeit. In: Neckel, S./Besedovsky, N./Boddenberg, M./Hasenfratz, M./Pritz, S. M./Wiegand, T.: Die Gesellschaft der Nachhaltigkeit. Umrisse eines Forschungsprogramms. Bielefeld: transcript, S. 25–40

Besio, C./du Gay, P./Serrano Velarde, K. 2020: Disappearing Organization? Reshaping the Sociology of Organizations. In: Current Sociology (online), 68, DOI: 10.1177/0011392120907613

Besserer, F. 2002: Contesting Community. Cultural Struggles of a Mixtec Transnational Community. PhD-Thesis: Stanford University

Bethmann, A. 2013: Occupational Change and Status Mobility. The Detrimental Effects of Unemployment and the Loss of Occupation Specific Human Capital. In: Journal for Labour Market Research, Vol. 46, No. 4, S. 307–319

Betzelt, S./Bode, I. 2017. Fatal funktional? Angstmobilisierung im liberalisierten Wohlfahrtskapitalismus. In: Leviathan, Jg. 45, H. 2, S. 192–220

Betzelt, S./Bothfeld, S. (eds.) 2011: Activation and Labour Market Reforms in Europe. Challenges to Social Citizenship. Basingstoke: Palgrave Macmillan

Betzelt, S./Gottschall, K. 2007: Flexible Bindungen – prekäre Balancen. Ein neues Erwerbsmuster bei hochqualifizierten Alleindienstleistern. In: Kronauer, M./Linne, G. (Hg.): Flexicurity. Die Suche nach Sicherheit in der Flexibilität (2. Aufl.). Berlin: edition sigma, S. 275–294

Betzelt, S./Kuhlmann, E. (Hg.) 2003: Geschlechterverhältnisse im Dienstleistungssektor – Dynamiken, Differenzierungen und neue Horizonte. Baden-Baden: Nomos

Beverungen, A. 2017: Algorithmisches Management. In: Beyes, T./Metelmann, J./Pias, C. (Hg.): Nach der Revolution. Ein Brevier digitaler Kulturen. Berlin: Tempus Corporate GmbH, S. 52–63

Bewernitz, T./Dribbusch, H. 2014: „Kein Tag ohne Streik": Arbeitskampfentwicklung im Dienstleistungssektor. In: WSI-Mitteilungen, Jg. 67, H. 5, S. 393–401

Beyer, J. 2009: Varietät verspielt? Zur Nivellierung der nationalen Differenzen des Kapitalismus durch globale Finanzmärkte. In: Beckert, J./Deutschmann, C. (Hg.): Wirtschaftssoziologie (Sonderheft 49 der KZfSS). Wiesbaden: VS Verlag, S. 305–325

Beyer, J./Senge, K. (Hg.) 2017: Finanzmarktsoziologie: Entscheidungen, Ungewissheit und Geldordnung. Wiesbaden: Springer VS

BiBB (Bundesinstitut für Berufsbildung) (Hg.) 2008: 100 Jahre Ordnung in der Berufsbildung. Vom Deutschen Ausschuss für Technisches Schulwesen – DATSCH zum Bundesinstitut für Berufsbildung – BIBB. Bonn: BIBB

BiBB (Bundesinstitut für Berufsbildung) 2021: Vier sind die Zukunft: Digitalisierung, Nachhaltigkeit, Recht, Sicherheit. Die modernisierten Standardberufsbildpositionen anerkannter Ausbildungsberufe, Bonn: BiBB

Bieber, D./Möll, G. 1993: Technikentwicklung und Unternehmensorganisation. Zur Rationalisierung von Innovationsprozessen in der Elektroindustrie. Frankfurt a.M./New York: Campus

Biehler, H./Köhler, C. 2011: Berufliche Bildung. Markt oder Staat? Eine kommentierte Literaturübersicht zu Humankapitalansätzen und Institutionentheorien. In: Mitteilungen des SFB 580, H. 38, S. 6–54

Bierbaum, C./Bischoff, J./Eppenstein, D./Herkommer, S./Maldaner, K./Martin, A. 1977: Ende der Illusionen? Bewußtseinsänderungen in der Wirtschaftskrise. Köln: Europäische Verlagsanstalt

Biesecker, A. 2000: Kooperative Vielfalt und das „Ganze der Arbeit". Discussion Paper P 00-504. Berlin: Wissenschaftszentrum Berlin für Sozialforschung

Biesecker, A./Hofmeister, S. 2010: Focus: (Re)Productivity. In: Ecological Economics, Jg. 69, H. 8, S. 1703–1711

Big Data 2013: Big Data. Das neue Versprechen der Allwissenheit. Red.: Geiselberger, H./Moorstedt, T. Berlin: Suhrkamp

Bigi, M./Cousin, O./Méda, D./Sibaud, L./Wieviorka, M. 2015: Travailler au XXIe siècle. Des salariés en quête de reconnaissance. Paris: Laffont

Bijker, W. E./Hughes, T. P./Pinch, T. J. (eds.) 1984: The Social Construction of Technological Systems. New Directions in the Sociology and History of Technology. Cambridge/London: MIT Press

Billerbeck, U. 1998: Dreckarbeit und Männerstolz. Müllmänner im Kampf um Anerkennung. Münster: Westfälisches Dampfboot

Binner, K./Décieux, F./Grubner, J. (Hg.) 2020: Gender, Race, and Global Capitalism at WORK — Social Changes, Continuities and Struggles. In: Österreichische Zeitschrift für Soziologie, Jg. 45, H. 4, S. 379–383

Birke, M./Schwarz, M. 1990: Betrieb als arbeitspolitische Arena der Arbeits- und Technikgestaltung. In: Soziale Welt, Jg. 41, H. 2, S. 167–182

Birke, P. 2022: Grenzen aus Glas. Arbeit, Rassismus und Kämpfe der Migration in Deutschland. Wien: Mandelbaum

Birken, T. 2012: Interaktive Arbeit: Arbeit im Angesicht des Anderen und in Echtzeit. In: Dunkel, W./Bienzeisler, B. (Hg.): Sozialwissenschaftliche Dienstleistungsforschung. Beiträge zu einer Service Science. Stuttgart: Fraunhofer Verlag (CD-Rom)

Birken, T./Dunkel, W. 2013: Dienstleistungsforschung und Dienstleistungspolitik. Eine Bestandaufnahme internationaler Literatur zu service science und service work. Arbeitspapier Nr. 282. Düsseldorf: Hans-Böckler-Stiftung

Bishu, S. G./Alkadry, M. G. 2017: A Systematic Review of the Gender Pay Gap and Factors that Predict It. In: Administration & Society, Vol. 49, No. 1, S. 65–104

Bispinck, R./Schulten, T. 1998: Globalisierung und das deutsche Kollektivvertragssystem. In: WSI-Mitteilungen, Jg. 51, H. 4, S. 241–248

Bispinck, R./Schulten, T. 1999: Flächentarifvertrag und betriebliche Interessenvertretung. In: Müller-Jentsch, W. (Hg.): Konfliktpartnerschaft. Akteure und Institutionen der industriellen Beziehungen (3. Aufl). München/Mering: Hampp, S. 185–212

Bispinck, R./Schulten, T. (Hg.) 2010: Zukunft der Tarifautonomie. 60 Jahre Tarifvertragsgesetz: Bilanz und Ausblick. Hamburg: VSA

Bittlingmayer, U. H. 2004: „Wissensgesellschaft" als Wille und Vorstellung. Konstanz: UVK

Bittlingmayer, U./Tuncer, H. 2010: Die Wissensgesellschaft – Eine folgenschwere Fehldiagnose? In: Engelhardt, A./Kajetzke, L. (Hg.): Handbuch Wissensgesellschaft. Theorien, Themen, Probleme. Bielefeld: transcript, S. 347–358

Blättel-Mink, B./Ebner, A. (Hg.) 2009: Innovationssysteme. Technologie, Institutionen und die Dynamik der Wettbewerbsfähigkeit. Wiesbaden: VS Verlag

Blättel-Mink, B./Schulz-Schäffer, I./Windeler, A 2021: Handbuch Innovationsforschung. Sozialwissenschaftliche Perspektiven. Wiesbaden: Springer VS

Blau, P. M. 1964: Exchange and Power in Social Life. New York u.a.O.: Wiley

Blau, P. M. 1986: Exchange and Power in Social Life. New Brunswick: Transaction Books

Blom, A./Möhring, K. 2021: Soziale Ungleichheit in der Beschäftigungssituation während der frühen Phase der Coronakrise. In: Datenreport 2021. Ein Sozialbericht für die Bundesrepublik Deutschland. Hrsg. v. Statistischen Bundesamt, dem Wissenschaftszentrum Berlin für Sozialforschung u. dem Bundesinstitut für Bevölkerungsforschung. Bonn: Bundeszentrale für politische Bildung, S. 476–483

Bloom, N./Reenen, J. van 2010: Human Resource Management and Productivity. Working Paper 16019, National Bureau of Economic Research. Cambridge, MA.

Blossfeld, H.-P. 2001: Bildung, Arbeit und soziale Ungleichheit im Globalisierungsprozess. Einige theoretische Überlegungen zu offenen Forschungsfragen. In: Kurtz, T. (Hg.): Aspekte des Berufs in der Moderne. Opladen: Leske + Budrich, S. 239–263

Bluhm, K./Martens, B./Trappmann, V. 2011: Business Elites and the Role of Companies in Society: A Comparative Study of Poland, Hungary and Germany. In: Europe-Asia Studies, Vol. 63, No. 6, S. 1011–1032

Bluhm, K./Schmidt, R. (eds.) 2008: Change in SMEs. Towards a New European Capitalism? Houndmills/Basingstoke: Palgrave Macmillan

Blume, O. 1964: Normen und Wirklichkeit einer Betriebsverfassung. Tübingen: Mohr

Blyton, P./Bacon, N./Fiorito, J./Heery, E. (eds.) 2008: The Sage Handbook of Industrial Relations. London: Sage

BMAS (Bundesministerium für Arbeit und Soziales) 2015: Grünbuch Arbeiten 4.0. Arbeit weiter denken. Berlin

BMAS (Bundesministerium für Arbeit und Soziales) 2016: Weissbuch Arbeiten 4.0. Ein Diskussionsentwurf. Berlin: BMAS

BMAS (Bundesministerium für Arbeit und Soziales) 2017: Weißbuch Arbeiten 4.0. Berlin: BMAS

BMAS (Bundesministerium für Arbeit und Soziales) 2019: Mitbestimmung – eine gute Sache. Alles über die Mitbestimmung und ihre rechtlichen Grundlagen. Bonn

BMAS (Bundesministerium für Arbeit und Soziales) 2021 a: Qualität der Arbeit, Beschäftigung und Beschäftigungsfähigkeit im Wechselspiel von Technologie, Organisation und Qualifikation – Querschnittsanalyse – Projektabschlussbericht. Forschungsbericht 522/9. Berlin

BMAS (Bundesministerium für Arbeit und Soziales) 2021 b: Arbeitszufriedenheit und Arbeitsbedingungen. Forschungsbericht 590. Berlin

BMBF (Bundesministerium für Bildung und Forschung) (Hg.) 2021: Weiterbildungsverhalten in Deutschland 2020. Ergebnisse des Adult Education Survey. Berlin: BMBF

Bock, G./Duden, B. 1976: Arbeit aus Liebe – Liebe als Arbeit. Zur Entstehung der Hausarbeit im Kapitalismus. In: Gruppe Berliner Dozentinnen (Hg.): Frauen und Wissenschaft. Beiträge zur Berliner Sommeruniversität für Frauen, Juli 1976. Berlin: Courage Verlag

Boes, A. 2003: Arbeit in der IT-Industrie. Durchbruch zu einem neuen Kontrollmodus? Auf der Suche nach den Konturen eines postfordistischen Produktionsmodells. In: Dörre, K./Röttger, B. (Hg.): Das neue Marktregime. Konturen eines nachfordistischen Produktionsmodells. Hamburg: VSA, S. 135–152

Boes, A. 2005: Informatisierung. In: SOFI/IAB/ISF München/INIFES (Hg.): Berichterstattung zur sozioökonomischen Entwicklung in Deutschland. Arbeits- und Lebensweisen. Erster Bericht. Wiesbaden: VS Verlag, S. 211–244

Boes, A./Baukrowitz, A. 2002: Arbeitsbeziehungen in der IT-Industrie. Erosion oder Innovation der Mitbestimmung? Berlin: edition sigma

Boes, A./Bultemeier, A. 2008: Informatisierung – Unsicherheit – Kontrolle. Analysen zum neuen Kontrollmodus in historischer Perspektive. In: Dröge, K./Marrs, K./Menz, W. (Hg.): Rückkehr der Leistungsfrage. Leistung in Arbeit, Unternehmen und Gesellschaft. Berlin: edition sigma, S. 59–90

Boes, A./Bultemeier, A. 2010: Anerkennung im System permanenter Bewährung. In: Soeffner, H.-G. (Hg.): Unsichere Zeiten. Herausforderungen gesellschaftlicher Transformationen. Verhandlungen des 34. Kongresses der Deutschen Gesellschaft für Soziologie in Jena 2008. Wiesbaden: VS Verlag (CD-Rom)

Boes, A./Gül, K./Kämpf, T./Lühr, T. 2021: Empowerment in der agilen Arbeitswelt: Ein Schlüssel für die nachhaltige Gestaltung neuer Arbeitsformen. In: Bauer, W./Mütze-Niewöhner, S./Stowasser, S./Zanker, C./Müller, N. (Hg.): Arbeit in der digitalisierten Welt: Praxisbeispiele und Gestaltungslösungen aus dem BMBF-Förderschwerpunkt. Berlin/Heidelberg: Springer Vieweg, S. 307–319

Boes, A./Gül, K./Lühr, T. 2020 a: Empowerment in der agilen Arbeitswelt. Analysen, Handlungsorientierungen, Arbeitsweisen. Freiburg: Haufe

Boes, A./Kämpf, T. 2010: Arbeit im Informationsraum: Eine neue Qualität der Informatisierung als Basis einer neuen Phase der Globalisierung. In: Ruiz Ben, E. (Hg.): Internationale Arbeitsräume. Unsicherheiten und Herausforderungen. Freiburg: Centaurus, S. 19–54

Boes, A./Kämpf, T. 2011: Global verteilte Kopfarbeit. Offshoring und der Wandel der Arbeitsbeziehungen. Berlin: edition sigma

Boes, A./Kämpf, T. 2012: Informatisierung als Produktivkraft. Der informatisierte Produktionsmodus als Basis einer neuen Phase des Kapitalismus. In: Dörre, K./Sauer, D./Wittke, V. (Hg.): Arbeitssoziologie und Kapitalismustheorie. Frankfurt a.M./New York: Campus, S. 316–335

Boes, A./Kämpf, T./Gül, K./Langes, B./Lühr, T./Marrs, K./Ziegler, A. 2016 a: Digitalisierung und „Wissensarbeit“: Der Informationsraum als Fundament der Arbeitswelt der Zukunft. In: Aus Politik und Zeitgeschichte, B 18–19, S. 32–39

Boes, A./Kämpf, T./Langes, B./Lühr T. 2018 a: „Lean“ und „agil“ im Büro. Neue Organisationskonzepte in der digitalen Transformation und ihre Folgen für die Angestellten. Bielefeld: transcript

Boes, A./Kämpf, T./Langes, B./Lühr, T./Marrs, K./Ziegler, A. 2015: Landnahme im Informationsraum. Neukonstituierung gesellschaftlicher Arbeit in der „digitalen Gesellschaft“. In: WSI-Mitteilungen, Jg. 68, H. 2, S. 77–85

Boes, A./Kämpf, T./Lühr, T. 2016 b: Neue Mittelschichten unter Druck. Die Erosion des ‚Expertenmodus‘ als Organisationsform hochqualifizierter Kopfarbeit. In: Haipeter, T. (Hg.): Angestellte Revisited. Wiesbaden: Springer VS, S. 131–155

Boes, A./Kämpf, T./Lühr, T./Marrs, K. 2014: Kopfarbeit in der modernen Arbeitswelt: Auf dem Weg zu einer „Industrialisierung neuen Typs“. In: Sydow, J./Sadowski, D./Conrad, P. (Hg.): Arbeit – eine Neubestimmung. Wiesbaden: Springer Gabler, S. 33–62

Boes, A./Kämpf, T./Lühr, T./Ziegler, A. 2018: Agilität als Chance für einen neuen Anlauf zum demokratischen Unternehmen. In: Berliner Journal für Soziologie, Jg. 28, H. 1, S. 181–208

Boes, A./Kämpf, T./Ziegler, A. 2020 b: Arbeit im Informationsraum. In: Maasen, S./Passoth, J.-H. (Hg.): Soziologie des Digitalen – Digitale Soziologie? (Sonderband 23 der Sozialen Welt) Baden-Baden: Nomos, S. 307–325

Boes, A./Langes, B. 2021: Digitalisierung. In: bidt – Bayerisches Forschungsinstitut für Digitale Transformation (Hg.): Glossar Digitale Transformation. Internet: https://www.bidt.digital/glossar-digitali sierung/

Boes, A./Trinks, K. 2006: „Theoretisch bin ich frei!“ Interessenhandeln und Mitbestimmung in der IT-Industrie. Berlin: edition sigma

Bogedan, C./Brehmer, W./Seifert, H. 2011: Wie krisenfest sind betriebliche Bündnisse zur Beschäftigungssicherung? In: WSI-Mitteilungen, Jg. 64, H. 2, S. 51–59

Bögel, J. 2013: Die Einführung von betrieblichem Alters- und Alternsmanagement als mikropolitischer Prozess. Hamburg: Kovac

Bogner, A./Littig, B./Menz, W. (Hg.) 2002: Das Experteninterview. Theorien, Methoden, Anwendungsfelder. Wiesbaden: VS Verlag

Bogumil, J./Kißler, L. 1998: Verwaltungsmodernisierung als Machtspiel. Zu den heimlichen Logiken kommunaler Modernisierungsprozesse. In: Budäus, D./Conrad, P./Schreyögg, G. (Hg.): Managementforschung 8. Berlin/New York: de Gruyter, S. 123–149

Bogumil, J./Schmid, J. 2001: Politik in Organisationen. Organisationstheoretische Ansätze und praxisbezogene Anwendungsbeispiele. Opladen: Leske + Budrich

Bogun, R./Osterland, M./Warsewa, G. 1990: Was ist überhaupt noch sicher auf der Welt? Arbeit und Umwelt im Risikobewußtsein von Industriearbeitern. Berlin: edition sigma

Bogusz, T. 2011: Transdisziplinäre Gewinne einer pragmatischen Soziologie der Arbeit. In: Arbeits- und Industriesoziologische Studien, Jg. 4, H. 2, S. 116–132

Bohle, D./Greskovits, B. 2012: Capitalist Diversity on Europe's Periphery. New York: Cornell University Press

Böhle, F. 1998: Technik und Arbeit. Neue Antworten auf „alte" Fragen. In: Soziale Welt, Jg. 49, H. 3, S. 233–252

Böhle, F. 2001: Alternativen in der Technikentwicklung. Nicht nur die Organisation, sondern auch die Technik entscheidet über die „Zukunft der Arbeit" oder: Zur Kritik der Verwissenschaftlichung von Arbeit. In: Weber, W. G./Wehner, T. (Hg.): Erfahrungsorientierte Handlungsorganisation. Arbeitswissenschaftliche Ergebnisse zur computergestützten Facharbeit im Diskurs. Zürich: vdf, S. 187–214

Böhle, F. 2009 a: Weder rationale Reflexion noch präreflexive Praktik – erfahrungsgeleitet subjektivierendes Handeln. In: Böhle, F./Weihrich, M. (Hg.): Handeln unter Unsicherheit. Wiesbaden: VS Verlag, S. 203–228

Böhle, F. 2009 b: Erfahrungswissen – Erfahren durch objektivierendes und subjektivierendes Handeln. In: Bolder, A./Dobischat, R. (Hg.): Eigen-Sinn und Widerstand. Wiesbaden: VS Verlag, S. 70–88

Böhle, F. 2011: Interaktionsarbeit als wichtige Arbeitstätigkeit im Dienstleistungssektor. In: WSI-Mitteilungen, Jg. 64, H. 9, S. 456–461

Böhle, F. (Hg.) 2017 a: Arbeit als Subjektivierendes Handeln. Handlungsfähigkeit bei Unwägbarkeiten und Ungewissheit. Wiesbaden: Springer VS

Böhle, F. 2017 b: Subjektivierendes Handeln – Anstöße und Grundlagen. In: Ders. (Hg.): Arbeit als Subjektivierendes Handeln. Handlungsfähigkeit bei Unwägbarkeiten und Ungewissheit. Wiesbaden: Springer VS, S. 3–34

Böhle, F. 2018: Arbeit und Belastung. In: Böhle, F./Voß, G. G./Wachtler, G. (Hg.): Handbuch Arbeitssoziologie (2. Aufl.). Bd. 2: Akteure und Institutionen. Wiesbaden: Springer VS, S. 59–98

Böhle, F./Altmann, N. 1972: Industrielle Arbeit und soziale Sicherheit. Eine Studie über die Risiken im Arbeitsprozeß und auf dem Arbeitsmarkt. Frankfurt a.M.: Athenäum

Böhle, F./Bolte, A. (Hg.) 2002: Die Entdeckung des Informellen. Der schwierige Umgang mit Kooperation im Arbeitsalltag. Frankfurt a.M./New York: Campus

Böhle, F./Bürgermeister, M./Porschen, S. (Hg.) 2012: Innovation durch Management des Informellen. Künstlerisch, erfahrungsgeleitet, spielerisch. Berlin u.a.O.: Springer Gabler

Böhle, F./Glaser, J. (Hg.) 2006: Arbeit in der Interaktion – Interaktion als Arbeit – Arbeitsorganisation und Interaktionsarbeit in der Dienstleistung. Wiesbaden: VS Verlag

Böhle, F./Milkau, B. 1988: Vom Handrad zum Bildschirm. Eine Untersuchung zur sinnlichen Erfahrung im Arbeitsprozeß. Frankfurt a.M./New York: Campus

Böhle, F./Pfeiffer, S./Porschen, S./Sevsay-Tegethoff, N. 2011: Herrschaft durch Objektivierung. Zum Wandel von Herrschaft in Unternehmen. In: Bonß, W./Lau, C. (Hg.): Herrschaft durch Uneindeutigkeit. Weilerswist: Velbrück, S. 244–283

Böhle, F./Pfeiffer, S./Sevsay-Tegethoff, N. (Hg.) 2004: Die Bewältigung des Unplanbaren. Wiesbaden: VS Verlag

Böhle, F./Rose, H. (Hg.) 1992: Technik und Erfahrung. Arbeit in hochautomatisierten Systemen. Frankfurt a.M./New York: Campus

Böhle, F./Senghaas-Knobloch, E. 2019: Andere Sichtweisen auf Subjektivität. Impulse für kritische Arbeitsforschung. Wiesbaden: Spinger VS

Böhle, F./Stöger, U./Weihrich, M. 2015: Interaktionsarbeit gestalten. Vorschläge und Perspektiven für humane Dienstleistungsarbeit. Berlin: edition sigma

Böhle, F./Weihrich, M. 2020: Das Konzept der Interaktionsarbeit. In: Zeitschrift für Arbeitswissenschaft, Jg. 74, H. 1, S. 9–22

Böhm, S./Herrmann, C./Trinczek, R. 2004: Herausforderung Vertrauensarbeitszeit. Zur Kultur und Praxis eines neuen Arbeitszeitmodells. Berlin: edition sigma

Bohnenberger, K./Fritz, M./Mundt, I./Riousset, P. 2021: Die Vertretung ökologischer Interessen in der Sozialpolitik: Konflikt- oder Kooperationspotential in einer Transformation zur Nachhaltigkeit?. In: Zeitschrift für Sozialreform, Jg. 67, H. 2, S. 89–121

Böhnisch, T. 1999: Gattinnen. Die Frauen der Eliten. Münster: Westfälisches Dampfboot

Bolder, A. 2010: Arbeit, Qualifikation und Kompetenzen. In: Tippelt, R./Schmidt, B. (Hg.): Handbuch Bildungsforschung (3. Aufl.). Wiesbaden: VS Verlag, S. 813–843

Boltanski, L./Chiapello, È. 2003: Der neue Geist des Kapitalismus. Konstanz: UVK

Boltanski, L./Thévenot, L. 2007: Über die Rechtfertigung. Eine Soziologie der kritischen Urteilskraft. Frankfurt a.M./New York: Campus

Bolte, A./Neumer, J. (Hg.) 2021: Lernen in der Arbeit – Erfahrungswissen und lernförderliche Arbeitsgestaltung bei wissensintensiven Berufen. Augsburg: Hampp

Bolte, M. 2020: Mehr individuelle Beteiligung durch stärkere kollektive Mitbestimmung – gerade in einer globalisierten und digitalisierten Arbeitswelt. In: Bader, V./Kaiser, S. (Hg.): Arbeit in der Data Society. Zukunftsfähige Unternehmensführung in Forschung und Praxis. Wiesbaden: Springer Gabler, S. 299–309

Bolton, P./Oehmke, M. 2011: Credit Default Swaps and the Empty Creditor Problem. In: Review of Financial Studies, Vol. 24, No. 8, S. 2617–2655

Bolton, S. C./Boyd, C. 2003: Trolley Dolly or Skilled Emotion Manager? Moving on from Hochschild's Managed Heart. In: Work, Employment and Society, Vol. 17, No. 2, S. 289–308

Bolton, S. C./Houlihan, M. 2005: The (Mis)representation of Customer Service. In: Work, Employment and Society, Vol. 19, No. 4, S. 685–703

Bonazzi, G. 2008: Geschichte des organisatorischen Denkens. Hg. von Veronika Tacke. Wiesbaden: VS Verlag

Bondarouk, T./Fisher, S. (eds.) 2020: Encyclopedia of Electronic HRM. Berlin: De Gruyter

Bönig, J. 1993: Die Einführung der Fließbandarbeit in Deutschland bis 1933. Zur Geschichte einer Sozialinnovation. Münster/Hamburg: Lit

Bonin, H./Gregory, T./Zierahn, U. 2015: Übertragung der Studie von Frey/Osborne (2013) auf Deutschland. Kurzexpertise Nr. 57. Berlin: Bundesministerium für Arbeit und Soziales

Bonin, H./Rinne, U. 2017: Omnibusbefragung zur Verbesserung der Datenlage neuer Beschäftigungsformen. IZA Research Report Nr. 80. Bonn: Institute of Labor Economics

Bonß, W. 1995: Vom Risiko. Unsicherheit und Ungewißheit in der Moderne. Hamburg: Hamburger Edition

Bonß, W./Keupp, H./Koenen, E. 1984: Das Ende des Belastungsdiskurses? Zur subjektiven und gesellschaftlichen Bedeutung von Arbeitslosigkeit. In: Bonß, W./Heinze, R. G. (Hg.): Arbeitslosigkeit in der Arbeitsgesellschaft. Frankfurt a.M.: Suhrkamp, S. 143–190

Boon, C./Den Hartog, D. N./Lepak, D. P. 2019: A Systematic Review of Human Resource Management Systems and Their Measurement. In: Journal of Management, Vol. 45, No. 6, S. 2498–2537

Boos, D./Guenter, H./Grote, G./Kinder, K. 2013: Controllable Accountabilities: The Internet of Things and its Challenges for Organisations, in: Behaviour & Information Technology, Vol. 32, No. 5, S. 449–467

Borgman, C. L. 2015: Big Data, Little Data, No Data. Scholarship in the Networked World, Cambridge/MA: MIT Press

Bosančić, S. 2014: Arbeiter ohne Eigenschaften. Über die Subjektivierungsweisen angelernter Arbeiter. Wiesbaden: Springer VS

Bosch, G. 1986: Hat das Normalarbeitsverhältnis eine Zukunft? In: WSI-Mitteilungen, Jg. 39, H. 3, S. 163–176

Bosch, G. 2001: Konturen eines neuen Normalarbeitsverhältnisses. In: WSI-Mitteilungen, Jg. 54, H. 4, S. 219–230

Bosch, G. 2002: Auf dem Weg zu einem neuen Normarbeitsverhältnis? Veränderung von Erwerbsläufen und ihre sozialstaatliche Absicherung. In: Gottschall, K./Pfau-Effinger, B. (Hg.): Zukunft der Arbeit und Geschlecht. Diskurse, Entwicklungspfade und Reformoptionen im internationalen Vergleich. Opladen: Leske + Budrich, S. 107–134

Bosch, G. 2006: Working Time and the Standard Employment Relationship. In: Boulin, J.-Y./Lallement, M./Messenger, J. C./Michon, F. (eds.): Decent Working Time. New Trends, New Issues. Geneva: International Labour Office, S. 41–64

Bosch, G. 2010: Zur Zukunft des dualen Systems der beruflichen Bildung in Deutschland. In: Bosch, G./Krone, S./Langer, D. (Hg.): Das Berufsbildungssystem in Deutschland. Wiesbaden: VS Verlag, S. 37–61

Bosch, G. 2014: Facharbeit, Berufe und berufliche Arbeitsmärkte. In: WSI-Mitteilungen, Jg. 67, H. 1, S. 5–13

Bosch, G. 2015: Der holprige Weg zum gesetzlichen Mindestlohn in Deutschland. In: Sozialer Fortschritt, Jg. 64, H. 7, S. 173–181

Bosch, G. 2016: Typologien nationaler Berufsbildungssysteme. Ihr Nutzen im Gesellschaftsvergleich. In: Zeitschrift für Berufs- und Wirtschaftspädagogik, Jg. 112, H. 1, S. 15–36

Bosch, G. 2017 a: Paradigmenwechsel in der gewerkschaftlichen Arbeitszeitpolitik. In: Wirtschaftsdienst, Jg. 97, H. 8, S. 530–531

Bosch, G. 2017 b: Different National Skill Systems. In: Warhurst, C./Mayhew, K./Finegold, D./Buchanan, J. (eds.) 2017: The Oxford Handbook of Skills and Training. Oxford: Oxford University Press, S. 424–443

Bosch, G. 2018: Strukturen und Dynamik von Arbeitsmärkten. In: Böhle, F./Voß, G. G./Wachtler, G. (Hg.): Handbuch Arbeitssoziologie (2. Aufl.), Bd. 2: Akteure und Institutionen. Wiesbaden: Springer VS, S. 325–359

Bosch, G. 2022: Konkurrenz zwischen akademisch und beruflich Qualifizierten – Mythos oder Realität? In: Annen, S./Maier, T. (Hg.): Akademisierung, Hybridqualifikationen und Fachkräftebedarf. Ist die Konkurrenz zwischen akademisch und beruflich Qualifizierten Mythos oder Realität? Bonn: BiBB, S. 25–42

Bosch, G./Charest, J. (eds.) 2010: Vocational Training – International Perspectives. London: Routledge

Bosch, G./Haipeter, T./Latniak, E./Lehndorff, S. 2007: Demontage oder Revitalisierung? Das deutsche Beschäftigungsmodell im Umbruch. In: Kölner Zeitschrift für Soziologie und Sozialpsychologie, Jg. 59, H. 2, S. 318–339

Bosch, G./Hüttenhoff, F./Weinkopf, C. 2019: Kontrolle von Mindestlöhnen. Wiesbaden: Springer VS

Bosch, G./Kalina, T./Weinkopf, C. 2008: Niedriglohnbeschäftigte auf der Verliererseite? In: WSI-Mitteilungen, Jg. 61, H. 8, S. 423–430

Bosch, G./Wagner, A. 2003: Dienstleistungsgesellschaften in Europa und Ursachen für das Wachstum der Dienstleistungsbeschäftigung. In: Kölner Zeitschrift für Soziologie und Sozialpsychologie, Jg. 55, H. 3, S. 475–499

Bosch, G./Weinkopf, C. (Hg.) 2007: Arbeiten für wenig Geld. Niedriglohnbeschäftigung in Deutschland. Frankfurt a.M./New York: Campus

Bosch, G./Weinkopf, C. 2011: Arbeitsverhältnisse im Dienstleistungssektor. In: WSI-Mitteilungen, Jg. 64, H. 9, S. 439–446

Bosch, G./Weinkopf, C. 2013: Wechselwirkungen zwischen Mindest- und Tariflöhnen. In: WSI-Mitteilungen, Jg. 66, H.6, S. 393–404

Bosch, G./Weinkopf, C. 2017: Gleichstellung marginaler Beschäftigung – Vorschlag zur Reform der Minijobs. Expertise für die Sachverständigenkommission Zweiter Gleichstellungsbericht der Bundesregierung. Berlin

Böschen, S./Grunwald, A./Krings, B.-J./Rösch, C. (Hg.) 2021: Technikfolgenabschätzung. Handbuch für Wissenschaft und Praxis. Baden-Baden: Nomos

Bose, K. von/Klein, I. 2020: Intime Arbeit – prekäre Körper?: Zur Bedeutung von Körperarbeit in vergeschlechtlichten Arbeitsfeldern. In: Open Gender Journal, Jg. 4, DOI: 10.17169/ogj.2020.89

Bosetzky, H. 1972: Die instrumentelle Funktion der Beförderung. In: Verwaltungsarchiv, Jg. 63, H. 4, S. 372–384

Bothfeld, S./Sesselmeier, W./Bogedan, C. 2012: Arbeitsmarktpolitik in der sozialen Marktwirtschaft. Vom Arbeitsförderungsgesetz zum Sozialgesetzbuch II und III. Wiesbaden: Springer VS

Botthof, A./Edler, J./Hahn, K./Hirsch-Kreinsen, H./Weber, M./Wessels, J. 2020: Transformation des Innovationssystems: Neue Anforderungen an die Innovationspolitik. Karlsruhe: FhG ISI

Boulin, J.-Y./Lallement, M./Messenger, J. C./Michon, F. (Hg.) 2006: Decent Working Time. New Trends, New Issues. Geneva: International Labour Office

Bouncken, R. B./Lehmann, C./Ratzmann, M. 2013: Shades of Gray: Effect of External Work Arrangements on Firm Performance under Operational and Strategic Contingencies. In: Journal of Business Economics, Vol. 83, No. 8, S. 863–900

Bourdieu, P. 1987: Sozialer Sinn. Kritik der theoretischen Vernunft. Frankfurt a.M.: Suhrkamp

Bourdieu, P. 1993: Sozialer Sinn. Kritik der theoretischen Vernunft. Frankfurt a.M.: Suhrkamp [Taschenbuchausgabe]

Bourdieu, P. 1998: Prekarität ist überall. In: Bourdieu, P.: Gegenfeuer. Wortmeldungen im Dienste des Widerstands gegen die neoliberale Invasion. Konstanz: UVK, S. 96–102

Bourdieu, P. 2000: Die zwei Gesichter der Arbeit. Interdependenzen von Zeit- und Wirtschaftsstrukturen am Beispiel einer Ethnologie der algerischen Übergangsgesellschaft. Konstanz: UVK

Bourdieu, P. (mit Accardo, A. et al.) 1997: Das Elend der Welt. Zeugnisse und Diagnosen alltäglichen Leidens. Konstanz: UVK

Boussebaa, M./Faulconbridge J. R: 2019: Professional Service Firms as Agents of Economic Globalization: A Political Perspective. In: Journal of Professions and Organization, Vol. 6, No. 1, S. 72–90

Boxall, P./Macky, K. 2009: Research and Theory on High-Performance Work Systems: Progressing the High-Involvement Stream. In: Human Resource Management Journal, Vol. 19, No. 1, S. 3–23

Boyer, R. 1992: Neue Richtungen von Managementpraktiken und Arbeitsorganisation. In: Demirovic, A./Krebs, H.-P./Sablowski, T. (Hg.): Hegemonie und Staat. Kapitalistische Regulation als Projekt und Prozeß. Münster: Westfälisches Dampfboot, S. 55–103

Boyer, R. 2005: How and Why Capitalisms Differ. In: Economy and Society, Vol. 34, No. 4, S. 509–557

Boyer, R./Charron, E./Jürgens, U./Tolliday, S. (eds.) 1998: Between Imitation and Innovation. The Transfer and Hybridization of Productive Models in the International Automobile Industry. Oxford/New York: Oxford University Press

Boyer, R./Durand, J.-P. 1997: After Fordism. Basingstoke: Palgrave McMillan

Boyer, R./Freyssenet, M. 2002: Productive Models. London: Palgrave
Boyer, R./Freyssenet, M. 2003: Produktionsmodelle. Eine Typologie am Beispiel der Automobilindustrie. Berlin: edition sigma
Braczyk, H.-J. 1997: Organisation in industriesoziologischer Perspektive. In: Ortmann, G./Sydow, J./Türk, K. (Hg.): Theorien der Organisation. Die Rückkehr der Gesellschaft. Opladen: Westdeutscher Verlag, S. 530–575
Braczyk, H.-J. 2001: Wandel des Unternehmensregimes. In: Fuchs, G./Töpsch, K. (Hg.): Baden-Württemberg – Erneuerung einer Industrieregion. Kolloquium zum Andenken an Prof. Dr. Hans-Joachim Braczyk. Stuttgart: Akademie für Technikfolgenabschätzung in Baden-Württemberg, S. 39–60
Braczyk, H.-J./Knesebeck, J. v. d./Schmidt, G. 1982: Nach einer Renaissance. Zur gegenwärtigen Situation von Industriesoziologie in der Bundesrepublik Deutschland. In: Schmidt, G./Braczyk, H.-J./Knesebeck, J. v. d. (Hg.): Materialien zur Industriesoziologie (Sonderheft 24 der Kölner Zeitschrift für Soziologie und Sozialpsychologie). Opladen: Westdeutscher Verlag, S. 16–56
Brand, U. 2019: In der Wachstumsfalle. Die Gewerkschaften und der Klimawandel. In: Blätter für deutsche und internationale Politik, Jg. 64, H. 7, S. 79–88
Brandl, S./Hildebrandt, E. 2002: Zukunft der Arbeit und soziale Nachhaltigkeit. Zur Transformation der Arbeitsgesellschaft vor dem Hintergrund der Nachhaltigkeitsdebatte. Opladen: Leske + Budrich
Brandl, S./Stelzl, B. 2013: Arbeitsbedingungen und Belastungen im öffentlichen Dienst. Ein Überblick zum Forschungsstand und Forschungsbedarf. Düsseldorf: Hans-Böckler-Stiftung
Brandl, S./Stelzl, B. 2017: Gestaltung Guter Arbeit durch Personalräte. Die Rolle von Beschäftigtenbefragungen. Working Paper Forschungsförderung Nr. 036. Düsseldorf: Hans-Böckler-Stiftung
Brandl, S./Wagner, H. (Hg.) 2011: Ein „Meilenstein der Tarifpolitik" wird besichtigt. Die Entgeltrahmentarifverträge in der Metall- und Elektroindustrie: Erfahrungen – Resultate – Auseinandersetzungen. Berlin: edition sigma
Brandt, G. 1990: Marx und die neuere deutsche Industriesoziologie. In: Brandt, G.: Arbeit, Technik und gesellschaftliche Entwicklung: Transformation des modernen Kapitalismus. Aufsätze 1971–1987. Frankfurt a.M.: Suhrkamp, S. 254–280
Brandt, G./Kündig, B./Papadimitriou, Z./Thomae, J. 1978: Computer und Arbeitsprozeß. Eine arbeitssoziologische Untersuchung der Auswirkungen des Computereinsatzes in ausgewählten Betriebsabteilungen der Stahlindustrie und des Bankgewerbes. Frankfurt a.M./New York: Campus
Brandt, T. 2006: Bilanz der Minijobs und Reformperspektiven. In: WSI-Mitteilungen, Jg. 59, H. 8, S. 446–452
Brater, M. 2010: Berufliche Bildung. In: Böhle, F./Voß, G. G./Wachtler, G. (Hg.): Handbuch Arbeitssoziologie. Wiesbaden: VS Verlag, S. 805–840
Brater, M. 2016: Was sind „Kompetenzen" und wieso können sie für Pflegende wichtig sein? In: Pflege & Gesellschaft, Jg. 21, H. 3, S. 197–213
Brater, M. 2018: Berufliche Bildung. In: Böhle, F./Voß, G. G./Wachtler, G. (Hg.): Handbuch Arbeitssoziologie (2. Aufl.). Bd. 2: Akteure und Institutionen. Wiesbaden: Springer VS, S. 539–575
Brater, M./Beck, U. 1982: Berufe als Organisationsformen menschlichen Arbeitsvermögens. In: Littek, W./Rammert, W./Wachtler, G. (Hg.): Einführung in die Arbeits- und Industriesoziologie. Frankfurt a.M./New York: Campus, S. 208–224
Braun, H.-J. 1992: Produktionsfluss: amerikanische Fertigungskonzeptionen in Europa. In: Ders./Kaiser, W.: Energiewirtschaft – Automatisierung – Information seit 1914. Propyläen Technikgeschichte, Bd. 5. Berlin: Propyläen, S. 43–60
Braun, S. 1964: Zur Soziologie der Angestellten. Frankfurt a.M.: Europäische Verlagsanstalt
Braun, T./Sydow, J. 2019: Projektmanagement und temporäres Organisieren. Stuttgart: Kohlhammer
Braun-Thürmann, H. 2005: Innovation. Bielefeld: transcript
Bräutigam, C./Evans, M./Schröer, L./Hilbert, J./Kerber-Clasen, S./Meyer-Lantzberg, F./Wagner, G. 2020: Reorganisation und Mitbestimmung von Care-Arbeit. Study der Hans-Böckler-Stiftung, Nr. 437. Düsseldorf. Online: https://www.boeckler.de/pdf/p_study_hbs_437.pdf

Braverman, H. 1974: Labor and Monopoly Capital. The Degradation of Work in the Twentieth Century. Reprint. New York: Monthly Review Press [dt. Ausgaben: Braverman 1977, Braverman 1985]
Braverman, H. 1977: Die Arbeit im modernen Produktionsprozeß. Frankfurt a.M.: Europäische Verlagsanstalt
Braverman, H. 1985: Die Arbeit im modernen Produktionsprozeß (2. Aufl.). Frankfurt a.M./New York: Campus
Breisig, T. 1990: Skizzen zur historischen Genese betrieblicher Führungs- und Sozialtechniken. München/Mering: Hampp
Breisig, T. 2003: Entgelt nach Leistung und Erfolg – Grundlagen moderner Entlohnungssysteme. Frankfurt a.M.: Bund
Breisig, T. 2020: Führung auf Distanz und gesunde Führung bei mobiler Arbeit. In: Zeitschrift für Arbeitswissenschaft, Jg. 74, H. 3, S. 188–194
Breman, J./Linden, M. van der 2014: Informalizing the Economy. The Return of the Social Question at a Global Level. In: Development and Change, Vol. 45, No. 5, S. 920–940
Bremer, W./Seifert, H. 2007: Wie prekär sind atypische Beschäftigungsverhältnisse? Eine empirische Analyse. In: 4. IWH-IAB Workshop zur Arbeitsmarktpolitik. WSI-Diskussionspapier Nr. 156; November 2007. Düsseldorf
Bremme, P./Fürniß, U./Meinecke, U. (Hg.) 2007: Never work alone. Organizing – ein Zukunftsmodell für Gewerkschaften. Hamburg: VSA
Brenke, K. 2015: Die große Mehrzahl der Beschäftigten in Deutschland ist mit ihrer Arbeit zufrieden. In: DIW-Wochenbericht 32+33, S. 715–723
Brenke, K. 2016: Home Office: Möglichkeiten werden bei weitem nicht ausgeschöpft. In: DIW-Wochenbericht 5/2016, S. 95–105
Brenscheidt, S./Siefer, A./Hinnenkamp, H./Hünefeld, L./Meyer, S.-C./Backhaus, N. 2021: Arbeitswelt im Wandel: Zahlen – Daten – Fakten. Ausgabe 2021. Dortmund: Bundesanstalt für Arbeitsschutz und Arbeitsmedizin
Brettschneider, M./Drössler, S./Magister, S./Zeiser, M./Kämpf, D./Seidler, A. 2020: Digitalisierung und Psyche – Rahmenbedingungen für eine gesunde Arbeitswelt. In: Zeitschrift für Arbeitswissenschaft, Jg. 74, H. 6, S. 63–75
Briefs, G. 1927: Gewerkschaftswesen und Gewerkschaftspolitik. In: Handwörterbuch der Staatswissenschaften (4. Aufl.), Bd. 4, S. 1108–1150
Brinkmann, U./Choi, H.-L./Detje, R./Dörre, K./Holst, H./Karakayali, S./Schmalstieg, Ch. 2008: Strategic Unionism: Aus der Krise zur Erneuerung. Umrisse eines Forschungsprogramms. Wiesbaden: VS Verlag
Brinkmann, U./Dörre, K./Röbenack, S./Kraemer, K./Speidel, F. 2006: Prekäre Arbeit. Ursachen, Ausmaß, soziale Folgen und subjektive Verarbeitungsformen unsicherer Beschäftigungsverhältnisse. Bonn: Wirtschafts- und Sozialpolitisches Forschungs- und Beratungszentrum
Brinkmann, U./Nachtwey, O. 2017: Postdemokratie und Industrial Citizenship: Erosionsprozesse von Demokratie und Mitbestimmung. Weinheim: Beltz
Brinkmann, U./Speidel, F. 2006: Hybride Beteiligungsformen am Beispiel ‚sachkundiger Arbeitnehmer'. In: WSI-Mitteilungen, Jg. 59, H. 2, S. 86–91
Brinton, M. C./Nee, V. 1998 (eds.): The New Institutionalism in Sociology. Stanford, CA: Stanford University Press
Brock, D. 1991: Der schwierige Weg in die Moderne. Umwälzungen in der Lebensführung der deutschen Arbeiter zwischen 1850 und 1980. Frankfurt a.M./New York: Campus
Brock, D./Vetter, H.-R. 1984: Reproduktion als Arbeitskraft. Grundzüge eines subjektorientierten Reproduktionskonzepts. In: Brock, D./Preiß, C./Tully, C. J./Vetter, H.-R. (Hg.): Arbeit und Reproduktion. Umbrüche der Arbeit – Bewältigungsstrategien von Facharbeitern und Technikern. München: DJI, S. 7–80

Bröckling, U. 2007: Das unternehmerische Selbst. Soziologie einer Subjektivierungsform. Frankfurt a.M.: Suhrkamp

Brockmann, M./Clarke L./Winch C. (eds.) 2011: Knowledge, Skills and Competence in the European Labour Market: What's in a Vocational Qualification? Abingdon: Routledge

Brödner, P. 1985: Fabrik 2000. Alternative Entwicklungspfade in die Zukunft der Fabrik. Berlin: edition sigma

Brödner, P. 2019: Grenzen und Widersprüche der Entwicklung und Anwendung ‚Autonomer Systeme'. In: Hirsch-Kreinsen, H./Karačić A. (Hg.): Autonome Systeme und Arbeit. Perspektiven, Herausforderungen und Grenzen der Künstlichen Intelligenz in der Arbeitswelt. Bielefeld: transcript, S. 69–97

Brödner, P./Oehlke, P. 2008: Introduction: Shaping Work and Technology. In: Rauner, F./Maclean, R. (eds.): Handbook of Technical and Vocational Education and Training Research. Dordrecht: Springer, S. 573–581

Bromley, P./Meyer, J. W. 2015: Hyper-Organization: Global Organizational Expansion. Oxford: Blackwell

Brooks, H. 1982: Social and Technological Innovation. In: Lundstedt, S. B./Colglazier, E. W. Jr. (eds.): Managing Innovation. The Social Dimension of Creativity, Invention and Technology. Elmsford, New York: Pergamon Press, S. 1–30

Brose, H. 2008: Hauptsache Arbeit! Aber nur im wirklichen Leben? In: Rehberg, K. (Hg.): Die Natur der Gesellschaft. Verhandlungen des 33. Kongresses der Deutschen Gesellschaft für Soziologie in Kassel 2006. Frankfurt a.M./New York: Campus, S. 1490–1500

Brunnengräber, A. (Hg.) 2003: Globale Öffentliche Güter unter Privatisierungsdruck. Festschrift für Elmar Altvater. Münster: Westfälisches Dampfboot

Brussig, M. 2015: Demografischer Wandel, Alterung und Arbeitsmarkt in Deutschland. In: Kölner Zeitschrift für Soziologie und Sozialpsychologie, Jg. 67, H. 1, S. 295–324

Brussig, M./Knuth, M./Mümken, S. 2016: Von der Frühverrentung bis zur Rente mit 67. Der Wandel des Altersübergangs von 1990 bis 2012. Bielefeld: transcript

Brutteler, O./Himmelreicher, R. 2021: Mindestlohn. In: Statistisches Bundesamt/Wissenschaftszentrum Berlin/Bundesinstitut für Bevölkerungsforschung (Hg.): Datenreport 2021. Bonn: Bundeszentrale für politische Bildung, S. 176–183

Brynjolfsson, E./McAfee, A. 2011: Race Against the Machine: How the Digital Revolution is Accelerating Innovation, Driving Productivity, and Irreversibly Transforming Employment and the Economy. Sarasota, Tampa: Digital Frontier

Brynjolfsson, E./McAfee, A. 2014: The Second Machine Age: Work, Progress, and Prosperity in a Time of Brilliant Technologies. New York: Norton & Co.

Buchele, R./Christiansen, J. 1998: Do Employment and Income Security Cause Unemployment? A Comparative Study of the US and the E-4. In: Cambridge Journal of Economics, Vol. 22, No. 1, S. 7–136

Büchtemann, C. F. 1984: Der Arbeitslosigkeitsprozeß. Theorie und Empirie strukturierter Arbeitslosigkeit in der Bundesrepublik Deutschland. In: Bonß, W./Heinze, R. G. (Hg.): Arbeitslosigkeit in der Arbeitsgesellschaft. Frankfurt a.M.: Suhrkamp, S. 53–105

Budhwar, P. S./Debrah, Y. 2001: Rethinking Comparative and Cross National Human Resource Management Research. In: International Journal of Human Resource Management, Vol. 12, No. 3, S. 497–515

Buhr, R. 1998: Unternehmen als Kulturräume. Berlin: edition sigma

Bührmann, A. D. 2020: Reflexive Diversitätsforschung. Eine Einführung anhand eines Fallbeispiels. Leverkusen: Verlag Barbara Budrich/UTB

Bundesagentur für Arbeit 2020: Beschäftigte nach Wirtschaftszweigen (WZ 2008). Quartalszahlen (31.12.2019). Nürnberg

Bundesagentur für Arbeit 2021: Der Arbeitsmarkt in Deutschland 2020. In: Amtliche Nachrichten der Bundesagentur für Arbeit, Jg. 68, Sondernummer 2. Nürnberg

Bundesregierung 2021: Lebenslagen in Deutschland. Der sechste Armuts- und Reichtumsbericht der Bundesregierung. Berlin

Bundeszentrale für politische Bildung 2020: Zahlen und Fakten. Die soziale Situation in Deutschland. Atypische Beschäftigung. Internet: https://www.bpb.de/nachschlagen/zahlen-und-fakten/soziale-situation-in-deutschland/61708/atypische-beschaeftigung

Bungard, W. (Hg.) 1995: Lean Management auf dem Prüfstand. Weinheim: Beltz, Psychologie Verlags Union

Burawoy, M. 1979: Manufacturing Consent. Changes in the Labour Process under Monopoly Capitalism. Chicago/London: University of Chicago Press

Burawoy, M. 1983: Between the Labour Process and the State. The Changing Face of Factory Regimes under Advanced Capitalism. In: American Sociological Review, Vol. 48, No. 5, S. 587–605

Burawoy, M. 1984: Karl Marx and the Satanic Mills: Factory Politics under Early Capitalism in England, the United States, and Russia, in: American Journal of Sociology, Vol. 90, No. 2, S. 247–282

Burawoy, M. 1985: The Politics of Production. London: Verso

Burchardt, H.-J./Peters, S./Weinmann, N. 2013: Prekarität und Informalität – eine Annäherung in globaler Perspektive. In: Dies. (Hg.): Arbeit in globaler Perspektive. Facetten informeller Beschäftigung. Frankfurt a.M./New York: Campus, S. 9–28

Burchardt, H. J./Groisman, F. (coord.) 2014: Desprotegidos y desiguales. Buenos Aires: Prometeo Libros

Burchardt, L. 1977: Technischer Fortschritt und sozialer Wandel. Das Beispiel der Taylorismus-Rezeption. In: Düwell, K./Treue, W. (Hg.): Deutsche Technikgeschichte. Vorträge vom 31. Historikertag am 24. September 1976 in Mannheim. Göttingen: Vandenhoeck & Ruprecht, S. 52–98

Burgess, E. W. 1927: Statistics and Case Studies as Methods of Sociological Research. In: Sociology and Social Research, Vol. 12, S. 103–120

Burke, C. S./Stagl, K. C./Klein, C./Goodwin, G. F./Salas, E./Halpin, S. M. 2006: What Type of Leadership Behaviors are Functional in Teams? A Meta-analysis. In: The Leadership Quarterly, Vol. 17, No. 3, S. 288–307

Burns, T. 1961: Micropolitics: Mechanisms of Institutional Change. In: Administrative Science Quarterly, Vol. 6, No. 3, S. 257–281

Burns, T./Stalker, G. M. 1961: The Management of Innovation. London: Tavistock Publications

Burt, R. S. 2005: Brokerage and Closure: An Introduction to Social Capital. Oxford/New York: Oxford University Press

Burzan, N./Kohrs, S./Küsters, I. 2014: Die Mitte der Gesellschaft: Sicherer als erwartet? Weinheim: Beltz Juventa

Busemeyer, M. R. 2015: Skills and Inequality. Partisan Politics and the Political Economy of Education and Training Reforms in Western Welfare States. Cambridge: Cambridge University Press

Busemeyer, M. R./Carstensen, M. B./Emmenegger, P. 2022: Orchestrators of Coordination: Towards a New Role of the State in Coordinated Capitalism? In: European Journal of Industrial Relations, Vol. 28, No. 2, S. 231–250

Buß, E. 2007: Die deutschen Spitzenmanager. Wie sie wurden, was sie sind. Herkunft, Wertvorstellungen, Erfolgsregeln. München/Wien: Oldenbourg

Buss, K.-P./Kuhlmann, M./Weißmann, M./Wolf, H./Apitzsch, B. (Hg.) 2021: Digitalisierung und Arbeit. Triebkräfte – Arbeitsfolgen – Regulierung. Frankfurt a.M./New York: Campus

Buss, K.-P./Oberbeck, H./Tullius, K. 2022: Systemische Rationalisierung 4.0. Wie Wettbewerb und Geschäftsmodelle die Digitalisierung in Handel, Logistik und Finanzdienstleistungen prägen. In: Berliner Journal für Soziologie, Jg. 32, H. 1, S. 35–68

Büssing, A. 1993: Arbeitslosigkeit. Differentielle Folgen aus psychologischer Sicht. In: Arbeit, Jg. 2, H. 1, S. 5–19

Büssing, A. 2001: Telearbeit und die Rolle von Vertrauen. In: Matuschek, I./Henninger, A./Kleemann, F. (Hg.): Neue Medien im Arbeitsalltag. Empirische Befunde – Gestaltungskonzepte – Theoretische Perspektiven. Wiesbaden: Westdeutscher Verlag, S. 89–108

Büssing, A./Broome, P. 1999: Vertrauen unter Telearbeit. In: Zeitschrift für Arbeits- und Organisationspsychologie, Jg. 43, H. 3, S. 122–133

Butler, J. 2005: Gefährdetes Leben. Politische Essays. Frankfurt a.M.: Suhrkamp

Butollo, F. 2014: The End of Cheap Labour? Industrial Transformation and Social Upgrading in China. Frankfurt a.M./New York: Campus

Butollo, F. 2021: Digitalization and the Geographies of Production: Towards Reshoring or Global Fragmentation? In: Competition & Change, Vol. 25, No. 2, S. 259–278

Butollo, F./Ehrlich, M./Engel, T. 2017: Amazonisierung der Industriearbeit? Industrie 4.0, Intralogistik und die Veränderung der Arbeitsverhältnisse in einem Montageunternehmen der Automobilindustrie. In: Arbeit, Jg. 26, H. 1, S. 33–59

Butollo, F./Engel, T./Füchtenkötter, M./Koepp, R./Ottaiano, M. 2018 a: Wie stabil ist der digitale Taylorismus? Störungsbehebung, Prozessverbesserungen und Beschäftigungssystem bei einem Unternehmen des Online-Versandhandels. In: Arbeits- und Industriesoziologische Studien, Jg. 11, H. 2, S. 143–159

Butollo, F./Feuerstein, P./Krzywdzinski, M. 2021: Was zeichnet die digitale Transformation der Arbeitswelt aus? Ein Deutungsangebot jenseits von Großtheorien und disparater Empirie. In: Arbeits- und Industriesoziologische Studien, Jg. 14, H. 2, S. 27–44

Butollo, F./Gereffi, G./Krzywdzinski, M./Yang, C. 2022: Digital Transformation and Value Chains: Introducion. In: Global Networks, 1-10 (online), DOI: 10.1111/glob.12388

Butollo, F./Jürgens, U./Krzywdzinski, M. 2018 b: Von Lean Production zur Industrie 4.0. Mehr Autonomie für die Beschäftigten In: Arbeits- und Industriesoziologische Studien, Jg. 11, H. 2, S. 75–90

Butollo, F./de Paiva Lareiro, P. 2020: Digitale Revolution? Widersprüche der Produktivkräfteentwicklung im Postwachstumskapitalismus, in: Das Argument 335 (Jg. 62, H. 2–3), S. 82–102

Campbell, J. L./Pedersen, O. K. 2007: The Varieties of Capitalism and Hybrid Success: Denmark in the Global Economy. In: Comparative Political Studies, Vol. 40, No. 2, S. 307–332

Carré, F./Tilly, C./van Klaveren, M./Voss-Dahm, D. 2010: Retail Jobs in Comparative Perspective. In: Gautié, J./Schmitt, J. (eds.): Low-wage Work in the Wealthy World. New York: Sage, S. 211–268

Carstensen, T. 2014: Zwischen Handlungsspielräumen und eigensinniger Materialität: Subjekte im Umgang mit den Herausforderungen der Internet-Arbeitswelt. In: Arbeits- und Industriesoziologische Studien, Jg. 7, H. 1, S. 24–41

Carstensen, T. 2015: Neue Anforderungen und Belastungen durch digitale und mobile Technologien. In: WSI-Mitteilungen, Jg. 68, H. 3, S. 187–193

Carstensen, T. 2016: Social Media in der Arbeitswelt. Herausforderungen für Beschäftigte und Mitbestimmung. Bielefeld: transcript

Carstensen, T. 2017: Digitalisierung als eigensinnige soziale Praxis. Empirische Ergebnisse zur Social-Media-Nutzung in Unternehmen. In: Arbeit, Jg. 26, H. 1, S. 87–110

Carstensen, T. 2020: Orts- und zeitflexibles Arbeiten: Alte Geschlechterungleichheiten und neue Muster der Arbeitsteilung durch Digitalisierung. In: Zeitschrift für Arbeitswissenschaft, Jg. 74, H. 2, S. 195–205

Carstensen, T./Prietl, B. 2021: Digitalisierung und Geschlecht. Traditionslinien feministischer Auseinandersetzung mit neuen Technologien und gegenwärtige Herausforderungen. In: Freiburger Zeitschrift für Geschlechterstudien, Jg. 27, H. 1, S. 30–44

Carus, U./Schultze, H. 1995: Leistungen und konstitutive Komponenten erfahrungsgeleiteter Arbeit. In: Martin, H. (Hg.): CeA. Computergestützte erfahrungsgeleitete Arbeit. Berlin u.a.O.: Springer, S. 48–82

Castel, R. 2000: Die Metamorphosen der sozialen Frage. Eine Chronik der Lohnarbeit. Konstanz: UVK

Castel, R. 2011: Die Krise der Arbeit. Neue Unsicherheiten und die Zukunft des Individuums. Hamburg: Hamburger Edition

Castel, R./Dörre, K. (Hg.) 2009: Prekarität, Abstieg, Ausgrenzung. Die soziale Frage am Beginn des 21. Jahrhunderts. Frankfurt a.M./New York: Campus

Castells, M. 1996 a: The Information Age: Economy, Society and Culture. Oxford u.a.O.: Blackwell [dt. Ausgabe: Castells 2001–2003]

Castells, M. 1996 b: The Information Age: Economy, Society and Culture. Vol. 1: The Rise of the Network Society. Oxford u.a.O.: Blackwell

Castells, M. 2001–2003: Das Informationszeitalter. Wirtschaft, Gesellschaft, Kultur. 3 Bde. Opladen: Leske + Budrich [zuerst u.d.T. The Information Age: Economy, Society and Culture. Oxford: Blackwell 1996]

Cedefop (Centre européen pour le développement de la formation professionnelle) 2018: How Many Adults Have a Low Level of Education? Indicator 3050: Adults with Lower Level Aducation Attainment (2017 update). In: Cedefop. Statistics and indicators: Statistics and graphs (online), http://www.cedefop.europa.eu/en/publications-and-resources/statistics-and-indicators/statistics-and-graphs/33-how-many-adults-have

Chandler, A. D. Jr. 1962: Strategy and Structure: Chapters in the History of the American Industrial Enterprise. Cambridge, MA: MIT Press

Chandler, A. D. Jr. 1990: Scale and Scope. The Dynamics of Industrial Capitalism, Cambridge, MA/ London: Harvard University Press

Chevalier, J./Ellison, G. 1997: Risk Taking by Mutual Funds as a Response to Incentives. In: Journal of Political Economy, Vol. 105, No. 6, S. 1167–1200

Chiapello, È. 2015: Financialisation of Valuation. In: Human Studies, Vol. 38, No. 1, S. 13–35

Chiapello, È./Engels, A. 2021: The Fabrication of Environmental Intangibles as a Questionable Response to Environmental Problems. In: Journal of Cultural Economy, Vol. 14, No. 5, S. 517–532

Child, J. 1997: Strategic Choice in the Analysis of Action, Structure, Organizations and Environment: Retrospect and Prospect. In: Organization Studies, Vol. 18, No. 1, S. 43–76

Choonara, J./Murgia, A./Carmo, R. M. (eds.) 2022: Faces of Precarity. Critical Perspektives on Work, Subjectivities and Struggles. Bristol: Bristol University Press

Chorus, S. 2013: Care-Ökonomie im Postfordismus. Perspektiven einer integralen Ökonomietheorie. Münster: Westfälisches Dampfboot

Chrobok, H./Makarov, A. 2019: Gesundheitsförderlich gestaltete Projektarbeit bei Bühler Motor. In: Gerlmaier, A./Latniak, E. (Hg.): Handbuch psycho-soziale Gestaltung digitaler Produktionsarbeit. Gesundheitsressourcen stärken durch organisationale Gestaltungskompetenz. Wiesbaden: Springer Gabler, S. 181–191

Clark, C. 1940: The Conditions of Economic Progress. London: Macmillan

Clark, S. C. 2000: Work/Family Border Theory: A New Theory of Work/Family Balance. In: Human Relations, Vol. 53, No. 6, S. 747–770

Clasen, E. 2016: Kreativität und Kompetenzen von IngenieurInnen. München/Mering: Hampp

Clausen, L. 1988: Produktive Arbeit, destruktive Arbeit: Soziologische Grundlagen. Berlin/New York: de Gruyter

Clegg, S. R./Hardy, C./Lawrence, T./Nord, W. R. 2013: Handbook of Organization Studies (2nd, rev. ed.). London: Sage

Clegg, S. R./Vieira da Cunha, J./Pina e Cunha, M. 2002: Management Paradoxes. A Relational View. In: Human Relations, Vol. 55, No. 5, S. 483–503

Coase, R. H. 1937: The Nature of the Firm. In: Economica, Vol. 4, S. 386–405

Codagnone, C./Abadie, F./Biagi, F. 2016: The Future of Work in the „Sharing Economy". Market Efficiency and Equitable Opportunities or Unfair Precarisation? Luxembourg: Publications Office of the European Union

Cohen, M. D./March, J. G./Olsen, J. P. 1972: A Garbage Can Model of Organizational Choice. In: Administrative Science Quarterly, Vol. 17, No. 1, S. 1–25

Cohen, R. L. 2010: Rethinking 'Mobile Work': Boundaries of Space, Time and Social Relation in the Working Lives of Mobile Hairstylists. In: Work, Employment and Society, Vol. 24, No. 1, S. 65–84

Coleman, J. S. 1979: Macht und Gesellschaftsstruktur. Tübingen: Mohr

Coleman, J. 1985: Introducing Social Structure into Economic Analysis. In: American Economic Review, Vol. 74, No. 2, S. 84–88

Collings, D. G./Wood, G. T. (eds.) 2018: Human Resource Management. A Critical Approach. Abingdon: Routledge

Collins, R. 2013: The End of Middle Class Work: No More Escapes. In: Wallerstein, I./Calhoun, C./Collins, R./Derluguian, G./Mann, M. (eds.): Does Capitalism Have a Future? Oxford/New York: Oxford University Press, S. 37–70

Connell, R. 2010: Lives of the Businessmen. Reflections on Life-history Method and Contemporary Hegemonic Masculinity. In: Österreichische Zeitschrift für Soziologie, Jg. 35, H. 2, S. 54–71

Conway, N./Briner, R. B. 2005: Understanding Psychological Contracts at Work. A Critical Evaluation of Theory and Research. Oxford: Oxford University Press

Conze, W. 1972: Beruf. In: Brunner, O./Conze, W./Koselleck, R. (Hg.): Geschichtliche Grundbegriffe, Bd. 1. Stuttgart: Klett-Cotta, S. 490–507

Cooke, P./Heidenreich, M./Braczyk, H.-J. (eds.) 2004: Regional Innovation Systems. The Role of Governance in a Globalized World (2nd ed.). London u.a.O.: Routledge

Corbett, M./Rasmussen, L./Rauner, F. 1991: Crossing the Border. The Social and Engineering Design of Computer Integrated Manufacturing Systems. London: Springer

Coyle-Shapiro, J./Kessler, I. 2000: Consequences of the Psychological Contract for the Employment Relationship. A Large Scale Survey. In: Journal of Management Studies, Vol. 37, No. 7, S. 903–930

Crawford, K. 2021: Atlas of AI: The Real Worlds of Artificial Intelligence. New Haven: Yale University Press

Cristiani, A./Peiró, J. M. 2018: Human Resource Function, Unions and Varieties of Capitalism: Exploring their Impact on Human Resource Management Practices Based on CRANET Data. In: Employee Relations, Vol. 40, No. 4, S. 1072–1098

Croner, F. 1962: Soziologie der Angestellten. Köln/Berlin: Kiepenheuer & Witsch

Cross, G. 1989: A Quest for Time. The Reduction of Work in Britain and France, 1840–1940. Berkeley u.a.O.: University of California Press

Crossley, N. 2011: Towards Relational Sociology. London/New York: Routledge

Crouch, C. 1993: Industrial Relations and European State Traditions. Oxford: Clarendon Press

Crouch, C. 2010: Marketization. In: Flinders, M./Gamble, A./Hay, C./Kenny, M. (eds.): The Oxford Handbook of British Politics. Oxford: Oxford University Press, S. 878–895

Crouch, C. 2015: The Knowledge Corrupters. Hidden Consequences of the Financial Takeover of Public Life. Cambridge: Polity Press

Crouch, C. 2019: Gig Economy. Prekäre Arbeit im Zeitalter von Uber, Minijobs & Co. Frankfurt a.M.: Suhrkamp

Crozier, M./Friedberg, E. 1979: Macht und Organisation. Die Zwänge kollektiven Handelns. Königstein/Ts.: Athenäum

Cullinane, N./Dundon, T. 2006: The Psychological Contract: A Critical Review. In: International Journal of Management Reviews, Vol. 8, No. 2, S. 113–129

Cumbers, A./Nativel, C./Routledge, P. 2008: Labour Agency and Union Positionalities in Global Production Networks. In: Journal of Economic Geography, Vol. 8, No. 3, S. 369–387

Czaplicki, C. 2020: Die Kombination von Pflege- und Erwerbstätigkeit im Lebensverlauf. Strukturen, Muster und Pfadabhängigkeiten. Wiesbaden: Springer VS

Czarniawska, B./Sevón, G. (eds.) 2005: Global Ideas. How Ideas, Objects, and Practices Travel in the Global Economy. Copenhagen: Copenhagen Business School

Dabrowski, H./Görres, H.-J./Rosenbaum, W./Voswinkel, S. 1986: Humanisierungsprobleme und Belegschaftsvertretung in Klein- und Mittelbetrieben. Karlsruhe: FIZ Karlsruhe

Daheim, H. 1977: Berufssoziologie. In: König, R. (Hg.): Handbuch der empirischen Sozialforschung, Bd. 8: Beruf, Industrie, sozialer Wandel in unterentwickelten Ländern (2., völlig neubearb. Aufl.). Stuttgart: Enke, S. 1–100

Dahinden, J. 2011: Wer entwickelt einen transnationalen Habitus? Ungleiche Transnationalisierungsprozesse als Ausdruck ungleicher Ressourcenausstattung. In: Reutlinger, C./Baghdadi, N./Kniffki, J. (Hg.): Die soziale Welt quer denken. Transnationalisierung und ihre Folgen für die Soziale Arbeit. Berlin: Frank & Timme, S. 83–107

Dahrendorf, R. 1956: Industrie- und Betriebssoziologie. Berlin: Göschen

Dahrendorf, R. 1957: Soziale Klassen und Klassenkonflikt in der industriellen Gesellschaft. Stuttgart: Enke

Dahrendorf, R. 1983: Wenn der Arbeitsgesellschaft die Arbeit ausgeht. In: Matthes, J. (Hg.): Krise der Arbeitsgesellschaft? Verhandlungen des 21. Deutschen Soziologentages in Bamberg 1982. Frankfurt a.M./New York: Campus, S. 25–37

Dammayr, M. 2019: Legitime Leistungspolitiken? Leistung, Gerechtigkeit und Kritik in der Altenpflege. Weinheim: Beltz

Datenreport 2021. Ein Sozialbericht für die Bundesrepublik Deutschland. Hrsg. v. Statistischen Bundesamt, dem Wissenschaftszentrum Berlin für Sozialforschung u. dem Bundesinstitut für Bevölkerungsforschung. Bonn: Bundeszentrale für politische Bildung

Dauderstädt, M. 2012: Wachstum durch Ausbau sozialer Dienstleistungen (WISO direkt, Januar 2012). Bonn: Friedrich-Ebert-Stiftung

David, M. (ed.) 2006: Case Study Research. London/Thousand Oaks/New Delhi: Sage

Davis, G. F. 2009: The Rise and Fall of Finance and the End of the Society of Organizations. In: Academy of Management Perspectives, Vol. 23, No. 3, S. 27–44

Davis, G. F. 2013: After the Corporation. In: Politics & Society, Vol. 41, No. 2, S. 283–308

De Man, H. 1927: Zur Psychologie des Sozialismus. Jena: Diederichs

Dechmann, U./Georg, A./Katenkamp, O./Meyn, C./Peter, G. 2009: Arbeitsorganisatorische Leitbilder. Dortmund: sfs der TU Dortmund

DeChurch, L. A./Mesmer-Magnus, J. R. 2010: The Cognitive Underpinnings of Effective Teamwork: A Meta-analysis. In: Journal of Applied Psychology, Vol. 95, No. 1, S. 32–35

Décieux, F./Becker, K./Kutlu, Y. 2019: Permanenter Notstand und der Kampf um gute Sorge(arbeit) – Polanyi'sche Doppelbewegungen in der Marktgesellschaft. In: Industrielle Beziehungen, Jg. 26, H. 4, S. 386–406

Dehnbostel, P./Elsholz, U./Gillen, J. (Hg.) 2007: Kompetenzerwerb in der Arbeit. Berlin: edition sigma

Deissinger, T. 2015: The German Dual Vocational Education and Training System as ‚Good Practice'? In: Local Economy, Jg. 30, H. 5, S. 557–567

Dejours, C. 2012: From the Psychopathology to the Psychodynamics of Work. In: Smith, N. H./Deranty, J.-P. (eds.): New Philosophies of Labour. Work and the Social Bond. Leiden/Boston: Brill, S. 209–250

Dejours, C./Deranty, J.-P./Renault, E. /Smith, N. 2018: The Return of Work in Critical Theory. New York: Columbia University Press

Demazière, D. 2012: Chômage. In: Bevort, A./Jobert, A./Lallement, M./Mias, A. (eds.): Dictionnaire du travail. Paris: Presses Universitaires de France, S. 95–101

Demirovic, A. 2007: Demokratie in der Wirtschaft. Positionen – Probleme – Perspektiven. Münster: Westfälisches Dampfboot

Demszky, A./Voß, G. G. 2018: Beruf und Profession. In: Böhle, F./Voß, G. G./Wachtler, G. (Hg.): Handbuch Arbeitssoziologie (2. Aufl.). Bd. 2: Akteure und Institutionen. Wiesbaden: Springer VS, S. 477–538

Dengler, K./Matthes, B. 2015: Folgen der Digitalisierung für die Arbeitswelt. Substituierbarkeitspotenziale von Berufen in Deutschland. IAB Forschungsbericht 11/2015. Nürnberg: IAB

Dengler, K./Matthes, B. 2018: Wenige Berufsbilder halten mit der Digitalisierung mit. Substituierungspotenziale von Berufen in Deutschland. IAB-Kurzbericht 4/2018. Nürnberg: IAB

Dengler, K./Matthes, B. 2021: Folgen des technologischen Wandels für den Arbeitsmarkt: Auch komplexere Tätigkeiten könnten zunehmend automatisiert werden. IAB-Kurzbericht 13/2012. Nürnberg: IAB

Deslisle, J. 2020: Working Time in Multi-project Settings: How Project Workers Manage Work Overload. In: International Journal of Project Management, Vol. 38, No. 7, S. 419–428

Destatis 2021: Qualität der Arbeit. Allgemeine Zufriedenheit mit den Arbeitsbedingungen. Wiesbaden

Detje, R./ Pickshaus, K./Urban, H.-J. (Hg.) 2005: Arbeitspolitik kontrovers. Zwischen Abwehrkämpfen und Offensivstrategien. Hamburg: VSA

Detje, R./Sauer, D. 2021: Corona-Krise im Betrieb. Empirische Erfahrungen aus Industrie und Dienstleistungen. Hamburg: VSA

Deutscher Bundestag 2001: Zwischenbericht der Enquete-Kommission. Globalisierung der Weltwirtschaft – Herausforderungen und Antworten. Bundestags-Drs. 14/6910

Deutscher Bundestag 2021 a: Materialien zum Fall Wirecard. Dokumentation. Internet: https://www.bundestag.de/resource/blob/863414/fff51988d0d06847f79f96c02150bec4/WD-4-078-21-pdf-data.pdf [16.12.2021]

Deutscher Bundestag 2021 b: Bericht der Enquete-Kommission Berufliche Bildung in der digitalen Arbeitswelt. Bundestags-Drs. 19/30950

Deutschmann, C. 1985: Der Weg zum Normalarbeitstag. Die Entwicklung der Arbeitszeiten in der deutschen Industrie bis 1918. Frankfurt a.M./New York: Campus

Deutschmann, C. 1987: Der „Betriebsclan". Der japanische Organisationstypus als Herausforderung an die soziologische Modernisierungstheorie. In: Soziale Welt, Jg. 38, H. 2, S. 133–147

Deutschmann, C. 1989: Reflexive Verwissenschaftlichung und kultureller „Imperialismus" des Managements. In: Soziale Welt, Jg. 40, H. 3, S. 374–396

Deutschmann, C. 2002: Postindustrielle Industriesoziologie. Theoretische Grundlagen, Arbeitsverhältnisse und soziale Identitäten. Weinheim/München: Juventa

Deutschmann, C. 2008: Die Finanzmärkte und die Mittelschichten: Der kollektive Buddenbrooks-Effekt. In: Leviathan, Jg. 36, H. 4, S. 501–517

Deutschmann, C./Faust, M./Jauch, P./Notz, P. 1995: Veränderungen der Rolle des Managements im Prozeß reflexiver Rationalisierung. In: Zeitschrift für Soziologie, Jg. 24, H. 6, S. 436–450

DGB-Index Gute Arbeit 2021: Report 2021. Unter erschwerten Bedingungen – Corona und die Arbeitswelt. Berlin: DGB

Dhondt, S./Oeij, P. 2014: Social Innovation Related to Innovation in Management Studies. In: Howaldt, J./Butzin, A./Domanski, D./Kaletka, C. (eds.): Theoretical Approaches to Social Innovation – A Critical Literature Review. A deliverable of the project: "Social Innovation: Driving Force of Social Change" (SI-DRIVE). Dortmund: Sozialforschungsstelle, S. 122–150

Diaz-Bone, R. 2009: Konvention, Organisation und Institution. Der institutionentheoretische Beitrag der „Économie des conventions". In: Historical Research, Vol. 34, No. 2, S. 235–264

Diaz-Bone, R. 2018: Die „Economie des conventions". Grundlagen und Entwicklungen der neuen französischen Wirtschaftssoziologie (2. Aufl.). Wiesbaden: Springer VS

Dicken, P. 2015: Global Shift (7th ed.). New York/London: Guilford Press

Dicken, P./Kelly, P. F./Olds, K./Yeung, H. W.-C. 2001: Chains and Networks, Territories and Scales: Towards a Relational Framework for Analysing the Global Economy. In: Global Networks, Vol. 1, No. 2, S. 89–112

Dietrich, H./Abraham, M. 2018: Übergänge in Ausbildung und Arbeitsmarkt. In Abraham, M./Hinz, T. (Hg.): Arbeitsmarktsoziologie. Probleme, Theorien, empirische Befunde (3. Aufl.). Wiesbaden: Springer VS, S. 77–116

Dilli, S./Elert, N./Hermann, A. M. 2018: Varieties of Entrepreneurship: Exploring the Institutional Foundations of Different Entrepreneurship Types through ‚Varieties of Capitalism' Arguments. In: Small Business Economics, Vol. 51, No. 6, S. 293–320
DiMaggio, P. J. 1988: Interest and Agency in Institutional Theory. In: Zucker, L. G. (ed.): Institutional Patterns and Organizations. Cambridge, MA: Ballinger, S. 3–21
DiMaggio, P. J./Powell, W. W. 1983: The Iron Cage Revisited: Institutional Isomorphism and Collective Rationality in Organizational Fields. In: American Sociological Revue, Vol. 48, No. 2, S. 147–160
Dingeldey, I. 2019: Wechselwirkungen zwischen Mindestlohn und Tariflohn. Verschiedene Typen im Branchenvergleich. In: Arbeit, Jg. 28, H. 1, S. 55–72
Dinges, M. (Hg.) 2020: Männlichkeiten und Care. Selbstsorge, Familiensorge, Gesellschaftssorge. Weinheim: Beltz Juventa
Dobbin, F. 1994: Forging Industrial Policy. The United States, Britain, and France in the Railway Age. Cambridge: Cambridge University Press
Dobbin, F./Zorn, D. 2005: Corporate Malfeasance and the Myth of Shareholder Value. In: Davis, D. (ed.): Political Power and Social Theory, Vol. 17. Bingley (UK): Emerald Group, S. 179–198
Dobischat, R./Käpplinger, B./Molzberger, G./Münk, D. (Hg.) 2019: Bildung 2.1 für Arbeit 4.0? Wiesbaden: Springer VS
Docherty, P./Forslin, J./Shani, A. B. (Rami) (eds.) 2002: Creating Sustainable Work Systems. Emerging Perspectives and Practice. London: Routledge
Doeringer, P. B./Piore, M. J. 1971: Internal Labour Markets and Manpower Analysis. Lexington: D. C. Heath
Dohse, K. 1987: Taylorismus, Technik, Hierarchie. Kontroversen der amerikanischen und britischen Labour Process Debate. In: Abromeit, H./Blanke, B. (Hg.): Arbeitsmarkt, Arbeitsbeziehungen und Politik in den 80er Jahren. Sonderheft 8 des Leviathan. Opladen: Westdeutscher Verlag, S. 213–230
Dohse, K./Jürgens, U./Malsch, T. 1984: Vom ‚Fordismus' zum ‚Toyotismus'? Die Organisation der industriellen Arbeit in der japanischen Automobilindustrie. In: Leviathan, Jg. 12, H. 4, S. 448–477
Dolata, U. 2011: Soziotechnischer Wandel als graduelle Transformation. In: Berliner Journal für Soziologie, Jg. 21, H. 2, S. 265–294
Dolata, U. 2013: The Transformative Capacity of New Technologies. A Theory of Sociotechnical Change. London/New York: Routledge
Dolata, U. 2018: Privatisierung, Kuratierung, Kommodifizierung: Kommerzielle Plattformen im Internet. SOI Discussion Paper No. 2018-04. Stuttgart: Universität Stuttgart
Dolata, U. 2020: Plattform-Regulierung. Koordination von Märkten und Kuratierung von Sozialität im Internet. In: Berliner Journal für Soziologie, Jg. 29, H. 1, S. 179–206
Dolata, U./Schrape, J.-F. (Hg.) 2022: Internet, Big Data und digitale Plattformen: Politische Ökonomie – Kommunikation – Regulierung (Sonderheft 62 der KZfSS). Wiesbaden: Springer VS
Dombois, R. 1982: Die betriebliche Normenstruktur. Fallanalysen zur arbeitsrechtlichen und sozialwissenschaftlichen Bedeutung informeller Normen im Industriebetrieb. In: Dohse, K./Jürgens, U./Russig, H. (Hg.): Statussicherung im Industriebetrieb. Alternative Regelungsansätze im internationalen Vergleich. Frankfurt a.M./New York: Campus, S. 173–204
Dombrowski, U./Richter, T. 2016: Ganzheitliche Produktionssysteme und Industrie 4.0. In: Zeitschrift für wirtschaftlichen Fabrikbetrieb (ZWF), Jg. 111, H. 12, S. 771–774
Domeyer, V./Funder, M. 1991: Kooperation als Strategie. Eine empirische Studie zu Gründungsprozessen, Organisationsformen, Bestandsbedingungen von Kleinbetrieben. Opladen: Westdeutscher Verlag
Dörflinger, N./Pulignano, V./Vallas, S. 2021: Production Regimes and Class Compromise among European Warehouse Workers. In: Work and Occupations, Vol. 48, No. 2, S. 111–145
Dörhöfer, S. 2010: Management und Organisation von Wissensarbeit. Strategie, Arbeitssystem und organisationale Praktiken in wissensbasierten Unternehmen. Wiesbaden: VS Verlag

Dörre, K. 2001: Das deutsche Produktionsmodell unter dem Druck des Shareholder Value. In: Kölner Zeitschrift für Soziologie und Sozialpsychologie, Jg. 53, H. 4, S. 675–704
Dörre, K. 2002: Kampf um Beteiligung. Arbeit, Partizipation und industrielle Beziehungen im flexiblen Kapitalismus. Wiesbaden: Westdeutscher Verlag
Dörre, K. 2003: Das flexibel-marktzentrierte Produktionsmodell – Gravitationszentrum eines „neuen Kapitalismus"? In: Dörre, K./Röttger, B. (Hg.): Das neue Marktregime. Hamburg: VSA, S. 7–34
Dörre, K. 2005: Prekarisierung contra Flexicurity. Unsichere Beschäftigungsverhältnisse als arbeitspolitische Herausforderung. In: Kronauer, M./Linne, G. (Hg.): Flexicurity. Die Suche nach Sicherheit in der Flexibilität. Berlin: edition sigma, S. 53–71
Dörre, K. 2012: Prekäre Arbeit und gesellschaftliche Integration – Empirische Befunde und integrationstheoretische Schlussfolgerungen. In: Heitmeyer, W./Imbusch, P. (Hg.): Desintegrationsdynamiken. Integrationsmechanismen auf dem Prüfstand. Wiesbaden: Springer VS, S. 29–56
Dörre, K. 2012 a: Landnahme. In: Haug, W. F. (Hg.): Historisch-kritisches Wörterbuch des Marxismus, Bd. 8.1. Hamburg: Argument Verlag, S. 664–687
Dörre, K. 2016: Die neue Konfliktformation. Klassen-Kämpfe in fragmentierten Arbeitsbeziehungen. In: Industrielle Beziehungen, Jg. 23, H. 3, S. 348–365
Dörre, K. 2019: Die neuen Vagabunden. Prekarität in reichen Gesellschaften. In: Bittlingmayer, U. H./Demirovic, A./Freytag, T. (Hg.): Handbuch Kritische Theorie. Band 2. Wiesbaden: Springer VS, S. 981–1004
Dörre, K. 2021: Ausschluss, Prekarität, (Unter-)Klasse – theoretische Konzepte und Perspektiven. In: Anhorn, R./Stehr, J. (Hg.): Handbuch Soziale Ausschließung und Soziale Arbeit. Bd. 1. Wiesbaden: Springer VS, S. 255–289
Dörre, K. 2022: Die demobilisierte Klassengesellschaft. Begriffe, Analysen, Theorie, Politik. Frankfurt a.M./New York: Campus
Dörre, K./Holst, H./Matuschek, I. (Hg.) 2013: Das Gesellschaftsbild der LohnarbeiterInnen. Soziologische Untersuchungen in ost- und westdeutschen Betrieben. Hamburg: VSA
Dörre, K./Holzschuh, M./Köster, J./Sittel, J. 2020: Abschied von Kohle und Auto? Sozial-ökologische Transformationskonflikte um Energie und Mobilität. Frankfurt a.M./New York: Campus
Dörre, K./Mayer-Ahuja, N./Sauer, D./Wittke, V. (Hg.) 2018: Capitalism and Labor. Towards Critical Perspectives. Frankfurt a.M./New York: Campus
Dörre, K./Neubert, J. 1995: Neue Managementkonzepte und industrielle Beziehungen. Aushandlungsbedarf statt ‚Sachzwang Reorganisation'. In: Schreyögg, G./Sydow, J. (Hg.): Managementforschung 5. Empirische Studien. Berlin/New York: de Gruyter, S. 167–213
Dörre, K./Rosa, H./Becker, K./Bose, S./Seyd, B. 2019: Große Transformation? Zur Zukunft moderner Gesellschaften (Sonderband des Berliner Journals für Soziologie). Wiesbaden: Springer VS
Dörre, K./Röttger, B. (Hg.) 2003: Das neue Marktregime. Konturen eines nachfordistischen Produktionsmodells. Hamburg: VSA
Dörrenbächer, C. 2006: Mikropolitik in Multinationalen Unternehmen: Konturen eines neuen Forschungsfeldes. In: Mense-Petermann, U./Wagner, G. (Hg.): Transnationale Konzerne. Ein neuer Organisationstyp? Wiesbaden: VS Verlag, S. 123–152
Dörrenbächer, C./Geppert, M. 2014: Power and Politics in Multinational Corporations: Towards More Effective Workers' Involvement. In: European Journal of Labour and Research, Vol. 20, No. 2, S. 295–303
Dostal, W. 1995: Die Informatisierung der Arbeitswelt: Multimedia, offene Arbeitsformen und Telearbeit. In: Mitteilungen aus der Arbeitsmarkt- und Berufsforschung, Jg. 28, H. 4, S. 528–543
Dostal, W. 1999: Telearbeit in der Informationsgesellschaft. Zur Realisierung offener Arbeitsstrukturen in Betrieb und Gesellschaft. Göttingen: Verlag für angewandte Psychologie
Dowling, E. 2021: The Care Crisis. London: Verso
Drahokoupil, J./Vandaele, K. (eds.) 2021: A Modern Guide to Labour and the Platform Economy. Cheltenham: Edward Elgar

Drexel, I. 1980: Die Krise der Anlernung im Arbeitsprozess. In: Soziale Welt, Jg. 31, H. 3, S. 368–395
Drexel, I. 1993: Das Ende des Facharbeiteraufstiegs? Neue mittlere Bildungs- und Karrierewege in Deutschland und Frankreich – ein Vergleich. Frankfurt a.M./New York: Campus
Drexel, I. 2002: Neue Leistungs- und Lohnpolitik zwischen Individualisierung und Tarifvertrag – Deutschland und Italien im Vergleich. Frankfurt a.M./New York: Campus
Drexel, I./Nuber, C. 1979: Qualifizierung für Industriearbeit im Umbruch. Die Ablösung von Anlernung durch Ausbildung in Großbetrieben von Stahl und Chemie. Frankfurt a.M./New York: Campus
Dribbusch, H. 2010: Tarifkonkurrenz als gewerkschaftspolitische Herausforderung: Ein Beitrag zur Debatte um Tarifeinheit. WSI-Diskussionspapiere 172. Düsseldorf: WSI in der HBS
Dribbusch, H./Birke, P. 2019: Gewerkschaften in Deutschland. Herausforderungen in Zeiten des Umbruchs. Berlin: Friedrich-Ebert-Stiftung
Dribbusch, H./Vandaele, K. 2016: Comparing Official Strike Data in Europe – Dealing with Varieties of Strike Recording. In: Transfer. European Review of Labour and Research, Vol. 22, No. 3, S. 413–418
Driori, G./Meyer, J. W. (eds.) 2006: Scientization: Making a World Safe for Organizing. Cambridge: Cambridge University Press
Driori, G./Meyer, J. W./Hwang, H. (eds.) 2006: Globalization and Organization. Oxford: Oxford University Press
Drucker, P. F. 1949/1950: Gesellschaft am Fließband. Eine Anatomie der industriellen Ordnung. Frankfurt a.M.: Verlag der Frankfurter Hefte
Drucker, P. F. 1959: Landmarks of Tomorrow. New York: Harper
Drucker, P. F. 1968: The Age of Discontinuity. New York: Harper
Drucker, P. F. 1993: Post-Capitalist Society. New York: Harper
Drury, H. B. 1922: Wissenschaftliche Betriebsführung. Eine geschichtliche und kritische Würdigung des Taylorsystems. München/Berlin: Oldenbourg [zuerst u.d.T. Scientific Management. A History and Criticism. New York: Columbia University 1915]
Dubet, F. 2008: Ungerechtigkeiten. Zum subjektiven Ungerechtigkeitsempfinden am Arbeitsplatz. Hamburg: Hamburger Edition
Dufour, C./Hege, A. 2002: L'Europe syndicale au quotidien. La représentation des salariés en France, Allemagne, Grande-Bretagne et Italie. Bruxelles u.a.O.: Lang
Dukino, C./Friedrich, M./Ganz, W./Hämmerle, M./Kötter, F./Meiren, T./Neuhüttler, J./Renner, T./ Schuler, S./Zaiser, H. 2020: Künstliche Intelligenz in der Unternehmenspraxis. Stuttgart: Fraunhofer Verlag
Dulac, T./Coyle-Shapiro, J./Henderson, D. J./Wayne, S. J. 2008: Not All Responses to Breach Are the Same: The Interconnection of Social Exchange and Psychological Contract Processes in Organizations. In: Academy of Management Journal, Vol. 51, No. 6, S. 1079–1098
Düll, K./Bechtle, G. 1988: Die Krise des normierten Verhandlungssystems – Rationalisierungsstrategien und industrielle Beziehungen im Betrieb. In: Bolte, K. M. (Hg.): Mensch, Arbeit und Betrieb. Weinheim: VCH, S. 215–244
Düll, K./Böhle, F. 1980: Der Zusammenhang von Arbeitsorganisation und Entlohnung. München: ISF München
Dunkel, W./Hanekop, H./Mayer-Ahuja, N. (Hg.) 2019: Blick zurück nach vorn. Sekundäranalysen zum Wandel von Arbeit nach dem Fordismus. Frankfurt a.M./New York: Campus
Dunkel, W./Kratzer, N. 2016: Zeit- und Leistungsdruck bei Wissens- und Interaktionsarbeit. Neue Steuerungsformen und subjektive Praxis. Baden-Baden: edition sigma bei Nomos
Dunkel, W./Sauer, D. 2006: Von der Allgegenwart der verschwindenden Arbeit. In: Dies. (Hg.): Von der Allgegenwart der verschwindenden Arbeit. Neue Herausforderungen für die Arbeitsforschung. Berlin: edition sigma, S. 9–20
Dunkel, W./Voß, G. G. (Hg.) 2004: Dienstleistung als Interaktion. München/Mering: Hampp

Dunkel, W./Weihrich, M. (Hg.) 2012: Interaktive Arbeit. Theorie, Praxis und Gestaltung von Dienstleistungsbeziehungen. Wiesbaden: Springer VS

Dunkel, W./Weihrich, M. 2014: Interaktive Arbeit: Die soziale Dimension von Dienstleistungsarbeit. In: Sydow, J./Sadowski, D./Conrad, P. (Hg.): Arbeit – eine Neubestimmung. Berlin/Heidelberg: Springer, S. 245–289

Dunkel, W./Weihrich, M. 2018: Arbeit als Interaktion. In: Böhle, F./Voß, G. G./Wachtler, G. (Hg.): Handbuch Arbeitssoziologie (2. Aufl.). Band 1: Arbeit, Strukturen und Prozesse. Wiesbaden: Springer VS, S. 201–230

Dunlop, J. T. 1958: Industrial Relations Systems. New York: Holt

Durkheim, É. 1988 [zuerst 1893]: Über soziale Arbeitsteilung. Studie über die Organisation höherer Gesellschaften. Frankfurt a.M.: Suhrkamp

Dütsch, M./Struck, O. 2013: Geschlossene und offene Beschäftigungssysteme. Eine Analyse der Entwicklungen und Determinanten anhand beruflicher Mobilitätsprozesse. In: Haipeter, T./Mühge, G./Schmierl, K./Struck, O.: Berufliche Qualifikationen. Wiesbaden: Springer VS, S. 157–196

Dütsch, M./Struck, O. 2017: Betriebliche Beschäftigungssysteme und ungleiche Erwerbschancen. In: Forschungsverbund Sozioökonomische Berichterstattung (Hg.): Exklusive Teilhabe – ungenutzte Chancen. Dritter Bericht zur sozioökonomischen Entwicklung in Deutschland. Bielefeld: W. Bertelsmann, DOI: 10.3278/6004498w011

Dyk, S. van/Haubner, T. 2021: Community-Kapitalismus. Hamburg: Hamburger Edition

Ebbinghaus, B./Visser, J. 1997: Der Wandel der Arbeitsbeziehungen im westeuropäischen Vergleich. In: Hradil, S./Immerfall, S. (Hg.): Die westeuropäischen Gesellschaften im Vergleich. Opladen: Leske + Budrich, S. 333–376

Ebbinghaus, B./Visser, J. 2000: Trade Unions in Western Europe since 1945. London: Palgrave Macmillan

Eberling, M./Hielscher, V./Hildebrandt, E./Jürgens, K. 2004: Prekäre Balancen. Flexible Arbeitszeiten zwischen betrieblicher Regulierung und individuellen Ansprüchen. Berlin: edition sigma

Eccles, R. G./Nohria, N./Berkley, J. D. 1992: Beyond the Hype: Rediscovering the Essence of Management. Boston: Harvard Business School Press

The Economist 2015: Digital Taylorism. A Modern Version of "Scientific Management" Threatens to Dehumanise the Workplace, Ausgabe v. 12.09.2015, S. 63

Edelmann, D./Tippelt, R. 2008: Kompetenzentwicklung in der beruflichen Bildung und Weiterbildung. In: Prenzel, M./Gogolin, I./Krüger, H.-H. (Hg.): Kompetenzdiagnostik (Sonderheft 8 der Zeitschrift für Erziehungswissenschaft). Wiesbaden: VS Verlag, S. 129–146

Edwards, P. 1986: Conflict at Work: A Materialist Analysis of Workplace Relations, Oxford: Blackwell

Edwards, R. 1981: Herrschaft im modernen Produktionsprozeß. Frankfurt a.M./New York: Campus

Ehlscheid, C./Meine, H./Ohl, K. (Hg.) 2006: Handbuch Arbeit – Entgelt – Leistung. Tarifanwendung im Betrieb. Frankfurt a.M.: Bund

Ehn, P. 1988: Work-Oriented Design of Computer Artifacts. Stockholm: Arbetslivscentrum

Ehrenberg, A. 2011: Das Unbehagen an der Gesellschaft. Berlin: Suhrkamp

Eichlberger, D./Lettner, J./Scheuringer, C./Spitzer, K./Walch, M./Walch, M. 2018: Arbeitswelt und Digitalisierung. In: Stelzer-Orthofer, C. (Hg.): Erwerbsarbeit und Digitalisierung. Chancen und Risiken einer digitalisierten Arbeitswelt. Linz: Universität Linz Sozialwissenschaftliche Vereinigung, S. 17–48

Eichmann, H. 2003: Arbeiten in der New Economy. Wien: Guthmann-Peterson

Eichmann, H. 2006: Bereichsrezension: Entgrenzung der Arbeit. In: Soziologische Revue, Jg. 29, H. 1, S. 98–105

Eikhoff, D. 2004: Arbeitskraftunternehmer in der Kulturindustrie. In: Pongratz, H. J./Voß, G. G. (Hg.): Typisch Arbeitskraftunternehmer? Befunde der empirischen Arbeitsforschung. Berlin: edition sigma, S. 93–114

Ekstedt, E. 2018: Project Work, a Challenge to Traditional Work Life Institutions. In: International Journal of Managing Projects in Business, Vol. 12, No. 2, S. 267–281

Elias, F./Valarini, E. 2021: Von der charismatischen Herrschaft zum „digital leader": Führung im Wandel? In: Arbeit, Jg. 30, H. 3, S. 239–259

Elis, V. 2009: Von Amerika nach Japan – und zurück. Die historischen Wurzeln und Transformationen des Toyotismus. In: Zeithistorische Forschungen/Studies in Contemporary History, Jg. 6, H. 2, S. 255–275

Ellguth, P./Gerner, H.-D./Zapf, I. 2018: Flexible Arbeitszeitgestaltung wird immer wichtiger. IAB-Kurzbericht 15/2018. Nürnberg: IAB

Ellguth, P./Kohaut, S. 2010: Auf der Flucht? Tarifaustritte und die Rolle von Öffnungsklauseln. In: Industrielle Beziehungen, Jg. 17, H. 4, S. 345–371

Ellguth, P./Kohaut, S. 2014: Öffnungsklauseln – Instrument zur Krisenbewältigung oder Steigerung der Wettbewerbsfähigkeit. In: WSI-Mitteilungen, Jg. 67, H. 6, S. 439–449

Ellguth, P./Kohaut, S. 2021: Tarifbindung und betriebliche Interessenvertretung: Ergebnisse aus dem IAB-Betriebspanel 2020. In: WSI-Mitteilungen, Jg. 74, H. 4, S. 306–314

Ellguth, P./Kohaut, S. 2022: Tarifbindung und betriebliche Interessenvertretung: Aktuelle Ergebnisse aus dem IAB-Betriebspanel 2021. In: WSI-Mitteilungen, Jg. 75, H. 4, S. 328–336

Ellguth, P./Trinczek, R. 2016: Erosion der betrieblichen Mitbestimmung – Welche Rolle spielt der Strukturwandel. In: WSI-Mitteilungen, Jg. 69, H. 2, S. 172–182

Elster, F. 2007: Der Arbeitskraftunternehmer und seine Bildung. Bielefeld: transcript

Emery, F./Thorsrud, E. 1982 [zuerst 1970]: Industrielle Demokratie. Bericht über das norwegische Programm der industriellen Demokratie. Stuttgart/Wien: Huber

Emirbayer, M. 1997: Manifesto for a Relational Sociology. In: American Journal of Sociology, Vol. 103, No. 2, S. 281–317

Emirbayer, M./Goodwin, J. 1994: Network Analysis, Culture and the Problems of Agency. In: American Journal of Sociology, Vol. 99, No. 6, S. 1411–1454

Emirbayer, M./Johnson, V. 2008: Bourdieu and Organizational Analysis. In: Theory and Society, Vol. 37, No. 1, S. 1–44

Emmler, H./Kohlrausch, B. 2021: Homeoffice: Potenziale und Nutzung. Aktuelle Zahlen aus der HBS-Erwerbspersonenbefragung, Welle 1 bis 4. Policy Brief Nr. 52. Düsseldorf: WSI in der HBS

Emmler, H./Misterek, F. 2020: Mitbestimmung in Zahlen. In: Institut für Mitbestimmung und Unternehmensführung (I.M.U.) (Hg.): Mitbestimmung der Zukunft. Mitbestimmungsreport Nr. 58, Düsseldorf, S. 6–10

Engelhardt, A./Kajetzke, L. (Hg.) 2010: Handbuch Wissensgesellschaft. Theorien, Themen, Probleme. Bielefeld: transcript

Engels, F. 1972 [zuerst 1845]: Die Lage der arbeitenden Klasse in England. In: Marx-Engeks-Werke (MEW), Bd. 2. Berlin: Dietz, S. 225–506

Erbès-Seguin, S. (Hg.) 1995: Arbeit und Beschäftigung. Berlin: edition sigma

Erlinghagen, M. 2004: Die Restrukturierung des Arbeitsmarktes. Arbeitsmarktmobilität und Beschäftigungsstabilität im Zeitverlauf. Wiesbaden: VS Verlag

Ernst, A. 1998: Aufstieg – Anreiz – Auslese. Karrieremuster und Karriereverläufe von Akademikern in Japan. Opladen: Leske + Budrich

Ernst, D. 2012: Production and Innovation Networks, Global. In: Anheier, H. K./Juergensmeyer, M. (eds.): Encyclopedia of Global Studies. Thousand Oaks: Sage, S. 1392–1396

Erpenbeck, J. 2013: Was „SIND" Kompetenzen? In: Faix, W./Erpenbeck, J./Auer, M. (Hg.): Bildung. Kompetenzen. Werte. Stuttgart: Steinbeis-Edition, S. 297–353

Erpenbeck, J./Heyse, V. 1999: Die Kompetenzbiographie. Münster: Waxmann

Erpenbeck, J./Sauter, W. 2013: So werden wir lernen! Kompetenzentwicklung in einer Welt fühlender Computer, kluger Wolken und sinnsuchender Netze. Berlin/Heidelberg: Springer Gabler

Ertelt, S./Hirsch, B./Schnabel, C. 2017: Betriebsräte und andere Formen der betrieblichen Mitarbeitervertrtetung – Substitute oder Komplemente? In: Industrielle Beziehungen, Jg. 24, H. 3, S. 296–320

Esping-Andersen, G. 1990: The Three Worlds of Welfare Capitalism. Princeton: Princeton University Press

Etzkowitz, H./Leydesdorff, L. 2000: The Dynamics of Innovation: from National Systems and "Mode 2" to a Triple Helix of University-industry-government Relations. In: Research Policy, Vol. 29, No. 2, S. 109–123

EU (European Union) 2019: Interlinks between Migration and Development (prepared by Marta Latek). European Parliamentary Research Service EPRS PE 630.351. Brussels: EPRS

Eucken, W. 2004 [zuerst 1952]: Grundsätze der Wirtschaftspolitik (7. Aufl.). Tübingen: Mohr Siebeck

Eurofound 2015 a: Third European Company Survey – Direct and Indirect Employee Participation, Luxembourg. Internet: https://www.eurofound.europa.eu/sites/default/files/ef_publication/field_ef_document/ef1545en_0.pdf

Eurofound 2015 b: New Forms of Employment. Luxembourg: Publications Office of the European Union

Eurofound 2016: Mapping Key Dimensions of Industrial Relations, Luxembourg. Internet: https://www.eurofound.europa.eu/sites/default/files/ef_publication/field_ef_document/ef1630en.pdf

Eurofound 2017: Sixth European Working Conditions Survey – Overview Report (2017 update). Luxembourg: Publications Office of the European Union

Eurofound 2020: Industrial Relations: Developments 2015–2019. Challenges and Prospects in the EU Series. Luxembourg: Publications Office of the European Union

Eurofound 2020 a: Working Conditions in Sectors. Luxembourg: Publications Office of the European Union

Eurofound/Cedefop 2020: European Company Survey 2019: Workplace Practices Unlocking Employee Potential. European Company Survey 2019 Series. Luxembourg: Publications Office of the European Union

Europäische Kommission 1997: Eine neue Arbeitsorganisation im Geiste der Partnerschaft. Grünbuch. Luxemburg: Amt für Veröffentlichungen der Europäischen Gemeinschaften

European Commission 2010: Europe 2020. A Strategy for Smart, Sustainable and Inclusive Growth. Brussels

European Commission 2021: Industry 5.0 Towards a Sustainable, Human-centric and Resilient European Industry. Luxembourg: Publications Office of the European Union

Evangelista, R./Guerrieri, P./Meliciani, V. 2014: The Economic Impact of Digital Technologies in Europe. In: Economics of Innovation and New Technology, Vol. 23, No. 8, S. 802–824

Evans, G./Tilley, J. 2017: The New Politics of Class. The Political Exclusion of the British Working Class. Oxford: Oxford University Press

Evans, M./Kerber-Clasen, S. 2017: Arbeitsbeziehungen in der Care-Arbeit: Blockierte Aufwertung? In: WSI-Mitteilungen, Jg. 70, H. 3, S. 180–188

Evers, H.-D. 1987: Schattenwirtschaft, Subsistenzproduktion und informeller Sektor. Wirtschaftliches Handeln jenseits von Markt und Staat. In: Soziologie wirtschaftlichen Handelns (Sonderheft der Kölner Zeitschrift für Soziologie und Sozialpsychologie), S. 353–366

Fagerberg, J. 2005: Innovation: A Guide to the Literature. In: Fagerberg, J./Mowery, D./Nelson, R. R. (eds.): The Oxford Handbook of Innovation. Oxford: Oxford University Press, S. 1–27

Fagerberg, J./Martin, B. R./Andersen, E. S. (eds.) 2013: Innovation Studies. Evolution & Future Challenges. Oxford: University Press

Fairweather, G. W. 1967: Methods for Experimental Social Innovation. New York: Wiley

Falke, M. 2018: Betriebliche Sozialordnungen und Mitarbeiterverhalten. Augsburg/München: Hampp

Falkenberg, J. 2021: Taylors Agenten. Eine arbeitssoziologische Analyse mobiler Assistenzsysteme in der Logistik. Baden-Baden: edition sigma bei Nomos

Farrugia, D. 2019: Class and the Post-Fordist Work Ethic: Subjects of Passion and Subjects of Achievement in the Work Society. In: Sociological Review, Vol. 67, No. 5, S. 1086–1101

Faust, M. 2002: Karrieremuster von Führungskräften im Wandel. Der Fall Deutschland in vergleichender Perspektive. In: SOFI-Mitteilungen 30, S. 69–89

Faust, M./Bahnmüller, R./Fisecker, C. 2011: Das kapitalmarktorientierte Unternehmen. Externe Erwartungen, Unternehmenspolitik, Personalwesen und Mitbestimmung. Berlin: edition sigma

Faust, M./Jauch, P./Brünnecke, K./Deutschmann, C. 1994: Dezentralisierung von Unternehmen – Bürokratie- und Hierarchieabbau und die Rolle betrieblicher Arbeitspolitik. München/Mering: Hampp

Faust, M./Jauch, P./Notz, P. 2000: Befreit und entwurzelt: Führungskräfte auf dem Weg zum ‚internen Unternehmer'. München/Mering: Hampp

Faust, M./Kädtler, J./Wolf, H. (Hg.) 2017: Finanzmarktkapitalismus? Der Einfluss von Finanzialisierung auf Arbeit, Wachstum und Innovation. Frankfurt a.M./New York: Campus

Faust, M./Thamm, L. 2015: Wie viel „Finanzmarktkapitalismus" gibt es in Deutschland? Indikatoren der Kontroll-Finanzialisierung von 1990 bis heute. soeb-Working-Paper 2015-5. Göttingen: soeb

Fehmel, T. 2016: Zwischen De- und Re-Nationalisierung. Soziale Sicherung in Zeiten europäischer Krisen. Bericht der Gemeinsamen Tagung der Sektionen Sozialpolitik und Europasoziologie in der DGS. Research into Europeanization Working Paper Series Nr. 11/2016. Flensburg: Universität Flensburg. Internet: https://www.uni-flensburg.de/fileadmin/content/seminare/soziologie/dokumente/working-paper-series/euf-working-paper-11-2016.pdf

Felstead, A./Jewson, N./Walters, S. 2005: Changing Places of Work. Houndmills/Basingstoke: Palgrave Macmillan

Felt, U./Fouché, R./Miller, C. A./Smith-Doerr, L. (eds.) 2017: The Handbook of Science and Technology Studies. Cambridge: MIT Press

Fenwick, M./Vermeulen, E. P. M. 2019: The End of the Corporation. European Corporate Governance Institute (ECGI), Law Working Paper 482/2019. Brüssel: ECGI

Ferrary, M./Granovetter, M. 2009: The Role of Venture Capital Firms in Silicon Valley's Complex Innovation Network. In: Economy and Society, Jg. 38, H. 2, S. 326–359

Feuerstein, P. 2012: Viele Wege führen nach Indien. Reorganisation von Arbeit im Zuge der Internationalisierung der IT-Industrie. Göttingen: Universitätsverlag

Field, J./Burke, R. J./Cooper, C. L. (eds.) 2013: The SAGE Handbook of Aging, Work and Society. London: Sage

Fink-Cvetnic, T. 2020: Grenzen der Technisierung im Flugverkehr. Die Bedeutung menschlicher Arbeit in hoch automatisierten Systemen. Wiesbaden: Springer VS

Fischer, G./Lämmel, N./Mohr, J./Riedlinger, I. 2020: Zum Beispiel Pflege – Fragen an den arbeitssoziologischen Topos der Subjektivierung von Arbeit. In: GENDER – Zeitschrift für Geschlecht, Kultur und Gesellschaft, Jg. 12, H. 2, S. 45–60

Fischer, K./Reiner, C./Staritz, C. (Hg.) 2021: Globale Warenketten und ungleiche Entwicklung. Arbeit, Kapital, Konsum, Natur. Wien: Mandelbaum Verlag

Fischer, U./Späker, G./Weißbach, H.-J. 1994: Neue Entwicklungen bei der sozialen Gestaltung von Telearbeit. Fallstudien in ausgewählten Betrieben in Deutschland, England und der Schweiz (2. Aufl.), Dortmund: IuK-Institut

Fischer-Kowalski, M./Haas, W. 2016: Toward a Socioecological Concept of Human Labor. In: Haberl, H./Fischer-Kowalski, M./Krausmann, F./Winiwarter, V. (eds.): Social Ecology. Cham: Springer, S. 169–196

Fisher, A. 1939: Production, Primary, Secondary and Tertiary. In: The Economic Record, Vol. 15, No. 6, S. 24–38

Flecker, J. (Hg.) 2012: Arbeit in Ketten und Netzen. Die dynamische Vernetzung von Unternehmen und die Qualität der Arbeit. Berlin: edition sigma

Flecker, J. 2017: Arbeit und Beschäftigung. Eine soziologische Einführung. Wien: Facultas/UTB

Flecker, J. 2018: Die vielen Gesichter der Arbeit. Wien: Facultas

Flecker, J./Schönauer, A. 2016: The Production of „Placelessness“: Digital Service Work in Global Value Chains. In: Flecker, J. (ed.): Space, Place and Global Digital Work. London: Palgrave Macmillan, S. 11–30

Flecker, J./Schultheis, F./Vogel, B. (Hg.): 2014: Im Dienste öffentlicher Güter. Berlin: edition sigma

Fligstein, N. 2011: Die Architektur der Märkte. Wiesbaden: Springer VS

Fligstein, N./McAdam, D. 2012: A Theory of Fields. New York: Oxford University Press

Florian, M./Hillebrandt, F. (Hg.) 2006: Pierre Bourdieu: Neue Perspektiven für die Soziologie der Wirtschaft? Wiesbaden: VS Verlag

Florida, R. 2002: The Rise of the Creative Class ... and How It's Transforming Work, Leisure and Everyday Life. New York: Basic Books

Flüter-Hoffmann, C./Stettes, O. 2022: Homeoffice nach fast zwei Jahren Pandemie. Ein Rück- und Ausblick über die Verbreitung und Struktur der räumlichen und zeitlichen Flexibilisierung von Arbeit in Deutschland, Europa und den USA. Köln: Institut der deutschen Wirtschaft

Forba 2016: Arbeitszeit in der Diskussion: Fakten, Wünsche, Visionen in Europa. FORBA Trendreport 2. Wien: Forschungs- und Beratungsstelle Arbeitswelt. Internet: http://forba.at/de/publications/trendreport/index.html

Ford, H. 1923: Mein Leben und Werk. Leipzig: List

Forschungsunion/acatech (Hg.) 2013: Umsetzungsempfehlungen für das Zukunftsprojekt Industrie 4.0. Abschlussbericht des Arbeitskreises Industrie 4.0. Frankfurt a.M.

Foucault, M. 2004: Geschichte der Gouvernementalität, Bd. II. Frankfurt a.M.: Suhrkamp

Fourastié, J. 1949: Le Grand Espoir du XXe siècle. Progrès technique, progrès économique, progrès social. Paris: Presses Universitaires de France

Fourcade, M. 2007: Theories of Markets and Theories of Society. In: American Behavioral Scientist, Vol. 50, S. 1015–1034

Fox, A. 1974: Beyond Contract. Work, Power and Trust Relations. London: Faber and Faber

Frank, M. R./Autor, D./Bessen, J. E./Brynjolfsson, E./Cebrian, M./Deming, D. J. et al. 2019. Toward Understanding the Impact of Artificial Intelligence on Labor. In: Proceedings of the National Academy of Sciences, Vol. 116, No. 14, S. 6531–6539

Franken, R./Franken, S. 2018: Wandel von Managementfunktionen im Kontext der Digitalisierung. In: Hirsch-Kreinsen, H./Ittermann, P./Niehaus, J. (Hg.): Digitalisierung industrieller Arbeit: Die Vision Industrie 4.0 und ihre sozialen Herausforderungen. Baden-Baden: edition sigma bei Nomos, S. 99–120

Franz, C./Voss-Dahm, D. 2011: Ohne Studium (k)eine Führungsposition? Nach wie vor starke Bedeutung von beruflichen Bildungsabschlüssen bei Führungskräften in der Privatwirtschaft. IAQ-Report 2011-02, Duisburg: IAQ

Fraser, N. 2021: Gender, Capital, and Care. In: Browne, J. (ed.): Why Gender? Cambridge u.a.O.: Cambridge University Press, S. 144–169

Fraser, N./Honneth, A. 2003: Umverteilung oder Anerkennung? Frankfurt a.M.: Suhrkamp

Freeman, L. C. 2004: The Development of Social Network Analysis. A Study in the Sociology of Science. Vancouver, BC: Empirical Press

Frege, C./Godard, J. 2010: Cross-National Variation in Representation Rights and Governance at Work. In: Wilkinson, A./Gollan, P. J./Marchington, M./Lewin, D. (eds.): The Oxford Handbook of Participation in Organizations. Oxford: Oxford University Press, S. 526–551

Frege, C./Godard, J. 2014: Varieties of Capitalism and Job Quality – The Attainment of Civic Principles at Work in the United States and Germany. In: American Sociological Review, Vol. 79, No. 5, S. 942–965

Frege, C./Kelly, J. 2004: Varieties of Unionism: Strategies for Union Revitalization in a Globalizing Economy. Oxford: Oxford University Press

Frege, C./Kelly, J. (ed.) 2013: Comparative Employment Relations in the Global Economy, London/New York: Routledge

Frenkel, S. J./Korczynski, M./Shire, K. A./Tam, M. 1999: On the Front Line: Work Organization in the Service Economy. Ithaca, NY: ILR/Cornell University Press

Frerichs, F. 2015: Demografischer Wandel in der Erwerbsarbeit – Risiken und Potentiale alternder Belegschaften. In: Journal for Labour Market Research, Jg. 48, H. 3, S. 203–216

Freriks, R./Hauptmanns, P./Schmid, J. 1993: Die Funktion von Managementstrategien und -entscheidungen bei der Modernisierung des betrieblichen Produktionsapparats. In: Zeitschrift für Soziologie, Jg. 22, H. 6, S. 399–415

Frey, C. B./Osborne, M. A. 2013: The Future of Employment: How Susceptible are Jobs to Computerization? Oxford: Oxford University Press

Frey, C. B./Osborne, M. A. 2017: The Future of Employment: How Susceptible Are Jobs to Computerisation? In: Technological Forecasting and Social Change, Jg. 114, S. 254–280

Frey, M. 2004: Ist der „Arbeitskraftunternehmer" weiblich? In: Arbeit, Jg. 13, H. 1, S. 61–77

Frey, M. 2009: Autonomie und Aneignung in der Arbeit. Eine soziologische Untersuchung zur Vermarktlichung und Subjektivierung von Arbeit. München/Mering: Hampp

Frey, M./Heilmann, A./Lohr, K./Manske, A./Völker, S. (Hg.) 2010: Perspektiven auf Arbeit und Geschlecht. Transformationen, Reflexionen, Interventionen. München/Mering: Hampp

Freyer, H. 1955: Theorie des gegenwärtigen Zeitalters. Stuttgart: Deutsche Verlagsanstalt

Fricke, E./Notz, G./Schuchardt, W. 1982 b: Beteiligung im Humanisierungsprogramm. Zwischenbilanz 1974 bis 1980. Bonn: Verlag Neue Gesellschaft

Fricke, W. 2003: Dreißig Jahre staatlich geförderte Arbeitsgestaltung. Eine Bilanz. In: Peters, J./Schmitthenner, H. (Hg.): „Gute Arbeit" – Menschengerechte Arbeitsgestaltung als gewerkschaftliche Zukunftsaufgabe. Hamburg: VSA, S. 51–66

Fricke, W./Peter, G./Pöhler, W. 1982 a: Beteiligen, Mitgestalten, Mitbestimmen. Arbeitnehmer verändern ihre Arbeitsbedingungen. Köln: Bund

Friedberg, E. 1992: Zur Politologie von Organisationen. In: Küpper, W./Ortmann, G. (Hg.): Mikropolitik. Rationalität, Macht und Spiele in Organisationen (2., durchges. Aufl.). Opladen: Westdeutscher Verlag, S. 39–52

Friedman, A. 1977 a: Responsible Autonomy versus Direct Control over the Labour Process. In: Capital and Class, Vol. 1, No. 1, S. 43–57

Friedman, A. 1977 b: Industry and Labour. London/Basingstoke: Macmillan

Friedmann, G. 1959: Grenzen der Arbeitsteilung. Frankfurt a.M.: Europäische Verlagsanstalt

Frieling, E. 2003: Die Arbeitswissenschaft im Spannungsfeld zwischen Forschung und Betriebspraxis. In: Angewandte Arbeitswissenschaft, Nr. 177, S. 1–8

Frieling, E. 2006: Lernen und Arbeiten. In: Arnold, R./Lipsmeier, A. (Hg.): Handbuch der Berufsbildung (2. Aufl.). Wiesbaden: VS Verlag, S. 315–327

Frindert, J./Dribbusch, H./Schulten, T. 2021: WSI Arbeitskampfbilanz 2020. Streiks unter Bedingungen der Corona-Pandemie. WSI Report Nr. 66. Düsseldorf: WSI in der HBS

Fritz, M. 2017: Beschäftigungsregime im Vergleich. Opladen/Berlin/Toronto: Verlag Barbara Budrich

Fröbel, F./Heinrichs, J./Kreye, O. 1983: Die neue internationale Arbeitsteilung. Reinbek: Rowohlt

Fuchs, J./Weber, B. 2021: Neue Schätzungen für die Stille Reserve – erstmalig Anwendung des IAB-Konzepts auf Gesamtdeutschland. IAB-Forschungsbericht 6/2021. Nürnberg: IAB

Fuchs, T. 2006: Was ist gute Arbeit? Anforderungen aus Sicht von Erwerbstätigen. INQA-Bericht Nr. 19. Dortmund u.a.O.: Wirtschaftsverlag NW

Fuchs, T. 2007: Der DGB-Index Gute Arbeit. O. O. (Stadtbergen), Internet: https://index-gute-arbeit.dgb.de/veroeffentlichungen/zur-praxis/++co++2dca2efa-369a-11e4-bb1b-52540023ef1a

Fucini, J./Fucini, S. 1990: Working for the Japanese. Inside Mazda's American Auto Plant. New York: Macmillan

Funder, M. 1999 a: Mitbestimmungsforschung der Gegenwart. Erosion oder Stabilität? Zum Wandel der betrieblichen Interessenvertretung. In: Nutzinger, H. G. (Hg.): Perspektiven der Mitbestimmung: historische Erfahrungen und moderne Entwicklungen vor europäischem und globalem Hintergrund. Marburg: Metropolis, S. 169–191

Funder, M. 1999 b: Paradoxien der Reorganisation. München/Mering: Hampp

Funder, M. 2000: Entgrenzung von Organisationen – eine Fiktion? In: Minssen, H. (Hg.): Begrenzte Entgrenzungen. Wandlungen von Organisation und Arbeit. Berlin: edition sigma, S. 19–45

Funder, M. (Hg.) 2014: Gender Cage – Revisited. Handbuch zur Organisations- und Geschlechterforschung. Baden-Baden: Nomos

Funder, M. 2016: Geschlechterverhältnisse und Wirtschaft. In: Maurer, A. (Hg.): Handbuch Wirtschaftssoziologie. Wiesbaden: Springer VS, S. 443–469

Funder, M. (Hg.) 2017: Neo-Institutionalismus – Revisited. Bilanz und Weiterentwicklungen aus Sicht der Geschlechterforschung. Baden-Baden: Nomos

Funder, M. 2018 a: Betriebliche Organisation und Organisationsgesellschaft. In: Böhle, F./Voß, G. G./Wachtler, G. (Hg.): Handbuch Arbeitssoziologie (2. Aufl.). Band 2: Akteure und Institutionen. Wiesbaden: Springer VS, S. 133–176

Funder, M. 2018 b: Quo vadis Betriebsrat? Entwicklungstrends der betrieblichen Mitbestimmung. In: WSI-Mitteilungen, Jg. 71, H. 6, S. 497–504

Funder, M. 2019: Organisationssoziologie und Geschlechterforschung im Dialog. Victoria von Groddeck im Gespräch mit Maria Funder. In: Apelt, M./Bode, I./Hasse, R./Meyer, U./von Groddeck, V./Wilkesmann, M./Windeler, A. (Hg.): Handbuch Organisationssoziologie. Wiesbaden: Springer VS, DOI: 10.1007/978-3-658-15953-5_49-1

Funder, M./Gruhlich, J./Hossain, N. (Hg.) (i.E.): Diversität in Organisationen – Ein Handbuch zur Diversitäts- und Organisationsforschung, Baden-Baden: Nomos

Funder, M./Sproll, M. 2012: Symbolische Gewalt und Leistungsregime. Geschlechterungleichheit in der betrieblichen Arbeitspolitik. Münster: Westfälisches Dampfboot

Funder, M./Walden, K. 2017: Alte Fragen, neue Antworten? Reflexionen zum ‚Gender Cage' in Organisationen – Plädoyer für ein mehrdimensionales Analysemodell. In: Funder, M. (Hg.): Neo-Institutionalismus – Revisited. Bilanz und Weiterentwicklungen aus der Sicht der Geschlechterforschung. Baden-Baden: Nomos, S. 35–70

Fürstenberg, F. 1955: Die soziale Funktion der Leistungsanreize (incentives) im Industriebetrieb. In: Kölner Zeitschrift für Soziologie und Sozialpsychologie, Jg. 7, H. 4, S. 558–573

Fürstenberg, F. 1958: Der Betriebsrat – Strukturanalyse einer Grenzinstitution. In: Kölner Zeitschrift für Soziologie und Sozialpsychologie, Jg. 10, H. 3, S. 418–429

Fürstenberg, F. (Hg.) 1966/1975: Industriesoziologie I–III. Darmstadt/Neuwied: Luchterhand

Fürstenberg, F./Oesterdiekhoff, G. W. (Hg.) 2004: Globalisierung ohne Grenzen? Soziologische Beiträge zum Entgrenzungsdiskurs. Hamburg: Kovac

Galbraith, J. K. 1964: Tabus in Wirtschaft und Politik der USA. Reinbek: Rowohlt [zuerst u.d.T. The Liberal Hour. Boston: Houghton 1960]

Galbraith, J. K. 1968: Die moderne Industriegesellschaft. München/Zürich: Droemer-Knaur

Galiläer, L. 2004: Bedarfsstudie zur Konzeptentwicklung für Diagnoseinstrumente und Verfahren zur Entwicklung von Qualifizierungskonzepten. Abschlussbericht. Nürnberg: f-bb

Galiläer, L./Wende, R. 2008: Produktionsarbeit im Wandel. Ergebnisse einer Untersuchung einfacher Fachtätigkeiten in der Metall- und Elektroindustrie. In: Loebe, H./Severing, E. (Hg.): Qualifikationstrends – Erkennen, Aufbereiten, Transferieren. Bielefeld: Bertelsmann, S. 23–53

Galin, P./Novick, M. 1990: La Precarizacion del empleo en la Argentina. Buenos Aires: CLACSO. CIAT

Gallie, D. 2007: Production Regimes and the Quality of Employment in Europe. In: Annual Review of Sociology, Vol. 33, S. 85–104

Gallie, D. 2013: Direct Participation and the Quality of Work. In: Human Relations, Vol. 66, No. 4, S. 453–473

Gallie, D./Zhou, Y./Felstead, A./Green, F./Henseke,G. 2017: The Implications of Direct Participation for Organisational Commitment, Job Satisfaction and Affective Psychological Well-being: A Longitudinal Analysis. In: Industrial Relations Journal, Vol. 48, No. 2, S. 174–191

Gangl, M. 2006: Scar Effects of Unemployment: An Assessment of Institutional Complementarities. In: American Sociological Review, Vol. 71, S. 986–1013

Garibaldo, F./Telljohann, V. (eds.) 2010: The Ambivalent Character of Participation. New Tendencies in Worker Participation in Europe. Frankfurt a.M.: Lang

Gartner, A./Riessmann, F. 1974: The Service Society and the Consumer Vanguard. New York: Harper & Row

Gatermann, I./Fleck, M. (Hg.) 2010: Innovationsfähigkeit sichert Zukunft. Beiträge zum 2. Zukunftsforum des BMBF. Berlin: Duncker & Humblot

Gather, G. 1970: Partizipation. Aspekte politischer Kultur. Geistige und strukturelle Bedingungen, Gestaltungsbereiche, Modelle und Partizipationsformen. Opladen: Westdeutscher Verlag

Gautié, J./Schmitt, J. (eds.) 2010: Low-wage Work in the Wealthy World. New York: Russell Sage

Gazier, B. (ed.) 1999: Employability: Concepts and Policies. Berlin: Institute for Applied Socio-Economics

Geels, F. W. 2002: Technological Transitions as Evolutionary Reconfiguration Processes. A Multi-level Perspective and a Case-study. In: Research Policy, Vol. 31, No. 8/9, S. 1257–1274

Geels, F. W. 2020: Micro-foundations of the Multi-level Perspective on Socio-technical Transitions: Developing a Multi-dimensional Model of Agency through Crossovers between Social Constructivism, Evolutionary Economics and Neo-institutional Theory. In: Technological Forecasting and Social Change, Vol. 152, S. 1–17

Gefken, A./Stockem, F./Böhnke, P. 2015: Subjektive Umgangsformen mit prekärer Erwerbsarbeit – Zwischen Orientierung an und Ablösung von der Normalarbeitsgesellschaft. In: Berliner Journal für Soziologie, Jg. 25, H. 1, S. 111–131

Geiger, T. 1949: Die Klassengesellschaft im Schmelztiegel. Köln: Kiepenheuer

Geissler, B. 2018: Haushaltsarbeit und Haushaltsdienstleistungen. In: Böhle, F./Voß, G. G./Wachtler, G. (Hg.): Handbuch Arbeitssoziologie (2. Aufl.). Band 2: Akteure und Institutionen. Wiesbaden: Springer VS, S. 767–799

Gensicke, M./Herzog-Stein, A./Seifert, H./Tschersich, N. 2010: Einmal atypisch, immer atypisch beschäftigt? Mobilitätsprozesse atypischer und normaler Arbeitsverhältnisse im Vergleich. In: WSI-Mitteilungen, Jg. 63, H. 4, S. 179–187

Gensior, S./Mendius, H. G./Seifert, H. (Hg.) 2004: 25 Jahre SAMF. Perspektiven Sozialwissenschaftlicher Arbeitsmarktforschung. SAMF Arbeitspapier 2004/1. Cottbus

George, A./Bennett, A. 2005: Case Studies and Theory Development in the Social Sciences. Cambridge: MIT Press

Geppert, M./Dörrenbächer, C. 2014: Politics and Power within Multinational Corporations: Mainstream Studies, Emerging Critical Approaches and Suggestions for Future Research. In: International Journal of Management Reviews, Vol. 16, No. 2, S. 226–244

Geppert, M./Matten, D./Schmidt, P. 2006: Hintergründe und Probleme der Transnationalisierung multinationaler Unternehmungen: Globale Isomorphismen, national business systems und ‚transnationale soziale Räume'. In: Mense-Petermann, U./Wagner G. (Hg.): Transnationale Konzerne: Ein neuer Organisationstyp? Wiesbaden: VS Verlag, S. 86–120

Gerber, C. 2020: Crowdworker*innen zwischen Autonomie und Kontrolle. Die Stabilisierung von Arbeitsteilung durch algorithmisches Management. In: WSI-Mitteilungen, Jg. 73, H. 3, S. 182–192

Gerber, C./Krzywdzinski, M. 2019: Entgrenzung in der digitalen Onlinearbeit am Beispiel von Crowdwork. In: Hanau, H./Matiaske, W. (Hg.): Entgrenzung von Arbeitsverhältnissen. Arbeitsrechtliche und sozialwissenschaftliche Perspektiven. Baden-Baden: Nomos, S. 25–47

Gereffi, G. 1994: The Organization of Buyer-driven Global Commodity Chains: How U.S. Retailers Shape Overseas Production Network. In: Ders./Korseniewicz, M. (eds.): Commodity Chains and Global Capitalism. Westport: Praeger, S. 95–122

Gereffi, G. 1999: International Trade and Industrial Upgrading in the Apparel Commodity Chain. In: Journal of International Economics, Vol. 48, No. 1, S. 37–70

Gereffi, G. 2005: The Global Economy: Organization, Governance, and Development. In: Smelser, N. J./Swedberg, R. (eds.): The Handbook of Economic Sociology (2nd ed.). Princeton: Princeton University Press, S. 160–182

Gereffi, G./Humphrey, J./Sturgeon, T. 2005: The Governance of Global Value Chains. In: Review of International Political Economy, Vol. 12, No. 1, S. 78–104

Gergs, H.-J./Lakeit, A. 2020 a: Agilität braucht Stabilität: Mit Ambidextrie Neues schaffen und Bewährtes bewahren. Stuttgart: Schäffer-Poeschel

Gergs, H.-J./Lakeit, A. 2020 b: Netzwerke brauchen Hierarchie. Warum Unternehmen weiterhin Hierarchien brauchen und was sie von der Frauenbewegung, von Don Corleone und vom Taoismus lernen können. In: Geramanis, O./Hutmacher, S. (Hg.): Der Mensch in der Selbstorganisation: Kooperationskonzepte für eine dynamische Arbeitswelt. Wiesbaden: Springer Gabler, S. 71–84

Gerhardt, J. 1929: Rationalisierung. In: Handwörterbuch der Staatswissenschaften. Ergänzungsband zur 4. Aufl. Jena: G. Fischer, S. 708–760

Gerring, J. 2006: Case Study Research. Principles and Practices. Cambridge: Cambridge University Press

Gershuny, J. 1978: After Industrial Society? The Emerging Self-Service Economy. London: Macmillan

Gershuny, J. 1981: Die Ökonomie der nachindustriellen Gesellschaft. Frankfurt a.M./New York: Campus

Gerst, D. 2013: Was lässt sich aus der Debatte um die High Performance Work Systems (HPWS) lernen? In: Zeitschrift für Arbeitswissenschaft, Jg. 67, H. 1, S. 23–29

Gerst, D. 2019: Künstliche Intelligenz und Autonome Systeme. Herausforderungen für die Arbeitssystemgestaltung. In: Hirsch-Kreinsen, H./Karačić, A. (Hg.): Autonome Systeme und Arbeit. Perspektiven, Herausforderungen und Grenzen der Künstlichen Intelligenz in der Arbeitswelt. Bielefeld: transcript, S. 102–138

Gerst, D. 2020: Geschäftsmodelle mitentwickeln: Ein neues Handlungsfeld der Betriebsräte. In: WSI-Mitteilungen, Jg. 73, H. 4, S. 295–299

GfA (Gesellschaft für Arbeitswissenschaft) (Hg.) 2009: Schwerpunktheft: Humanisierung der Arbeit. Zeitschrift für Arbeitswissenschaft, H. 2. Stuttgart: Ergonomia

Giddens, A. 1988: Die Konstitution der Gesellschaft. Grundzüge einer Theorie der Strukturierung. Frankfurt a.M./New York: Campus

Giddens, A. 1990: The Consequences of Modernity. Stanford: Stanford University Press. [Kontinentale Ausgabe: Cambridge: Polity Press 1991]

Giegel, H.-J./Frank, G./Billerbeck, U. 1988: Industriearbeit und Selbstbehauptung. Opladen: Leske + Budrich

Giering, O. 2022: Künstliche Intelligenz und Arbeit: Betrachtungen zwischen Prognose und betrieblicher Realität. In: Zeitschrift für Arbeitswissenschaft, Jg. 76, H. 1, S. 50–64

Giesecke, J./Groß, M. 2012: Soziale Schließung und die Strukturierung externer Arbeitsmärkte. In: Krause, A./Köhler, C. (Hg.): Arbeit als Ware – Zur Theorie flexibler Arbeitsmärkte. Bielefeld: transcript, S. 91–115

Gildemeister, R./Wetterer, A. (Hg.) 2007: Erosion oder Reproduktion geschlechtlicher Differenzierungen? Widersprüchliche Entwicklungen in professionalisierten Berufsfeldern und Organisationen. Münster: Westfälisches Dampfboot

Gill, K. S. (ed.) 1996: Human Machine Symbiosis. The Foundations of Human-centred Systems Design. London: Springer

Gilligan, C. 1982: In a Different Voice: Psychological Theory and Women's Development. Cambridge: Harvard University Press

Gleichstellungsbericht der Bundesregierung 2011: Neue Wege – Gleiche Chancen. Gleichstellung von Frauen und Männern im Lebensverlauf, Gutachten der Sachverständigenkommission an das Bundesministerium für Familie, Senioren, Frauen und Jugend für den ersten Gleichstellungsbericht der Bundesregierung. Bundestags-Drs. 17/6240. Berlin

Glick Schiller, N./Çaglar, A. 2008: Migrant Incorporation and City Scale: Towards a Theory of Locality in Migration Studies. Willy Brandt Series of Working Papers in International Migration and Ethnic Relations 2/07. Malmö: Malmö University

Godard, J. 2004: A Critical Assessment of the High-Performance Paradigm. In: British Journal of Industrial Relations, Vol. 42, No. 2, S. 349–378

Godehardt, B. 1994: Telearbeit. Rahmenbedingungen und Potentiale. Opladen: Westdeutscher Verlag

Godin, B. 2012: Social Innovation: Utopias of Innovation from c.1830 to the Present. Project on the Intellectual History of Innovation. Working Paper No. 11. Montreal, Quebec. Internet: www.csiic.ca/PDF/SocialInnovation_2012.pdf

Godwyn, M./Gittel, J. H. (eds.) 2012: Sociology of Organizations. Structures and Relationships. Thousand Oaks: Sage

Goebel, J./Krause, P. 2016: Einkommensentwicklung: Verteilung, Angleichung, Armut und Dynamik. In: Datenreport 2016. Hrsg. v. Statistischen Bundesamt u. dem Wissenschaftszentrum Berlin. Bonn: Bundeszentrale für politische Bildung, S. 178–190

Golden, L./Glosser, S. 2013: Work Sharing as a Potential Policy Tool for Creating More and Better Employment: A Review of the Evidence. In: Messenger, J. C./Ghosheh, N. (Hg.): Work Sharing: New Developments during the Great Recession and Beyond. Cheltenham/Genf: Edward Elgar/ILO, S. 203–258

Goldmann, M./Richter, G. 1991: Beruf und Familie: Endlich vereinbar? Teleheimarbeit von Frauen. Dortmund: Montania

Goldthorpe, J./Lockwood, D./Becherhofer, F./Platt, J. 1968: The Affluent Worker: Industrial Attitudes and Behavior. Cambridge: Cambridge University Press

Gomm, R./Hammersley, M./Foster, P. 2000: Case Study and Generalization. In: Dies. (eds.): Case Study Method. Key Issues, Key Texts. London/Thousand Oaks/New Delhi: Sage, S. 98–115

Gorz, A. 1989: Kritik der ökonomischen Vernunft. Berlin: Rotbuch

Gorz, A. 1999: Arbeit zwischen Misere und Utopie. Frankfurt a.M.: Suhrkamp

Gorz, A. 2004: Wissen, Wert und Kapital. Zur Kritik der Wissensökonomie. Zürich: Rotpunktverlag

Gottl-Ottlilienfeld, F. v. 1926: Fordismus. Über Industrie und technische Vernunft (3., erw. Aufl.). Jena: G. Fischer

Gotto, B. 2019: Ein schöngeredeter Misserfolg? Erinnerungen an das 1976er Mitbestimmungsgesetz. Arbeitspapier aus der Kommission „Erinnerungskulturen der sozialen Demokratie", Internet: https://www.erinnerungskulturen.boeckler.de/forschung-14003.htm.

Gottschall, K. 2001: Zwischen tertiärer Krise und tertiärer Zivilisation. Zur sozialwissenschaftlichen Analyse von Dienstleistungsgesellschaften. In: Berliner Journal für Soziologie, Jg. 11, H. 2, S. 217–235

Gottschall, K. 2018 a: Arbeit, Beschäftigung und Arbeitsmarkt aus der Genderperspektive. In: Böhle, F./Voß, G. G./Wachtler, G. (Hg.): Handbuch Arbeitssoziologie (2. Aufl.), Band 2: Akteure und Institutionen. Wiesbaden: Springer VS, S. 361–395

Gottschall, K. 2018 b: Arbeit, Beschäftigung und Arbeitsmarkt aus der Genderperspektive. In: Abraham, M./Hinz, T. 2018: Arbeitsmarktsoziologie. Probleme, Theorien, empirische Befunde (3. Aufl.). Wiesbaden: Springer VS, S. 361–395

Gottschall, K./Voß, G. G. (Hg.) 2003: Entgrenzung von Arbeit und Leben. Zum Wandel der Beziehungen zwischen Erwerbstätigkeit und Privatleben im Alltag. München/Mering: Hampp

Gouldner, A. W. 1960: The Norm of Reciprocity: A Preliminary Statement. In: American Sociological Review, Vol. 25, No. 2, S. 161–178

Gouldner, A. W. 1965: Wildcat Strike. New York: Harper

Grabka, M. M./Göbler, K. (unter Mitarb. v. Bradand, C.) 2020: Der Niedriglohnsektor in Deutschland. Falle oder Sprungbrett für Beschäftigte? Gütersloh: Bertelsmann Stiftung

Gramsci, A. 2007: Amerika und Europa. Gramsci-Reader, hg. v. T. Barfuss. Hamburg: Argument Verlag

Granovetter, M. 1973: The Strength of Weak Ties. In: American Journal of Sociology, Vol. 78, No. 6, S. 1360–1380

Granovetter, M. 1985: Economic Action and Social Structure: The Problem of Embeddedness. In: American Journal of Sociology, Vol. 91, No. 3, S. 481–510

Granovetter, M. 1992: The Old and the New Economic Sociology: A History and an Agenda. In: Friedland, R./Robertson, A. (eds.): Beyond the Marketplace. Rethinking Economy and Society. New York: de Gruyter, S. 89–112

Granovetter, M. 1995 [zuerst 1974]: Getting a Job: A Study of Contacts and Careers (2nd ed.). Chicago/London: University of Chicago Press

Granovetter, M./Swedberg, R. (eds.) 2011: The Sociology of Economic Life (2nd ed.). Boulder: Westview

Gray, M. L./Suri, S. 2019: Ghost Work. How to Stop Silicon Valley from Building a New Global Underclass. Boston: Houghton Mifflin Harcourt

Grazian, D. 2020: Thank God it's Monday: Manhattan Coworking Spaces in the New Economy. In: Theory and Society, Vol. 49, No. 5–6, S. 991–1019

Greef, S. 2014: Gewerkschaften im Spiegel von Zahlen, Daten und Fakten. In: Schroeder, W. (Hg.) 2014: Handbuch Gewerkschaften in Deutschland. (2. Aufl.). Wiesbaden: Springer VS, S. 659–755

Greef, S./Schroeder, W./Sperling, H. J. 2020: Plattformökonomie und Crowdsourcing als Herausforderung für das deutsche Modell der Arbeitsbeziehungen. In: Industrielle Beziehungen, Jg. 27, H. 1, S. 205–226

Greenwood, R./Oliver, C./Lawrence, T./Meyer, R. E. (eds.) 2017: The SAGE Handbook of Organizational Institutionalism. Los Angeles u.a.O.: Sage

Greenwood, R./Oliver, C./Sahlin, K./Suddaby, R. (eds.) 2008: The Sage Handbook of Organizational Institutionalism. Los Angeles u.a.O.: Sage

Greif, M. (Hg.) 2007: Das Berufsbild der Ingenieurinnen und Ingenieure im Wandel. VDI-Report, Bd. 37. Düsseldorf: VDI

Greif, M. 2007 a: Das Berufsbild der Ingenieurin und des Ingenieurs – eine Einführung. In: Dies. (Hg.): Das Berufsbild der Ingenieurinnen und Ingenieure im Wandel. VDI-Report, Bd. 37. Düsseldorf: VDI, S. 7–16

Greifenstein, R. 2011: Perspektiven der Unternehmensmitbestimmung in Deutschland. Ungerechtfertigter Stillstand auf der politischen Baustelle? Expertise im Auftrag der Abteilung Wirtschafts- und Sozialpolitik der Friedrich-Ebert-Stiftung. Bonn: Friedrich-Ebert-Stiftung

Greifenstein, R./Jansen, P./Kißler, L. 1993: Gemanagte Partizipation. Qualitätszirkel in der deutschen und der französischen Automobilindustrie. München/Mering: Hampp

Greifenstein, R./Kißler, L. 2010: Mitbestimmung im Spiegel der Forschung. Eine Bilanz der empirischen Untersuchungen 1952–2010. Berlin: edition sigma

Greinert, W.-D. 2004: Die europäischen Berufsausbildungs„systeme" – Überlegungen zum theoretischen Rahmen der Darstellung ihrer historischen Entwicklung. In: Berufsbildung. Sonderheft 32, S. 18–26

Greinert, W.-D. 2006: Geschichte der Berufsausbildung in Deutschland – Handbuchartikel in: Arnold, R./Lipsmeier, A. (Hg.): Handbuch der Berufsbildung (2. Aufl.). Wiesbaden: VS Verlag, S. 499–508

Greinert, W.-D. 2008: Beschäftigungsfähigkeit und Beruflichkeit – zwei konkurrierende Modelle der Erwerbsqualifizierung? In: Berufsbildung in Wissenschaft und Praxis 4/2008, S. 9–12

Gresh, A./Radvanyi, J./Rekacewicz, P. (Hg.) 2009: Atlas der Globalisierung. Sehen und verstehen, was die Welt bewegt. Berlin: TAZ/Le Monde diplomatique

Gressel, R./Monz, A./Vogl G. 2019: Zur Ortsgebundenheit mobiler Arbeit. In: Arbeits- und Industriesoziologische Studien, Jg. 12, H. 1, S. 86–102

Grimshaw, D./Fagan, C./Hebson, G./Tavora, I. (eds.) 2017: Making Work More Equal. A New Labour Market Segmentation Approach. Manchester: Manchester University Press

Groddek, V. von/Wilz, S. M. (Hg.) 2015 a: Formalität und Informalität in Organisationen. Wiesbaden: Springer VS

Groddeck, V. von/Wilz, S. M. 2015 b: Auf dem Papier und zwischen den Zeilen. Formalität und Informalität in Organisationen. In: Dies. (Hg.): Formalität und Informalität in Organisationen. Wiesbaden: Springer VS, S. 7–33

Gross, P. 1983: Die Verheißungen der Dienstleistungsgesellschaft. Soziale Befreiung oder Sozialherrschaft? Opladen: Westdeutscher Verlag

Gross, P./Badura, B. 1977: Sozialpolitik und soziale Dienste. Entwurf einer Theorie personenbezogener Dienstleistungen. In: Ferber, Ch. v./Kaufmann, F.-X. (Hg.): Soziologie und Sozialpolitik (Sonderheft 19 der KZFSS). Opladen: Westdeutscher Verlag, S. 361–385

Groß, H./Seifert, H. (Hg.) 2010: Zeitkonflikte. Renaissance der Arbeitszeitpolitik. Berlin: edition sigma

Gruhlich, J./Kutzner, E./Lengersdorf, D. (Hg.) 2020: Geschlecht, Arbeit, Organisation. Schwerpunktheft der Zeitschrift GENDER – Zeitschrift für Geschlecht, Kultur und Gesellschaft, Jg. 12, H. 2

Grundlagen der wissenschaftlichen Arbeitsorganisation 1974. Berlin: Verlag Die Wirtschaft

Guest, D. E. 1998: Is the Psychological Contract Worth Taking Seriously? In: Journal of Organizational Behavior, Vol. 19, Special Issue, S. 649–664

Guest, D. E. 2002: Perspectives on the Study of Work-Life Balance. In: Social Science Information, Vol. 41, No. 2, S. 255–279

Guest, D. E. 2017: Human Resource Management and Employee Well-being: Towards a New Analytic Framework. In: Human Resource Management Journal, Vol. 27, No. 1, S. 22–38

Guggemos, P./Conrads, R. 2021: Zur Verankerung demografiebezogener Themen in Tarifverträgen und Betriebsvereinbarungen. Beobachtungen und Einschätzungen. In: Richter, G. (Hg.): Arbeit und Altern. Eine Bilanz nach 20 Jahren Forschung und Praxis. Baden-Baden: Nomos, S. 217–253

Gül, K./Boes, A./Kämpf, T. 2016: Lebensphasensensible Entwicklungs- und Karrierekonzepte: Was brauchen die Beschäftigten? In: Gerlmaier, A./Gül, K./Hellert, U./Kämpf, T./Latniak, E. (Hg.): Praxishandbuch lebensphasenorientiertes Personalmanagement. Wiesbaden: Springer Gabler, S. 143–170

Gumbrell-McCormick, R./Hyman, R. 2013: Trade Unions in Western Europe. Hard Times, Hard Choices. Oxford: Oxford University Press

Gurland, A. R. L. 1969: Zur Theorie der sozial-ökonomischen Entwicklung der gegenwärtigen Gesellschaft. In: Adorno, Th. W. (Hg.): Spätkapitalismus oder Industriegesellschaft? Verhandlungen des 16. Deutschen Soziologentages. Stuttgart: Enke, S. 49–62

Haas, H. de/Castles, S./Miller, M. J. 2019: The Age of Migration. International Population Movements in the Modern World (6th ed.). London: Macmillan/Red Globe Press

Habermas, J. 1973: Arbeit und Interaktion. Bemerkungen zu Hegels Jenenser „Philosophie des Geistes". In: Habermas, J.: Technik und Wissenschaft als „Ideologie". Frankfurt a.M.: Suhrkamp, S. 9–47

Habermas, J. 1981: Theorie des kommunikativen Handelns. Band 2: Zur Kritik der funktionalistischen Vernunft. Frankfurt a.M.: Suhrkamp

Hack, L. 1994: Industriesoziologie. In: Kerber, H./Schmieder, A. (Hg.): Spezielle Soziologien. Problemfelder, Forschungsbereiche, Anwendungsorientierungen. Reinbek: Rowohlt, S. 40–74

Hack, L./Brose, H.-G./Czasny, K./Hack, I./Hager, F./Moser, R./Viesel, K. 1979: Leistung und Herrschaft: soziale Strukturzusammenhänge subjektiver Relevanzen bei jüngeren Industriearbeitern. Frankfurt a.M./New York: Campus

Hack, L./Hack, I. 1985: Die Wirklichkeit, die Wissen schafft. Zum wechselseitigen Begründungsverhältnis von ‚Verwissenschaftlichung der Industrie' und ‚Industrialisierung der Wissenschaft'. Frankfurt a.M./New York: Campus

Hacker, W. 2004: Leistungs- und Lernfähigkeit älterer Menschen. In: Cranach, M. v./Schneider, H. D./Winkler, R./Ulich, E. (Hg.): Ältere Menschen im Unternehmen. Chancen, Risiken, Modelle. Bern: Haupt, S. 163–174

Haipeter, T. 2009: Tarifabweichungen und Flächentarifverträge: Eine Analyse der Regulierungspraxis in der Metall- und Elektroindustrie. Wiesbaden: VS Verlag

Haipeter, T. 2010: Betriebsräte als neue Tarifakteure. Zum Wandel der Mitbestimmung bei Tarifabweichungen. Berlin: edition sigma

Haipeter, T. 2011: Rückenwind für die Betriebsräte. Eine Analyse betrieblicher Modernisierungskampagnen in der Metall- und Elektroindustrie. Berlin: edition sigma

Haipeter, T. 2012: Sozialpartnerschaft in und nach der Krise: Entwicklungen und Perspektiven. In: Industrielle Beziehungen, Jg. 19, H. 4, S. 387–411

Haipeter, T. 2014: Das ungewisse Extra. Die Widersprüche erfolgsabhängiger Entgelte – am Beispiel der Metall- und Elektroindustrie. Berlin: edition sigma

Haipeter, T. (Hg.) 2016: Angestellte Revisited. Arbeit, Interessen und Herausforderungen für Interessenvertretungen. Wiesbaden: Springer VS

Haipeter, T. 2016 a: Variety of Strategies. Arbeitgeberverbände ohne Tarifbindung in Deutschland. In: Zeitschrift für Politikwissenschaft, Jg. 26, Sonderheft 2/16, S. 75–91

Haipeter, T. 2019: Interessenvertretung in der Industrie 4.0. Das gewerkschaftliche Projekt Arbeit 2020. Baden-Baden: edition sigma bei Nomos

Haipeter, T. 2020: Flexibilität unter Kontrolle? Entwicklungen und Herausforderungen der Tarifabweichungen in der Metall- und Elektroindustrie. In: Industrielle Beziehungen, Jg. 27, H. 4, S. 481–500

Haipeter, T. 2021: Between Industry and Establishment: Recent Developments in German Collective Bargaining and Codetermination. In: Labour & Industry: A Journal of the Social and Economic Relations of Work (online), DOI 10.1080/10301763.2021.1901333

Haipeter, T./Bromberg, T./Slomka, C. 2017: Angestellte als Machtquelle. Neue Initiativen der Interessenvertretung von Industrieangestellten im Betrieb. Wiesbaden: Springer VS

Haipeter, T./Dörre, K. (Hg.) 2011: Gewerkschaftliche Modernisierung. Wiesbaden: VS Verlag

Haipeter, T./Hertwig, M./Rosenbohm, S. (Hg.) 2019: Vernetzt und verbunden. Koordinationsprobleme im Mehrebenensystem der Arbeitnehmervertretung. Wiesbaden: Springer VS

Haipeter, T./Hoose, F./Rosenbohm, S. (Hg.) 2021: Arbeitspolitik in digitalen Zeiten. Entwicklungslinien einer nachhaltigen Regulierung und Gestaltung von Arbeit. Baden-Baden: edition sigma bei Nomos

Haipeter, T./Jürgens, U./Wagner, K. 2012: Employment Relations in the Banking and Automotive Industries in Germany. In: International Journal of Human Resource Management, Vol. 23, No. 10, S. 2016–2033

Haipeter, T./Kümmerling; A. 2022: Working Time Related Crisis Response Measures during the Covid-19 Pandemic. In: Messenger, J. (ed.): ILO Global Report on Working Time. Genf (i.E.)

Haipeter, T./Latniak, E./Lehndorff, S. 2016: Arbeit und Arbeitsregulierung im Finanzmarktkapitalismus. Chancen und Grenzen eines soziologischen Analysekonzepts. Wiesbaden: Springer VS

Haipeter, T./Schilling, G. 2006: Arbeitgeberverbände in der Metall- und Elektroindustrie. Tarifbindung, Organisationsentwicklung und Strategiebildung. Hamburg: VSA

Hall, A./Sevindik, U. 2020: Einfacharbeit in Deutschland – wer arbeitet was und unter welchen Bedingungen? Ergebnisse aus der BIBB/BAuA-Erwerbstätigenbefragung 2018. Bonn: Bundesinstitut für Berufsbildung

Hall, D. T. (ed.) 1996: The Career Is Dead – Long Live the Career. A Relational Approach to Careers. San Francisco: Jossey-Bass Publishers

Hall, P. A. 2006: Stabilität und Wandel in den Spielarten des Kapitalismus. In: Beckert, J./Ebbinghaus, B./Hassel, A./Manow, P. (Hg.): Transformationen des Kapitalismus. Frankfurt a.M./New York: Campus, S. 181–204

Hall, P. A. 2014: Varieties of Capitalism and the Euro Crisis. In: West European Politics, Vol. 37, No. 6, S. 1223–1243

Hall, P. A./Gingerich, D. W. 2009: Varieties of Capitalism and Institutional Complementarities in the Economy: An Empirical Analysis. In: British Journal of Political Science, Vol. 39, No. 3, S. 449–482

Hall, P. A./Soskice, D. W. (eds.) 2001 a: Varieties of Capitalism: The Institutional Foundations of Comparative Advantage. Oxford: Oxford University Press

Hall, P. A./Soskice, D. W. 2001 b: An Introduction to Varieties of Capitalism. In: Hall, P. A./Soskice, D. W. (eds.): Varieties of Capitalism: The Institutional Foundations of Comparative Advantage. Oxford: Oxford University Press, S. 1–68

Hammer M./Champy, J. 1994: Business Reengineering. Die Radikalkur für das Unternehmen. Frankfurt a.M./New York: Campus

Hammermann, A./Niendorf, M./Schmidt, J. 2019: Age Diversity and Innovation: Do Mixed Teams of 'Old and Experienced' and 'Young and Restless' Employees Foster Companies' Innovativeness? IAB-Discussion Paper. Nürnberg: IAB

Hancké, B./Rhodes, M./Thatcher, M. (eds.) 2007: Beyond Varieties of Capitalism. Oxford: Oxford University Press

Hancké, B./Rhodes, M./Thatcher, M. 2007 a: Introduction: Beyond Varieties of Capitalism. In: Dies. (eds.): Beyond Varieties of Capitalism. Oxford: Oxford University Press, S. 3–38

Handrich, C./Koch-Falkenberg, C./Voß, G. G. 2016: Professioneller Umgang mit Zeit- und Leistungsdruck. Baden-Baden: edition sigma bei Nomos

Hans-Böckler-Stiftung/IG Metall (Hg.) 1992: Lean Production. Kern einer neuen Unternehmenskultur und einer innovativen und sozialen Arbeitsorganisation? Baden-Baden: Nomos

Hardering, F. 2018: Die Sinnsuche der Generation Y. Zum Wandel von Ansprüchen an den Sinn (in) der Arbeit. In: Badura, B./Ducki, A./Schröder H./Klose J./Meyer, M. (Hg.): Fehlzeiten-Report 2018. Sinn erleben – Arbeit und Gesundheit. Berlin: Springer, S. 75–83

Hardering, F./Will-Zocholl, M./Hofmeister, H. 2015: Sinn der Arbeit und sinnvolle Arbeit: Zur Einführung. In: Arbeit, Jg. 24, H. 1–2, S. 3–12

Hardt, M./Negri, A. 2002: Empire. Die neue Weltordnung. Frankfurt a.M./New York: Campus

Harnisch, M./Müller, K.-U./Neumann, M. 2018: Teilzeitbeschäftigte würden gerne mehr Stunden arbeiten, Vollzeitbeschäftigte lieber reduzieren. DIW-Wochenbericht 38. Berlin: DIW

Harrison, B. 1994: Lean and Mean. The Changing Landscape of Corporate Power in the Age of Flexibility. New York: Basic Books

Harrison, D./Széll, G./Bourque, R. (eds.) 2009: Social Innovation, the Social Economy and World Economic Development. Democracy and Labour Rights in the Era of Globalization, Frankfurt a.M. u.a.O.: Peter Lang

Hartley, J. 2004: Case Study Research. In: Cassell, C. (ed.): Essential Guide to Qualitative Methods in Organizational Research. London: Sage, S. 323–333

Hartmann, M. 1984: Rationalisierung im Widerspruch. Ursachen und Folgen der EDV-Modernisierung in Industrieverwaltungen. Frankfurt a.M./New York: Campus

Hartmann, M. 1996: Topmanager. Die Rekrutierung einer Elite. Frankfurt a.M./New York: Campus

Hartmann, M. 2002: Der Mythos von den Leistungseliten. Spitzenkarrieren und soziale Herkunft in Wirtschaft, Politik, Justiz und Wissenschaft. Frankfurt a.M./New York: Campus

Hartmann, M. 2007: Eliten und Macht in Europa. Ein internationaler Vergleich, Frankfurt a.M./New York: Campus

Hartmann, M. 2009: Die transnationale Klasse – Mythos oder Realität? In: Soziale Welt, Jg. 60, H. 3, S. 285–303

Hartmann, M. 2015: Topmanager 2015. Die transnationale Klasse – Mythos oder Realität revisited. In: Soziale Welt, Jg. 66, H. 1, S. 37–53

Hartmann, M. 2016: Die globale Wirtschaftselite. Eine Legende. Frankfurt a.M./New York: Campus

Hartmann, M. 2018: Economic Elites. In: Best, H./Higley, J. (Hg.): The Palgrave Handbook of Political Elites. London: Palgrave Macmillan, S. 399–416

Hartmann, M. 2020: Nichts Neues an der Spitze der Großunternehmen!? Die deutsche Wirtschaftselite zwischen 1970 und 2020. In: Berliner Journal für Soziologie, Jg. 30, H. 3, S. 347–368

Harvard Business Manager 2010: Work-Life Balance, Vol. 30, H. 1

Harvard Business School (ed.) 2000: Harvard Business Review on Work and Life Balance. Boston: Harvard Business School Press

Hasse, R./Krücken, G. 2005: Neo-Institutionalismus. Bielefeld: transcript

Hassel, A. 1999: The Erosion of the German System of Industrial Relations. In: British Journal of Industrial Relations, Vol. 37, No. 4, S. 483–505

Hassel, A./Schroeder, W. 2018: Gewerkschaften 2030: Rekrutierungsdefizite, Repräsentationslücken und neue Strategien der Mitgliederpolitik. WSI Report Nr. 44. Düsseldorf: WSI in der HBS

Haubner, T. 2017: Die Ausbeutung der sorgenden Gemeinschaft. Laienpflege in Deutschland. Frankfurt a.M./New York: Campus

Haubner, T. 2021: „Da könnte es ja auch ein weniger Ausgebildeter machen". Freiwilligenarbeit in den Sozialberufen. In: WSI-Mitteilungen, Jg. 74, H. 5, S. 364–373

Haubner, T./Pongratz, H. J. 2021: Die ganze Arbeit! Für eine transversale Arbeitssoziologie. In: Arbeits- und Industriesoziologische Studien, Jg. 14, H. 2, S. 8–26

Haug, F. 2011: Die Vier-in-einem-Perspektive als Leitfaden für Politik. In: Das Argument Nr. 291, S. 241–250

Hausen, K. 1978: Die Polarisierung der „Geschlechtscharaktere" – Eine Spiegelung der Dissoziation von Erwerbs- und Familienleben. In: Rosenbaum, H. (Hg.): Seminar: Familie und Gesellschaftsstruktur. Materialien zu den sozioökonomischen Bedingungen von Familienformen. Frankfurt a.M.: Suhrkamp, S. 161–191

Hauser-Ditz, A./Hertwig, M./Pries, L. 2008: Betriebliche Interessenregulierung in Deutschland. Arbeitnehmervertretung zwischen demokratischer Teilhabe und ökonomischer Effizienz. Frankfurt a.M./New York: Campus

Hauser-Ditz, A./Hertwig, M./Pries, L. 2012: Verbetrieblichung und betrieblicher Konflikt. In: Kölner Zeitschrift für Soziologie und Sozialpsychologie, Jg. 64, H. 2, S. 329–359

Hauser-Ditz, A./Hertwig, M./Pries, L./Rampeltshammer, L. 2010: Transnationale Mitbestimmung? Zur Praxis europäischer Betriebsräte in der Automobilindustrie. Frankfurt a.M./New York: Campus

Häußermann, H./Siebel, W. 1995: Dienstleistungsgesellschaften. Frankfurt a.M.: Suhrkamp

Hayter, S./Weinberg, B., 2011: Mind the Gap: Collective Bargaining and Wage Inequality. In: Hayter, S. (ed.): The Role of Collective Bargaining in the Global Economy. Negotiating for Social Justice. Cheltenham: Edward Elgar, S. 136–168

Hearn, J. 2014: The Power of the Transnational: On Gender, Men, Work, Labour Markets and Organizations within Transpatriarchies. In: Gruhlich, J./Riegraf, B. (Hg.): Geschlecht und transnationale Räume. Feministische Perspektiven auf neue Ein- und Ausschlüsse. Münster: Westfälisches Dampfboot, S. 104–120

Heath, C. 1986: Body Movement and Speech in Medical Interaction. Cambridge: Cambridge University Press

Hebeisen, W. 1999: F. W. Taylor und der Taylorismus. Über das Wirken und die Lehre Taylors und die Kritik am Taylorismus. Zürich: vdf Hochschulverlag

Heiden, M./Jürgens, K. 2013: Kräftemessen. Betriebe und Beschäftigte im Reproduktionskonflikt. Berlin: edition sigma

Heidenreich, M./Barmeyer, C./Koschatzky, K./Mattes, J./Baier, E./ Krüth, K. 2012: Multinational Enterprises and Innovation: Regional Learning in Networks. London/New York: Routledge

Heil, B./Kuhlmann, M. 2016: „Die da oben, wir hier unten" – Arbeits- und Betriebsverständnis von Industriearbeitern. In: WSI-Mitteilungen, Jg. 69, H. 7, S. 521–529
Heiland, H./Brinkmann, U. 2020: Liefern am Limit. Wie die Plattformökonomie die Arbeitsbeziehungen verändert. In: Industrielle Beziehungen, Jg. 27, H. 1, S. 120–140
Heine, H./Mautz, R. 1989: Industriearbeiter contra Umweltschutz? Frankfurt a.M./New York: Campus
Heinz, W. R. 1995: Arbeit, Beruf und Lebenslauf. Eine Einführung in die berufliche Sozialisation. Weinheim/München: Juventa
Heinze, R. G./Naegele, G. 2010: Integration und Vernetzung – Soziale Innovation im Bereich sozialer Diensten. In: Howaldt, J./Jacobsen, H. (Hg.): Soziale Innovation. Auf dem Weg zu einem postindustriellen Innovationsparadigma. Wiesbaden: Springer VS
Heinze, R. G./Streeck, W. 2003: Optionen für den Einstieg in den Arbeitsmarkt, oder: Ein Lehrstück für einen gescheiterten Politikwechsel. In: Vierteljahreshefte zur Wirtschaftsforschung, Jg. 72, H. 1, S. 25–35
Held, D./McGrew, A./Goldblatt, D./Perraton, J. 1999: Global Transformations. Politics, Economics, and Culture. Stanford: Stanford University Press
Helfen, M. 2014: Netzwerkförmige Tertialisierung und triangularisierte Beschäftigung: Braucht es eine interorganisationale Personalpolitik? In: Sydow, J./Sadowski, D./Conrad, P. (Hg.): Arbeit – eine Neubestimmung. Managementforschung, Bd. 24. Wiesbaden: Springer Gabler, S. 171–206
Helfen, M./Nicklich, M. 2013: Zwischen institutioneller Kontinuität und De-Institutionalisierung: Industrielle Dienstleistungen als Parallelwelt überbetrieblicher Arbeitsbeziehungen. In: Berliner Journal für Soziologie, Jg. 23, H. 3–4, S. 471–491
Helfen, M./Nicklich, M./Fortwengel, J. 2017: Enacting Global Competition in Local Supply Chain Environments: German "Chemieparks" and the Micro-politics of Employment Relations in a CME. In: International Journal of Human Resource Management, Vol. 28, No. 8, S. 2656–2683
Helfferich, C. 2011: Die Qualität qualitativer Daten. Manual für die Durchführung qualitativer Interviews. Wiesbaden: VS Verlag
Hellpach, W. 1925: Die Erziehung der Arbeit. In: Das Problem der Industriearbeit. Zwei Vorträge, gehalten auf der Sommertagung 1924 des Deutschen Werkbundes. Berlin: Springer, S. 39–70
Henderson, J./Dicken, P./Hess, M./Coe, N./Yeung, H. W.-C. 2002: Global Production Networks and the Analysis of Economic Development. In: Review of International Political Economy, Vol. 9, No. 3, S. 436–464
Hendry, C. 2003: Applying Employment Systems Theory to the Analysis of National Models of HRM. In: The International Journal of Human Resource Management, Vol. 14, No. 8, S. 1430–1442
Henneberger, F. 2010: Zentrale Theorien und etwas Empirie zur Analyse des kollektiven Handelns von Unternehmen. In: Schroeder, W./Weßels, B. (Hg.): Handbuch Arbeitgeber- und Wirtschaftsverbände in Deutschland. Wiesbaden: VS Verlag, S. 126–145
Henneberger, F. 2017: Zentrale Theorien und etwas Empirie zur Analyse des kollektiven Handelns von Unternehmen. In: Schroeder, W./Weßels, B. (Hg.): Handbuch Arbeitgeber- und Wirtschaftsverbände in Deutschland (2. Aufl.). Wiesbaden: Springer VS, S. 173–198
Henning, C. H. C. A./Wald, A. 2019: Toward a Wiser Projectification: Macroeconomic Effects of Firm-level Project Work. In: International Journal of Project Management, Vol. 37, No. 6, S. 807–819
Hentrich, J./Latniak, E. 2013: Rationalisierungsstrategien im demografischen Wandel. Handlungsfelder, Leitbilder und Lernprozesse. Wiesbaden: Springer Gabler
Hermann, C. 2008: Kampf um Arbeitszeit. Ein Überblick. In: Prokla, Jg. 38, H. 150, S. 83–102
Hermann, C. 2014: Capitalism and the Political Economy of Working Time. London/New York: Routledge
Herrigel, G. 2010: Manufacturing Possibilities. Creative Action and Industrial Recomposition in the US, Germany and Japan. Oxford: Oxford University Press

Herrigel, G./Wittke, V. 2005: Varieties of Vertical Disintegration: The Global Trend Toward Heterogeneous Supply Relations and the Reproduction of Difference in US and German Manufacturing. In: Morgan, G./Moen, E./Whitley, R. (eds.): Changing Capitalisms: Internationalisation, Institutional Change and Systems of Economic Organization. Oxford: Oxford University Press, S. 312–351

Hertel, G./Thielgen, M./ Rauschenbach, C./Grube, A./Stamov-Roßnagel, C./Krumm, S. 2013: Age Differences in Motivation and Stress at Work. In: Schlick, C. M./Frieling, E./Wegge, J. (eds.): Age-Differentiated Work-Systems. Wiesbaden: Springer, S. 119–147

Hertog, J. F. den/Schröder, P. 1989: Social Research for Technological Change. Lessons from National Programmes in Europe and North America. Maastricht: MERIT 89-028

Hertwig, M. 2013: Zur Logik kollektiver Partizipation in Betrieben ohne Betriebsrat. Formen und Interessenvertretungschancen ‚Anderer Vertretungsorgane'. In: Industrielle Beziehungen, Jg. 20, H. 3, S. 199–220

Hertwig, M./Papsdorf, C. 2017: Varieties of Sharing. Handlungsorientierungen, Strukturen und Arbeitsbedingungen eines neuartigen Feldes. In: Berliner Journal für Soziologie, Jg. 27, H. 3–4, S. 521–546

Hertwig, M./Papsdorf, C. 2022: Online-Arbeitsmärkte im Spannungsfeld von Plattform und Community. Ein Systematic Literature Review zu plattformbasierter Arbeit. In: Dolata, U./Schrape, J.-F. (Hg.): Internet, Big Data und digitale Plattformen: Politische Ökonomie – Kommunikation – Regulierung (Sonderheft 62 der KZfSS). Wiesbaden: Springer VS, S. 81–107

Hertwig, M./Wirth, C. 2021: Praktiken der Onsite-Werkvertragsnutzung in Deutschland. Management, Arbeit und Interessenvertretung. Baden-Baden: Nomos

Hieming, B./Jaehrling, K./Kalina, T./Vanselow, A./Weinkopf, C. 2005: Stellenbesetzungsprozesse im Bereich „einfacher" Dienstleistungen. Berlin: Bundesministerium für Wirtschaft und Arbeit

Hilbert, J./Sperling, H. J. 1990: Die kleine Fabrik. Beschäftigung, Technik und Arbeitsbeziehungen. München/Mering: Hampp

Hildebrandt, E. 1997: Nachhaltige Lebensführung unter den Bedingungen sozialer Krise – einige Überlegungen. In: Brand, K.-W. (Hg.): Nachhaltige Entwicklung: eine Herausforderung an die Soziologie. Opladen: Leske + Budrich, S. 235–249

Hildebrandt, E./Jürgens, U./Oppen, M./Teipen, C. (Hg.) 2007: Arbeitspolitik im Wandel. Entwicklung und Perspektiven der Arbeitspolitik. Berlin: edition sigma

Hildebrandt, E./Seltz, R. (Hg.) 1987: Managementstrategien und Kontrolle. Eine Einführung in die Labour-Process-Debatte. Berlin: edition sigma

Hildebrandt, E./Seltz, R. 1989: Wandel betrieblicher Sozialverfassung durch systemische Kontrolle? Die Einführung computergestützter Produktionsplanungs- und Steuerungssysteme im bundesdeutschen Maschinenbau. Berlin: edition sigma

Hildebrandt, E./Wotschack, P./Kirschbaum, A./Pfahl, S. 2009: Zeit auf der hohen Kante. Langzeitkonten in der betrieblichen Praxis und Lebensgestaltung von Beschäftigten. Berlin: edition sigma

Hillmann, K.-H. 1994: Wörterbuch der Soziologie. Stuttgart: Kröner

Hiltrop, J.-M. 1995: The Changing Psychological Contract: The Human Resource Challenge of the 1990 s. In: European Management Journal, Vol. 13, No. 3, S. 286–294

Hipp, L./Leuze; K. 2015: Institutionelle Determinanten einer partnerschaftlichen Aufteilung von Erwerbsarbeit in Europa und den USA. In: Kölner Zeitschrift für Soziologie und Sozialpsychologie, Jg. 67, H. 4, S. 659–684

Hirsch, J. 2001: Postfordismus: Dimension einer neuen kapitalistischen Formation. In: Hirsch, J./Jessop, B./Poulantzas, N. (Hg.): Die Zukunft des Staates. Hamburg: VSA, S. 175–209

Hirsch, J./Roth, R. 1986: Das neue Gesicht des Kapitalismus. Vom Fordismus zum Post-Fordismus. Hamburg: VSA

Hirschhorn, L. 1984: Beyond Mechanization. Cambridge, MA: MIT Press

Hirsch-Kreinsen, H. 1995: Dezentralisierung: Unternehmen zwischen Stabilität und Desintegration. In: Zeitschrift für Soziologie, Jg. 24, H. 6, S. 422–435

Hirsch-Kreinsen, H. 2008 a: „Low-tech" Innovations. In: Industry & Innovation, Vol. 15, No. 1, S. 19–43

Hirsch-Kreinsen, H. 2008 b: Lohnarbeit. In: Maurer, A. (Hg.): Handbuch der Wirtschaftssoziologie. Wiesbaden: VS Verlag, S. 268–290

Hirsch-Kreinsen, H. 2009: Entgrenzung von Unternehmen und Arbeit. In: Beckert, J./Deutschmann, C. (Hg.): Wirtschaftssoziologie (Sonderheft 49 der KZfSS). Wiesbaden, S. 447–465

Hirsch-Kreinsen, H. 2011: Finanzmarktkapitalismus und technologische Innovationen. In: Zeitschrift für Soziologie, Jg. 40, H. 5, S. 356–370

Hirsch-Kreinsen, H. 2015: Digitalisierung von Arbeit: Folgen, Grenzen und Perspektiven. Soziologisches Arbeitspapier, Nr. 43/2015. TU Dortmund

Hirsch-Kreinsen, H. 2016: Digitalisierung und Einfacharbeit (WISO Diskurs 12/2016). Bonn: Friedrich-Ebert-Stiftung

Hirsch-Kreinsen, H. 2017: Digitalisierung industrieller Einfacharbeit: Entwicklungspfade und arbeitspolitische Konsequenzen. In: Arbeit, Jg. 26, H. 1, S. 7–32

Hirsch-Kreinsen, H. 2020: Digitale Transformation von Arbeit. Entwicklungstrends und Gestaltungsansätze. Stuttgart: Kohlhammer

Hirsch-Kreinsen, H. 2021: Pfadabhängigkeit digitalisierter Industriearbeit: In vielen Betrieben ereignen sich keine disruptiven Veränderungen. Interview mit H. Hirsch-Kreinsen. In: SPW, H. 242, S. 73–77

Hirsch-Kreinsen, H./Ittermann, P./Abel, J. 2012: Industrielle Einfacharbeit – Kern eines sektoralen Produktions- und Arbeitssystems. In: Alewell, D./Struck, O. (Hg.): Beschäftigungssysteme (Sonderheft der Industriellen Beziehungen, Jg. 19, H. 2). München/Mering: Hampp, S. 187–210

Hirsch-Kreinsen, H./Ittermann, P./Falkenberg, J. (Hg.) 2019 a: Szenarien digitalisierter Einfacharbeit. Konzeptionelle Überlegungen und empirische Befunde aus Produktion und Logistik. Baden-Baden: Nomos.

Hirsch-Kreinsen, H./Ittermann, P./Falkenberg, J. 2019 b: Entwicklungsperspektiven und Handlungsnotwendigkeiten. In: Hirsch-Kreinsen, H./Ittermann, P./Falkenberg, J. (Hg.): Szenarien digitalisierter Einfacharbeit. Baden-Baden: Nomos, S. 213–220

Hirsch-Kreinsen, H./Ittermann, P./Niehaus, J. 2018 (Hg.): Digitalisierung industrieller Arbeit. Die Vision Industrie 4.0 und ihre sozialen Herausforderungen (2. Aufl.). Baden-Baden: edition sigma bei Nomos

Hirsch-Kreinsen, H./Karačić, A. 2019: Autonome Systeme und Arbeit. Perspektiven, Herausforderungen und Grenzen der Künstlichen Intelligenz in der Arbeitswelt. Bielefeld: transcript

Hirsch-Kreinsen, H./Minssen, H. (Hg.) 2011: Einfacharbeit – Ein vernachlässigter Sektor der Arbeitsforschung. Schwerpunktheft Zeitschrift Arbeit, Jg. 20, H. 3

Hirsch-Kreinsen, H./Schultz-Wild, R./Köhler, C./Behr, M. v. 1990: Einstieg in die rechnerintegrierte Produktion – Alternative Entwicklungspfade der Industriearbeit im Maschinenbau. Frankfurt a.M./New York: Campus

Hirsch-Kreinsen, H./Wannöffel, M. 2003: Netzwerke kleiner Unternehmen. Praktiken und Besonderheiten internationaler Zusammenarbeit. Berlin: edition sigma

Hislop, D./Axtell, C. 2007: The Neglect of Spatial Mobility in Contemporary Studies of Work: The Case of Telework. In: New Technology, Work and Employment, Vol. 22, No. 1, S. 34–51

Hislop, D./Axtell, C. 2015: The Work-related Affordances of Business Travel: A Disaggregated Analysis of Journey Stage and Mode of Transport. In: Work, Employment & Society, Vol. 29, No. 6, S. 950–968

Hiß, S./Fessler, A./Griese, G./Nagel, S./Woschnack, D. 2020: Nachhaltigkeit und Finanzmarkt. Zur soziologischen Vermessung eines Reflexionsraums. Wiesbaden: Springer VS

Hochschild, A. R. 1983: The Managed Heart. Commercialization of Human Feeling. Berkeley: University of California Press

Hochschild, A. R. 1997: The Time Bind: When Work Becomes Home and Home Becomes Work. New York: Metropolitan Books [dt. Ausgabe: Hochschild 2002]

Hochschild, A. R. 2002: Keine Zeit. Wenn die Firma zum Zuhause wird und Zuhause nur die Arbeit wartet. Opladen: Leske + Budrich

Hodgson, D./Briand, L. 2013: Controlling the Uncontrollable: „Agile" Teams and Illusions of Autonomy in Creative Work. In: Work, Employment and Society, Vol. 27, No. 2, S. 308–325

Hodgson, D. E./Cicmil, S. 2008: The Other Side of Projects: The Case for Critical Project Studies. In: International Journal of Managing Projects in Business, Vol. 1, No. 1, S. 142–152

Hoering, S./Kühl, S./Schulze-Fielitz, A. 2001: Homogenität und Heterogenität in der Gruppenzusammensetzung. Eine mikropolitische Studie über Entscheidungsprozesse in der Gruppenarbeit. In: Arbeit, Jg. 10, H. 4, S. 331–351

Hoffmann, U. 1980: Facharbeiter – Industrielle Arbeit als Beruf. Frankfurt a.M./New York: Campus

Hofmann, W. 1970: Ideengeschichte der sozialen Bewegung des 19. und 20. Jahrhunderts. Berlin: de Gruyter

Holdt, K. von 2012: Bodies of Defiance. In: Burawoy, M./Holdt, K. v. (eds.): Conversations with Bourdieu. The Johannesburg Moment. Johannesburg: Transaction, S. 67–73

Hollederer, A. 2021: Betriebliche Gesundheitsförderung in Deutschland für alle? Ergebnisse der BIBB-/BAuA-Erwerbstätigenbefragung 2018. In: Das Gesundheitswesen (online), DOI: 10.1055/a-1658-0125

Hollingsworth, J. R./Boyer, R. (eds.) 1997: Contemporary Capitalism: The Embeddedness of Institutions. Cambridge: Cambridge University Press

Hollingsworth, J. R./Schmitter, P. C./Streeck, W. (eds.) 1994: Governing Capitalist Economies. New York: Oxford University Press

Holm, J. R./Lorenz, E. 2015: Has „Discretionary Learning" Declined during the Lisbon Agenda? A Cross-sectional and Longitudinal Study of Work Organization in European Nations. In: Industrial and Corporate Change, Jg. 24, H. 6, S. 1179–1214

Holst, E./Maier, F. 1998: Normalarbeitsverhältnis und Geschlechterordnung. In: Mitteilungen aus der Arbeitsmarkt- und Berufsforschung, H. 3, S. 506–518

Holst, H./Niehoff, S./Fessler, A. 2022: Ein Jahr Corona – Die mittelfristigen Auswirkungen der Pandemie auf die Arbeitswelt. Technical Report. DOI: 10.13140/RG.2.2.35283.71205

Holtgrewe, U. 2005: Subjekte als Grenzgänger der Organisationsgesellschaft? In: Jäger, W./Schimank, U. (Hg.): Organisationsgesellschaft – Facetten und Perspektiven. Wiesbaden: VS Verlag, S. 344–368

Holtgrewe, U./Kerst, C. 2002: Zwischen Kundenorientierung und organisatorischer Effizienz — Callcenter als Grenzstellen. In: Soziale Welt, Jg. 53, H. 2, S. 141–159

Holtgrewe, U./Voswinkel, S. 2002: Kundenorientierung zwischen Mythos, Organisationsrealität und Eigensinn der Beschäftigten. In: Sauer, D. (Hg.): Dienst-Leistung(s)-Arbeit. München: ISF München, S. 99–118

Holtgrewe, U./Voswinkel, S./Wagner, G. (Hg.) 2000: Anerkennung und Arbeit. Konstanz: UVK

Holweg, C./Smith, T./Taglioni, D. 2017: Vietnam at a Crossroads. Engaging in the Next Generation of Global Value Chains. Washington: World Bank

Holweg, M. 2007: The Genealogy of Lean Production. In: Journal of Operations Management, Vol. 25, No. 2, S. 420–437

Holzer, B./Kastner, F./Werron, T. (eds.) 2014: From Globalization to World Society. Neo-Institutional and Systems-Theoretical Perspectives. London: Routledge

Holzinger, M. 2019: Alter Wein in neuen Schläuchen oder was ist neu am „neuen Postkolonialismus"? In: Soziologie, Jg. 48, H. 2, S. 174–184

Homburg, H. 1991: Rationalisierung und Industriearbeit. Arbeitsmarkt – Management – Arbeiterschaft im Siemens-Konzern Berlin 1900–1939. Berlin: Haude & Spener

Honneth, A. 1994: Kampf um Anerkennung. Frankfurt a.M.: Suhrkamp

Hopkins, T. K./Wallerstein, I. 1986: Commodity Chains in the World-Economy Prior to 1800. Review (Fernand Braudel Center), Vol. 10, No. 1, S. 157–170

Höpner, M. 2004 a: Was bewegt die Führungskräfte? Von der Agency-Theorie zur Soziologie des Managements. In: Soziale Welt, Jg. 55, H. 2, S. 263–282

Höpner, M. 2004 b: Unternehmensmitbestimmung unter Beschuss. Die Mitbestimmungsdebatte im Licht der sozialwissenschaftlichen Forschung. In: Industrielle Beziehungen, Jg. 11, H. 4, S. 347–379

Höpner, M. 2005: What Connects Industrial Relations and Corporate Governance? Explaining Institutional Complementarity. In: Socio-Economic Review, Vol. 3, No. 2, S. 331–358

Horodnic, I. A./Rodgers, P./Williams, C. C./Momtazian, L. 2018: The Informal Economy. Exploring Drivers and Practices. New York/London: Routledge

Hortleder, G. 1973: Ingenieure in der Industriegesellschaft. Zur Soziologie der Technik und der naturwissenschaftlich-technischen Intelligenz im öffentlichen Dienst und in der Industrie. Frankfurt a.M.: Suhrkamp

Hounshell, D. A. 1985: From the American System to Mass Production 1800–1932. Second Printing. Baltimore/London: The Johns Hopkins University Press

Howaldt, J./Jacobsen, H. 2010: Soziale Innovation. Auf dem Weg zu einem postindustriellen Innovationsparadigma. Wiesbaden: Springer VS

Howaldt, J./Kaletka, C./Schröder, A./Zirngiebl, M. (eds.) 2019: Atlas of Social Innovation. New Practices for a Better Future. München: Oekom

Howaldt, J./Kopp, R./Schwarz, M. 2014: Zur Theorie sozialer Innovationen. Tardes vernachlässigter Beitrag zur Entwicklung einer soziologischen Innovationstheorie. Weinheim/Basel: Beltz Juventa

Howaldt, J./Kopp, R./Schwarz, M. 2021: Diffusion. In: Blättel-Mink, B./Schulz-Schaeffer, I./Windeler, A. (Hg.): Handbuch Innovationsforschung – Sozialwissenschaftliche Perspektiven. Wiesbaden: Springer VS, S. 247–262

Howaldt, J./Oeij, P. R. A./Dhondt, S./Fruytier, B. 2016: Workplace Innovation and Social Innovation: An Introduction. In: World Review of Entrepreneurship, Management and Sustainable Development, Vol. 12, No. 1, S. 1–12

Howaldt, J./Schwarz, M. 2010: „Soziale Innovation" im Fokus. Skizze eines gesellschaftsinspirierten Forschungskonzepts. Bielefeld: transcript

Howaldt, J./Schwarz, M. 2021 a: Soziale Innovation. In: Blättel-Mink, B./Schulz-Schaeffer, I./Windeler. A. (Hg.): Handbuch Innovationsforschung – Sozialwissenschaftliche Perspektiven. Wiesbaden: Springer VS, S. 247–262

Howaldt, J./Schwarz, M. 2021 b: Social Innovation and Social Change. In: Howaldt, J./Kaletka, C./Schröder, A. (Hg.): Research Agenda for Social Innovation. Cheltenham: Edward Elgar, S. 39–57

Howell, D. R./Rehm, M. 2009: Unemployment Compensation and High European Unemployment: A Reassessment with New Benefit Indicators. In: Oxford Review of Economic Policy, Vol. 25, No. 1, S. 60–93

Hoxie, R. F. 1966 [zuerst 1915]: Scientific Management and Labor. New York: A. M. Kelley Publishers

Hradil, S. 2001: Soziale Ungleichheit in Deutschland. Opladen: Leske + Budrich

Huchler, N. (Hg.) 2008: Ein Fach wird vermessen. Positionen zur Zukunft der Disziplin Arbeits- und Industriesoziologie. Berlin: edition sigma

Huchler, N. 2013: Wir Piloten. Navigation durch die fluide Arbeitswelt. Berlin: edition sigma

Huchler, N. 2016: Die Grenzen der Digitalisierung. Neubestimmung der hybriden Handlungsträgerschaft zwischen Mensch und Technik und Implikationen für eine humane Technikgestaltung. In: HMD Praxis der Wirtschaftsinformatik, Jg. 53, H. 1, S. 109–123

Huchler, N. 2017: Grenzen der Digitalisierung von Arbeit – Die Nicht-Digitalisierbarkeit und Notwendigkeit impliziten Erfahrungswissens und informellen Handelns. In: Zeitschrift für Arbeitswissenschaft, Jg. 71, H. 4, S. 215–223

Huchler, N. 2019: Assimilierende vs. komplementäre Adaptivität. Grenzen teil-autonomer Systeme. In: Hirsch-Kreinsen, H./Karačić, A. (Hg.): Autonome Systeme und Arbeit. Perspektiven, Herausforderungen und Grenzen der Künstlichen Intelligenz in der Arbeitswelt. Bielefeld: transcript, S. 139–180

Huchler, N. 2022: Komplementäre Arbeitsgestaltung. Grundrisse eines Konzepts zur Humanisierung der Arbeit mit KI. In: Zeitschrift für Arbeitswissenschaft, Jg. 76, H. 2, S. 158–197
Huchler, N./Voß, G. G./Weihrich, M. 2007: Soziale Mechanismen im Betrieb. Theoretische und empirische Analysen zur Entgrenzung und Subjektivierung von Arbeit. München/Mering: Hampp
Hughes, A. M./Gregory, M. E./Joseph, D. L./Sonesh, S. C./Marlow, S. L./Lacerenza, C. N./Benishek, L. E./King, H. B./Salas, E. 2016: Saving Lives: A Meta-analysis of Team Training in Healthcare. In: Journal of Applied Psychology, Vol. 101, No. 9, S. 1266–1304
Hughes, T. P. 1987: The Evolution of Large Technological Systems. In: Bijker, W. E./Hughes, T. P./ Pinch, T. J. (eds.): The Social Construction of Technological Systems. Cambridge/London: MIT Press, S. 51–82
Hughes, T. P. 1991: Die Erfindung Amerikas. Der technologische Aufstieg der USA seit 1870. München: Beck
Hult, C./Svallfors, S. 2002: Production Regimes and Work Orientations: A Comparison of Six Western Countries. In: European Sociological Review, Vol. 18, No. 3, S. 315–331
Humphrey, J./Schmitz, H. 2002: How Does Insertion in Global Value Chains Affect Upgrading in Industrial Clusters? In: Regional Studies, Vol. 36, No. 9, S. 1017–1027
Hupfeld, J./Brodersen, S./Herdegen, R. 2013: Arbeitsbedingte räumliche Mobilität und Gesundheit (iga-report 25). Berlin/Essen: Initiative Gesundheit und Arbeit
Hurrelmann, K./Albrecht. E. 2014: Die heimlichen Revolutionäre: Wie die Generation Y unsere Welt verändert. Weinheim: Beltz
Hürtgen, S. 2017: Der subjektive gesellschaftliche Sinnbezug auf die eigene (Lohn-)Arbeit. Grundlage von Ansprüchen auf Gestaltung von Arbeit und Gesellschaft. In: Aulenbacher, B./Dammayr, M./Dörre, K./Menz, W./Riegraf, B./Wolf, H. (Hg.): Leistung und Gerechtigkeit. Das umstrittene Versprechen des Kapitalismus. Weinheim/Basel: Beltz Juventa, S. 210–227
Hürtgen, S./Lüthje, B./Schumm, W./Sproll, M. 2009: Von Silicon Valley nach Shenzhen: Globale Produktion und Arbeit in der IT-Industrie. Hamburg: VSA
Hürtgen, S./Voswinkel, S. 2014: Nichtnormale Normalität. Anspruchslogiken aus der Arbeitnehmermitte. Berlin: edition sigma
Huws, U. 2014: Labor in the Global Digital Economy. The Cybertariat Comes of Age. New York: Monthly Review Press
Huws, U. (ed.) 2021: Digitalisation, Labour and the Pandemic (Special Issue of Work Organisation, Labour & Globalisation, Vol. 15, No. 1). London: Pluto Press
Huws, U./Spencer, N./Joyce, S. 2016: Crowd Work in Europe: Preliminary Results from a Survey in the UK, Sweden, Germany, Austria and the Netherlands. FEPS-Studies, December 2016. O.O.: University of Hertfordshire/UNI Europa
Hyman, R. 2001: Understanding European Trade Unionism. Between Market, Class and Society. London u.a.O.: Sage
IAB (Institut für Arbeitsmarkt- und Berufsforschung) 2018: Berufe im Spiegel der Statistik. Online: http://bisds.iab.de
ifaa (Institut für angewandte Arbeitswissenschaft e. V.) (Hg.) 2020: Ganzheitliche Gestaltung mobiler Arbeit. Berlin: Springer Vieweg
Ilgen, D. R./Hollenbeck, J. R./Johnson, M./Jundt, D. 2005: Teams in Organizations: From Input-process-output Models to IMOI Models. In: Annual Review of Psychology, Vol. 56, S. 517–543
Ilmarinen, J. 2005: Towards a Longer Worklife! Ageing and the Quality of Worklife in the European Union. Helsinki: Finnish Institute of Occupational Health
ILO (International Labour Organization) 2017: Decent Work and the 2030 Agenda for Sustainable Development. Geneva: ILO
ILO (International Labour Organization) 2021: World Employment and Social Outlook 2021: The Role of Digital Labour Platforms in Transforming the World of Work. Geneva: ILO

Imai, M. 1986: Kaizen. The Key to Japan's Competitive Success. New York: Random House [dt. Ausgabe: Kaizen: Der Schlüssel zum Erfolg der Japaner im Wettbewerb. München: Wirtschaftsverlag Langen Müller Herbig 1986]
Imbusch, P./Rucht, D. 2007: Wirtschaftseliten und ihre gesellschaftliche Verantwortung. In: Aus Politik und Zeitgeschichte, Nr. 4–5, S. 3–9
INIFES (Internationales Institut für Empirische Sozialökonomie) (Hg.) 2013: Methodenbericht zur Weiterentwicklung des DGB-Index Gute Arbeit in der Erhebungsperiode 2011/2012. Stadtbergen: INIFES
INQA (Initiative Neue Qualität der Arbeit) 2015: Gewünschte und erlebte Arbeitsqualität. Die Arbeitssituation in deutschen Unternehmen aus Sicht der Beschäftigten. Berlin: INQA
IOM (International Organization for Migration) 2021: World Migration Report 2022. Geneva: IOM
Irani, L./Silberman, M. S. 2013: Turkopticon. Interrupting Worker Invisibility in Amazon Mechanical Turk. In: Proceedings of the SIGCHI Conference on Human Factors in Computing Systems, DOI: 10.1145/2470654.2470742
ISF/INIFES/IfS/SOFI (Hg.) 1993: Jahrbuch Sozialwissenschaftliche Technikberichterstattung 1993. Schwerpunkt: Produktionsarbeit. Berlin: edition sigma
Ittermann, P. 2009: Betriebliche Partizipation in Unternehmen der Neuen Medien. Innovative Formen der Beteiligung auf dem Prüfstand. Frankfurt a.M./New York: Campus
Ittermann, P./Kopp, R./Abel, J./Falkenberg, J. 2019 b: Szenario „Upgrading": „Better jobs at every level?". In: Hirsch-Kreinsen, H./Ittermann, P./Falkenberg, J. (Hg.): Szenarien digitalisierter Einfacharbeit. Konzeptionelle Überlegungen und empirische Befunde aus Produktion und Logistik. Baden-Baden: Nomos, S. 135–161
Ittermann, P./Ortmann, U./Virgillito, A./Walker, E.-M. 2019 a: Hat die Digitalisierung disruptive Folgen für Einfacharbeit? Kritische Reflexion und empirische Befunde aus Produktion und Logistik. In: Industrielle Beziehungen, Jg. 26, H. 2, S. 150–168
Ittermann, P./Virgillito, A. 2019: Einfacharbeit und Digitalisierung im Spiegel der Statistik. In: Hirsch-Kreinsen, H./Ittermann, P./Falkenberg, J. (Hg.): Szenarien digitalisierter Einfacharbeit. Baden-Baden: Nomos, S. 69–86
Ivanova, M./Bronowicka, J./Kocher, E./Degner, A. 2018: Foodora and Deliveroo: The App as a Boss? Working Paper Forschungsförderung Nr. 107. Düsseldorf: Hans-Böckler-Stiftung
Iversen, T. 2007: Economic Shocks and Varieties of Capitalism Responses. In: Hancké, B./Rhodes, M./Thatcher, M. (eds.): Beyond Varieties of Capitalism. Oxford: Oxford University Press, S. 278–306
Jäckel, M./Rövekamp, C. 2001: Alternierende Telearbeit. Akzeptanz und Perspektiven einer neuen Form der Arbeitsorganisation. Wiesbaden: Westdeutscher Verlag
Jackson, G./Deeg, R. 2006: How Many Varieties of Capitalism? Comparing the Comparative Institutional Analyses of Capitalist Diversity, MPIfG Discussion Paper 06/2. Köln: Max-Planck-Institut für Gesellschaftsforschung
Jacobsen, H. 2008: Dienstleistungsarbeit und Dienstleistungskultur. Zur Entwicklungsdynamik von Dienstleistungstätigkeiten. In: Zwengel, R. (Hg.): Gesellschaftliche Perspektiven: Arbeit und Gerechtigkeit. Jahrbuch der Heinrich-Böll-Stiftung Hessen, 2007. Essen: Klartext, S. 199–214
Jacobsen, H. 2018: Strukturwandel der Arbeit im Tertiarisierungsprozess. In: Böhle, F./Voß, G. G./Wachtler, G. (Hg.): Handbuch Arbeitssoziologie (2. Aufl.). Bd. 1: Arbeit, Strukturen und Prozesse. Wiesbaden: Springer VS, S. 233–262
Jacobsen, H./Hilf, E. 2019: Beruf als Fiktion: Wandel von Berufsfachlichkeit im Einzelhandel unter flexibilisierten Beschäftigungsbedingungen. In: Dunkel, W./Hanekop, H./Mayer-Ahuja, N. (Hg.) 2019: Blick zurück nach vorn. Sekundäranalysen zum Wandel von Arbeit nach dem Fordismus. Frankfurt a.M./New York: Campus, S. 255–290
Jaehrling, K. 2019: Amazon ist kein Vorreiter. Zu den Tiefenstrukturen des ‚Digitalen Taylorismus' und verbleibenden Spielräumen kollektiver Interessenaushandlung. In: Industrielle Beziehungen, Jg. 26, H. 2, S. 169–188

Jäger, W./Lauschke, K./Mittag, J. (Hg.) 2020: Mitbestimmung im Zeichen von Kohle und Stahl. Debatten um die Montanmitbestimmung im nationalen und europäischen Kontext. Essen: Klartext Verlag

Jäger, W./Röttgers, K. (Hg.) 2008: Sinn von Arbeit: Soziologische und wirtschaftsphilosophische Betrachtungen. Wiesbaden: Springer VS

Jahoda, M. 1983: Wieviel Arbeit braucht der Mensch? Weinheim/Basel: Beltz

Jahoda, M./Lazarsfeld, P. F./Zeisel, H. 1933: Die Arbeitslosen von Marienthal. Ein soziographischer Versuch über die Wirkungen langandauernder Arbeitslosigkeit. Leipzig: Hirzel [Neuaufl.: Frankfurt a.M.: Suhrkamp 1975]

Jamshidi, M. (ed.) 2008: Systems of Systems Engineering. Principles and Application. London/New York: CRC Press

Janoski, T./Lepadatu, D. (eds.) 2021 a: The Cambridge International Handbook of Lean Production. Diverging Theories and New Industries around the World. Cambridge: Cambridge University Press

Janoski, T./Lepadatu, D. 2021 b: Lean Production as the Dominant Division of Labor. Theories, Industries, and National Contexts. In: Dies. (eds.): The Cambridge International Handbook of Lean Production. Diverging Theories and New Industries around the World. Cambridge: Cambridge University Press, S. 1–31

Jenkins, C./Sherman, B. 1979: The Collapse of Work. London: Eyre Methuen

Jirjahn, U. 2010: Ökonomische Wirkungen der Mitbestimmung in Deutschland: Ein Update. Arbeitspapier 186 der Hans-Böckler-Stiftung. Düsseldorf: HBS

Joas, H. 1992: Die Kreativität des Handelns. Frankfurt a.M.: Suhrkamp

Jochimsen, M. A. 2003: Careful Economics. Integrating Caring Activities and Economic Science. New York: Springer

Jochum, G./Barth, T./Brandl, S./Cárdenas Tomažič, A./Hofmeister, S./Littig, B./Matuschek, I./Ulrich, S./Warsewa, G. 2020: Nachhaltige Arbeit: Eine Forschungsagenda zur Sozial-Ökologischen Transformation der Arbeitsgesellschaft. In: Arbeit, Jg. 29, H. 3–4, S. 219–233

Johannessen, J.-A. 2019: The Workplace of the Future: The Fourth Industrial Revolution, the Precariat and the Death of Hierarchies. London/New York: Routledge/Taylor & Francis

Joly, P.-B./Rip, A. 2012: Innovationsregime und die Potentiale kollektiven Experimentierens. In: Beck, G./Kropp, C. (Hg.): Gesellschaft innovativ: Wer sind die Akteure? Wiesbaden: VS Verlag, S. 217–234

Jöns, I. (Hg.) 2016: Erfolgreiche Gruppenarbeit – Konzepte, Instrumente, Erfahrungen (2. Aufl.). Wiesbaden: Springer Gabler

Joyce, P. 1987: The Historical Meanings of Work. Cambridge u.a.O.: Cambridge University Press

Junge, M. 2008: Wirtschaft und Wirtschaftstheorie de-konstruiert. In: Maurer, A. (Hg.): Handbuch der Wirtschaftssoziologie. Wiesbaden: VS Verlag, S. 207–221

Jungmann, R. 2020: Netzwerke zwischen Organisationen. Theoretische Perspektiven der Governanceforschung. In: Apelt, M./Bode, I./Hasse, R./Meyer, U./von Groddeck, V./Wilkesmann, M./Windeler, A. (Hg.): Handbuch Organisationssoziologie. Wiesbaden: Springer Fachmedien Wiesbaden, S. 1–23, DOI: 10.1007/978-3-658-15953-5_68-1

Jungtäubl, M./Weihrich, M./Porschen-Hueck, S. 2020: Beyond Agile oder: Selbstorganisation in der formalisierten Arbeitswelt gestalten. In: Porschen-Hueck, S./Jungtäubl, M./Weihrich, M. (Hg.): Agilität? Herausforderungen neuer Konzepte der Selbstorganisation. Mering: Hampp, S. 233–253

Jurczyk, K. 2005: Work-Life Balance und geschlechtergerechte Arbeitsteilung. Alte Fragen neu gestellt. In: Seifert, H. (Hg.): Flexible Zeiten in der Arbeitswelt. Frankfurt a.M./New York: Campus, S. 102–123

Jurczyk, K. 2014: Doing Family – der Practical Turn der Familienwissenschaften. In: Steinbach, A./ Hennig, M./Arránz Becker, O. (Hg.): Familie im Fokus der Wissenschaft. Wiesbaden: Springer VS, S. 117–138

Jurczyk, K./Rerrich, M. S. 2012: Erkenntnis und Politik: Alltägliche Lebensführung und Differenzen zwischen Frauen revisited. In: Aulenbacher, B./Riegraf, B. (Hg.): Erkenntnis und Methode. Geschlechterforschung in Zeiten des Umbruchs (2. Aufl.). Wiesbaden: VS Verlag, S. 103–116

Jurczyk, K./Schier, M./Szymenderski, P./Lange, A./Voß, G. G. 2009: Entgrenzte Arbeit – entgrenzte Familie. Grenzmanagement im Alltag als neue Herausforderung. Berlin: edition sigma

Jurczyk, K./Voß, G. G. 2000: Flexible Arbeitszeit – entgrenzte Lebenszeit. Die Zeiten des Arbeitskraftunternehmers. In: Hildebrandt, E. (Hg.): Reflexive Lebensführung. Zu den sozialökologischen Folgen flexibler Arbeit. Berlin: edition sigma, S. 151–205

Jürgens, K. 2006: Arbeits- und Lebenskraft. Reproduktion als eigensinnige Grenzziehung. Wiesbaden: VS Verlag

Jürgens, K. 2009: Arbeits- und Lebenskraft. Reproduktion als eigensinnige Grenzziehung (2. Aufl.). Wiesbaden: VS Verlag

Jürgens, K. 2010: Deutschland in der Reproduktionskrise. In: Leviathan, Jg. 38, H. 4, S. 559–587

Jürgens, K. 2012: Arbeit und Reproduktion. In: Dörre, K./Sauer, D./Wittke, V. (Hg.): Arbeitssoziologie und Kapitalismustheorie. Frankfurt a.M./New York: Campus, S. 273–288

Jürgens, K. 2014: „Sinnvolle Arbeit“ – der Maßstab „Guter Arbeit“. In: Dörre, K./Jürgens, K./Matuschek, I. (Hg.): Arbeiten in Europa. Marktfundamentalismus als Zerreißprobe. Frankfurt a.M./New York: Campus, S. 325–338

Jürgens, K./Hoffmann, R./Schildmann, C. 2017: Arbeit transformieren! Denkanstöße der Kommission „Arbeit der Zukunft“. Bielefeld: Transcript

Jürgens, U. 1984: Die Entwicklung von Macht, Herrschaft und Kontrolle im Betrieb als politischer Prozeß – Eine Problemskizze zur Arbeitspolitik. In: Jürgens, U./Naschold, F. (Hg.): Arbeitspolitik. Materialien zum Zusammenhang von politischer Macht, Kontrolle und betrieblicher Organisation der Arbeit (Sonderheft 5/1983 des Leviathan). Opladen: Westdeutscher Verlag, S. 58–91

Jürgens, U. 1997: Rolling Back Cycle Times: The Renaissance of the Classic Assembly Line in Final Assembly. In: Shimokawa, K./Jürgens, U./ Fujimoto, T. (eds.): Transforming Automobile Assembly. Experience in Automation and Work Organization. Berlin u.a.O.: Springer, S. 255–273

Jürgens, U./Krzywdzinski, M. 2010: Die neue Ost-West-Arbeitsteilung. Arbeitsmodelle und industrielle Beziehungen in der europäischen Automobilindustrie. Frankfurt a.M./New York: Campus

Jürgens, U./Krzywdzinski, M. 2016: New Worlds of Work. Varieties of Work in Car Factories in the BRIC Countries. Oxford: Oxford University Press

Jürgens, U./Malsch, T./Dohse, K. 1989: Moderne Zeiten in der Automobilfabrik. Berlin u.a.O.: Springer

Jürgens, U./Meißner, H.-R./Renneke, L./Sablowski, T./Teipen, C. 2003: Paradigmenkonkurrenz der Industriegovernance zwischen neuer und alter Ökonomie. In: Industrielle Beziehungen, Jg. 10, H. 3, S. 393–417

Jürgens, U./Naschold, F. 1982: Arbeitspolitik – Entwicklungstendenzen und Politikformen. In: Hesse, J. (Hg.): Politikwissenschaft und Verwaltungswissenschaft (Sonderheft 13 der PVS). Opladen: Westdeutscher Verlag, S. 327–343

Jürgens, U./Naschold, F. (Hg.) 1984: Arbeitspolitik. Materialien zum Zusammenhang von politischer Macht, Kontrolle und betrieblicher Organisation der Arbeit (Sonderheft 5/1983 des Leviathan). Opladen: Westdeutscher Verlag

Jürgens, U./Naschold, F. 1994: Arbeits- und industriepolitische Entwicklungsengpässe der deutschen Industrie in den neunziger Jahren. In: Zapf, W./Dierkes, M. (Hg.): Institutionenvergleich und Institutionendynamik. Berlin: edition sigma, S. 239–270

Kadritzke, U. 1975: Angestellte – Die geduldigen Arbeiter. Zur Soziologie und sozialen Bewegung der Angestellten. Frankfurt a.M.: EVA

Kadritzke, U. 1982: Angestellte als Lohnarbeiter. Kritischer Nachruf auf die deutsche Kragenlinie. In: Schmidt, G./Braczyk, H.-J./Knesebeck, J. v. (Hg.): Materialien zur Industriesoziologie (Sonderheft 24 der KZfSS). Opladen: Westdeutscher Verlag, S. 219–249

Kadritzke, U. 1996: Angestellte in gewerkschaftlicher Perspektive: Verblassende Exklusivitäten, neue Probleme. In: Hurrle, G./Jelich, F.-J. (Hg.): Geschichte und Zukunft der industriellen Arbeit. Bd. 5: „Arbeiter", „Angestellte" – Begriffe der Vergangenheit? Marburg: Schüren, S. 42–58

Kadritzke, U. 1997: Das berufliche Selbstverständnis von Ingenieuren – und die Realität, auf die es trifft. In: Neef, W./Pelz, T. (Hg.): Ingenieurinnen und Ingenieure für die Zukunft. Aktuelle Entwicklungen von Ingenieurarbeit und Ingenieurausbildung. Berlin: Technische Universität Berlin, S. 71–84

Kädtler, J. 2012: Industrieller Kapitalismus und Finanzmarktrationalität – am Beispiel des Umbruchs in der (traditionellen) deutschen Großchemie In: Prokla, Jg. 42, H. 169, S. 579–599

Kädtler, J. 2016: Konfliktpartnerschaft – zwischen Auslaufmodell und sozialer Innovation. In: Industrielle Beziehungen, Jg. 23, H. 3, S. 334–347

Kagermann, H. 2014: Chancen von Industrie 4.0 nutzen. In: Bauernhansl, T./ten Hompel, M./Vogel-Heuser, B. (Hg.): Industrie 4.0 in Produktion, Automatisierung und Logistik. Anwendung, Technologien, Migration. Wiesbaden: Springer Vieweg, S 603–614

Kagermann, H./Wahlster, W. 2021: Zehn Jahre Industrie 4.0. In: FAZ vom 28.03.2021, https://www.faz.net/-ink-aa3u8 [05.04.2021]

Kaiser, W./König, W. 2006: Geschichte des Ingenieurs. München: Hanser

Kalff, Y. 2018: Organisierendes Arbeiten. Zur Performativität von Projekten. Bielefeld: transcript

Kalina, T./Weinkopf, C. 2010: Niedriglohnbeschäftigung 2008: Stagnation auf hohem Niveau – Lohnspektrum franst nach unten aus. IAQ-Report 2010-06. Duisburg: Institut Arbeit und Qualifikation

Kalina, T./Weinkopf, C. 2021: Niedriglohnbeschäftigung 2019: Deutlicher Rückgang vor allem in Ostdeutschland. IAQ-Report 2021-06. Duisburg: Institut Arbeit und Qualifikation

Kalkowski, P./Mickler, O. 2009: Antinomien des Projektmanagements. Eine Arbeitsform zwischen Direktive und Freiraum. Berlin: edition sigma

Kalkowski, P./Mickler, O. 2015: Kooperative Produktentwicklung. Fallstudien aus der Automobilindustrie, dem Maschinenbau und der IT-Industrie. Baden-Baden: edition sigma bei Nomos

Kalleberg, A. 2019: Precarious Lives. Job Insecurity and Well-being in Rich Democracies. Cambridge/Medford: Polity Press

Kalter, F./Granato, N. 2018: Migration und ethnische Ungleichheit auf dem Arbeitsmarkt. In: Abraham, M./Hinz, T. 2018: Arbeitsmarktsoziologie. Probleme, Theorien, empirische Befunde (3. Aufl.). Wiesbaden: Springer VS, S. 355–387

Kalthoff, H. 2012: Soziologie der Finanzmärkte. Bielefeld: transcript

Kämpf, T. 2008: Die neue Unsicherheit. Folgen der Globalisierung für hochqualifizierte Arbeitnehmer. Frankfurt a.M./New York: Campus

Kämpf, T./Langes, B. 2021: Künstliche Intelligenz in der digitalen Arbeitswelt. Erste Befunde einer empirischen Bestandsaufnahme. Internet: https://denk-doch-mal.de/tobias-kaempf-barbara-langes-kuenstliche-intelligenz-in-der-digitalen-arbeitswelt-erste-befunde-einer-empirischen-bestandsaufnahme/

Kastein, M./Weber, L. (Hg.) 2022: Care-Arbeit und Gender in der digitalen Transformation. Weinheim/Basel: Beltz Juventa

Kato, T./Steven, R. (eds.) 1993: Is Japanese Management Post-Fordism? Tokyo: Mado-Sha

Kauffeld, S. 2002: Das Kasseler-Kompetenz-Raster (KKR) – ein Beitrag zur Kompetenzmessung. In: Clement, U./Arnold, R. (Hg.): Kompetenzentwicklung in der beruflichen Bildung. Wiesbaden: VS Verlag, S. 131–151

Kaufman, B. E./Miller, B. I. 2009: Are There Distinct Employment Systems? New Evidence from American Firms. (Andrew Young School of Policy Studies Research Paper Series No. 09-05) Atlanta

Kawalec, S./Menz, W. 2013: Die Verflüssigung von Arbeit. Crowdsourcing als unternehmerische Reorganisationsstrategie – das Beispiel IBM. In: Arbeits- und Industriesoziologische Studien, Jg. 6, H. 2, S. 5–23

Keck, M. E./Sikkink, K. 1998: Activists beyond Borders. Advocacy Networks in International Politics. Ithaca/London: Cornell University Press

Kehrt, C. 2002: Zum Technikdiskurs im Zweiten Weltkrieg. Der Verein Deutscher Ingenieure 1939–1945. In: Militärgeschichtliche Zeitschrift, Jg. 61, H. 1, S. 49–72

Keller, B. 2008: Einführung in die Arbeitspolitik. Arbeitsbeziehungen und Arbeitsmarkt in sozialwissenschaftlicher Perspektive (7., völlig überarb. Aufl.). München: Oldenbourg

Keller, B. 2015 Kooperation oder Konflikt? Berufsgewerkschaften im deutschen System der Arbeitsbeziehungen. Bonn: Friedrich-Ebert-Stiftung

Keller, B. 2017: Berufs- und Spartengewerkschaften. Neue Akteure und Perspektiven der Tarifpolitik. München/Mering: Hampp

Keller, B. 2020: Interest Representation and Industrial Relations in the Age of Digitalization – an Outline. In: Industrielle Beziehungen, Jg. 27, H. 3, S. 255–285

Keller, B. 2020 a: Berufsgewerkschaften als autonome Akteure der Tarifpolitik. Konsequenzen für das System etablierter Arbeitsbeziehungen. In: Industrielle Beziehungen, Jg. 27, H. 4, S. 437–460

Keller, B./Seifert, H. 2011: Atypische Beschäftigung und soziale Risiken. Entwicklung, Strukturen, Regulierung. Expertise im Auftrag der Abteilung Wirtschafts- und Sozialpolitik der Friedrich-Ebert-Stiftung (FES). WISO Diskurs. Bonn: FES

Keller, B./Seifert, H. 2013: Atypische Beschäftigung zwischen Prekarität und Normalität. Berlin: edition sigma

Kels, P./Vormbusch, U. 2020: People Analytics im Personalmanagement. Auf dem Weg zur automatisierten Entscheidungskultur? In: Industrielle Beziehungen, Jg. 27, H. 1, S. 69–88

Kenney, M./Florida, R. 1988: Beyond Mass Production: Production and the Labor Process in Japan. In: Politics and Society, Vol. 16, No. 1, S. 121–158

Kenney, M./Zysman, J. 2020: The Platform Economy: Restructuring the Space of Capitalist Accumulation. In: Cambridge Journal of Regions, Economy and Society, Vol. 13, No. 1, S. 55–76

Kerber-Clasen, S./Meyer-Lantzberg, F./Wagner, G. 2020: Innerbetriebliche Aushandlungen von Reorganisationsprozessen in Kindertagesstätten. In: Bräutigam, C./Evans, M./Hilbert, J./Kerber-Clasen, S./Meyer-Lantzberg, F./Schroer, L./Wagner, G: Reorganisation und Mitbestimmung von Care-Arbeit. Interessen- und Anerkennungsansprüche der Beschäftigten. Study Nr. 437. Düsseldorf: Hans-Böckler-Stiftung

Kern, H./Schumann, M. 1970: Industriearbeit und Arbeiterbewußtsein. Frankfurt a.M.: Europäische Verlagsanstalt [3. Aufl.: ebd. 1974; Taschenbuchausgabe: Frankfurt a.M.: Suhrkamp 1985]

Kern, H./Schumann, M. 1984: Das Ende der Arbeitsteilung? Rationalisierung in der industriellen Produktion. München: Beck

Kern, H./Schumann, M. 1990: Das Ende der Arbeitsteilung? Rationalisierung in der industriellen Produktion (4., erw. Aufl.). München: Beck

Kerr, C. 1954: The Balkanization of Labor Markets. In: Bakke, E. W./Hauser, P. M./Palmer, G. L./Myers, Charles A. Y./Kerr, C. (eds.): Labor Mobility and Economic Opportunity. Cambridge MA/London: MIT, S. 92–110

Kerr, C./Dunlop, J. T./Harbison, F. H./Myers, C. A. 1966: Der Mensch in der industriellen Gesellschaft. Frankfurt a.M.: Europäische Verlagsanstalt [zuerst u.d.T. Industrialism and Industrial Man: The Problem of Labor and Management in Economic Growth. Cambridge: Harvard University Press 1960]

Kesselring, S. 2012: Betriebliche Mobilitätsregime. Zur sozio-geografischen Strukturierung mobiler Arbeit. In: Zeitschrift für Soziologie, Jg. 41, H. 2, S. 83–100

Kesselring, S./Vogl, G. 2010: Betriebliche Mobilitätsregime. Die sozialen Kosten mobiler Arbeit. Berlin: edition sigma

Kessler, G. 1907: Die Deutschen Arbeitgeberverbände. Schriften des Vereins für Socialpolitik, Band 124. Leipzig: Duncker & Humblot

Kessler, I./Undy, R./Heron, P. 2004: Employee Perspectives on Communication and Consultation: Findings from a Cross-national Survey. In: International Journal of Human Resource Management, Vol. 15, No. 3, S. 512–532

Kette, S. 2008: Bankenregulierung als Cognitive Governance. Eine Studie zur gesellschaftlichen Verarbeitung von Komplexität und Nichtwissen. Wiesbaden: VS Verlag

Keupp, H./Dill, H. (Hg.) 2010: Erschöpfende Arbeit. Gesundheit und Prävention in der flexiblen Arbeitswelt. Bielefeld: transcript

Keynes, J. M. 1943: Das Langzeitproblem der Vollbeschäftigung. In: Reuter, N. 2007: Wachstumseuphorie und Verteilungsrealität. Wirtschaftspolitische Leitbilder zwischen Gestern und Morgen. Mit Texten zum Thema in neuer Übersetzung von J. M. Keynes und W. W. Leontief. Marburg: Metropolis, S. 159–164

Kieser, A. 1996: Moden und Mythen des Organisierens. In: Die Betriebswirtschaft, Jg. 56, H. 1, S. 21–39

Kieser, A. 1999: Managementlehre und Taylorismus. In: Kieser, A./Ebers, M. (Hg.): Organisationstheorien (3. überarb. u. erw. Aufl.). Stuttgart: Kohlhammer, S. 65–99

Kieser, A. 2019: Max Webers Analyse der Bürokratie. In: Kieser, A./Ebers, M. (Hg.): Organisationstheorien (8., erw. u. aktualis. Aufl.). Stuttgart: Kohlhammer, S. 45–74

Kieser, A./Ebers, M. (Hg.) 2014: Organisationstheorien (7., aktualis. u. überarb. Aufl.). Stuttgart: Kohlhammer

King, B. G. 2017: The Relevance of Organizational Sociology. In: Contemporary Sociology, Vol. 46, No. 2, S. 131–137

Kinkel, S. 2020: Industry 4.0 and Reshoring. In: de Propris, L./Bailey, D. (eds.): Industry 4.0 and Regional Transformation. London/New York: Routledge, S. 195–213

Kirchner, S. 2019: Arbeiten in der Plattformökonomie: Grundlagen und Grenzen von „Cloudwork" und „Gigwork". In: Kölner Zeitschrift für Soziologie und Sozialpsychologie, Jg. 71, H. 1, S. 3–25

Kirchner, S./Beyer, J. 2016: Die Plattformlogik als digitale Marktordnung. Wie die Digitalisierung Kopplungen von Unternehmen löst und Märkte transformiert. In: Zeitschrift für Soziologie, Jg. 45, H. 5, S. 324–339

Kirchner, S./Meyer, S.- C./Tisch, A. 2020: Digitaler Taylorismus für einige, digitale Selbstbestimmung für die anderen? Ungleichheit der Autonomie in unterschiedlichen Tätigkeitsdomänen. Hg. v. d. Bundesanstalt für Arbeitsschutz und Arbeitsmedizin, Dortmund, baua: Fokus, DOI: 10.21934/baua:fokus20200626

Kirchner, S./Oppen, M. 2007: Das Ende der Reorganisationsdynamik? High Performance Work Practices als Muster der Reorganisation in Deutschland. WZB discussion papers SP III 2007-103. Berlin: WZB

Kirchner, S./Schüßler, E. 2020: Regulating the Sharing Economy: A Field Perspective. In: Research in the Sociology of Organizations, Vol. 66, S. 215–236

Kirner, E./Klatt, S./Bahnmüller, R./Seibold, B./Salm, R./Muggler, W./Kutlu, Y. 2022: Empirische Befunde zur Konzeptdebatte um Digitalisierung und Lean Management. In: WSI-Mitteilungen, Jg. 75, H. 2, S. 107–118

Kißler, L. (Hg.) 1996: Toyotismus in Europa: Schlanke Produktion und Gruppenarbeit in der deutschen und französischen Automobilindustrie. Frankfurt a.M./New York: Campus

Kißler, L./Greifenstein, R./Schneider, K. 2011: Die Mitbestimmung in der Bundesrepublik Deutschland. Eine Einführung. Wiesbaden: VS Verlag

Kißler, L./Lasserre, R./Mothé-Gautrat, D./Sattel, U. 1985: Arbeitspolitik. Ein deutsch-französischer Vergleich. Frankfurt a.M./New York: Campus

Kleemann, F. 2005: Die Wirklichkeit der Teleheimarbeit. Eine arbeitssoziologische Untersuchung. Berlin: edition sigma

Kleemann, F. 2012: Subjektivierung von Arbeit – Eine Reflexion zum Stand des Diskurses. In: Arbeits- und Industriesoziologische Studien, Jg. 5, H. 2, S. 6–20

Kleemann, F./Leontaris, T. 2021: Home Office vor, während und nach der Corona-Pandemie. In: GWP – Gesellschaft. Wirtschaft. Politik, Jg. 70, H. 4, S. 495–499

Kleemann, F./Matuschek, I./Voß, G. G. 2002: Subjektivierung von Arbeit – Ein Überblick zum Stand der soziologischen Diskussion. In: Moldaschl, M./Voß, G. G. (Hg.): Subjektivierung von Arbeit. München/Mering: Hampp, S. 53–100

Kleemann, F./Matuschek, I./Voß, G. G. 2003: Subjektivierung von Arbeit. Ein Überblick zum Stand der Diskussion. In: Moldaschl, M./Voß, G. G. (Hg.): Subjektivierung von Arbeit (2., überarb. Aufl.), München/Mering: Hampp, S. 53–111

Kleemann, F./Westerheide, J./Matuschek, I. 2019: Arbeit und Subjekt. Aktuelle Debatten der Arbeitssoziologie. Wiesbaden: Springer VS

Klein, C./Diaz Granados, D./Salas, E./Le, H./Burke, C. S./Lyons, R./Goodwin, G. F. 2009: Does Teambuilding Work? In: Small Group Research, Vol. 40, No. 2, S. 181–222

Klein, T. 2016: Agiles Engineering im Maschinen- und Anlagenbau. München: Utz

Klenner, C./Lott, Y. 2016: Arbeitszeitoptionen im Lebensverlauf. Bedingungen und Barrieren ihrer Nutzung im Betrieb. WSI Study, Nr. 4. Düsseldorf: WSI

Klieme, E./Maag-Merki, K./Hartig, J. 2007: Kompetenzbegriff und Bedeutung von Kompetenzen im Bildungswesen. In: Hartig, J./Klieme, E. (Hg.): Möglichkeiten und Voraussetzungen technologiebasierter Kompetenzdiagnostik (Reihe Bildungsforschung, Bd. 20). Berlin: BMBF, S. 5–15

Kline, S. J./Rosenberg, N. 1986: An Overview of Innovation. In: Landau, R./Rosenberg, N. (eds.): The Positive Sum Strategy – Harnessing Technology for Economic Growth. Washington: National Academy Press, S. 275–305

Klinger, C./Knapp, G.-A. (Hg.) 2008: ÜberKreuzungen. Fremdheit, Ungleichheit, Differenz. Münster: Westfälisches Dampfboot

Knapp, G.-A. 1981: Industriearbeit und Instrumentalismus. Zur Geschichte eines Vorurteils. Bonn: Neue Gesellschaft

Knoke, D./Yang, S. 2008: Social Network Analysis. Thousand Oaks u.a.O.: Sage

Knorr Cetina, K./Preda, A. (eds.) 2005: The Sociology of Financial Markets. Oxford: Oxford University Press

Knuth, M. 2014: Rosige Zeiten am Arbeitsmarkt? Strukturreformen und „Beschäftigungswunder". Expertise im Auftrag der Abteilung Wirtschafts- und Sozialpolitik der Friedrich-Ebert-Stiftung. Bonn: FES

Knuth, M. 2016: Arbeitsmarktintegration von Flüchtlingen. Arbeitsmarktpolitik reformieren, Qualifikationen vermitteln (WISO-Diskurs Nr. 21). Bonn: Friedrich-Ebert-Stiftung

Koch, G./Warneken, B. J. 2012: Wissensarbeit und Arbeitswissen: Zur Ethnografie des kognitiven Kapitalismus. Frankfurt a.M./New York: Campus

Kochan, T./Osterman, P. 1994: The Mutual Gains Enterprise. Boston: Harvard Business School Press

Kocka, J. 1969: Unternehmensverwaltung und Angestelltenschaft am Beispiel Siemens 1847–1914. Stuttgart: Klett

Kocka, J. 1981: Die Angestellten in der deutschen Geschichte 1950–1980. Vom Privatbeamten zum angestellten Arbeitnehmer. Göttingen: Vandenhoeck & Ruprecht

Kocka, J. 2000: Arbeit früher, heute, morgen: Zur Neuartigkeit der Gegenwart. In: Ders./Offe, C. (Hg.): Geschichte und Zukunft der Arbeit. Frankfurt a.M./New York: Campus, S. 476–493

Kocka, J. 2001: Thesen zur Geschichte und Zukunft der Arbeit. In: Aus Politik und Zeitgeschichte, B 21, S. 8–13

Kocka, J. 2013: Geschichte des Kapitalismus. München: C. H. Beck

Kocka, J./Offe C. (Hg.) 2000: Geschichte und Zukunft der Arbeit. Frankfurt a.M./New York: Campus

Kofman, E./Raghuram, P. 2015: Gendered Migrations and Global Social Reproduction. Basingstoke: Palgrave Macmillan

Kohl, H./Platzer, H. 2004: Arbeitsbeziehungen in Mittelosteuropa. Transformation und Integration. Die acht neuen EU-Mitgliedsländer im Vergleich (2. Aufl.). Baden-Baden: Nomos

Köhler, C./Krause, A. 2010: Betriebliche Beschäftigungspolitik. In: Böhle, F./Voß, G./Wachtler, G. (Hg.): Handbuch Arbeitssoziologie. Wiesbaden: VS Verlag, S. 387–415

Köhler, C./Loudovici, K. 2008: Betriebliche Beschäftigungssysteme und Arbeitsmarktsegmentation, in: Köhler, C./Struck, O./Grotheer, M./Krause, A./Krause, I./Schröder, T. (Hg): Offene und geschlossene betriebliche Beschäftigungssysteme. Wiesbaden: VS Verlag, S. 31–63

Köhler, C./Loudovici, K./Struck, O. 2007: Generalisierung von Beschäftigungsrisiken oder anhaltende Arbeitsmarktsegmentation? In: Berliner Journal für Soziologie, Jg. 17, S. 387–406

Köhler, C./Schröder, S./Weingärtner, S. 2017: Arbeitsmärkte – wirtschaftssoziologische Perspektiven. In: Maurer, A. (Hg.): Handbuch Wirtschaftssoziologie (2. Aufl.). Wiesbaden: Springer VS, S. 275–305

Köhler, C./Weingärtner, S. 2018: Betriebliche Beschäftigungssysteme. In: Böhle, F./Voß, G. G./Wachtler, G. (Hg.): Handbuch Arbeitssoziologie (2. Aufl.), Bd. 1: Arbeit, Strukturen und Prozesse. Wiesbaden: Springer VS, S. 537–577

Kohli, M. 1994: Die DDR als Arbeitsgesellschaft? Arbeit, Lebenslauf und soziale Differenzierung. In: Kaelble, H./Kocka, J./Zwahr, H. (Hg.): Sozialgeschichte der DDR. Stuttgart: Klett-Cotta, S. 31–61

Kohlrausch, B./Schildmann, C./Voss, D. (Hg.) 2019: Neue Arbeit – neue Ungleichheiten? Folgen der Digitalisierung. Weinheim/Basel: Beltz Juventa

Kollmorgen, R./Merkel, W./Wagener, H.-J. (Hg.) 2015: Handbuch Transformationsforschung. Wiesbaden: Springer VS

Kommission Mitbestimmung 1970: Mitbestimmung im Unternehmen. Bericht der Sachverständigenkommission. Bundestags-Drs. VI/334. Bonn

Kommission Mitbestimmung 1998: Mitbestimmung und neue Unternehmenskulturen – Bilanz und Perspektiven. Bericht der Kommission Mitbestimmung. Hg. von der Bertelsmann Stiftung und der Hans-Böckler-Stiftung. Gütersloh: Verlag Bertelsmann Stiftung

Kommission zur Modernisierung der deutschen Unternehmensmitbestimmung 2006: Bericht der wissenschaftlichen Mitglieder der Kommission mit Stellungnahmen der Vertreter der Unternehmen und Vertreter der Arbeitnehmer. O.O.

König, R. 1964: Das Ansehen des Ingenieurs in unserer Gesellschaft. VDI-Bericht Nr. 18. Düsseldorf: VDI

König, W. 2006: Vom Staatsdiener zum Industrieangestellten: Die Ingenieure in Frankreich und Deutschland 1750–1945. In: Kaiser, W./König, W. 2006: Geschichte des Ingenieurs. München: Hanser, S. 179–232

Konle-Seidl, R. 2020: Short-Time Work in Europe: Rescue in the Current Covid-19-Crisis? IAB-Forschungsbericht Nr. 4. Nürnberg: IAB

Kopp, R./Schwarz, M. 2017: Industrie 4.0 aus der Perspektive sozialer Innovationen. In: WSI-Mitteilungen, Jg. 70, H. 2, S. 89–97

Korczynski, M. 2001: The Contradictions of Service Work: Call Centre as Customer-oriented Bureaucracy. In: Sturdy, A./Grugulis, I./Willmott, H. (eds.): Customer Service: Empowerment and Entrapment. Basingstoke/New York: Palgrave, S. 79–101

Korczynski, M. 2002: Human Resource Management in Service Work. Houndmills: Palgrave

Korczynski, M. 2007: Service Work. In: Ritzer, G. (ed.): The Blackwell Encyclopedia of Sociology. Malden: Blackwell

Korczynski, M./Macdonald, C. L. (eds.) 2009: Service Work. Critical Perspectives. London: Routledge

Korfmacher, S./Mutz, G. (Hg.) 2004: Beschäftigungseffekte durch informelle Arbeit? Dokumentation des Workshops „Mehr Beschäftigung durch Bürgerliches Engagement und Eigenarbeit?“ am 26. März 2002 in Düsseldorf, Arbeitspapier No. 80. Düsseldorf: Hans-Böckler-Stiftung

Körner, T./Puch, K. 2012: Qualität der Arbeit. Auszug aus Wirtschaft und Statistik. Hg. v. Statistischen Bundesamt. Wiesbaden

Korunka, C. 2020: Arbeitsintensivierung: Ursachen, Verläufe und Risikogruppen. In: WSI-Mitteilungen, Jg. 73, H. 1, S. 11–18

Kossek, E. E./Lambert, S. J. (eds.) 2005: Work and Life Integration: Organizational, Cultural, and Individual Perspectives. Mahwah/London: Erlbaum

Köstler, R./Rose, E. 2011: Mitbestimmung in der Europäischen Aktiengesellschaft (SE). Frankfurt a.M.: Bund-Verlag

Kotter, J. P. 1973: The Psychological Contract: Managing the Joining-Up Process. In: California Management Review, Vol. 15, No. 3, S. 91–99

Köttgen, C. 1928: Das fließende Band. In: Industrie und Handelskammer zu Berlin (Hg.): Die Bedeutung der Rationalisierung für das Deutsche Wirtschaftsleben. Berlin: Stilke, S. 77–125

Kotthoff, H. 1981: Betriebsräte und betriebliche Herrschaft. Eine Typologie von Partizipationsmustern im Industriebetrieb. Frankfurt a.M./New York: Campus

Kotthoff, H. 1985: Kann die Industriesoziologie die betriebliche Sozialordnung ignorieren? Zu einer handlungssoziologischen Erweiterung des Betriebsbegriffs. Referat auf der Herbsttagung der Sektion Industrie- und Betriebssoziologie, Saarbrücken 9.11.1985

Kotthoff, H. 1994: Betriebsräte und Bürgerstatus. Wandel und Kontinuität betrieblicher Mitbestimmung. München/Mering: Hampp

Kotthoff, H. 1997: Führungskräfte im Wandel der Firmenkultur – Quasi-Unternehmer oder Arbeitnehmer? Berlin: edition sigma

Kotthoff, H. 2013: Betriebliche Mitbestimmung im Spiegel der jüngeren Forschung. In: Industrielle Beziehungen, Jg. 20, H. 4, S. 323–341

Kotthoff, H. 2016: Hochqualifiziertenforschung und Gewerkschaften: Phasen, Paradigmen und Prognosen. In: Haipeter, T. (Hg): Angestellte Revisited. Arbeit, Interessen und Herausforderungen für Interessenvertretungen. Wiesbaden: Springer VS, S. 67–82

Kotthoff, H./Reindl, J. 1990: Die soziale Welt kleiner Betriebe. Wirtschaften, Arbeiten und Leben im mittelständischen Industriebetrieb. Göttingen: Schwartz

Kotthoff, H./Wagner, A. 2008: Die Leistungsträger. Führungskräfte im Wandel der Firmenkultur – eine Follow-up-Studie. Berlin: edition sigma

Kowol, U./Krohn, W. 1995: Innovationsnetzwerke. Ein Modell der Technikgenese. In: Halfmann, J./Bechmann, G./Rammert, W. (Hg.): Technik und Gesellschaft. Jahrbuch 8: Theoriebausteine der Techniksoziologie. Frankfurt a.M./New York: Campus, S. 77–105

Kozlowski, S. W. J./Bell, B. S. 2013: Work Groups and Teams in Organizations. In: Weiner, I. B./Schmitt, N. W./Highhouse, S. (eds.): Handbook of Psychology: Industrial and Organizational Psychology (2nd ed.). Vol. 12. Hoboken, NJ: Wiley, S. 412–469

Kozlowski, S. W. J./Ilgen, D. R. 2006: Enhancing the Effectiveness of Work Groups and Teams. In: Psychological Science in the Public Interest, Vol. 7, No. 3, S. 77–124

Kracauer, S. 1930: Die Angestellten. Aus dem neuesten Deutschland, Frankfurt a.M.: Frankfurter Societätsdruckerei [Neuausgabe: Frankfurt a.M.: Suhrkamp 1971]

Kraemer, K. 1997: Marktgesellschaft. In: Kneer, G./Nassehi, A. (Hg.): Soziologische Gesellschaftsbegriffe. München u.a.O.: UTB, S. 280–304

Kraemer, K. 2009: Prekarisierung – jenseits von Stand und Klasse? In: Castel, R./Dörre, K. (Hg.): Prekarität, Abstieg, Ausgrenzung. Die soziale Frage am Beginn des 21. Jahrhunderts. Frankfurt a.M./New York: Campus, S. 241–252

Krämer, H. 2011: Dienstleistungen im Strukturwandel: Entwicklung und Perspektiven für Wachstum und Beschäftigung in Europa. In: Wirtschaft und Gesellschaft, Jg. 37, H. 2, S. 269–291

Krämer, S. 1988: Symbolische Maschinen – Die Idee der Formalisierung in geschichtlichem Abriß. Darmstadt: Wiss. Buchgesellschaft

Kratzer, N. 2003: Arbeitskraft in Entgrenzung – Grenzenlose Anforderungen, erweiterte Spielräume, begrenzte Ressourcen. Berlin: edition sigma

Kratzer, N. 2006: Zielvereinbarungen als Instrument der Leistungspolitik. In: Huber, B./Burkhard, O./Wagner, H. (Hg.): Perspektiven der Tarifpolitik. Hamburg: VSA, S. 146–159

Kratzer, N. 2020: Arbeitsintensität und Arbeitsintensivierung. In: WSI-Mitteilungen, Jg. 73, H. 1, S. 3–10

Kratzer, N./Döhl, V./Sauer, D. 1998: Entgrenzung von Arbeit und demographischer Wandel. In: INIFES/ISF/SÖSTRA (Hg.): Erwerbsarbeit und Erwerbsbevölkerung im Wandel. Frankfurt a.M./New York: Campus, S. 177–210

Kratzer, N./Dunkel, W. 2011: Arbeit und Gesundheit im Konflikt. In: Kratzer, N./Dunkel, W./Becker, K./Hinrichs, S. (Hg.): Arbeit und Gesundheit im Konflikt. Berlin: edition sigma, S. 13–33

Kratzer, N./Dunkel, W./Becker, K./Hinrichs, S. (Hg.) 2011: Arbeit und Gesundheit im Konflikt. Analysen und Ansätze für ein partizipatives Gesundheitsmanagement. Berlin: edition sigma

Kratzer, N./Lange, A. 2006: Entgrenzung von Arbeit und Leben: Verschiebung, Pluralisierung, Verschränkung. In: Dunkel, W./Sauer, D. (Hg.): Von der Allgegenwart der verschwindenden Arbeit. Neue Herausforderungen für die Arbeitsforschung. Berlin: edition sigma, S. 171–200

Kratzer, N./Menz, W./Nies, S./Sauer, D. 2008: Leistungspolitik als Feld „umkämpfter Arbeit". In: Prokla, Jg. 38, H. 150, S. 11–26

Kratzer, N./Menz, W./Tullius, K./Wolf, H. 2015: Legitimationsprobleme in der Erwerbsarbeit. Gerechtigkeitsansprüche und Handlungsorientierungen in Arbeit und Betrieb. Baden-Baden: edition sigma bei Nomos

Kratzer, N./Menz, W./Tullius, K./Wolf, H. 2019: Legitimationsprobleme in der Erwerbsarbeit. Gerechtigkeitsansprüche und Handlungsorientierungen in Arbeit und Betrieb (2., erw. Aufl.). Baden-Baden: Nomos

Kratzer, N./Nies, S. 2009: Neue Leistungspolitik bei Angestellten. ERA, Leistungssteuerung, Leistungsentgelt. Berlin: edition sigma

Kratzer, N./Sauer, D. 2003: Entgrenzung von Arbeit. Konzept, Thesen, Befunde. In: Gottschall, K./Voß, G. G. (Hg.): Entgrenzung von Arbeit und Leben. Zum Wandel der Beziehungen von Erwerbstätigkeit und Privatsphäre im Alltag. München/Mering: Hampp, S. 87–123

Kratzer, N./Tullius, K. 2016: Legitimitätsansprüche Hochqualifizierter. In: Haipeter, T. (Hg): Angestellte Revisited. Arbeit, Interessen und Herausforderungen für Interessenvertretungen. Wiesbaden: Springer VS, S. 105–130

Kraus, K. 2006: Vom Beruf zur Employability? Zur Theorie einer Pädagogik des Erwerbs. Wiesbaden: VS Verlag

Kraus, S./Grzech-Sukalo, H./Rieder, K. 2020: Mobile Arbeit – Home-Office, Dienstreisen, Außendienst – was ist wirklich belastend? In: Zeitschrift für Arbeitswissenschaft, Jg. 74, H. 3, S. 167–177

Krause, A./Köhler, C. (Hg.) 2012: Arbeit als Ware – Zur Theorie flexibler Arbeitsmärkte. Bielefeld: transcript

Krause, C./Matuschek, I. 2022 [im Erscheinen]: Die Praxis orts- und zeitflexiblen Arbeitens. Betriebliche Vereinbarungen und pandemische Erfahrungen. Düsseldorf: Hans-Böckler-Stiftung

Krell, G. 1994: Vergemeinschaftende Personalpolitik. Normative Peronallehren, Werksgemeinschaft, NS-Betriebsgemeinschaft, Betriebliche Partnerschaft, Japan, Unternehmenskultur. München/Mering: Hampp

Krell, G./Ortlieb, R./Sieben, B. 2018: Gender und Diversity in Organisationen. Grundlegendes zur Chancengleichheit durch Personalpolitik. Wiesbaden: Springer Gabler

Kreulich, K./Dellmann, F./Schutz, T./Harth, T./Zwingmann, K. 2016: Digitalisierung – Strategische Entwicklung einer kompetenzorientierten Lehre für die digitale Gesellschaft und Arbeitswelt. Die Position der UAS7-Hochschulen für angewandte Wissenschaften. Berlin: UAS7 (7 German Universities of Applied Sciences – Alliance for Excellence)

Krieg, A. 2017: Agiler Projektleiter – Vermittler und Moderator im hybriden Projektumfeld. In: Volland, A./Engstler, M./Fazal-Baqaie, M./Hanser, E./Linssen, O./Mikusz, M. (Hg.): Die Spannung zwischen dem Prozess und den Menschen im Projekt. Projektmanagement und Vorgehensmodelle 2017 (Tagungsdokumentation). Bonn: Gesellschaft für Informatik, S. 61–70

Krippner, G. 2011: Capitalizing on Crisis: The Political Origins of the Rise of Finance. Cambridge: Harvard University Press

Krömmelbein, S. 2000: Bedeutung der Telearbeit für Beschäftigung und Arbeitsmarkt am Beispiel der Region Rhein-Main aus betrieblicher Sicht. In: Mitteilungen aus der Arbeitsmarkt- und Berufsforschung, Jg. 33, H. 2, S. 136–149

Kronauer, M./Gerlach, F./Vogel, B. 1993: Im Schatten der Arbeitsgesellschaft. Arbeitslose und die Dynamik sozialer Ausgrenzung. Frankfurt a.M./New York: Campus

Kronauer, M./Linne, G. (Hg.) 2007: Flexicurity. Die Suche nach Sicherheit in der Flexibilität (2. Aufl.). Berlin: edition sigma

Krone, S. (Hg.) 2015: Dual Studieren im Blick. Entstehungsbedingungen, Interessenlagen und Umsetzungserfahrungen in dualen Studiengängen. Wiesbaden: Springer VS

Krücken, G./Driori, G. (eds.) 2009: World Society. The Writings of John W. Meyer. Oxford: Oxford University Press

Krüger, A. K./Reinhart, M. 2017: Theories of Valuation-building Blocks for Conceptualizing Valuation between Practice and Structure. In: Historical Social Research/Historische Sozialforschung, Jg. 42, H. 1, S. 263–285

Krüger, S. 2002: Nachhaltigkeit als Kooperationsimpuls: Sozial-ökologische Bündnisse zwischen NGOs und Gewerkschaften. Münster: Westfälisches Dampfboot

Krupp, H. 1984: Werden wir's erleben? Ein technisch-wirtschaftliches Zukunftspanorama. In: Mitteilungen aus der Arbeitsmarkt- und Berufsforschung, Jg. 17, H. 1, S. 5–8

Krzywdzinski, M. 2017: Consent in autoritären Gesellschaften. Betriebliche Sozialordnungen in Russland und China. Baden-Baden: Nomos

Krzywdzinski, M. 2018: Consent and Control in the Authoritarian Workplace. Russia and China Compared. Oxford: Oxford University Press

Krzywdzinski, M. 2019: Künstliche Intelligenz, Entscheidungsunterstützung und deren Auswirkungen auf die Arbeit. In: Stiftung Arbeit und Umwelt der IG BCE (Hg.): Künstliche Intelligenz als strategisches Handlungsfeld für Gewerkschaftsarbeit. Konferenzband und Diskussionspapier. Berlin/Hannover, S. 9–11

Krzywdzinski, M. 2021: Lean Production in Germany: A Contested Model. In: Janoski, T./Lepadatu, D. (eds.): The Cambridge International Handbook of Lean Production. Diverging Theories and New Industries around the World. Cambridge: Cambridge University Press, S. 507–528

Krzywdzinski, M./Gerber, C. 2021: Unterschiedlich prekär. Die sozialen Sicherungssysteme prägen die Plattformarbeit in Deutschland und den USA. In: WZB-Mitteilungen, H. 172 (Juni 2021), S. 43–46

Kuda, E./Strauß, J. (Hg.) 2002: Arbeitnehmer als Unternehmer? Hamburg: VSA

Kudera, W./Mangold, W./Ruff, K./Schmidt, R./Wentzke, T. 1979: Gesellschaftliches und politisches Bewusßtsein von Arbeitern. Eine empirische Untersuchung. Frankfurt a.M.: Europäische Verlagsanstalt

Kühl, S. 2000: Grenzen der Vermarktlichung. Die Mythen um unternehmerisch handelnde Mitarbeiter. In: WSI-Mitteilungen, Jg. 53, H. 12, S. 818–828

Kühl, S. 2002: Sisyphos im Management. Die vergebliche Suche nach der optimalen Organisationsstruktur. Weinheim: Wiley-VCH

Kühl, S. 2003: Organisationssoziologie. Ein Einordnungs- und Rettungsversuch. In: Soziologie, Jg. 32, H. 1, S. 37–47

Kühl, S. 2004: Von der Krise, dem Elend und dem Ende der Arbeits- und Industriesoziologie. In: Soziologie, Jg. 33, H. 2, S. 7–16

Kühl, S. 2011: Organisationen – eine sehr kurze Einführung. Wiesbaden: VS Verlag

Kühl, S. (Hg.) 2015 a: Schlüsselwerke der Organisationsforschung. Wiesbaden: Springer VS

Kühl, S. 2015 b: Zu den Grenzen einer an Organisationen ansetzenden Zeitdiagnose. In: Apelt, M./Wilkesmann, U. (Hg.): Zur Zukunft der Organisationssoziologie. Wiesbaden: Springer VS, S. 73–91

Kuhlmann, M. 2004: Modellwechsel? Die Entwicklung betrieblicher Arbeits- und Sozialstrukturen in der deutschen Automobilindustrie. Berlin: edition sigma

Kuhlmann, M. 2007: Jenseits von Gruppenarbeit – Perspektiven der Arbeitspolitik. In: Peter, G. (Hg.): Grenzkonflikte der Arbeit. Die Herausbildung einer neuen europäischen Arbeitspolitik. Hamburg: VSA, S. 129–143

Kuhlmann, M./Schmidt, W. 2011: Materielle Interessen und soziale Anerkennung. Die ERA-Umsetzung aus Sicht der Beschäftigten und der Betriebsräte. In: Brandl, S./Wagner, H. (Hg.): Ein „Meilenstein der Tarifpolitik" wird besichtigt. Berlin: edition sigma, S. 51–82

Kuhlmann, M./Sperling, H. J./Balzert, S. 2004: Konzepte innovativer Arbeitspolitik. Good-Practice-Beispiele aus dem Maschinenbau, der Automobil-, Elektro- und Chemischen Industrie. Berlin: edition sigma

Kuhlmann, M./Voskamp, U. 2019: Digitalisierung und Arbeit im niedersächsischen Maschinenbau. SOFI Arbeitspapier 2019–15, Göttingen

Kühner, D./Ritter, T./Sauer, S./Pfeiffer, S./Aust, A. 2017: „Da geht es nicht nur um Energiesparen!" In: Soziologie und Nachhaltigkeit, Jg. 3, H. 1, S. 1–21

Kümmerling, A. 2021: Tarifvertragliche und betriebliche lebenslaufbezogene Arbeitszeitverkürzung und Freistellungsmöglichkeiten. Hintergrund und Einführung. In: Das Zeitpolitische Magazin, Jg. 18, H. 38 (Sonderheft Zeitpolitik im/in Betrieb), S. 10–13

Kümmerling, A./Haipeter, T. 2021: Arbeitszeitpolitik zwischen den Krisen. Die Entwicklung der Arbeitszeiten im Wandel der Arbeitswelt. In: Gröbel, R./Dransfeld-Haase, I. (Hg.): Strategische Personalarbeit in der Transformation. Partizipation und Mitbestimmung für ein erfolgreiches HRM. Frankfurt a.M.: Bund-Verlag, S. 526–551

Kümmerling, A./Postels, D. 2020: Ist die Geschlechterrolleneinstellung entscheidend? Die Wirkung länderspezifischer Geschlechterkulturen auf die Erwerbsarbeitszeiten von Frauen. In: Kölner Zeitschrift für Soziologie und Sozialpsychologie, Jg. 72, H. 1, S. 193–224

Kümmerling, A./Postels, D./Slomka, C. 2017: Zufriedenheit mit der Arbeitszeit – wie kann sie gelingen? Eine Analyse der Arbeitszeiten nach Geschlecht und Statusgruppen. Working Paper Nr. 54. Düsseldorf: Hans-Böckler-Stiftung

Kümmerling, A./Schmieja V. 2021: Arbeitszeiten während der Corona-Pandemie: Wachsende Unterschiede zwischen Frauen und Männern: IAQ-Arbeitszeitmonitor. IAQ-Report 2021-07. Duisburg: Institut Arbeit und Qualifikation

Küpper, W./Felsch, A. 2000: Organisation, Macht und Ökonomie. Mikropolitik und die Konstitution organisationaler Handlungssysteme. Wiesbaden: Westdeutscher Verlag

Küpper, W./Ortmann, G. (Hg.) 1992: Mikropolitik. Rationalität, Macht und Spiele in Organisationen (2., durchges. Aufl.). Opladen: Westdeutscher Verlag

Kurtz, T. 2001: Die Form Beruf im Kontext gesellschaftlicher Differenzierung. In: Kurtz, T. (Hg.): Aspekte des Berufs in der Moderne. Opladen: Leske + Budrich, S. 179–208

Kurtz, T. 2002: Berufssoziologie. Bielefeld: transcript

Kurtz, T. 2010: Der Kompetenzbegriff in der Soziologie. In: Kurtz, T./Pfadenhauer, M. (Hg.): Soziologie der Kompetenz. Wiesbaden: VS Verlag, S. 7–25

Kurtz, T./Pfadenhauer, M. (Hg.) 2010: Soziologie der Kompetenz. Wiesbaden: VS Verlag

Kurz, C. 1999: Repetitivarbeit – unbewältigt. Betriebliche und gesellschaftliche Entwicklungsperspektiven eines beharrlichen Arbeitstyps. Berlin: edition sigma

Kurz, C. 2000: „Nicht nur Techniker sein". Zur Beschäftigung und Arbeit von Ingenieuren in der Industrie. In: ISF/INIFES/IfS/SOFI/IAB (Hg.): Jahrbuch Sozialwissenschaftliche Technikberichterstattung. Schwerpunkt: Innovation und Arbeit. Berlin: edition sigma, S. 59–106

Kurz, C./Will-Zocholl, M. 2017: Tätigkeit und Arbeitsprozess. In: Böhle, F. (Hg.): Arbeit als Subjektivierendes Handeln. Handlungsfähigkeit bei Unwägbarkeiten und Ungewissheit. Wiesbaden: Springer VS, S. 365–374

Kutzner, E. 2018: Digitalisierung von Arbeit als „Baustelle“ einer geschlechterbezogenen Arbeitsforschung. Transformationsprozesse in der Büroarbeit. In: Arbeits- und Industriesoziologische Studien, Jg. 11, H. 2, S. 211–228

Kutzner, E./Roski, M. 2019: Arbeit, Technik und Geschlecht – neue Grenzziehungen durch Digitalisierung? In: feministische studien, Jg. 37, H. 2, S. 363–372

Laaser, K. 2016: „If you are having a go at me, I am going to have a go at you“. The Changing Nature of Social Relationships of Bank Work under Performance Management. In: Work, Employment and Society, Vol. 30, No. 6, S. 1000–1016

Laatz, W. 1979: Ingenieure in der Bundesrepublik Deutschland. Gesellschaftliche Lage und politisches Bewusstsein. Frankfurt a.M./New York: Campus

Lager, H. 2020: Anpassungsfähigkeit in Zeiten der Digitalisierung. Zur Bedeutung von Empowerment und innovativer Arbeitsorganisation. Wiesbaden: Springer VS

Lam, A./Marsden, D. 2017: Employment Systems, Skills, and Knowledge. In: Warhurst, C./Mayhew, K./Finegold, D./Buchanan, J. (eds.) 2017: The Oxford Handbook of Skills and Training. Oxford: Oxford University Press, S. 466–488

Lamont, M. 2000: The Dignity of Working Men. Morality and the Boundaries of Race, Class, and Immigration. Cambridge, MA: Harvard University Press

Lane, R. E. 1966: The Decline of Politics and Ideology in a Knowledgeable Society. In: American Sociological Review, Vol. 31, No. 5, S. 649–662

Lang, R./Hellpach, W. 1922: Gruppenfabrikation. Berlin: Springer

Langfeld, B. 2009: Subjektorientierung in der Arbeits- und Industriesoziologie: Theorien, Methoden und Instrumente zur Erfassung von Arbeit und Subjektivität. Wiesbaden: VS Verlag

Lappe, L. 1986: Technologie, Qualifikation und Kontrolle. Die Labour-Process-Debatte aus der Sicht der deutschen Industriesoziologie. In: Soziale Welt, Jg. 37, H. 2/3, S. 310–330

Larsson, A. 2020: A Journey of a Thousand Miles. An Introduction to the Digitalization of Labor. In: Ders./Teigland, R. (eds.): The Digital Transformation of Labor. Abingdon/New York: Routledge, S. 1–11

Lauschke, K. 2007: Die halbe Macht. Mitbestimmung in der Eisen- und Stahlindustrie 1945 bis 1989. Essen: Klartext

Lauschke, K. 2021: Vom Meilenstein demokratischer Neuordnung zum Auslaufmodell: Erinnerungsgeschichte der Montanmitbestimmung. Arbeitspapier aus der Kommission „Erinnerungskulturen der sozialen Demokratie“. Internet: https://www.boeckler.de/fpdf/HBS-008091/p_ek_ap_29_2021.pdf

Lawrence, T. B./Suddaby, R. 2006: Institutions and Institutional Work. In: Clegg, S. R./Hardy, C./Lawrence, T./Nord, W. R. (eds.): The Sage Handbook of Organization Studies. London: Sage, S. 215–254

Lawrence, T. B./Suddaby, R./Leca, B. (eds.) 2009: Institutional Work. Cambridge: Cambridge University Press

Lay, G./Dreher, C./Kinkel, S. 1996: Neue Produktionskonzepte leisten einen Beitrag zur Sicherung des Standorts Deutschland (PI-Mitteilungen 1). Karlsruhe: Fraunhofer-ISI

Lazarsfeld, P. F./Eisenberg, P. 1938: The Psychological Effects of Unemployment. In: Psychological Bulletin, Vol. 35, S. 358–390

Lazear, E. P. 2004: Firm-Specific Human Capital: A Skill-Weights Approach. NBER Working Paper No 9679 – revised version

Lazonick, W./O'Sullivan, M. 2000: Maximizing Shareholder Value: A New Ideology for Corporate Governance. In: Economy and Society, Vol. 29, No. 1, S. 13–35

Le Galès, P./Scott, A. 2009: Die Wiederherstellung des Marktsubjekts. In: Berliner Journal für Soziologie, Jg. 19, H. 1, S. 6–28

Lederer, E./Marschak, J. 1926: Der neue Mittelstand. In: Grundriss der Sozialökonomik. IX. Abteilung: Das soziale System des Kapitalismus. 1. Teil: Die gesellschaftliche Schichtung im Kapitalismus. Tübingen: Mohr-Siebeck, S. 121–141

Lee, C. K./Kofman, Y. 2012: The Politics of Precarity: Views Beyond the United States. In: Work and Occupations, Vol. 39, No. 4, S. 388–408

Lee, H./Pfeiffer, S. 2019: Zur Zukunft beruflich qualifizierter Facharbeit im Zeichen von Industrie 4.0. In: Dobischat, R./Käpplinger, B./Molzberger, G./Münk, D. (Hg.): Bildung 2.1 für Arbeit 4.0? Wiesbaden: Springer VS, S. 161–180

Lee, S./McCann, D./Messenger, J. C. 2007: Working Time Around the World. London/New York: Routledge

Lehndorff, S. 2001: Weniger ist mehr. Arbeitszeitverkürzung als Gesellschaftspolitik. Hamburg: VSA

Lehndorff, S. 2003: The Long Good-Bye? Tarifvertragliche Arbeitszeitregulierung und gesellschaftlicher Arbeitszeitstandard. In: Industrielle Beziehungen, Jg. 10, H. 2, S. 273–295

Lehndorff, S. (Hg.) 2006: Das Politische in der Arbeitspolitik. Ansatzpunkte für eine nachhaltige Arbeits- und Arbeitszeitgestaltung. Berlin: edition sigma

Lehndorff, S. (Hg.) 2009: Abriss, Umbau, Renovierung? Studien zum Wandel des deutschen Kapitalismusmodells. Hamburg: VSA

Lehndorff, S. 2011: Im Spannungsfeld von Staat und Tarifvertrag: Arbeitszeitregulierung in Europa. In: Sozialer Fortschritt, Jg. 60, H. 10, S. 239–247

Lehndorff, S. 2015: Staatliche Arbeitszeitpolitik im Finanzmarktkapitalismus. Erfahrungen mit der 35-Stundenwoche in Frankreich und Anregungen für Deutschland. In: Haipeter, T./Latniak, E./Lehndorff, S. (Hg.): Arbeit und Arbeitsregulierung im Finanzmarktkapitalismus. Chancen und Grenzen eines soziologischen Analysekonzepts. Wiesbaden: Springer VS, S. 219–258

Lehndorff, S. 2019: Erste Schritte auf einem langen Weg: kurze Vollzeit als Element eines neuen Normalarbeitsverhältnisses. In: Ludwig, C./Simon, H./Wagner, A. (Hg.): Entgrenzte Arbeit, (un-)begrenzte Solidarität? Bedingungen und Strategien gewerkschaftlichen Handelns im flexiblen Kapitalismus. Münster: Westfälisches Dampfboot, S. 32–46

Lehndorff, S./Voss-Dahm, D. 2006: Kunden, Kennziffern und Konkurrenz. Markt und Organisation in der Dienstleistungsarbeit. In: Lehndorff, S. (Hg.): Das Politische in der Arbeitspolitik. Berlin: edition sigma, S. 127–153

Leidner, R. 1993: Fast Food, Fast Talk: Service Work and the Routinization of Everyday Life. Berkeley: University of California Press

Leimeister, J. M./Durward, D./Zogaj, S. 2016a: Crowd Worker in Deutschland. Eine empirische Studie zum Arbeitsumfeld auf externen Crowdsourcing-Plattformen. Study Nr. 323. Düsseldorf: Hans-Böckler-Stiftung

Leimeister, J. M./Durward, D./Zogaj, S. 2016b: Systematisierung und Analyse von Crowdsourcing-Anbietern und Crowdworking-Projekten. Düsseldorf: Hans-Böckler-Stiftung

Lenger, A./Schumacher, F. (eds.) 2015: Understanding the Dynamics of Global Inequality. Social Exclusion, Power Shift, and Structural Changes. Heidelberg u.a.O.: Springer

Lengersdorf, D./Meuser, M. (Hg.) 2016: Männlichkeiten und der Strukturwandel von Erwerbsarbeit in globalisierten Gesellschaften. Diagnosen und Perspektiven. Weinheim/Basel: Beltz Juventa

Lenhardt, U./Rosenbrock, R. 2006: Wegen Umbau geschlossen? Auswirkungen betrieblicher Reorganisation auf den Gesundheitsschutz. Berlin: edition sigma

Lenin, W. I. 1960: Werke, Bd. 27. Berlin: Dietz

Lenin, W. I. 1962: Werke, Bd. 18. Berlin: Dietz

Lenz, U./Grützmacher, P. 2018: Was bin ich (noch), und was sollte ich sein? Die Auswirkungen der Digitalisierung auf die Rolle der Führungskraft. In: von Au, C. (Hg.): Führen in der vernetzten virtuellen und realen Welt: Digitalisierung, Selbstorganisation, Organisationsspezifika und Tabuthema Tod. Wiesbaden: Springer, S. 1–18

Lepak, D. P./Snell, S. A. 2002: Examining the Human Resource Architecture: The Relationships among Human Capital, Employment, and Human Resource Configurations. In: Journal of Management, Vol. 28, No. 4, S. 517–543

Lepperhoff, J. 2011: Qualität von Arbeit: messen – analysieren – umsetzen. In: Aus Politik und Zeitgeschichte, Nr. 15, S. 32–37

Lesch, H. 2016: Spartengewerkschaften: Abspaltungsmotive, Lohnpolitik und Konfliktverhalten. In: Zeitschrift für Politikwissenschaft, Jg. 26, H. 2, S. 155–174

Lesch, H. 2017: Konflikteskalation in Tarifverhandlungen. Methode, Indikatoren und empirische Befunde. In: Industrielle Beziehungen, Jg. 24, H. 1, S. 31–53

Lessenich, S. 2008: Die Neuerfindung des Sozialen. Der Sozialstaat im flexiblen Kapitalismus. Bielefeld: transcript

Lessenich, S. 2009: Aktivierungspolitik und Anerkennungsökonomie. Der Wandel des Sozialen im Umbau des Sozialstaats. In: Soziale Passagen, Jg. 1, H. 2, S. 163–176

Levenstein, A. 1912: Die Arbeiterfrage. Mit besonderer Berücksichtigung der sozialpsychologischen Seite des modernen Großbetriebes und der psycho-physischen Einwirkungen auf die Arbeiter. München: Reinhardt

Levinson, H./Price, C. R./Munden, K. J./Solley, C. M. 1962: Men, Management, and Mental Health. Cambridge: Harvard University Press

Levitt, P. 2001: The Transnational Villagers. Berkeley: University of California Press

Lewis, J. 2003: Auf dem Weg zur „Zwei-Erwerbstätigen"-Familie. In: Leitner, S./Ostner, I./Schratzenstaller, M. (Hg.): Wohlfahrtsstaat und Geschlechterverhältnisse in Umbruch. Wiesbaden: VS Verlag, S. 62–84

Lichte, R. 1978: Betriebsalltag von Industriearbeitern. Konflikthandeln einer Arbeitsgruppe im Stillegungsprozeß. Frankfurt a.M./New York: Campus

Liebig, S. 2021: Arbeitszeitverkürzung als Konvergenzpunkt? Sozial-ökologische Arbeitskonzepte, Wachstumskritik und gewerkschaftliche Tarifpolitik. Frankfurt a.M./New York: Campus

Liebold, R. 2001: „Meine Frau managt das ganze Leben zu Hause…" Partnerschaft und Familie aus der Sicht männlicher Führungskräfte. Wiesbaden: Westdeutscher Verlag

Liebold, R./Trinczek, R. 2002: Experteninterview. In: Kühl, S./Strodtholz, P. (Hg.): Methoden der Organisationsforschung. Reinbek: Rowohlt, S. 33–71

Light, R./Moody, J. (eds.) 2021: The Oxford Handbook of Social Networks. Oxford: Oxford University Press

Liker, J. K. 2004: The Toyota Way. 14 Management Principles from the World's Greatest Manufacturer. New York u.a.O.: McGraw-Hill

Liker, J./Hoseus, M. 2008: Toyota Culture. The Heart and Soul of the Toyota Way. New York: McGraw-Hill

Liker, J./Meier, D. 2007: Toyota Talent. Developing Your People the Toyota Way. New York: McGraw-Hill

Lindbeck, A./Snower, D. J. (Hg.) 2002: The Insider-Outsider Theory. A Survey. IZA Discussion Paper No. 534. Bonn

Linden, M. van der 2008: Workers of the World. Essays toward a Global History of Labour. Leiden/Boston: Brill

Linten, M./Prüstel, S. 2017: Akademisierung der Berufswelt. Literaturdatenbank. Bonn: BIBB

Littek, W./Heisig, U. 1986: Rationalisierung von Arbeit als Aushandlungsprozeß. Beteiligung bei Rationalisierungsverläufen im Angestelltenbereich. In: Soziale Welt, Jg. 37, H. 2/3, S. 237–262

Littek, W./Heisig, U. 1987: Rationalisierung und Angestellte. Subjektive Reaktionen auf neue Technologien und Organisationsstrukturen in der Industrieverwaltung. Bremen: Papers on the Rationalization of White-Collar Work and Employee Reactions

Littig, B./Spitzer, M. 2011: Arbeit neu. Erweiterte Arbeitskonzepte im Vergleich. Arbeitspapier 299 der Hans-Böckler-Stiftung. Düsseldorf: HBS

Llewellyn, N./Hindmarsh, J. 2013: The Order Problem: Inference and Interaction in Interactive Service Work. In: Human Relations, Vol. 66, No. 11, S. 1401–1426

Lohmann, H./Andreß, H.-J. 2011: Autonomie oder Armut? Zur Sicherung gleicher Chancen materieller Wohlfahrt durch Erwerbsarbeit. In: WSI-Mitteilungen, Jg. 64, H. 4, S. 178–187

Lohmeyer, N./Sydow, J. 2021: Interessenvertretung in globalen Wertschöpfungsnetzwerken – Theoretische Perspektiven und empirische Befunde. In: Industrielle Beziehungen, Jg. 28, H. 2, S. 103–119

Lohr, K. 2003: Subjektivierung von Arbeit. Ausgangspunkt einer Neuorientierung der Industrie- und Arbeitssoziologie? In: Berliner Journal für Soziologie, Jg. 13, H. 4, S. 511–529

Lohr, K./Nickel, H. M. (Hg.) 2005: Subjektivierung von Arbeit – Riskante Chancen? Münster: Westfälisches Dampfboot

Lohr, K./Peetz, T./Hilbrich, R. 2013: Bildungsarbeit im Umbruch. Zur Ökonomisierung von Arbeit und Organisation in Schulen, Universitäten und in der Weiterbildung. Berlin: edition sigma

López, T. 2021: A Practice Ontology Approach to Labor Control Regimes in GPNs: Connecting 'Sites of Labor Control' in the Bangalore Export Garment Cluster. In: Environment and Planning A: Economy and Space, Vol. 53, No. 5, S. 1012–1030

López, T./Riedler, T./Köhnen, H./Fütterer, M. 2021: Digital Value Chain Restructuring and Labour Process Transformations in the Fast-fashion Sector: Evidence from the Value Chains of Zara & H&M. Global Networks 12/21 (online), DOI: 10.1111/glob.12353

Lorenzen, S. 2021: Lieferkettengesetz – wie wird es wirksam? In: WSI-Mitteilungen, Jg. 74, H. 1, S. 66–70

Lösch, A./Grunwald, A./Meister, M./Schulz-Schaeffer, I. (Hg.) 2019: Socio-Technical Futures Shaping the Present. Wiesbaden: Springer VS

Lott, Y. 2014: Flexibilität und Autonomie in der Arbeitszeit: Gut für die Work-Life Balance? Analysen zum Zusammenhang von Arbeitszeitarrangements und Work-Life Balance in Europa. WSI Report Nr. 18. Düsseldorf: WSI

Lott, Y. 2019: Weniger Arbeit mehr Freizeit? WSI-Report Nr. 47. Düsseldorf: WSI

Lott, Y. 2020: Work-Life Balance im Homeoffice: Was kann der Betrieb tun? Welche betrieblichen Bedingungen sind für eine gute Work-Life Balance im Homeoffice notwendig? WSI Report, Nr. 54, Düsseldorf: WSI

Lübker, M./Schulten, T. 2021: WSI-Mindestlohnbericht 2021 – Ist Europa auf dem Weg zu angemessenen Mindestlöhnen? WSI-Report Nr. 63, Düsseldorf: WSI

Lübker, M./Schulten, T. 2022: WSI-Mindestlohnbericht 2022: Aufbruch zu einer neuen Mindestlohnpolitik in Deutschland und Europa. In: WSI-Mitteilungen, Jg. 75, H. 2, S. 148–159

Luczak, H./Volpert, W./Raeithel, A./Schwier, W. 1987: Arbeitswissenschaft. Kerndefinition – Gegenstandskatalog – Forschungsgebiete. Eschborn: RKW

Luft, S. 2009: Staat und Migration. Zur Steuerbarkeit von Zuwanderung und Integration. Frankfurt a.M./New York: Campus

Luhmann, N. 1976: Funktionen und Folgen formaler Organisation (3. Aufl.). Berlin: Duncker & Humblot

Luhmann, N. 1991: Interaktion, Organisation, Gesellschaft. Anwendungen der Systemtheorie. In: Luhmann, N. (Hg.): Soziologische Aufklärung 2. Aufsätze zur Theorie der Gesellschaft (4. Aufl.). Opladen: Westdeutscher Verlag, S. 9–20.

Luhmann, N. 1992: Organisation. In: Küpper, W./Ortmann, G. (Hg.): Mikropolitik. Rationalität, Macht und Spiele in Organisationen (2., durchges. Aufl.). Opladen: Westdeutscher Verlag, S. 165–185

Luhmann, N. 1995: Gesellschaftsstruktur und Semantik. Studien zur Wissenssoziologie der modernen Gesellschaft, Bd. 4. Frankfurt a.M: Suhrkamp

Luhmann, N. 2000: Organisation und Entscheidung. Opladen: Westdeutscher Verlag

Lukes, S. 2005: Invasionen des Marktes. In: Miller, M. (Hg.): Welten des Kapitalismus. Institutionelle Alternativen in der globalisierten Ökonomie. Frankfurt a.M./New York: Campus, S. 357–385

Lullies, V./Bollinger, H./Weltz, F. 1993: Wissenslogistik: Über den betrieblichen Umgang mit Wissen bei Entwicklungsvorhaben. Frankfurt a.M./New York: Campus

Lundin, R./Arvidsson, N./Brady, T./Ekstedt, E./Midler, C./Sydow, J. 2015: Managing and Working in Project Society: Institutional Challenges of Temporary Organizations. Cambridge: Cambridge University Press

Lundvall, B.-Å. 2007: National Innovation Systems – Analytical Concept and Development Tool. In: Industry and Innovation, Vol. 14, No.1, S. 95–119

Lüthje, B. 2004: Kehrt der Fordismus zurück? Globale Produktionsnetze und Industriearbeit in der ‚New Economy'. In: Berliner Debatte Initial, Jg. 15, H. 1, S. 62–73

Lutz, B. 1975: Krise des Lohnanreizes – Ein empirisch-historischer Beitrag zum Wandel der Formen betrieblicher Herrschaft am Beispiel der deutschen Stahlindustrie. Frankfurt a.M./Köln: Europäische Verlagsanstalt

Lutz, B. 1976: Bildungssystem und Beschäftigungsstruktur in Deutschland und Frankreich. In: Mendius, H. G./Sengenberger, W./Lutz, B. (Hg.): Betrieb, Arbeitsmarkt, Qualifikation, Bd. 1. Frankfurt a.M./New York: Campus, S. 83–151

Lutz, B. 1984: Der kurze Traum immerwährender Prosperität. Eine Neuinterpretation der industriell-kapitalistischen Entwicklung im Europa des 20. Jahrhunderts. Frankfurt a.M./New York: Campus

Lutz, B. 1987: Das Ende des Technikdeterminismus und die Folgen. Soziologische Technikforschung vor neuen Aufgaben und neuen Problemen. In: Lutz, B. (Hg.): Technik und sozialer Wandel. Verhandlungen des 23. Deutschen Soziologentags in Hamburg 1986. Frankfurt a.M./New York: Campus, S. 34–52

Lutz, B. 1987 a: Arbeitsmarktstruktur und betriebliche Arbeitskräftestrategie. Eine theoretisch-historische Skizze zur Entstehung betriebszentrierter Arbeitsmarktsegmentation. Frankfurt a.M./New York: Campus

Lutz, B. 1989: Tendenzen und Probleme sozialwissenschaftlicher Technikforschung. Eine Zwischenbilanz des Projektverbunds. In: Lutz, B. (Hg.): Technik in Alltag und Arbeit. Beiträge der Tagung des Verbunds Sozialwissenschaftliche Technikforschung. Berlin: edition sigma, S. 7–18

Lutz, B. 2002: Externe Arbeitsmärkte – Erste Überlegungen zu einem Struktur- und Funktionsmodell. In: Grünert, H. (Hg.): Generationenwechsel in Ostdeutschland als Herausforderung für den Arbeitsmarkt. Jena: zsh, S. 17–25

Lutz, B./Moldaschl, M. 1989: Expertensysteme und industrielle Facharbeit. Frankfurt a.M./New York: Campus

Lutz, B./Voß, G. G. 1992: Subjekt und Struktur – Versuch der Neubestimmung einer soziologischen Schlüsselbeziehung am Beispiel des Facharbeiters. In: Heinz, W./Lutz, B. (Hg.): Modernisierungsprozesse von Arbeit und Leben (Sonderheft I der Mitteilungen des SFB 333). München, S. 77–89

Lutz, H. 2010: Unsichtbar und unproduktiv? Haushaltsarbeit und Care Work – die Rückseite der Arbeitsgesellschaft. In: Österreichische Zeitschrift für Soziologie, Jg. 35, H. 2, S. 23–57

Lutz, H. 2018: Die Hinterbühne der Care-Arbeit. Transnationale Perspektiven auf Care-Migration im geteilten Europa. Weinheim: Beltz

Lutz, H./Amelina, A. 2017: Gender, Migration, Transnationalisierung. Eine intersektionelle Einführung. Bielefeld: transcript

Lutz, H./Palenga-Möllenbeck, E. 2015: Care-Arbeit, Gender und Migration: Überlegungen zu einer Theorie der transnationalen Migration im Haushaltsarbeitssektor in Europa. In: Meier-Gräwe, U. (Hg.): Die Arbeit des Alltags. Gesellschaftliche Organisation und Umverteilung. Wiesbaden: Springer VS, S. 181–199

Lutz, H./Schwalgin, S. 2006: Vom Weltmarkt in den Privathaushalt. Die neuen Dienstmädchen im Zeitalter der Globalisierung. Opladen: Budrich

Lyon, D. 1988: The Information Society. Issues and Illusions. Cambridge: Polity Press

Lyotard, J.-F. 1986: Das postmoderne Wissen. Ein Bericht. Graz: Böhlau (Edition Passagen)

Maasen, S./Dickel, S./Schneider, C. (Hg.) 2020: TechnoScienceSociety. Technological Reconfigurations of Science and Society (Sociology of the Sciences Yearbook 30). Cham: Springer
Macdonald, C. L./Sirianni, C. (eds.) 1996: Working in the Service Society. Philadelphia: Temple Press
MacDuffie, J. P. 1995: Human Resource Bundles and Manufacturing Performance: Organizational Logic and Flexible Production Systems in the World Auto Industry. In: Industrial and Labor Relations Review, Vol. 48, No. 2, S. 197–221
MacDuffie, J. P./Pil, F. K. 1997: Changes in Auto Industry Employment Practices: An International Overview. In: Kochan, K./Lansbury, R./MacDuffie, J. P. (eds.): After Lean Production: Evolving Employment Practices in the World Auto Industry. Ithaca, NY: ILR Press/Cornell University, S. 9–42
Machlup, F. 1962: The Production and Distribution of Knowledge in the United States. Princeton: Princeton University Press
MacKenzie, D. 2007: The Material Production of Virtuality: Innovation, Cultural Geography and Facticity in Derivatives Markets. In: Economy and Society, Vol. 36, No. 3, S. 355–376
Maguire, J. S. 2018: Taste as Market Practice: The Example of „Natural" Wine. In: Cross, S. N. N./ Ruvalcaba, C./Venkatesh, A./Belk, R. W. (eds.): Consumer Culture Theory. Bingley: Emerald, S. 71–92
Mainzer, K. 2014: Die Berechnung der Welt. Von der Weltformel zu Big Data. München: Beck
Mair, J./Rathert, N. 2021: Sozialunternehmertum. In: Blättel-Mink, B./Schulz-Schaeffer, I./Windeler. A. (Hg.): Handbuch Innovationsforschung – Sozialwissenschaftliche Perspektiven. Wiesbaden: Springer VS, S. 509–524
Mallet, S. 1972: Die neue Arbeiterklasse. Neuwied: Luchterhand
Malsch, T. 1997: Die Provokation der „Artificial Societies". Warum die Soziologie sich mit den Sozialmetaphern der Verteilten Künstlichen Intelligenz beschäftigen sollte. In: Zeitschrift für Soziologie, Jg. 26, H. 1, S. 3–21
Malsch, T./Florian, M./Jonas, M./Schulz-Schaeffer I. 1996: Sozionik: Expeditionen ins Grenzgebiet zwischen Soziologie und Künstlicher Intelligenz. In: Künstliche Intelligenz, Jg. 10, H. 2, S. 6–12
Malsch, T./Seltz, R. (Hg.) 1987: Die neuen Produktionskonzepte auf dem Prüfstand. Berlin: edition sigma
Mangold, S. 2020: Transnationale Kollektivvereinbarungen – Bausteine eines sozialen Europa? In: WSI-Mitteilungen, Jg. 73, H. 4, S. 256–265
Mangold, W. 1981: Angestelltengeschichte und Angestelltensoziologie in Deutschland, England und Frankreich. Über den Zusammenhang von sozialpolitischer und sozialwissenschaftlicher Themenfindung und Problemstrukturierung. In: Kocka, J. (Hg.): Angestellte im europäischen Vergleich. Die Herausbildung angestellter Mittelschichten seit dem späten 19. Jahrhundert (Geschichte und Gesellschaft Sonderheft 7). Göttingen: Vandenhoeck & Ruprecht, S. 11–38
Mann, S. 1994: Macht und Ohnmacht der Verbände. Das Beispiel des Bundesverbandes der Deutschen Industrie e.V. (BDI) aus empirisch-analytischer Sicht. Baden-Baden: Nomos
Manning, S./Sydow, J./Windeler, A. 2012: Securing Access to Lower-cost Talent Globally: The Dynamics of Active Embedding and Field Structuration. In: Regional Studies, Vol. 46, No. 9, S. 1201–1218.
Manpower 2019: Bevölkerungsbefragung. Jobzufriedenheit 2019. Internet: www.manpowergroup.de/-/media/project/manpowergroup/manpowergroup/manpowergroup-germany/studien_pdf/mpg_jobzufriedenheit_2019_studie_20190923.pdf
Mansell, R. (Hg.) 2009: The Information Society. London/New York: Routledge
Manske, A. 2017: Informelle Beziehungen als Flexibilitätsressource auf Projektarbeitsmärkten. Zur Sozialordnung einer Designagentur. In: Holst, H. (Hg.): Fragmentierte Belegschaften. Globale Perspektiven auf Leiharbeit, Werkverträge und Informalität. Frankfurt a.M./New York: Campus, S. 191–216
Manske, A./Schnell, C. 2010: Arbeit und Beschäftigung in der Kultur- und Kreativwirtschaft. In: Böhle, F./Voß, G. G./Wachtler, G. (Hg.): Handbuch Arbeitssoziologie. Wiesbaden: VS Verlag, S. 699–727

Manske, F. 1991: Kontrolle, Rationalisierung und Arbeit. Berlin: edition sigma
Manz, T. 1993: Schöne neue Kleinbetriebswelt? Perspektiven kleiner und mittlerer Betriebe im industriellen Wandel. Berlin: edition sigma
Marcelli, E./Wiliams, C. C./Joassart, P. (eds.) 2009: Informal Work in Developed Nations. London/New York: Routledge
March, J. G./Simon, H. A. 1958: Organizations. New York: Wiley
Marchart, O. 2013: Die Prekariserungsgesellschaft. Bielefeld: transcript
Marchington, M./Grimshaw, D./Carroll, M./Pass, S. 2009: Employed under Different Rules: The Complexities of Working across Organizational Boundaries. In: Cambridge Journal of Regions, Economy and Society, Vol. 1, No. 1, S. 1–15
Marchington, M./Grimshaw, D./Rubery, J./Willmott, H. (eds.) 2005: Fragmenting Work. Blurring Organizational Boundaries and Disordering Hierarchies. Oxford: Oxford University Press
Marksberry, P. 2013: The Modern Theory of the Toyota Production System. A Systems Inquiry of the World's Most Emulated and Profitable Management System. Boca Raton, FL: CRC Press
Marler, J. H./Boudreau, J. W. 2017: An Evidence-based Review of HR Analytics. In: The International Journal of Human Resource Management, Vol. 28, No. 1, S. 3–26
Marrs, K. 2007 a: Zwischen Leidenschaft und Lohnarbeit. Ein arbeitssoziologischer Blick hinter die Kulissen von Film und Fernsehen. Berlin: edition sigma
Marrs, K. 2007 b: Ökonomisierung gelungen, Pflegekräfte wohlauf? In: WSI-Mitteilungen, Jg. 60, H. 9, S. 502–507
Marrs, K. 2008: Arbeit unter Marktdruck. Die Logik der ökonomischen Steuerung in der Dienstleistungsarbeit. Berlin: edition sigma
Marrs, K. 2018: Herrschaft und Kontrolle in der Arbeit. In: Böhle, F./Voß, G. G./Wachtler, G. (Hg.): Handbuch Arbeitssoziologie (2. Aufl.). Band 1: Arbeit, Strukturen und Prozesse. Wiesbaden: Springer VS, S. 473–498
Marrs, K./Boes, A. 2003: Alles Spaß und Hollywood? Arbeits- und Leistungsbedingungen bei Film und Fernsehen. In: Pohlmann, M./Sauer, D./Trautwein-Kalms, G./Wagner, A. (Hg.): Dienstleistungsarbeit – Auf dem Boden der Tatsachen. Befunde aus Handel, Industrie, Medien und IT-Branche. Berlin: edition sigma, S. 187–242
Marsden, D. 1999: A Theory of Employment Systems: Micro-foundations of Societal Diversity. Oxford: Oxford University Press
Marshall, T. H. 1963: Citizenship and Social Class. In: Marshall, T. H.: Sociology at the Crossroads and Other Essays. London: Heinemann, S. 67–128
Marstedt, G./Mergner, U. 1986: Psychische Belastungen in der Arbeitswelt. Theoretische Ansätze, Methoden und empirische Forschungsergebnisse. Opladen: Westdeutscher Verlag
Marstedt, G./Mergner, U. 1995: Gesundheit als produktives Potential. Berlin: edition sigma
Martens, B./Michailow, M. 2003: Konvergenzen und Divergenzen zwischen dem ost- und westdeutschen Management. In: Martens, B./Michailow, M./Schmidt, R. (Hg.): Managementkulturen im Umbruch. SFB 580, H. 10, Jena, S. 13–56
Martin, C. J. 2017: Skill Builders and the Evolution of National Vocational Training Systems. In: Warhurst, C./Mayhew, K./Finegold, D./Buchanan, J. (eds.) 2017: The Oxford Handbook of Skills and Training. Oxford: Oxford University Press, S. 36–53
Martin, C. J./Swank, D. 2012: The Political Construction of Business Interests. Coordination, Growth, and Equality. Cambridge: Cambridge University Press
Martin, H. (Hg.) 1995: CeA – Computergestützte erfahrungsgeleitete Arbeit. Berlin u.a.O.: Springer
Marx, C./Reimann, M./Diewald, M. 2021: Do Work-Life Measures Really Matter? The Impact of Flexible Working Hours and Home-Based Teleworking in Preventing Voluntary Employee Exits. In: Social Sciences (online), Vol. 10, No. 1, DOI: 10.3390/socsci10010009
Marx, K. 1960 [zuerst 1852]: Der achtzehnte Brumaire des Louis Bonaparte. In: Marx-Engels-Werke (MEW), Bd. 8, Berlin: Dietz, S. 111–207

Marx, K. 1969: Resultate des unmittelbaren Produktionsprozesses. Frankfurt a.M.: Neue Kritik [Neuausgabe: Marx-Engels-Gesamtausgabe (MEGA). Zweite Abteilung. „Das Kapital" und Vorarbeiten. Band 4 – Karl Marx: Ökonomische Manuskripte 1863-1867. Teil 1, Berlin: Dietz 1988, S. 24–135]

Marx, K. 1972 a [zuerst 1867]: Das Kapital. Kritik der politischen Ökonomie. Erster Band. Marx-Engels-Werke (MEW), Bd. 23. Berlin: Dietz

Marx, K. 1972 b [zuerst 1885]: Das Kapital. Kritik der politischen Ökonomie. Zweiter Band. Marx-Engels-Werke (MEW), Bd. 24. Berlin: Dietz

Marx, K. 1972 c [zuerst 1894]: Das Kapital. Kritik der politischen Ökonomie. Dritter Band. Marx-Engels-Werke (MEW), Bd. 25. Berlin: Dietz

Marx, K. 1973 [zuerst 1865]: Lohn, Preis und Profit. In: Marx-Engels-Werke (MEW), Bd. 16. Berlin: Dietz, S. 101–152

Marx, K. 1974 [zuerst 1857/58]: Grundrisse der Kritik der politischen Ökonomie (Rohentwurf). Berlin: Dietz

Marx, K. 1982 [zuerst 1849]: Lohnarbeit und Kapital. In: Marx-Engels-Werke (MEW), Bd. 6. Berlin: Dietz, S. 397-423

Marx, K./Engels, F. 1978 [zuerst 1932, verfasst 1845–46]: Die Deutsche Ideologie. Marx-Engels-Werke (MEW), Bd. 3. Berlin: Dietz, S. 9–472

Maschke, M./Nies, G./Vogl, G. 2014: Mobile Arbeit: zwischen Autonomie und Fremdbestimmung. In: WSI-Mitteilungen, Jg. 67, H. 2, S. 156–159

Massey, A. 1997: Globalization and Marketization of Government Services: Comparing Contemporary Public Sector Developments. Basingstoke: Palgrave Macmillan

Massey, D. S./Arango, J./Graeme, H./Kouaouci, A./Pellegrino, A./Taylor, E. J. 2005: Worlds in Motion. Understanding International Migration at the End of the Millennium. Oxford: Clarendon Press

Masuda, Y. 1981: The Information Society as Postindustrial Society. Bethesda: World Future Society (zugleich Tokyo: Institute for the Information Society)

Matiaske, W./Kabst, R. 2002: Outsourcing und Professionalisierung in der Personalarbeit: Eine transaktionskostentheoretisch orientierte Studie. In: Martin, A./Nienhüser, W. (Hg.): Neue Formen der Beschäftigung – neue Personalpolitik? (Sonderband der Zeitschrift für Personalforschung). München: Hampp, S. 247–269

Matthes, J. (Hg.) 1983: Krise der Arbeitsgesellschaft? Verhandlungen des 21. Deutschen Soziologentages in Bamberg 1982. Frankfurt a.M./New York: Campus

Matthes, J. 1983 a: Zum Soziologentagsthema: „Krise der Arbeitsgesellschaft?". Vorbereitungsausschuss für den 21. Deutschen Soziologentag. In: Ders. (Hg.): Krise der Arbeitsgesellschaft? Verhandlungen des 21. Deutschen Soziologentages in Bamberg. Frankfurt a.M./New York: Campus, S. 13–18

Matthöfer, H. 1980: Humanisierung der Arbeit und Produktivität in der Industriegesellschaft (3., überarb. Aufl.). Köln: Bund

Matuschek, I. (Hg.) 2008: Luft-Schichten. Arbeit, Organisation und Technik im Luftverkehr. Berlin: edition sigma

Matuschek, I. 2016 a: Industrie 4.0, Arbeit 4.0 – Gesellschaft 4.0? Eine Literaturstudie. Berlin: Rosa-Luxemburg-Stiftung

Matuschek, I. 2016 b: Arbeitsqualität. Expertise für die Kommission „Arbeit der Zukunft". Düsseldorf: Hans-Böckler-Stiftung

Matuschek, I./Arnold, K./Voß, G. G. 2007: Subjektivierte Taylorisierung. München: Hampp

Matuschek. I./Kleemann, F./Haipeter, T. 2018: Industrie 4.0 und die Arbeitsdispositionen der Beschäftigten. Zum Stellenwert der Arbeitenden im Prozess der Digitalisierung der industriellen Produktion. FGW-Studie Digitalisierung von Arbeit 11. Düsseldorf: Forschungsinstitut für Gesellschaftliche Weiterentwicklung

Mau, S. 2007: Transnationale Vergesellschaftung: Die Entgrenzung sozialer Lebenswelten. Frankfurt a.M./New York: Campus

Mau, S. 2021: Sortiermaschinen. Die Neuerfindung der Grenze im 21. Jahrhundert. München: C. H. Beck
Maurer, A. (Hg.) 2010: Wirtschaftssoziologie nach Max Weber. Wiesbaden: VS Verlag
Maurer, A. (Hg.) 2017: Handbuch der Wirtschaftssoziologie (2. aktualis. und erw. Aufl.). Wiesbaden: Springer VS
Maurer, A. (ed.) 2021: Handbook of Economic Sociology for the 21st Century. Cham: Springer
Maurice, M./Sellier, F./Silvestre, J. J. 1982: Politique d'éducation et organisation industrielle en France et en Allemagne. Paris: Presses Universitaires de France
Maurice, M./Sorge, A./Warner, M. 1980: Societal Differences in Organizing Manufacturing Units: A Comparison of France, West Germany, and Great Britain. In: Organization Studies, Vol. 1, No. 1, S. 59–80
Maus, B./Winker, G. 2001: Bewegliche Geschlechterarrangements bei Telebeschäftigten. In: Winker, G. (Hg.): Telearbeit und Lebensqualität. Zur Vereinbarkeit von Beruf und Familie. Frankfurt a.M./New York: Campus, S. 17–60
Mayer, A. 2017: Die Internationalisierung kleiner und mittlerer Unternehmen (KMU) und ihre Folgen für die betriebliche Sozialordnung. In: Industrielle Beziehungen, Jg. 24, H. 3, S. 347–371
Mayer-Ahuja, N. 2003: Wieder dienen lernen? Vom westdeutschen „Normalarbeitsverhältnis" zu prekärer Beschäftigung seit 1973. Berlin: edition sigma
Mayer-Ahuja, N. 2008: Betriebliche Sozialordnung im Zeichen transnationaler Arbeit: Überlegungen anhand der Softwareprogrammierung zwischen Deutschland und Indien. In: Becke, G. (Hg.): Soziale Nachhaltigkeit in flexiblen Arbeitsstrukturen, Berlin/Münster: Lit Verlag, S. 153–167
Mayer-Ahuja, N. 2011: Grenzen der Homogenisierung. IT-Arbeit zwischen ortsgebundener Regulierung und transnationaler Unternehmensstrategie. Frankfurt a.M./New York: Campus
Mayer-Ahuja, N. 2017: Die Globalität unsicherer Arbeit als konzeptionelle Provokation: Zum Zusammenhang zwischen Informalität im im „Globalen Süden" und Prekarität im „Globalen Norden". In: Geschichte und Gesellschaft, Jg. 43, H. 2, S. 264–296
Mayer-Ahuja, N./Nachtwey, O. 2021: Verkannte Leistungsträger:innen. Berichte aus der Klassengesellschaft. Berlin: Suhrkamp
Mayer-Ahuja, N./Wolf, H. (Hg.) 2005: Entfesselte Arbeit – Neue Bindungen. Grenzen der Entgrenzung in den Neuen Medien und der Kulturindustrie. Berlin: edition sigma
Mayer-Schönberger, V./Cukier, K. 2013: Big Data. A Revolution That Will Transform How We Live, Work and Think. London: John Murray
Mayntz, R. 1963: Soziologie der Organisation. Reinbek: Rowohlt
Mayntz, R. 1993: Große technische Systeme und ihre gesellschaftstheoretische Bedeutung. In: Kölner Zeitschrift für Soziologie und Sozialpsychologie, Jg. 45, H. 1, S. 97–108
Mayntz, R./Bogdandy, A. v./Genschel, P./Lütz, S. 2005: Globale Strukturen und deren Steuerung. Auswertung der Ergebnisse eines Förderprogramms der VolkswagenStiftung. MPIfG Working Paper 05/11. Köln: Max-Planck-Institut für Gesellschaftsforschung
Mayntz, R./Scharpf, F. W. (Hg.) 1995: Gesellschaftliche Selbstregulierung und politische Steuerung. Frankfurt a.M./New York: Campus
Mayrhofer, W./Meyer, M./Steyrer, J./Iellachitch, A./Schiffinger, M./Strunk, G./Erten-Buch, C./Hermann, A./Mattl, C. 2002: Einmal gut, immer gut? Einflussfaktoren auf Karrieren in ‚neuen' Karrierefeldern. In: Zeitschrift für Personalforschung, Jg. 16, H. 3, S. 392–414
Mazzucato, M. 2013: The Entrepreneurial State: Debunking Public vs. Private Sector Myths. London: Anthenem Press
McAfee, A./Brynjolfsson, E. 2017: Machine – Platform – Crowd: Harnessing our Digital Future, New York/London: Norton
McCabe, D. 2007: Individualization at Work? Subjectivity, Teamworking and Anti-Unionism. In: Organization, Vol. 14, No. 2, S. 243–266

McCarthy, J./Minsky, M. L./Rochester, N./Shannon, C. E. 1955: A Proposal for the Dartmouth Summer Research Project on Artificial Intelligence. Internet: https://www-formal.stanford.edu/jmc/history/dartmouth/dartmouth.html

McKercher, C./Mosco, V. (eds.) 2007: Knowledge Workers in the Information Society. Lanham, MD: Rowman

McKevitt, D./Carbery, R./Lyons, A. 2017: A Profession but not a Career? Work Identity and Career Satisfaction in Project Management. In: International Journal of Project Management, Vol. 35, No. 8, S. 1673–1682

Meardi, G. 2018: Economic Integration and State Responses. Change in European Industrial Relations since Maastricht. In: British Journal of Industrial Relations, Vol. 56, No. 3, S. 631–655

Méda, D. 1995: Le travail. Une valeur en voie de disparition, Paris: Flammarion

Meelen, T./Hermann, A. M./Faber, J. 2017: Disentangling Patterns of Economic, Technological and Innovative Specialization of Western Economies: An Assessment of the Varieties-of-Capitalism Theory on Comparative Institutional Advantages. In: Research Policy, Vol. 46, S, 667–677

Mehlis, P. 2008: Vom kreativen Chaos zur effizienten Organisation. Gestaltung und Regulierung hochqualifizierter Arbeit in IT- und Biotechnologieunternehmen. München/Mering: Hampp

Meil, P. 1992: Stranger in Paradise. An American's Perspective on German Industrial Sociology. In: Altmann, N./Köhler, C./Meil, P. (Hg.): Technology and Work in German Industry. London/New York: Routledge, S. 12–25

Menninger, K. 1958: Theory of Psychoanalytic Technique. New York: Basic Books

Mense-Petermann, U. 2009: Zwischen „Weltklasse" und „Nomaden wider Willen" – Soziologische Beiträge zur Globalisierung des Managements. In: Österreichische Zeitschrift für Soziologie, Jg. 34, H. 4, S. 3–12

Mense-Petermann, U. 2012: Multinationals, Transnationals, Global Players – Zur Besonderheit grenzüberschreitend operierender Organisationen. In: Apelt, M./Tacke, V. (Hg.): Handbuch Organisationstypen. Wiesbaden: VS Verlag, S. 43–61

Mense-Petermann, U./Minssen, H./Hyll, M. 2013: Arbeit in der Weltgesellschaft. Transnationale Arbeitsmobilität in arbeitssoziologischer Perspektive. Schwerpunktheft Zeitschrift Arbeit, Jg. 22, H. 4

Mense-Petermann, U./Wagner, G. 2006: Transnationale Konzerne. Ein neuer Organisationstyp? Wiesbaden: VS Verlag

Menz, G. 2017: Comparative Political Economy. Contours of a Subfield. Oxford: Oxford University Press

Menz, W. 2009: Die Legitimität des Marktregimes. Leistungs- und Gerechtigkeitsorientierungen in neuen Formen betrieblicher Leistungspolitik. Wiesbaden: VS Verlag

Menz, W./Dunkel, W./Kratzer, N. 2011: Leistung und Leiden. Neue Steuerungsformen von Leistung und ihre Belastungswirkungen. In: Kratzer, N./Dunkel, W./Becker, K./Hinrichs, S. (Hg.): Arbeit und Gesundheit im Konflikt. Analysen und Ansätze für ein partizipatives Gesundheitsmanagement. Berlin: edition sigma, S. 143–198

Menz, W./Nies, S./Sauer, D. 2019: Digitale Kontrolle und Vermarktlichung. Beschäftigtenautonomie im Kontext betrieblicher Strategien der Digitalisierung. In: Prokla, Jg. 49, H. 195, S. 181–200

Menz, W./Pauls, N./Pangert, B. 2016: Arbeitsbezogene erweiterte Erreichbarkeit: Ursachen, Umgangsstrategien und Bewertung am Beispiel von IT-Beschäftigten. In: Wirtschaftspsychologie, H. 2/2016, S. 55–66

Mergener, A. 2020: Berufliche Zugänge zum Homeoffice. Ein tätigkeitsbasierter Ansatz zur Erklärung von Chancenungleichheit beim Homeofficezugang. In: Ebner, C./ Haupt, A./Matthes, B. (Hg.): Berufe und soziale Ungleichheit (Sonderheft 72 der KZfSS), Wiesbaden, S. 511–534

Merl, T. 2021: Ärztliches Handeln zwischen Kunst und Wissenschaft. Wiesbaden: Springer VS

Merleau-Ponty, M. 1966: Phänomenologie der Wahrnehmung. Berlin: de Gruyter

Mertens, D. 1974: Schlüsselqualifikationen. Thesen zur Schulung für eine moderne Gesellschaft. In: Mitteilungen aus der Arbeitsmarkt- und Berufsforschung, Jg. 7, H. 1, S. 36–43

Meyer, A. 2017: Die Internationalisierung von kleinen und mittleren Unternehmen (KMU) und ihre Folgen für die Betriebliche Sozialordnung. In: Industrielle Beziehungen, Jg. 24, H. 3, S. 347–371

Meyer, J. W. 2005: Weltkultur. Wie die westlichen Prinzipien die Welt durchdringen. Frankfurt a.M.: Suhrkamp

Meyer, J. W./Boli, J./Thomas, G. 1987: Ontology and Rationalization in the Western Cultural Account. In: Thomas, G./Meyer, J. W./Ramirez, F. O./Boli, J. (eds.): Institutional Structure: Constituting State, Society, and the Individual. Newbury Park: Sage, S. 12–37

Meyer, J. W./Boli, J./Thomas, G. M./Ramirez, F. O. 2005: Die Weltgesellschaft und der Nationalstaat. In: Meyer, J. W. (Hg.): Weltkultur. Wie die westlichen Prinzipien die Welt durchdringen. Frankfurt a.M.: Suhrkamp, S. 85–132

Meyer, J. W./Rowan, B. 1977: Institutionalized Organizations: Formal Structure as Myth and Ceremony. In: American Journal of Sociology, Vol. 83, No. 2, S. 340–363

Meyer, J. W./Rowan, B. 1991: Institutionalized Organizations: Formal Structure as Myth and Ceremony. In: Powell, W. W./DiMaggio, P. J. (eds.): The New Institutionalism in Organizational Analysis. Chicago: University of Chicago Press, S. 41–62

Meyer, M./Meschede, M. 2016: Krankheitsbedingte Fehlzeiten in der deutschen Wirtschaft im Jahr 2015. In: Badura, B./Ducki, A./Schröder, H./Klose, J./Meyer, M. (Hg.): Fehlzeiten-Report 2016. Berlin/Heidelberg: Springer, S. 251–454

Meyer, M. W./Zucker, L. G. 1989: Permanently Failing Organizations. Thousand Oaks: Sage

Meyer, S.-C./Tisch, A./Hünefeld L. 2019: Arbeitsintensivierung und Handlungsspielraum in digitalisierten Arbeitswelten – Herausforderung für das Wohlbefinden von Beschäftigten? In: Industrielle Beziehungen, Jg. 26, H. 2, S. 207–231

Meyer, U./Schaupp, S./Seibt, D. (eds.) 2020: Digitalization in Industry. Cham: Palgrave Macmillan

Michel, E. 1960: Sozialgeschichte der industriellen Arbeitswelt, ihrer Krisenformen und Gestaltungsversuche. Frankfurt a.M.: Knecht

Michon, F./Petit, H. (Hg.) 2007: Is the Concept of Labour Market Segmentation still Accurate? Socio Économie du Travail, Numéro spécial 28

Mickler, O. 1981: Facharbeit im Wandel. Rationalisierung im industriellen Produktionsprozeß. Frankfurt a.M./New York: Campus

Mickler, O./Dittrich, E./Neumann, U. 1976: Technik, Arbeitsorganisation und Arbeit. Eine Untersuchung in der automatisierten Produktion. Frankfurt a.M: Aspekte

Mierich, S. 2020: Orts- und Zeitflexibles Arbeiten. Hans-Böckler-Stiftung, Study Nr. 446. Düsseldorf: HBS

Mikl-Horke, G. 2007: Industrie- und Arbeitssoziologie (6. Aufl.). München/Wien: Oldenbourg

Milbrath, L. W. 1965: Political Participation. How and Why Do People Get Involved in Politics? Chicago: Rand McNally

Mills, C. W. 1951: White Collar. The American Middle Classes. New York: Oxford University Press [deutsche Ausgabe: Menschen im Büro. Ein Beitrag zur Soziologie der Angestellten. Köln: Bund-Verlag 1955]

Milward, H. B./Raab, J. 2003: Dark Networks as Problems. In: Journal of Public Administration Research and Theory, Vol. 13, No. 4, S. 413–439

Mindestlohnkommission 2020: Dritter Bericht zu den Auswirkungen des gesetzlichen Mindestlohns. Berlin

Minssen, H. 1990: Konsens und Kontrolle. Anmerkungen zu einem vernachlässigten Thema der Industriesoziologie. In: Soziale Welt, Jg. 41, H. 3, S. 365–382

Minssen, H. 1992: Die Rationalität der Rationalisierung. Betrieblicher Wandel und die Industriesoziologie. Stuttgart: Enke

Minssen, H. 1997: Gruppenarbeit in der Fertigung – Probleme eines zukunftsorientierten Konzepts. In: Kröll, M./Schnauber, H. (Hg.): Lernen der Organisation durch Gruppen- und Teamarbeit. Wettbewerbsvorteile durch umfassende Unternehmensplanung. Berlin u.a.O.: Springer, S. 195–235

Minssen, H. 1999: Von der Hierarchie zum Diskurs? Die Zumutungen der Selbstregulation. München/Mering: Hampp

Minssen, H. (Hg.) 2000: Begrenzte Entgrenzungen. Wandlungen von Organisation und Arbeit. Berlin: edition sigma

Minssen, H. 2001: Zumutung und Leitlinie. Der Fall Gruppenarbeit. In: Zeitschrift für Soziologie, Jg. 30, H. 3, S. 185–198

Minssen, H. 2006: Arbeits- und Industriesoziologie – Eine Einführung. Frankfurt a.M./New York: Campus

Minssen, H. 2009 a: Bindung und Entgrenzung. Eine Soziologie international tätiger Manager. München/Mering: Hampp

Minssen, H. 2009 b: Karriere durch Auslandsentsendungen? In: Österreichische Zeitschrift für Soziologie, Jg. 34, H. 4, S. 41–59

Minssen, H. 2019: Arbeit in der modernen Gesellschaft. Eine Einführung (2. Aufl.). Wiesbaden: Springer VS

Minssen, H. 2019 a: Management und Karriere. In: Ders.: Arbeit in der modernen Gesellschaft: Eine Einführung (2. Aufl.). Wiesbaden: Springer VS, S. 159–174

Minssen, H./Riese, C. 2007: Professionalität der Interessenvertretung. Arbeitsbedingungen und Organisationspraxis von Betriebsräten. Berlin: edition sigma

Mintzberg, H. 1989: Mintzberg on Management. Inside Our Strange World of Organizations. New York/London: The Free Press

Mitchell, J. C. 1969: The Concept and Use of Social Networks. In: Mitchell, J. C. (ed.): Social Networks in Urban Situations. Analysis of Personal Relationships in Central African Towns. Manchester: Manchester University Press, S. 1–50

Mizruchi, M. 2010: The Fracturing of the American Corporate Elite. Cambridge: Harvard University Press

Mohan, R. 2018: Die Ökonomisierung des Krankenhauses. Bielefeld: transcript

Mohr, G. 2010: Erwerbslosigkeit. In: Kleinbeck, U./Schmidt, K.-H. (Hg.): Arbeitspsychologie. Göttingen: Hogrefe, S. 471–519

Mohr, J. W./White, H. C. 2008: How to Model an Institution. In: Theory and Society, Vol. 37, No. 5, S. 485–512

Moldaschl, M. 1991: Frauenarbeit oder Facharbeit? Montagerationalisierung in der Elektroindustrie II. Frankfurt a.M./New York: Campus

Moldaschl, M. 1993: Restriktive Arbeit: Formen, Verbreitung, Tendenzen der Belastungsentwicklung. In: ISF München/INIFES/IfS/SOFI (Hg.): Jahrbuch sozialwissenschaftliche Technikberichterstattung 1993. Schwerpunkt: Produktionsarbeit. Berlin: edition sigma, S. 139–171

Moldaschl, M. 1998: Internalisierung des Marktes – Neue Unternehmensstrategien und qualifizierte Angestellte. In: IfS/INIFES/ISF/SOFI (Hg.): Jahrbuch Sozialwissenschaftliche Technikberichterstattung 1997 – Schwerpunkt: Moderne Dienstleistungswelten. Berlin: edition sigma, S. 197–250

Moldaschl, M. 2001: Herrschaft durch Autonomie. Dezentralisierung und widersprüchliche Arbeitsanforderungen. In: Lutz, B. (Hg.): Entwicklungsperspektiven von Arbeit. Ergebnisse aus dem Sonderforschungsbereich 333 der Universität München. Berlin: Akademie-Verlag, S. 132–164

Moldaschl, M. 2002: Subjektivierung – Eine neue Stufe in der Entwicklung der Arbeitswissenschaften? In: Moldaschl, M./Voß, G. G. (Hg.): Subjektivierung von Arbeit. München/Mering: Hampp, S. 23–52

Moldaschl, M. 2010: Organisierung und Organisation von Arbeit. In: Böhle, F./Voß, G. G./Wachtler, G. (Hg.): Handbuch Arbeitssoziologie. Wiesbaden: VS Verlag, S. 263–299

Moldaschl, M. 2018: Organisierung und Organisation von Arbeit. In: Böhle, F./Voß, G. G./Wachtler, G. (Hg.): Handbuch Arbeitssoziologie (2. Aufl.). Band 1: Arbeit, Strukturen und Prozesse. Wiesbaden, Springer VS, S. 358–400

Moldaschl, M./Sauer, D. 2000: Internalisierung des Marktes. Zur neuen Dialektik von Kooperation und Herrschaft. In: Minssen, H. (Hg.): Begrenzte Entgrenzungen. Wandlungen von Organisation und Arbeit. Berlin: edition sigma, S. 205–224

Moldaschl, M./Schultz-Wild, R. (Hg.) 1994: Arbeitsorientierte Rationalisierung – Fertigungsinseln und Gruppenarbeit im Maschinenbau. Frankfurt a.M./New York: Campus

Moldaschl, M./Stehr, N. (Hg.) 2010: Wissensökonomie und Innovation. Beiträge zur Ökonomie der Wissensgesellschaft. Marburg: Metropolis

Moldaschl, M./Voß, G. G. (Hg.) 2002: Subjektivierung von Arbeit. München/Mering: Hampp

Möller J./Paulus, W. 2010: Perspektiven einer modernen Berufsforschung. In: Euler, D./Walwei, U./Weiß, R. (Hg.): Berufsforschung für eine moderne Berufsausbildung. Stand und Perspektiven (Beiheft 24 der Zeitschrift für Berufs- und Wirtschaftspädagogik), S. 11–35

Möller, J./Walwei, U. (Hg.) 2017: Arbeitsmarkt kompakt. Analysen, Daten, Fakten. Bielefeld: Bertelsmann

Monden, Y. 1983: Toyota Production System. Practical Approach to Production Management. Atlanta: Industrial Engineering and Management Press

Monz, A. 2017: Mobile Arbeit, mobile Eltern – Formen Wirkung und Funktion von Kopräsenz in der Paarbeziehung berufsmobiler Eltern. Diss. Univ. Kassel

Monz, A./Vogl, G. 2020: Mobile Arbeit – räumlich entgrenzt und ortsgebunden. In: Zeitschrift für Arbeitswissenschaften, Jg. 74, H. 2, S. 178–187

Moore, B. 1987: Ungerechtigkeit. Die sozialen Ursachen von Unterordnung und Widerstand. Frankfurt a.M.: Suhrkamp

Moore, P./Woodcock, J. (eds.) 2021: Augmented Exploitation: Artificial Intelligence, Automation and Work. London: Pluto Press

Morena, E./Krause, D./Stevis, D. (eds.) 2020: Just Transitions: Social Justice in the Shift towards a Low-Carbon World. London: Pluto Press

Morganson, V. J./Major, D. A./Oborn, K. L./Verive, J. M./Heelan, M. P. 2010: Comparing Telework Locations and Traditional Work Arrangements: Differences in Work-life Balance Support, Job Satisfaction and Inclusion. In: Journal of Managerial Psychology, Vol. 25, No. 6, S. 578–595

Morley, M. J./Gunnigle, P./Collings D. G. 2006: Global Industrial Relations. Oxon/New York: Routledge

Morris, C. 2017: Reality Check: Who Are the Low-skilled EU Workers? BBC.com News. Internet: https://www.bbc.com/news/uk-41176699

Morris, P. W. G./Pinto, J. K./Söderlund, J. (eds.) 2011: The Oxford Handbook of Project Management. Oxford/New York: Oxford University Press

Morris, P. W. G./Pinto, J. K./Söderlund, J. 2011 a: Introduction. Towards the Third Wave of Project Management. In: Dies. (eds.): The Oxford Handbook of Project Management. Oxford/New York: Oxford University Press, S. 1–11

Motakef, M. 2015: Prekarisierung. Bielefeld: transcript

Moulaert, F./Martinelli, F./Swyngedouw, E./González, S. 2005: Towards Alternative Model(s) of Local Innovation. In: Urban Studies, Vol. 42, No. 11, S. 1969–1990

Mückenberger, U. 1985: Die Krise des Normalarbeitsverhältnisses. In: Zeitschrift für Sozialreform, Jg. 31, H. 7, S. 415–435

Mückenberger, U. 1990: Allein wer Zugang zum Beruf hat, ist frei, sich für Eigenarbeit zu entscheiden. In: Heinze, R. G./Offe, C. (Hg.): Formen der Eigenarbeit. Theorie, Empirie, Vorschläge. Opladen: Westdeutscher Verlag, S. 197–211

Mueller, S. 2015: Works Councils and Labour Productivity: Looking beyond the Mean. In: British Journal of Industrial Relations, Vol. 53, No. 2, S. 308–325

Mulgan, G. 2015: Foreword: The Study of Social Innovation – Theory, Practice and Progress. In: Nicholls, A./Simon, J./Gabriel, M. (eds.): New Frontiers in Social Innovation Research. Houndmills/Basigstoke: Palgrave Macmillan, S. x–xx

Mulgan, G. 2019: Social Innovation. How Societies Find the Power to Change. Bristol: Policy Press
Müller, T./Schulten, T. 2019: Germany: Parallel Universes of Collective Bargaining. In: Müller, T./Vandaele, K./Waddington, J. (eds.): Collective Bargaining in Europe. Towards an Endgame. Brussels: ETUI, S. 239–266
Müller, U. 2013: Wandel als Kontinuität. Bilanz und Ausblick. In: Müller, U./Riegraf, B./Wilz, S. M. (Hg.): Geschlecht und Organisation. Wiesbaden: Springer VS, S. 527–537
Müller, U. 2020: Geschlecht: Eine immer noch ungewohnte Kategorie in der Organisationssoziologie. In: Apelt, M./Bode, I./Hasse, R./Meyer, U./von Groddeck, V./Wilkesmann, M./Windeler, A. (Hg.): Handbuch Organisationssoziologie. Wiesbaden: Springer VS, DOI: 10.1007/978-3-658-15953-5_17-1
Müller, U./Riegraf, B./Wilz, S. M. (Hg.) 2013: Geschlecht und Organisation. Wiesbaden: Springer VS
Müller, W./Gangl M. (eds.) 2003: Transitions from Education to Work in Europe. The Integration of Youth into EU Labour Markets. Oxford: Oxford University Press
Müller-Armack, A. 1956: Soziale Marktwirtschaft, in: Handwörterbuch der Sozialwissenschaften, Bd. 9. Stuttgart: Fischer, S. 243–250
Müller-Jentsch, W. 1982: Gewerkschaften als intermediäre Organisationen. In: Schmidt, G./Braczyk, H.-J./Knesebeck, J. v.d. (Hg.): Materialien zur Industriesoziologie (Sonderheft 24 der KZfSS). Opladen: Westdeutscher Verlag, S. 408–432
Müller-Jentsch, W. 1995: Mitbestimmung als kollektiver Lernprozeß: Versuch über die Betriebsverfassung. In: Rudolph, K./Wickert, C. (Hg.): Geschichte als Möglichkeit. Über die Chancen von Demokratie. Festschrift für Helga Grebing. Essen: Klartext, S. 42–54
Müller-Jentsch, W. 1997: Soziologie der Industriellen Beziehungen. Eine Einführung (2., erw. Aufl.). Frankfurt a.M./New York: Campus
Müller-Jentsch, W. (Hg.) 1999 a: Konfliktpartnerschaft. Akteure und Institutionen der industriellen Beziehungen (3. Aufl.). München/Mering: Hampp
Müller-Jentsch, W. 1999 b: Die deutsche Mitbestimmung – ein Auslaufmodell im globalen Wettbewerb? In: Nutzinger, H. G. (Hg.): Perspektiven der Mitbestimmung: historische Erfahrungen und moderne Entwicklungen vor europäischem und globalem Hintergrund. Marburg: Metropolis, S. 287–304
Müller-Jentsch, W. 2003: Organisationssoziologie – Eine Einführung. Frankfurt a.M./New York: Campus
Müller-Jentsch, W. 2008: Arbeit und Bürgerstatus. Studien zur sozialen und industriellen Demokratie. Wiesbaden: VS Verlag
Müller-Jentsch, W. 2008 a: Theorien industrieller Beziehungen. In: Ders.: Arbeit und Bürgerstatus. Studien zur sozialen und industriellen Demokratie. Wiesbaden: VS Verlag, S. 239–283
Müller-Jentsch, W. 2011: Gewerkschaften und Soziale Marktwirtschaft seit 1945. Stuttgart: Reclam
Müller-Jentsch, W. 2012: Sozialpolitik und Industrielle Beziehungen in der Europäischen Union. In: Lehberger, C./Rampeltshammer, L. (Hg.): Einfluss der Europäischen Union auf die Gestaltung der Arbeitswelt. Saarbrücken: universaar, S. 15–30
Müller-Jentsch, W. 2016: Konfliktpartnerschaft und andere Spielarten der industriellen Beziehungen. In: Industrielle Beziehungen, Jg. 23, H. 4, S. 518–531
Müller-Jentsch, W. 2017: Strukturwandel der industriellen Beziehungen. ‚Industrial Citizenship' zwischen Markt und Regulierung (2. Aufl.). Wiesbaden: Springer VS
Müller-Jentsch, W. 2020: Die Montanmitbestimmung aus sozialwissenschaftlicher Perspektive. Entstehung – Wirkung – Rechtfertigung. In: Jäger, W./Lauschke, K./Mittag, J. (Hg.): Mitbestimmung im Zeichen von Kohle und Stahl. Debatten um die Montanmitbestimmung im nationalen und europäischen Kontext. Essen: Klartext Verlag, S. 307–329
Müller-Jentsch, W. 2021: Wirtschaftsordnung und Sozialverfassung als mitbestimmte Institutionen. Studien zur sozialen und industriellen Demokratie II. Wiesbaden: Springer VS

Müller-Jentsch, W. 2021 a: Karriere einer janusköpfigen Institution. Der Betriebsrat als Co-Manager. In: Ders.: Wirtschaftsordnung und Sozialverfassung als mitbestimmte Institutionen. Studien zur sozialen und industriellen Demokratie II. Wiesbaden: Springer VS, S. 79–86

Munck, R. 2013: The Precariat: A View from the South. In: Third World Quarterly, Vol. 34, No. 5, S. 747–762

Munz, E. 2006: Mehr Balance durch selbst gesteuerte Arbeitszeiten? In: WSI-Mitteilungen, Jg. 5, H. 9, S. 478–484

Murgia, A./Maestripieri, L./Armano, E. 2016: The Precariousness of Knowledge Workers (Part 1): Hybridisation, Self-employment and Subjectification. In: Work Organisation, Labour & Globalisation, Vol. 10, No. 2, S. 1–8

Musik, C./Bogner, A. (eds.) 2019: Digitalization and Society. A Sociology of Technology Perspective on Current Trends in Data, Digital Security and the Internet (Sonderheft 19 der ÖZS). Wiesbaden: Springer VS

Musiol, K. 2014: Die Verdrossenheits-Falle. Wie Beschäftigte ihren Betriebsrat wahrnehmen. Berlin: edition sigma

Nachhaltige Arbeit 2017. Schwerpunktheft der Arbeits- und Industriesoziologischen Studien, Jg. 10, H. 2

Nachtwey, O. 2013: Zur Re-Moralisierung des sozialen Konflikts. In: WestEnd. Neue Zeitschrift für Sozialforschung, Jg. 10, H. 2, S. 69–80

Nachtwey, O. 2016: Die Abstiegsgesellschaft. Über das Aufbegehren in der regressiven Moderne. Berlin: Suhrkamp

Nachtwey O./Staab, P. 2015: Die Avantgarde des digitalen Kapitalismus. In: Mittelweg 36, Jg. 26, H. 6, S. 59–84

Nachtwey, O./Staab, P. 2020: Das Produktionsmodell des digitalen Kapitalismus. In: Maasen, S./Passoth, J.-H. (Hg.): Soziologie des Digitalen – Digitale Soziologie? (Sonderband 23 der Sozialen Welt) Baden-Baden: Nomos, S. 285–304

Naegele, G. 2004: Zwischen Arbeit und Rente. Gesellschaftliche Chancen und Risiken älterer Arbeitnehmer. Augsburg: Maro

Naegele, L. 2020: Betriebliches Kompetenzmanagement älterer Arbeitnehmer*innen. Eine betriebssoziologische Analyse im Handwerk. Wiesbaden: Springer VS

Naegele, L./De Tavernier, W./Hess, M. 2018: Work Environment and the Origin of Ageism. In: Ayalon, L./Tesch-Römer, C. (eds.): Contemporary Perspectives on Ageism. International Perspectives on Aging. Cham: Springer, S. 73–90

Naegele, G./Hess, M. (Hg.) 2020: Alte und neue soziale Ungleichheiten bei Berufsaufgabe und Rentenübergang. Ergebnisse des EXTEND-Projektes. Wiesbaden: Springer VS

Naegele, G./Sporket, M. 2010: Perspektiven einer lebenslaufbezogenen Ältere-Arbeitnehmer-Politik. In: Naegele, G. (Hg.): Soziale Lebenslaufpolitik. Wiesbaden: Springer VS, S. 449–474

Naegele, G./Walker, A. 2006: A Guide to Good Practice in Age Management. Dublin: European Foundation for the Improvement of Living and Working Conditions

Nagel, B./Riess, B./Theis, G. 1990: Der Lieferant on line. Just-in-Time-Produktion und Mitbestimmung in der Automobilindustrie. Baden-Baden: Nomos

Naschold, F. (Hg.) 1985: Arbeit und Politik. Gesellschaftliche Regulierung der Arbeit und der sozialen Sicherung. Frankfurt a.M./New York: Campus

Naschold, F./Dörr, G. 1992: Arbeitspolitik. In: Schmidt, M. (Hg.): Lexikon der Politik, Bd. 3: Die westlichen Länder. München: Beck, S. 38–45

Nassehi, A. 2021: Unbehagen. Theorie der überforderten Gesellschaft. München: C. H. Beck

National Commission on the Causes of the Financial and Economic Crisis in the United States 2011: The Financial Crisis Inquiry Report. New York: Perseus Books (Public Affairs). Internet: https://www.govinfo.gov/content/pkg/GPO-FCIC/pdf/GPO-FCIC.pdf [18.12.2021]

Neckel, S. 2008: Flucht nach vorn. Die Erfolgskultur der Marktgesellschaft. Frankfurt a.M./New York: Campus

Neef, W. 1982: Ingenieure. Entwicklung und Funktion einer Berufsgruppe. Köln: Bund Verlag

Neef, W. 2007: Der Ingenieur des 21. Jahrhunderts – ein zu wenig genutztes Potenzial? In: Greif, M. (Hg.): Das Berufsbild der Ingenieurinnen und Ingenieure im Wandel. VDI-Report, Bd. 37. Düsseldorf: VDI, S. 159–174

Neef, W./Rubelt, J. 1986: Projekt „Organisierung von Ingenieuren". Berufliche Situation, Selbstverständnis und Interessenorientierung von Ingenieuren, Technikern und Naturwissenschaftlern. Berlin: Technische Universität Berlin

Negri, A./Lazzarato, M./Virno, P. 1998: Umherschweifende Produzenten. Immaterielle Arbeit und Subversion. Berlin: ID Verlag

Nemoto, M. 1987: Total Quality Control for Management. Strategies and Techniques from Toyota and Toyoda Gusei. Englewood Cliffs: Prentice Hall

Nerdinger, F. W. 1994: Psychologie der Dienstleistung. Göttingen: Hogrefe

Neubauer, G./Oehlke, P. 2009: Gesellschaftliche Knotenpunkte arbeitspolitischer Entwicklung in Deutschland. In: Zeitschrift für Arbeitswissenschaft, H. 2, S. 92–103

Neuberger, O. 1997: Individualisierung und Organisierung. Die wechselseitige Erzeugung von Individuum und Organisation durch Verfahren. In: Ortmann, G./Sydow, J./Türk, K. (Hg.): Theorien der Organisation. Die Rückkehr der Gesellschaft. Opladen: Westdeutscher Verlag, S. 487–522

Neuberger, O. 2006 a: Mikropolitik und Moral in Organisationen. Herausforderung der Ordnung (2., völlig neu bearb. Aufl.). Stuttgart: Lucius & Lucius

Neuberger, O. 2006 b: Mikropolitik: Stand der Forschung und Reflexion. In: Zeitschrift für Arbeits- und Organisationspsychologie, Jg. 50 (N.F. 24), H. 4, S. 189–202

Neuendorff, H./Sabel, C. 1976: Zur relativen Autonomie der Deutungsmuster. In: Bolte, M. (Hg.): Materialien aus der soziologischen Forschung. Verhandlungen des 18. Deutschen Soziologentages vom 28. September bis 1. Oktober in Bielefeld. Darmstadt: Luchterhand, S. 842–863

Neuweg, G. H. 2004: Könnerschaft und implizites Wissen. Zur lehr-lerntheoretischen Bedeutung der Erkenntnis- und Wissenstheorie Michael Polanyis (3. Aufl.). Münster/München: Waxmann

Neuweg, G. H. 2015: Das Schweigen der Könner. Gesammelte Schriften zu implizitem Wissen. Münster/New York: Waxmann

Nevins, A. 1954: Ford. The Times, the Man, the Company. New York: Charles Scribners's Sons

Nicholls, A./Simon, J./Gabriel, M. 2015: Introduction. Dimensions of Social Innovation. In: Dies. (eds.): New Frontiers in Social Innovation Research. Houndmills/Basigstoke: Palgrave Macmillan

Nickel, H. M./Heilmann, A. (Hg.) 2013: Krisen, Kritik, Allianzen. Arbeits- und geschlechtersoziologische Perspektiven. Weinheim/Basel: Beltz Juventa

Nickel, H. M./Hüning, H./Frey, M./Lill, M. 2021: Reproduktion. Partizipation. Sozialbeziehungen. Fach- und Führungskräfte in der betrieblichen Transformation. Weinheim: Beltz

Nicklich, M. 2017: Beruflichkeit in netzwerkförmiger Wertschöpfung. Zur Institutionalisierungsarbeit bei industrienahen Dienstleistungen. Baden-Baden: Nomos

Nicklich, M./Sauer, S./Pfeiffer, S. 2021: Antecedents and Consequences of Agility – On the Ongoing Invocation of Self-Organization. In: Pfeiffer, S./Nicklich, M./Sauer, S. (eds.): The Agile Imperative. Cham: Palgrave Macmillan, S. 19–38

Nicolini, D. 2012: Practice Theory, Work, and Organization. An Intoduction. Oxford: Oxford University Press

Nienhüser, W. 2009: The Effects of Different Types of Works Councils on Bargaining Outcomes: Results of an Empirical Study. In: Economic and Industrial Democracy, Vol. 30, No. 3, S. 372–400

Nienhüser, W. 2015: Mitbestimmung der Arbeitnehmer. Widersprüche in einem umkämpften sozialen Feld. In: Behrends, T./Jochims, T./Nienhüser, W. (Hg.): Erkenntnis und Fortschritt. Beiträge aus Personalforschung und Managementpraxis. München/Mering: Hampp, S. 49–56

Nienhüser, W./Baumhus, W. 2002: „Fremd im Betrieb“: Der Einsatz von Fremdfirmenpersonal als Arbeitskräftestrategie. In: Martin, A./Nienhüser, W. (Hg.): Neue Formen der Beschäftigung – neue Personalpolitik? München/Mering: Hampp, S. 61–120
Nierling, L. 2013: Anerkennung in erweiterter Arbeit. Berlin: edition sigma
Nies, S. 2015: Nützlichkeit und Nutzung von Arbeit. Beschäftigte im Konflikt zwischen Unternehmenszielen und eigenen Ansprüchen. Baden-Baden: edition sigma bei Nomos
Nies, S. 2021: Eine Frage der Kontrolle? Betriebliche Strategien der Digitalisierung und die Autonomie von Beschäftigen in der Produktion. In: Berliner Journal für Soziologie, Jg. 31, H. 3–4, S. 475–504
Nies S./Roller K./Vogl G. 2017: Mobilität und Leistung. Dienstreisende im Trade-off zwischen Verdichtung und Entgrenzung. In: Arbeit, Jg. 26, H. 2, S. 173–191
Nissen, S. 1993: Umweltpolitik in der Beschäftigungsfalle. Marburg: Metropolis
Nisser, A./Malanowski, N. 2019: Branchenanalyse chemische und pharmazeutische Industrie. Zukünftige Entwicklungen im Zuge Künstlicher Intelligenz. Working Paper Forschungsförderung Nr. 166. Düsseldorf: Hans-Böckler-Stiftung
Noelle-Neumann, E. 1978: Werden wir alle Proletarier? Wertewandel in unserer Gesellschaft. Zürich: Edition Interfrom
Nölke, A./Vliegenthart, A. 2009: Enlarging the Varieties of Capitalism: The Emergence of Dependent Market Economies in East Central Europe. In: World Politics, Vol. 61, No. 4, S. 670–702
Nora, S./Minc, A. 1979: Die Informatisierung der Gesellschaft. Frankfurt a.M./New York: Campus
North, D. C. 1990: Institutions, Institutional Change, and Economic Performance. Cambridge: Cambridge University Press [deutsche Ausgabe: Institutionen, Institutioneller Wandel und Wirtschaftsleistung. Tübingen: Mohr 1992]
Nowak, I./Klußmann, C./Menz, W. 2019: Normalität in Bewegung. Beschäftigte zwischen erweiterter Erreichbarkeit und digitaler Konnektivität. In: Arbeit, Jg. 28, H. 3, S. 307–322
Nowotny, H./Scott, P./Gibbons, M. 2001: Re-Thinking Science. Knowledge and the Public in an Age of Uncertainty. Oxford: Polity Press
O'Doherty, D./Thompson, P. 2009: Perspectives on Labor Process Theory. In: Alvesson, M./Bridgman, T./Willmott, H. (eds.): The Oxford Handbook of Critical Management Studies. Oxford: Oxford University Press, S. 99–121
OECD 2000: OECD Employment Outlook. Paris: OECD Publications Service
OECD 2019: Negotiating Our Way up: Collective Bargaining in a Changing World of Work. Paris: OECD
Oechsle, M. 2010: Work-Life-Balance: Diskurse, Problemlagen, Forschungsperspektiven. In: Becker, R./Kortendiek, B. (Hg.): Handbuch Frauen- und Geschlechterforschung. Theorien, Methoden, Empirie (3. Aufl.). Wiesbaden: VS Verlag, S. 234–243
Oehlke, P. 2004: Arbeitspolitik zwischen Tradition und Innovation. Studien in humanisierungspolitischer Perspektive. Hamburg: VSA
Oehlke, P. 2012: Zur Aktualität wirtschaftsdemokratischer Transformationsbestrebungen. Drei neue Beiträge aus der gewerkschaftspolitischen Debatte. In: Z. Zeitschrift marxistische Erneuerung, H. 92 (Dezember 2012), S. 81–92
Oehlke, P. 2013: Arbeitspolitische Impulse für soziale Produktivität. Fallstudien zu regionalen, nationalen und europäischen Aktivitäten. Hamburg: VSA
Oehlke, P. 2015: Arbeits- und innovationspolitische Herausforderungen für staatliche Förderaktivitäten im neuen Digitalisierungsschub. In: Zeitschrift für Arbeitswissenschaft, Jg. 69, H. 4, S. 250–257
Oeij, Peter/Rus, Diana/Pot, Frank D. (eds.) 2017: Workplace Innovation. Theory, Research and Practice. Cham: Springer
Oesch, D./Piccito, G. 2019: The Polarization Myth: Occupational Upgrading in Germany, Spain, Sweden, and the UK, 1992–2015. In: Work and Occupations, Vol. 46, No. 4, S. 441–469

Oevermann, U. 1996: Theoretische Skizze einer revidierten Theorie professionalisierten Handelns. In: Combe, A./Helsper, W. (Hg.): Pädagogische Professionalität. Untersuchungen zum Typus pädagogischen Handelns. Frankfurt a.M.: Suhrkamp, S. 70–182
Offe, C. 1970: Leistungsprinzip und industrielle Arbeit. Frankfurt a.M.: Europäische Verlagsanstalt
Offe, C. 1983: Arbeit als soziologische Schlüsselkategorie? In: Matthes, J. (Hg.): Krise der Arbeitsgesellschaft? Verhandlungen des 21. Deutschen Soziologentages in Bamberg 1982. Frankfurt a.M./New York: Campus, S. 38–65
Offe, C./Hinrichs, K. 1977: Sozialökonomie des Arbeitsmarktes und die Lage „benachteiligter" Gruppen von Arbeitnehmern. In: Offe, C./Projektgruppe Arbeitsmarktpolitik (Hg.): Opfer des Arbeitsmarktes. Neuwied: Luchterhand, S. 3–61
Offe, C./Wiesenthal, H. 1980: Two Logics of Collective Action. Theoretical Notes on Social Class and Organizational Form. In: Political Power and Social Theory, Vol. 1, No. 1, S. 67–115
Ogburn, W. F. 1969: Erneute Betrachtung des Problems der sozialen Evolution. In: ders.: Kultur und Sozialer Wandel. Ausgewählte Schriften. Neuwied/Berlin: Luchterhand, S. 50–67
Ohno, T. 1988: Toyota Production System: Beyond Large-scale Production. Portland: Productivity Press
Olson, M. 1965: The Logic of Collective Action. Public Goods and the Theory of Groups. Cambridge, MA: Harvard University Press [dt. Ausgabe: Olson 1998]
Olson, M. 1998 [zuerst 1965]: Die Logik des kollektiven Handelns. Kollektivgüter und die Theorie der Gruppen (4. Aufl.). Tübingen: Mohr-Siebeck
O'Neill, T./McNeese, N./Barron, A./Schelble, B. 2020: Human-autonomy Teaming: A Review and Analysis of the Empirical Literature. In: Human Factors (online), DOI: 10.1177/0018720820960865
Oorschot, W. van/Roosma, F./Meuleman, B./Reeskens, T. 2017: The Social Legitimacy of Targeted Welfare: Attitudes to Welfare Deservingness. Cheltenham: Edward Elgar
Oppolzer, A. 1976: Hauptprobleme der Industrie- und Betriebssoziologie. Köln: Kiepenheuer & Witsch
Oppolzer, A./Wegener, H./Zachert, U. (Hg.) 1986: Flexibilisierung – Deregulierung. Arbeitspolitik in der Wende. Hamburg: VSA
Ortmann, G. 1992: Macht, Spiel, Konsens. In: Küpper, W./Ortmann, G. (Hg.): Mikropolitik. Rationalität, Macht und Spiele in Organisationen (2., durchges. Aufl.). Opladen: Westdeutscher Verlag, S. 13–26
Ortmann, G. 1995: Formen der Produktion. Organisation und Rekursivität. Opladen: Westdeutscher Verlag
Ortmann, G./Windeler, A./Becker, A./Schulz, H.-J. 1990 a: Computer und Macht in Organisationen. Mikropolitische Analysen. Opladen: Westdeutscher Verlag
Ortmann, G./Windeler, A./Becker, A./Schulz, H.-J. 1990 b: Grundbegriffe. In: Ortmann, G./Windeler, A./Becker, A./Schulz, H.-J.: Computer und Macht in Organisationen. Mikropolitische Analysen. Opladen: Westdeutscher Verlag, S. 54–75
Ortmann, G./Sydow, J./Türk, K. (Hg.) 1997 a: Theorien der Organisation. Die Rückkehr der Gesellschaft. Opladen: Westdeutscher Verlag
Ortmann, G./Sydow, J./Windeler, A. 1997 b: Organisation als reflexive Strukturation. In: Ortmann, G./Sydow, J./Türk, K. (Hg.): Theorien der Organisation. Die Rückkehr der Gesellschaft. Opladen: Westdeutscher Verlag, S. 315–354
Osterman, P. 1987: Choice of Employment Systems in Internal Labor Markets. In: Industrial Relations, Vol. 26, No. 1, S. 46–67
Osterman, P. (ed.) 2019: Creating Good Jobs. An Industry Based Strategy. Cambridge/London: MIT Press
Osterman, P./Kochan,T. A./Locke, R. M./Piore, M. J. 2001: Working in America. A Blueprint for a New Labor Market. Cambridge, MA: MIT Press

Ouroussoff, A. 2010: Wall Street at War. Cambridge: Polity Press
Owetschkin, D. 2016: Vom Verteilen zum Gestalten. Geschichte der betrieblichen Mitbestimmung in der deutschen Automobilindustrie nach 1945. Bielefeld: transcript
Palenga-Möllenbeck, E. 2011: Gelebter Alltag und historische Imagination: Transnationale Arbeitsmigranten aus Oberschlesien. Diss. Ruhr-Universität Bochum
Pallaske, C. (Hg.) 2001: Die Migration von Polen nach Deutschland. Zu Geschichte und Gegenwart eines europäischen Migrationssystems. Baden-Baden: Nomos
Papsdorf, C. 2019: Digitale Arbeit. Eine soziologische Einführung. Frankfurt a.M./New York: Campus
Pardo-Guerra, J. P. 2013: Priceless Calculations. Reappraising the Sociotechnical Appendages of Art. In: European Societies, Vol. 15, No. 2, S. 196–211
Paridon, H./Heise, O. 2012: Ständige Erreichbarkeit: Wie belastet sind wir? Ursachen und Folgen ständiger Erreichbarkeit (IAG Report 1/2012). Berlin: Deutsche Gesetzliche Unfallversicherung e.V. (DGUV)
Park, K./Mense-Petermann, U. 2014: Managing Across Borders: Global Integration and Knowledge Exchange in MNCs. In: Competition & Change, Vol. 18, No. 3, S. 265–279
Parker, M./Slaughter, J. 1988: Choosing Sides: Unions and the Team Concept. Boston: South End Press
Parker, S. K. 2003: Longitudinal Effects of Lean Production on Employee Outcomes and the Mediating Role of Work Characteristics. In: Journal of Applied Psychology, Vol. 88, No. 4, S. 620–634
Parsons, T. 1964 [zuerst 1939]: Die akademischen Berufe und die Sozialstruktur. In: Parsons, T.: Beiträge zur soziologischen Theorie. Neuwied/Berlin: Luchterhand, S. 160–179
Paster, T. 2012: The Role of Business in the Development of the Welfare State and Labor Markets in Germany. Containing Social Reforms. London/New York: Routledge
Paugam, S. 2009: Die Herausforderung der organischen Solidarität durch die Prekarisierung von Arbeit und Beschäftigung. In: Castel, R./Dörre, K. (Hg.): Prekarität, Abstieg, Ausgrenzung. Die soziale Frage am Beginn des 21. Jahrhunderts. Frankfurt a.M./New York: Campus, S. 175–195
Paul, G. 1989: Die Bedeutung von Arbeit und Beruf für Ingenieure. Eine empirische Untersuchung. Frankfurt a.M./New York: Campus
Paula Leite, M. de/Barros Biavaschi, M./Salas C. 2020: O Trabalho em Crise. Flexibilidade e Precariedades. Sao Paolo: EdUFSCar
Paulitz, T./Prietl, B. 2013: Spielarten von Männlichkeit in den „Weltbildern" technikwissenschaftlicher Fachgebiete. In: Spektrum Informatik, Jg. 36, H. 3 (Themenheft „Weltbilder der Informatik"), S. 300–310
Pausch, M. 2016: Die Folgen und Risiken einer Renationalisierung Europas. Österreichische Gesellschaft für Europapolitik, Policy Brief 20. Internet: http://oegfe.at/wordpress/wp-content/uploads/2016/06/OEGfE_Policy_Brief-2016.20.pdf
Pavitt, K. 1984: Sectoral Patterns of Technical Change: Towards a Taxonomy and a Theory. In: Research Policy, Vol. 13, No. 6, S. 343–373
Pavolini, E./Klenk, T. (Hg.) 2015: Restructuring Welfare Governance: Marketisation, Managerialism and Welfare State Professionalism. Aldershot: Edward Elgar
Peck, J./Zhang, J. 2013: A Variety of Capitalism … with Chinese Characteristics? In: Journal of Geography, Vol. 13, No. 3, S. 357–396
Pel, B./Haxeltine, A./Avelino, F./Dumitru, A./Kemp, R./Bauler, T. 2020: Towards a Theory of Transformative Social Innovation: A Relational Framework and 12 Propositions. In: Research Policy 49 (8) (online), DOI: 10.1016/j.respol.2020.104080
Pelizzari, A. 2009: Dynamiken der Prekarisierung. Atypische Erwerbsverhältnisse und milieuspezifische Unsicherheitsbewältigung. Konstanz: UVK
Pérez-Sánchez, L./Velasco-Fernández, R./Giampietro, M. 2021: The International Division of Labor and Embodied Working Time in Trade for the US, the EU and China. In: Ecological Economics (online) 180: 106909. DOI: 10.1016/j.ecolecon.2020.106909

Pernicka, S./Lasofsky-Blahut, A./Kofranek, M./Reichel, A. 2018: Wissensarbeiter organisieren. Perspektiven kollektiver Interessenvertretung (2. Aufl.). Baden-Baden: edition sigma bei Nomos

Perrow, C. 1996: Eine Gesellschaft von Organisationen. In: Kenis, P./Schneider, V. (Hg.): Organisation und Netzwerk. Institutionelle Steuerung in Wirtschaft und Politik. Frankfurt a.M./New York: Campus, S. 75–121

Petendra, B. 2014: Räumliche Dimensionen der Büroarbeit. Eine Analyse des flexiblen Büros und seiner Akteure. Wiesbaden: Springer VS

Peter, G. 2003: Wissenspolitik und Wissensarbeit als Gesellschaftsreform. Ausgewählte Beiträge zur Arbeitsforschung 1972–2002. Münster: Lit Verlag

Peter, G. (Hg.) 2007: Grenzkonflikte der Arbeit. Die Herausbildung einer europäischen Arbeitspolitik. Hamburg: VSA

Peters, K./Sauer, D. 2005: Indirekte Steuerung – eine neue Herrschaftsform. Zur revolutionären Qualität des gegenwärtigen Umbruchprozesses. In: Wagner, H. (Hg.): Rentier ich mich noch? Neue Steuerungskonzepte im Betrieb. Hamburg: VSA, S. 23–59

Pettersen, L. 2019: Why Artificial Intelligence Will Not Outsmart Complex Knowledge Work. In: Work, Employment and Society, Vol. 33, No. 6, S. 1058–1067

Pfadenhauer, M. 2010: Kompetenz als Qualität sozialen Handelns. In: Kurtz, T./Pfadenhauer, M. (Hg.): Soziologie der Kompetenz. Wiesbaden: VS Verlag, S. 149–172

Pfau-Effinger, B./Magdalenić, S. S. 2010: Informal Employment in the Work-welfare Arrangement of Germany. In: Marcelli, E./Williams, C. C./Joassart, P. (eds.): Informal Work in Developed Nations. London/New York: Routledge, S. 66–81

Pfeffer, J./Baron, J. N. 1988: Taking the Workers Back out. Recent Trends in the Structuring of Employment. In: Staw, B. M./Cummings, L.L. (eds.): Research in Organizational Behavior, Vol. 10. Greenwich: JAI Press, S. 257–303

Pfeiffer, S. 2004: Arbeitsvermögen. Ein Schlüssel zur Analyse (reflexiver) Informatisierung. Wiesbaden: VS Verlag

Pfeiffer, S. 2007: Montage und Erfahrung: Warum ganzheitliche Produktionssysteme menschliches Arbeitsvermögen brauchen. München/Mering: Hampp

Pfeiffer, S. 2012: Wissenschaftliches Wissen und Erfahrungswissen, ihre Bedeutung in innovativen Unternehmen und was das mit (beruflicher) Bildung zu tun hat. In: Kuda, E./Kaßebaum, B./Spöttl, G./Strauß, J. (Hg.): Akademisierung der Arbeit: Hat berufliche Bildung noch eine Zukunft? Hamburg: VSA, S. 203–219

Pfeiffer, S. 2015 a: Warum reden wir eigentlich über Industrie 4.0? Auf dem Weg zum digitalen Despotismus. In: Mittelweg 36, Jg. 24, H. 6, S. 14–36

Pfeiffer, S. 2015 b: Industrie 4.0 und die Digitalisierung der Produktion – Hype oder Megatrend? In: Aus Politik und Zeitgeschichte, B 31/32, S. 6–12

Pfeiffer, S. 2016: Berufliche Bildung 4.0? Überlegungen zur Arbeitsmarkt- und Innovationsfähigkeit. In: Industrielle Beziehungen, Jg. 23, H. 1, S. 25–44

Pfeiffer, S. 2017: The Vision of „Industrie 4.0" in the Making – A Case of Future Told, Tamed, and Traded. In: NanoEthics, Vol. 11, No. 1, S. 107–121

Pfeiffer, S. 2018 a: Technisierung von Arbeit. In: Böhle, F./Voß, G. G./Wachtler, G. (Hg.): Handbuch Arbeitssoziologie (2. Aufl.), Bd. 1: Arbeit, Strukturen und Prozesse. Wiesbaden: Springer VS, S. 321–357

Pfeiffer, S. 2018 b: The ‚Future of Employment' on the Shop Floor: Why Production Jobs are Less Susceptible to Computerization than Assumed. In: International Journal for Research in Vocational Education and Training, Jg. 5, H. 3, S. 208–225

Pfeiffer, S. 2019 a: Digitale Arbeitswelten und Arbeitsbeziehungen: What you see is what you get? In: Industrielle Beziehungen, Jg. 26, H. 2, S. 15–16

Pfeiffer, S. 2019 b: Digitale Transformation: Great, greater, tilt…? Von der Produktiv- zur Distributivkraftentwicklung. In: Dörre, K./Rosa, H./Becker, K./Bose, S./Seyd, B. 2019: Große Transformation?

Zur Zukunft moderner Gesellschaften (Sonderband des Berliner Journals für Soziologie). Wiesbaden: Springer VS, S. 383–400

Pfeiffer, S. 2020: Kontext und KI: Zum Potenzial der Beschäftigten für Künstliche Intelligenz und Machine-Learning. In: HMD Praxis der Wirtschaftsinformatik, Jg. 57, H. 3, S. 465–479

Pfeiffer, S. 2021: Digitalisierung als Distributivkraft. Über das Neue am digitalen Kapitalismus. Bielefeld: transcript

Pfeiffer, S. 2021 a: The Greater Transformation: Digitalization and the Transformative Power of Distributive Forces in Digital Capitalism. In: International Critical Thought, Vol. 11, No. 4, S. 535–552

Pfeiffer, S. 2021 b: Von der agilen zur Guten Agilen Projektarbeit. Fragestellung – Definition – Ergebnisse des Projekts diGAP. In: Dies. (Hg.): Gute Agile Projektarbeit in der digitalisierten Arbeitswelt. Nürnberg: Friedrich-Alexander-Universität Erlangen-Nürnberg, S. 8–11

Pfeiffer, S./Held, M./Lee, H. 2018: Digitalisierung „machen“ – Ansichten im Engineering zur partizipativen Gestaltung von Industrie 4.0. In: Hofmann, J. (Hg.): Arbeit 4.0 – Digitalisierung, IT und Arbeit. IT als Treiber der digitalen Transformation, Wiesbaden: Springer Vieweg, S. 113–129

Pfeiffer, S./Huchler, N. 2018: Industrie 4.0 konkret – vom Leitbild zur Praxis?. In: WSI-Mitteilungen, Jg. 71, H. 3, S. 167–173

Pfeiffer, S./Lee, H./Zirnig, C./Suphan, A 2016: Industrie 4.0 – Qualifizierung 2025. Frankfurt a.M.: VDMA

Pfeiffer, S./Nicklich, M./Sauer, S. (eds.) 2021: The Agile Imperative. Teams, Organizations and Society under Reconstruction? Cham: Palgrave Macmillan

Pfeiffer, S./Schütt, P./Wühr, D. (Hg.) 2012: Smarte Innovation. Ergebnisse und neue Ansätze im Maschinen- und Anlagenbau. Wiesbaden: Springer VS

Pfeiffer, S./Suphan, A. 2015: Der AV-Index. Lebendiges Arbeitsvermögen und Erfahrung als Ressourcen auf dem Weg zu Industrie 4.0. Working Paper 2015 #1 Finalfassung, Universität Hohenheim, Fg. Soziologie. Internet: http://www.sabine-pfeiffer.de/files/downloads/ 2015-Pfeiffer-Suphan-final.pdf

Pflüger, J. 2012: Triangulation in der arbeits- und industriesoziologischen Fallstudienforschung. In: Kölner Zeitschrift für Soziologie und Sozialpsychologie, Jg. 64, H. 1, S. 155–173

Pflüger, J. 2013: Qualitative Sozialforschung und ihr Kontext. Wissenschaftliche Teamarbeit im internationalen Vergleich. Wiesbaden: VS Verlag

Pflüger, J./Pongratz, H. J./Trinczek, R. 2010: Fallstudien in der deutschen Arbeits- und Industriesoziologie. In: Pongratz, H. J./Trinczek, R. (Hg.): Industriesoziologische Fallstudien. Entwicklungspotenziale einer Forschungsstrategie. Berlin: edition sigma, S. 23–70

Pflüger, J./Pongratz, H. J./Trinczek, R. 2017: Fallstudien in der Organisationsforschung: Charakteristika, Einsatzfelder und Durchführung. In: Liebig, S./Matiaske, W./Rosenbohm, S. (Hg.): Handbuch Empirische Organisationsforschung. Wiesbaden: Springer Gabler, S. 389–414

Phills, J. A./Deiglmeier, K./Miller, D. T. 2008: Rediscovering Social Innovation. In: Stanford Social Innovation Review, Vol. 6, No. 4, S. 34–43

Pickshaus, K. 2019: Gute Arbeit und Ökologie der Arbeit. Kontextbedingungen und Strategieprobleme. In: WSI-Mitteilungen, Jg. 72, H. 1, S. 52–58

Piketty, T. 2014: Das Kapital im 21. Jahrhundert. München: Beck

Pinther, H. 1970: Mitbestimmung am Arbeitsplatz. In: Gewerkschaftliche Monatshefte, Jg. 21, H. 3, S. 291–298

Piore, M. J./Sabel, C. F. 1984: The Second Industrial Divide. Possibilities for Prosperity. New York: Basic Books

Piore, M. J./Sabel, C. F. 1985: Das Ende der Massenproduktion. Studie über die Requalifizierung der Arbeit und die Rückkehr der Ökonomie in die Gesellschaft. Berlin: Wagenbach [Taschenbuchausgabe: Frankfurt a.M.: Fischer 1989]

Pirker, T. 1962: Büro und Maschine. Zur Geschichte und Soziologie der Mechanisierung der Büroarbeit, der Maschinisierung des Büros und der Büroautomation. Basel: Kyklos/Tübingen: Mohr (Siebeck)

Pirker, T. 1963: Bürotechnik – Zur Soziologie der maschinellen Informationsverarbeitung. Stuttgart: Enke

Pirker, T./Braun, S./Lutz, B./Hammelrath, F. 1955: Arbeiter, Management, Mitbestimmung. Stuttgart/Düsseldorf: Ring-Verlag

Pizzorno, A. 1978: Political Exchange and Collective Identity in Industrial Conflict. In: Crouch, C./Pizzorno, A. (eds.): The Resurgence of Class Conflict in Western Europe since 1968. Vol. 2: Comparative Analyses. London: Holmes & Meier, S. 277–298

Plath, H.-E. 1997: Behinderung und das Problem mit der Einfacharbeit. In: Mitteilungen aus der Arbeitsmarkt- und Berufsforschung, Jg. 30, H. 2, S. 424-431

Platzer, H.-W./Klemm, M./Dengel, U. (Hg.) 2020: Transnationalisierung der Arbeit und der Arbeitsbeziehungen. Baden-Baden: Nomos

Platzer, H.-W./Müller, T. 2009: Die globalen und europäischen Gewerkschaftsverbände. Handbuch und Analysen zur transnationalen Gewerkschaftspolitik. Berlin: edition sigma

Pohle, J./Lenk, K. (Hg.) 2021: Der Weg in die „Digitalisierung" der Gesellschaft. Was können wir aus der Geschichte der Informatik lernen? Marburg: Metropolis

Pohler, N. 2012: Neue Arbeitsräume für neue Arbeitsformen: coworking spaces. In: Österreichische Zeitschrift für Soziologie, Jg. 37, H. 1, S. 65–78

Pöhler, W./Peter, G. 1982: Erfahrungen mit dem Humanisierungsprogramm. Von den Möglichkeiten und Grenzen einer sozial orientierten Technologiepolitik. Köln: Bund

Pohlmann, M. 2002: Management, Organisation und Sozialstruktur – Zu neuen Fragestellungen und Konturen der Managementsoziologie. In: Schmidt, R./Gergs, H.-J./Pohlmann, M. (Hg.): Managementsoziologie. Perspektiven, Theorien, Forschungsdesiderate. München/Mering: Hampp, S. 227–244

Pohlmann, M. 2009: Globale ökonomische Eliten – Eine Globalisierungsthese auf dem Prüfstand der Empirie. In: Kölner Zeitschrift für Soziologie und Sozialpsychologie, Jg. 61, H. 4, S. 513–534

Pohlmann, M. 2011: Die Top-Manager in Deutschland – Moral, Ethik und Religion. In: Pohlmann, M./Lämmlin, G. (Hg.): Neue Werte in den Führungsetagen? Kontinuität und Wandel in der deutschen Wirtschaftselite. Herrenalber Protokolle. Bad Herrenalb

Pohlmann, M./Lim, H.-C. 2014: A New „Spirit" of Capitalism? – Globalization and its Impact on the Diffusion of Neoliberal Management Thinking in Germany and the East Asian Economies. In: Development and Society, Vol. 43, No. 1, S. 1–32

Polanyi, K. 1944: The Great Transformation. The Political and Economic Origins of Our Times. Boston: Beacon Press

Polanyi, K. 1978 [zuerst 1944]: The Great Transformation. Politische und ökonomische Ursprünge von Gesellschaften und Wirtschaftssystemen. Frankfurt a.M.: Suhrkamp

Polanyi, M. 1985: Implizites Wissen. Frankfurt a.M.: Suhrkamp

Pollack, J. 2007: The Changing Paradigms of Project Management. In: International Journal of Project Management, Vol. 25, No. 3, S. 266–274

Pongratz, H. J. 2003: Die Interaktionsordnung von Personalführung. Inszenierungsformen bürokratischer Herrschaft im Führungsalltag. Wiesbaden: VS Verlag

Pongratz, H. J. 2012: Der Dienstleistungscharakter von Arbeit. Eine theoretische Annäherung. In: Munz, C./Wagner, J./Hartmann, E. (Hg.): Die Kunst der guten Dienstleistung. Wie man professionelles Dienstleistungshandeln lernen kann. Bielefeld: W. Bertelsmann, S. 17–43; online verfügbar: https://www.isf-muenchen.de/pdf/isf-archiv/2012_Pongratz_Theorie_Dienstleistung.pdf

Pongratz, H. J. 2019: Online-Arbeit als Nebenverdienst. In: Boes, A./Langes, B. (Hg.): Die Cloud und der digitale Umbruch in Wirtschaft und Arbeit. Freiburg u.a.O.: Haufe, S. 191–205

Pongratz, H. J. 2021: Die digitale Beschäftigungsindustrie als global expandierende Branche. In: WSI-Mitteilungen, Jg. 74, H. 4, S. 263–273

Pongratz, H. J./Bormann, S. 2017: Online-Arbeit auf Internet-Plattformen: empirische Befunde zum „Crowdworking“ in Deutschland. In: Arbeits- und Industriesoziologische Studien, Jg. 10, H. 2, S. 158–181

Pongratz, H. J./Trinczek, R. (Hg.) 2010: Industriesoziologische Fallstudien. Entwicklungspotenziale einer Forschungsstrategie. Berlin: edition sigma

Pongratz, H. J./Voß, G. G. 2000: Vom Arbeitnehmer zum Arbeitskraftunternehmer – Zur Entgrenzung der Ware Arbeitskraft. In: Minssen, H. (Hg.): Begrenzte Entgrenzungen. Wandlungen von Organisation und Arbeit. Berlin: edition sigma, S. 225–247

Pongratz, H. J./Voß, G. G. 2003 a: Arbeitskraftunternehmer. Erwerbsorientierungen in entgrenzten Arbeitsformen. Berlin: edition sigma

Pongratz, H. J./Voß, G. G. 2003 b: From Employee to 'Entreployee': Towards a 'Self-entrepreneurial' Work Force? In: Concepts and Transformation, Vol. 8, No. 3, S. 239–254

Pongratz, H. J./Voß, G. G. (Hg.) 2004: Typisch Arbeitskraftunternehmer? Befunde der empirischen Arbeitsforschung. Berlin: edition sigma

Ponte, S./Gereffi, G./Raj-Reichert, G. (eds.) 2019: Handbook on Global Value Chains. Cheltenham/Northhampton: Edward Elgar

Popitz, H./Bahrdt, H. P./Jüres, E. A./Kesting, H. 1957 a: Das Gesellschaftsbild des Arbeiters. Tübingen: Mohr

Popitz, H./Bahrdt, H. P./Jüres, E. A./Kesting, H. 1957 b: Technik und Industriearbeit. Soziologische Untersuchungen in der Hüttenindustrie. Tübingen: Mohr [3., unv. Aufl.: ebd. 1976]

Popitz, H./Bahrdt, H. P./Jüres, E. A./Kesting, H. 1976 [zuerst 1957]: Technik und Industriearbeit. Soziologische Untersuchungen in der Hüttenindustrie (3., unv. Aufl.). Tübingen: Mohr

Poppitz, A. 2009: Beruflich Bahnfahren. Aneignung des arbeitsbedingten Bahnalltags bei Pendlern und Geschäftsreisenden. München/Mering: Hampp

Porat, M. U. 1976: The Information Economy. Stanford: Stanford University

Porat, M. U. 1977: The Information Economy. Definition and Measurement. Washington DC: U.S. Government Printing Office, Report No. OT-SP-77-12 (1)

Porschen, S. 2008: Austausch impliziten Erfahrungswissens. Neue Perspektiven für das Wissensmanagement. Wiesbaden: VS Verlag

Porschen-Hueck, S./Jungtäubl, M./Weihrich, M. (Hg.) 2020: Agilität? Herausforderungen neuer Konzepte der Selbstorganisation. Mering: Hampp

Porta, D. della/Hänninen, S./Siisiäinen, M./Silvasti, T. (Hg.) 2015: The New Social Division. Making and Unmaking Precariousness. New York: Palgrave Macmillan

Porter, M. E. 2000: Location, and Economic Development: Local Clusters in a Global Economy. In: Economic Development Quarterly, Vol. 14, No. 1, S. 15–34

Portes, A./Castells, M./Benton, L. A. 1989: The Informal Economy: Studies in Advanced and Less Developed Countries. Baltimore: Johns Hopkins University Press

Pot, F./Vaas, F. 2008: Social Innovation, the New Challenge for Europe. In: International Journal of Productivity & Performance Management, Vol. 57, No. 6, S. 468–473

Powell, W. W. 1990: Neither Market nor Hierarchy: Network Forms of Organization. In: Research in Organizational Behavior, Vol. 12, S. 295–336

Powell, W. W./DiMaggio, P. J. 1991: The New Institutionalism in Organizational Analysis. Chicago: University of Chicago Press

Powell, W. W./Grodal, S. 2005: Networks of Innovators. In: Fagerberg, J./Mowery, D./Nelson, R. R. (eds.): The Oxford Handbook of Innovation. Oxford: Oxford University Press, S. 56–85

Prais, S. J./Jarvis, V./Wagner, K. 1989: Productivity and Vocational Skills in Services in Britain and Germany: Hotels. In: National Institute Economic Review, No. 189, S. 52–74

Preisendörfer, P. 2016: Organisationssoziologie. Grundlagen, Theorien und Problemstellungen (4. Aufl.). Wiesbaden: Springer VS

Prenzel, M./Gogolin, I./Krüger, H.-H. (Hg.) 2008: Kompetenzdiagnostik (Sonderheft 8 der Zeitschrift für Erziehungswissenschaft). Wiesbaden: VS Verlag

Presthus, R. 1979: The Organizational Society. An Analysis and a Theory. London: Mcmillan

Priddat, B. 2012: Märkte, Verträge, Netzwerke: Kompossibilität. Über Verträge als kollaborative Interaktionen. In: Engels, A./Knoll, L. (Hg.): Wirtschaftliche Rationalität. Soziologische Perspektiven. Wiesbaden: Springer VS, S. 67–82

Pries, L. 1991: Betrieblicher Wandel in der Risikogesellschaft. Empirische Befunde und konzeptionelle Überlegungen. Opladen: Westdeutscher Verlag

Pries, L. 2008: Die Transnationalisierung der sozialen Welt. Frankfurt a.M.: Suhrkamp

Pries, L. 2010: Transnationalisierung. Theorie und Empirie grenzüberschreitender Vergesellschaftung. Wiesbaden: VS Verlag

Pries, L. 2011: Transnationale Migration als Innovationspotenzial. In: Engel, K./Großmann, J./Hombach, B. (Hg.): Phönix flieg!: Das Ruhrgebiet entdeckt sich neu. Essen: Klartext, S. 213–231

Pries, L. 2013: Soziologie Internationaler Migration. Einführung in Klassische Theorien und neue Ansätze (4. Aufl.). Bielefeld: transcript

Pries, L. 2016a: Migration und Ankommen. Die Chancen der Flüchtlingsbewegung. Frankfurt a.M./New York: Campus

Pries, L. 2016b: Erwerbsregulierung in einer globalisierten Welt. Theoretische Konzepte und empirische Tendenzen der Regulierung von Arbeit und Beschäftigung in der Transnationalisierung (2., wesentl. aktualis. u. erw. Aufl.). Wiesbaden: Springer VS

Pries, L. 2019: Erwerbsregulierung in einer globalisierten Welt. Theoretische Konzepte und empirische Tendenzen der Regulierung von Arbeit und Beschäftigung in der Transnationalisierung (3., aktualis. Aufl.). Wiesbaden: Springer VS

Pries, L./Schmidt, R./Trinczek, R. 1990: Entwicklungspfade von Industriearbeit. Chancen und Risiken betrieblicher Produktionsmodernisierung. Opladen: Leske + Budrich

Pries, L./Seeliger, M. 2012: Transnational Social Spaces between Methodological Nationalism and 'Cosmo-Globalism.' In: Amelina, A./Devrimsel, N./Faist, T./Glick Schiller, N. (eds.): Beyond Methodological Nationalism: Social Science Research Methodologies in Transition. London/New York: Routledge, S. 219–238

Pries, L./Sezgin, Z. (Hg.) 2010: Jenseits von Identität oder Integration. Grenzen überspannende Migrantenorganisationen. Wiesbaden: VS Verlag

Prigge, W. U. 1987: Metallindustrielle Arbeitgeberverbände in Großbritannien und in der Bundesrepublik Deutschland. Opladen: Leske + Budrich

Pringle, T./Clarke, S. 2011: The Challenge of Transition. Trade Unions in Russia, China and Vietnam. Houndmills u.a.O.: Palgrave Macmillan

Projektgruppe „Alltägliche Lebensführung" (Hg.) 1995: Alltägliche Lebensführung. Arrangements zwischen Traditionalität und Modernisierung. Opladen: Leske + Budrich

Prokla-Redaktion 2012: Editorial: Finanzialisierung, Konzentration, veränderte Unternehmensformen. In: Prokla, Jg. 42, H. 169, S. 522–530

Promberger, M. 2009: Leiharbeit und betriebliche Mitbestimmung. In: Industrielle Beziehungen, Jg. 16, H. 2, S. 192–194

Promberger, M./Wenzel, U./Pfeiffer, S./Hacket, A./Hirseland, A. 2008: Beschäftigungsfähigkeit, Arbeitsvermögen und Arbeitslosigkeit. In: WSI-Mitteilungen, Jg. 61, H. 2, S. 70–76

Prümer, S. 2020: Ist der Staat der bessere Arbeitgeber? Arbeitsqualität im Öffentlichen und Privaten Sektor in Deutschland. In: Sozialer Fortschritt, Jg. 69, H. 2, S. 97–128

Puder, J. 2022: Akkumulation – Überausbeutung – Migration. Arbeit im malaysischen Palmöl-Industriellen-Komplex. Frankfurt a.M./New York: Campus

Pullig, K. K. 2016: Innovative Unternehmenskulturen. Zwölf Fallstudien zeitgemäßer Sozialordnungen. Wiesbaden: Springer Gabler

Pun, N. 2016: Migrant Labor in China: Post-Socialist Transformations. Cambridge: Polity Press

Pusch, T./Rehm, M. 2017: Positive Effekte des Mindestlohns auf Arbeitsplatzqualität und Arbeitszufriedenheit. In: Wirtschaftsdienst, Jg. 97, H. 6, S. 409–414
Pusch, T./Seifert, H. 2017: Mindestlohngesetz – Für viele Minijobber weiterhin nur Minilöhne. WSI Policy Brief 1/2017. Düsseldorf: WSI
Pusch, T./Seifert, H./Santoro, Ch. 2020: Effekte des Mindestlohns auf die Arbeitszeit. In: Wirtschaftsdienst, Jg. 100, H. 6, S. 454–460
Quack, S./Schulz-Schaeffer, I./Shire, K./Weiß, A. (eds.) 2018: Transnationalisierung der Arbeit. Wiesbaden: Springer VS
Quetting, M. 2022: Die Pflege im Aufbruch. Über die Leichtigkeit, Pflegepersonen zu organisieren. In: Dück, J./Garscha, J. (Hg.): Aus Sorge kämpfen. Von Krankenhausstreiks, Sicherheit von Patient*innen und guter Geburt. Berlin: Rosa Luxemburg Stiftung
Quinn, J. 1992: Intelligent Enterprise. A Knowledge and Service Based Paradigm for Industry. New York: Free Press
Raabe, N. 2011: Die Mitbestimmung im Aufsichtsrat. Theorie und Wirklichkeit in deutschen Aktiengesellschaften. Berlin: Erich-Schmidt-Verlag
Raeder, S./Grote, G. 2012: Der psychologische Vertrag. Göttingen u.a.O.: Hogrefe
Ragin, C. C./Becker, H. S. (eds.) 1992: What Is a Case? Exploring the Foundations of Social Inquiry. Cambridge: Cambridge University Press
Rahman, K./Thelen, K. 2019: Broken Contract. The Rise of the Platform Business Model and the Transformation of Twenty-first Century Capitalism. In: Politics & Society, Vol. 47, No. 2, S. 177–204
Rainnie, A./Dean, M. 2020: Industry 4.0 and the Future of Quality Work in the Global Digital Economy. In: Labour & Industry, Vol. 30, No. 1, S. 16–33
Rainnie, A./Herod, A./McGrath-Champ, S. 2011: Review and Positions. Global Production Networks and Labour. In: Competition & Change, Vol. 15, No. 2, S. 155–169
Raj-Reichert, G. 2019: The Role of Transnational First-tier Suppliers in GVC Governance. In: Ponte, S./Gereffi, G./Raj-Reichert, G. (eds.): Handbook on Global Value Chains. Cheltenham/Northhampton: Edward Elgar, S. 354–369
Rammert, W. 1994: Techniksoziologie. In: Kerber, H./Schmieder, A. (Hg.): Spezielle Soziologien. Problemfelder, Forschungsbereiche, Anwendungsorientierung. Reinbek: Rowohlt, S. 75–97
Rammert, W. (Hg.) 1995: Soziologie und künstliche Intelligenz – Produkte und Probleme einer Hochtechnologie. Frankfurt a.M./New York: Campus
Rammert, W. 1997: Innovation im Netz. Neue Zeiten für technische Innovationen: heterogen verteilt und interaktiv vernetzt. In: Soziale Welt, Jg. 48, H. 4, S. 397–416
Rammert, W. 2003: Die Zukunft der künstlichen Intelligenz: verkörpert – verteilt – hybrid. Technical University Technology Studies Working Papers TUTS-WP-4-2003. Berlin: TU Berlin
Rammert, W. 2016: Technik – Handeln – Wissen. Wiesbaden: Springer VS
Rammert, W. 2021: Technology and Innovation. In: Hollstein, B./Greshoff, R./Schimank, U./Weiß, A. (eds.): Soziologie – Sociology in the German-Speaking World. Soziologische Revue, Special Issue 2020. Berlin: de Gruyter Oldenbourg, S. 515–534
Rammert, W./Schubert, C. 2006: Technografie. Zur Mikrosoziologie der Technik. Frankfurt a.M./New York: Campus
Rammert, W./Schulz-Schaeffer, I. (Hg.) 2002 a: Können Maschinen handeln? Soziologische Beiträge zum Verhältnis von Mensch und Technik. Frankfurt a.M./New York: Campus, S. 11–64
Rammert, W./Schulz-Schaeffer, I. 2002 b: Technik und Handeln. Wenn soziales Handeln sich auf menschliches Verhalten und technische Abläufe verteilt. In: Rammert, W./Schulz-Schaeffer, I. (Hg.): Können Maschinen handeln? Soziologische Beiträge zum Verhältnis von Mensch und Technik. Frankfurt a.M./New York: Campus, S. 11–64
Rappaport, A. 1986: Creating Shareholder Value: The New Standard for Business Performance. New York: Free Press. [dt. Ausgabe: Shareholder Value. Stuttgart: Schäffer-Poeschel 1999]

Rashmi, K./Kataria, A. 2021: Work–life Balance: A Systematic Literature Review and Bibliometric Analysis. In: International Journal of Sociology and Social Policy (online), DOI: 10.1108/ijssp-06-2021-0145

Rastetter, D. 2008: Zum Lächeln verpflichtet. Emotionsarbeit im Dienstleistungsbereich. Frankfurt a.M./New York: Campus

Rat der Arbeitswelt 2021: Vielfältige Ressourcen stärken – Zukunft gestalten: Impulse für eine nachhaltige Arbeitswelt zwischen Pandemie und Wandel. Berlin: Rat der Arbeitswelt, online: https://www.arbeitswelt-portal.de/fileadmin/user_upload/awb_2021/210518_Arbeitsweltbericht.pdf

Räthzel, N./Stevis, D./Uzzell, D. (eds.) 2021: The Palgrave Handbook of Environmental Labour Studies. Cham: Palgrave Macmillan

Räthzel, N./Uzzell, D. L. (eds.) 2013: Trade Unions in the Green Economy: Working for the Environment. New York: Routledge

Ravetz, J. R. 1986: Usable Knowledge, Usable Ignorance: Incomplete Science with Policy Implications. In: Clark, W. C./Munn, R. E. (eds.): Sustainable Development of the Biosphere. Cambridge: Cambridge University Press, S. 415–432

Rehder, B. 2003: Betriebliche Bündnisse für Arbeit in Deutschland. Mitbestimmung und Flächentarif im Wandel. Frankfurt a.M./New York: Campus

Rehder, B. 2006: Legitimitätsdefizite des Co-Managements. Betriebliche Bündnisse für Arbeit als Konfliktfeld zwischen Arbeitnehmern und betrieblicher Interessenvertretung. In: Zeitschrift für Soziologie, Jg. 35, H. 3, S. 227–242

Rehder, B. 2014: Vom Korporatismus zur Kampagne? Organizing als Strategie der gewerkschaftlichen Erneuerung. In: Schroeder, W. (Hg.) 2014: Handbuch Gewerkschaften in Deutschland (2. Aufl.). Wiesbaden: Springer VS, S. 241–264

Rehder, B. 2016: Konflikt ohne Partnerschaft. Arbeitsbeziehungen im Dienstleistungssektor. In: Industrielle Beziehungen, Jg. 23, H. 3, S. 366–373

Rehn, G. 1973: Die Gesellschaft der freien Wahl. In: Külp, B./Stützel, W. (Hg.): Beiträge zu einer Theorie der Sozialpolitik. Festschrift für Elisabeth Liefmann-Keil zum 65. Geburtstag. Berlin: Duncker & Humblot, S. 317–351

Reich, M. (ed.) 2008: Segmented Labor Markets and Labor Mobility. Cheltenham/Northampton: Edward Elgar

Reich, R. 1991: The Work of Nations. Preparing Ourselves for 21st-Century Capitalism. New York: Knopf

Reich, R. 1993: Die neue Weltwirtschaft. Frankfurt a.M./Berlin: Ullstein

Reichwald, R./Piller, F. T. 2006: Interaktive Wertschöpfung. Open Innovation, Individualisierung und neue Formen der Arbeitsteilung. Wiesbaden: Gabler

Reindl, J. 2000: Betriebliche Innovationsmilieus und das Alter(n) der technischen Intelligenz. In: Köchling, A. (Hg.): Innovation und Leistung mit älter werdenden Belegschaften. München/Mering: Hampp, S. 265–315

Rengers, M. 2012: Ungenutztes Arbeitskräftepotenzial in der Stillen Reserve. In: Statistisches Bundesamt: Wirtschaft und Statistik, Ausg. April 2012, S. 299–319

Rennert, D./Kliner, K./Richter, M. 2018: Arbeitsunfähigkeit. In: Knieps, F./Pfaff, H. (Hg.): BKK Gesundheitsreport 2018 – Arbeit und Gesundheit Generation 50+. Berlin: Medizinisch Wissenschaftliche Verlagsgesellschaft, S. 37–122

Renold, U./Bolli, T./Caves, K./Bürgi, J./Egg, M. E./Kemper, J./Rageth, L. 2018: Comparing International Vocational Education and Training Programs: The KOF Education-Employment Linkage Index. Washington, DC: National Center on Education and the Economy

Rerrich, M. S. 2006: Die ganze Welt zu Hause. Cosmobile Putzfrauen in privaten Haushalten. Hamburg: Hamburger Edition

Rhein, T./Stüber, H. 2014: Beschäftigungsdauer im Zeitvergleich: Bei Jüngeren ist die Stabilität der Beschäftigung gesunken. IAB-Kurzbericht 03/2014. Nürnberg: IAB

Rhodes, M. 2005: „Varieties of Capitalism" and the Political Economy of European Welfare States. In: New Political Economy, Vol. 10, No. 3, S. 363–370

Richter, G. (Hg.) 2020: Arbeit und Altern. Eine Bilanz nach 20 Jahren Forschung und Praxis. Baden-Baden: Nomos

Richter, G./Hecker, C./Hinz, A. 2017: Produktionsarbeit in Deutschland – mit alternden Belegschaften. Berlin: Erich Schmidt

Rieder, K./Kraus, S./Vogl, G. 2019: Mobile Arbeit: Arbeitsbedingungen und Erleben. In: Badura, B./ Ducki, A./Schröder, H./Klose, J./Meyer M. (Hg.): Fehlzeiten-Report 2019. Digitalisierung – gesundes Arbeiten ermöglichen. Berlin: Springer, S. 205–216

Riegraf, B. 1996: Geschlecht und Mikropolitik. Das Beispiel betrieblicher Gleichstellung. Opladen: Leske + Budrich

Riegraf, B. 2018: Care, Care-Arbeit und Geschlecht: gesellschaftliche Veränderungen und theoretische Auseinandersetzungen. In: Kortendiek, B./Riegraf, B./Sabisch, K. (Hg.): Handbuch interdisziplinäre Geschlechterforschung. Wiesbaden: Springer VS, S. 763–772

Riegraf, B./Aulenbacher, B./Kirsch-Auwärter, E./Müller, U. (eds.) 2010: GenderChange in Academia: Re-Mapping the Fields of Work, Knowledge, and Politics from a Gender Perspective. Wiesbaden: VS Verlag

Rifkin, J. 2004: The End of Work. The Decline of the Global Labor Force and the Dawn of the Post-market Era. New York: Tarcher/Penguin [zuerst: New York: Putnam's Son 1995]

Ritz, A./Thom, N. (Hg.) 2018: Talent Management: Talente identifizieren, Kompetenzen entwickeln, Leistungsträger erhalten (3. Aufl.). Wiesbaden: Springer Gabler

Ritzer, G. 1995: Die McDonaldisierung der Gesellschaft. Frankfurt a.M.: Fischer [engl. Ausgabe: Ritzer 2000]

Ritzer, G. 2000: The McDonaldization of Society. New century edition. Thousand Oaks: Pine Forge Press

Roberts, A./Kwon, R. 2017: Finance, Inequality and the Varieties of Capitalism in Post-industrial Democracies. In: Socio-Economic Review, Vol. 15, No. 3, S. 511–538

Robinson, S. L./Rousseau, D. M. 1994: Violating the Psychological Contract. Not the Exception but the Norm. In: Journal of Organizational Behaviour, Vol. 15, No. 3, S. 249–259

Rodríguez Llona, M. A./Vidal Molina, P. (eds.) 2013: Transformacion(es) del trabajo, tiempo(s) de precariedad(es) y resistencia(s): algunas aproximaciones desde Latinoamérica. Buenos Aires: Espacio Editorial

Roehling, M. 1997: The Origins and Early Development of the Psychological Contract Construct. In: Journal of Management History, Vol. 3, No. 2, S. 204–217

Roethlisberger, F. J./Dickson, W. J. 1956: Management and the Worker. Cambridge, MA: Harvard University Press

Rogers, E. M. 2003 [zuerst 1962]: Diffusion of Innovations (5. Aufl.). New York: Free Press

Rogers, J./Streeck, W. (ed.) 1995: Works Councils. Consultation, Representation, and Cooperation in Industrial Relations. Chicago/London: University of Chicago Press

Rohrbach, D. 2007: The Development of Knowledge Societies in 19 OECD Countries between 1970 and 2002. In: Social Science Information, Vol. 46, No. 4, S. 655–689

Ropohl, G. 1979: Eine Systemtheorie der Technik. Zur Grundlegung der allgemeinen Technologie. München/Wien: Hanser [Neuauflage u.d.T. Allgemeine Technologie. Eine Systemtheorie der Technik, München/Wien: Hanser 1999; 3., überarb. Aufl. Karlsruhe: Universitätsverlag Karlsruhe 2009]

Rosenbohm, S. 2014: Verhandelte Mitbestimmung. Die Arbeitnehmerbeteiligung in der europäischen Aktiengesellschaft. Frankfurt a.M./New York: Campus

Rosenbohm, S. 2021: Aktuelle Entwicklungen bei der SE, Internet: https://www.mitbestimmung.de/html/aktuelle-entwicklungen-bei-der-se-16895.html

Rosenbohm, S./Hertwig, M. 2021: Interessenartikulation in multinationalen Unternehmen – Konkurrenz und Solidarität im europäischen Mehrebenensystem. In: Wirth, C. (Hg.): Konkurrenzen und Solidaritäten. Festschrift für Anton Kobel zum 75. Geburtstag. Augsburg: Hampp, S. 141–154

Rosendahl, A./Wahle, M. 2015: Debatten zur Krise von Beruf und Beruflichkeit: A Never Ending Story? In: Berufs- und Wirtschaftspädagogik (online) 29, Dezember 2015, Internet: https://www.bwpat.de/ausgabe29/rosendahl_wahle_bwpat29.pdf

Rosengren, C./Bergman, A./Palm, K. 2021: ICT Enforced Boundary Work: Availability as a Sociomaterial Practice. In: Will-Zocholl, M./Roth-Ebner, C. (Hg.): Topologies of Digital Work. Dynamics of Virtual Work. Cham: Palgrave Macmillan, S. 173–196

Rouilleault, H./Rochefort, T. 2005: Changer le travail – oui mais ensemble. Lyon: ANACT

Rousseau, D. M. 1989: Psychological and Implied Contracts in Organizations. In: Employee Responsibilities and Rights Journal, Vol. 2, No. 2, S. 121–139

Rousseau, D. M. 1995: Psychological Contracts in Organizations: Understanding Written and Unwritten Agreements. Thousand Oaks u.a.O.: Sage

Rousseau, D. M. 2001: Schema, Promise and Mutuality: The Building Blocks of the Psychological Contract. In: Journal of Occupational and Organizational Psychology, Vol. 74, No. 4, S. 511–541

Rüb, S./Platzer, H.-W./Müller, T. 2011: Transnationale Unternehmensvereinbarungen. Zur Neuordnung der Arbeitsbeziehungen in Europa. Berlin: edition sigma

Rubery, J./Grimshaw, D. 2003: The Organization of Employment: An International Perspective. London: Palgrave Macmillan

Rubery, J./Smith, M./Fagan, C. 1998: National Working-Time Regimes and Equal Opportunities. In: Feminist Economics, Vol. 4, No. 1, S. 72–73

Rudolph, C./Schmidt, K. (Hg.) 2019: Interessenvertretung und Care. Voraussetzungen, Akteure und Handlungsebenen. Münster: Westfälisches Dampfboot

Rudolph, H. 2007: Beschäftigungsformen: Ein Maßstab für Flexibilität und Sicherheit? In: Kronauer, M./Linne, G. (Hg.): Flexicurity. Die Suche nach Sicherheit in der Flexibilität (2. Aufl.). Berlin: edition sigma, S. 97–125

Rüger, H./Becker, K. 2011: Berufsmobilität, Geschlecht und Lebensform. Berufsbedingte räumliche Mobilität und die Folgen für die Vereinbarkeit von Familie und Beruf und partnerschaftliche Arbeitsteilung. In: Klammer, U./Motz, M. (Hg.): Neue Wege – Gleiche Chancen. Wiesbaden: VS Verlag, S. 363–396

Sabel, C. F. 1982: Work and Politics. The Division of Labor in Industry. Cambridge: Cambridge University Press

Sabel, C. F./Kern, H./Herrigel, G. 1991: Kooperative Produktion. Neue Formen der Zusammenarbeit zwischen Endfertigern und Zulieferern in der Automobilindustrie und die Neuordnung der Firma. In: Mendius, H. G./Wendeling-Schröder, U. (Hg.): Zulieferer im Netz. Köln: Bund-Verlag, S. 203–227

Salas, E./Tannenbaum, S. I./Kozlowski, S. W./Miller, C. A./Mathieu, J. E./Vessey, W. B. 2015: Teams in Space Exploration: A New Frontier for the Science of Team Effectiveness. In: Current Directions in Psychological Science, Vol. 24, No. 3, S. 200–207

Salais, R./Baverez, N./Reynaud, B. 1986: L'invention du chômage. Paris: Presses Universitaires de France

Salverda, W./Mayhew, K. 2009: Capitalist Economies and Wage Inequality. In: Oxford Review of Economic Policy, Vol. 25, No. 1, S. 126–154

Sander, N. 2012: Das akademische Prekariat. Leben zwischen Frist und Plan. Konstanz: UVK

Sattelberger, T./Welpe, I. M./Boes, A. (Hg.) 2015: Das demokratische Unternehmen. Neue Arbeits- und Führungskulturen im Zeitalter digitaler Wirtschaft. Freiburg: Haufe

Sauer, D. 2005: Arbeit im Übergang. Zeitdiagnosen. Hamburg: VSA

Sauer, D. 2006: Von der systemischen Rationalisierung zur permanenten Reorganisation – Lange und kurze Wellen der Unternehmensreorganisation. In: Baukrowitz, A./Berker, T./Boes, A./Pfeiffer,

S./Schmiede, R./Will, M. (Hg.): Informatisierung der Arbeit – Gesellschaft im Umbruch. Berlin: edition sigma, S. 84–97

Sauer, D. 2011: Von der „Humanisierung der Arbeit" zur „Guten Arbeit". In: Aus Politik und Zeitgeschichte, Nr. 15, S. 18–24

Sauer, D. 2013: Die organisatorische Revolution. Umbrüche in der Arbeitswelt — Ursachen, Auswirkungen und arbeitspolitische Antworten. Hamburg: VSA

Sauer, D. 2016: Permanente Reorganisation. Unsicherheit und Überforderung in der Arbeitswelt. In: Doering-Manteuffel, A./Raphael, L./Schlemmer T. (Hg): Vorgeschichte der Gegenwart. Dimensionen des Strukturbruchs nach dem Boom. Göttingen: Vandenhoeck & Ruprecht, S. 37–57

Sauer, D. 2018: Vermarktlichung und Vernetzung der Unternehmens- und Betriebsorganisation. In: Böhle, F./Voß, G. G./Wachtler, G. (Hg.): Handbuch Arbeitssoziologie (2. Aufl.). Bd. 2: Akteure und Institutionen. Wiesbaden: Springer VS, S. 177–206

Sauer, D./Boes, A./Kratzer, N. 2005: Reorganisation des Unternehmens. In: SOFI/IAB/ISF/INIFES (Hg.): Berichterstattung zur sozioökonomischen Entwicklung in Deutschland. Arbeit und Lebensweisen. Erster Bericht. Wiesbaden: VS Verlag, S. 323–350

Sauer, D./Döhl, V. 1994: Arbeit an der Kette. Systemische Rationalisierung unternehmensübergreifender Produktion. In: Soziale Welt, Jg. 45, H. 2, S. 197–215

Sauer, D./Döhl, V. 1997: Die Auflösung des Unternehmens? – Entwicklungstendenzen der Unternehmensreorganisation in den 90er Jahren. In: IfS/INIFES/ISF/SOFI (Hg.): Jahrbuch Sozialwissenschaftliche Technikberichterstattung 1996 – Schwerpunkt: Reorganisation. Berlin: edition sigma, S. 19–76

Sauer, S. 2017: Wertschätzend selbst organisieren? Arbeitsvermögens- und anerkennungsbasierte Selbstorganisation bei Projektarbeit. Wiesbaden: Springer VS

Sauer, S./Nicklich, M./Pfeiffer, S. 2021: The Agile Imperative: A Multi-level Perspective on Agility as a New Principle of Organizing Work. In: Pfeiffer, S./Nicklich, M./Sauer, S. (eds.): The Agile Imperative. Cham: Palgrave Macmillan, S. 1–15

Sauerborn, E. 2019: Digitale Arbeits- und Organisationsräume. Räumliche Dimensionen digitaler Arbeit am Beispiel Crowdworking. In: Arbeit, Jg. 28, H. 3, S. 241–262

Saxenian, A. 2004: Regional Advantage: Culture and Competition in Silicon Valley and Route 128 (2nd ed.). Cambridge, MA: Harvard University Press

Schadt, P. 2021. Die Digitalisierung der deutschen Autoindustrie: Kooperation und Konkurrenz in einer Schlüsselbranche. Köln: PapyRossa

Schäfer, H./Schmidt, J./Stettes, O. 2013: Qualität der Arbeit. Positionen. Beiträge zur Ordnungspolitik aus dem Institut der deutschen Wirtschaft, Nr. 61. Köln: IW

Schaff, A. 1985: Wohin führt der Weg? Überleben in der Informationsgesellschaft. Bericht für den Club of Rome. München: Goldmann

Schalldach, E. 1930: Rationalisierungsmaßnahmen der Nachinflationszeit im Urteil der deutschen freien Gewerkschaften. Jena: Fischer

Schaper, N. 2020: Lernförderliche Arbeitsgestaltung und selbstgesteuertes Lernen in der Arbeit. Stand der Forschung und Entwicklung. In: Richter, G. (Hg.): Arbeit und Altern. Eine Bilanz nach 20 Jahren Forschung und Praxis. Baden-Baden: Nomos, S. 355–387

Schauer, H./Dabrowski, H./Neumann, U./Sperling, H. J. unter Mitarb. V. H. Kern u. W. Rosenbaum 1984: Tarifvertrag zur Verbesserung industrieller Arbeitsbedingungen. Arbeitspolitik am Beispiel des Lohnrahmentarifvertrags II. Frankfurt a.M./New York: Campus

Schaupp, S. 2021: Technopolitik von unten. Algorithmische Arbeitssteuerung und kybernetische Proletarisierung. Berlin: Matthes & Seitz.

Scheele, A. 2019: Arbeit und Geschlecht. In: Kortendiek, B./Riegraf, B./Sabisch, K. (Hg.): Handbuch Interdisziplinäre Geschlechterforschung. Wiesbaden: Springer VS, S. 753–762

Scheer, A.-W. 1987: CIM = Computer Integrated Manufacturing – Der computergesteuerte Industriebetrieb (2., durchges. Aufl.). Berlin u.a.O.: Springer

Schein, E. H. 1980 [zuerst 1965]: Organisationspsychologie. Wiesbaden: Gabler

Schels, B. 2018: NEET und sozial benachteiligte junge Menschen im Übergang in das Erwerbsleben: Konzepte, Befunde, Diskussionen. In: Lange, A./Reiter, H./Schutter, A./Steiner, C. (Hg.): Handbuch Kindheits- und Jugendsoziologie. Wiesbaden: Springer VS, S. 241–252

Scherschel, K. 2016: Citizenship by Work? Arbeitsmarkpolitik im Flüchtlingsschutz zwischen Öffnung und Selektion. In: Prokla, Jg. 46, H. 183, S. 245–265

Scheytt, C./Pflüger, J. 2022: Forschungsethik in Organisationen. Ein Überblick über Herausforderungen und praktische Umgangsweisen. In: SocArXiv, Apr. 2022 – Online, DOI: 10.31235/osf.io/c426 a

Schienstock, G./Flecker, J./Rainer, G. 1986: Kontrolle, Konsens und Ideologie. In: Malsch, T./Seltz, R. (Hg.): Die neuen Produktionskonzepte auf dem Prüfstand – Beiträge zur Entwicklung der Industriearbeit. Berlin: edition sigma, S. 293–322

Schiller, D. 2000: Digital Capitalism. Networking the Global Market System. Cambridge/London: MIT Press

Schilliger, S. 2014: Pflegen ohne Grenzen? Polnische Pendelmigrantinnen in der 24h-Betreuung. Eine Ethnographie des Privathaushalts als globalisiertem Arbeitsplatz. Diss. Universität Basel

Schimank, U. 2001: Organisationsgesellschaft. In: Kneer, G./Nassehi, A./Schroer, M. (Hg.): Klassische Gesellschaftsbegriffe der Soziologie. München: Fink, S. 278–307

Schlömer-Laufen, N./Kay, R. 2011: Betriebsratsgründungen in kleinen und mittleren Unternehmen. Berlin: edition sigma

Schmalz, S./Dörre, K. 2014: Der Machtressourcenansatz: Ein Instrument zur Analyse gewerkschaftlichen Handlungsvermögens. In: Industrielle Beziehungen, Jg. 21, H. 3, S. 217–237

Schmalz, S./Sommer, B. (eds.) 2019: Confronting Crisis and Precariousness. Organized Labour and Social Unrest in the European Union. London/New York: Rowman and Littlefield

Schmid, G. 2011 a: Übergänge am Arbeitsmarkt. Arbeit, nicht Arbeitslosigkeit versichern. Berlin: edition sigma

Schmid, G. 2011 b: Non-Standard Employment in Europe: Its Development and Consequences for the European Employment Strategy. In: German Policy Studies, Vol. 9, No. 1, S. 171–210

Schmid, G. 2012: Annäherungen an eine Politik der Vollbeschäftigung in Europa. In: Aus Politik und Zeitgeschichte, Jg. 62, Nr. 14–15, S. 53–61

Schmid, G. 2018: Europa in Arbeit. Plädoyer für eine neue Vollbeschäftigung durch inklusives Wachstum. Frankfurt a.M./New York: Campus

Schmid, J./Kwon, S. 2020: Collaboration in Innovation: An Empirical Test of Varieties of Capitalism. In: Technological Forecasting and Social Change, Vol. 157 (online), DOI: 10.1016/j.techfore.2020.120099

Schmid, M./Maurer, A. (Hg.) 2003: Ökonomischer und soziologischer Institutionalismus. Marburg: Metropolis

Schmidt, D. 1993: Weder Ford noch Taylor. Zu Rhetorik und Praxis der Rationalisierung in den zwanziger Jahren am Beispiel dreier Siemens-Werke. Werkstattberichte des Forschungsschwerpunkts Arbeit und Bildung Universität Bremen 25. Bremen

Schmidt, F. A. 2016: Arbeitsmärkte in der Plattformökonomie. Zur Funktionsweise und den Herausforderungen von Crowdwork und Gigwork. Bonn: Friedrich-Ebert-Stiftung

Schmidt, G. 1986: Einverständnishandeln – ein Konzept zur „handlungsnahen" Untersuchung betrieblicher Entscheidungsprozesse. In: Seltz, R./Mill, U./Hildebrandt, E. (Hg.): Organisation als soziales System. Kontrolle und Kommunikationstechnologie in Arbeitsorganisation. Berlin: edition sigma, S. 57–68

Schmidt, G. 1989: Die „Neuen Technologien". Herausforderung für ein verändertes Technikverständnis der Industriesoziologie. In: Weingart, P. (Hg.): Technik als sozialer Prozeß. Frankfurt a.M.: Suhrkamp, S. 231–258

Schmidt, G. 1999: Kein Ende der Arbeitsgesellschaft. Überlegungen zum Wandel des Paradigmas der Arbeit in „frühindustrialisierten Gesellschaften" am Ende des 20. Jahrhunderts. In: Ders. (Hg.):

Kein Ende der Arbeitsgesellschaft. Arbeit, Gesellschaft und Subjekt im Globalisierungsprozeß. Berlin: edition sigma, S. 9–19

Schmidt, G. 2007: Das Thema Arbeitspolitik in der Entwicklung der deutschen Industrie- und Arbeitssoziologie bis zur „arbeitspolitischen Wende". In: Hildebrandt, E./Jürgens, U./Oppen, M./Teipen, C. (Hg.): Arbeitspolitik im Wandel. Entwicklung und Perspektiven der Arbeitspolitik. Berlin: edition sigma, S. 187–201

Schmidt, G. 2010: Arbeit und Gesellschaft. In: Böhle, F./Voß, G. G./Wachtler, G. (Hg.): Handbuch Arbeitssoziologie. Wiesbaden: VS Verlag, S. 127–147

Schmidt, G. 2011: Gebietskartierung Soziologie der Arbeit. In: Soziologische Revue, Jg. 34, H. 4, S. 411–432

Schmidt, G. 2018: Arbeit und Gesellschaft. In: Böhle, F./Voß, G. G./Wachtler, G. (Hg.): Handbuch Arbeitssoziologie (2. Aufl.). Band 1: Arbeit, Strukturen und Prozesse. Wiesbaden: Springer VS, S. 143–168

Schmidt, R./Trinczek, R. 1989: Verbetrieblichung – viele Risiken, wenig Chancen. Erfahrungen aus der Umsetzung der 38,5-Stunden-Woche. In: Hildebrandt, E./Schmidt, E./Sperling, H. J. (Hg.): Zweidrittelgesellschaft – Eindrittelgewerkschaft. Kritisches Gewerkschaftsjahrbuch 1988/89. Berlin: Rotbuch, S. 54–62

Schmidt, G./Trinczek, R. (Hg.) 1999 a: Globalisierung. Ökonomische und soziale Herausforderungen am Ende des zwanzigsten Jahrhunderts (Sonderband 13 der Sozialen Welt). Baden-Baden: Nomos

Schmidt, R./Trinczek, R. 1999 b: Der Betriebsrat als Akteur der industriellen Beziehungen. In: Müller-Jentsch, W. (Hg.): Konfliktpartnerschaft. Akteure und Institutionen der industriellen Beziehungen (3., überarb. u. erw. Aufl.). München/Mering: Hampp, S. 103–128

Schmidt, V. A. 2002: The Futures of European Capitalism. Oxford: Oxford University Press

Schmidt, W. 1996: Betriebliche Sozialordnung und ostdeutsches Arbeitnehmerbewusstsein im Prozess der Transformation. München/Mering: Hampp

Schmidt, W. 2005: Industrielle Beziehungen, Interesse und Anerkennung. Ein Plädoyer für eine duale Perspektive. In: Industrielle Beziehungen, Jg. 12, H. 1, S. 51–73

Schmidt-Wellenburg, C. 2009: Die neoliberale Gouvernementalität des Unternehmens – Management und Managementberatung zu Beginn des 21. Jahrhunderts. In: Zeitschrift für Soziologie, Jg. 38, H. 4, S. 320–341

Schmiede, R. 1983: Abstrakte Arbeit und Automation. Zum Verhältnis von Industriesoziologie und Gesellschaftstheorie. In: Leviathan, Jg. 11, H. 1, S. 55–78

Schmiede, R. 1992: Information und kapitalistische Produktionsweise. Entstehung der Informationstechnik und Wandel der gesellschaftlichen Arbeit. In: Malsch, T./Mill, U. (Hg.): ArBYTE. Modernisierung der Industriesoziologie? Berlin: edition sigma, S. 53–86

Schmiede, R. 1996 a: Informatisierung, Formalisierung und kapitalistische Produktionsweise. Entstehung der Informationstechnik und Wandel der gesellschaftlichen Arbeit. In: Schmiede, R. (Hg.): Virtuelle Arbeitswelten. Arbeit, Produktion und Subjekt in der „Informationsgesellschaft". Berlin: edition sigma, S. 15–47

Schmiede, R. 1996 b: Informatisierung und gesellschaftliche Arbeit. Strukturveränderungen von Arbeit und Gesellschaft. In: Schmiede, R. (Hg.): Virtuelle Arbeitswelten. Arbeit, Produktion und Subjekt in der „Informationsgesellschaft". Berlin: edition sigma, S. 107–128

Schmiede, R. (Hg.) 1996 c: Virtuelle Arbeitswelten. Arbeit, Produktion und Subjekt in der „Informationsgesellschaft". Berlin: edition sigma

Schmiede, R. 2006: Wissen und Arbeit im „Informational Capitalism". In: Baukrowitz, A./Berker, T./Boes, A./Pfeiffer, S./Schmiede, R./Will, M. (Hg.) 2006: Informatisierung der Arbeit – Gesellschaft im Umbruch. Berlin: edition sigma , S. 457–490

Schmiede, R. 2015: Arbeit im informatisierten Kapitalismus. Aufsätze 1976–2015. Berlin: edition sigma

Schmiede, R. 2021: Digitalisierung als neue Stufe der Informatisierung. Überlegungen zum Verständnis der Informationstechnologien. In: Bontrup, H.-J./Daub, J. (Hg.): Digitalisierung und Technik. Fortschritt oder Fluch? Köln: PapyRossa, S. 212–342

Schmiede, R./Schudlich, E. 1976: Die Entwicklung der Leistungsentlohnung in der Bundesrepublik Deutschland. Frankfurt a.M.: Aspekte

Schmierl, K. 1995: Umbrüche in der Lohn- und Tarifpolitik – Neue Entgeltsysteme bei arbeitskraftzentrierter Rationalisierung in der Metallindustrie. Frankfurt a.M./New York: Campus

Schmierl, K. 2001: Hybridisierung der industriellen Beziehungen in der Bundesrepublik – Übergangsphänomen oder neuer Regulationsmodus? In: Soziale Welt, Jg. 52, H. 4, S. 427–448

Schmierl, K. 2014: Demografiesensible Entgeltpolitik – Ein Zukunftsthema für Arbeitsforschung und -praxis. In: WSI-Mitteilungen, Jg. 67, H. 6, S. 470–477

Schmierl, K. 2018: Betriebliche Entgeltgerechtigkeit in altersgemischten Belegschaften. In: WSI-Mitteilungen, Jg. 70, H. 1, S. 44–50

Schmierl, K./Schneider, P./Struck, O. 2021: „Gläserne" Paketbot*innen – Arbeitsbedingungen und Mitbestimmung in Kurier-, Express- und Paketdiensten. In: WSI-Mitteilungen, Jg. 74, H. 6, S. 472–478

Schmierl, K./Weimer, S. 2014: Demografiesensible Entgeltpolitik. Wiesbaden: Springer VS

Schmitter, P. C./Streeck, W. 1999: The Organization of Business Interests. Studying the Associative Action of Business in Advanced Industrial Societies. Köln: MPIfG Discussion Papers 99/1

Schmitz, H. 1987: System der Philosophie. Band III, 5. Teil: Die Wahrnehmung. Bonn: Bouvier

Schmoller, G. 1890: Über Wesen und Verfassung der großen Unternehmungen. München: Cotta

Schmucker, R. 2020: Von Decent Work zu Guter Arbeit. Zur Bedeutung arbeitspolitischer Leitbilder. In: Sozialpolitik.ch. Jg. 5, H. 2, S. 1–19

Schnabel, C. 2020: Union Membership and Collective Bargaining: Trends and Determinants. Forschungsinstitut zur Zukunft der Arbeit (IZA), Discussion Paper No. 13465, Bonn: IZA

Schnabel, C. 2020 a: Betriebliche Mitbestimmung in Deutschland. Verbreitung, Auswirkungen und Implikationen. In: Perspektiven der Wirtschaftspolitik, Jg. 21, H. 4, S. 361–378

Schnabel, C./Wagner, J. 2007: The Persistent Decline in Unionization in Western and Eastern Germany, 1980–2004: What Can We Learn from a Decomposition Analysis? In: Industrielle Beziehungen, Jg. 14, H. 2, S. 118–132

Schneider, A./Subramanian, D./Suquet, J.B./Ughetto, P. 2021: Situating Service Work in Action: A Review and a Pragmatist Agenda for Analysing Interactive Service Work. In: International Journal of Management Reviews (online), DOI:10.1111/ijmr.12259

Schneider, M. R./Paunescu, M. 2004: Wettbewerbsfähigkeit und Dynamik institutioneller Standortbedingungen: Ein empirischer Test des 'Varieties-of-Capitalism'-Ansatzes. In: Schmollers Jahrbuch, Jg. 124, H. 1, S. 31–59

Schneider, M. R./Paunescu, M. 2012: Changing Varieties of Capitalism and Revealed Comparative Advantages from 1990 to 2005: A Test of the Hall and Soskice Claims. In: Socio-Economic Review, Vol. 10, No. 4, 731–753

Schneider, P./Ganesch, F./Schmierl, K./Struck, O. 2022: Digitalisierung und Arbeitsqualität in der Transportlogistik – Qualitative Befunde aus Deutschland. In: Soziale Welt, Jg. 72, H. 4, S. 483–513

Schnell, C./Pfadenhauer, M. (Hg.) 2022: Handbuch Professionssoziologie. Wiesbaden: Springer VS

Schnell, C./Pfeiffer, S./Hardenberg, R. (Hg.) 2021: Gutes Arbeiten im digitalen Zeitalter. Frankfurt a.M./New York: Campus

Scholz, D./Glawe, H./Martens, H./Paust-Lassen, P./Peter, G./Reitzig,J./Wolf, F. O. (Hg.) 2006: Turnaround? Strategien für eine neue Politik der Arbeit. Herausforderungen an Gewerkschaften und Wissenschaft. Münster: Westfälisches Dampfboot

Scholz, S./Heilmann, A. (Hg.) 2019: Caring Masculinities? Männlichkeiten in der Transformation kapitalistischer Wachstumsgesellschaften. München: oekom

Scholz, T. 2012: Digital Labor: The Internet as Playground and Factory. New York: Routledge

Scholz, T. 2017: Uberworked and Underpaid. How Workers Are Disrupting the Digital Economy. New York: Wiley

Schonberger, R. J. 2019: The Disintegration of Lean Manufacturing and Lean Management. In: Business Horizons, Vol. 62, No. 3, S. 359–371

Schonberger, R. J. 2021: Lean Production – Perspectives from its Primary Caretaker, Industrial Engineering. In: Janoski, T./Lepadatu, D. (eds.): The Cambridge International Handbook of Lean Production: Diverging Theories and New Industries around the World. Cambridge: Cambridge University Press, S. 64–91

Schönhoven, K. 1987: Die deutschen Gewerkschaften. Frankfurt a.M.: Suhrkamp

Schoper, Y./Wald, A./Ingason, H. T./Fridgeirsson, T. V. 2018: Projectification in Western Economies: A Comparative Study of Germany, Norway and Iceland. In: International Journal of Project Management, Vol. 36, No. 1, S. 71–82

Schörpf, P./Flecker, J./Schönauer, A./Eichmann, H. 2017: Triangular Love-hate: Management and Control in Creative Crowdworking. In: New Technology, Work and Employment, Vol. 32, No. 1, S. 43–58

Schot, J./Steinmueller, E. 2018: Three Frames for Innovation Policy. R&D, System of Innovation and Transformative Change. In: Research Policy, Vol. 47, No. 9, S. 1554–1567

Schrape, J.-F. 2021: Digitale Transformation. Bielefeld: transcript/UTB

Schreyögg, G. 1999: Organisation. Grundlagen moderner Organisationsgestaltung (3., überarb. Aufl.). Wiesbaden: Gabler

Schreyögg, G./Geiger, D. 2016: Organisation. Grundlagen moderner Organisationsgestaltung. Mit Fallstudien. Wiesbaden: Springer Gabler

Schröder, L./Urban, H.-J. (Hg.) 2017: Gute Arbeit. Streit um Zeit – Arbeitszeit und Gesundheit. Frankfurt a.M.: Bund-Verlag

Schröder, L./Urban, H.-J. (Hg.) 2018: Ökologie der Arbeit. Impulse für einen nachhaltigen Umbau. Frankfurt a.M.: Bund-Verlag

Schröder, L./Urban, H.-J. (Hg.) 2019: Gute Arbeit. Transformation der Arbeit – Ein Blick zurück nach vorn. Frankfurt a.M.: Bund-Verlag

Schroeder, W. (Hg.) 2014: Handbuch Gewerkschaften in Deutschland (2., überarb., erw. u. akt. Aufl.). Wiesbaden: Springer VS

Schroeder, W. 2016: Konfliktpartnerschaft – still alive. Veränderter Konfliktmodus in der verarbeitenden Industrie. In: Industrielle Beziehungen, Jg. 23, H. 3, S. 374–392

Schroeder, W./Kallass, V./Greef, S. 2011: Berufsgewerkschaften in der Offensive. Vom Wandel des deutschen Gewerkschaftsmodells. Wiesbaden: VS Verlag

Schroeder, W./Silvia, S. J. 2014: Gewerkschaften und Arbeitgeberverbände. In: Schroeder, W. (Hg.): Handbuch Gewerkschaften in Deutschland (2. Aufl.). Wiesbaden: Springer VS, S. 337–365

Schubert, C./Schulz-Schaeffer, I. (Hg.) 2019: Berliner Schlüssel zur Techniksoziologie. Wiesbaden: Springer VS

Schulten, T. 2015: WSI-Mindestlohnbericht 2015 – Ende der Lohnzurückhaltung? In: WSI-Mitteilungen, Jg. 68, H. 2, S. 133–140

Schulten, T. 2016: WSI-Mindestlohnbericht 2016: anhaltende Entwicklungsdynamik in Europa. In: WSI-Mitteilungen, Jg. 69, H. 2, S. 129–135

Schulten, T./Bispinck, R. 2018: Varieties of Decentralisation in German Collective Bargaining. In: Leonardi, S./Pedersini, R. (eds.): Multi-employer Bargaining under Pressure: Decentralisation Trends in Five European Countries. Brüssel: ETUI, S. 105–149

Schultheis, F./Herold, S. 2010: Précarité und Prekarität. Zur Thematisierung der sozialen Frage des 21. Jahrhunderts im deutsch-französischen Vergleich. In: Busch, M./Jeskow, J./Stutz, R. (Hg.): Zwischen Prekarisierung und Protest. Die Lebenslagen und Generationsbilder von Jugendlichen in Ost und West. Bielefeld: transcript, S. 243–274

Schulze, G. 1992: Die Erlebnisgesellschaft: Kultursoziologie der Gegenwart. Frankfurt a.M./New York: Campus

Schulze Buschoff, K. 2011: Atypisch beschäftigt = typisch arm im Alter? Die Flexibilisierung der Arbeitsmärkte und der staatliche Schutz vor Altersarmut – ein europäischer Vergleich. Studie im Auftrag der Friedrich-Ebert-Stiftung (FES), Abt. Internationale Politikanalyse. Berlin: FES. Internet: http://library.fes.de/pdf-files/id/ipa/08473.pdf

Schulz-Schaeffer, I. 2008: Technik. In: Baur, N./Korte, H./Löw, M./Schroer, M. (Hg.): Handbuch Soziologie. Wiesbaden: VS Verlag, S. 445–464

Schumann, M. 2002: Struktureller Wandel und Entwicklung der Qualifikationsanforderungen. Vortrag auf dem 4. BIBB-Fachkongress 2002, Berlin, 23.-25.10.2002

Schumann, M. 2005: Arbeitspolitik im Umbruch – Zwischen Abwehrkämpfen und Offensivstrategien. In: Detje, R./Pickshaus, K./Urban, H.-J. (Hg.): Arbeitspolitik kontrovers. Zwischen Abwehrkämpfen und Offensivstrategien. Hamburg: VSA, S. 41–53

Schumann, M. 2008: Kampf um Rationalisierung – Suche nach neuer Übersichtlichkeit. In: WSI-Mitteilungen, Jg. 61, H. 7, S. 379–386

Schumann, M. 2013: Das Jahrhundert der Industriearbeit. Weinheim: Beltz Juventa

Schumann, M./Baethge-Kinsky, V./Kuhlmann, M./Kurz, C./Neumann, U. 1994: Trendreport Rationalisierung: Automobilindustrie, Werkzeugmaschinenbau, Chemische Industrie. Berlin: edition sigma

Schumann, M./Einemann, E./Siebel-Rebell, C./Wittemann, K. P. 1982: Rationalisierung, Krise, Arbeiter. Frankfurt a.M.: Europäische Verlagsanstalt

Schumann, M./Gerst, D. 1996: Innovative Arbeitspolitik – Ein Fallbeispiel. Gruppenarbeit in der Mercedes-Benz AG. In: SOFI-Mitteilungen, Nr. 24, Nov. 1996, S. 35–52

Schumann, M./Kuhlmann, M./Sanders, F./Sperling, H. J. (Hg.) 2006: VW Auto 5000: ein neues Produktionskonzept. Die deutsche Antwort auf den Toyota-Weg? Hamburg: VSA

Schumm-Garling, U. 1972: Herrschaft in der industriellen Arbeitsorganisation. Frankfurt a.M.: Suhrkamp

Schumpeter, J. A. 1950: Kapitalismus, Sozialismus und Demokratie. Bern: Francke [zuerst u.d.T. Capitalism, socialism and democracy. New York/London: Harper 1942]

Schwittau, G. 1912: Die Formen des wirtschaftlichen Kampfes (Streik, Boykott, Aussperrung usw.). Eine volkswirtschaftliche Untersuchung auf dem Gebiete der gegenwärtigen Arbeitspolitik. Berlin: Springer

Scott, W. R. 1986: Grundlagen der Organisationstheorie. Frankfurt a.M./New York: Campus

Scott, W. R. 2001: Institutions and Organizations. Thousand Oaks, CA: Sage

Scott, W. R. 2006: Reflexionen über ein halbes Jahrhundert Organisationssoziologie. In: Senge, K./Hellmann, K.-U. (Hg.): Einführung in den Neo-Institutionalismus. Mit einem Beitrag von W. Richard Scott. Wiesbaden: VS Verlag, S. 201–222

Scott, W. R. 2008: Lords of the Dance. Professionals as Institutional Agents. In: Organization Studies, Vol. 29, No. 2, S. 219–238

Scott, W. R. 2014: Institutions and Organizations. Ideas, Interests, and Identities (4th ed.). Thousand Oaks: Sage

Seegers, M./Ehmann, K. 2021: Arbeitsaufgaben und technischer Wandel: Ein Modell zur Analyse von Substitution und Komplementarität. BIBB dicussion paper. Bonn: Bundesinstitut für Berufsbildung. Internet: https://res.bibb.de/vet-repository_779499

Seeliger, M./Gruhlich, J. (Hg.) 2020: Intersektionalität, Arbeit und Organisation. Weinheim/Basel: Beltz Juventa

Seger, M. S. 2009: Alternierende Telearbeit – flexible Grenzen. Charakter, Konditionen und Effekte eines modernisierenden Arbeits(zeit)modells. Aachen: Shaker

Seibold, B./Schwarz-Kocher, M./Salm, R. 2016: Ganzheitliche Produktionssysteme. HBS-Study Nr. 340. Düsseldorf: Hans-Böckler-Stiftung

Seidel, B. 1955: Industrialismus und Kapitalismus. Meisenheim/Glan: Anton Hain
Seidl, I./Zahrnt, A. (Hg.) 2019: Tätigsein in der Postwachstumsgesellschaft. Marburg: Metropolis
Seifert, H. 2002: Betriebliche Bündnisse für Arbeit – Beschäftigen statt entlassen. In: ders. (Hg.): Betriebliche Bündnisse für Arbeit. Rahmenbedingungen – Praxiserfahrungen – Zukunftsperspektiven. Berlin: edition sigma, S. 65–86
Seifert, H. (Hg.) 2005: Flexible Zeiten in der Arbeitswelt. Frankfurt a.M./New York: Campus
Seifert, H. 2017: Wie lassen sich Entwicklung und Strukturen atypischer Beschäftigungsverhältnisse erklären? In: WSI-Mitteilungen, Jg. 70, H. 1, S. 5–15
Seifert, H. 2019: Optionen als neues Gestaltungsprinzip der Arbeitszeitpolitik. In: WSI-Mitteilungen, Jg. 72, H. 4, S. 305–308
Seifert, H./Massa-Wirth, H. 2005: Pacts for Employment and Competitiveness in Germany. In: Industrial Relations Journal, Vol. 36, No. 3, S. 217–240
Seils, E./Emmler, H. 2022: Der untere Entgeltbereich. WSI Policy Brief Nr. 65. Düsseldorf: Wirtschafts- und Sozialwissenschaftliches Institut
Selwyn, B. 2013: Social Upgrading and Labour in Global Production Networks: A Critique and an Alternative Conception. In: Competition & Change, Vol. 17, No. 1, S. 75–90
Selznick, P. 1949: TVA and the Grass Roots. Berkeley, CA: University of California Press
Senge, K. 2011: Das Neue am Neo-Institutionalismus. Wiesbaden: VS Verlag
Senge, K. 2013: The New Institutionalism in Organization Theory: Bringing Society and Culture Back in. In: American Sociologist, Vol. 44, No. 1, S. 76–95
Senge, K. 2015: Die emotionale Säule von Institutionen: Entwicklungen, Potentiale und Probleme einer neo-institutionalistischen Deutung von Emotionen. In: Apelt, M./Wilkesmann, U. (Hg.): Die Zukunft der Organisationssoziologie. Wiesbaden: Springer VS, S. 207–228
Senge, K./Dombrowski, S. 2015: Lawrence/Suddaby (2006): Institutions and Institutional Work. In: Kühl, S. (Hg.): Schlüsselwerke der Organisationsforschung. Wiesbaden: Springer: VS, S. 400–402
Senge, K./Dombrowski, S. 2019: Der Neo-Institutionalismus als Kultursoziologie. In: Moebius, S./ Nungesser, F./Scherke, K. (Hg.): Handbuch Kultursoziologie. Band 2. Theorie – Methoden – Felder. Wiesbaden: Springer VS, S. 29–51
Senge, K./Hellmann, K.-U. 2006 (Hg.): Einführung in den Neo-Institutionalismus. Wiesbaden: VS Verlag
Sengenberger, W. 1987: Struktur und Funktionsweise von Arbeitsmärkten. Die Bundesrepublik Deutschland im internationalen Vergleich. Frankfurt a.M./New York: Campus
Sengenberger, W. 2011: Beyond the Measurement of Unemployment and Underemployment. The Case for Extending and Amending Labor Market Statistics. Geneva: International Labour Office
Senghaas-Knobloch, E. 2008: Care-Arbeit und das Ethos fürsorglicher Praxis unter neuen Marktbedingungen am Beispiel der Pflegepraxis. In: Berliner Journal für Soziologie, Jg. 18, H. 2, S. 221–243
Senghaas-Knobloch, E./Nagler, B./Dohms, A. 1997: Zukunft der industriellen Arbeitskultur. Persönliche Sinnansprüche und Gruppenarbeit. Münster: Lit Verlag
Sennett, R. 1998 a: Der flexible Mensch. Die Kultur des neuen Kapitalismus. Berlin: Berlin-Verlag
Sennett, R. 1998 b: The Corrosion of Character: The Personal Consequences of Work in the New Capitalism. New York: Norten
Sevsay-Tegethoff, N. 2004: Ein anderer Blick auf Kompetenzen. In: Böhle, F./Pfeiffer, S./Sevsay-Tegethoff, N. (Hg.): Die Bewältigung des Unplanbaren. Wiesbaden: VS Verlag, S. 267–286
Sewell, W. 1992: A Theory of Structure: Duality, Agency, and Transformation. In: American Journal of Sociology, Vol. 98, No. 1, S. 1–29
Shamir, B. 1980: Between Service and Servility: Role Conflict in Subordinate Service Roles. In: Human Relations, Vol. 33, No. 10, S. 741–756
Shimizu, K. 1998: A New Toyotaism? In: Freyssenet, M./Mair, A./Shimizu, K./Volpato, G. (eds.): One Best Way? Trajectories and Industrial Models of the World's Automobile Producers. Oxford: Oxford University Press, S. 63–90

Shimizu, K. 1999: Le toyotisme. Paris: La Découverte

Shimokawa, K./Fujimoto, T. (eds.) 2009: The Birth of Lean. Conversations with Taiichi Ohno, Eiji Toyoda, and other Figures who Shaped Toyota Management. Cambridge, MA: The Lean Enterprise Institute

Shingo, S. 1981: Study of ‚Toyota Production System' from Industrial Engineering View Point. Tokyo: Japan Management Association

Shleifer, A./Vishny, R. 1997: The Limits of Arbitrage. In: Journal of Finance, Vol. 52, No. 1, S. 35–55

Shonfield, A. 1965: Modern Capitalism. Oxford: Oxford University Press

Sick, S. 2015: Mitbestimmungsfeindlicheres Klima: Unternehmen nutzen ihre Freiheiten – Arbeitnehmer werden um ihre Mitbestimmungsrechte gebracht (Report Mitbestimmungsförderung, No. 13). Düsseldorf: HBS

Sick, S. 2020: Erosion als Herausforderung für die Unternehmensmitbestimmung. In: Institut für Mitbestimmung und Unternehmensführung (I.M.U.) (Hg.): Mitbestimmung der Zukunft. Mitbestimmungsreport Nr. 58, Düsseldorf, S. 13–17

Sick, S./Pütz, L. 2011: Der deutschen Unternehmensmitbestimmung entzogen: Die Zahl der Unternehmen mit ausländischer Rechtsform wächst. In: WSI-Mitteilungen, Jg. 64, H. 1, S. 34–40

Siebenhüter, S. 2014: Der Betrieb als Projekthaus – Wie Werkverträge die Arbeitswelt verändern. In: WSI-Mitteilungen, Jg. 67, H. 4, S. 306–310

Siegel, T./Schudlich, E. 1993: Hinter den Kulissen Ungewissheit – Betriebliche und gewerkschaftliche Lohnpolitik im Wandel. In: Mitteilungen des Instituts für Sozialforschung, H. 2, S. 45–62

Siegrist, J. 1996: Soziale Krisen und Gesundheit. Göttingen: Hogrefe

Silver, B./Zhang, L. 2009: China as an Emerging Epicenter of World Labor Unrest. In: Hung, H. (ed.): China and the Transformation of Global Capitalism. Baltimore: Johns Hopkins University Press, S. 174–187

Silvia, S. 2013: Holding the Shop Together. German Industrial Relations in the Postwar Era. Ithaca/London: ILR Press/Cornell University Press

Simon, H. A. 1948: Administrative Behavior. A Study of Decision-Making Processes in Administrative Organization. New York: Macmillan

Simonson, J./Kelle, N./Kausmann, C./Karnick, N./Arriagada, C./Hagen, C. et al. 2021: Freiwilliges Engagement in Deutschland. Zentrale Ergebnisse des Fünften Deutschen Freiwilligensurveys. Hg. v. BMFSFJ. Berlin

Sittel, J. 2022: Aus Buenos Aires in die Welt. Die Bedeutung informeller Arbeit in der argentinischen Automobilindustrie. Frankfurt a.M./New York: Campus

Slack, T./Cope, M. R./Jensen, L./Tickamyer, A. R. 2017: Social Embededdness, Formal Labor Supply, and Participation in Informal Work. In: International Journal of Sociology and Social Policy, Vol. 37, No. 3/4, S. 248–264

Smelser, N. J. 1968: Soziologie der Wirtschaft. München: Juventa

Smelser, N. J./Swedberg, R. (eds.) 2005: The Handbook of Economic Sociology. Princeton: Princeton University Press

Sniekers, F. 2011: The Changing Impact of Labour Market Institutions on Earnings Inequality. A Study of the Effects of Trade Unions and the Minimum Wage in Advanced Industrial Countries since the 1980 s. Amsterdam: Tinbergen Institut

Söderlund, J. 2002: On the Development of Project Management Research: Schools of Thought and Critique. In: Project Management, Vol. 8, No. 1, S. 20–31

Sohn-Rethel, A. 1970: Geistige und körperliche Arbeit. Zur Theorie der gesellschaftlichen Synthesis. Frankfurt a.M.: Suhrkamp

Söllheim, F. 1922: Taylorsystem für Deutschland. Grenzen seiner Einführung in deutsche Betriebe. München/Berlin: Oldenbourg

Sombart, Werner 1916/17 [zuerst 1902]: Der moderne Kapitalismus. Leipzig: Duncker & Humblot

Sonntag, K./Seiferling, N. 2017: Potenziale älterer Erwerbstätiger. Erkenntnisse, Konzepte und Handlungsempfehlungen. Göttingen: Hogrefe

Sorge, A. 1985: Informationstechnik und Arbeit im sozialen Prozeß. Arbeitsorganisation, Qualifikation und Produktivkraftentwicklung. Frankfurt a.M./New York: Campus

Sorge, A./Hartmann, G./Warner, M./Nicholas, I. 1982: Mikroelektronik und Arbeit in der Industrie. Erfahrungen beim Einsatz von CNC-Maschinen in Großbritannien und der Bundesrepublik Deutschland. Frankfurt a.M./New York: Campus

Sorge, A./Streeck, W. 1988: Industrial Relations and Technical Change: The Case for an Extended Perspective. In: Hyman, R./Streeck, W. (eds.): New Technology and Industrial Relations. Oxford: Bazil Blackwell, S. 19–47

Sorge, A./Streeck, W. 2016: Diversified Quality Production Revisited. The Transformation of Production Systems and Regulatory Regimes in Germany. Köln: Max-Planck-Institut für Gesellschaftsforschung

Sorge, A./ Streeck, W. 2018: Diversified Quality Production Revisited: Its Contribution to German Socio-economic Performance over Time. In: Socio-Economic Review, Vol. 16, No. 3, S. 587–612

Soskice, D. 1999: Divergent Production Regimes: Coordinated and Uncoordinated Market Economies in the 1980 s and 1990 s. In: Kitschelt, H./Lange, P./Marks, G./Stephens, J. D. (eds.): Continuity and Change in Contempary Capitalism. Cambridge: Cambridge University Press, S. 101–134

Spath, D. (Hg.) 2003: Ganzheitlich produzieren. Innovative Organisation und Führung. Stuttgart: LOG_X Verlag

Speier, H. 1977: Die Angestellten vor dem Nationalsozialismus. Göttingen: Vandenhoeck & Ruprecht

Spencer, D./Cole, M./Joyce, S./Whittaker, X./Stuart, M. 2021: Digital Automation and the Future of Work. STUDY Panel for the Future of Science and Technology, EPRS, European Parliamentary Research Service Scientific Foresight Unit (STOA). Internet: https://www.europarl.europa.eu/RegData/etudes/STUD/2021/656311/EPRS_STU(2021)656311_EN.pdf

Spiegel, A./Mense-Petermann, U./Bredenkötter B. 2019: Expatriate Managers: The Paradoxes of Living and Working Abroad. New York/London: Routledge

Spinner, H. 1994: Die Wissensordnung. Ein Leitkonzept für die dritte Grundordnung des Informationszeitalters. Opladen: Leske + Budrich

Spinner, H. 1998: Die Architektur der Informationsgesellschaft. Entwurf eines wissensorientierten Gesamtkonzepts. Bodenheim: Philo

Spittler, G. 2016: Anthropologie der Arbeit. Wiesbaden: Springer VS

Sporket, M. 2011: Organisationen im demografischen Wandel. Alternsmanagement in der betrieblichen Praxis. Wiesbaden: Springer VS

Spöttl, G./Blings, J. 2011: Kernberufe. Ein Baustein für ein transnationales Berufsbildungskonzept. Frankfurt a.M.: Peter Lang

Springer, R. 1999 a: Rückkehr zum Taylorismus? Arbeitspolitik in der Automobilindustrie am Scheideweg. Frankfurt a.M./New York: Campus

Springer, R. 1999 b: Von der teilautonomen zur standardisierten Gruppenarbeit. In: WSI-Mitteilungen, Jg. 52, H. 5, S. 309–321

Springer, R. 2009: Survival of the Fittest. So verbessern Spitzenunternehmen mit Lean Management gleichzeitig ihre Prozesse und ihre Führungskultur. München: FinanzBuch Verlag

Sproll, M. 2010: High Tech für Niedriglohn: Neotayloristische Produktionsregimes in der IT-Industrie in Brasilien und Mexiko. Münster: Westfälisches Dampfboot

Sproll, M. 2020: Ungleichheit in globalen Wertschöpfungsketten: eine intersektionale Perspektive auf soziale Reproduktion. In: Österreichische Zeitschrift für Soziologie, Jg. 45, H. 4, S. 385–401

Sproll, M./Wehr I. (eds.) 2014: Capitalist Peripheries: Perspectives on Precarisation from the Global South and North. In: Austrian Journal of Development Studies, Special Issue, Vol. 30, No. 4

Spur, G. 1986: CIM – Die informationstechnische Herausforderung an die Produktionstechnik. In: Werkstattechnik Zeitschrift für industrielle Fertigung, Jg. 76, H. 1, S. 5–18

Srnicek, N. 2017: Platform Capitalism. Cambridge: Polity Press
Srnicek, N. 2018: Plattform-Kapitalismus. Hamburg: Hamburger Edition
Staab, P. 2016: Falsche Versprechen. Wachstum im digitalen Kapitalismus. Hamburg: Hamburger Edition
Staab, P. 2019: Digitaler Kapitalismus. Markt und Herrschaft in der Ökonomie der Unknappheit. Frankfurt a.M.: Suhrkamp
Staab, P./Nachtwey, O. 2016: Die Digitalisierung der Dienstleistungsarbeit. In: Aus Politik und Zeitgeschichte, B 18–19, S. 24–32
Staab, P./Prediger, L. J. 2019: Digitalisierung und Polarisierung: eine Literaturstudie zu den Auswirkungen des digitalen Wandels auf Sozialstruktur und Betriebe. FGW-Studie Digitalisierung von Arbeit 19. Düsseldorf: Forschungsinstitut für Gesellschaftliche Weiterentwicklung
Stake, R. E. 1995: The Art of Case Study Research. London/Thousand Oaks/New Delhi: Sage
Stalker, P. 2000: Workers without Frontiers. The Impact of Globalization on International Migration. Boulder u.a.O.: Lynne Rienner/ILO
Standing, G. 2011: The Precariat. The New Dangerous Class. London: Bloomsbury
Stanworth, M. J. K./Curran, J. 1973: Management Motivation in the Smaller Business. Epping: Gower
Stark, D. 2009: The Sense of Dissonance. Accounts of Worth in Economic Life. Princeton/Oxford: Princeton University Press
Statistisches Bundesamt 2012: Erwerbstätigenrechnung (ETR). Qualitätsbericht. Wiesbaden
Statistisches Bundesamt 2020: Bevölkerung und Erwerbstätigkeit. Erwerbsbeteiligung der Bevölkerung – Ergebnisse des Mikrozensus zum Arbeitsmarkt 2019. Fachserie 1, Reihe 4.1. Wiesbaden
Statistisches Bundesamt 2021: Ausblick auf die Bevölkerungsentwicklung in Deutschland und den Bundesländern nach dem Corona-Jahr 2020. Erste mittelfristige Bevölkerungsvorausberechnung 2021 bis 2035. Wiesbaden
Status Quo (Scaled) Agile 2019/20. Ergebnisbericht. 4. Internationale Studie zu Nutzen und Erfolgsfaktoren (skalierter) agiler Ansätze. Koblenz: Hochschule Koblenz (2020). Internet: https://www.hs-koblenz.de/bpm-labor/status-quo-scaled-agile-2020
Steffen, J. 1994: Notstandsarbeit, Fürsorgearbeit, Pflichtarbeit, Freiwilliger Arbeitsdienst. Die öffentlich geförderte bzw. erzwungene Beschäftigung in der Weimarer Republik – 1918/19 bis 1932/33. Bremen. Internet: http://www.ak-sozialpolitik.de/doku/02_politik/hartz_iv/geschichte_alv.pdf
Stegbauer, C./Häußling, R. (Hg.) 2010: Handbuch Netzwerkforschung. Wiesbaden: VS Verlag
Stehr, N. 1994 a: Arbeit, Eigentum und Wissen. Zur Theorie von Wissensgesellschaften. Frankfurt a.M.: Suhrkamp
Stehr, N. 1994 b: Knowledge Societies. London: Sage
Stehr, N. 2000: Die Zerbrechlichkeit moderner Gesellschaften. Die Stagnation der Macht und die Chancen des Individuums. Weilerswist: Velbrück
Stehr, N. 2001: Wissen und Wirtschaften. Die gesellschaftlichen Grundlagen der modernen Ökonomie. Frankfurt a.M.: Suhrkamp
Stehr, N. 2003 a: Wissenspolitik. Die Überwachung des Wissens. Frankfurt a.M.: Suhrkamp
Stehr, N. 2003 b: Das Produktivitätsparadox. In: Böschen,S./Schulz-Schaeffer I. (Hg): Wissenschaft in der Wissensgesellschaft. Wiesbaden: Springer, S. 77–93
Stehr, N. 2007: Die Moralisierung der Märkte. Frankfurt a.M.: Suhrkamp
Stein, J. vom/Rothe, I./Schlegel, R. (Hg.) 2021: Gesundheitsmanagement und Krankheit im Arbeitsverhältnis. Handbuch (2. Aufl.). München: C. H. Beck
Steinmo, S./Kathleen T./Longstreth, F. 1992: Structuring Politics: Historical Institutionalism in Comparative Analysis. Cambridge: Cambridge University Press
Sternberg, R. J./Wagner, R. K. (eds.) 1986: Practical Intelligence: Nature and Origins of Competence in the Everyday World. New York: Cambridge University Press

Stettes, O. 2007: Die Arbeitnehmermitbestimmung im Aufsichtsrat. Ergebnisse einer Unternehmensbefragung. In: IW-Trends. Vierteljahresschrift zur empirischen Wirtschaftsforschung aus dem Institut der deutschen Wirtschaft, Jg. 34, H. 1, S. 17–29

Stettes, O. 2021: Leistungsmanagement in der Covid-19-Krise: Befunde aus dem IW-Personalpanel. IW-Report 15/2021. Köln: Institut der deutschen Wirtschaft

Stewart, G. L. 2006: A Meta-analytic Review of Relationships between Team Design Features and Team Performance. In: Journal of Management, Vol. 32, No. 1, S. 29–55

Stiglitz, J. 2003: Die Schatten der Globalisierung. München: Goldmann

Stinchcombe, A. L. 1965: Social Structure and Organizations. In: March, J. G. (ed.): Handbook of Organizations. Chicago: Rand McNally, S. 142–193

Stock-Homburg, R./Groß, M. 2019: Personalmanagement. Theorien – Konzepte – Instrumente (4. Aufl.). Wiesbaden: Springer Gabler

Stollberg, G. 1981: Die Rationalisierungsdebatte 1908–1933. Freie Gewerkschaften zwischen Mitwirkung und Gegenwehr. Frankfurt a.M./New York: Campus

Storey, J./Hartley, J./Denis, J. L./Ulrich, D. (eds.) 2017: The Routledge Companion to Leadership. Abingdon: Routledge

Störmann, W. 2019: Der umweltpolitische Instrumentenmix. In: Dies. (Hg.): Gesundheits- und Umweltökonomik klipp & klar. Wiesbaden: Springer Gabler, S. 201–252

Strauss, A. L./Fagerhaugh, S./Suczek, B./Wiener, C. 1980: Gefühlsarbeit. Ein Beitrag zur Arbeits- und Berufssoziologie. In: Kölner Zeitschrift für Soziologie und Sozialpsychologie, Jg. 32, H. 4, S. 629–651

Streeck, W. 1981: Gewerkschaftliche Organisationsprobleme in der sozialstaatlichen Demokratie. Königstein/Ts.: Athenäum

Streeck, W. 1991: On the Institutional Conditions of Diversified Quality Production. In: Matzner, E./Streeck, W. (eds.): Beyond Keynesianism: The Socio-economics of Production and Full Employment. Aldershot: Edward Elgar, S. 21–61

Streeck, W. 1992: Social Institutions and Economic Performance. Studies of Industrial Relations in Advanced Capitalist Economies. London: Sage

Streeck, W. 1997: Beneficial Constraints: On the Economic Limits of Rational Voluntarism. In: Hollingsworth, J. R./Boyer, R. (eds.): Contemporary Capitalism: The Embeddedness of Institutions. Cambridge: Cambridge University Press, S. 197–239

Streeck, W. 2009: Re-forming Capitalism: Institutional Change in the German Political Economy. Oxford: Oxford University Press

Streeck, W. 2013: Gekaufte Zeit. Die vertagte Krise des Kapitalismus. Frankfurt a.M.: Suhrkamp

Streeck, W. 2016: Vom Konflikt ohne Partnerschaft zu Partnerschaft ohne Konflikt: Industrielle Beziehungen in Deutschland. In: Industrielle Beziehungen, Jg. 23, H. 1, S. 47–60

Streeck, W./Hilbert, J./van Kevelaer, K.-H./Maier, F./Weber, H. 1987: Steuerung und Regulierung der beruflichen Bildung. Die Rolle der Sozialpartner in der Ausbildung und beruflichen Weiterbildung in der Bundesrepublik Deutschland. Berlin: edition sigma

Streeck, W./Höpner, M. 2003: Alle Macht dem Markt? Fallstudien zur Abwicklung der Deutschland AG. Frankfurt a.M./New York: Campus

Streeck, W./Kluge, N. 1999: Mitbestimmung in Deutschland. Tradition und Effizienz. Frankfurt a.M./New York: Campus

Struck, O. 2006: Flexibilität und Sicherheit. Empirische Befunde, theoretische Konzepte und institutionelle Gestaltung von Beschäftigungsstabilität. Wiesbaden: VS Verlag

Struck, O. 2017: Krise der Arbeitsgesellschaft? Der Bamberger Soziologiekongress 1982 im Rückblick und Ausblick im Kontext von Digitalisierung, Arbeitsmarkt- und Qualifikationsentwicklung. In: Lessenich, S. (Hg.): Geschlossene Gesellschaften. Verhandlungen des 38. Kongresses der Deutschen Gesellschaft für Soziologie in Bamberg 2016. Internet: https://publikationen.soziologie.de/index.php/kongressband_2016/article/view/366

Struck, O. 2018: Betrieb und Arbeitsmarkt. In: Abraham, M./Hinz, T. (Hg.): Arbeitsmarktsoziologie. Probleme, Theorien, empirische Befunde (3. Aufl.). Wiesbaden: Springer VS, S. 193–223

Struck, O./Dütsch, M. 2012: Gesicherte Mobilität: Zur Bedeutung berufsfachlicher Qualifikationen in geschlossenen und offenen Beschäftigungssystemen. In: Industrielle Beziehungen, Jg. 19, H. 2, S. 154–186

Struck, O./Ganesch, F. 2018: Anforderungen an Datenstrukturen in der Arbeits- und Arbeitsmarktforschung. In: WSI-Mitteilungen, Jg. 71. H. 4, S. 307–316

Strulik, T. 2000: Funktionen und Folgen privater Rating-Agenturen im Kontext der Regulierung globaler Finanzmärkte. In: Soziale Welt, Jg. 51., H. 4, S. 443–462

Strulik, T. 2004: Nichtwissen und Vertrauen in der Wissensökonomie. Frankfurt a.M./New York: Campus

Suchman, L. 1987: Plans and Situated Actions. The Problem of Human-machine Communication. Cambridge: Cambridge University Press

Sundstrom, E./McIntyre, M./Halfhill, T./Richards, H. 2000: Work Groups: From the Hawthorne Studies to Work Teams of the 1990 s and Beyond. In: Group Dynamics, Vol. 4, No. 1, S. 44–67

Supiot, A. (ed.) 2001: Beyond Employment. Changes in Work and the Future of Labour Law in Europe. Oxford: Oxford University Press

Suzman, J. 2021: Sie nannten es Arbeit: Eine andere Geschichte der Menschheit. München: C.H. Beck

Swedberg, R. 1998: Max Weber and the Idea of Economic Sociology. Princeton: Princeton University Press

Sydow, J. 1985: Der soziotechnische Ansatz der Arbeits- und Organisationsgestaltung. Frankfurt a.M./New York: Campus

Sydow, J. 1992: Strategische Netzwerke. Evolution und Organisation. Wiesbaden: Gabler

Sydow, J./Duschek, S. 2011: Management interorganisationaler Beziehungen. Netzwerke – Cluster – Allianzen. Stuttgart: Kohlhammer

Sydow, J./Windeler, A. 2020: Temporary Organizing and Permanent Contexts. In: Current Sociology, Vol. 68, No. 4, S. 480–498

Sydow, J./Windeler, A./Schubert, C./Möllering, G. 2012: Organizing R&D Consortia for Path Creation and Extension: The Case of Semiconductor Manufacturing Technologies. In: Oranization Studies, Vol. 33, No. 7, S. 907–936

Sydow, J./Wirth, C. (Hg.) 2014: Organisation und Strukturation. Wiesbaden: Springer VS

Széll, G. 2009: Social Innovation and Labour. In: Harrison, D./Széll, G./Bourque, R. (eds.) 2009: Social Innovation, the Social Economy and World Economic Development. Democracy and Labour Rights in the Era of Globalization. Frankfurt a.M. u.a.O.: Peter Lang, S. 455–465

Taglioni, D./Winkler, D. 2016: Making Global Value Chains Work for Development. Washington D.C.: World Bank

Taylor, C. 1993: Multikulturalismus und die Politik der Anerkennung (2. Aufl.). Frankfurt a.M.: Fischer

Taylor, F. W. 1920: Die Betriebsleitung (3. verm. Aufl.). Berlin: J. Springer [zuerst u.d.T. Shop Management. New York: Harper and Brothers 1903]

Taylor, F. W. 1995 [zuerst 1913]: Die Grundsätze wissenschaftlicher Betriebsführung (Reprint, neu hg. und eingeleitet von Walter Bungard und Walter Volpert). Weinheim: Psychologie Verlags Union [zuerst München: Oldenbourg 1913, zuvor u.d.T. Principles of Scientific Management. New York: Harper and Brothers 1911]

Taylor, P. (ed.) 2013: Older Workers in an Ageing Society. Critical Topics in Research and Policy. Cheltenham: Edward Elgar

Teichler, U. 2003: Hochschule und Arbeitswelt: Konzeptionen, Diskussionen, Trends. Frankfurt a.M./New York: Campus

Teipen, C. 2008: Hochtechnologische Unternehmen im Spiegel des 'Varieties of Capitalism'-Ansatzes. Arbeit und Beschäftigung in der Computerspielindustrie. In: Kölner Zeitschrift für Soziologie und Sozialpsychologie, Jg. 60, H. 4, S. 765–787

Teipen, C./Dünhaupt, P./Herr, H./Mehl, F. (Hg.) 2022: Economic and Social Upgrading in Global Value Chains. Cham: Palgrave Macmillan

Terranova, T. 2000: Free Labor: Producing Culture for the Digital Economy. In: Social Text, Jg. 18, H. 2, S. 33–58

Teschner, E. 1977: Lohnpolitik im Betrieb, Frankfurt a.M./New York: Campus

Teuteberg, H. J. 1961: Geschichte der industriellen Mitbestimmung in Deutschland. Tübingen: Mohr Siebeck

Thelen, K. 2000: Why German Employers Cannot Bring Themselves to Dismantle the German Model. In: Iversen, T./Pontusson, J./Soskice, D. (eds.): Union, Employers, and Central Banks. Macroeconomic Coordination and Institutional Change in Social Market Economies. Cambridge: Cambridge University Press, S. 138–169

Thelen, K. 2014: Varieties of Liberalization and the New Politics of Solidarity. Cambridge/MA: Cambridge University Press

Thelen, K. 2018: Regulating Uber: The Politics of the Platform Economy in Europe and the United States. In: Perspectives on Politics, Vol. 16, No. 4, S. 938–953

Thomas, G. 2011: How to Do Your Case Study. A Guide for Students and Researchers. Los Angeles/London/New Delhi: Sage

Thompson, C. B. 1940: The Taylor System in Europe. In: Advanced Management, Vol. 5, S. 171–176

Thompson, E. P. 1971: The Moral Economy of the English Crowd in the Eighteenth Century. In: Past and Present, Vol. 50, No. 1, S. 76–136

Thompson, E. P. 1980: Die Entstehung der englischen Arbeiterklasse. Frankfurt a.M.: Suhrkamp [zuerst u.d.T. The Making of the English Working Class, London: Gollancz 1963]

Thompson, P. 1990: Crawling from the Wreckage: The Labour Process and the Politics of Production. In: Knights, D./Wilmott, H. (eds.): Labour Process Theory. Basingstoke: Macmillan, S. 95–124

Thompson, P./Smith, C. (eds.) 2010: Working Life. Renewing Labour Process Analysis. Basingstoke: Palgrave Macmillan

Thomssen, W. 1980: Deutungsmuster – eine Kategorie der Analyse von gesellschaftlichem Bewußtsein. In: Weymann, A. (Hg.): Handbuch zur Soziologie der Weiterbildung. Darmstadt: Luchterhand, S. 358–373

Thomssen, W. 1982: Die Konstitution des Klassenbewußtseins. In: Schmidt, G./Braczyk, H.-J./Knesebeck, J. v. d. (Hg.): Materialen zur Industriesoziologie (Sonderheft 24 der KZfSS). Opladen: Westdeutscher Verlag, S. 313–328

Thünken, O. 2018: Bewegung im Betrieb. Organizing-Projekte und die Revitalisierung der industriellen Beziehungen. In: Industrielle Beziehungen, Jg. 25, H. 2, S. 231–251

Timinger, H./Seel, C. 2016: Ein Ordnungsrahmen für adaptives hybrides Projektmanagement. In: Projektmanagement Aktuell 04/2016, S. 55–61

Tippelt, R./Schmidt-Hertha, B. (Hg.) 2018: Handbuch Bildungsforschung (4. Aufl.). Wiesbaden: Springer VS

Tisch, A./Beermann, B./Wünnemann, L./Windel, A. 2020: Interaktionsarbeit: Herausforderung für die arbeitswissenschaftliche Forschung. In: Zeitschrift für Arbeitswissenschaft, Jg. 74, H. 1, S. 44–51

Tokunaga, S./Altmann, N./Demes, H. 1992: New Impacts on Industrial Relations. Internationalization and Changing Production Strategies. München: Iudicium-Verlag

Tondorf, K./Bahnmüller, R./Klages, H. 2002: Steuerung durch Zielvereinbarungen – Anwendungspraxis, Probleme, Gestaltungsüberlegungen. Berlin: edition sigma

Tonello, M./Rabimov, S. 2010: The 2010 Institutional Investment Report. New York: Conference Board

Totterdill, P. 2015: Closing the Gap: The Fifth Element and Workplace Innovation. In: European Journal of Workplace Innovation, Vol. 1, No. 1, S. 55–74

Touraine, A. 1972: Die Postindustrielle Gesellschaft. Frankfurt a.M.: Suhrkamp [zuerst u.d.T. La société post-industrielle, Paris: Editions Denoel 1969]

Townley, B. 1994: Reframing Human Resource Management. Power, Ethics and the Subject at Work. London u.a.O.: Sage

Traub, R. 1976: Lenin und Taylor. Die Schicksale der ‚wissenschaftlichen Arbeitsorganisation' in der (frühen) Sowjetunion. In: Kursbuch 43. Berlin: Rotbuch, S. 146–158

Traxler, F. 1995 a: Two Logics of Collective Action in Industrial Relations? In: Crouch, C./Traxler, F. (eds.): Organized Industrial Relations in Europe: What Future? Aldershot: Avebury, S. 23–44

Traxler, F. 1995 b: Farewell to Labour Market Associations? Organized versus Disorganized Decentralization as a Map for Industrial Relations. In: Crouch, C./Traxler, F. (eds.): Organized Industrial Relations in Europe: What Future? Aldershot: Avebury, S. 3–21

Traxler, F. 2010: Unternehmerverbände im internationalen Vergleich. In: Schroeder, W./Weßels, B. (Hg.): Handbuch Arbeitgeber- und Wirtschaftsverbände in Deutschland. Wiesbaden: VS Verlag, S. 441–456

Traxler, F./Blaschke, S./Kittel, B. 2001: National Labour Relations in Internationalized Markets. A Comparative Study of Institutions, Chance, and Performance. Oxford: Oxford University Press

Traxler, F./Huemer, G. 2007: Handbook of Business Interest Associations, Firm Size and Governance. A Comparative Analytical Approach. Oxon/New York: Routledge Chapman & Hall

Trinczek, R. 2018: Betriebliche Regulierung von Arbeitsbeziehungen. In: Böhle, F./Voß, G. G./Wachtler, G. (Hg.): Handbuch Arbeitssoziologie (2. Aufl.). Bd. 2: Akteure und Institutionen Wiesbaden: Springer VS, S. 579–617

Trist, E. 1990: Soziotechnische Systeme: Ursprünge und Konzepte. In: Organisationsentwicklung, Jg. 4, H. 90, S. 11–26

Tronto, J. C. 1993: Moral Boundaries. A Political Argument for an Ethic of Care. New York: Routledge

Tsoukas, H./Chias, R. 2002: On Organizational Becoming: Rethinking Organizational Change. In: Organization Science, Vol. 13, No. 5, S. 567–582

Tucker, D. 2002: ‚Precarious' Non-Standard Employment – A Review of the Literature. Wellington: Labour Market Policy Group. Internet: http://www.dol.govt.nz/PDFs/PrecariousNSWorkLitReview.pdf

Tullius, K. 2021: Digitalisierung im Finanzdienstleistungssektor. Folgen für Angestelltenarbeit an der Front-Line. In: WSI-Mitteilungen, Jg. 74, H. 4, S. 274–283

Türk, K. 1981: Personalführung und soziale Kontrolle. Stuttgart: Lucius & Lucius

Türk, K./Lemke, T./Bruch, M. 2006: Organisation in der modernen Gesellschaft. Eine historische Einführung (2. Aufl.). Wiesbaden: VS Verlag

Tønder, A. H./Aspøy, T. M. 2017. When Work Comes First: Young Adults in Vocational Education and Training in Norway. In: International Journal for Research in Vocational Education and Training (IJRVET), Vol. 4, No. 3, S. 270–288

Uhle, T./Treier, M. 2019: Betriebliches Gesundheitsmanagement (4. Aufl.). Berlin/Heidelberg: Springer

Ulich, E. 2011: Arbeitspsychologie (7. Aufl.). Zürich: vdf und Stuttgart: Schäffer-Poeschel

Ulich, E./Wiese, B. S. 2011: Life Domain Balance. Konzepte zur Verbesserung der Lebensqualität. Wiesbaden: Gabler

Ulich, E./Wülser, M. 2009: Gesundheitsmanagement in Unternehmen. Arbeitspsychologische Perspektiven. Wiesbaden: Gabler

UNCTAD (United Nations Conference on Trade and Development) 2002: World Investment Report 2002. New York: UNCTAD

UNCTAD (United Nations Conference on Trade and Development) 2011: World Investment Report 2011. New York: UNCTAD

UNDP (United Nations Development Programme) 2015: Bericht über die menschliche Entwicklung 2015: Arbeit und menschliche Entwicklung. Hg. v. der Deutschen Gesellschaft für die Vereinten Nationen e.V. Berlin: Berliner Wissenschafts-Verlag

Unevoc 2006: Participation in Formal Technical and Vocational Training Programmes Worldwide. A Statistical Study. Montreal: UNESCO Institute for Statistics (UIS)

UNRISD (United Nations Research Institute for Social Development) 2016: Innovative Politik für transformativen Wandel. UNRISD Flagship-Bericht 2016. Berlin: Deutsche Gesellschaft für die Vereinten Nationen e.V.
Urban, H.-J. 2019: Gute Arbeit in der Transformation. Über eingreifende Politik im digitalisierten Kapitalismus. Hamburg: VSA
Urry, J. 2002: Mobility and Proximity. In: Sociology, Vol. 36, No. 2, S. 255–274
Urry, J. 2007: Mobilities. Cambridge/Malden, MA: Polity Press
Useem, M. 1996: Investor Capitalism: How Money Managers Are Changing the Face of Corporate America. New York: Basic Books
Valiente, O./Scandurra, R. 2017: Challenges to the Implementation of Dual Apprenticeships in OECD Countries: A Literature Review. In: Pilz, M. (ed.): Vocational Education and Training in Times of Economic Crisis: Lessons from around the World. Cham: Springer, S. 47–51
Vallas, S. 1999: Rethinking Post-Fordism. The Meaning of Workplace Flexibility. In: Sociological Theory, Vol. 17, No. 1, S. 68–101
Vallas, S. 2006: Empowerment Redux: Structure, Agency, and the Remaking of Managerial Authority. In: American Journal of Sociology, Vol. 111, No. 6, S. 1677–1717
Vallas, S./Schor, J. B. 2020: What Do Platforms Do? Understanding the Gig Economy. In: Annual Review of Sociology, Vol. 46, S. 273–294
Vandaele, K. 2019: Bleak Prospects: Mapping Trade Union Membership in Europe since 2000. Brussels: ETUI
Vester, M. 2011: Postindustrielle oder industrielle Dienstleistungsgesellschaft: Wohin treibt die gesellschaftliche Arbeitsteilung? In: WSI-Mitteilungen, Jg. 64, H. 12, S. 629–639
Vilmar, F. (Hg.) 1975: Menschenwürde im Betrieb II. Industrielle Demokratie in Westeuropa. Hamburg: Rowohlt
Visser, J. 2009: The Quality of Industrial Relations and the Lisbon Strategy. In: European Commission (ed.): Industrial Relations in Europe 2008. Luxembourg: Publications Office of the European Union
Visser, J. 2019 a: Trade Unions in the Balance. ILO ACTRAV Working Paper. Geneva
Visser, J. 2019 b: ICTWSS Database. Version 6.1. Amsterdam: Amsterdam Institute for Advanced Labour Studies (AIAS), University of Amsterdam
Vitols, S. 2006: Ökonomische Auswirkungen der paritätischen Mitbestimmung. Themenheft Mitbestimmung und Unternehmenspolitik, hg. vom DGB-Bundesvorstand. Berlin
Vogel, B. 2009: Wohlstandskonflikte. Soziale Fragen, die aus der Mitte kommen. Hamburg: Hamburger Edition
Vogel, B. 2018: Staatliche Regulierung von Arbeit. In: Böhle, F./Voß, G. G./Wachtler, G. (Hg.): Handbuch Arbeitssoziologie (2. Aufl.). Band 2: Akteure und Institutionen. Wiesbaden: Springer VS, S. 683–700
Vogl, G./Nies, G. 2013: Mobile Arbeit. Frankfurt a.M.: Bund Verlag
Vogler-Ludwig, K./Düll, N./Kriechel, B. 2016: Arbeitsmarkt 2030 – Wirtschaft und Arbeitsmarkt im digitalen Zeitalter. Prognose 2016. Bielefeld: wbv
Völker, S./Amacker, M. (Hg.) 2015: Prekarisierungen. Arbeit, Sorge und Politik. Weinheim/Basel: Beltz Juventa
Volkholz, V. 2007: Capability for Innovation. In: Ludwig, J./Moldaschl, M./Schmauder, M./Schmierl, K. (Hg.): Arbeitsforschung und Innovationsfähigkeit in Deutschland. München/Mering: Hampp, S. 41–50
Völkl, M. 2002: Der Mittelstand und die Tarifautonomie. Arbeitgeberverbände zwischen Sozialpartnerschaft und Dienstleistung. München/Mering: Hampp
Volmerg, B./Senghaas-Knobloch, E./Leithäuser, T. 1986: Betriebliche Lebenswelt. Eine Sozialpsychologie industrieller Arbeitsverhältnisse. Opladen: Westdeutscher Verlag

Volpert, W. 2003: Wie wir handeln – was wir können. Ein Disput als Einführung in die Handlungspsychologie (3. Aufl.). Sottrum: artefact

Voronov, M./Vince, R. 2012: Integrating Emotions into the Analysis of Institutional Work. In: Academy of Management Review, Vol. 37, No. 1, S. 58–81

Vosko, L. F. 2010: Managing the Margin. Gender, Citizenship, and the International Regulation of Precarious Employment. Oxford: Oxford University Press

Voss, D./Weinkopf, C. 2012: Niedriglohnfalle Minijob. In: WSI-Mitteilungen, Jg. 65, H. 1, S. 5–12

Voß, G. G. 1984: Bewußtsein ohne Subjekt. Eine Kritik des industriesoziologischen Bewußtseinsbegriffs. Großhesselohe: Hampp

Voß, G. G. 1998: Die Entgrenzung von Arbeit und Arbeitskraft. Eine subjektorientierte Interpretation des Wandels der Arbeit. In: Mitteilungen aus der Arbeitsmarkt- und Berufsforschung, Jg. 31, H. 3, S. 473–487

Voß, G. G. 2001: Auf dem Wege zum Individualberuf? Zur Beruflichkeit des Arbeitskraftunternehmers. In: Kurtz, T. (Hg.): Aspekte des Berufs in der Moderne. Opladen: Leske + Budrich, S. 287–314

Voß, G. G. 2007: Subjektivierung von Arbeit. Neue Anforderungen an Berufsorientierung und Berufsberatung oder: Welchen Beruf hat der Arbeitskraftunternehmer? In: Bader, R./ Keiser. G./Unger, T. (Hg.): Entwicklung unternehmerischer Kompetenz in der Berufsbildung. Gütersloh: Bertelsmann, S. 60–76

Voß, G. G. 2010 a: Auf dem Weg zu einer neuen Verelendung? Psychosoziale Folgen der Entgrenzung und Subjektivierung der Arbeit. In: Vorgänge, H. 3, S. 15–22

Voß, G. G. 2010 b: Was ist Arbeit? Zum Problem eines allgemeinen Arbeitsbegriffs. In: Böhle, F./Voß, G. G./Wachtler, G. (Hg.): Handbuch Arbeitssoziologie. Wiesbaden: VS Verlag, S. 23–80

Voß, G. G. 2012: Individualberuf und subjektivierte Professionalität. Zur beruflichen Orientierung des Arbeitskraftunternehmers. In: Bolder, A./Dobischat, R./Kutscha, G./Reutter, G. (Hg.): Beruflichkeit zwischen institutionellem Wandel und biographischem Projekt. Wiesbaden: VS Verlag, S. 283–318

Voß, G. G. 2018 a: Beruf. In: Kopp, J./Steinbach, A. (Hg.): Grundbegriffe der Soziologie (12. Aufl.). Wiesbaden: Springer VS, S. 35–42

Voß, G. G. 2018 b: Arbeitende Roboter – Arbeitende Menschen. Über subjektivierte Maschinen und menschliche Subjekte. In: Friedrich, A./Gehring, P./Hubig, C./Kaminski, A./Nordmann, A. (Hg.): Arbeit und Spiel. Jahrbuch Technikphilosophie 2018. Baden-Baden: edition sigma bei Nomos, S. 139–180

Voß, G. G. 2020: Der arbeitende Nutzer. Über den Rohstoff des Überwachungskapitalismus. Frankfurt a.M./New York: Campus

Voß, G. G./Pongratz, H. J. 1998: Der Arbeitskraftunternehmer. Eine neue Grundform der „Ware Arbeitskraft"? In: Kölner Zeitschrift für Soziologie und Sozialpsychologie, Jg. 50, H. 1, S. 131–158

Voß, G. G./Rieder, K. 2006: Der arbeitende Kunde. Wenn Konsumenten zu unbezahlten Mitarbeitern werden (2. Aufl.). Frankfurt a.M./New York: Campus

Voß, G. G./Weiß, C. 2005 a: Ist der Arbeitskraftunternehmer weiblich? In: Lohr, K./Nickel, H. M. (Hg.): Subjektivierung von Arbeit. Riskante Chancen. Münster: Westfälisches Dampfboot, S. 65–91

Voß, G. G./Weiß, C. 2005 b: Subjektivierung von Arbeit – Subjektivierung von Arbeitskraft. In: Kurz-Scherf, I./Corell, L./Janczyk, S. (Hg.): In Arbeit: Zukunft. Münster: Westfälisches Dampfboot, S. 139–155

Voß, G. G./Weiß, C. 2013: Burnout und Depression – Leiterkrankungen des subjektivierten Kapitalismus oder: Woran leidet der Arbeitskraftunternehmer? In: Neckel, S./Wagner, G. (Hg.): Leistung und Erschöpfung. Burnout in der Wettbewerbsgesellschaft. Berlin: Suhrkamp, S. 29–57

Voß, G. G./Weiß, C. 2016: Selbstgenderung und Genderarbeit. In: Fröse, M. W./Kaudela-Baum, S./Dievernich, F. E. P. (Hg.): Emotion und Intuition in Führung und Organisation (2. Aufl.). Wiesbaden: Springer Gabler, S. 273–303

Voß, G. G./Wetzel, M. 2013: Berufs- und Qualifikationsstruktur. In: Mau, S./Schöneck, N. H. (Hg.): Handwörterbuch zur Gesellschaft Deutschlands, Bd. 1 (3. Aufl.). Wiesbaden: Springer VS, S. 80–96

Voss, K./Sherman, R. 2000: Breaking the Iron Law of Oligarchy. Union Revitalization in the American Labor Movement. In: American Journal of Sociology, Vol. 106, No. 2, S. 303–349
Voss, T./Abraham, M. 2000: Rational Choice Theory in Sociology: A Survey. In: Quah, S. R./Sales, A. (eds.): The International Handbook of Sociology. London u.a.O.: Sage, S. 50–83
Voswinkel, S. 2001: Anerkennung und Reputation. Die Dramaturgie industrieller Beziehungen. Konstanz: UVK
Voswinkel, S. (unter Mitarb. v. Korzekwa, A.) 2005 a: Welche Kundenorientierung? Anerkennung in der Dienstleistungsarbeit. Berlin: edition sigma
Voswinkel, S. 2005 b: Reziprozität und Anerkennung in Arbeitsbeziehungen. In: Adloff, F./Mau, S. (Hg.): Vom Geben und Nehmen. Frankfurt a.M./New York: Campus, S. 237–256
Voswinkel, S. 2005 c: Die Organisation der Vermarktlichung von Organisationen – Das Beispiel erfolgsbezogenen Entgelts. In: Jäger, W./Schimank, U. (Hg.): Organisationsgesellschaft. Wiesbaden: VS Verlag, S. 287–312
Voswinkel, S. 2012: ‚Recognition' and ‚Interest': A Multidimensional Concept in the Sociology of Work. In: Distinktion: Scandinavian Journal of Social Theory, Vol. 13, No. 1, S. 21–41
Voswinkel, S. 2021: Die Anerkennungsfalle. Soziale Dienstleistungsarbeit zwischen moralischer Anerkennung und Statusdefizit. Das Beispiel der Pflege. In: Emunds, B./Degan, J./Habel, S./Hagedorn, J. (Hg.): Freiheit – Gleichheit – Selbstausbeutung. Marburg: Metropolis, S. 123–146
Voswinkel, S./Wagner, G. 2013: Vermessung der Anerkennung. Die Bearbeitung unsicherer Anerkennung in Organisationen. In: Honneth, A./Lindemann, O./Voswinkel, S. (Hg.): Strukturwandel der Anerkennung. Frankfurt a.M./New York: Campus, S. 75–120
Vyas, L. 2022: „New Normal" at Work in a Post-COVID World: Work–life Balance and Labor Markets. In: Policy and Society, Jg. 41, H. 1, S. 155–167
Wächter, H. 2013: Human Resource Management. Eine Annäherung in kritischer Absicht. In: Industrielle Beziehungen, Jg. 20, H. 4, S. 343–366
Wacquant, L. 2022: The Invention of the „Underclass". A Study in the Politics of Knowledge. Medford: Polity Press
Waddington, J. 2006: Was leisten Europäische Betriebsräte? Die Perspektive der Arbeitnehmervertreter. In: WSI-Mitteilungen, Jg. 59, H. 10, S. 560–567
Waerness, K. 2000: „Fürsorgerationalität" In: Feministische Studien extra, Jg. 18, H. 1, S. 54–66
Wäfler, T./Windischer, A./Ryser, C./Weik, S./Grote, G. 1999: Wie sich Mensch und Technik sinnvoll ergänzen. Die Gestaltung automatisierter Produktionssysteme mit KOMPASS. Zürich: vdf Hochschulverlag
Wagemann, A. 1791: Über die Bildung des Volkes zur Industrie. Göttingen: Vandenhoeck & Ruprecht
Wagner, A. 2000: Krise des Normalarbeitsverhältnisses. Über eine konfuse Debatte und ihre politische Interessenorientierung. In: Schäfer, C. (Hg.): Geringere Löhne – mehr Beschäftigung? Niedriglohn-Politik. Hamburg: VSA, S. 200–246
Wagner, G. 2004: Anerkennung und Individualisierung. Konstanz: UVK
Wagner, G./Mense-Petermann, U. 2006: Zur Einleitung: Transnationale Konzerne als neuer Organisationstyp? Glokalitat als Organisationsproblem. In: Mense-Petermann U./Wagner G. (Hg.): Transnationale Konzerne. Wiesbaden: VS Verlag, S. 9–32
Wajcman, J. 1991: Feminism Confronts Technology. Cambridge: Polity Press
Walgenbach, P. 2011: Das Ende der Organisationsgesellschaft und die Wiederentdeckung der Organisation. In: Die Betriebswirtschaft, Jg. 71, H. 5, S. 419–438
Walwei, U. 2018: Trends in der Beschäftigung Älterer. Rahmenbedingungen für betriebliche Personalpolitik. In: WSI-Mitteilungen, Jg. 71, H. 1, S. 3–11
Wanger, S. 2020: Entwicklung von Erwerbstätigkeit, Arbeitszeit und Arbeitsvolumen nach Geschlecht. IAB-Forschungsbericht 16/2020. Nürnberg: IAB
Warhurst, C./Mayhew, K./Finegold, D./Buchanan, J. (eds.) 2017: The Oxford Handbook of Skills and Training. Oxford: Oxford University Press

Warhurst, C./Nickson, D. 2020: Aesthetic Labour. London u.a.O.: Sage
Warnecke, H.-J. 1992: Die Fraktale Fabrik. Revolution der Unternehmenskultur. Berlin/Heidelberg: Springer
Warschat J./Edelmann, C./Wagner, K. (Hg.) 2001: Wissensintensive Kooperationen in regionalen Netzwerken. Erfolgsfaktoren, Potentiale und Risiken. Stuttgart: Fraunhofer IRB
Warsewa, G. 2016: Vom „Ende der Arbeitsgesellschaft" zum „Peak Capitalism". Ein kurzer Rückblick auf die deutsche Forschungsliteratur zu Arbeit und Umwelt. In: Barth, T./Jochum, G./Littig, B. (Hg.) 2016: Nachhaltige Arbeit. Soziologische Beiträge zur Neubestimmung der gesellschaftlichen Naturverhältnisse. Frankfurt a.M./New York: Campus, S. 33–54
WCED (World Commission on Environment and Development) 1987: Our Common Future. Oxford: Oxford University Press
Weber, A. 1954 [zuerst 1920]: Der Kampf zwischen Kapital und Arbeit (6. Aufl.). Tübingen: Mohr-Siebeck
Weber, E./Wanger, S./Weigand, R./Zapf, I. 2014: Verbreitung von Überstunden in Deutschland. Aktuelle Berichte des Instituts für Arbeitsmarkt- und Berufsforschung (IAB). Nürnberg
Weber, K. M./Truffer, B. 2017: Moving Innovation Systems Research to the Next Level: Towards an Integrative Agenda. In: Oxford Review of Economic Policy, Vol. 33, No. 1, S. 101–121
Weber, L. 2017: Die unternehmerische Universität. Chancen und Risiken für Gleichstellungspolitiken in Deutschland, Großbritannien und Schweden. Weinheim: Beltz
Weber, L. 2020: Digitalisierung, Geschlechtliche Zuweisungsprozesse und De/Professionalisierung in der Care-Arbeit. In: Becker, K./Binner, K./Décieux, F. (Hg.): Gespannte Arbeits- und Geschlechterverhältnisse im Marktkapitalismus. Wiesbaden: Springer VS, S. 55–77
Weber, M. 1908: Methodologische Einleitung für die Erhebung des Vereins für Sozialpolitik über Auslese und Anpassung der Arbeiterschaft der geschlossenen Großindustrie. In: Weber, M. (Hg.): Gesammelte Aufsätze zur Sozial- und Wirtschaftsgeschichte (1924). Tübingen: Mohr, S. 1–45
Weber, M. 1972: Gesammelte Aufsätze zur Religionssoziologie 1 (6. Aufl.). Tübingen: Mohr
Weber, M. 1975: Die protestantische Ethik I. Eine Aufsatzsammlung. Hg. von Johannes Winckelmann (4., unv. Aufl.). Hamburg: Siebenstern-Taschenbuch-Verlag
Weber, M. 1976 [1922]: Wirtschaft und Gesellschaft. Grundriss der verstehenden Soziologie (5., rev. Aufl.), besorgt von Johannes Winckelmann. Tübingen: Mohr
Weber, M. 1986 [zuerst 1920]: Die protestantische Ethik und der Geist des Kapitalismus. In: ders.: Gesammelte Aufsätze zur Religionssoziologie I. Tübingen: Mohr, S. 17–206
Webster, F. 2002: Theories of the Information Society. London/New York: Routledge
WEF (World Economic Forum) 2016: The Future of Jobs. Employment, Skills and Workforce Strategy for the Fourth Industrial Revolution. Cologny/Genf: WEF
Wehling, P. 2009: Nichtwissen – Bestimmungen, Abgrenzungen, Bewertungen. In: Erwägen, Wissen, Ethik, Jg. 20, H. 1, S. 95–106
Weicht, B./Österle, A. 2016: Im Ausland zu Hause pflegen. Die Beschäftigung von MigrantInnen in der 24-Stunden-Betreuung. Wien: LIT-Verlag
Weick, K. E/Quinn, R. E. 1999: Organizational Change and Development. In: Annual Review of Psychology, Vol. 50, S. 361–386
Weihrich, M./Dunkel, W. 2003: Abstimmungsprobleme in Dienstleistungsbeziehungen. Ein handlungstheoretischer Zugang. In: Kölner Zeitschrift für Soziologie und Sozialpsychologie, Jg. 55, H. 4, S. 758–781
Weihrich, M./Jungtäubl, M. 2020: Situatives Handeln in der stationären Krankenpflege – Wie lässt sich das (selbst) „organisieren"? In: Porschen-Hueck, S./Jungtäubl, M./Weihrich, M. (Hg.): Agilität? Herausforderungen neuer Konzepte der Selbstorganisation. Mering: Hampp, S. 207–231
Weinberg, J. 1996: Kompetenzerwerb in der Erwachsenenbildung. In: Hessische Blätter für Volksbildung, Jg. 46, H. 3, S. 209–216

Weingart, P. 2001: Die Stunde der Wahrheit. Zum Verhältnis der Wissenschaft zu Politik, Wirtschaft und Medien in der Wissensgesellschaft. Weilerswist: Velbrück

Weingärtner, S. 2019: Soziologische Arbeitsmarkttheorien. Ein Überblick. Wiesbaden: Springer VS

Weingärtner, S. 2021: Prekarisierung und soziale Resilienz. Aktuelle Veröffentlichungen zu Ursachen und Folgen des globalen Strukturwandels von Arbeitsmärkten. In: Soziologische Revue, Jg. 44, H. 4, S. 563–581

Weingärtner, S./Köhler C. 2021: Sociological Labour Market Theories. A German Perspective on an International Debate. OPAL Working Papers No. 8. Hamburg: Forschungscluster OPAL der Helmut-Schmidt-Universität

Weinkopf, C. 2020: Zur Durchsetzung des gesetzlichen Mindestlohns in Deutschland. In: Aus Politik und Zeitgeschichte, Jg. 70, H. 39–40, S. 22–25

Weishaupt, S. 2006: Subjektivierendes Arbeitshandeln in der Altenpflege – Die Interaktion mit dem Körper. In: Böhle, F./Glaser, J. (Hg.): Arbeit in der Interaktion – Interaktion als Arbeit – Arbeitsorganisation und Interaktionsarbeit in der Dienstleistung. Wiesbaden: VS Verlag, S. 85–106

Weishaupt, T./Schneider, H./Vogel, S./Weckwerth, J. 2021: OT-Verbände & OT-Mitgliedschaften in der Metall- und Elektrobranche: Stabilisierung des Tarifsystems auf tönernen Füßen? In: Industrielle Beziehungen, Jg. 28, H. 1, S. 3–30

Weiß, A. 2021: Globalization and Transnationalization. In: Hollstein, B./Greshoff, R./Schimank, U./Weiß, A. (eds.): Soziologie – Sociology in the German-Speaking World (Soziologische Revue, Special Issue 2020). Berlin: de Gruyter Oldenbourg, S. 149–163

Weiß, R. 2018: Arbeit, Bildung und Qualifikation. In: Tippelt, R./Schmidt-Hertha, B. (Hg.): Handbuch Bildungsforschung (4. Aufl.). Wiesbaden: Springer VS, S. 1071–1091

Weißbach, H.-J./Witzgall, E./Vierthaler, R. 1990: Außendienstarbeit und neue Technologien. Branchentrends, Fallanalysen, Interviewauswertungen. Opladen: Westdeutscher Verlag

Weitbrecht, H. 1969: Effektivität und Legitimität der Tarifautonomie. Eine soziologische Untersuchung am Beispiel der deutschen Metallindustrie. Berlin: Duncker & Humblot

Weitzel, T./Maier, C./ Weinert, C./Pflügner, K./Oehlhorn, C./Wirth, J./Laumer, S. 2020: Social Recruiting und Active Sourcing – Ausgewählte Ergebnisse der Recruiting Trends 2020 und der Bewerbungspraxis 2020. Research Report. Bamberg: Universität Bamberg

Weltz, F. 1977: Kooperative Konfliktverarbeitung. Ein Stil industrieller Beziehungen in deutschen Unternehmen. In: Gewerkschaftliche Monatshefte, Jg. 28, H. 5, S. 291–301

Weltz, F. 2010: Management by Potemkin und die doppelte Wirklichkeit der Unternehmen. In: Altmann, N./Böhle, F. (Hg.): Nach dem „kurzen Traum". Neue Orientierungen in der Arbeitsforschung. Berlin: edition sigma, S. 81–95

Weltz, F./Lullies, V. 1982: Die Einführung der Textverarbeitung und ihr Stellenwert in der Verwaltungsrationalisierung. In: Schmidt, G./Braczyk, H.-J./Knesebeck, J. v. d. (Hg.): Materialien zur Industriesoziologie (Sonderheft 24 der KZfSS). Opladen: Westdeutscher Verlag, S. 157–165

Weltz, F./Lullies, V. 1983: Innovation im Büro. Das Beispiel Textverarbeitung. Frankfurt a.M./New York: Campus

Weltz, F./Lullies, V. 1984: Das Konzept der innerbetrieblichen Handlungskonstellation als Instrument der Analyse von Rationalisierungsprozessen in der Verwaltung. In: Jürgens, U./Naschold, F. (Hg.): Arbeitspolitik. Materialien zum Zusammenhang von politischer Macht, Kontrolle und betrieblicher Organisation der Arbeit (Sonderheft 5/1983 des Leviathan). Opladen: Westdeutscher Verlag, S. 155–170

Weltz, F./Ortmann, R. G. 1992: Das Softwareprojekt. Projektmanagement in der Praxis. Frankfurt a.M./New York: Campus

Werle, R. 2000: Technik als Akteur? In: Ders./Schimank, U. (Hg.): Gesellschaftliche Komplexität und kollektive Handlungsfähigkeit. Frankfurt a.M./New York: Campus, S. 74–94

Werle, R. 2005: Institutionelle Analyse technischer Innovation. In: Kölner Zeitschrift für Soziologie und Sozialpsychologie, Jg. 57, H. 2, S. 308–332

Werlhof, C. von/Mies, M./Bennholdt-Thomsen, V. (Hg.) 1988: Frauen, die letzte Kolonie. Zur Hausfrauisierung der Arbeit. Reinbek: Rowohlt

Westerheide, J. E. 2021: Die Illusion der Leistungsgerechtigkeit. Arbeit und Entgelt von Sekretärinnen. Frankfurt a. M./New York: Campus

Wetterer, A. 2002: Arbeitsteilung und Geschlechterkonstruktion. „Gender at Work" in theoretischer und historischer Perspektive. Konstanz: UVK

Wetzel, D./Hofmann, J./Urban, H.-J. (Hg.) 2014: Industriearbeit und Arbeitspolitik. Kooperationsfelder von Wissenschaft und Gewerkschaften. Hamburg: VSA

Weyer, J. 2006: Die Kooperation menschlicher Akteure und nicht-menschlicher Agenten. Ansatzpunkte einer Soziologie hybrider Systeme. Soziologisches Arbeitspapier Nr. 16/2006. TU Dortmund

Weyer, J. 2008: Techniksoziologie. Genese, Gestaltung und Steuerung sozio-technischer Systeme. Weinheim: Juventa

Weyer, J. 2019: Die Echtzeitgesellschaft. Wie smarte Technik unser Leben steuert. Frankfurt a.M./New York: Campus

Weyer, J. 2022: Vermenschlichung der Technik? Die Interaktion von Mensch und künstlicher Intelligenz in alltäglichen Kontexten. Soziologisches Arbeitspapier Nr. 60/2022. TU Dortmund

Whalley, P. 1986: The Social Production of Technical Work. Cambridge Studies in Sociology. London: Palgrave Macmillan

White, H. C. 2002: Markets from Networks. Socioeconomic Models of Production. Princeton/Oxford: Princeton University Press

Whitley, R. 1999: Divergent Capitalisms: The Social Structuring and Change of Business Systems. Oxford: Oxford University Press

Widmaier, U. (Hg.) 2000: Der deutsche Maschinenbau in den neunziger Jahren. Kontinuität und Wandel einer Branche. Frankfurt a.M./New York: Campus

Wiemann, K./Pilz, M. 2020: Transfer Research as an Element of Comparative Vocational Education and Training: An Example of Factors Influencing the Transfer of Dual Training Approaches of German Companies in China, India and Mexico. In: Pilz, M./Lunmin L. (eds.): Comparative Vocational Education Research: Enduring Challenges and New Ways Forward. Wiesbaden, Springer VS, S. 199–219

Wilensky, H. L. 1964: The Professionalization of Everyone? In: American Journal of Sociology, Vol. 70, S. 137–158

Wilensky, H. L. 1966: Work as a Social Problem. In: Becker, H. S. (ed.): Social Problems, a Modern Approach. New York: Wiley, S. 117–166

Wilkens, U. 2004 a: Management von Arbeitskraftunternehmern. Wiesbaden: DUV

Wilkens, U. 2004 b: Häufige Unternehmenswechsel hochqualifizierter Arbeitskräfte – Bindungsorientierungen von Arbeitskraftunternehmern. In: Pongratz, H. J./Voß, G. G. (Hg.): Typisch Arbeitskraftunternehmer? Befunde der empirischen Arbeitsforschung. Berlin: edition sigma, S. 33–56

Wilkens, U. 2020: Artificial Intelligence in the Workplace – A Double-edged Sword. In: International Journal of Information and Learning Technology, Vol. 37, No. 5, S. 253–265

Wilkesmann, M./Steden, S./Schulz, M. 2018: Industrie 4.0 – Hype, Hope oder Harm?. In: Arbeit, Jg. 27, H. 2, S. 129–150

Wilkinson, A./Bacon, N./Snell, S./Lepak, D. (eds.) 2019: The Sage Handbook of Human Resource Management (2nd ed.). London: Sage

Wilkinson, A./Fay, C. 2011: New Times for Employee Voice? In: Human Resource Management, Vol. 50, No. 1, S. 65–74

Wilkinson, A./Gollan, P. J./Marchington, M./Lewin, D. (eds.) 2010: The Oxford Handbook of Participation in Organizations. Oxford: Oxford University Press

Wilkinson, A./Wood, G./Deeg, R. (eds.) 2014: The Oxford Handbook of Employment Relations. Oxford: Oxford University Press

Williams, C. C./Round, J. 2007: Re-thinking the Nature of the Informal Economy: Some Lessons from Ukraine. In: International Journal of Urban and Regional Research, Vol. 31, No. 2, S. 425–441

Williams, C. C./Windebank, J. 2002: The Uneven Geographies of Informal Economic Activities: a Case Study of two British Cities. In: Work, Employment and Society, Vol. 16, No. 2, S. 231–250

Williams, J. C. 2017: White Working Class. Overcoming Class Cluelessness in America. Boston: Harvard Business Review

Williams, K./Haslam, C./Williams, J. 1992: Ford versus "Fordism": The Beginning of Mass Production? In: Work, Employment and Society, Vol. 6, No. 4, S. 517–555

Williamson, O. E. 1975: Markets and Hierarchies: Analysis and Antitrust Implications. A Study in the Economics of Internal Organization. New York: The Free Press

Williamson, O. E. 1985: The Economic Institutions of Capitalism. Firms Markets Relational Contracting. New York: The Free Press

Williamson, O. E. 1990: Die ökonomischen Institutionen des Kapitalismus. Tübingen: Mohr-Siebeck [zuerst u.d.T. The Economic Institutions of Capitalism: Firms, Markets, Relational Contracting. New York: The Free Press 1985]

Williamson, O. E./Wachter, M. L./Harris, J. E. 1975: Understanding the Employment Relation: The Analysis of Idiosyncratic Exchange. In: Bell Journal of Economics, Vol. 6, No. 1, S. 250–280

Willke, H. 1998: Organisierte Wissensarbeit. In: Zeitschrift für Soziologie, Jg. 27, H. 3, S. 161–177

Willke, H. 2001: Systemisches Wissensmanagement (2. Aufl.). Stuttgart: Lucius & Lucius

Willke, H. 2002: Dystopia. Studien zur Krisis des Wissens in der modernen Gesellschaft. Frankfurt a.M.: Suhrkamp

Will-Zocholl, M. 2011: Wissensarbeit in der Automobilindustrie. Topologie der Reorganisation von Ingenieursarbeit in der globalen Produktentwicklung. Berlin: edition sigma

Will-Zocholl, M. 2016: New Topologies of Work. Informatisation, Virtualisation and Globalisation in the Automotive Industry. In: Flecker, J. (ed.): Space, Place and Global Digital Work. London: Palgrave Macmillan, S. 31–52

Will-Zocholl, M./Roth-Ebner, C. 2021: Topologies of Digital Work. Dynamics of Virtual Work. Cham: Palgrave Macmillan

Wilmers, Nathan 2017: Does Consumer Demand Reproduce Inequality? High-Income Consumers, Vertical Differentiation, and the Wage Structure. In: American Journal of Sociology, Vol. 123, No. 1, S. 178–231

Wilz, S. M. 2015: Skizze zur praxistheoretischen Debatte um Organisation. In: Apelt, M./Wilkesmann, U. (Hg.): Zur Zukunft der Organisationssoziologie. Wiesbaden: Springer VS, S. 253–270

Wimmer, A./Glick Schiller, N. 2002: Methodological Nationalism and Beyond: Nation-state Building, Migration and the Social Sciences. In: Global Networks, Vol. 2, S. 301–334

Winch, C. 2020: The Learning Outcome Approach to European VET Policy Tools: Where Are the Arguments and the Evidence? In: Pilz, M./Lunmin L. (eds.): Comparative Vocational Education Research: Enduring Challenges and New Ways Forward, Wiesbaden: Springer VS, S. 81–96

Windelband, L. 2014: Zukunft der Facharbeit im Zeitalter „Industrie 4.0". In: Journal of Technical Education, Vol. 2, No. 2, S. 138–160

Windeler, A. 1992: Mikropolitik – Zur Bedeutung sozialer Praxis in wirtschaftlichen Organisationen. In: Lehner, F./Schmid, J. (Hg.): Technik, Arbeit, Betrieb, Gesellschaft. Beiträge der Industriesoziologie und Organisationsforschung. Opladen: Leske + Budrich, S. 85–107

Windeler, A. 2001: Unternehmungsnetzwerke. Konstitution und Strukturation. Wiesbaden: Westdeutscher Verlag

Windeler, A. 2005: Netzwerktheorien: Vor einer relationalen Wende? In: Zentes, J./Swoboda, B./Morschett, D. (Hg.): Kooperationen, Allianzen und Netzwerke. Grundlagen – Ansätze – Perspektiven (2. Aufl.). Wiesbaden: Gabler, S. 211–233

Windeler, A. 2014: Können und Kompetenzen von Individuen, Organisationen und Netzwerken. Eine praxistheoretische Perspektive. In: Windeler, A./Sydow, J. (Hg.): Kompetenz. Sozialtheoretische Perspektiven. Wiesbaden: Springer VS, S. 225–301

Windeler, A. 2016: Reflexive Innovation. Zur Innovation in der radikalisierten Moderne. In: Rammert, W./Windeler, A./Knoblauch, H./Hutter, M. (Hg): Innovationsgesellschaft heute. Perspektiven, Felder und Fälle. Wiesbaden: Springer VS, S. 69–110

Windeler, A. 2021: Innovationsfelder. Feldtheoretische Perspektiven auf Innovation. In: Blättel-Mink, B./Schulz-Schaeffer, I./Windeler, A. (Hg.): Handbuch Innovationsforschung. Sozialwissenschaftliche Perspektiven. Wiesbaden: Springer VS, S. 447–465

Windeler, A./Jungmann, R. 2022: Complex Innovation, Organizations, and Fields: Towards the Organized Transformation of Today's Innovation Societies. In: Current Sociology (online), March 2022, DOI: 10.1177/00113921221078042

Windeler, A./Sydow, J. 2001: Project Networks and Changing Industry Practices – Collaborative Content Production in the German Television Industry. In: Organization Studies, Vol. 22, No. 6, S. 1035–1061

Windeler, A./Wirth, C. 2018: Netzwerke und Arbeit. In Böhle, F./Voss, G. G./Wachtler, G. (Hg): Handbuch Arbeitssoziologie (2. Aufl.). Band 2: Akteure und Institutionen. Wiesbaden: Springer VS, S. 237–275

Windolf, P. (Hg.) 2005: Finanzmarkt-Kapitalismus. Analysen zum Wandel von Produktionsregimen (Sonderheft 45 der KZfSS). Opladen/Wiesbaden: VS Verlag

Windolf, P. 2008: Eigentümer ohne Risiko. In: Zeitschrift für Soziologie, Jg. 37, H. 6, S. 516–535

Windolf, P. 2012: Vom Manager- zum Finanzmarkt-Kapitalismus. Analysen zum institutionellen Wandel des Kapitalismus. unveröffentl. Manuskript

Windolf, P. 2014: The Corporate Network in Germany, 1896–2010. The Power of Corporate Networks: A Comparative and Historical Perspective. In: Westerhuis, G./David, T. (eds.): The Power of Corporate Networks: A Comparative and Historical Perspective. London: Routledge, S. 66–85

Windolf, P. 2016: Riding the Bubble: Financial Market Crises in Twenty-Two OECD Countries. In: Journal of Economic Issues, Vol. 50, No. 3, S. 788–813

Windolf, P. 2020: Von der korporatistischen Koordinierung zur staatlichen Regulierung. Ein Paradigmenwechsel auf dem deutschen Finanzmarkt in den 1990er Jahren. In: Marx, C./Reitmayer, M. (Hg.): Die offene Moderne. Gesellschaften im 20. Jahrhundert. Göttingen: Vandenhoeck & Ruprecht, S. 249–271

Winker, G. (Hg.) 2001: Telearbeit und Lebensqualität. Zur Vereinbarkeit von Beruf und Familie. Frankfurt a.M./New York: Campus

Winkler, H. 2007: Die Professionalisierung des Ingenieursberufs – ein unvollendeter Prozess? In: Greif, M. (Hg.): Das Berufsbild der Ingenieurinnen und Ingenieure im Wandel. VDI-Report, Bd. 37. Düsseldorf: VDI, S. 121–158

Winschuh, J. 1923: Praktische und Werkspolitik. Darstellung einer planmäßigen Arbeitspolitik im modernen Fabrikbetriebe. Berlin: Spaeth und Linde

Winther, E. 2018: Kompetenzerfassung und -entwicklung in der Bildungsforschung. In: Tippelt, R./Schmidt-Hertha, B. (Hg.): Handbuch Bildungsforschung (4. Aufl.). Wiesbaden: Springer VS, S. 1055–1070

Wirth, C. 2010: Reflexive Arbeitskräftewirtschaft. Strukturation, Projektnetzwerke und TV-Content-Produktion. Baden-Baden: Nomos

Witt, M. A./Jackson, G. 2016: Varieties of Capitalism and Institutional Comparative Advantage: A Test and Reinterpretation. In: Journal of International Business Studies, Vol. 47, No. 7, S. 778–806

Witt, M. A./Kabbach de Castro, L. R./Amaeshi, K./Mahroum, S./Bohle, D./Saez, L. 2018: Mapping the Business Systems of 61 Major Economies: A Taxonomy and Implications for Varieties of Capitalism and Business Systems Research. In: Socio-Economic Review, Vol. 16, No. 1, S. 5–38

Wittel, A. 1996: Belegschaftskultur im Schatten der Firmenideologie. Berlin: edition sigma

Wittke, V. 1996: Wie entstand industrielle Massenproduktion? Die diskontinuierliche Entwicklung der deutschen Elektroindustrie von den Anfängen der ‚großen Industrie' bis zur Entfaltung des Fordismus (1880–1975). Berlin: edition sigma

Witz, A./Savage, M. 1992: The Gender of Organizations. In: Savage, M./Witz, A. (eds.): Gender and Bureaucracy. Oxford: Blackwell, S. 3–61

Wolf, H. 1994: Rationalisierung und Partizipation. In: Leviathan, Jg. 22, H. 2, S. 243–259

Wolf, H. 1997: Das dezentrale Unternehmen als imaginäre Institution. In: Soziale Welt, Jg. 48, H. 2, S. 207–224

Wolf, S. 2015: Organisation als Grenzobjekt? In: Apelt, M./Wilkesmann, U. (Hg.): Zur Zukunft der Organisationssoziologie. Wiesbaden: Springer VS, S. 23–46

Wolter, M. I./Mönnig, A./Schneemann, C./Weber, E./Zika, G./Helmrich, R./Maier, T./Winnige, S. 2019: Wirtschaft 4.0 und die Folgen für Arbeitsmarkt und Ökonomie. Bonn: BIBB

Womack, J. P./Jones, D. T. 1996: Lean Thinking. Banish Waste, and Create Wealth in Your Corporation. New York: Simon & Schuster [dt. Ausgabe: Auf dem Weg zum perfekten Unternehmen (Lean Thinking), Frankfurt a.M./New York: Campus 1997]

Womack, J. P./Jones, D. T./Roos, D. 1990: The Machine that Changed the World. The Story of Lean Production. New York: Mac Millan [dt. Ausgabe: Womack et al. 1991]

Womack, J. P./Jones, D. P./Roos, D. 1991: Die zweite Revolution in der Automobilindustrie. Konsequenzen aus der weltweiten Studie aus dem Massachusetts Institute of Technology. Frankfurt a.M./New York: Campus [5. Aufl.: ebd. 1992]

Womack, J. P./Jones, D. P./Roos, D. 1992: Die zweite Revolution in der Automobilindustrie. Konsequenzen aus der weltweiten Studie aus dem Massachusetts Institute of Technology (5. Aufl.). Frankfurt a.M./New York: Campus

Wood, A. 2021: Workplace Regimes: A Sociological Defence and Elaboration. In: Work in the Global Economy, Vol. 1, No. 1–2, S. 119–138

Wood, A. J./Graham, M./Lehdonvirta, V./Hjorth, I. 2019: Good Gig, Bad Gig: Autonomy and Algorithmic Control in the Global Gig Economy. In: Work, Employment and Society, Vol. 33, No. 1, S. 56–75

Woodcock, J./Graham, M. 2019: The Gig Economy. A Critical Introduction. Cambridge: Polity Press

Wooten, M./Hoffman, A. J. 2008: Organizational Fields: Past, Present, Future. In: Greenwood, R./Oliver, C./Sahlin, K./Suddaby, R. (eds.): The Sage Handbook of Organizational Institutionalism. Los Angeles u.a.O.: Sage, S. 130–147

WORK2030: Development Programme for Work and Wellbeing at Work [Finnland]. Internet: https://stm.fi/en/work2030-development-programme-for-work-and-wellbeing-at-work

World Bank/KNOMAD (Global Knowledge Partnership on Migration and Development) 2021: Resilience. COVID-19 Crisis through a Migration Lens. Migration and Development Brief 34. Washington: World Bank

Wörwag, S. 2020 a: Eine humane Digitale Transformation der Arbeit. In: Ders./Cloots, A. (Hg.): Human Digital Work – eine Utopie? Erkenntnisse aus Forschung und Praxis zur digitalen Transformation der Arbeit. Wiesbaden: Springer Gabler, S. 21–62

Wörwag, S. 2020 b: Digitalisierung der Arbeit: Was Beschäftigte erwarten, hoffen und befürchten. In: Ders./Cloots, A. (Hg.): Human Digital Work – eine Utopie? Erkenntnisse aus Forschung und Praxis zur digitalen Transformation der Arbeit. Wiesbaden: Springer Gabler, S. 63–98

Wren, D./Bedeian, A. G. 2004: The Taylorization of Lenin: Rhetoric or Reality? In: International Journal of Social Economics, Vol. 31, No. 3, S. 287–299

Wright, C./Nyber, D./Rickards, L./Freund, J. 2018: Organizing in the Anthropocene. In: Organization, Vol. 25, No. 4, S. 455–471

Wright, E. O. 2015: Understanding Class. London/New York: Verso

WSI (Wirtschafts- und Sozialwissenschaftliches Institut) 2016: Statistisches Taschenbuch Tarifpolitik. Düsseldorf: Hans-Böckler-Stiftung

Wu, G./Hu, Z./Zheng, J. 2019: Role Stress, Job Burnout, and Job Performance in Construction Project Managers: The Moderating Role of Career Calling. In: International Journal of Environmental Research and Public Health (online), DOI: 10.3390/ijerph16132394

Wu, T. 2020: Curse of Bigness: How Corporate Giants Came to Rule the World. London: Atlantic Books

WZB (Wissenschaftzentrum Berlin für Sozialforschung) 1984: Bericht 1982–1983. Berlin: WZB

Yin, R. K. 1984: Case Study Research. Design and Methods. London/Thousand Oaks/New Delhi: Sage

Yin, R. K. 2014: Case Study Research. Design and Methods (5th ed.). Los Angeles: Sage

Zanker, C./Kinkel, S./Maloca, S. 2013: Globale Produktion von einer starken Heimatbasis aus. Modernisierung der Produktion. Mitteilungen aus der ISI-Erhebung Nr. 63. Karlsruhe: Fraunhofer ISI

Zapf, I./Herzog-Stein, A. 2011: Betriebliche Einsatzmuster von Arbeitszeitkonten während der Großen Rezession. In: WSI-Mitteilungen, Jg. 64, H. 2, S. 178–203

Zapf, I./Weber, E. 2017: The Role of Employer, Job and Employee Characteristics for Flexible Working Time. An Empirical Analysis of Overtime Work and Flexible Working Hours' Arrangements. IAB Discussion Paper 4/2017. Nürnberg: IAB

Zapf, W. 1989: Über soziale Innovationen. In: Soziale Welt, Jg. 40, H. 1/2, S. 170–183

Zelizer, V. 1997: The Social Meaning of Money. Princeton: Princeton University Press

Zeller, B. 2005: Die Zukunft einfacher Arbeit oder: Der Trend zu steigenden Kompetenzanforderungen für „gering Qualifizierte". In: Kreklau, C./Siegers, J. (Hg.): Handbuch der Aus- und Weiterbildung. Köln: Fachverlag deutscher Wirtschaftsdienst (Loseblattausgabe o. Pag.)

Zhang, J. 2008: Marketization and Democracy in China. London: Routledge

Ziegler, P./Müller-Riedlhuber, H./Sturm, R. 2019: Digitale (Grund-)Kompetenzen auch für gering Qualifizierte. Sichtung internationaler Good Practice-Modelle und Handlungsbedarfe in Österreich. In: Magazin erwachsenenbildung.at, Ausgabe 38, S. 04-2–04-12

Zietsma, C./Lawrence, T. B. 2010: Institutional Work in the Transformation of an Organizational Field: The Interplay of Boundary Work and Practice Work. In: Administrative Science Quarterly, Vol. 55, No. 2, S. 189–221

Zimmer, M./Ziehmer, H. 2019: Produktiver durch Digitalisierung? Produktivitätsparadox und Entgrenzung von Arbeit. In: Hermeier, B./Heupel, T./Fichtner-Rosada, S. (Hg.): Arbeitswelten der Zukunft. Wie die Digitalisierung unsere Arbeitsplätze und Arbeitsweisen verändert, Wiesbaden: Springer Gabler, S. 87–105

Zimmer, S. 2016: Brüchige Sozialordnung. Eine Betriebsfallstudie zur Umsetzung des Entgeltrahmentarifvertrags in der Metall- und Elektroindustrie. Baden-Baden: Nomos

Zorn, V./Baschin, J./Reining, N./Inkermann, D./Vietor, T./Kauffeld, S. 2021: Team- und Projektarbeit in der digitalisierten Produktentwicklung. In: Mütze-Niewöhner, S./Hacker, W./Hardwig, T./Kauffeld, S./Latniak, E./Nicklich, M./Pietrzyk, U. (Hg.): Projekt- und Teamarbeit in der digitalisierten Arbeitswelt. Herausforderungen, Strategien und Empfehlungen. Berlin/Heidelberg: Springer Vieweg, S. 155–178

Zuboff, S. 1988: In the Age of the Smart Machine. The Future of Work and Power. New York: Basic Books

Zuboff, S. 2019: Das Zeitalter des Überwachungskapitalismus. Frankfurt a.M./New York: Campus

Zucker, L. G. 1977: The Role of Institutionalization in Cultural Persistence. In: American Sociological Review, Vol. 42, S. 726–743

Zühlke-Robinet, K./Bach, U. 2020: Dienstleistungssysteme – Digitale Transformation – Arbeit. In: Ernst, G./Zühlke-Robinet, K./Finking, G./Bach, U. (Hg.): Digitale Transformation: Arbeit in Dienstleistungssystemen. Baden-Baden: Nomos, S. 17–30

Zündorf, L. 1982: Machtprozesse in Industrieunternehmen. In: Schmidt, G./Braczyk, H.-J./Knesebeck, J. v. d. (Hg.): Materialien zur Industriesoziologie (Sonderheft 24 der KZFSS). Opladen: Westdeutscher Verlag, S. 166–184

Zündorf, L./Grunt, M. 1982: Innovation in der Industrie. Organisationsstrukturen und Entscheidungsprozesse betrieblicher Forschung und Entwicklung. Frankfurt a.M./New York: Campus

Zysman, J./Kenney, M. 2017: Intelligent Tools and Digital Platforms: Implications for Work and Employment. In: Intereconomics, Vol. 52, No. 6, S. 329–334

Über die Autor:innen und Herausgeber:innen

Abel, Dr. Jörg, Jg. 1958, Wissenschaftlicher Mitarbeiter an der Sozialforschungsstelle Dortmund der TU Dortmund. Arbeitsschwerpunkte: Arbeits- und Industriesoziologie, Digitalisierung, KMU. E-Mail: joerg.abel@tu-dortmund.de • Arbeitsorganisation, Einfacharbeit, Qualifikation/Kompetenz

Antoni, Dr. Conny H., Jg. 1956, Professor für Arbeits-, Betriebs- und Organisationspsychologie an der Universität Trier. Arbeitsschwerpunkte: Gruppen- und Teamarbeit, Führung, Coaching, Arbeit und Gesundheit, Reward Management. E-Mail: antoni@uni-trier.de • Gruppenarbeit

Artus, Dr. Ingrid, Jg. 1967, Professorin für Soziologie an der Friedrich-Alexander-Universität Erlangen-Nürnberg. Arbeitsschwerpunkte: Vergleichende Gesellschaftsanalyse, Arbeits- und Industriesoziologie, Comparative Industrial Relations. E-Mail: Ingrid.Artus@fau.de • Industrielle Beziehungen in internationaler Perspektive

Aulenbacher, Dr. Brigitte, Jg. 1959, Professorin für Soziologische Theorie und Sozialanalysen (unter bes. Berücksichtigung der Gender-Dimension) an der Johannes Kepler Universität Linz. Arbeitsschwerpunkte: Gesellschaftstheorie und Kapitalismusanalyse, Arbeits-, Care-, Geschlechter- und Organisationsforschung. E-Mail: brigitte.aulenbacher @jku.at • Arbeit und Geschlecht

Baethge-Kinsky, Dr. Volker, Jg. 1956, wissenschaftlicher Mitarbeiter am SOFI Göttingen. Arbeitsschwerpunkte: Arbeits- und Industriesoziologie, berufliche Bildungsforschung. E-Mail: volker.baethge@sofi.uni-goettingen.de • Facharbeit

Barth, Dr. Thomas, Jg. 1981, wissenschaftliche Geschäftsführung am Institut für Sozialforschung an der Johann Wolfgang Goethe-Universität Frankfurt am Main. Arbeitsschwerpunkte: gesellschaftliche Naturverhältnisse, politische Soziologie sowie Arbeit und Nachhaltigkeit. E-Mail: t.barth@em.uni-frankfurt.de • Arbeit und Nachhaltigkeit

Becker, Dr. Karina, Jg. 1976, Professorin für Sozialpolitik und Soziale Arbeit an der Dualen Hochschule Eisenach-Gera. Arbeitsschwerpunkte: Digitalisierung und Soziale Arbeit. E-Mail: karina.becker@dhge.de • Partizipation

Behrens, PD Dr. Martin, Jg. 1967, Referatsleiter für Europäische Arbeitsbeziehungen im Wirtschafts- und Sozialwissenschaftlichen Institut in der Hans-Böckler-Stiftung. Arbeitsschwerpunkte: Arbeitgeberverbände, betriebliche Mitbestimmung, Gewerkschaften, Arbeitsbeziehungen in den USA. E-Mail: Martin-Behrens@Boeckler.de • Arbeitgeberverbände

Beyer, Dr. Jürgen, Jg. 1964, Professor für Soziologie, insbesondere Wirtschafts- und Organisationssoziologie an der Universität Hamburg. Arbeitsschwerpunkte: Vergleichende Kapitalismusforschung, Institutioneller Wandel, Management- und Unternehmenskontrolle. E-Mail: juergen.beyer@uni-hamburg.de • Varieties of Capitalism

Boes, Dr. Andreas, Jg. 1959, außerplanmäßiger Professor an der TU Darmstadt, Wissenschaftler am Institut für Sozialwissenschaftliche Forschung e.V. (ISF München), Mitglied des Vorstands. Arbeitsschwerpunkte: Informatisierung der Gesellschaft und Zukunft der Arbeit. E-Mail: andreas.boes@isf-muenchen.de • Informations- und Wissensarbeit

Böhle, Dr. Fritz, Jg. 1945, Professor, Leiter der Forschungseinheit für Sozioökonomie der Arbeits- und Berufswelt, Universität Augsburg; Mitglied des ISF München e.V. Arbeitsschwerpunkte: Entwicklungen von Arbeit, Verwissenschaftlichung von Arbeit und Erfahrungswissen, informelle Organisation, Umgang mit Ungewissheit. E-Mail: fritz.boehle@isf-muenchen.de • Subjektivierendes Arbeitshandeln

Bohn, Rainer, Jg. 1954, freier Wissenschaftslektor, vormals sozialwissenschaftlicher Buchverleger. Arbeitsschwerpunkte: Polit-ökonomische Grundlagen der Gesellschaftsanalyse, Kultursoziologie. E-Mail: bohn@liftext.de

Bosch, Dr. Gerhard, Jg. 1947, Professor (em.) für Soziologie an der Universität Duisburg-Essen. Arbeitsschwerpunkte: Arbeitsmarkt- und Beschäftigungspolitik, berufliche Aus- und Weiterbildung, Industrielle Beziehungen, Wohlfahrtsstaat, Arbeitszeit, Personalpolitik, Internationaler Vergleich. E-Mail: gerhard.bosch@uni-due.de • Berufliche Bildung, Erwerbslosigkeit, Normalarbeitsverhältnis

Brandl, Dr. Sebastian, Jg. 1963, Professor für Arbeitssoziologie und Sozialpolitik an der Hochschule der Bundesagentur für Arbeit, Campus Schwerin. Arbeitsschwerpunkte: Arbeitsmarktberatung und Interaktionsarbeit, Arbeit und Demografie, nachhaltige Arbeit. E-Mail: sebastian.brandl@hdba.de • Arbeitsqualität

Brinkmann, Dr. Ulrich, Jg. 1967, Professor für Organisations- und Arbeitssoziologie, Technische Universität Darmstadt. Arbeitsschwerpunkte: Arbeits-, Organisations- und Wirtschaftssoziologie, Industrielle Beziehungen, Arbeit und Gesundheit, Partizipationsforschung. E-Mail: brinkman@ifs.tu-darmstadt.de • Partizipation

Butollo, Dr. Florian, Jg. 1976, Leiter der Forschungsgruppe „Arbeiten mit künstlicher Intelligenz", Weizenbaum-Institut für die vernetzte Gesellschaft. Arbeitsschwerpunkte: Digitalisierung von Wirtschaft und Arbeitswelt, Globale Produktionsnetzwerke. E-Mail: florian.butollo@weizenbaum-institut.de • Globale Wertschöpfungsketten und internationale Arbeitsteilung

Dolata, Dr. habil. Ulrich, Jg. 1959, Professor für Organisations- und Innovationssoziologie am Institut für Sozialwissenschaften der Universität Stuttgart. Arbeitsschwerpunkte: Technik-, Organisations- und Wirtschaftssoziologie, Innovationsforschung, Technologiepolitik. E-Mail: ulrich.dolata@sowi.uni-stuttgart.de • Techniksoziologie

Dörre, Dr. Klaus, Jg. 1957, Professor für Arbeits-, Industrie- und Wirtschaftssoziologie an der Friedrich-Schiller-Universität Jena. Arbeitsschwerpunkte: Postwachstumsgesellschaften, Kapitalismustheorie und -analyse, Prekarisierungsforschung, Rechtsextremismus und Gewalt. E-Mail: klaus.doerre@uni-jena.de • Prekarität

Dunkel, Dr. Wolfgang, Jg. 1959, Wissenschaftler am Institut für Sozialwissenschaftliche Forschung e.V. (ISF München). Arbeitsschwerpunkte: Dienstleistungsforschung, Arbeit und Gesundheit, Qualitative Methoden. E-Mail: wolfgang.dunkel@isf-muenchen.de • Arbeit und Interaktion

van Dyk, Dr. Silke, Jg. 1972, Professorin für Politische Soziologie am Institut für Soziologie der Friedrich-Schiller-Universität Jena. Arbeitsschwerpunkte: Politische Soziologie, Soziologie der Sozialpolitik und des Wohlfahrtsstaats, Soziale Ungleichheit und Eigentum, Alter(n) und Demografie. E-Mail: silke.vandyk@uni-jena.de • Nicht-Erwerbsarbeit

Engels, Dr. Anita, Jg. 1969, Professorin für Soziologie am Fachbereich Sozialwissenschaften der Universität Hamburg. Arbeitsschwerpunkte: Wirtschaftssoziologie, sozialwissenschaftliche Klimaforschung, Umweltsoziologie, Transformationsforschung. E-Mail: anita.engels@uni-hamburg.de • Markt

Evans, Michaela, Dipl.-Soz., Direktorin des Forschungsschwerpunktes Arbeit & Wandel am Institut Arbeit und Technik (IAT) der Westfälischen Hochschule, Mitglied im Rat der Arbeitswelt des Bundesministeriums für Arbeit und Soziales. Arbeitsschwerpunkte: Arbeitsbedingungen und Arbeitsgestaltung bei personenbezogenen und sozialen Diensten, Berufsbildung in den Sozial- und Gesundheitsberufen. E-Mail: evans@iat.eu • Arbeits- und Gesundheitsschutz

Feuerstein, Dr. Patrick, Jg. 1977, Wissenschaftlicher Mitarbeiter am Wissenschaftszentrum Berlin für Sozialforschung (WZB). Arbeitsschwerpunkte: Arbeitsstandards in globalen Produktionsnetzwerken und der Plattformökonomie. E-Mail: patrick.feuerstein@wzb.eu • Transnationale Unternehmen

Frerichs, Prof. Dr. Frerich, Jg. 1959, Professor für „Altern und Arbeit" an der Universität Vechta, Institut für Gerontologie. Arbeitsschwerpunkte: Betriebliche Beschäftigungspolitik bei alternden Belegschaften; Arbeitsmarktpolitik für ältere Arbeitnehmer:innen; Altersübergang im Wandel. E-Mail: frerich.frerichs@uni-vechta.de • Arbeit und Alter(n)

Funder, Dr. Maria, Jg. 1956, Professorin für Arbeits- und Wirtschaftssoziologie am Institut für Soziologie der Philipps-Universität Marburg. Arbeitsschwerpunkte: Arbeits- und Industriesoziologie, Wirtschaftssoziologie, Organisationssoziologie und Geschlechterforschung. E-Mail: funder@staff.uni-marburg.de • Organisationssoziologie/Organisationstheorien

Fürstenberg, Dr. Dr. h.c. Friedrich, Jg. 1930, Professor em. für Soziologie an der Universität Bonn. Arbeitsschwerpunkte: Sozialstrukturforschung, Arbeits-, Berufs- und Industriesoziologie. E-Mail: ups20008@uni-bonn.de • Industriegesellschaft und Industrialisierung

Grubner, Johanna, M. A., Jg. 1984, Universitätsassistentin an der Abteilung für Gesellschaftstheorie und Sozialanalysen am Institut für Soziologie der Johannes Kepler Universität Linz. Arbeitsschwerpunkte: Gesellschafts- und Kapitalismustheorie, Geschlechter-, Arbeits- und Hochschulforschung. E-Mail: johanna.grubner@jku.at • Arbeit und Geschlecht

Haipeter, Dr. Thomas, Jg. 1967, Apl. Professor am Institut Arbeit und Qualifikation der Universität Duisburg-Essen, Leiter der Forschungsabteilung Arbeitszeit und Arbeitsorganisation. Arbeitsschwerpunkte: Arbeits-, Industrie- und Wirtschaftssoziologie. E-Mail: thomas.haipeter@uni-due.de • Tarifvertrag

Hardering, Dr. phil. Friedericke, Jg. 1980, Professorin für sozialen Wandel in der digitalisierten Gesellschaft an der FH Münster. Arbeitsschwerpunkte: Digitalisierung von Arbeit, Wandel und Zukunft der Arbeit, Sinn der Arbeit. E-Mail: f.hardering@fh-muenster.de • Arbeitsgesellschaft

Hartmann, Dr. Anja, Jg. 1968, Professorin für Soziologie des Demografischen Wandels an der Fachhochschule Dortmund. Arbeitsschwerpunkte: Soziale und gesundheitsbezogene Dienstleistungen. E-Mail: anja.hartmann@fh-dortmund.de • Dienstleistungsgesellschaft

Hartmann, Dr. Michael, Jg. 1952, Professor für Soziologie i.R. an der TU Darmstadt. Arbeitsschwerpunkte: Eliteforschung, Managementsoziologie, Hochschulforschung. E-Mail: hartmann@ifs.tu-darmstadt.de • Managementkarriere

Haubner, Dr. Tine, Jg. 1983, wissenschaftliche Mitarbeiterin am Institut für Soziologie der Friedrich-Schiller-Universität Jena. Arbeitsschwerpunkte: Arbeits-, Wohlfahrtsstaats- und Care-Forschung sowie soziale Ungleichheit. E-Mail: Tine.Haubner@uni-jena.de • Nicht-Erwerbsarbeit

Hermann, Dr. Christoph, Jg. 1968, Mitarbeiter an der Forschungs- und Beratungsstelle Arbeitswelt (FORBA) in Wien, derzeit Gastdozent und Gastwissenschaftler an der University of California Berkeley. Arbeitsschwerpunkte: Politische Ökonomie von Arbeit und Beschäftigung. E-Mail: hermann@berkeley.edu • Arbeitszeit

Hilbert, Dr. Josef, Jg. 1954, Direktor emeritus des Instituts Arbeit und Technik (IAT) der Westfälischen Hochschule, Honorarprofessor an den Fakultäten für Medizin und Sozialwissenschaft der Ruhr-Universität Bochum. Arbeitsschwerpunkte: Gesundheitsökonomie, Innovationsgestaltung und Arbeit in der Gesundheits- und Sozialwirtschaft. E-Mail: hilbert@iat.eu • Arbeits- und Gesundheitsschutz

Hirsch-Kreinsen, Dr. Hartmut, Jg. 1948, Professor i.R. für Wirtschafts- und Industriesoziologie an der TU Dortmund. Arbeitsschwerpunkte: Entwicklung von Arbeit, Innovationsprozesse und Technologieentwicklung sowie insbesondere Digitalisierung der industriellen Produktion. E-Mail: hartmut.hirsch-kreinsen@tu-dortmund.de • Arbeitsorganisation, Industrie 4.0, Innovation

Hossain, Dr. Nina, Jg. 1983, Soziologin, wissenschaftliche Mitarbeiterin im Arbeitsbereich „Soziologie der Arbeit und Wirtschaft I" am Institut für Soziologie der Philipps-Universität Marburg. Arbeitsschwerpunkte: Arbeits- und Industriesoziologie, Geschlechter- und Diversitätsforschung, Emotionssoziologie. E-Mail: hossain@staff.uni-marburg.de • Organisationssoziologie/Organisationstheorien

Howaldt, Dr. Jürgen, Jg. 1960, Professor für Soziale Innovation und Arbeit und Direktor der Sozialforschungsstelle an der Fakultät Sozialwissenschaften der TU Dortmund. Arbeitsschwerpunkte: Soziale Innovation, neue Managementkonzepte, Organisationsentwicklung und -beratung. E-Mail: juergen.howaldt@tu-dortmund.de • Soziale Innovation

Huchler, Dr. Norbert, Jg. 1974, Wissenschaftler und Mitglied des Vorstands am Institut für Sozialwissenschaftliche Forschung (ISF München). Arbeitsschwerpunkte: Arbeits- und Industriesoziologie, Techniksoziologie, gesellschaftlicher Wandel, Gestaltungsforschung. E-Mail: Norbert.Huchler@isf-muenchen.de • Arbeit und Künstliche Intelligenz

Ittermann, Dr. Peter, Jg. 1967, Wissenschaftlicher Mitarbeiter, Forschungsgebiet Industrie- und Arbeitsforschung an der Sozialforschungsstelle, TU Dortmund. Arbeitsschwerpunkte: Entwicklungstendenzen von Arbeit, Einfacharbeit, Digitalisierung, Partizipation und Mitbestimmung. E-Mail: peter.ittermann@tu-dortmund.de • Einfacharbeit, Unternehmensmitbestimmung

Jacobsen, Dr. Heike, Professorin für Wirtschafts- und Arbeitssoziologie an der Brandenburgischen Technischen Universität Cottbus-Senftenberg. Arbeitsschwerpunkte: Soziologie der Tertiarisierung, Arbeitssoziologie, Transdisziplinäre Forschung. E-Mail: Jacobsen@b-tu.de • Dienstleistungsarbeit

Jochum, Dr. Georg, Jg. 1967, verstorben 2022, war wissenschaftlicher Mitarbeiter am Lehrstuhl für Wissenschaftssoziologie an der TU München mit den Schwerpunkten nachhaltige Arbeit, World-Ecology, Techniksoziologie und nachhaltige Lebensführung • Arbeit und Nachhaltigkeit

Jürgens, Dr. Kerstin, Jg. 1970, Professorin für Mikrosoziologie an der Universität Kassel. Arbeitsschwerpunkte: Wandel der Arbeitswelt, digitale Transformation, Arbeit und Leben, Lebensführung in Alltag und Lebenslauf, Zeitverwendung, qualitative Sozialforschung. E-Mail: juergens@uni-kassel.de • Reproduktion von Arbeitskraft

Jürgens, Dr. Ulrich, Jg. 1943, Senior Researcher (i.R.) am Wissenschaftszentrum Berlin für Sozialforschung und apl. Professor für Politik und Wirtschaft am Institut für Politische Wissenschaft an der Freien Universität Berlin. Forschungsschwerpunkte: Arbeitspolitik, Industrielle Beziehungen, Produktionssysteme im internationalen Vergleich. E-Mail: juergens.ulr@gmail.com • Lean Production/Toyotismus

Kämpf, PD Dr. Tobias, Jg. 1978, Wissenschaftler am ISF München und Privatdozent an der FAU Erlangen-Nürnberg. Arbeitsschwerpunkte: Digitale Transformation und der Wandel moderner Arbeitsgesellschaften, Künstliche Intelligenz in der Arbeit, Angestelltensoziologie. E-Mail: tobias.kaempf@isf-muenchen.de • Informations- und Wissensarbeit

Kerber-Clasen, Dr. Stefan, Jg. 1984, Soziologe, wissenschaftlicher Mitarbeiter an der Universität Hamburg. Arbeitsschwerpunkte: Arbeitssoziologie, Geschlechterforschung, Industrielle Beziehungen. E-Mail: Stefan.Kerber-Clasen@uni-hamburg.de • Sorgearbeit

Kleemann, Frank, Dr., Jg. 1967, Professor für Soziologie mit dem Schwerpunkt Arbeit und Organisation an der Universität Duisburg-Essen. Arbeitsschwerpunkte: Arbeits- und Industrie-, Organisations- und Techniksoziologie, Qualitative Methoden der Empirischen Sozialforschung. E-Mail: frank.kleemann@uni-due.de • Mobile Arbeit, Home Office/Tele(heim)arbeit

Köhler, Dr. Christoph, Jg. 1950, Professor für Arbeitsmarkt- und Berufsforschung an der Friedrich-Schiller-Universität Jena (i.R.). Arbeitsschwerpunkte: Arbeitsmarkt, soziale Ungleichheit, Arbeits- und Fluchtmigration. E-Mail: christoph.koehler@uni-jena.de • Arbeitsmarktsegmentation

Kotthoff, Dr. Hermann, Jg. 1943, apl. Professor für Industrie- und Organisationssoziologie an der TU Darmstadt. Arbeitsschwerpunkte: Industrielle Beziehungen, Betriebliche Sozialordnung, Managementsoziologie. E-Mail: hermann.kotthoff@web.de • Betriebliche Sozialordnung

Kratzer, Prof. Dr. Nick, Jg. 1967, Soziologe am Institut für Sozialwissenschaftliche Forschung München e.V. (ISF München). Arbeitsschwerpunkte: Rationalisierung von Unternehmen und Arbeit, Arbeitsorganisation und Leistungssteuerung, Entgrenzung von Arbeit, Psychische Belastungen. E-Mail: nick.kratzer@isf-muenchen.de • Entgrenzung

Kronauer, Dr. Martin, Jg. 1949, Professor i.R. für Gesellschaftswissenschaft an der Hochschule für Wirtschaft und Recht Berlin. Arbeitsschwerpunkte: Neue soziale Ungleichheiten, Inklusion und Exklusion im internationalen Vergleich, Wandel der Arbeits- und Beschäftigungsverhältnisse, Stadt. E-Mail: kronauer@hwr-berlin.de • Atypische Beschäftigung

Krzywdzinski, Prof. Dr. Martin, Jg. 1975, Professor für internationale Arbeitsbeziehungen an der Helmut-Schmidt-Universität Hamburg, Direktor am Weizenbaum Institut für die vernetzte Gesellschaft und Forschungsgruppenleiter am Wissenschaftszentrum Berlin für Sozialforschung. Arbeitsschwerpunkte: Arbeitsbeziehungen und Arbeitsorganisation im internationalen Vergleich, technologischer Wandel in der Arbeitswelt. E-Mail: martin.krzywdzinski@wzb.eu • Produktionsregime

Kümmerling, Dr. Angelika, Jg. 1970, wissenschaftliche Mitarbeiterin, Forschungsabteilung Arbeitszeit und Arbeitsorganisation am Institut Arbeit und Qualifikation (IAQ) der Universität Duisburg-Essen. E-Mail: Angelika.Kuemmerling@uni-due.de • Arbeitszeit

Kuhlmann, Dr. Martin, Jg. 1963, Direktor des SOFI Göttingen. Arbeitsschwerpunkte: Arbeits- und Industriesoziologie, Industrielle Beziehungen, Methoden empirischer Sozialforschung. E-Mail: martin.kuhlmann@sofi.uni-goettingen.de • Arbeitspolitik, Neue Produktionskonzepte/innovative Arbeitspolitik, Facharbeit

Lehndorff, Dr. Steffen, Jg. 1947, Research Fellow, Forschungsabteilung Arbeitszeit und Arbeitsorganisation am Institut Arbeit und Qualifikation (IAQ) der Universität Duisburg-Essen. Arbeitsschwerpunkte: Arbeitszeiten, industrielle Beziehungen und nationale Beschäftigungssysteme im europäischen Vergleich. E-Mail: steffen.lehndorff@uni-due.de • Arbeitszeit

Lohr, Dr. Karin, Jg. 1954, Apl. Professorin für Arbeits-, Industrie- und Organisationssoziologie am Institut für Sozialwissenschaften der Humboldt-Universität zu Berlin im Ruhestand. Arbeitsschwerpunkte: Organisationsforschung, Industrielle Beziehungen und Arbeitspolitik, Arbeit und Geschlecht, Bildung und Arbeit. E-Mail: karin.lohr@sowi.hu-berlin.de • Subjektivierung von Arbeit

Lopez, Dr. Tatiana, Jg. 1987, Wissenschaftliche Mitarbeiterin in der Forschungsgruppe Arbeit, Globalisierung, Produktion am Wissenschaftszentrum Berlin für Sozialforschung. Arbeitsschwerpunkte: Wertschöpfungsketten/Produktionsnetzwerke, Arbeit, Digitalisierung, Plattformökonomie. E-Mail: tatiana.lopez@wzb.eu • Globale Wertschöpfungsketten und internationale Arbeitsteilung

Marrs, Dr. Kira, Wissenschaftlerin am Institut für Sozialwissenschaftliche Forschung e.V. (ISF München). Arbeitsschwerpunkte: Arbeit und Subjekt, Steuerung von Arbeit, Leistungspolitik, Arbeit und Globalisierung, Frauen in Karriere. E-Mail: kira.marrs @isf-muenchen.de • Kontrolle

Maurer, Dr. Andrea, Jg. 1962, Professorin für Soziologie mit dem Schwerpunkt Wirtschaftssoziologie an der Universität Trier. Arbeitsschwerpunkte: Wirtschaftssoziologie, Neue Institutionentheorien, Soziologische Theorien, digitale Wirtschaft, Unternehmenssoziologie. E-Mail: andrea.maurer@uni-trier.de • Wirtschaftssoziologie

Mayer-Ahuja, Dr. Nicole, Jg. 1973, Professorin für die Soziologie von Arbeit, Unternehmen und Wirtschaft an der Georg-August-Universität Göttingen. Arbeitsschwerpunkte: Veränderungen der Arbeitswelt zwischen betrieblicher Organisation, politischer Regulierung und Klassendynamik. E-Mail: nicole.mayer-ahuja@sowi.uni-goettingen.de • Arbeit im Kapitalismus

Menz, Prof. Dr. Wolfgang, Jg. 1971, Professor für Soziologie, insbes. Arbeit, Organisation und Innovation, an der Uni Hamburg. Arbeitsschwerpunkte: Arbeits- und Industriesoziologie, Technik- und Wissenschaftsforschung, qualitative Methoden. E-Mail: wolfgang.christian.menz@uni-hamburg.de • Work-Life-Balance

Meyer-Lantzberg, Franziska, Jg. 1990, Soziologin, wissenschaftliche Mitarbeiterin an der Leibniz Universität Hannover. Arbeitsschwerpunkte: Arbeitssoziologie, Geschlechterforschung, Emotionssoziologie. E-Mail: f.meyer-lantzberg@ish.uni-hannover.de • Sorgearbeit

Mikl-Horke, Dr. Gertraude, Jg. 1944, Professorin für Allgemeine Soziologie und Wirtschaftssoziologie an der Wirtschaftsuniversität Wien, derzeit i.R. Arbeitsschwerpunkte: Historische Soziologie, Arbeits- und Industriesoziologie, Wirtschaftssoziologie. E-Mail: Gertraude.Mikl-Horke@wu.ac.at • Arbeit

Minssen, Dr. Heiner, Jg. 1951, Professor i.R. für Arbeitsorganisation und Arbeitsgestaltung am Institut für Arbeitswissenschaft der Ruhr-Universität Bochum. Arbeitsschwerpunkte: Arbeits- und Industriesoziologie, Organisationssoziologie, Managementsoziologie. E-Mail: heiner.minssen@rub.de • Betrieb, Herrschaft, Mikropolitik, Rationalisierung, Transformation von Arbeitskraft

Monz, Dr. Anna, Jg. 1979, sozialwissenschaftliche Mitarbeiterin am Klinikum der Ludwig-Maximilians-Universität München. Arbeitsschwerpunkte: Arbeit und Leben, Arbeit und Geschlecht, Mobilität, qualitative Methoden. E-Mail: anna.monz@med.uni-muenchen.de • Work-Life-Balance

Müller-Jentsch, Dr. Walther, Jg. 1935, Professor für Soziologie, Lehrstuhl Organisation und Mitbestimmung, an der Ruhr-Universität Bochum. Arbeitsschwerpunkte: Arbeits- und Industriesoziologie (insbes. Industrielle Beziehungen), Organisationssoziologie, Wirtschaftssoziologie, Soziologie der Kunst. E-Mail: w.mueller-jentsch@rub.de • Industrielle Beziehungen

Nicklich, Dr. phil. Manuel, Jg. 1986, wissenschaftlicher Mitarbeiter am Lehrstuhl Soziologie (Schwerpunkt Technik – Arbeit – Gesellschaft) an der FAU Erlangen-Nürnberg. Schwerpunkt der Forschung an der Schnittstelle organisationstheoretischer und arbeitssoziologischer Fragestellungen insb. zu Fragen industrieller Beziehungen, Organisation und Regulation von Arbeit, berufliche Ausbildung. Email: Manuel.nicklich@fau.de • Unternehmens(re)organisation

Oberbeck, Dr. Herbert, Jg. 1950, Professor i.R. für Soziologie an der TU Braunschweig und Präsident des Soziologischen Forschungsinstituts Göttingen (SOFI) e. V. Arbeitsschwerpunkte: Arbeits-, Wirtschafts- und Organisationssoziologie. E-Mail: h.oberbeck@tu-braunschweig.de • Angestelltensoziologie

Oehlke, Dr. phil. Paul, Jg. 1943, Programmentwicklung und Projektmanagement in der DLR/BMFT und am ITB/Uni Bremen; Beteiligung an arbeitspolitischen Verbünden und Aktivitäten in der EU. Arbeitsschwerpunkte: Humanisierung der Arbeit, Arbeitspolitik in nordischen Ländern und der EU, soziale und regionale Innovationsstrategien. E-Mail: poehlke@t-online.de • Humanisierung des Arbeitslebens

Papsdorf, Dr. Christian, Jg. 1983, Geschäftsführer von consulting + research + training Dr. Papsdorf, Juniorprofessor für Techniksoziologie Technische Universität Chemnitz von 2016 bis 2021. Arbeitsschwerpunkte: Arbeitsgesellschaft im Wandel, Techniksoziologie, Internetsoziologie. E-Mail: christian@papsdorf.net • Beruf

Pfeiffer, Dr. habil. Sabine, Jg. 1966, Professorin für Soziologie mit dem Schwerpunkt Technik – Arbeit – Gesellschaft an der Friedrich-Alexander-Universität Erlangen-Nürnberg. Arbeitsschwerpunkte: Arbeit und Technik, Informatisierung und Subjekt. E-Mail: sabine.pfeiffer@fau.de • Arbeit und Technik, Digitale Transformation der Arbeit

Pflüger, Dr. Jessica, Jg. 1982, Professorin für Mesosoziologie (Soziale Institutionen und Organisationen), Universität Innsbruck. Arbeitsfelder: Arbeit, Organisation, Wissenschaft, Methoden der Sozialforschung. E-Mail: jessica.pflueger@uibk.ac.at • Fallstudie

Pohlmann, Markus, Jg. 1961, Professor für Organisationssoziologie an der Universität Heidelberg. Arbeitsschwerpunkte: International vergleichende Management- und Organisationsstudien, organisationale Devianz und Unternehmenskriminalität. E-Mail: markus.pohlmann@mwi.uni-heidelberg.de • Management

Pongratz, Dr. Hans J., Jg. 1957, außerplanmäßiger Professor an der LMU München. Arbeitsschwerpunkte: Arbeits- und Organisationssoziologie, Selbstständigenforschung, Digitalisierung des Arbeitsmarkts. E-Mail: Hans.Pongratz@soziologie.uni-muenchen.de • Human Resource Management, Plattformarbeit

Pries, Dr. Ludger, Jg. 1953, Professor Emeritus für Soziologie an der Ruhr-Universität Bochum. Arbeitsschwerpunkte: (international vergleichende) Organisations-, Arbeits-, Migrationssoziologie, Transnationalisierungsforschung. E-Mail: ludger.pries@rub. de • Arbeit und Migration, Globalisierung/Transnationalisierung

Sauer, Dr. Dieter, Jg. 1944, Sozialforscher am Institut für Sozialwissenschaftliche Forschung e.V. (ISF München); Honorarprofessor für Soziologie an der Friedrich-Schiller-Universität in Jena. Arbeitsschwerpunkte: Reorganisations- und Rationalisierungsstrategien, Flexibilisierung und Subjektivierung von Arbeit, Interessenorientierungen, Arbeitspolitik. E-Mail: dieter.sauer@isf-muenchen.de • Systemische Rationalisierung, Vermarktlichung

Sauer, Dr. Stefan, Jg. 1983, Akademischer Rat an der Friedrich-Alexander-Universität Erlangen-Nürnberg. Arbeitsschwerpunkte: Arbeits- und Industriesoziologie, Methodologie, Gender Studies und Kritische Theorie. E-Mail: stefan.sauer@fau.de • Projekt, Projektarbeit, Projektmanagement

Schmidt, Dr. Rudi, Jg. 1939, emeritierter Professor für Arbeits-, Industrie- und Wirtschaftssoziologie an der Universität Jena. Arbeitsschwerpunkte: Industrielle Beziehungen, Arbeiter- und Angestelltenbewusstsein, Produktionsmodernisierung, Managementsoziologie, Transformationsforschung. E-Mail: Rudi.Schmidt@uni-jena.de • Fordismus/Massenproduktion, Taylorismus

Schmiede, Dr. Rudi, Jg. 1946, emeritierter Professor für Soziologie an der TU Darmstadt. Arbeitsschwerpunkte: Arbeit, Technik, Organisation, Informatisierung im informationellen Kapitalismus; digitale Bibliotheken und wissenschaftliche Fachinformation. E-Mail: schmiede@ifs.tu-darmstadt.de • Informationsgesellschaft

Schmierl, Dr. Klaus, Jg. 1962, Wissenschaftler am Institut für Sozialwissenschaftliche Forschung e.V. (ISF München). Arbeitsschwerpunkte: Industrielle Beziehungen, Lohn- und Tarifpolitik, Berufe und Qualifikationsentwicklung, Digitalisierung, Arbeitsbedingungen in Kurier-, Express- und Paketdiensten. E-Mail: klaus.schmierl@isf-muenchen.de • Entgelt und Leistung

Schrape, PD Dr. Jan-Felix, Jg. 1979, Senior Researcher in der Abteilung für Organisations- und Innovationssoziologie des Instituts für Sozialwissenschaften der Universität Stuttgart; Gastprofessor am Lehrstuhl für Technik und Gesellschaft der RWTH Aachen (2021–2022). Arbeitsschwerpunkte: Technik-, Innovations-, Medien- und Organisationssoziologie. E-Mail: jan-felix.schrape@sowi.uni-stuttgart.de • Digitale Transformation der Arbeit, Techniksoziologie

Schwarz, Dr. Michael, Jg. 1953, freiberuflich tätiger Soziologe. Arbeitsschwerpunkte: Sozialtheorie, Soziale Innovation, Nachhaltige Entwicklung. E-Mail: dr.michael.schwarz@mail.de • Soziale Innovation

Senge, Konstanze Karoline, ist Professorin für Soziologie an der Martin-Luther-Universität Halle-Wittenberg. Arbeitsschwerpunkte: Organisationssoziologie, Wirtschaftssoziologie, Emotionssoziologie. E-Mail: konstanze.senge@soziologie.uni-halle.de • Neo-Institutionalismus

Späth, Laura, M.A., Jg. 1996, wissenschaftliche Mitarbeiterin an der LMU München. Arbeitsschwerpunkte: Soziologie sozialer Ungleichheit, Psychoanalytische Sozialpsychologie, Gouvernementalitätsforschung, Kritische Theorie. E-Mail: Laura.Spaeth@soziologie.uni-muenchen.de • Human Resource Management

Sperling, Dr. Hans Joachim, Jg. 1945, ehem. Wissenschaftlicher Mitarbeiter am Soziologischen Forschungsinstitut (SOFI) Göttingen. Arbeitsschwerpunkte: Industrielle Beziehungen, Arbeitspolitik. E-Mail: hsperli@gwdg.de • Kleinbetrieb

Splett, Dr. Barbara, Jg. 1983, Wissenschaftliche Mitarbeiterin am Soziologischen Forschungsinstitut Göttingen (SOFI). Arbeitsschwerpunkte: Arbeit und Subjekt im Kontext der Digitalisierung, Gesundheit, Arbeits- und Betriebsorganisation. E-Mail: barbara.splett@sofi.uni-goettingen.de • Arbeiterbewusstsein

Struck, Dr. Olaf, Jg. 1964, Professor für Arbeitswissenschaft an der Universität Bamberg. Arbeitsschwerpunkte: Sozialstruktur- und Lebenslaufforschung, insb. empirische Arbeitsmarkt-, Organisations- und Bildungsforschung. E-Mail: olaf.struck@uni-bamberg.de • Betriebliche Beschäftigungssysteme, Erwerbsarbeit

Strulik, PD Dr. Torsten, Jg. 1963, Privatdozent an der Fakultät für Soziologie der Universität Bielefeld. Arbeitsschwerpunkte: Allgemeine Soziologie, Wirtschaftssoziologie, Organisationssoziologie, Politische Soziologie. E-Mail: torsten.strulik@uni-bielefeld.de • Wissensgesellschaft

Trinczek, Dr. Rainer, Jg. 1958, Professor am Institut für Soziologie der Universität Erlangen-Nürnberg. Arbeitsschwerpunkte: Wandel von Arbeit und ihrer gesellschaftlichen Regulierung, Managementsoziologie, Arbeit und Leben, qualitative Methoden der empirischen Sozialforschung. E-Mail: rainer.trinczek@fau.de • Betriebsrat, Gewerkschaften

Voß, Dr. rer. pol. habil. G. Günter, Jg. 1950, Professor i.R. für Industrie- und Techniksoziologie, Technische Universität Chemnitz. Arbeitsschwerpunkte: Wandel von Arbeit und Arbeitskraft, Entgrenzung und Subjektivierung von Arbeit, Arbeit-Leben-Beziehungen, Digitalisierung/Robotisierung von Arbeit und Arbeitsgesellschaft. E-Mail: info@ggv-webinfo.de; guenter.voss@soziologie.tu-chemnitz.de • Arbeitskraftunternehmer, Beruf

Voswinkel, PD Dr. Stephan, Jg. 1952, Soziologe am Institut für Sozialforschung, Frankfurt a.M. Arbeitsschwerpunkte: Arbeits-, Wirtschafts- und Organisationssoziologie, Soziologische Theorie. E-Mail: voswinkel@em.uni-frankfurt.de • Anerkennung

Wannöffel, Prof. Dr. Manfred, Jg. 1956, Geschäftsführer der Gemeinsamen Arbeitsstelle RUB/IGM und Hochschullehrer an der Fakultät für Sozialwissenschaft der Ruhr-Universität Bochum. Arbeitsschwerpunkte: Transferforschung, international vergleichende Mitbestimmungsforschung. E-Mail: manfred.wannoeffel@rub.de • Unternehmensmitbestimmung

Wehling, Dr. Pamela, Jg. 1973, freiberufliche Dozentin. Arbeitsschwerpunkte: Organisations- und Arbeitssoziologie, Soziologie in der sozialen Arbeit, Verwaltungssoziologie, Wirtschaftspsychologie. E-Mail: wehlingpamela@gmail.com • Psychologischer Vertrag

Weingärtner, Dr. Simon, Jg. 1984, Wissenschaftlicher Mitarbeiter am Institut für Soziologie der Leibniz Universität Hannover. Arbeitsschwerpunkte: Arbeits(markt)- und Organisationssoziologie, Politische Soziologie. E-Mail: s.weingaertner@ish.uni-hannover.de • Arbeitsmarktsegmentation

Weinkopf, Dr. Claudia, Jg. 1963, Wissenschaftliche Mitarbeiterin im Institut Arbeit und Qualifikation (IAQ), Universität Duisburg-Essen. Von Anfang 2015 bis Ende Februar 2022 Beratendes wissenschaftliches Mitglied der Mindestlohnkommission auf Arbeitnehmerseite. Arbeitsschwerpunkte: Arbeitsmarkt-, Beschäftigungs- und Personalpolitik, Industrielle Beziehungen, Regulierung, Niedrig- und Mindestlöhne, Atypische Beschäftigung, Gender. E-Mail: claudia.weinkopf@uni-due.de • Niedriglohnsektor

Will-Zocholl, Dr. phil. Mascha, Jg. 1977, Professorin für Soziologie der Digitalisierung von Arbeit und Organisation an der Hessischen Hochschule für öffentliches Management und Sicherheit (HöMS). Arbeitsschwerpunkte: Informatisierung und Digitalisierung von Arbeit; räumliche Reorganisation von Arbeit; Sinn, Bedeutung und Wert von Arbeit in der Gesellschaft. E-Mail: mascha.will-zocholl@hoems.hessen.de • Arbeitsgesellschaft, Ingenieursarbeit, Unternehmens(re)organisation

Windeler, Dr. Arnold, Jg. 1956, Professor für Organisationssoziologie an der TU Berlin. Arbeitsschwerpunkte: Organisations- und Sozialtheorie, interorganisationale Netzwerke und Innovation. E-Mail: Arnold.Windeler@TU-Berlin.de • Netzwerke

Windolf, Dr. Paul, Jg. 1946, emeritierter Professor für Soziologie an der Universität Trier. Arbeitsschwerpunkte: Wirtschaftssoziologie, Unternehmensverflechtung, Finanzmärkte. E-Mail: windolf@uni-trier.de • Finanzmarkt-Kapitalismus

Wissing, Philipp M., M.A., Jg. 1995, wissenschaftlicher Mitarbeiter an der LMU München. Arbeitsschwerpunkte: Arbeitssoziologie, Subjektivierung, Kritische Theorie, Futures Studies. E-Mail: ph.wissing@soziologie.uni-muenchen.de • Human Resource Management

Register

FSC
www.fsc.org
MIX
Papier | Fördert
gute Waldnutzung
FSC® C083411

Kolibri 360 GmbH
Ferdinand-Jühlke-Straße 7
99095 Erfurt, Deutschland
produktsicherheit@kolibri360.de